U0629605

国际发展、区域国别与全球治理系列丛书

援助的命运

比较视角的国际发展合作

COMPARATIVE STUDIES ON INTERNATIONAL DEVELOPMENT COOPERATION

李小云　齐顾波　徐　进　唐丽霞
徐秀丽　张传红　陆继霞　董　强　著

社会科学文献出版社
SOCIAL SCIENCES ACADEMIC PRESS (CHINA)

丛书总序

近年来，作为新兴的全球交通中转枢纽，伊斯坦布尔机场、迪拜国际机场、亚的斯亚贝巴机场等变得更加繁忙拥挤，在来来往往的人潮中，随处可见背着行囊行色匆匆的中国人。他们当中，既有出国旅游人员、海外留学人员，也有远赴海外访问考察的政府工作人员，寻找商机的企业家，到外企工作的职业经理人、工人和农民，还有从事对外援助和经济技术合作的专家学者，奔赴海外演出的文艺工作者，等等。他们的目的地，既有发达的欧美地区和日韩等国，也有东南亚、中东、中东欧、非洲和拉丁美洲等发展中地区。同时，来自这些国家和地区的人们也越来越多地看向中国。新型的海外主体、新型的工作模式和新型的流动轨迹，仿佛开辟了时代的新篇章。

进入 21 世纪，尤其自共建“一带一路”倡议践行以来，中国“走出去”已成为国内外政界和学界日益关注的全球现象。近年来，随着全球发展倡议、全球安全倡议、全球文明倡议三大倡议的提出，来自不同主体（公共和私人部门）、不同层面（宏观和微观）、不同机制（政治、经济、社会、多边、双边）的新型合作实践不断累积，从而塑造了一个“全球中国”的实践景观和知识景观。这里既包括全球治理体系机制的改革与完善，也包括国际发展合作方式模式的拓展与创新，还包括来自普通民众、企业、大学、政府等跨文化交往中的日常碰撞与磨合。

在中国“走出去”合作实践中，我们逐渐认识到，新型知识体系的构建和新型人才队伍的培养成为发展的关键。这些新型知识体系的构建、新型人才队伍的培养应聚焦于全球既有秩序的把握和新格局的想象、全球发展新动能的激发与开拓、全球公共品的治理与供给、国际发展规范的谈判与协作、南南合作和三方合作的管理与经验分享、私营部门海外经营的社会文化融入和劳工关系、新型的政商关系等领域，尤其要重点关注在不同区域国别、国际组织、社会组织等场景下的挑战应对和机遇利用等方面。这些新问题都是我们既有知识体系和人才培养体系中空白的部分。当前我们看到，一方面，宏观上构建人类命运共同体的引导性倡议陆续推出；另一方面，基层各种类型的实践创新也不断涌现，但恰恰是“关键性中层”日渐成为构建更高水平对外开放格局的挑战。这里所说“关键性中层”是指一系列认识范式、话语、技术、组织流程、管理规范和人才队伍的集合体，是维持整个社会秩序的制度架构、组织管理体系和知识体系，稳定且坚固，只有当这个系统发生转变，大规模高水平对外开放方能逐步顺利落地。

党的二十届三中全会指出，“在扩大国际合作中提升开放能力，建设更高水平开放型经济新体制。稳步扩大制度型开放……倡导平等有序的世界多极化、普惠包容的经济全球化，深化外事工作机制改革，参与引领全球治理体系改革和建设”。外交部、国家国际发展合作署在传达贯彻党的二十届三中全会精神时分别指出，“提高服务高水平对外开放的能力，深化援外体制机制改革，构建更具实效的国际传播体系，坚

定不移维护国家主权、安全、发展利益。深化外事工作机制改革，加强外交外事战线干部队伍建设”，“深化援外体制机制改革、实现全链条管理”，等等，这些都为“关键性中层”的建设提供了机遇和指导。

在李小云教授的开创下，中国农业大学国际发展研究团队自20世纪80年代开始进入发展研究领域，从最早的发展咨询、发展研究与发展培训，到90年代后期逐渐拓展到发展学科建设和专业人才培养方面，从改革开放初期国际发展经验“引进来”与中国本土实践的融合创新，到“走出去”主动参与全球发展与减贫合作的治理研究，通过搭建全球性、区域性、全国性和全校性不同层面的公共组织和学术联盟，利用前沿学术理论研究、政策咨询与政策对话、人才培养、国内外扎根基层的农业发展和减贫实践四大支柱，不断推动新发展知识的孕育和新型发展合作人才的培养。团队在非洲和国际组织两个场域上的工作尤为凸显。这些工作始于30多年前，最近十余年团队沉潜非洲，对话国际组织，开展了扎根基层、协作中层、对话高层的中国发展与减贫经验国际分享工作，探索出了以国际发展合作为切入点，统筹国别区域、国际组织、国际传播、国际事务等五位一体的特色模式，有组织、多层次、系统性探索新型科研与人才培养机制。以“小技术大丰收”“小豆子大营养”“中非乡村CEO”等为代表的中非合作项目，多次入选联合国南南合作最佳案例和国家级、省部级项目，以及中非合作论坛主要成果，极大推动了中国发展与减贫经验的全球分享，并促进中国农业大学成为国内首家获得联合国经济及社会理事会（ECOSOC）特别咨商地位的高校，实现了零的突破。这些都是支持“关键性中层”体系转型的集体努力。一系列标识性概念，包括平行

经验分享、模糊边界、新发展主义、选择性学习、科技理性漫游等，逐渐引起学界的关注。

在新发展知识建构中，研究团队逐步形成三个支点。

首先，关注普通人之间的互动日常是突破当下地缘政治经济格局下研究的新思路。中国“走出去”过程中的实践积累是新时期中国重新构建与国际社会关系的缩影。要理解这些努力，仅靠宏观视角是不够的，而是要看见这个过程中微观层面的“人与人之间的连接性和共同性”。在日常生活中，我们作为普通人与他国的民众通过交流和互动，以人和人之间的交往推动合作与实践的展开，进而推动思想的开放与心态的转变，并最终推动宏观层面的政策转变。

其次，关注合作双方的交互性和互助性是捕捉新型发展合作的重要视角。在中国走向共建“一带一路”国家，尤其是通过援助来支持低收入国家的过程中，这些援助项目和援助活动，给我们提供了非常珍贵的学习机会。比如在与坦桑尼亚合作十多年的“小技术大丰收”“小豆子大营养”实践过程中，我们了解到新的作物种植系统，见识到非洲人如何同缺水、缺化肥、缺钱做斗争，尤其是他们如何提高食物的多样性、更好地获取植物蛋白等做法。这让我们能够更好地从全球视角、非洲视角去重新看待自己。

最后，行动研究和实践性是研究团队推动新发展知识孕育的重要方法论。一方面，在诸多发展中国家中，社会关系、管理机制与规范并非像成熟社会那样具有鲜明的文本指导，而大多隐藏在互动的现场中，因此，研究者需躬身入局，使自己成为“局内人”方能看见更加真实的隐藏“文本”；另一方面，我们注重倡导一种更加平等的知识建构过程，因为在行动研究中，研究者与被研究者将通过系列行动实践建立

一种更能促进平等对话、加强浸润式日常互动和双向启发的关系，而非一方单方面“调研”另一方构建悬置性知识的不对称过程。此外，在实践场域中，相互对立冲突的理论范式之间往往能进行更有效的对话与融合，从而也更能提升新知识的有效性。无论聚焦国内的农村发展研究，还是聚焦海外，实践项目都是我们创新社会科学研究的重要方式。

为更好地凝练新发展知识体系孕育的成果，研究团队推出了“国际发展、区域国别与全球治理系列丛书”，旨在通过系列著作、译著、优秀博士论文、实地调研笔记、学术随笔等多种形式，以国际发展研究为专门领域，推动全球治理知识体系和区域国别等新型学科的建设。自 2022 年开始，国家在交叉学科门类下设立了“区域国别学”一级学科；同时，在公共管理学、区域国别学和政治学等一级学科下也陆续发布了“全球治理”与“全球与区域治理”等相关二级方向；“国际事务”专业硕士、国际 MPA、MPA 国际组织与社会组织管理方向，以及国际组织与全球治理等系列新型学科、专业的顶层部署都在深刻地塑造着中国社会科学知识版图和人才培养格局。在此学人共同努力、促进“关键性中层”体系转型的大潮中，我们期望贡献一臂之力。

该丛书第一辑包含 6 册著作，其中，《援助的命运——比较视角的国际发展合作》和《发展援助体系——美国、英国、日本国际发展合作多元主体的建构》从整体性视角、历史演化视角、比较视角分别阐述中西方国际发展范式的差异，以及国际经验对于中国建设国际发展共同体、共建人类命运共同体的启示。前者从知识生产、政策框架、组织管理、典型议题等方面对西方发展援助体系的来龙去脉展开分析；而后者则按照实践社群“叙事—主体—实践”三维框架回溯了美

国、英国和日本三个主要经合组织援助方的国际发展共同体形成过程，并对其特色进行凝练。

《全球公共品——供给、需求与治理的挑战》则是国内学者首次系统性提出“全球公共品”理论的专著。本书通过回溯人类历史上全球公共品产生及演化的历史脉络，推动读者理解全球公共品或作为一种集体行动实践，或作为某些公共物品，或作为机制性联系和制度建设等多种形态，其供给机制也从危机驱动型，到制度规范型，再到当下面临复合挑战和多元主体时推动共识建设型的可能性。该书还特别分享了中国作为全球公共品提供者所具有的优势和面临的挑战。

如果说，《全球公共品——供给、需求与治理的挑战》从宏观视角来关注全球治理和发展议题，那么，《中国专家在非洲》则提供了微观层面的叙事和实践，从历史学、社会学、人类学和发展研究等不同学科视角，对包括农技专家、医疗队专家等不同类型的中国在非洲的专家的派遣历史背景，在非洲工作时的角色、生活、工作困境，及其对中国援助工作的影响等进行了分析，多维度呈现中国专家在非洲的日常实践，展现中国开展南南合作与中非合作的丰富纹理。

《全球事务与发展》是中国农业大学全校通识课程的部分讲课记录，具体包括中国与世界的新型发展关系和跨文化认知、全球公共挑战与全球治理实践、国际发展政策与实践三个部分。该书反映了我们对于国际事务从观念到制度，再到具体实践路径等不断聚焦和落地的过程。该书只是课程内容的局部记录。

《国际发展教育全球概览》是国内第一本系统刻画全球不同区域国家国际发展教育与人才培养建制的参考工具书，内容涵盖英国、北美、欧洲、澳大利亚、日韩，以及其他发展

中国家和地区的国际发展教育体系。该书历经十多年调整与修改，无论国际，还是国内，有关国际发展合作的政策与实践都发生了翻天覆地的变化，当下新一轮国际发展范式的合法性危机又起，而中国等发展中国家则新设了国际发展合作专署机构和相关体系，并使之不断蓬勃发展。在这一关键时期，该书所提供的国际发展教育在全球不同区域国别的全景式视角具有互相借鉴的意义。

丛书的研究和出版得到国家社科基金重点项目“西方发展援助与中国发展援助的战略政策对比分析”（16AZD017）、国家社科基金一般项目“多元主体共同参与中国对非援助机制的研究”（16BJ021）、国家社科基金重大项目“中国与‘一带一路’国家有效分享减贫经验与模式的策略研究”（21&ZD180）、国家自然科学基金国际合作项目“‘一带一路’背景下研究中国和中亚农业合作的方式路径和策略”（71961147001）、中国农业大学 2115 人才工程、中国农业大学全球农业发展与区域国别知识体系—基本科研业务专项资金、中国国际发展研究网络项目（二期）、比尔及梅琳达·盖茨基金会项目、酉阳国际乡村振兴学院建设项目等诸多支持，在此一并致谢。

此外，该丛书还得到诸多同事和学生的支持，他们或提出修改建议，或进行文献检索，或帮助数据整理，或提供流程辅助，等等，在此一并致谢。该丛书第一辑即将付梓，仍觉不足，乃感永无完善之日。暂此，书中有疏漏贻误之处，敬请读者批评指正。

徐秀丽　唐丽霞　陆继霞

2024 年 10 月 15 日

前　言

国际发展合作是全球合作的重要组成部分，国际发展合作的衍化也是全球化过程中的重要组成部分。严格地讲，直到20世纪末，国际发展合作在理念、方式和路径方面都是在西方国家的主导下展开的。国际发展合作的历史可以被追溯到18世纪70年代的英国教会活动，在伦敦福音教会的呼吁下，英国的传教士开始到他们认为“野蛮落后”的国家传播基督教，其目的是通过宗教的教化，对他们眼中的这些“野蛮人”进行“文明改造”。当时，传教活动大多在热带地区开展，有很多在欧洲没有的疾病威胁着早期传教士的健康。为了保证传教士的自身健康，在选择派出传教士时，具备医疗知识成为很重要的一个因素。英国著名的传教士利文斯通就是一名医生。这些懂得医学知识的传教士在非洲等地传教时，通过利用医疗知识为当地人治病，获取了当地人的信任。利文斯通就是因为治好了非洲当地一个部落头人的儿子，而说服了这个部落开始信奉基督教。从某种意义上讲，教会就是最早的援助机构。由教会所建的各种医院就是人道主义援助的起点，我们也可以把它看作国际发展合作的起点。当然，那个时期的教会传教不可能是我们今天讲的现代意义上的国际发展合作。但需要注意的是，一旦我们从西方主导的国际发展合作的起点来看待国际发展合作的衍化和性质，不难看出，西方主导的国际发展合作之所以受到很多质疑，主要在于这一工作的起点就是建立在“文明改造野蛮”的逻辑框架之上。他们通过为“野蛮人”提供物化的帮助，如治疗疾病、建设医院，从而使土著人放弃自己的信仰，信奉西方人心中的上帝，这个过程本质上就包含着不平等性。

殖民主义是西方征服非西方世界的重要手段，这种征服包括物质和精神层面。今天，全球化过程中存在的很多问题都与殖民主义密切相关。殖民主义是在基督教的传播与商业资本主义对殖民地掠夺的双重作用下展开的，在这个过程中，西方将非西方世界看作“野蛮之地”，将非西方人看作“野蛮人”。因此，对殖民者来讲，对殖民地的改造也就有了“合法”的理由。1929 年，英帝国主义通过了《殖民地发展法案》，自此以后，殖民者开始在殖民地进行大规模的基础设施和社会事业设施的建设。在此之前，殖民地的建设活动一般都由教会承担，进入殖民主义阶段以后，西方国家的政府开始成为建设殖民地的主体。英国在英属殖民地，法国在法属殖民地，比利时在中部非洲，德国、荷兰也在自己的殖民地上开始建设公路、铁路、学校、研究机构等。从这个意义上来看，殖民主义就是西方主导的所谓官方发展援助的开端。

去殖民化是全球化过程的重要节点，去殖民化的一个重要政治意义就是改变了之前在全球化过程中“文明与野蛮”的认知范式，把非西方人看作野蛮的、近似“非人的”世界观开始得到根本改变。殖民地人民的基本人权得到了承认，西方殖民者开始逐步退出殖民地。但是，文明与非文明的结构性阴影依然没有散去，文明与野蛮的结构性范式在去殖民化以后由发达与欠发达的范式所取代。一个带着强烈的社会进化论色彩的意识形态即发展主义，开始取代殖民主义，原殖民地在取得民族独立以后，变成了发展中国家，殖民宗主国变成了发达国家。1949 年 1 月 20 日，美国总统杜鲁门在他的就职演说中明确提出了向发展中国家提供援助的“四点方案”，在他的“四点方案”中明确提出了向发展中国家提供经济援助的重要性。自此以后，现代国际发展援助体系开始形成。

从教会援助到殖民地建设，再到促进发展中国家经济发展的发展援助，将近 200 年的历程。在这个过程中，西方一直处在主导的位置，虽然不同的阶段有不同的内容，也有不同的名称，但是西方与非西方依然处在一个“先进与落后”的二元框架之下。“先进与落后”的结构关系仍然是进入现代社会以来全球合作的主导性因素，也是全球化进程中各种冲突的根本原因。

第二次世界大战（以下简称“二战”）以后，国际发展援助在冷战的格局下形成了两个阵营。杜鲁门所提出的支持发展中国家经济发展的主张在实践上被冷战的政治意识形态所左右，发展援助成为冷战的工具，援助由改造落后民族的武器转变成西方社会对抗共产主义的物质武器。二战以后很长一段时间，西方发达国家利用其经济实力、话语建构及议程设置能力等优势，不仅控制了许多地区性民间援助机构乃至国际民间援助机构的援助议程，也影响了很多发展中国家的发展进程。可以讲，整个冷战期间国际发展援助体系是在西方的影响和控制下演化的，这个阶段的国际发展合作是高度地缘政治化的。

1991 年以后，随着冷战的结束，全球地缘政治开始发生巨大变化，国际发展援助体系也随之发生变化。一个重要的标志是，苏联影响范围内的很多国家开始成为以西方为主导的多边发展援助及双边发展援助的受援国。苏联的对外援助体系也开始解体，冷战时期形成的敌对性的结构关系瓦解。自此以后，国际发展援助体系开始进入由西方主导的衍化阶段。随着冷战结束，传统的地缘政治目标消失，全球性的对抗性因素不复存在，以西方为主导的国际发展援助体系在客观上具备了整合和主导全球发展事务的条件，国际发展援助从某种意义上开始进入国际发展合作的新阶段。国际发展援助开始关注全球发展问题，如贫困、粮食安全、环境污染、资源退化、可持续发展等在冷战结束后逐步进入国际发展援助的议程，全球发展也进入一个有利于发展中国家发展的进程之中。1995 年，西方发展援助体系即经济与合作组织发展援助委员会成员国的发展部部长在巴黎召开会议，会议集中讨论了西方所提供的发展援助如何提高其有效性的问题。这一会议的召开标志着以西方为主导的国际发展援助体系开始关注其援助的效果问题，在这个会议上，部长们提出了发展援助的目标是减少全球的贫困，具体提出了发展援助的目标是到 20 世纪末全球贫困人口减少一半。这次会议的召开标志着以西方为主导的发展援助议程开始具有全球意义上的合法性。

在西方国家的主导下，到 21 世纪初，全球减贫议程开始纳入联合国的发展议程。联合国千年发展目标就是在这一议程的推动下形成的，西方国家的援助议程正式转变为全球发展议程。2003 年 2 月经济合作与发展组织（以下简称“经合组织”）发展援助委员会在罗马召开会议，会议提出提高援助工作的有效性不能仅仅依靠西方国家，还需要建立由国际双边机构、多边机构、发展中国家政府、新兴国家政府、民间社会组织以及私营部门组成的新的伙伴机制。为此，经合组织发展援助委员会成立了援助有效性工作组，工作组的成员来自上述各种类型的机构。“罗马会议”的召开标志着真正意义上的国际发展合作体系的形成。

以西方为主导的国际发展援助体系衍化为国际发展合作体系主要受到了诸多因素的影响。首先，冷战的终结在客观上为西方国家统领全球发展事务创造了条件。其次，由于苏联的解体，其他发展中国家还不具备与西方国家竞争的条件，这也为西方国家主导国际发展事务创造了有利条件。再次，发展中国家内部也在发生变化，新兴国家开始出现，这些国家开始呈现特有的发展经验和发展模式，但是这些国家的实力还达不到与西方国家竞争的水平，而且包括中国在内的新兴国家依然是西方国家援助的对象，因此，对于西方国家而言，即使吸纳包括中国在内的新兴国家的发展经验，对西方的主导性也并不构成威胁。最后，全球发展问题日趋复杂，如果没有各方的参与，不仅全球问题无法解决，还会影响到西方国家自身的发展。

21 世纪以来，国际发展援助体系逐渐衍化形成了国际发展合作体系。2004 年，世界扶贫大会在上海的召开标志着以西方国家为主导的国际发展援助体系开始正式承认发展中国家特别是中国的发展成就。上海世界扶贫大会之后，重视发展中国家特别是中国发展经验尤其是减贫经验成为促进国际发展合作体系发展的重要内容。国际发展合作体系中出现了前所未有的“团结”格局。虽然在推动这一团结格局形成的过程中，西方国家既存在通过承认发展中国家特别是中国的发展业绩而将这些国家纳入自己主导范围的政治动机，也存在全球发展问题日益复杂，所需要的资源庞大，西方国家希望包括中国在内的发展中国家为其“买单”的意图，但这一格局的形成也的确标志着发展中国家特别是中国这样的新兴经济体的发展经验得到了承认，真正意义上的话语权有了根本性的提升。这是国际发展合作体系衍化进程中的重大变化，这一变化当然也是全球政治经济格局变化的重要组成部分。自此以后，国际发展合作不再仅仅由西方国家所主导，全球发展合作开始进入多元化的阶段。

冷战以后开启的新的全球化产生了两个重要的变化，一是全球范围之内国家之间的不平等差距急剧缩小，突出的例子是新兴国家的出现。2003 年，高盛的研究预测到 2025 年，金砖四国的 GDP 总和将至少达到六国集团 GDP 总和的一半，而到 2017 年而非 2025 年，金砖四国的 GDP 就已达到六国集团 GDP 的一半。二是发达国家特别是美国国内的不平等在扩大，新兴国家和发展中国家广泛支持原本由美国主导的全球化，而美国等西方国家则出现了反对全球化的政治社会思潮。这一格局开始改变全球化的进程，美国的逆全球化政治社会思潮的出现开始改变冷战以来的全球化格局。新冠疫情的发生使得已有的全球化进程更加困难。逆全球化和新冠疫情这两个因素开始改变全球合作的格局。过去十多年逐步发育形成的国际发展合作体系开始出现新的变动。很显然，国际发展合作将会进入一个不确定的、具有冲突性和结构性的新阶段。

总而言之，从西方国家的教会援助到今天的国际发展合作，经历了数百年的时间。一方面，这一体系的衍化呈现了人类追求合作的进步特征，同时这一过程充满了基于地缘政治利益的较量，是一个复杂的政治经济的衍化过程。在这样一个过程中，国际社会积累了丰富的经验，这些经验包括如何解决贫困问题、如何面对气候变化；同时这一过程也给国际社会带来了很多教训，如如何处理发展的阶段性问题，如何处理干预主权的问题，如何处理推广西方主导的“民主、人权、善治”与“国家建设”的问题，如何充分利用资源实现援助的有效性问题等。

与此同时，中国加大了对外援助的规模，调整了对外援助的方式，并开始更多利用国际多边机构和平台，参与国际发展援助领域内各种对话，尤其是积极参与到联合国可持续发展框架的制定、协商和实施中。中国还先后倡导建立了中非合作论坛、中拉合作论坛等多边合作机制，建立中非发展基金、中国拉丁美洲发展基金、丝路基金等发展基金，主导建立了新开发银行和亚洲基础设施投资银行等新的开发性金融机构，中国的对外援助已经从服务于国内经济发展需求开始转向促进全球共同发展，贡献于全球发展共识的形成和实现。然而，中国现行的对外援助体系虽然历经调整和改革，但仍然难以适应有效支撑中国日益提高的国际地位的需求，急需更深层次的改革和创新。

本书的目的在于系统梳理西方援助在历史进程上的衍化，从理论、组织管理、社会组织参与、专家的作用等不同方面对这一过程中的经验和教训进行梳理和总结，并同时对比中国的对外援助体系的衍化与发展，试图从中探索中国依托对外援助体系，构建人类命运共同体的中国方案。研究的核心问题是：新的全球发展格局下，对外援助如何服务于促进中国国内发展和履行国际责任的需求？

本书的基本框架和思路是，按照历史的衍化视角，从国际发展合作的过程中提炼出理论衍变与比较、发展合作的知识生产与传播、战略政策的衍化与比较、管理体系的衍化、发展合作的有效性、援助专家和民间组织的参与七个方面，同时对中国对外援助相应的七个方面展开对比性的梳理。在这个梳理过程中，既基于客观的事实，又本着政治经济学的批判视角，也本着发展主义的建构性视角，将国际发展合作体系作为一个整体展开分析。在上述分析的基础上，形成相应的结论和政策建议。

作为本书的核心术语国际发展合作，在不同的视角和不同历史时期有着不同的形态和内涵，也有着不同的话语性表达。从全球的视角来看，国际发展合作的早期形态是援助；殖民时代的形态称为殖民建设，这个时期有着大量的人道主义援助；二战以后称为国际发展援助，旨在促进新独立的民族国家的经济社会发展；21 世纪以来逐渐开始转向国际发展合作，援助不再固守于某种所谓的普适伦理和单一模式。也即是说，国际发展合作经历了从援助到国际发展援助，再到国际发展合作的不同阶段。从双边合作和一国的国际政治视角出发，在很多场景下也使用对外援助这种表述（本书均使用“国际发展合作”一词，这并不代表历史上任何时期都使用“国际发展合作”这一术语，我们用“国际发展合作”涵盖了不同时期援助的不同形态）。

本书第一章为国际发展合作理论的衍化与比较。在去殖民化的历史条件下，源于基督教教会组织传教救助行动及西方殖民者对殖民地社会经济改造的西方援助逐渐演变为国际发展援助。20 世纪末 21 世纪初，在发展中国家，特别是在以中国为代表的新兴国家对国际发展援助的巨大影响下，国际发展援助又进一步衍化为国际发展合作。然而无论如何演变，作为国际合作的一种重要的实践形式，国际发展合作从未脱离理论的指导。由于西方发展援助的基本路径是基于西方发展经验，通过对非西方世界的研究和认知生产出针对非西方世界的理论，再进而将其理论实践化和制度化，因此，自从西方援助中脱胎以来，国际发展援助就一直在西方发展理论的主导下演进。自二战结束至 20 世纪末，国际发展援助的理论框架经历了现代化理论、凯恩斯主义、新自由主义与新制度主义的迭代，本质上基于西方中心主义，试图通过对非西方世界的干预来同化非西方世界。进入 21 世纪，在从国际发展援助向国际发展合作的转变过程中也出现了许多理论变化，如可持续发展理论、以权利为基础的发展理论、治理理论等，这是国际发展合作实践在面临全球化进程中新挑战以及反思自身诸多失败教训后所进行的调整。与此同时，一个重要的变化是新兴国家的替代性发展合作实践也对国际发展援助的西方中心主义理论框架产生了挑战。本书的研究即是通过梳理国际发展合作实践及理论的演变及在新的全球背景下所面临的挑战，以为国际发展合作的未来走向及中国如何推动这一体系的实践和理论创新提供借鉴。研究指出，第一，国际发展合作经历了从前发展时代的“施善”的援助向发展时代发展主义教义下的发展援助，再到后发展时代趋向多元化的国际发展合作的转变，理论框架从落后—发达、传统—现代的二元对立结构转向更为平等的合作伙伴结构，理论视角也从经济发展的单一维度转向经济政治社会环境文化综合发展的多元维度。第二，中国的发展合作在不同时期的目标不同，但整体而言基于自身的发展实践，遵循平等互利、不干涉内政、优先发展经济基础的原则，并积极践行新多边主义指导下的南南合作，形成了某种程度上的替代性方案，推动国际发展援助优先变更制度的新制度主义理论框架的转变。第三，国际发展合作在新的发展背景下面临逆全球化、民粹主义、民族主义、保护主义等众多新挑战，新冠疫情的全球传播一定程度上放大了这一挑战，也加强了对发育新型国际发展合作伦理的需求。中国提出的“人类命运共同体”等理念在国际上产生了很强的影响力，但要推动新型国际发展合作体系的发育，一方面需要增强将中国发展经验系统化为理论和知识的能力，一方面还需要具备将中国发展理论和知识转化为实践的物质和制度条件。

本书第二章为国际发展合作的知识生产及传播。国际发展合作的理论、实践是以相应的知识体系的支撑为基础的。西方殖民发展知识体系、后殖民主义知识体系以及当代西方发展知识体系指导了不同时期的发展实践；这些知识体系在很大程度上由权力所建构，同时也促成权力关系的形成或固化，并通过发展实践的场域得以体现。要理解发展合作实践的演变，首先需要剖析知识体系及其内含的权力关系。本书首先对相对稳态的发展知识体系进行系统归纳总结和剖析，在此基础之上，重点对自新中国成立以来的发展实践进行知识性的总结与反思，系统挖掘中国新的发展知识的具体形态和特征，研究新的发展知识的生产与应用的制度化和国际化的机制，从而把经验认识提升为知识性认知，并形成相应的理论体系。研究的具体内容包括对知识内容的梳理和提升、知识生产机制、知识传播的机制等。

研究发现：①现代发展知识体系的形成影响着西方与非西方国家之间的关系构建，同时，现代发展知识体系也正形成于这种关系的建构中。②西方在发展经济学家与社会学家的共同努力下，形成了一整套现代化知识体系。涵盖内容：系统性的社会二元对立的结构思想；通过能动性实现由传统社会向现代社会转型的路径；从文化适应性的角度建构了发展中国家实现经济增长必须加以改造的一系列条件，形成了所谓的增长条件论；由于发展中国家的碎片化社会状况，政府的中心作用、发展的规划以及通过援助来弥补投资的不足，都是发展中国家发展的重要条件。③西方发展知识对中国发展战略以及发展援助实践均产生了一定影响，主要体现在现代化的发展目标设置以及对全要素生产率的关注；对中国援助实践产生影响的渠道有：接受外援、接受外商直接投资、加入国际贸易、对外的外商直接投资等。④中国发展的各阶段的知识形态分别是社会主义建设、改革开放以及综合发展与减贫。⑤中国发展援助与合作的知识要素来源于中国自身发展经验、国际发展合作经验、西方发展援助知识要素等。⑥在知识要素积累的基础上，中国发展援助知识体系的构建是一个循环往复的过程。首先得益于现代发展知识的影响以及对它的反思，然后在发展实践中采取符合自身经验的可选择的方式，之后再进行分析和理论提升。此外，研究机构和智库、实践者、政府、民间组织等在发展实践和知识的创建和传播中都分别发挥着作用。⑦推动中国知识生产进程，首先要重塑发展知识的边界和内涵；其次需要注重社会科学学术创新在新发展知识中的力量。

本书第三章是国际发展合作的战略与政策问题。国际发展合作的战略与政策也是伴随着国际发展合作的衍化而逐渐形成的，不同时期有着不同的战略和政策，同时又作用于国际发展合作的治理结构。全球国际发展合作治理的变化体现在两个层面的多中心化；治理主体层面从基于国家为中心的结构向着国家与跨国团体伙伴关系的新结构转变，治理方式层面则从西方发展援助范式为主导向着传统范式与新兴范式并存的多种可选方案转变。在这个转变过程中，西方发展援助战略和政策的产生是不容忽视的基础条件，其演变呈现国际发展合作治理架构变化的重要内容，而中国的国际发展援助战略和政策的变化是新范式中不可或缺的重要组成部分。这一部分的研究即是通过西方和中国的发展援助战略和政策的历史演变梳理及比较分析，探究国际发展援助治理架构变化的动力以及在新时代所面临的挑战，并从西方和中国发展援助战略政策演变的经验中提取应对挑战的启示。

研究有以下几点发现。①发展援助战略与政策的完善是一个长期且动态的过程。随着国际经济政治环境变化，合作国发展需求和体制调整，援助国行政体制改革趋向明晰化，也影响着发展援助战略目标确立、战略政策制定、机构设置以及项目管理流程的完善。②西方和中国的发展援助体系均存在碎片化问题，发展合作需要确立与整体性治理的理念一致的战略目标，促进信息系统的整体联动。通过系列的法律政策和规范制定，推动相关政府部门不同层级和功能之间的整合，也推动公共部门与非营利机构之间的整合，促进援助项目的实施和有效性评估。中国可更为有效地进行顶层设计和整体协调，促进提高国际发展合作的有效性、塑造良好国际形象并解答国内民众的疑惑。③相互学习，动态调整战略目标。无论是战略目标，还是政策话语的变化，均体现出西方传统援助主体与包括中国在内的新兴援助主体之间的互动和相互学习；虽然并不能达成完全一致，但是在促进合作以及有效性方面的共识却促成了一些妥协和调整。比如，中国虽然没有参加 GPEDC 的南南有效性合作的案例实验，但是仍把落实联合国 2030 年可持续发展议程作为开展国际发展合作的重要方向，并认为其与共建“一带一路”高度契合。④中国与西方的发展援助体系互动形塑国际发展援助政策。与传统的经合组织发展援助委员会（OECD-DAC）成员国有着相对统一的援助理念和框架要求相比，非 DAC 国家进行援助的理念、规则和方式很多与国内发展政策、发展实践经验更为相关，因而不拘泥于某个标准和规范；虽然也因此而限制了非 DAC 援助国与成熟的传统国际援助体系的对话，不过，包括中国在内的新兴援助国已经在创建沟通与对话的基础机制方面做了很多探索，生成平等的对话机制，对国际援助体系和政策的改革产生影响。⑤多元主体作用于政策实施。中国对外援助的政策在执行的过程中不可避免地被多方主体所塑造，这些主体包括国内的地方政府、不同类型的公司，以及受援方当地不同层面的相关者。政策模式背后具有利益多样性，“受益人”并不是发展合作的被动接受者，而是与发展机构之间存在着联盟与合作的主体。⑥为建立有韧性的全球发展合作治理体系做出贡献。从新冠疫情对全球的影响可以看出，未来会对人类造成毁灭性危害的很可能是全球传染性疾病、气候变化、能源环境、恐怖主义、网络信息安全、数据安全和深海、极地、外空等非传统领域的安全问题。然而，当下的全球发展合作治理体系落后于时代需求，对这些非传统安全领域的重视程度远远不够，针对不同类型全球性问题，缺乏相应的全球性预警和防御处理机制。非传统领域是更具全球公共品特征的安全问题，健康安全、气候变化都是非常显性的领域。国际发展合作在解决公共卫生和环境退化以及气候问题的时候也应提高脆弱国家的恢复力。

本书第四章为国际发展合作的管理体系问题。国际发展合作是在全球范围内的涉及资源转移的实践活动，涉及资源转移的规划、效果的评价等一系列管理性的问题。二战后，随着国际发展援助特别是官方发展援助的开展，主要援助国相继设立了发展援助的主要负责机构。现阶段，以美国、德国、日本等经济合作与发展组织（OECD）发展援助委员会成员国为代表的发达国家基本建立起较为完整的双边援助管理体系。随着新兴经济体的发展，中国、印度、巴西等国家也更加重视本国双边发展援助管理体系的建设，探索建立专门的援外管理机构。非政府组织等治理主体的参与，也促使双边及传统多边机构能够借助民间力量的参与更好地发挥援助有效性。随着国际环境的改变，近年来主要援助国及新兴经济体相继对发展援助管理体系进行改革，以期更好地结合本国国家战略和国际环境开展合作。但对于各国援助机构本身而言，不同政府部门之间的协作效率较低、援外项目管理的碎片化问题突出、机构改革进程相对缓慢等都限制着援外管理能力的提升。发展援助管理体系的发展历程与现状对中国等新兴经济体具有一定借鉴意义。注重援外宏观政策制定和整体管理框架体系建设是中国在推动发展援助向国际发展合作转型过程中应该重视的关键问题之一，随着中国援外规模的扩大，需要进一步发挥国家国际发展合作署等现有管理部门的总体协调作用，并更好地提升农业、医疗、各类开发银行、基金等专业部门在援外工作中的独特作用；借助于专业化的发展援助机构，在受援国设立分支机构，与受援国本土非政府组织等力量合作，从而促使援助项目更好地实施和运行；加大对于国际组织和国际及受援国民间组织的援助力度，改变对外援助相对单一的局面，打造针对联合国等多边机构、国别政府和民间的多元化援助格局。

本书第五章为国际发展合作的有效性问题。国际发展合作的有效性问题的核心是发展援助的有效性问题，这一问题从20世纪90年代中期提出以来，长期是国际发展合作体系中的中心问题之一。有关发展援助是否有效，长期存在争议。

批评者认为援助根本不起作用，甚至给受援国带来的伤害大于好处，还会加重援助国的负担，因此国际社会应该减少甚至停止提供对外援助。[①] 而支持者则认为，援助对促进受援国的减贫和经济发展产生了积极影响，目前国际社会提供的援助还远远不够，应该加大援助的力度。[②] 与此相对应的，援助提供者，包括官方捐助者、非政府组织等坚持认为援助是有效的，而且援助工作跟过去相比，有很大的改善。而援助接受国尽管不愿意对援助的作用做出概括性的结论，但希望获得更多援助的呼声却一直没有间断。[③] 本章在对援助有效性研究的相关文献进行梳理的基础上，对南北合作与南南合作的有效性评价的理念、技术、所面临的挑战、存在的争议，进行了比较全面的研究讨论。

研究发现，西方主导的援助有效性评价其实是传统援助国和多边援助机构塑造与发展中国家关系的重要工具。通过不断完善援助有效性的话语机制与技术，传统援助国逐渐实现了对全球发展知识的控制。随着南方国家尤其是新兴经济体的崛起，西方国家主导的发展援助有效性评价体系也越来越遭遇到挑战，为了维持自己的知识霸权，传统援助国不断对自己的援助评价体系进行改革。而南方国家开始探索与南南合作原则与实践相匹配的南南合作评价体系，但与北方国家成熟的机制相比较，南南合作评价体系还处于起步阶段，

---

① Erixon, F., *Aid and Development: Will It Work This Time?* (London: International Policy Network, 2005); Easterly W., *The Tyranny of Experts: Economists, Dictators, and the Forgotten Rights of the Poor* (New York: Basic Books, 2013).

② Boone, P., "Politics and the Effectiveness of Foreign Aid," *European Economic Review* 40 (1996); Collier, P., and D. Dollar, "Aid Allocation and Poverty Reduction," *European Economic Review* 26 (2002).

③ Riddell, R., *Does Aid Really Work?* (Oxford: Oxford University Press, 2008).

虽然南方国家对建立南南合作评价体系的必要性形成共识，但对一些具体的指标体系及评价目标仍然存在分歧，目前还没有被广泛接受的南南合作评估框架。近年来，随着中国综合国力的不断增强，对外援助的力度也不断加大，由中国发起的“一带一路”倡议的影响不断扩大，新开发银行、亚洲基础设施投资银行等多边金融机制的发展为中国在国际发展合作领域发挥更重要的作用提供了坚实的基础。2018 年国家国际发展合作署的成立标志着中国已经成为全球发展援助体系的重要成员。在此背景下，批判吸收发达国家及其他发展中国家国际发展援助评价经验，对完善中国的国际发展合作评价话语体系、提高中国国际发展合作的有效性、发挥中国在构建更加公平公正的国际发展合作体系中的作用，进而推动中国对全球发展知识的贡献均具有重要意义。

本书第六章为援助专家的衍化与比较。国际发展合作实践是通过援助的形态而展开的，在援助的实践中，援助的执行者即专家对于援助的有效性发挥了关键的作用。一方面，援助专家是在执行和落实援助的战略和政策；另一方面，援助专家又是一个能动的社会个体，他们会在实践中，通过自身拥有的“技术裁量空间”，影响甚至改变援助议程。西方国际发展援助和中国对外援助的专家作为个体而言，存在一些共同点，如参加国际发展援助项目或者国际发展合作项目的动机中都有经济利益驱动的因素；作为行动者，这些专家在国家与地方之间的各种界面中会有自己的行动空间；在国际援助的世界里会因为“专家”身份而获得更好的社会地位；等等。

但从专家的整个群体来看，西方援助世界里的专家与中国援外专家在诸多方面仍存在显著差异。首先，西方援助世界中的专家类型比中国援外专家要更加丰富，工资水平更高。西方援助体系中的专家既包括在国际组织及西方国家自己成立的援助机构中的专家，也包括为了实施援助项目而临时聘用的技术专家，并且专家群体的数量是非常庞大的，其工资支付成本在援助项目预算中所占的比重也是非常高的，有的专家成本甚至达到援助项目总预算的70%。中国援外专家相比于西方援助体系中专家的职业化而言，更多体现的是半职业化和非职业化的特征，即中国援外专家的选派均来自国内体制内的就业人员，并且以技术性人员为主，甚至有的技术援外专家的身份是“技术员”而不是“专家”。相比于西方援助专家来说，无论是工资水平还是生活待遇，中国援外专家也远远不如。其次，中国援外专家从筛选、派遣到参加援助项目后的日常工作和生活管理过程中，通过各种仪式和管理制度所呈现出来的是高度的政治化，专家群体的行为规范和思想理念等无不体现出国家意志。但西方援助专家更加突出的是个体化的特征，在援助国的国家和东道国的地方之间更多地扮演着“掮客”和“翻译者”的角色。此外，中国援外专家和西方援助专家，由于所处的中西文化背景的差异，还表现出与当地社会融入程度不同、对国家对家庭等情感与社会关系疏离程度不同等差别。无论从理论还是实践层面，中国援外专家还需要更多、更加深入的研究。尤其是通过与西方援助专家进行比较后发现，他们在援助世界中的异域环境里所呈现出来的种种表现事实上都是中西方国家的意识形态、文化以及与世界关系的一种呈现。

本书第七章为民间组织参与国际发展合作。从国际发展合作的衍化历程可以看出，国际发展合作从某种程度上讲来源于早期的传教活动，教会是最初形态的援助组织，而教会组织本质上是非官方的组织。非官方的民间组织实际上在国际发展合作体系的衍化中一直都没有退场，始终都是国际发展合作体系中的重要组成部分。民间社会组织作为独立的发展行动者和 OECD-DAC 成员的执行伙伴，对发展合作非常重要。经合组织的数据统计显示，2018 年，援助委员会成员向民间组织分配了近 210 亿美元。援助委员会成员主要是通过各种政策工具来向民间组织分配发展援助资金。成员国民间社会组织还为发展合作带来了大量来自民间的捐款，2018 年估计为 420 亿美元。西方的志愿服务和发展工作可以追溯到 17 世纪，早期的非政府组织（NGO）工作的一个显著案例是提供服务，例如由传教士提供健康和教育服务。另一个案例是公众倡导，例如 19 世纪早期的反奴隶制运动。自 20 世纪 50 年代以来，NGO 在国际发展领域迅速崛起，这一崛起不仅体现在 OECD-DAC 成员内部的发展 NGO 的制度环境日益完善，规模不断增加，同时基于发达国家 NGO 的推动，在发展中国家也形成了数量可观的本土 NGO 规模。西方国家鼓励并支持 NGO 参与到国际发展分为两个时间段，北美和欧洲的各国政府主要是在 20 世纪 50 年代到 70 年代末期，通过各种政策工具将 NGO 引入国际发展领域。当然，英国为代表的西欧国家由宗教的传统衍化为 NGO 的海外行为，在早期较少受到政策工具的影响。而美国则是受到系统的政策工具影响，形成了全世界最为发达的发展 NGO 部门。日本和韩国的政府主要是在 20 世纪 80 年代到 90 年代末期，借助于人道主义的行动将 NGO 引入国际发展领域。OECD 在 2012 年发布了一份报告《与民间社会合作：来自发展援助委员会同行评审的 12 个经验》。该报告从战略层面、有效支持层面、学习和问责层面对 OECD 成员国与民间社会合作的经验与教训进行了总结。

OECD 在 2020 年发布的《发展援助委员会成员和民间社会》这一报告基于 2012 年出版的《与民间社会合作：来自发展援助委员会同行评审的 12 个经验》，对成员支持和参与民间社会和民间社会组织的情况进行全面审查。评审发现，成员正在努力提供支持和参与的方式帮助民间社会组织最大限度地为发展做贡献，但成员的政策和做法有时达不到要求。在此基础之上，为成员和 OECD-DAC 提出了行动要点，以提高成员对民间组织和民间社会的支持和参与的有效性，作为为民间社会提供有利环境的一部分。中国民间组织参与国家发展的制度环境还非常不完善，并没有将外交政策、援助政策、民间组织管理政策进行有效打通，没有形成系统的制度环境。在不完善的制度环境下，中国民间组织走出去只能是探索性的尝试。回顾中国民间组织参与国际发展的重要历史，都与人道主义救援紧密关联，无论是 2004 年的印度洋海啸，还是 2015 年的尼泊尔地震，以及 2020 年的海外新冠疫情。基于对 OECD-DAC 成员下的民间组织参与国际发展的经验以及中国民间组织参与国际发展的状况，提出以下政策建议。首先，要尽快形成促进中国民间组织参与国际发展的专项政策以及逐步构建起相应的制度体系。其次，要设立民间组织参与国际发展的资金支持的政策工具。再次，中国政府相关部委要促进中国的社会公众以及企业等相关的社会力量支持民间组织参与国际发展的意识提升。最后，对于中国的民间组织，也要在过去形成的国内政社关系的基础之上，探索如何能够在海外的场景下形成与中国政府有效协同的模式。

本书最后一章是研究结论和政策建议。中国的对外援助从一开始就呈现鲜明的中国特色，从支持被压迫民族寻求民族独立、国家建设的革命援助，到互惠互利、支持发展中国家经济社会发展的南南合作，再到面向建构人类命运共同体的新的全球发展理念的国际发展合作体系的建构，都凸显了中国的责任与担当。在这个过程中，中国的国际发展合作也在不断吸纳西方国际发展合作的理论与实践经验和教训，在此基础上形成了与时俱进的新型的国际发展合作的理念框架和实践。当前，在逆全球化浪潮的国际形势下，中国高举维护全球化的大旗，摒弃地缘政治偏见，提出“一带一路”倡议，推动构建人类命运共同体，更是对西方长期主导的国际发展合作的一种超越。但因中国融入全球化的时间还比较短，与西方强大的话语知识生产能力相比，中国在国际发展合作中还有很多需要完善的地方。在中国的国际地位日益提升的新的历史时期，中国国际发展合作需要从以下几个方面提升在全球的影响力。首先，从构建人类命运共同体的角度和推动新型国际发展合作体系发展的角度讲，中国需要加强发展合作知识的生产。具体来说，中国需要鼓励建立相对专业化的发展合作研究机构，在各种相关的科学研究的基金框架中，设立鼓励多学科的、大规模的、着眼于全球发展的研究工作。其次，中国需要发育基于中国政治文化社会特色同时又可以与西方理论对话的新国际发展合作理论体系，从本体论、认识论和实践论三个方面构成系统的理论体系，在与西方理论进行对话和批判的基础上，产生全球影响力。再次，从国际发展合作治理与管理的角度及国际层次来看，为了更有效地提升中国在国际发展合作领域的话语权，更有效地传播中国的发展经验，也为了更有效地团结非西方国家，中国可以借鉴发达国家、OECD-DAC 的路径，可以考虑建立南南合作国际发展合作机制，将金砖国家、上合组织等不同的合作机制联系在一起，形成一个具有影响力的国家间的发展合作组织。

在管理方面，中国需要通过法律和条例的形式，规范国际发展合作预算，保证项目的可持续性。同时通过定期发布中国国际发展合作白皮书，主动向社会发布中国国际发展合作的战略和政策主张，以及取得的成就，引导社会舆论建立起基于国家安全、国家利益、面向人类命运共同体的社会公共意识。最后，在发展合作有效性提升方面，中国首先要明确，国际发展合作仅仅是推动发展中国家发展的辅助性手段。中国应该坚持南南合作的理念，应把经验分享、不强加中国的主张作为基本的原则，避免陷入类似西方发达国家那样各种各样的专家游走在发展中国家的各个部门进行所谓的政策咨询和指导的情形。建议以各种经验分享机制为主要方式，如举办经验分享研讨会、邀请发展中国家官员和工作人员在华现场培训参观等，同时强化留学生培养、建立并完善各种短期培训、对政府及社会组织的领导人和工作人员进行有针对性的培训。最后，从国际发展合作项目的执行机制方面，中国应该在继续发扬项目执行成本低效率高优势的同时建立专业队伍。但不建议鼓励发展大规模的职业化的国际发展合作公司性机构，也不建议推动国际发展合作成为一个独立的产业，而是筛选一批具有在中国从事相关领域实践工作的大学、独立科研机构、企业，对这些机构进行发展合作方面的理论知识和管理方面的培训，形成一支具有中国特色的、了解中国实际的、兼业化的国际发展合作的专家队伍。鼓励民间组织及私营部门的广泛参与，如此可以提升援助管理的效率，但需要对这些部门进行规范管理，在有效整合各种资源的基础上，形成社会合力。

本书是研究团队长期的合作成果。李小云组织研究团队、引领提出研究问题、进行研究设计、指导资料收集，主笔前言以及政策建议，并参与其他各章写作。齐顾波协调研究过程及结题工作，并主笔第三章。第一章、第二章、第四章、第五章、第六章和第七章分别由徐进、徐秀丽、唐丽霞、张传红、陆继霞和董强主笔。季岚岚参与了前言和政策建议的写作，李嘉毓参与了第一章的写作，王瑞和李航参与了第二章的写作，张秀玲参与了第三章的写作，赵文杰和刘懿锋参与了第四章的写作。

目　录

第一章　国际发展合作的理论演变与比较 …………………… 001
一　国际发展合作的现实图景 …………………………… 004
二　国际发展合作及其理论的衍化 ……………………… 007
三　中国国际发展合作的理论演变及影响 ……………… 036
四　国际发展合作的趋势与挑战 ………………………… 041
五　小结 …………………………………………………… 044

第二章　国际发展合作的知识生产与传播 ………………… 047
一　西方发展知识体系的衍化与形成 …………………… 050
二　中国发展经验中的知识要素：以中国援非的历史实践为例 ………………………………………………… 066
三　中国国际发展合作中的知识要素 …………………… 070
四　系统化支撑中国国际发展合作的知识体系构建 … 083
六　中国发展知识生产进程的推动 ……………………… 095

第三章　国际发展合作战略与政策的衍化与比较 ……… 099
一　国际发展合作的战略与政策现状 …………………… 101
二　国际发展合作战略与政策的历史演变 ……………… 117
三　比较视角的经验与挑战 ……………………………… 157
四　结论与讨论 …………………………………………… 169

第四章　国际发展合作管理体系的衍化 …………………… 177
一　国际发展合作机构的现状 …………………………… 180
二　国际发展合作机构的演变 …………………………… 188
三　面临的挑战 …………………………………………… 203
四　中国国际发展合作管理机构的演变 ………………… 211
五　经验总结与启示 ……………………………………… 217
六　结论与讨论 …………………………………………… 224

第五章　国际发展合作的有效性：话语、技术与启示 … 229
一　西方援助有效性话语变迁 …………………………… 232
二　发展合作有效性评价的技术和证据 ………………… 237
三　南方国家对国际发展合作有效性评价的贡献
及局限性 ………………………………………………… 260
四　国际发展合作评价经验对我国的启示 ……………… 272

第六章　国际发展合作中的“援助专家” ……………… 283
一　西方发展援助专家：发展项目的“掮客”
“翻译者” ………………………………………………… 287
二　中国援外专家：简要回顾 …………………………… 293
三　中国援外专家的困境与挑战 ………………………… 307
四　中西援外专家比较 …………………………………… 311
五　结论与讨论 …………………………………………… 320

第七章　民间组织参与国际发展合作 …………………… 327
一　民间组织参与国际发展合作现状分析 ……………… 329
二　民间组织参与国际发展合作的历史过程分析 ……… 341
三　民间组织参与国际发展合作的经验与教训及未来

发展方向 …………………………………………… 353
四　比较视角下中国民间组织参与国际发展合作
分析 ………………………………………………… 368

第八章　面向人类命运共同体的新国际发展合作：结论与政策建议 ………………………………… 377
一　国际发展合作知识生产的经验与启示 ………… 384
二　国际发展合作系统性理论框架的经验与启示 …… 387
三　国际发展合作治理与管理的经验与启示 ……… 390
四　国际发展合作有效性的经验与启示 …………… 395
五　国际发展合作执行机制的经验与启示 ………… 397

参考文献 …………………………………………… 401

致　谢 ……………………………………………… 434

CHAPTER

1

第一章

国际发展合作的理论演变与比较

在去殖民化的历史条件下，源于基督教教会组织传教救助行动及西方殖民者对殖民地社会经济改造的西方援助逐渐演变为国际发展援助①。20 世纪末 21 世纪初以来，在发展中国家，特别是在以中国为代表的新兴国家对国际发展援助的巨大影响下，国际发展援助又进一步衍化为国际发展合作。然而无论如何演变，作为推动国际发展的一种重要工具的实践形式，国际发展合作从未脱离理论的指导。由于西方发展援助的基本路径是，基于西方发展经验，通过对非西方世界的研究和认知生产出针对非西方世界的理论，再进而将其理论实践化和制度化，所以，自从西方援助中脱胎以来，国际发展援助就长期在西方发展理论的主导下演进。自二战结束至 20 世纪末，国际发展援助的理论框架经历了现代化理论、凯恩斯主义、新自由主义与新制度主义的迭代，本质上基于

① 参见李小云、唐丽霞、武晋编著《国际发展援助概论》，社会科学文献出版社，2009。一般来讲，国际发展援助指的是国际援助集体，包括多边的、双边的和私营的组织向发展中国家提供资金、技术或人力等方面支持的合作活动。发展援助旨在推动欠发达国家和地区的长期经济发展，这一点构成了发展援助与人道主义援助最大的区别。人道主义援助是一种短期救助行动，通常在受援国遭遇自然灾害、难民危机等紧急情况时提供。参见经合组织网站，http：//www. oecd. org/dac/financing-sustainable-development/development-finance-standards/official-development-assistance. htm。严格来讲，国际发展援助就是经合组织发展援助委员会所定义的“官方发展援助”（ODA，Official Development Assistance），即政府间的资金转移，转移的对象是中低收入国家和地区；转移的目标是促进受援者的经济发展和提升公民福利，转移的资金具有优惠性质，包括赠款和软贷款。

西方中心主义，试图通过对非西方世界的干预来同化非西方世界。进入 21 世纪，在从国际发展援助向国际发展合作的转变过程中也出现了许多理论变化，如可持续发展理论、以权利为基础的发展理论、治理理论等，这是国际发展合作实践在面临全球化进程中的新挑战以及反思自身诸多失败教训后所进行的调整。与此同时一个重要的变化是新兴国家的替代性发展合作实践也对国际发展援助的西方中心主义理论框架产生了挑战。

一 国际发展合作的现实图景

国际发展援助在一开始以发达国家向发展中国家提供援助的形式呈现。二战以后，全球进入发展时代，美国成为国际发展新的领导者，美国总统杜鲁门提出的“第四点计划”核心是通过技术援助帮助受战争摧残的欧洲国家和世界上的其他落后国家实现经济发展。在美国主导下，一系列国际多双边发展机构相继成立，包括经合组织发展援助委员会这一传统援助国“俱乐部”成立，标志着现代意义上国际发展援助体系的建立。自 20 世纪 60 年代成立以来，经合组织发展援助委员会一直是全球发展援助的最主要来源。目前，其提供的官方发展援助净值已较 2000 年翻倍。2019 年，发展援助委员会 29 个成员国向近 150 个中低收入和最不发达国家及地区提供了 1528 亿美元的官方发展援助，较 2018 年实际增长 1.4%，G7 成员国提供了这一总量的 75%。[①] 虽然冷战时期国际援助呈现明显的地缘政治特征，成为美苏不同阵营实现其政治目的的工具，

① OECD, “Aid by DAC Members Increases in 2019 with More Aid to the Poorest Countries,” http: //www. oecd. org/dac/financing-sustainable-development/development-finance-data/ODA-2019-detailed-summary. pdf, Accessed on April 16, 2020.

但苏联解体后，国际发展格局很快进入了美国领导下西方主导的国际发展援助阶段。国际发展援助在主观上是基于发达国家自身的利益及其意识形态，但客观上，发展中国家面临的发展问题及全球性挑战逐渐成为核心议题。这也意味着 20 世纪 40 年代的国际援助逐渐演变为 60 年代的发展援助。

进入 21 世纪以来，国际发展援助发生了一系列变化，其中最为显著的变化是援助提供主体的多元化。首先是越来越多的发展中国家开始向其他发展中国家提供援助。以中国、印度、巴西、南非为代表的新兴国家的对外援助强调以经济发展为导向的平等互利原则。虽然这些国家将其援助定义为南南合作或发展合作，与以官方发展援助为代表的传统意义上的发展援助存在明显的区别，但随着其提供援助力度的迅速提升、国际影响的日益增大，南南合作已经在事实上成为国际发展援助体系的重要组成部分。其次是企业公益和私人捐赠的发展壮大。新型慈善基金会的发展为国际发展援助带来了新的动能。新型基金会资金量巨大，很多聚焦非传统安全领域，如流行病防控，且致力于推动技术创新和体制创新，提供全球公共产品。例如，根据统计，2016～2018 年来自所有多双边和私营部门的援助方年均约向发展中国家卫生部门提供了 260 亿美元的优惠资金；而 2018 年，仅美国、全球基金（全称为抗艾滋病、结核和疟疾全球基金）和比尔及梅琳达·盖茨基金会（以下简称盖茨基金会）就提供了上述资金量的过半数，三者分别提供了 86 亿、33 亿和 26 亿美元。①

① OECD, "Aid by DAC Members Increases in 2019 with More Aid to the Poorest Countries," http://www.oecd.org/dac/financing-sustainable-development/development-finance-data/ODA-2019-detailed-summary.pdf, Accessed on April 16, 2020.

在此背景下，国际发展合作的概念开始取代国际发展援助的概念。也就是说，国际发展援助体系已不再是过去由美国、欧洲等西方传统援助国主导的对外援助，而逐渐转变为由传统援助国、新兴经济体、国际组织、私营部门及慈善机构等多元主体共同参与的国际发展合作体系。与此同时，虽然传统援助国仍然试图主导国际发展援助议程，但新的国际发展合作的机制开始发育。发达国家开始将援助议程转为发展议程，也开始尝试与中国等新兴国家开展三方合作。

然而，21 世纪第二个十年开始，全球地缘政治格局又一次发生变化，逆全球化思潮开始破坏二战以来特别是冷战结束以来形成的全球化格局。2020 年开始肆虐全球的新冠疫情更是加剧了这一逆全球化进程，同时也对国际发展合作格局产生了直接的影响。一方面，地缘政治与意识形态再次成为主导美国及西方国家国际关系实践的重要因素，并在很大程度上影响了其与全球最大发展中国家（中国）在国际发展援助领域的合作。疫情期间的国际援助和疫苗分配已经呈现高度政治化、意识形态化的特征。另一方面，新冠疫情对全球经济产生了严重的冲击，国际货币基金组织《世界经济展望》推测疫情使得 2020 年全球极端贫困人口增加约 1.2 亿，① 这将使得最不发达国家的援助依赖性进一步上升，势必将增加以提供无偿援助为主的传统援助国的财政负担，同时也会加大以提供经济技术援助为主要特点的新兴国家的财务挑战。这些都将影响联合国筹资体系、经合组织发展援助委员会改革进程，并进一步影响基于传统援助国与新兴国家发展合作

---

① 国际货币基金组织：《世界经济展望 2020》，国际货币基金组织官网，2020 年 9 月 30 日，https：//www.imf.org/zh/Publications/WEO/Issues/2020/09/30/World-economic-outlook-october-2020。

的更有效的全球发展合作体系的建立。

国际发展援助的首要目标是利他性的发展，从这个意义上看，国际发展援助也是实现 2030 年可持续发展议程第一个目标“消除一切形式贫困”的重要手段。但是，无法否认的是，今天的国际发展援助至少包含了三大主要目标：一是援助接受国的预期，通常是经济增长和减贫；二是援助提供国的综合战略利益，包括其政治、经济和安全利益；三是全球性目标，即普惠性公共产品的提供。要推动建立更加有效的全球发展合作体系，需要基于对国际发展援助体系的深入了解和分析。国际发展援助形成今天的复杂格局经历了长期的历史演变，其演变过程一方面打上了欧洲文明进程的烙印，一方面也不断被其他政治经济和社会文化要素所影响。简单的说，三大重要的历史变化对国际发展援助的衍化产生了关键性作用。一是欧洲的殖民主义实践；二是去殖民化之后全球进入发展时代的一系列实践；三是 21 世纪以来援助主体的多元化趋势，特别是其中新兴经济体的发展合作实践。国际发展援助包含了三个概念，即援助、发展和国际，它们共同呈现了国际发展援助的历史政治景观。

二　国际发展合作及其理论的衍化

援助是人类社会普遍存在的社会交往的实践形态。从社会进化论的角度讲，国际发展援助可以被看作人类互助行为衍化的结果。而从社会功能主义的角度看，援助首先必须是互惠的，否则援助无从实践。但是，援助在本质上又是利己的。理解人类援助的利己和利他的两面性对于理解发展援助的衍化十分重要。从某种意义上讲，现实主义视角的援助理论也正是基于这个基础。现实主义的学者倾向于认为，援助是一种国家干预行为，目的是维护援助国的国家利益。① 其中一种典型的观点认为，西方援助国的国家作为资本家的代理，会利用援助为资本的扩张创造更好的条件。② 当代国际发展援助虽然发生了很多的变化，但援助的衍化并未从根本上脱离利益关联的逻辑。也就是说，研究援助不能忽视援助在不同的共同体之间或国家之间的利益交织。去殖民化以后，全球进入了发展时代，援助成为连接发达国家与新兴的民族国家关系的重要纽带。原初的殖民者在自己的地域范围内修建学校、医院和道路的建设实践，在去殖民化以后变成了对异国的援助；同时，新兴民族国家的精英们需要继续这些实践从而完成他们的国家建设的使命，这一潮流促使援助成为跨国的国际发展援助。按照发展的轨迹，我们可以将国际发展援助按照前发展时代、发展时代和新发展时代划分为三个不同的阶段。

（一）前发展时代的援助：从“施善”到开发

虽然我们一般将二战的结束和去殖民化，特别是“马歇尔计划”和杜鲁门的“第四点计划”看作国际发展援助的起点，但从国际发展援助作为一种跨国性资源转移实践的性质看，其起源可以追溯到西方进入现代世界以及西方和非西方开始出现分野的时代。

---

① Roger Riddell, *Foreign Aid Reconsidered* (Baltimore: Johns Hopkins University Press, 1987), pp. 86-87; Carlo Lancaster, *Foreign Aid: Diplomacy, Development, Domestic Politics* (Chicago and London: The University of Chicago Press, 2007), pp. 92-93.

② Neil Middleton and Philip O'Keefe, *Disaster and Development: The Politics of Humanitarian Aid* (London: Pluto Press, 1998), pp. 16-31.

西方人将世界划分为文明与野蛮有一个漫长的过程。普雷斯顿（Peter Wallace Preston）指出：当欧洲开始与外部世界发生贸易往来的时候，他们觉得外部世界的人只是和自己文化的不同的人而已，与自己是平等的；到了启蒙主义时期，随着贸易和商业的发展，那些人逐渐以一种单纯、高贵的原始人形象投射到欧洲人的意识里；到了19世纪，欧洲殖民势力在第三世界逐渐扩张，在欧洲人眼里，那里的人又变成了未开化和不文明的野蛮人。[①] 随着社会进化主义不断深入欧洲社会，改变非欧洲人的落后就成为一项高尚的事业。因此，对于非欧洲人的援助就被看成利他性的“施善”。欧洲人相信欧洲的一切是上帝带来的，信奉上帝会带来福音。18世纪末期英国的福音教会开始呼吁向愚昧、深受压迫的民族传播基督的福音。1792年，英国人威廉·凯里（William Carey）在诺丁汉布道时提出，要把传教士组织起来，到海外去传教。1849年英国人戴维·利文斯通（David Livingstone）被伦敦传教士协会派遣到南部非洲传教。在他传教的巴克温那部落盛行一夫多妻制。利文斯通尝试说服部落首领塞凯勒放弃一夫多妻，但是没有成功。碰巧塞凯勒的儿子病了，生命垂危，利文斯通是医生，治好了塞凯勒儿子的病。塞凯勒因此认为上帝很好，于是就要求部落的人都信奉上帝。利文斯通的使命是传播上帝的福音，并非去医治当地人的疾病，但是他发现为当地人治疗可以说服他们相信上帝。而当地人发现上帝很神奇，他的使者能救死扶伤，因此开始信教。从某种意义

① 〔英〕彼得·普雷斯顿：《发展理论导论》，李小云、齐顾波、徐秀丽译，社会科学文献出版社，2011，第129页。当然西方内部并非完全同质性，其对于文明、野蛮的定义也有很大差异，笔者只是想表达西方与非西方世界的关系以及前者对后者的认识是一个变化的过程。

上讲，教会组织的海外传教掀开了现代意义上援助的序幕，[①]而卫生医疗人道主义援助则是国际援助的起点。

把教会的海外传教看作现代援助起源的原因是，现代援助是一种传播现代化的发展实践，传教则符合现代援助的主要特征。首先，现代意义的援助是有组织的，并非自发的互助行为；其次，现代援助是在先进和落后的二元范式下发生的，并且清晰地指向现代这一先进的目标；最后，现代援助是物化的。早期的基督教在海外的传教已经是一种组织行为，也具有明确的传播福音、启蒙贫穷落后的非西方国家民众的目标，很多传教士都附带着物化的工具，如很多传教士都是医生，边行医边传教，也有不少传教士精通科学、艺术。显然，一旦我们抛开先进和落后这个二元结构的政治性，那么，从援助开始的初衷可以看出，国际发展援助的理论本源来自启蒙主义的人道主义思想。卫生援助始终与传教相联系，今天世界上活跃的许多国际民间组织仍然是教会组织，其使命通常都与消除饥饿和疾病有关。这在某种程度上解释了为什么西方的大众往往热衷于给在海外从事援助的教会组织捐助，这同时也是国际发展援助在西方社会享有广泛的民众支持的原因。基于传教的援助主要从两个维度上对现代的国际发展援助产生影响。第一，无论是在欧洲本土还是海外，尤其是在海外的传教都与救助相联系，教会学校、教会医院已经成为教堂的标准化配置，这与现代援助重视教育和卫生领域的救助是一脉相承的。第二，新教传教中强调的技能示范和救助工作的结合构成了新教在全世界传教的主要特点，形成了

① Ferguson, Niall, *Empire: How Britain Made the Modern World* (New York: Penguin, 2002), p. 58.

所谓的“传教现代性”[1]。基督教传播过程中物品的重要性与为提高传教效果而不断采用的各种技术与物质的进步，对后来形成的国际发展援助产生了重大的影响。西方很多教会的辅助功能，如救助和技术示范都逐渐组织化，成为所谓的以信仰为基础的组织或非政府组织。这些组织原本只从事救助性的援助，但在进入发展时代以后也开始从事发展工作，进而成为国际发展援助体系的重要组成部分。

进入殖民时代之后，在资本主义扩张及欧洲改造非欧洲落后地区的理性主义扩张的推动下，原本服务于传教需要的援助衍化成服务于殖民需要的工具，殖民之前旨在提高传教效率的各种援助活动成为殖民者在殖民地的经济社会建设活动。但不同于以往的是：首先，殖民的目标由殖民前的单向改造转变成了同时服务于欧洲殖民者的工业和贸易，利己性目标的嵌入挑战了之前援助的利他性；其次，相较于宗教传播这一民间援助形式，宗主国对于殖民地的开发和建设活动某种意义上成为改造落后民族的官方援助；最后，与传教时代依赖传教组织和个人的物化工具不同，殖民时代开启了依靠科学和技术系统性开发落后地区的道路。殖民时代大英帝国的首相约瑟夫·张伯伦强力推行了所谓的国家主导开发和提升帝国援助的政策。他认为支持在殖民地的英国种植园的开发不仅有利于种植园本身的人口，同时也有利于种植园之外的人口。在张伯伦的主导下，位于伦敦的负责殖民事务的官员开始雇用卫生和植物学顾问来发展热带医学和热带农业。利物浦和伦敦的热带医学院及邱园的皇家植物园的建立标志

---

① Barnett, Michael and Janice Gross Stein eds., *Sacred Aid: Faith and Humanitarianism* (Oxford and New York: Oxford University Press, 2012), p. 167.

着殖民者在殖民地的开发逐渐步入了现代科学和技术的轨道。基于这一框架，英国殖民当局设立了首席殖民顾问。1897 年设立了首席卫生顾问，1929 年设立了首席农业顾问，其后分别设立了教育、劳工和社会福利、水产、营养、畜牧兽医和林业等方面的顾问。不仅如此，英国殖民当局还组建了一系列的专家委员会，如 1905 年设立的地理和矿业资源咨询委员会、1907 年设立的殖民兽医咨询委员会、1909 年设立的热带医疗卫生委员会、1923 年设立的非洲本土教育委员会以及到 1947 年为止分别设立的农业、林业和兽医，社会福利，经济发展等 20 多个咨询委员会。[①] 殖民当局的这些开发举措为其后的国际发展援助的形成提供了制度和实践的经验。

与教会在传教地区建设医院的目的不同的是，殖民当局的热带医学主要是为了服务于殖民者的需要。张伯伦用他自己作为伯明翰市长期间清除了那里的贫民窟的“卫生精神”来清理热带。[②] 非洲西部海岸是热带疾病的天堂，也是白人的“坟墓”。英国殖民者的目的很清楚，要把热带非洲变成适合欧洲人居住的热带非洲。1890 年之前，瘴气理论主导了热带病的治疗与预防，其主要的观点是疾病是从身体和不健康的环境中自发产生出来的。[③] 按照这一理论，不卫生的环境和气候条件，如污物、垃圾、高温和雾以及某些地理位置是导致疾病的主要原因，因此卫生是公共医学的基础性措施。1860

---

① Joseph Morgan Hodge, *Triumph of the Expert: Agrarian Doctrines of Development and the Legacies of British Colonialism* (Athens: Ohio University Press, 2007), pp. 10-11.

② Julian Amery, *The Life of Joseph Chamberlain, Vol. 4, 1901-1903: At the Height of His Power* (London: Macmillan, 1951), pp. 222-223.

③ Mark Harrison, "Tropical Hygiene: Disease Theory and Prevention in Nineteenth-Century India," In *Public Health in British India: Anglo-India Preventive Medicine, 1859-1914* (Cambridge: Cambridge University Press, 1994), pp. 36-39.

年巴斯德的微生物学理论极大地改变了欧洲的生物学和医学知识。该理论的出现极大地推动了殖民当局主导的热带医学研究，并促成了热带医学的专业化。按照巴斯德的理论，热带非洲的疾病主要是带菌的寄生性生物传染病，由此发育出了热带疾病生物学和病原学以及基于个人预防的新的热带疾病的治疗和预防理论。发展热带医学就是为欧洲的殖民官员、商人和专家提供保护。① 1897 年，英国著名的热带病专家帕特里克·曼森（Patrick Manson）出任英国殖民地首席卫生顾问，在他的主导下于 1899 年建立了新的伦敦热带医学院，并开始在全国范围的医学院开设热带医学讲座和培训热带卫生专家。殖民者在殖民地的医疗卫生建设虽然继承了教会的医疗救助的传统，但是资本主义的扩张很大程度上异化了援助的目标，同时也对国际发展援助的发展产生了影响。首先，卫生援助由旨在救助土著居民转向保证欧洲人自身的健康安全。事实上，当代国际发展援助中重要的全球卫生合作的起点恰恰也是利己考量的嵌入，2020 年初新冠流行后各国对于世界卫生组织的捐赠也明确地反映这个基点考量。其次，殖民当局推动建立的热带医学体系以及一整套基于微生物病原传播的预防机制至今仍是发展中国家公共卫生体系的基本结构。最后，殖民时代建立起的热带医学为今天国际发展援助中的卫生援助提供了从专家到疾病流行评估再到治疗的一整套的技术援助方案。

除卫生援助之外，农业开发也是国际发展援助发端的另一个重要方面。殖民者在殖民地的农业开发主要是为了满足

---

① Michael Worboys, "Germs, Malaria and the Invention of Mansonian Tropical Medicine: From 'Diseases in the Tropics' to 'Tropical Diseases'," *Clio Med* 35 (1996): 181-207.

初期资本主义在全球扩张对于农产品的需要，主要包括茶叶、棉花、可可、蔗糖等。英国殖民当局从 19 世纪末期开始实行“科技兴殖”的策略。在张伯伦的主导下，英国殖民当局建立了热带植物园以及遍布全世界的植物园网络。热带植物园的功能是通过其全球的网络培育、传播各种经济作物和园艺作物，金鸡纳树和橡胶树在全球的传播就是典型的例子。英国皇家植物园在 1880~1890 年进行了重组，主要是在西印度群岛和西非建立小型植物园，并以此为基础逐渐形成海外农业试验和推广中心。① 与热带医学的变化一样，这个阶段也是植物学和农学开始向科学化转变的时代。长期以来，植物学只限于对植物进行形态学的观察和分类，随着传统植物学向以现代化学和物理学为基础的实验植物生理学的转变，一系列相关的学科如生态学、土壤学、生物化学、昆虫学等逐渐出现，随之孕育出了农药和化肥工业。剑桥大学的比芬（Biffen）成功地将植物遗传学与植物病理学相结合，进行抗病育种，标志着现代农业科学开始出现。② 英国殖民当局利用现代农业科学推动殖民农业开发的起点是在西印度群岛按照张伯伦的殖民意识形态将农业科学制度化。英国殖民者在西印度群岛建立了围绕解决甘蔗生产问题的一系列机构，如皇家西印度群岛农业局，任命了该地区的皇家农业专员，派遣农业技术员并开展系统的甘蔗生产的农事研究和推广活动。除了在西印度群岛，英国殖民当局还在西非的塞拉利昂和尼日利亚植物园展开工作。这些早期的工作虽然主要服务于英

---

① Joseph Morgan Hodge, *Triumph of the Expert: Agrarian Doctrines of Development and the Legacies of British Colonialism* (Athens: Ohio University Press, 2007), p. 57.

② E. John Russell, *A History of Agricultural Science in Great Britain* 1600–1954 (London: Allen and Unwin, 1966), pp. 208–213.

国殖民者的种植园，但由于种植园的个人都是本土居民，农业技术培训的目标群体实际上也是当地人。英国殖民当局在西印度群岛和西非农业的开发主要通过农业应用研究和示范推广来进行。工作的主要方式是由殖民行政机构和植物园雇用农业咨询专家指导示范户将新的技术向当地农民推广。虽然英国殖民当局主导的海外农业开发与今天的国际发展援助的使命完全不同，但是，这些活动依然对国际发展援助的衍化产生了影响。首先，尽管殖民者认为殖民是改造殖民地人民的重要手段，但是殖民当局主导的在殖民地的农业开发完全是资本主义扩张的一个组成部分，并非殖民地人民自身的经济发展活动，这一点也延续到日后援助国对援助活动的主导性上。其次，殖民当局在殖民地进行农业开发的机构设置对于后来联合国粮农组织的形成发挥了积极的作用。早期粮农组织的结构和功能基本复制了殖民时代农业开发机构的功能。再次，殖民农业开发的实践，如由市场主体负责的项目制度、研究—实验—示范—推广的机制、派出农业技术专家、雇用咨询专家、建立示范户等都成为今天全世界在采用的援助方式。最后，由于农业推广培训的对象是在种植园雇用的当地农民，这些实践客观上为其后在发展中国家展开农业援助提供了丰富的经验。与有着教会传教基础的卫生援助不同的是，虽然农业并非援助的初级形态，但是，殖民农业的开发过程促进了很多日后使用的国际发展援助的方法和路径的形成。也正是殖民时代的农业开发才使得农业被嵌入国际发展援助体系，并成为一个重要领域。

国际发展援助是按照互助—改造落后地区人民—支持落后地区发展这个逻辑衍化的。这个衍化的过程充满了基于利他和利己的各种要素的嵌入与融合，从而使得援助成为政治而人道主义思想和科学主义精神在某种意义上成为西方援助的思想理论先导。

（二）发展时代的援助：发展教义的扩张

欧洲国家在殖民地的援助虽然宣称是改造殖民地的落后面貌，促进殖民地走向文明，但其实质是为殖民经济服务的自利行为，殖民地的发展只是其行为的一种附带结果。对殖民地的援助不涉及国家与国家之间的关系，随着去殖民化的发展以及二战后民族国家的纷纷独立，援助才逐渐成为构建国家间关系的重要工具。

1919 年，孙中山先生致函美国商务部长威廉·瑞德菲尔德（WilliamC. Redfield），附上了他写的“国际社会共同开发中国纲要”（Sketch Project for the International Development of China）①，以寻求美国对中国的援助。瑞德菲尔德回函说“我同意中国的经济发展不仅对于中国，而且对于全世界都具有极大的好处”，但是，他指出这个设想需要花费几十亿美元，中国当时业已债务累累，无法偿还。孙中山则坚持援助中国之于维护世界和平意义重大，他写道：“威尔逊总统提出通过建立国联的形式结束军事战争，而我则建议通过共同发展中国形成的合作和互助来结束贸易战。”孙中山认为共同开发中国的计划不仅能使参与的国家在经济上受益，也能极大地促进人类的兄弟友谊并为国联做出示范。孙中山还指出中国的

---

① 后来孙中山在该文基础上完成了《建国方略》一书，为中国描绘了宏伟的工业化发展蓝图。参见 Sun Yat-sen, *The International Development of China*, 2nd ed.（New York：G. P. Putnam's Sons, 1929）, pp. 8-9, 257-258；C. Martin Wilbur, *Sun Yat-sen：Frustrated Patriot*（New York：Columbia University Press, 1976）, pp. 96-111。

发展需要外资，但是如果不能对中国进行投资，至少可以向中国派出专家和发明者来帮助中国实现工业化。当然，瑞德菲尔德的回信是很明确的，世界列强并无支持中国发展的任何兴趣。可以这么说，孙中山不仅是在中国系统提出引进外资、专家和技术以实现中国工业化的第一人，而且某种意义上，他也是国际发展援助概念的创始者。孙中山是在欧洲殖民主义达到高峰并出现利益冲突的背景下第一个提出基于国家间利益关系的援助的人。当时的发达国家虽然都在殖民地实施开发工作，也积累了丰富的海外援助的经验，但是孙中山所提出的对一个独立国家开展援助的建议并未在发达国家中产生反响。事实上，孙中山的建议也是基于欧洲理论先驱们的基本思想。正如孟德斯鸠认为社会的进步受到一些基本结构的驱动，亚当·斯密进一步指出经济合作的基础性作用，农业、工业和贸易进步的历史都基于不断扩大的全球经济合作，尽管一个国家的发展会受到地理和资源的制约，但是这一发展的路径对于每一个国家都是开放的。① 实际上，孙中山也不是唯一提出通过援助促进发展的人。1923 年，埃塞俄比亚的海尔·塞拉西皇帝致信国联，提出埃塞俄比亚需要在繁荣的条件下发展自己的国家，因此申请加入国联。他对于将埃塞俄比亚改造成为文明国家的使命不感兴趣，并直言需要来自发达国家的资金和技术。② 孙中山和塞拉西的建议将援助

---

① Emma Rothschild, *The Inner Lives of Empires* (Princeton: Princeton University Press, 2011), pp. 132-133; Jonathan Israel, *Enlightenment Contested* (Oxford: Oxford University Press, 2006), pp. 22-23; Anthony Brewer, "Adam Ferguson, Adam Smith, and the Concept of Economic Growth," *History of Political Economy*, Vol. 31, No. 2 (1999): 237-254.

② Harold G. Marcus, *Haile Selassie*I (Berkerley: University of California Press, 1987), pp. 53-54.

放在了国家与国家之间的关系层面并与世界和平相联系，同时他们也将援助与一个国家的经济发展相联系，可以说是将国际、发展和援助真正连接起来并开启了“国际发展援助”这一概念的先河。

国联在国际发展援助的逐渐形成中发挥了很大的作用。第一次世界大战对正在发展中的欧洲资本主义造成了巨大的破坏。战后各国签署的凡尔赛条约的中心议题是如何保证世界的持久和平。该条约一个最重要的成果是国际联盟的建立。西方国家认为，避免战争和确保世界和平的主要手段是国际合作，因此，通过建立国际联盟这一国际组织可以很好地沟通和协调各国的立场，并促进各国在一系列问题上达成协议，从而避免战争。为了使国联在减少冲突和维护和平方面真正发挥作用，国联认为仅仅依靠在国际范围之内召开国际会议、签署一般性协议并不能够有效地避免冲突。世界大战发生的根本原因是国家之间经济发展的不平衡。因此，虽然从成立伊始国联就开始关注人道主义问题，如毒品贸易、奴隶买卖和贩卖妇女儿童等，但其建立之初已经提出把国际合作的重点放在经济事务上。为此，国联设置了经济委员会（职能相当于今天的联合国经济及社会理事会）。1926 年，国联的经济委员会主席宣布了国联对于全球经济的主张。这些主张将亚当·斯密的理论观点系统化，第一次提出了通过合作促进全球经济发展的框架。以人道主义和安全含义为主的援助开始在全球多边合作的机制中与发展相挂钩。大萧条则促进了这一主张的成型。1935 年，国联成立了“营养问题混合委员会”，该委员会召集了国联相关机构的专家展开了对全球食物状况的分析，研究报告提出了全球食物获取的不平等以及全球层面的消费和贫困问题。[①] 这一行动不仅为联合国粮农组织的成立奠定了基础，同时也将粮食安全问题嵌入全球合作的议程之中。国联同时也支持收集各国的数据，以便建成一个可资比较的全球生活水平的数据库和标准，并支持各国估算国家的收入状况。[②] 国联早期的这些工作为联合国成为指导全球发展议程的多边机构奠定了坚实的基础。需要注意的是，即使国际发展援助体系中的多边机构坚持多边性，但事实上它们倡导和践行的发展理论和援助方式在总体上仍是欧洲意识形态的产物。

综上可见，二战之前，以人道主义和教会救助为主体的国际援助出现了复杂的变化。首先，殖民主义者的开发开始由“文明的使命”向“帝国的知识和资本”转变，这充分反映在大英帝国 1940 年颁布的《殖民开发与福利法案》（Colonial Development and Welfare Acts）和法国殖民政策的一系列变化上；[③] 其次，国联认为国际合作应该是相互帮助而不是互惠性的合同，这为其后的国际发展援助超越传统的给予和回报奠定了基础；再次，国联确定的以知识和经验分享为主的国际合作超越了根据凡尔赛公约建立国联时确立的防止战争发生的安全要素考量，提出了通过科技合作拓展人类福利、

① Iris Boroway, *Coming to Terms with World Health: The League of Nations Health Organization* (Frankfurt am Main: Peter Lang, 2009), pp. 379–394; Nick Cullather, *The Hungry World: America's Cold War Battle against Poverty in Asia* (Cambridge, MA: Harvard University Press, 2010), pp. 32–33, 38.

② Patricia Clavin, *Securing the World Economy: The Reinvention of the League of Nations 1920–1946* (Oxford: Oxford University Press, 2014), pp. 172–179; Daniel Speich, "The Use of Global Abstractions: National Income Accounting in the Period of Imperial Decline," *Journal of Global History*, Vol. 6, No. 1 (2011): 7–28.

③ Frederick Cooper, "Development, Modernization, and the Social Sciences in the Era of Decolonization: The Examples of British and French Africa," *Revue d'Histoire des Sciences Humaines* 10 (2004): 9–38.

提升人类生活水平，从而维护世界和平的“积极安全”的概念；[①] 最后，通过国联的努力，援助与发展有机融合，知识和技术、科技、专家、技术援助成为具体的援助手段，更为重要的是各国的发展和向经济不发达的国家提供援助成为国联成员国的共识，国际发展援助的雏形基本形成。

二战结束以后，国际合作发生了重大变化。联合国取代国联成为新的国际合作的平台。国联设置的不同的委员会也逐渐转型为不同类型的联合国机构。二战后国际合作最重要的特点是将国联建立之初提出的经济发展的思想转变成国际发展的思想，国际合作因此进入发展的世纪。在这个新的发展世纪，一系列多双边发展机构纷纷成立，正式的发展援助行动开始实施。1943 年，美国和英国为布雷顿森林会议准备了文件，这是为即将成立的国际货币基金组织和国际复兴开发银行（世界银行前身）所做的准备，他们将这个文件交给当时的中国政府征求意见。中国政府认为这个计划没有充分考虑落后国家的经济发展和工业化问题。蒋介石告诉媒体：“我们想要发展，不想和谁竞争。美国和联合国的其他成员应该援助战后中国的经济发展。”[②] 在中国和其他国家的努力下，为欠发达国家提供发展援助的条款最终写入了世界银行的文件中。历史是富有戏剧性的，中国是第一个提出发达国家应该援助发展中国家经济发展的国家，这个建议一开始没有被采纳，但是几十年以后中国的坚持最终推动了这一议程的实

---

① Patricia Clavin, *Securing the World Economy: The Reinvention of the League of Nations 1920-1946* (Oxford: Oxford University Press, 2014), pp. 231-240; Randall M. Packard, *A History of Global Health: Interventions in the Lives of Other Peoples* (Baltimore, MD: Johns Hopkins University Press, 2016), pp. 51-90.

② Eric Helleiner, *Forgotten Foundations of Bretton Woods* (Ithaca: Cornell University Press 2016), pp. 9, 191-200.

践。更富有戏剧性的是，在孙中山提出国际发展援助概念一个世纪以后，中国也成为世界上最有影响力的援助提供国之一。1944 年 7 月，布雷顿森林会议召开，通过了布雷顿森林协定，决定成立国际货币基金组织和国际复兴开发银行。国际货币基金组织的职责是检查货币汇率和各国贸易情况、提供技术和资金协助、确保全球金融制度正常运作。简单来讲，如果某国经济出现重大问题或金融体系出现问题，国际货币基金组织可以提供贷款来稳定该国财政。世界银行最初的使命是帮助二战中受破坏的国家重建，后来则逐渐转向支持亚非拉等发展中国家的经济发展、提升其人民生活水平。1948 年的春天，世界银行总裁约翰·杰伊·麦克洛伊（J. McCloy）首次访问了拉丁美洲的哥伦比亚，他向哥伦比亚总统建议世界银行向哥伦比亚派出一个专家组为哥伦比亚制订发展规划。第二年，世界银行向哥伦比亚派出了由农业、公路、工业、健康、金融和铁路专家组成的综合专家团队。这标志着，基于布雷顿森林协定的国际发展组织的使命由欧洲的战后复兴转向发展中国家的经济发展。① 世界银行在哥伦比亚的首次行动奠定了国际发展援助通过多边机制运行的基本框架，即专家实地研究—提出发展规划—形成财政援助计划—实施旨在推动现代化的各专项建设—对于建设展开评估。可以说，国际货币基金组织和世界银行等多边机构的形成，为国际发展援助提供了资金和制度支持。

1947 年，美国国务卿马歇尔在哈佛大学做演讲，提出了“欧洲复兴计划”，即著名的“马歇尔计划”，美国对被二战破坏的西欧各国开展经济援助，协助其重建。“马歇尔计划”

① William Easterly, *The Tyranny of Expert: Economists, Dictators, and the Forgotten Rights of the Poor* (New York: Basic Books, 2014), p. 106.

历时四年，西欧各国获得美国金融、技术、设备等各种形式的援助约130多亿美元，绝大多数受援国的经济都恢复到了战前水平，为这些国家之后20多年的高速经济发展奠定了良好的基础。虽然“马歇尔计划”宣称只与饥饿和贫困作战，但是事实上一开始就被用于遏制共产主义的发展。[①] 1949年1月20日，美国总统杜鲁门在就职演说中提出美国全球战略的四点行动计划，并着重阐述了第四点，[②] 即对亚、非、拉等不发达地区实行经济技术援助的计划。这就是“第四点计划”，又称“落后地区开发计划”。这是一项利用美国先进的科学和发达的工业来改进和发展不发达地区的计划。根据“第四点计划”，美国国会于1950年6月通过了“援助不发达国家”的法案。到1951年底“第四点计划”已扩展到33个国家。“第四点计划”强化了美国在资本主义世界的领袖地位，拓展了其在发展中国家的势力范围。“第四点计划”所开创的一系列对外援助计划，一直延续到今天，对世界政治和经济格局产生了重大而深远的影响。

20世纪60年代之前，国际发展援助主要是由美国、世界银行以及部分联合国机构实施，国际发展援助的体系也并未完全建立。20世纪60年代以后，欧洲国家和日本都取得了快速的发展，主要援助国纷纷建立援助机构，发达国家和多边机构的发展援助的机制性框架基本建立。1960年，加拿大设立了援外办公室，1968年更名为加拿大国际发展署；1961年，法国成立了合作部，即法国发展署（AFD）的前身，主要负责对独立的发展中国家特别是非洲国家提供援助；1961

---

① Melvyn P. Leffler, *A Preponderance of Power* (Stanford, CA: Stanford University Press, 1992), p. 163.

② 前三点计划是：支持联合国、“马歇尔计划”、援助自由世界抵御侵略。

年，美国颁布对外援助法案（Foreign Assistance Act），并在此基础上成立了美国国际发展署（USAID）。在马歇尔计划基础上逐步发展起来的经济合作与发展组织（OECD）在美国的领导下又于1960年成立了发展援助委员会（DAC），制定了国际发展援助的一系列制度规则，以规范和控制西方主要援助国。发展援助委员会的成立标志着双边国际发展援助体系的正式形成。① 1960年世界银行正式发起建立了国际发展协会（IDA），开始向发展中国家提供长期性的优惠发展贷款，标志着世界银行作为多边国际发展援助机构功能的完善。与此同时，区域性的发展银行如亚洲开发银行等也在这个阶段成立。1961年联合国发布第一个“发展的十年战略”并成立了联合国开发计划署（UNDP），与其他联合国机构共同构成了联合国多边发展机制。同期，福特基金会和洛克菲勒基金会开始支持南亚地区的绿色革命计划。到20世纪60年代，从机构和功能的角度讲，国际发展援助体系形成了多边、双边和各种民间国际组织构成的完整的体系，全球进入以援助促进发展的黄金时代。

提供发展援助主体的多元化导致了某种程度上援助与利己目标和安全背景的脱嵌，并推动了国际援助向发展援助的转变。首先，由于1961年之前双边援助主要是由美国提供，而美国援助的主要动因是安全和外交利益，特别是遏制共产主义扩张。随着欧洲和日本开始提供发展援助，这一局面开始改变，因为这些国家并非完全按照美国的战略利益部署援助，如英、法等国更加重视对前殖民地的道德债，日本则一定程度怀抱对东亚国家进行战争补偿的动机，加上欧洲国家

① 李小云、马洁文、王伊欢：《论“全球有效发展合作伙伴”议程的演化与前景》，《学习与探索》2017年第6期。

具有长期的人文主义的传统，因此，促进落后地区发展的“道义责任”冲击了美国的战略利益优先的战略。其次，20世纪70年代以后，世界银行和联合国的发展组织在国际发展体系中形成了较大的影响，这些组织政治化程度低，本身对于在援助中优先考虑国家战略利益也形成了某种制约。最后，随着非政府组织的发展壮大，它们逐渐成为国际援助的重要实践力量，由于其主要的实践集中在卫生、教育等发展领域，它们也经常游说政府将援助资金用于发展领域，[①] 这也推动了国际援助对援助国国家利益考量的弱化，以及对受援国发展目标的强化。当然，需要指出的是，除了民间的发展组织外，无论世界银行，还是联合国发展组织以及区域性发展组织，其资金仍然主要来自美国。例如，虽然世界银行的援助根据其章程而言是中立的，但是由于出资比例界定的董事会决策机制的限制，世界银行无法完全做到中立。因此，国家利益要素还是成为世界银行提供发展援助的“影子影响因素”。

从20世纪40年代到90年代的半个多世纪中，国际发展援助经历了从基于凯恩斯主义的国家干预理论到新自由主义的市场改革理论的范式转变。冷战结束后，基于政治视角的现实主义国家利益理论日益隐于幕后，基于经济视角的发展理论、管理理论则迅速走向台前。在相当长一段时间里，国际发展援助所坚持的理想模式，是把西方成功的工业化模式通过国际发展援助的形式全盘搬到发展中国家。而发展中国家的工业化过程首先需要解决的是资金、技术和人力资本不足的问题。因此，国际发展援助通过从援助国引进资金、技

① Carlo Lancaster, *Foreign Aid: Diplomacy, Development, Domestic Politics* (Chicago and London: The University of Chicago Press, 2007), p. 89.

术并对受援国进行人力资本培训的方式，来缩短受援国的经济发展进程。

20 世纪 40 年代到 60 年代的现代化理论时期，唯增长论成为影响国际发展援助的主要理论思潮。大推进理论、均衡发展理论、经济起飞理论等，都反映了这一主导思想，并对不同阶段的国际发展援助发挥了重要的指导作用。新古典发展理论对于资本积累在经济发展中的作用非常重视。经济学家哈罗德和多马以凯恩斯的“收入决定论”为理论基础，论证了资本积累对于经济发展的作用。早期的国际发展援助策略即通过国际发展援助提供受援国急需的资金，来刺激投资和增加就业，推动受援国的经济增长。钱纳里和施特劳斯则进一步提出促进经济增长的资本由国内储蓄和国外资本两部分组成，而发展中国家普遍存在“储蓄缺口”和“外汇缺口”这两大缺口。两缺口模型从理论上界定了国际发展援助的重要功能是为受援国填补外汇缺口，同时也通过对受援国生产领域的投资，提高受援国国民的收入，并进而提升其储蓄水平。此外，罗森斯坦·罗丹提出的“大推进”理论认为应以一定的速度和规模投资于众多的工业部门，从而冲破经济增长的“瓶颈”，罗斯托的多阶段增长论则强调经济起飞阶段对于经济发展至关重要，必须将有限的资金投资于效益最大的产业部门，以不均衡的增长推动经济起飞。在经济增长导向理论的影响下，早期的国际发展援助特别注重启动和维持经济增长所必需的物质、资金积累和充分就业，鼓励受援国制订部门发展计划，提高经济部门的投入产出效率。与此同时，进口替代和出口战略也成为许多受援国的主导经济发展战略。

20 世纪 60 年代西方工业化国家针对非西方发展中国家单

纯追求经济增长的国际发展援助并未达到预期效果，相反出现了许多始料未及的问题。20 世纪 70 年代的国际发展援助进行了大量的反思和理论创新，并进行了战略上的调整。这一阶段，依附理论指出发达国家和发展中国家在国际经济中存在中心—外围的依附结构，因此发展中国家需要摆脱依附地位，推行工业化发展战略。此外，发展理论开始重视农业农村发展、非正规部门、人力资本在经济增长中的作用，这一时期的国际发展援助提倡帮助受援国发展独立的经济体系，提出了综合农业发展和综合农村发展战略，也开始支持受援国非正规部门的发展，并将人力资源建设作为重要的支持方向。

在许多受援国长期奉行外债支撑的进口替代和出口主导的经济发展战略之后，20 世纪 80 年代，拉美受援国的债务危机爆发。以美国为首的西方援助国及国际多边援助机构共同提出了解决危机的“华盛顿共识”，推行财政节约、私有化及市场自由化的措施。这实际上是新自由主义理论思潮影响下强调市场作用最大化、政府干预最小化的经济政策。此外新制度经济学在这一时期针对受援国的发展困境提供了理论上的创新。新制度经济学认为发展困境的主要原因不在于资本、技术和劳动力等生产要素的缺乏，而在于缺乏高效使用经济发展资源的制度要素。这使得国际发展援助将受援国的制度改革作为重要的援助内容。这也是非洲结构调整政策的起因。与此同时，援助的提供方式也开始发生变化，越来越多的民间组织参与到援助中，民间组织和私人资本提供的援助开始增加。

20 世纪 90 年代，随着冷战的结束，援助国集团此前在意识形态考量下推出的大量援助失去了存在的根基，加上援助中长期存在的无效和低效现象，催生了“援助疲劳”的现象。与此同时，原东欧社会主义国家也出现了一系列的发展危机。针对这些问题，西方援助国仍然继续使用“华盛顿共识”的解决方案，推行彻底的私有化改革，取消政府对经济的一切干预。

在新自由主义和新制度主义理论的双重影响下，国际发展援助开始寻找解决腐败、援助浪费问题的方案，从制度上规范政府在经济发展中的角色。西方援助国在提供援助时附加了更多的条件。

（三）新发展时代的援助：从一元到多元

国际发展援助从 20 世纪 80 年代开始酝酿新的变化。西方出现的后现代文化理论思潮从认识论的角度动摇了主导国际发展的单一元叙事。这一思潮虽然是文化层面的，但是对于国际发展的影响则是深远的。后现代思潮倡导多元异质性，国际发展体系长期以来无论是理论还是经验都是基于西方经验，20 世纪开始对于替代发展模式的倡导正是对于多元发展路径的探索。同时，国际发展领域不仅在理论体系上是单一的，其主导力量也是单一的。后现代思潮推动了传统结构主义的解体，也带动了国际发展援助体系的变革。后现代思潮同时也引发了一系列的后发展议程的出现，如环境保护和气候变化。这些因素都对国际发展援助体系的衍化产生了重大的影响。冷战的结束使得全球出现了短暂的去结构化趋势。国际发展援助的议程开始向全球化的发展议程整合。

从宏观上讲，基于传统发展经济学理论的国际发展没有取得预期的效果，对于国际发展援助的批判日趋增加。同时受到后现代思潮的影响，环境和资源以及气候变化问题开始成为国际发展援助领域的重要议题。值得一提的是，环境资源和气候变化被建构成了人类共同的安全问题。与核威胁和其他军事威胁不同的是，环境资源和气候变化并无威胁的主体，无法建构出对立的结构关系，而是全人类共同面对的挑战。非传统安全问题直接影响人类社会的可持续发展，因此在可持续发展议题的框架下，非传统安全问题开始嵌入国际发展援助的体系中。1987 年联合国环境与发展委员会发布《我们共同的未来》报告，1992 年联合国召开世界环境与发展大会，大会通过了《里约环境与发展宣言》，同年，联合国通过了联合国气候变化公约框架。环境资源和气候变化问题几乎成为所有提供发展援助的国家和组织最为重要的资助领域。虽然，20 世纪 80 年代，西方主导的国际发展援助的效果开始受到质疑，主导的新自由主义理论模式受到了挑战；但是，环境资源和气候变化的议题还是在西方的主导下形成了。将环境资源和气候变化转变成非传统的人类社会的共同安全问题是西方发展知识体系的绿色主义思潮的再生产。① 提供医疗和教育援助是欧洲教会援助的基本形态，但是二战前后逐渐形成的理论认为经济发展是改变落后地区面貌的根本措施。所以，国际发展从其体制化开始就是基于经济增长的理论，国际发展援助的任务就是提供资金和技术。这一局面到了 20 世纪 70 年代开始改变。1973 年，美国在其对外援助的政策中加入了人类发展和人权的要素，美国通过其影响力将以人权为基础的社会发展理念引入联合国发展系统和世界银行等机构。1976 年，国际劳工组织正式提出基本需求战略。1990 年

① 李小云：《发展援助的未来：西方模式的困境和中国的新角色》，中信出版社，2019，第 78 页。

联合国开发计划署发布《人类发展报告》。这些都标志着国际发展援助的理念开始由促进经济增长转变为推动社会发展。减贫议题的出现是国际发展援助议程衍化的重要指标之一，1994 年，经合组织发展援助委员会提出将减贫作为衡量援助效果的主要指标的建议。1995 年，提供国际发展援助的西方国家的部长，世界银行、国际货币基金组织及其他一些机构的负责人在巴黎开会讨论发展援助的有效性问题，一致同意将减贫作为援助的主要目标。1996 年，经合组织发展援助委员会发布了“重塑 21 世纪发展合作战略”（Shapingthe 21st Century：The Contribution of Development Cooperation），该战略明确了减贫是发展援助的中心任务。这个战略直接影响了联合国千年发展目标的制定，并继续影响了联合国可持续发展目标的形成。冷战结束以后的一段时间，国际发展援助在意识形态相对弱化的条件下逐渐形成了环境资源和气候变化以及减贫的议程。这些议程超越了以往援助的利己性和与传统安全利益捆绑的特点，大大提升了国际发展援助的全球公共性。然而，国际发展援助这种内涵式发展的时间很短。随着“9·11”事件的发生，安全问题再次开始影响国际发展援助的衍化。

国际发展援助的衍化经历了很长的历史阶段。各种不同的因素都对这一衍化过程产生了影响。但是，国际发展援助的体制化则与美国对外政策的衍化直接相关，这是理解国际发展援助的基点。无论是美国推动世界银行等国际组织的建立还是发起马歇尔计划都与其后形成的冷战相关。所以，国际发展援助总体上可以看作东西方冲突的产物之一，这突出反映在援助资源的分配上，这一格局一直持续到柏林墙的倒塌。[1] 冷战的结束一定程度减弱了国际发展援助的政治化趋势，但是这一状况很快就由于“9·11”事件的发生出现了变化。“9·11”事件之后，美国重新确立了安全的新威胁——恐怖主义。美国的全球安全战略迅速转向应对恐怖主义。应对恐怖主义这一非传统安全要素很快嵌入了美国国际发展援助的计划中。虽然发展援助从未作为工具与安全问题直接挂钩，但是发展援助，特别是双边机构提供的援助一直都是安全问题的辅助工具。“9·11”事件之后，美国将其提供的发展援助直接与军事手段相挂钩。当军事干预无法有效确保应对脆弱性时，发展援助成为稳定社会和恢复国家能力的手段，如美国在阿富汗和伊拉克的发展援助计划。[2] 发展援助与安全的关系由凡尔赛公约确定的“发展促进安全”的概念转向“发展稳定安全”的概念。由于美国在国际发展援助体系中的影响力，很多西方国家的双边援助计划以及多边发展援助机构也响应美国的行动，从而使得国际发展援助与安全问题的联系达到了前所未有的程度。当然，国际发展援助与安全的联系并非从“9·11”事件以后才开始。各种武装冲突之后一般都能见到发展援助投入的增加，但是将发展援助的计划与安全问题直接挂钩则始自“9·11”事件之后。不仅如此，在最近20年中，随着难民问题逐渐衍化为一个全球性问题，发达国家成为难民问题的主要受害方。欧盟将对土耳其实行援

---

① Stephan Klingebiel, *Development Cooperation*: *Challenges of the New Aid Architecture* (Palgrave Pivot, 2014), p. 9.

② Stephan Klingebiel, “Converging the Role of Development Policy and Security Policy? New Approaches in Africa,” in Klingebiel eds., *New Interfaces between Security and Development*: *Changing Concepts and Approaches* (Bonn: German Development Institute, 2006), pp. 127 – 145; Stephan Klingebiel, *Development Cooperation*: *Challenges of the New Aid Architecture* (Palgrave Pivot, 2014), p. 10.

助的条件明确为土耳其协助欧盟国家解决难民问题。到了2020年，随着新冠疫情在全球的蔓延，紧急援助及应对公共卫生风险等非传统性的安全问题又成为国际发展援助的重要议题。事实上，国际发展援助从未与自利性的因素相脱离。第一次世界大战的重大教训是国家之间经济的不平衡。凡尔赛公约决定建立国联的目的是通过国际合作减少战争，国联认为仅仅通过条约和大会无法解决问题，需要援助形态的知识和技术转移，和平需要通过促进生活水平的提升来实现，国联将其称为“积极安全”（positive security）。[①] 援助经济发展解决安全问题是发达国家出于自身安全实施援助的基本考量，也是发达国家提供援助基本的社会支持共识。所不同的是，随着全球格局的不断变化，新的全球议题不断出现，国际发展援助也不断衍化，逐渐复杂化。

进入21世纪以来，国际发展援助最为显著的变化是援助提供主体的多元化。虽然，二战以后，苏联主导的社会主义阵营也提供经济技术援助，援助的对象是倾向于社会主义的发展中国家。但是这一援助一直没有进入以美国为代表的国际发展援助体系中。冷战结束以后，这一援助体系基本瓦解。冷战结束以后，很多原社会主义国家逐渐成为国际发展援助的接受国，标志着这些国家被整合到了西方主导的国际发展援助体系中。与其他国家不同的是，中国在接受国际发展援助的同时，仍然以南南合作的方式继续向其他发展中国家提供援助。随着自身经济的发展，越来越多的发展中国家开始

① Patricia Clavin, *Securing the World Economy*: *The Reinvention of the League of Nations 1920–1946* (Oxford: Oxford University Press, 2014), pp. 231–240; Randall M. Packard, *A History of Global Health*: *Interventions in the Lives of Other Peoples* (Baltimore, MD: Johns Hopkins University Press, 2016), pp. 51–90.

向其他发展中国家提供援助。以中国、印度、巴西等为代表的新兴国家将其援助定义为南南合作。由于中国和印度等国的援助力度迅速加大，影响力日益增大，南南合作事实上已经成为国际发展援助体系的重要组成部分。20 世纪末期，经合组织发展援助委员会在罗马召开的关于援助有效性的会议提出重视南南合作的作用。之后，经合组织发展援助委员会以及提供援助的西方国家开始努力通过包含一定让步的“收买”（buy-in）战略，希望将南南合作整合到以西方为主体的国际发展援助体系中。① 中国和其他发展中国家提供援助的活动对于国际发展援助体系产生了深刻的影响。首先，国际发展援助的理念和基本框架长期以来都由西方主导，其中最重要的理念无论从利他还是利己的角度都基于不平等的干预主义，而中国和其他发展中国家的援助则坚持互惠互利以及知识、技术和经验的分享，强调平等的伙伴关系，这推动了国际发展援助体系从援助导向转向发展导向，从援助国—受援国的不对等关系转向发展合作的伙伴关系；其次，西方主导的国际发展援助的基本经验是西方，特别是基于大量的殖民主义阶段的建设经验，而中国等国家提供援助主要基于自身独特的发展经验，与其他发展中国家的实际高度相关，即我们所说的平行经验的分享；② 再次，中国和其他发展中国家的援助聚焦经济发展特别是农业、工业化、基础设施等，这些都是其他发展中国家急需的项目，这与西方援助中重视制度建设等很多软援助不同；最后，无论是中国还是印度提供的

---

① Xiaoyun Li, Jing Gu, Samuel Leistner and Lídia Cabral, “Perspectives on the Global Partnership for Effective Development Cooperation,” *IDS Bulletin*, Vol. 49, No. 3 (2018): 145-165.

② 徐秀丽、李小云：《平行经验分享：中国对非援助理论的探索性构建》，《世界经济与政治》2020 年第 11 期。

援助同样都有自身的利益考虑。新兴国家所倡导的发展合作、南南合作是包括投资、贸易、援助在内的全方位的合作。随着对于能源需求的增加以及海外投资的增加，确保能源和投资安全也成为包括中国在内的新兴国家外交政策的重要方面。新兴国家在提供援助时也会将自身利益纳入。新兴国家不断上升的援助影响力一方面增大了援助的资金供给；另一方面也丰富了国际援助体系的知识和经验；同时也推动了国际发展援助体系从发展援助到发展合作的一系列变化。

新兴国家在国际发展援助中的作用是21世纪以来国际发展援助演变的重要因素，与此同时，新的民间机构的出现也为国际发展援助的衍化提供了新的变量。各种教会慈善基金会和传统的基金会如福特基金会和洛克菲勒基金会一直都是国际发展援助体系的重要组成部分，而且这一体系一直是平衡援助中的利他和利己两个方面的重要杠杆。洛克菲勒基金会和福特基金会所支持的绿色革命就是一个典型的有效的发展援助的案例。21世纪以来，国际发展合作体系已不再是一个由国家对外援助为主导的体系。私营部门、跨国集团，特别是各种新型基金会也开始在国际发展援助体系中发挥作用。其中，新型基金会的作用尤为突出。与以人道主义或政治为目标的传统的基金会不同的是，新型基金会通过各种创新技术和创新思维进入国际发展领域，盖茨基金会是突出的代表。盖茨基金会在全球卫生、非洲农业和非洲减贫等领域的影响力日益扩展。该基金会的最大特点是采用技术创新的方式有效而经济地解决发展中国家贫困问题。盖茨基金会正在成为发展中国家应对公共卫生风险的不可忽视的重要力量。该基金会与不同的国家和不同的国际组织均形成了合作模式，从某种程度上超越了意识形态和政治的障碍。这些新型慈善基金会对国际发展援助的衍化产生了重要的影响。首先，不同于以往的慈善基金会，新的慈善基金会的资金总量巨大，如盖茨基金会每年捐赠金额在50亿美元左右，[①] 比许多非洲国家的年度预算都高；其次，这些基金会聚焦全球公共领域，如流行病的防御，盖茨基金会在新冠流行期间捐助2.5亿美元用于抗击疫情；[②] 最后，这些基金会主要通过技术创新解决全球发展难题，这为国际发展援助提供了新的方向。

进入21世纪第二个十年以来，西方国家自身的发展援助体系也开始发生变化。首先，西方发展援助体系开始反思捐赠为主体的援助的效率，开始更多地将经济利益纳入其发展援助的战略之中。其次，为更好地服务国家利益，西方国家发展援助机构设置也进行了一系列调整。2013年，作为全世界提供发展援助最大的独立性机构的加拿大国际发展署被撤销并纳入外交部系统。同年澳大利亚国际发展署也被整合到外交系统。英国作为除美国之外对国际发展援助提供最重要支持的国家之一，其保守党政府在2020年正式撤销英国国际发展部，将其纳入外交系统，并且明确提出英国对外援助应服务于英国的国家安全利益。最后，以美国为主导的国际发展援助体系有所改变。美国特朗普行政当局执政以来开始对其对外援助体系进行调整，在总体上呈现对国际发展援助的某种消极态度。这其中有美国经济发展本身的原因，因为美国是全球发展援助最大的捐赠国，财政支出巨大。另外，特

① 李一诺：《盖茨基金会是如何运作的》，新浪网，2019年12月18日，http：//tech. sina. com. cn/csj/2019-12-18/doc-iihnzhfz6647985. shtml。

② 《盖茨基金会追加捐款支持全球抗击疫情》，新华网，2020年4月16日，http：//www. xinhuanet. com/2020-04/16/c_1125866812. htm。

朗普行政当局的美国民族主义和民粹主义的主张极大地放大了美国共和党在总体上消极对待美国对外援助的传统。加上特朗普本人对美国长期以来对外干预的负面影响本身有某种程度的认识，一再宣称美国不是“世界警察”，这也在很大程度上动摇了美国在国际发展援助领域中的领导力。美国在新冠疫情发生以后停止对世界卫生组织的支持，标志着美国开始改变由自身主导的国际发展援助体系的基本建构。虽然以拜登为首的民主党重新执政后情况有所好转，但毫无疑问的是，在逆全球化及民粹主义浪潮中，以多边主义为基础的、以实现人类共同发展为目标的国际发展援助将进入一个剧烈变动的阶段。

如上所述，21 世纪以来，随着国际发展援助格局的变化，援助议程逐渐转向发展议程，国际发展援助也衍化为国际发展合作。这一时期国际发展合作的指导理论由此前的发展经济学理论独领风骚转向发展社会学、发展政治学理论的兴起。强调市场作用和自由化以及私有化的新自由主义在现实困境面前逐渐黯淡。随着全球化进程的加速，虽然新兴国家迅速崛起，但整体来看发展中国家与发达国家的不均衡态势有扩大的趋势，且发展早已转变为经济、社会、环境等多元框架下的综合目标。这一背景下，一些理论对国际发展合作产生的影响不容忽视。如以权利为基础的发展理念的出现，特别体现在贫困概念从收入贫困转向能力贫困再转向权利贫困。善治理论强调治理结构和治理方式的变革，以及社会组织在经济社会发展中的作用。这一理论导向使得国际发展援助发生了变化，一方面西方援助国将善治等标准作为提供援助的先决条件，要求受援国改革政府治理，提高援助使用效率；另一方面又加强了对受援国民间社会力量的直接支持。可持续发展理念的普及则推动了国际发展合作从减贫目标向可持续发展目标的转变。后现代思潮影响下气候变化缓解、环境保护、生物多样性保护均成为国际发展合作领域的重要议程。另外，新兴国家主导下的南南合作迅速成长为重要的新型国际发展合作形式，其主权平等、经济互利的合作理念虽然尚未产生真正理论意义上的创新，但无疑对西方中心主义的发展援助理论框架形成了挑战。

三　中国国际发展合作的理论演变及影响

如果说20世纪中叶新兴民族国家的不断出现是现代意义上改变世界政治经济格局的一股重要力量的话，那么20世纪末以来南方国家特别是新兴国家的迅速崛起则是又一股改变全球政治经济格局的重要力量。二战之后特别是20世纪60年代以来，国际发展援助的主要格局是发达国家向发展中国家提供投资和援助，后者是援助的接受国、投资的目的地，也是北方国家的原材料和初级产品来源地。南北关系是一个中心—边缘的不平等的结构关系。南方国家由于发展程度低、发展经验不足，其倡导的南南合作也主要局限在政治团结和有限的经验分享方面。20世纪末期以来，以中国、印度、巴西、南非、俄罗斯为代表的新兴国家的崛起，既改变了南北关系，也重塑了南南关系，推动了国际发展援助格局的转变。新兴国家的投资和援助不仅流向南方国家，也流向北方国家，这使得南北关系不再是单向的中心—边缘的结构关系，南南关系也日益成为国际发展援助中的重要方面。作为南方国家和新兴国家的重要代表，中国的国际发展合作是国际发展援助演变进程中的一个重要变量。

在 1978 年改革开放之前，中国既是受援国也是援助国。20 世纪 50 年代，中国接受了来自苏联的大量援助，从而建立了工业体系，为之后的经济腾飞奠定了基础。[①] 与此同时，中国也开始对外提供援助，中国的对外援助包括三个方向。第一个方向是 1950 年开始向朝鲜、越南等社会主义邻国提供物资援助。1958~1963 年，中国以无息贷款的方式为朝鲜建立纺织厂、糖厂、电子管厂等 20 个成套项目提供了援助。1956 年开始向蒙古国提供经济技术援助。第二个方向是向阿尔巴尼亚等社会主义国家提供援助。自 1954 年至 1978 年，中国总共向阿尔巴尼亚提供了折合人民币 100 多亿元的援助，共建成 92 个各种类型的发展项目。第三个方向是向非洲国家提供援助。自 1955 年万隆会议之后，中国对发展中国家的援助就由亚洲国家、社会主义国家逐步扩展到了非洲国家。1956 年至 1977 年，中国向非洲提供了约 24.7 亿美元的经济援助。中国不仅是最早为发展中国家提供援助的国家，也深刻影响了国际合作的政治议程。1953 年，周恩来总理在接待来访的印度代表团时提出了“互相尊重领土主权、互不侵犯、互不干涉内政、平等互利、和平共处”的五项原则，并于 1954 年访问印度和缅甸时发表联合声明，倡导将和平共处五项原则作为处理国家关系的准则。中国提出的和平共处五项原则被越来越多的国家和国际组织接受，并被载入了联合国宣言等重要国际文件。1955 年召开的著名的万隆会议提出的十项原则也是基于五项原则发展出来的。

中国对国际发展援助早期的影响主要体现在对南南合作初期的影响上。第一，中国提出的和平共处五项原则在

① 周弘、张浚、张敏：《外援在中国》，社会科学文献出版社，2007，第 154 页。

事实上成为南南合作的重要政治基础与合作框架。第二，中国取得民族独立的革命经验与独立以后取得的国家建设的初步经验，给其他发展中国家提供了直接的借鉴。周恩来总理在访问非洲十国时，曾经提供了结成民族民主统一战线、发展独立民族工业、发展独立经济等 12 条建议。第三，中国向争取独立及已经取得独立的南方国家提供援助，一方面帮助了这些国家的发展，另一方面也为南南合作中如何基于平等互利、和平共处展开经济技术合作提供了基本的模式框架。今天南南合作的基本形式如技术援助、能力建设、优惠贷款等都在不同程度上形成于中国早期的对外援助过程中。中国改革开放之前提供的对外援助实际上为南南合作的发展提供了从基本原则到模式框架乃至技术内容等多方面的宝贵经验。虽然南南合作早期在国际发展援助体系中的作用并不凸显，但仍不失为推动国际发展援助体系变化的一股力量。

1978 年之后，中国开始大量接受来自西方国家以及世界银行等国际机构的援助。这些援助不仅为中国的经济发展带来了重要的资金支持，更为重要的是，为中国的发展提供了先进的技术和理念。到 20 世纪末 21 世纪初，随着中国进入中等收入国家、中高收入国家行列，西方国家对中国的援助逐渐减少乃至停止。1978 年至 20 世纪末，中国仍然对外提供援助，但援助战略转向务实，并服务于国内经济发展这一中心任务。21 世纪初，随着中国经济实力的迅速提升以及走出去战略的实施，中国的对外援助规模开始急剧增加，中国为发展中国家提供的援助数量远远超过印度、巴西、南非等新兴国家。自 2010 年至 2012 年，中国对外援助资金总额达到

893 亿元人民币。[①] 2013~2018 年，中国对外援助金额更是达到 2702 亿元人民币。其中，提供无偿援助 1278 亿元人民币，占对外援助金额的 47.30%，重点用于帮助其他发展中国家建设中小型社会福利项目以及实施人力资源开发合作、技术合作、物资援助、南南合作援助基金和紧急人道主义援助项目。提供无息贷款 113 亿元人民币，占对外援助总额的 4.18%，主要用于帮助其他发展中国家建设社会公共设施和民生项目。提供援外优惠贷款 1311 亿元人民币，占对外援助总额的 48.52%，用于帮助其他发展中国家建设有经济社会效益的生产型项目和大中型基础设施，提供成套设备、机电产品、技术服务以及其他物资等。[②] 随着"一带一路"倡议的提出，中国的对外援助也发生了一系列的变化和转型。基础设施、气候变化、减贫与可持续发展、安全能力与和平建设成为中国开展国际发展合作的重点领域。[③] 2014 年，中国政府提出了针对老挝、柬埔寨和缅甸三个国家的东亚减贫合作倡议，这是中国首个针对减贫的援助项目。随着新冠疫情的传播，中国大力支持全球抗疫，推动公共卫生领域的创新合作。传统上，成套项目建设和物资援助是中国对外援助的主要方式，但在"一带一路"倡议的框架下，中国倡导成立了一系列基金，如 2013 年设立的欧亚经济合作基金、2014 年成立的丝路基金、2015 年设立的中国气候变化南南合作基金及南南合作

---

① 国务院新闻办公室：《中国的对外援助（2014）》白皮书（全文），国务院新闻办公室官网，2014 年 7 月 10 日，http：//www.scio.gov.cn/zfbps/ndhf/2014/Document/1375013/1375013_1.htm。

② 国务院新闻办公室：《新时代的中国国际发展合作》，国务院新闻办公室官网，2021 年 1 月 10 日，http：//www.scio.gov.cn/m/zfbps/32832/Document/1696685/1696685.htm。

③ 白云真等：《中国对外援助的支柱与战略》，时事出版社，2016，第 4 页。

援助基金等。这也表明基于基金的投资和运转方式正在成为中国开展国际发展合作的重要方式。亚投行的尝试也一定程度体现了中国对多边发展合作模式和理念的创新。为了更好地推动对外援助的战略谋划和统筹管理，中国政府还于 2018 年整合了原商务部与外交部对外援助工作有关职责，组建了国家国际发展合作署。这是新时期基于国际发展格局与国家战略对援助方式和机构做出的一系列调整。此外，中国的民间组织也越来越多地参与到一带一路沿线乃至全球的人道主义援助及发展援助事务中。如中国扶贫基金会就参与了东亚减贫合作项目的实施。

改革开放之后，特别是自 21 世纪以来，中国对国际发展援助体系的影响与日俱增，且影响力超越了南南合作的范畴，主要体现在几个方面。第一，中国为国际发展援助体系提供了重要的资金来源，成为南方国家中最大的援助提供国。中国还在联合国粮农组织、联合国教科文组织等众多国际机构设立了信托基金，支持发展中国家的发展。这在 2008 年全球金融危机之后，缓解了西方传统援助国援助资金不足的压力。第二，中国参与和推动了国际发展议程的制定和落实。中国积极参与了千年发展目标与 2030 年可持续发展目标的制定过程，并将落实这些发展目标的机制与南南合作有机融合。中国于 2020 年消除了极端贫困，为全球发展议程的落实做出了表率，还积极向全世界分享减贫与发展的经验，支持广大发展中国家加速减贫进程。亚洲和非洲是中国对外援助的重要地区，中国的对外援助也越来越重视最不发达国家。中国的援助特别强调基础设施建设、能力建设、环保与气候变化等领域，很大程度上推动了这些领域的国际发展援助。第三，通过倡导成立金砖国家新开发银行和亚洲基础设施投资银行等新机制，中国推动新型南南合作金融体制的建立。发展筹资是发展中国家长期以来的发展瓶颈，也是国际发展援助体系一直面临的挑战。已有的发展筹资体系主要由西方发达国家主导和控制。发展中国家最迫切需要解决的基础设施建设长期缺乏资金支持。中国发起成立的金砖国家新开发银行、亚洲基础设施投资银行等发展筹资机制为南方国家的基础设施和工业化提供了重要的资金来源。这不仅从资金，还从机制层面展开创新，一方面支持了国际发展援助发展目标的落实，提出了替代性的方案；一方面也对原有的北方国家主导的国际发展援助体系形成了挑战，推动这一体系向着更加平等、高效、多元的方向转变。第四，通过提出建设人类命运共同体、实施“一带一路”倡议等超国家层面的理念和计划，中国已开始尝试为全球发展做出有自身特色的实践和理论贡献。中国的国际发展合作作为推动全球发展的重要工具，也将提供更多的全球公共产品。

四 国际发展合作的趋势与挑战

国际发展援助是全球范围国际合作的重要内容，是推动全球发展的重要手段，同时也是调解国家与国家关系、确保国家利益的重要工具。国际发展援助的演变经历了教会传教这种非官方的援助雏形到殖民主义时期官方的开发形式，再到二战以后的官方发展援助，以及到今天包含了不同的援助提供主体和极为广泛的接受主体的复杂体系，呈现功能多样化、议程多元化、主体多元化以及效果复杂化的景观。在今天的体系中，受援主体不再是被动地接受援助，也逐渐成为能动性的主体。一方面，发达国家不断强化其在提供发展援助时嵌入不同时期的国家战略利益的考量；另一方面，发展中国家不断提出自身的需求，抵消来自发达国家的利益考量。中国与印度等新兴国家成功地将由西方主导的全球发展伙伴计划议程由援助的有效性转变为发展的有效性就是一个典型的例子。[①] 在过去10年中，国际发展援助体系出现了在多元化条件下的一系列有利于应对全球共同挑战的积极趋势，形成了国际发展援助作为全球发展的公共产品的提供者的共识。联合国可持续发展目标的制定与实施标志着全球新的发展共识的形成。然而，国际发展援助在最近10年来也开始面临一些新的挑战。

第一，金融危机以后，西方发达国家向国际发展援助体系提供资金的能力和意愿不断下降，虽然新兴国家以及私营部门、新型基金会在提供资金方面发挥着越来越大的作用，但不可否认的是，由于新冠疫情的影响，全球减贫的良好势头出现了逆转，无论是发达国家还是新兴国家，经济均受到不同程度的影响，这势必增加发展筹资的压力。这将是国际发展援助面临的一个切实的挑战。

第二，在民粹主义、保护主义和逆全球化浪潮的推动下，国际发展援助的利己主义驱动高企，利他主义驱动日益黯淡。发达国家提供的援助越来越多地与其自身利益相挂钩。美国出现的单边主义和美国优先的战略开始影响国际发展援助的新格局。欧盟发展援助资金的投放也出现了从“全球性”向“内向性”的转变趋势，受援国的选择更多基于殖民联系及安全利益考量。与此同时，传统援助国不断减少甚至停止对发展中国家的援助，并要求新兴国家承担更多的援助责任。新

① 李小云、马洁文、王伊欢：《论“全球有效发展合作伙伴”议程的演化与前景》，《学习与探索》2017年第6期。

兴国家在此问题上也未达成共识。这使得国际援助体系出现了某种程度的撕裂。南北合作、南南合作都受到了不同程度的影响。新的国际发展援助体系的规则和架构有待建立，全球有效发展合作伙伴关系（Global Pathership for Effective Development Cooperation，GPEDC）虽然提出多年，但离建成仍然路途遥远。

第三，随着中国等新兴国家在国际发展援助体系中发挥越来越重要的作用，国际发展援助也呈现日益多元的特征，但多元景观中新的全球发展合作的共识与伦理还有待发育。中国等国家在减贫、气候变化、公共卫生等领域取得了瞩目的进展和成果，发达国家也表现出对这些发展成果和经验的学习兴趣。然而，需要看到的是，发展本身是一个西方概念，发展援助的基本结构仍然是北南关系，暗示着富裕和贫困的二元对立。一部国际发展援助史本身就是一部非西方世界如何学习西方的发展史。支撑着国际发展援助的种种思想理论资源，无论是凯恩斯主义、自由主义乃至最近的环保主义、后现代主义，都源自西方。中国的发展合作实践受到中国自身发展路径以及长期受援的影响，在实践上形成了某种替代性的经验，可以称为“有中国特色的”经验，但范式上仍然来源于马克思主义政治经济学这一广义上仍属于西方理论的经典理论资源。最近十年以来，中国提出构建人类命运共同体的概念，推出共建“一带一路”倡议，并在机制层面通过亚投行、新开发银行等新多边筹资机构的建立以及对联合国系统、世界银行、国际货币基金组织等传统发展机构的改革的推动来倡导新多边主义，就旨在建设新的多边发展援助体系并尝试发育新的具有全球共识的发展伦理和理论。这一方面显示了将中国发展经验系统化为理论和知识能力的探索，另一方面也显示了对于将中国发展理论和知识转化为实践的制度条件的先行尝试。

今天，国际发展援助面临的消极和积极的要素不同于历史上任何时期。我们要看到，疫情之下国际发展格局的变化也会带来新的机遇。第一，新冠的流行再次凸显了人类共同应对全球性挑战的重要性，这将会极大地加强国际发展援助在为全球发展提供公共产品方面的战略地位。第二，疫情虽然对过去已经形成的发展合作的议程，如经济发展、减贫产生影响和冲击，但诸如公共卫生等新的议程仍然集中于人类生存和发展的主线上。今后的国际发展援助将基于新的领域而发展。第三，疫情证实了地球上的国家是互相联系的这一论断，任何国家，无论南方国家还是北方国家，都会受到影响，并可以有创新的应对方式。这将进一步促使南北合作与南南合作朝着共同的方向推进。

五　小结

国际发展合作经历了从前发展时代的“施善”的援助向发展时代发展主义教义下的发展援助，再到后发展时代趋向多元化的国际发展合作的转变，理论框架从落后—发达、传统—现代的二元对立结构转向更为平等的合作伙伴结构，理论视角也从经济发展的单一维度转向经济、政治、社会、环境、文化综合发展的多元维度。

中国的发展合作在不同时期的目标不同，但整体而言基于自身的发展实践，遵循平等互利、不干涉内政、优先发展经济基础的原则，并积极践行新多边主义指导下的南南合作，形成了某种程度上的替代性方案，推动国际发展援助出现优先变更制度的新制度主义理论框架的转变。

国际发展合作在新的发展背景下面临逆全球化、民粹主义、民族主义、保护主义等众多新挑战，新冠疫情的全球传播一定程度上放大了这一挑战，也加强了对发育新型国际发展合作伦理的需求。中国提出的“人类命运共同体”等理念在国际上产生了很强的影响力，但要推动新型国际发展合作体系及国际发展合作伦理的发育，一方面需要增强将中国发展经验系统化为理论和知识的能力，另一方面还需要具备将中国发展理论和知识转化为实践的物质和制度条件。从这一点来看，中国等新兴国家与北方国家在国际发展合作上还有互相学习、借鉴以及加强合作的必要。

CHAPTER

2

第二章

国际发展合作的知识生产与传播

西方殖民发展知识体系、后殖民主义知识体系以及当代西方发展知识体系指导了不同时期的发展实践。这些知识体系在很大程度上由权力所建构，同时也促成权力关系的形成或固化，并通过发展实践的场域得以体现。要理解发展合作实践的演变，首先需要剖析知识体系及其所内涵的权力关系。本研究首先对相对稳态的发展知识体系进行系统归纳总结和剖析，在此基础之上，重点对中国自新中国成立以来的发展实践进行知识性的总结与反思，系统挖掘中国新的发展知识的具体形态和特征，研究新发展知识的生产与应用的制度化和国际化的机制，从而把经验认识提升为知识性认知，并形成相应的理论体系。研究的具体内容包括对知识内容的梳理和提升、知识生产机制、知识传播的机制等。西方发展援助中，发展智库发挥了重要的作用，尤其是在发展理论的建设、发展框架的形成、发展效果的评估以及发展成果的宣传等方面，中国的发展智库刚刚起步，还不足以支撑起为中国国际援助提供发展知识的需要，本书也在总结西方发展智库运作和发展经验的基础上，尤其是西方发展智库在发展知识生产和分享方面的经验，来研究促进中国发展智库发展的方式和途径。本书主要关注发展经验—发展知识—援助理论—援助实践的系统过程。

一　西方发展知识体系的衍化与形成

（一）系统梳理殖民知识体系、后殖民知识体系

现代发展知识体系是基于经典发展知识体系衍化形成的有关非西方国家变迁的认知体系。经典发展知识主要在于阐明西方资本主义产生的规律，它属于诠释性知识体系。现代发展知识体系则用来指导非西方国家的发展转型，它主要是建构性的知识。由于非西方国家均没能和西方国家同步实现工业化，由此就出现了按照工业化程度区分的先进和落后的结构性现象。事实上，西方的工业化是在没有先例的情况下自发性变迁形成的，而非西方国家的现代化则是以西方国家的发展经验为蓝本的。一方面，西方发生的工业资本主义比早期的商业资本主义更具有扩张性，因此，即便许多非西方国家不愿意，也会被迫卷入这个过程，比如早期的日本和中国。另一方面，很多国家在西方国家的示范下采用积极的行动推动现代化，这就是 20 世纪中期以后至今的现代发展潮流。不论是早期的被动卷入还是当代的积极推动，都不能避免西方已有经验模式的影响，也就是说非西方国家实际上很难回避经典发展知识对其自身发展道路的影响。西方关于自身发展变迁的认知体系来源于它们的历史和现实实践，具有深厚的西方在场性，本质上是对西方发展历史和实践的理论归纳。但是，由于工业资本主义模式强势介入非西方国家，这些国家的自主性发展进程或者被中止，或者被打乱。经典的发展知识伴随着不同时期的不同制度方式，经典发展知识体系进入非西方国家以后产生了政治经济和社会文化的不适

应，为此，西方的知识精英们展开了所谓的“发展研究”，即发展知识次生性的建构过程，这个过程产生了现代发展知识体系。但事实上，二战以后的200多个国家基本没有按照这个理论转型成功的。[①] 这个知识体系看起来是基于西方经验的，但从给定的条件来看，它既不是西方原生性的知识，又不是非西方国家在场性的知识，故这个知识体系实际上是一个“悬置”的知识体系。

事实上，现代发展知识体系的形成对于西方与非西方国家之间的关系构建有很大影响。现代发展知识体系也正形成于这种关系的建构中。现代发展知识体系的构建主要有两个阶段：第一阶段为碎片化的观念构建阶段。这个阶段从1550年开始到1950年长达400年。在这个阶段中，前期是对非西方世界的初步认识，后期是通过殖民主义改造非西方社会。工业资本主义的发生基础是商业资本主义，而商业资本主义又是通过与外部世界的联系而得以发展的。1550~1950年，商业资本主义和工业资本主义陆续从葡萄牙、西班牙、英国、荷兰、法国、美国扩张到拉丁美洲、亚洲和非洲，西方人在此过程中逐步形成了对外部世界的认知，这些认识构成了吸收经典发展知识要素，构建现代发展知识的基本社会条件。第一，在商业资本主义的扩张阶段，西方的商人、海员、士兵、海盗、探险家和传教士们在日记与口述中传播了西方人对于非西方世界的认识。[②] 这些人作为资本主义扩张的代理人，每一个人都负有特定的使命。他们在与非西方世界交往时，都会按照他们的预期使命和文化视角来看待非西方人。

---

① 林毅夫：《中国经济学理论发展与创新的思想》，《经济研究》2017第5期。

② Preston, P. W., *Development Theory: An Introduction* (Blackwell Publishing Limited, 1996).

商人按照自己的方式和土著人通商，用自己的标准评判谁是“聪明的人”。同样，那些管理土著人的西方老板通常都会用自己的标准判断哪些人是勤快的人，哪些人是懒惰的人。在1977 年出版的《懒惰土著人的迷思》(*The Myth of the Lazy Native*) 中，阿拉塔斯 (S. H. Alatas) 记述了西方人如何形成“懒惰的非洲人”的认识。西方人对于非西方人的认识在长达400 年的时间经历了初期的“高贵的野蛮人”(如库克船长对于南太平洋岛国土著人的描述)、“未开化的野蛮人”和“不文明的群体”三个阶段。[①] 虽然这三个阶段对于非西方人的认识又有不一样的地方，但是主体上的认识都是处在优等的西方民族/劣等的非西方民族的结构关系视角下看待的。这一视角直接引发了那些具有种族歧视的、所谓西方的发展是因为西方人比其他人种优越的理论[②]，而这也导致了西方人对于非西方长期的征服，在改造落后民族的使命召唤下，殖民主义应时而生。西方与非西方世界在历史上形成的不对等的结构关系实际上也是主导与依附的权力关系，这个关系一直衍化为所谓的发达与不发达的发展援助关系。[③] 所以，从历史的衍化可以看出，现代发展知识体系继承了大量充满着不对等的权力关系知识要素，这也就是发展知识体系在很多情况下被严厉地批判为殖民主义知识体系的原因。

如果说殖民主义仍旧属于工业资本主义自发性扩张的过程，那么去殖民化以后的“发展”就成了有目的的干预过程

---

① Preston, P., *Development Theory: An Introduction to the Analysis of Complex Change* (Oxford: Blackwell, 1996).

② Rodney, W., *How Europe Underdeveloped Africa* (Baltimore: Black Classic Press, 2011).

③ 李小云:《发展知识体系的演化: 从“悬置性”到“在场性”》,《人民论坛·学术前沿》2017 年第 24 期。

了。因此，很多批判发展的学者把“发展”看作西方资本主义在新的阶段的扩张。现代发展知识的积累在去殖民化之后进入了一个新的阶段。首先，西方资本主义在非西方地区的扩张基本上是通过贸易等商业行为展开的。资本主义的文化如教育和宗教也是伴随着商业化和工业化的扩张而传播的，西方在非西方地区并无直接的“改造计划”。进入殖民阶段以后，西方殖民者对于殖民地开始采取系统性的干预措施，而这种系统性的干预就需要相应的知识体系的支撑。早期的人类学作为最早介入“异域”的社会科学的分支，为殖民主义提供了大量的社会治理资源。这可以说是针对非西方世界的系统性的知识建构的阶段开始，也是发展知识次生性建构的初级阶段。这个知识建构最为核心的要素就是为什么非西方社会没有能够实现工业化。韦伯关于东方宗教抑制资本主义发生的知识以及费正清关于中国近代落后的原因等均属于这样的知识建构。殖民阶段是西方人对于非西方人的认识实践化的阶段。殖民者把殖民地的人民看作“不文明的群体”，将其视为被“改造”的对象。同时，殖民者第一次系统地把西方的制度、技术和文化系统地转移到殖民地，使起源于西方的发展知识体系传播到非西方世界。其次，去殖民化之后，殖民地的精英一方面继承了殖民主义的政治和遗产，同时也需要符合民族主义的发展方案，这就在客观上产生了对于新的“发展知识”的需求。最后，殖民者退出殖民地之后仍然有着强烈的地缘政治利益以及经济利益，同时也仍然存有“道义责任”，这就需要将殖民干预转化为听起来更为道德的“发展干预”。①

① 李小云：《发展知识体系的衍化：从“悬置性”到“在场性”》，《人民论坛·学术前沿》2017 年第 24 期。

（二）后殖民时期纳入的新知识要素

去殖民化之后，新兴的民族国家需要经济发展作为其执政的合法性资源。同时，原殖民地的经济发展也是原殖民国家延续他们影响力的客观需要。在这种互有所需的情况下，以发展中国家的经济增长为核心，依托国家计划并以发展援助为手段的现代发展知识体系开始发育。事实上，20 世纪中叶，发达国家的经济学家已经开始建构基于经典发展知识的现代发展知识体系。美国的经济学家早在 20 世纪初就在洛克菲勒基金会的支持下展开了亚洲国家的经济发展研究。其中，早期依托原南开大学经济研究所展开的中国经济发展的研究应该是在发展中国家比较早的基于发展的研究。[①] 哈罗德 1939 年在《经济学杂志》上发表了一篇关于动态理论的论文，提出经济增长与投资、储蓄的关系。刘易斯先后在 1951 年、1954 年和 1955 年发表了《欠发达国家的经济发展措施》、《劳动力无限供给条件下的经济增长》和《经济增长理论》。这些经济发展研究标志着针对发展中国家发展的知识体系的形成。以刘易斯的劳动力无限供给理论为例，他提出在发展中国家存在两个不同的部门，一个是现代的工业部门，一个是传统的农业部门，发展中国家的工业化需要从农业部门吸纳剩余劳动力，一直到农业部门的剩余劳动力完全被吸纳，这时候发展中国家就基本上实现了现代化。刘易斯和哈罗德的理论模型皆来自古典经济学的思想，也有发达国家发展的实证依据。但是，这一理论并没有得到来自发展中国家的实践支持，就连哈罗德本人也认为，在发展中国家实现这

① Easterly, W., *The Tyranny of Experts: Economists, Dictators, and the Forgotten Rights of the Poor* (New York: Basic Books, 2013).

个理想的发展模型是很困难的。[①] 二战以后，发展经济学家针对发展中国家的发展提出了六个方面的发展知识要素：第一，他们认为增长是一个文化的问题，这一观点暗示了在发展中国家要想实现发达国家那样的现代化，应该具备发达国家所具备的条件，这也是“有条件的发展观”。第二，强调国家在发展中的作用。这样的观点来自发达国家在经济危机时所产生的对政府的作用，这一观点主要继承了凯恩斯的思想。第三，基于发达国家的经济模式来指导发展中国家的发展。其中，重要的观点是发达国家的国民收入中10%都是由资本形成的，而在发展中国家的这一份额事实上很低。因此，发展中国家的发展需要在国民收入中提升资本收入的份额。第四是发展规划，这一观点也来自凯恩斯。第五是自由贸易。第六是发展援助。除了发展经济学家所构建的经济增长的一系列知识要素以外，社会学家尤其是美国的社会学家，基于美国依靠高度发达的新技术和工业化组织所取得的经济增长的经验，将这样的经验普适化为发展中国家也应该遵循的基本经验。帕森斯通过结构功能主义分析，提出了社会是一个通过共同价值观集合而成、具有自我调节功能的有机整体，他主张通过现代化的过程，欠发达国家将从传统过渡到发达的状态，社会发展是以工业化为目标的。在发展经济学家与社会学家的共同努力下，形成了一整套现代化知识体系。这一知识体系的主要内容是：第一，系统性的社会二元对立的结构思想。这一结构思想包括现代—传统、农业—工业、农村—城市、宗教—世俗、富裕—贫困、男—女，等等。这样

① Preston, P. W., *Development Theory: An Introduction* (Oxford, Blackwell Publishing Limited: 1996).

的结构主义划分一方面来源于经典发展思想家，如涂尔干、韦伯以及马克思，但重要的是，这些概念是为发展中国家的社会构建出来的，发展中国家的社会实际上并不存在清晰和严格的传统和现代、农村和城市这样的区分。第二，现代发展知识的建构者从经典发展思想中继承了社会进化论的思想，建构了通过能动性实现由传统社会向现代社会转型的路径。第三，现代发展思想的生产者们同时从经典发展思想中继承了市场、个人自由以及民主制度的概念，按照文化适应性的观点，从文化适应性的角度建构了发展中国家实现经济增长必须加以改造的一系列条件，形成了所谓的增长条件论。他们宣称，繁荣只能发生在商业环境良好的地方，而这只能是艰苦的政治改革的结果。[①] 第四，由于发展中国家的碎片化社会状况，政府的中心作用、发展的规划以及通过援助来弥补投资的不足，都是发展中国家发展的重要条件。现代发展思想的最大特点是与经典的发展知识主要阐明西方工业资本主义发生规律的性质不同，现代发展知识体系则主要是为发展中国家提供一个远景，因此很多对此持批判意见的学者认为这一体系是一个虚幻的知识体系。一方面，这些知识的要素均来自经典的发展知识的体系中，这些要素也反映了发达国家社会变迁的基本经验。另一方面，诸如哈罗德、刘易斯、帕森斯则通过所谓的次生性理论建构，将亚当·斯密、涂尔干、韦伯等对工业资本主义变迁的理论进行归纳，巧妙转化成发展中国家社会变迁的蓝本。与此同时，由于发达国家的工业化是一个自主变迁的过程，而发展中国家显然没有同步或稍微滞后自发地开始工业化，因此，现代发展知识面临的

① 林毅夫、〔喀麦隆〕塞勒斯汀·孟加：《战胜命运：跨越贫困陷阱，创造经济奇迹》，张彤晓等译，北京大学出版社，2017。

最主要挑战就是发展中国家如何能够实现与发达国家类似的从传统向现代的变迁。如果按照经典发展思想中的小政府的观点，那么显然对个人自由缺失、以集体和社区导向为主的大多数发展中国家而言，无法产生个人能动性和自组织为主体的社会变迁。因此，追求现代化的专家们从凯恩斯在思考应对发达国家经济危机时所需要的政府作用这个视角，提出了发展中国家发展政府和规划的作用，这就系统地将发生在发达国家的自发性转型转变到了发展中国家的干预性变迁的路径，从而创造了干预性发展的思想体系，形成了所谓的经济政策或产业政策。需要指出的是，基于自由主义和新自由主义的发展知识混淆了增长和结构变动的先后关系，将结构变化看作增长的优先条件。问题在于，如果增长是持续的结构变迁推动的，那么为什么有的国家能够成功，而有的不行。[①] 总之，现代发展知识体系继承了经典发展知识体系中的市场主义、自由主义、理性主义、个人主义的传统，这些经典的传统思想经过科学化改造，转变成发展中国家追求现代化必须具备的条件，形成了有条件发展的现代发展知识体系。[②]

但是也应看到，由西方发展经验衍生的现代发展知识以工业化和城市化为主要特征，但这些结构转变在现代化的浪潮之下也潜藏着种种危机。首先是工业化带来的环境污染。工业化是人类和动物劳动逐步被机器取代的过程，它改变了人与自然的关系，后者越来越多被视为前者生产活动的物质

---

① Spence M., *The Next Convergence: The Future of Economic Growth in a Multi-apeed World* (New York: Farrar, Straus and Giroux, 2011).

② 李小云:《发展知识体系的演化：从“悬置性”到“在场性”》，《人民论坛·学术前沿》2017 年第 24 期。

资料来源，其在促进生产力巨大飞跃的同时也带来了生态破坏和环境污染。进入工业文明时代以来，人类获取和开发利用自然资源的能力得到史无前例的增强，传统工业迅猛发展，在创造巨大物质财富的同时也加速了对自然资源的攫取，打破了地球生态系统原有的循环和平衡，造成人与自然关系紧张，人类社会面临越来越严重的生态破坏、环境污染、资源短缺、气候变暖、能源枯竭，人工材料、化学制品、稀有元素、生物毒素、电子垃圾日益侵蚀人类赖以生存发展的生态基础。从 20 世纪 30 年代开始，一些发达国家相继发生多起环境公害事件，英国伦敦毒雾、美国洛杉矶光化学烟雾、欧洲莱茵河污染、北美五大湖污染、日本水俣病等事件至今都是前车之鉴。其次是城市化造成的城乡差距。城市在现代化进程中是容纳新兴经济活动、新兴社会阶级、新式文化和教育的场所，城市发展在很大程度上是衡量现代化的尺度，[①] 然而传统城市化进程也加剧了城乡之间的发展差距。历史上在西方国家大规模城市化的同时，乡村农民的生活却日益困苦，大量小农在失去赖以生存的土地后涌入城市，转化为在城市谋生的工人阶级。他们居住在狭小拥挤、阴暗潮湿、空气难以流通、紧邻工厂的城市贫民窟或地下室当中，遭受资本家的残酷剥削和压迫。西方传统的城市化模式造成“一边是繁荣的城市，一边是凋敝的农村”，一边是富裕的资本家，一边是贫穷的农民和工人。如今，西方发达国家相继出现的逆城市化造就了美丽乡村，但在历史上却是以牺牲和侵害农民利益为代价的。

由于现代化的发展路径在西方国家和发展中国家出现了

① 〔美〕塞缪尔·P. 亨廷顿：《变化社会中的政治秩序》，王冠华、刘为等译，上海人民出版社，2008，第 55 页。

许多问题，基于对传统发展理论与实践的反思，后殖民时期的发展知识对环境保护、性别、综合农业发展、参与式发展等议题也进行了十分有益的反思和探索。例如，综合农业发展。综合农业是试图结合生物农业、有机农业和常规农业优点的农业系统。它的主要观点是，尽可能通过生物方法，如用有机质的再循环维持土壤肥力，但为了获得高产量，也须适量施用化肥，并通过耕作和生物技术综合控制病虫草害，必要时也要用农药和除草剂。通过适量投入农用化学品和机械，既可保证高产出，又不超过系统本身的自净能力，避免环境和农产品污染，节省不可更新资源。① 再如，性别。20世纪90年代以来，从事经济研究、发展研究、社会研究、妇女研究的学者们纷纷关注发展中的性别公平和性别平等问题，特别是第四次世界妇女大会后，各种有关妇女与发展、性别与发展的概念和理论迅速出现在各个发展主题和领域，甚至包括政府的社会决策过程中。又如，环境保护。20世纪以来，特别是二战之后，许多国家相继走上了以工业化为主要特征的发展道路。随着社会生产力的极大提高和经济规模的不断扩大，人类前所未有的巨大物质财富加速了世界文明的衍化进程。但是人类在创造辉煌的现代工业文明的同时，对发展内涵的理解却步入了认识的误区，一味地滥用赖以生存的自然资源和生态环境，使地球资源过度消耗，生态急剧破坏，环境日趋恶化，社会实际福利水平下降，人与自然的关系达到了空前紧张的程度。在这种背景下，强调生态环境保护的可持续发展的思潮逐渐成熟。最后，参与式发展。参与式发展是在影响人们生活状况的发展过程中或发展项目的决策过

---

① 罗肇鸿、王怀宁主编《资本主义大辞典》，人民出版社，1995。

程中，发展主体能够积极、全面介入的一种发展方式。从政治学角度，参与式发展是对弱势群体的赋权，增强其在发展决策中的参与度，以及鼓励其最终在社会结构变革中发挥作用。①

（三）发展智库在知识建构和传播中的作用

现代发展研究是现代发展思想和知识产生的重要路径。从学科建制发展来看，现代发展研究从20世纪四五十年代形成，并于五六十年代迅速成长为一个集研究、教学和实践为一体的、新兴的、应用性、交叉性社会科学。② 从学术知识角度来说，现代发展思想早在殖民时期的学术研究中就开始逐渐成形，他们以西方工业主义的社会变迁为参照，研究非西方世界如何实现现代化。此类研究主要分为两大阵营：在西方阵营的学者聚焦总结西方自身现代化的方式与经验，同时为解决相应的问题提供新的思维方式。在非西方阵营的学者专注于非西方世界的贫穷与落后，试图将西方的发展经验与知识用于改造落后地区，这直接导致了非西方学者逐渐沦为了殖民统治的共谋者。但需要强调的是两大阵营的研究人员都是西方学者，背后除了殖民政府的支持外，他们都与各类发展组织或研究所有千丝万缕的联系，这就是西方发展智库的早期雏形。比如1937年成立的非洲社会研究机构，即罗德斯-利文斯通研究院（Rhodes Livingstone Iinstitute），该研究院系列非洲研究为应用人类学和发展人类学奠定了扎实的学术

① 李小云主编《普通发展学》，社会科学文献出版社，2005，第109、245、385页。

② 李小云、徐秀丽、齐顾波：《反思发展研究：历史渊源、理论流派与国际前沿》，《经济评论》2015年第1期。

基础，后来发展成为人类学的曼彻斯特学派。同样法国殖民当局建立的“殖民学院”后来也逐渐演变为“发展学院”。①

二战后，以美国为首的西方国家开始了发展知识的系统化构建，各类智库纷纷“以社会科学为基础，以私人和基金的资金为支撑，大部分工作是把学者和管理者的专业经验用于解决当时各种社会和经济问题”。② 他们的主要工作既不是为了从捐赠者那里获得资金，也不是去努力游说国会议员，而是积极向政府官员提供咨政建议。工作方式上，他们侧重政策研究而非政策宣传，同时这类智库往往是由富豪或慈善家创立的，拥有雄厚稳定的资金支撑。③

以美国为例，智库之所以在 20 世纪 40 年代开始在构建发展知识中扮演关键角色，是与美国乃至西方世界的历史背景密切相关。第一次世界大战后，苏联诞生并取得惊人的发展成就，这直接冲击到了资本主义社会模式对非西方世界的标准参考模板，各国政府对陌生的苏联又恨又怕，积极寻求各种应对方法。1929 年资本主义世界的经济危机，凸显了资本主义自身的矛盾与缺陷，一批企业家和知识分子开始尝试建立专业研究机构，以服务于政府的公共政策制定。由此，第一批现代意义上的智库在美国开始诞生。卡内基国际和平基金会 1910 年成立、外交关系委员会 1921 年成立、布鲁金斯学会 1927 年成立。处于起步阶段的智库鼓励并组织学者对经济、社会和政治问题进行科学研究，最初加盟这些智库的政策专家大多有不同的政治理念，并不具有强烈的意识形态，

---

① 李小云、徐秀丽、齐顾波：《反思发展研究：历史渊源、理论流派与国际前沿》，《经济评论》2015 年第 1 期。

② Abelson, D. E., *American Think-tanks and Their Role in US Foreign Policy* (New York: Macmillan Press, 1995).

③ 王莉丽：《旋转门：美国思想库研究》，国家行政学院出版社，2010。

很多创立者、管理者和学者都希望不参与政治过程，其学术研究能做到客观、独立、公正、服务于公共利益，具有一定的理想主义色彩。

但是到了20世纪40~60年代，美国的智库发展进入国家战略研究阶段。政府对内对外均采取了现实主义政策，为解决各类复杂的现实问题，政府直接出资建立了大量政府合同型的智库，比如兰德公司、哈德逊研究所、城市研究所、海军分析中心，他们都服务于国家利益。这些智库直接专注研究解决各类现实问题，并服务政府需求。这点特别体现在60年代现代化发展知识的研究方面。

“随着现代化作为一种知识模式意义流行，它的创造者也站到了潮头浪尖上，面对着要他们服务于美国社会的热切期待。在现代化理论家向肯尼迪政府的决策者提供具体政策建议之前，他们已经在存在于专业学术和政府扶助之间的强大网络中找到了自己的位置……在冷战时期的美国‘国家安全体制’中，军人和知识分子的交往更加频繁，相互之间的目标、兴趣和观点也更加接近了”。其中，麻省理工学院国际研究中心始终通过现代化理论框架研究“发展”进程，把他们的集体工作解释为“一种跨学科分析的尝试”。为取代经济学家、政治学家、社会学家单独的研究工作，他们尝试对得自这种研究的诸多洞见进行加工利用，进而为正在经历过渡进程的新兴国家提供合理而完整的建议。他们指出，美国要通过外援和发展计划促进现代化，从而能够帮助发展中国家沿着特定的道路前进，这不仅符合他们的长期利益，也符合美国长期利益。①

① Latham, M. E., *Modernization as Ideology: American Social Science and Nation Building in the Kennedy Era* (Univ of North Carolina Press, 2000).

到20世纪60~80年代，美国各种不同类型的智库纷纷成立，进入爆发式增长阶段。一方面美国政府希望借助智库的力量寻求政策突破；另一方面，美国社会各种政治力量和利益集团也希望能够找到反映其思想和利益的渠道和平台。这些因素促成了智库发展的繁荣。这一时期成立的智库包括传统基金会、美国企业研究所、威尔逊研究中心、卡特中心、尼克松中心等。这些智库相互之间争夺公众与政府注意力和资金，政策倡导型智库纷纷采取市场化的营销手段影响政策制定。正如阿贝尔森指出："20世纪70年代早期政策倡导型智库的增长，不仅为政策专业知识的政治化作出了贡献，而且改变了智库与政府之间的关系。这使得智库主要寻求为决策者提供建议，而不是从事学术研究。"①

90年代以来，美国智库进入全球化发展阶段。冷战结束后世界政治、经济、文化和社会各领域均出现了结构性变化，世界各国相互依存程度加深，美国海外利益也不断延伸。在全球化背景下，美国智库得到了国际机构和个人以及各类私人基金会的鼓励和资助，日益丰富的资金来源导致智库研究人员和学术活动的国际化。很多智库加强了国际交流，设有访学项目以扩展全球影响力和学术网络。比如一些智库向其他国家和地区派遣学术人员，推广政策思想，传统基金会、外交政策研究所和哈德逊研究所积极向亚洲、非洲、东欧和俄罗斯推广自己的政策研究方法。传统基金会和城市研究所在莫斯科设立办公室，以输出"民主"和市场改革，帮助俄罗斯规划、实施可以进行市场转型的休克疗法。

总的来说，智库在知识的构建与传播过程中主要通过以

① Abelson, D. E., *American Think-Tanks and Their Role in US Foreign Policy* (New York: St. Martin's Press, 1996).

下三种方式。

第一，搭建“知识”与“权力”的桥梁。对外关系委员会盖瑞·萨摩（Gary Samore）曾经指出“美国智库最独特的功能是为下届政府培养人才”。[①] 事实上，美国智库不仅为下届政府培养人才，使得其知识思想能够转化为政治权力或政策，同时也为前任政府官员提供了一个继续为政府服务的平台。[②] 智库为学者和决策层的紧密接触提供了交流平台。美国政府总统四年一选，牵涉官员的变动多达4000多人。政府部长等高级阁员不是由议会党团产生，也很少来自公务员系统，而是来自各类智库，因此每隔四年，都会有学者从智库进入政府系统成为直接的政策制定者。肯尼迪政府时期，查尔斯河学派的发展学和经济学专家纷纷担任政府重要职务（见表2-1）。

表2-1 查尔斯河学派在肯尼迪-约翰逊政府中的角色

人物	学术身份	政府中的角色
沃尔特·罗斯托	美国经济史学家 发展经济学先驱之一	国家安全事务的副特别助理 国务院政策设计委员会主任
约翰·加尔布雷斯	经济学家 新制度学派的主要代表人物	对外经济政策工作组 后担任美国驻印度大使
林肯·戈登	哈佛大学经济学家	拉美工作组，后任驻巴西大使
戴维·贝尔	哈佛大学经济学家	从预算局升任国际开发署署长
马克斯·米利肯	中央情报局前助理局长 经济学家	对外经济政策工作组成员 国际开发署顾问委员会成员
白鲁恂	美国政治学家、著名汉学家 麻省理工学院教授	对外经济政策工作组成员 国际开发署顾问委员会成员
爱德华·梅森	哈佛大学经济学家	国际开发署顾问委员会主席

① 王莉丽：《旋转门：美国思想库研究》，国家行政学院出版社，2010。
② 王莉丽：《旋转门：美国思想库研究》，国家行政学院出版社，2010。

续表

人物	学术身份	政府中的角色
尤金·斯塔利	斯坦福大学发展问题专家	越南政策顾问
萨缪尔·哈耶斯	密西根大学教授	美国和平队的策划

卡特政府吸纳了三边委员会、对外关系委员会和布鲁金斯学会等智库数十位成员，里根政府则从保守智库如胡佛研究所、美国企业研究所、国际战略中心和传统基金选取学者来实施其政策议程。奥巴马总统执政后，布鲁金斯学会进入政府系统多达30人。此外，很多前任政府官员会进入智库工作，这是因为这些官员政府任职的经验和见识有助于智库研究工作，同时可以提高智库在政策领域的公信力。智库作为权力和知识的桥梁，为学者们将知识转化为权力提供了平台，一定程度上是政策精英的孵化器和摇篮。

第二，设置政策议程。美国公共政策制定过程中，虽然政府是直接的政策制定者，但事实上在政府采取措施之前，关于政策议程和具体方案从智库开始。曾经担任外交关系委员会主席的戴维·洛克菲勒指出："政府根本无暇考虑那些长远的战略性问题，在政府看来说服一些个别、有资格和资历的人组成一个群体，然后召集起来确定那些影响世界的主要问题，并提出可能的解决方案，这才是有意义的。"① 同样，社会家威廉·多姆霍夫指出："政策的制定过程以非正式的形式始于公司的会议室、社会俱乐部和政策研究组里，在那里需要解决的问题得到界定和确认。"② 智库作为政策研究的专

① 〔美〕托马斯·戴伊：《理解公共政策》（第12版），谢明译，中国人民大学出版社，2011。

② Domhoff, G. W., *Who Rules America? Power and Politics in the Year 2000*, (California: Mayfield Publishing, 1998), p. 127.

业组织，会聚了各个领域的权威专家，他们从服务于国家和公共利益的角度出发，对社会上存在的各种问题提前进行考察、研究并确定可以提上政策议程的问题，提出相应的政策方案。

第三，政策教育。美国智库网址后缀一般为 edu 或 org，这反映了智库自身定位是负有教育功能的非营利组织。智库的教育功能包括对社会精英和大众两方面的教育，而且受众同时面向国内和国际。智库通过出版书籍、报告，在媒体上发表见解、文章，解读国内国际问题和公共政策，通过举行各种公开的会议，潜在地培养了公众的政治参与热情和对公共政策的了解，客观上承担了政策教育和政治社会化的功能。同时智库通过提供培训和进修的机会为政府精英提供政策教育。政府研究所是布鲁金斯学会前身，曾经为政府人员提供教育培训，内部机构管理教育中心主要通过培训的方式，为政府和私人部门的政治精英提供培训。此外，哈佛大学肯尼迪政府学院也为每次新当选的国会议员和政府各级官员提供相应的培训。[①]

二　中国发展经验中的知识要素：以中国援非的历史实践为例

（一）1949~1978 年：知识形态以社会主义建设为主

二战后一直到 20 世纪 70 年代末，中国和非洲取得了反帝反封建斗争的胜利，进入了建设和巩固新生的国家政权阶

① 王莉丽：《旋转门：美国思想库研究》，国家行政学院出版社，2010。

段，在国际发展结构中，双方都处于第三世界。周恩来访问非洲 10 国时就给非洲国家提供过 12 条建议，这些建议都是基于中国自身的革命和建设经验，包括建立民族民主统一战线、社会改革、发展积累型工业和独立的民族经济、发展民族文化、肃清殖民统治遗留的西方生活方式、执行独立自主的反帝和平对外政策等。[①] 这些经验源自中国国内革命与建设的实践，实际上并不是系统性的知识构建。周恩来曾多次表示中国是一个发展中的社会主义国家，物质力量有限，但仍愿对这些新独立的经济同样落后的国家提供力所能及、见效快、同受援国国计民生关系密切的经济和技术援助。从 1960 年开始，“量力而行”的对非援助原则被“适当照顾”政策所取代，表现为中国对非援助力度加大，全面向非洲国家传授有关经验成为中国援非的重要内容。就农业领域而言，当时，中国国内农业发展的典型经验是“学大寨”，在技术上奉行的是农业“八字宪法”（土、肥、水、种、密、保、管、工），这一技术能够帮助拥有丰富土地资源的非洲发展农业生产。1972 年周恩来会见几内亚总理时强调了运用“八字宪法”来改革农业生产，并将其纳入中国当时农业援非技术人员的培训，明确要求援非农技专家要结合当地情况运用“八字宪法”，改进种子、农家肥、密植技术和改良小农具等，[②] 这一尝试为早期中国农业科技经验的非洲推广奠定了基础。

---

① 蒋华杰：《国际冷战、革命外交与对外援助——中国对非援助政策形成的再考察（1956—1965）》，《外交评论（外交学院学报）》2016 年第 5 期。

② 蒋华杰：《农技援非（1971—1983）：中国援非模式与成效的个案研究》，《外交评论》（外交学院学报）2013 年第 1 期。

（二）1979~1999 年：知识形态以改革开放为主

在这一时期，中国重点将自身经济改革中所使用的承包经营、租赁经营、合作经营等国内经济制度改革和调整的方式运用到当时中国对早期援助项目的改建和调整上。就农业而言，20 世纪八九十年代初，以调动个体积极性为目的的家庭联产承包责任制成为中国农业发展道路的新选择，并促进了农业的快速发展。这一经验显然引起了中非双方的关注，因而在这一阶段的对非援助中开始尝试改造前期在非洲建成的农业项目，采用承包制方式来改变非洲农业的生产组织。1985 年，中国参照国内承包责任制的做法，选派农业专家帮助改造早先在布基纳法索援建的三个水稻垦区，农田的所有权归国家，经营权则分给农民，采取“分田到户、个体经营、收获归己”的经营方式，将农民的收益和农田的经营管理结合起来，并由中国专家提供技术指导。1987 年三个水稻产区生产稻谷 1.76 亿吨，每公顷单位面积产量最高达到 10.5 吨（双季稻），垦区农户年纯收入为 1300~2600 美元。[①] 到了 20 世纪 90 年代，承包制经营改革的方式更是扩展到中国对早期援建的企业改制上，如 1994 年，中国轻工业对外经济技术合作公司和马里签订了合股经营合同，在中国援建的马里糖厂的基础上组建“上卡拉糖联”，中国占股 60%，转制后的合资公司雇员达到 4500 人，高峰期达到了 7000 人。[②] 1995 年，中国政府在改革援外工作会议上明确提出“鼓励中国企业与受援国企业以合资经营、合作经营的方式，或中国企业独资经营的方式实施中国对外援助项目”是为了“进一步将中国市

① 周弘主编《中国援外 60 年》，社会科学文献出版社，2013，第 87~146 页。
② 周弘主编《中国援外 60 年》，社会科学文献出版社，2013，第 1~33 页。

场化改革的成功经验运用于对受援国的援助”，是为了“扩大援助资金来源和项目规模，提高援助效益”。[①] 这一时期中国在国内已经实行了改革开放政策，万众参与社会主义市场经济大潮的动力被激发，自下而上地探索经济搞活的方式，各地差异化的地方实践也不断涌现并得到支持。这些特点也都体现在中国对非分享的经验中。

（三）2000 年至今：知识形态以综合发展和减贫经验为主

中国在改革开放前 20 年取得了经济高速增长的卓越成就，但发展不平衡、不协调和不可持续问题开始凸显。党的十六大指出，21 世纪头 20 年，对我国而言，是一个必须紧紧抓住并且可以大有作为的重要战略机遇期。21 世纪以来，特别是科学发展观提出后，中国更加注重经济社会和人的全面、协调、可持续发展。2015 年党的十八届五中全会系统提出创新、协调、绿色、开放、共享五大发展理念，以此回应新形势下发展的新任务和人民的新期望。在此阶段，中国对外援助主要是分享经济高速发展和减贫的经验，尤其是基础设施建设和经济特区促进工业化等领域及其所承载的向外界学习、适时而变推动工业化和城市化进程、渐进式改革等方面的内容。在这一阶段，中国对外援助主要是分享经济高速发展和减贫的经验。以中非合作论坛的举办，中国国际扶贫中心（IPRCC）、中国国际发展知识中心（CIKD）、南南合作与发展学院的成立以及南南合作基金的设立等为标志，中国对非援助中分享发展和减贫经验的实践更为主动、自觉、系统，

① 王昶：《中国高层谋略·外交卷》，陕西师范大学出版社，2001，第 168～169 页。

内容也更为综合，最突出的内容包括基础设施建设、农业和减贫、自贸区和开发区建设、企业改革、政府管理和公共决策等。[①] 以中国发起的东亚减贫示范项目为例，中方承诺3年内在老挝、柬埔寨、缅甸的6个村庄合作开展道路、供水等基础设施建设，增强村庄的发展活力；以对非发展援助为例，中国目前已帮助非洲建设了1万多公里公路、6000多公里铁路以及大量图书馆、学校、医院等民生设施。此外，中国还在非洲各国实施开展了"万村通"项目，由中国政府使用南南合作援助基金，旨在为非洲1万个村落实施收看卫星电视项目，至今已为20多个非洲国家的近万个村庄接入数字电视信号，极大促进了当地经济社会发展。

三　中国国际发展合作中的知识要素

（一）基于中国自身发展经验的知识要素

发展中国家特别是新兴国家的经济增长实践是新的发展知识出现的重要基础。与现代发展知识核心不同的是，新的发展知识强调了发展中国家在一个守信、可靠、有能力的政府领导下，通过高储蓄、投资和市场对资源的配置，在全球化的条件下可以实现增长，这几乎是全球13个在过去保持高增长国家长期以来的经验。这从根本上动摇了只有通过系统的政治社会变革，发育为一个民主政府，才能奠定增长条件的现代发展体系的核心内涵，也挑战了以相对刚性的权力关系为基础的结构主义经济学的影响。中国的发展实践为新的

① 徐秀丽、李小云：《平行经验分享：中国对非援助理论的探索性构建》，《世界经济与政治》2020年第11期。

发展知识的形成提供了最为丰富的资源。第一，农业的发展。发达国家如英国的农业发展持续了200多年，但农业发展没有同时提高农民的收入，农民收入提高相当的滞后。[①] 中国农业的发展经历了两个阶段，以1978年为分界点。1978~1987年，中国农业实现了年均增长7%的速度，同期中国农村贫困人口减少50%。[②] 农业发展能够较快地减少农村贫困人口，这是中国发展的重要经验之一，有利于穷人的农业增长也就构成了正在形成的新的发展知识的要素之一。第二，中国的工业化在经历了重工业优先发展引发系列问题的阶段以后，通过政府的主导作用，重点转向农村工业化，使农业在高速增长之后能够与相对劳动力密集的产业相互联系，构成中国工业化的基础。这个工业化的模式，充分利用了中国劳动力资源丰富的特点，成功地克服了资本和技术不足的劣势，成为包容性工业化的重要内容之一。第三，在不对整体的结构进行调整的情况下，通过建立经济特区吸引外资，提升工业化的水平。第四，通过投资，大规模地发展基础设施。第五，通过投资，促进城市化进程。中国发展经验的核心是强有力的政府领导、系统的规划并依托政府的投资突破资本、技术等方面的制约，成功地实现经济社会的转型。

（二）可转化为知识要素的中国国际发展合作经验

一是基础设施建设。“要致富，先修路”，基础设施投资是促进中国经济高速增长的重要因素。2008年，基础设施投

---

① Tsakok，I.，*Success in Agricultural Transformation*：*What It Means and What Makes It Happen*（Cambridge University Press，2011）.

② 李小云、马洁文、唐丽霞、徐秀丽：《关于中国减贫国际化的讨论》，《中国农业大学学报》（社会科学版）2016年第5期。

资占到中国国内生产总值（GDP）总量的14%。[①] 自身发展经验的丰富性以及非洲当前基础设施方面的落后使得中国在对非援助中高度重视基础设施建设。事实上，西方发达国家也曾经非常重视对基础设施的援助，在20世纪80年代，其投向经济性基础设施的援助资金占到援助总额的30%，但后来该领域不断缩水，援助重心逐渐转向社会发展和国家治理能力建设等领域。2000年以后，投向基础设施的援助资金仅占经济合作与发展组织发展援助委员会（OECD-DAC）成员国双边援助总额的10%。[②] 与此同时，非洲对基础设施发展的需求却十分强劲。据研究，肯尼亚在2014~2015年的基础设施投资需求为4860亿肯尼亚先令，南非的基础设施建设需要3.2万亿兰特，坦桑尼亚需要18858万亿坦桑尼亚先令。[③] 2001~2008年，中国成为非洲最大的基础设施投资资金的提供者，超过了国际开发协会（IDA）、欧盟（EU）和非洲发展银行（AfDB），中国的投资规模占到整个撒哈拉以南非洲基础设施总投资的34%，而发达国家整体在基础设施领域的投资额仅占总投资的28%。中国在非洲的基础设施投资不仅总规模大，还倾向于投资大型基础设施，中国的基础设施建设项目数量仅占总项目量的3%；发达国家的基础设施项目以

① Pravakar Sahoo, Ranjan Kumar Dash and Geethanjali Nataraj, "China's Growth Story: The Role of Physical and Social Infrastructure," *Journal of Economic Development*, Vol. 37, No. 1 (2012): 53-75.

② Eric Gabin Kilama, "Evidences on Donors Competition in Africa: Traditional Donors Versus China," *Journal of International Development*, Vol. 28, No. 4 (2015): 528-551.

③ Peter Onidege, et al., "Developing Africa's Infrastructure for Enhanced Competitiveness," *The African Competitiveness Report* (African Development Bank, 2013).

小型设施为主，其支持的基础设施项目约占总项目量的76%。[①] 中国支持修建的大型基础设施项目包括体育场馆、大坝、铁路和其他公共建筑，这些建设回应了非洲国家最直接的需求。根据世界银行的数据，2001~2010年，中国援建的基础设施项目解决了非洲国家63%的需求瓶颈（包括水供应、电力、公路、铁路、机场和通信等）。[②] 基础设施投资可以有利于消除经济发展中存在的障碍性因素，刺激经济增长。因此，较其他双边或多边援助项目而言，中国对外基础设施合作对于促进受援国经济增长的贡献更为明显。[③]

二是经济开发区建设。经济特区的建设经验也是中国国际发展合作的重要组成部分。事实上，经济特区建设虽非中国首创，而是源自其他东亚国家和拉美国家，但经过创造性的运用，经济开发区建设为中国经济的腾飞奠定了良好基础。20世纪80年代初期，中国开始采取建立经济特区的方式探索开放之路，从深圳、珠海、汕头到厦门，再到大连、秦皇岛等15个沿海港口城市陆续开放。进入20世纪90年代，经济特区城市进一步开放，上海浦东以及16个新区等陆续开放。[④] 经济特区成为中国观察和了解世界的窗口，最先试行社会主义市场经济，进行利用国外资源和市场的试验，吸收外资办

---

① Lin Justin Yifu and Wang Yan, "China-Africa Co-Operation in Structural Transformation: Ideas, Opportunities and Finances," *WIDER Working Paper* 46 (2014).

② Eric Gabin Kilama, "Evidence on Donors Competition in Africa: Traditional Donors Versus China," *Journal of International Development*, Vol. 28, No. 4 (2015): 528-551.

③ 徐秀丽、李小云：《平行经验分享：中国对非援助理论的探索性构建》，《世界经济与政治》2020年第11期。

④ 罗清和、朱诗怡：《从经济特区到自由贸易区：中国改革开放路径与目标的演绎逻辑》，《深圳大学学报》（人文社会科学版）2018年第1期。

中外合作企业、中外合作和外商独资企业。[①]

经济特区成功地推动了中国的工业化和结构转型，成为快速展现中国改革承诺的标志。这一经验已经得到了国际社会的广泛认可，许多非洲国家也注意到了这一点。事实上，非洲国家在20世纪七八十年代也曾建立经济特区以促进本国工业化进程，但绝大部分非洲国家的经济特区都没有取得成功。1995年10月，中共中央召开的改革援外工作会议首次提出在受援国建立经济开发区，意味着中国对非援助形式开始改变，经济特区逐渐成为中非合作的重要载体，但大规模推动中国经济特区发展经验对非分享的是在进入21世纪后。2006年6月，中国商务部发布《境外中国经济贸易合作区的基本要求和申办程序》。同年11月，中非合作论坛北京峰会提出“今后3年内在非洲国家建立3~5个境外经济贸易合作区”[②]。迄今为止，在非洲6个国家共建设了7个特区性质的中非经贸合作区。与此同时，商务部设立“境外经济贸易合作区发展资金”，可以为每个经济贸易区提供最多高达2亿元人民币的支持。2009年，商务部还牵头组织了关于经济特区发展的政策研讨班，邀请合作区东道国相关官员到中国的深圳、天津和苏州等城市实地考察开发区，了解中国建设开发区的政策、经验和管理模式，合作区开发企业也时常派遣自己的非洲员工到中国参观了解特区经验。[③] 这一阶段，中国与非洲在发展经验平行分享时更加强调经验的综合性与针对性，

---

① 欧大军、梁钊：《邓小平经济特区理论》，《当代中国史研究》2004年第4期。

② 罗海平、宋焱、彭津琳：《非洲经济特区发展及中国特区经验启示》，《中国经济特区研究》2016年第1期。

③ 唐晓阳：《中国在非洲的经贸合作区发展浅析》，《西亚非洲》2010年第11期。

更为侧重多元主体参与，尤其是企业开始成为经验分享的关键主体。[①]

（三）受到西方发展援助知识要素影响的中国知识

现代发展知识是关于社会变迁的一系列知识，具有丰富的内涵，包括现代化、工业化、城市化、科学技术、市场观念、农村发展、社会治理以及组织管理等一系列广泛的社会发展议题。[②] 在中国实现现代化的过程中，逐渐实现了现代发展知识的学习与内化过程。在国家宏观上马克思主义中国化和建设中国特色社会主义的理论指导下，将来自苏联援助、改革开放后联合国多边机构和西方援华的各类知识逐渐内嵌在中国自身的发展战略当中，实现了现代发展知识在中国的本土化发展。

第一，新中国成立初期苏联以工业化为核心的对华援助，将以经济增长为核心，依托国家计划的现代发展知识转移并分享给中国，为中国的现代工业体系建设和中国社会主义道路的选择奠定了基础。新中国成立初期，苏联对华援助的“156 项工程”不仅是资金和设备的援助，更包含了观念、方式和体制等主导现代化的发展要素。直到今天，在中国的各行各业特别是党政机关、国有企业、大都市建设、人民习俗、高校建制，甚至宪法条文方面，依然可以看到苏联影响的痕迹。这种自上而下引起的变化对中国工业体系和工业化道路的选择产生了重大影响。[③] 在工业体系方面，苏联援建的大型

---

① 徐秀丽、李小云：《平行经验分享：中国对非援助理论的探索性构建》，《世界经济与政治》2020 年第 11 期。

② 详细参见 Desai，V.，Potter，R. B.，*The Companion to Development Studies*（Routledge，2013）。

③ 周弘、张浚、张敏：《外援在中国》，社会科学文献出版社，2007。

企业分布在各个工业领域当中，促进了中国重工业的发展，提升了国防军事工业能力，并填补了生产技术的空白，为现代化项目的建设奠定了初步的经验。与此同时，从勘察技术、自动化设备供应，到建筑、安装、开工生产的技术指导和人才培养的“一条龙”援助模式，形成了巨大的社会生产力，为中国初步建立了独立自主的国民经济体系。此外，中国不仅向苏联学习如何建设工业、农业和科教，还学习怎样建设社会主义这一根本制度，涉及一整套的方法和理念。援建大型工业建设项目期间，为确保项目完工并投产，需要在全国范围内调配资源。因此需要在生产、基建、科研、设计等各个部门之间协调，形成全国“一盘棋”的格局。在幅员辽阔、经济社会还不够发达的中国，组织这样大规模的生产需要强大的规划和组织，借助于中国从中央到地方的行政网络，中国很快走出了建设社会主义计划经济体制的第一步。

第二，改革开放后，中国开始接受联合国多边机构和西方发达国家的发展经验，进一步将现代发展知识融入中国社会主义建设的道路和基本框架当中。在接受联合国多边机构方面，主要接受来自世界银行的对华贷款项目、联合国开发计划署、世界粮食计划署、联合国人口基金会和儿童基金会等联合国直属机构的援助。改革开放以来至2005年停止对华粮食援助期间，粮食计划署向中国提供了约400万吨用于人道主义的粮食援助，并实施了相关的农业发展合作项目，包括在贫困地区进行基础设施建设项目。[①] 联合国开发计划署为中国提供了约5.17亿美元的赠款，儿童基金会提供了约3.39

① 参见《世界粮食计划署将于2005年底停止对华粮食援助》，http://www.gov.cn/zwjw/2005-12/15/content_128269.htm。

亿美元赠款，人口基金会提供了约1.9亿美元的赠款。[①] 联合国系统对华援助活动的特征主要表现为援助领域广泛、形式多样化和以赠款为主。这些援助资源在与中国政府互动和执行的过程中，将现代发展观念逐渐渗透到中国的发展过程当中。这类“软资源”主要指现代化的发展经验与知识，具体影响体现在援助项目选择、执行、培训和管理等环节当中。而联合国系统国际化的专家库、采购网络和非政府组织等为中国与世界建立广泛联系发挥了媒介传导作用。相比之下，世界银行对华援助与联合国系统的赠款有较大区别，以“硬贷款”为主。作为“知识银行”的世界银行在对华提供援助贷款的过程推动了中国经济制度改革。其中“体制改革和宏观调控”是世界银行作为“知识银行”对华援助的重要主题。世界银行通过政策咨询、宏观政策研究、培训中国专家、附加“采购和招投标等程序”条件等方式推动了中国从计划经济向市场经济的转变，改变中国的政企关系和企业经营管理制度，为中国社会主义市场经济的改革与建设提供了重大帮助。总之，世界银行为中国社会主义市场经济发展提供了解决问题的具体方案，成为中国政府部门制定国家发展政策的重要知识库。[②]

案例2-1：世界银行帮助中国建立现代企业制度的“企业住房与社会保障改革贷款项目”[③]

长期以来中国在计划经济体制下，企业承担了一系列的

① 周弘、张浚、张敏：《外援在中国》，社会科学文献出版社，2007。
② 世界银行业务评价局：《中国：国别援助评价报告》，中国财政经济出版社，2005。
③ 周弘、张浚、张敏：《外援在中国》，社会科学文献出版社，2007。

社会责任，包括医院、学校、住房等社会保障服务，“企业办社会”的方式给企业经营发展带来了巨大的社会负担和压力，也是企业低效率的重要原因。1994 年 9 月中国与世界银行签约“企业住房与社会保障改革贷款项目”，贷款总规模 3.5 亿美元，包括国际开发复兴银行20 年期、宽限期5 年的2.75 亿美元的硬贷款，以及国际开发协会提供的 35 年期、宽限期 10 年的 7500 万美元的软贷款。该项目旨在深化住房与社会保障体制的改革。世界银行在市场化改革方面具有丰富的经验，特别是在 80 年代“结构调整计划”期间对一些发展中国家的市场经济改革提供了重要帮助。针对中国的情况，世界银行并没有将从企业剥离出来的社会责任划拨给政府承担，而是基于竞争性的市场逻辑动员私人部门、发挥市场力量提供社会服务。首先，世界银行减少政府干预，反对通过各种财政补贴的方式解决工人住房问题，建议中国成立房屋管理公司经营住房业务，这类公司按照企业的方式组建，以成本-收益的行为逻辑参与市场活动，以市场化的方式提供住房业务；然后，企业在长期承担社会责任的计划体制下，客观造成了职工低工资的现象，住房制度改革后必然需要进行企业内部工资制度和用人制度的改革。为了使工人有能力支付房租，参与改革企业以住房补贴方式增加工资。最后，住房制度改革后必然会使得住房成为可交易的市场化产品，住房商品化自然涉及金融业的变革。世界银行通过建立长期稳定的抵押金融业体制改革，帮助从事抵押贷款业务的银行从公众筹集资金，在吸收存款或债券的同时为公众提供利息。由此，现代企业制度、社会保障体系和金融业的变革三个项目通过相互之间的内在关系在世界银行和中国人民银行的共同推动下逐渐建立市场经济关系。中国的房地产产权制度、房地产贷款概念、住房抵押贷款经营方式、债权转让、市场风险管理以及房地产金融业务等方面都逐渐实现了市场化。可见，世界银行在中国房地产和现代企业制度改革过程中扮演了重要角色。①

在接受双边援助方面，日本、英国、德国和美国基于安全、政治、经济、文化等方面综合因素为中国提供了经济技术援助，共同推动了中国市场化改革。其中，日本对华援助中以日元贷款为主，为中国能源、交通等方面的基础设施建设项目提供的总额为 3.65 万亿日元（约 2551 亿人民币）。日本援建项目几乎遍布中国所有省份，具有代表性的项目包括京秦铁路电气化改造、南昆铁路、北京首都机场、上海宝钢、上海浦东机场、武汉长江第二大桥、中日友好医院、北京污水处理等。② 日本对华援助主要是基于强烈的经济动机，而西欧国家对华援助动机则相对比较复杂，包含了政治、经济、社会和文化等诸多因素。以德国为例，德国对华技术合作服务于其在华经济利益，并推动中国经济体制的改革。1982 年中德签署了《中华人民共和国政府和德意志联邦共和国政府技术合作总协定》，开始技术合作，为中国专利局、煤炭安全中心、中国标准信息中心、粮油食品研究中心、综合农业发

① 周弘、张浚、张敏：《外援在中国》，社会科学文献出版社，2007，第 240~267 页。〔日〕羽田野主：《落下历史帷幕的日本对华 ODA》，日本经济新闻中文版，2022 年 1 月 14 日，https：//cn. nikkei. com/columnviewpoint/column/47307-2022-01-14-04-55-10. html，最后访问日期：2024 年 3 月 5 日；《40 年 3.6 万亿！日本将于 3 月停止对华政府开发援助》，澎湃新闻 · 澎湃号 · 政务，2022 年 1 月 23 日，https：//www. thepaper. cn/newsDetail _ forward _ 16423621，最后访问日期：2024 年 3 月 5 日。

② 参见《39 年 3 万多亿，日本希望停止对华“政府开发援助”》，https：//baijiahao. baidu. com/s？ id = 1615102086482063310&wfr = spider&for = pc。

展中心、北京技术交流中心、上海管理培训中心和北京职业技术培训中心等19个项目提供赠款，涉及技术促进项目、农业发展和生产标准等方面。德国对华提供技术、标准和工作程序方面的援助都是通过中国政府（主要与商务部）开展的；而美国则通过非政府组织的方式对华提供援助；英国则通过出口信贷的政府优惠贷款提供援助，以推销英国产品为目的。这些援助项目在具体执行过程中将现代发展知识的观念和模式引入中国的制度框架当中，其中最典型的是“参与式”方法。

案例2-2：“参与式”方法在对华援助项目中的运用

“参与式”方法是在对华援助中普遍采用的发展合作方式。从概念上来讲，作为方法和手段的参与式发展，指项目区人们与外部发展干预之间在相互协调的过程中采取的方式和方法；作为目标和价值的参与式发展，指对当地目标群体进行赋权，增强其能力、知识以及实践经验，以使其在当地发展过程中负起更大的责任。[①] 在德国援助西双版自然林保护项目中，德国项目官员在推动参与式发展方面主要采取以下几种方式：

首先，进行新的土地利用规划。参与式活动成了村民之间交流的主要方式。村民在自有土地上进行规划，并与项目人员达成土地利用问题共识后，项目官员为村民提供技术支持。其次，在村民要求下的基础设施建设，比如灌溉设施等。在一些保护区坡地比较多，不适合种植水稻，应该改变坡地用途，村民希望项目组为他们提供水田。还有用电、沼气池和节能灶等。然后，为提高村寨农民的收入，主要发展经济

① 李小云主编《普通发展学》，社会科学文献出版社，2005。

作物，德方工作人员为村民提供种苗和种植，并对农民进行培训，教授他们育种、栽培和管理方面的技术。最后，小额信贷项目中，在村民自组织的基础上，村民推选出自组织的会长和会计，并与村庄的行政体系融合。5~6 户村民形成一个组，每组只能有一户贷款，在小组各户之间轮流，如有不能如期还款，下一次贷款无法发出。这样村民之间形成了制约机制。一户贷款 1000~1500 元，周期 3 个月或半年，如未能归还，则免除贷款利息。贷款利息主要用于管理委员会的办公费用。用贷款做什么事都是由村民自主讨论决定的。小额信贷是一次性资助，下拨后由村民自治组织管理。将“参与式”方法运用到扶贫项目推广中，种什么都是由村民自己决定的，项目只教技术、给部分种苗，种的好坏都要自己承担责任，所以参与者都产生了责任心和危机感。在项目实施的一年多中，群众对参与式活动深有体会，一方面认为这种方式不错，另一方面还希望能够得到更多的援助。

同样在中英性病艾滋病防治项目中的“同伴教育”就是“参与式”方法的变种，基本观念与“参与式”方法一致并在项目中强调受援者参与，比如在一些教育合作项目中推广的“问题导向的学习方法”都与“参与式”方法殊途同归。“参与式”方法还运用到中国扶贫开发的实践中，贯穿项目的可行性研究到结项评估，各个环节都纳入了“利益相关者”的参与，改变了项目人员与受益群体之间的关系。其中四川省扶贫开发办公室外资项目管理中心的《农村社区发展参与式操作指导手册》非常清楚地划分了管理层、技术层和受益群体的角色分工关系。①

① 周弘、张浚、张敏：《外援在中国》，社会科学文献出版社，2007，第 374~398。

第三，中国将自身在国际产业格局中的比较优势和现代发展知识结合起来推动经济结构的转型升级。林毅夫指出中国改革开放成功的两大支柱是采用双轨制的改革方式对资本密集型部门给予过渡性保护并对劳动密集型产业实行自由进入的方针，从而遵循比较优势来达到稳定和动态的转型；沿着“雁阵模式”的路径选择了能够利用其潜在后发优势的经济发展战略。[①] 1986 年中国的第一次产业升级实现了从资源型向劳动密集型的转型升级，纺织品的出口超过了石油。1995 年中国的第二次产业升级实现了从出口传统劳动密集型产品向非传统的劳动密集型加工品的转型，当时机械电子产品出口超过了纺织品；2001 年中国加入世界贸易组织后的第三次产业升级使得商品和服务贸易自由化，相关法律制度的改革以及外国投资进入中国带来了新的技术和规范，提高了其产品的复杂度。三次产业升级伴随着联合国多边机构组织和双边对华援助的过程，显示中国成功将现代发展知识纳入其自身发展框架的能力和效果。

整体而言，现代发展知识对中国的现代化发展产生的推动，为中国发展知识的建构提供了丰富的实践。宏观地来看，中国作为“受援者”与“援助者”的双重身份使中国的国际发展合作成为南北合作与南南合作的关键枢纽，由此构建的发展援助知识体系为现代发展知识在发展中国家的本土化提供了现实参考。微观地来看，现代发展知识中有关参与式、市场化、城市化、工业化、农村发展和减贫等核心要素具有一定程度的适应性，辅之以相应的发展战略框架对现代化发展具有不可或缺的重要意义。当前，中国以援助、投资和贸

① 林毅夫、王燕：《超越发展援助：在一个多极世界中重构发展合作新理念》，北京大学出版社，2016。

易为核心的“大援外”概念逐渐向国际发展合作转型，相应的中国发展援助知识体系逐渐成熟丰富。

四 系统化支撑中国国际发展合作的知识体系构建

在知识要素积累的基础上，中国发展援助知识体系的构建是一个循环往复的过程。首先得益于现代发展知识的影响以及对它的反思，然后在发展实践中采取符合自身经验的可选择的方式，之后再进行分析和理论提升。此外，研究机构和智库、实践者、政府、民间组织等在发展实践和知识的创建和传播中都分别发挥着作用，值得进一步探究。

（一）新发展知识的思想来源

新发展知识源于三个方面的思想资源：第一，基于现代发展知识的反思。批判发展的学术思潮孕育了丰富的新发展知识的要素。结构主义经济学和新马克思主义政治经济学，如著名的依附理论是率先挑战现代发展知识的知识体系。与经典和现代发展知识体系的基础不同，这些理论没有基于西方的基本经验和理论进行次级的建构，而是直面发展中国家的现实问题，属于在场性的理论知识。去殖民化之后，很多学者假设原来的殖民—被殖民的结构关系式微，发展中国家在发达国家的援助下能够通向现代化。结构主义经济学家则暗示了美国实际已经取代了英国，成了世界的中心。发达国家和发展中国家的“中心—边缘”的结构关系是制约发展中国家发展的主要要素，作为“中心”的发达国家不仅经济总量很大，主导着全球的经济体系，而且还通过发展技术的垄断，强化这种不平等的经济关系。实际上，结构主义的经济学反思并未直接给出能够操作的方案，但为包容性增长等新的发展知识提供了营养。发展中国家在工业化和城市化中出现的乡村变迁的多样性和复杂性、由此出现的小农经济发展思想，以及有关政府作用等方面的反思等都为新的发展知识的出现提供了思想资源。第二，替代发展的实践。20 世纪 80 年代开始，针对现代化发展路径在发展中国家出现的问题，产生了推动发展中国家按照自身的社会文化逻辑发展的潮流。参与式发展是这个潮流中重要的知识要素。这个要素包含了本土文化主导、技术适应、政治分权等重要的反对西方发展霸权的思想。第三，发展中国家和新兴国家的发展实践呈现出的新的发展思想。自 20 世纪末开始出现的发展中国家，特别是新兴国家经济的快速发展，不仅突破了现代化发展的路径约束，呈现了很强的替代发展性，同时也突破了结构主义的理论框架，实现了穷国通过自身能动性取得快速发展的巨大成就。林毅夫的新结构主义经济学为这一发展模式提供了理论解释，成为第一个基于穷国发展经验的在场性发展知识的总结。发展中国家特别是新兴国家的经济增长实践是新的发展知识出现的重要基础。虽然新的发展知识还没有达到系统化的程度，但是很多新的知识要素已经得到了高度关注。与现代发展知识核心不同的是，新的发展知识强调发展中国家在一个守信、可靠、有能力的政府领导下，通过高储蓄、投资和市场对资源的配置，在全球化的条件下可以实现增长，这几乎是全球 13 个在过去保持高增长国家一直都有的经验。这从根本上动摇了只有通过系统的政治社会变革，发育为一个民主政府，才能奠定增长条件的现代发展体系的核心内涵，也挑战了以相对刚性的权力关系为基础的结构主义经济学的影响。中国的发展实践为新的发展知识的形成提供了最为丰富的资源。在最近几年中，许多发展中国家，如亚洲的孟加拉国、柬埔寨、越南都在充分挖掘自身资源优势的条件下，取得了快速的经济增长。非洲的埃塞俄比亚和卢旺达，正在成为非洲新的经济增长点。这些国家成功的实践，都与2008年增长与发展委员会所总结出来的新兴国家的一些增长特点类似。很显然，与经典的通过彻底改革社会政治文化制度，并优先创造增长和发展条件，从而实现增长的现代发展知识体系不同，新的发展知识更加强调政府和政治家驱动下的国家发展的能动性，更为强调以具有优势的发展条件克服不具有优势的发展条件的潜在作用。新的发展知识要素也否定了传统结构主义所坚持的“只有破除不对等的贸易经济关系，发展中国家才能发展”的观点。

（二）知识体系构建的主体结构及其作用

新发展知识是在中国现代化发展经验和对外提供经济技术援助基础上构建的，其核心是将中国现代化经验进行理论提炼。由于新发展知识涉及中国与世界的互动关系，特别是发展合作领域与发展中国家的联结问题，国际发展合作领域是观察中国发展知识体系构建的重要窗口，而国际发展合作场域中的多元主体的实践为此提供了丰富的内容。

当前参与中国国际发展合作的主体包括政府、企业、高校、社会组织和智库学者等。政府方面，国际发展合作主要管理工作归2018年成立的国家国际发展合作署，它负责拟定对外援助战略方针、规划、政策，统筹协调援外重大问题并提出建议，推进援外方式改革，编制对外援助方案和计划，确定对外援助项目并监督评估实施情况等，[①] 并通过与商务部、外交部和财政部的对外工作联动机制，以及与 24 个部委的部际协调机制共同推动中国对外援助的发展。在具体实施层面，国际经济技术交流中心、国际经济合作事务局、国际商务官员研修学院、中国进出口银行和卫健委等分别负责国际发展合作具体工作。详细分工如表 2-2 所示。

表 2-2　中国对外援助执行机构分工

执行机构	预算来源	主要职能
国际经济合作事务局	商务部	援外成套项目管理、监督、实施
国际经济技术交流中心	商务部	一般援助物资招投标、实施与管理，南南合作援助基金项目
国际商务官员研修学院	商务部	全国援外培训协调管理、援外培训执行
国际卫生交流与合作中心	卫健委	医疗队，协同商务部展开卫生援助与合作
对外经济合作中心	农业农村部	农业技术示范中心、协同商务部展开农业援助与合作
教育部	教育部	留学生的政府奖学金、协同商务部展开教育援助与合作
中外语言交流合作中心	教育部	孔子学院、青年志愿者项目
中国青年志愿者协会	商务部	负责实施青年志愿者项目
环境保护对外合作中心	生态环境部	环境与气候变化相关的援助项目的培训、执行，设备捐赠

企业方面，根据 2019 年 2 月 12 日至 2021 年 5 月 20 日经资格审查取得中国援外实施企业资格的企业共 357 家，其中援外成套项目总承包审定企业 212 家、援外物资项目总承包审定企业 145 家。企业依据《对外援助项目实施企业资格认定办法（试行）》（商务部 2015 年第 1 号令）申请援外成套

① 国家国际发展合作署机构职能参见 http：//www. cidca. gov. cn/zyzz. htm。

项目管理、技术援助实施、人力资源开发合作和咨询服务，按照相关招投标程序和资格审查程序参与到对外援助项目实施过程当中。

高校方面，当前承担接受培养外国留学生（中国各类政府奖学金）教育工作的高校有 208 所；一些高校参与到国际发展合作的实践当中，吉林农业大学和福建农林大学分别参与援建了赞比亚和卢旺达的农业技术示范中心；目前 44 所高职院校在“一带一路”沿线国家开设 28 个境外办学机构，依托“鲁班工坊”将中国优质的职业教育和优质产品技术向合作国输出，培养当地急需的产业人才，例如天津市东丽区职业教育中心印度尼西亚“鲁班工坊”、天津医科高等专科学校马里“鲁班工坊”等等。还设立中国-东盟智慧海洋中心，中印尼高铁研究中心、中印尼海洋科学与技术中心、中印尼智慧海洋中心，为职业教育走出去提供智力和教学资源支持。

社会组织方面，中国国际民间组织合作促进会带动会员单位在“一带一路”沿线国家开展教育医疗、减贫开发、灾害管理等各类公益活动；保护生物多样性和生态环境，落实社会责任，夯实合作的民意基础。① 此外，民间组织还与当地伙伴合作，中国扶贫基金会在缅甸、尼泊尔、埃塞俄比亚、柬埔寨、乌干达等国开展了发展援助项目，包括在缅甸开展的缅甸胞波助学金项目、爱心单车项目等；在尼泊尔开展贫困妇女职业支持、青年职业培训项目等。②

学者智库方面，国际发展研究领域的专家积极参与中国对外援助向国际发展合作的转型。2010 年商务部邀请了 10 家

---

① 中国国际民间组织合作促进会，http://www.cango.org/about.aspx。

② 中国扶贫基金会国际项目，http://www.cfpa.org.cn/project/GJProject.aspx?id=101。

知名高校和研究机构的专家进行专题研究和论证，广泛协商以加强援外政策的科学性。黄梅波研究建议中国建立符合国际运行规则且具有中国特色的对外援助管理体制；[①] 胡建梅等建议设立对外援助机构，完善部际协调机制，建立评估机制，完善法律法规体系，建立对外援助统计体系，加强援助机构建设并重视宣传。[②] 2013 年，白云真指出中国对外援助政策实践需要将对外援助与战略目标结合起来，提升对外援助集中、决策、协调、规划、动员等战略能力，平衡不同利益诉求与地区战略布局的轻重缓急。[③] 2016 年郭语建议中国尽快出台三方合作相关政策文件，逐步拓展合作伙伴和方式，在优势领域持续谨慎地开展三方合作。[④] 2017 年郑宇提出构建新型发展合作模式的构想，以便厘清南南合作中的模糊概念，为中国对外援助体系改革提供清晰的理论框架。[⑤] 2018 年薛澜、翁凌飞建议中国制定对外援助的国家战略，构建对外援助的法制化和体系化，提高援助机构的行政级别，给予机构更大的自主性，同时明确部际间的职能划分和协调，建立援外监督评估体系等。[⑥] 2010 年李小云牵头国内 16 位学者共同提交了《关于改革我国对外援助工作的若干建议》，2019 年李小云为《对外援助中长期规划编制工作》提出了相应的政

---

① 黄梅波：《中国对外援助机制：现状和趋势》，《国际经济合作》2007 年第 6 期。

② 胡建梅、黄梅波：《中国对外援助管理体系的现状与改革》，《国际经济合作》2012 年第 10 期。

③ 白云真：《中国对外援助的战略分析》，《世界经济与政治》2013 年第 5 期。

④ 郭语：《巴西对外援助中的三方合作管理与实践》，《拉丁美洲研究》2016 年第 6 期；《德国对外援助中的三方合作管理与实践》，《国际经济合作》2016 年第 5 期。

⑤ 郑宇：《援助有效性与新型发展合作模式构想》，《世界经济与政治》2017 年第 8 期。

⑥ 薛澜、翁凌飞：《西方对外援助机构的比较与借鉴——改革中国的对外援助模式》，《经济社会体制比较》2018 年第 1 期。

策建议。正是在专家学者的积极参与和介入下，直接或间接推动了2011年、2014年对外援助白皮书，以及2018年国家国际发展合作署的设立和2021年《新时代的中国国际发展合作》白皮书的发布。与此同时，中国对三方合作也由过去“被动应对”转向“主动塑造”，[①] 并提出了“非洲提出、非洲同意、非洲主导”的涉非三方合作指导原则。[②]

与此同时，专注国际发展合作研究的智库也纷纷成立，并积极参与到国际发展合作的转型当中。2007年在教育部、外交部支持下浙江师范大学成立非洲研究院，围绕国家发展大局与中非合作大势，以“当代非洲发展问题”与“新时期中非合作关系”为重点，深入开展基础理论与应用对策研究，主动服务“一带一路”等国家重大战略。[③] 2017年8月成立的中国国际发展知识中心（CIKD）致力于借鉴中国发展经验，结合各自国情，同各国一道研究和交流发展理论和发展实践，为国际发展贡献中国发展智慧和可持续发展方案。[④] 2019年4月成立的中国非洲研究院旨在同非洲各国深化文明互鉴，加强治理和发展经验交流，为中非共同推进“一带一路”合作，共同建设面向未来的中非全面战略合作伙伴关系，共同为构筑更加紧密的中非命运共同体提供智力支持和人才支撑。[⑤] 2018年5月上海对外经贸大学成立国际发展合作研究院（International Development Cooperation Academy，SUIBE），

---

① 王瑞：《中英在非洲的发展合作研究——以农业合作为例》，硕士学位论文，辽宁大学，2019。

② 张春：《涉非三方合作：中国何以作为?》，《西亚非洲》2017年第3期。

③ 参见浙江师范大学非洲研究院简介，http：//ias. zjnu. edu. cn/yjyjj/list. htm。

④ 参见中国国际发展知识中心首页，http：//www. cikd. org/chinese/aboutus#index2。

⑤ 参见中非研究院简介，http：//cai. cssn. cn/gywm/zfyjyjj/。

旨在争取国家国际发展合作署、外交部、财政部、商务部、发改委、上海市商委等政府机构和联合国南南合作办公室、联合国开发计划署、联合国经社理事会等国际机构支持及共建的基础上，进行国际发展合作理论与政策研究，建立国际发展合作研究平台及交流网络，培养国际发展合作高端人才。学院重点研究方向包括：国际发展理论与政策研究、国际发展融资研究；贸易与发展问题研究、金融与发展问题研究、援助—贸易—投资关系研究、非洲经济与中非贸易投资研究；“一带一路”国际产能合作研究、国际经济法研究等。[①] 2018年9月28日，对外经贸大学成立了第一所融教学科研为一体的实体性国际发展合作学院（School of International Development and Cooperation，SIDC），致力于全面系统地培养国际发展合作本科生、硕士和博士研究生，探讨中国特色社会主义国际发展合作理论，加强国际发展合作基础和政策研究，适应当前新型国际形势，服务国家重大战略举措和国际社会的迫切需要。设有“国际合作与发展援助”“国际项目开发与管理”“国际投资与金融合作”三个学系和“国际减贫与人道主义”研究中心。[②] 2020年中国农业大学基于其过去几十年从“引进来”到“走出去”国际发展合作研究与人才培养探索的经验，组建了围绕国际发展和全球农业相关学科进行科研和人才培养的校级新学科建设平台——国际发展与全球农业学院。[③]

这些智库在各自专长领域和研究方向上深入研究不同学

① 上海对外经贸大学国际发展合作研究院首页，http：//www. suibe. edu. cn/gfhy/yjyjj/list. htm。

② 对外经贸大学国际发展合作学院官网首页，http：//sidc. uibe. edu. cn/xygk/xyjs/index. htm。

③ 中国农业大学国际发展与全球农业学院简介，http：//cidga. cau. edu. cn/col/col38803/index. html。

科视角下的国际发展知识，涉及包括政治学、经济学、社会学、法律、人类学和管理学等诸多学科领域。与此同时，智库依托大学为国际发展领域培养相应的人才，并和民间组织等共同参与中国国际发展合作的转型升级。比如 2015 年安平公共传播公益基金、中国政法大学公共政策研究中心、中国扶贫基金会、察哈尔学会和北京大学公共传播和社会发展研究中心联合发出倡议，为了推动"调整我们在国际舞台上的角色意识和行为方式"，提议政府要"改革传统的对外援助与交往机制，积极探索委托民间组织承接国际援助的模式,① 转变直接的'G2G'（政府帮助政府）为'G2G+P2P'（政府帮助政府+民间帮助民间）"的援助模式,② 以增强援助项目与当地原住民需求的融合度，提升援助效率和准确性，提升援助的人际感染力、传播力以及社会影响力，从而推动中国国际形象重塑。③ 由此可见，参与中国国际发展合作的多元主体主要包括政府、企业、高校、社会组织和学者智库等，他们依托职责分工在国际发展合作领域发挥自身比较优势，共同

① 蔡欣然：《中国对非援助模式之研究——以坦桑尼亚为例》，硕士学位论文，湖南师范大学，2016。

② 《新时代的中国国际发展合作白皮书》，中华人民共和国国务院新闻办公室官网，2021 年 1 月 1 日，http：//www. scio. gov. cn/ztk/dtzt/44689/44717/44725/Document/1696712/1696712. htm，最后访问日期：2024 年 2 月 24 日。

③ 雍敏、唐丽霞：《中国减贫项目给非洲村庄带去什么》，《农民日报》2017 年 7 月 18 日，第 4 版；"The Double One Project：The Tanzania-China Joint Programme for Scaling-up the Maize Labour Intensification System in Morogoro Region，" in United Nations Office for South-south Cooperation，ed，*Good Practices in South-south and Triangular Cooperation for Sustainable Development-Vol* 3（New York：United Nations Office for South-south Cooperation，2020），pp. 39-40，https：//unsouthsouth. org/wp-content/uploads/2021/10/Good-Practices-in-SSTC-for-Sustainable-Development-Vol. -3-2020-Digital-FINAL. pdf，最后访问日期：2024 年 3 月 5 日；史博丽：《中国传统农业改造经验的平行分享——以中坦农业技术合作项目为例》，博士学位论文，中国农业大学，2021。

推动中国对外援助向国际发展合作的转型，并参与到发展知识的建构过程中。

案例 2-3：玉米密植增产技术在非洲推广中的多元主体参与

非洲农业生产力水平的低下和非洲当地政府与农户之间的链接机制薄弱是非洲农业发展的主要困境。相比之下，中国在推动以小农为基础的农村发展、减贫工作及其工业化道路上积累了独特的经验。Z 大学基于 2009 年的调研结果，2012 年在坦桑尼亚进行了一项发展试验，根据中国自身的发展经验和坦桑尼亚当地的实际情况，设计了一个以社区为基础的发展模式。通过分享中国地方政府下乡的工作方式，支持当地地方政府、当地大学和研究机构与当地农村社区三者之间建立有机联系，从而完整呈现了中国劳动密集型、低资本投入的农业技术方案。这一基于社区的发展模式在两个项目村试点后，当地主粮玉米产量增加 2~3 倍，当地政府支持发展的能力明显提升，当地政府、当地大学和当地农村社区三者之间的联系也有所加强。

项目最开始得益于中国国际扶贫中心支持，在佩雅佩雅（PeaPea）村开展劳动力密集、低投入玉米生产技术示范项目。该项目使得该村直接受益农户近 200 多户，受益面积为 1000 亩以上，玉米产量由之前每亩 66 公斤增长到每亩 200 公斤，技术由一个村扩散到了周边的四个村。佩雅佩雅村的工作已在路黛瓦（Ludewa）乡和开劳瑟（Kilosa）县，以至莫罗戈罗省产生了巨大的社会效应。项目建设村级减贫学习中心已成为中国在坦基层减贫工作的品牌，得到商务部、农业部、科技部、国务院扶贫办等相关部委的高度关注。商务部援外司多次就此项目展开具体讨论。村级减贫学习中心成为中国扎根基层的品牌标志，项目组也通过竞赛的方式在开劳瑟县展开大面积推广。

之后在中坦科技合作协议下，中国科技部发展中国家援外项目（中坦农业发展联合研究中心）继续给予支持。该项目在苏克因农业大学（SUA）建设合作中心。苏克因大学提供400平方米中心用房，双方农学、畜牧、资环等方面的教授进行了互访，Z大学旱稻技术已经进行了2次选育实验。同时，在苏克因农业大学校内建设展示中国农业技术的小型科技园区。Z大学和苏克因农业大学、莫罗戈罗省政府共同组建联合研究团队，并以麦迪格瓦辛巴（Mtego wa Simba）村为示范村，选取周边四个村为扩散村。该村累计示范户达到200多户，占该村总户数的1/2，示范户玉米产量均增产了2~3倍。

为配合中国发展经验在坦桑尼亚的有效传播，项目先后组织了六批坦桑尼亚高层到华接受培训。参加培训的均为农业部等部委常务秘书，并由总统府首席部长、总统府首席秘书、总理府常务秘书、莫罗戈罗省省长等带队，共有150多名高级官员、行政长官、技术专家、农民等到华培训、Z大学还接收苏克因大学近20人次教师前来进行短期培训和长期的学位学历教育。与此同时，Z大学师生在坦桑尼亚多次受到前总统和总理接见，与坦桑尼亚各部委、地方政府、高校以及我驻坦使馆建立了密切的联系，展开的研究与实践活动也受到了广泛的认可与好评。

为使项目成果更多地受益于当地农户，并将中国发展经验在更大的范围内分享，自2018年开始，基于前期工作的基础、Z大学和盖茨基金会项目的支持下，在坦桑尼亚莫莫罗戈罗（Morogoro）省的10个县共同实现1000户10000亩的玉米增产，即“千户万亩玉米增产示范工程”，简称“11 工程”。项目的总体目标是：通过分享中国农业发展中的“两个经验”推动当地主粮的增产和当地农民的增收。其中，“两个经验”是指“政府支持农业发展的中国经验”和“劳动密集型农业技术的中国经验”。

具体目标主要包括以下三个部分：第一，探究中坦农业合作如何支持当地四级政府、研究机构和当地社区的良性互动并探索出一套有利于当地农业发展、农民生活改善的社区发展方案；第二，探究如何通过中坦农业技术合作，尤其是中国劳动密集型技术的示范，支持当地设计出一套增强微观层次上农业产量提高和农民生计改善的农业技术方案；第三，探究如何在国际层面上更广泛、更有效地分享中坦农业发展合作和减贫的经验。

此外，当前正在推广的玉米密植增产技术项目中，项目组考虑进一步引进间作套种技术，在玉米行间种植豆科类作物。这样不仅可以利用豆科类植物的固氮作用为玉米提供肥料，还可以在营养上平衡玉米中所缺失的营养成分。Z 大学在坦桑尼亚示范村的项目拟定结合非洲本土饮食营养结构，在间作套种的粮食生产基础上，示范并推广豆奶早餐计划。用豆奶中的植物蛋白替代牛奶中的动物蛋白，在改善小农家庭的饮食水平的同时帮助非洲国家重新建立适合其本土作物生产结构的饮食营养结构。因为非洲国家的粮食安全困境本质在于其食品营养结构的非本土化。有研究指出非洲国家当前以面包和牛奶为主的饮食结构，是西方在殖民化过程中逐渐建构起来的，是精英文化的象征。① 在这一过程中非洲本土

① 李小云、李嘉毓、徐进：《非洲农业：全球化语境下的困境与前景》，《国际经济评论》2020 年第 5 期。

以高粱、鹰嘴豆、珍珠粟等为主的传统粮食作物逐渐被取代。引进西方的经济作物其中很大一部分又供应给了西方国家。也就是说，非洲的饮食结构不是基于非洲本土的粮食生产结构，而是西方外来饮食结构与非洲本土饮食结构的混合，并呈现出极化分布的特征，这是非洲长期以来粮食安全困境的根本所在。

五　中国发展知识生产进程的推动

第一，重塑发展知识的边界和内涵。当前中国对于发展经验的总结和发展知识的创造已经被提高到一个战略高度，这将直接决定着中国该如何在世界中重新界定自身的角色，以及自我和他者之间的关系等。2015 年中国国家领导人在联合国总部宣布成立的中国国际发展知识中心，以及南南合作与发展学院等一系列学术建制的设立也体现了实践中对于新发展知识生产的强烈诉求。对于如何创造新型发展知识这一议题：首先，新型发展知识需要回应什么是合意社会的议题，即对于理想社会的想象，既包括了基于民族国家边界之内的发展模式的想象，也包含了新型全球秩序的想象。近年来，人类命运共同体的新文明观指导着国内和国际发展合作，挖掘该理念下新型的国家观和全球社会秩序观，才能进入新发展知识的构建。其次，新发展知识必须回应诸如中国这样的发展中国家是如何在既定的世界秩序中动员自有资源、整合外部力量，进行创新和突破，探索发展和减贫的路径，从而进一步重塑了国际发展新秩序等问题。对于新型南南合作而言，在场性发展经验和发展知识是最佳的全球公共产品。基于援助之上的发展知识仅是基于二战后以美国为代表的一种政策和学术选择,[①] 但在此之前更长的历史时期内，发展知识都与特定人群（发展知识生产的主体）和外部世界（早期的自然界，以及殖民时期的非西方世界）的关系界定相关，这点与我们当前要创造新型发展知识的出发点不谋而合，只是知识生产的主体做了转换：从原来的西方到现在的中国。西方发展知识自有其生产和传承的特定历史境况和内在的衍化逻辑，但当“发展”作为一个现代理念和实践体制在近代被引入中国后，它的独特之处在于历经数次改装和调整后也成为本土精英动员当地力量形成本国发展目标和发展路径的重要思想资源，他们掌握了发展内涵和发展方式等诸多方面的领导权、决策权和界定权，从而建立起了引领自身发展议程的主体性，并构建了新型的自我和外部世界之间的关系。从这个角度上说，中国语境下的发展和英语世界中的 development 存在主客体语境上的差异和话语上的转化，对这一转换历史动态的把握将是打开发展新知识的关键窗口。

第二，注重社会科学学术创新在新发展知识中的力量。自 2013 年开始，中国相继推出了大量的新时期国际发展合作新倡议，包括“一带一路”、南南合作基金、新开发银行、丝路基金、亚洲基础设施建设银行，以及更早之前设立的中非合作论坛等。中国现在已成为世界第一大货物贸易国，第二大对外直接投资国，以及关键性的对外援助国，因而已经积聚了大量“走出去”的实践经验。但在日常的政策制定、机构管理和项目运作的过程中，大多处于应对型、临时性、碎

① 美国在二战后初期并未重视海外世界，只是简单地在东方学的框架内将其视为英国和欧洲的殖民地，也并未形成面向第三世界的整体战略。但随着冷战形势的日渐严峻，尤其是在经济学、社会学和政治学等主流学科的推动下，以杜鲁门总统的“第四点计划”为标志的、具有美国特色的发展知识开始进入历史新舞台。

片化的状态，尚缺乏诸如现代化理论和区域研究等此类纵横交织的学术机制创新，尚无法运用社会科学所特有的学理性、整体主义以及深度思维特性，从宏观、长远出发，提出一揽子方案，凸显战略系统整合的能力。当前的中国与战后初期的美国在面对新发展知识短缺时的状况非常相近。但在美国，因为有了主流经济学、社会学和政治学等社会科学学者学术共同体的积极作为，将美国需要开发战后第三世界政策的政治需要和学界对于开拓新的研究边界的智识诉求结合起来，顺势而为、全国发动、跨学科组合，通过全国上下的动员，发起了两次学术创新运动，从而确立了支撑美国战后新秩序的两座学术高峰和一个实践创新，即区域研究、现代化理论、对外发展援助。面对中国当前的新发展知识诉求，同样需要一场新的社会科学“革命”或学术创新运动来动员更多优质学术资源来理解中国新视野下的海外和自身发展路径，从而进一步奠定中国如何认识自身在新阶段的新角色、世界的新面貌，以及中国将如何贡献全球的新机制等认知基础。①

① 徐秀丽、李小云：《发展知识：全球秩序形成与重塑中的隐形线索》，《文化纵横》2020 年第 1 期。

CHAPTER

3

第三章

国际发展合作战略与政策的衍化与比较

全球化促进发展空间趋于重叠和扁平的同时，文化多样性和差异化并存，经济、政治经历着巨大挑战和变化。全球国际发展援助治理的变化体现在两个层面的多中心化：治理主体层面从基于国家为中心的结构向着国家与跨国团体伙伴关系的新结构转变，治理方式层面则从西方发展援助范式为主导向着传统范式与新兴范式并存的多种可选方案转变。在这个转变过程中，西方发展援助战略和政策的产生是不容忽视的基础条件，其演变呈现国际发展合作治理架构变化的重要内容；而中国的国际发展援助战略和政策的变化是新范式中不可或缺的重要组成部分。这一部分的研究即通过西方和中国的发展援助战略和政策的历史演变梳理及比较分析，探究国际发展援助治理架构变化的启动力以及在新时代所面临的挑战，并从西方和中国发展援助战略政策演变的经验中提取应对挑战的启示。

一 国际发展合作的战略与政策现状

二战之后的第一个联合国十年，现代国际发展援助的目标、机构设置、援助法案、援助机制等得以形成，并开始指导国际多边组织、双边组织如何针对发展中国家的发展出谋划策、倾力相助。发展援助战略即是在既定目标下定位发展援助在国内发展、国际关系建立中的作用，并据以制订援助计划、出台援助法规和援助政策、建立援助管理体系、采取相应的援助方式、开展援助项目管理，以达成其战略目标。

发展援助战略与政策制定很大程度上是发展援助治理的可操作化，涉及战略目标以及国际发展援助框架的建立、国际援助法案与政策的订立、国别援助方案的制定、专门援助法案的制定以及援助协议的签署。同时，也涉及微观层面的实施，比如，援助管理机构的设置、资金与人员管理以及发展援助项目管理。

（一）国际发展援助战略

1. 国际发展援助的战略目标

国际发展援助战略框架的建立，首先是发展目标的设定。无论是中国还是传统援助国或多边机构，全球发展目标在很长一段时期都是首选的显性目标。在第一个联合国十年，联合国宪章①将发展中国家的工业化、现代化作为接受发达国家援助之后，拟达成的目标。进入21世纪所形成的千年发展目标则将以下10个目标作为进入21世纪后的15年所要达成的目标，包括减贫、消除饥饿、保障初等教育、促进两性平等，降低儿童死亡率、改善产妇保健、预防和救治艾滋病及疟疾等对很多发展中国家有严重威胁的疾病、确保环境的可持续能力，以及全球合作。②

继而可持续发展目标（SDGs），又称为全球目标，成为

① "United Nations Charter," 1945, https://www.un.org/en/about-us/un-charter/full-text，最后访问日期：2024年3月1日。

② "United Nations Millennium Declaration," 2010, https://documents.un.org/doc/undoc/gen/n00/559/51/pdf/n0055951.pdf? token = N3Y4WT90InHAhe3Dzi&fe = true，最后访问日期：2024年3月1日。

2015~2030年要达成的目标，包括17个目标及245个子目标。与千年发展目标相比，可持续发展目标更加强调协同行动，第17个目标专门提出如何协同行动；同时，还增加了关于气候变化、经济不平等、创新、可持续消费、和平与正义等新领域。这些目标之间可能有相互促进的关系，比如气候变化行动与可持续消费；也有一些有可能的冲突，比如可持续消费和生产模式与经济增长就业体面工作之间。① 实现可持续发展目标要求人们坚持合作与务实的态度，以一种可持续的方式来提高当前以及后代的生活。它们将各国的发展重点与全世界面临的环境挑战结合起来。可持续发展目标具有包容性，致力于从根本上解决贫困问题，并让各国团结起来为人类发展和地球保护作出贡献。②

进入新时期，新兴经济体在国际发展合作中日益显性化，南南合作与南北合作共同贡献于发展援助；虽然南南合作形成各自的特定目标，但是由于多数新兴的南方国家参加了2011年提出"发展有效性"的釜山会议，并签署加入全球有效发展合作伙伴关系（GPEDC），也就认同了联合国2030发展框架，将可持续发展目标作为发展合作的目标，特别是第17个关于建立全球伙伴关系促进协同行动的目标。联合国2030议程指出，可持续发展目标有赖于共同的行动，因而全球伙伴关系就非常重要。虽然官方发展援助仍然在增长，但

① United Nations General Assembly, "Transforming our world: the 2030 Agenda for Sustainable Development," 2015, https://sustainabledevelopment.un.org/content/documents/21252030%20Agenda%20for%20Sustainable%20Development%20web.pdf.

② United Nations Development Group, "The Sustainable Development Goals are Coming to Life-stories of Country Implementation and UN Support," 2016, https://unsdg.un.org/resources/sustainable-development-goals-are-coming-life-stories-country-implementation-and-un.

是面临不断出现的冲突或自然灾害，仍然需要金融资源及援助；促进经济发展及贸易环境的改进对官方发展援助也提出需求。只有获得并享有技术和知识，才可能有思想交流和创新。发展中国家债务的解决以及投资来源的获取，是实现可持续发展的关键。SDGs 将发达国家和发展中国家都纳入其考量范围，以支持实现不同的目标和规划，强调南北合作及南南合作的重要性。

2. 国际发展援助的战略框架

发展援助战略目标的设定与各国的历史发展、政治经济社会结构变化、国际环境、国际关系斡旋等密切相关，指导着其战略框架的形成，涵盖发展援助在国家发展战略的地位、相应的法案和政策制定、政策实施的机构和制度路径等方面。不过，制定战略框架还受到其他因素的影响，尤其是援助国的援助动机和受援国的发展思路和预期。

关于援助国的援助动机有很多争议，一种观点认为援助就是纯粹的帮助那些穷困的地方和人群，应该与自身利益没有关系，其后的动机可能是慈善，可能是与宗教相关的利他主义，还可能是一种建立平等伙伴关系的相互团结的观念。当然这种观念很多时候被批评为天真的理想主义，忽略了援助国追求自身利益的需求。另一种观点更为普遍，即基于现实主义的观点，认为援助与自身利益密切相关，它是作为追求其他对外政策目标的工具，比如外交、商业和安全的利益。在这个逻辑下，援助应该用于促进外交事务，包括帮助“友好”的国家，奖励反击恐怖主义的国家以追求安全的目标，或者促进贸易关系。这种观点下的基本原则是，援助能用于帮助其他国家的人民，但是应该优先选择那些能够让援助国的直接和间接利益最大化的受援国和援助方式。[1] 在进入经济更为多样化发展的 21 世纪之后，由于经济发展速度差距扩大，环境风险增加，很多发展中国家尤其是海岛国、内陆国或高度依赖资源、受到冲突困扰的国家，面临着很大的挑战。于是又有一种观点提出，援助在追求自身利益，以及直接帮助其他国家改善发展条件的同时，如果能够改善既有的经济体系，那么会更有益于双方的可持续发展。“为了贸易的援助”（Aid for Trade）的提出是这种观点的体现。[2] 还有其他从受援国角度提出的关于援助理由的观点，即发展中国家将 OECD 视为对过去的殖民掠夺或现在的国际体系的不公正的补偿。这个观点认为北方国家通过不平等关系而取得财富，即使在当代的全球贸易体系下，由于持续的债务危机，许多发展中国家偿还债务超过他们所接受的援助。在这个逻辑下，如果资源径流是从南方国家到北方国家，那么援助国就有职责增加官方发展援助以平衡资源流动。从国际法的视角，发展援助也被看作一种义务。联合国于 1966 年制定并在 1976 年生效的《经济、社会和文化权利国际公约》[3] 中指出，每个人都有获得自由初等教育以及基本生存的权利。1986 年的联合国大会发布了《发展权利宣言》（Right to Development），指出每个人均有权参与、促进并享受经济、政治、社会和文

---

① Stephen Brown, “National Development Agencies and Bilateral Aid,” in Paul A. Haslam, Jessica Schafer, and Pierre Beaudet edited, *Introduction to International Development: Approaches, Actors, Issues, and Practices* (*Third Edition*) (Canada: Oxford University Press, 2017), pp. 141-160.

② OECD/WTO, *Aid for Trade at a Glance 2019: Economic Diversification and Empowerment*, (OECD Publishing, 2019), https://doi.org/10.1787/18ea27d8-en.

③ UN General Assembly, “International Covenant on Economic, Social and Cultural Rights,” 1966, https://www.refworld.org/docid/3ae6b36c0.html, accessed on August 27, 2021.

化发展，意味着民族自决权，以及国家有责任和义务制定适当的发展政策，不断改善全体人民的福利；第四条就发展中国家的迅速发展提出持久行动的重要性，并认为除了向这些国家提供促进全面发展的支持外，有效的国际合作也至关重要。①

战略框架的制定很难单纯地回溯到某一个动机或理由，很多情况下，都是各种动机的组合。其实自二战结束，发展援助启动之后，都同时具有利他和自身利益相结合的特点；随着援助规模的扩大和深化，援助国逐渐采用“整体政府战略”（whole-of-government approach），将外援更加紧密地与其他对外政策目标联系在一起。这种战略被批评为用援助作为幌子，声称帮助他人，实质隐藏了追求自身利益的目的。同时，援助国也将重点逐渐放到支持私人部门，尤其是与他们自己的跨国公司合作。当然，针对这种战略，很多观点认为这种合作是融资方式的创新，能够应对 21 世纪的挑战；也有观点认为这只是伪装成减贫的公司补贴。② 目前，西方的官方发展援助更多与政治和经济自由相联系，包括促进受援国的有效治理和私人部门发展，战略框架中附加政治条件成为一个重要特征。而在受到新冠疫情影响的情况下，西方发展援助回归到以自身利益和安全保障为出发点，在援助资金削减的情况下，更加以援助国的直接或间接利益最大化为目的，其中除了经济利益，更多地与政治利益相关，跨越地理空间，与历史形成的政治关系相联系的地缘政治和意识形态的考虑

① 联合国：《联合国发展权利宣言》，https：//www. un. org/en/events/righttodevelopment/pdf/poster_un_declaration_ch. pdf，accessed on August 27，2021。

② Stephen Brown，“Foreign Aid and National Ownership in Mali and Ghana，” *Forum for Development Studies* 44（2017）：335-356.

成为重要的动机。

中国的发展援助战略框架的设计动机也是混合的。一方面平等合作的伙伴关系建立的观念来源于文化积累，因为“天下一家”，所以“大道之行，天下为公”，相互帮助，才能“百姓昭明，协和万邦”；同时，“亲仁善邻，国之宝也”则引导着对周边国家的帮助，也引导着通过“对口援助”等方式集中资源缩短距离，将远方的国家和区域也视作近邻。另一方面是“己所不欲勿施于人，己所欲者亦施于人”，“推己及人”，援助方向和内容考虑受援国需求，项目计划和实施过程也考虑基础条件，采取适应性的方式。

“一带一路”倡议作为重要平台，2030 年联合国可持续发展议程作为重点目标，国际发展合作有了明确的导向。发展援助一方面是在“一带一路”倡议的“五通”框架下关注有利于减贫的基础设施建设、投资贸易合作以及沟通交流，另一方面则是针对有需求的发展中国家直接开展农业技术发展、卫生与其他社会公共事业支持、工业化进程推进等方面的合作。同时借助已有的国际发展合作体系和新兴的区域和全球发展机构，开展国际交流和三方合作。无附加政治条件是一贯坚持的原则。

（二）国际发展援助政策

国际发展援助政策是援助国针对受援助国家实施的一系列双边或多边对外援助政策、法律、文件或协议的统称。在既定的战略目标下所制定的具有法律效应的援助法案或协定，涵盖援助的基本原则和程序，相对具有稳定性，而援助政策的内容涵盖与援助方式、人员和资金管理、项目管理等有关的规定。国际上影响力最大、最为广泛的对外援助政策主要来自经济合作与发展组织（OECD）发展援助委员会（DAC），OECD 成员国主要为发达国家，也被称为传统援助国家，因此官方对外援助政策主要是发达国家对发展中国家的援助政策。而随着新兴国家经济的迅速发展及其国际上影响力的日益提升，中国、巴西、印度和南非等主要的新兴国家逐渐建立了区别于传统援助国家的对外援助政策体系。此外还有其他非 DAC 国家如印度尼西亚、马来西亚、泰国、阿根廷、沙特阿拉伯等发展中国家也都建立了符合自身情况的对外援助政策。

1. 援助法案或协定的形式

主要有以下三种形式。

①国际多边援助机构的组织宗旨和国家战略。《联合国宪章》于 1945 年签署，它是一个典型的例子，规定了联合国的宗旨目标和职责范围。另外，很多多边机构每隔 4~5 年都会更新其国家战略。

②区域性多边援助机构的国际协议。包括五年一签、逐渐促进自贸区建立的《欧洲经济共同体—非洲、加勒比和太平洋（国家）洛美协定》，欧洲六国政府首脑和外长 1957 年在罗马签署的“罗马条约”（《欧洲经济共同体条约》和《欧洲原子能共同体条约》），以及 1963 年欧洲经济共同体同 18 个非洲国家签订的《雅温得协定》（1963），等等。

③双边援助机构的国家援助法案。多数 OECD 国家都制定了专门的援助法案。比如：1963 年美国的《对外援助法案》是该国的对外援助政策制度化的一个标志；英国早在 1929 年就进行发展援助立法，通过《殖民地发展法案》；德国于 20 世纪 50 年代参与联合国“扩展援助计划”，但是至今还没有对外援助法案；德国开展外援的依据主要是政府年度财政预算和与受援方签订的“财政合作协议”和“技术合作协议”。

西班牙之前曾经是受援国，转为援助国之后，于 1998 年通过《国际发展合作法》。

新兴援助国在很长一段时间都没有专门的独立的援助法案，在进入 21 世纪第一个十年之后，它们纷纷制定相应的规定或办法，以适应逐渐扩大规模的对外援助的需要。比如，2014 年 10 月 21 日，中国商务部第 30 次部务会议审议通过《对外援助管理办法（试行）》，自 2014 年 12 月 15 日起施行，办法第二条明确对外援助资金是政府的资金，所开展的活动是向受援方提供支持，支持的领域包括经济、技术、物资、人才和管理等。①

2. 发展援助方式的政策规定

OECD 发展援助委员会成员国通过 DAC 设定发展援助的基本原则和基本标准，主要通过四种主要的活动促进发展合作的协调一致：采用权威性的政策指南（见案例 3-1），对成员国发展合作政策和计划开展阶段性反思性的第三方审议，提供交流经验的对话论坛以针对成员国感兴趣的政策和管理问题构建国际共识，就流向发展中和转型国家的援助和其他资源发表统计数字和报告。与此同时，其发展合作的协调还与欧盟的政策、世界银行等联合国机构的策略以及合作方的减贫策略等密切相关。

案例 3-1：无捆绑式官方发展援助相关文本

OECD 发展援助委员会在 2001 年巴黎宣言之后，开始承诺取消捆绑式官方发展援助，一开始澳大利亚、芬兰、法国、

① 中华人民共和国商务部：《对外援助管理办法（试行）》，中华人民共和国商务部官网，2014 年 11 月 15 日，http：//www. gov. cn/gongbao/content/2015/content_2814796. htm。

德国、爱尔兰、日本、荷兰、挪威、瑞典、英国等国采取了取消行动，2001 年发布第一个关于无捆绑式官方发展援助的文件，2018 年进行更新并替代之前的文件，2019 年又一次更新和替换。在其 2019 年更新的文件中提到，无捆绑式官方发展援助（Untied ODA）是指贷款或赠款对于所有援助接受方和 OECD 国家的融资采购都可自由且完全获得。有着原始条例或者最小国家内容条例的 DAC 成员应该采取任何必需的步骤以确保官方发展援助按照这个文件，在法律上和事实上都进行松绑；这个文件适用于 DAC 成员对文件所覆盖的国家和地区的双边官方援助。并且在该文件中附上了具体国家的名单，并说明这些国家可能由联合国和世界银行以及国际货币基金组织进行阶段性调整，同时也定义了官方发展援助的分类。文件中还就各种松绑期限做了规定：2002 年 1 月 1 日之前对最不发展国家，2008 年 10 月 1 日之前对非最不发达的高债务国家，2019 年 1 月 1 日之前对其他低收入国家以及国际开发协会的国家与地区，所针对的领域包括国际收支平衡以及结构调整支持；债务减免；方案以及多方案计划援助；投资项目援助；进口以及商品支持；商业服务合同；以及非政府机构购买相关的活动。

资料来源：OECD，Revised DAC Recommendation on Untying ODA，OCD/DAC（2018）33/Final，January 24，2019，https：//one. oecd. org/document/DCD/DAC（2018）33/FINAL/en/pdf，最后访问日期：2024 年 3 月 5 日。

发展援助委员会成员的发展援助方式主要有以下四种。一是项目支持（project support），旨在从复杂的整体中识别系列问题并确认促进当地发展所需要的投入。最理想的状态就是，项目应该置于更宽泛的发展框架中，并体现出当地人所关心的事务以及所具备的达成可持续生计的能力。二是方案支持（SWAps），在伙伴政府的领导下，倾向于某个部门的政策和支出，并在可能的条件下，应用统一的管理和报告程序来对所有资金进行分配和财务管理。方案援助意味着援助管理的不同路径，要求缓慢的变化过程以及伙伴关系的构建。三是计划援助（programme aid），主要是资金贡献而不必与具体项目活动相联系，它指向合作国的一般发展目标，比如国际收支平衡支持或一般预算支持。这种方式常常与宏观经济层面和具体部门的政策改革推进相联系，[①] 常见的一般预算援助（general budgetary support），由国家央行借贷，以补充国家整体预算的资金缺口，它不针对行业和产业部门，目的是挽救濒临破产的国家金融体系；产业部门预算援助（sector budgetary support）针对指定的产业部门，主要弥补产业发展中出现的资金短缺；部门内部预算援助（sector earmarked budgetary support）主要对产业内特定的部门或建设活动给予借贷的支持。四是一揽子援助，也可以归为计划援助中的一种，主要是采取融资信托基金（pooling fund）的方式，由多边的援助国以融资基金的方式提供预算支持，帮助建立产业投资基金。

目前四种方式并存，不过，计划援助尤其是预算援助是在20世纪90年代中期之后才采用的方式，旨在促进合作国的政府体系建设和制度政策的一致性。

中国发展援助政策中，具体的援助方式与西方援助国的规定有所不同。《对外援助管理办法（试行）》规定，资金有无偿、无息和优惠贷款三种类型，具体项目类型涉及硬件

① OECD，"Managing Aid：Practices of DAC Member Countries Managing Aid，" 2009，https：//www. oecd. org/dac/peer - reviews/managingaidpracticesofdacmembercoun tries. htm.

类的，比如成套项目、物资和技术援助项目，也包括软件类的，包括人力资源开发合作项目以及志愿服务项目。[①] 成套项目、物资和技术援助是自开始以来长期采用的方式，2015 年之后，新增南南合作援助基金项目。援建成套项目是自新中国对外援助以来长期采用的合作方式，而在 2015 年以后的新时期，这种方式除了继续重点集中于基础设施、农业等领域，还有着具体实施上的创新。各种援建方式下，中方在很长时期都承担了建设的任务，代为建设；不过，进入可持续发展关怀的时期，一些有条件的国家开始采用中方提供资金和技术支持、合作方“自建”的方式，自建包括项目勘察、设计和建设及过程管理。[②]

3. 发展援助的人力与资金管理政策

西方各援助国的援助体系已经形成一个“产业”，其人力资源和资金管理均有着详尽的政策和实施规范，同时有一个庞大的团队支持。前澳大利亚国际发展署曾经建立了员工计划和全新的学习发展计划，这项计划提高了该机构扩大援助规模的能力并保证了资金的使用效率。奥地利发展署（ADA）在维也纳有一个大概 130 名人员的发展专家团队，其办事处遍布奥地利发展援助国内外。比利时技术合作公司（BTC）是比利时发展合作总署（DGD）的执行机构，管理部门中的股东大会是公司的最高权力机构，由于 BTC 的唯一股东人为比利时政府，根据创设法律授权，外交部（全称联邦外交、对外贸易和发展合作公共服务部，Federal Public Service For-

① 中华人民共和国商务部：《对外援助管理办法（试行）》，中华人民共和国商务部官网，2014 年 11 月 15 日，http：//tfs. mofcom. gov. cn/article/ghlt/a/201506/20150601024062. shtml。

② 《新时代的中国国际发展合作》白皮书，2021 年 1 月 10 日，国务院新闻办公室发布。

eign Affairs, Foreign Trade and Development Cooperation, FFDC）部长代表比利时政府出席股东大会；理事会负责实际决策，共由12名成员构成，下设立1名主席、1名副主席；管理委员负责实际运营，其中设立主席1名，下设三个子部门，分别负责财政和信息与通信管理人力资源管理以及执行管理。监督部门由政府的审计（来自发展合作与预算）、审计委员会以及内部审计三个部分组成，其中除了政府的外部审计外，内部审计由审计委员会管理负责。①

于2021年8月27日公布的《对外援助管理办法》② 中，将之前试行办法的第六章对外援助人员管理纳入第五章“对外援助实施管理”中，基本内容没有变，给出对外援助人员的定义和应受待遇，还指出遵守法律法规的要求，并提及劳动合同签订、保障人身安全方面等。但是仍然基本没有人员培训等与人力资源开发相关的内容。

中国发展援助资金在《中国的对外援助》白皮书以及《新时代的中国国际发展合作》白皮书中均进行了说明，主要是资金性质，有无偿赠款，也有无息贷款和优惠贷款。在2013年至2018年的6年间，中国对外援助金额为2702亿元人民币，而上述三种形式分别为1278亿元人民币、113亿元人民币和1311亿元人民币。无偿贷款重点用于福利型和软件型的援助项目，比如人力资源开发和技术合作；无息贷款也更多与具有公共特征的项目相关，比如社会公共设施和民生

① 李小云、王伊欢、唐丽霞等编著《国际发展援助：发达国家的对外援助》，世界知识出版社，2013，第40、59、88页。

② 国家国际发展合作署 中华人民共和国外交部 中华人民共和国商务部令（2021年第1号）《对外援助管理办法》，国家国际发展合作署官网，2021年8月31日，http://www.cidca.gov.cn/2021-08/31/c_1211351312.htm，最后访问日期：2024年3月1日。

项目。优惠贷款则更多与生产性的项目有关，比如成套设备、机电产品、技术服务的提供等。同时，还通过三方合作、给多边组织捐资、联合融资等形式，为其他发展中国家的减贫、农业发展、教育等领域提供更多的资金支持。①

4. 援助管理机构设置与管理的政策规定

作为落实各个层面的援助战略和政策的主题，援助管理机构不可或缺。各国的援助管理机制和机构设置各不相同。包括中国在内的新兴发展援助主体的发展援助专门机构或相关部门下的对应部门设置相对较晚，而且由于援助国自身经济和社会发展的动态性、援助目标和战略的变化，援助相关机构变动较为频繁。

总的来说可以分为以下几种设置方式。

第一种是设置独立的援助管理机构，或为发展合作部，或为发展援助或发展合作署。这种设置方式在传统援助国，尤其是 OECD-DAC 成员国中最为常见。比如，最早成立但已经于 2020 年与外交部合并的英国国际发展署（DFID）；还有几经机构改革的德国国际合作机构（GIZ），特别关注环境和文化的瑞士发展合作署（SDC）、美国发展援助署（USAID）；还有 2017 年并入外交部的加拿大国际发展署（CIDA），和 2017 年并入外交与贸易部的澳大利亚发展援助署（AusAid）；还有亚洲加入发展援助委员会的日本协力机构（JICA），以及后来加入的韩国发展署（KOECA）。中国于 2018 年 4 月正式成立国家国际发展合作署。

第二种是在某部门下设置专门的援助分支机构。很多新兴援助国有发展合作署，如巴西、印度、泰国等，但是并不

---

① 《新时代的中国国际发展合作》白皮书，2021 年 1 月 10 日国务院新闻办公室发布。

是独立部门，而是隶属外交部。中国在 2018 年之前，商务部下设援外司，负责外援的战略和政策制定以及具体的援助项目管理，不过，具体的战略方向是在党的领导下，商务部、外交部和财政部三方互动。[①]

不过，即便是独立设置的发展援助管理机构，均与外交部门有着紧密的关系或联系。多数发展合作部/署的总部设在外交部或者外交部所属某司，发展援助管理亦有外交部门的参与。[②] 而且，这些机构设置随着国内政治经济变化，以及国际环境、合作区域需求变化，也是动态变化着的。

5. 发展援助项目管理的政策

虽然综合计划作为基础的发展合作方式（programme-based approachesto development co-operation）越来越受到更多的重视，正如 OCED 自 21 世纪以来所发布的《发展合作》系列报告，[③] 还有如中国 2021 年发布的《新时代的中国国际发展合作》白皮书；但是对于多数国家来说，发展项目支持与管理仍然是一个重要的援助工具。如果要达成综合计划基础之上的发展合作的有效性，发展项目的有效性则是基础。项目周期管理方式在多数传统援助国都得以很好的应用，通过针对发展中国家的多边援助、双边援助，这种方式连同项目、资金的流动进行传递，包括新兴援助国在内，也有选择地应用了项目周期管理方式（PCM）。PCM 的过程开始于发展干

---

① Varrall, M, "Domestic Actors and Agendas in Chinese Aid Policy," *The Pacific Review* 29 (2016); Zhang D, Smith G, "China's Foreign Aid System: Structure, Agencies, and Identities," *Third World Quarterly* (2017): 1-17；赵剑治、敬乂嘉、欧阳喆：《新兴援助国对外发展援助的治理结构研究：基于部分金砖国家的比较分析》《中国行政管理》2018 年第 2 期。

② OECD, *Managing Aid: Practices of DAC Member Countries* (DAC Guidelines and Reference Series, 2005).

③ 详见 OECD 网站出版物，https://www.oecd.org/about/publishing。

预的概念启动，结束于完成后的评估。这个过程应用于项目和计划管理，聚焦潜在受益方，通过详尽的评估和逻辑框架的应用，以提供结构化的逻辑方式，确定项目活动的优先序以及预期的活动收益。

项目周期有很多既定的步骤，DAC 成员间这些步骤也不同，但是最重要的步骤都是一致的，包括识别、设计、预评估、准备和获批、实施和监测以及评估。[①] 第一步是项目识别，即启动思路和初步设计。这些思路越来越多地来自合作国的政府，当然更多的仍然是来自区域性的政府、社会组织、国际机构或援助机构，无论思路来自何方，多方参与都很重要。一些国家在进入下一步之前，要形成并通过一个包括初步预算的初步的概念书。第二步是准备和设计，即涵盖技术与操作步骤的详细设计、关键目标的识别、预期受益人和活动、主要风险以及运营。多数 DAC 成员应用逻辑框架作为项目准备和设计的基础，也用于之后的监测与评估。逻辑框架是一个设置了基本干预结构的计划工具，既有发展干预的目标，也有其后的假设条件。它明确总的发展干预所要达成的最高目标、干预周期内要达成的具体目标和具体产出、达成目标和产出所需要采取的活动、用于监测目标产出和活动是否达成的指标，以及验证的方式。此外还有一个假设的栏目，是目标和产出达成所需要的外部环境。逻辑框架的逻辑是自下而上、由左及右，即活动引导产出，再导向目标和总目标，当然这个过程中假设得以满足是前提条件。

中国发展援助的项目管理一开始是国内建设项目的管理方式，随着发展援助规模扩大、方式多样化，也越来越具有

---

① OECD, *Managing Aid: Practices of DAC Member Countries* (DAC Guidelines and Reference Series, 2005).

项目周期管理的特点。《对外援助管理办法》中，专门有两章关于援外项目管理的内容，第四章是“援外项目的立项”，明确受援方提供相关资料，为拟援助项目的可行性研究提供基础材料，并且规定：商务部有是否立项的决策权，除非是有规定要报国务院批准立项的项目。第五章是“援外项目监督管理”，一共十六条，涉及实施主体资格、监督方、商务部建立评估制度并对项目进行评估、按照财务预算相关规定管理援外资金等。[①] 相对 OECD-DAC 详尽的从项目概念书、实地的预评估、包含逻辑框架的项目计划，到监测评估体系的建立，中国的项目管理规定显得较为松散。

《对外援助标识使用管理办法（试行）》于2016年发布。《对外援助标识使用管理办法》于2019年通过后，原办法废止。[②] 该政策在标识使用方面指导发展援助项目实施管理。《对外援助管理办法》经国家国际发展合作署、外交部、商务部审议通过，于2021年8月27日颁布，其中有着更为详尽的项目管理内容。

二 国际发展合作战略与政策的历史演变

（一）西方发展援助战略与政策的历史演变

现代发展援助的起源可回溯到二战之后，民族国家纷纷独立，联合国的成立和布雷顿森林体系的建立彰显着全球的

---

① 中华人民共和国商务部：《对外援助管理办法（试行）》，中华人民共和国商务部官网，2014年11月15日，http：//tfs. mofcom. gov. cn/article/ghlt/a/201506/20150601024062. shtml。

② 国家国际发展合作署：《对外援助标识使用管理办法》，中华人民共和国商务部官网，2020年1月1日。http：//www. gov. cn/gongbao/content/2020/content_5503560. htm。

政治体系和经济体系的变化，同时也促成了多边发展援助的启动。“第四点计划”——1949 年美国总统杜鲁门所提出通过经济技术援助方式，目的是控制亚非拉的不发达地区，基于此，制定“援助不发达国家”的法案，意味着现代发展援助的双边援助的开始。

多边、双边援助开展过程中，各国各区域的发展援助战略有一定差异；本书将侧重其共性并以各国的案例作为依据进行分析，某些有着突出差异的地方再就各国的不同具体说明。主要研究从 20 世纪 40 年代末布雷顿森林体系的创建到当前全球伙伴关系和可持续发展框架形成，不同阶段西方发展援助战略形成的背景、战略目标、战略框架（包括援助在整个经济社会发展中的地位、援助的区域重点等）以及相关法案和政策（及其涵盖的内容），其历史演变历程以发展目标的变化作为里程碑（见图 3-1），演变的阶段划分也以此为依据。

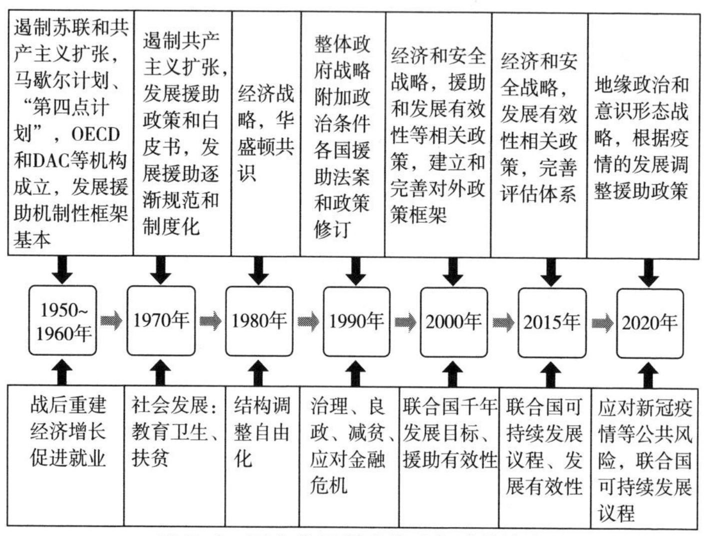

图 3-1　西方发展援助战略与政策演变

资料来源：笔者根据文献和政策文本自制。

1. 20 世纪 50~70 年代

20 世纪 50 年代，战后重建既然是各国面临的共同问题，也因此成为这一时期国际发展援助的主要战略目标。联合国和世界银行相继成立，多边发展援助兴起，与此同时，双边援助也兴盛起来，国际发展援助体系开始形成。美国和苏联从国家实力来看，是当时的超级大国，有拓展势力范围和争取新兴独立国家之争，国际发展援助带有极强的政治色彩，成为两国争取新兴独立国家的重要手段。

二战中作为主战场的欧洲经济遭到严重破坏。战后，欧洲国家百废待兴，经济濒于崩溃，如果没有大量的外来援助，就会面临严重的政治、经济和社会发展危机。鉴于此，1947 年 6 月 5 日，美国国务卿马歇尔提出“马歇尔计划”，援助欧洲欧洲国家重建和经济复兴。1951 年底，以更大范围的《共同安全计划》作为替代。其间，美国对欧洲赠款、贷款共达 131.5 亿美元，其中赠款占 88%。1949 年，提出“第四点计划”，1950 年 6 月国会通过“援助不发达国家”的法案，1951 年底“第四点计划”扩展到 33 个国家。欧洲国家恢复之后，亚非拉殖民地国家纷纷独立成为民族国家，欧洲宗主国也逐渐加大了对这些国家的经济援助。英国颁发了《出口保护法案》[①]，向原殖民地进行国际援助，战前每年 500 万英镑的规模扩大到 1.2 亿英镑，法国等国家也采取相似行动。此外，苏联也开始了冷战时期的“援助竞争”，大力援助社会主义阵营国家，以及原殖民地新独立国家，期待以此巩固和扩大社会主义阵营的势力范围。国际发展援助在这一时期的政治色彩浓厚，不过，都对受援国的经济发展和人民生活提

---

① “Export Guarantee Act,” 1924，https：//www. legislation. gov. au/C1924A00042/asmade/text，最后访问日期：2024 年 3 月 1 日。

高发挥了作用。

早在二战期间，联合国成立之前，中、美、英、苏等 26 个国家的代表已于 1942 年 1 月 1 日发表《联合国宣言》，加快了世界反法西斯战争的胜利。二战之后，联合国于 1945 年正式成立，成为推动国际发展合作的重要组织，以维护国际合作及安全为宗旨，尊重人民平等权利，促成国际合作。1944 年，布雷顿森林会议通过了综合性协定，即《国际货币基金协定》，旨在建立以美元为中心的固定汇率制体系，即布雷顿森林体系，以控制世界贸易和货币体系，同时决定建立国际货币基金组织和国际复兴开发银行（简称“世界银行”）。世界银行采用政府担保方式，提供贷款等财政援助，促进受援国发展。

到了 20 世纪 60 年代，马歇尔计划等援助计划使得欧洲主要国家的总体经济水平已超过战前水平。与此同时，大量殖民地国家相继独立。因此，20 世纪 60 年代的国家发展援助的主要战略目标转变为促进第三世界国家的经济增长和社会稳定。这一时期，联合国等多边援助机构的作用开始逐步加强，经合组织和发展援助委员会正式成立，许多欧洲国家加入援助国行列，主要援助国纷纷建立援助机构。

60 年代，随着发展中国家在国际政治舞台上力量的增强，联合国的成员也在扩大。几乎所有新独立的发展中国家都成为联合国成员国。联合国和其他多边援助机构一起，成为发展中国家争取利益的一个平台。1961 年第一个“联合国发展十年”决议启动，明确国际社会的责任，即缩小不平等状况、促进贫国与富国间的合作、改善所有人的生活。在决议引导下，经济增长速度、国民生产总值和工业化水平作作为主要增长目标，预期发展中国家的国民经济生产总值十年后增长5%。

1961年7月23日，经合组织部长级决议决定，欧洲经济合作组织（OEEC）改名为经济合作与发展组织（OECD），发展援助集团（DAG）改名为发展援助委员会（DAC）。发展援助委员会隶属于经济合作与发展组织，主要职能是协调发展国家与发展中国家的合作。经合组织部长级决议指出，发展援助委员会的首要使命是要动员援助国的资源用于援助，并协商各种形式的援助方法，以推动受援国经济发展。[①]

发展援助委员会建立的同时，多边机构和发达国家援外的机制性框架基本建立，主要援助国纷纷建立援助机构。世界银行于1960年成立国际发展协会（IDA），以较为宽松的规则向发展中国家提供贷款，条件较其一般性贷款要宽松；1960年，加拿大设立了援外办公室，1968年更名为加拿大国际发展署（CIDA）；1961年，法国成立了合作部，主要负责对独立的发展中国家（主要是非洲国家）提供援助，即法国发展署（AFD）的前身；1961年，美国颁布援外法案（Foreign Assistance Act）[②]，把对外援助的军事援助与非军事援助分开，并成立了美国国际发展署（USAID），统一管理非军事对外援助。[③] 进入20世纪60年代之后，许多欧洲主要国家加入了援助国行列。包括欧洲联盟，有13个国家是在20世纪60年代成为援助国的。比利时、法国、联邦德国、意大利、

① Helmut Fuhrer, "The History of Official Development Assistance, A History of the Development Assistance Committee and the Development Cooperation Directorate in Dates, Names and Figures," 1994, https://www.oecd.org/dac/1896816.pdf.

② 李小云、王伊欢、唐丽霞等编著《国际发展援助：发达国家的对外援助》，世界知识出版社，2013。

③ 任晓、刘慧华：《中国对外援助：理论与实践》，格致出版社、上海人民出版社，2017。

荷兰、葡萄牙、英国以及欧盟于1961年加入DAC，挪威、丹麦、奥地利、瑞典、瑞士分别于1962年、1963年、1965年和1967年加入DAC。

二战后到20世纪60年代，尽管国际发展援助总额持续增长，一些受援国经济总体上快速增长，但是由于各种因素，包括国际贸易的结构使得发展中国家贸易条件恶化，西方捆绑式的发展援助将利益更多倾向发达国家，因此，发达国家和发展中国家的差距并没有缩小，一些国家的贫困问题反而愈加严重，贫困问题在20世纪70年代成为最大的发展问题，社会发展如教育、卫生和扶贫问题受到关注。世界银行1996年的《皮尔森报告》，详细评估和反思了第一个“联合国十年”，指出存在的主要问题，并认为援助并未对发展中国家减贫和发展做出预期的贡献。1970年，发布《第二个联合国发展十年的国际发展战略》，仍然把发展中国家在国民生产总值的年增长率作为目标，十年后达6%，并且规定各发达国家的对外援助额度增加到其国民收入的0.7%以上。1974年，联合国大会通过《关于建立新国际经济秩序的宣言》和《行动纲领》，强调公正、主权平等、相互依靠、共同合作是世界秩序的基础，并排除不平等和非正义因素，缩小发展中国家与发达国家差距。国际发展援助的领域以解决贫困问题为目标，开始加强基础设施以及教育和卫生等社会公共服务领域的建设。20世纪70年代，由世界银行和联合国为主推动实施的“综合农村发展项目”成为减缓贫困的重要路径。

20世纪70年代，各主要援助国和援助机构，都开始制定发展援助政策和白皮书，国际发展援助逐渐走向规范化和制度化。各国发展援助、援助管理机构等得以明确或建立。以英国为例，1970年成立了海外发展管理委员会（ODA），直接由英国外交部管理；1975 年，颁布了对外援助白皮书《英国援助政策调整：更多地为穷人服务》（The Changing Emphasis of Britain's Aid Policies：More Help for the Poorest），提出英国援助关注穷国，遵循基本需求战略，致力于直接有利于穷人的援助项目。这一时期，对于受援国的需求评估受到援助国及主要的多边援助机构的重视，在受援国的经济和社会发展条件评估基础上，期待提供更有效的援助。①

2. 20 世纪 80~90 年代

20 世纪 80 年代，西方援助国在经历过 20 世纪 70 年代两次石油危机之后，出现了诸如经济增长速度放缓、滞胀并存等许多发展问题，国际发展援助趋于保守，表现为压缩对外援助数量、降低赠款比例、提高贷款利率。与此同时，广大发展中国家也面临严重的债务危机。在 20 世纪 80 年代之前发展中国家大量向发达国家及国际金融机构借款，超过 77%都属于非优惠贷款。石油危机的爆发阻碍了发展中国家的经济活动，债台高筑，最终导致债务危机爆发，引致经济和社会危机。对获得新的贷款提出强烈需求，但是以美国为核心的债权国，包括多边援助机构，为了保障能回收已发放的贷款，以及新增贷款回收率，提出新增贷款的条件，即影响深远的“结构性调整”政策，要求发展中国家进行以私有化、自由化和市场化为核心的经济改革，这些措施在“华盛顿共识”的范围内。该共识包括加强预算管理、公共开支优先序调整、促进税制改革、金融及贸易自由化、国有企业私有化等。具体来说，在预算管理方面，要减少地方政府、国有企业和中央银行的预算赤字，以紧缩政策来防止通货膨胀；公

---

① 李小云、唐丽霞、武晋编著《国际发展援助概论》，社会科学文献出版社，2009。

共开支优先序方面，首要考虑初级卫生、教育和基础设施等领域，而削减公共福利开支，以提高短期的经济回报率，并改善收入分配潜力。税制改革以扩大税收和减收企业税为主要内容；金融自由化的目标是最终实现由市场决定的利率；汇率方面，实行统一汇率以促进本国非传统出口的迅速增长，诸如制成品的出口，一定程度上即意味着货币贬值；贸易自由化，取消配额等非关税壁垒，而且实施低关税，开放接受外国直接投资；实行国有企业的私有化；政府必须取消对企业的管制和对竞争的限制。确保资产所有权。①

1980 年 12 月 5 日，联合国大会通过了《联合国第三个发展十年国际发展战略》，要求在本发展十年期间，整个发展中国家国内生产总值的平均年增长率应当尽量达到 7%；如果发展中国家的人口平均年增长率仍然保持在 2.5%左右，则国内生产总值的平均年增长率为 7%时，按人口平均计算的国内生产总值每年将大约增加 4.5%；所有发达国家都应当迅速地和大量地增加官方发展援助，以期达到并且可能的话超过商定的国际指标，即发达国家国民生产总值的 0.7%。②

20 世纪 90 年代，冷战结束使国际发展援助失去了重要的政治理由。二战结束后开始的国际发展援助，除了欧洲重建计划取得成功外，面向第三世界国家的大量援助除使极少数国家或地区走向成功外，许多发展中国家并没有因此实现预期的经济和社会发展目标，使得援助国国内民众对国际发展援助效果产生怀疑，并出现所谓的“援助疲劳”现象，国际

① 李珍：《“华盛顿共识”与发展中国家“新自由主义”改革》，《世界经济与政治》2002 年第 5 期。

② 联合国：《联合国第三个发展十年国际发展战略》，https：//www. un. org/zh/documents/treaty/files/A-RES-35-56. shtml。

发展援助额持续下降。1990 年 12 月 21 日，联合国大会通过了《第四个发展十年的国际发展战略》，要求：①加快发展中国家经济增长的步伐；②推行照顾社会需要、大量减少赤贫、促进发展和利用人力资源和技能、既无害环境又可以持续的发展进程；③改善国际货币、金融和贸易制度，以支持发展进程；④使世界经济有强健而稳定的环境，在国家和国际上实行健全的宏观经济管理；⑤坚决加强国际发展合作；⑥特别要努力解决最不发达国家即发展中国家中最弱国家的问题。[①] 2000 年 9 月的联合国千年首脑会议上，189 个国家共同签署了联合国《千年宣言》，制定了一系列量化的、有时间约束的目标，以减轻极端贫困、疾病和环境恶化等问题，这些目标被统称为“千年发展目标”（Millennium Development Goals，MDGs）。MDGs 共包含 8 项总目标：消除极端贫穷和饥饿，普及初等教育，促进性别平等和赋予妇女权力，降低儿童死亡率，改善产妇保健，与艾滋病毒/艾滋病、疟疾和其他疾病作斗争，确保环境的可持续性，促进全球合作。[②]

1997 年 7 月 2 日，发端于泰国的亚洲金融风暴波及马来西亚、新加坡、日本和韩国、中国等地，并逐渐扩大到世界范围，使许多国家的贫困问题严重起来。综合考虑，这一时期的国际发展援助目标主要包括以下几点：第一，继续协助受援国的各种改革，以及经济结构调整；第二，对原东欧社会主义国家提出经济政治体制改革要求，以良好的治理和施政机制为目标；第三，重新实施长期减贫计划，以解决冷战

① 联合国：《联合国第四个发展十年国际发展战略》，https：//www. un. org/zh/documents/treaty/files/A-RES-45-199. shtml。

② 黄梅波、吕少飒：《联合国千年发展目标：实施与评价》，《国际经济合作》2013 年第 7 期。

结束后东欧严重的贫困问题；第四，缓解亚洲金融危机对东南亚发展中国家带来的负面影响；第五，强调市场作用、自由主义和解除经济管制的经济政策。[①] 面向21世纪，发展援助委员会（DAC）在其1996年的报告中明确了21世纪的发展援助目标及重点，涵盖的重点包括减贫、自主发展与自力更生、制度基础以及援助政策与其他政策之间的一致性等（见案例3-2）。

案例3-2：形塑21世纪：发展合作的贡献

发展援助委员会（DAC）1996年报告描述了发展合作框架的四个基础。一是共享发展的愿景，即经济财富，社会发展和环境可持续性的目标，其中最著名的就是至2015年减少每天消费水平为1美元以下的人群比例；二是合作伙伴的理念，通过分配责任、加强地方归属感、提升当地能力以及促进地方参与及自力更生而促成变化；三是发展中国家有质量的基础建设，包括问责和法律规范的完善，作为达成可衡量目标的重要基础；四是保证援助政策与其他影响发展中国家的政策的一致性。

资料来源：DAC, "Shaping the 21st Century: The Contribution of Development Co-operation," 1996, https://www.oecd.org/dac/2508761.pdf，最后访问日期：2024年3月1日。

3. 2000~2014年

随着新兴国家的兴起及其对发展中国家的援助成效和影响不断提升，DAC政策理念逐渐由援助的有效性向发展的有

---

① 李小云、唐丽霞、武晋编著《国际发展援助概论》，社会科学文献出版社，2009。

效性转变，且 DAC 开始逐渐消除援助的附加条件，并取得了显著成效。援助的有效性或有效援助的概念首次于 2002 年在蒙特雷举办的联合国发展融资峰会上提出，此后于 2005 年在巴黎召开了有效援助第二届高层论坛，将援助的有效性列为重要议题并通过了《巴黎援助有效性宣言》。为推动该宣言的实施，2008 年 DAC 又通过了《阿克拉行动日程》。而随着全球金融危机的影响以及传统援助政策的成效并不明朗，加之以中国为主的新兴国家在全球经济增长和复苏过程中的巨大影响力，新兴国家的对外援助实践及其对发展中国家经济发展的有效推动开始更加深入地形塑以传统援助国家为主导的国际对外援助体系。在这一背景下，第四届援助实效性论坛在韩国釜山召开，论坛通过的《釜山宣言》正式提出发展有效性的政策关怀，而转换之前对“援助有效性”的关注，并提出促进多种捐赠主体，包括发达国家和新兴国家的新合作关系。①

在国际援助政策理念和标准制定方面，DAC 作为整体力量发挥着重要作用，其成员国都立足自身实际情况建立了符合本国的对外政策框架。已经并入外交贸易部的澳大利亚发展署于 2006 年首次发布援助白皮书《澳大利亚援助：促进增长与稳定》，总结并规划了援助目标、援助重点领域和重点国家、援助方式；2011 年发布《有效的援助方案：作出真正的贡献，交付实在的成功》政策声明，确定了重点工作内容是提升减贫的实效、建立援助工作年度分析、评估及透明制度等作为重点工作内容，在与联合国千年发展目标一致的基础

① 贺文萍：《从“援助有效性”到“发展有效性”：援助理念的演变及中国经验的作用》，《西亚非洲》2011 年第 9 期；王妍蕾、刘晴：《OECD 十年发展援助情况演变》，《烟台大学学报》（哲学社会科学版）2013 年第 4 期。

上，将挽救生命、为所有人创造机会、促进可持续经济增长、促进有效治理和加强对人道主义和救灾的反应作为主要工作目标。此后，2012 年 5 月，澳大利亚政府发布了《通过有效援助帮助世界贫困人口：澳大利亚在 2015 ~ 2016 年的全面援助政策框架》中，进一步阐明了作为援助政策重点的减贫工作。[①] 同时，澳大利亚作为 DAC 成员国参与制定和通过了一系列政策宣言如《巴黎宣言》和《釜山宣言》，并逐步将本国的对外援助政策理念由援助的有效性转为发展的有效性。韩国从 20 世纪中叶一个贫穷落后的国家一跃成为发达国家并实现从受援国到援助国的转变，其对外援助战略、政策同样是学界研究的重点和热点。[②] 韩国自 1945 年以来总共接受了高达近 127 亿美元的国际援助，[③] 该援助主要用于工业投资及社会发展领域，促进了韩国经济的快速发展，随着韩国经济发展水平和国际地位的迅速提升，韩国政府逐渐开展了对外援助实践，并于 1987 年制定了用于向发展中国家提供优惠贷款援助的《经济发展合作基金法》，于 1991 年制定了用于组建专门管理对外无偿援助机构的《韩国国际合作署法》以及 2010 年《国际发展合作框架法》，从而推动了韩国对外援助政策的发展和完善。此后韩国于 2010 年加入 OECD/DAC，成为 DAC 成员国并以此不断加强了韩国双边和多边对外援助工作。因此，韩国的对外援助政策主要是在国家急剧转型的基础上建立，其制定过程体现出韩国积极融入西方主流国际秩

---

① 周太东：《澳大利亚对外援助的规制体系研究》，《国际经济合作》2014 年第 11 期。

② OECD, *DAC Peer Review of Korea* (OECD Publishing, 2012).

③ 金永久：《韩国 ODA 政策研究》，博士学位论文，吉林大学经济学系，2014。

序和规则的过程,[①] 这有利于提高韩国的政治地位和国际地位，同时也为韩国分享本国发展经验、促进发展中国家发展提供了重要的理论基础，并使韩国成为连接传统援助国和新兴国家的纽带，在促进国际发展体系重塑方面发挥了重要作用。2011 年在韩国釜山举行的第四届援助实效性论坛通过了《釜山宣言》，这也体现了韩国在国际发展议题包括对外援助领域的影响力取得了较大提升。此外，欧盟作为 DAC 的成员国之一，发展合作的主要目标和总体目标是在可持续发展的环境中消除贫困，实现千年发展目标。欧盟的对外援助政策则是促进援助的有效性、推动与成员国的合作，加强国际合作,[②] 其对外援助政策在三方面进行了调整：对内整合与对外协调一致的欧盟化趋势；援助政策与相关政策领域加强协调、进行综合治理的趋势；援助方式创新、注重提高援助有效性的趋势，虽然对受援国来说这些调整的形式意义大于实质意义。

OECD 在其 2011 年的总结回顾报告中，明确指出发展合作的重要性，认为“成功的发展不仅仅要求有援助，贸易、投资、安全、移民、税收合作以及腐败都是需要认识到的根本问题。每个发展融资的可获来源，包括国内资源、出口收入、外商投资和汇款，都必须撬动于产生具体的发展成果。发展援助委员会将应对这些挑战，继续传统的合作与创新，以贡献于全球致力于提升那些最需要人群的生计的行动”[③]。

---

① 参见 http：//www.mofa.go.kr/ENG/policy/oecd/overview/index.jsp？menu=m_20_100_10。

② 张海冰：《欧盟对外援助政策调整的背景及趋势》，《德国研究》2011 年第 2 期。

③ OECD/DAC，“The DAC 50 Years，50 Highlights，” 2010，http：www.oecd.org/dac/46717535.pdf.

4. 2015~2019 年

2015 年后，以发达国家为代表的 OECD 发展援助委员会（DAC）成员国依然是全球援助资金的最大来源，但比重却呈现下降趋势，新兴经济体成为构建国际发展合作新格局的崭新力量，可持续发展目标推动发展问题成为全球热点议题。2015 年联合国大会第七十届会议上通过《2030 年可持续发展议程》，并于 2016 年 1 月 1 日正式启动，主要包括 17 项可持续发展目标。可持续发展目标比此前千年发展目标更加广泛、更具普适性，实现了两大超越：一是超越了单纯的发展议题，诸如和平与公正、解决不平等等政治议题，与诸如增长、就业、基础设施等经济议题以及诸如气候水资源等环境议题与发展紧密相连；二是超越了“发达国家”和“发展中国家”之间的界限，不仅仅针对发展中国家，而是针对各国在国内和对外决策相互交织所带来的挑战。各援助国除了以可持续发展目标为导向的援助政策，而且制定落实可持续发展目标的国别方案，多边合作机制也将可持续发展框架作为核心讨论议题。[①]

除此之外，2014 年 4 月 15 日至 16 日，GPEDC 第一届高级别会议在墨西哥举行，来自 130 个国家的 1500 多名代表参加了本届会议，旨在启动从援助有效性向发展有效性转变的议程。2016 年 11 月 28 日至 1 月 1 日，GPEDC 第二届高级别会议在内罗毕举行，不仅回顾了实施援助有效性议程和发展有效性议程十年来获得的经验教训，还展望了在《2030 年可持续发展议程》框架下，发展有效性在可持续发展新时代中发挥的作用。会议突出强调了过去的援助者-被援助者关系

① 姚帅：《国际发展援助的特点变化及未来趋势》，《国际经济合作》2017 年第 1 期。

（donor-recipient relationship）已经被平等独立的伙伴关系所取代，承认南南合作的重要性及其倡导的尊重主权、不干涉内政等原则。

5. 2020 年至今——逆全球化以及新冠疫情威胁下西方发展援助战略与政策的变化

2020 年初突袭而至的新冠疫情在全球扩散。疫情给世界各国的政治、经济、社会发展都带来前所未有的冲击，对国际发展援助产生了重大而深远的影响。之前一些发达国家采取的新贸易保护政策，以及援助方式调整的政策，已经使得全球环境不利于发展中国家的发展。新冠疫情更是雪上加霜，使全球经济遭受重创，发达国家与新兴经济体都面临严重经济衰退，国际发展援助资金面临下降趋势。2018~2019 年，ODA 增长了 0.7%。然而，2020 比 2019 年同期 ODA 下降了 26%。2010~2019 年，以贷款形式提供的 ODA 从 20% 增加到 26%，数量增加了 68%，而以赠款形式提供的 ODA 则从 72% 下降到 61%，到 2020 年，赠款比例继续下降。2019 年双边援助者的 ODA 水平保持稳定，但疫情的经济影响导致 13 个双边援助者分析报告中有 4 个援助额下降超过 40%。2019 年人道主义 ODA 在 2019 年增幅最大，增加了 50 亿美元，但 2020 年对卫生、社会保护和其他社会部门援助的 ODA 增幅最大。① 与 2019 年的水平相比，2020 年流入发展中经济体的外部私人资金可能减少 7000 亿美元，比 2008 年全球金融危机的直接影响高出 60%。② 2020 ~ 2021 年，英国官方发展援助额

① “Aid Data 2019 - 2020: Analysis of trends before and during Covid,” https://devinit.org/resources/aid-data-2019-2020-analysis-trends-before-during-covid/.

② “The Impact of the Coronavirus (COVID-19) Crisis on Development Finance,” https://oecd.org/coronavirus/policy-responses/the-impact-of-the-coronavirus-covid-19-crisis-on-development-finance-9de00b3b/.

（ODA）从占国民总收入（GNI）的 0.7% 减少到 0.5%。[①] 2015 年，联合国通过的可持续发展目标为全球发展设定了努力的方向。然而，根据《2020 年可持续发展目标报告》，可持续发展目标的进展在 2019 年已经落后于既定日程，新冠疫情带来的空前危机使目标实现面临更严峻的挑战。这一时期，国际发展援助的一个突出特点是援助的发展属性更多让渡于援助国本国利益考量。美国国务院和国际发展署（USAID）发布的《2018—2022 年联合战略规划》中确立的四个发展援助战略目标均以保护美国利益为主导，包括保护美国的国家安全、巩固其经济上的比较优势及全球领导力。2020 年 6 月 16 日，英国首相鲍里斯·约翰逊宣布，英国国际发展部（DFID）将与外交和英联邦办公室（FCO）合并，成为外交、联邦和发展办公室。这一机构改革将使英国援助更多地与其自身外交、经济和安全考虑结合起来。[②] 2021~2022 年，英国外交、联邦和发展办公室的战略目标是通过支持可持续发展和人道主义需求，促进人权和民主，建立共同的国际标准，以塑造国际秩序并确保英国成为世界上一股向善的力量；创造安全的环境使英国更能抵御全球威胁；扩大英国在世界上的影响力，包括成功申请东盟集团"对话伙伴"地位。英国外交、联邦和发展办公室的七个重点援助领域为：气候和生物多样性、全球卫生安全、女童教育、人道主义准备和响应、

① "FCDO Main Estimates Memorandum 2021 to 2022 (Accessible Version)," https://www.gov.uk/government/publications/foreign-commonwealth-development-office-main-estimates-memorandum-2021-to-2022/fcdo-main-estimates-memorandum-2021-to-2022-accessible-version.

② 毛小菁：《国际发展合作展望与分析》，《国际经济合作》2020 年第 6 期。

科学和技术、开放社会和冲突解决以及经济发展和贸易。① 可见，传统援助国在疫情冲击之下，更多把自身“安全的环境”“抵御全球威胁”的能力，以及“在世界上的影响力”作为重要的战略目标。

新冠疫情加剧了逆全球化进程，也对国际发展合作产生了直接影响。第一，地缘政治和意识形态再次成为主导美国及西方国家国际关系实践的重要因素，并在很大程度上影响了它们与全球最大发展中国家中国在国际发展合作领域的合作。第二，新冠疫情使紧急援助和应对公共风险成为国际发展援助体系高度关注的议题。第三，新冠疫情严重拖累全球经济发展，这使最不发达国家的援助依赖性进一步提升。第四，新冠疫情带来的一系列问题将会直接影响联合国发展筹资体系以及经合组织发展援助委员会的改革进程。②

6. 各阶段西方发展援助战略与政策总结

西方发展援助在不同的阶段体现出不同的战略特点，处于不断的动态调整中（见表 3-1）。20 世纪 50 年代，二战后重建和难民援助成为这一时期的主要战略目标，以美国马歇尔计划和“第四点计划”为代表的双边援助也兴盛起来。随着亚非拉殖民地国家的纷纷独立，欧洲原宗主国也逐渐加大了对这些国家的经济援助。此外，联合国和世界银行等多边组织成立，成为推动国际发展合作的重要组织。到了 20 世纪 60 年代，马歇尔计划等援助计划使得欧洲主要国家的总体经

① “FCDO Main Estimates Memorandum 2021 to 2022 (accessible version),” https: //www. gov. uk/government/publications/foreign-commonwealth-development-office-main-estimates-memorandum-2021-to-2022/fcdo-main-estimates-memorandum-2021-to-2022-accessible-version.

② 李小云：《疫情后国际发展合作走向扁平化》，《环球日报》2021 年 6 月 24 日，https: //hqtime. huanqiu. com/share/article/43f35XW3fwL。

济水平已超过战前水平，大量殖民地国家相继独立，发展援助的主要战略目标转变为促进第三世界国家的经济增长和社会稳定。经合组织和发展委员会成立，多边机构和发达国家援外的机制性框架基本建立，主要援助国纷纷建立援助机构。进入 70 年代，西方发展援助并未使发达国家和发展中国家的差距缩小，一些国家的贫困问题反而愈加严重，贫困问题在 20 世纪 70 年代成为最大的发展问题。1969 年世界银行发布著名的“皮尔森报告”，对第一个“联合国十年”进行了详细的评估和反思。国际发展援助也逐渐走向规范化和制度化，各主要援助国和援助机构，都开始制定发展援助政策和白皮书，以明确其发展援助的战略、行动和投入方案。

20 世纪 80 年代，西方发展援助在经历两次石油危机后出现许多发展问题，在提供发展援助方面趋于保守。与此同时，发展中国家债台高筑，爆发债务危机，面临严重的经济社会危机。以美国为首的债权国提出了向发展中国家新增贷款的条件，即要求发展中国家进行结构性调整。进入 20 世纪 90 年代，冷战结束，西方发展援助出现“援助疲劳”现象，发展援助额持续下降。之后亚洲金融风暴席卷亚洲并逐渐演变成一场世界性的金融风波，治理、良政、减贫、应对金融危机成为这一时期的主要战略目标。

2000~2014 年，随着新兴国家的兴起，DAC 政策理念逐渐由援助有效性向发展有效性转变，并最终在第四届援助实效性论坛上通过《釜山宣言》，正式提出国际援助政策应当从关注“援助有效性”转换为关注“发展有效性”。此外，千年发展目标的提出，成为国际发展援助的指导框架。在此期间，DAC 作为整体力量在国际援助政策理念和标准制定方面发挥着重要作用，这些国家都从自身实际情况出发建立了符合本国国情的对外政策框架。

2015 年之后的五年，以发展国家为代表的 OECD 发展援助委员会（DAC）成员国依然是全球援助资金的最大来源，但比重却呈现下降趋势，新兴经济体成为构建国际发展合作新格局的崭新力量，可持续发展目标推动发展问题成为全球热点议题。西方各援助国不仅制定落实可持续发展目标的国别方案，还相继制定出台了各自的对外援助政策，帮助发展中国家实现可持续发展目标从而成为援助的重点。GPEDC 第二届高级别会议不仅展望了发展有效性在可持续发展新时代中发挥的作用，还突出强调了过去的援助者-被援助者关系（donor-recipient relationship）已经被平等独立的伙伴关系所取代，承认南南合作的重要性。

2020 年突袭而至的新冠疫情在全球扩散，发达国家与新兴经济体都面临严重经济衰退，国际发展援助资金面临下降趋势，难以满足发展中国家抗疫和疫情后经济复苏的巨大需求。而此前的新贸易保护主义等逆全球化行动已经牵制了南方国家发展的步伐，发展援助领域资助规模的减少、预算援助的撤资等更使得很多发展中国家的贫困状况凸显。2019 年双边援助者的 ODA 水平保持稳定，但疫情的经济影响导致针对 13 个双边援助者的分析报告中，有 4 个援助额下降超过 40%。[①] 与 2019 年的水平相比，2020 年流入发展中经济体的外部私人资金可能减少 7000 亿美元，比 2008 年全球金融危机的直接影响高出 60%。[②]

---

① "Aid Data 2019-2020: Analysis of Trends Before and During Covid," https://devinit.org/resources/aid-data-2019-2020-analysis-trends-before-during-covid/.

② "The Impact of the Coronavirus (COVID-19) Crisis on Development Finance," https://oecd.org/coronavirus/policy-responses/the-impact-of-the-coronavirus-covid-19-crisis-on-development-finance-9de00b3b/.

新冠疫情加剧了逆全球化进程，也对国际发展合作产生了直接影响。第一，地缘政治和意识形态再次成为主导美国及西方国家国际关系实践的重要因素，并在很大程度上影响了它们与全球最大发展中国家中国在国际发展合作领域的合作。第二，新冠疫情使紧急援助和应对公共风险成为国际发展援助体系高度关注的议题。第三，新冠疫情严重拖累全球经济发展，这使最不发达国家的援助依赖性进一步提升。第四，新冠疫情带来的一系列问题将会直接影响联合国发展筹资体系以及经合组织发展援助委员会的改革进程。①

表 3-1　西方发展援助战略与政策在不同阶段的比较

时期	背景（影响因素）	战略目标	战略框架	相关法案和政策
20 世纪 50~70 年代	二战结束、冷战、殖民地国家相继独立	战后重建、经济增长、促进就业、社会发展、教育卫生、扶贫	美国马歇尔计划、“第四点计划”、布雷顿森林体系、联合国机制	美国《共同安全计划》、英国《出口保护法案》、《联合国宣言》、《国际货币基金协定》、《第一个联合国发展十年的国际发展战略》、《第二个联合国发展十年的国际发展战略》、《关于建立新国际经济秩序的宣言》和《行动纲领》
20 世纪 80~90 年代	石油危机、债务危机、金融危机、冷战结束	结构调整、自由化、治理、良政、减贫、应对金融危机	“华盛顿共识”、联合国机制	结构调整计划《联合国第三个发展十年国际发展战略》《联合国第四个发展十年国际发展战略》

① 李小云：《疫情后国际发展合作走向扁平化》，《环球日报》2021 年 6 月 24 日，https：//hqtime. huanqiu. com/share/article/43f35XW3fwL。

续表

时期	背景（影响因素）	战略目标	战略框架	相关法案和政策
2000～2014年	和平稳定、新兴国家兴起	联合国千年发展目标	援助有效性、发展有效性	《巴黎援助有效性宣言》、《阿克拉行动日程》、《釜山宣言》、《澳大利亚援助：促进增长与稳定》、《有效的援助方案：作出真正的贡献，交付实在的成功》、《通过有效援助帮助世界贫困人口：澳大利亚至2015～2016年的全面援助政策框架》、韩国《国际发展合作框架法》
2015～2019年	新兴国家兴起	可持续发展目标	以可持续发展框架和发展有效性为方向，改变援助方式	《2030年可持续发展议程》
2020年至今	逆全球化、新冠疫情	“本国利益+SDG”	保障援助国的利益、国家安全、经济优势、全球领导力的前提下开展发展援助	美国《2018～2022年联合战略规划》、英国国际发展部与外交和英联邦办公室合并

（二）中国发展援助战略与政策的历史演变

自1950年始，新中国开展的发展援助经历了启动、调整、扩大增长、再调整等阶段。这个过程与中国国内的发展战略、国际形势、其他发展中国家的发展目标等息息相关。

治理体系的演变历程可见表 3-2，随着国内外环境以及中国与其他国家的经济政治关系的变化，不同时期的对外援助战略目标、战略重点、政策框架以及主要政策手段和机制等均发生演变。也呈现出中国对外援助与全球发展框架的对接、与国内发展需求的对接、对全球援助架构的贡献、援助多机制（多边援助、双边援助、中国主导的国际合作框架，如亚投行、新发展银行等）的协调配合等。

表 3-2 中国发展援助战略与政策的演变历程

20 世纪 50~70 年代	20 世纪 80~90 年代	2000~2014 年	2015~2019 年	2020 年至今
“八项原则”；有关细节管理的文件指令；对外经济部指导下的“承建部”；和“协作部”对口援助体制；物资援助为主，少量现汇援助，开始成套项目援建	“八项原则”和“四项原则”；开始发布相关政策；承包责任制；企业投资吸纳到援外项目；外援和投资、贸易相结合；成套项目建成后的技术合作	援助目标与千年发展目标、各区域和各国的发展目标相联系；一揽子的对外援助政策措施；基础设施、产业、社会民生与公益事业合作；部级协调机制	落实 2030 年可持续发展议程作为方向；成立中国国际发展合作署；对外援助纳入多边机制统筹规划；完善援助项目管理规范	新冠疫情影响，增强人道主义援助，结合发展援助；对发达国家的援助；全球发展治理结构改变发布《新时代的中国国际发展合作》白皮书

来源：笔者根据文献和政策文本整理。

1. 20 世纪 50~70 年代

这个时期是新中国百废待兴，开拓社会主义建设的时期；也是通过国际发展合作加强社会主义阵营的力量，保障稳定发展的时期。以国际主义为根本原则，在实践中摸索总结经验，制定了中国对外援助的“八项原则”，出台了有关细节管理的大量文件和指令，并且逐渐完善了对外经济部指导下的“承建部”和“协作部”对口援助体制；发展援助方式以物资援助方式为主，有少量现汇援助，并开始成套项目援建方式。

新中国成立之初，采取“一边倒”的外交政策，来自苏联的经济援助克服了西方封锁对资源的约束，启动并快速推进工业化进程；同时，中国遵循国际主义原则，即世界无产阶级利益的同一性，反对剥削压迫、争取民族解放与实现社会主义斗争的相互支持和相互援助，以及国际主义与爱国主义相结合教育全体劳动人民，国际主义的名实相符，不损害世界无产阶级的整体利益，并开始向其他社会主义阵营的国家，如朝鲜、越南、蒙古国等提供军事和经济援助。[①] 1949年9月《中国人民政治协商会议共同纲领》获中国人民政治协商会议通过，这部纲领具有临时宪法作用。“总纲”第11条规定了新中国外交的基本政策与原则：“中华人民共和国联合世界上一切爱好和平、自由的国家和人民，首先是联合苏联、各人民民主国家和各被压迫民族，站在国际和平民主阵营方面，共同反对帝国主义侵略，以保障世界的持久和平。”[②]

这个阶段是二战后政治独立的主权国家寻求经济发展的时期。这些民族国家在开始自我发展的时期面临很大的挑战，一方面是过去在宗主国控制下缺乏自我发展的目标战略及机制，另一方面是仍然受到原宗主国和外国资本的控制，存在经济依附；而且安全和独立还受到冷战的威胁。因此，当时

---

① 周弘主编《中国援外60年》，社会科学文献出版社，2013；任晓、刘慧华：《中国对外援助：理论与实践》，上海格致出版社、上海人民出版社，2017。

② 罗建波：《中国对外援助模式：理论、经验与世界意义》，《国际论坛》2020年第6期。

的发展中国家均有着发展民族经济和维护政治独立的目标，也有着解决资本、技术和人力资源短缺的具体需求，在这些目标和需求的推动下，发展中国家间的合作成为一个必然的选择。

这个时期新中国的对外援助具有发展援助和人道主义援助的特点，其主要目标是帮助刚摆脱殖民统治而获得主权的民族国家度过艰难的经济起步时期，并找到适合的经济发展道路，从政治和经济上都真正获得独立。在这个过程中，也增强新中国的合作力量，为新中国自身的社会主义建设创造良好的外部环境。这些目标与第三世界国家的发展目标与需求具有一致性，同时，也为发展中国家的全球联系提供了另一种方案。1955 年在第一次亚非会议即万隆会议上，中国为促进大家的积极讨论和后续合作发挥了重要作用。会议通过的《亚非会议最后公报》号召亚非各国团结一致、和平相处、友好合作、共同反对帝国主义与殖民主义，显著地体现了中国与其他发展中国家合作的可能性。万隆会议确定了发展中国家合作的“磋商原则”①，并促成建立原料生产国和输出国组织，以及发展中国家之间技术合作（TCDC）。中国代表团团长周恩来总理在大会发言，阐明了中国政府的立场和政策，“中国代表团是来求团结的，不是来吵架的。中国代表团是来

---

① 指导国际关系的十项原则是：①尊重基本人权、尊重《联合国宪章》的宗旨和原则。②尊重一切国家的主权和领土完整。③承认一切种族平等，承认一切大小国家的平等。④不干预或干涉他国内政。⑤尊重每一国家按照《联合国宪章》单独地或集体地进行自卫的权利。⑥不使用集体防御的安排来为任何一个大国的特殊利益服务；任何国家不对其他国家施加压力。⑦不以侵略行为或侵略威胁或使用武力来侵犯任何国家的领土完整或政治独立。⑧按照《联合国宪章》，通过如谈判、调停、仲裁或司法解决等和平方法以及有关方面自己选择的任何其他和平方法来解决一切国际争端。⑨促进相互的利益和合作。⑩尊重正义和国际义务。

求同而不是来立异的。从解除殖民主义痛苦和灾难中找共同基础，我们就很容易互相了解和尊重、互相同情和支持，而不是互相疑虑和恐惧、互相排斥和对立。”① 在发言中，周恩来强调“求同”而不是“立异”，主张不同思想意识和社会制度的存在并不妨碍亚非国家求同和团结，并表示中国准备在坚守五项原则的基础上与亚非各国建立正常关系。一些对新中国存有疑虑甚至视新中国为和平威胁的国家改变了对中国形象的认知。亚非会议是亚非各国人民民族解放运动史上的一个重要的里程碑，中国也由此打开了与亚非国家交往的大门，之后的合作范围得以扩大。

这个阶段的发展援助目标以及相关规定主要体现在领导人讲话以及全国人民代表大会的工作报告中。包括 1963 年毛泽东主席接见非洲朋友的讲话，认为援助正在争取解放的人民是国际主义的义务；之后一年，周恩来在第三届全国人民代表大会第一次会议上作政府工作报告，明确了无产阶级国际主义精神作为援助的出发点，除了支持民族国家的独立外，还要促进其经济建设，并稳定其独立性。而且认为新独立国家的力量增强，也是帝国主义力量的相对削弱，对新中国也是巨大的支援。② 1964 年正式提出中国对外援助的“八项原则”，包括平等互利、尊重主权并不附带任何条件、经济援助方式、自力更生、受援国受益、当地人掌握技术、专家的同

① 《周总理的万隆往事》，《新华网》，2015 年 4 月 21 日，http：//www. xinhuanet. com//world/2015-04/21/c_127715011_2. htm，最后访问日期：2024 年 3 月 1 日。

② 《在第三届全国人民代表大会第一次会议上周恩来总理作政府工作报告》，《人民日报》1964 年 12 月 31 日，转引自周弘主编《中国援外 60 年》，社会科学文献出版社，2013。

等待遇等。[①]

最初的组织体系是由中央政府直接下达援外任务，由相关部委开展物资援助和少量的现汇援助。1952 年 8 月，新中国成立对外贸易部（以下简称外贸部），统一管理对外援助项目，物资援助的实施则由其下属进出口公司承担。1954 年，开始实行“两部委”的管理体制，即外贸部和国家计划委员会（以下简称国家计委）两个部委承担不同职责，前者统一负责对外谈判和签订协议，而且通过各进出口公司负责物资援助项目的实施；后者由国务院有关部门下达任务，根据“术业有专攻”的原则，促使各种成套援助项目有效开展，这里包括越南、朝鲜修复铁路公路港口桥梁和市政交通等。1958 年开始实施“总交货人部制”。国家计划委员会指定“总交货人”，即相关部委，负责专业性质的内容，包括人员选调、场地勘察、预算编制、设备材料供给、设计安装、人员培训等；其他部委则作为“协作交货部”，以解决其他非专业但是也很重要的问题，比如外文资料翻译、零部件标准调整。

---

① 中国政府一贯根据平等互利的原则提供对外援助，从来不把这种援助看作单方面的赠予，而认为援助是相互的；中国政府在对外提供援助的时候，严格尊重受援国的主权，绝不附带任何条件，绝不要求任何特权；中国政府以无息或者低息贷款的方式提供经济援助，在需要的时候延长还款期限，以尽量减少受援国的负担；中国政府对外援助的目的，不是造成受援国对中国的依赖，而是帮助受援国逐步走上自力更生、经济上独立发展的道路；中国政府帮助受援国建设的项目，力求投资少、收效快，使受援国政府能够增加收入，积累资金；中国政府提供自己所能生产的、质量最好的设备和物资，并且根据国际市场的价格议价，如果中国政府所提供的设备和物资不合乎商定的规格和质量，中国政府保证退换；中国政府对外提供任何一种技术援助的时候，保证做到使受援国的人员充分掌握这种技术；中国政府派到受援国帮助进行建设的专家，同受援国自己的专家享受同样的物质待遇，不容许有任何特殊要求和享受。《对外经济技术援助的八项原则》，1964 年 1 月 15 日，https：//www. marxists. org/chinese/zhouenlai/144. htm，最后访问日期：2024 年 3 月 1 日。

外贸部和国家计委双重领导“总交货人部”和“协作交货部”。1960 年，外经总局替代两部委之前的管理职责，并于 1964 升格为对外经济委员会，1970 年正式建立对外经济部，作为主要引导中国援外工作的管理部门。1971 年开始，“总交货人部”和“协作交货部”正式更名为“承建部”和“协作部”。整个体制结构，包括承建部、协作部、地方政府及它们之间的配合协作，都是为了更加集中有限资源完成援外任务，而“对口援助”成为承建部协作部机制的具体实施形式，对口指的专业对口和区域对口，这种形式一直延续到之后的援助工作中。①

2. 20 世纪 80~90 年代

新中国成立之后逐渐建立和完善发展援助的基本目标和体制，改革开放时期也延续下来，同时也因为经济和社会发展的战略定位调整而有了相应创新。这个阶段继续明确对外援助作为战略任务，中国一直会向其他发展中世界的朋友提供力所能及的援助；不过，更明确了国家经济建设的重要意义，在发展起来之后，才能更好地援助第三世界国家，同时开始大量利用多边援助以及一些国家的双边援助。中国对外援助原则在之前的基础上补充了互利与实效的内容，在援助政策、援助方式、援助项目内容、援助项目管理等方面也有着相应调整。与上一个阶段相比，对外援助的政策文本开始发布并逐渐丰富。

进入改革开放时期，鉴于当时的经济基础，党的十一届

---

① 2006 年商务部和农业部共同设计的援非农业技术示范中心模式，以受援国受益、项目可持续、农业“走出去”为目标，采取“公私合作”，许多示范中心由企业承担建设和运营管理。而这些实施机构的选择，就采用了“对口援助”的方式。根据预期建设示范中心的非洲国家的气候条件或合作基础，商务部和农业部责成条件相似或有合作基础的省区直辖市来负责选拔当地合适的企业或其他机构。

三中全会公报指出国际合作对经济加速发展的意义，提出要努力采用世界先进技术，并发展平等互利经济合作，而且提及利用国内资源和国际资源，完善国际市场和国内市场，并提高组织国内建设和发展对外经济关系的能力。① 在邓小平的系列讲话中，他除了提及对外援助的战略高度，也提出要承认中国需要集中精力发展国民经济，实现四个现代化，才能对人类做出更大贡献，而且强调这个过程中中国作为发展中大国，与其他发展中国家一样，可以借力西方发达国家的资金、技术、知识和经验。经济发展战略定位也就决定了发展援助的改革方向。同时也强调过去的援助是正确的，还要继续，不过，当前的经济发展需要“缓一口气”②。同时“要少花钱、多办事”，“真正使受援国得到益处”。

1980 年中国对外援助的总方针得以发布，即在八项原则的政策主张下，广泛开展互惠互利的国际经济技术合作；1983 年“平等互利，讲求实效，形式多样，共同发展”亦成为指导援助的政策方向。

援助政策主要是数量上削减援外开支，同时为了保障质量改变了项目资金管理方式，主要是要求受援国在力所能及的基础上支付管理少量援建工程项目的“当地费用”，促进当地的合作地位提高并能学习“经济核算”等管理经济的办法。援助项目内容减少了生产性项目而转向援建标志性建筑，提供更切合当地人能力条件的管理平台，促成项目的可持续性。改变铁路公路桥梁等大型项目建设为农业示范基地、乡村学

① 《三中全会以来重要文献汇编》第 1 版，人民出版社，1982，第 5 页，转引自周弘主编《中国援外 60 年》，社会科学文献出版社，2013，第 112 页。

② 转引自周弘主编《中国援外 60 年》，社会科学文献出版社，2013，第 112 页。

校、提供小型设备、资助人力资源到中国考察学习和进行技术培训等中小型项目。援助方式仍然是成套项目援助为主，不过，提出了加强项目建成后的技术合作。

援助项目管理方法也有了很大的改革。1980 年 8 月对外经援项目试行“投资包干制”，1982 年 3 月又开始“承包责任制”，旨在转变政府在执行对外援助中的职能。这个时期由于市场机制的建立和逐渐完善，国家经济体制改革推动援外项目管理的经济手段与行政手段相结合，与此同时，援外的归口管理部门经贸部不再通过行政命令调动专业部委承建援外项目，而是直接到各省区直辖市找到适合的企业承担项目。承包责任制的招投标制度到 20 世纪 90 年代得以完善，包括资格准入制度、独立评审专家工作制度和封闭式评标制度。在中央精简机构政策影响下，1982 年，对外贸易部和对外经济联络部因为中央精简机构的政策而合并新组建对外经济贸易部，同时成立中国成套设备出口公司，负责执行援外项目。在政企分开、“简政放权”政策下，1985 年，对外经济贸易部将一部分管理权限下放给中国成套设备出口公司，国务院有关部门和省自治区直辖市政府也将项目实施全部交由所属国际经济技术合作公司。1993 年，中国成套设备出口公司正式成为独立企业。对外经济贸易部的援外司负责援外项目实施并进行“一条龙”管理，直接对口总承包企业，负责项目立项，确定实施企业及实施管理。1995 年 6 月国务院提出援外工作的有关知识，对外经济贸易部进行传达贯彻，明确指出继续遵循援外八项原则，同时大力改革援助方式，以国际通行的援助做法为参考，政府贴息优惠贷款和援外项目合资合作，将政府援外资金与银行贷款相结合，重点承担受援国需要的中小型生产项目，还将援外基金与联合国和地区经济发展机构或第三国的发展援助资金相结合，推进经济技术合作。而且，对外援助、对外贸易和对外直接投资三驾马车并驾齐驱，促进了中国与发展中国家有效的互利合作。①

这个时期陆续出台援助相关的政策文本。1983 年 12 月，对外经济贸易部颁发《对外经援项目承包责任制暂行办法》，规定了“招投标”程序以及承包单位的责权利等；1984 年，中国对外经济贸易部《关于巩固建成经援成套项目成果的意见》强调，根据受援国需要，开展后续的技术合作，参与项目管理；受援国还款还可以用于投资，作为中国在合营企业的股份；之后一些办法和规定进一步完善，1992 年，国家印发了《对外经援项目实行承包责任制的管理办法》等五个援外工作文件；同年商务部提出《关于进一步加强援外出国人员思想政治工作的几点意见》以及制定《援外人员守则》，建立 14 条行为准则。1998 年，财政部颁布了《对外援助支出预算资金管理办法》，具体规定对外援助支出的范围、预算编制、预算执行和调整、财务监督和管理等。

3. 2000~2014 年

中国发展援助在 21 世纪之后特别是 2004 年以来，对外援助资金保持快速增长。② 这个时期的对外援助仍然以双边援助为主，不过，在讨论商议以及发布政策方面，已经开始通过国际和地区层面的平台加强与受援国的交流。这个时期的援助目标亦愈加与联合国千年发展目标、各区域和各国的发展目标相联系。2014 年对外援助白皮书中将区域合作机制下

① 周弘主编《中国援外 60 年》，社会科学文献出版社，2013。

② 国务院新闻办公室：《中国的对外援助》白皮书，国务院新闻办公室官网，2011 年 4 月 21 日，http：//www.scio.gov.cn/zfbps/ndhf/2011n/202207/t20220704_130062.html。

的对外援助作为独立的一章，提及通过中非合作论坛和中国-东盟领导人会议等多种区域机制和平台，多次宣布一揽子的对外援助政策，回应发展中国家的需要。[①] 2021 年的《新时代的中国国际发展合作》白皮书再次强调中国政府通过各种国际与区域合作机制的会议宣布援助措施，援助领域涉及农业、基础设施、教育、医疗卫生、人力资源开发、清洁能源等，这些会议包括联合国发展筹资高级别会议、联合国千年发展目标高级别会议，以及中非合作论坛、上海合作组织、中国-东盟领导人会议、中国-加勒比经贸合作论坛、中国-太平洋岛国经济发展合作论坛、中国-葡语国家经贸合作论坛等。

这个时期中国的改革开放取得了显著成效，在“亚洲四小龙”等发展奇迹之后，中国大陆亦积累了经济持续快速增长、社会综合发展的经验，这些经验开始在对外援助的战略政策中逐渐得到体现；同时通过市场经济运行，增强了对外援助与投资和贸易方面合作的连接，具体在援助领域上体现在以下几个方面。首先是促进在基础设施领域以及受援国有比较优势的产业领域的援助合作，这些领域的发展已为中国高速发展路径创建了基础。其次是更加关注受援国的社会民生与公益事业，包括学校和医院援建、农业培训、人力资源开放合作、疾控中心建设等。

在开展对外援助工作时，中国各相关政府部门保持密切联系和协作。商务部在制订国别援助方案和对外援助资金计划时，与外交部、财政部和中国进出口银行进行经常性沟通并充分征求上述部门意见。国务院其他一些部门负责或参与

---

① 中华人民共和国国务院新闻办公室：《中国的对外援助（2014）》，人民出版社，2014。

部分专业性较强的对外援助工作的管理。为进一步加强各部门间的协调，2008 年，商务部会同外交部、财政部等有关部门和机构，正式成立对外援助部际联系机制。2011 年 2 月，部际联系机制升级为部际协调机制。①

这个时期对外援助的政策集中体现在 2011 年和 2014 年《中国的对外援助》白皮书中，即“通过援助发展和巩固与广大发展中国家的关系和经贸合作”②。而且，各国人民的利益是一体的平等的，向其他发展中国家提供力所能及的援助、消除贫困和改善民生是在南南合作框架下。③ 关于中国的对外援助政策，白皮书重申不附带任何政治条件，和尊重受援国自主选择发展道路，以及相互尊重、平等相待、重信守诺、互利共赢的基本原则。《中国对非政策文件》中，强调传承与发扬友好基础，建立在政治、经济、文明和安全上都达成共识的全面战略合作伙伴关系，共同为中非人民创造更多福祉，为世界的和平稳定与发展繁荣作出更大贡献。④

4. 2015~2019 年

中国在 20 世纪 70 年代末 80 年代初改革开放之后，经济和社会发展，尤其是在提升人民生活水平、减贫、社会公共服务均等化等方面取得了举世瞩目的巨大成效，中国的高速

---

① 国务院新闻办公室：《中国的对外援助》白皮书，国务院新闻办公室官网，2011 年 4 月 21 日，http：//www. scio. gov. cn/zfbps/ndhf/2011n/202207/t20220704_130062. html。

② 国务院新闻办公室：《中国的对外援助》白皮书，国务院新闻办公室官网，2011 年 4 月 21 日，http：//www. scio. gov. cn/zfbps/ndhf/2011n/202207/t20220704_130062. html。

③ 中华人民共和国国务院新闻办公室：《中国的对外援助（2014）》，人民出版社，2014。

④ 《中国对非洲政策文件》，新华网，2015 年 12 月 5 日，http：//news. xin huanet. com/world/2015-12/05/c_1117363276. htm。

而具有共享特征的发展经验逐渐吸引了其他很多发展中国家的注意力；中国自身的发展也面临发展路径与技术创新、产业结构调整、生活方式提升、国际发展合作转型等新要求。同时，全球范围内的贫困、收入不均、经济下滑、失业率上升、气候变化等问题为各国的合作提出新的课题，在既有国际机构尤其是联合国的引领下，通过布宜诺斯艾利斯促进和实施发展中国家技术合作行动方案（BAPA）会议等多种方式促成包括发展中国家在内的国家和地区以及包括社会组织在内的各种机构参与到 2015 年后全球发展目标的制定，形成 2030 年可持续发展议程；并在釜山会议上形成协议声明“有效合作的全球伙伴”（Global Partnership for Effective Development Co-operation，GPEDC）的建立，以支持政治层面各种承诺的实施，并作为一个论坛促进知识交流和常态周期性的进展回顾。[①] 中国也将已有的发展援助目标纳入相关承诺，并在 2019 年《中国落实 2030 年可持续发展议程进展报告》中呈现了国际发展合作目标及其实现情况，即促进“一带一路”国际合作，促进共建国家可持续发展；推动共建开放型世界经济，优化国际发展环境；建立广泛的发展伙伴关系，推动形成可持续发展合力；深化南南合作，助力其他发展中国家可持续发展。[②]

中国发展援助的体制也在更为深入、多元发展导向的目标下有了突破性的进展。为了进一步加强国际发展合作的统筹协调，形成合力，促成发展合作目标的达成，2018 年 4 月，

---

① OECD/UNDP, *Making Development Co-operation More Effective: 2019 Progress Report* (Paris: OECD Publishing, 2019), https://doi.org/10.1787/26f2638f-en.

② 《中国落实 2030 可持续发展议程报告（2019）》，外交部官网，2019 年 9 月 24 日，http://infogate.fmprc.gov.cn/web/ziliao_674904/zt_674979/dnzt_674981/qtzt/2030kcxfzyc_686343/。

国家国际发展合作署成立，作为国务院直属机构，专司国际发展合作事务，职能涵盖对外援助的政策规划、援外工作的统筹协调，以及援外项目的评估和监督。它的成立进一步体现了中国发展合作治理国内外主体的平等地位、尊重受援国作为合作方，以及支持受援国内生发展能力。此外，中国还显著加强了对东盟、非洲、拉美等地区的整体外交，把对外援助逐步纳入中国-东盟合作机制、中非合作论坛、中拉合作论坛框架下予以统筹规划，特别是中非合作论坛每三年推出一揽子合作倡议和计划，显著推动了中非互利合作水平的全面跃升，与此相关的管理能力也得以全面提升。援助项目专家论证评审机制愈加完善，并对项目可行性研究提出新的要求，而且将项目环境影响、后续运营管理等纳入立项研究范畴。构建条块明晰的项目管理规章制度，完善项目实施企业资格认定、政府采购、合同履行等环节，构建以优质优价为核心的招标制度体系。健全项目实施主体诚信评价体系，防范项目廉政风险。同时，加强事中监管和事后评估，不断提升援助综合效益。

相关政策主张有承续，也有创新。其中的“相互尊重，平等相待”回应了最早的八项原则第一项“根据平等互利的原则提供对外援助，援助不是单方面的赠予，而是相互的”；而“量力而行，尽力而为”则继续20世纪八九十年代对均衡内外投入的考虑，“聚焦发展，改善民生”对于之前提出的“中国政府帮助受援国建设的项目，力求投资少、收效快，使受援国政府能够增加收入，积累资金”是一个补充，即不只是政府增加收入，更需要的是经济社会发展以及个人的生计改善。“授人以渔，自主发展”回应了最早提出的“中国政府对外援助的目的，不是造成受援国对中国的依赖，而是帮助受援国逐步走上自力更生、经济上独立发展的道路”；“形式多样，讲求实效”与改革开放之初提到的“讲求实效，形式多样，共同发展”一致，而“善始善终，注重持续；开放包容，交流互鉴；与时俱进，创新发展”在新时期指导着战略政策的制定。对比最早提出的八项原则，可清晰看到政策的承续性和创新的趋势。图 3-2 呈现了不同时期交叉或独立的政策主张。

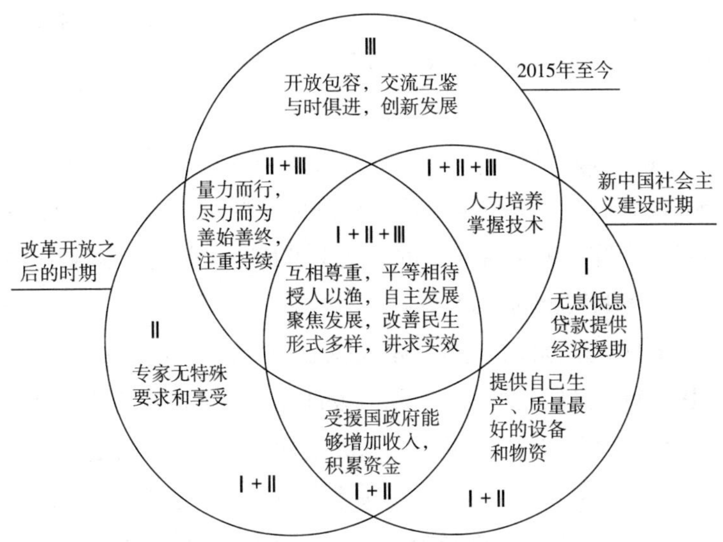

图 3-2　不同时期中国发展援助政策一以贯之

说明：作者根据政策文本绘制。Ⅰ代表新中国成立后至改革开放之前的社会主义建设时期，Ⅱ代表改革开放之后至 2015 年之前的时期，Ⅲ代表 2015 年至今。

5. 2020 年至今

中国在新冠疫情出现之后，保持“同舟共济”的态度和行动，向 150 多个国家和国际组织提供力所能及的援助和支持，开展了新中国成立以来援助时间最集中、涉及范围最广的一次紧急人道主义行动。在援助战略中把支持受疫情影响的国家特别是发展中国家的经济社会恢复发展作为重点任务，并承诺将在今后两年内提供 20 亿美元国际援助①，而且将继续帮助广大发展中国家完善公共卫生体系建设，与世界卫生组织合作，并建立 30 个中非对口医院合作机制、加快建设非洲疾控中心总部；派遣医疗专家组，开展检测方法、临床救治、疫苗药物研发国际合作。继续支持二十国集团、亚太经合组织、金砖国家、上海合作组织等多边机制加强协调沟通，开展联防联控国际合作。这些行动继续体现了中国发展援助长期坚持的政策主张，以及作为可选择的发展合作路径的稳定性。

在提供抗疫援助过程中，无论中国的积极进取，还是美国和西方调整，都是国际援助治理体系的重构过程。这个重构过程既符合源于西方的世界主义价值，也符合中国倡导的人类命运共同体的理念。②

此外，这也标志着发展模式多元化时代的真正来临。首先，中国独特的发展经验将会与西方发展经验和其他地区的发展经验共同重构全球发展治理。其次，这标志着中西方长期失衡的权力关系步入互惠互利的平等关系。最后，这也标志着中国传统文化价值在现代的弘扬和人类命运共同体理念的践行。③

① 国务院新闻办公室：《新时代的中国国际发展合作》，国务院新闻办公室官网，2021 年 1 月 10 日，http：//www. scio. gov. cn/zfbps/32832/Document/1696685/1696685. htm。

② 李小云：《中国抗疫援助：国际发展合作格局加速重构的标志?》，《光明网—学术频道》，2020 年 4 月 2 日，https：//share. gmw. cn/www/xueshu/2020-04/02/content_33709474. htm? from=singlemessage，最后访问日期：2024 年 3 月 5 日。

③ 董强、李小云：《我们可能都忽略了“援欧抗疫”的深层历史隐喻》，《文化纵横》微信公众号，2020 年 3 月 31 日，https：//mp. weixin. qq. com/s/1nxUQEepAaVOvvUCao0xPA。

6. 各阶段中国发展援助战略与政策总结

各阶段战略目标的变化受到中国自身发展的成效与挑战的影响，同时更受到国际政治经济环境、其他发展中国家的发展状况与需求变化的影响（见表3-2）。新中国刚成立之时的社会主义建设时期，虽然自身发展有很多资源需求，但是由于受到国际的封锁，所以创建一个良好的外部环境也是迫切需求，“帮助别人就是帮助自己”，自身经济发展以及友好的国际合作关系成为并行的发展援助战略目标。中国的发展立场和道路选择也通过发展援助得以呈现。

改革开放时期，也正是其他发展中国家结构调整时期。中国进入社会主义市场经济建设，虽然在之前有了一些基础设施条件的积累，但是很多制度建设都需要从头开始，尤其是生产投入等方面有新增需求，这就需要平衡资源分配，因而提出量力而行的发展。同时也在反思之前的援助经验和教训，在资金投入没有大幅增长的情况下，通过改变项目内容、项目资金管理方式和项目实施方式来提高援助的实效以及可持续性。

21世纪伊始，中国的改革开放取得显著成效，也完成了一系列的制度建设，与国际发展体系逐渐接轨，包括加入世界贸易组织。联合国在这个时期提出千年发展目标，同时引发更多对于援助有效性的争议和讨论。中国的发展援助开始注重关于抵制贫穷、饥饿、疾病、文盲等领域；同时由于中国在减贫，公共服务、经济发展等方面积累了经验，这个时期的发展援助也是一个中国与其他发展中国家分享经验的过程。

2015年之后，中国继续保持高速发展，并且探索出很多发展经验；同时，开始实施精准脱贫攻坚，聚焦贫困地区和

表 3-3　中国发展援助战略与政策的分阶段比较

时期	背景（影响因素）	战略目标	战略框架	相关法案和政策
20 世纪 50~70 年代	新中国社会主义建设 西方封锁禁运 民族国家独立	帮助民族国家度过艰难的经济起步时期；为新中国社会主义建设创造良好外部环境	发展援助与人道主义援助；援助作为呈现中国的发展道路主张，促进国际关系构建的重要路径	八项原则；逐渐完善“承建部”和“协作部”对口援助体制；发展援助方式以物资援助方式为主，有少量现汇援助，并开始成套项目援建方式；通知、领导人讲话和声明为主要政策形式
20 世纪 80~90 年代	改革开放，加速经济发展 其他发展中国家结构调整	量力而行的发展援助	注重援助的实效和可持续性	八项原则+四项原则；数量上削减援外开支；改变项目资金管理方式，要求“当地费用”；项目内容减少了生产性项目；项目实施采取承包责任制；出台了一系列的政策文本

续表

时期	背景 （影响因素）	战略目标	战略框架	相关法案和政策
2000~2014 年	中国的改革开放取得了显著成效；援助与贸易和投资有更多结合 援助有效性的争议	与联合国千年发展目标、各区域和各国的发展目标相联系	发展援助同时也是中国发展经验分享的路径	八项原则+四项原则；部际联系机制升级为部际协调机制；一揽子对外援助政策
2015~2019 年	中国的高速而具有共享特征的发展经验凸显；同时也面临挑战 精准脱贫攻坚 提出“一带一路”倡议 新的国际发展机构 可持续发展面临的新挑战	促进一带一路倡议更有利于减贫；回应 2030 年可持续发展框架	发展援助作为更大范围的国际发展合作的重要组成部分；发展援助服务于国家发展战略	八项原则+新“八项原则”；成立中国国家国际发展合作署；把对外援助逐步纳入中国-东盟合作机制、中非合作论坛、中拉合作论坛框架下予以统筹规划
2020 年至今	逆全球化 新冠疫情 西方的发展援助回归地缘政治和意识形态的影响	团结合作共同应对公共危机并降低影响；2030 年可持续发展框架	发展援助纳入人道主义援助；应对公共危机与可持续发展相结合	八项原则；发布《新时代的中国国际发展合作白皮书》

人口，通过创新的资金筹措机制，采取“对口帮扶、东西扶贫协作、企业帮扶”等形式，集中投入大量资源，扶贫资金总额从 2002 年的 250.2 亿元增加到 2017 年的 4419.5 亿元。[①] 2017 年提出“一带一路”倡议，除了经济合作共赢的目标，还是一个中国发展经验与其他国家进行分享的渠道。亚洲基础设施建设银行、新发展银行等创新性的国际发展融资机构的建立，也为发展中国家的发展融资提供了更多的选择渠道和来源。当然这个时期可持续发展也面临新的挑战，包括气候变化威胁、新贸易保护主义、一些北方国家更为自利的国际合作等，更有全球公共卫生的危机导致最不发达国家、资源依赖型国家、高债务国家的人民等更陷入困境，极端贫困发生率又有所反弹，联合国粮农组织（FAO）2020 年的报告表明，57%的撒哈拉以南非洲和南亚区域的人口受到粮食不安全和低营养饮食结构导致营养不良状态的威胁。这些都给国际发展合作提出新的要求和挑战。中国将发展援助作为更大范围的国际发展合作的重要组成部分，并服务于国家发展战略而且于 2018 年成立国家国际发展合作署，在新“八项原则”政策主张的引导下，回应 2030 联合国可持续发展框架，把对外援助逐步纳入中国-东盟合作机制、中非合作论坛、中拉合作论坛框架下予以统筹规划。

面对新冠疫情肆虐的巨大挑战，中国更将人道主义援助、发展援助与国际合作战略以及长远发展战略相结合在中国全力以赴应对公共危机的过程中，其战略目标没有改变，仍然遵循以 2030 可持续发展框架为导向，对外援助政策更具交叉和融合的特点，将发展援助的内容纳入人道主义援助中，在

---

① 李小云、于乐荣、唐丽霞：《新中国成立后 70 年的反贫困历程及减贫机制》，《中国农村经济》2019 年第 10 期。

解决公共危机的同时，也关注各种援助方式的可持续性。并于 2021 年 1 月 10 日发布了《新时代的中国国际发展合作》白皮书。

三　比较视角的经验与挑战

（一）中国发展援助战略与政策的经验

中国发展援助战略与政策制定和自身的发展理念、国际合作理念以及经济社会发展程度密切相关，同时也考虑了合作国家的发展阶段及需求，还借鉴西方对包括中国在内的发展中国家的发展援助治理经验，形成自己的发展援助治理目标，相关法律法规，援助主体以及援助资金、人力和援助项目的管理体系。

1. 战略目标一以贯之，实践目标不断完善

新中国步入国际舞台之后，虽然具体的阶段有不同的实施目标，但是从一开始就有着超越民族国家范畴的全球视野和国际主义精神。同时，团结合作共同发展，即促进发展有效性的战略目标始终没有变，“中国秉持国际主义和人道主义精神，始终关注和支持其他发展中国家改善民生、谋求发展的事业”①。合作伊始，发展援助的目标更多是以国际关系目标为导向，随着援助治理实践的演变，逐渐形成发展援助、国际发展合作的目标，并得以不断完善。中国长期将其他发展中国家看作盟友，在援助过程中建立或强化合作关系，合

① 国务院新闻办公室：《新时代的中国国际发展合作》白皮书（全文），国务院新闻办公室官网，2021 年 1 月 10 日，http：//www. scio. gov. cn/zf bps/ndhf/2021n_2242/202207/t20220704_130669. html。

作的形式贯穿“平行合作”[①]“平行经验分享”[②] 的特征。

2. 国际发展合作的战略目标体现了融合的价值观

中国国际发展合作“构建人类命运共同体”的战略目标融合了不同层面的价值观，而且是从自身的发展经验与社会文化基础出发，不同于西方援助战略目标设置背后的价值体系。西方援助呈现的价值观，或现实主义——包括地缘政治价值和成本收益比较下的经济和社会价值，[③] 或基督教教义人道救助救济施舍。[④] 中国的国际发展合作秉承义利兼顾、平等双向、互助互惠的价值观，无论是长时期与第三世界合作的“穷帮穷”，还是基于自身现代化进程中积累的经验与其他发展中国家的互利共赢和共同发展，均是把双方放在同等位置，认为帮助别人也是帮助自己。一方面，中国信奉自力更生的重要性，帮助支持只是协助，发展中国家只能自己拯救自己。不依赖别人，首先要解放自己，所以最开始的最大帮助是协助实现第三世界的民族解放；进入现代化和全球化时代，最大的帮助就是协助提升其他发展中国家的经济发展能力。另一方面，民族国家要维护主权，除了增强国力，还需要在外交上斡旋，即先义后利。在特殊困难时期，“亚洲、非洲、拉丁美洲的民族解放运动，这是支持我们的最主要的力量”，中国对第三世界的支持为自身构筑了广泛的国际统一战线，获

① 罗建波：《中国对外援助模式：理论、经验与世界意义》，《国际论坛》2020年第6期。

② 徐秀丽、李小云：《平行经验分享：中国对非援助理论的探索性构建》，《世界经济与政治》2020年第11期。

③ 丁韶彬：《大国对外援助：社会交换论的视角》，社会科学文献出版社，2010。

④ 李小云：《中国对外援助与百姓生计息息相关》，凤凰网，2015年12月14日，http：//phtv. ifeng. com/a/20151214/41523207_1. shtml。

得重返联合国的外交支持力量；新时期通过“一带一路”倡议促成减贫合作和其他国家的减贫效应，同时也引导了中国发展合作的方向，更凸显了共享合作发展成效的价值观，以及达成互惠互利的可行性。

3. 政府主导多方合作的发展援助主体结构

中国的国际发展合作治理逻辑超越华盛顿共识的框架，同时秉承互利共赢的原则，即以政府为主导，同时政府、市场主体、社会组织均在这个过程中发挥着重要作用。“发展型政府”将共享过程和共享成果的国内发展理念拓展到发展援助合作进程中，政府在框架设计、推动和过程监督中发挥着重要作用。公私合营，或者说政府-企业联合行动的方式成为核心的发展合作方式。[①]

4. 适应自身发展条件及发展环境的管理体系

中国根据自身条件调整援助资金规模、援助内容和方式，在机构设置和人员管理方面，也与宏观经济发展以及机构设置相一致。

微观的项目管理一方面以自己的能力为基础，另一方面通过接受外援和各种国际交流渠道，学习西方的管理经验和规范，逐渐完善自身的项目管理体系，也采纳了项目周期管理的方法，在实施过程中以既有条件为基础进行调整。比如，优惠贷款项目，由中国进出口银行或开发银行组织进行前期的考察和概念规划，进行可行性评估；承建单位则自己组织项目详细规划，有着规划方式选择的自主决策权，一般不进行风险考量，各层目标和投入的设计也没有规范要求，一般

① Scoones, I., et al., “A New Politics of Development Cooperation? Chinese and Brazilian Engagements in African Agriculture,” *World Development 2016*, http://dx.doi.org/10.1016/j.worlddev.2015.11.020.

达不到发展项目逻辑框架所要求的要素。

（二）西方发展援助战略与政策的启示

1. 回应战略目标的系列法案和政策

西方援助从开始之初就建立了明确的发展援助的目标及治理体系。在战略目标引导下，很多发达国家都制定了发展援助方面的相关法律。发展援助相关法律一般会明确规定政府在发展合作中的责任，确定援助的优先事项和目标，保证援助方案的顺利实施。例如，美国的对外援助经过几十年的发展，已经形成了明确的战略目标以及较为完备的法律体系。美国对外援助法律体系由四种不同类型的法律构成。首先是对外援助基本法律，即对外援助的综合授权法案，包括对外援助的根本宗旨、基本目标、实施方式、项目管理等内容。其次是对外援助专项法律或专项授权法案，即规定特定时空对象、特定问题领域或特定项目的对外援助行为的法律。第三是其他法律，尤其是对外关系相关立法以及诸如“亚洲基金会”和“东西方文化和技术交流中心”之类的非政府机构实施援助项目。除国会立法外，白宫、国务院和国际开发署还出台了一系列政策文件，其中很多涉及对外援助管理问题。[①]

2. 发展援助政策的一致性

一致性包括目标一致性、政策一致性、行动一致性等。实现减贫、可持续发展等国际发展援助目标一致性，需要实现援助国、受援国之间发展政策目标的一致性，不同 OECD 援助国或其他援助国之间援助与非援助政策之间的一致性，

① 丁绍彬、周宝根：《美国对外援助管理：历史与现实》，《国际经济合作》2012 年第 4 期。

一国援助与非援助政策的一致性，以及发展合作政策的一致性。为实现可持续发展议程的目标，需要实现五个层面的一致性：全球目标和国家目标的一致性；不同国际议程和进程的一致性，如千年发展目标、可持续发展目标、气候变化议程、G20 会议议程等之间的一致性；经济、社会和环境政策的一致性；不同资金来源之间的一致性，主要指公共、私营、国际和国家资金来源的一致性；不同主体和利益相关者之间行动的一致性，包括政府、国际和地区组织、社会团体、私营部门。①

3. 加强发展援助跨部门的协调政策

实现发展援助的一致性必须在政策制定的所有阶段进行密切协调，并建立专业的协调机构和协调机制。与发展援助有关的减贫、性别平等、良好治理、环境可持续性、能力发展、艾滋病毒/艾滋病（HIV/AIDS）等问题涉及所有国家、所有政府部门以及社会团体。为缩小部门政策及执行之间的差距，使援助产生更有效和更持久的影响，必须协调各部门之间的政策。几乎所有的 DAC 成员都制定了跨部门的协调政策，还有一些国家为了鼓励除政府部门以外的民间社会团体，建立了相应的协调机构。②

例如，为实现可持续发展目标，德国制定了可持续发展战略并建立了促进联邦、区域和市政之间协调的机制，如市长可持续发展网络（Sustainability Network of Lord Mayors）、可

---

① OECD, *Development Cooperation Report 2014: Mobilising Resources for Sustainable Development* (Paris: OECD publishing, 2014), https://www.oecd-ilibrary.org/development/development-co-operation-report-2014_dcr-2014-en，最后访问日期：2024 年 3 月 1 日。

② 黄梅波、朱丹丹主编《发达国家的国际发展援助》，中国社会科学出版社，2008。

持续发展战略区域中心（RENN）等。除联邦和地方政府外，捷克共和国还建立了协调机制，组织私营部门、民间社会团体和行业专家进行磋商和对话，鼓励为实现可持续发展目标采取切实行动。①

4. 详尽的发展项目管理规定

为保证发展援助计划得到有效的执行，必须对发展援助工作进行监测，对援助效果进行评估。对发展援助工作的监测与评估可以提供反馈机制，有利于总结经验教训并促进问责制。美国和日本等 DAC 援助国已制定了较为完善的战略管理体系，其援助评估兼顾问责和学习两个目的，成立成熟的援外评估机构，建立专业的评估执行团队，形成规范化、结果导向型的评估实施体系。此外，评估体系也成为利益相关者沟通的工具，对内可以联系机构内部人员和其他同行的国际组织，提高援助的质量；对外可以促进援助机构与政府机关、私人部门、捐助者、公众和媒体的交流。在美国，USAID、国务院和美国千年挑战公司是美国对外援助评估的主要机构。这三家机构关注的重点都在于数据和结果导向型的方法，提高了美国援外评估的数量和质量。②

5. 关于发展援助三方合作的政策

三方合作可以充分利用不同主体的优势和资源。随着中国、印度等新兴援助大国的崛起，越来越多的国际组织、传统援助国开始与新兴援助国家开展三方合作项目以更好地提

① OECD，*Development Co-operation Report 2018*：*Joining Forces to Leave No One Behind*（Paris：OECD publishing，2018），https：//read.oecd-ilibrary.org/development/development-co-operation-report-2018_dcr-2018-en#page1，最后访问日期：2024 年 3 月 5 日。

② 徐加、徐秀丽：《美英日发展援助评估体系及对中国的启示》，《国际经济合作》2017 年第 6 期。

供发展援助。经合组织对三方合作的定义为“国家、国际组织、社会组织、私营部门、私营慈善机构和其他利益相关者开展三方或三方以上的合作，共同致力于创造灵活、具有成本效益和创新的解决方案，以实现可持续发展目标”[①]。DAC分别在2012年和2015年专门开展了两项三方合作数据调查，并从2017年起开始通过其官方发展援助报告系统收集有关三方合作的数据。由此，经合组织开发了一个在线三方合作项目数据库，截至2019年8月，该项目库涵盖了近800个三方合作项目[②]。

2012年，英国国际发展部投资1590万美元与中国和非洲国家开展三方合作项目，英国出资，中国提供专业知识，以向非洲国家转让先进的农业技术。[③] 2014年以来，英国与印度合作开展“支持印度对非洲贸易投资”项目，加强了印度与东非五国（埃塞俄比亚、肯尼亚、卢旺达、乌干达、布隆迪）的南南贸易和投资合作，主要在豆类、香料、葵花子油、咖啡、信息技术、皮革和纺织品以及服装等领域。[④] 美国与印度在亚洲和非洲有13个三方合作项目。[⑤]

---

① OECD, *Development Co-operation Report 2018: Joining Forces to Leave No One Behind* (Paris: OECD publishing, 2018), https://read.oecd-ilibrary.org/development/development-co-operation-report-2018_dcr-2018-en#page1，最后访问日期：2024年3月5日。

② Chaturvedi, S. et al., *The Palgrave Handbook of Development Cooperation for Achieving the 2030 Agenda* (Palgrave Macmillan, 2021).

③ “The East African, China to Improve Farming in Africa.,” 2012, https://www.theeastafrican.co.ke/news/DfID-China-to-improve-farming-in-Africa-/2558-1639726-mas8tj/index.html.

④ International Trade Centre News, “UK Pledges Additional Funding to Expand ITC's SITA Project,” 2018, http://www.intracen.org/news/UK-pledges-add itional-funding-to-expand-ITCs-SITA-project/.

⑤ USAID, “U.S.-India Taiangular Cooperation,” 2021, https://www.usaid.gov/india/us-india-triangular-cooperation.

6. 关于 PPP（公私伙伴关系）的政策

发展合作 PPP 充分利用私营部门的资金规模和政治影响，以及非营利机构的创新理念，促使发展合作主体除了公共部门行为体，即主权国家政府、政府间国际组织及政策性金融机构外，还纳入私营部门行为体，即私人企业，国有、社会企业等市场性力量。[①] 同时还包括混合着公共、私人和志愿性部门属性的非营利机构等。[②] 国际资金流动中私人资本在体量上不断赶超官方发展援助，到 20 世纪 90 年代已经占全球流入发展中国家资本总量的 82%，而官方发展援助仅占 18%。[③] 包括英国在内的很多发达国家采用"挑战基金"，即是挑战问题导向，能够既满足公共需求同时符合企业或跨国公司兴趣，能够更好地创建有利于发展的商业模式。[④]

7. 面向公众宣传发展援助的相关政策

公众对发展援助的支持是对国家发展援助计划和实现这些计划的政治和立法支持的最好保证。发展援助机构有必要

---

① UNDP, "UNDP's Private Sector and Foundations Strategy for the Sustainable Development Goals 2016-2020," 2016, https://www.undp.org/publications/strategy-note-undps-private-sector-and-foundations-strategy-sdgs-2016-2020.

② 以 USAID 的发展合作 PPP 旗舰项目"全球发展联盟"（Global Development Alliances/GDA）为例，该项目基本涵盖了前述所有类型的行为体。参见 Marian Lawson, *Foreign Assistance: Public-Private Partnerships (PPPs)* (Washington, DC: Congressional Research Service, 2011); Daniel Runde, et al., "Seizing the Opportunity in Public-private Partnerships: Strengthening Capacity at the State Department, USAID, and MCC: a Report of the CSIS Project on US Leadership in Development," Center for Strategic and International Studies, 2011, https://csis-website-prod.s3.amazonaws.com/s3fs-public/legacy_files/files/publication/111102_Runde_PublicPrivatePartnerships_Web.pdf，最后访问日期：2024 年 3 月 1 日。

③ Doug Ierley, "Private Capital Flows as a Springboard for World Bank Reform," *Journal of International Law* 23 (2002): 1-2.

④ 姜璐、吴泽涛：《国际发展合作 PPP——更有效的发展合作新模式?》，《国际展望》2019 年第 6 期。

向公众宣传相应的发展援助成果以赢得公众的支持，这对新兴援助国就更为重要。早在 1996 年，经合组织发展中心（OECD Development Centre）即开展了关于公众对国际发展援助支持的相关研究，并提出赢得 OECD 国家公众对发展援助支持应采取的措施。一是向公众明确地说明发展合作的重要性。二是向公众展示发展与其居住社区、专业兴趣和国家发展的相关性。三是说明发展合作将切实改善最弱势群体的生活质量，致力于解决贫困问题。四是政府在采取发展援助措施后应积极与公众开展对话。五是与媒体合作，利用新闻和电视等媒介宣传发展合作故事。六是与教育部门合作，将发展合作纳入教学内容。七是鼓励和支持非政府组织、宗教团体、专业协会、地方组织等团体开展发展教育活动。八是建立针对赢得公众对发展合作支持的跨国交流机制。①

8. 完善的援助机构人力资源管理政策

完善的人力资源管理政策包括优化援助机构人员结构、提高高素质才人比例、削减行政人员、聘用受援国人员、加强人员培训等。此外，还应包括为员工创造一个良好的工作环境、培养员工的合作能力、寻找合适的技能组合、提供适当的员工激励、鼓励人员流动等相关政策。2002 年“德国国际发展基金会”（DSE）和“卡尔·杜伊斯堡协会”（CDG）合并，成立国际培训与发展公司 InWent，主要实施联邦政府对外发展援助中人员培训类项目。目前，InWent 在 12 个国家设立了地区办公室，成为德国开展发展合作培训的最大机构，

① Foy, C. and H. Helmich (eds.), “Public Support for International Development,” (Paris: OECD Publishing, 1996) https://read.oecd-ilibrary.org/development/public-support-for-international-development_9789264238756-en#page4，最后访问日期：2024 年 3 月 5 日。

每年参加 InWent 组织的培训和交流项目的人员达 5.2 万人次，项目总金额达 1.4 亿欧元。

9. 不同时期不同的政策主张和重点，国际发展领域和发展中国家往往成为“发展合作的实验场”

尤其是逆全球化和新冠疫情的影响，这种不连续性更为凸显。由于政府更替和党派斗争对西方援助国的援助战略和政策产生影响，会出现不同的政策主张和重点，而且附加政治条件的做法，使得受援国的政局变化成为影响发达国家援助战略的重要因素，影响发展合作的延续，进而无益于解决发展中国家的复杂而深远的发展问题。

10. 遭遇实践后战略目标和政策的无奈

西方发展援助详尽的战略框架和政策，以及细致的执行手册，在发展中国家复杂的环境中运行时，往往会碰到很多不确定性，影响到援助设计的初始假设条件。虽然在项目逻辑框架中都会有风险设置，但事实上这些风险设置并不能穷尽。虽然关于“援助的有效性”的讨论从各个层面都展开了，而且也向着“发展有效性”的方向去建立新的评估框架，但是，仍然很难完全“基于当地需求”和“基于地方机制”。更麻烦的是，一旦“地方需求”发生变化，缺乏弹性的框架就难以发挥作用。

（三）中国与西方发展援助战略与政策的比较小结

以发达国家为代表的 OECD 发展援助委员会（DAC）成员国已建立完整的发展援助体系，一直是全球援助资金的最大来源，在国际援助政策理念和标准制定方面发挥着重要作用。随着新兴国家的兴起及其对发展中国家的援助成效和影响不断提升，DAC 政策理念逐渐由援助的有效性到发展的有效性转变，且 DAC 开始逐渐消除援助的附加条件，并取得了显著成效。中国等新兴援助国虽然在发展援助方面起步较晚，但是近年来在援助规模、援助领域等方面不断扩大，它们遵循发展中国家南南合作同样的原则，并不断完善其对外援助体系，在对外援助中的地位不断上升。虽然西方和中国在发展合作的理念和具体做法仍然有很大差距，但是发展援助战略目标已经在一定程度上出现趋同，尤其是在 2030 可持续发展议程下更体现出一致性。

20 世纪 50~70 年代，世界多数国家百废待兴。欧洲作为世界大战的主战场，经济遭到严重破坏，面临严重的政治、经济和社会发展危机。在此背景下，美国国务卿马歇尔提出援助欧洲经济复兴的方案，被称为“马歇尔计划”，其援助对象主要为资本主义阵营的西欧国家。此后，美国又提出了“第四点计划”，以通过对亚、非、拉不发达地区的援助来对这些地区进行控制。而与此同时，中国作为一个社会主义国家，主要以国际主义为根本原则与社会主义开展国际合作，并在实践中摸索总结经验，制定了中国对外援助的“八项原则”。就机制建设方面，西方援助国成立 OECD 和 DAC，多边机构和发达国家援外的机制性框架基本建立，主要援助国纷纷建立援助机构。中国也出台了有关细节管理的大量文件和指令，并且逐渐完善了对外经济部指导下的“承建部”和“协作部”对口援助体制。

20 世纪 80~90 年代，西方在经历过 20 世纪 70 年代两次石油危机之后出现了许多发展问题，经济增长速度放缓。与此同时，广大发展中国家也面临严重的债务危机。鉴于此，以美国为核心的债权国，包括多边援助机构，为了回收已发放的贷款，以及增加新增贷款回收的概率，提出了向发展中国家新增贷款的条件，即要求发展中国家进行结构性调整，要求发展中国家进行以私有化、自由化和市场化为核心的经济改革。这一时期，中国进入改革开放时期，确定了“八项原则”和“思想原则”的对外援助总方针，对外经济援助项目实施“承包责任制”，开始发布相关政策，同时借鉴通行有效的援助做法大力改革，将企业投资吸纳到援外项目中，并陆续出台与援助相关的政策文本。

2000~2014 年，千年发展目标提出，西方援助国建立了与千年发展目标相一致的援助目标。此外，随着新兴国家的兴起及其对发展中国家的援助成效和影响不断提升，DAC 政策理念逐渐由援助的有效性转变到发展的有效性，且 DAC 开始逐渐消除援助的附加条件，并取得了显著成效，西方发展援助政策开始关注援助有效性和发展有效性。就机制建设方面，西方援助国从实际情况出发建立了符合本国的对外政策框架，并建立了完善的援助评估体系。与此同时，中国这个时期的援助目标亦愈加与联合国千年发展目标、各区域和各国的发展目标相联系，并建立了部际协调机制，发布了 2011 年和 2014 年《中国的对外援助》白皮书等政策性文件。

2015 年后，西方各援助国不仅制定落实可持续发展目标的国别方案，并相继制定出台了各自的对外援助政策，帮助发展中国家实现可持续发展目标从而成为援助的重点，可持续发展目标也因其议题的广泛性成为更多国际多边机制的重点探讨议题。此外，它们继续关注发展有效性，并逐渐认识到南南合作的重要性。与此同时，中国也将落实 2030 年可持续发展议程作为援助方向，并成立了中国国际发展合作署，逐步完善援助项目管理相关规范。

新时期，国际发展援助面临着前所未有的挑战。面对新冠疫情，西方发展援助更多让渡于援助国本国利益考量，如2020年英国国际发展部（DFID）与外交和英联邦办公室（FCO）合并，英国援助更多地与其自身外交、经济和安全考虑结合起来。同时，逆全球化和新冠疫情的双重作用又使得很多新兴经济体的经济状况每况愈下，2021年美国和中国对全球增长的贡献分别占到1/4，其中美国自己的贡献是它于2015~2019年做出的平均贡献的3倍。[①] 另外，发展中国家尤其是最不发达国家岛国和资源依赖型的国家脆弱的经济不堪一击，产生对外部支持和援助的巨大需求；2021年预计能到5.6%的增长率，这与受到新冠疫情影响的2020年的3.5%相比，全球经济显然有很大起色，但是，仍然难以达到疫情前的水平，而且，恢复的过程很不平衡，很多贫困程度高的国家和区域仍未恢复，今后发展也是不可预测的。供给大幅减少，需求大幅上升的情况下，发展援助融资供需差距扩大。而中国仍然在提供力所能及的帮助，并计划在今后几年将疫苗、治疗设施等提供给需要的发展中国家，建立医学联络，增强公共卫生体系等，同时承诺在相关的教育、公共建筑等方面亦追加支持。

四　结论与讨论

发展援助战略与政策的完善是一个长期且动态的过程。随着国际经济政治环境变化，合作国发展需求和体制调整，援助国行政体制改革趋向明晰化，影响着发展援助战略目标确立、战略政策制定、机构设置以及项目管理流程的完善。

① The World Bank, "Global Economy Prospect," 2021, https://openknowledge.worl dbank.org/bitstream/handle/10986/35647/9781464816659.pdf.

而且，随着多方对话的增加，越来越平等的交流地位，促成了各方之间的相互学习，虽然西方和中国在发展合作的理念和具体做法仍然有很大差距，但是发展援助战略目标已经在一定程度上出现趋同，尤其是在 2030 可持续发展议程下更体现出一致性（见图 3-3）。而且，这个动态过程的一些基本原则，对于援助有效性以及合作伙伴间的相互理解及达成共赢具有重要意义。

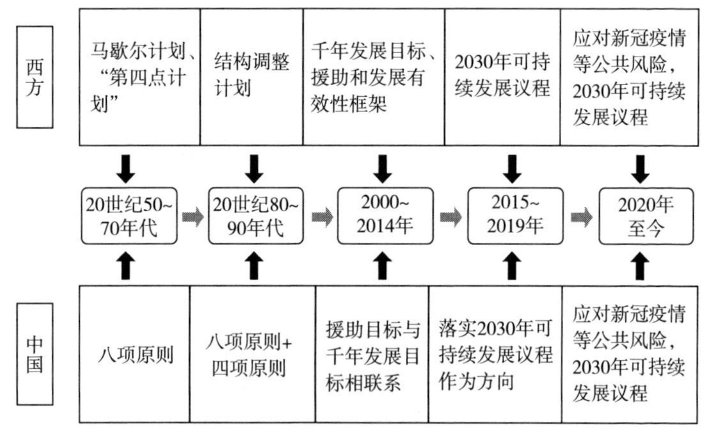

图 3-3　不同阶段的中国以及西方发展援助的战略与政策

（一）确立与整体性治理的理念一致的战略目标

发展援助治理体系与国家行政体制密切相关。西方的行政体制强调专业化、分散化和竞争，有着较为严重的碎片化问题，包括政策目标冲突、政策手段矛盾、部门间缺乏沟通和协调、各自为政、相互推诿和转嫁问题、项目重复建设等。

中国的发展援助治理与其他新兴经济体国家类似，也存在碎片化问题，表现在目标冲突或缺乏协调、组织架构混乱、领导机制不明晰、部门间沟通协调匮乏、资金来源错杂分散、监测评估体系缺失等。

因此，以整体性治理理论[①]为基础，确立相应的战略目标，可在很大程度上推动政府部门的整体性运作，使之从“碎片”走向“整合”。在国际发展合作的战略目标下，通过系列的法律政策和规范制定，推动相关政府部门不同层级和功能之间的整合，也推动公共部门与非营利机构之间的整合，加强碎片化的责任机制，使信息系统能够整体联动，促进援助项目的实施和有效性评估，达成目标与手段相互促进，增强整体性。

中国在已有的战略政策基础上，借鉴西方战略政策制定经验，可更为有效地进行顶层设计和整体协调，促进国际发展合作有效性的提高、塑造良好国际形象并解答国内民众的疑惑。

（二）相互学习动态调整战略与政策

无论是治理目标，还是治理结构的变化，均体现出西方传统援助主体与包括中国在内的新兴援助主体之间的互动和相互学习；虽然并不能达成完全一致，但是在促进合作以及有效性方面的共识却促成了一些妥协和调整。

联合国可持续发展目标的形成过程，很大程度上体现出多方协调沟通的过程和结果。中国虽然没有参加 GPEDC 的南

① Perri, G., *Holistic Government* (London: Demos, 1997); Perri G., Diana Leat, Kimberly Seltzer and Gerry Stoker, *Towards Holistic Governance: The New Reform Agenda* (New York: Palgrave, 2002); 竺乾威:《从新公共管理到整体性治理》,《中国行政管理》; 2008 年第 10 期; 彭锦鹏:《全观型治理：理论与制度化策略》,《政治科学论丛》2005 年第 23 期; 赵剑治、敬乂嘉、欧阳喆:《新兴援助国对外发展援助的治理结构研究：基于部分金砖国家的比较分析》,《中国行政管理》2018 年第 2 期。

南有效性合作的案例实验，但是仍把落实联合国2030年可持续发展议程作为开展国际发展合作的重要方向，在2021年发布的白皮书中，强调要以联合国2030年可持续发展议程作为发展合作的方向，通过“一带一路”的平台，通过国际发展合作增强有关国家发展能力，帮助其他发展中国家克服疫情影响，并优化合作伙伴关系，实现共同繁荣。

中国在项目管理周期方式的运用方面，汲取了其所接受的双边、多边援助项目管理的经验，逐渐从自身非规范的方式向更为规范的方式转变。但是由于没有完整的管理体系和规范，“随机性”[①] 和“模糊性”的特点仍然存在。

而从西方援助机构变化，包括独立机构的合并和撤除、预算援助的削减等，也能看到这个过程中的反思和调整。GPEDC南南合作评估框架的实验，也体现出学习的过程。

（三）中国与西方的发展援助体系互动形塑国际发展援助政策

中国的发展援助战略与政策状况是基于其发展实际，正如其他非DAC国家的情况，非DAC国家的援助呈现更加多元化的特点，[②] 尤其与传统的DAC成员国有着相对统一的援助理念和框架要求相比，非DAC国家进行援助的理念、规则和方式有很多与国内发展政策、发展实践经验相关，因而不拘

① Gubo Qi, Lerong Yu, Dawit Alemuii, “Seth Cook and Xiaoyun Li, Copying the Extension System of China and Beyond: Implementing the Chinese Agriculture Technology Demonstration Centre in Ethiopia,” *Working Paper 128*, August 2015, www. future-agricultures. org.

② 齐顾波：《DAC成员国与非DAC国家对外援助的经验及其对中国的启示》，载李小云、王伊欢、唐丽霞编著《国际发展援助：中国的对外援助》，世界知识出版社，2015，第53~73页。

泥于某个标准和规范；虽然也因此而限制了非 DAC 援助国与成熟的传统国际援助体系的对话，不过，包括中国在内的新兴援助国已经在创建沟通与对话的基础机制方面做了很多探索，生成了平等的对话机制，对国际援助体系和政策的改革产生影响。日本、韩国和中国有着很相近的社会文化，不过这三个国家的对外援助政策目标、管理体系、分布区域和援助效果都有着显著差异，尤其是日本和韩国都是 DAC 成员国，遵循着 DAC 援助政策规定。中国和欧盟的对非援助政策的不同以及不同时期的变化，比如中国与 FAO 开展的三方合作，对于联合国系统在非洲的多边援助战略也产生了影响。

（四）多元主体作用于政策实施

中国对外援助的政策在执行的过程中不可避免地被多方主体所塑造，这些主体包括国内的地方政府、不同类型的公司，以及受援方当地不同层面的相关者，这些多元主体的作用，以及他们对于援助项目的不同视角和不同行动的能动性必须在对外援助政策制定中加以重视。[①] 政策模式背后具有利益多样性，并且涵盖了行动者本身的视角，[②] 我们的研究表明，"受益人"并不是发展合作的被动接受者，而是与发展机构之间存在着联盟与合作的主体。[③] 在发展的社会过程中，所

① Xu, X. Li, X. Qi, G. Tang, L. Mukwereza, L., "Science, Technology, and the Politics of Knowledge: The Case of China's Agricultural Technology Demonstration Centers in Africa," *World Development* 81 (2016): 82-91.

② David Mosse, *Cultivating Development: An Ethnography of Aid Policy and Practice*, (Pluto Press, 2005).

③ 齐顾波：《一个面向小农户的动态学习过程——中国援非农业技术示范中心案例研究》，《人民论坛·学术前沿》2018 年第 19 期。

有行动者总是通过策略性的表述，遵从于历史的主流或官方表述，并隐藏实践中的分歧或矛盾。

（五）建立南南合作国际发展合作机制

中国长期与其他发展中国家平等合作，坚持南南合作框架，并通过区域性的合作机制开展三方合作以及沟通交流。这个进程中最突出的特点就是尊重合作国的发展议程和自我选择，以“发展”和“民生”为导向，坚持外援的务实、廉洁和高效，而且平等相待，信守承诺。中国可以借鉴“发达国家俱乐部”经合组织发展援助委员会的路径，考虑建立南南合作国际发展合作机制，将金砖国家、上合组织等不同合作机制联系在一起，形成具有影响力的国家间的发展合作组织。该组织关注全球发展的公共议题，可以在政治外交、军事合作、商业合作等领域之外，开拓新的国际性的合作机制。这有利于拓展中国的国际战略空间，有利于中国在特殊的全球政治经济格局条件下，营造发展的良好外部环境。

（六）为建立有韧性的全球发展合作治理体系做出贡献

从逆全球化和新冠疫情对全球的影响可以看出，未来会对人类造成毁灭性危害的且超越传统安全领域的，很可能是诸如全球传染性疾病、气候变化、网络信息安全、恐怖主义、数据安全和深海、极地、外空等非传统领域的安全问题。

然而，当下的全球发展合作治理体系落后于时代需求，还缺乏对这些非传统安全领域的认知，更不用说研究和关注，因而缺乏相应的全球性预警和防御处理机制。新冠疫情的出现、蔓延和持续，对全球治理体系的韧性提出了严峻的考验。[①] 在2030年可持续发展议程下，需要建立更有韧性的全球发展合作治理体系，促进公共安全得到保障。

其中首要考虑的是健康安全，因为其即时性和快速扩散性，是一个更为重要的领域，在共同制定国际危机协调战略和应急措施的过程中，需要在国际发展合作领域中相对更有韧性的主体承担更多的责任。非传统领域另一个凸显全球公共品特征的安全问题，是气候变化。中国在援助中加强绿色能源领域的投入，西方援助也支持气候变化适应活动等，都体现出气候行动纳入发展合作治理的多部门发展战略。OECD的报告和IPCC的报告中明确提出，国际发展合作在解决环境退化和气候问题的时候也能应对疫情及疫情后国家恢复等问题；长期支持能够增加政府韧性，提高各国政府危机应对能力；合作能够增加新的融资来源促使各行为主体共同处理无法解决的债务问题。[②]

① 任琳：《后疫情时代的全球治理秩序与中国应对》，《国际问题研究》2021年第1期。

② IPCC，"Climate Change 2021，" 2021，https：//www. ipcc. ch/report/ar6/wg1/downloads/report/IPCC_AR6_WGI_SPM. pdf.

CHAPTER

4

第四章

国际发展合作管理体系的衍化

二战结束后，全球众多国家共同面临战后的恢复和重建工作，战后重建和难民救助是这一时期国际发展援助的主要内容，标志着现代国际援助的正式开始，国际援助也成为国际关系合作的重要形式。以马歇尔计划和“第四点计划”为代表的国际双边援助，以联合国和世界银行成立为代表的国际多边援助，以乐施会、国际非政府组织为代表的发展援助机构，大规模、制度化的援助工作使得国际发展援助在国际事务中发挥越来越重要的作用。到 20 世纪 70 年代，随着石油输出国经济的发展，沙特阿拉伯等重要产油国也加入了国际发展援助的行列，但由于援助范围的特定性和有限性，这些国家在国际发展援助领域内的影响相对比较弱。近年来，由于新兴经济体的崛起，私营部门的壮大，以中国、印度为代表的新兴经济体越来越重视国际发展援助，在南南合作框架下形成了新的援助方式和途径，对国际发展援助格局产生了深远的影响；以盖茨基金会为代表的私营部门因为其资金规模庞大、关注农业与健康教育等特定领域、援助方式更加灵活等特点也开始成为提供援助的重要力量。并且伴随着金融危机、民粹主义以及逆全球化的趋势，以政府财政预算为主要资金来源的官方发展援助在融资筹资上也遇到了更多的挑战，私营部门成为发展融资和筹资的重要对象，很多国际多边机构和非政府机构都开始有专门的私营部门合作的战略安排，国际发展援助机构逐步发展成为多主体共同参与的复杂系统。

一　国际发展合作机构的现状

根据国际发展援助机构的性质，可以将其分为三种类型：双边发展援助机构、多边发展援助机构、国际非政府组织和私营部门。各类援助机构在长期实践中结合机构使命开展具体援助工作，并且结合相应的国际环境及援助战略的调整而改变，逐渐形成了各自的特点。而随着国际发展援助的演变，各类型机构间的相互合作也逐渐兴起，三方合作等新的发展援助模式开始被广泛采纳。

1. 双边发展合作机构

双边发展合作机构是指以双边合作关系为基础提供发展援助的机构。双边发展援助机构的建立兴起于 20 世纪 60 年代，在美国马歇尔计划的支持下，欧洲国家社会经济快速恢复，逐渐成为援助提供国，并设立专门的援外机构。例如，1960 年，加拿大设立了援外办公室，1968 年，更名为加拿大国际发展署（CIDA）；1961 年法国成立了合作部，主要负责对独立的发展中国家（主要是非洲国家）提供援助，即法国发展署（AFD）的前身；1961 年美国颁布援外法案（Foreign Assistance Act），并在此基础上成立了美国国际发展署（USAID）[①]。在国际发展援助体系中，经济合作与发展组织（简称经合组织，OECD）发展委员会（DAC）的 30 个成员（29 个经合组织成员国和欧盟）发挥着举足轻重的作用。其中，美国、德国、英国、日本、法国等发达国家对外援助数额长

① 李小云、王伊欢、唐丽霞等编著《国际发展援助：发达国家的对外援助》，世界知识出版社，2013，第 5 页。

期居于前列，[①] 其双边发展援助机构也历经数十年变革与调整，形成一套相对完整的援助管理与执行机构。

以美国为例，USAID 在援外政策执行过程中通过多种渠道执行美国的外交政策，并推行美国倡导的自由、市场经济和贸易伙伴关系等观念，该机构在 100 多个国家/地区开展工作，主要援助项目包括促进全球健康、支持全球稳定、提供人道主义援助、促进创新与合作、赋予妇女和女孩权利等。[②] 德国经济合作部（BMZ）负责国际发展援助事务，主要职责是，制定多边、双边发展政策战略；帮助伙伴国家实施发展项目和计划；评估德国对外发展援助的效果，监督援外物资的使用；支持非官方机构和非政府组织的发展政策合作。[③] 在程序管理上，经合部会向联邦议院提交“联邦政府发展援助政策报告”，且在内阁中设有部长席位。联邦预算委员会通过年度预算流程参与发展合作体系中。[④]

国际发展合作格局深刻演变，“南升北降”趋势显现，南南合作不断发展，以中国、印度为代表的新兴援助国综合实力不断提升，群体性崛起冲击着以西方国家为主导的南北合作体系。国际援助规模不断提升，如土耳其和阿联酋的援助投入贡献率远超大部分发达国家。[⑤] 许多国家成立发展援助管理机构，以期更好地开展国际发展合作并提升援助有效性。

---

① 姚帅：《2019 年国际发展合作与中国对外援助回顾与展望》，《国际经济合作》2020 年第 1 期。

② USAID 官网，https：//www. usaid. gov/who-we-are。

③ 驻德国使馆经商处：《德国发展政策合作暨对外援助体制调查报告》，http：//de. mofcom. gov. cn/article/jjzx/200311/20031100144265. shtml。

④ 燕环、孙进：《德国对外教育援助：概念、机制、特征》，《德国研究》2019 年第 2 期。

⑤ 姚帅：《2019 年国际发展合作与中国对外援助回顾与展望》，《国际经济合作》2020 年第 1 期。

相较于发达国家的专门性援助机构而言，大部分新兴经济体尚未设立独立管理机构，援助事务主要隶属于本国外交部，专门援助机构由外交部管理，如印度、马来西亚、巴西、南非、智利、泰国、捷克、土耳其等。2004 年，泰国国际合作局由外交部进行管理；2005 年，智利国际合作局从规划合作部转到外交部；2009 年，南非外交部设立“南非发展合作局”；等等。1987 年，巴西政府设立巴西合作署（Brazilian Cooperation Agency，ABC），作为外交部的独立部门，专门负责所有援助项目的协调工作，[①] 其中既包括巴西接受的援助也包括巴西提供的援助。ABC 有六个协调部门，分别是发展中国家技术援助协调司（CGPD），IT、电动管理、城市化及交通运输协调司（CGTI），社会发展、医疗及专业培训协调司（CGDS），农业、能源、酒精以及环境协调司（CG-MA），接受多边合作协调司（CGFM），接受双边及三边合作协调司（CGRB）。ABC 开展发展合作基本上是按照地理区域和职能划分与受援国进行双边谈判。为了满足巴西日益快速增加的合作需求，ABC 也同时做出结构性调整，其预算比过去几年翻了三番，技术员工也增加了很多。[②][③] 2006 年，巴西通过了重组法令，进一步巩固 ABC 按照职能划分的管理结构。

2. 多边发展合作机构

在二战结束前后，布雷顿森林体系（世界银行集团）和

---

① 郭语：《巴西对外援助中的三方合作管理与实践》，《拉丁美洲研究》2016 年第 6 期。

② 郭语：《巴西对外援助中的三方合作管理与实践》，《拉丁美洲研究》2016 年第 6 期。

③ 黄梅波、谢琪：《巴西的对外援助及其管理体系》，《国际经济合作》2011 年第 12 期。

联合国相继成立，成为主导国际发展援助的重要力量和多边发展援助机构的代表。从多边援助机构来看，主要包括两大类，一类以联合国开发计划署等联合国机构为代表，主要是为发展中国家提供无偿援助；另一类以世界银行、亚洲开发银行等多边金融机构为代表，主要是根据发展中国家的经济发展程度提供不同优惠条件的财政援助。

20 世纪 60 年代，随着战后各国经济的恢复和国际秩序的调整，联合国和布雷顿森林体系的作用得到加强，并在国际发展援助中发挥更加明显的作用。1961 年，联合国大会通过第一个“联合国发展十年”，1970 年，联合国大会又通过第二个“发展的十年”，希望发达国家的对外援助额度增加到其国民生产总值的 0.7% 以上。1965 年，联合国开发计划署（UNDP）成立，专门从事发展援助相关事宜，联合国开发计划署作为在 170 多个国家和地区开展发展工作超过 50 年的机构，是联合国下属机构中具有代表性的多边发展援助机构之一。与此同时，世界银行于 1960 年成立国际开发协会（IDA），主要目标是提供优惠和灵活贷款，促进发展中国家经济发展。国际金融公司（IFC）的职能得到加强，通过向受援国私人生产型企业提供无须政府担保的贷款或投资，鼓励国际私人资本向发展中国家流动，尤其是为发展中国家基础设施和生产提供优惠贷款。这一时期，泛美开发银行（IDB）、非洲开发银行（AfDB）和亚洲开发银行（ADB）等地区性开发银行相继成立，成为所在区域内发展资金的重要提供者。此后，以联合国和世界银行为代表的国际多边发展援助机构的援助规模不断扩大，到 20 世纪 70 年代中期，国际多边发展援助机构提供的援助金额已经占到国际发展援助总额的 30%以上，国际多边机构在发展援助中的作用日益增强[①]。

目前，以实现联合国可持续发展目标为重要任务的国际多边发展援助机构的数量、种类都在不断增加，在援助事务中的地位也不断提升。OECD 的报告显示，2010 年、2013 年和 2016 年，DAC 成员提供给多边机构的援助资金分别为 543 亿美元、592 亿美元和 630 亿美元，并且超过 DAC 成员国当年官方发展援助资金总额的 40%以上，呈现出相对增长的态势。[②] 而在多边援助中，多边金融机构的资金数额占比较大，根据 2016 年 OECD 公布的数据，多边开发银行占多边机构提供的援助资金的 78.9%，是多边援助资金的主要提供机构。[③] 多边金融机构逐渐成熟，援助策略开始发生转变。帮助受援国提高政府治理能力和促进其制度、经济结构改革成为重点。总体而言，多边援助机构能够有效利用各类国际资源帮助受援国发展，通过提供物资援助、紧急人道主义援助、成套发展项目、债务减免等多种途径，为发展中国家提供必要的帮助，是国际公共产品的主要提供者。

3. 国际非政府组织和私营部门

国际非政府组织的兴起主要源于二战期间和二战后对于战争难民以及因战争陷入贫困群体的救助，基于此，英国于 1942 年成立牛津饥荒委员会，美国于 1946 年成立关怀国际组织，最初主要服务于战争难民和贫民。随着非政府组织数量

---

① 李小云、唐丽霞、武晋编著《国际发展援助概论》，社会科学文献出版社，2009，第 30 页。

② 胡嫱：《联合国开发计划署获取多边援助资金分析》，硕士学位论文，北京外国语大学，2020。

③ 苏月：《多边开发银行援助有效性研究》，博士学位论文，中共中央党校，2018。

的日益增加和服务范围及领域的扩展，到 20 世纪 80 年代，非政府组织成为社会发展中的重要主体之一——第三部门，同政府和市场并驾齐驱。而在国际发展援助领域，非政府组织成为很多双边和多边援助可以利用的应对受援国相对较弱且腐败的政府的合作力量，大量官方发展援助通过非政府组织而服务于目标人群和领域，尤其是在环境保护、扶贫、教育和卫生等领域。近年来，非政府组织开始越来越多地获得官方发展援助机构的资金，来向发展中国家提供援助服务；官方发展援助机构由于自身在分支机构分布、职能限制以及人力资源限制等方面的约束，越来越多地通过非政府组织来实施援助服务，官方发展援助和非政府组织合作成为国际发展援助的重要途径。截至 2009 年，全球共有 25000 家国际非政府组织，其中有 4000 家在国际发展领域内开展活动，OECD 的统计数据显示，2009 年，国际非政府组织提供的发展援助资金总量达到了 220 亿美元，联合国前任秘书长安南曾用“先驱者”来高度评价国际非政府组织在发展援助领域内的作用，认为“他们可以通过自己的工作将数十亿的贫困人口脱离贫困”①。

与此同时，私营部门在国际发展领域中的作用也越来越活跃，如洛克菲勒基金会以及盖茨基金会等国际基金会在国际发展援助领域扮演着重要角色。在发展中国家，盖茨基金会重点提高民众健康水平，致力于使他们摆脱饥饿、极端贫困。通过尝试各种可行的方式，比如帮助贫困人口采用新的农业技术、寻找新的投资机会、帮助贫困人口就业等，并且

① Thomas Richard Davis, “The Transformation of International NGOs and Their Impact on Development Aid,” in *Aid*, *Emerging Economies and Global Policies* (the Graduate Institute GENVEA, 2011), pp. 48-49.

与各国政府、非政府组织开展合作，倡导改善公共政策，推动人们态度和行为的转变，以实现改善人们生活的最终目标。盖茨基金会的不少项目都取得了显著效果，例如，针对目前全球贫困人口缺乏正规金融服务的现实情况，盖茨基金会从2008年开始与联合国资本发展基金（UNDCF）等国际组织和NGO开展合作，在贝宁、刚果（金）、埃塞俄比亚、加纳、不丹、老挝等20多个国家开展农村小额信贷支持项目，项目被命名为Micro Lead。该项目针对农村贫困人口存贷款服务不足的情况，开展有针对性的市场调研和新产品及渠道开发，帮助亚洲和非洲国家的农村贫困人口获取更好的金融服务。目前，该项目已在21个国家为30个项目（与40家金融服务提供商合作）提供了总计4450万美元的资金支持，使合作伙伴得以加强存款供应，进入以前未开发的农村市场，并建立金融机构试点和推出可持续金融服务的能力。

4. 不同类型机构之间合作

国际多边机构和双边机构、非政府组织的合作在资金供给方面历史深远。国际多边机构和非政府组织的资金主要依赖于双边机构的供给。20世纪90年代，国际社会每年大约有100亿美元的官方发展援助资金流向非政府组织，非政府组织的资金来源开始更多地依赖政府资金，尤其是在一些发展中国家，非政府组织对于官方资金的依赖程度高达85%~95%。根据OECD的统计，1975年，经合组织成员国的官方援助资金只有0.7%流向非政府组织，到1985年，这一比例上升到3.6%，1994年上升到5%；2009年上升到了13%，资金总额为155亿美元；2011年，这一比例上升到了21%，资金总额达到了200亿美元，目前，这一趋势仍然在上升。双边发展援助机构利用非政府组织进行发展援助的方式主要有两种，一种方式是直接提供资金（Core Aid）来支持非政府组织自身在发展援助领域内的行动，也就是说西方国家的官方发展援助机构看中了非政府组织自身所提供发展援助的服务领域或服务方式，愿意为非政府组织的援助活动提供资金。这种方式比较受非政府组织的欢迎，因为非政府组织对资金的使用有一定支配权。能够获得官方发展援助资金直接支持或者是官方发展援助资金来支持其倡导的发展援助项目或活动的非政府机构大部分都是国际性非政府机构，如世界宣明会（World Vision）、国际计划（Plan International）、关怀国际（CARE International）和乐施会（OXFAM）等，并且这些机构大部分都是有自己特定的服务人群和服务领域，如世界宣明会和国际计划的主要服务对象是儿童和妇女。国际计划联合其他六家非政府机构发起了一个促进女童和妇女平等的项目，荷兰政府为这个项目提供了 5200 万欧元的资金支持，这个项目在埃塞俄比亚、加纳、利比里亚、塞拉利昂、赞比亚、孟加拉、尼泊尔、巴基斯坦、玻利维亚和尼加拉瓜十个国家开展活动。这一类的资金在非政府组织中一般称为非限定用途的资金。另一种方式是指定资金用途的支持（Earmarked Aid），也可称为项目支持方式，也就是通过公开招标等方式委托非政府组织来实施其某项发展援助项目，非政府组织需要准备项目申请文件，并且资金的使用都是有着比较严格的预算和限定的。利用非政府组织提供发展援助，可以降低官方发展援助机构管理成本。英国国际发展部（DFID）的一项研究表明，通过非政府组织运行的国际发展援助的管理成本占到其预算的 3.3%，而 DFID 同时实施的另外两项发展援助计划（战略性赠款计划和发展意识倡导计划）的管理成本分别占到预算的 6.55%和 4.01%。

此外，在复杂的国际环境中，单一援助机构往往难以充分利用有限的援助资源开展国际发展援助，其援助效果和可持续性都受到限制，各类援助机构开始探索三方合作模式。一方面能够发挥非政府组织、受援国自身更了解本土社区的积极效果，另一方面也能够促使双边与多边援助机构将有限的资金更好地加以利用。发达国家中日本一直都非常重视三方发展合作，先后和12个国家签署了合作伙伴计划，包括新加坡、泰国、巴西、埃及、突尼斯、智利、巴西、阿根廷、菲律宾、摩洛哥、墨西哥、印尼和约旦等，共同在第三方国家开展发展援助活动。新兴援助国在对外援助中则更多地强调三边合作，像阿根廷、巴西、智利、埃及、印度、马来西亚、韩国、南非、新加坡、泰国、突尼斯和土耳其等国都分别和其他发展援助国、多边机构共同在第三国进行援助行动。印度、巴西和南非三个新兴国家之间促进南南合作与交流的三边合作机制（IBSA），旨在建立新的国际结构，在国际事务等诸多领域中加强三国的紧密关系。中国发展的成功经验以及在对外援助中的影响力也吸引了很多传统的援助机构提出和中国共同开展发展援助行动的需求，目前中国和世界银行、中国和英国正在积极筹划合作事宜，在此期间可以学习借鉴这些新兴援助国的三边合作机制，三方合作机制也将成为未来国际发展援助格局发展的一个新的特点。

二　国际发展合作机构的演变

二战后，国际格局经历一系列重大变革，经济全球化加速发展，环境保护、应对气候变化、解决难民危机等一系列重要议题受到更多国际关注，新兴国家实力不断增强，发展援助机构也发生相应转变。

1. 更加关注全球发展的共性问题

国际发展援助机构的设置和战略一直在不断调整，随着国际发展环境和本国发展战略需求进行调整。从全球来讲，国际发展援助战略经历了从致力于经济增长到可持续发展目标转变的过程。马歇尔计划在欧洲的巨大成功使得在20世纪五六十年代的国际发展援助体系将援助的基本目标定位于促进受援国的经济增长；但是到了20世纪70年代，发展中国家的发展形势更加严峻：经济增长没有实现、失业问题严重、社会贫富分化严重以及长期对农业部门的忽略导致的农业发展陷入危机，基本需求战略成为这个时期国际发展援助机构的追求目标。1973年，美国对外援助开始采用基本需求框架，并逐步引入人类发展和人权等思想；1976年，国际劳工组织正式提出“基本需求战略”方案，这一战略思想同时影响了世界银行和其他国际发展机构在发展中国家的发展项目。进入20世纪80年代，发展中国家面临的发展环境更为恶劣，1982年，墨西哥债务危机引发了大量受援国的债务问题，国际发展援助开始从关注贫困问题转向解决债务危机，世界银行推出的结构调整计划受到了推崇。20世纪90年代，全球化进程快速推进，环境、贫困等发展问题已经突破了单个国家或地区的范畴，成为全球面临的共同挑战。20世纪90年代，联合国组织召开了一系列的发展大会，1992年的世界环境与发展大会、1994年的世界人口与发展大会、1995年的世界妇女大会、1996年的世界粮食峰会、1997年的全球气候大会等。高端峰会中，国际多边机构和各个国家共同讨论应对全球性发展问题的行动和计划，为联合行动提供行动框架。

2000年联合国千年发展目标和2015年可持续发展框架的

相继提出，逐渐成为国际发展援助机构提供发展援助的重要指南和依据，各个发展援助机构都制订了自身为促进实现这些共同发展目标的行动计划。联合国千年发展目标的确立对国际发展援助起到重要的指引作用，各类型援助机构开始有更加统一、相对协调的援助目标，也为机构间的合作奠定了基础。而可持续发展目标的提出，则进一步强化了各类主体实现共同发展目标的协调性、一致性，一方面帮助受援国更好地确立本国发展目标，另一方面也促使援助机构将可持续发展目标纳入自身宏观的战略规划和微观实践行动中。

2. 双边发展合作更多考虑本国发展战略需求

虽然全球发展目标或者共识为各个发展援助机构提供了行动指南和目标指引，但各国的援助行动更多地受到本国发展战略的影响。以美国为例，自成立以来，USAID 的工作重心也不断调整。在 20 世纪 60 年代，肯尼迪和约翰逊政府执政期间也被称为“发展的十年”，USAID 继承了早期美国对外援助工作对抗社会主义阵营的宗旨；在 20 世纪 70 年代，USAID 开始将重点从技术和资本援助转移到“基本的人类需求”，更加侧重于开展食物和营养、人口规划、人类健康、教育和人力资源开发等方面的援助；而到 20 世纪 80 年代，随着全球经济环境的转变，USAID 开始更多关注自由市场机制的建立，通过对外援助试图稳定以美国为主导的货币和金融体系，并重申其对基础经济增长的关注，通过大型援助计划来振兴农业，扩大国内市场，增加就业和收入机会；90 年代，USAID 重点关注可持续发展与民主，针对部分受援国的经济状况量身定制了发展援助计划，通过一揽子综合援助以及发挥 NGO 的作用，帮助受援国建立以市场为导向的经济体系和社会安全网；进入 21 世纪以来，战后重建成为 USAID 的援助重点，随着阿富汗和伊拉克战争的全面爆发，USAID 被要求帮助这两个国家重建政府、民间社会、医疗保健和教育等，开始与私营部门和基金会等多类型参与方合作，以扩大对外援助的范围。

近年来，随着传统西方发展援助国在对外援助管理上开始进行改革，一些国家取消了专门的援外机构，将援外事务统一归口到外交部门管理，以期更好地实现本国发展战略。如加拿大发展署（CIDA）和澳大利亚国际发展署（AusAid）都并入了外交部，挪威的发展署虽然仍然在发挥作用，但是也归外交部统一管理了，当谈及原因时，挪威驻马拉维大使馆的发展参赞表示“援外事务和外交之间的联系十分紧密，过去两个部门分别管理，造成了很多部门间的冲突和信息不对称”[①]。从这些改革来看，西方发达国家援外管理事务的独立性在逐渐减弱，和本国的外交、经贸联系更加紧密。2020 年，英国政府宣部将英国国际发展部并入外交部，这一合并对国际发展援助体系影响深远，因为英国是少数几个援助总额达到国内生产总值 0.7%的援助国。上述传统援助国家将对外援助部门与外交部进行整合和合并也更加反映了对外援助和国家外交发展战略的融合。

而随着新兴经济体实力的不断增强，各新兴国家也在逐步调整发展援助机构和战略，以期更好地发挥援助的有效性并在国际舞台发出更加有力的声音。在新兴国家中，印度的发展援助虽然总体规模较小，但其援助机构的变革以及双边援助与本国战略密切相关。印度的对外援助可以追溯到 1950 年的科隆坡计划（Colombo Plan），该计划是由共同体国家

① 笔者在 2016 年初曾到马拉维进行调研，专门和挪威驻马拉维使馆的发展参赞讨论了这个问题。

（包括印度）在斯里兰卡共同发起倡导的。印度在当时的独立时间较短，由于国内经济发展资金的需求和资源匮乏，其对外援助主要是支持周边国家，如不丹、缅甸和尼泊尔，以借此维护良好的周边外交环境。1964 年，印度设立经济技术合作部（ITEC），开始对其他国家进行双边技术援助，但援助规模十分有限。此后数十年，印度虽然并未建立起相应的独立机构，但在外交部下设发展伙伴管理委员会、发展伙伴处、经济合作处、技术合作处等来管理印度发展援助，从而将有限的援助资金效用最大化，以帮助印度在国际社会获取更大的影响力，尤其是与周边国家建立良好的外交关系。

2000 年以后，随着国际社会对外援助机构纷纷改革以及印度整体经济实力的提升，印度的援外管理机构也有所调整，开始更加注重配合本国谋求国际大国地位的战略目标。2004 年，为进一步扩大对外援助规模，印度进出口银行开始提供优惠贷款；2012 年，印度成立发展伙伴关系管理局（DPA），统一协调管理印度对外援助各项活动，外交部控制对外援助的绝大多数预算，是对外援助管理中最为重要的领导机构，DPA 的成立整合了所有的对外援助项目，并将信用贷款等其他部门的功能整合进援助体系之中，提升印度对外管理体系水平和援助效率。① 同时，财政部、进出口银行等相关部门根据印度外交部的建议提供配合。虽然印度对外援助的参与部门有所增加，但外交部长期发挥关键性的主导作用，从而确保印度在援助资金有限的情况下，能够最大化地发挥援助资金的有效性，并使其与保持对周边国家影响力和谋求国际大国地位的发展战略相配合。

① 何诗雅：《地缘竞争与印度对外援助》，硕士学位论文，外交学院，2019。

3. 专业机构主导，多部门共同参与

在 OECD-DAC 发展援助管理体系有着不同的模式，如加拿大和挪威在其外交部内设置发展援助部门主导和负责政策及执行，美国、日本、韩国则是由某一政府部门负责政策制定，另设独立的政策执行和援助管理机构。虽然发达国家基本都设有专门的援助管理机构，但是国际发展援助并不是单一部门的工作，近年来，随着国际发展议题的增加和全球性发展问题的日益复杂，多部门共同参与成为国际发展援助管理的重要发展趋势。

美国的发展援助管理体系随着整体国际环境和美国国家战略的改变几经调整。二战后，在美国开展大规模对外援助的背景下，专门的对外援助机构陆续成立：1951 年，《互助安全法案》通过，互助安全局设立；1953 年，对外行动局（Foreign Operation Administration）成立，后并入“国际合作局”（International Cooperation Administration）；1954 年，《互助安全法案》中援外工作得到细化，“粮食换和平项目”（Food for Peace Program）、发展贷款基金（Development Loan Program）等新的援外机制设立，并借此进一步巩固亲美阵营。[①] 20 世纪 60 年代开始，美苏冷战格局的形成促使美国逐步扩大对外援助规模。美国对外援助进程的重要里程碑是 1961 年通过的《对外援助法案》，美国国际开发署（USAID）依据该法案于 1962 年成立，接管原本由国际合作局、发展贷款基金以及国务院管理的经济援助活动，并成为美国对外援

① 周玉渊：《美国国际发展合作新战略探析——兼论其对中国的影响》，《太平洋学报》2019 年第 12 期。

助工作的主要执行机构。[①] 进入21世纪，美国的对外援助机构经历了新一轮调整，小布什、奥巴马以及特朗普政府执政时期均对援外管理机构进行了改革。例如，小布什政府任期内，为了履行美国对联合国千年发展目标的承诺，成立千年挑战公司（MCC），设立总统艾滋病防治计划（PEPFAR）、总统疟疾倡议等重要倡议；[②] 奥巴马任期内，美国第一份国际发展合作文件——《全球发展总统政策指令》（PPD-6）签署，美国国家安全战略报告明确美国全球战略的三大支柱，即民主、外交和发展，国际发展合作即为其中之一。特朗普执政以来，美国愈加重视拓展海外市场和维护本国经济利益，2018年10月，美国国会通过《更好利用投资引导发展法案》（BUILD Act），成立美国国际发展金融公司（U.S. International Development Finance Corp），该机构可通过提供政治风险保险、股权投资、发放贷款等方式，支持美国企业在发展中国家建设基础设施项目。[③]

目前，美国已经形成由财政部、国务院和USAID等22个部门共同参与的多边援助决策和执行机制。因多边援助涉及众多领域和部门，为了强化部门间协调，美国建立了多个部门间协调机制，例如白宫管理和预算办公室主导的年度预算进程，白宫领导的各部门间政策协调进程等。[④] 在监督和制衡

---

① 周玉渊：《美国国际发展合作新战略探析——兼论其对中国的影响》，《太平洋学报》2019年第12期。

② 周玉渊：《美国国际发展合作新战略探析——兼论其对中国的影响》，《太平洋学报》2019年第12期。

③ 宋微：《“一带一路”倡议下以对外援助促进对外经贸合作的政策思考》，《国际贸易》2020年第6期。

④ 曾璐、孙蔚青、毛小菁：《美国多边援助的做法、问题及借鉴》，《国际经济合作》2019年第6期。

机制方面，美国国会发挥着关键性作用。国会掌握着预算的审批权限，大多数的对外援助预算需要按照程序经过美国参众两院的批准，国会可以批准、修改或者不批准相关预算，[①]从而发挥制衡作用。此外，美国问责局作为只对国会负责的监督机构，负责调查、监督联邦政府的规划和支出，监督检查政府各部门管理和使用国会拨款。[②] 国会研究服务部是支援国会立法的专业研究机构，在美国制定对外援助法案、开展援助政策评估以及专业议题研究等方面发挥着不可替代的作用。[③] 以农业援助为例，USAID 负责大部分农业开发活动及最大的美国粮食援助计划，即粮食促和平计划。民主、冲突和人道主义局（Bureau for Democracy, Conflict, and Humanitarian Assistance）内部设立的粮食促和平办公室也负责对粮食促和平计划和粮食促进步计划的管理。食品安全局主要负责“喂养未来计划”各部门之间的协调工作。美国农业部下属的对外农业服务处负责麦克格温-多乐粮食援助计划，农场服务局对美国海外农业援助项目的商品采购、加工、运输过程进行管理。尽管农业部在对外农业开发活动中的作用不大，但对美国在伊拉克和阿富汗的农业开发项目起监管作用。

这种多部门共同参与对外援助的情况十分普遍，在新兴经济体，也同样呈现出这样的特点。相较于主要的发达经济体而言，巴西的对外援助起步较晚。自 20 世纪 50 年代开始，巴西长期以受援国身份接受美国、法国等发达国家的对外援

① 曾璐、孙蔚青、毛小菁：《美国多边援助的做法、问题及借鉴》，《国际经济合作》2019 年第 6 期。

② 陈小宁：《美国对外援助监督评估体系：值得借鉴之处》，《国际经济合作》2020 年第 3 期。

③ 陈小宁：《美国对外援助监督评估体系：值得借鉴之处》，《国际经济合作》2020 年第 3 期。

助。20世纪80年代，巴西逐步探索开展对外援助，早期主要是通过南南合作的形式介绍和分享本国利用发展援助的经验，与此同时，巴西对其援助角色进行了调整，在作为受援国的同时也开始向其他发展中国家提供援助，从而也增强了巴西在国际上的影响力。1987年，巴西政府设立巴西合作署（ABC），专门从事管理和协调巴西所有机构间的技术合作工作，包括程序性事务（如起草合作协议的文件）和行政事务（如报销差旅费、组织实地期间工作的事务性工作等）等，其中既包括巴西从国外在双边和多边项目中接受的技术合作管理，也包括对南部一些国家提供的技术援助，如南南合作中ABC严格依据外交部的政策目标，对项目的立项、执行和监测过程进行监督。

自2003年以来，巴西发展援助的规模迅速扩张，根据巴西政府应用经济研究所（IPEA）的统计，仅巴西每年在多边组织中贡献的资金便达到10亿美元左右，在新兴国家中仅次于中国和印度。① 援外规模的扩大也促使巴西政府进一步改革援外管理机构。2006年，巴西通过了重组法令，进一步巩固ABC按照职能划分的管理结构。值得注意的是，ABC虽然负责巴西接受援助的项目，同时负责巴西对外合作项目，但目前所有部门都在从事对发展中国家的技术援助，甚至包括那些在成立之初专门处理巴西作为受援国的项目协调部门。随着援助规模的扩大，各类型援助项目需要专门机构负责。巴西农业研究所（Embrapa）、卫生部、全国工业企业培训中心（SENAI）等部门分别参与到农业、卫生以及技能培训方面的

① 转引自Lidia Cabral and Julia Weinstock, “Brazil: An Emerging Aid Player, Lessons on Emerging Donors, and South-South and Trilateral Cooperation,” *ODI Briefing Paper*（October 2010）。

援助工作，巴西财政部也在发展出口信贷以及双边和多边的债务减免方面发挥更多作用。除借助于国际组织开展多边援助和改革本国专门援助机构以强化双边援助外，巴西政府也不断强化与日本、德国、美国等国家之间的合作关系，其三边合作也在实践中不断发展，[①] 而巴西在三边和多边合作伙伴中，日本和国际劳工组织（International Labor Organization）与巴西之间的合作关系最为紧密，双方在非洲、拉美地区开展了众多合作项目（见图 4-1）。

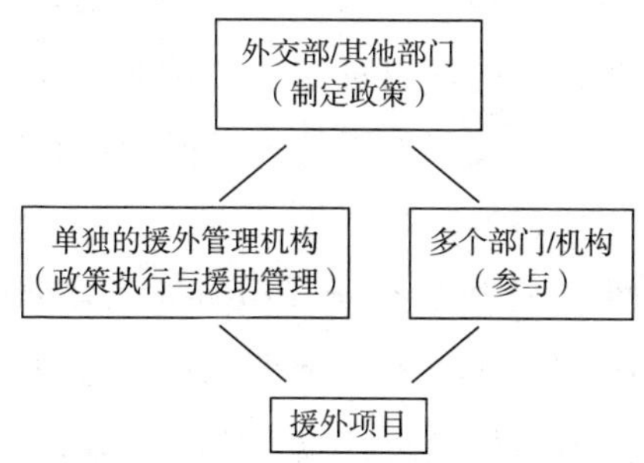

图 4-1 美国、巴西多部门参与发展合作管理模式

4. 国际发展合作机构的专业性和技术性分工更加明确

经历过去近 70 年的变革，发展援助机构自身的专业性和技术性分工已然十分明确。国际多边机构基本上都是“总部+区域办公室+国家办公室”的架构，能够将援助管理深入每一

---

① Chichava, S., Duran, J., Cabral, L., Shankland, A., Buckley, L., Lixia, T., & Yue, Z. “Brazil and China in Mozambican agriculture: Emerging insights from the field,” *IDS Bulletin* 44 (4) (2013): 101-115. ABC 确立了进行三方合作的主要七个发达国家为日本、德国、英国、加拿大、西班牙、法国和意大利。此外，巴西还与国际组织进行合作，如国际劳工组织（ILO）、联合国粮农组织（FAO）、世界粮食计划署（WFP）以及联合国人口基金会（UNFPA）。转引自黄海波、谢琪《巴西的对外援助及其管理体系》，《国际经济合作》2011 年第 12 期。

个受援国。此外，从总部机构设置上来看，不仅有专业技术部门，同时还有发展筹资、监测评估、伙伴关系等不同部门，发展援助机构本身的专业性和技术性日益增强。对于很多双边发展援助机构来说，政府部门的主要职责是制定政策，其援助项目的具体实施主要依靠不同的执行机构。

在援助机构的管理体系设置和运行机制方面，德国最具特色。德国发展和合作部有两个机构主要负责实施对外援助事务，即德国复兴开发银行（KfW）和德国国际合作公司（GIZ）。德国复兴开发银行的财政援助重点领域是能源、基础设施建设等，和中国的优惠贷款项目投向比较相似。德国国际合作公司主要负责实施德国的技术援助项目，以赠款形式发出，主要承担项目管理和执行。[①] 德国经合部于2011年发起成立了德国发展评估研究所（German Institute for Development Evaluation，DEval），作为非营利性有限责任公司主要负责对援助项目的有效性及可持续性进行评估，并建立起科学的评估体系。[②] 援外机构专业化分工的发展，促使德国援外工作更好地服务于国家的外交和商业目标，并更加注重体现对全球性发展问题的关注。

在发达国家中，韩国援助机构的专业化分工水平也比较高。20世纪60年代，韩国经济开始逐步快速发展，其对外援助也随之起步，在很长一段时间内，韩国政府基本上主要依托联合国等国际组织和机构的资金支持来实施对外援助[③]，这

---

① 此部分内容来自2015年8月笔者对德国国际合作公司农业领域内项目负责人的访谈。

② 南方：《德国社会组织参与政府发展援助的管理体系及其启示》，《学会》2020年第2期。

③ 梁荣华：《韩国对外教育援助：动机、现状与发展态势》，《外国教育研究》2020年第8期。

一时期的对外援助以多边援助为主。20 世纪八九十年代，韩国整体国家实力有了显著提升，双边援助工作也逐步提上日程，多个国家部门开始参与对外援助，逐步实现了对外援助机构的专门化。1987 年，韩国财务部出资 300 亿韩元创设对外经济合作基金（EDCF），并委托韩国进出口银行负责基金运作；1991 年，在外务部下设韩国国际合作局（KOICA），作为无偿援助的专门机构，夯实了向发展中国家提供无偿援助的基础。①

进入 21 世纪以来，韩国援外机构的专业化程度进一步提升，分工也更加明确。2006 年，成立国际开发合作委员会作为统筹协调机构，促使韩国的官方发展援助有关政策能够综合、系统地推进，并成为官方发展援助政策的最高决策机构。2010 年，在国务协调室中设立开发合作政策室，负责委员会具体事务的推进和落实。企划财政部负责有偿援助和涉及国际金融组织的多边援助，外交部负责无偿援助和涉及联合国、其他国际组织的多边援助。企划财政部和外交部负责制订各个领域的五年基本计划和年度实施计划，并负责监督计划的实施情况。援外管理机构的改革和调整对提升韩国对外援助工作效率、发挥援外资金的作用起到很好的促进作用，促使韩国逐步发展成国际发展援助的重要参与者。

5. 专业性的智库机构日益发达

国际发展援助虽然始于二战后资本主义与社会主义阵营的力量博弈，经历过去近 70 年的发展，援助的目标、方式、参与主体等都有很大变化，发展援助已不再局限于最初的政治、军事目的，借助援助来消除贫困和饥饿、应对气候变化

① 梁荣华：《韩国对外教育援助：动机、现状与发展态势》，《外国教育研究》2020 年第 8 期。

等全球性挑战已经成为共识。国际发展援助的变革也需要专业性智库机构的支持，从而帮助各类援助机构更好地制定援助政策，发挥援助资金的有效性，以实现共同发展目标。

在发展领域，德国的智库机构具有很好的代表性。德国主要智库包括德国发展研究所（German Development Institute, DIE）、康拉德·阿登纳基金会（KAS）、弗里德里希-阿尔伯特基金会（FES）、经济信息研究所（Information and Forschung Institute for Economic Research）、基尔大学世界经济研究所和宏观经济政策研究所（Macroeconomic Policy Institute, IMK）等，实际上，像杜伊斯堡大学的全球合作研究中心等也会开展发展领域的研究，但是德国发展研究所的专家表示，这些智库大部分相对比较综合，更多关注的是国际关系、全球政治和世界经济发展领域，专门作发展领域内的应用型研究的智库主要是德国发展研究所，德国发展研究所是德国负责对外援助事务的经济和合作部下设的唯一的智库，对于德国发展政策的制定影响非常大。

德国发展研究所主要开展研究、咨询和培训三类活动。因为定位是智库，德国发展研究所开展的研究活动通常是以应用为导向的经验性研究，研究关注的是全球治理和国际发展事务，其目标是推动德国在全球发展合作中更好地发挥作用以及全球发展领域内的新动向，这是德国发展研究所和其他一些开展国际关系、政治外交研究的智库的区别，其他机构主要立足于德国自身的政策开展智库研究，看重的是德国利益；德国发展研究所则立足于国际发展合作和全球治理框架，从而对德国发展合作政策提出相应的政策和建议，更看重的是全球利益。研究所设立五个不同的研究部：双边和多边发展合作研究部、经济和社会发展研究部、治理和国家安全研究部、环境政策和自然资源研究部以及世界经济和发展融资研究部。这些研究部门的设计和当前国际发展合作所关心的主题是非常切合的。德国发展研究所的研究成果主要通过短论文（Briefing paper）、讨论论文（Discussion Paper）和研究报告等形式发表，大部分研究成果在其网站上都能下载，这些论文和报告都会以统一的格式进行编排并印刷，使得其研究成果的呈现具有明显的机构标识感。从其系列研究成果的目录来看，其研究关注的问题都是国际发展合作的问题，如全球发展议程、治理结构、金砖国家的参与、发展中国家的发展问题等，很少有讨论德国自身发展问题和发展政策的成果，但这并不意味着发展研究所不对德国本身的发展政策进行研究，对于德国发展政策研究的成果一般都是德国经济和合作部的委托任务，这一类成果主要是内部研究，很少公开。咨询工作是伴随着研究工作进行的，作为德国经济和合作部的直属智库，对于德国发展政策提供咨询和决策参考是其重要使命。

德国的政府部门设立的智库的资金以政府公共财政供给为主，通常有两个主要来源，联邦政府和所在地的州政府。从资金属性上来看，德国发展研究所的资金分为三大类：核心预算资金（Core Budget），其中经济合作部承担其中的3/4，北威州政府提供1/4。这部分资金主要用于DIE的日常运行、固定员工的工资和研究经费等，无须申请，类似我国的财政拨款。专项资金，这一阶段主要是指在G20项目框架下的全球治理项目，这部分资金是德国经济和合作部专门提供给德国发展机构用于开展促进G20合作的培训和研究工作。项目资金，这一部分资金主要是DIE向经济合作部、教育和科技部、欧盟以及其他各种基金会申请的项目资金，但主要项目资金也同样来源于经济合作部，这部分资金每年大约也有 400 万欧元。这里需要指出的是因为德国每个部门都有自己专属的智库，跨部门申请项目资金也是比较困难的，DIE 的项目资金也主要来源于经济和合作部。德国发展研究所每年的经费大约有 1000 万欧元。

德国发展研究所的工作人员分为两大类，一类是固定工作人员，核心预算资金为这些人员提供工资和必要的研究经费以及参与国际会议等必要支出，这部分人员不需要申请项目，德国发展研究所能够保证其开展想做的研究，因此其研究任务相对灵活，并没有严格的量化研究任务要求。这些研究人员也不能获取工资以外的收入，在未经经济合作部批准的情况下，不能从事任何有收入的咨询工作。DIE 的固定工作人员每个人都有自己的职务和职责范围，工作上相对独立，通常难以形成团队研究，虽然有比较稳定充足的研究经费开展自己所做的研究工作，但也受限于出差时间的约束。一类是项目人员。这部分人员的经费来自不同的项目，聘用周期取决于项目周期，通常为 3 年或 5 年，这些人员通常流动性比较大，工作主要是根据任务书开展的，和固定工作人员相比，其研究任务相对固定，但研究时间安排，尤其是实地调研，由于使用的是项目资金，比固定工作人员相对灵活。研究所目前一共有 125 名工作人员，其中有 78 名是研究人员，而这 78 名研究人员中，固定工作人员大约只有 25 名，有 50 多名属于项目研究人员。由此可见，项目研究人员已经成为德国发展研究所的研究主力。通常来说，固定研究人员都是德国人，项目研究人员就相对灵活，能够在全球范围内招聘到高水平的发展研究人员，目前德国发展研究所有来自菲律宾、哥伦比亚、西班牙、意大利和荷兰等国家的研究人员。

不仅是智库是这样的人员结构安排，在德国的大学、研究所也往往是这样构成的。

除各国政府设立或资助的专业性智库机构外，多边援助机构往往设立有智库部门或本身便具有较强的政策研究职能。各机构通过开展专业性的课题研究、发布定期或专门的研究报告、参与多边合作项目等途径，对国际发展援助的政策制定、效果评估、未来展望等产生影响。例如，在多边机构中，联合国粮农组织发挥了重要的智库机构作用。粮农组织的一项重要职责是在所有职能领域内向各国和发展社会提供宣传和信息服务，并大力宣传粮农组织在重要紧迫发展问题上的立场。因此，联合国粮农组织的目标是确保在其职能范围内，使所有处于发展阶段的国家，尤其是最贫困国家，获取其所需的知识、公共产品和服务。粮农组织还发挥着全球农业知识中心的作用，为全球农业发展提供信息、研究等知识产品。联合国粮农组织拥有最全的农业领域的数据资料，有庞大的数据库体系，粮农组织旗下有五个系列旗舰报告，分别是《世界粮食安全和营养状况》、《世界粮食及农业状况》、《世界渔业与水产》、《世界森林状况》和《世界农产品市场》等，这些报告向全球展示了农业发展进展、存在的挑战以及国际行动等，成为国际发展援助的重要方向指引。

三 面临的挑战

虽然主要援助国及新兴国家相继对发展援助机构进行调整与改革，但在全球经济发展低迷，保护主义、民粹主义抬头，官方发展援助预算持续收缩，国际多边主义遭受严重挑战的背景下，国际发展援助管理机构的设立与改革进程并不能充分适应新的国际形势，国际局势的变幻也对各国发展援助机构履行职责提出更高的要求。而对于各国援助机构本身而言，不同政府部门之间的协作效率较低、援外项目管理的碎片化问题突出、机构改革进程相对缓慢等都限制着援外管理能力的提升。

1. 援助预算收紧限制发展援助机构履行职能

据统计，在 29 个 DAC 成员国中，有 12 个国家的援助资金出现下滑，其中意大利、葡萄牙、芬兰等国降幅最为明显，其中意大利降幅达到 21.3%，直接的原因是境内难民支出降低和本国援助预算收紧。[①] 官方发展援助总额经历 2016 年（1470.45 亿美元）、2017 年（1493.65 亿美元）以及 2018 年（1534.77 亿美元）的增长后，在 2019 年回落至 1527.80 亿美元，2019 年，西方国家提供的官方援助资金仅占国民总收入的 0.3%[②]，与 0.7%的援助承诺和国际义务相去甚远，仅有英国、丹麦、挪威、卢森堡和瑞典五国兑现了承诺。[③] 援助预算的收紧势必对发展援助机构的工作带来一定影响，特别是各国依托于外交部、财政部以及各相关政府部门开展的多边发展援助的压缩，不仅限制了本国援外管理机构更好地发挥职能，也对诸如联合国可持续发展目标等全球发展议题的落实进展带来不利影响。同时，特朗普政府多次尝试压缩对外援助预算，英国政府改革发展援助机构并不断尝试将援外资金用于外交活动，等等，美英等发达国家的做法无疑会对 DAC 其他成

---

① 姚帅：《2019 年国际发展合作与中国对外援助回顾与展望》，《国际经济合作》2020 年第 1 期。

② OECD 数据库，"Development：Total Flows by Donor（ODA+OOF+Private），" https：//stats. oecd. org。

③ 姚帅：《2019 年国际发展合作与中国对外援助回顾与展望》，《国际经济合作》2020 年第 1 期。

员产生负面影响，对各国发展援助机构的改革带来一定冲击。

2. 援助机构的碎片化状态有待改善

综合主要援助国及新兴国家的援外管理机构来看，各国基本都在国家层面建立起援外政策协调机制，通过国务卿、总理等统筹各部门间的援外工作，并制定国家层面的援外战略。但对外援助规模的扩大、受援国的增多等因素促使更多的政府部门参与到援助工作中，在传统的外交、财政部门在多边援助工作中仍发挥重要作用的同时，诸如进出口银行、开发银行、信托基金等机构开始在双边援助工作中发挥越来越重要的作用，而农业、医疗、教育等政府部门在对外援助中的参与也日渐增多，由此带来援外管理机构的碎片化。

在发达国家中，援外机构的碎片化问题主要表现为负责部门多。例如，英国援外机构的碎片化问题较为明显，英国近年来内部争议不断增加，尤其是 DFID 的权力不断被弱化，其 2020 年预算将从 2014 年的 86%下降到 70%，更多官方发展援助资源由其他部门获得，碎片化问题正在加剧。① 而新兴国家的对外援助机构成立时间较晚，在援助工作中的职能相对较为单一，统筹协调的能力也有待提升。例如，由于长期受援国的身份，印度的对外援助管理机构较为分散，职能存在交叉，组织机构呈现以外交部为主导，财政部、商务部、水利部等多部门协同参与的特点。虽然印度成立了发展伙伴关系管理局（DPA）来统一协调管理本国的援助活动，但是在实际操作层面，则由外交部、财政部、商务部以及印度进出口银行等分别进行，其中，对于印度外交战略中十分重要的南亚三国，即不丹、尼泊尔、阿富汗的援助由外交部直接

---

① 姚帅：《2019 年国际发展合作与中国对外援助回顾与展望》，《国际经济合作》2020 年第 1 期。

负责，其他国家则由外交部统筹、咨询、领导并提供发展援助的建议，财政部具体负责实施；对部分涉及促进经济利益实现的特殊地区，外交部与商务部进行协调，[①] 其管理部门的碎片化较为明显。

3. 部门间协调不畅降低工作效率

不同部门分别参与对外援助工作能够发挥各专业部门在相应领域的优势，促使援助项目的专业化水平得到提升，但援助机构的碎片化状态也带来了工作效率低、部门之间相互掣肘的问题，而这一问题在各国援助管理体系中可以说是普遍存在的，尤其是对援外机构层级相对较低、统筹能力较弱的国家而言，其部门间配合不畅的问题尤为突出。

在新兴国家中，印度援外机构的部门间协调问题较为明显。印度外交部、财政部、商务部、进出口银行和文化交流委员会等部门分别负责不同的对外援助项目。外交部（MEA）是对外援助管理中最为重要的领导机构，其通过向特定工程提供资金、提供项目建设咨询、派送专家以及人道主义援助等方式进行援助活动。外交部内部各部门之间缺乏有效的沟通和协商机制，造成管理上的混乱，成立专门机构来统一管理对外援助已经成为印度政府亟待考虑的重要议程。另外，一些其他部委也会参与到对外援助事务中，如财政部下属的经济合作处专门负责除不丹、尼泊尔和阿富汗以外发展中国家的援助，但是该处的对外援助工作要接受外交部的指导和协调。2004 年以来，印度进出口银行成为对外援助的重要参与机构，开始向发展中国家提供优惠贷款。另外，印度还成立了可以独立运作的文化交流委员会来专门负责印度的留学

① 杨理伟：《印度发展援助政策的演变趋势》，《海外投资与出口信贷》2019 年第 5 期。

生奖学金项目。这些部门间存在缺乏统一的机构协调，导致援外管理职能的交叉、扯皮等问题。

巴西对外援助机构运转不畅的问题也较为突出。首先，巴西并没有合法的结构来框定政府提供发展合作，现有法律仅仅包括作为受益国巴西所开展的双边或多边合作项目，而缺乏作为援助国对发展援助活动进行监管的法律框架。因此，由于在立法方面的限制，巴西合作署并不能完全发挥基本的发展援助的功能，如采购物品和服务以造福那些发展中国家。而作为专门性的援外负责机构，在各个机构执行同一个主题框架中的具体项目过程中，ABC 是否进行实质性干预进行协调也还不太清楚。其次，由于合作署隶属于外交部，在具体工作过程中需要完全按照巴西的外交政策来开展活动，限制了合作署制定合作政策的能力、提供有效协调的能力以及有效分配财力和人力资源的权力。最后，巴西长期以来没有对各项活动进行监督和评价，无法确定援助的具体数值并无法判定援助项目完成的质量，对项目的分析通常是从管理的角度而非根据评价标准项目的指标，比如成本效应分析、可持续性或者影响。这个缺陷以及相关管理人员分析经验的缺失，都使得巴西无法对其发展援助做深入的评估并制定出最好的政策。整体而言，无论是巴西合作署内部、巴西各部门开展技术合作的机构还是其他利益相关者，它们之间的经验交流与合作都是不充分的，尽管它们有在接受援助国类似的工作内容，但缺少统一协调。①

---

① Cabral, L. and Weinstock, J. "Brazilian technical cooperation for development: drivers, mechanics and future prospects," *A Report Commissioned by the Brazilian Cooperation Agency and the UK Department for International Development* (Overseas Development Institute, 2010).

4. 过分追求本国利益降低援助有效性

发展援助对促进受援国经济发展、改善受援国贫困人口生计水平、提升整体发展能力等都有积极的作用，有助于实现联合国可持续发展目标。但是各国发展援助机构成立的初衷往往不仅与援助本身相关，借助对外援助来开展外交、商业等活动也是重要目标，而过分地利用发展援助机构来谋求本国利益对提升援助有效性产生负面影响。

发达国家的对外援助机构发展历程往往与经济和外交目标有密切关联，特别是成立初期的意识形态因素影响尤为明显，虽然近年来各国开始更多地回应全球性发展议题，但援助的初衷仍与本国利益密不可分。例如，美国援外机构开展的对外援助工作与美国创造有利的海外投资环境、扩大资本主义阵营等行为有千丝万缕的联系。首先，二战后，美国通过附带改革条件的经济援助计划，成功塑造了战后的资本主义市场。其次，冷战结束后，美国颁布《自由支持法》，通过对外援助推动东欧国家向市场经济体制转型。根据该法，美国对原苏联加盟共和国提供了附带经济改革条件的援助，以促进这些国家向市场经济体制过渡。最后，进入 21 世纪后，美国加大了对非洲的援助力度，积极推动非洲的市场经济建设，帮助美国公司进军非洲市场，特别是不能损害美国公司的利益。近年来，美国为了保护本国企业，开始缩减在 AGOA 项下自撒哈拉以南非洲的进口额。[①] 近期，美国不断通过对受援国中止援助或重新评估，达到政治威胁的目的，也

---

① 宋微：《“一带一路”倡议下以对外援助促进对外经贸合作的政策思考》，《国际贸易》2020 年第 6 期。

反映出援助背后的"美国优先"意图更为凸显。①

德国、日本等国也在采取多种方式保持其国际影响力。德国以"与流离失所的根源作斗争"为框架来制定其援助政策，重点聚焦中东和北非，加紧落实"非洲马歇尔计划"和"非洲契约"倡议，刺激非洲私营投资并支持非洲国家实施善政改革。日本 2019 财年官方发展援助净额比 2018 财年增长 3%，日本将官方发展援助作为战略性外交和经济手段，借助主办 20 国集团会议和第七届东京非洲发展国际会议的契机，推动日本倡导的全民医疗和高质量基础设施理念的国际主流化，通过援助加速落实安倍政府"自由开放的印太构想"，刺激日本中小企业加大在发展中国家的投资。②

5. 机构改革进程缓慢

各国的发展援助大多在二战后开始逐步发展，各国对外援助管理机构也在实践中相继建立并不断进行改革，然而全球发展格局持续变化，气候变化、恐怖主义、动植物疫病流行等新的全球性挑战对各国发展援助机构开展对外援助工作提出了更多挑战，需要不断进行调整才能更好地发挥援助的有效性。但援助机构的改革进程却相对缓慢，并不能有效回应欠发达国家的发展需求，也无法很好地促使联合国可持续发展目标等全球发展议题得到解决。

对于发达国家而言，其发展援助机构较为复杂，涉及的部门较多，在宏观政策制定以及具体援外政策制定和实施、监测评价等各个方面都已经形成一套复杂体系，机构变革的

① 姚帅：《2019 年国际发展合作与中国对外援助回顾与展望》，《国际经济合作》2020 年第 1 期。

② 姚帅：《2019 年国际发展合作与中国对外援助回顾与展望》，《国际经济合作》2020 年第 1 期。

难度很大。从美国对外援助机构改革历程来看，虽然里根政府、奥巴马政府等均先后多次尝试修订《对外援助法》，并试图对援外管理机制进行改革，但基本上都以失败告终；布什政府在改革迟滞的情况下先后成立多个援外管理机构，以试图更好地开展对外援助，成立新的发展援助机构或基金等成为部分国家在既定援外管理机制基础上进行改革的一种捷径。此外，为了回应国内关于高额对外援助资金使用问题的质疑，提升英国国际影响力，改变 DFID 与原英国外交部之间协调不畅等问题，英国政府将 DFID 合并至外交部并成立新的外交、联邦和发展事务部（FCDO），但改革举措遭到安东尼·布莱尔、戈登·布朗和戴维·卡梅伦三位前任首相的批评，并认为这样的举措会降低英国的软实力，也无助于改变全球面临的挑战。美英两国的改革足以说明对外援助机构变革的难度。

而在新兴国家，虽然各国相继成立专门的发展援助机构，以强化对外援助工作的重要性，但改革进程相对缓慢。例如，巴西合作署作为对外援助的主管机构，因机构体制、机构能力的缘故，在管理和监督过程中面临着管理碎片化、财政和人事不独立、援助政策缺乏顶层设计等问题。虽然巴西总统迪尔玛·罗塞夫在 2013 年便宣布计划对援助机构进行改革，但时至今日仍然踟蹰不前。此外，印度政府也先后多次宣布成立新的援外机构或对现有援助机制进行改革，但因本国国内政治影响以及部分民众反对等因素，改革的进程也较为缓慢。新兴国家援外机构改革的迟缓，虽然与其国内整体经济实力仍然相对较弱有关，但也反映出发展合作的管理机制仍然存在很多弊病，改革的需求也很强烈。

四　中国国际发展合作管理机构的演变

自 1950 年开始对周边国家提供援助开始，中国的发展援助管理机构历经 70 余年的发展与变革，从早期的碎片化、注重政治任务的管理模式逐步过渡到改革开放后由商务部门负责总体协调并强调互利共赢的管理模式。而 2018 年以来，国家国际发展合作署的成立则将中国的发展援助管理提升至国际发展合作的更高战略层面，并在规范化、机制化水平上逐步提升。

1. 新中国成立初期的管理机制注重政治目标

新中国成立初期至 1978 年，在加强意识形态斗争和奉行国际主义原则积极参与国际共产主义革命的背景下，中国以政治和外交合作作为主要目标开展了有针对性的对外援助。① 作为主要具体执行部门的对外贸易部也几经调整，并逐渐形成了一套国内国外机构相协调、具体部门分工协作的运行机制（见表 4-1），但这一时期援外规模相对有限，管理上也受到意识形态影响而更加注重政治和外交目标，对经济合作的重视程度远远不够。

表 4-1　新中国成立初期援外专门机构的变化

成立时间	部门	职能
1952 年	中央人民政府对外贸易部	统一管理对外物资援助，下属各进出口总公司负责具体实施

① 刘晴、王伊欢：《全球治理视角下中国对外援助的理念与策略演变》，《湘潭大学学报》（哲学社会科学版）2017 年第 5 期；张中祥：《中国对外援助为什么会遭到前所未有的质疑》，《武汉大学学报》（哲学社会科学版）2019 年第 3 期。

续表

成立时间	部门	职能
1954 年	原中央人民政府对外贸易部更名为中华人民共和国对外贸易部	负责援助谈判和协议签署工作。成套项目由国家计委按专业分工原则交由各部门执行
1956 年	对外贸易部下设技术合作局、成套设备局和对外经济联络局	共同负责援外工作的具体执行
1956 年	设立第一个驻外援助工作管理代表机构：中国驻越南经济代表处	随着援外规模扩大，在越来越多使馆设立经济参赞处、经济商务参赞处或经济代表处，负责在国外管理对外援助工作
1960 年	设立对外经济联络总局，下设成套设备局和经济合作局	负责经济技术援助、成套项目援助和现汇援助的归口管理
1964 年	撤销对外经济联络总局，成立对外经济联络委员会	负责对外经济技术援助
1965 年	在华东、华北、东北和中南四大区分别设立对外经济联络局	作为经济联络委员会的派出机构负责组织援外材料设备、人员派遣、培训、接待等具体工作
1970 年	对外经济联络委员会改为对外经济联络部，成立成套设备进出口公司	专门负责成套项目援助

资料来源：赵美艳：《中国对外援助制度及其完善问题研究》，博士学位论文，外交学院，2020。

2. 改革开放以来更加注重互利共赢

改革开放以来直至 20 世纪 90 年代末期，出于发展本国经济和对世界总体发展局势的判断，中国的对外援助规模相对缩减，并更加注重援助的实际效果和经济效益，着重分享改革和发展的现实经验。[①] 1978 年党的十一届三中全会后，中国逐步改革对外援助管理体制，并开始重视对外援助的经济功能，对外援助的总体策略开始发生根本性转变；1979 年，中国开始积极通过国际多边机构获得资金支持，多渠道引进世界先进技术和先进设备来发展本国生产，同时开始接受联邦德国、日本等发达国家的援助；[②] 1980 年，对外经济联络部以经济体制改革的精神为原则，对经济援助项目管理机制进行改革，通过经济手段和行政手段克服当时体制下责任难落实的弊端。同年，对外经济联络部发布《关于对外经援项目试行投资包干制的暂行办法》，国务院有关部门或地方政府作为实施主体承包部分新的援助项目。[③] 1982 年，对外贸易部、对外经济联络部、国家进出口管理委员会、国家外国投资管理委员会合并成立对外经济贸易部。1983 年，中央总结过去对外援助的经验教训，明确对外援助工作新的四项原则：平等互利、讲究实效、形式多样、共同发展。[④] 这四项原则是对早期对外援助工作的批判性继承，同时也借鉴了国际社会的普遍做法，使得中国在改革开放初期有了新的对外援助的指导思想。

伴随着国内家庭联产承包责任制的推行以及简政放权、

---

① 何霁赠、李庆四：《新时代中国对外援助面临的挑战及改革路径》，《中共中央党校（国家行政学院）学报》2019 年第 3 期。粟瑞雪、李燕：《习近平对外援助理论与中国对外援助实践》，《文化软实力》2019 年第 2 期。周弘：《中国对外援助与改革开放 30 年》，《世界经济与政治》2008 年第 11 期。

② 何霁赠、李庆四：《新时代中国对外援助面临的挑战及改革路径》，《中共中央党校（国家行政学院）学报》2019 年第 3 期。

③ 赵美艳：《中国对外援助制度及其完善问题研究》，博士学位论文，外交学院，2020。

④ 曹启娥：《中国对外援助中的伦理思想研究——以对外经济援助为例》，《河南社会科学》2013 年第 6 期。

政企分开等体制改革，中国对外援助从政策制定到最终实施的各个环节逐步发生转变，开始试行“投资包干制”。由最初的具体行政部门负责执行中央指令对外援助的管理模式，转变为中央指令下达至具体部门，由转制后的企业来负责实施，引入市场机制来协调对外援助的管理和实施。[①] 1985 年，为落实政企分开、简政放权，外经贸部将部分援外管理权限下放中国成套设备进出口公司，项目的实施交由所属的负责国际经济合作的企事业单位。1993 年，中国对外援助工作开始又出现一系列新的转变。对外经济贸易部更名为对外贸易经济合作部，以下设立对外援助司来负责具体援外工作，自此，中国对外援助政企分开、注重政治与经济双重效应的机制逐步确立。[②] 援外工作由对外贸易经济合作部依照中央统一部署和国家宏观战略进行统筹协调，其以行政职能对具体援外事务进行管理和监督，并建立了“企业总承包责任制”，对外援助项目由政府部门委托有资质的企业作为具体执行机构，大大提高了援助的效率和经济效益。在中国企业“走出去”渐成趋势的大背景下，对外贸易经济合作部也在 1993 年开始积极探索帮助受援国建设符合当地需求和资源条件的中小型生产项目，并积极推动中国企业与受援国企业直接开展合作，通过设立合资企业等形式促使援助资金取得最大效益。例如，中国援建卢旺达水泥厂建成后由中国企业代为管理和经营，中国企业借助于援外资金与受援国企业开展合作，取得了明

---

① 曹俊金：《中国对外援助管理体制改革：进程与前瞻》，《国际经济合作》2018 年第 10 期。

② 曹俊金：《中国对外援助管理体制改革：进程与前瞻》，《国际经济合作》2018 年第 10 期。

显的成效。[①]

总体而言，改革开放后在指导思想改变以及援助管理体制变革的背景下，中国开展对外援助的方式日渐多样化，早期资金和物资援助模式容易让受援国产生依赖心理，对其发展自主生产的促进作用不明显，中国的援助机构开始探索成套项目的援助模式，并更加注重技术转移和支持。

3. 中非合作论坛成立后援外管理手段更加丰富

2000 年中非合作论坛召开以来，中国对外援助规模不断扩大，援助的方式、手段也日渐丰富，对外援助工作与建立国际政治经济新秩序开始紧密结合。在援外管理机制方面，2003 年，国务院机构改革决定组建商务部，其承接了原本由对外贸易经济合作部负责的援外工作，并更加注重援外工作中的国际经济合作，中国的援外模式悄然发生转变，不仅仅强调援助本身的成效，更加注重双边深层次的合作交往。[②] 2008 年，商务部牵头，联合外交部、财政部等部门，成立对外援助部际联系机制。2011 年 2 月，部际联系机制升级为部际协调机制。同年《中国的对外援助》白皮书发布，系统阐述了对外援助政策、方式以及援外国际合作等内容，进一步表明了中国的大国责任。尤其是明确了新世纪对外援助政策的五项基本内容，[③] 明确了中国对外援助属于南南合作的范畴，也促使中国对外援助工作不断创新。

---

① 王成安：《中国对外援助工作在改革中前进》，《国际经济合作》1994 年第 2 期。

② 刘方平、曹亚雄：《改革开放 40 年中国对外援助历程与展望》，《改革》2018 年第 10 期。

③ 内容为：（一）坚持帮助受援国提高自主发展能力；（二）坚持不附带任何政治条件；（三）坚持平等互利、共同发展；（四）坚持量力而行、尽力而为；（五）坚持与时俱进、改革创新。

在宏观对外援助政策日渐清晰的基础上，中国的对外援助管理机制也更加完善。2014 年新版对外援助白皮书发布，明确了南南合作框架下开展对外援助的战略定位，同时明确了“相互尊重、平等相待、重信守诺、互利共赢”的对外援助基本原则。2015~2016 年，商务部等部门先后发布了《对外援助物资项目管理办法（试行）》、《对外援助成套项目管理办法（试行）》以及《对外援助项目采购管理规定（试行）》等一系列援外法规，促使对外援助工作有章可循，更加规范。

4. 国家国际发展合作署成立迎来新局面

2013 年以来，“一带一路”倡议以及构建人类命运共同体的理念促使中国对外援助更加具有针对性、有效性，并成为中国参与全球治理、重塑全球政治经济格局的重要路径。2018 年，中国政府组建国家国际发展合作署，作为对外援助体制的重大改革，标志着中国对外援助走上新征程，① 同时意味着中国对外援助正式开始向国际发展合作转型升级。

国际发展合作署的成立也促使援外管理机制更具国际视野，并呈现出诸多新变化：第一，援外管理机制的战略统筹机制更加健全，以往中国对外援助工作虽然积累了较多经验并开始形成自身特色，但总体而言呈碎片化特征，国际发展合作署的成立以及援外宏观政策的调整，促使中国一方面更注重双边、多边以及多双混合的区域平台机制，另一方面注重以联合国为核心的国际体系平台，同时也更注重新的合作模式和新型合作伙伴的拓宽。第二，推动中国不断探索开展

① 国家国际发展合作署：《国家国际发展合作署举行媒体吹风会》国家国际发展合作署官网，2021 年 1 月 27 日，http：//www. cidca. gov. cn/2019-04/25/c_1210119081. htm.

国际发展合作的新机制，比如设立南南合作与发展学院、南南合作援助基金等，凸显了中国支持发展中国家增强自主发展能力以及对加强国际交流与三方合作的关注。第三，更加积极主动面向全球讲好中国特色的国际发展故事，一方面，注重与联合国可持续发展目标的对接，中国在保障粮食安全、消除贫困、改善基础设施等方面都积累了丰富的经验，具备在可持续发展目标体系下开展国际发展合作的基础和能力，从而更加有助于提升援助有效性，改善援助效果；另一方面，注重将“一带一路”的实践带入国际发展合作的话语体系中，注重凸显国际发展合作对于“五通”建设的贡献，丰富了全球层面开展国际发展合作的政策和实践。①

整体而言，2013 年“一带一路”倡议提出以来，特别是国家国际发展合作署的成立，促使中国立足自身仍是发展中国家的现实，基于长期对外援助和南南合作的深厚基础，积极推动国际发展合作的转型，通过支持以联合国为核心的国际体系、“一带一路”倡议、中非合作等区域合作机制以及南南合作援助基金等不断走深走实。

五 经验总结与启示

从各类发展援助机构的演变历程与现状来看，各国都在不断进行改革以适应新的国际环境，虽然面临不少问题和挑战，但在长期实践中仍积累了一定的经验，对国际发展援助机构的未来走向和长远发展具有很好的指导意义。习近平主席提出构建人类命运共同体以及共建“一带一路”等新倡议，

① https：//opinion. huanqiu. com/article/41Sv8xHiYGu.

为破解全球发展难题提出中国方案、贡献中国智慧、注入中国力量。中国的对外援助也逐渐向国际发展合作转型，对发展援助管理体系提出了更高的要求，而国际经验对中国更好地完善援助管理体系，更好地提升援助效果具有很好的借鉴意义。

1. 构筑援外战略和框架体系

西方发展援助讲究战略和框架先行，宏观层面有整体援助战略、部门援助战略和国别援助战略，微观层面具体到每个项目和特别行动，都有比较明确的目标、行动安排和预算投入，甚至到管理的每个环节需要提交的文档资料。这一方面能够让援助更加系统化和更具连续性，另一方面也便于援助进程的监测和效果的评价，同时也能够让受援国比较清晰地了解到对于本国的支持情况，有助于援助双方的沟通和协商。

中国对外援助虽然近年来也开始注重制度建设，尤其是2013 年以后，一系列管理制度的建立为提升援外管理的制度化水平，改善援助效果起到重要作用。但是在现阶段中国对外援助向国际发展合作转型的过程中，需要更加注重援外战略和框架体系的建设。以中国对非洲的援助与合作为例，目前基本上已经形成了在中非合作论坛框架下开展发展合作的运行机制，但需要注意的是，中非合作论坛的后续行动文件和对非政策文件都是综合性的中非合作指导战略，对外援助只是两个文件中的部分内容，并且是针对整个非洲大陆而言，没有区域和国别上的有针对性的安排。另外，援助战略目标都是整体性的，对于每一项行动缺乏直接的具体的目标设置，不利于援助效果的监测和评估。因此，在中国对外援助向国际发展合作转型的过程中，可以考虑借鉴西方在构建发展援助战略和框架体系方面的经验，尤其是可以借鉴发达国家在宏观政策制定、机构设置、部门分工、部门间协作、与受援国发展战略协同等方面的经验，更好地构建中国的对外援助战略和框架体系。

2. 提升对外援助管理的专业化水平

纵观各主要援助国及新兴国家发展援助机构的衍化历程，可以发现随着援助规模的扩大以及援助范围的扩展，各国纷纷成立发展援助的专门性负责机构，特别是美国、德国等发达国家发展援助金额大、影响范围广泛，其专业机构的层级也较高，往往作为政府独立部门或内阁组成部门来独立管理援外项目。发达国家的对外援助不仅重视通过联合国等国际组织开展的多边援助，更重视发挥双边援助的作用，而多边援助主要由财政部门、外交部门负责资金的使用和具体执行，双边援助则大多通过专业性发展援助机构以及开发银行、基金等负责实施。另外，发达经济体的监测评价机制较为健全，议会、专业性监督机构对援助工作的监督发挥着重要作用。

与此同时，随着新兴经济体综合实力的不断提升，各国也陆续建立或改革发展援助机构。一方面，专业性发展援助机构的设立进一步提升了发展援助项目的执行能力和效果，从而与整体国家战略更好地相适应。另一方面，援外政策与各国外交战略、整体国家实力、经济发展目标之间密切相关，虽然一些国家成立了援外管理的专业机构，但外交部、财政部等部门始终发挥着重要作用，外交部门配合新兴国家提升国际影响力的现实需要而开展发展援助，财政部门也在其中发挥资金保障的作用。此外，虽然成立专业化部门成为发展趋势，但对外援助涉及领域十分广泛，需要农业、教育、医疗等各部门的有力配合，部门间协作机制成为必然，各政府部门参与主管领域内的对外援助工作也有助于提升援外资金的使用效率。

对于中国而言，国家国际发展合作署的成立促使援外管理机构的专业化水平得到很大提升，未来，在进一步发挥国家国际发展合作署援外总体负责机构作用的同时，应借鉴其他国家在部门间合作机制方面的经验和做法，强化部门间沟通协调机制的作用。一方面要进一步发挥农业部门、扶贫部门、医疗部门等专业机构在相关领域的独特作用，从而促使对外援助的专业化程度有效提升；另一方面也要更好地发挥诸如中国进出口银行、国家开发银行等机构在双边合作方面的积极作用，强化诸如亚洲基础设施投资银行、丝路基金等在多边合作方面的影响力，从而在多双边发展合作与对外援助方面协调运行，以期更好地提升援外管理的专业化水平。

3. 推动援外机构在受援国设立分支机构

西方发展援助在管理上的另一个显著的特点是非常重视在受援国的协调和管理工作。西方国家在受援国的管理有几种不同的方式。①有单独援外部门的国家一般都会在受援国设立代表处或办事处，来统一协调和管理援外事务，如美国、英国和日本。以马拉维为例，美国 USAID 在马拉维的办公室大约有员工 90 人，仅“喂养未来”一个农业项目就有 10~15 名工作人员。英国国际发展部在马拉维的办公室有 40 多名工作人员。②援助隶属于外交部门的援助事务由使馆统一协调，大使馆设立发展参赞，如挪威。仍以马拉维为例，马拉维是挪威的重点援助国家，挪威驻马拉维的发展参赞同时也是副大使，在使馆的级别非常高。③由能够代表政府的技术咨询公司来统一协调，如德国。德国经济和合作部的技术援助（赠款）主要由德国国际合作公司（GIZ）来负责执行，德国经济和合作部并没有在海外设立办事处或者代表处，德国在受援国的援助项目主要是由德国国际合作公司实施和管理。德国国际合作公司会根据德国政府在这个国家援助项目的多少来决定在该国设立国家办公室还是项目办公室，通常来说，设立国家办公室的国家都是德国援助的重点国家。除了这些常规性管理机构设置外，对于一些重要的或者资金规模比较大的项目，尤其是和受援国的政府部门和机构合作时，西方援助国还会考虑派遣专门的工作人员进入受援国的政府部门和机构工作，如日本援助马拉维工贸部的"一村一品"项目时，日本国际协力机构（JICA）派遣了一个协调员和财务官到马拉维工贸部执行该项目的下设机构来参与该项目的管理，德国复兴开发银行在马拉维实施的教育基础设施援建项目，也派遣了相关管理人员在马拉维的教育部工作，来负责协助管理援助项目，尤其是项目的财务管理。

虽然中国在长期援外实践中形成了以驻外使领馆和经济商务参赞处、代表处等为主要负责机构的管理模式，但现行管理模式与中国对外援助规模不断扩大、更加注重国际发展合作的现实情况存在一定偏差。未来，可以考虑借鉴发达国家在受援国设立援外分支机构、发展参赞或项目协调专员的做法，通过专业机构和专业工作人员来更好地切合受援国的实际情况，从而更好地实现项目管理，提升援外机制的运行和管理效率。

4. 注重发挥本土化项目人员和技术专家的作用

西方发展援助在受援国的管理比较重视援助管理的本地化，越来越多地聘用当地人参与援助的管理，在马拉维，英国国际发展部办公室的 40 人中，只有 11 人来自英国，英国本部工作人员通常是有固定任期，大部分为 3 年，其余均为马拉维本土员工，本土员工的工作时间更为长久；挪威使馆的发展部一共有10名工作人员，其中有5名来自马拉维，德国复兴开发银行在马拉维办事处一共有3名员工，都是马拉维本地人。在这些机构工作的本地人大部分都是来自当地的精英阶层，接受过良好的教育，一些工作人员还直接来自受援国的政府部门，有着良好的社会和政治资本，如德国复兴银行驻马拉维办事处的负责人曾经是马拉维财政部的一名重要官员。本地化的管理使得西方发展援助管理机构能够更快更及时地了解马拉维当地的发展情况、政策调整以及更容易和马拉维的政府部门或者其他机构进行沟通和交流。同时，从援助国外派出来的员工受到任期的限制，人员的流动性比较强，本地员工则能够长期持续在这些机构工作，保证机构的稳定性和工作的延续性。

西方发展援助管理上的另一个显著特点是活跃着大量的协助援助管理和执行的咨询公司以及咨询专家，这些咨询公司和咨询专家为西方的发展援助提供管理、政策研究、技术建议、监测和评估等专业性服务，这些专业性的服务使得西方发展援助呈现出技术化和职业化的特点，并且能够成为援助方和受援国之间的“中间人（broker）”，避免援助方和受援国之间发生直接冲突和矛盾，起到一个缓和的作用。

中国发展援助管理的大部分职能还是在中国国内进行，在受援国的管理主要依托驻外使馆以及援外项目承建机构自身，援助管理人员本土化程度相对较低。随着中国对外援助规模的增大和项目类型的多元化，中国需要加强在受援国的援助项目管理，加强和受援国不同部门的沟通和交流，在适当情况下，应该聘用本地人加入援助管理的队伍。同时，对外援助规模的扩大和国际发展合作转型的需要，促使中国应更加重视专家团队的建立和相关机制的建设。一方面是储备农业、医疗、基础设施等方面的援外人才，并发挥技术专家在受援国的积极作用；另一方面是发挥援外管理相关专家的作用，通过更专业的监测评估、政策指导等促使援外管理水平得到提升。

5. 强调本土发展机构的参与

西方发达国家非常重视利用受援国本土机构作为发展项目的合作者或参与者，这些机构包括本土的非政府组织、农业企业、研究机构和农民协会等，通过支持这些机构来保证更多的人群受益。本土性的非政府机构在社区工作有优势，能够节约项目的执行成本。如瑞典非政府机构执行的挪威政府的支持的保护性农业项目，在马拉维南部的一个地区，则是由一家马拉维本土的非政府机构负责实施，这个机构负责派遣农业技术员去项目村庄发放农业生产物资、开展农业技术培训以及进行农产品的收购等方面的服务。一些西方国家也会直接支持本土的非政府组织，如挪威和美国都支持了马拉维小农户协会（NASFAM），为这个小农户协会的发展部门提供资金，支持其开展农业发展项目。不同性质的机构参与到发展援助的执行中，能够形成一种相互竞争和创新的局面，各个机构都十分注重自己的项目质量，并且由于不同机构的参与，还能有助于援助方法的创新和节约援助成本。此外，不同的机构在发展中国家都有自己不同的发展合作伙伴，这样也使得更多发展中国家的机构能够受益于西方援助项目。此外，国际发展援助也强调公私合作，尤其是农产品加工企业、农业生产资料供给商等，通过和这些私营部门合作以达到扩大项目的受益面和让受援国的民众了解和理解援外项目的目的。

未来，中国的对外援助可以考虑扩大合作范围，加强和受援国非政府部门、研究机构、私营企业等不同主体的合作。一是借助受援国非政府部门、研究机构对本国实际情况更为了解的优势，最大限度发挥援助项目的有效性，这在提升项目运行效率的同时也可降低因文化差异、意识形态差异等可能导致的风险。二是通过与私营企业等市场主体的合作，进一步盘活援外资金的使用效率，创新援外合作方式，这有利于更好地体现中国开展国际发展合作的理念和宗旨，从而让更多人受益，并最大限度地提升项目的可持续性。

六　结论与讨论

国际发展援助的开展既需要相应的法律、政策和方案作为依据，同时也离不开相应的发展援助机构具体实施，二战后，随着国际发展援助特别是官方发展援助的开展，主要援助国相继设立了发展援助的主要负责机构，并伴随着国际国内环境的改变进行调整。现阶段，以美国、德国、日本等OECD发展援助委员会成员国为代表的发达国家基本建立起较为完整的双边援助管理体系，涵盖宏观政策制定、具体项目实施、监测评估、资金支持、总体协调等多个方面，其双边发展援助机构借助于本国强大的资金实力和丰富的对外援助管理经验，在世界范围内结合本国战略需求而开展援助工作。而随着新兴经济体的发展，中国、印度、巴西等国家也更加重视本国双边发展援助机构的建设，各国总体国家战略与整体经济实力存在差异，但都在探索建立专门的援外管理机构或在外交部门下设援外管理部门，从而希望将有限的发展援助资金效用最大化，在促进受援国发展、获取更高国际地位的同时也更好地维护本国利益。在双边发展援助机构不断兴起和发展的同时，传统多边援助机构经历过去数十年的变革也更加凸显出其价值，在协调国际资源分配、促使各国达成较为统一的宏观发展目标、确保在紧急状况下得到国际社会有效应对等诸多方面都发挥着不可替代的作用。而非政府组织等治理主体的参与，不仅促使国际发展援助机制得到创新，更促使双边及传统多边机构能够借助于民间力量的参与更好地发挥援助有效性，从而促使援助目的得以实现。

伴随着国际环境的改变，近年来，OECD 主要援助国及新兴经济体相继对发展援助机构进行改革，以期更好地结合本国国家战略和国际环境开展合作，提升援助资金的使用效果。从历史发展来看，各国援助机构基本都经历了数次变革，并与本国外交、经济、政治等国家政策的发展紧密相关。传统援助国对外援助历史较长，其总体经济实力、人力资源、宏观管理制度等都在援助过程中逐步完善，但正因其援助规模大、涉及部门众多等因素，DAC 成员国的援助管理机制多经历过较为复杂的改革历程。新兴国家虽不像传统的发达国家一样有庞大且复杂的援助机制，但其援助机构的建立也一定程度上借鉴了发达国家的经验，一方面逐步探索建立专门的援外负责机构，但这些机构的层级相对较低；另一方面则发挥更多专业部门的作用来参与对外援助，从而促使援助的专业化水平不断提升，更好地实现援助效果。但总体而言，各类发展援助机构都更加趋向于解决国际社会面临的普遍性问题，特别是多边机构因其参与主体多样等因素，在国际舞台不仅扮演着援助者的角色，同时很大程度上明确共性的挑战和问题，确立共同的发展目标等方式引导各方力量共同参与国际发展事务。

虽然主要援助国及新兴国家的发展援助机构在不断进行

改革，但其中存在的问题也较为明显。受到全球经济发展缓慢、政治博弈加剧、民粹主义思潮涌动等多种因素影响，发展援助资金与预期存在较大差异，特别是部分发达国家援助资金不升反降，给国际援助形势带来不小的挑战。而从援助管理本身来看，多部门的参与虽然促使各国发展援助能够更好地发挥专业机构的作用，但是也造成部门间扯皮、推诿等降低工作效率的问题，机构间合作不畅不仅不利于援助工作的开展，还导致援助管理效率低下。而机构改革的迟滞则进一步说明，应对上述挑战并不容易，尤其是在各国愈加追求本国利益的背景下，援助机构的改革需要很强的推动力才能实现。总结发展援助机构的发展历程与现状，其中一些经验对中国等新兴经济体具有一定借鉴意义。

第一，改变对外援助碎片化格局，进一步构建围绕发展援助的大援外体系。专业化是过去数十年中发展援助机构的重要发展方向之一，也是各国借以提升援助有效性、更好地实现本国战略和国际发展共同目标的改革路径之一。随着中国援外规模的扩大，需要进一步发挥国家国际发展合作署等现有管理部门的总体协调作用，将分散在不同部门涉及对外援助的工作统一归口负责，形成人道主义援助、物资设备技术援助、财政援助和经济援助为一体，综合针对多边机构和双边机构以及非政府机构的援助，整合农业、卫生、教育等部门涉及的对外援助工作，形成集中力量办大事的大援外体系。

第二，改变对外援助相对单一的局面，打造联合联合国等多边机构、国别政府和民间的多元化援助格局。加大对于国际组织和国际及受援国民间组织的援助力度，尤其是加大对于“一带一路”沿线国家民间组织的支持。与受援国民间组织的合作等力量的合作，是发展援助机构将管理能力下沉到社区的重要方式，有利于促使援助有效性和资金利用效率得到提升，也有助于工作方法的不断创新。同时，加大支持中国民间组织走出去的力度，打造中国特色的民间援助的新模式，积极配合官方援助，形成一致对外的、统一协调的大援外格局。

第三，注重对外援助法律体系的制定和管理体系的建设。这是西方发展援助的一大特点，也是中国在推动发展援助向国际发展合作转型过程中应该重视的关键问题之一。对外援助的法律体系和管理体系有助于将中国对外援助实践的经验固定下来，并使对外援助的决策与实施更加规范。

第四，加强围绕“一带一路”倡议的全球公共产品的生产和供给。中国倡导构建人类命运共同体是中国为全球提供公共产品的主要目标。“一带一路”倡议是中国建构人类命运共同体的具体方案。中国也需要按照全球发展的需要提供更多全球公共产品，从而应对全球发展的挑战。这些公共产品包括地区和平及反恐、粮食安全、环境和气候变化、全球卫生以及促进发展中国家的经济社会发展等。有效地参与这些产品的生产与供给将会使新的对外援助体系的使命更加明确，将会促进中国在国际上更积极有效地参与全球治理，同时也会极大提升中国的国际地位和全球影响力。

CHAPTER

5

第五章

国际发展合作的有效性：话语、技术与启示

自20世纪90年代以来，国际发展援助有效性问题成为以经合组织发展援助委员会（OECD-DAC）主导的发展议程的核心问题。但直到现在，有关发展援助是否有效的问题仍然存在争议。批评者认为援助根本不起作用，甚至对受援国带来的伤害大于好处，还会加重援助国的负担，因此国际社会应该减少甚至停止提供对外援助。[①] 而支持者则认为，援助对促进受援国的减贫和经济发展产生了积极影响，目前国际社会提供的援助还远远不够，应该加大援助的力度。[②] 与此相对应的，援助提供者，包括官方捐助者、非政府组织等坚持认为援助是有效的，而且援助工作跟过去相比，有很大的改善。而援助接受国尽管不愿意对援助的作用做出概括性的结论，但希望获得更多援助的呼声却一直没有间断。本章在对援助有效性研究的相关文献进行梳理的基础上，对南北合作与南南合作的有效性评价的理念、技术、所面临的挑战、存在的争议，进行了比较全面的研究讨论，并在此基础上，对中国进一步完善国际发展合作有效性评价体系

① Easterly, W., *The White Man's Burden: Why the West's Efforts to Aid the Rest Have Done so Much Ill and So Little Good* (Oxford: Oxford University Press, 2006); Erixon, F., *Aid and Development: Will It Work This Time?* (London: International Policy Network, 2005).

② Boone, P., "Politics and the Effectiveness of Foreign Aid," *European Economic Review* 40 (1996): 289-329; Collier, P., and D. Dollar., "Aid Allocation and Poverty Reduction," *European Economic Review* 26 (2002): 1475-1500.

提出了相关建议。

一　西方援助有效性话语变迁

20 世纪 60 年代初期，在战后的乐观主义的激励下，国际发展合作热情高涨，官方援助额不断增长。国际发展援助被公认为是推动全球发展的关键因素之一，由于发达国家与发展中国家经济发展上的巨大差距，本时期的国际发展合作基本上完全受西方发达国家主导。但缺乏协调、过于雄心勃勃的目标、不切实际的时间和预算限制以及政治上的自身利益，在很大程度上阻碍了援助的预期效果。1969 年，OECD-DAC 提出了“官方发展援助”的概念，用来作为测量国际援助的指标，敦促发达国家做出将其国民收入总值（GNI）的 0.7% 用于发展援助的承诺，作为对抗贫困和解决全球经济社会不平等的一个资金来源。1991 年 OECD-DAC 发布了一整套对 ODA 的评估标准，其中最被广泛使用的包括 5 项内容：相关性、有效性、效率、影响和可持续性。每年，DAC 还会选择 4~5 个成员国进行同行评议，内容包括这些成员国如何实施发展政策，如何履行国际承诺，如何实现本国援助目标，提高援助国整体援助的有效性。值得指出的是，在此期间关于援助有效性的讨论主要基于援助国的视角，受援国的视角几乎是全部缺失的。

20 世纪 90 年代中期以来，主要援助国面临国内援助预算缩减的压力，国内民众对援助使用效果的关注进一步增加。而很多受援国本身经济发展，也逐渐开始摆脱对援助的依赖性，而援助低效及各种条件性的增加也让它们开始产生援助疲劳。为了巩固发达国家在国际发展合作中的地位和话语权，

OECD-DAC 开始引领关于援助有效性的讨论，承认发展中国家在促进援助有效性方面的根本作用。1996 年 5 月，OECD-DAC 发表了第 34 次高级别会议成果文件《塑造 21 世纪：发展合作的贡献》，首次公开承认西方发达国家在过去 50 年向发展中国家提供的发展援助实际上并没有起到预期的效果，发展中国家应该对促进本国发展起决定作用。援助国主导的发展援助不能在当地生根，只能起到根本的补充作用。同时，援助国的责任也被进一步明确，工业化国家对帮助发展中国家对抗极端贫困和人类困苦具有不可推卸的道义责任。该文件首次提出了让援助发挥有效性的 5 大原则：支持本土主导战略、承诺足够的发展融资、增强援助与本土战略的协调性、监测与评估、扩大合作基础。① 该文件的发表引发了传统援助国关于发展合作有效性的讨论。发展合作虽然是一个被普遍使用的术语，但实际内容仍然主要局限于发达国家向发展中国家提供的发展援助。

21 世纪初期，西方援助国为了进一步扩大和巩固他们对国际发展合作的主导地位，希望进一步将新受援国纳入其主导的发展援助框架。OECD-DAC 分别于 2003 年、2005 年、2008 年在罗马、巴黎、阿克拉举行了三届的援助有效性高级别论坛，为制定援助有效性原则奠定基础。40 多个多边和双边发展机构以及 28 个受援国参加了 2003 年在罗马召开的第一届援助有效性高级别论坛，会议成果文件《罗马宣言》聚焦援助国应该如何更好地协调援助的一致性，降低受援国接受援助的交易成本，并进一步明确了受援国在促进援助有效性和协调发展援助方面的领导作用。两年后，在第二届援助

---

① DAC, *Shaping the 21st Century*: *The Contribution of Development Cooperation*, 1996, https://www.oecd.org/dac/2508761.pdf.

有效性高级别论坛上签署的《关于援助有效性的巴黎宣言》确定了提升援助有效性的五个原则，即自主性、联系性、协调性、结果导向和相互问责，进一步明确了援助国和受援国的双方责任，强调通过加强发展援助的质量，实行联合国千年发展目标。2008年通过的《阿克拉行动议程》，为《关于援助有效性的巴黎宣言》提出了明确的方向和指导原则。

21世纪第二个十年开始以来，新兴经济体的崛起对国际发展合作格局产生影响，一方面它们自身利用国际发展援助的经验受到传统援助国的重视，另一方面，它们作为援助提供国的经验不断被其他发展中国家所接受，影响力逐渐增强。在这种情况下，传统援助国也不得不反思它们倡导的援助有效性评价机制。2011年11月第四届援助有效性高级别论坛在韩国釜山召开，传统援助国成功吸引了中国、印度等新兴经济体的加入。会议通过的《为促进有效发展合作的釜山宣言》，提出了以发展中国家为主的援助和发展等全新的国际援助方式，重申了提升发展有效性的四大原则，即尊重受援国对发展行动的主导权、鼓励各发展主体的广泛参与、提升援助的透明度以及对援助效果进行共同管理。会议首次提出了“发展有效性”的概念，厘清了发展有效性与援助有效性的关系，对实现发展有效性做出了可操作化的要求。宣言同时指出，援助有效性是发展有效性的组成部分，是实现发展有效性的必要条件。要实现发展还需要国际国内各发展主体的共同努力。同时还强调了南南合作、三方合作以及私人部门在发展中的作用，杜绝腐败等问题，提升受援国政府利用资源的能力也被提及。因其参与成员和议题的包容性，该次会议被认为是迄今为止规模最大、最具权威性的国际发展会议，新兴经济体的加入成为本届会议的亮点。《釜山宣言》应该是迄今为止最具包容性的国际发展合作有效性高级别会议，表明传统援助国所主导的国际发展知识话语体系开始从“援助有效性”到“发展有效性”国际发展合作新理念转变。

除了不断完善和发展援助的话语体系，为了能够维持其在发展合作领域的知识霸权，传统援助国及多边机构为将新兴经济体纳入其主导的知识话语和实践体系不断做出新的努力。除了积极支持联合国千年发展目标和可持续发展目标外，OECD-DAC 还与联合国共同发起成立了全球有效发展合作伙伴关系。2014 年在墨西哥城首次发起了第一届高级别会议，针对主要南方国家（印度、巴西、中国和南非）倡导建立基于平等互利原则上的促进相互学习的南南合作评估框架，该次高级别会议专门提出了建立全球统一的国际发展合作评估框架的重要性，试图将新兴经济体纳入其所主导的国际发展合作体系之中。

2016 年 12 月在内罗毕召开的全球有效发展合作伙伴关系第二届高级别会议成果文件专门强调了全球发展合作评估框架的独特作用，并在会议上首次展示了其评估框架。文件指出，GPEDC 评估框架是专门评估全球伙伴关系的，其贡献主要用来测量联合国可持续发展目标中的第 17 个目标条款的内容。该框架是对 2030 议程、可持续发展目标及亚的斯亚贝巴行动议程中指标的补充，不是替代。评估的数据主要来自国家层次（受援国），开展监测和评估的机构为经合组织（OECD）和联合国开发计划署（UNDP）。基于全球发展合作有效伙伴关系的评估体系包括四大制度原则，即国家自主权、结果导向、包容性的伙伴关系、透明度和共同问责，总目标是提高国际发展合作的有效性。具体包括 10 个指标：①发展伙伴是否使用国家导向的结果框架；②社会组织的运营环境确保他们对发展的最大参与和贡献；③公私对话促进私营部门参与发展并为发展做出贡献；④公众可获得的透明的发展合作信息；⑤发展合作的可预测性；⑥发展合作包含在议会监管的预算之内；⑦通过全面评价加强共同问责；⑧政府追踪促进性别平等和女性赋权的公共资源分配；⑨政府或发展伙伴加强或使用国家体系；⑩援助无附加条件。该评估体系的所有数据来源于受援国，并且是在自愿的基础上，被监测和评估的对象包括国际机构、双边伙伴、多边开发银行、基金会及其他相关的国际组织等，南南合作被部分包含在该体系内，但并没有被独立分开计算。

全球有效发展合作伙伴关系议程的整体目标是建立一个融合南北差异、将私营部门及民间组织等对发展做出贡献的不同参与者都包含在内的发展合作评估体系。但该评估体系缺乏具体的行动计划和日程，从指标内容看，其标准仍然体现了传统援助国的主导作用，且缺乏独特的议题和对责任明确的界定，也没有为发展合作各参与方制定明确统一的标准。同时，框架虽然制定了评估框架，但没有提出明确的监测体系。在南方发展专家看来，虽然议程为联合国和 OECD-DAC 共同发起，但议程并没有突破受北方国家主导的状况，这对不愿参与国际比较，更愿意寻求最佳实践、促进相互学习为目标的新兴国家来说并没有太大的吸引力。议程本身的制定过程更被抱怨缺乏南方国家的参与和咨询，因此本评估框架并没有吸引到中国、印度等新兴援助国的支持和积极参与。

其实早在 1969 年，美国佩尔森委员会发表的援助与发展报告中就明确指出："发展政策的制定和执行必须最终由援助接收者自己负责，但是捐助者有权对重大事件和决定提出建议并被告知（相关情况）。这就要求在非正式的谅解基础上建立反应捐助者和接受者相互权利和义务的新的伙伴关系。但确切的安排将会并且应该因国家而异，广义上讲，为了确保经济表现和有效使用援助资金，包括国际组织在内的援助提供者应该能够期望就以经济增长为中心的经济政策问题进行定期磋商，从而实现对（受援国）经济增长的理解。另一方面，受援国应有权在商定的水平上获得及时合理的稳定的援助资金，并以强调经济绩效为重点的明确标准来分配额外援助。"[①] 可见，从 20 世纪 60 年代开始，就有建立基于援助方与受援助方之间相互权利和义务为基础的伙伴关系的呼吁，除了信息共享和正式形式的政策对话外，受援方有义务有效使用援助资源，援助方也应该兑现承诺，对好的表现进行奖励。但是，该报告的内容并没有引起传统国的关注。西方发达国家只有在国际形势的逼迫下，才会不断改革创新自己所主导的发展合作有效性话语和评价体系，因其完整的体系、强大的人力资源和成员国的大力支持，以及超强的适应和变革能力，西方传统援助国仍然牢牢掌握全球发展知识霸权。

二 发展合作有效性评价的技术和证据

本部分将展示援助提供方从机构层次和项目层次对援助有效性及有效性评价的证据，揭示他们评价援助有效性的动因、评价结果及不同学者对评价本身的批判，以期向读者全面展示与援助有效性相关的议题，激发讨论。

---

① Pearson, L., *Partners in Development: Report of the Commission on International Development* (New York: Praeger Publishers, 1969), pp. 7-8.

（一）客观评价发展合作有效性的挑战

对援助有效性的客观评价需要准确、可靠和高质量的数据。这些数据既要包括宏观层次的，如国际层次、国家层次、部门层次，也要包括项目或社区层次的。既要涵盖来自援助方提供的项目设计、援助方式、援助额度及援助目标等相关的信息，还要包括从受援方获得的各种与援助活动相关的指标变量，如接受援助前后的贫困水平、经济增长率差异等。但获得任何一方面的精准数据都会面临巨大挑战。虽然近年来国际发展援助所面临的历史及制度变迁及新技术变革为完善援助有效性的评价带来希望，但对援助影响的评价仍然无法得出概括性的结论。早在 1986 年，卡森与其同事发表的《援助是否产生作用》一书就曾尝试对官方发展援助效果做出全面的评价，从项目层次、部门层次、国家层次和全球层次进行了案例研究。该研究结果虽然具有重要参考价值，但卡森也不得不承认，因为存在数据缺陷，对援助是否有效进行普适性判断是不可能的。[①] 美国全球发展中心（CGD）的研究也明确说明了对援助项目进行系统性独立评估面临的最大挑战就是缺乏足够的高质量的数据，因为数据缺乏，只有很少一部分的援助项目得到评估。瑞典是在援助评估方面表现最好的国家之一，其人权和发展项目的抽样研究表明，由于数据不足，只有 7%的人权与发展项目获得评估。[②]

从全球、国际和国家层次来看，对援助有效性评价面临

---

① Cassen, R., *Does Aid Work?* (Oxford: Oxford University Press, 1994), pp. 79-80.

② Savedoff, W. D., R. Levine, and N. Birdsall, *When will We Ever Learn? Improving Lives through Impact Evaluation*, Report of the Evaluation Gap Working Group (Washington, DC: CGD, 2006).

以下几个方面的具体挑战。第一，援助方与受援方提供的数据差异。尽管经合组织发展援助委员会（OECD-DAC）很早就对官方发展援助提出了统一的定义，并定期公布官方援助额。但承诺援助额和实际拨付额存在时间差别，且因不同的项目援助方式，真正拨付到受援国的数据可能跟援助国的官方援助数据有很大差别。第二，大部分受援国信息统计能力不足，是否愿意以及如何提供准确的援助数据仍然是获得全球层次援助数据的巨大挑战。第三，受援方的社会经济指标数据与接受援助的相关性研究存在很大困难。一方面，这些指标数据的可靠性和精确性就是一个问题。如关于一个国家的贫困水平，尽管近年来，我们为如何精确地测量贫困做出了很大的努力，但一个国家到底有多少贫困人口我们仍然不清楚，因为贫困有永久性或慢性的，也有暂时或转型期导致的；有些是能够量化的，有些是不能量化的。而且目前最权威的贫困统计数据也不能涵盖所有的国家。笔者在坦桑尼亚做调研时，当地官员对贫困人口的统计标准是一天能否吃三顿饭。另一方面，援助前后社会经济发展指标的变化可能跟援助没有关系，因为影响社会经济发展或停滞的因素有很多，且具有不确定性，而援助相对于受援国的贡献比例相对较少。2003 年，联合国排名的全球最贫穷的 117 个国家中，只有 7 个国家接收到的 ODA 援助超过其 GDP 的 20%。伊斯特利和其他学者的研究就指出目前数据和方法不允许我们判断援助与投资、增长和贫困之间正向的相关关系。①

除了数据缺乏外，方法上的挑战也是对援助影响评估的

① Rajan, R. G. and A. Subramanian, "Aid and Growth: What does the Cross-Country Evidence Really Show?" *IMF Working Paper No. 127* (Washington, DC: IMF, 2005).

一大问题。目前还不存在对援助有效性进行客观评价的科学方法，因为几乎不可能找到完全相似的对照组来对接受援助和没有接受援助的社区差别进行比较，因为存在时间差异，所以对项目接受援助前后差异的客观比较也几乎是不可能的，在一个开放的社会，我们没法搞清楚社区发展或变得落后是因为援助项目还是受到整体环境的影响。援助项目产生的影响可能是即时的也可能是中长期的，还可能因不同的项目类型会有很大差异。大部分对援助效果的研究都集中在短期影响上，有些援助项目在设计时就规定项目在结束之前应该呈现明显的效果，这都会导致对援助有效性的评价产生偏差。无法完全隔离外在因素的影响也是对援助效果进行科学评价的重要挑战，一个典型的案例就是受援助方钟爱的奶牛援助项目，项目为贫困社区的农户提供一头母牛，期待母牛生出的小牛可以养大卖掉，获得发展资金。但如果项目执行期间遭遇干旱，可能母牛和小牛都会饿死，项目无疑会失败。相反，有利的外部因素可能会使得一个不好的援助项目获得期待的效果。

即使最广泛推广的效果评价方法也存在缺陷和不完美。近 20 年来，随机对照试验（randomized controlled trials，RCT）方法自 20 世纪 60 年代首次被引入国际发展领域后再次进入发展项目评估界，成为评价国际发展项目的新“黄金标准”（Gold Standard），其应用范围近年来得到幂指数级增长。在麻省理工学院阿卜杜勒·拉蒂夫·贾米尔贫困行动试验室（Jameel Poverty Action Lab，J-PAL）2003 年成立时，该实验室只有 4 位教授，应用该方法进行评估的项目数也只有 33 个。到 2017 年，该试验室的教授人数已经达到 161 位，评估项目数达到 902 个，横跨 72 个国家。[①] 实验室的合作主任（co-leader）埃迪特·迪弗洛（Esther Duflo）也因这种方法于 2019 年获得诺贝尔经济学奖。

很多学者把 RCT 这种在 60 年代没有被推广，却在 21 世纪获得成功的项目层次的评估方法的成功归结为该方法的“修辞与组织策略”上，认为该方法首先从话语上将“发展知识”问题化，然后把 RCT 作为“一种解决不确定性的方式”，将有争议性的发展问题转化为技术问题。[②] 最近一项关于 RCT 的研究，从历史视角对 RCT 在发展项目评估上的两次使用浪潮进行了对比，认为有三个原因使得 RCT 在第二次浪潮中取得成功，一是克服了第一次浪潮中遭遇的政治抵抗，二是在发展援助与经济学等其他学科之间建立起了联系，起到了“枢纽”（hinge）的作用。最后，聚焦于小型的短期干预项目也使 RCT 体现出更大的优势。也有学者从历史视角对 RCT 进行了分析，得出 RCT 的成功更大程度上取决于国际援助本身所面临的历史和制度环境。近年来，RCT 因其聚焦短期影响而不能对大型及复杂的发展干预项目进行评估从而忽视潜在的结构性及伦理问题而遭受批评。

2020 年世界银行在其官网发布的一篇题为《国际援助被精英俘获：来自离岸银行账户的证据》的工作论文引发大家对援助有效性的深度思考。该文章通过追踪 1990~2010 年世界银行对 22 个对援助依赖性高的国家的季度拨款数据信息与国际清算银行提供的该国在离岸银行（往往位于被认为是

① de Souza Leão, L., Eyal, G., “The Rise of Randomized Controlled trials (RCTs) in International Development in Historical Perspective,” *Theor Soc* 48 (2019): 383-418, https://doi.org/10.1007/s11186-019-09352-6.

② Donovan, K., “The Rise of Randomistas: On the Experimental Turn in International Aid,” *Economy and Society*, Vol 47, No. 1 (2018): 27-58.

"避税天堂"的国家）增加的存款额之间的相关性，发现在世界银行拨款的季度，每拨相当于该国 GDP1%的援助款，该国流向"避税天堂"的存款就会增加 3.4%。研究由此推断约有 7.5%的援助款项被受援国精英俘获。同时，作者在文章中也指出，该文最大的贡献是提供了一个鉴定和量化援助无效的一种机制，以及对援助资金的分配效果、财富隐藏及资金外逃提供了一种强有力的证据。但是因为国际清算银行的数据不能完全透明，作者无法真正追踪存款账户受益人，所以该研究更是对巧合的一种推测，不能确定这些账户的受益人是否与世界银行的项目相关，更无法揭示其背后的机制。①

（二）不同层次发展合作有效性评价的证据

1. 机构层次的援助有效性

过去 30 多年来，因受经济危机的影响，传统援助机构的援助预算开始变得紧张，国内民众对政府能力问责也开始变得严苛，各双边援助机构及多边组织都面临援助有效性的压力。为了展示"物有所值"（value for money），援助机构不得不寻求以量化的形式展示他们的援助成果。首先，他们对项目层次的监测与评估不断得到加强，对项目设计、项目实施到项目结项的整个过程进行全周期监测，所有的项目都要求提交结项报告并进行存档公示。其次，机构层次的绩效衡量系统（Agency-wide performance measurement system）开始被用来应对国家法律和政府的行政命令，具体做法是援助机构定期向有关部门提供援助有效性报告，汇报其开展援助的活

① Anderson Jørgen Juel, Niels Johannesen and Bob Rijkers, "Elite Capture of Foreign Aid, Evidence from Offshore Bank Accounts," *World Bank Group Policy Research Working Paper 9150* (2020).

动和效果。美国 1993 年就颁布了政府绩效与成就法案，要求所有政府部门每年准备活动计划并设计监测指标来确保实现预期目标。作为负责对外援助的政府机构，美国国际开发署（USAID）从 1999 开始提交机构范围的评估报告。① 受美国的影响，多边机构也开始采用统一系统来回应提高援助的有效性和增强问责的压力。而千年发展目标的制定也让国际发展社会认识到单纯依赖增加援助力度不能实现发展目标，必须通过加强对援助活动的监测评估才能使援助资源变得更有效率。90 年代以来开始使用的以结果为导向的援助评估逐渐得到重视与强化，结果为导向的管理机制（result-basedmanagement）逐渐被引入。有些机构采取国际统一标准指标，报告的结果既涵盖援助项目的整体效果描述，也包括不同部门和不同区域的差异。

英国国际发展部（DFID）2004 年的援助有效性报告中揭示超过 75%的援助项目活动是成功的，澳大利亚援助署也报告了类似的结果。联合国开发计划署对 1999～2002 年的 400 个项目的有效性进行评估，发现 84%的项目取得成功或部分成功。亚洲开发银行 2005 年基于 1000 个项目的评估报告发现有 71%的项目是成功的，非洲开发银行报告显示的成功率为 69%。作为最大的援助机构，世界银行对 2000～2004 年所有的 1200 个项目进行了有效性评估，发现其成功率为 76%。2009 年的发展有效性评估报告揭示世界银行援助项目的效果在过去 15 年得到逐步提高。银行类援助机构还通过估计援助项目对经济的贡献与援助成本之间的比率来计算其回报率，

① Binnendijk, A., "Results Based Management in the Development Co-operation Agencies: A Review of Experiences," 2000, http://www.oecd.org/development/evaluation/1886527.pdf.

一般回报率大于10%就可以计算为成功的项目，世界银行的报告发现其在80年代的援助项目的整体回报率为16%，到90年代末就提高到了25%。而亚洲开发银行有60%的项目的回报率达到12%。同时，以世界银行为首的银行类援助机构还报告了流入不同部门的援助项目的成功率，结果发现对交通，农村发展及金融部门的援助项目成功率相对较高（85%以上），而环境类项目相对较低（低于70%）[①]；亚洲开发银行的结果是交通与能源类项目表现最佳，金融与农业部门的项目表现最差（低于50%的成功率）；非洲开发银行在农业类项目表现最佳（高于75%），而金融项目的成功率只有46%。世界银行对区域层次的援助数据表明，东亚和太平洋地区是援助项目成功率最高的地区，成功率在90%，而撒哈拉以南非洲项目成功率最低，成功率不到70%。不同时间段各地区的表现还会产生变化，如南亚、中东和北非地区，在21世纪初就得到显著提高，从20世纪90年代末的68%提升到85%，而拉丁美洲和加勒比海地区在同时间段内却出现了下降，其项目成功率从85%下降到不足80%。[②] 这些数据很容易让读者了解援助提供方对援助的使用情况，对援助效果也有了整体的了解。

近年来随着获取数据的手段变得越来越丰富，援助机构的报告越来越专业化，内容也越来越丰富，但对报告数据可

---

① "Annual Review of Development Effectiveness 2009: Achieving Sustainable Development (English)," Annual Review of Development Effectiveness (ARDE) Washington, D. C.: World Bank Group, http://documents.worldbank.org/curated/en/51477 1468166789111/Annual-review-of-development-effectiveness-2009-achieving-sustainable-development，最后访问日期：2024年2月26日。

② Riddell, R., *Does Aid Really Work?* (Oxford: Oxford University Press, 2008), pp. 119-120.

靠性的质疑一直都存在。弗林特（Flint）等发表的一项研究就对项目成功率提出了质疑，认为官方援助机构的自我评估报告可能存在成功率被夸大的问题，主要原因是数据缺乏，失败案例经常被忽略。英国国际发展部通过 2001 年对项目结项报告的一份质量检测发现有 1/4 的项目报告高估了项目成就。亚洲开发银行 2005 年对其项目的一项深度评估不得不将 9%的原评估结果降级。①

这种汇总报告的“应对问责导向”受到越来越多的批判和质疑。如德国发展研究所的一项研究通过分析 11 个双边和多边援助机构的报告内容和方法，对机构层次的绩效衡量系统对援助有效性的影响进行了评估。分析结果表明，援助机构提供的汇总结果数据仅具有有限的信息价值，不能为对援助机构有效问责提供足够的依据，而且还可能会产生许多不利影响和错误导向。尤其是针对问责方面，援助涉及的多元利益相关者是应该对援助机构负责还是应该对受援国的用户负责？从援助伦理来看，显然应该更大程度上对受援国的用户负责。考虑到采用标准指标汇总结果报告的各种局限性和风险，作者建议援助机构应探索一种针对标准指标的补充选择或替代方案，对影响评估进行更多的投资，实行更严格的标准，提高单个干预项目的透明度。② 而且，所有汇总报告都是基于单个项目评估的基础上的，而大部分项目评估仅局限于项目是否实现即期目标（immediate objectives），对项目长

① Flint, M., C. Cameron, S. Henderson, S. Jones, and D. Ticehurst, “How Effective is DFID? An Independent Review of DFID’s Organisational and Development Effectiveness,” *DFID Evaluation Report EV 640* (London: DFID, 2002).

② Holzapfel, S., “Boosting or Hindering Aid Effectiveness? An Assessment of Systems for Measuring Donor Agency Results,” *Public Administration and Development* 36 (2016): 3-19, DOI: 10.1002/pad.1749.

期影响的追踪非常缺乏。项目影响的长期可持续性对受益群体至关重要，根据2005年欧盟审计院（European Court of Auditors）对欧洲委员会在亚洲的所有项目的可持续性评估结果，有半数项目的可持续性值得怀疑。国际农发基金（IFAD）也得出过相似的结论。2004年，非洲开发银行判断其不可持续项目的比率达到36%，占其已拨付资金的78%。①

从上述证据来看，机构层次的援助有效性报告尽管可以提供对援助机构工作以及援助资金使用是否有效的直观的信息，但由于受到技术、评估者的立场以及评估人员和成本的有限性的影响，对所有援助项目的总体是否成功进行客观评价是不可能的，对发展援助项目的全面客观的评价需要包括援助者和不同受益群体的视角，还需要有时间跨度、能聚焦具体领域的评估框架和方法。

2. 项目层次的援助有效性

从项目执行方式来讲，官方发展援助可以通过单一项目援助（projectaid）、成套项目援助（programaid）、技术援助（technical assistance）及能力建设援助（aid for capacity building）等方式进行。很多研究对这四种援助模式的有效性进行了评价。本部分在对这四种援助模式进行比较的基础上，阐述了对它们进行有效性评价所面临的问题。

（1）单一项目援助

20世纪70年代以前，官方发展援助主要以单一项目援助为主，其最大的特点是援助方可以完全控制项目的投入，确保他们用来生产发展产品。与成套援助项目相比，独立项目经常被称为“发展的孤岛”，对项目区外的世界漠不关心，而

① Riddell, R., *Does Aid Really Work?* (Oxford: Oxford University Press 2008), pp. 119-120.

且单个项目管理的成本相对来说要比成套项目高，援助方需要付出更大比例的咨询经费来做项目可行性评估，监测项目进展，撰写项目结项报告，做后期影响评估，不管项目大小，这些流程都不可少。这样就导致很大部分的项目经费流入“发展专家”的腰包。根据世界银行的一项数据，在 1996 ~ 2001 年，世界银行的管理经费平均每年达到 14 亿美元，如果将这些成本计算进去，世界银行项目的回报率可能会降低 1/3。

与成套项目相比，对单个项目的评估要相对容易，而且将其汇总后可以看出项目援助的整体成功率。但对单一项目的评估结果往往不能反映不同项目之间的联系，对于项目是否存在与其他援助机构项目的重复或互补的情况，项目是否能够满足受援助者的需求，如何保障项目效果的可持续性等问题很难回答。目前，对一个独立项目或项目总体情况的更广泛影响的评估（如对受援国社会经济整体指标的影响）还没有特别有效的手段。近年来，曼彻斯特大学发起的一项对水坝的研究和评估在一定程度上克服了这种短期评估可能带来的风险。研究团队通过对全球大型的水坝项目的历史、现状和未来进行多学科视角、全面的研究和评估，试图找出这些项目在设计、执行、后期管理及长期社会经济环境影响的优势和缺陷，以期在将来水坝项目的设计、执行过程及影响评估提供借鉴，做到扬长避短，这种研究思路和方法值得借鉴和推广。但这种全方位长期影响的评估成本会很高，而且对评估人员的专业要求也会很高。

（2）成套项目援助

自 20 世纪 80 年代以来，以促进经济发展为目标的国际援助经历了转型，很多援助机构开始意识到援助本身并不能促进经济发展和减贫，援助的成功很大程度上取决于受援国的政策环境。国际发展社会逐渐对此达成了共识，并开始呼吁提供多元化的援助模式。单一项目援助在整个援助中的比例开始下降，成套援助项目、技术合作、能力建设、私营部门和非政府组织参与援助项目的比例开始增加。关于不同援助方式所产生的援助效果的比较研究也逐渐增加。

广义上来说，单一项目之外的援助项目都可以归类于成套项目援助。但从官方发展援助来说，成套项目援助主要包括两类：一类是部门范围援助（Sector - wide approaches, SWAps），是指援助方通过对某一具体部门，如健康、农业、教育等提供援助来帮助受援国政府提高对这些部门的支出，从而促进这些部门的发展。另一类是一般预算援助，是指援助方通过提供资金来促进受援国政府的整体收入，进而通过政府支出，拉动经济增长和社会发展，当然预算援助资金也可能会专门流入某一部门。目前，成套项目援助方式是很多国家提供对外援助的主要模式。从项目设计的初衷来看，与独立项目相比，SWAps 应该会节约很多单一项目管理的成本。而且，因为当地政府部门负责协调使用援助，援助机构不会直接介入项目的实施，尽管在很多情况下会与受援国进行讨论，帮助受援国制定相关的战略和项目管理手册。

对部门范围援助效果的评价比单一项目要复杂得多。受援国政府部门一般会整合所有的援助资源统一协调使用，而某一援助机构提供的援助可能只占到该部门总资源的很少的一部分，这就会稀释援助资金与其可能产生影响之间的关系。因此，对部门范围援助效果的评估往往很难得出一般性的结论。琼斯（Jones）的研究表明，从总体来看，部门范围援助是令人失望的，但这并不妨碍该方式在某些具体部门和一些国家表现优异，如健康、教育和道路交通部门。同时，这一方法在埃塞俄比亚、加纳、莫桑比克、乌干达和赞比亚都比较成功。[①] 部门范围援助会直接或间接地增加受援国部门的整体支出，但是否会有利于穷人并不能得出一致性的结论。很多研究表明部门范围援助不仅没有减少管理成本，而且为了实施这些项目，援助国和受援国的人员费用都增加了。世界银行的一项报告也表明，因为部门范围援助项目的复杂性，更多的工作人员要参与到项目中来，来自援助方的监测和评估的人员数量和工作时间会增加，而受援国部门的公务员工作压力也会比项目执行之前增加。[②] 很多情况下，援助方严苛的监测和评估要求受援国对政府部门的工作人员提供大量的工作报告，加大了项目的交易成本，甚至出现双方产生矛盾影响项目执行效果的情况，在文化差异大的地区这一矛盾尤为突出。作者在莫桑比克的研究也发现了类似的情况。[③]

一般预算援助在传统双边援助及多边援助中占有重要地位，对受援国至关重要。与单一项目援助相比，预算援助可能会让受援国对援助流入有可预见性，更容易让受援国政府欢迎，增进援助方与受援助方之间的关系，让受援国政府更关注发展问题，如减贫和提供社会服务等。但预算援助也可能会增加受援助国对援助的依赖。2005 年，一般预算援助占

① Jones, S. and Associates, *Developing Capacity? An Evaluation of DFID－Funded Technical Cooperation for Economic Management in Sub－Saharan Africa* (Oxford: OPM, 2006).

② Killick, T. C. N. Castel－Branco, and R. Gerster, "Perfect Partners? The Performance of Programme Aid Partners in Mozambique 2004," *Report to the Programme Aid Partners and Government of Mozambique* (London: DFID, 2005); West, R., *Education and Sector－wide Approaches in Namibia* (Paris: International Institute for Educational Planning, 2005).

③ Zhang, C., X. Li, E. Connerley and J. Wu, "Role Tension and Adaptation in a Chinese Agricultural Aid Project in Mozambique," *Journal of International Development* (2019), DOI: 10.1002/jid.3402.

DFID 单边援助总额的 30%。在 2003~2004 年，埃塞俄比亚与坦桑尼亚接受的一般预算援助超过其国内生产总值的 20%以上，同期一般预算援助占乌干达接受的总预算的 31%，布基纳法索达 25%。提供一般预算大多基于援助方与受援国就受援国的发展战略、发展目标、受援国有效利用援助的能力及管理足够透明等方面相互形成共识并充分了解的基础上。

对一般预算援助效果进行客观的整体评价几乎是不可能的。因为正如前面我们提到的，一般预算援助会融入受援国政府的整体预算，与受援国收入及减贫等社会发展很难形成因果关系。李斯特 2006 年发表的对 7 个非洲国家的一般预算援助的效果评价的综合案例研究报告表明，因为数据缺乏，几乎不可能得到任何一般性结论，各个国家的情况有很大差异。而且，即使有足够的数据，也很难跟踪援助对贫困人口收入变化的因果关系。研究结果还表明，尽管预算援助带来的政府支出增加了政府的服务供给，但服务的质量却出现了大幅度的下降。① 罗森（Lawson）等人的研究指出，一般预算援助给受援国在制定发展战略方面更大的“自主权”的同时，也让受援国不得不接受援助方提出的各种附加条件。②

（3）技术援助项目

在具有现代意义的对外援助开始之前，技术援助项目就开始了。可以说技术援助应该算是最古老的对外援助方式了。技术合作不仅是南南合作的主要内容，也曾经是传统援助机构非常重视的援助提供模式。根据 OECD 的统计数据，2004

① Lister, S., *Joint Evaluation of General Budget Support 1994-2004: Final Inception Report* (London: DFID, 2005).

② Lawson, A. M. Msuya, S. Wangwe, and T. Williamson, *Does General Budget Support Work? Evidence from Tanzania* (London: ODI, 2005), p. 8.

年，在OECD-DAC国家提供的双边援助中，技术合作占比达到36%，过去25年的平均占比在36%~40%，这还不包括其他资本项目执行过程中的技术支持。如果将多边援助机构和南南合作的数据整合在一起，技术合作占官方发展援助的比例可能会更高。技术合作的形式包括两种方式，一类是作为其他援助方式的一部分，为项目的顺利实施和交接提供技术转移；另一类是作为独立的技术培训和能力建设项目。

如卡桑（Cassen）在1986年做出的判断一样，很长一段时间以来，技术援助的效果很难被否定。成千上万的来自援助国的教师和技术专家走入发展中国家的中学、职业学校和政府机构，传递知识和技术，对受援国人才培养和技术人员储备有很正面的影响。其中最典型的例子就是印度理工学院，自20世纪60年代以来，在西方发达国家的技术援助下，该学院为印度培养了大批研究人才，也催生了印度软件产业的发展。另一个成功的例子是英国曾经将本国海关工作的退休人员派往莫桑比克，帮助莫桑比克海关提高工作效率。莫桑比克海关的清关时间提高了60倍，项目开始两年就为该海关的收入提高了38%。

但技术援助也有自身的问题。首先，派出专家成本太高是技术援助项目最大的缺陷。据估计，在20世纪80年代末，在非洲雇用10万外国人的费用高达40亿美元。[①] 世界银行1981年的一份报告中揭示一位咨询专家一年的费用就高达15万美元，[②] 到21世纪初这一数额至少翻倍。尽管后来鼓励或

---

① Walle, N. van de, *Overcoming Stagnation in Aid-Dependent Countries* (Washington, DC: CGD, 2005), p. 72.

② World Bank, *Accelerated Development in Sub-Saharan Africa: An Agenda for Action* (Washington, DC: World Bank, 1981).

法律规定必须雇用受援国国内专家，但因为援助方在这一问题上一直模棱两可，国内专家仍不能完全代替外国专家。其次，一般技术援助项目的外派专家需要承担双重角色，一个是自己要做技术工作，另一个是培训受援国人员。因时间和精力有限，大部分专家会把工作重心放在前者。正如中国援助非洲的农业技术示范中心的专家，他们一方面要维持中心的运营，另一方面还要进行技术培训，很多时候二者不能兼顾。同时，专家虽然熟悉自己领域的业务，但是否能够胜任教学工作却不一定。最后，培训机构能否投入成本吸引真正有能力胜任的专家有时候也引起质疑。即使是长期为发展中国家培养高层精英的英国海外发展研究所有时也会面临不能吸引到有能力且有效率的培训专家的困境。

援助技术的可持续性是技术援助面临的最大挑战，从长期效果来看，大部分技术援助项目是失败的，这也让援助机构开始反思改善受援国制度环境的必要性，将技术援助的目标确定为通过制度建设和加强受援国经济管理能力实现独立自主，试图改变技术援助的碎片化和不可持续的状况。近年来，传统援助国纯粹技术援助项目的数量在下降，而南方国家在开展南南合作时将技术合作作为重点，因为相似的发展背景和发展经历，可以为其他发展中国家提供更适用的技术和管理经验。同时，相似的发展阶段和发展水平可以克服南北合作中技术援助专家高成本的问题。但如何实现技术援助效果的可持续性，克服文化语言障碍、吸引更多的专家参与技术合作也是目前南南技术合作面临的挑战。

（4）能力建设项目

能力建设项目可以被看作新型的技术援助/合作项目，其目标是促进受援国的组织能力和制度建设。在过去 20 年里，能力建设与制度发展、善治成为发达国家提供的援助项目的必备“良方”。如美国国际开发署曾经以援助方式为哥斯达黎加增强司法体系建设提供长时间的支持。目前这种方式被推广到亚洲国家，近年来，美国开发署为菲律宾的司法体系能力建设也提供了长时间的援助。瑞典国际发展署（Sida）曾援助坦桑尼亚国家统计局长达 30 多年，英国国际发展部也曾经为卢旺达税收部门、赞比亚预算局、南非财政部、加纳国家发展规划委提供能力建设援助。①

对能力建设项目的评价存有争议。有专家认为，与其他援助项目相比，对能力建设项目的评价完全可以像其他援助项目一样，只是对发展的理解发生了变化。与一般的技术合作项目相比，能力建设项目应该更注重长期影响，而不是短期效果。但在很多情况下，对能力建设项目的数据和评价方法都是按照传统的技术援助的方法来进行，如提供了多少课程，有多少人接受培训，对具体有多少援助以能力建设形式提供等，因为没有更详细的数据，这种评价毫无意义。另一个挑战是对能力建设项目的评估很难找到参照标准，因为项目开展前的情况基本没有基线数据可以参照。

有案例研究表明，受援国对增强制度建设与改革的“主导权”、受援国政府得到的政治支持与投入、援助提供方与受援国在主要政策与项目目标中的共识、外方专家与本土专家的积极互动、受援单位的专业性和独立性，是决定能力建设项目成功的关键因素。而且能力建设项目的成功或失败具有累积型特点，前期的成功会对更长久的影响打下良好的基础。

① Jones, S. and Associates, *Developing Capacity? An Evaluation of DFID - Funded Technical Cooperation for Economic Management in Sub - Saharan Africa* (Oxford: OPM, 2006).

世界银行 1999 年对早期项目的评估发现，项目设计忽略受援方的具体情况，前期调研不足、项目目标不清晰或不现实、实行一刀切的自上而下的项目设计、官僚主义的管理方式是造成很多项目失败的主要原因。

对能力建设项目可持续性的评估结果，表现出援助提供方与受援国对造成项目不可持续原因上的分歧。如对赞比亚财政部的支持项目的评估结果发现，在对 2000 人进行了培训后，整个部门进行了重组，项目顾问虽被边缘化但并没有被取代、高级政策制定者的指示仍然被忽视，整个管理体系根本没有发生实质性的变化。因此，援助方认为该能力建设项目完全失败或不可持续，其原因主要在于受援国政府不作为。而从受援国政府视角来看，能力建设项目的失败是因为援助方掌控所有的资源，项目设计都是援助方驱动的，其方式方法经常为援助方自己的利益服务，受援国政府不是不作为，而是没有足够能力控制项目。可见，对能力比较弱的政府进行能力建设的前提是要给他们自主性，家长制的作风是行不通的。

（三）附加条件与援助有效性

自官方援助开始以来，为确保援助能够达到提供方所期待的效果，对受援方施加附加条件的现象一直存在。援助方会列出提供援助和如何使用援助资源的明确条件和要求，如果受援方达不到这些要求，援助方会停止或撤销援助，这种方法通常被称为“投入为基础和条件驱动方法”（input-based and conditionality-driven approach）。但在通常情况下，因受援国政府没有达到要求，导致援助被撤销的情况是非常少的。

真正将援助的“条件性”制度化和公开化应该是自 21 世纪 80 年代，以世界银行和国际货币基金组织主导的大范围的结构调整项目为典型，向受援国提供附加条件援助，其核心政策条件是要求获得世界银行贷款的国家必须进行宏观经济政策改革，实施自由市场主导的经济政策，具体包括金融和贸易自由化、私有化和放松管制、紧缩的财政政策、重新规划政府支出、进行税收和汇率改革，这也就是大家所熟知的华盛顿共识。在 20 世纪 80 年代至 90 年代中期这一段时间内，这些条件不仅数量越来越多，而且变得越来越复杂，程度也不断加强。到 90 年代末期，仅世界银行施加的条件就由最初的 5 个增加到 25 个，全球有 120 个国家都实行了不同形式的结构调整。在多边机构的影响下，很多发达国家的双边援助机构也开始跟风使用这种附加政治条件的援助方式。

不同受援国对这种完全由援助者主导的援助方式表现出不一样的反应。一些拉美对结构调整政策表现出了欢迎的态度，其他国家表现出比较谨慎的态度。但为了获得援助，几乎没有受援国提出正式抗议，开始实施援助项目规定的一些政策条件。但一旦项目开展，政策实施的问题开始暴露，有些国家根本没有能力实施这些复杂的政策条件，有些国家因为经济或社会成本太高根本不愿意实施，还有些国家出现公开抵制的情况，甚至因此产生社会暴动和骚乱，有些国家政府或执政党直接将援助资源用来对付反对党。而援助提供方很难控制这种情况。在这一段时间，有些项目虽然被暂停，但大部分的贷款仍然涌入这些表现不佳的国家。世界银行只有 1/4 的项目能够按时完成。国际货币基金组织援助项目的成功率也不到一半。①

自 80 年代末期以来，关于附加条件援助效果的独立研究

① Wood, A., *One Step Forward, Two Steps Back: Ownership, PRSPS and IFI Conditionality* (Milton Keynes: World Vision, 2004).

几乎都表明项目在引起政策变革方面是失败的。其中最具代表性的是基利克（Killick）等所指出的："总体来看，附加条件对改善受援国的经济政策方面不是一个有效的手段，其激励体系明显缺乏对不执行附加条件的惩罚威胁，在面对援助方与受援国对政策目标和政策优先性方面出现分歧时表现出明显的不足，但对激励政府参与等其他因素却起到了限制作用。"也有研究发现，援助是否能发挥作用跟受援国的政策没有太大的相关性，[①] 尽管援助的边际效益可能会因援助国有利的政策环境会相对增高，[②] 那些不愿意遵守条件的国家不实施相应的附加条件，因此不会产生很好的政策效果，而愿意遵守并且相信可能会从中受益的国家往往会取得良好的效果。这一结论对后来援助更多的流向对援助使用更好的国家（更愿意服从附加条件的国家）提供了支持。伯恩赛德（Burnside）和多拉尔（Dollar）进一步指出援助在具备"良好"政策（财政、货币和贸易政策）的国家才会为增长做出贡献，而政策环境差的国家，援助不会产生有效的作用，因此为提高援助的有效性，援助应该流向具备"良好"政策环境的国家，这些研究对接下来的援助实践产生了巨大影响。[③]

90年代后期以来，以世界银行为主的援助方也开始反思"附加条件"的做法，开始重新对"条件性"（conditionality）进行定义，将资助目标从追求结构调整下的政策改革，逐渐

① Hansen, H. and F. Tarp, "Aid Effectiveness Disputed," *Journal of International Development* 12 (2000): 375-98.

② Killick, T. C. N. Castel-Branco, and R. Gerster, "Perfect Partners? The Performance of Programme Aid Partners in Mozambique 2004," *Report to the Programme Aid Partners and Government of Mozambique* (London: DFID, 2005), p. 165.

③ Burnside, C., and D. Dollar, "Aid, Policies, and Growth," *American Economic Review*, Vol 90, No. 4 (2000): 847-868.

转向受援者已经具备的条件，实施“选择性”（selectivity）或“以已有表现为基础”的援助方式。提高援助有效性的工作变得越来越系统化，并为其专门设计了国家政策与制度评估体系（Country Policy and Institutional Assessment，CPIA），根据20个特征对受援国进行打分，这些特征包括宏观经济和发展政策、经济和公共部门管理和制度能力等。每个国家根据这些指标进行打分，打分后分为5个档次，第一档最高，第五档最低。世界银行自己的研究发现援助使用及对增长的贡献与CPIA的分值成正比。①

最近的研究对世界银行的这种方法提出批判，认为CPIA是世界银行用来管制其与贫穷国家的关系的重要手段，这与世界银行倡导要超越80年代的“附加条件”的新自由主义偏见是不一致的，体现了世界银行的虚伪性（Van Waeyenberge 2009）。也有学者对目前多边国际组织使用的以政策绩效为基础提供发展援助的方式提出了质疑。以CPIA为例对1997～2008年146个国家的面板数据结果证明尽管CPIA与增长有相关性，但它不是一个可以预测未来增长的好的指标体系，以“援助有效性”为基础的绩效指标比选择性的分配援助更有用。② 但从援助有效性评价结果来看，研究者的基本结论是如

① World Bank, “Country Policy and Institutional Assessment 2003,” *Assessment Questionnaire* (Washington, 2003); Van Waeyenberge, E., “Selectivity at Work: Country Policy and Institutional Assessments at the World Bank,” *The European Journal of Development Research* 21 (2009): 792-810; Cagé J, “Improving upon the World Bank's Country Policy and Institutional Assessment: A Few Performance Indicator Based on Aid Effectiveness,” *Journal of Globalization and Development* (2004): 23-34.

② Van Waeyenberge, E., “Selectivity at Work: Country Policy and Institutional Assessments at the World Bank,” *The European Journal of Development Research* 21 (2009): 792-810.

果援助方发挥支持作用，而不是强迫受援方，那么双方才会成为更有效的“发展伙伴”。同时，受援国的政策虽然重要，但并不能单独发挥作用，影响援助效果的因素还应该包括政治稳定程度、民主程度、经济水平等，[①] 因此，对援助分配的选择性，应该采取更宽泛的标准框架。

总之，尽管国际发展话语已经从“援助有效性”向“发展有效性”转变，“伙伴关系”已经替代传统的“援助国-受援助国”的概念，但附加条件与选择性援助仍然是大部分发达国家双边援助机构与国际组织进行援助分配的重要做法。随着国际形势的变化，附加条件的方式变得更加隐蔽，所附带的条件不会被明确写进政策文件中。如美国在提供援助时会制定目标国家（targetcountries），如在“9·11”事件后，美国布什政府设立千年挑战集团（MCC），规定只向那些政治相对稳定、已经实现民主的发展中国家提供发展援助。根据笔者2016对一位已经退休的USAID官员的访谈，美国“喂养未来计划”有一条不成文的规定，那就是不会向可能会对美国农业造成竞争的国家提供农业援助。全球性危机，尤其是新冠疫情，使得来自国际组织与双边援助机构的特殊用途资金额度大幅度提升，这一方面可能跟抗疫援助有关，但也体现出在全球资金紧张的情况下，发展援助的政治性和条件性会不断加强。

自20世纪70年代以来，官方发展援助的有效性就受到很多学者的批判，其中最具代表性的两位学者是来自匈牙利的经济学家彼得·托马斯·鲍尔（Peter Thomas Bauer）和尼

① Morrissey, O., “Conditionality and Aid Effectiveness Re-evaluated,” *The World Economy*, Vol 27, No. 2 (2004): 153-171, https://doi.org/10.1111/j.1467-9701.2004.00594.x.

日利亚学者丹比萨·莫约（Dambisa Moyo）。鲍尔认为，政府对政府的援助对发展来说既不必要，也不足够，甚至还会阻碍发展。援助的危险在于它增强了政府权力，导致腐败，从而进一步导致资源错误分配，破坏了民间社会的力量。[①] 莫约在其代表作《死亡援助》一书中指出政府对政府的援助造成了很多非洲国家对援助的依赖性，滋生了腐败，是非洲治理恶劣和贫穷的根源，应该被淘汰。[②]

尽管对援助有效性本身及对援助有效性评价的批判和质疑一直存在，但这并没有影响西方传统援助国及多边援助机构对援助有效性进行评价的热情。评价援助有效性一方面是为了回应对援助必要性及援助效果的质疑，进而发现援助项目的成功之处和不足，为提升援助项目有效性提供依据；另一方面，经过多年的发展实践，发展援助已经成为援助提供国一个非常重要的产业，援助预算的变化不仅影响着接受援助国家的受益群体，援助国的援助机构及相关从事援助项目实施的部门也会受到影响，也在一定程度上形成了对援助的依赖。因此，对援助有效性进行评价，对维持援助产业对援助国和多边援助机构内部不同利益群体的生计也至关重要。可见，援助的“复杂性”决定了对援助有效性的评价是一个没有终点的道路。而对援助有效性一般性问题如援助效果是否可持续、是否惠及最需要的群体、是否促进公平和正义等可能需要更灵活的方法。纯粹量化的数据不能完全揭示援助产生的效果及带来效果的深层次原因，因为目前可获得的数

① Bauer, T., *Dissent on Development* (New York: Harvard University Press, 1972), pp. 108-110.

② Moyo, B., *Dead Aid: Why Aid Is Not Working and How There Is a Better Way for Africa* (New York: Farrar, Straus and Giroux, 2010), pp. 88-90.

据和研究方法都还不能做到这些。通过不断完善各种援助有效性评价的技术和机制，援助有效性评价成为传统援助国和多边援助机构塑造与发展中国家的关系重要工具。通过不断完善援助有效性的话语机制，传统援助国逐渐实现了对全球发展知识的控制。

三　南方国家对国际发展合作有效性评价的贡献及局限性

自21世纪以来，以联合国为首的国际机构也不断为构建平等的全球伙伴关系做出了努力。2000年联合国189个成员国联合发起的千年发展目标，是首次在最广泛的国家间达成与全球发展议题相关的协议，为人类发展指明了具体的努力方向。千年发展目标的达成意味着发展不再是某个国家自己的事情，发达国家有义务通过发展援助、债务减免和免征关税等措施，帮助发展中国家实现千年发展目标，千年发展目标的达成在国际发展合作历史上具有里程碑地位。2002年的《蒙特雷共识》进一步倡导发达国家和发展中国家建立更有效的发展合作伙伴关系，并将发展资源的利用效率最大化。2015年联合国主导出台的《亚的斯亚贝巴行动议程》，在强调发展中国家要充分调动国内资源的同时，要求发达国家重申将其国民生产总值的0.7%用于官方发展援助的承诺，包括将国民总收入的0.15%~0.2%作为对最不发达国家的官方发展援助。《2030议程》更是将发展中国家与发达国家共同发展问题联系起来，强调单纯的援助不能解决发展中国家的发展问题，必须要全方位动员各种资源，才能实现发展目标，进而实现全球可持续发展。

同时，随着南方国家经济的发展，很多南方国家开始提供对外援助，角色也由原来的受援国逐渐转变为受援国和援助国，有些甚至已经宣布退出受援国的身份。相互尊重、平等互利、不干涉内政的南南合作原则使得南方国家提供的发展援助与传统援助国的发展援助表现出明显的不同。这些不同首先表现在对援助概念的排斥，与西方尝试使用的官方发展援助的概念不同，南方国家极力倡导用国际发展合作的概念替代对外援助，并且也将投资和贸易纳入国际发展合作的范畴，援助促贸易、援助促投资成为南南合作中的主流话语。随着新兴国家对这种新型国际发展合作模式的不断实践，这种新型合作模式所表现出的优越性越来越得到国际社会的认可。从伙伴国的角度来看，这种新型的合作模式不仅拓宽了发展融资的范畴，而且让他们以更公平的合作方式参与国际发展合作，在一定程度上克服了与传统援助国之间的内在不平等性。南方国家参与对外援助也在一定程度上提升了传统受援助国家在接受对外援助中的谈判能力，增加了他们的“自主性”。从提供发展合作的国家角度来看，平等互利的合作方式更能使同样处于发展中国家的国内民众接受政府主导的对外援助，为对外援助提供了很强的合法性和说服力。

南方国家倡导的新型发展合作模式对传统援助国也产生了影响，他们开始反思传统的援助模式。正如在前文提及的，OECD-DAC 国家除了与联合国共同倡议发起全球有效发展合作伙伴关系外，还专门提出全方位官方支持可持续发展框架(TOSSD)，内容除 ODA 外，也将官方动员的其他资源包含进来，如来自私营部门的发展资金以及优惠贷款和非优惠贷款。在评价内容上，TOSSD 除了包括经济和社会发展维度，还包括维护和平安全、环境可持续性、政治文化因素以及互惠互利等目标范围，从中看出新兴经济国家对传统援助国的影响。

在具体的评价方法上，TOSSD 采用的是全部面值测量总量的方法，此方法虽然为发展中国家提供了资源可获得情况的更全面的信息。但 TOSSD 对受援助国家获得资金的条件仍然提出了限制，如提出了国家优先原则。另外，TOSSD 对问责方面的要求又是模糊的，没有提出发达国家的长期承诺，也没有提出具体的目标，因此遭受来自南方国家的质疑。

尽管南方国家对国际发展合作的贡献不断加大，但对南南合作的评价却远远滞后于南南合作的实践。近年来，很多来自南方的智库开始建立一个全球层次的南南合作评估框架。如 2014 年，南方智库网络（the Network of Southern Think Tanks，NeST）就开始致力于建立一个真正能够反映南南合作本质的监测与评估框架的体系，该网络成员包括来自中国、印度、巴西、南非等南方国家的智库网络。2015 年 3 月，该网络在南非米德兰召开了第一次技术会议，此后又相继召开多次技术会议就建立南南合作评估框架进行讨论，NeST 平台吸引了大批来自南方主要国家的学者，如南非、印度、墨西哥、土耳其、巴西、中国等。在南非学者奈桑·贝沙拉提（Neissan Besharati）的主导下，NeST 南非分部在全球发展合作有效伙伴关系第二届高层会议上展示了一个形式完整的南南合作监测与评估框架。该框架包括反映 5 个维度的 20 个指标，具体指标情况如表 5-1 所示。

表 5-1　南方智库网络（南非）南南合作评估框架

维度	指标
具有包容性的国家自主权	多元利益相关者伙伴关系 以人为中心的包容性 需求导向 无附加条件

维度	指标
平等互利	互惠互利 分享资源和决策 信任和团结 全球政治联盟
独立自主和可持续性	能力建设 知识和技术传递 国家体系和资源的使用 国内收入贡献
发展效率	灵活性和适应性 内外协调性 时间和成本有效性 发展政策一致性
问责和透明度	数据管理和报告 监测和评估体系 信息透明和获得性 相互问责和共同评价

资料来源：Neissan Besharati，“New Development Finance Measure Should Be TOSSD out the Window，” *East Africa & South Africa Institute of International Affairs Working Paper*（2017）。

该评估框架遭到来自中国、印度和巴西等 NeST 成员的反对，原因在于该框架并没有脱离 OECD-DAC 主导的南北合作的限制，用的仍然是南北合作话语，并不能真正反映南南合作的本质，而且指标模糊、不可测量和操作性差。对评估的目的具体是针对谁、给谁看等问题也采用了模糊处理的方法。但大家一致认为，南南合作的评估应该是以定性数据和案例研究数据收集方法为主，其目的是获得最佳实践、分享经验，而不是进行国际比较。

从区域层次来看，目前致力于南南合作数据报道的国际机构主要有两个，一个是伊比利亚美洲总秘书处（Ibero-American General Secretariat，SEGIB），另一个是拉丁美洲和加勒比地区经济委员会（The Economic Commission for Latin America and the Caribean，ECLAC）。前者发表了在伊利比亚美洲地区的南南合作数据，提供了关于南南合作、区域合作和三边合作的项目及行动信息，并开始建立项目执行、效率及接受国和提供国之间的成本分担情况指数。目前与伊比利亚美洲加强南南合作计划（PIFCSS）一起开始整合伊比利亚美洲南南合作和三边合作数据系统（SIDICSS）虚拟平台，目标是从本区域成员国汇集数据、建立区域范围内关于合作方式的相关知识。该平台于2016年完成了第一轮数据采集并开始对成员国进行评估，分享了相关挑战和可能的解决办法。[①]

拉丁美洲和加勒比地区经济委员会在南南合作方面的主要贡献是帮助该区域国家（阿根廷、巴西、哥伦比亚、智利、墨西哥、秘鲁和委内瑞拉）确定测量南南合作的方法，包括澄清南南合作的统计术语、参与南南合作内容的国际讨论和加强成员国国家统计办和发展机构的工作能力。目前，就报告南南合作数据采集并没有达成一致意见，只是强调了南南合作的政治、技术和资金维度的重要性，承认在本地区建立一个共同标准的重要性，并从技术层面做出努力，目前的建议是数据要基于国家账户体系，包括提供者和接受国相关的

① Mariella Di Ciommo, "Approaches to Measuring and Monitoring South-south cooperation," discussion paper, UK: Development Initiatives, February 2017, https://devinit.org/wp-content/uploads/2017/02/Approaches-to-measuring-and-monitoring-South-South-cooperation.pdf，最后访问日期：2024年3月5日。

支出，包括政府部门、亚政府机构及非政府部门。[①]

从国家层面来看，有些国家已经生产出向公众公开国际发展数据的国家机制。如巴西、卡塔尔、土耳其及阿拉伯联合酋长国也发表了发展合作项目的报告，向大家分享了定性及定量数据信息。而哥伦比亚已经在网上及时更新其国际合作总统署（APC-Colombia）的信息。[②] 南非也报告了其非洲复兴和国际合作基金的财务和项目信息。这些信息为了解这些国家的南南合作经验、方法和制度设置提供了很好的依据，但在完整性、及时性及数据的可分析性等方面都存在很多问题，所依据的概念和方法也有很大差别，很难让研究者获得中立客观的分析结果。

在目前主要的南南合作提供方中，数据发布最完整的应该是墨西哥，这不仅仅是因为墨西哥是 OECD-DAC 的成员国。据墨西哥合作署（AMEXCID）的官员介绍，墨西哥国内严格的透明法（Law of Transparency）要求墨西哥必须公开其发展合作活动和项目，所以，墨西哥有专门的数据网络平台，定期向公众公开数据及视频信息。自 2018 年以来，墨西哥开始采用 GPEDC 的监测指标来测量其南南合作的有效性性，但在坚持四大指导原则的前提下，对具体的指标做了相应的调整。为了适应墨西哥本国的环境，墨西哥就如何量化本国的国际发展合作专门制定了测量方法（见表 5-2、表 5-3）。

---

① SEGIB，"Report on South-South Cooperation in Ibero-America，" 2016，Available at：https：//www. segib. org/wp-content/uploads/Report-SSC-2016-EN1. pdf.

② Mariella Di Ciommo，"Approaches to Measuring and Monitoring South-south cooperation，" discussion paper，UK：Development Initiatives，February 2017，https：//devinit. org/wp-content/uploads/2017/02/Approaches-to-measuring-and-monitoring-South-South-cooperation. pdf，最后访问日期：2024 年 3 月 5 日。

表 5-2 墨西哥南南合作评估框架

指导原则	总体指标
国家自主权	合作与伙伴国的优先发展战略一致
结果导向	合作适用战略结果框架
透明度	合作信息公开
	合作接受议会审查
包容性伙伴关系	民间组织参与合作
	存在关于合作的公私对话

资料来源：笔者根据 AMEXCID 官员提供资料整理。

表 5-3 墨西哥南南合作评估指标体系

合作模式	具体指标
技术合作	专家支出（交通、补贴、合同服务等）：包括专家实际参与合作活动的时间、额外两天的准备时间
	专家的机会成本（专家每天的平均收入）
金融合作	可返还的优惠贷款（优惠部分比例）
	不可返还的贷款和债务谈判
为外国学生提供的奖学金	为发展中国家学生提供的奖学金
多边贡献	发展贡献相关性（OECD/DAC 方法）
	必须缴纳的费用
	自愿出资
人道主义援助	物质贡献
	单一捐助
	专家机会成本
运营成本	墨西哥国际发展合作署的运营成本

资料来源：笔者根据 AMEXCID 官员提供资料整理。

巴西合作署也与其国家智库机构应用经济研究所（IPEA）一起发表了巴西发展合作报告，并建议设立一个专门收集南南合作及其他“与发展合作相关的（包括能力建设、人道主义援助、奖学金、科技合作、金融合作、投资和贸易）交流平台”，公布的数据既包括关于投入和产出的定量数据，也包括预期影响的定性数据（见表5-4）。平台应该允许发展合作伙伴国自愿汇报与巴西合作相关的信息，对那些非金融贡献也不要求必须要货币化。① 巴西与墨西哥最大的不同之处在于将投资和贸易也列为南南合作的重要合作模式与内容。

表5-4 巴西合作署（ABC）建立的南南合作评估指标体系

合作模式	指标
能力发展	技术指导员每人小时数
	每位本科生小时数
	每位研究生小时数
	奖学金
	专业研究
	培训
	专业实习
	公共部门派出公务员或专家的数量
	派出教师数量
	民间组织的志愿服务
	科技创新-合作研究
	科技创新研究员
	公共部门捐献物品和设备
	私人部门捐献物品和设备

① UNDP Development Impact Group, “Monitoring and Evaluation South-South and Triangular Development Cooperation: Lessons from Brazil for the 2030 Agenda,” 2016, Available at: http://www.undp.org/content/dam/undp/library/development-impact/SS%20Research%20Publications/11875%20-%20Monitoring%20and%20evaluation%20mechanisms%20for%20South%20-%2006_Web%20Version (2).pdf.

续表

合作模式	指标
与能力发展相关的成本支出	为外国人支付的机票、补贴和保险
	为本国人支付的机票、补贴和保险
	管理成本
	公共科技部门的技术和运营设施资源
	私营科技部门的技术和运营设施资源
	与能力发展相关的服务
	国内运营成本
	海外运营成本
人道主义合作与难民援助	食物捐赠
	医药和健康设备捐赠
	医务人员派出
	公共部门的人道主义工作人员
	来自民间组织人道主义行动的志愿者
	支持难民的花费
	公共部门与人道主义行动相关的物资和设备捐赠
	私营部门与人道主义行动相关的物资和设备捐赠
	与人道主义行动相关的服务
	为外国人支付的机票、补贴和保险
	为本国人支付的机票、补贴和保险
	管理费
维和行动	准备和动员
	后勤支持
	军队介入
	遣散

续表

合作模式	指标
金融合作	公共部门赠款
	私营部门赠款
	优惠贷款（只包括优惠部分的比例）
	债务减免
	官方出口信贷
对国际组织的贡献	在多边发展基金中的支付份额
	经常性贡献
	自愿性贡献
	与国际组织的三边合作的财务转移支付、补充货物投入
经济合作	初级部门直接投资
	次级部门直接投资
	服务部门的直接投资
	公共设施建设
	公共部门与生产性活动相关的物质和设备捐赠
	私营部门与生产性活动相关的物质和设备捐赠
对外贸易	对发展中国家的出口
	来自发展中国家的进口

资料来源：Brazilian Cooperation Agency of the Ministry of External Relations, "Brazil Reference Platform for Measurement of Cooperation and Development-related Exchange Flows between Developing Countries," 2015，http：//unctad.org/meetings/en/Contribution/ gds_stats_2015d06_Contribution_Brazil2_en.pdf。

近年来，印度在增强南南合作话语方面非常活跃，自 2015 年以来印度外交部下属智库印度发展中国家研究信息系统（Research Information System for the Developing Countries,

RIS）每年举办德里进程（Delhi Process），就国际发展议题进行讨论。2019 年的核心议题为南南合作与三方合作，其中一个重要议题就是讨论南南合作评估框架。此后，RIS 就在其内部网站上发表了以下指标框架（见表 5-5）。

表 5-5　印度南南合作评估框架

合作模式	指标
能力建设	在东道主国家进行的培训计划数量 参与东道主国家培训项目的人数 在伙伴国家进行的培训项目数量 参与伙伴国家培训项目的人数 投入培训项目的专家数量 投入研究项目的专家数量 投入教学项目的专家数量 依靠奖学金在东道主国家进行学习的学生数量 交换项目的学生数 在伙伴国家建立的能力建设机构数量（包括职业培训中心、生产中心）
优惠融资（包括减免债务和无息贷款）	通过优惠资金在伙伴国实施的项目数目 向伙伴国家分配优惠资金总额 分配优惠资金的伙伴国家数目
赠款	已免除债务的国家数目 通过赠款在伙伴国家执行的项目数量 向伙伴国提供人道主义和救灾援助的次数 涉及实物援助的双边交流次数
技术	促进技术转让的项目数目 联合科研项目数量 科学和技术合作协定和方案的数目 设立了若干技术示范中心

续表

合作模式	指标
贸易	提供免税配额计划（免税关税优惠计划）的国家数目 在免关税配额计划贸易下的关税份额 贸易便利化基础设施建设项目数量 与发展中国家建立双边“投资基金”的数目 与南方国家的互换协议（SWAP agreement）数量

资料来源：RIS.，“Assessment Template, Norms and Plurality in SSC：AConsultation Note，” 2019，http：//ris. org. in/pdf/LSSR/ITEC% 20LSSC% 20Report% 202019/Seprate%20Paper/The%20Brazilian%20Approach%20to%20SSC. pdf。

总之，尽管联合国系统对南南合作重要性的认识日益深刻，但国际社会关于南南合作完整的知识体系还相对缺乏，南南合作的话语还远远落后于南南合作实践。西方学者主导生产的发展知识体系关于南南合作的解释经常处于偏离现实的想象之中，充满了西方中心论和冷战思想，并不能真实反映南南合作的实际情况。建立一个统一的、全球层次的南南合作报告机制会为新的国际形势下重塑南南团结带来以下优势：首先，更好的数据和证据体系可以弥补目前南南合作话语的缺失。南南合作的增长及其影响的扩大，需要建立一个需求导向和结构化的数据收集和信息分析体系为其提供支持，其中的核心工作应该是建立相关的支持机构。其次，有利于提高南南合作的有效性，争取国际社会对南南合作更大的认可度。再次，联合国 2030 发展议程的推动实施为多边对话和全球统一的监测与评估体系的建立提供了机遇。更为重要的是，随着南南合作规模的不断扩大，南南合作提供国民众对对外发展合作资金的问责和透明的要求也会越来越高，对项目实施方的监测和评估的力度也会随着援助资金的加大变得迫切，这些都会促使南方国家为提供更可靠的信息而努力。

四　国际发展合作评价经验对我国的启示

在过去40年里，中国一直在联合国倡导的南南合作框架下开展国际发展合作工作，已成为最大的南南合作提供者。中国的国际发展合作已经从最初的科技与经济合作，到涵盖基础设施、能源、环境、农业、卫生及社会发展等多领域且都取得重大成就。近年来，随着中国“一带一路”倡议的提出，中国倡导成立的一系列发展平台，如新发展银行、中非合作论坛、亚洲基础设施投资银行等多边机制逐渐成熟并在国际发展合作中发挥着重要作用。在全球发展合作的格局中，中国的影响力越来越明显，中国已经走到了国际发展舞台的中央。在援助理念上，中国依然坚持自己作为发展中国家的地位，坚持中国的对外援助属于南南合作的范畴，“一带一路”倡议等全球合作理念与实践不断丰富，“推动构建人类命运共同体”的国际发展合作理念逐渐被国际社会所认同，成为推动全球治理体系变革、构建新型国际关系和国际新秩序的共同价值规范。

自2015年以来，为贯彻人类命运共同体理念，中国勇于承担国际责任，不断扩大对外援助的影响力。2015年9月举行的联合国发展峰会上，中国国家主席习近平宣布了一系列对外援助计划，包括中国为南南合作援助基金首期提供20亿美元，对最不发达国家到2030年的援助力争达到120亿美元，免除最不发达国家、内陆发展中国家、小国、岛国2015年到期未还的政府间无息贷款债务等。在随后由中国和联合国共同主办的南南合作圆桌会议上，习近平还宣布未来5年中国将向发展中国家提供“6 个 100”项目支持。2018 年中非合作论坛北京峰会上，中国国家主席习近平在主旨发言中提出了中非合作要秉持真实亲诚理念和正确义利观，包括对非合作的“五不”原则，以及“义利相兼、以义为先”、多予少取、先予后取、只予不取，在“十大合作计划”的基础上，又提出了“八大行动”，并承诺以政府援助、金融机构和企业投融资等方式，向非洲提供 600 亿美元支持。

新冠疫情出现以来，中国更进一步成为国际发展合作的先锋，在本国疫情还没有完全控制住的情况下，向出现疫情的发达国家（如意大利）提供了援助，同时更积极参与全球行动，成为新多边主义的积极引领者。中国采取了自新中国成立以来规模最大的全球人道主义行动，对外提供了 2900 多亿只口罩、35 亿多件防护服、45 亿多份检测试剂盒。承诺将中国疫苗作为全球公共产品，陆续向 100 多个国家和国际组织提供超过 5 亿剂疫苗，并在 2021 年 8 月 5 日召开的新冠疫苗合作国际论坛首次会议上，承诺 2021 年将向全球提供 20 亿剂疫苗，为建立全球免疫屏障做出重要贡献。同时，中国支持按照二十国集团的“偿债暂停倡议”（DSSI）推迟偿债，并利用亚投行等多边平台帮助解决发展中国家的金融困境，展示了负责任的大国风范。

中国对外援助理念和实践的转型表明中国对外援助在全球发展合作中的意义正在或已经发生了深刻变化。但与此同时，中国在从事国际发展合作的知识话语构建却面临巨大挑战。中国威胁论、新殖民主义论、国家资本主义论及债务陷阱论等一系列诋毁中国的声音不绝于耳，对中国顺利开展国际发展合作带来困扰和挑战。如何消除误解、建立共识是目前中国学术界、政策制定者及实践者面临的重要任务。综观目前国内外关于中国国际发展合作的研究，存在国外多于国内、误解多于实际的情况。笔者认为，要消除误解，实现更有效的国际对话、达成共识，亟须解决如何系统报告与评价中国国际发展合作实践的问题。

在对外援助评估方面，中国自 2015 年公布的《对外援助项目评估管理规定（试行）》（商援发〔2015〕487 号）①，对项目层次的评估原则、内容和指标体系、组织和管理、工作程序以及成果应用都有了比较详细的规定。在宏观层次，除了 2014 年版的《中国的对外援助》白皮书及 2021 年初发布的《新时代的中国国际发展合作》白皮书外，没有系统报告和评价中国对外援助所依据的官方权威数据库。2021 年白皮书对新时代中国国际发展合作的指导思想、坚持原则和政策主张、举措和成就以及未来的道路都做了非常明确的介绍和说明，体现了新时代具有中国特色的国际发展合作理念和道路。但对大家比较关注的数据库建设以及如何提高合作有效性没有太详细的注释。目前，无论是国内还是国际关于中国对外援助的量化研究，仍然高度依赖国外机构提供的数据，如威廉玛丽大学的 AidData 及约翰斯霍普金斯大学的 CARI 数据库。随着中国在国际发展合作方面的重要性不断凸显，尤其是国家国际发展合作署的成立，国际社会及国内学者对中国国际发展合作权威数据库的期待进一步提高，如何在系统构建既能体现中国特色又能与国际接轨的国际发展合作评价体系对重塑以西方为主导的国际发展知识具有重要意义。

但是中国的对外援助评价是否需要向西方的援助评价体

① 商务部国际经济合作事务局：《对外援助项目评估管理规定（试行）》（商援发〔2015〕487 号）商务部官网，2016 年 9 月 20 日，http：//fec. mofcom. gov. cn/article/ywzn/dwyz/zcfg/201908/20190802893595. shtml。

系靠拢，或者依赖西方的援助评价体系，这一点需要谨慎。在确定中国对外援助评价体系之前，首先要清楚地认识到中国的对外援助与西方存在本质的不同。

首先，中国的对外援助是中国发展经验的平行转移和分享。中国对外援助经历了三个不同的阶段，虽然援助领域、援助方式和援助渠道都发生了显著的变化，但这些都是援助的载体，这些载体所承载的援助的内涵和实质从未变化。中国对外援助一直是在向其他发展中国家分享和转移中国的发展经验，这主要表现为三个不同的阶段，革命与建设经验分享、改革开放的经验分享以及经济高速增长的经验分享。在改革开放之前，中国对外援助分享与转移的是中国的革命和建设经验，中国支持了越南、朝鲜的革命和非洲很多国家的独立，同时还分享中国在新中国成立后的经济建设经验，如农业上的学大寨模式和八字宪法；改革开放以后，中国经济改革中所使用的承包经营、租赁经营、合作经营等国内经济制度改革和调整的方式也运用到当时中国对早期援助项目的改建和调整上；2000 年以来，直至现在中国倡导“一带一路”，是中国基础设施建设促进增长的标志性发展经验的分享和转移，要想富先修路，是典型的中国经济增长经验，支持发展中国家基础设施建设，也是中国对外援助区别于西方发展援助的一个重要特点。当然中国的发展经验对其他发展中国家是否有效，那是另外一个问题了，如果我们把中国的发展看作一个文化发展过程的话，我们的确在通过对外援助这个载体来传播、分享我们的文化模式。

第二，中国对外援助是在其社会文化逻辑和政治经济逻辑的互动下展开的。中国的人际交往讲礼尚往来，讲长期的关系，有礼必有往来，有礼就能有关系，而礼和关系的构建又不能直接附带条件。所以，中国的对外援助很大程度上是礼，通过礼来构建关系。因此，对外援助中经常提到的是尊重对方需求、不干预以及强调互惠互利，这些原则内含的社会文化逻辑是我们的礼尚往来的文化传统。现代援助是民族国家之间的资源流动，西方国家的对外援助源于其基督教文明，基督教文明以上帝为信仰，认为人类都是上帝的子民，现在有人处于欠发达的状态中，应该去拯救这些人，拯救意识成为西方发展援助的一个内核。因为这个内核，发展援助的援助者和受助者之间就会出现权力关系的不平等性，因此西方国家就会制定规则，主导发展议程，发展中国家只有接受其主导的议程，才能获取发展援助资源的支持，从而产生了有条件的援助。中国的礼尚往来，并非表示中国就没有利的追求，但中国对利的追求是通过互惠互利来实现的，并且通常都是先“礼”后“利”，“利”没有直接附着在“礼”上，“礼”是“利”的铺垫，“利”是未来的预期。我们以礼援助了非洲，非洲国家就支持了中国恢复联合国的地位。从自利的角度上讲，这个援助是高效的。因为中国的援助目标就不是居高临下地拯救受援方，而是礼物性地帮助其实现自我发展。当然，在新的全球格局下，这样的方式是不是最好的，需要研究，但是基于自身文化逻辑恐怕还是我们对外援助的基础。

第三，中国对外援助在微观实践上是技术导向，援助机构和专家在身份和功能上是模糊的，和西方发展援助有着根本的区别。中国的对外援助是一个技术优先的现代性扩张的过程，而正如前文所述，这来源于中国自身发展经验的总结和思考，从洋务运动开始强调技术，现代发展中一直讲科技兴国。因此，在中国对外援助中，技术理性成为核心要素，中国在非洲建立示范中心、提供基础设施支持、提供技术合作项目，都是直接以传递中国的技术为主要要素，技术的中性也使得中国对外援助并不要求对方进行治理的改革和制度的变迁，也切合中国的不干预的基本原则。中国对对外援助的报道，基本上是围绕技术来开展的，如农业技术示范中心，在宣传上都是“使用了中国的技术”“增产了多少”这样的语言。中国对外援助的实施机构和发展专家在身份和功能上是边界模糊的，以示范中心为例，示范中心又要搞援助，还要自负盈亏，西方人百思不得其解。中国农业技术示范中心框架下形成的中国商务部、受援国相关政府部门和中国国内公司三方主体共同介入的管理结构实际上让示范中心本身突破了西方发展援助的行动者和代理人的身份，示范中心既是援助者又是受助者，既是公共服务部门又是公司企业，这无疑是对国际发展援助体系和结构关系的一种补充。西方援助机构出于自身机构发展的需求和从业人员的职业需求会使得援助机构的行动偏离资金提供方的目标，从示范中心的运行来看，三方主体的介入管理虽然使示范中心经常会面临“选择”的困难，但是三方主体的角力却使示范中心的行动难以偏离各方的利益诉求，示范中心目前所开展的所有行动几乎都是围绕三方主体的目标进行。模糊的边界消解了主观能动性对援助目标的过度偏离。“一个中心三个使命”，看上去不可能，但在示范中心实现了协调，让示范中心变成了利益均衡体。

第四，中国对外援助呈现强有力的政治化过程，援助实施机构和个人在行为目标和国家政治发展需求上呈现一致性的特点。西方发展援助是通过发展机构、咨询公司和发展专家等一系列技术官僚体系实现的，西方发展援助在本国的政治合法性来源于技术管理体系提供的发展服务的技术性，援助机构和发展工作者的合理性源于技术的独立性，而这就要求援助机构必须是去政治化的，如弗格森在研究世界银行在莱索托的援助项目所发现的那样。[①] 援助实施机构的去政治化虽然为国内援助获得预算支持提供了合法性基础，但援助实施机构本身也在不断转化国内援助的政治议程，在这个过程中，纳入援助实施机构自身利益的需求，从而很容易出现援助从政治议程开始到结束过程中援助目标的异化。这也使西方发展援助行动往往会出现和最初设想不一致的结果，从而导致援助效果不善。

在认清以上四点的基础上，才能对中国对外援助的效果进行客观评价，才能让国内纳税人和国外利益相关者了解中国对外援助的本质及探索过程，更可以有效反驳西方政客及某些学者对中国国际发展合作的偏见和政治利用。首先要明确的是，中国本身是发展中国家，与广大发展中国家有相似的历史经历和相近的发展阶段。在开展国际发展合作时，不附加任何政治条件、不干涉内政、相互尊重、平等、互利是我们提供对外援助的根本原则。在这些原则的指导下，中国的对外援助是需求导向型的，本质上就是伙伴国主导的。在援助程序上，中国只对伙伴国中首先提出明确需求的国家提供援助，这就从根本上克服了传统援助国主导援助过程的弊端。而且，因为是需求导向的，所以中国在提供对外援助时不设目标国家和目标区域，对所有有需求的国家一视同仁。为尽可能满足对方需求而提供的援助在本质上是高效的，这也是西方援助一直在努力做的，只是在西方竞争性政治体制

---

① Ferguson, J., *The Anti-Politics Machine: Development, Depoliticization, and Bureaucratic Power in Lesotho* (London, University of Minnesota Press, 1994).

下，很难实施。因为反对党和公众会质疑你为什么要按照受援国的需求提供援助，为什么给有人权问题的国家援助。这样的体制让西方的援助具有很大的条件附加性和干预性，同时也就很容易偏离受援国的需求。因此，评价中国的对外援助很难用西方援助的标准，如果按照西方的标准，西方二元对立的援助有效性评判凸显了现行西方知识界在理解中国对外援助现象时的局限性，这种局限性在很大程度上来源于主流英语知识体系的单一性和研究方法上的缺憾，不适合解释中国对外援助的真实效果。

其次，中国对外援助的评价应该把握当前全球治理转型，把是否能够提供全球公共产品作为评价中国对外援助有效性的重要标准。当今的世界格局正在发生变化，二战以来，美国作为世界反法西斯战争取得胜利的领导者自然而然地成为全球治理的引领者，马歇尔计划以及后来的杜鲁门"第四点计划"构建了战后全球发展合作的基础和基本行动框架，但是当今世界格局发生变化，英国脱欧、美国的"美国优先"战略挑战以及欧洲大陆此起彼伏的逆全球化运动对二战以来国际发展合作的格局产生了巨大的冲击和影响，这对于中国来说既是机遇也是挑战。机遇是也许在这样的背景下，西方主导的国际发展合作会出现新的空间，中国可以抓住，挑战是中国如何能够抓住这个机会。过去建立在双边的互惠互利基础上、以促进本国发展为核心的对外援助战略显然不能适应当前国际社会格局对中国的要求，参与或引领全球治理的核心是能够提供全球公共产品，而不只是产品输出、资本输出和生产输出。如何更有效地提供全球公共产品，构建发展合作知识体系，是中国对外援助应该要思考的重要战略问题。

当然，以上这些并不是说中国要完全脱离国际轨道和国际评价标准和经验。中国要积极参与国际社会关于国际发展合作报告与评价标准的讨论，分享中国在国际发展合作实践中的成功经验，为构建既保持南南合作多元化、灵活性的特色优势，又能系统性展示全球发展合作成就和贡献一致性的发展合作概念和话语贡献力量。这就需要中国首先要建立国家层次的关于国际发展合作的评估框架和指标体系，这一点可以适当借鉴墨西哥、巴西和印度的经验。同时，投入精力建设中国国际发展合作数据库和定期发布中国发展合作报告白皮书，对促进中国国际发展合作知识传播和提升中国在国际发展合作中的地位和影响力具有重要意义。数据库可以详细到项目、部门、区域及全球层次，包括面板数据及空间信息数据，目标是成为国际上中国国际发展合作的最权威数据库，摆脱国内外学者研究中国国际发展合作只能引用国外智库的数据库的尴尬状态。但同时需要注意的是，过程性的质性评估方法及以最佳实践和经验分享为导向的案例评估可能比宏观层次的量化数据更容易传播，也更能体现中国国际发展合作的本质和优越性，应该在中国国际发展合作评价体系中加以倡导。

同时，中国要主导建立全球层次的南南合作监测与评估框架，鼓励中国智库和学者参与关于全球层次南南合作监测与评估框架的讨论，提供中国南南合作在项目层次、部门层次和区域层次的相关信息，目标是寻求成功案例和最佳实践，分享中国经验，并利用定量和定性方法在国别区域层次做一些有意义的国际比较，凸显中国国际发展合作的优越性和有效性。中国要充分利用联合国等国际机构创造的平台，与联合国贸发会、联合国驻华代表处、经合组织发展援助委员会以及各发达国家的国际援助机构、多边机构、慈善基金会等合作，在数据收集能力和指标开发方面保持交流，分享经验，加强国内数据库挖掘和人才能力建设。同时，还要与伙伴国相关统计部门合作，建立顺畅的沟通渠道，减少数据分歧和差异。这样一方面可以对中国参与南南合作的效果进行客观有效的评价，另一方面，可以为全球范围内重塑新国际发展知识和新的评价机制做出贡献。

总之，联合国 2030 发展议程的推动实施为多边对话和全球统一的监测与评估体系的建立提供了机遇，中国应抓住机遇，不仅成为南南合作实践的领导者，也应成为重塑国际发展合作话语、构建全球发展知识的引领者。更为重要的是，随着中国发展合作规模的不断扩大，国内民众对国际发展合作资金的问责和透明的要求也会越来越高，对项目实施方的监测和评估的力度也会随着援助资金的增加而变强，这些都会促使中国为提供更可靠的信息而努力。

CHAPTER

6

第六章

国际发展合作中的“援助专家”

国际发展合作在不同阶段的战略和政策都是通过具体的项目而展开的。这些项目有的是人道主义援助项目，也有的是发展干预项目。所有这些项目都是由一批专业的人员即“援助专家”实施的。“援助专家”是一批有特色的社会职业者，他们的最大特点是跨文化工作。国际发展合作的积极作用主要是通过“援助专家”而取得的。同样，国际发展合作在不同阶段所出现的问题也与“援助专家”本身相关。从某种意义上讲，“援助专家”是国际发展合作的聚焦点。中国作为发展中国家，其国际发展合作的实践属于“南南合作”的范畴。中国对外援助的资金有限，具体开展的对外援助方式有无偿赠款以及无息、优惠和混合贷款，还涉及一般物资、技术合作、人员培训、成套项目、紧急人道主义救灾、派遣高级专家顾问和青年志愿者等援助内容。① 中国援外专家的派遣是中国对外援助的重要组成部分。从中国援外专家的派遣区域来看，主要是那些和中国发展经历相似的发展中国家，即在南亚和东南亚地区、非洲地区等南方国家。从专家派遣的领域来看，中国援外专家主要聚焦在以下领域：①农业领域，②医疗卫生领域，③军事领域，④基础设施，等等。从派遣的方式而言，派遣的专家既有在三边合作框架下的专家派遣项目（如 FAO 框架下的农业技术专家派遣），也有中国

① 王汉江：《加强对外援助 提高工作水平》，《对外援助工作通讯》2006 年第 1 期。

与受援国之间在双方合作框架内的专家派遣；既有与项目相配套所需要专家的派遣，如在20世纪70年代中国援助坦赞铁路建设过程中大量桥梁和道路的工程技术专家和技术员，也有在农业等某一专业领域的专家技术组的派遣，如21世纪以来中国援非农技组专家的派遣等。除此之外，中国的援外项目还会由于地震、海啸、火灾、安全、疫情等突发情况而派遣紧急人道主义援助类专家参与的国际救援小组，如2020年新冠疫情在全球出现以来，中国对其他国家派遣的医疗队专家等。从20世纪50年代以来，中国对外援助派遣的专家群体数量庞大，依托的项目纷繁复杂、涉及的领域范围也较广，对受援国当地所产生的影响也非常大。这在很多方面都是对西方国家对外援助场域中的发展工作者和派遣的技术专家的一个很好的补充。根据国家卫生健康委员会发布的不完全数据，过去几十年来，中国共向72个国家和地区派遣过医疗队员2.7万多人次。当前，中国共有近千名医疗队员在亚洲、非洲、大洋洲、美洲、欧洲的55个国家和地区的111个医疗点从事援外医疗工作，[①] 并且主要集中在非洲国家。而不同项目不同类型的农业技术专家的派遣，据不完全统计，也已经高达几千名。截至2016年6月，中国已经向25个国家派遣了1039名农技专家。无论是从理论上发展知识的生产而言，还是实践上比较中西方文化、中国对外援助与西方传统援助的相似性和差异性等角度，对中国援外专家群体进行研究都具有非常重要的价值和意义。

现有的少量案例研究表明，正如中国对外援助从文化基

---

① 《新时代的中国国际发展合作》白皮书，中华人民共和国国务院新闻办公室官网，2021年1月1日，http：//www.scio.gov.cn/ztk/dtzt/44689/44717/44725/Document/1696712/1696712.htm，最后访问日期：2024年2月24日。

础到援助的方式均与西方发展援助具有显著差异一样,[①] 中国对外援助专家项目从选拔方式、派遣过程、日常管理与工作方式等，都与西方国家的发展工作者和技术专家等具有显著的一些差异。举例而言，西方国家的专家从招募到派遣，再到工作要求和日常管理，都由该国专门负责对外援助的机构来负责，而中国，各种不同类型的专家是没有统一的政府部门来筛选、派遣和进行日常管理的。然而，遗憾的是，迄今为止，对于中国援外专家这个群体的数量、派遣方式、派遣去向、日常工作、日常生活及其与传统的援助国家派遣的援外专家之间在这些方面存在哪些异同等，一直缺少比较系统的梳理和研究。由此，本书试图通过对一些文献的回顾和梳理、对不同年代曾经参加中国援外项目的不同领域的专家进行访谈等方式，综合系统地对新中国成立以来中国援外专家的派遣和管理等方面的历史进行回顾，并将其与西方国家的援外专家项目进行比较，从而在更加清晰地了解中国援外专家的群体镜像及总结中国援外专家派遣机制的背景、过程的同时，分析中国派遣援外专家的特点、特色及相对于西方国家援外专家派遣的独特性，从而对现有文献进行一些补充和回应。

一　西方发展援助专家：发展项目的“掮客”“翻译者”

如前面章节内容所提及的，1949 年 1 月 20 日，美国总统杜鲁门在其讲话中阐述的“四点方案”标志着现代发展援助

① 李小云：《发展援助的未来：西方模式的困境和中国的新角色》中信出版社，2019，第 186 页。

体系开始形成。1960年1月，美国及其盟友共同组建了“发展援助小组”，共吸纳了美国在内的11个成员国。1961年9月，原“欧洲经济合作组织”（OEEC）让位于现在的“经济合作与发展组织”（OECD），同年10月，“发展援助小组”并入经合组织，并更名为“发展援助委员会”。由此，20世纪60年代以来，西方国家先后成立了集体的和各国自己的发展知识研究中心，包括经合组织发展研究中心、英国发展研究院、德国发展研究院等。西方国家利用这些机构生产发展知识，然后再利用这些知识主导全球发展的框架，从而影响世界主流的经济社会科学的研究甚至是经济社会政策的制定。这些发展知识的生产背后是古典自由主义、新自由主义以及凯恩斯主义等，其是以新自由主义和新制度主义为基础，强调选举式的民主政治制度和竞争性的自由市场经济制度对于经济发展的不可替代的优先作用。

二战后，美国无论从经济地位还是政治和文化等领域都占据着世界中心的位置，引导着世界发展的方向，这主要依赖于其强大的战略性工具，包括以美元为基础的经济全球化、结盟性的政治外交、覆盖全球的战略军事力量以及对外援助等。[①] 此外，以美国为主导的西方发展知识的生产也为美国和其他西方发达国家在世界上的霸权和主导性的地位获得发挥了重要作用，甚至可以说是支柱性作用。而这些西方发展知识的生产者中，除了大学和科研机构的研究者以外，还有一个不容忽视的庞大的群体，那就是西方援助世界中的发展专家。1944年布雷顿森林会议之后成立的世界银行、国际货币基金组织等国际组织和西方国家自己成立的发展援助机构如

① 李小云：《全球格局变化与新发展知识的兴起》，《国际发展时报》2016年6月6日。

美国 USAID、英国 DFID、日本 JICA、韩国 KOICA 等机构中都有大量以生产发展知识为职业的发展专家，除此之外，在国际援助体系中，还有一些在林业、农业、卫生等不同领域的发展援助的技术专家。一些在国际组织工作的同事曾讲道，很多国际援助项目中的预算大部分是用于聘请项目活动管理和执行的专家费上，甚至最高的可以达到预算比例的 70%。在由美国等发达国家所主导的日益完善的全球发展知识体系和发展援助知识体系下，前述国际组织和各国自己成立的发展援助机构中的各种类型的发展专家通过其“专家”的身份所生产的知识与行动实践，相应地生产和再生产国际援助的相关知识，形塑、巩固和维护着发达国家主导创立的国际发展援助体系，支持着其存在与延续。

那么，作为在援助项目中的管理者、实践者和行动者，西方发展专家到底在国际援助体系中的作用是怎样的，有着怎样的实践，扮演着什么角色？换句话说，他们是如何游走在援助国与受援国两个不同的发展世界之间的，是如何将发达国家的发展理念、援助目标、项目活动等在援助活动中具体落实的？事实上，自 20 世纪 60 年代西方国际援助体系形成并不断变化以来，学术界对西方发展专家这个庞大的群体以及与这个职业相关的上述问题的关注是非常有限的。可以说，与其他研究关于国际援助的体系形成与演变历程、有效性、管理体系和管理机制等以国际援助的机构和活动为重点研究对象的学术著作和成果相比，对于西方发达国家的援助体系中关于专家的研究文献只是凤毛麟角。这一方面囿于社会科学范畴内人们研究人类自身行为客观上是存在难度的，但另一方面，也是更重要的原因在于，对国际援助体系内专家这个群体的研究是学术界不愿触碰的敏感的研究领域，因为获得信任以及对研究结果的解释等都对研究者提出了更高更难的要求。在某种程度上，这甚至是研究者自己研究自己所在的群体的过程，其中所面临的挑战和难度要比我们研究作为他者的“穷人”“农民”“农民工”等这些群体的难度要更大，是极其具有挑战性的。

由此，我们不得不更加佩服在该研究领域里卓有建树的两位非常有洞察力和批判性的学者，他们是任教于英国伦敦政治经济学院的人类学教授：大卫·莫斯（David Mosse）和大卫·刘易斯（David Lewis）。两位学者在2006年和2011年曾经合作或单独编辑出版的两本著作 *Development Brokers and Translators: The Ethnography of Aid and Agencies*（《发展掮客与译者：援助及其机构的民族志》2006年出版，以下简称 *Brokers and Translators*《掮客与译者》）和 *Adventures in Aidland: The Anthropology of Professionals in International Development*（《援助之地历险记：国际发展专家的人类学》2011年出版，以下简称 *Adventures in Aidland*《援助之地历险记》），迄今为止一直是我们了解西方国家援助项目的过程尤其是援助项目落地过程中发展专家的行动、角色和发展实践的必读经典。尤其是第二本书 *Adventures in Aidland*，其出版不仅给学术界带来了关于援助世界里工作的专家令人震撼的研究发现，也因此，大卫·莫斯教授遭受做过“专家”的同事的威胁。从这一点而言，我们更要好好珍视这两本研究著作，因为它们是我们了解在西方发展援助体系中从业的大量发展专家的一个难得的重要窗口。

首先，在 *Brokers and Translators* 这本书里，莫斯和刘易斯等十二位学者从发展人类学的视角，将“行动”“界面”“行动者”“代理人”“经纪人”等概念引入，通过案例研究呈现了西方国际援助的专家作为发展机构和受援国的农民社会的媒介/中介，通过自己的行动、策略和解释成功地将发展项目落实到实践中，从而使援助国的机构、组织和受援国的政府和农民都能够满意政策实施的社会过程。这个结果既要依赖于发展专家在执行项目活动过程中对发展项目文本的大量的解释、“翻译”等工作，也离不开西方发展援助体系所赋予专家的在行动空间里可以运作和协调的各种资源。发展专家在援助项目活动中，作为行动者能够不断地创造在资助方与受助方之间的社会空间以及获取、控制和再分配发展项目资源的能力。莫斯等学者的研究发现，在西方发展专家的行动下，发展是如何被地方所消费和转化的，农村的土地规划项目是如何通过翻译过程去除其复杂性和多样性的，发展专家又是如何创造和控制着不同利益相关者之间的矛盾和断裂的关系的，以及发展专家又是如何通过自己的行动维持了自己作为专家的地位、身份，生产和再生产“科学知识”的。①

其次，莫斯等学者在2011年编著的*Adventures in Aidland*一书中，相比于*Brokers and Translators*这本著作，从人类学家的视角极具挑战性地对国际发展援助体系中的专家群体进行了更加深入的剖析和更犀利的批判。从某种程度上来讲，这本书里将西方世界援助体系中的国际组织的知识生产过程等进行了解构，尤其对其中专家的知识生产过程、专家身份的合法性、专家的角色和作用等进行深度的政治经济学的批判。莫斯指出，以世界银行为例，其专家对发展中国家甚至全球发展所诊断和识别的问题是什么，会直接引导世界银行未来

① David Lewis and David Mosse, *Development Brokers and Translators: The Ethnography of Aid and Agencies* (Kumarian Press, Inc. 2006).

项目的重点，如贫困问题、环境问题、可持续发展问题等，从而使得该机构的发展项目合理化。换句话讲，发展专家生产的知识是与这些发展机构的合法性及其存续的基础息息相关的，另外，专家也会直接影响国家和地方政策的制定过程。而对于专家本身，对其形成的知识质量却缺少相应的问责机制。一些研究案例表明，类如显性的经济学事实和统计学一类的决策知识是与地位、可及性、观点的学科视野、团队领导斗争、冲突管理等相关的复杂谈判和协商过程的结果。也就是说，被视作决策重要依据的一些数据或者知识基础事实上是权力关系博弈的结果。而所有这些事实都被专家知识生产的过程所掩盖或遮蔽了。此外，走进这些在国际发展领域工作的专家的生活场域，会发现，专家们是如何在日常生活中建构自己的“世界主义”观，通过一些包容性或排斥性的社会活动而在那些发展中国家处于社会和文化的制高点的。①

总而言之，西方发展援助世界中的专家通过自己的行动在援助国的政府和国际机构与受援国的地方社会之间通过“翻译”的过程，在国际发展和国际援助的世界里扮演着“经纪人”和“掮客”的角色，由此，一方面维系着国际发展和国际援助机构的存在和延续，实现了这些机构的“发展”目标和话语；另一方面，也建构和维系了自己作为国际发展“专家”的身份、地位和职业。他们在国际发展、国际援助和国际发展合作项目中，虽然不可避免地存在着专家的思维模式和身份的维持本身与其现实工作的世界和环境之间的张力，但他们会通过个体空间的生产与再生产过程，构建专家与地

① David Mosse, *Adventures in Aidland: The Anthropology of Professionals in International Development* (New York/ Oxford: Berghahn Books, 2011).

方若隐若现的一种社会关系，从而维持自己的地位和职业。但有时，西方发展援助世界里的专家在参与式项目中会通过去政治化的过程，甚至是隐藏自己的专业和项目中真实身份的方式来凸显地方知识和社区行动，如强调自己只是一个协调员而弱化个人技术上的专业性，从而来实现项目设定的计划和目标。

二 中国援外专家：简要回顾

中国在向其他发展中国家派遣对外援助专家之前，曾经接受西方发达国家对我国的国际援助，其中以苏联的顾问和专家为主。对于苏联派遣专家到中国的这段历史，沈志华进行了专门的细致研究和分析。他指出，当时，作为中国发展的榜样，苏联在中国人心目中就是未来，以至在中国的大地上流传着这样一句话："苏联的今天就是中国的明天。"对于苏联而言，派往中国的顾问和专家与其他国家相比，不仅人数最多，延续的时间最长，涉及面也最广。仅 1950~1956 年，苏联派遣到中国的专家就达 5092 人，而总数则超过 18000 人次。这些专家在中国的工作范围遍及政府和军队各个系统的领导和管理机构，以及所有大型企业、重点大专院校和技术兵种的基层部队，甚至包括卫生和体育部门。①

中国接受西方对我国援助的同时，也开始对其他发展中国家进行援助，其中一项内容便是向发展中国家派遣援助技术专家。现有文献记载，中国对外援助派遣专家最早起始于 20 世纪 60 年代。具体而言，20 世纪 60 年代中苏关系破裂之

---

① 沈志华：《苏联专家在中国（1948—1960）》第 3 版，社会科学文献出版社，2015，第 3~4 页。

后，中国扩大了对外援助的范围，一方面支持亚非拉国家和人民“反帝反殖反霸”的独立诉求，另一方面对非洲新独立国家提供大量的经济和技术援助。中国援助非洲国家建设坦赞铁路、1961 年向马里派遣首批 7 名农业专家试种茶树和甘蔗、1963 年向阿尔及利亚派出第一支援外医疗队等援外活动，成为之后毛泽东三个世界划分的理论体系[①]的实践基础和“一条线、一大片”战略的重要组成部分。从那以后，中国持续向非洲国家派遣医疗队并逐渐确立了以省为单位选派医疗队的医疗援外体系，而中国援非农技专家的项目也从 20 世纪 60 年代起一直延续至今。尽管过去半个多世纪以来，中国援外工作经历了不同的阶段，驱动力也从 20 世纪六七十年代的政治驱动转变为 20 世纪 80 年代以后的经济驱动，再到 21 世纪以来全球化浪潮下的多元目标下的对外援助行动，但无论如何，中国援外医疗队的派出和农业技术专家的派遣行动一直都是国家的重要政治任务和南南合作的重要内容。只有在 20 世纪六七十年代期间，由于受到国内政治环境的影响，大批的农业专家被下放到农村和基层农场，对非援助的专家选拔出现困难。另外，由于在冷战背景下，援外专家的选拔更加强调其出身和政治背景而不是技术能力和素养，无论是农业技术专家还是医疗队，在这十年中，都受到了一定程度上的影响而出现专家派遣工作整体上呈现暂停的状态。而此后 20 世纪 80 年代以来，中国对外援助专家的派遣项目通过不同平台和途径，一直坚持到现在，并且一直都以遵守中国政府对外经济技术援助的八项原则为基础。

20 世纪 60 年代，周恩来访问非洲时提出了中国政府对外

① 1974 年 2 月，毛泽东主席会见来华访问的赞比亚总统卡翁达时，提出“三个世界”的概念。

经济技术援助的“八项原则”，其中阐明了中国对非发展援助的设想，展示了中国对非发展援助与美国和苏联的援助政策截然不同，其中多条原则在坦赞铁路项目的建设中就得到了直接的体现。中国援助的坦赞铁路，耗费巨大，但是其对中国、坦桑尼亚和赞比亚等发展中国家（第三世界国家）的政治意义和两个非洲国家的经济意义是极其显著的。这一点在孟洁梅（Jamie Monson）的《非洲自由铁路：中国的发展项目如何改变坦桑尼亚人民的生活和谋生之计》这本书里有比较详细的考察和叙述。[①] 当时为了该项目的顺利并且及时完工，大量的中国技术人员被派遣到非洲进行实地操作，然而，基于上述“八项原则”的规定，中国技术人员与非洲工人享有同等物质待遇，并不容许有任何特殊要求和享受等。[②] 在坦赞铁路建设期间，中国技术专家与当地的技术人员同吃同住同学习，所经历的工作环境和生活条件在当地人眼里都是非常艰苦而难熬的。

中国援外项目中对派遣的专家的技术水平和政治背景的要求都比较高，尤其是政治背景。以中国援非派出的医疗队队员和农业技术专家为例，其选拔过程非常严格，不仅要求参选人员具有较强的技术能力，还需要其在政治上“又红又专”，非常过硬才行。在 20 世纪 80 年代以前，对这些专家的政治背景的要求甚至还要高于技术水平。这与西方国家对援外发展工作者和技术人员的个人激励是存在显著差异的，中国对援外专家的政治性要求使得能够参加援外项目成为高度

① 〔美〕孟洁梅（Jamie Monson）：《非洲自由铁路：中国的发展项目如何改变坦桑尼亚人民的生活和谋生之计》胡凌鹊译，民主与建设出版社，2014。

② 〔美〕孟洁梅（Jamie Monson）：《非洲自由铁路：中国的发展项目如何改变坦桑尼亚人民的生活和谋生之计》胡凌鹊译，民主与建设出版社，2014，第 201 页。

稀缺的机会。[①] 由此，在“政治挂帅”的背景下，中国援外技术专家作为一个个体是高度依附于自己在国内工作的单位和国家的。21 世纪以后，中国对非洲的援助思路有所调整，无论是援非医疗队的派出还是援非农技专家的派遣，中国政府主要采取的是对口支援的方式来开展的。以中国援外医疗队的派出为例，中国在过去的 50 多年时间里，共有 29 个省份、3 个机构参与了中国向 72 个国家（地区）的援外医疗队的派遣工作（见表 6-1）。

表 6-1　中国援外医疗队的派出国家和省份

省份	援助国家（地区）	最早派出时间
广西	尼日尔	新冠疫情紧急派出
广西	柬埔寨	新冠疫情紧急派出
广东	塞尔维亚	新冠疫情紧急派出
上海	伊朗	新冠疫情紧急派出
广东	伊拉克	新冠疫情紧急派出
四川	意大利	新冠疫情紧急派出
江苏	巴基斯坦	新冠疫情紧急派出
内蒙古	卢旺达	新冠疫情紧急派出
广西	科摩罗	新冠疫情紧急派出
重庆	巴巴多斯	新冠疫情紧急派出
重庆	巴布亚新几内亚	新冠疫情紧急派出
湖北	莱索托王国	新冠疫情紧急派出

① 田牧野等：《在“悬搁”中“期待”：坦桑尼亚援非医疗队的日常生活》，《青海民族研究》2017 年第 2 期，第 11~16 页。

省份	援助国家	最早派出时间
河南	厄立特里亚	新冠疫情紧急派出
陕西	马拉维	新冠疫情紧急派出
四川	东帝汶	新冠疫情紧急派出
江西	乍得	新冠疫情紧急派出
江西	突尼斯	新冠疫情紧急派出
安徽	南苏丹	新冠疫情紧急派出
辽宁	冈比亚	新冠疫情紧急派出
云南	乌干达	新冠疫情紧急派出
江西	乍得	1978（第一批）
	突尼斯	1973（第一批）
湖北	阿尔及利亚	1963（第一批）
	莱索托王国	1997（第一批）
江苏	桑给巴尔	1964（第一批）
	马耳他（欧洲）	1984（第一批）
	伊朗（亚洲）	1978（第一批）
	圭亚那（拉丁美洲）	1994（第一批）
吉林	索马里※	1965（第一批）
	科威特△	1976（第一批）
	汤加（大洋洲）	2010（第一批）
辽宁	北也门	1966（第一批）
	阿尔巴尼亚	1973（第一批）
	冈比亚	2016（第一批）
	科威特△	1976（第一批）
天津	刚果	1967（第一批）
	加蓬	1977（第一批）

续表

省份	援助国家	最早派出时间
浙江	马里	1968（第一批）
	纳米比亚	1996（第一批）
	中非共和国※	1978（第一批）
山东	坦桑尼亚	1968（第一批）
黑龙江	毛里塔尼亚	1968（第一批）
	圣多美和普林西比	1976（第一批）
	利比里亚※	1984（第一批）
北京	几内亚	1968（第一批）
	布基纳法索	1976（第一批）
	特立尼达和多巴哥	2014（第一批）
	利比亚※	1983（第一批）
安徽	南也门	1970（第一批）
	萨摩亚	1986（第一批）
	南苏丹	2013（第一批）
陕西	苏丹	1971（第一批）
	马拉维	2008（第一批）
广东	赤道几内亚	1971（第一批）
	冈比亚	1977（第一批）
	多米尼克	2013（第一批）
湖南	塞拉利昂	1973（第一批）
	津巴布韦	1983（第一批）
河北	刚果民主共和国（原扎伊尔）	1973（第一批）
	尼泊尔	1999（第一批）
河南	埃塞俄比亚	1974（第一批）
	厄立特里亚	1997（第一批）
	赞比亚	1978（第一批）

续表

省份	援助国家	最早派出时间
山西	喀麦隆△	1975（第一批）
	多哥△	2021（第 24 批）
	吉布提	1981（第一批）
福建	塞内加尔	1975（第一批）
	博茨瓦纳	1981（第一批）
甘肃	马达加斯加	1975（第一批）
上海	摩洛哥	1975（第一批）
	喀麦隆△	1975（第一批）
	多哥△	1974（第一批）
广西	尼日尔	1976（第一批）
	柬埔寨	2005（第一批）
	塞舌尔△	1987（第一批）
	布隆迪△	1987（第一批）
	科摩罗	1996（第一批）
四川	莫桑比克	1976（第一批）
	圣多美和普林西比	1976（第一批）
	阿联酋	1981（第一批）
	佛得角	1984（第一批）
	东帝汶	2005（第一批）
	安哥拉	2013（第一批）
贵州	几内亚比绍※	1976（第一批）
宁夏	贝宁	1978（第一批）
内蒙古	卢旺达	1982（第一批）
云南	乌干达	1983（第一批）
	越南※	1968（第一批）
	老挝※	1964（第一批）

续表

省份	援助国家	最早派出时间
山东 1 个	塞舌尔△	1985（第一批）
青海 1 个	布隆迪△	1986（第一批）
重庆 2 个	巴布亚新几内亚（大洋洲）	2005（第一批）
	巴巴多斯（拉丁美洲）	2016（第一批）
卫生部中医研究院 1 个	叙利亚（亚洲）	1978（第一批）
中国维和医疗队 1 个	黎巴嫩（亚洲）	2007（第一批）
	刚果（金）	2003（第一批）
中国红十字会 1 个	巴基斯坦（亚洲）	2017（第一批）

注：①表中除新冠疫情相关工作外，中国长期医疗队派遣的国家包含非洲国家 51 个，其中标记※的 4 个曾经有中断或终止；包含欧洲国家 2 个、亚洲国家 11 个、拉丁美洲国家 3 个、大洋洲国家 2 个；②标记△的国家为多省援助一个；③常驻非洲的 46 支医疗队均参与抗疫。

资料来源：笔者根据媒体和官方资料整理（不完全统计）。

2006 年中非合作论坛北京峰会之后，中国向非洲国家派遣专家的项目进入相对稳定的新的阶段，2006 年、2009 年、2012 年、2015 年、2018 年中非合作论坛的后续行动文件中，都将派遣专家作为重要的内容进行强调（见表 6-2）。

表 6-2　中非合作论坛中关于专家派遣的相关内容选摘（2006~2018）

时间	发布机制	涉及援外专家派遣的内容
2006	中非合作论坛北京行动计划（2007~2009）	向非洲派遣 100 名高级农业技术专家 在非洲建立 10 个有特色的农业技术示范中心 加强与非洲国家在联合国粮农组织“粮食安全特别计划”框架内的合作
2009	中非合作论坛那-沙姆沙伊赫行动计划（2010~2012）落实情况	向非洲国家派遣 50 个农业技术组 近三年来，中方为非洲新建 5 个农业技术示范中心，为非洲国家援建的农业技术示范中心数量增至 20 个

续表

时间	发布机制	涉及援外专家派遣的内容
		中方继续向非洲国家派遣42支医疗队，目前共有1067名中国医疗人员在非服务
2010	中非合作论坛	向联合国粮食及农业组织捐款3000万美元设立信托基金，积极利用上述信托基金支持中国在联合国粮农组织“粮食安全特别计划”框架下，与非洲国家开展南南合作，向8个非洲国家派遣了700多名农业专家
2012	中非合作论坛北京行动计划（2013～2015）	继续向非洲国家派遣农业技术组，加强非洲农业技术人员培训 向非洲国家派遣农业职业教育培训教师组，帮助非洲建立农业职教体系 增加援非农业技术示范中心，继续发挥援非农业技术示范中心的功能和作用，共同开展生产示范和技术推广 积极支持联合国粮农组织在非洲开展的农业发展项目，在联合国粮农组织“粮食安全特别计划”框架下与非洲国家和地区组织开展粮食安全相关合作
2015	中非合作论坛约翰内斯堡行动计划（2015～2018）	继续向非洲国家派遣30批高级农业专家组，提供农业职业教育培训 继续加强在联合国粮农组织“粮食安全特别计划”框架内同非洲国家的农业合作，探讨与其他组织和国家共同开展对非农业合作 中方将向非洲国家派遣政府高级专家顾问，提供工业化规划布局、政策设计、运营管理等方面的咨询和帮助 中方将继续向非洲派遣医疗队，向非洲国家派遣由临床专家组成的短期医疗队实施“光明行”手术及其他短期义诊项目 中方将与非洲国家及相关机构合作开展联合研究，为非洲国家提供减贫政策咨询，并派出专家和/或志愿者提供技术支持

续表

时间	发布机制	涉及援外专家派遣的内容
2018	中非合作论坛北京行动计划（2018～2021）	向非洲派遣500名高级农业专家，培养农民致富带头人 通过开展专家交流向非方进行技术转移，开发新的农业研究成果，包括分子级别植物疾病检测与识别、病虫害分析、种子检测认证、生物安全级别高危物质隔离检疫等 中方将与非洲国家及相关机构开展联合研究，合作开发减贫知识产品，为非洲国家提供减贫政策咨询，并派出专家或志愿者提供技术支持 继续派遣并优化援非医疗队，开展“光明行”“爱心行”“微笑行”等医疗巡诊活动，向非洲国家提供医疗及技术支持

资料来源：笔者根据“中非合作论坛”网站资料整理。

过去几十年的实践表明，中国对发展中国家的人才培训与援外工作是同步开展的。援外人力资源开发合作形式主要包括四种：一是邀请多个国家人员来华参加官员研修班或技术培训，即多边培训项目；二是专门为某一受援国在华举办官员研修班或技术培训，即双边培训项目；三是派遣专家到受援国开展培训，包括派遣专家和志愿人员提供技术指导和服务；四是人员交流项目。与邀请受援国国家人员来华参加研修班或技术培训不同，专家派遣项目是将中国的技术人员派遣到受援国，在当地进行技术指导和服务，能够让专家更好地了解当地的政治、经济、社会、文化甚至是气候条件等，因而能够量体裁衣，使中国专家更好地理解本国技术在当地的适应性，从而因地制宜地开展实地培训和技术指导。

然而，需要说明的是，对于不同的援外专家的派遣项目，是由国内不同的政府部门来负责选拔、派遣、管理和评估的。

在不同阶段，中国援外专家的类型也呈现了与时代相契合的不同形式。以中国援外农技专家为例，自 1961 年中国派出首批农机专家组援助非洲农业发展后，通过派遣专家对非洲进行农业技术援助成为中国援外工作中的重要方式。在受到“文化大革命”的影响中国援外专家派遣陷入短期停滞状态后，1971 年，为了顶替台湾农耕队，中国大陆向 18 个非洲国家派遣了农业专家，从此重启了中国大陆农业发展经验向非洲进行援助的实践过程。1985 年，中国选派农业专家帮助改造之前在布基纳法索援建的 3 个水稻垦区。1996 年以来，中国积极参加联合国粮农组织“粮食安全特别计划”框架下的南南合作，为提高东道国农业生产能力和粮食安全贡献中国经验和中国力量。在中国和联合国粮农组织签订南南合作意向书中提出，“中国要通过委派 3000 名专家的方式向非洲提供包括投入、工具、设备等，以引进适合当地环境的技术，尽快提高小生产者的生产率”。其后，在农业农村部对外经济合作中心的协调下，通过中国—联合国粮农组织—东道国三方合作的方式派遣的农业技术专家成为中国援外农业技术专家派遣的一支重要力量。2008 年，中国捐资 3000 万美元作为信托基金与联合国粮农组织共同开展三方合作，开始从仅仅派遣技术专家到既派遣农业技术专家又提供财政资源转变，2015 年又捐资 5000 万美元建立第二笔信托基金，并同时派遣农业技术专家。截至 2015 年底，在该信托基金项目中，中国共向非洲、亚洲、南太平洋、加勒比海等地区的 20 多个国家和地区派遣 1000 余名农业技术专家，具体包括刚果（金）、埃塞俄比亚、乌干达、利比里亚、塞内加尔、马拉维、塞拉利昂、马里、纳米比亚和蒙古国等国家。

除了南南合作框架下中国派出援外农业技术专家外，高级农技组专家派遣项目也是重要的一种农技专家派遣形式。2006年的中非合作论坛北京峰会上，中国领导人宣布将向非洲派遣100名高级农业专家，每轮派出的时间为1年（极个别国家为2年，如埃塞俄比亚）。2008年8月起，100名高级农业专家被选拔并向每个国家派遣3~6名农业专家（一些团队中包括1名翻译人员）。在这些被派遣的农业专家中，具体而言，是包括专家和技术员两个层次的人员的，这两个概念从严格意义上来讲是不同的。尽管广义上使用，两个概念是混用的，尤其是对于受援国而言，都是专家的概念，但事实上，中方在处理业务时，必须把二者分开，因为专家和技术员的工作范围、聘请渠道和相关费用的标准等都是不同的。专家一般是具有较高的专业技术职称并领取更高津贴的人员，而技术员的技术职称相对较低，津贴标准也相对较低。从2008年的“百名高级农业专家”到2012年农技组专家，其选拔和派出以及日常管理过程主要由农业农村部的国际交流中心负责。所选拔的农技组专家主要来源是高校、农业科学院和各级农业技术部门等，服务的领域以种植业和农产品加工为主，覆盖粮食、蔬菜、园艺、养殖、水利、畜牧和农机，以及农业政策规划与制定等各个方面。中国农技专家组派出的国家主要包括埃塞俄比亚、津巴布韦、南非、莫桑比克、苏丹、吉布提、博茨瓦纳、埃及等非洲国家。

此外，自从2006年中非合作论坛公布中国要在非洲建立10个农业技术示范中心的行动措施后，非洲国家向中国政府提出了建设示范中心的需求，迄今为止，中国在非洲地区共建设23个中国援非农技示范中心（见表6-3）。尽管没有公开资料说明中国为什么选择这些国家进行农技示范中心的援建，但分析后发现，这些国家具有一些相似的特点，如总体经济发展能力较低、农业发展需求强、粮食不安全情况严重、与中国之间的农业合作关系密切等。① 但无论如何，这些在农技示范中心工作的专家，主要是由参与承建和运营的单位进行选拔和负责日常专家工作的管理，每个示范中心有专家5~8名。

表6-3 中国在非洲国家援建的农技示范中心（不完全统计）

序号	国家	承办单位	开展的示范试验品种
1	赞比亚	吉林农业大学	玉米、大豆
2	坦桑尼亚	重庆农科院中一种业有限公司	水稻、玉米、蔬菜、水果、禽类养殖
3	喀麦隆	陕西省农垦集团	水稻、玉米、蔬菜、木薯等农业种植
4	刚果（布）	中国热带农业科学院	蔬菜、木薯、玉米，肉鸡、蛋鸡试验养殖
5	卢旺达	福建农林科技大学	水稻、桑蚕、菌类等
6	贝宁	中国农业发展集团总公司	玉米、蔬菜种植，蛋鸡养殖
7	多哥	江西华昌基建有限公司	水稻，对砂性土壤进行改良
8	利比里亚	隆平高科集团	水稻、蔬菜、玉米，筛选优良猪种
9	埃塞俄比亚	广西八桂农业科技有限公司	蔬菜、家禽、牛和羊等
10	苏丹	山东对外经济技术合作集团公司	小麦、玉米、棉花、花生、蔬菜等

① 李小云等：《新发展的示范：中国援非农业技术示范中心的微观叙事》，社会科学文献出版社，2017，第24~26页。

续表

序号	国家	承办单位	开展的示范试验品种
11	莫桑比克	湖北联丰海外农业开发有限公司	玉米、水稻、蔬菜、养猪等
12	乌干达	四川华侨凤凰集团	水产养殖、饲料加工等
13	南非	中国农业发展集团总公司	水产养殖
14	津巴布韦	中机美诺公司	玉米、大豆、马铃薯、玉米、农机等
15	马达加斯加	湖南省农科院	水稻
16	刚果（金）	中兴能源	
17	安哥拉	新疆生产建设兵团	
18	马拉维	青岛瑞昌棉业	
19	马里	江苏紫荆花纺织科技公司	
20	毛里塔尼亚	黑龙江燕林状元科技有限公司	
21	中非	山西国际经济合作公司	
22	赤道几内亚	江西赣粮实业公司	
23	科特迪瓦	辽宁国际	

资料来源：作者根据网络和文献资料进行整理。

正如周弘等提到的，“人的因素仍然是中国对外援助的优势所在，中国专家不同于西方专家，选择与当地人一起工作，赢得当地人的信任，有利于工作的开展”①。事实也是如此，中国援外的农业技术人员和受援国的农业政府部门的人员、地方技术研究和推广人员一起工作，中国援外医疗队的专家们也是同当地的医生、护士每日朝夕相处并一起工作的。这一点在现有的对援非农技专家和援非医疗队的案例研究中可

① 周弘主编《中国援外60年》，社会科学文献出版社，2013。

窥见一斑。①

三 中国援外专家的困境与挑战

现有的研究显示，中国援外专家的派遣项目在中国对外援助的活动中占有非常重要的地位、发挥的作用显著。其中，中国对外医疗援助是中国进行国际人道主义援助的一种形式，也是中国履行大国责任的重要体现，是中国推动全球实现联合国可持续发展目标的重要途径之一。而中国援外农技专家的派遣尤其是中国向非洲和亚洲的发展中国家派遣农业技术专家则对提高受援国的粮食生产能力、提高世界的粮食安全水平、改善受援国贫困人口的生计状况和提高收入等方面发挥巨大的技术援助的作用。尤其是，由于世界上最贫困的国家主要位于非洲大陆，非洲国家当前是中国对外援助最重要的目的地，中国对外援助的近 1/2 都投向了非洲大陆，同样地，中国对外援助的专家派遣也在非洲国家占有较大的比重。

尽管中国援外专家在派遣过程中曾经经历了从选拔到派出过程中的各种仪式，极大地增加其政治荣誉感和国家使命感，他们在参加援外项目之前也或多或少对自己未来的工作环境、工作内容和生活状况等有一定的了解和预期，但在现实工作过程中，由于文化差异、生活条件差别大、语言环境不适应等各种因素，也会遭遇一定的困境和挑战，而这也直

① 田牧野等：《在“悬搁”中“期待”：坦桑尼亚援非医疗队的日常生活》，《青海民族研究》2017 年第 2 期；陆继霞、李小云：《中国援非农技专家角色分析——以中国援非农技组派遣项目为例》，《外交评论》（外交学院学报）2017 年第 4 期。

接会影响到援外专家项目选派人员的难度及援助的效果等问题。此外，从宏观层面上来讲，由于中国到目前为止仍然没有一个对中国援外专家的统一的顶层设计和管理的相关部门，在不同项目之间对专家数量的统计、专家之间的沟通和协调等方面也存在一定的有待提升的空间。

首先，中国援外专家的派遣目前仍没有统一的协调机构和协调机制，很难精确地获得中国援外专家的具体数字，这是当今学术界面临的一个困难。如前所述，由于中国不同的援外专家项目的数据是由不同的部门所掌握，而没有统一的机构对这个数据进行收集、整理和更新，截至目前，仍然没有一个统一的口径能够获得中国援外专家具体的数字，而只能通过一些部门的年度报告、一些会议中领导提及的相关数据来获取信息。即便如此，通过访谈这些部门获得精准的数据和信息也还面临着一定的困难，所以，这也是在研究中国援外专家这个群体时所面临的一个挑战。分部门、分地区的以省包国的专家派遣模式也造成专家工作和管理缺少整体性。当然，这也是中国对外援助的一般特点，是不同于 OECD-DAC 那些国家的一个主要方面。

其次，专家库数量的有限性无法满足对语言、专业水平和政治素养等综合能力要求较高的专家派遣需求，选派存在着一定的困难。田牧野在其对中国援助坦桑尼亚实地调研基础上，对中国援外医疗队面临的问题和挑战进行了充分的分析，[①] 其中谈到的一个困难首先就是选派专家。田牧野认为，当前中国援外医疗队的派遣仅仅依靠几十年前确定的援外津贴标准和政治表彰缺乏足够的吸引力对援外医疗队的人员进

① 李小云：《发展援助的未来：西方模式的困境和中国的新角色》，中信出版社，2019，第 283~285 页。

行选拔。对于这一点，我们对中国援非农技专家进行研究时也发现具有类似的困难。当前中国援外农技专家的选拔基本上是从地方市、县的单位部门中进行，除了对基本的政治素质要求外，还有对专业技术职称和外语水平的要求，但这些都是一个外援工作的底线。按照政府部门的人员讲，“如果提高标准就更选拔不到合适的人选了”。事实上，选拔援外人员比较困难的现象背后还有更深层次的原因需要了解，例如，专家的津贴标准较低、回国探亲的条件苛刻（探亲期间要扣除津贴）、家属探亲需要自费等。此外，援外专家的履历也不能给参与者带来政治待遇和职称晋升等荣誉，甚至有的专家还会因为1~2年的援外工作而丢掉原来的头衔或工作。结果造成，援外专家团队呈现从非职业化向职业化，甚至个别人的“半职业化”工作，而更加优秀的一些专业人员却因为这些问题，即便有援外的想法也望而却步。

第三，中国援外专家在实践工作中面临的一个巨大的挑战就是配套的工作条件不能充分发挥专家的作用，尤其在农技专家和医疗队专家团队里这个问题尤为突出。中国援外医疗队的特点是日常门诊或公共卫生治理并不明确、工作内容缺乏聚焦而较分散。相比之下，西方国家的医疗援助更加专业化、精细化，针对性较强。例如，有的西方国家的援外医疗队通常采用飞行团队“Flying Doctor”的方式，以一个医学治疗团队为单位，会针对某种特定类型的手术专门组织团队，并携带全套器械，集中时间进行手术，结束后器械和设备全部赠送给当地医院，其工作目标明确、效率高，并且降低了受援医院和患者的医疗成本，深得当地人的喜欢。另外，由于当地受援国的财政经费紧张，公立医院普遍缺少必要的医疗设备、工具和药物，甚至连手术需要的最基本的麻醉药、纱布等都经常短缺，医疗设备短缺现象更是普遍，相应的医护等公共卫生人员也相对缺乏。在这种情况下，中国援非医疗队专家的医术有时候因为缺少必要的医疗条件、设备和药物而无法充分发挥，从而不能充分体现其医疗援助的作用和价值。在农技专家组的团队中也存在类似的问题，例如中国援助埃塞俄比亚的农技组专家，在当地配套经费、人员不充分的情况下，只能就有限的资源在房前屋后种植一些蔬菜和粮食作物品种进行试验示范，并且由于差旅经费缺乏，很多需要到实地的田间地头去指导农业技术员和农民的工作也无法正常展开。简言之，在援助的过程中，中国援外专家由于配套的工作经费或设备无法到位，而在援外期间时间没有充分利用、技术没有充分发挥、价值没有得到充分体现。

第四，援外专家派遣的时间长但却不连续。过去几十年来，中国援外专家的派遣从受援国申请到项目最后批复，再到专家的派出，中间需要经历1~2年的时间，极个别的项目是3年时间，其结果是造成同一个国家同一类型的援外专家派遣存在严重的不连续性，从而使得专家之间对受援国的了解未能有效衔接，甚至是造成重复性工作，时间成本非常高。这个问题，无论在农技专家派遣项目还是中国医疗队的派出项目中都特别突出。尤其在农业领域而言，中国援外专家因为受到季节性等客观条件的限制，其试验示范工作往往不能充分利用全年的时间，而通常会闲置一段时间。相比之下，日本、韩国等传统援助国的专家派遣方式通常是1个协调员派遣时间较长，1~3年，而其他一般的技术专家通常是1~2周、最长是1个月的短期派遣。而中国并未在任何一个受援国设置专家工作站或派遣一个专家管理的协调员，而通常是按照受援国的专业需求派出一个专家组，时间也通常较长，为1~2年。

第五，中国援外专家的日常生活和管理呈现了高度的集体性，容易引起日常矛盾和冲突。田牧野对援非医疗队和我们对中国援非农技专家的研究都表明，中国援外专家的心理问题值得重视和关注。在日常生活和工作过程中，中国援外以团体共同居住、集体上下班的出行方式为主，因此，在相对封闭的工作环境中，由于工作条件艰苦、生活枯燥无味、心理寂寞和思念亲人等多重因素，一方面容易出现焦虑、抑郁等心理问题；另一方面，也容易引起专家团队内部的矛盾、冲突时有发生。[①] 田牧野提到医疗队在队伍管理上的“硬性”管理规定要求“队员不得离开驻地50公里”，多数医疗队的成员都是处于医院、驻地两点一线的枯燥生活中，生活单调乏味，彼此摩擦不断，甚至有的人出现了心理问题而产生对非洲生活的排斥。最后，在实践中，中国专家与在受援国人员的互动过程中，由于源自不同文化和客观环境的经验，不可避免地也偶尔会发生碰撞和不理解。

四 中西援外专家比较

现代意义上的国际发展援助是从二战后的马歇尔计划开始的。20世纪60年代初一系列多边、双边发展机制的设立和制度创新成为全球治理架构的重要组成部分，国际发展援助也从概念、政策到手段，从制度、机构到人员，形成了一套

① 田牧野等：《在“悬搁”中“期待”：坦桑尼亚援非医疗队的日常生活》，《青海民族研究》2017年第2期；陆继霞、李小云：《中国援非农技专家角色分析——以中国援非农技组派遣项目为例》，《外交评论》2017年第4期。

制度化的系统框架。[①] 西方国家的国际援助中的发展工作者和技术专家的派遣与管理，是在各发达国家的官方发展援助框架下开展的专家派遣，是以马歇尔计划为代表的双边援助和以世界银行各项目为代表的多边援助框架下所开展的，西方援外专家是职业的发展领域的专家。而中国援外专家的派遣主要都是基于受援国的需求（demand-driven）而派出的，无论是中国援外医疗队的派出还是农技专家的派遣都是如此，这也是南南合作的主要特点。此外，正如中国对外援助不同于西方发达国家的“官方发展援助”一样，中国的援外专家项目从选拔过程、派遣、管理到日常工作和生活方式等，都与西方国家的援外发展专家呈现本质上的差别。

首先，从援外专家的选拔和派出来说，西方国家是由专门的援外机构来负责的，而中国没有。美国的 USAID、英国的 DFID（2020 年被合并入 Foreign，Commonwealth & Development Office，FCDO）、日本的 JICA、韩国的 KOICA 等作为国家层面的专门的援外机构，对于其对外援助项目中的发展工作者和技术专家的选拔会专门负责，包括这些援外专家从招募到签订合同、日常工作汇报管理、工资发放等。中国尽管在 2019 年 9 月成立了国家国际合作署，但是，对于援外项目的管理，援外专家的选拔、派遣和管理等仍然都是由商务部、农业农村部等不同的部门来具体负责。这可以说是中国和西方国家在援外专家派遣项目中的一个根本性的差异。在这样不同的机制下，西方国家的援助更多是从平台建设、人员派遣、人员管理、配套设备援助等方面具有整体性的设计，从

① 李小云等：《国际发展援助：中国的对外援助》，世界知识出版社，2015，第 15 页。

而为援外专家配备必要的工作条件、更好地发挥其专业性和价值。例如，美国针对坦桑尼亚地区艾滋病流行的问题长期提供抗艾药品，并援建大量的艾滋病防治医疗中心，美国派遣相关专业的医疗队员和援建医疗设施，并有人定期从美国到坦桑尼亚进行设备修缮和保养。相比之下，中国援外专家与其在援外工作中所需要的必要条件和设施方面则存在不匹配和断裂等问题。

其次，与上述专家派遣和管理等相配套的是，中国援外专家具有高度政治化和非职业化（半职业化）的显著特点，而西方国家援外项目中的发展工作者和技术专家则呈现职业化的特征。我们以往对中国援非农技专家的实证研究充分表明，中国援外专家在援助实践中呈现高度的非职业化、政治化的特点，这与西方传统的援助项目中的发展专家的职业化、去政治化的特征形成了鲜明的对比。中国的援外专家主要以技术专家为主，传统的西方援助项目中的发展专家具体而言则主要分为两大类：一类是负责援助项目咨询、设计、政策制定和管理的发展代理人，另一类是负责项目具体技术工作的技术人员。西方援外专家在实践工作中更多的是韦伯所提出的代理人的角色，以及发展援助的官僚化使其也容易发展成为自身利益的代理人和地方利益的代理人。而相比之下，中国的援外专家更多的是为了实现国家的意志，他们参与援外项目除了个人的经济动机之外，更多的是为了政治使命和荣誉，是为了实现国家意志。中国援外专家不同于西方援助项目工作者，他们并不是以发展援助领域为长期职业的工作，而更多是 1~2 年的短期项目参与者，其以短期个人经济利益驱动和政治激励为主要驱动力，而国家对于他们的要求始终以政治素养为首位。如安徽省商务厅在经验交流中强调，要

"严把援外人员素质官，做好服务工作，解决援外人员后顾之忧"，安徽省商务主管部门和援外企业各负其责，对援外人员的管理上实行严格审查，确保援外人员具备较高的政治素质和业务素质，并通过培训，使援外人员认识到实施援外项目是执行国家的政治任务，要认识到"讲政治、讲奉献、讲团结的重要性和荣誉感"，增强企业援外人员的组织纪律性，规范援外人员的行为举止，提高他们的团队意识。为了让援外人员安心工作，援外企业项目会丰富援外人员的业余生活、及时解决他们的困难，对于其家属，则会定期组织家属座谈会、春节联欢会、表扬优秀援外人员家属等，从而减少援外人员的思想负担。① 其他的单位部门在文件中也突出强调，援外项目是政治外交任务，要从讲政治的高度，服务于国家外交大局，……在援外人员的选拔上一定严格把关，确保援外团队有较高的政治素质。②

再次，大量既有的研究表明，手把手言传身教是中国援外专家的主要工作方式，西方援外专家则更多倾向于参与受援国的政策制定和改革。正如20世纪五六十年代中国大规模全方位地聘请苏联顾问和专家来华一样，中国援外专家也是通过面对面、手把手和朝夕相处的方式将中国的技术、方法、经验等传授给受援国，这样使得收获更大、成绩更佳、见效更快。事实上，新中国在成立后国民经济的迅速恢复和发展、工业基础的建立等都是苏联顾问和专家发挥作用的结果。中国也在通过这种模式对其他国家进行援助。中国援外工作专

① 《对外援助工作通讯》编辑部编《对外援助工作通讯（2006年合订本）》，《对外援助工作通讯》编辑部，2006，第32页。

② 《对外援助工作通讯》编辑部编《对外援助工作通讯（2006年合订本）》，《对外援助工作通讯》编辑部，2006，第34页。

家无论是从事哪个领域的工作，其显著的特点是手把手地与当地的技术员进行沟通和交流，这或许是在语言能力不是特别过关甚至是存在语言交流障碍的情况下最有效的工作方式。西方发展援助的专家更多体现的是个体化，他们在工作过程中，不会突出强调自己是在一个国际发展的专业团队中，这些特征在传统的援助项目中非常明显。[①] 专家们更多地专注于报告写作、小册子宣传等发展项目的常规操作，与地方政府官员和决策者之间进行交流。然而中国援外专家对于这些都不是特别强调或者擅长。孟洁梅在《非洲自由铁路：中国的发展项目如何改变坦桑尼亚人民的生活和谋生之计》一书中有一些篇幅的内容都是在讲述中国援助坦桑尼亚和赞比亚两国政府建设坦赞铁路过程中专家们的工作方式。她指出，实践式培训或“言传身教”是中国人在发展援助项目中主要的培训方法；即使有理论课程，也是与实践直接相关。[②] 中国专家“身教”远胜于“言传”，在坦赞铁路项目开展的过程中，“中国的工程师先亲自安装、拆卸一个机器部件，然后鼓励非洲徒弟一步步照着做，直到所有步骤准确无误为止”[③]。中国援助坦赞铁路的工程师们被要求与非洲兄弟们并肩工作，向非洲兄弟传授新技能，以身作则，树立吃苦耐劳、自力更生的新典范。对于中国援外专家与西方的发展专家之间的工作方式的差异，受援国的相关人员也有感受。埃塞俄比亚外交

---

① David Mosse, *Adventure in Aidland: The Anthropology of Expertise and Professionals in International Development* (Berghahn Books: Oxford, 2011).

② 〔美〕孟洁梅（Jamie Monson）：《非洲自由铁路：中国的发展项目如何改变坦桑尼亚人民的生活和谋生之计》，胡凌鹊译，民主与建设出版社，2015，第 49 页。

③ 〔美〕菲利普·斯诺：《明星筏：中国在非洲的经历》，韦登菲尔德和尼科尔森出版社，1988，第 162 页。

与国际合作部负责管理发展援助的常务秘书曾讲道，中国的做法和西方更大做法不一样，西方更热衷于帮助他们设计发展计划和政策，更多地找他们商量如何和各个部委开会协调等，而中国人很少开会讨论这些问题，而更多的是帮助他们解决项目中遇到的实际问题。中国援外人员更加喜欢和自己的人待在一起，而西方人更喜欢和当地人打成一片。[①] 这一点无论是我们对于中非农技专家的研究中还是援非医疗队的专家研究中都有所体现。联合国粮农组织驻加纳办公室的一位官员也指出，韩国和日本等国家的专家在工作时会利用受援国的国家研究机构和农业部等政府部门，会重点关注项目指南等政策相关的工作，中国的专家则不然，更多是与技术员和农民等当地一线的合作伙伴一起工作。然而值得关注的是，尽管中国和非洲国家在历史发展进程上有很多的相似性，为中国援外专家与当地人“打成一片”奠定了一定的基础，但在现实中，中国援外专家与当地人之间的关系还取决于他们之间的工作关系、角色关系。如在坦赞铁路修建过程中，位于“大本营”的中国专家与那些被聘为工程师与行政管理人员的非洲工人之间的关系与那些在铁路沿线临时营地的中非工人关系大相径庭。[②]

最后，援外“专家”在西方世界中是一种独立的职业，专家个体进入、退出援外项目以及在援外工作期间的工作方式和生活方式都具有高度的自由度和灵活性，而中国援外专家相比之下，由于是从体制内进入援外项目而缺少自由度而

① 李小云等：《新发展的示范：中国援非农业技术示范中心的微观叙事》，社会科学文献出版社，2017，第 2 页。

② 〔美〕孟洁梅（Jamie Monson）：《非洲自由铁路：中国发展项目如何改变坦桑尼亚人民的生活和谋生之计》，胡凌鹊译，民主与建设出版社，2015，第 73 页。

更多体现的是集体的、隔离的甚至是自我封闭的状态，这些特点都直接影响和形塑着他们参与其中的援助过程和结果。关于西方国家援外人员或专家的研究，主要是西方一些人类学家和批判发展研究的学者。他们主要是从解构主义的批判视角和曼彻斯特学派的分析框架，对西方世界通过知识和话语维护其霸权的过程，以及运用行动者、知识、界面、代理和代理人、翻译等概念，从微观上研究西方发展知识的形成和传播、发展项目的运行和过程等发展的微观问题，从而呈现援助机构和援外专家在海外的微观实践、日常生活，并进而获得发展援助运行的真实逻辑。在这些研究视角下，西方国家的发展专家作为个体，通常会在个人能动性的激励下，按照自己的利益和经验翻译政策，并进而最终改变政策、形塑机构的文化。在生活方式上，西方援外专家也更加自由和开放，由于语言上的优势和文化上的优越感，与受援国当地社会也会更多地交流和交融而没有障碍。中国政府出于安全和形象管理等原因，对中国援外专家的管理是非常严格的，这种严格不仅体现在专家们的居住空间、上下班的路上，还有日常的行为过程中。如果专家们被发现有任何的违反纪律和规定的行为，将由主管部门申请撤销其专家的身份、遣送回国。在日常生活中，中国援外专家也通常是成群结队、集体出行，即便在娱乐期间他们也会尽量避免与当地人接触，不会去当地人消遣娱乐的地方。[①] 换句话说，中国的援外人员和结构一样，都不是独立于政治的自然人和独立的结构，而是镶嵌在中国政府和社会中的人和结构，其日常生活、行为

① 〔美〕孟洁梅（Jamie Monson）：《非洲自由铁路：中国发展项目如何改变坦桑尼亚人民的生活和谋生之计》，胡凌鹊译，民主与建设出版社，2015，第72页。

等显现更加复杂的图景。[①] 中国援外专家与当地农民或者工人在接触的过程中，通常还会面临不同角色之间的矛盾问题。一方面，由于援助与被援助的官方合作关系，彼此会称兄道弟，中国专家的经验更加丰富、技术更加擅长，彼此会维护双方友好相处的形象；另一方面，由于文化背景的差异、地位和角色的差别、观念上存在的差距等，在现实中，中国专家在援外过程中与当地人很难真正地融入一起，绝大多数处在一种若即若离的关系，这无论从居住区位、生活习惯还是娱乐和消遣的场域很少有交集甚至是没有交集中都可窥见一斑。[②]

综合而言，我们对于中国援非农技专家与传统援助国技术专家的特征比较，从很大程度上也可以反映出整个中国援外专家群体与西方援外专家群体之间的差异所在（见表 6-4）。

表 6-4　中国援非农技专家与传统援助国技术专家之比较[③]

	传统援助国发展技术专家	中国援非农技专家
专家身份	职业化、技术化	非职业化、技术化
稳定性	流动性大，在不同的发展机构间进行职业流动	流动性小，国内某机构的固定职员
政治上	相对独立、个体化、去政治化	嵌入制度、去个体化、高度政治化

① 李小云等：《新发展的示范：中国援非农业技术示范中心的微观叙事》，社会科学文献出版社，2017，第 10～12 页。

② 〔美〕孟洁梅（Jamie Monson）：《非洲自由铁路：中国发展项目如何改变坦桑尼亚人民的生活和谋生之计》，胡凌鹊译，民主与建设出版社，2015，第 68～69 页。

③ 陆继霞、李小云：《中国援非农技专家角色分析——以中国援非农技组派遣项目为例》，《外交评论》2017 年第 4 期。

续表

	传统援助国发展技术专家	中国援非农技专家
视野上	全球化视野、世界体系、非洲作为他者	地方实践，非洲国家作为兄弟
文化	利他助人视角，对贫困、脆弱地区和人口进行援助	互助、互惠，更多看到相似性
身份认同	经纪人、翻译者，维护项目的存在和持续	中国农业技术转移的使者，传播本国的文化和价值观
工作目标	长期工作于国际发展领域，专职的“专家”构成专家的核心，争取合同的连续性	短期、非专职的国际发展领域的专家，有自己的工作单位，争取表现好，“为国家争光”获得荣誉
日常生活	独居，上下班个体决定，相对自由	集体居住，上下班集体用车

如表 6-4 中所提及的，中国援外专家在工作中体现了注重集体化而去个体化的特征，而西方援助国发展技术专家则表现出较明显的个体化特点。[①] 中国援非农业专家自己在工作过程中也发现，他们自身和其他国家的援外人员之间在管理模式和工作方式上存在一定的差别，有位中国专家评价美国专家时提到“我感觉他们的工作是有一个套路的，但是什么，我还说不清楚，这个套路让我们感觉他们很职业”。中国专家这种感觉在我们研究过程中也有深刻的体会。中国由于尚未形成专业的国际发展的知识生产和人才培训体系，中国援外专家大多按照朴素的爱国主义和经验主义推进援外项目的运行，在混合复杂的激励机制下，援助实践的形态变得复杂多样。

再有，从一定程度上而言，中国援外专家在工作过程中

① 陆继霞、李小云：《中国援非农技专家角色分析——以中国援非农技组派遣项目为例》，《外交评论》2017 年第 4 期。

不仅传递了技术，还传递了中国的文化，西方援外专家则不会关注这些。坦赞铁路建设期间，正值新中国成立后的建设时期和“文化大革命”的特殊时期，“吃苦耐劳”“艰苦奋斗”是那个时期国家建设过程中的主流文化而被人们所崇尚。中国援外专家即便在援助过程中也没有忘记这些精神而付诸援助的实践当中。也正是由于他们这种身体力行的工作方式，激励了坦赞铁路建设项目中参与的那些坦桑尼亚和赞比亚的工人。此外，由于在建设过程中传递技术知识和技能的同时，还向非洲工人进行培训、要求工人充分了解和学习勤奋工作与优良品格之间的关系。[①] 纪律和美德的传播也在坦赞铁路修建期间成为重要的议题。坦赞铁路的修建，给中国与两个非洲国家之间带来了前所未有的文化交流的机会。[②] 即使在今天，中国援外专家在参加援外项目过程中也是如此，他们会在日常工作中传递中国文化，如“礼尚往来”“储蓄”等。相比之下，西方援外专家尽管在形式上会通过各种方式与地方的官员、技术人员和社会人士等进行交往和交流，但在传递西方文化的意识上，他们不会专门强调这一点。这可以说是中国援外专家和西方援外专家日常实践中的另外一个显著差异。

五　结论与讨论

综上所述，中国援外专家的派遣项目在一定程度上为受

① 〔美〕孟洁梅（Jamie Monson）：《非洲自由铁路：中国发展项目如何改变坦桑尼亚人民的生活和谋生之计》，胡凌鹊译，民主与建设出版社，2015，第62页。

② 〔美〕孟洁梅（Jamie Monson）：《非洲自由铁路：中国发展项目如何改变坦桑尼亚人民的生活和谋生之计》，胡凌鹊译，民主与建设出版社，2015，第65、68页。

援国的技术资源补充、人力资源能力提升、当地现实问题的解决等发挥了重要作用，从而通过技术转移、文化交流等方式助力受援国的粮食安全、公共卫生能力提升和基础设施条件改善等方面。尤其是在当今美国等发达国家的逆全球化趋势加强、全球与气候变化威胁并存的新世界格局下，中国援外专家的数量、质量，参与国际援助项目的领域、范围，以及援助的成效和有效性等都将对百年未有之大变局的新时代的全球国际援助的构架产生影响。就援外专家派遣的区域和重点国家而言，过去中国对外援助和专家派遣是基于中国与这些国家的友好关系为基础的，互惠互利为基本原则，并不是在 OECD-DAC 援助框架下的对外援助，但是未来，中国援外专家将派往何处可能需要在国家援外和国际发展合作框架下进行新的顶层设计。

以往大量的研究已说明，西方国家发展援助的核心是在发展中国家实践并建立起的、已经建立了成熟的一套政治经济体系，即由强大的国家、法治和问责制为一体的与工业化相适应的政治经济体系。[①] 西方国家援外专家的派遣、管理与工作实践等则都是在这个体系下的一部分。西方社会对非西方社会进行的研究和提出的一系列改造发展中国家的技术方案主要以国际发展援助的形态呈现，[②] 西方国家派遣的发展专家的工作理念、基础和具体方式也是在这种建构的理论框架下的一部分实践。与西方传统援助建立在理论建构下不同，中国的援助知识来自经验建构。相比于西方的援外专家项目

① 李小云等：《新发展的示范：中国援非农业技术示范中心的微观叙事》，社会科学文献出版社，2017，第 5 页。

② 李小云：《“想象”的建构与经验的平行分享：发展知识的分野》，《国际发展时报（IDT）》，2015 年 7 月 30 日。

而言，中国援外专家的派遣、管理、工作方式等都独具特色，在实践过程中呈现更强的政治性、专业性、集体性、非职业化等显著特征。中国援外专家在具体项目中是扮演着双重角色的，一方面，他们是国内发展经验的载体，其对发展的认知和专业知识体系的发展都深受其在国内学习和工作环境中所积累的经验影响；另一方面，他们作为能动者，也会在参与援外项目的实践，具体形塑国内发展经验在海外的再生产和地方化的过程。这在很大程度上都映照了中国特色社会主义的对外援助的特点。

在中国对外援助项目实践中，中国国内的发展经验从不同方面影响、形塑着项目的制度安排与中国专家的认知、决策和行为。[①] 现有关于中国援外专家的案例研究表明，中国的援外专家并不具有西方发展专家的那种独立性、个体化特征，也不同于西方传统的传递文化的那些传教士。中国的援外专家作为普通的个体和社会行动者，在参与援外项目之前，多是普通的体制内工作人员，他们在参加援助项目前并没有西方发展援助世界里专家的拯救他人的思想，中国援外专家更多的是带着兴奋、担忧、期待等复杂的心理状态进入援助的世界当中，既有个人的经济需求的动机，也有承载国家政治使命的荣誉感。他们在援外项目实施过程中，更多地看到中国与受援国之间的共性、相似性，尤其是中国曾经的发展历史和经验能够带给今天仍然处于发展进程中的其他发展中国家和欠发达国家的启示，等等。在援外项目实施过程中，这些专家的行动和能动性都是在服务于国家使命的框架下而得以开展，并没有西方世界的发展专家那种独立性、个体性和

① 李小云等：《新发展的示范：中国援非农业技术示范中心的微观叙事》，社会科学文献出版社，2017，第 95 页。

行动空间。

如果要理解中国援外专家的项目与西方发达国家的援外专家的差异，就要充分理解中国对外援助和西方国家在对外援助上的本质差别。西方国家的官方发展援助是处于殖民历史的原罪，也是出于维护自身利益的政策考虑，其体现和维护的是极度不平等的、高度单向依赖的“援助国-受援国”关系。相比之下，中国对外援助更多是南南合作框架下的一种援助，无论在历史背景还是政策和现实需求等方面都与西方存在显著差异。① 中国对外援助的特征倾向于避免某些标准的解决方案，而且常常需要回应合作过的具体要求，展示自己的发展经验，而不是建设体系化的政治或经济模式。中国对外援助的过程也不必然遵循 OCED-DAC 对发展中国家发展援助的规范。从研究视角来看，当前在国际上对于援助者的分析方法主要有行动者（actor）和代理人（broker）的框架，并通过它们讨论援助项目中发展工作者的行为和互动的具体过程。在行动者分析框架中，强调的是行动者如何利用“能动性”（agency）来促使不同社会生活、知识和权力的不同“界面”（interface）之间的协商，强调的是不同行动者在微观层面的互动；代理人分析框架则更加突出分析发展干预机构或个体是如何“代理”（brokerage）和“翻译”（translation）将援助资金提供者和受益者联系起来。这些研究视角事实上更加符合对西方援外专家的研究，而中国援外专家的日常实践所遵循的制度和规范，在很大程度上如涂尔干所指出的，是由知识、信仰和“集体情感和集体观念”系统所构成的，是人类

① 程诚：《中国特色的官方开发金融——中非发展合作的新模式》，郑宇、李小云主编《复旦国际关系评论》第 19 辑《国际发展合作新方向》，上海人民出版社，2016。

互动的共同产物，是现实中政治结构、文化交流等所形塑的结果。

当然，相比较而言，中国援外专家派遣项目在有些方面有必要向西方援外专家派遣项目学习。为了更有效地增强中国援外专家的工作效果，还需要在以下方面进行完善：首先，中国援外专家的派遣需要配备工作所需的必要设备、设施等，这既需要充分的经费保障，也需要必要的物质条件。对于医疗队专家而言，需要医学器械和设施、药物等。对于农技专家而言，需要小型机械等。简言之，中国援外专家的派遣需要与硬件设施援助配套进行。并且，为了维持设备、设施的正常运转，中国需要定期派出维修维护设备和设施的人员。其次，中国援外专家的派遣时间和人员管理等方面可以借鉴西方国家的一些做法。中国派遣援外专家的时间一般是1~2年，在此期间，专家们通常会在受援国居住而鲜有回国或亲属探亲的状况，但西方发达国家长短期相结合的专家派遣的办法，能够更好地激发不同专业领域和背景的专家在同一地点协调地连续地开展工作，尤其是农业专家在这一点上表现更加明显。例如，可以建设中国援外专家工作站，既有长期负责协调的政策专家也有短期的技术专家；可以援建医疗中心，作为中国援外医疗队工作的重要平台。再次，中国援外专家团队内部心理建设和管理需要加强。中国援外专家的集体性既有优势也有一定的劣势，一方面，集体居住和生活，可以加强团队成员之间的日常联系和沟通，增强彼此行为的社会监督；另一方面，来自天南海北的专家团队内部由于文化差异和习惯不同等因素，产生矛盾和冲突也成为日常。因此，明确的分工、明晰的责任、必要的娱乐活动等可以有效缓解专家团队的寂寞、压力和极端情绪等。最后，通过改善援外专家的条件和待遇、扩大专家选拔的范围等方式，提高援外专家的选拔标准，进一步提升援外的效果。语言是限制友好关系发展的重要障碍，[①] 同时，语言也是影响中国援外专家与当地人的关系和工作方式的重要因素。事实上，中国援外专家这个群体内，能够非常流利地运用国际交流通用的语言——英语进行沟通和交流的人数屈指可数，现实中，更多的专家所采取的办法是在当地工作过程中边干边学，交流过程中运用更多的是当地国家的本土语言，如坦桑尼亚等东非国家使用斯瓦希里语，而当地人则会部分学习中文，就这样，最终中文、英文和受援国当地的本土语言三类交错使用，是中国援外专家与当地人员进行沟通非常普遍的现象。结果是，这种方式基本可以解决沟通中的障碍问题，但有时候可能也会引起误会。[②] 对这一状况改善的可能则在于，学习西方援外专家的选拔和待遇等标准，不仅从体制内选拔而且也让体制外符合语言、技术和政治素质要求的、可能从事职业化的援外工作的人员有参与的可能。

---

① 〔美〕孟洁梅（Jamie Monson）：《非洲自由铁路：中国发展项目如何改变坦桑尼亚人民的生活和谋生之计》，胡凌鹊译，民主与建设出版社，2015，第74页。

② 〔美〕孟洁梅（Jamie Monson）：《非洲自由铁路：中国发展项目如何改变坦桑尼亚人民的生活和谋生之计》，胡凌鹊译，民主与建设出版社，2015，第75页。

CHAPTER

7

第七章

民间组织参与国际发展合作

一 民间组织参与国际发展合作现状分析

民间社会组织作为独立的发展行为者和经合组织发展援助委员会成员的执行伙伴，对发展合作非常重要。经合组织的数据统计显示，2018 年，援助委员会成员向民间组织分配了近 210 亿美元，占双边官方发展援助总额的 15%。成员国民间社会组织还为发展合作带来了大量来自民间的捐款，2018 年估计为 420 亿美元。①

1. DAC 成员投放到民间组织的资金总体规模

根据经济合作与发展组织的统计，OECD－DAC 成员在 2010 年~2019 年投放到民间组织的官方发展援助资金比例在 15.4%到 17.3%之间浮动（见图 7－1）。2014 年的投放比例达到了近十年的最高峰 17.3%。从 2015 年开始，OECD－DAC 成员的投放比例逐年下降。这一下降趋势与 OECD 成员国的官方发展援助总投入下降呈直接相关关系。

DAC 成员的官方发展援助投放到民间社会组织的资金总额从 2015 年的 206.23 亿美元增加到 2019 年的 207.34 亿美元。根据 DAC 成员官方发展援助投放到民间社会组织的资金分领域来看，人道主义救援和援助国的难民这两个领域的投放资金呈上升趋势，分别从 2015 年的 48.59 亿美元、2.04 亿

① OECD, "Creditor Reporting System (database)," 2020, https://stats.oecd.org/Index.aspx? DataSetCode=crs1.

美元增加到 2019 年的 55.68 亿美元、4.63 亿美元。

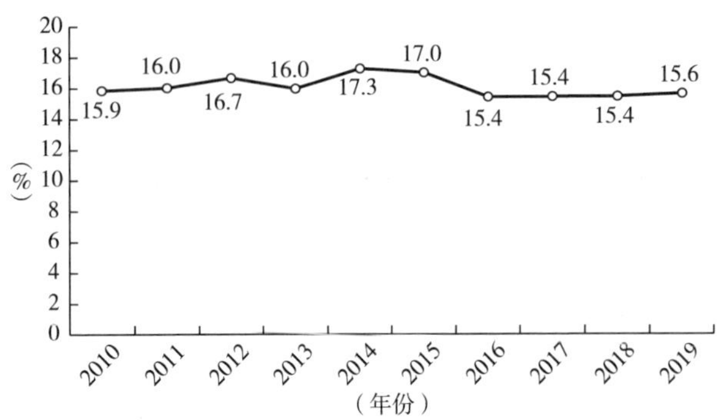

图 7-1　2010~2019 年 OECD-DAC 成员国投放到民间组织的官方发展援助资金比例

资料来源：OECD，"Creditor Reporting System (database)，" 2020，https：//stats.oecd.org/Index.aspx？DataSetCode=crs1。

2019 年，从援助国投放到民间社会组织的资金排序来看，美国遥遥领先，达到了 65.41 亿美元，其次是欧盟和英国，分别达到了 21.11 亿美元和 20.44 亿美元，接下来分别是德国、瑞典、荷兰、加拿大，分别达到了 17.24 亿美元、11.91 亿美元、9.65 亿美元、8.88 亿美元。日本和韩国投放到民间社会组织的资金额度并不高，2019 年的投放资金分别为 2.3 亿美元和 0.48 亿美元。

根据经济合作与发展组织的统计，欧盟、英国、美国、日本、韩国投放到民间组织的官方发展援助资金比例差异较大。2019 年，投放到民间组织的资金比例由高到低依次为美国（22.5%）、英国（15.0%）、欧盟（11.5%）、韩国（2.2%）、日本（1.6%）（见图 7-2）。欧美发达国家在官方发展援助中非常重视民间组织的作用，以韩国、日本为主体的东亚发达国家对于民间组织在官方发展援助中的价值有不同的理解。

按照 OECD 的统计，DAC 成员以两种形式向债权人系统报告其对民间社会组织的官方支出：由民间社会组织使用官方发展援助资金自行规划实施的项目（第Ⅰ类）、由民间社会组织执行官方援助机构发起的指定用途的项目（第Ⅱ类）。该报告显示 2015 年以来第Ⅰ类项目的年度资金总额呈现下降的趋势，从 2015 年的 35.29 亿美元下降到 2019 年的 30.18 亿美元。2015 年以来，第Ⅱ类项目的年度资金总额呈现波动的状况，从 2015 年的 170.94 亿美元上升到 2017 年的 179.53 亿美元，随后又下滑到 2019 年的 177.16 亿美元。

从美国和欧盟对民间社会组织的投放资金情况来看，高度偏重于第Ⅱ类项目的投放方式。2019 年，美国在第Ⅰ类和第Ⅱ类项目的投放资金分别为 0.06 亿美元和 65.35 亿美元。欧盟在第Ⅰ类和第Ⅱ类项目的投放资金分别为 0.14 亿美元和 20.97 亿美元。由此可以看出，美国政府和欧盟主要是看重民间社会组织的这一独特渠道优势，并不看重民间社会组织在项目设计方面的能力。DAC 成员中有 25 个成员是高度偏重于第Ⅱ类项目的投放方式。援助国政府主要是希望通过这一渠道将援助国的援助意志深入被援助国家的基层社区。同时对照德国和日本，发现了不一样的特征。2019 年，德国、日本对民间社会组织的投放情况来看，偏重于第Ⅰ类项目的投放方式。2019 年，德国在第Ⅰ类和第Ⅱ类项目的投放资金分别为 8.98 亿美元和 8.26 亿美元。日本在第Ⅰ类和第Ⅱ类项目的投放资金分别为 1.49 亿美元和 0.81 亿美元。这样的 DAC 成员还有意大利、比利时、爱尔兰。DAC 成员中有 5 个成员是重视第Ⅰ类项目的投放方式。这也说明了还是有少数国家看重民间社会组织在设计项目方面的独创性。总体而言，民间社会组织参与到国际发展援助中，特别是在得到官方发展援助方面，充分体现了援助国在其中的价值引领和领域设定。

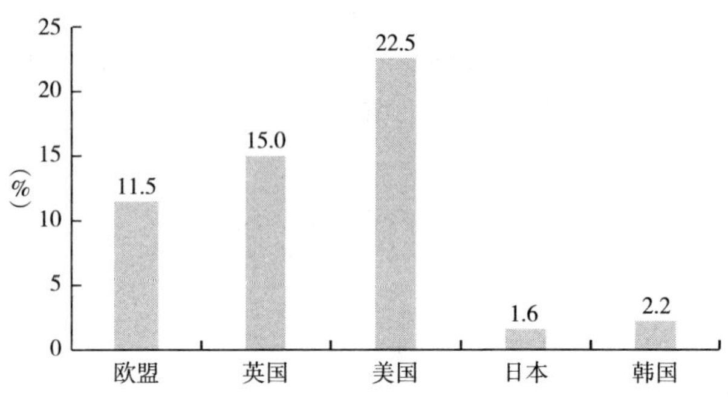

图 7-2　2019 年欧盟、英国、美国、日本、韩国投放到民间组织的官方援助资金比例

资料来源：OECD，"Creditor Reporting System (database)，" 2020，https://stats.oecd.org/Index.aspx? DataSetCode=crs1。

根据经济合作与发展组织的统计，OECD-DAC 成员的官方发展援助通过民间组织在不同领域使用的比例呈现多样化的情况（见图 7-3）。2019 年 OECD-DAC 成员的官方发展援助通过民间组织在不同领域的使用比例较高的有：紧急救援（25.4%）、政府与民间社会（20.7%）、人口与生育健康（11.3%）、医疗（6.5%）、教育（5.4%）、农业、林业与渔业（4.8%）。2019 年 OECD-DAC 成员的官方发展援助通过民间组织在不同领域的使用比例较低的有其他社会设施与服务（2.6%），食物安全（2.5%），援助国难民（2.5%），环境保护（2.3%），供水与环境卫生（1.8%），商业与其他服务（1.4%），灾害预防（0.8%），金融（0.8%），灾后重建（0.8%）以及工业、采矿与建筑业（0.7%），贸易政策（0.5%），能源（0.4%），交通与贮藏（0.1%），通信（0.1%）。

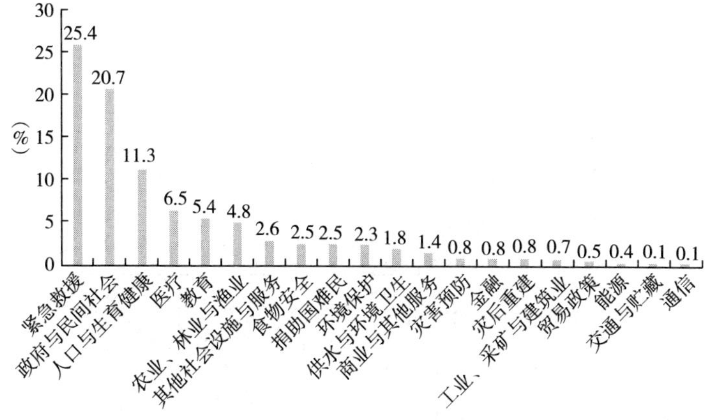

图 7-3　2019 年 OECD-DAC 成员国的官方发展援助通过民间组织在不同领域的使用比例

资料来源：OECD，“Creditor Reporting System（database），” 2020，https：//stats. oecd. org/Index. aspx？ DataSetCode=crs1。

根据经济合作与发展组织的统计，2019 年 OECD-DAC 成员国的官方发展援助通过民间组织投放到不同区域的比例依次为：撒哈拉以南的非洲国家（36. 3%）、中东（11. 6%）、南亚及中亚（9. 2%）、南美洲（4. 0%）、东亚（3. 4%）、欧洲（3. 1%）、中美洲（2. 1%）、撒哈拉以北的非洲国家（1. 9%）、加勒比地区（1. 0%）、大洋洲地区（0. 4%）（见图 7-4）。由此可以看出，西方发达国家以撒哈拉以南的非洲地区、中东、南亚及中亚作为与民间组织合作的重点区域。

2. DAC 成员动员民间组织参与国际发展合作的政策工具

从 2003 年到 2013 年，美国的跨国 NGO 增加了 19. 3%，从 2003 年的 5283 家增加到 6305 家，年收入在这一期间增长

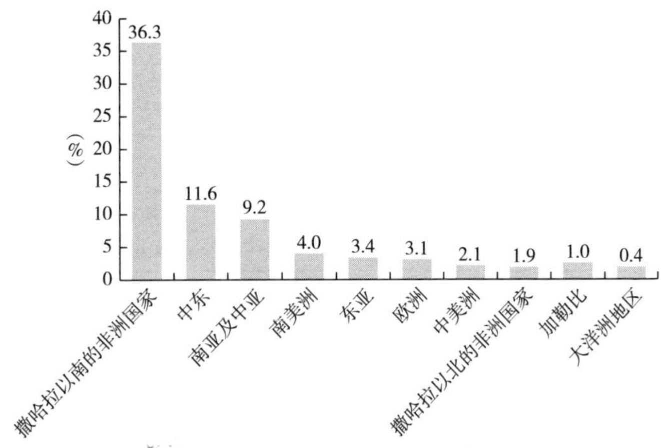

图 7-4　2019 年 OECD-DAC 成员国的官方发展援助通过民间组织投放到不同区域的比例

资料来源：OECD，“Creditor Reporting System (database),” 2020，https://stats.oecd.org/Index.aspx? DataSetCode=crs1。

了 49.7%，达到了 324 亿美元。[①] 根据美国国际开发署发布的《2016 年志愿组织参与海外援助与发展报告》显示，截至 2016 年 9 月 1 日，在美国国际开发署注册的美国和国际的私人志愿组织数量分别为：美国私人志愿组织 485 家，国际私人志愿组织 106 家，美国合作发展组织（Cooperative Development Organizations，CDOs）6 家。[②] 在该报告中提到 2014 年度的财务数据，上述注册的私人志愿组织获得了美国国际开发署 28 亿美元的资金支持。38%的注册私人志愿组织得到了美

① McKeever, Brice, S., *The Nonprofit Sector in Brief* 2015: *Public Charities*, *Giving*, *and Volunteering* (Washington, DC: Urban Institute Center on Nonprofit and Philanthropy, 2015).

② USAID, “2016 VolAg Report: Report of Voluntary Agencies Engaged in Overseas Relief and Development, U.S. Agency for International Development,” https://www.usaid.gov/pvo/volag-report, Accessed October 6, 2020.

国国际开发署的各种形式的支持。然而，这些私人志愿组织通过私人筹款获得了238亿美元的资金。私人志愿组织通过私人渠道获得的资金是美国国际开发署支持的8倍多。2014年，注册的私人志愿组织一共投入了334亿美元的资金实施国际发展项目。美国的跨国NGO在资金募集方面分化严重，比例较低的跨国NGO占据了大量的资金。2009年，美国跨国NGO在资金分布方面的基尼系数达到了历史峰值0.95。[①] 美国私人志愿组织在186个国家和地区（几乎是世界上大多数国家和地区）实施和支持国际项目。从2014年的资金投入领域来看，健康领域投入资金最多，达到79.8亿美元；其次是人道主义援助和农业，资金分别有42.5亿美元和28.5亿美元。

欧盟为国际发展领域的非国家行动者提供资金支持。2014~2020年，欧盟通过多个聚焦特定领域的优先性工作为非国家行动者提供支持。这些工具包括发展合作基金（Development Cooperation Instrument，DCI）预算为196.6亿欧元，欧盟援助志愿者（EU Aid Volunteers）预算为1.48亿欧元，欧盟民主与人权基金（European Instrument for Democracy and Human Rights，EIDHR）预算为13.33亿欧元，欧盟委员会人道主义援助和民事保护（the European Commission's Humanitarian Aid and Civil Protection Development，ECHO）预算达到了66亿欧元。

2015年，根据英国慈善委员会的统计，全年的慈善支出

① Mitchell，George，E.，"Transnational NGOs in the United States，" Thomas Davies，*Routledge Handbook of NGOs and International Relations*（London and New York：Routledge，2019）.

为680亿英镑。[①] 同年，英国的发展NGO投入了69.6亿英镑，相当于当年英国官方发展援助的55%。这其中包括了英国国际发展部提供给发展NGO的官方发展援助资金的支持。[②] 当前英国国际发展部为民间组织提供了四个重要资助渠道：第一，英国援助匹配（UK Aid Match），通过在援助预算中匹配公众捐款和慈善呼吁，促使英国公众对官方发展援助的去向有自己的发言权。英国政府承诺将该方案的规模扩大一倍。2013~2016年，英国援助匹配项目共资助了59项请求，英国有360万人向援助匹配资助的慈善呼吁捐款，共向42个民间组织捐赠了1.2亿英镑用于22个国家的国际发展项目。从2017年到2019年，英国援助匹配项目共资助了49项慈善请求。第二，英国直接援助（UK Aid Direct）。中小型民间组织可以通过竞标获得政府资助的项目以帮助世界上的穷人改变生活。该项目的前身是全球贫困行动基金（the Global Poverty Action Fund，GPAF），于2014年以英国直接援助重新启动。至2010年，已在36个国家开展了207项赠款。第三，英国援助连接（UK Aid Connect），这样的资助方式将激励民间组织、智库、公众和私营部门之间的创新与合作，解决发展中的关键挑战。第四，英国援助志愿者（UK Aid Volunteers）。其帮助世界各地年轻人从事志愿服务的国际公民服务规模扩大两倍。

目前日本外务省为民间组织提供了四个重要资助政策：

---

① Banks, N., and D. Brockington, "Mapping the UK's Development NGOs: Income, Geography and Contributions toInternational Development," *GDI Working Paper Series 35* (Manchester: Global Development Institute, 2019).

② Nicola Banks & Dan Brockington, "Growth and Change in Britain's Development NGO sector (2009-2015)," *Development in Practice*, Vol 30, No.6 (2020): 706-721, DOI: 10.1080/09614524.2020.1801587.

第一，日本政府援助日本 NGO 项目计划（the Grant Assistance for Japanese NGO Project Scheme，GAJNPS）。日本外务省 2019 年《发展合作》白皮书显示，2018 年 59 家日本 NGO 获得由外务省执行的日本政府援助日本 NGO 项目计划的支持，在 31 个国家和 1 个地区实施 106 个项目，金额约 50.04 亿日元。这些项目的活动领域主要是医疗健康、教育、人力资源开发、职业培训、农村发展、水资源开发、排雷人员培养等。① 第二，日本平台（Japan Platform，JPF）。该平台成立于 2000 年，是一个紧急人道主义援助组织，构建起了与民间组织、政府和企业的伙伴关系。截至 2019 年 12 月，其成员为 43 个民间组织。该基金利用日本外务省提供的官方发展援助资金以及企业和公民的捐款，在发生重大自然灾害或大量难民逃离冲突时，开展紧急人道主义援助。2018 年，日本平台实施了 11 个项目下的 70 个子项目，包括对阿富汗、也门、伊拉克和叙利亚人道主义危机的援助，对巴勒斯坦加沙地带的人道主义援助，对南苏丹的人道主义援助，对缅甸流离失所者的人道主义援助，为蒙古国和老挝受灾群众提供援助。第三，非政府组织项目补贴（NGO Project Subsidies）。日本外务省向在日本和海外开展社会经济发展项目的日本民间组织提供关于项目研发、项目后评价以及研讨培训方面的补贴，补贴金额不超过项目总成本的一半，最高不超过 200 万元。2018 年，8 个民间组织获得该项目的资助。第四，JICA 伙伴计划（JICA Partnership Program，JPP）。日本国际协力机构开展“日本国际协力机构伙伴计划”（JPP），根据对国际合作感兴趣的日本非政府组织、大学、地方政府、公益企业等的提议实

① Ministry of Foreign Affairs of Japan，*White Paper on Development Cooperation 2019*，March 17，2021，https：//www.mofa.go.jp/policy/oda/page_000017.html.

施项目。2018 年，在全球 51 个国家共实施了 222 个项目。该计划基于非政府组织的规模提供了两种不同的方案：合作伙伴类型（项目资金规模不超过 1 亿日元，持续时间 5 年以内）、支持类型（项目资金规模不超过 1000 万日元，持续时间 3 年以内）。

根据韩国国际发展合作民间社会组织统计手册的统计，截至 2018 年 12 月，该委员会的成员机构有 137 个。这些民间社会组织活跃在 96 个国家。从机构投入的项目资金来看，在捐赠主体中，私人捐赠比重超过一半（51.3%），来自政府、企业和国际机构的资助仍然很低，政府只占 13.1%。自 2011 年起，韩国政府在官方发展援助预算中拨付给韩国民间社会组织的比例长期保持在 2%。韩国民间社会组织在国际发展合作项目上的投入持续增长到 2013 年，之后就进入缓慢增长阶段。2017 年韩国民间社会组织投入国际发展领域 4.5 亿美元，其中 90.6%的资金来自于机构筹款，官方发展援助资金只占到了 9.4%。韩国各个政府部门会给予民间社会组织的海外项目资金支持，87.7%的资金来自韩国国际合作署，5.6%的资金来自地方政府，1.4%的资金来自韩国国际卫生保健基金会，其余资金来自外交部（0.9%）、内政与安全部（0.9%）、性别平等和家庭部（0.4%）、健康与福利部（0.2%）以及其他部门（2.9%）。投入资金额比较大的国家主要集中在亚洲和非洲国家，排名前三的是越南、埃塞俄比亚、孟加拉国。在这些国家开展的项目领域最多的三个领域是：教育、健康、人口政策与生殖健康。①

① KCOC, KOICA, "Korean International Development Cooperation CSO Statistics Handbook," 2018, http://ngokcoc.or.kr/bbs/board.php?bo_table=paper01&wr_id=152&&page=8，最后访问日期：2024 年 3 月 5 日。

3. 基金会投入国际发展合作领域的资金规模

2003 年，OECD 发布了《慈善基金会与发展合作》报告。在此报告中，对于慈善基金会在发展中的起源和性质进行了介绍。自此，在发展合作领域中，不断制度化的慈善及其未来对解决发展中国家的经济社会发展的价值日益凸显。在此过程中，面向发展的慈善基金会数量增加，服务的区域不断扩大，越来越多的基金会为发展中国家和可持续发展提供稳定的支持。同时，2008 年的全球经济危机使得官方发展援助机构和发展中国家对于慈善基金会在发展中的资金供给产生了更高的期望。

与官方发展援助相比，慈善资金的数量仍然不多，但在卫生和生殖健康等关键部门，私人基金会似乎发挥了重要的作用。2013~2015 年，私人基金会为发展提供了 239 亿美元，平均每年 79.6 亿美元。在健康和生殖健康部门，2013~2015 年，基金会的支持是发展中国家的第三大融资来源，仅次于美国抗击艾滋病、结核病和疟疾的全球基金。在健康领域，私人基金会仍然是发展融资最重要的来源。为发展中国家的慈善捐赠来源高度集中。盖茨基金会是迄今为止最重要的慈善捐赠者，提供了几乎一半的总捐赠（49%）。此外，2013~2015 年 81%的慈善捐赠是由 20 家基金会提供的。慈善家喜欢通过大型的成熟合作伙伴，如国际组织和民间组织，投资到稳定的中等收入国家。67%的国家可分配的慈善捐赠流向了中等收入国家。仅有 28%的国家可分配的慈善捐赠流到了最不发达国家。97%的慈善捐赠都是通过中介组织执行的。[①] 根据 OECD 的统计，2019 年全球的基金会用于发展的融资达到

① OECD, "Private Philanthropy for Development," *The Development Dimension* (Paris: OECD Publishing, 2018), https://doi.org/10.1787/9789264085190-en.

了90亿美元。在盖茨基金会的推动下，健康部门仍是主要的目标领域。2018~2019年，在健康领域，基金会的融资承诺保持了关键作用，额度仅次于美国（70亿美元）和世界银行（40亿美元），达到了38亿美元。全球的基金会在2018~2019年的融资主要分配给非洲，占比达到了44%。在全球，得到了基金会融资最多的五个国家是秘鲁、印度、哥伦比亚、尼日利亚、肯尼亚。① OECD在2020年4~5月针对70家面向发展领域的大型慈善基金会的调研显示，截至2020年4月底，基金会已向发展中国家承诺约10亿美元，作为对COVID-19危机的快速反应。10亿美元的分配如下：分配给发展中国家4.91亿美元，拉丁美洲和非洲是主要的受益区域，分别占到了发展中国家份额的19%和13%。亚洲和欧洲合计占比为6%，其余的62%并没有按照区域分配，而是主要针对健康、教育（如远程学习）和其他社会部门②，用途主要是用于具体项目或者作为对受资助组织的核心（或专门）的支持，以帮助它们克服迫在眉睫的资金短缺。此外，各个基金会还承诺为全球响应提供4.04亿美元的支持。在此次疫情响应中提供资金排名前五的基金会有盖茨基金会、西班牙对外银行小额信贷基金会、开放社会基金会、维康信托基金和彭博慈善。③

① "OECD Statistics on Private Philanthropy for Development: Highlights from the latest data on 2018-19," https://www.oecd.org/dac/Private-Philanthropy-for-Development-Flyer-2018-19.pdf.

② https://web-archive.oecd.org/2020-10-29/564156-OECD-DAC-survey-on-foundations-immediate-response-to-COVID19.pdf.

③ OECD, *Private Philanthropic Foundations: OECD DAC Survey on Providers' Response to COVID-19* (Paris: OECD Publishing, 2020), https://www.oecd.org/dac/financing-sustainable-development/development-finance-standards/OECD-DAC-survey-on-foundations-immediate-response-to-COVID19.pdf.

目前，存在两个方面的问题影响基金会在发展领域的潜力发挥。首先，缺乏可靠和公开可用的慈善资金流的数据，阻碍了研究人员、援助机构、政府和慈善领域本身比较和汇总数据以准确描述基金会对发展的贡献。其次，官方发展援助机构、政府和民间社会对基金会优先事项和合作行为的了解有限，在一定程度上影响了更紧密的合作。①

二　民间组织参与国际发展合作的历史过程分析

西方的志愿服务和发展工作可以追溯到 17 世纪，早期的 NGO 工作的一个显著案例是提供服务，例如由传教士提供健康和教育服务。另一个案例是公众倡导，例如 19 世纪早期的反奴隶制运动。② 英国的传教活动可以追溯到 18 世纪，而贵格会、圣公会和犹太人的救济活动紧随着英国红十字会之后于 19 世纪晚期展开。③

① OECD, *Private Philanthropy for Development* (Paris: The Development Dimension, OECD Publishing, 2018), https://doi.org/10.1787/9789264085190-en.

② Lissner, Jorgen, *The Politics of Altruism: A Study of the Political Behavior of Voluntary Development Agencies* (Geneva: Lutheran World Federation, 1977); Patrick Kilby, *NGOs and Political Change: A History of the Australian Council for International Development* (Canberra: ANU Press, 2015).

③ David P. Forsythe, *The Humanitarians: The International Committee of the Red Cross* (Cambridge: Cambridge University Press, 2005); Peter J. Burnell, *Charity, Politics and the Third World* (London: Harvester Wheatsheaf, 1991); Clare Saunders, "British Humanitarian, Aid and Development NGOs, 1949-Present," in Nicholas Crowson, Matthew Hilton, and James McKay, eds., *NGOs in Contemporary Britain: Non-State Actors in Society and Politics since 1945* (Basingstoke: Palgrave Macmillan, 2009), pp. 38-58.

自20世纪50年代以来，NGO在国际发展领域迅速崛起，这一崛起不仅体现在OECD-DAC成员内部的发展NGO的制度环境日益完善，规模不断增加，同时在发展中国家基于发达国家NGO的推动，也形成了数量可观的本土NGO规模。在肯尼亚，注册的NGO从1990年的几百个增加到2012年的8000多个，在孟加拉国，到2005年，90%的村庄至少有一个NGO。[①] 2018年，根据国际协会的估计，活跃的国际NGO数量达到了37500个，仅在美国，每年就有1000多个新的国际非政府组织注册。[②] 世界银行报告显示，目前世界银行资助的项目中有近90%的项目有NGO或者其他民间社会组织参与，而在1990年这一比例仅为21%。[③] 捐款者对于国家干预的不信任以及对腐败的担忧，以及对结构调整项目的广泛抵制，进一步促进了NGO在20世纪末的发展。[④] 随着全球范围内的NGO发展日益壮大，NGO本身存在的弱点也日趋显现。因此，对于NGO的崛起出现了质疑。2010年海地地震后暴发的霍乱疫情让公众关注到许多非政府组织的失败，同时发展中

① Jennifer N. Brass, "Why do NGOs go where they go? evidence from Kenya," *World Development* 40 (2012): 387-401; Jennifer N. Brass, *Allies or Adversaries: NGOs and the State in Africa* (New York: Cambridge University Press, 2016); Varun Gauri and Julia Galef, "NGOs in Bangladesh: Activities, resources, and governance," *World Development* 33 (2005): 2045-2065.

② Union of International Associations, "The Yearbook of International Organizations," 2018, https://uia.org/yearbook, 最后访问日期：2021年8月21日；Allison Schnable, "New American relief and development organizations: Voluntarizing global aid," *Social Problems* 62 (2015): 309-329。

③ World Bank, Civil Society, 2018a, http://www.worldbank.org/en/about/partners/civil-society#2, 最后访问日期：2021年8月21日。

④ Banks, N., Hulme, D., & Edwards, M., "NGOs, States, and Donors Revisited: Still too Close for Comfort?" *World Development* 66 (2015): 707-718.

国家禁止外国资助本土非政府组织的政策在扩散。①

对于这一长达近 70 年的 NGO 参与国际发展的历程，有学者进行了历史性的梳理。澳大利亚学者帕特里克·基尔比（Patrick Kilby）认为二战之后的 NGO 援助历史可以分为四个阶段：第一阶段，1945 年到 20 世纪 60 年代，主要的发展模式是国家建设，重点是基础设施和工业发展。NGO 处于边缘，继承了殖民的传统做法，主要派遣志愿者参与灾害和紧急情况工作。第二阶段是 20 世纪 60 年代中期到 80 年代，NGO 被看作发展的行动者，是发展替代运动的组成部分。1963 年联合国大会呼吁更多地承认 NGO 在发展中发挥的作用。NGO 通过在地方层面开展小规模的综合社区发展的援助项目和倡导回应替代发展范式。基于地方层面的发展干预形成了基于权力的发展方法。第三阶段，从 20 个世纪 80 年代初到 90 年代中期，在新自由主义思潮的影响下，NGO 开始替代国家和地方职能。援助国政府与 NGO 的关系更加正规化，政府对于 NGO 的官方资助迅速扩大。第四阶段，从 20 世纪 90 年代中期到 21 世纪头十年，公众对 NGO 的实践、方向和重点的持续关注。在这一时期，NGO 伴随着部门日益庞大带来的各种质疑开始进入改革议程。②

西方国家鼓励并支持 NGO 参与国际发展分为两个时间段，北美和欧洲的各国政府主要是在 20 世纪 50 年代到 70 年

---

① Schuller, M., *Killing with Kindness: Haiti, International Aid, and NGOs* (New Brunswick: Rutgers University Press, 2012); Dupuy, K., Ron, J., & Prakash, A., "Hands off My Regime! Governments' Restrictions on Foreign Aid to Non-governmental Organizations in Poor and Middle-income Countries," *World Development* 84 (Supplement C, 2016): 299-311.

② Patrick Kilby, *NGOs and Political Change: A History of the Australian Council for International Development* (Canberra: ANU Press, 2015).

代末期，通过各种政策工具将 NGO 引入国际发展领域。当然，以英国为代表的西欧国家由宗教的传统衍化为 NGO 的海外行为，在早期较少受到政策工具的影响。而美国则是受到系统的政策工具影响，形成了全世界最为发达的发展 NGO 部门。日本和韩国的政府主要是在 20 世纪 80 年代到 90 年代末期，借助于人道主义的行动将 NGO 引入国际发展领域。

英国的发展 NGO 参与国际发展，早期推动来自两方面因素：宗教因素和人道主义因素。随后得到了英国政府以联合资助的形式进行财政专项支持。英国的发展 NGO 受到国际发展的意识形态调整的影响，从强调救济和援助转向到了政治性的权力干预。英国的发展 NGO 总体上呈现快速增长的特征，除了得到政府的支持之外，英国的民众给予了这一细分领域持续的现金支持。英国的发展 NGO 在协助英国政府的援助目标达成之外，也可以有财力推动自身在海外的目标落实。在英国，宗教在国际援助和发展非政府组织的创建中发挥了重要作用。乐施会尽管现在是一个公开的世俗组织，但是在 1942 年 10 月，乐施会第一次会议的两个主要组织者是圣公会牧师卡农·理查德·米尔福德（Canon Richard Milford）和受贵格会启发的慈善家塞西尔·杰克逊-科尔（Cecil Jackson-Cole）。乐施会早期在希腊的工作得到了贵格会教徒的大量支持，并依赖于教会提供的制度性支持架构（Maggie Black，1992）。[①] 就连劳工运动的组织对抗贫穷（War on Want）也依赖于基督徒的支持和帮助。该机构的创始人之一是英国圣公会牧师约翰·柯林斯（Canon John Collins）。虽然该机构得到了后来的首相哈罗德·威尔逊的支持，但它也依靠爱奥纳社

① Maggie Black, *A Cause for Our Times: Oxfam, the First Fifty Years* (Oxford: Oxford University Press, 1992).

区（Iona Community）、基督教行动以及以精神为基础的更古老的和平运动，如和解团契（Mark Luetchford，Peter Burns，2003）[①]。此外，人道主义也是驱动英国发展NGO开展国际援助的重要原因。英国主要的非政府组织都是在战争期间或者结束之后开展救济行动的产物。1919年英国救助儿童会成立，牛津饥荒救济委员会是处理战时难民而建立的多个网络饥荒救济委员会之一。1942年，依托牛津饥荒救济委员会成立了乐施会。1945年，欧洲基督教重建成立。到了20世纪70年代，英国的发展NGO从提供短期和长期的救济和援助转变为政治干预。发展NGO开始倡导它们通过小规模、基层、非技术官僚的发展举措获得比较优势。1975年，英国工党政府发起了联合资助计划（the Joint Funding Scheme，JFS），联合资助英国的发展NGO申请的项目（通常是50%）。联合资助计划以及其中整体拨款的重要性日益增强。到20世纪80年代，整体拨款的方式已经占到联合资助计划的70%以上。1989年，该计划实现了对50多个国家的900多个项目的支持。[②] 在20世纪80年代中期，英国政府对发展NGO的捐助占官方援助的比例不到1%，而加拿大、西德、荷兰和美国等国的这一比例在5%~10%。[③] 20世纪90年代，英国的发展NGO议程是以人权为主题的。在1995年，权力开始影响到NGO的整个工作。他们抛弃了过去的“人类需求”方法，并将其转化为

---

① Mark Luetchford and Peter Burns, *Waging the War on Want: Fifty Years of Campaign against World Poverty* (London: War on Want, 2003).

② Hilton, "International Aid and Development NGOs in Britain and Human Rights since 1945," *Humanity* 3 (2012): 449-472.

③ Peter Burnell, *Charity, Politics and the Third World* (London: Harvester Wheatsheaf, 1991).

“人权”方法。[1] 从 20 世纪 90 年代初起，英国的发展 NGO 逐步被认为是一个部门。1993 年，该部门的代表性机构 BOND 成立。在 1978~2004 年，英国 56 家发展 NGO 的年度筹款增长了近 5 倍，从 1.16 亿英镑增长到 6.83 亿英镑，超过了家庭收入的增长，远远高于同期英国官方发展援助的增长速度。[2] 2015 年，英国发展 NGO 整体的支出为 69.6 亿英镑，相当于英国政府官方发展援助支出的 55%。这一金额包括了英国政府提供给发展 NGO 数亿英镑的官方发展援助资金。2015 年，英国慈善机构的总筹款额为 680 亿英镑。[3]

美国的发展 NGO 规模在全世界范围内位列第一，[4] 发展 NGO 的数量经历了相对较高的年增长率。从 2003 年到 2013 年，美国的发展 NGO 数量增长了 19.3%，从 5283 家增加到 6305 家，年筹款增长率为 49.7%，达到了 324 亿美元。[5] 2017 年，在美国设立总部的发展 NGO 占到在联合国经济与社

---

① Hilton, “International Aid and Development NGOs in Britain and Human Rights since 1945,” *Humanity* 3 (2012): 449-472.

② Anthony, B. Atkinson, Peter G. Backus, John Micklewright, Cathy Pharoah, Sylke Viola Schnepf, “Charitable Giving for Overseas Development: UK Trends over a Quarter century,” *Journal of The Royal Statistical Society Series A-statistics in Society*, Vol 175, No. 1 (2012): 167-190.

③ Nicola Banks & Dan Brockington, “Growth and Change in Britain's Development NGO Sector (2009-2015),” *Development in Practice*, Vol 30, No. 6 (2020): 706-721, DOI: 10.1080/09614524.2020.1801587.

④ UIA, “Yearbook of International Associations: Statistics, Visualizations and Patterns,” *Yearbook of International Associations* (Munich, Germany: K. G. Saur Verlag GmbH, 2003/2004).

⑤ McKeever, Brice, S., *The Nonprofit Sector in Brief* 2015: *Public Charities, Giving, and Volunteering* (Washington, DC: Urban Institute Center on Nonprofit and Philanthropym 2015).

会理事会具有咨商地位的总数的32%。[①] 美国之所以能够形成最为发达的发展NGO部门，最为重要的原因是多方面的制度催生出来的。美国的这些制度涉及税收制度、援助制度、财政制度、政府改革制度等。通过一系列的制度形成了孕育发展NGO的良好制度环境。在21世纪的前20年，美国慈善生态系统由于市场的推动获得了更大的拓展空间，促进了美国基金会对发展NGO的大幅资助。1945年，美国国务院在美国加州的旧金山召开的联合国关于国际组织的会议上提出了NGO的概念。[②] 1913年美国实施联邦收入税以及美国在一战期间的财政需要推动了美国的税收不断增加。1917年的美国税收法案建立了鼓励私人慈善的激励方式：对公众的慈善捐赠减免个人所得税。[③] 二战后，1947年欧洲复兴法案协助欧洲的恢复与重建，帮助美国确立了新的身份：对外援助的主要提供者和国际发展的促进者。1954年的《国内收入法》创造了501c3免税的公共慈善组织的现代制度，这也是美国发展NGO采用的法律身份。1961年的国外援助法推动了美国国际发展署成为向发展中国家提供国际发展援助重要的提供者。[④] 在20世纪80年代和90年代的新公共管理和美国政府

① Mitchell, George, E., "Transnational NGOs in the United States," Thomas Davies eds, *Routledge Handbook of NGOs and International Relations* (London and New York: Routledge, 2019).

② GÖtz, Norbert, "Reframing NGOs: The Identity of an International Relations Non-Starter," *European Journal of International Relations*, Vol 14, No.2 (2008) 231-258.

③ Arnsberger, Paul, Melissa Ludlum, Margaret Riley, and Mark Stanton, "A History of the Tax-Exempt Sector: An SOI Perspective." *Statistics of Income Bulletin* (*Winter*, 2008): 105-135.

④ Brinkerhoff, Derick, W., "The State and International Development Management: Shifting Ties, Changing Boundaries, and Future Directions," *Public Administration Review* Vol 68, No.6 (2008): 985-1001.

再造运动的背景下，多届美国政府提出缩小政府规模并下放权力，将公共服务外包给营利和非营利组织改善效率的方案。① 根据这一新的政策议程，美国发展 NGO 逐步成为传统双边援助链中的中介②。20 世纪 90 年代和 21 世纪头 10 年带来了新的和不可预见的挑战。在此期间，美国发展 NGO 在全球发生种族冲突之后成为人道主义援助的重要提供者，帮助原社会主义国家适应全球资本主义并融入转型中的国际体系中。③

相对于英国和美国，欧盟由于 1965 年才初步形成了共同体，并且在此之后需要不断地对共同体进行制度化。在这样的背景下，审视欧盟对于成员国的发展 NGO 纳入共同体的国际发展议程具有不同的结论。欧盟总体上对发展 NGO 介入国际发展的历程持积极态度，并不断将发展 NGO 以制度化的方式嵌入其国际发展的议程中。同时，在欧盟的制度化进程中也随着国际发展思潮的调整，从最初关注发展 NGO，随之转向到了民间社会组织，并在近期考虑要将民间组织与地方政府进行结合。④ 1975 年是一个关键年份，欧盟基于发展 NGO

---

① Osborne, David, *Reinventing Government: How the Entrepreneurial Spirit Is Transforming the Public Sector* (New York: Plume, 1993); Williams, D. W., "Reinventing the Proverbs of Government," *Public Administration Review* 60 (2009): 522-534.

② Edward, Michael, and David Hulme, "Too Close for Comfort? The Impact of Official Aid on Nongovernmental Organizations," *World Development*, Vol 24, No. 6 (1996): 961-973.

③ George, E. Mitchell, "Transnational NGOs in the United States," in Thomas Davies, ed., *Routledge Handbook of NGOs and International Relations* (London and New York: Routledge, 2019), pp. 415-428.

④ Niels Keijzer and Fabienne Bossuyt, "Partnership on paper, pragmatism on the ground: the European Union's engagement with civil society organisations," *Development in Practice* 30 (2020): 784-794.

与欧盟自身发展合作的互补性以及参与发展合作的积极性，在当年为欧洲的发展 NGO 设立了一个共同筹资预算线以提供财政援助。这也标志着在欧盟的发展政策中首次出现了发展 NGO。[①] 1979 年，这一财政资助项目从资助发展中国家的项目扩大到促进欧洲公民对发展合作的意识提升。同年 3 月，欧盟委员会向欧洲议会提交的首份涉及非政府组织的关系报告并宣布与 NGO 展开"全面合作"。[②] 此后，欧洲的发展 NGO 成立了非政府组织联络委员会，与欧盟的机构保持发展政策对话。1998 年，该委员会代表了 15 个国家平台，有超过 800 个的欧洲非政府组织的组织代表。[③] 2000 年，《欧洲发展政策声明》中增加了关于"与民间社会合作"的内容，体现了欧盟在政策上相比于发展 NGO 更看重民间社会的价值。[④] 这一转变反映了国际发展政策变化的趋势。2005 年，欧盟成

① Jean Bossuyt, "The Future of NGO Co-financing Final Report on the Palermo Seminar (27-28 October 2003)," 2004, https://ecdpm.org/application/files/7516/5547/2886/Future-Ngo-Co-Financing-Final-Report-Palermo-Seminar.pdf, 最后访问日期：2024 年 3 月 5 日；Maurizio Carbone, "Theory and Practice of Participation: Civil Society and EU Development Policy," *Perspectives on European Politics and Society* 9 (2008): 241-255; European Commission, "Relations between the European Communities and the Non-Governmental Organisations Specializing in Development Cooperation [COM (75) 504 final]," 1975, http://aei-dev.library.pitt.edu/4377/1/4377.pdf, 最后访问日期：2024 年 3 月 5 日。

② EC, "Cooperation between the Commission and Non-governmental Organizations (NGOs) becomes Fully Operational," *Information Memo* (1979): 33, 79, http://aei-dev.library.pitt.edu/30857, accessed on August 21, 2021.

③ Carbone, M., "Theory and Practice of Participation: Civil Society and EU Development Policy." *Perspectives on European Politics and Society*, Vol.9, No.2 (2008): 241-255; Bossuyt, J., "The Future of NGO Co-financing," *Final Report on the Palermo Seminar* (27-28 *October* 2003), 2004; Development Assistance Committee, *DAC Peer Review*: *European Community* (Paris: OECD, 1998).

④ EC, "The European Community's Development Policy [COM (2000) 212 final]," 2000, http://aei.pitt.edu/37647/, Accessed on August 21, 2021.

员国通过了关于欧盟发展政策的联合声明，其中强调了民间社会。2011 年，欧盟提出了一项变革议程，旨在进一步拓宽对民间社会的理解。[①] 2012 年的一项政策提案《民主和可持续发展的根源：对外关系中欧洲与民间社会的互动》中，民间社会包含非政府组织、基金会、研究机构和商业协会等。[②] 2017 年、2005 年欧洲发展共识的后续政策声明再次强调民间社会组织的多重作用。[③] 当然，欧洲看重这些作用之外，更为重视的是民间社会组织的项目执行能力。2018 年，欧盟决定将现有的几个外部融资工具合并为一个单一工具，用于其周边、国际合作与发展政策。民间社会组织可以作为该融资工具的实施主体。此外还专门为民间社会组织设立了一个 15 亿欧元的特定主题方案。[④]

日本作为国际上典型的发展型政府，呈现国家主导的特征。在发展 NGO 参与国际发展方面，日本既没有西方的宗教传统支撑，同时国家也没有供给出相应的制度安排。海外的人道主义救援是催生日本发展 NGO 的重要推力，但是这一推力的背后是日本国民的全球责任的萌发。东南亚之所以成为

① EC, "Increasing the Impact of EU Development Policy: An Agenda for Change [COM (2011) 637]," 2011, Accessed on August 21, 2021.

② EC, "The Roots of Democracy and Sustainable Development: Europe's Engagement with Civil Society in External Relations [COM (2012) 492 final]," 2012, https://eurlex.europa.eu/LexUriServ/LexUriServ.do? uri = COM%3A2012%3A0492%3AFIN%3AEN%3APDF, 2011, Accessed on August 21, 2021.

③ EC, "PADOR User Manual Version 2.0," https://op.mahidol.ac.th/ra/contents/research_fund/MANUAL/HORIZON-2020/02_PADOR-User-Manual.pdf, Accessed on August 21, 2021.

④ EC, "Proposal for a Regulation of the European Parliament and of the Council Establishing the Neighbourhood, Development and International Cooperation Instrument. [SEC (2018) 310 final] - [SWD (2018) 337 final]," 2018, https://ec.europa.eu/transparency/documents-register/detail? ref = SWD (2018) 337&lang=en, Accessed on August 21, 2021.

日本的发展 NGO 的重点工作区域，在很大程度上也是由于彼此的文化同源的原因。20 世纪 60 年代末和 70 年代，日本的发展 NGO 非常少。在 1967 年经济发展与合作组织非政府组织名录中只有 14 个日本的发展 NGO。[①] 日本的发展 NGO 的第一次快速扩张始于 20 世纪 70 年代末和 80 年代初，作为对印度支那难民危机的回应。从泰国边境难民营中出现了日本的先锋非政府组织，如日本国际志愿服务中心（JVC）和日本 Sotoshu 救济委员会（JSRC）。许多早期的非政府组织首先从事紧急救济活动，后来逐渐扩大了活动范围，解决贫困和易受自然灾害影响的根源问题。日本的发展 NGO 目前的活动领域主要集中在环境保护、农业发展、社会福利、初级教育和反地雷运动等。自早期日本非政府组织在东南亚开展活动以来，该地区长期是新旧非政府组织的重点区域。[②] 1989 年开始，日本政府设立了几个新计划支持日本的国际发展 NGO 及其海外项目。到 20 世纪 90 年代中期，这些 NGO 支持计划提供了数百万美元的急需资金，支持和培育国际发展 NGO 这个分支部门。通过 OECD 的 1990 年和 1998 年的目录以及日本非政府组织国际合作中心（JANIC）可以发现，日本的国际发展 NGO 数量有了很大的增长。76%日本的国际发展 NGO 是在 1990 年后成立的。[③]

韩国作为一个由受援国转变为援助国的国家，发展 NGO

① OECD-ICVA, *Development Aid of Non-Governmental Non-Profit Organizations* (Paris: OECD, 1967).

② Hirata, K., "Whither the Developmental State? The Growing Role of NGOs in Japanese Aid Policy Making," *Journal of Comparative Policy Analysis*, Vol. 4, No. 3 (2002).

③ Kim, D. Reimann, *The Rise of Japanese NGOs: Activism from Above* (London and New York: Routledge, 2010).

参与国际发展更大的程度上是韩国的国际贸易带动出现的。随后，在韩国政府和民众的支持下，韩国的发展 NGO 对外援助的规模不断扩大。韩国的外向型经济从 1997 年亚洲金融危机中恢复过来的过程，也是韩国的发展 NGO 参与到国际发展的时期。这一时期从 20 世纪 90 年代末延伸到了 21 世纪初。1995 年，韩国国际协力机构（KOICA）启动了 NGO 支持项目。2005 年前后，韩国国际协力机构扩大与 NGO 的合作关系。合作项目在官方发展援助总预算的比例从 1995 年的 1.34%增加到 2014 年的 2.32%，韩国国际协力机构对参与其项目的非政府组织的资助大幅增加。① 相比于 2000 年，发展 NGO 的数量增加了一倍。发展 NGO 的筹款额也从 2000 年的 1990 万美元增加到 2009 年的 3.889 亿美元，十年增加了 18 倍左右。② 2007 年，9.5%的韩国捐赠用于国际发展领域。③ 2009 年，韩国政府用于发展及人道主义活动的资金约为 1.478 亿美元，约占同期韩国政府援助资金的 48%。2010 年，韩国成为 OECD-DAC 成员，是少数几个从受援国转型为援助国的国家之一。韩国用于国际援助的慈善捐赠在过去十年中有所增加。截至 2011 年，大约有 270 个民间社会组织参与韩

---

① Lee, S. J., & Lee, K. S., "The Complex Relationship between Government and NGOs in International Development Cooperation: South Korea as an Emerging Donor Country," *International Review of Public Administration*, Vol. 21, No. 4 (2016): 275-291.

② Kim, J., Jung, H. J., "An Empirical Analysis on Determinants of Aid Allocation by South Korean Civil Society Organizations," Voluntas 32 (2021): 151-164, https://doi.org/10.1007/s11266-020-00238-1.

③ Kang, C., Gu, J., & Park, S., "기부지역선택행동에대한영향요인탐색: 국내기부와해외기부의비교를중심으로 [Exploring the Factors Affecting Donation Area Selection Behavior: Focusing on Comparison between Domestic and overseas Donations]," *Social Welfare Policy*, Vol. 38, No. 3 (2011): 221-253. Kang, C., Gu, J., & Park, S. (2011).

国的人道主义和发展活动。2015 年到 2018 年，89 个发展 NGO 的 411 个项目得到了机构自身和韩国国际协力机构 KOICA 的共同支持。① 2018 年，31.1%的韩国捐赠用于国际发展。② 在这一期间，韩国的发展 NGO 在 33 个发展中国家的发展项目和人道主义项目共支出了 2.87 亿美元。在区域分配方面，韩国的发展 NGO 自有资金的近一半分配给亚洲国家。③

三　民间组织参与国际发展合作的经验与教训及未来发展方向

1. OECD-DAC 层面的经验与教训

经济合作与发展组织（OECD）在 2012 年发布了一份报告——《与民间社会合作：来自发展援助委员会同行评审的 12 个经验》。该报告从战略层面、有效支持层面、学习和问责层面对 OECD 成员国与民间社会合作的经验与教训进行了总结。④

①战略层面的经验：一是需要构建一个基于证据的全局性的民间社会政策。OECD 发展援助委员会成员国需要在民间社会政策方面形成加强发展中国家民间社会的整体框架。这样的框架必须要基于民间社会的分析以及对民间组织如何能

---

① Kim, J., Jung, H. J., "An Empirical Analysis on Determinants of Aid Allocation by South Korean Civil Society Organizations," *Voluntas* 32 (2021): 151-164. https://doi.org/10.1007/s11266-020-00238-1.

② Beautiful Foundation, *Giving Korea 2018*, Seoul: Beautiful Foundation, 2018.

③ Kim, J., Jung, H. J., "An Empirical Analysis on Determinants of Aid Allocation by South Korean Civil Society Organizations," *Voluntas* 32 (2021): 151-164, https://doi.org/10.1007/s11266-020-00238-1.

④ OECD, "Partnering with Civil Society: Twelve Lessons from DAC Peer Reviews," *OECD Development Co-operation Peer Reviews* (OECD Publishing, Paris, 2012), https://doi.org/10.1787/9789264200173-en.

够促进发展的认识。民间社会政策需要包括关键术语、目标、具体目标、原则以及支持民间社会与民间组织的不同合作形式。二是加强发展中国家的民间社会。OECD 发展援助委员会的成员国要分析发展中国家的政治、财政、法律和政策等方面如何影响民间社会组织开展工作，从而推动形成民间社会发展的有利环境。同时通过长期的以结果为导向的制度支持，加强发展中国家民间社会的民主结构。此外，OECD 发展援助委员会的成员要鼓励发展中国家民间组织和国际性民间组织针对当地民间社会进行能力建设。上述的支持需要持续的监测与跟踪，以确保目标实现。三是促进公众意识的提升。OECD 发展援助委员会成员要优先支持并与民间组织合作，从而帮助提升成员国和受援国公众关注发展问题的意识。OECD 发展援助委员会大多数成员国支持并与民间组织合作开展意识提升活动，但是需要更加具有战略性和预测性。四是选择能实现目标的合作伙伴。OECD 发展援助委员会的成员需要认识到民间组织是实现一系列发展目标的重要合作伙伴。援助国需要与民间社会建立持续的合作伙伴关系，并帮助他们实现援助国民间社会政策目标。五是发挥政策对话的作用。OECD 发展援助委员会成员认识到在发展合作政策与方法、发展政策的一致性以及民间组织擅长的性别平等、妇女赋权、环境、气候变化以及人权等方面与民间组织进行对话与协商的重要价值。大多数的援助国会就发展愿景与政策、民间社会政策、指南与伙伴关系展开协商，但是需要将协商结果战略化、操作化和价值化。

②有效支持层面的经验：一是尊重独立性并给予方向指引。OECD 发展援助委员会成员需要在资助民间社会组织中的附加条件与尊重民间社会组织作为独立发展行动者的角色之

间努力实现平衡。民间社会组织通常会认为援助国不断施加影响并在资助中强加条件。繁重的资助条件给彼此之间的伙伴关系带来严重的挑战：一方面影响了民间组织的独立性，另一方面损害了援助国与民间组织之间的合作关系。二是根据目的设计资助机制。OECD 发展援助委员会成员国向民间组织提供资助的方式主要有：项目资助（最普遍的方式）、项目建议书征集、合作伙伴/框架协议（跨年度的资助协议）。OECD 发布的援助国同行评审报告以及一些民间组织提出了影响筹资机制的效率主要有以下的问题：无法预测的资金规模、缺乏行政管理资金、一次性项目资金、不清晰的指南和前后矛盾的程序、复杂和烦琐的要求。一套多样化的资助机制需要考虑资助环境、资助目标、合作伙伴能力等因素。援助国资助模式需要在设置目标和选择合作伙伴方面具有一定的灵活性。三是将交易成本最小化。OECD 发展援助委员会成员和民间组织合作会带来以下的交易成本：行政支出、报告和财务等。OECD 发展援助委员会大多数成员对于资助的民间组织都有不同的、复杂而详细的程序要求，包括项目建议书、报告格式和审计。申请和处理这些不同的程序需要援助国和民间组织投入大量的精力和资源。为了节约时间，报告和财务审核应该主要关注发展成果的进展。四是与人道主义民间组织建立稳固的合作关系。OECD 发展援助委员会成员认识到有效的人道主义行动需要与民间组织建立紧密、平等、原则性的合作关系，同时支持人道主义和社区发展相互协同。良好人道援助倡议（the Good Humanitarian Donorship Principles，GHD）要求 OECD 发展援助委员会成员支持并促进人道主义救援领域的不同行动者。尽管跨年度的资助合作伙伴对于持久的危机提供灵活而整体的回应有着很好的效果，但是很少有国家愿意这么做。大多数援助国鼓励自己国家的国际民间组织与受灾国的本土组织紧密合作，这些国家本身也在小心翼翼地与直接受灾国的本土组织合作。

③学习和问责层面的经验：一是关注并学习报告的结果。各国议会和公众要求各自政府呈现其发展合作成果的压力越来越大，这导致 OECD 发展援助委员会成员在发展合作的所有方面，包括民间组织的伙伴关系，都加强了问责制和报告要求。与此同时，民间组织作为发展的行动者，也有责任展示成果，特别是向自己的支持者。虽然民间组织感到政府援助报告要求的负担，但通常情况是，捐助者没有时间阅读和处理他们要求民间组织提供的所有详细报告。二是增加透明度和问责。在 OECD 发展援助委员会成员国与民间组织合作的整个过程中，透明和开放是极其重要的。OECD 发展援助委员会成员国、民间组织以及其他关键利益相关者都要关注资金的价值，必须对结果负责任，包括项目的受益方、资助方。OECD 发展援助委员会成员国关于援助分配的决策过程和问责程序需要更加透明，民间组织需要提升在更加透明和高效的方式下管理援助的能力。OECD 发展援助委员会成员修订了报告类别，可以允许成员国以更加透明的方式报告资助民间组织的情况。国际援助透明度（IATI）等倡议也为民间社会组织提供了更多融资信息的机会。三是基于学习和问责的委托评估。OECD 发展援助委员会成员国都会对民间社会组织执行的项目进行监测与评估。大多数监测与评估的方式要么是由民间组织根据评估要求进行自评估，要么委托评估。OECD 发展援助委员会成员国需要摒弃那些对民间组织的“自动评估”，特别是涉及援助国和民间社会组织高成本的评估。OECD 发展援助委员会成员国更多地应该聚焦到财务规范上，

而不是了解执行情况、原因以及执行环境。OECD 发展援助委员会成员国应该在发展援助委员会内部的评估网络中，就民间社会组织的评估方法进行更多的对话与研讨。

经济合作与发展组织（OECD）在 2020 年发布的《发展援助委员会成员和民间社会》这一报告基于 2012 年出版的《与民间社会合作：来自发展援助委员会同行评审的 12 个经验》对成员支持和参与民间社会和民间社会组织的情况进行全面审查。[①] 研究发现，成员正在努力提供支持和参与的类型帮助民间社会组织最大限度地为发展做出贡献，但成员的政策和做法有时达不到要求。此次审查发现的问题主要有以下方面。第一，在界定民间社会和民间社会组织方面，从代表不同群体并与之合作的民间社会组织和非正式民间社会行动者的不同类型、规模、地域分布、任务、方法和治理结构中可以看出民间社会组织的多样化。经济合作与发展组织发展援助委员会对非政府组织的定义为成员之间和经合组织内部术语的更大共同性提供了一个良好的起点。第二，关于民间社会组织和民间社会的 OECD 成员政策：如果没有政策，OECD 成员与民间社会组织的工作可能是临时的，或仅受民间社会组织项目预算的指导，而不是为实现发展目标而进行的战略设计。一项政策可以帮助成员更好地追求与民间社会和民间社会组织合作的目标与方法的一致性。与民间社会合作制定的最新政策有助于确保成员目标与民间社会合作之间的相关性。通过提供一个透明的框架，可以形成 OECD 成员为何以及如何与民间社会组织合作的共识，也是信任民间社会

---

① OECD, "Development Assistance Committee Members and Civil Society," *The Development Dimension* (Paris: OECD Publishing, 2020), https://doi.org/10.1787/51eb6df1-en.

组织的依据。通过在更广泛的发展合作政策和其他政策中整合民间社会相关问题，可以加强成员的政策愿景和连贯性。第三，与民间社会组织和民间社会合作的目标方面，成员应清楚阐明是否存在两种重要的目标。第一个重要目标是在成员国加强一个多元化和独立的民间社会，并认识到这样的民间社会对一个国家的社会、经济和民主发展的内在价值。第二个重要目标是实现其他发展目标，认识到在特定部门以及主题（如健康、教育、民主化和性别）执行成员方案方面的工具价值。一旦目标确定，就可以通过更好的设计与民间社会组织合作的方法来实现这些目标。第四，如何提供财政支持。成员对民间社会组织的财政支持与通过民间社会组织传递财政支持之间的比率，可以比较刚性地反映出成员是为了加强民间社会的目标，还是为了实现成员自身的目标。需要细致入微的解释，以更好地理解成员的传递财政机制在多大程度上是有条件的和指导性的。在设计机制和确定适当的机制组合时，成员要加强伙伴国家多元化民间社会的目标。第五，谁会得到财政支持。应该直接向受援国的民间社会组织提供更多的支持，同时支持受援国多元化的民间社会行动者。这两项行动都有助于促进受援国的民间社会发展。尽管对受援国的民间社会组织的支持中涵盖了促进其能力发展，但这一支持不仅包括项目执行和监测的需求，更需要考虑当地民间社会组织的能力需求。多方联合援助的资金是另外一种选择，但需要避免潜在的陷阱。第六，与民间社会组织和民间社会进行对话和磋商，这是成员承诺公开和透明的组成部分。通过发挥民间社会组织应对公民空间挑战等方面的知识、能力和经验，促进更好和可能更协调的发展合作、外交政策和计划。成员与民间社会组织的对话需要实现系统的、可预测的同时也要有充足的资源。好的做法包括联合制定议程和选择参与者的过程，以确保民间社会行动者的代表性。如果不重视对话中好的做法，成员的政策和计划可能会失去相关性和可信度。这样的话，无论是民间社会组织还是它们代表的群体都会认为成员不负责任。第七，在管理需求方面，繁重的行政要求对于成员和民间社会组织都是负担。对于民间社会组织而言，满足成员各种各样的日常要求意味着将会减少用于核心发展工作的时间、精力和资源。这些要求分散了对实现发展成果的关注，并对民间社会组织在受援国的合作伙伴产生了影响。精简每个成员的要求并将这些要求与民间社会组织的行政管理相结合，从而帮助解决民间社会组织和成员的行政负担。尽管多个援助方汇集资金只是一种解决方案，但也要注意协调成员之间的要求。援助国协调实务守则反映了已经完成的工作，需要重新被审视。第八，监测结果和学习。监测和评价对于成员和民间社会组织都至关重要，以便能够证明民间社会组织的官方发展援助正在取得发展成果。但是，当对结果的监测不再是评估民间社会组织的变革程度，而是更多地评估其对协议条款的执行情况时，对结果的监测可能会产生适得其反的效果。过于严格地使用面向结果的管理会破坏成员选择民间社会组织合作的标准，比如创新和冒险的能力、在当地不断变化的情况下针对受益者和支持者进行灵活反应的能力、解决长期可持续变革所需的复杂体制和社会变革。第九，民间社会组织和成员的问责制和透明度，特别是在受援国层面，不仅要做简单正确的事情，也要将消除对民间社会组织的限制作为重要战略。由于缺乏问责制以及与受援国选民和公众的联系，民间社会组织非常脆弱。成员需要更充分认识到它们要为民间组织在受援国层面分担一些问责的任务，同时应确保它们支持和参与民间社会组织的方式不会损害这些组织在受援国的公信力。

2. OECD-DAC 对支持民间组织和民间社会的行动建议

经济合作与发展组织（OECD）在 2020 年发布的《发展援助委员会成员和民间社会》这一报告为成员和经合组织发展援助委员会提出了行动要点，以提高成员对民间组织和民间社会的支持和参与的有效性，作为为民间社会提供有利环境的一部分，[①] 这些行动要点供成员和民间社会组织进一步讨论，以期最终将其发展成为指导方针或建议。

DAC 成员的行动要点：第一，明确民间社会组织和民间社会的定义，以实现成员之间的共识和更强的包容性，从而反映整个民间社会组织和结社形式的多样性。第二，制定政策文件，阐明成员与民间社会组织和民间社会合作的目标和方式，以及包括民间空间在内的背景问题。通过与民间社会组织协商以制定和监督这些政策文件。除了直接或间接影响民间社会组织和民间社会参与发展合作外，将民间社会的考虑因素纳入政策领域，包括民间空间问题。第三，成员在与民间组织和民间社会合作时，应包括两类目标（在伙伴国家加强多元化和独立的民间社会，并在加强伙伴国家的民间社会之外实现其他发展目标），以最大限度地利用该部门的内在价值和工具价值。（在完成目标的时候）需要反映互补的人道主义、发展与和平行动的重要性，以及民间社会行动者在这些行动中的关键作用和贡献。第四，纠正项目/方案支持机制与资金流动之间的不平衡，民间社会组织在这其中是代表成

① OECD, "Development Assistance Committee Members and Civil Society," *The Development Dimension* (Paris: OECD Publishing, 2020), https://doi.org/10.1787/51eb6df1-en.

员的方案执行者。另外，推动伙伴关系/框架/核心资助机制和资金流到达民间社会组织，民间社会组织在这其中是独立的发展行为体。目前这两方面存在不平衡，需要通过实施战略予以纠正。比如，减少指导性并通过设计支持来实现加强伙伴国家民间社会的目标，增加对民间社会组织的核心资助，明确如何更好地证明加强多元化和独立的民间社会是有价值的发展成果，保持多种财政支持机制。确定并纠正阻碍，从而在财政支持机制中采取更协调一致的人道主义—发展—和平方法。第五，增加对受援国的民间社会组织的直接财政支持，并对更广泛的民间团体提供支持，包括流动或非正式结社形式、社会企业等新型社团和传统公民行为者（如专业协会、宗教组织和工会），在成员之间以及与民间社会组织分享经验教训，以发现往往忽略资助这些民间社会组织和民间社会行为者的原因。第六，加强与民间社会组织和民间社会的对话和磋商，更加重视伙伴国家层面的系统性对话，同时保持有针对性的、战略性的和非正式的特别对话机会。鼓励民间社会组织与成员中负责发展合作以外政策领域的代表进行对话，如成员的外交政策和私营部门投资和贸易政策，并鼓励民间社会组织与受援国政府进行对话。通过遵循良好做法，包括协调成员之间的对话，提高与民间组织对话的质量和效率。第七，评估、减少及监测成员的行政需要带来的交易成本负担。解决行政负担的方法可以是：转变为战略性的、精简的要求；使用民间社会组织自己或共同定义的格式和系统；使用多年资助协议；根据贡献大小和风险水平调整需求以及通过多方援助汇集资金和其他方法与其他成员进行协调。将2013年《援助者协调业务守则》作为行动基础。第八，与民间社会组织合作，确定与当前倡议、参与的个人和社区以及各方所期待的成果最相关的成果框架和指标。与民间社会组织合作，探讨并试验加强受援国多元化和独立民间社会的成果指标。在成果管理中应用迭代和适应的方法，在资助建立民间社会组织的成果监测和学习能力的同时，更强调学习以适应的方式确定项目方向。第九，采用多种方法支持受援国的民间社会组织问责制，认识到这对加强民间社会的有利环境至关重要。评估和解决成员与民间社会组织和民间社会合作的做法可能如何损害受援国层面的民间社会组织的合法性和问责制，并努力确保成员的做法不损害受援国层面民间社会组织的问责制。提高成员对民间社会组织资助的透明度，资助按受援国分类，并向受援国利益攸关方提供，利用适当的可及性，使处于敏感环境中的民间社会组织不会面临风险。

针对经合组织发展援助委员会的行动有以下几处要点。第一，就 DAC 成员如何与民间社会组织和民间社会合作制定最新指导方针，或就强化执行和发挥作用提出建议。第二，继续与发展援助委员会民间社会实践社群合作，制定此类指南，并推动其由成员实施作为同行学习的论坛。第三，利用发展援助委员会和民间社会组织参考小组的对话机会，就指南和建议的制定及其实施进行磋商。第四，与实践社区以及发展援助委员会和民间社会组织参考小组一起，运用迭代的方法来实施指南或者建议，在整个过程中不断学习促进适应。第五，考虑与成员一起重新讨论经合组织发展援助委员会对民间社会和民间社会组织的术语和定义。第六，就 DAC 报告守则的有效性和准确性与成员展开讨论。

3. OECD 对加强基金会在国际发展合作方面的建议

OECD 的研究报告分别为基金会、官方发展援助机构、发展中国家的政府提出的相关的政策建议，以加强慈善基金会在支持发展方面的影响。[①] 第一，基金会可以改善与政府以及援助领域的知识分享，特别是在一些关键地区（中等收入国家）和特定的部门（健康与教育）。由于几乎没有证明表明基金会和官方发展援助机构之间存在直接的协调和合作，慈善和官方发展援助彼此支持的活动之间存在一定程度的重叠。因此，慈善和官方发展援助机构需要更密切的合作，确保与国家发展的战略以及现有的发展活动不重复，实现相辅相成。第二，发展中国家的政府可以通过采用调整现有的法规，建立明确区分基金会和民间社会组织之间的法律身份，以及可能的税收优惠，从而进一步改善慈善的良好环境。同时，也要关注到一些反恐法律和反洗钱法规可能对基金会在发展中国家支持民间组织的能力形成障碍。第三，援助机构可以采用更系统的方法与基金会合作。这些方法包括制定基于基金会对发展的资金和非资金的贡献的参与战略、任命负责发展和稳定关系以及与基金会一起工作的联络人、基金会和援助机构之间的人员交流要考虑到对小型基金会的限制，采取更为灵活的伙伴关系。第四，基金会可以更好地利用现有的全球、区域和地方层面的平台，提高支持发展的慈善捐赠数据的透明度和可获得性。比如，OECD-DAC 关于发展融资的统计数据、360giving、Glasspockets 和国际援助透明度倡议（IATI）。此外，netFWD、基金会中心网、WINGS 和其他平台应该鼓励慈善部门进一步共享信息，使得慈善数据成为全球公共产品。

---

① OECD, *Private Philanthropic Foundations: OECD DAC Survey on Providers' Response to COVID-19* (Pairs: OECD Publishing, 2020), https://www.oecd.org/dac/financing-sustainable-development/development-finance-standards/OECD-DAC-survey-on-foundations-immediate-response-to-COVID19.pdf.

4. 欧盟的民间组织参与国际发展合作的最新趋势

卡内基欧洲（Carnegie Europe）在2020年发布的一项研究报告中提出，当前正处于特别关键的时刻：三方面的因素正在重新定义欧盟对民间社会的支持。这三个方面的因素是欧盟的制度周期、操作策略和更广泛的政治背景。[①] 首先，2019年底发生的欧盟领导层的变化可能会带来优先事项的转变。具体而言，欧盟2021～2027年的新预算方案将对民间社会的支持产生影响。根据新预算提案，一个价值890亿欧元的新近邻、发展和国际合作工具（Neighborhood，Development，and International Cooperation Instrument，NDICI）将拨出15亿欧元专门用于民间社会组织。一些民间社会行动者仍然担心欧盟新的结构可能不会像目前这样可靠地保障民间社会的资金。截至2020年初，NDICI的治理安排尚未最终确定。第二个重要的因素是，当政治谈判在欧盟跨年财政框架和未来外交政策取得进展时，欧盟已经在操作层面微调其对民间社会的支持了。近年来，欧盟资助机制的不同部分已经开始解决民间社会支持方面的几个长期关注的问题。欧盟已寻求将其支持范围从高度正规化的NGO扩大到个人和未注册实体。尽管如此，民间社会组织抱怨改革仍是试探性的。第三个重要因素是政治变化对民间社会产生日益增加的影响。在许多国家，民间社会正面临着威胁，而这些威胁往往与地缘政治重塑有关。近年来，民间社会本身已成为一个不断变化的目标。许多新兴的民间社会组织不是亲西方派，但它们在当地享有广泛的支持。这些趋势与地缘政治变化有关。其他国家也越来越明显地采取行动反击欧盟的影响力，并经常特

---

① Richard Youngs, *New Directions for EU Civil Society Support: Lessons from Turkey, the Western Balkans, and Eastern Europe*（Carnegie Europe, 2020）.

别试图中和欧盟的民间社会支持。它们可以通过有针对性的为它们自己的民间社会倡议提供资金，或采取虚假信息运动等破坏性策略来实现这一目标。这一挑战将欧盟外交政策拉向相反的方向，一方面，欧盟需要为自己的民间社会资金增加更多的政治优势；另一方面，欧盟认为出于地缘政治的原因，它需要以一种明显会破坏欧盟民间社会项目的方式与其他强权政府打交道。

5. 英国对民间组织参与国际发展合作的反思与规划

2016 年，英国国际发展部发布了《民间社会伙伴关系审查》，审查的战略成果是要加强国际发展部与现有高绩效组织的关系，并与更多的民间社会组织发展新的伙伴关系。① 这包括从以前由英国政府向最大的民间社会组织提供前期的、不受限制的核心资助体系转向更为开放、更具竞争性、更注重结果的资助模式。这样一种转变反映出一种新的重点：扩大英国政府合作伙伴的范围——包括发展中国家的民间社会——并更加明确地注重成果。英国国际发展部为民间社会组织提供了很多独立的资金来源，有时会导致混乱和重复，通过这一审查要简化和固定这些资金流，将其降至四个新的窗口。透明度、成本效益和问责制等原则将是英国政府对民间社会组织筹资的整个核心方法。具体而言，此次审查主要包括三方面的内容：战略、参与、资助。

在战略层面，英国国际发展部将实施一套全面的改革方案，使资金价值最大化，并使民间社会组织项目和参与的成

① Department for International Development, "Civil Society Partnership Review," 2016, https://assets.publishing.service.gov.uk/media/5a806f8440f0b623026937e5/Civil-Society-Partnership-Review-3Nov2016.pdf，最后访问日期：2024 年 3 月 5 日。

果最大化。国际发展部与民间社会组织合作的目标：第一，与民间社会组织合作，实现一个没有贫困的世界；第二，在国际发展部的工作范围内资助民间就会组织为受冲突影响的国家、紧急情况和人道主义危机以及长期发展活动提供物资，服务和改善人民生活；第三，实现英国不让任何人掉队的承诺，建立改善最贫穷和最受排斥人群（包括女童、妇女和年轻人）生活的方案和知识；第四，帮助发展中国家人民学会决策影响他们生活的方面并为此承担起决策责任；第五，建立多样化、有韧性和有效的民间社会部门和支持有效运作的环境；第六，制定并分享有助于实现英国援助战略措施的证据：实现和平、安全和治理，增强抵御和应对危机的能力，实现全球繁荣和消除极端贫困；第七，通过支持最具成本效益的干预措施，最大限度地提高它们的资金对穷人生活的影响，这将对最大多数人产生最大的影响；第八，建立和保持公众对发展的支持。

在促进民间社会参与层面，国际发展部认识到听取包括民间社会组织在内的一系列利益相关方意见的价值，这些利益相关方与国际发展部一样处于提供援助的最前沿。未来，国际发展部与民间社会组织的合作将更具战略性、更有效并设计更广泛的组织，为此将着手以下工作。第一，与重要民间社会组织开展关系管理计划以实现合作项目的价值最大化，这将补充英国国际发展部和私营部门供应商合作的方式。第二，加强与民间社会组织就包括营养、计划生育、改善女童和妇女以及经济发展方面的领域组织定期的政策对话，这将改进实践、分享学习并与国际发展部的战略目标相联系。第三，通过国际发展部民间社会年度开放日，举办各种活动、研讨会和演讲，为民间社会组织和国际发展部的工作团队提供机会相互学习和交流。第四，帮助塑造民间社会组织运作的环境，这将解决民间社会组织运作空间缩小的问题，因为这降低了民间社会组织改善穷人生活和追究掌权者责任的能力。与英国其他政府部门一起，国际发展部将支持那些保护受威胁群体的组织，并加深对公民和民间社会组织空间关闭的程度、原因和后果的理解。第五，举办英国地区路演，为全国的民间社会组织提供与国际发展部工作人员见面的机会，并展示英国援助直接项目、英国援助匹配项目和其他资助机会。第六，增加通过国内民间社会组织与国际发展部国家办事处合作的机会，包括在适当情况下与较小的当地非政府组织、宗教团体和其他相关行动者合作。

在资助层面，国际发展部将资助那些对穷人的生活产生最大影响并使纳税人的钱发挥最大价值的活动。国家资助：来自英国国际发展部的资助将从核心资助转向开放、有竞争力的项目。国际发展部将为民间社会组织开展合作提供机会，并欢迎来自更大范围内的组织申请资金。国际发展部对所有组织的资助总体水平将取决于它们证明有效交付和资金价值的能力。国际发展部希望民间社会组织清楚地了解他们希望取得的成果和成本。国际发展部对民间社会组织的国家资助将主要通过以下项目提供。第一，英国援助匹配：这将允许英国公众对官方援助预算的流向拥有发言权，方法是将私人捐赠与援助预算中的慈善呼吁匹配起来。英国政府要履行承诺，将这一方案的规模扩大一倍。第二，英国直接援助：中小型民间社会组织将能够通过竞争性竞标获得扩充后的核心资金，帮助这些组织为世界上的穷人提供改变生活的成果。第三，英国援助连接：这种新的融资方式将激励民间社会组织、智库以及公共和私营部门之间的创新与合作，以解决发展的关键挑战。第四，英国援助志愿者：这将为有效的全球志愿服务项目提供有针对性的支持，包括兑现承诺，将帮助世界各地青年志愿者的国际公民服务规模扩大两倍。此外，国际发展部国家办事处将继续直接资助民间社会项目。这些项目将有助于实施英国援助战略，同时应对该国的具体优先事项、需求和机会。

此外，拨款将继续接受严格的拨款前尽职调查。英国国际发展部商业供应商的优先事项和期望声明（SOPE）于2013年1月推出。国际发展部将在此基础上为民间社会组织受让人引入类似的SOPE。这将包括支持英国全国志愿组织理事会（National Council for Voluntary Organisation）关于薪酬的指导意见。受益者的反馈为民间社会组织的项目增加了巨大的价值，同时也加强了问责制。目前的挑战是确保透明度数据实际用于提高发展效率，英国国际发展部将提高数据质量和使用的关键要求，至少，国家资助的民间社会组织将被要求在其所有资金上满足完整的国际援助透明度倡议（IATI）标准，并确保其交付链上的所有组织也符合标准。

四　比较视角下中国民间组织参与国际发展合作分析

1. 比较视角下中国民间组织参与国际发展合作现状分析

根据荷兰莱顿大学中国民间组织国际化数据库统计，中国有超过100家的民间组织参与了国际捐赠或者援助项目，覆盖到了100多个国家。① 2019年4月，国家主席习近平在第

① Wang, Y., *Chinese NGO Internationalization Database*（Leiden: Leiden Asia Centre, 2020）, from: https://www.beltroadresearch.com/ngo-map/, Accessed on October 4, 2020.

二届“一带一路”国际合作高峰论坛上发表重要讲话，提出要加强民间组织的往来，并鼓励和支持“一带一路”沿线国家民间组织广泛开展民生合作。2020 年 7 月，作为中国社会组织申报与实施南南合作援助基金项目的受托管理机构，中国民间组织国际交流促进会开始首次公开发布中国社会组织申报 2020 年度南南基金项目的通知。南南基金主要用于支持中国社会组织落实联合国 2030 年可持续发展议程所设定的各项目标，2020 年度以人道主义援助、卫生健康、扶贫、教育培训等领域为优先方向。2021 年 6 月，土库曼斯坦助残减贫项目正式启动。该项目是联合国开发计划署（中国）和中国扶贫基金会联合申请的中国政府南南合作援助基金项目。按照南南合作援助项目的规定，国际多边机构在申请项目时候，要纳入中国元素。土库曼斯坦助残减贫项目引入中国扶贫基金会是国际多边机构与中国民间组织探索国际发展合作的重要尝试。

此外，在地方层面，先后有多个省份尝试制定动员民间组织参与国际发展的政策。2018 年，江苏省外事办公室启动江苏省社会组织“走出去”小额资助项目。同年，云南省商务厅首次发布年度对外援助项目申报通知，在省民政厅登记的民间社团组织可以申报这一对外援助项目。这是国内首个省级财政资助的对外援助项目向社会组织开放。2019 年，云南省外事办公室发布《云南社会组织走入老挝行动计划》，这是中国第一个地方省份出台的民间组织“走出去”的引导性文件。

2017 年，作为主管中国民间组织参与国际发展的协调机构中国民间组织国际交流促进会推动制定《中国社会组织推动“一带一路”民心相通行动计划（2017—2020）》并成立丝路沿线民间组织合作网络。2019 年 12 月，由中国国际经济技术交流中心、联合国开发计划署驻华代表处、深圳市国际交流合作基金会共同发起成立中国（深圳）社会组织走出去能力建设与交流合作平台。该平台将以深圳市为创新示范基地，试点探索应对社会组织在“走出去”过程中所面临的挑战，通过政策指引、能力建设、资源对接等方式，提升社会组织以更专业和创新的方式参与国际议题和治理的能力，融入国际合作并推动可持续发展，并有效提升深圳国际化水平。

总体而言，中国民间组织参与国家发展的制度环境还非常不完善，并没有将外交政策、援助政策、民间组织管理政策进行有效打通，没有形成系统的制度环境。

在非常不完善的制度环境下，中国民间组织走出去只能是探索性的尝试。2015 年 4 月，尼泊尔地震发生之后，根据中民慈善捐助信息中心统计，中国共向尼泊尔灾区捐赠 9587 余万元。[①] 为助力“一带一路”建设，根据中国红十字会总会援外部署，中国红十字基金会丝 路博爱基金于 2017 年 2 月正式成立，致力于优化“一带一路”沿线国家人道服务供给，对沿线有迫切人道需求的人群进行人道救助。丝路博爱基金的足迹已遍及全球 26 个国家。中国扶贫基金会在“一带一路”沿线国家和地区积极开展民间外交，截至 2020 年底，在缅甸、尼泊尔、埃塞、老挝、柬埔寨、巴基斯坦、纳米比亚、乌干达等 24 个国家和地区投入 2.67 亿元，惠及 134 万人次。

2. 比较视角下中国民间组织参与国际发展合作的历史分析

回顾中国民间组织参与国际发展的重要历史，都与人道主义救援紧密关联，无论是 2004 年的印度洋海啸，还是 2015

① 魏捷、马天昊：《4.25 尼泊尔强震捐赠报告》，中民慈善捐助信息中心，2015。

年的尼泊尔地震，以及 2020 年的海外新冠疫情的抗击。

2014 年 12 月，印度洋地震海啸发生之后，按照中国政府的部署，此次民间的捐款统一由中国红十字会以及各地红十字会、中华慈善总会及各地慈善会负责接收。2004 年 12 月，中国红十字会第一时间响应印度洋地震海啸灾害，是中国红十字会自新中国成立以来第一次走出国门的大规模人道救援行动。中国红十字会还联合中华慈善总会参与了受灾国的灾后重建工作，其中包括在印度尼西亚建设中国-印尼友谊村、在泰国修建中泰友谊村并修复学校和医院、在斯里兰卡修建中国斯里兰卡红十字村、在马尔代夫建设灾民住房以及在缅甸修建社区备灾中心并提供救灾物资等。截至 2005 年 11 月，中国红十字会共接收社会捐款 4.27 亿元，物资价值 1560 万元，已向 11 个印度洋海啸受灾国家捐款 2.4 亿元。[①] 此外，中国扶贫基金会与国际美慈组织合作，向印尼海啸灾区捐赠了价值 4438 万元人民币的药品。

2015 年 4 月 25 日，尼泊尔发生 8.1 级地震。中国民间组织在经历过汶川地震、玉树地震、芦山地震、鲁甸地震之后具有了很强的救援能力，第一时间就能够响应尼泊尔地震。此次地震救援，中国民间组织实现了大规模的出境救援，派遣多支救援队进入尼泊尔。中国红十字会、壹基金、中国扶贫基金会、爱德基金会、中国社会福利基金会、中华思源工程扶贫基金会等机构所属的民间救援队、蓝天救援队、中国妇女发展基金会参与了紧急救援。中国青少年发展基金会主要参与了尼泊尔灾后重建工作。中国基金会救灾协调会同联

① 《中国红十字会已向印度洋海啸受灾国捐赠 2.4 亿元》，人民网，2005，http://world.people.com.cn/GB/8212/42564/index.html，最后访问时间：2021 年 8 月 27 日。

合国开发计划署（中国办公室）、亚洲基金会、救助儿童会等国际伙伴，建立“尼泊尔 4·25 地震中国社会组织应急响应协调中心”。中国扶贫基金会安平基金、卓明灾害信息服务中心也提供了相应的传播与信息支持。此次，中国政府没有对社会捐赠渠道进行限制，很多参与的民间组织都进行了社会募款。

2020 年 4 月 29 日，丝绸之路沿线民间组织合作网络发出四点倡议：一是呼吁世界各国特别是“一带一路”沿线国家加强团结；二是呼吁各国特别是“一带一路”沿线国家民间社会加强抗疫务实合作；三是坚决反对将公共卫生问题政治化；四是呼吁“一带一路”沿线国家政府、民众和民间组织共同努力，坚持多边主义，推动构建人类命运共同体。4 月 29 日，在中共中央对外联络部指导下，中国民间组织国际交流促进会发出“丝路一家亲”民间抗疫共同行动倡议，推动“丝路一家亲”民间抗疫共同行动。北京光华设计发展基金会在中国民间组织国际交流促进会、中国红十字基金会支持下，联合相关社会组织共同发起了“绿丝带行动”，与世界绿色设计组织（WGDO）等友好国际和国外合作组织开展疫情防控合作。“绿丝带”是一个跨越中欧、国际联动的民心相通纽带和桥梁。截至 7 月 24 日，共同行动已推动 60 多家社会组织、企业和民间机构在 60 多个国家实施 100 多个国际抗疫合作项目，募集捐赠物资总额达 1.92 亿元人民币。

2020 年 3 月，在全球抗疫的严峻时期，按照中国红十字会援外工作整体部署，中国红十字基金会设立“抗疫国际人道援助基金”，广泛动员社会力量募集资金和防护物资，援助受新冠疫情影响较严重国家。结合国际抗疫需求，基金会先后向 43 个国家运送抗疫物资，援助人道物资总价值达 8049.5

万元。从3月开始，马云公益基金会和阿里巴巴公益基金会先后向海外150个国家和地区捐赠了几十种门类的大量防疫物资。4月，马云公益基金会和阿里巴巴公益基金会向世卫组织捐赠1亿个医用口罩、100万个N95口罩和100万份核酸检测试剂，以支持世卫组织在全世界的抗疫工作。此外，深圳作为一个公益区域城市，积极参与抗击海外疫情。从3月初国外疫情出现以来，深圳市国际交流合作基金会会同市社会组织总会、市钟表行业协会、市妇儿基金会等20家社会组织，向疫情严重的8个国际友好城市紧急捐赠抗疫物资。在深圳市外办指导下，面向友好城市的物资捐赠拓展至23个国家38个城市。猛犸公益基金会联合华大基因集团陆续向34个国家和地区（国际组织）捐赠新冠病毒检测试剂盒。此外，深圳市社会组织总会、万科公益基金会、鹏爱乐团、加拿大深圳社团联合总会等发挥各自优势，积极与国际民间友好组织共同开展抗疫合作。

3. 比较视角下中国民间组织参与国际发展合作的经验与挑战分析

基于对中国民间组织参与国际发展的现状与历史的梳理，我们发现，第一，由于中国民间组织起步较晚，民间组织参与国际发展援助的实践刚刚起步，无论从国家的法规、政策还是从民间组织的实践来看都还没有形成系统框架和相应的规范体系。第二，中国政府正在开始考虑加大中国民间组织参与国际发展的活动，但是如何从预算、项目等方面支持中国民间组织参与国际发展仍然没有形成相应的制度框架和具体的政策措施。中国民间组织参与国际发展目前由不同的部门协调负责，这样一个局面不利于中国民间组织有效地参与国际发展事务。第三，中国民间组织没有系统地参与国际发展的实践经验，无论从对受援国文化的了解，还是从民间组织自身的能力以及员工的素质、外语、专业技能等方面都还不能够很好地胜任参与国际发展的重任。中国的发展和其他发展中国家的发展有很大的不同，如何转向国际发展领域是中国民间组织参与国际发展的重大挑战。第四，中国民间组织在参与国际发展方面面临筹资困难的困境，官方发展援助预算没有相应支持，民间筹资又在很大程度上受到国内民粹主义的影响，大规模筹资有很大困难，如何在国内宣传民间组织的国际义务是中国社会和民间组织面临的另一挑战。第五，中国民间组织如何将全球公共产品、国家利益和民间组织的特有优势有机地结合也是中国民间组织参与国际发展的一个不容忽视的挑战。在中国国家主导型发展的条件下，民间组织如何与政府建立有效的合作伙伴关系是民间组织参与国际发展首先需要考虑的问题。

基于对 DAC 成员的民间组织和中国民间组织参与国际发展的对比，我们发现，首先，DAC 成员对于民间组织参与国际发展都有比较系统的制度支撑体系，无论是西方发达国家，还是东亚的日本和韩国。其次，DAC 成员无论是在国内还是在国际，民间社会都能很好地融入成员国的政治、经济、社会，真正具有良好的外部环境。欧洲国家具有长期的殖民历史，民间组织针对原殖民地国家的发展进行筹资的社会基础更为雄厚。中国社会长期以来是国家主导发展型社会，国家通过其宪法和特有的政治制度具有其特殊的代表性和领导性。中国民间组织为其他发展中国家筹资的社会基础较为薄弱。

DAC 成员的民间组织在援助国的官方发展援助开始之前就已经在发展中国家从事人道主义的救援工作，他们从历史上已经成为执行发展援助的客观实体。西方发达国家更有利用民间组织实施援助的基础，这在很大程度上节约了成本。此外，日本和韩国的经验或许可以为中国借鉴。日本和韩国的发展援助初期，民间组织并没有参与。日本发展援助更多的是人道主义海外行动的催生发展起来的，韩国发展援助则是国家推动发展起来的。中国的对外援助在开始之际并没有很多民间组织的存在，因此，中国政府利用自身的行政和事业编制的专业力量的优势来执行中国的援外任务，形成了具有中国特色的对外援助的执行体系。近年来，随着援外任务的不断增加，已有的行政资源不能满足对外援助不断增加的客观需要，因此，已经蓬勃发展的中国民间组织已被中国政府视为潜在执行援外任务的重要资源。中国的民间组织由于没有长期从事海外工作的经验，与欧洲的民间组织不同，在人员的外语、知识结构方面均存在很大不足，培养这样的能力也还需要比较长的时间。

4. 比较视角下中国民间组织参与国际发展合作的未来建议

基于对 DAC 成员下的民间组织参与国际发展的经验以及中国民间组织参与国际发展的状况，提出以下政策建议。首先，要尽快形成促进中国民间组织参与国际发展的专项政策以及逐步构建起相应的制度体系。无论是欧洲各国、美国，还是日本和韩国，这些国家在推动民间组织参与国际发展方面尽管有着不同的历史原因或者现实基础，但无论哪个国家都是在政府推动下实现了这一参与的规模化以及产生了实质性的效果。其次，要设立支持民间组织参与国际发展的资金支持的政策工具。各个 DAC 成员都设有相应的资金支持的政策工具，民间组织可以申请相应的资金，或者有自身开发项目，或者执行政府设计的项目。中共中央对外联络部可以牵头设计并开发相应的资金支持的政策工具。在这方面，南南合作基金或许可以成为首个设立支持国内以及国外民间组织参与国际发展的政策工具。再次，中国政府相关部委要促进中国的社会公众以及企业等相关的社会力量支持民间组织参与国际发展的意识提升。当前，中国的民间组织如何能够将海外的民生需求、中国的国家战略以及民间组织自身的诉求进行有机融合，需要进行大量的实践尝试。在这一尝试的过程中，需要得到中国社会和经济部门的支持。最后，对于中国的民间组织，也要在过去形成的国内政社关系的基础之上，探索如何能够在海外的场景下形成与中国政府有效协同的模式。这是决定中国政府是否能够长期稳定地支持民间组织的关键因素。

CHAPTER

8

第八章

面向人类命运共同体的新国际发展合作：结论与政策建议

西方的国际发展合作体系从基督教传播时期的非官方援助形态开始，到殖民时代的殖民建设援助、二战以后的国际发展援助，再到开始融合非西方发展经验的国际发展合作，有长达300多年的历史。在此历程中，以西方为主导的援助在工业文明和西方发展文明理念的支撑下，主导国际发展合作的知识、理论和实践框架，国际发展合作体系几乎完全在西方的知识理论指导下衍化。但是，以西方为主导的发展合作长期面临效率低下、援助效果不明显等事实，直接促使国际社会不断反思以西方为主导的国际发展合作体系存在的问题和挑战。究其根本，是因为西方主导的国际发展合作难以打破南北合作框架下的结构不平等，发展中国家在此体系中从属和依附的政治经济地位从未得到改变。

进入21世纪之前，发端于20世纪60年代的不结盟运动和77国集团的南南合作由于规模、范围以及本身作为西方主导的南北合作框架下的国际发展援助的受援国地位等限制，并未在全球范围内产生较大影响力，国际发展援助体系长期由西方主导。进入21世纪后，尤其是近10年以来，新兴经济体的崛起使得南南合作重新焕发生机，在全球治理中的影响力随着新兴经济体影响力的提升而提升，随着发达国家发展援助进入低迷阶段，新兴经济体成为新的发展资金的提供者和发展经验的贡献者，在国际发展合作中的重要性日益增加，传统的以西方发达国家为主导的多边机构日益重视新兴经济体的力量，纷纷设立南南合作部门，加强和新兴经济体的合作，如联合国粮农三机构专门成立南南合作办公室。南方国家之间从机制上加强合作，各种区域合作机制正在建立，如日益成熟和完善的亚洲东盟合作机制、新近建立的非洲自贸区等。在传统北方国家日益兴起“逆全球化”运动背景下，南南合作成为全球治理的重要机制，中国成为新时期南南合作的重要领导者。

中国的对外援助最早开始于 1950 年，和现代国际发展援助几乎同步。中国的对外援助从一开始就呈现出鲜明的中国特色。从 20 世纪 50 年代开始，中国对外援助经历从支持被压迫民族寻求民族独立、国家建设的革命援助，到互惠互利、支持发展中国家经济社会发展的南南合作，再到面向建构人类命运共同体的新的全球发展理念的国际发展合作体系的建构的过程，凸显中国从边缘走向世界中心过程中的责任与担当。在这个过程中，中国的对外援助在独立自主、坚持中国道路的过程中不断吸纳西方为主的国际发展合作的理论与实践经验，不断吸取西方为主导的国际发展合作实践的教训，形成了富有生命力的、与时俱进的新型国际发展合作的理念框架和实践。

以西方为主导的发展合作体系在 20 世纪末期开始，其内部已经展开广泛的反思，典型案例是对“援助有效性”议题的讨论。为此，西方发展合作的主体——经合组织发展援助委员会，专门成立具有更广泛代表性的援助有效性工作小组。2011 年在韩国召开的第四次援助有效性高级别论坛釜山会议，在参与的范围上实现了更大程度的包容性。更为重要的是，在新兴国家和发展中国家的压力之下，以西方国家为主导的国际发展援助体系首次将其自身关注的援助有效性问题转变成为发展有效性问题，并在此基础上启动全球发展合作伙伴计划。在伙伴计划推动下，西方发展合作的主导国家甚至开始讨论发展援助委员会的扩容，希望中国、印度等能够加入发展援助委员会，相关的发展援助委员会议程的改革提上议事日程。毋庸置疑，这是在中国等新兴国家的发展经验日益凸显，中国等新兴国家强调互惠互利、南南合作、基于需求的发展援助的效果日益受到发展中国家欢迎的条件下产生的，这是西方主导的国际发展援助体系在进入 21 世纪后最为积极的变化。

中国作为引领者参与全球新南南合作，其优势不仅仅在于中国能够提供新的合作资金和技术，丰富合作内容和机制，更大的优势和特点在于中国能够为其他发展中国家提供发展方案。在过去的 40 年里，中国在消除贫困、促进公共服务均等化、社会基础设施以及高新技术领域取得长足的发展，中国成为全球发展令人瞩目的焦点，中国的发展和转型为发展中国家提供看得见的经验。在南南合作中，中国更加注重发展经验的分享和平行转移，如援建基础设施和通过经济特区促进工业化等。很多传统的提供援助的西方国家甚至开始学习中国及其他新兴国家发展合作的经验和做法，如增加经济合作在援助中的比例、设立基础设施援助的专项等。尤其值得关注的是，中国发起成立以金砖国家为主的新发展银行和聚焦基础设施的亚洲基础设施投资银行，很多传统的提供援助的西方国家纷纷加入。这是 21 世纪以来国际发展合作体系的重大变化，国际发展合作开始不再由西方所主导，国际发展合作成为真正意义上的国际发展合作。

近年来，随着“逆全球化”思潮和新冠疫情的全球蔓延，国际发展合作体系受到前所未有的冲击，尤其是西方发达援助体，包括英国、加拿大、澳大利亚、新西兰、挪威、荷兰等国家纷纷将国际发展援助管理机构并入外交部门，降低国际发展援助的预算规模，国际发展合作进入十字路口，西方主导的国际发展合作出现众多不确定性，国际发展合作筹资受到严峻挑战。在此环境中，中国坚持高举维护全球化的大旗，倡导构建人类命运共同体，继续依托“一带一路”倡议推动全球发展。同时，在新冠疫情发生以来，中国抛弃地缘政治偏见，按照生命优先原则，向世界卫生组织及包括发达国家在内的受疫情影响的国家提供“生命援助”。此外，中国坚持成为应对气候变化的重要推动者，在国内实施严格的减排政策，制定碳中和和碳达峰目标。在逆全球化和新冠疫情影响下，中国的国际发展合作实践逐渐由过去的以推动经济发展为核心的援助实践扩展成为包含支持全球公共卫生、全球粮食安全、全球气候变化，推动发展中国家经济发展在内的四个方面的援助议程。在这个议程之下，中国的国际发展合作从以往更多关注双边援助开始扩展为多边以及民间援助。从某种意义上讲，中国正在成为新型国际发展合作的重要推动者。

中国、其他发展中国家以及西方国家在内的国际发展合作体系在过去很长一段时间的衍化中，为未来的国际发展合作积累了丰富的经验。以西方为主导的国际发展合作体系经历的时间长，在援助知识、理论、方法等许多方面有很多经验和教训。这些经验和教训对全球发展发挥积极作用的同时，也带来很多问题。中国是自改革开放以来世界上接受国际发展援助最多的国家，也是被国际发展合作体系公认为利用援助效果最好的国家，这种双重身份使得中国对于国际发展合作如何展开更有比较优势。中国在国际发展合作中强调平等、强调互惠互利、强调不干预内政、强调基于受援国的需求等理念，恰恰来自中国作为受援国的经历。中国从改革开放开始接受国际发展援助以来，基于本国国情很好地利用国际发展援助对中国经济社会发展的支持。中国国际发展合作的实践吸收中国的这些经验，使得中国的国际发展合作的主张和项目受到受援国的广泛好评。

全球化已经使得世界各国人民相互依存、不可分割，全球产业链条、文化社会交流、治理的交流、技术的创新、金融等都将全世界各国联系在一体，在这样的体系中，世界各国呈现不同程度的发展差异，国际发展合作无疑是缓解这一差异、在全球范围之内探索共同富裕的重要机制。国际发展合作已经不再仅仅是由西方国家主导的官方发展援助体系，新兴国家、发展中国家、新型基金会、私营部门以及非政府组织等不同主体都在国际发展合作体系中发挥越来越重要的作用。但毋庸置疑的是，西方为主导的国际发展合作体系经历的时间最长，有丰富的管理经验，中国在国际发展合作中虽然具备自身制度优势，但是在援助管理上还面临很多挑战，尤其是近年来中国成立国家国际发展合作署，主导创立新发展银行、亚洲基础设施投资银行、丝路基金等新发展合作机制，中国加大和国际多边机构的合作，增强和西方发达国家，如英国、美国、德国等国家的三方合作等，在推进国际发展合作中，需要同传统发达国家进行合作和交流，从而不断完善发展援助政策体系、制度框架和管理体系，为实现人类命运共同体贡献中国方案，这也是本书的写作初衷和使命。

一　国际发展合作知识生产的经验与启示

以西方为主导的发展合作知识的生产是西方国际发展援助的重要手段。西方国际发展合作体系的形成依托着强大的知识生产部门，有隶属发展职能部门的研究机构，如德国发展研究院；有被民营化的研究机构，如英国的发展研究院、海外发展研究院等；有由各种基金会支持的民间研究机构。在美国，各种基金会和政党支持的民间研究智库十分普遍，它们为各自政党提供相应的对外援助政策和建议。这些不同类型的知识生产部门与发展中国家的研究机构联合，不断生产各种各样的、涉及援助的知识体系和理论概念等产品。贫困与发展、环境资源与发展、性别与发展、参与式发展、善治与发展、危机与发展、脆弱性国家、援助有效性、有效发展合作伙伴计划、千年发展目标、可持续发展目标等都源于知识生产部门的研究工作。这些知识产品直接聚焦发展中国家乃至全球发展的关键性问题，知识生产部门将这些问题概念化、普遍化，成为全球发展中的公共知识产品，进而帮助西方发达国家统筹全球资源，主导全球发展议程。从发展角度切入，与明显武力干预和强权性干预不同，更易于接受。

西方发展知识产品的生产是在西方发展的框架下完成的，带有明显的西方中心主义色彩和西方政治社会经济价值色彩，是西方在非西方世界推动其价值观扩散的较为隐蔽的过程。然而，发展中国家的社会文化与西方的社会文化存在着较大的差异，带有明显西方价值色彩的概念往往会陷入水土不服的困境。在援助实践中，被广泛接受的知识产品会带来很多问题。比如，性别与发展是国际发展合作领域被广泛接受和实践的概念，但从本质上来说源于西方自由主义框架，在发展中国家以项目形式实践时遇到众多困境。参与式发展概念在发展中国家实践时同样如此。更为突出的是，善治与发展的概念是20世纪80年代以后，国际发展合作体系在发展中国家实施援助的重要理念，支撑结构调整计划，直接影响援助提供国向受援国提供援助的先决条件。困境的主要原因在于知识体系的悬置性。尽管大多数的知识产品基于受援国实际，且是西方国家发展合作知识生产者在受援国的实践过程中逐渐形成的，但其本体性认识均基于西方发展经验和西方社会价值体系，因此，知识产品均具有不同程度的水土不服。从这个角度而言，虽然发展合作是通过内外部力量结合而成的、推动发展的力量，但是一旦指导思想脱离受援国实际，任何知识产品都会导致援助的低效，甚至失效。西方为主导的国际发展合作体系最大的弊端是非常依赖知识产品，已经在某种程度上形成对知识路径的依赖。这是西方为主体的国际发展合作体系僵化和官僚主义的主要原因。

中国的国际发展合作实践相对西方主导的国际发展合作实践时间历程更短，尚未形成系统的发展合作知识生产体系，这是中国国际发展合作有待提升之处。从构建人类命运共同体的角度和推动新型国际发展合作体系的角度而言，中国需要加强发展合作知识的生产，需要鼓励建立相对专业化的发展合作研究机构。过去10多年以来，越来越多的研究机构开始关注发展合作问题，但是总体而言，面临三个问题。一是关注点大多以国际关系领域为主，发展的专业性和跨学科程度有待提高。尽管西方知识产品具有明显的西方中心主义色彩和一定程度的文化霸权主义倾向，但不得不承认以跨学科研究为主的西方研究机构一定程度上使得西方国家主导国际发展合作的话语权。自主性国际发展合作知识的生产不足是影响中国积极倡导构建人类命运共同体、积极参与国际发展合作治理的重要障碍。二是基于自身实践和自身社会文化特点的研究非常薄弱。加强自主性知识产品生产并不意味着中国要主导国际发展合作的话语权，而是要通过自主性的知识产品与其他文明形态的知识产品进行对话和融合，从而形成真正意义上完整的国际发展合作知识体系。三是缺乏在受援国展开的、有效的、大规模的、跨学科的研究。虽然近几年来区域研究、海外研究得到很多相关部门、高校的高度重视，但是研究的规模及多学科的结合性研究十分稀缺。中国的海外研究和区域研究需要中国学者摒弃“西方中心主义”“中国中心主义”，创新研究范式，超越传统研究局限性，真正站在构建人类命运共同体角度展开研究。只有这样，所形成的知识产品才能在真正意义上被广泛接受。中国国际发展合作知识的生产并不服务于任何霸权，而是服务于如何更有效地构建更和谐的世界。在此意义上，在各种相关科学研究的基金框架中，设立鼓励多学科的、大规模的、着眼于全球发展的研究工作，迫在眉睫。与此同时，国家应该鼓励民间机构、企业等资助研究机构展开相应研究。

总之，以西方为主导的国际发展合作的知识生产提供正反两个方面的经验，基于这样的经验和教训而逐渐成形的知识产品，对中国国际发展合作的建立、对新的国际发展合作体系的发育均具有重要意义。中国的国际发展合作知识体系的建构需要正视发展过程中的主客体关系，摒弃西方中心主义和文化霸权的弊端，呈现中国社会文化特点，关注延伸知识产品如何适应其他国家的客观实际。

二　国际发展合作系统性理论框架的经验与启示

西方国际发展合作体系将西方发展实践过程中积累的知识有机归纳，形成一套完整的理论体系。以西方为主导的发展理论体系在不同时期有不同重点，呈现着知识生产的不断衍化，知识产品的不断更新，理论重点的不断变化。比如，20 世纪 50 年代以经济建设为中心，60 年代注重制度和社会发展，70 年代关注贫困、环境与资源，90 年代出现气候变化等理论体系。然而，理论的核心特点并未发生变化，即发展标准单一化、发展路径的线性、以发展援助作为工具的干预性。

西方发展理论体系是西方影响和主导国际发展合作实践的重要条件，是在本体论、认识论和实践论三个方面达成统一的、影响实践的理论体系。西方发展理论的本体性要素是自由主义，将人与社会的本质归结于“自由”，并将此看作人类社会的本质，由此而衍生出一系列针对人类社会的知识。西方发展理论将基于西方社会文化实践的理论归纳看作普遍主义，以此形成西方认识论。继而，西方将此认识论付诸国内和国际发展合作实践之中。在一般性理论框架下，西方国家逐渐形成改造非西方世界的发展理论体系，即现代发展理论。此理论体系认为，社会是一个由低级向高级发展的过程，即社会和生物界均是进化的，进而形成先进与落后、文明与不文明、发达与不发达的结构性理论观点，即所谓的“西方是文明的、先进的和发达的，而非西方则是落后的、不文明的和不发达的”。在此理论范式下，在认识和实践方面产生非西方世界向西方世界学习、非西方世界拷贝西方世界的实践逻辑，即以西方为主导的国际发展合作体系的理论核心。干预主义被合法化，国际发展合作中长期占主导地位的发展干预成为合理行为。二战之后，国际发展援助在以干预为特色的发展经济学的理论指导下展开。发展理论体系以发展经济学为核心，逐渐涵盖发展政治学、发展社会学、发展人类学，成为二战以后国际发展援助的主导性理论体系，实际依然影响着当代国际发展合作实践。

以西方为主导的发展合作体系形成的主要原因是西方具备系统的社会科学研究体系。一是社会科学基础研究和应用研究的相互促进。发展经济学、发展政治学、发展社会学和发展人类学最初的理论框架都来源于相关学科的基础研究。二是深入的多学科研究和交叉学科研究。对国际发展合作有重要影响的交叉学科是发展学或发展研究，西方国家的众多大学均设有发展研究的院系和研究中心，这些研究机构与各种各样的政策研究机构和智库相互结合，将涉及的国际发展合作理论归纳综合，形成指导国际发展合作的研究体系。伦敦政治经济学院的国际发展系以及牛津大学、剑桥大学、哈佛大学的相关院系是影响国际发展合作领域理论研究的重要机构。

尽管国际发展合作的实践主要受到西方发展理论的影响，但是对于西方发展理论的批判一直没有中断。针对西方发展理论的批判的核心观点是，西方发展理论从本体论和认识论的角度而言，是基于西方社会文化价值和西方发展经验，在面对非西方社会的政治传统、社会文化价值方面呈现多维度的不适应性。西方发展合作实践在西方理论的指导下，在非西方世界所出现的实践困境是理论缺陷所致。在反思和批判的基础之上，一大批在发展合作实践领域研究和工作的学者提出各种不同的理论观点，可以简单归纳为“替代性发展理论”。“替代性发展理论”以多形式知识产品呈现，如强调“乡土知识”“自主型发展”，在发展合作领域出现“地方系统”“需求导向”等。“替代性发展理论”虽然尚未真正替代传统的西方发展理论，但是在国际发展合作实践中，碎片化的理论知识在不同程度上影响着国际发展合作的实践。

从新中国成立至今，中国的国际发展合作实践有不同的阶段。20 世纪 50 年代“支持第三世界人民摆脱殖民统治的对外援助”，20 世纪 80 年代“以经济合作促进共同发展”，如今“推动人类命运共同体建设”，体现着中国的国际发展合作从以双边援助为主的对外援助阶段，逐渐衍化为面向全球可持续发展、构建人类命运共同体的新国际发展合作阶段。在此过程中，中国的国际发展合作始终按照自力更生，不干预内政，自主发展，按照各自国情、历史和文化走自己道路的原则指导实践，形成“平行经验”的理论认识。中国在国际发展合作中所遵循的理论原则实际上已经形成相对系统的“替代性发展理论体系”。具体观点包含政治、社会、文化是多样的，反对文化霸权；发展是内生性的，要依靠自力更生；对外援助是互惠互利；经济发展是国际发展合作的核心等。这不是悬置性的，而是在场性的。21 世纪以来，中国的发展经验引起包括发达国家在内的全世界的关注，其主要原因是中国的成功经验来自上述理论观点的指导。中国在其国内和援助其他发展中国家的实践中产出大量知识性产品，如“扶贫”“经济开发区”“摸着石头过河”“招商引资”等，已经在很多发展中国家试验推广。人类命运共同体是中国进入新的发展阶段对全球发展的本质性认识，为中国国际发展合作理论的发育确定根本性框架。

中国特色的强大国际发展合作体系必须要有中国特色理论的支撑，需要发育基于中国政治经济文化社会特色的、可以与西方理论对话的新国际发展合作理论体系。目前，中国在形成系统化的国际发展合作理论体系层面依然有很大提升空间，必须与中国在国际发展合作实践中的实际作用相匹配。这将在很大程度上影响中国在国际发展合作领域中的影响力和话语权，影响中国发展经验的广泛传播。鼓励基础性的学科展开针对国际发展合作的基础性研究是改变目前中国在国际发展合作领域理论储备不足的根本性路径，要改变由国际关系领域专职研究国际发展合作的单一格局，要改变只重视政策不重视基础研究的学科布局，要充分认识到国际发展合作在国家发展战略和在中国构建新全球格局中的重要性。国家国际发展合作署要避免应用研究和政策研究的不系统性和碎片化，高度重视国际发展合作议题的理论研究。

三　国际发展合作治理与管理的经验与启示

国际发展合作体系包括发达国家双边发展合作体系、国际多边发展合作体系、发展中国家发展合作体系、国际民间机构的国际发展合作体系等。在此大的体系中，西方国家的国际发展合作体系占主导地位，其主导性来源于理论与知识生产体系、资金提供体系以及专业技术人员，研究国际发展合作在很大程度上也是在研究西方为主导的国际发展合作。从结构上讲，国际发展合作的治理主要分为国家内部治理和全球层面治理两个部分。本书关注国家内部治理，联合国层面的国际发展合作并不是本书的研究重点。

西方为主导的国际发展合作体系在结构上有两个层次，

战略政策的协调和国家层面的治理。第一个层次是战略政策的协调，是西方国家在国际发展合作领域发挥主导作用的核心机制，这一机制的组织形式是经合组织发展援助委员会，由在美国主导下的31个国家组成。该委员会的职责是形成西方国家在发展合作领域的一致性战略和政策，并有权对成员国是否落实这一政策进行监督。从技术层面讲，这一机制是为凝聚资源，更有效率地实施对外援助计划；而从政治角度讲，这实际上是西方发达国家国际发展合作的联盟。经合组织发展援助委员会下设秘书处，秘书处一方面负责各国之间的政策协调，另一方面在国际发展领域代表西方发达国家与联合国机构、国际民间组织、私营部门和发展中国家进行协调。经合组织发展援助委员会是西方主导的国际发展合作体系的中枢系统，很多援助概念、援助框架和援助方案都来自于此，如国际减贫议程、援助有效性的议程、推动与新兴国家合作的议程、预算援助议程、“同行评估方法”等。第二个层次是国家层面的治理，代表性做法为相应援助机构的设置。有些国家会单独设置援助机构，如美国在国务院下设独立的美国国际发展署，日本在外务省下设日本国际协力机构，德国设立经济合作部等；有些国家会将援助机构与外交、商业部门合为一体，如原英国国际发展部与外交部门合并，澳大利亚国际发展署与外交部门合并等不同类型。为实现对外援助的顺利进行，西方发达国家会出台相应的对外援助法案，将对外援助作为公共财政的部分，接受议会的审查。西方发达国家的国际发展合作资金实行年度预算制，受到本国行政法制约。就援助内容来说，不同党派均会提出其对外合作不同的主张。在这种环境下，负责国际发展合作的行政部门将会按照执政党的主张形成所谓的战略规划，确定本国援助合作的重点领域、重点区域和重点项目。

西方发达国家的国际发展合作治理除宏观战略和政策方面的协调与制定外，还包括微观管理工作。微观的管理工作主要是预算管理和项目管理，这部分的工作是西方国际发展合作体系中的重要部分。援助与合作的预算被纳入公共财政系统，整个管理处于相对透明、公开的过程之中，需要遵循严格的科层管理规范和程序。因此，援助与合作的预算会受到议会和公众的质疑，项目均有严格的项目规划、中期评估和后期独立评估。西方国家在过去几十年的实践中积累了丰富的经验，这些经验被国际多边组织、联合国组织和很多发展中国家所采纳。因此，西方发达国家之所以能够主导国际发展合作体系，除理论和知识系统的影响力之外，与其所形成的规范性的治理和管理体系有直接关系。

然而，西方发达国家的国际发展合作治理与管理依然存在相当多的问题。第一，发展合作是促进全球发展的重要工具，全球发展的问题特别是发展中国家的问题都不是在短期内可以解决的，需要一个连续性的战略和政策。本国政府更替和党派斗争会对西方发达国家国际发展合作战略和政策的制定产生很大影响。一方面政府更替会改变原有的战略和政策，另一方面，政党执政以后所形成的主张往往会受到反对党的反对。因此，就国家发展合作问题，不同时期会出现的不同的政策主张、不同的援助重点，国际发展领域和发展中国家往往成为“发展合作的实验场”。第二，西方发达国家的国际发展合作本身极容易受到不同社会思潮的影响。在媒体推动下，民众在很多情况下并不了解发展合作领域的实际需求，往往会在社会舆论的推动下支持或反对某一项发展合作的政策主张，在很大程度上影响发展合作持续性和有效性。

例如，某发展中国家出现的政局变化导致针对这个国家的援助的出现变化。第三，虽然西方发达国家在发展合作中的项目制定、执行和评估过程中都按照相对科学、科层化的程度来展开，但是这些项目不是一个简单的工程项目，大多都是经济社会发展类的项目，在发展中国家的运行中会遇到各种各样不可预见性的问题。一个官僚式的、相对固定的甚至僵化的项目，不能适应发展中国家不断变化的社会经济特点。所谓"援助的有效性"问题，很大程度上来自于此。虽然西方发达国家在治理和管理上提出"基于当地需求"和"基于地方机制"的措施，但是一旦"地方需求"不符合已经设立的基本原则，基于地方需求的实践就形同一句空话。这是西方主导的国际发展合作在发展中国家实践中遭遇的普遍性困惑。为提升国际发展合作实践的可持续性和援助的有效性，发展援助委员会提出依靠"地方政府"的措施。但是在西方发达国家的国际发展合作框架中普遍存在"弱政府""腐败政府""能力低下政府"的理论假设。为改善受援国政府的能力，合作项目中普遍加入"能力建设"项目，而"能力建设"项目最终归宿是引入西方的管理体制。这样的管理体制就如同去殖民化后，殖民者将其治理殖民地的制度留在殖民地一样。这样的体系脱离发展中国家的实际情况，导致援助有效性问题反复陷入无解状态。

中国坚持以南南合作的方式展开国际发展合作，在政治理念、合作效果等领域得到国际组织和发展中国家的广泛好评。世界上许多国家，如印度、巴西等国都坚持南南合作的框架。为更有效地分享中国的发展经验，有效增强其在国际发展合作领域的话语权，中国可以借鉴发达国家和经合组织发展援助委员会的路径，考虑建立南南合作国际发展合作机制，将金砖国家、上合组织等不同合作机制联系在一起，形成具有影响力的国家间的发展合作组织。该组织关注全球发展的公共议题，可以在政治外交、军事合作、商业合作等领域之外，开拓新的国际性的合作机制。这有利于拓展中国的国际战略空间，有利于中国在特殊的全球政治经济格局条件下，营造发展的良好外部环境。

国际发展合作既是维护国家利益的重要战略工具，又是促进全球发展的重要资源。中国的国际发展合作在治理管理方面应吸取西方国际发展合作的经验和教训。一方面，建议研究出台中国国际发展合作法，通过立法的形式确定国际发展合作的法律框架，便于中国的国际发展合作事业在法治轨道上运行。目前，中国国际发展合作的行政主体已经建立，并已经设置对外援助工作条例，而中国的对外援助已经形成完整的国际发展合作的格局，涉及与联合国机构、多边发展机构、国际民间组织、国内民间组织、企业、地方政府等多元化的主体，因此需要通过法律来确定中国国际发展合作的法律地位。另一方面，国际发展合作工作面临国内外复杂的政治社会格局，需要吸取西方发达国家国际发展合作容易受到不同政治利益和各种思潮以及民粹主义影响和绑架的教训，通过法律和条例的形式，规范国际发展合作预算，避免受到不同思潮的影响，确保项目的顺利实施。建议在以往对外援助白皮书的基础上，积极扩大《新时代的中国国际发展合作》白皮书的影响力，主动向社会发布中国国际发展合作的战略主张以及取得的成就，引导社会舆论建立起基于国家安全、国家利益、面向人类命运共同体的社会公共意识。将国际发展合作的宣传与传播纳入国家宣传体系，引导媒体经常展示中国国际发展合作的具体工作，特别是在发展中国家各种项目的进展。建议中国每五年制定一项国际发展合作战略规划，明确国际发展合作的战略重点、主要合作领域。需要注意的是，这个战略在制定过程中，应广泛征求国际组织包括发达国家、国际发展合作机构，特别是发展中国家的意见，使战略规划成为一个具有包容性的、真正体现国家利益和构建人类命运共同体理念的战略框架。在具体执行国际发展合作项目过程中，中国应该继续坚持“急人之所急，想人之所想”的主张，从受援国的需要出发、提供适当适量的援助，坚持由合作国提出要求，由合作国具体落实执行的援助模式。国际发展合作的项目管理是中国国际发展合作执行工作中的一个短板，随着要求提高援助效率的呼声日益增加，援助项目管理工作要不断改进和提升，要在借鉴西方发达国家的经验的同时，吸取教训，避免陷入高成本、低效率的管理困境之中。

四　国际发展合作有效性的经验与启示

20 世纪 90 年代中期，OECD-DAC 的成员国在审查每年提供的援助总量与发展中国家经济社会取得的发展时，发现之间存在较大的断层，由此提出“援助有效性”的问题。基于这一问题，经合组织发展援助委员会探索一系列的具体改进举措。这些举措对改善援助的有效性发挥了积极的作用，尤其是把援助的有效性转变为发展的有效性的行动。

但是，需要指出的是，西方发达国家所主导的发展合作之所以没能有效地促进发展中国家经济社会发展的原因是复杂的。首先，发展中国家实现经济社会发展是一个复杂的过程，需要长期的努力，更重要的是需要发展中国家自身能够按照本国政治经济社会条件走自己的发展之路。西方国家所提供的发展合作的方案往往主导性过强，很多受援国甚至出现严重依赖援助的格局，这在很大程度上削弱国际发展合作本身的作用。其次，西方主导的国际发展合作不断改变其援助的议程，一些议程是基于西方发达国家对于发展中国家问题不深入的理论认识和西方发达国家自身的经验。最后，虽然发展援助委员会形成许多改善援助有效性的具体措施，但是在西方发达国家自身政治社会制度的约束下，很多措施无法有效落实。

近年来，中国对外援助在规模上逐渐扩大，国内外愈加关注中国对外援助的有效性。中国对外援助虽然总体上很有成效，对于推动发展中国家经济社会发展发挥重要的作用，但也存在有效性的问题。针对这样的问题，中国出台一系列的改善措施，加强规划、加强项目计划、引入评估等。同时，中国主动培养一大批熟悉中国国情，了解中国发展经验的智力资源，依靠这些智力资源落实中国的国际发展合作项目。此外，中国主动学习西方发达国家的经验，更多地关注战略政策咨询、能力建设等。

中国不仅是国际发展合作的援助国，在改革开放以后又长期是国际发展合作的受援国。中国作为受援国最重要的经验就是，理解各国的文化和发展道路选择的差异，并充分尊重各种差异，求“发展”的同，存“模式”的异。中国长期坚持正确义利观，政策主张一以贯之的以和平、发展、合作、共赢为根本，在南南合作框架下开展发展援助，尊重其他发展中国家的发展探索，切实促进经济发展和人民生计提高。

五　国际发展合作执行机制的经验与启示

国际发展合作的微观运行主要通过落实各种类型的项目来完成。这一过程涉及项目计划、执行、监测和评价等不同的阶段。在过去几十年的实践中，以西方为主体的国际发展合作项目运行形成一套基于项目管理的，具有技术性、专业性和工程性特点的科层技术程序。这一体系成为国际发展合作体系广泛采用的微观执行框架，对确保发展合作项目的质量发挥重要的作用。执行过程中，项目的各个环节涉及环境评价、社会经济评价等工作，因此需要大量不同类型的“援助专家”。援助专家在发展合作体系中是一个特殊的角色，一方面他们会按照发展合作的目标、政策和框架来设计和执行各种类型的合作项目，在接受援助的国家有很多这样的援助专家。在西方几十年的援助实践中，援助专家逐渐由“执行国家任务”变成独立的职业群体。虽然专家的职业化对于确保发展合作项目的质量发挥不可替代的作用，但是也不免出现一些问题。这些问题一方面表现在没能回应发展中国家的真正需要。许多西方发达国家的专家是自由职业和专业性的发展援助专家，他们的生存依赖于援助事业，出于维持生计的需要，很多专家往往倾向于按照提供资金方的要求完成任务，而不是基于发展中国家的实际需要。另一方面，发展合作项目偏离合作目标。由于援助工作本身存在相当大的技术裁量空间，很多专家有条件按照自己的价值和技术特长来理解、设计和执行项目，从而导致发展合作项目偏离合作目标。这些问题在微观上造成援助有效性低。

国际发展合作工作的专业化和技术化，一方面确保发展合作项目的规范性，但同时也带来发展合作项目有效性低的问题。在发展合作的微观运行中，依靠专业化、技术化、职业化的专家所引发的困境是以西方为主导的国际发展合作体系在微观运行中最难以解决的问题。有西方观点认为，庞大专家队伍所形成的“援助的产业链”的职业链条影响援助效率的提升。中国的国际发展合作项目一直都比较关注项目的运行成本，较低的管理成本是中国国际发展合作项目的特点之一，是相对于西方主导的国际发展合作项目的重要特点之一。近几年，随着中国国际发展合作项目规模的扩大，对于援助专家的需求也在增加。与西方国家相比，中国还没有形成大规模的专业化的专家队伍，特别是像西方那样独立的职业链条。中国的国际发展合作是一个国家主导的公共行为，项目主要是由相关的研究机构、事业单位和企业承担。既是一个在发展中国家的经济社会发展项目，更是一个高度政治化的社会工作，由隶属于国家的专业队伍执行项目，具有诸多的优势。第一，能够确保项目的计划、执行等过程按照国家所赋予的使命来展开，尽可能地压缩机构和个人的自由裁量空间。第二，机构的工作从国内延伸到国外，做到相互学习。第三，中国的机构和工作人员本身在中国从事相关工作，通过执行援外任务，可以很好地将中国经验与受援国实际相结合，中国援非农业技术中心的成功运作就是一个典型的案例。中国农业大学的团队在坦桑尼亚实施“小技术，大丰收”的项目、福建农林大学食用菌团队在非洲和太平洋地区的援助、吉林农业大学在赞比亚农业示范中心管理的成功经验都显示出这一优势。从这个角度讲，筛选一批具有在中国从事相关领域实践工作的大学、研究机构、企业，对这些机构进行发展合作方面的理论知识和管理方面的培训，建立一支具有中国特色的，了解中国实际的、兼业化的国际发展合作的专家队伍在很大程度上能够提升援助的有效性。

民间组织既是国际发展合作体系中的重要组成部分，也是国际发展合作项目运行的执行主体之一。国际民间组织一直都是人道主义援助的主体，其参与国际援助的历史早于由政府主导的发展合作。二战以后，大量的民间组织开始逐渐进入发展合作领域，逐渐成为国际发展合作体系中的重要成员。从总体上来讲，民间组织参与国际发展合作大致经历三个阶段。第一个阶段，作为从资金来源方面独立的体系，在发展中国家从事相对独立的、以人道主义援助为目的的发展型工作。很多教会类的民间组织以及在战争中形成的救助类组织都属于这一类型。第二个阶段，随着国际发展合作的议程进入改善政府治理的阶段，即国际发展合作体系在 20 世纪 70 年代执行结构调整计划期间，大量的民间组织成为补充政府工作不足的主要力量，进入发展中国家展开援助工作。这些组织大部分的经费来源是政府的援助预算，这是西方为主导的国际发展合作运行机制中的重要组成部分，西方发达国家的援助预算有明确的用于支持民间组织的专门款项。第三个阶段是所谓的新民间组织出现的阶段，即“新基金会”，如盖茨基金会等。与之前阶段民间组织参与国际发展合作不同的是，这个阶段出现的民间组织有强大的财政能力，重点并不在于其雇用大量人员深入发展中国家的基层。这些在国际发展合作领域出现的新型基金会不仅改变民间组织只注重获得资金执行项目的传统，而且在很大程度上开始影响西方发达国家、发展中国家甚至国际多边机构的发展合作议程。盖茨基金会在全球卫生领域的影响力就是一个典型的案例。

民间组织参与国际发展合作议程对改善国际发展合作的

工作发挥重要作用的同时，本身在发展中国家的工作也产生相当多的负面影响。很多学者将这些民间组织称为“小政府”。这些组织在发展中国家直接深入基层，很少与当地政府合作，以其“非政府”“独立”等身份展开各种类型的工作，在客观上没有推动国家的社会整合，是国际发展合作领域的重要教训。

最近几年，中国民间组织参与国际发展合作的呼声日益高涨，中国的相关部门开始制定相关政策，引导和鼓励中国的民间组织参与国际发展合作。中国的民间组织在过去的社会救助、扶贫、教育、环保等多个方面为中国社会经济的发展做出很大的贡献，积累了丰富的经验。但是，这些组织缺乏海外工作经验，与西方发达国家民间组织不同的是，中国的民间组织一直都是在政府的领导下展开工作，社会整合力很强。更为重要的是，他们熟悉如何与政府、如何与市场展开合作，尤其熟悉如何在政府的领导下展开工作。中国民间组织的这些特点非常符合在发展中国家展开国际发展合作的项目实践，中国民间组织既有国际民间组织的优势，也能够避免国际民间组织的劣势。所以，建议将中国的民间组织作为中国参与国际发展合作的一支重要的力量，在全国筛选一批经验丰富、技术力量强、组织管理水平高的民间组织作为中国国际发展合作项目的重要执行机构。在此，对未来社会组织参与国际发展合作提出三点建议。一是机构要有条件地与其他发展中国家对接，积累工作经验。二是在国际发展合作中列出专门预算，支持中国民间组织“走出去”。三是建议在相关部门成立管理机构，协调组织中国民间组织参与国际发展合作。

参考文献

《对外援助工作通讯》编辑部：《对外援助工作通讯（2006 年合订本）》，《对外援助工作通讯》编辑部，2006。

《新时代的中国国际发展合作》白皮书，中华人民共和国国务院新闻办公室官网，2021 年 1 月 1 日，http：//www.scio.gov.cn/ztk/dtzt/44689/44717/44725/Document/1696712/1696712.htm，最后访问日期：2024 年 2 月 24 日。

〔美〕孟洁梅（Jamie Monson）：《非洲自由铁路：中国的发展项目如何改变坦桑尼亚人民的生活和谋生之计》，胡凌鹊译，民主与建设出版社，2015。

白云真：《中国对外援助的战略分析》，《世界经济与政治》2013 年第 5 期。

白云真等：《中国对外援助的支柱与战略》，时事出版社，2016。

〔英〕彼得·普雷斯顿：《发展理论导论》，李小云、齐顾波、徐秀丽译，社会科学文献出版社，2012。

曹俊金：《中国对外援助管理体制改革：进程与前瞻》，《国际经济合作》2018 年第 10 期。

曹启娥：《中国对外援助中的伦理思想研究——以对外经济援助为例》，《河南社会科学》2013 年第 6 期。

曾璐、孙蔚青、毛小菁：《美国多边援助的做法、问题及借鉴》,《国际经济合作》2019 年第 6 期。

陈小宁:《美国对外援助监督评估体系:值得借鉴之处》,《国际经济合作》2020 年第 3 期。

程诚:《中国特色的官方开发金融——中非发展合作的新模式》,载郑宇、李小云主编《国际发展合作新方向》第 19 辑,上海人民出版社,2016。

邓小平:《实现四化,永不称霸》,《邓小平文选》第 2 卷,人民出版社,1993,第 112 页。

丁韶彬:《大国对外援助:社会交换论的视角》,社会科学文献出版社,2010。

丁韶彬、周宝根:《美国对外援助管理:历史与现实》,《国际经济合作》2012 年第 4 期。

董强、李小云:《我们可能都忽略了"援欧抗疫"的深层历史隐喻》,《文化纵横》微信公众号,2020 年 3 月 31 日,https://mp.weixin.qq.com/s/1nxUQEepAaVOvvUCao0xPA。

对外经贸大学国际发展合作学院官网首页,http://sidc.uibe.edu.cn/xygk/xyjs/index.htm。

〔美〕菲利普·斯诺:《明星筏:中国在非洲的经历》,韦登菲尔德和尼科尔森出版社,1988。

郭语:《巴西对外援助中的三方合作管理与实践》,《拉丁美洲研究》2016 年第 6 期。

郭语:《德国对外援助中的三方合作管理与实践》,《国际经济合作》2016 年第 5 期。

国际货币基金组织:《全球经济展望 2020》,https://www.imf.org/zh/Publications/WEO。

国家国际发展合作署:《对外援助标识使用管理办法》,中国政府网,2020 年 1 月 1 日,http://www.gov.cn/gongbao/content/2020/content_5503560. htm。

国家国际发展合作署：《国家国际发展合作署举行媒体吹风会》，国家国际发展合作署官网，2019 年 4 月 25 日，http：//www. cidca. gov. cn/2019-04/25/c_1210119081. htm。

国家统计局住户调查办公室：《中国农村贫困监测报告》（2003、2011、2016、2017、2018），中国统计出版社，2003、2012、2016、2017、2018。

国务院新闻办公室：《新时代的中国国际发展合作》，国务院新闻办公室官网，2021 年 1 月 10 日，http：//www. scio. gov. cn/zfbps/32832/Document/1696685/1696685. htm。

国务院新闻办公室：《中国的对外援助（2014）》白皮书（全文），国务院新闻办公室官网，2019 年 7 月 10 日，http：//www. scio. gov. cn/zfbps/ndhf/2014/Document/1375013/1375013_1. htm。

何霁赠、李庆四：《新时代中国对外援助面临的挑战及改革路径》，《中共中央党校（国家行政学院）学报》2019 年第 3 期。

何诗雅：《地缘竞争与印度对外援助》，硕士学位论文，外交学院，2019。

贺文萍：《从“援助有效性”到“发展有效性”：援助理念的演变及中国经验的作用》，《西亚非洲》2011 年第 9 期。

〔美〕塞缪尔·P. 亨廷顿：《变化社会中的政治秩序》，王冠华、刘为等译，上海人民出版社，2008，第 55 页。

胡建梅、黄梅波：《中国对外援助管理体系的现状与改革》，《国际经济合作》2012 年第 10 期。

胡嫱：《联合国开发计划署获取多边援助资金分析》，硕士学位论文，北京外国语大学，2020。

黄梅波、吕少飒：《联合国千年发展目标：实施与评价》，《国际经济合作》2013 年第 7 期。

黄梅波、谢琪：《巴西的对外援助及其管理体系》，《国际经济合作》2011 年第 12 期。

黄梅波、朱丹丹主编《发达国家的国际发展援助》，中国社会科学出版社，2008。

黄梅波：《中国对外援助机制：现状和趋势》，《国际经济合作》2007 年第 6 期。

姜璐、吴泽涛：《国际发展合作 PPP——更有效的发展合作新模式?》，《国际展望》2019 年第 6 期。

蒋华杰：《国际冷战、革命外交与对外援助——中国对非援助政策形成的再考察（1956—1965）》，《外交评论》（外交学院学报）2016 年第 5 期。

蒋华杰：《农技援非（1971—1983）：中国援非模式与成效的个案研究》，《外交评论》（外交学院学报）2013 年第 1 期。

金永久：《韩国 ODA 政策研究》，博士学位论文，吉林大学，2014。

李小云、李嘉毓、徐进：《非洲农业：全球化语境下的困境与前景》，《国际经济评论》2020 年第 5 期。

李小云、马洁文、唐丽霞、徐秀丽：《关于中国减贫国际化的讨论》，《中国农业大学学报》（社会科学版）2016 年第 5 期。

李小云、马洁文、王伊欢：《论“全球有效发展合作伙伴”议程的演化与前景》，《学习与探索》2017 年第 6 期。

李小云主编《普通发展学》，社会科学文献出版社，2005。

李小云、唐丽霞、武晋编著《国际发展援助概论》，社会科学文献出版社，2009。

李小云、王伊欢、唐丽霞等编著《国际发展援助：发达国家的对外援助》，世界知识出版社，2013。

李小云、徐秀丽、齐顾波：《反思发展研究：历史渊源、理论流派与国际前沿》，《经济评论》2015 年第 1 期。

李小云：《“想象”的建构与经验的平行分享：发展知识的分野》，《国际发展时报（IDT）》2015 年 7 月 30 日。

李小云：《发展援助的未来：西方模式的困境和中国的新角色》，中信出版集团，2019，第 78、186、283~285 页。

李小云：《全球格局变化与新发展知识的兴起》，《国际发展时报（IDT）》2016 年 6 月 6 日。

李小云：《疫情后国际发展合作走向扁平化》，《环球日报》2021 年 6 月 24 日，https：//hqtime. huanqiu. com/share/article/43f35XW3fwL。

李小云：《中国对外援助与百姓生计息息相关》，凤凰网，2015 年 12 月 14 日，http：//phtv. ifeng. com/a/20151214/41523207_1. shtml。

李小云：《中国对外援助与百姓生计息息相关》，凤凰卫视，2015 年 12 月 14 日，http：//phtv. ifeng. com/a/20151214/41523207_1. shtml。

李小云：《中国抗疫援助：国际发展合作格局加速重构的标志?》，《光明学术》2020 年 4 月 2 日，https：//share. gmw. cn/www/xueshu/2020-04/02/content_33709 474. htm? from = singlemessage。

李小云、王伊欢、唐丽霞编著《国际发展援助：中国的对外援助》，世界知识出版社，2015，第 15 页。

李小云等:《新发展的示范:中国援非农业技术示范中心的微观叙事》,社会科学文献出版社,2017。

李一诺:《盖茨基金会是如何运作的》,新浪网,2019 年 12 月 18 日,http://tech. sina. com. cn/csj/2019-12-18/doc-iihnzhfz6647985. shtml。

李珍:《"华盛顿共识"与发展中国家"新自由主义"改革》,《世界经济与政治》2002 年第 5 期。

联合国:《联合国第三个发展十年国际发展战略》,联合国官网,https://www. un. org/zh/documents/treaty/files/A-RES-35-56. shtml。

联合国:《联合国第四个发展十年国际发展战略》,联合国官网,https://www. un. org/zh/documents/treaty/files/A-RES-45-199. shtml。

联合国:《联合国发展权利宣言》,联合国官网,https://www. un. org/en/events/righttodevelopment/pdf/poster_un_declaration_ch. pdf。

梁荣华:《韩国对外教育援助:动机、现状与发展态势》,《外国教育研究》2020 年第 8 期。

林毅夫、〔喀麦隆〕塞勒斯汀·孟加:《战胜命运:跨越贫困陷阱,创造经济奇迹》,张彤晓等译,北京大学出版社,2017。

林毅夫、王燕:《超越发展援助:在一个多极世界中重构发展合作新理念》,北京大学出版社,2016。

林毅夫:《中国经济学理论发展与创新的思想》,《经济研究》2017 第 5 期。

刘方平、曹亚雄:《改革开放 40 年中国对外援助历程与展望》,《改革》2018 年第 10 期。

刘晴、王伊欢：《全球治理视角下中国对外援助的理念与策略演变》，《湘潭大学学报》（哲学社会科学版）2017年第5期。

陆继霞、李小云：《中国援非农技专家角色分析——以中国援非农技组派遣项目为例》，《外交评论》（外交学院学报）2017年第4期。

罗海平、宋焱、彭津琳：《非洲经济特区发展及中国特区经验启示》，《中国经济特区研究》2016年第1期。

罗建波：《中国对外援助模式：理论、经验与世界意义》，《国际论坛》2020年第6期。

罗清和、朱诗怡：《从经济特区到自由贸易区：中国改革开放路径与目标的演绎逻辑》，《深圳大学学报》（人文社会科学版）2018年第1期。

毛小菁：《国际发展合作展望与分析》，《国际经济合作》2020年第6期。

南方：《德国社会组织参与政府发展援助的管理体系及其启示》，《学会》2020年第2期。

欧大军、梁钊：《邓小平经济特区理论》，《当代中国史研究》2014年第4期。

彭锦鹏：《全观型治理：理论与制度化策略》，《政治科学论丛》2005年第23期。

齐顾波：《DAC成员国与非DAC国家对外援助的经验及其对中国的启示》，载李小云、王伊欢、唐丽霞编著《国际发展援助：中国的对外援助》，世界知识出版社，2015，第53~73页。

齐顾波：《一个面向小农户的动态学习过程——中国援非农业技术示范中心案例研究》，《人民论坛·学术前沿》2018

年第 19 期。

中国向印度洋海啸受灾国援助超过 12 亿元，中国政府门户网站，2005 年 9 月 23 日，https：//www.gov.cn/zwjw/2005-09/23/content_68890.htm，最后访问日期：2024 年 3 月 5 日。

任琳：《后疫情时代的全球治理秩序与中国应对》，《国际问题研究》2021 年第 1 期。

任晓、刘慧华：《中国对外援助：理论与实践》，格致出版社、上海人民出版社，2017。

商务部国际经济合作事务局：《对外援助项目评估管理规定》（商援发〔2015〕487 号），商务部官网，2015 年 9 月 20 日，http：//fec.mofcom.gov.cn/article/ywzn/dwyz/zcfg/201908/20190802893595.shtml。

上海对外经贸大学国际发展合作研究院首页，http：//www.suibe.edu.cn/gfhy/yjyjj/list.htm。

沈志华：《苏联专家在中国（1948—1960）》第 3 版，社会科学文献出版社，2015，第 3~4 页。

世界银行业务评价局：《中国国别援助评价报告》，中国财政经济出版社，2005。

宋微：《"一带一路"倡议下以对外援助促进对外经贸合作的政策思考》，《国际贸易》2020 年第 6 期。

苏月：《多边开发银行援助有效性研究》，博士学位论文，中共中央党校，2018。

粟瑞雪、李燕：《习近平对外援助理论与中国对外援助实践》，《文化软实力》2019 年第 2 期。

唐晓阳：《中国在非洲的经贸合作区发展浅析》，《西亚非洲》2010 年第 11 期。

田牧野等：《在"悬搁"中"期待"：坦桑尼亚援非医疗

队的日常生活》，《青海民族研究》2017年第2期。

〔美〕托马斯·戴伊：《理解公共政策》，彭勃等译，华夏出版社，2004。

外交部：《中国落实2030可持续发展议程报告（2019）》，外交部官网，2019年10月25日，http：//infogate. fmprc. gov. cn/web/ziliao_674904/zt_674979/dnzt_674981/qtzt/2030kcxfzyc_686343/P020190924779471821881. pdf。

王昶：《中国高层谋略·外交卷》，陕西师范大学出版社，2001。

王成安：《中国对外援助工作在改革中前进》，《国际经济合作》1994年第2期。

王汉江：《加强对外援助提高工作水平》，《对外援助工作通讯》2006年第1期。

王莉丽：《旋转门：美国思想库研究》，国家行政学院出版社，2010。

王妍蕾、刘晴：《OECD十年发展援助情况演变》，《烟台大学学报》（哲学社会科学版）2013年第4期。

王王圆：《韩国官方开发援助（ODA）发展历史与现状探析》，《东亚评论》2019年第2期。

王魏捷、马天昊：《4.25尼泊尔强震捐赠报告》，豆丁网，https：//www. docin. com/p-1756608703. html。

《盖茨基金会追加捐款支持全球抗击疫情》新华网，2020年4月16日，http：//www. xinhuanet. com/2020-04/16/c_1125866812. htm。

《世界粮食计划署将于2005年底停止对华粮食援助》，中国政府网，2005年12月15日，http：//www. gov. cn/zwjw/2005-12/15/content_128269. htm。

《中国对非洲政策文件》，新华网，2005 年 12 月 5 日，http：//news. xin huanet. com/world/2015-12/05/c_1117363276. htm。

王徐加、徐秀丽：《美英日发展援助评估体系及对中国的启示》，《国际经济合作》2017 年第 6 期。

徐秀丽、李小云：《平行经验分享：中国对非援助理论的探索性构建》，《世界经济与政治》2020 年第 11 期。

薛澜、翁凌飞：《西方对外援助机构的比较与借鉴——改革中国的对外援助模式》，《经济社会体制比较》2018 年第 1 期。

燕环、孙进：《德国对外教育援助：概念、机制、特征》，《德国研究》2019 年第 2 期。

《美媒：中国抗疫援助润泽欧洲》，百家号，2020 年 3 月 21 日，https：//baijiahao. baidu. com/s？id = 1661763372054650436&wfr = spider&for = pc。

杨理伟：《印度发展援助政策的演变趋势》，《海外投资与出口信贷》2019 年第 5 期。

姚帅：《2019 年国际发展合作与中国对外援助回顾与展望》，《国际经济合作》2020 年第 1 期。

姚帅：《国际发展援助的特点变化及未来趋》，《国际经济合作》2017 年第 1 期。

奕含：《39 年 3 万多亿，日本希望停止对华“政府开发援助”》，百家号，2018 年 10 月 23 日，https：//baijiahao. baidu. com/s？id = 1615102086482063310&wfr = spider&for = pc。

张春：《涉非三方合作：中国何以作为?》，《西亚非洲》2017 年第 3 期。

张海冰：《欧盟对外援助政策调整的背景及趋势》，《德国研究》2011 年第 2 期。

张中祥：《中国对外援助为什么会遭到前所未有的质疑》，《武汉大学学报》（哲学社会科学版）2019 年第 3 期。

赵剑治、敬乂嘉、欧阳喆：《新兴援助国对外发展援助的治理结构研究：基于部分金砖国家的比较分析》，《中国行政管理》2018 年第 2 期。

赵美艳：《中国对外援助制度及其完善问题研究》，博士学位论文，外交学院，2020。

浙江师范大学非洲研究院简介，http：//ias. zjnu. edu. cn/yjyjj/list. htm。

郑宇：《援助有效性与新型发展合作模式构想》，《世界经济与政治》2017 年第 8 期。

中非研究院简介，http：//cai. cssn. cn/gywm/zfyjyjj/。

中共中央文献研究室：《三中全会以来重要文献汇编》第 1 版，人民出版社，1982。

中国扶贫基金会国际项目，http：//www. cfpa. org. cn/project/GJProject. aspx？ id=101。

中国国际发展知识中心官网首页，http：//www. cikd. org/chinese/aboutus#index2。

中国国际民间组织合作促进会，http：//www. cango. org/about. aspx。

中国农业大学国际发展与全球农业学院简介，http：//cidga. cau. edu. cn/col/col38803/index. html。

《中国的对外援助》白皮书，中华人民共和国国务院新闻办公室官网，2011 年 4 月，http：//www. scio. gov. cn/ttbd/202206/t20220623_115778. html，最后访问日期：2024 年 3 月 5 日。

《对外援助管理办法（试行）》，商务部官网，2014 年 11 月 17 日，http：//tfs. mofcom. gov. cn/article/ghlt/a/201506/20150601024062. shtml。

《在第三届全国人民代表大会第一次会议上周恩来总理作政府工作报告》，《人民日报》1964 年 12 月 31 日，http：//www. npc. gov. cn/wxzl/gongbao/2000-12/24/content_5328407. htm。

周弘、张浚、张敏：《外援在中国》，社会科学文献出版社，2007。

周弘：《中国对外援助与改革开放 30 年》，《世界经济与政治》2008 年第 11 期。

周弘：《中国援外 60 年》，社会科学文献出版社，2013。

周太东：《澳大利亚对外援助的规制体系研究》，《国际经济合作》2014 年第 11 期。

周玉渊：《美国国际发展合作新战略探析——兼论其对中国的影响》，《太平洋学报》2019 年第 12 期。

竺乾威：《从新公共管理到整体性治理》，《中国行政管理》2008 年第 10 期。

驻德国使馆经商处：《德国发展政策合作暨对外援助体制调查报告》，商务部官网，http：//de. mofcom. gov. cn/article/jjzx/200311/20031100144265. shtml。

英文文献

Abelson, D. E. , *American Think-Tanks and Their Role in US Foreign Policy*(New York, St. Martin's Press, 1996).

ADB, "Developing Africa's Infrastructure for Enhanced Competitiveness, "https: //www3. weforum. org/docs/ACR/2013/ACR_

Chapter2. 2_2013. pdf, 最后访问日期: 2024 年 3 月 5 日。

"Aid Data 2019–2020: Analysis of Trends Before and During Covid, "https://devinit.org/resources/aid-data-2019-2020-analysis-trends-before-during-covid/.

Anthony B. Atkinson, Peter G. Backus, John Micklewright, Cathy Pharoah, Sylke Viola Schnepf, "Charitable Giving for Overseas Development: UK Trends over a Quarter Century," *Journal of the Royal Statistical Society Series A–statistics in Society* 175 (2012): 167–190.

Anthony Brewer, Adam Ferguson, "Adam Smith, and the Concept of Economic Growth," *History of Political Economy* 31 (1999): 237–254.

Arnsberger, Paul, Melissa Ludlum, Margaret Riley, and Mark Stanton, "A History of the Tax-Exempt Sector: An SOI Perspective," *Statistics of Income Bulletin* (Winter, 2008) : 105–135.

Banks, N., and T. Brockington, "Mapping the UK's development NGOs: Income, Geography and Contributions to International Development," Global Development Institute Working Paper Series, 35 (2019).

Banks, N., Hulme, D., & Edwards, M, "NGOs, States, and Donors Revisited: Still too Close for Comfort?" *World Development* 66 (2015): 707–718.

Barnett et al., *Sacred Aid: Faith and Humanitarianism* (Oxford and New York: Oxford University Press, 2012), p. 167.

Bauer, T., *Dissent on Development* (Harvard University Press, 1972).

Beautiful Foundation, "Giving Korea 2018" (Seoul: Beautiful Foundation, 2018).

Binnendijk, A., "Results Based Management in the Development Co-operation Agencies: A Review of Experiences," 2002, http://www.oecd.org/development/evaluation/1886527.pdf.

Boone, P., "Politics and the Effectiveness of Foreign Aid," *European Economic Review* 40(1996): 289-329.

Bossuyt, J., "The Future of NGO Co-financing: Final Report on the Palermo Seminar (27-28 October 2003)", 2014.

Brass, J. N., "Why do NGOs go where they go? evidence from Kenya," *World Development* 40(2012): 387-401.

Brass, J. N., *Allies or Adversaries: NGOs and the State in Africa* (New York: Cambridge University Press, 2016).

Brazilian Cooperation Agency of the Ministry of External Relations, "Brazil Reference Platform for Measurement of Cooperation and Development-related Exchange Flows between Developing Countries," 2015, http:// unctad.org/meetings/en/Contribution/ gds_stats_2015d06_Contribution_Brazil2_en.pdf.

Brinkerhoff, Derick, W., "The State and International Development Management: Shifting Ties, Changing Boundaries, and Future Directions," *Public Administration Review* 68(2008): 985-1001.

Burnside, C., and D. Dollar, "Aid, Policies, and Growth," *American Economic Review* 90 (2000): 847-868.

Martin Wilbur, *Sun Yat-sen: Frustrated Patriot* (New York: Columbia University Press, 1976), pp. 96-111.

Cabral, L., *Brazil: An Emerging Aid Player. Lessons on Emerging Donors, and South-South and Trilateral Cooperation* (London: Overseas Development Institute, 2010).

Cagé, J. , "Improving upon the World Bank's Country Policy and Institutional Assessment: A New Performance Indicator Based on Aid Effectiveness," *Journal of Globalization and Development (2014)*.

Carbone, M. , "Theory and Practice of Participation: Civil Society and EU Development Policy," *Perspectives on European Politics and Society* 9 (2008): 241–255.

Carlo Lancaster, *Foreign Aid: Diplomacy, Development, Domestic Politics* (Chicago and London: The University of Chicago Press, 2007), p. 89.

Cassen, R. , *Does Aid Work?* (Oxford: Oxford University Press, 1994).

Chaturvedi, S. et al, *The Palgrave Handbook of Development Cooperation for Achieving the* 2030 *Agenda* (Palgrave Macmillan, 2021).

Clare Saunders, "British Humanitarian, Aid and Development NGOs, 1949–Present," in Nicholas Crowson, Matthew Hilton, and James McKay, eds. , *NGOs in Contemporary Britain: Non–State Actors in Society and Politics since 1945* (Basingstoke: Palgrave Macmillan, 2009), pp. 38–58.

Collier, P. , and D. Dollar, "Aid Allocation and Poverty Reduction," *European Economic Review 26*(2002): 1475–1500.

DAC, DAC Recommendation on Untying ODA, 2019, https://one. oecd. org/document/DCD/DAC (2018) 33/FINAL/en/pdf.

DAC, "Shaping the 21st Century: The Contribution of Development Cooperation," 1996, https://www. oecd. org/dac/2508761. pdf.

Daniel Runde, et al. , "Seizing the Opportunity in Public–

private Partnerships: Strengthening Capacity at the State Department, USAID, and MCC: a Report of the CSIS Project on US Leadership in Development, Center for Strategic and International Studies," 2011, https://csis-website-prod.s3.amazonaws.com/s3fs-public/legacy_files/files/publication/111102_Runde_PublicPrivatePartnerships_Web.pdf, 最后访问日期: 2024 年 3 月 1 日。

Daniel Speich, "The Use of Global Abstractions: National Income Accounting in the Period of Imperial Decline," *Journal of Global History* 6 (2011): 7–28.

David Lewis and David Mosse, *Development Brokers and Translators: The Ethnography of Aid and Agencies (edited)* (Kumarian Press, Inc., 2006).

David Mosse, *Adventures in Aidland: The Anthropology of Professionals in International Development* (New York/ Oxford: Berghahn Books, 2011).

David Mosse, *Cultivating Development: An Ethnography of Aid Policy and Practice* (Pluto Press, 2005).

David P. Forsythe, *The Humanitarians: The International Committee of the Red Cross* (Cambridge: Cambridge University Press, 2005).

Davies, T. R., "The Transformation of International NGOs and their Impact on Development Aid," *International Development Policy, Aid, Emerging Economies and Global Policies* (International London: Palgrave Macmillan, 2012), pp. 48–49.

DFID, "Civil Society Partnership Review," https://assets.publishing.service.gov.uk/media/5a806f8440f0b623026937e5/

Civil-Society-Partnership-Review-3Nov2016. pdf, 最后访问日期: 2024 年 3 月 5 日。

Desai, V., Potter, R. B., *The Companion to Development Studies* (Routledge, 2013).

Development Initiative, Approaches to Measuring and Monitoring South-south Cooperation, Mariella Di Ciommo, "Approaches to measuring andmonitoring South-south cooperation," discussion paper, UK: Development Initiatives, February 2017, https://devinit.org/wp-content/uploads/2017/02/Approaches-to-measuring-and-monitoring-South-South-cooperation.pdf, 最后访问日期: 2024 年 3 月 5 日。

Development Initiative, Approaches to Measuring and Monitoring South-south Cooperation, Mariella Di Ciommo, "Approaches to measuring andmonitoring South-south cooperation," discussion paper, UK: Development Initiatives, February 2017, https://devinit.org/wp-content/uploads/2017/02/Approaches-to-measuring-and-monitoring-South-South-cooperation.pdf, 最后访问日期: 2024 年 3 月 5 日。

"Development: Total Flows by Donor" (ODA+OOF+Private), https://stats.oecd.org.

DFID, "How Effective is DFID? An Independent Review of DFID's Organisational and Development Effectiveness," https://assets.publishing.service.gov.uk/media/5a75989440f0b67b3d5c7ba4/ev640s.pdf, 最后访问日期: 2024 年 3 月 5 日。

Domhoff, G. W., *Who rules America?: Power and Politics in the Year 2000* (Mayfield Pub. co: 1998), p. 127.

Donovan, K., "The Rise of Randomistas: On the Experimental Turn in International Aid," *Economy and Society*, 47(2018), pp. 27–58.

Doug Ierley, "Private Capital Flows as a Springboard for World Bank Reform," *Journal of International Law* 23(2002): 1–2.

Dupuy, K., Ron, J., & Prakash, A., "Hands off My Regime! Governments' Restrictions on Foreign Aid to Non-governmental Organizations in Poor and Middle-income Countries," *World Development* 84(2016): 299–311.

E. John Russell, *A History of Agricultural Science in Great Britain 1600–1954* (London: Allen and Unwin, 1966), pp. 208–213.

Easterly, W., *The Tyranny of Experts: Economists, Dictators, and the Forgotten Rights of the Poor* (New York, Basic Books: 2013).

Easterly, W., *The White Man's Burden: Why the West's Efforts to Aid the Rest Have Done so Much Ill and So Little Good* (Oxford: Oxford University Press, 2006).

EC, "Cooperation between the Commission and Non-governmental Organizations (NGOs) becomes Fully Operational Information Memo P33/79," 1979, http://aei-dev.library.pitt.edu/30857. Accessed 21 August 2021.

EC, "Increasing the Impact of EU Development Policy: an Agenda for Change [COM (2011) 637]," https://aei.pitt.edu/37924/1/COM_(2011)_637_final.pdf, 最后访问日期：2024 年 3 月 5 日。

EC, "PADOR User Manual Version 2.0," 2016, https://op.mahidol.ac.th/ra/contents/research_fund/MANUAL/HORIZON-2020/02_PADOR-User-Manual.pdf, Accessed on August

21, 2021.

EC, "Proposal for a Regulation of the European Parliament and of the Council Establishing the Neighbourhood, Development and International Cooperation Instrument, [SEC (2018) 310 final] - [SWD(2018) 337 final]," 2018, https://ec.europa.eu/transparency/documents-register/detail? ref = SWD (2018) 337&lang = en. Accessed 21 August 2021.

EC, "The European Community's Development Policy," 2000, http://aei.pitt.edu/37647/Accessed 21 August 2021.

EC, "The Roots of Democracy and Sustainable Development: Europe's Engagement with Civil Society in External Relations[COM (2012) 492 final]," 2012, https://eurlex.europa.eu/LexUriServ/LexUriServ.do? uri = COM% 3A2012% 3A0492% 3AFI N%3AEN%3APDF. Accessed 21 August 2021.

Edward, Michael, and David Hulme, "Too Close for Comfort? The Impact of Official Aid on Nongovernmental Organizations," *World Development* 24(1996): 961-973.

Emma Rothschild, *The Inner Lives of Empires* (Princeton: Princeton University Press, 2011), pp. 132-133.

Eric Gabin Kilama, "Evidences on Donors Competition in Africa: Traditional Donors Versus China," *Journal of International Development* 28(2015): 528-551.

Helleiner, E., *Forgotten Foundations of Bretton Woods: International Development and the Making of the Postwar Order* (Ithaca: Cornell University, 2014), pp. 9, 191-200.

Erixon, F., *Aid and Development: Will It Work This Time?* (London: International Policy Network, 2005).

Commission of the European Communities, "Relations between the European Communities and the Non－Governmental Organisations (NGOs) specializing in Development Cooperation," October 6, 1975, http://aei－dev. library. pitt. edu/4377/1/4377. pdf, 最后访问日期：2024 年 3 月 5 日。

Evaluation Gap Working Group, *Will We Ever Learn? Improving Lives through Impact Evaluation* (Washington, D. C.: Center for Global Development, 2002).

"FCDO Main Estimates Memorandum 2021 to 2022 (accessible version)," https://www. gov. uk/government/publications/foreign－commonwealth－development－office－main－estimates－memorandum－2021－to－2022/fcdo－main－estimates－memorandum－2021－to－2022－accessible－version.

Ferguson Niall, *Empire: How Britain Made the Modern World* (New York: Penguin, 2002), p. 58.

Frederick Cooper, "Development, Modernization, and the Social Sciences in the Era of Decolonization: The Examples of British and French Africa," *Revue d' Histoire des Sciences Humaines* 10 (2004): 9－38.

Gauri, V., & Galef, J., "NGOs in Bangladesh: Activities, resources, and governance," *World Development* 33 (2005): 2045－2065.

GÖtz, Norbert, "Reframing NGOs: The Identity of an International Relations Non－Starter," *European Journal of International Relations* 14(2008): 231－258.

Hansen, H. and F. Tarp, "Aid Effectiveness Disputed," *Journal of International Development* 12(2000): 375－98.

Harold G. Marcus, *Haile Selassie I*, (Berkerley: University of California Press, 1987), pp. 53-54.

Helmut Fuhrer, "The History of Official Development Assistance, A History of the Development Assistance Committee and the Development Cooperation Directorate in Dates, Names and Figures," 1994, https://www.oecd.org/dac/1896816.pdf

Hilton, "International Aid and Development NGOs in Britain and Human Rights since 1945," *Humanity* 3 (2012): 449-472.

Hirata, K., "Whither the developmental state? The growing role of NGOs in Japanese Aid Policy Making," *Journal of Comparative Policy Analysis* 4(2002).

Holzapfel, S., "Boosting or Hindering Aid Effectiveness? An Assessment of Systems for Measuring Donor Agency Results," *Public Administration and Development* 36(2016): 3-19.

Rajan, R. G. and Subramanian, A., "Aid and Growth: What Does the Cross-Country Evidence Really Show? IMF working paper WP/05/127," 2005, https://www.imf.org/external/pubs/ft/wp/2005/wp05127.pdf, 最后访问日期: 2024 年 3 月 5 日。

International Trade Centre News, "UK Pledges Additional Funding to Expand ITC's SITA Project," 2018, http://www.intracen.org/news/UK-pledges-add itional-funding-to-expand-ITCs-SITA-project/.

IPCC, "Climate Change 2021", 2021, https://www.ipcc.ch/report/ar6/wg1/downloads/report/IPCC_AR6_WGI_SPM.pdf

Iris Boroway, *Coming to Terms with World Health: The League of Nations Health Organization* (Frankfurt am Main: Peter Lang,

2009), pp. 379–394.

Jonathan Israel, *Enlightenment Contested,* (Oxford: Oxford University Press, 2006), pp. 22–23.

Jones, S. and Associates., *Developing Capacity? An Evaluation of DFID–Funded Technical Cooperation for Economic Management in Sub–Saharan Africa* (Oxford: OPM, 2006).

Joseph Morgan Hodge, *Triumph of the Expert: Agrarian Doctrines of Development and the Legacies of British Colonialism* (Athens: Ohio University Press, 2007), pp. 10–11, 57.

Julian Amery, *The Life of Joseph Chamberlain*, Vol. 4, 1901–1903: *At the Height of His Power,* (London: Macmillan, 1951), pp. 222–223.

Kang, C., Gu, J., & Park, S., "기부지역선택행동에대한영향요인탐색：국내기부와해외기부의비교를중심으로 [Exploring the Factors Affecting Donation Area Selection Behavior: Focusing on Comparison between Domestic and Overseas donations]," *Social Welfare Policy* 38(2011): 221–253.

KCOC, KOCIA, "Korean International Development Cooperation CSO Statistics Handbook," 2018, http://ngokcoc.or.kr/bbs/board.php?bo_table=paper01&wr_id=152&&page=8, 最后访问日期：2024年3月5日。

Kilama, E. G., "Evidences on Donors Competition in Africa: Traditional Donors versus China," *Journal of International Development* 2016: 528–551.

Killick, T. C. N. Castel–Branco, and R. Gerster, *Perfect Partners? The Performance of Programme Aid Partners in Mozambique 2004: Report to the Programme Aid Partners and Government of Mozambique*

(London: DFID, 2005).

Kim D. Reimann, *The Rise of Japanese NGOs: Activism from Above* (London and New York: Routledge, 2010).

Kim, J., Jung, H. J., "An Empirical Analysis on Determinants of Aid Allocation by South Korean Civil Society Organizations," *Voluntas* 32 (2021): 151–164.

Latham, M. E., *Modernization as Ideology: American Social Science and "nation building" in the Kennedy Era* (Chapel Hill and London, Univ of North Carolina Press: 2000).

Lawson, A. M. Msuya, S. Wangwe, and T. Williamson, *Does General Budget Support Work? Evidence from Tanzania* (London: ODI, 2005).

Lee, S. J., & Lee, K. S., "The Complex Relationship between Government and NGOs in International Development Cooperation: South Korea as an Emerging Donor Country," *International Review of Public Administration* 21(2016): 275–291.

Leo, L., Eyal, G., "The Rise of Randomized Controlled Trials (RCTs) in International Development in Historical Perspective," *Theory and Society* 48(2019): 1–36.

Lin Justin Yifu and Wang Yan, "China–Africa Co–Operation in Structural Transformation: Ideas, Opportunities and Finances," *WIDER Working Paper* 46(2014).

Lissner, Jorgen, *The Politics of Altruism: A study of the Political Behavior of Voluntary Development Agencies* (Geneva: Lutheran World Federation, 1977).

Lister, S., *Joint Evaluation of General Budget Support* 1994–2004*: Final Inception Report* (London: DFID, 2005).

Marian Lawson, *Foreign Assistance: Public-Private Partnerships* (PPPs) (Washington, DC: Congressional Research Service, 2011).

Mark Harrison, "Tropical Hygiene: Disease Theory and Prevention in Nineteenth-Century India," in *Public Health in British India: Anglo-India preventive Medicine, 1859-1914* (Cambridge: Cambridge University Press, 1994), pp. 36-39.

McKeever, Brice, S., *The Nonprofit Sector in Brief 2015: Public Charities, Giving, and Volunteering* (Washington, DC: Urban Institute Center on Nonprofit and Philanthropy, 2015).

Melvyn P. Leffler, *A Preponderance of Power* (Stanford, CA: Stanford University Press, 1992), p. 163.

Michael Worboys, "Germs, Malaria and the Invention of Mansonian Tropical Medicine: from 'Diseases in the Tropics' to 'Tropical Diseases,'" *Clio Med* 35 (1996).

Ministry of Foreign Affairs of Japan, "White Paper on Development Cooperation 2019," https://www.mofa.go.jp/policy/oda/page_000017.html

Mitchell, George, E., "Transnational NGOs in the United States," in Thomas Davies, ed, *Routledge Handbook of NGOs and International Relations* (London and New York: Routledge, 2019).

Morrissey, O., "Conditionality and Aid Effectiveness Re-evaluated," *The World Economy* 27(2014): 153-171.

Moyo, B., *Dead Aid: Why Aid Is not Working and how There Is a Better Way for Africa* (New York: Farrar, Straus and Giroux, 2010).

Neil Middleton and Philip O'Keefe, *Disaster and Development:*

The Politics of Humanitarian Aid (London: Pluto Press, 1998).

Nick Cullather, *The Hungry World: America's Cold War Battle against Poverty in Asia* (Cambridge, MA: Harvard University Press, 2010), pp. 32–33, 38.

Nicola Banks & Dan Brockington, "Growth and Change in Britain's Development NGO Sector (2009–2015)," *Development in Practice* 30(2020), 706–721.

Niels Keijzer & Fabienne Bossuyt, "Partnership on Paper, Pragmatism on the Ground: The European Union's Engagement with Civil Society Organisations," *Development in Practice* 30 (2020): 784–794.

Foy, C. and H. Helmich (eds.), *Public Support for International Development*, OECD Publishing, Paris, 1996, https://read.oecd-ilibrary.org/development/public-support-for-international-development_9789264238756-en#page4, 最后访问日期: 2024年3月5日。

OECD, "Creditor Reporting System (database)," 2020, https://stats.oecd.org/Index.aspx?DataSetCode=crs1.

OECD, "DAC Development Co-operation Review of European Community," 2002, https://www.oecd.org/development/peer-reviews/19353 86.pdf, 最后访问日期: 2024年3月5日。

OECD, "OECD Development Assistance Peer Reviews: Korea 2012," OECD Publishing, Paris, https://read.oecd-ilibrary.org/development/oecd-development-assistance-peer-reviews-korea-2012_9789264196056-en#page4, 最后访问日期: 2024年3月5日。

OECD, *Development Aid of Non-governmental Non-profit Organ-*

izations (Paris: OECD publishing, 1967).

OECD, *Development Assistance Committee Members and Civil Society, The Development Dimension* (Paris: OECD Publishing, 2020).

OECD, "Development Cooperation Report 2014: Mobilising Resources for Sustainable Development," 2014, OECD publishing, Paris, https://www.oecd-ilibrary.org/development/development-co-operation-report-2014_dcr-2014-en, 最后访问日期:2024年3月1日。

OECD, "Development Co-operation Report 2018: Joining Forces to Leave No One Behind,"2018, OECD publishing, Paris, https://read.oecd-ilibrary.org/development/development-co-operation-report-2018_dcr-2018-en#page1, 最后访问日期:2024年3月5日。

OECD, "Managing Aid: Practices of DAC Member Countries (DAC Guidelines and Reference Series)," 2005, https://www.oecd.org/about/publishing

OECD, "Managing Aid: Practices of DAC Member Countries Managing Aid," 2009, https://www.oecd.org/dac/peer-reviews/managingaidpracticesofdacmembercountries.htm.

OECD, *Partnering with Civil Society: Twelve Lessons from DAC Peer Reviews, OECD Development Co-operation Peer Reviews* (Paris: OECD Publishing, 2012).

OECD/DAC, "The DAC 50 years, 50 highlights," 2010, http: www.oecd.org/dac/46717535.pdf.

OECD/UNDP, "Making Development Co-operation More Effective," 2019, https://doi.org/10.1787/26f2638f-en.

OECD/WTO, “Aid for Trade at a Glance 2019: Economic Diversification and Empowerment, OECD Publishing,” 2019, https://doi.org/10.1787/18ea27d8-en.

OECD, “Aid by DAC Members Increases in 2019 with More Aid to the Poorest Countries,” http://www.oecd.org/dac/financing-sustainable-development/development-finance-data/ODA-2019-detailed-summary.pdf.

Osborne, David, *Reinventing Government: How the Entrepreneurial Spirit Is Transforming the Public Sector* (New York: Plume, 1993).

Overseas Development Institute, “Brazilian Technical Cooperation for Development: Drivers, Mechanics and Future Prospects,” 2010.

Patricia Clavin, *Securing the World Economy: The Reinvention of the League of Nations 1920–1946* (Oxford: Oxford University Press, 2014), pp. 172–179, 231–240.

Pearson, L., *Partners in Development: Report of the Commission on International Development* (New York: Praeger Publishers, 1969), pp. 7–8.

Perri, G. et al., *Towards Holistic Governance: The New Reform Agenda* (New York: Palgrave, 2002).

Perri, G., *Holistic Government* (London: Demos, 1997).

Peter J. Burnell, *Charity, Politics and the Third World* (London: Harvester Wheatsheaf, 1991).

Pravakar Sahoo, Ranjan Kumar Dash and Geethanjali Nataraj, “China's Growth Story: The Role of Physical and Social Infrastructure,” *Journal of Economic Development* 37 (2012): 53–75.

Preston, P. W. , *Development Theory: An Introduction* (Oxford, Blackwell Publishing Limited: 1996).

Randall M. Packard, *A History of Global Health: Interventions in the Lives of Other Peoples* (Baltimore, MD: Johns Hopkins University Press, 2016), pp. 51-90.

Richard Youngs, "New Directions for EU Civil Society Support: Lessons From Turkey, the Western Balkans, and Eastern Europe," *Carnegie Europe,* 2020.

Riddell, R. , *Does Aid Really Work?* (Oxford: Oxford University Press, 2008).

RIS, "Assessment Template, Norms and Plurality in SSC: A Consultation Note," 2019, http://ris. org. in/pdf/LSSR/ITEC%20LSSC%20Report%202019/Seprate%20Paper/The%20Br azilian%20Approach%20to%20SSC. pdf.

Rodney, W. , *How Europe Underdeveloped Africa* (Oxford, Pambazuka Press: 2012).

Roger Riddell, *Foreign Aid Reconsidered* (Baltimore: Johns Hopkins University Press, 1987).

Schnable, A. , "New American Relief and Development Organizations: Voluntarizing Global Aid," *Social Problems* 62(2015): 309-329.

Schuller, M. , *Killing with Kindness: Haiti, International Aid, and NGOs* (New Brunswick: Rutgers University Press, 2012).

Scoones, I. et al. , "A New Politics of Development Cooperation? Chinese and Brazilian Engagements in African Agriculture," *World Development* (2016).

SEGIB, "Report on South-South Cooperation in Ibero-America," 2016, https://www.segib.org/wp-content/uploads/Report-SSC-2016-EN1.pdf.

Spence, M., *The Next Convergence: The Future of Economic Growth in a Multi-apeed World* (New York, Farrar, Straus and Giroux: 2011).

Stephan Klingebiel, "Converging the Role of Development Policy and Security Policy? New Approaches in Africa," in Klingebiel eds., *New Interfaces between Security and Development: Changing Concepts and Approaches* (Bonn: German Development Institute, 2006), pp. 127-145.

Stephan Klingebiel, *Development Cooperation: Challenges of the New Aid Architecture* (Palgrave Pivot, 2014), pp. 9-10.

Stephen Brown, "Foreign Aid and National Ownership in Mali and Ghana," *Forum for Development Studies* 44 (2017): 335-356.

Stephen Brown, "National Development Agencies and Bilateral Aid," in Paul A. Haslam, Jessica Schafer, and Pierre Beaudet edited, *Introduction to International Development: Approaches, Actors, Issues, and Practices* (Third Edition) (Canada: Oxford University Press, 2017), pp. 141-160.

Sun Yat-sen, *The International Development of China,* 2nd ed (New York: G. P. Putnam's Sons, 1929), pp. 8-9, 257-258;

The East African, "China to improve farming in Africa," 2012, https://www.theeastafrican.co.ke/news/DfID-China-to-improve-farming-in-Africa-/2558-1639726-mas8tj/index.html.

"The Impact of the Coronavirus (COVID-19) Crisis on Development Finance," https://oecd.org/coronavirus/policy-responses/the-impact-of-the-coronavirus-covid-19-crisis-on-development-finance-9de00b3b/.

The World Bank, "Global Economy Prospect," 2021, https://openknowledge.worldbank.org/bitstream/handle/10986/35647/9781464816659.pdf.

Tsakok, I., *Success in Agricultural Transformation: What It Means and what Makes It Happen* (Cambridge University Press: 2011).

UIA, "Yearbook of International Associations: Statistics, Visualizations and Patterns," in Union of International Associations, eds., *Yearbook of International Associations* (Munich: K. G. Saur Verlag GmbH, 2003/2004).

UN General Assembly, "International Covenant on Economic, Social and Cultural Rights," 1966. https://www.refworld.org/docid/3ae6b36c0.html, accessed on August 27, 2021.

UNDP Development Impact Group, "Monitoring and Evaluation South-South and Triangular Development Cooperation: Lessons from Brazil for the 2030 Agenda," 2016, http://www.undp.org/content/dam/undp/library/developmentimpact/SS%20Research%20Publications/11875%20-%20Monitoring%20and%20evaluation%20mechanisms%20for%20South%20-%2006_Web%20Version(2).pdf.

UNDP, "UNDP's Private Sector and Foundations Strategy for the Sustainable Development Goals 2016-2020," 2016, https://www.undp.org/publications/strategy-note-undps-private-sector-and-foundations-strategy-sdgs-2016-2020.

Union of International Associations, "The Yearbook of International Organizations, " 2018, https://uia. org/yearbook

United Nations Charter, 1945, https://www. un. org/en/about-us/un-charter.

United Nations Development Group, "The Sustainable Development Goals are Coming to Life-Stories of Country Implementation and UN Support, " 2016, https://unsdg. un. org/resources/sustainable-development-goals-are-coming-life-stories-country-implementation-and-un.

United Nations General Assembly, "Transforming Our World: The 2030 Agenda for Sustainable Development, " 2015. https://sustainabledevelopment. un. org/content/documents/21252030% 20Agenda%20for%20Sustainable%20Development%20web. pdf.

USAID, "Report of Voluntary Agencies Engaged in Overseas Relief and Development, " 2016, https://www. usaid. gov/pvo/volag-report.

USAID, https://www. usaid. gov/who-we-are.

USAID, "U. S. -India Taiangular Cooperation, " 2021, https://www. usaid. gov/india/us-india-triangular-cooperation.

Varrall, M, "Domestic Actors and Agendas in Chinese Aid Policy, " *The Pacific Review,* 29(2016).

Walle, N. van de, *Overcoming Stagnation in Aid-Dependent Countries* (Washington, DC: CGD, 2005), p. 72.

Wang, Y., "Chinese NGO Internationalization Database, " 2020, https://www. beltroadresearch. com/ngo-map/4 October 2020.

West, R., *Education and Sector-wide Approaches in Namibia* (Paris: International Institute for Educational Planning, 2003).

William Easterly, *The Tyranny of Expert: Economists, Dictators, and the Forgotten Rights of the Poor* (New York: Basic Books, 2014), p. 106.

Williams, D. W., "Reinventing the Proverbs of Government," *Public Administration Review* 60(2000): 522–534.

Wood, A., *One Step Forward, Two Steps Back: Ownership, PRSPS and IFI Conditionality* (Milton Keynes: World Vision, 2004).

World Bank, *Accelerated Development in Sub–Saharan Africa: An Agenda for Action* (Washington, DC: World Bank, 1981).

World Bank, "Civil Society," 2018, http://www.worldbank.org/en/about/partners/civil–society# 2.

Andersen, J. J., Johannesen, N., Rijkers, B., "Elite Capture of Foreign Aid: Evidence from Offshore Bank Accounts," World Bank Group, Policy Research Working Paper 9150, February 2020, https://documents1.worldbank.org/curated/en/493201582052636710/pdf/Elite–Capture–of–Foreign–Aid–Evidence–from–Offshore–Bank–Accounts.pdf, 最后访问日期: 2024 年 3 月 5 日。

Xiaoyun Li, Jing Gu, Samuel Leistner and Lídia Cabral, "Perspectives on the Global Partnership for Effective Development Cooperation," *IDS Bulletin* 49 (2018): 145–165.

Xu, X. Li, X. Qi, G. Tang, L. Mukwereza, L., "Science, Technology, and the Politics of Knowledge: The Case of China's Agricultural Technology Demonstration Centers in Africa," *World Development* 81(2016): 82–91.

Zhang, D, Smith G, "China's Foreign Aid System: Structure, Agencies, and Identities," *Third World Quarterly* (2017): 1–

17.

Zhang, C., X. Li, E. Connerley and J. Wu, "Role Tension and Adaptation in a Chinese Agricultural Aid Project in Mozambique," *Journal of International Development* (2019).

致　谢

该专著的内容主要来自国家社会科学基金重点项目《西方发展援助与中国发展援助的战略政策对比分析》（项目编号16AZD017，结项等级为优秀）的研究成果；五位匿名结项评审专家的宝贵建议对成果修改有很大启示和直接帮助。

社会科学文献出版社的编辑在成果出版方面提供了标题、语言、图表规范等很多相关的专业意见。

各位著者所在机构——中国农业大学国际发展与全球农业学院、人文与发展学院，为研究过程、阶段成果研讨、成果完善等提供了强大的行政支持和开放的学术交流氛围。与国家国际发展合作署、商务部、农业农村部等相关部委以及中国国际发展研究网络的各成员机构的合作，激发了对国际发展合作实践中的知识生产与传播的深层思考；与联合国系统等各多边、OECD-DAC 成员国等各双边国际发展机构的交流，为深入剖析全球发展合作架构的演变及新时期的特点和挑战提供了观点碰撞与辨析的机会。

特此一并表示衷心感谢！

图书在版编目（CIP）数据

援助的命运：比较视角的国际发展合作 / 李小云，齐顾波，徐进等著．-- 北京：社会科学文献出版社，2024.11

（国际发展、区域国别与全球治理系列丛书）

ISBN 978-7-5228-3314-9

Ⅰ.①援… Ⅱ.①李… ②齐… ③徐… Ⅲ.①中外关系-国际合作-研究 Ⅳ.①D822

中国国家版本馆 CIP 数据核字(2024)第 044328 号

援助的命运

——比较视角的国际发展合作

著　　者 / 李小云　齐顾波　徐　进 等

出 版 人 / 冀祥德
责任编辑 / 王玉敏
责任印制 / 王京美

出　　版 / 社会科学文献出版社
地址：北京市北三环中路甲 29 号院华龙大厦　邮编：100029
网址：www.ssap.com.cn
发　　行 / 社会科学文献出版社（010）59367028
印　　装 / 三河市龙林印务有限公司

规　　格 / 开 本：889mm×1194mm　1/32
印 张：14.75　字 数：331 千字
版　　次 / 2024 年 11 月第 1 版　2024 年 11 月第 1 次印刷
书　　号 / ISBN 978-7-5228-3314-9
定　　价 / 398.00 元（全 5 卷）

读者服务电话：4008918866

国际发展、区域国别与全球治理系列丛书

发展援助体系

美国、英国、日本国际发展合作多元主体的建构

ROLES OF MULTIPLE ACTORS IN DEVELOPMENT AID SYSTEM EXPERIENCES FROM USA, UK AND JAPAN

徐秀丽　李小云　马俊乐　王　瑞
孙　进　徐　加　富楚楚　著

社会科学文献出版社
SOCIAL SCIENCES ACADEMIC PRESS (CHINA)

丛书总序

近年来，作为新兴的全球交通中转枢纽，伊斯坦布尔机场、迪拜国际机场、亚的斯亚贝巴机场等变得更加繁忙拥挤，在来来往往的人潮中，随处可见背着行囊行色匆匆的中国人。他们当中，既有出国旅游人员、海外留学人员，也有远赴海外访问考察的政府工作人员，寻找商机的企业家，到外企工作的职业经理人、工人和农民，还有从事对外援助和经济技术合作的专家学者，奔赴海外演出的文艺工作者，等等。他们的目的地，既有发达的欧美地区和日韩等国，也有东南亚、中东、中东欧、非洲和拉丁美洲等发展中地区。同时，来自这些国家和地区的人们也越来越多地看向中国。新型的海外主体、新型的工作模式和新型的流动轨迹，仿佛开辟了时代的新篇章。

进入21世纪，尤其自共建“一带一路”倡议践行以来，中国“走出去”已成为国内外政界和学界日益关注的全球现象。近年来，随着全球发展倡议、全球安全倡议、全球文明倡议三大倡议的提出，来自不同主体（公共和私人部门）、不同层面（宏观和微观）、不同机制（政治、经济、社会、多边、双边）的新型合作实践不断累积，从而塑造了一个“全球中国”的实践景观和知识景观。这里既包括全球治理体系机制的改革与完善，也包括国际发展合作方式模式的拓展与

创新，还包括来自普通民众、企业、大学、政府等跨文化交往中的日常碰撞与磨合。

在中国“走出去”合作实践中，我们逐渐认识到，新型知识体系的构建和新型人才队伍的培养成为发展的关键。这些新型知识体系的构建、新型人才队伍的培养应聚焦于全球既有秩序的把握和新格局的想象、全球发展新动能的激发与开拓、全球公共品的治理与供给、国际发展规范的谈判与协作、南南合作和三方合作的管理与经验分享、私营部门海外经营的社会文化融入和劳工关系、新型的政商关系等领域，尤其要重点关注在不同区域国别、国际组织、社会组织等场景下的挑战应对和机遇利用等方面。这些新问题都是我们既有知识体系和人才培养体系中空白的部分。当前我们看到，一方面，宏观上构建人类命运共同体的引导性倡议陆续推出；另一方面，基层各种类型的实践创新也不断涌现，但恰恰是“关键性中层”日渐成为构建更高水平对外开放格局的挑战。这里所说“关键性中层”是指一系列认识范式、话语、技术、组织流程、管理规范和人才队伍的集合体，是维持整个社会秩序的制度架构、组织管理体系和知识体系，稳定且坚固，只有当这个系统发生转变，大规模高水平对外开放方能逐步顺利落地。

党的二十届三中全会指出，“在扩大国际合作中提升开放能力，建设更高水平开放型经济新体制。稳步扩大制度型开放……倡导平等有序的世界多极化、普惠包容的经济全球化，深化外事工作机制改革，参与引领全球治理体系改革和建设”。外交部、国家国际发展合作署在传达贯彻党的二十届三中全会精神时分别指出，“提高服务高水平对外开放的能力，深化援外体制机制改革，构建更具实效的国际传播体系，坚

定不移维护国家主权、安全、发展利益。深化外事工作机制改革，加强外交外事战线干部队伍建设”，“深化援外体制机制改革、实现全链条管理”，等等，这些都为“关键性中层”的建设提供了机遇和指导。

在李小云教授的开创下，中国农业大学国际发展研究团队自20世纪80年代开始进入发展研究领域，从最早的发展咨询、发展研究与发展培训，到90年代后期逐渐拓展到发展学科建设和专业人才培养方面，从改革开放初期国际发展经验“引进来”与中国本土实践的融合创新，到“走出去”主动参与全球发展与减贫合作的治理研究，通过搭建全球性、区域性、全国性和全校性不同层面的公共组织和学术联盟，利用前沿学术理论研究、政策咨询与政策对话、人才培养、国内外扎根基层的农业发展和减贫实践四大支柱，不断推动新发展知识的孕育和新型发展合作人才的培养。团队在非洲和国际组织两个场域上的工作尤为凸显。这些工作始于30多年前，最近十余年团队沉潜非洲，对话国际组织，开展了扎根基层、协作中层、对话高层的中国发展与减贫经验国际分享工作，探索出了以国际发展合作为切入点，统筹国别区域、国际组织、国际传播、国际事务等五位一体的特色模式，有组织、多层次、系统性探索新型科研与人才培养机制。以“小技术大丰收”“小豆子大营养”“中非乡村CEO”等为代表的中非合作项目，多次入选联合国南南合作最佳案例和国家级、省部级项目，以及中非合作论坛主要成果，极大推动了中国发展与减贫经验的全球分享，并促进中国农业大学成为国内首家获得联合国经济及社会理事会（ECOSOC）特别咨商地位的高校，实现了零的突破。这些都是支持“关键性中层”体系转型的集体努力。一系列标识性概念，包括平行

经验分享、模糊边界、新发展主义、选择性学习、科技理性漫游等，逐渐引起学界的关注。

在新发展知识建构中，研究团队逐步形成三个支点。

首先，关注普通人之间的互动日常是突破当下地缘政治经济格局下研究的新思路。中国“走出去”过程中的实践积累是新时期中国重新构建与国际社会关系的缩影。要理解这些努力，仅靠宏观视角是不够的，而是要看见这个过程中微观层面的“人与人之间的连接性和共同性”。在日常生活中，我们作为普通人与他国的民众通过交流和互动，以人和人之间的交往推动合作与实践的展开，进而推动思想的开放与心态的转变，并最终推动宏观层面的政策转变。

其次，关注合作双方的交互性和互助性是捕捉新型发展合作的重要视角。在中国走向共建“一带一路”国家，尤其是通过援助来支持低收入国家的过程中，这些援助项目和援助活动，给我们提供了非常珍贵的学习机会。比如在与坦桑尼亚合作十多年的“小技术大丰收”“小豆子大营养”实践过程中，我们了解到新的作物种植系统，见识到非洲人如何同缺水、缺化肥、缺钱做斗争，尤其是他们如何提高食物的多样性、更好地获取植物蛋白等做法。这让我们能够更好地从全球视角、非洲视角去重新看待自己。

最后，行动研究和实践性是研究团队推动新发展知识孕育的重要方法论。一方面，在诸多发展中国家中，社会关系、管理机制与规范并非像成熟社会那样具有鲜明的文本指导，而大多隐藏在互动的现场中，因此，研究者需躬身入局，使自己成为“局内人”方能看见更加真实的隐藏“文本”；另一方面，我们注重倡导一种更加平等的知识建构过程，因为在行动研究中，研究者与被研究者将通过系列行动实践建立

一种更能促进平等对话、加强浸润式日常互动和双向启发的关系，而非一方单方面“调研”另一方构建悬置性知识的不对称过程。此外，在实践场域中，相互对立冲突的理论范式之间往往能进行更有效的对话与融合，从而也更能提升新知识的有效性。无论聚焦国内的农村发展研究，还是聚焦海外，实践项目都是我们创新社会科学研究的重要方式。

为更好地凝练新发展知识体系孕育的成果，研究团队推出了“国际发展、区域国别与全球治理系列丛书”，旨在通过系列著作、译著、优秀博士论文、实地调研笔记、学术随笔等多种形式，以国际发展研究为专门领域，推动全球治理知识体系和区域国别等新型学科的建设。自 2022 年开始，国家在交叉学科门类下设立了“区域国别学”一级学科；同时，在公共管理学、区域国别学和政治学等一级学科下也陆续发布了“全球治理”与“全球与区域治理”等相关二级方向；“国际事务”专业硕士、国际 MPA、MPA 国际组织与社会组织管理方向，以及国际组织与全球治理等系列新型学科、专业的顶层部署都在深刻地塑造着中国社会科学知识版图和人才培养格局。在此学人共同努力、促进“关键性中层”体系转型的大潮中，我们期望贡献一臂之力。

该丛书第一辑包含 6 册著作，其中，《援助的命运——比较视角的国际发展合作》和《发展援助体系——美国、英国、日本国际发展合作多元主体的建构》从整体性视角、历史演化视角、比较视角分别阐述中西方国际发展范式的差异，以及国际经验对于中国建设国际发展共同体、共建人类命运共同体的启示。前者从知识生产、政策框架、组织管理、典型议题等方面对西方发展援助体系的来龙去脉展开分析；而后者则按照实践社群“叙事—主体—实践”三维框架回溯了美

国、英国和日本三个主要经合组织援助方的国际发展共同体形成过程，并对其特色进行凝练。

《全球公共品——供给、需求与治理的挑战》则是国内学者首次系统性提出“全球公共品”理论的专著。本书通过回溯人类历史上全球公共品产生及演化的历史脉络，推动读者理解全球公共品或作为一种集体行动实践，或作为某些公共物品，或作为机制性联系和制度建设等多种形态，其供给机制也从危机驱动型，到制度规范型，再到当下面临复合挑战和多元主体时推动共识建设型的可能性。该书还特别分享了中国作为全球公共品提供者所具有的优势和面临的挑战。

如果说，《全球公共品——供给、需求与治理的挑战》从宏观视角来关注全球治理和发展议题，那么，《中国专家在非洲》则提供了微观层面的叙事和实践，从历史学、社会学、人类学和发展研究等不同学科视角，对包括农技专家、医疗队专家等不同类型的中国在非洲的专家的派遣历史背景，在非洲工作时的角色、生活、工作困境，及其对中国援助工作的影响等进行了分析，多维度呈现中国专家在非洲的日常实践，展现中国开展南南合作与中非合作的丰富纹理。

《全球事务与发展》是中国农业大学全校通识课程的部分讲课记录，具体包括中国与世界的新型发展关系和跨文化认知、全球公共挑战与全球治理实践、国际发展政策与实践三个部分。该书反映了我们对于国际事务从观念到制度，再到具体实践路径等不断聚焦和落地的过程。该书只是课程内容的局部记录。

《国际发展教育全球概览》是国内第一本系统刻画全球不同区域国家国际发展教育与人才培养建制的参考工具书，内容涵盖英国、北美、欧洲、澳大利亚、日韩，以及其他发展

中国家和地区的国际发展教育体系。该书历经十多年调整与修改，无论国际，还是国内，有关国际发展合作的政策与实践都发生了翻天覆地的变化，当下新一轮国际发展范式的合法性危机又起，而中国等发展中国家则新设了国际发展合作专署机构和相关体系，并使之不断蓬勃发展。在这一关键时期，该书所提供的国际发展教育在全球不同区域国别的全景式视角具有互相借鉴的意义。

丛书的研究和出版得到国家社科基金重点项目“西方发展援助与中国发展援助的战略政策对比分析”（16AZD017）、国家社科基金一般项目“多元主体共同参与中国对非援助机制的研究”（16BJ021）、国家社科基金重大项目“中国与‘一带一路’国家有效分享减贫经验与模式的策略研究”（21&ZD180）、国家自然科学基金国际合作项目“‘一带一路’背景下研究中国和中亚农业合作的方式路径和策略”（71961147001）、中国农业大学2115人才工程、中国农业大学全球农业发展与区域国别知识体系—基本科研业务专项资金、中国国际发展研究网络项目（二期）、比尔及梅琳达·盖茨基金会项目、酉阳国际乡村振兴学院建设项目等诸多支持，在此一并致谢。

此外，该丛书还得到诸多同事和学生的支持，他们或提出修改建议，或进行文献检索，或帮助数据整理，或提供流程辅助，等等，在此一并致谢。该丛书第一辑即将付梓，仍觉不足，乃感永无完善之日。暂此，书中有疏漏贻误之处，敬请读者批评指正。

徐秀丽　唐丽霞　陆继霞

2024 年 10 月 15 日

序 言
为什么要关注国际发展共同体建设？*

在当今世界格局深刻转型之际，中国如何把握与外部世界的关系是个宏大的议题，生活在这个时代的每个具体人，都有其理解的经验、位置和视角，因此，将个人经历问题化就成了一个了解世界具体的开始。本书基于笔者从发展从业者的角度出发，从接受援助沉浸参与式发展理论与方法开始，到离开中国进入英国社会意识到全球发展知识生产和消费的南北二元结构，再到走进非洲超越二元对立，进入更加自觉的知识生产主体位置，呈现了一个由于研究者位置转变、视角转移而带来研究关切点移动的案例，其中凸显了研究者对于当前国

* 本文原题为《从受援者到援助者的知识自觉》，原文发表于清华大学人文与社会科学高等研究院编《区域》2002 年第 9 期，第 219－243 页。其中所指从受援者到援助者的身份转变，更多的是研究者基于个人经历之上问题意识的转变，而非指国家层面对外援助实践的变化。国家层面，一方面，中国对外援助和接受援助的实践都源于 70 年前，另一方面，中国对外援助和西方国家对外援助的实践历史一样长，但从研究文献上看，中国作为援助者的身份近年来才受到国内外研究者的广泛关注。本文在原文基础上微调。

际发展共同体系及其全球影响力的理解，尤其是发展知识的生产和实践在其中的关键位置。本书认为，在研究者位置转移和问题转换的过程中，尤其在研究与政策链接的过程中，三个议题至关重要：第一，国际发展（知识）共同体的全球部署是国际发展界竞合的最高阶段和最核心要件，它直接影响着发展观、国际秩序观和全球治理观的形成及实践形式；第二，从受援者到援助者的知识自觉中，研究者需不断克服原初对发展、对世界格局的固有想象，从而建立新的更为真实而复杂的南北世界格局的清醒认知；而在国家层面上而言，研究者与政策界可将受援经验与援助经验进行结合，从而孕育出更为综合、全面、立体的中国国际发展合作模式，并容纳多种行为体构建国际发展共同体；第三，在重建全球发展共同体的过程中，为多元主体不同的发展实践形式建立统一的叙事至关重要，这是保证一致性和团结性的关键内容。

——回顾我们为什么要关注“国际发展共同体”这个议题

2018 年 10 月的一天，笔者所在的机构举办了一场智库论坛，邀请国内外著名的国际发展研究专家、政策和实践者展开对话。新冠疫情开始前，在中国和全球各地类似的探讨此起彼伏，主题也是当时最为盛行的标题之一，即“中国的发展能为世界带来什么?”。其间一位学者提出了一个问题：“国际上对中国发展带来什么影响不了解吗？在我看来，这个问题的答案很明显，那是不是因为有其他的声音，所以我们才要讨论这个话题呢？不知道从研究的角度这到底是在追问什么?”这个问题的实质是人们对如此设问的角度产生了不解，其追问的是，“中国的发展给世界带来影响”这个社会现象是否要经过问题化，从而上升为理论？提问者或许原本期待主讲者通过一系列经验性的数据来展现中国所带来的全球影响，比如中国对外投资给当地带来了多少就业机会，中国的援助是否促进了受援国的经济发展和人民福利的改善等，但主讲者却朝着另一个方向进行了回应：

> 自16世纪开始，人类社会逐步形成了以西方工业资本主义为主导的这样一个世界政治经济结构。从这个角度来讲，西方给世界带来了什么是相对清楚的，是理性不断扩张的现代性，包括工业资本主义的发展模式及其相应的文化。但中国“走出去”的过程绝非经典的资本主义模式扩张的过程，中国改革开放以来，一直有两条线贯穿其中：一条是中国自身的社会文脉传承，另一条是中国进入全球化以后西方带来的文化。这两个要素混杂，一起推动着中国从边缘向中心移动，在这个移动的过程中，中国同时也影响了整个世界的结构变化。因此，我们仍然要追问究竟中国的发展给世界带来了什么，答案实际并不清楚。

这一场景让笔者想起被誉为“现代化发展理论起点”的多布斯费利（Dobbs Ferry）会议。1959年6月一个多雾的早晨，美国社会学家埃德华·希尔斯（Edward Shils）在纽约洛克菲勒庄园走上讲坛，面向美国政界和学界，他要做一场有关二战后亚、非、中东等这些“新兴国家”（new states）政治问题和发展前景的主旨报告，正当听众期待听到来自全球不同国家地区的发展实践和经验数据时，主讲者却出人意料地提出一种社会发展模式的样板：

> 在这些新兴国家，现代意味着民主、平等、科学、经济上的进步和主权……现代性带来大众公共教育，现代性是科学，它相信国家的进步依靠理性的技术，还有更根本的科学知识。没有一个国家可以不通过经济发展和进步而达到现代化。经济上的进步意味着有一个建基于现代技术之上的经济工业化而且具有较高的生活水平。所有这些都需要规划，并对经济学家和统计学家进行良好运用，控制储蓄率和投资率，开设新工厂，建设道路、港口，发展铁路，推动灌溉设施、化肥生产、农林业研究、瓷器研究，以及能源研究。现代意味着即便不追随西方也会成为西方，西方作为一种典范，已经脱离了其地理源起和空间位置上的限制。①

希尔斯的这一论述对二战后“美国能给世界带来什么”提供了尝试性的探索，这与 15 ~ 16 世纪以后源于地理大发现、文艺复兴，以及随后的工业化革命以后“西欧国家能给世界带来什么”的追问一脉相承，从而为最近七十多年来的国际发展新秩序，及其背后的现代化理论奠定了思想上的根基②。反过来看“中国能对世界的发展提供什么”这一议题，目前海内外学界并未像西欧各国自进入现代以来涌现出的启蒙主义、殖民主义，以及有关进步与发展的各种争辩与思潮，也并未像美国二战后面对新形势所孕育出类似“现代化理论”这

---

① Gilman N., *Mandarins of the Future: Modernization Theory in Cold War America*, Johns Hopkins University Press, 2004, pp. 1 – 2.

② 徐秀丽、李小云：《发展知识：全球秩序形成与重塑中的隐形线索》，载《文化纵横》2020 年第 1 期，第 94 – 103 页。

样引领性的大理论，或者推动类似“区域研究”（area studies）这样的学术创生来回答这一宏大的时代问题①。不仅如此，席间提问者所隐含的恰恰是知识界和社会公众对于这一设问本身所产生的疑问，尤其随着2020年新冠疫情在全球的大流行、中美结构性冲突的不断加剧，有关中国发展经验的探讨在全球范围内变得日益政治化，“中国的世界影响”往往被当作各国政客选举中的常用修辞，而非出于展开有效合作的强大需要。

在此背景下，有关“中国的世界影响”这一源自19世纪30年代再次浮现于20世纪90年代末，继而又兴盛于21世纪初以来的学术设问②很容易就被卷入当前政治实践场域的时政激辩之中，从而干扰了其理论价值。这一理论诉求包含两方面的含义，即第一，中国社会科学研究者对全球知识格局的觉察；第二，对基于中国实际之上的知识生产，及其世界影响的意识。从更长的时段框架来审视，中国进入近现代以来，尤其在20世纪30年代以来，孙本文和吴文藻等第一代社会学家就开始有意识地探究改革救治中国的发展知识体系建设，尽管当时尚未考虑这一学术运动的世界影响。20世纪90年代末，费孝通提出了“文化自觉”，并在全球不同文明相处时提出了“美美与共、天下大同”的设想。进入21世纪后，随着中国人、商品、资金、文化、符号等“走出去”步伐的不断加快，郑杭生提出了全球“中心－边陲”知识格局下的理论自觉，汪晖提出了中国道路的独特性和普遍性，邓正来、周

① 牛可、刘青：《区域和国际研究：关于历史和“原理”的思考》，http：//www.aisixiang.com/data/117096－11.html，2019年11月1日访问。

② 2005年，自乔舒亚·雷默提出“北京共识”以来，有关中国模式、中国发展经验的探讨逐渐引起国内外学者新的关注。

弘、郑永年、李小云、周晓虹等都提出了中国发展道路及其探索路径本身的世界意义①。这些研究都在不同维度上回应了有关中国之于世界的意义和贡献这一学术设问。时至今日，上述追问在新时期转变了新形态，越来越成为国际学界关注的焦点，即一个绵延几千年的文明古国为何能吐故纳新，能在过去几十年的短期历程中推动现代发展的突飞猛进并脱离绝对贫困？它是如何处理其古代文明遗产和近现代发展思想资源之间的关系？在当前以民族国家争端为显性竞争格局背景之下，中西方又将如何进一步处理与自己不同的文明形态从而避免“文明的冲突”？这些问题实际上已经超越了当前现实中短期的政治经济发展态势，并且召唤中国社会科学研究者培育出新的全球问题意识。

这一宏大的理论诉求引发了笔者的学术兴趣。最近几年，在前辈们的支持下，笔者和同事们一直以“新发展知识”为符号、以跨学科建设的新学院为平台，开展相关的学术研究、论文发表、政策建议、讲座举办、学生培养、国际合作、海外实践等，就是期待通过这样的学术行动提请学界观照到这样一个中国社会科学研究主客体关系转换的关键

① 费孝通：《开创学术新风气》，《高校社会科学研究和理论教学》1997年第3期，第1-3页；邓正来：《全球化时代的中国社会科学发展》，《社会科学战线》2009年第5期，第1-12页；周弘：《全球化背景下“中国道路”的世界意义》，《中国社会科学》2009年第5期，第38-46页；郑杭生：《促进中国社会学的“理论自觉”——我们需要什么样的中国社会学?》，《江苏社会科学》2009年第5期，第1-7页；郑永年：《国际发展格局中的中国模式》，《中国社会科学》2009年第5期，第21-29页；汪晖：《中国道路的独特性与普遍性》，《社会观察》2011年第4期，第6-11页；李小云：《发展知识体系的演化：从悬置性到在场性》，《人民论坛》2017年第12期，第86-95页；周晓虹：《社会学本土化：狭义或广义，伪问题或真现实——兼与谢宇和翟学伟两位教授商榷》，《社会学研究》2020年第1期，第16-36页。

时刻，并通过“新发展知识”这样一个新兴交叉学科的创生来探索这样一种新型知识生产和传播的可能性和路径方略。

本书将回溯笔者对这个问题产生浓厚兴趣的原因和过程。笔者的个人学术研究史，尤其是将通过所从事的国际发展领域研究视域的变化作为一种方法，通过细致入微的个人体验来呈现研究者空间位置的变化，以及由此而引发的观察位置的变化，带来研究选题的移动和研究主体的自觉。正如项飙所言：“问题化总是要依照一定的标准，但对于将哪些社会现实进行问题化处理却是一件很主观的事……研究者个人的研究经历、受教育背景的变化都对此产生影响，由此判断哪些问题过时了，而哪些问题依然有活力。最终哪些问题能成为重要的研究议题本身是学科、社会上不同需求锁定的。”①

一　接受援助实践中的参与式发展理论与方法

1962 年，当位于菲律宾马尼拉的国际水稻研究所（IRRI）落成投入使用之时，成千上万的菲律宾人涌向这所被誉为能创造亚洲水稻奇迹的现代建筑进行参观访问。对于当地居民来说，这栋由洛克菲勒基金会和福特基金会资助的研究所并非简单的砖头和水泥混合物，而是现代化的一种象征，

① 项飙：《问题感和思考力：海外社会文化研究的目标、价值和乐趣》，中央民族大学世界民族学人类学研究中心，“海外社会文化研究的新语境与新问题”研讨会，2018 年 7 月 30－31 日。

"他们来到这儿是为了能看到崭新的未来"①。这种体验笔者在1999年本科毕业后奔向当时被称为"小白楼"的中德综合农业发展中心（CIAD）时也感同身受。根据当时学院司机的陈述，CIAD楼由德国人设计，其一砖一瓦、办公桌椅也都是从德国"运过来"的，"当时的小白楼，有重要活动的时候，红色的地毯从门口一直铺设到三楼"，这栋建筑具有强烈的中国自20世纪80年代打开大门引进外资和技术后所特有的视觉呈现。该中心几乎参与了当时所有多边、双边，及民间各类国际组织在华的农村发展援助项目，为其提供项目规划、可行性报告、监测评估、人员培训等方面的技术支持，并培养了国内最早一批了解西方国际发展援助的专家队伍。

在CIAD上学期间，当时参与式发展理论在师生中影响很大。不管是作为一种哲学理念，还是作为一种具体工作的方式，该理论都主张以（发展中国家）社区、穷人、农民、妇女、儿童等相对弱势的一方为中心，强调外界的发展专家（尤其是西方发达国家的白人男性专家）要向发展一线的本地实践者（尤其是发展中国家的穷人和本土专家）学习。这些理念和方式贯穿于研究、教学与实践过程中，课程中经常使用开放研讨的方式来推动不同观点的碰撞，老师们具有较好的英语应用能力，个别老师还有德语和法语双语能力，来往的合作伙伴有的来自联合国等多边机构，有的来自英国、美国等双边国际发展署，更多的是广泛接触中国社会各界的驻京国际民间发展机构，比如国际计划、行动援助等。除政策

① Nick Cullather, "Miracles of Modernization: The Green Revolution and the Apotheosis of Technology," *Diplomatic History*, 05 July 2006, access via https://doi.org/10.1111/j.1467-7709.2004.00407.

实践外，该中心还设置了国际顾问委员会（IAC）以便为专业人才培养计划、课程体系和发展方向提供参考，这些委员会成员包括来自康奈尔大学、牛津大学、伦敦政治经济学院、英国发展研究所和亚非学院等全球从事发展研究的机构的著名学者和学术管理者。不管是报告文件，还是演讲研讨，大家耳熟能详的发展话语是“替代性发展”“自下而上”“脆弱性”“乡土知识”“拥有感”等。“这个群体……构建出了一个极具时代感、特殊的知识群体……他们在执行国际发展援助项目的过程中，也不断将国际发展中的知识和经验通过自身的理解和消化融入到中国的发展实践中，从而为中国的发展有效地贡献了国际经验”①。

参与式理论和方法是西方国际发展援助在经历了 20 世纪 50 ~ 70 年代之后自我反思和批判后的产物。20 世纪 60 年代的“皮尔森调查报告”揭示了早期发展援助项目中大型基础设施建设的局限性，20 世纪 70 年代随之而来的石油危机和发展中国家债务危机加剧了发达国家公众对于以发展中国家政府为发展援助接受主体、以大型基础建设为代表的援助有效性的质疑。在此背景下，参与式发展既反映了西方发展界对于传统自上而下发展援助方式的一种深刻反思，即在国际发展援助中更加注重民间力量，也更加注重治理体系、能力建设等软件建设，同时也体现了 20 世纪 80 ~ 90 年代后伴随新自由主义而生的一种“替代性”发展路径。这一新思潮既是全球范围内对于新自由主义的一种平衡，更是注重当地发展主体性的作用和多元化，同时该理念也恰恰借

---

① 李小云：《发展代理人的兴起、衰落与转型》，《国际发展时报》2015 年 8 月 10 日。

助新自由主义全球化所带来的援助和经贸合作渠道及网络漫游世界各地，从而成为富有全球影响力的后殖民主义知识体系的重要组成部分，与社会性别平等、社会林业、基于权利之上的发展途径等理念与实践相互支撑，形成盛极一时的“参与式大家庭”。在西方，这一知识体系具有丰富的缘起脉络和政治经济背景，英国著名发展研究专家罗伯特·钱伯斯（Robert Chambers）是最为重要的倡导者，他本人在20世纪90年代初也到云南组织了参与式农村评估（PRA）培训班；在中国，这一话语体系尽管与中国早年革命叙事与实践中的“从群众中来，到群众中去”“为人民服务”等精神内涵存在一致性，但在表现形式和实践主体上仍游离于主流发展体系之外，主要局限于西方对华开展的多边、双边以及民间发展援助项目中，并在局部领域被主流官方话语所吸纳，由此形成了参与式扶贫、参与式林业、参与式预算等新型发展实践。总体来说，中国不管是针对国内的发展话语，还是有关中国对外援助的理念和实践，均有其既吸纳国际发展话语与经验，同时又保持相对独立的运行轨迹。不过，上述对于参与式发展的整体性反思更多地是在之后笔者穿梭于中国、英国、非洲等地不同国际发展实践场域后才有的切身体会。在当时，对于参与式的实践和思考更多地停留在本土经验感知层面。

2002年，受国际农业研究磋商组织（CGIAR）中世界混农林业中心的邀请，笔者前往肯尼亚参加参与式培训。这是笔者第一次踏出国门进入域外文化当中，也是首次以受援国学员的身份参加这样的国际发展培训。之后类似的国际培训和会议几乎每年都会参加至少一次，在这些广泛分布于东南亚、非洲、拉丁美洲，以及英国、欧洲等世界各地的短期培训实地场域中，笔者亲身接触到西方发展实践的一线前沿，也体会到课堂中所学的国际发展话语是如何在现实工作场景中得以应用的。举例来说，在肯尼亚的培训会中，由于笔者是其中年龄最小的，同时也是一位女性，因此，在小组讨论的角色分配中，引导者（facilitator）会特别注重“赋权弱者”的理念，他们会把很重要的主持位置让给笔者，也会尽力鼓励笔者发挥更大的作用，发出自己的声音（making voices heard）。只是当时笔者能力有限，又是第一次参加这样的会议，再加上由于飞机延误，晚一天抵达会场，许多状况完全搞不清楚。因此，一方面，笔者很感激他们的重视，也欣赏这个领域中对于弱势群体的尊重和关注；但另一方面，面对新的角色，笔者也非常不知所措，无从下手。笔者当时深刻地体会到，单纯地强调赋权并非总是有效的，最关键的还是需要发展主体不断增强自身的能力，才能更加有效地在公共平台或集体行动中发挥更大的作用，否则，参与就会被形式化，而许多针对农村基层的参与式发展项目实践的研究也表明，假如不考虑发展合作项目所嵌入的当地复杂的政治经济结构，无视贫困群体的认知局限和能力边界，参与式发展方式也容易流于表象，或导致新的霸权①。

2004年以后，笔者陆续参加了当时加拿大国际发展研究中心（IDRC）支持的两个行动研究项目，即中国以农民为中心的参与式研究网络（Farmer - centered Research Network China，FCRNC）和以社区为基础的自然资源管理（Community - based

① 毛绵逵等：《参与式发展：科学还是神化?》，《南京工业大学学报》（社会科学版）2010年第2期，第68 - 73页；郭占峰：《走出参与式发展的“表象”——发展人类学视角下的国际发展项目》，《开放时代》2010年第1期，第132 - 141页。

Natural Resource Management，CBNRM）。这两个项目实际上秉承同一个思路，即在发展中国家的农业科技开发中注重农民的参与，在自然资源管理的过程中注重社区和相关多元主体的声音，并由此推动一系列相关研究、教学，以及研究网络和国际交流平台的建设。这两个国际发展实践项目一脉相承，通过农业科研方式的转型，或是高等教育课堂教学模式的转变，来推动研究者提出新的研究问题，并倡导科学家和农民之间、老师和学生之间新型的关系，从而使得研究成果能够更好地为农民所用，而科研、教学与实践之间“两张皮”的现象也能得到切实的缓解。后来，这两个项目研究和教学的部分成果分别获得了2010年全国第四届农村发展研究奖提名奖（正式奖项）、2009年北京市高等教育教学成果奖二等奖，实现了项目目标，取得了项目成果。

但多年后回过头来看这两个行动研究项目，笔者发现自己作为参与者，当时只是机械地在既有的参与式发展框架下实践，并未对其背后的学理渊源做更深入的思考，尤其对于国际发展项目进入中国后，其背后所嵌入的世界政治经济格局，以及全球、区域、国家和地方等不同层面上的权力结构缺乏宏观认知，这使得我们对于国际发展项目在中国微观运作层面的一些具体疑问难以有效回应。比如在推动FCRNC项目运行的过程中，来自广西农业科学院的一位研究员提出的问题具有典型性：“参与式太低效了，大家讨论来讨论去，并不能解决实际问题，参与式发展可能并不符合中国的具体情况。”执行项目的民间组织负责人表示：“西方的发展项目很麻烦，本来需要做个蛋糕，我就做个蛋糕好了，结果他还要管这个蛋糕是怎么做出来的，必须按照既有的配方做。我们要在何种程度上运用参与式发展？”要回答这些疑问，需要对中国主流发展哲学和参与式发展理念之间的关系，尤其是参与式发展理论本身的哲学基础以及在中国运用的具体情境做更细致的分析，但当时笔者并未意识到这些，只是就事论事地在既有的参与式文献中兜兜转转，简单地认为参与式发展突破了传统自上而下、以经济增长为中心的单一发展方式，是寻求多元化发展路径的一种尝试，是支持地方乡土知识得以呈现的一种努力，是对主流技术至上的知识体系的补充。此后在十年的学习和工作过程中，笔者也逐渐认识到参与式发展的话语和实践日臻重复，需要寻找新的理论突破点。

二　走入英国回望中国：生发南北方二元结构分类的意识

2010~2011 年，笔者获得机会前往英国剑桥大学发展研究中心访学一年，指导教授为发展研究中心时任主任彼得·诺兰（Peter Nolan）。之前尽管笔者前往不同国家参加各种各样的短期培训或是国际会议，但时间都不超过一个月，在这些短期走访中，笔者除了在会议室内学到发展领域的修辞和技能（比如运用参与式工具开展实地调研、组织大众讨论、撰写评估报告、管理项目周期等）外，对所在国的社会往往只能走马观花。在英国的一年中，笔者尽可能将自己从国内的日常工作中解脱出来，沉浸式地进入当地的社会之中。一方面，积极参加剑桥大学诺兰教授的组内讲座、相关课程，以及剑桥发展研究和其他区域研究相关的研讨活动，并走出剑桥，进入伦敦、牛津、伯明翰、约克、布莱顿、诺里奇等各地发展研究相关的教学机构，参加交流或研讨，从而对英国国际发展研究相关学科设置有相对整体的认知；另一方面，也尽可能地将自己融入当地的各种社会活动之中，体验当地社会生活的不同层面，比如使用当地的公交系统、银行系统，注意观察当地不同媒体的报道，融入当地家庭的聚会，走进他们的博物馆，参加剑桥学生学者联合会对当地政府的访谈，积极协助组织有关中国专题的讲座等，并写下日常记录。

需要指出的是，尽管国际发展这个产业是二战后由美国围绕官方发展援助为主建构起来，用以重塑美国和第三世界国家之间的关系，并以此为支柱搭建起了二战后的全球发展治理秩序，但有关进步和发展的话语始于欧洲的地理大发现和文艺复兴，海外开发（development）的理念和实践滥觞于英国 19 世纪早期对于奴隶制度剥削内核的扬弃，这也有助于理解为何二战后英国的国际发展知识体系构建最为完善。据不完全统计，英国境内有近 20 所系统的发展研究学院或发展研究系，如伦敦政治经济学院的发展研究所（现名为国际发展系）、牛津大学的国际发展系等，全英国已有 30 多所大学设有发展研究类的教学和研究项目，共有近千名研究人员从事发展研究①。同时，英国还有全球规模最大的发展研究协会，大量的期刊和丰富活跃的支持发展研究的社会团体。在发展话语的生产上，自 20 世纪 80 年代被引入中国的参与式发展就是源于全英国最早设立发展研究院系的英国发展研究院（IDS），此后，该机构还产生或发起了诸如可持续生计框架、新兴援助国与国际发展等前沿探讨与新型合作。换言之，如果要了解国际发展知识的全球版图，英国是一个无法规避的学术实践场域。

正因如此，当笔者踏入丰富多彩的英国社会生活肌理之

---

① 李小云、徐秀丽、齐顾波：《反思发展研究：历史渊源、理论流派与国际前沿》，《经济评论》2015 年第 1 期，第 152－160 页。

中，并回望当初在国内的发展研究学习和实践经历时，种种具体可感的异域生活体验和“没想到”（surprises）使笔者获得了一种远距离跳脱反思的能力。原来在参与式发展话语体系“应用地”（中国）实践中所接触到的概念开始在其“出生地”（英国）的数场讲座与辩论中被激活、被质疑、被打开，笔者逐渐意识到国际发展产业背后不同的主体、不同的声音，及其与全球政治经济格局之间的关系，笔者也才真正觉察到自己作为来自发展中国家研究者在世界知识生产和消费版图中所处的位置，并对南方国家与北方国家、发达国家与发展中国家等全球二元结构关系有所感触。由此，笔者也才真正体验到了发展研究知识背后诸多概念界定上的多元性、相对性和“不确定性”。

当时的英国，正处于2008年金融危机后的阴影之中，冰岛、希腊、意大利等欧洲国家的债务危机所引发的对于欧洲共同体理念的挑战，英国财政不断紧缩，预算被压缩后高校便提高大学学费，由此又进一步引发学生上街游行，这一系列新闻频繁登上《卫报》《金融时报》等头版头条，这些也引发了学界对于新自由主义的激烈批判和深刻反思。总共才十多万人的剑桥小镇不管是咖啡店旁，还是桥边栅栏处上上下下张贴着类似反思传统经济学的彩色海报。剑桥大学发展研究中心的张夏准（Ha - Joon Chang）一直是批判新自由主义的领军旗手。早在2002年他就出版了闻名遐迩的《富国陷阱：发达国家为何踢开梯子》（*Kicking Away the Ladder: Development Strategy in Historical Perspective*），该书通过历史回溯指出自由贸易和知识产权等现如今发达国家向发展中国家倡导的好制度并非西方发展经验的真实反映，而今日主流国际体系所批判的积极的产业政策、猎取技术等恰恰是发达国家工业化早期起飞阶段所采用的，富国之所以现在倡导这些政策恰恰是踢掉了让发展中国家致富的梯子。“照我说的去做，而不要照我过去做的去做”，富国的富人会像伪善者一样怀有真诚却错误的信念兜售他们的发展知识。之后他还出版了《富国的伪善：自由贸易的迷思与资本主义秘史》（*Bad Samaritans*：*The Myth of Free Trade and the Secret History of Capitalism*）一书。在笔者于剑桥大学访学期间，面对新一轮金融危机的反思大潮，他自然又是最为活跃的学者之一，《资本主义的真相：自由市场经济学家的23个秘密》（*23 Things They Don't Tell You about Capitalism*）① 等一系列专业畅销书的预售和有关揭示小额信贷带来农民破产等纪录片的发布，是他持续投向新自由主义经济理论和实践的一把把锐利匕首。

这些书，以及一系列相关讲座和学术倡议，逐步打破了笔者原先对“先进发展知识”的笼统想象，日常生活中的可触可感又进一步推动了“参与式发展价值观”去魅化的过程。笔者在剑桥大学访学期间遇到了一位好友斯瓦提，她出生于印度知识分子家庭，在剑桥和伦敦受过良好的教育，曾在世界著名的国际大公司里工作，但在英国体制内长期生活还是遭遇到了来自性别和种族的双重歧视，这使得她对英国社会总是保持有距离的警醒。在日常的互动中，她时常对笔者这个新来者发出有关英国社会和管理体制局限性的善意提醒：“虽然英国在各方面是比较发达的，但也不要理所当然地认为

① Ha - Joon Chang, *Kick Away the Ladder. Development Strategy in Historical Perspective*, Anthem Press, 2002; Ha - Joon Chang, *Bad Samaritan. The Myth of Free Trade and The Secret History of Capitalism*, Bloombury Press, 2007; Ha - Joon Chang, *23 Things They Don't Tell You about Capitalism*, Bloomsbury Press, 2012.

一切都是美好的……我们一定要意识到，这个体系也有其内在的问题。三十年河东，三十年河西，现在诸如中国、印度等南方国家的人们每天都在忙碌工作，都在学习适应，在慢慢崛起，而这儿的许多人还没有意识到这一点。许多人在长期的养尊处优中忘记了他们先辈曾经的努力，忘记了如何适应别人，现在年轻人大多注重休闲、娱乐，透支消费，却忘了自己的责任，整个社会在虚拟的金融创新中过度繁荣，希望他们能明白过来。"我们经常对着英媒报道对比中国、印度和英国的发展状况，在这些交谈中，她有关"我们（南方国家）"和"他们（北方国家）"的二元分立被不断强调，且这种分类话语也时常出现在剑桥大学的讲座里，让笔者不得不开始注意到这样一种隐藏的秩序观。比如在一次数学系举办的经济学反思讲座中，有一位发言者说："现在'我们'基于个人理性主义之上的发展路径出现了危机，而'他们东方'的集体主义精神是否是拯救之路仍有存疑。"直到后来笔者读到刘禾的《全球秩序与世界文明等级：全球史研究的新路径》[①]，才意识到原来世界文明的等级观和全球秩序观就是在润物细无声的日常措辞中得以渐渐沉淀，这是个系统的建构。这使笔者意识到西方慈善和国际发展事业尽管有其人道主义和救助弱者的美好愿望和行动，但其背后所携带的北方国家和南方国家权力不平等和利益分配不均衡的历史基因及其当代遗产是客观存在的。

如果说，张夏准和斯瓦提分别从学术和生活两个维度上使笔者对于西方世界毋庸置疑的先进性的整体想象逐渐去魅

---

① 刘禾：《全球秩序与世界文明等级：全球史研究的新路径》，生活·读书·新知三联书店，2016。

化，从而意识到西方世界本身的复杂性和国际发展知识体系中“我们”和“他们”的二元结构分类，那么诺兰教授则直接将笔者原先概念中相对明确的围绕参与式发展的知识体系打碎在面前，并呈现一个不同于笔者之前所理解的发展知识可能路径。诺兰教授被《金融时报》称为英国最了解中国的发展经济学家，他从20世纪70年代就开始针对中国与世界开展研究，内容涉及中国农村改革、苏联与中国转型的比较研究、中国在世界经济与创新历史中扮演的角色，以及中国企业在全球化时代的竞争力，历史视角和比较视角是他常用的切入点；此外，他不仅是发展思想的研究者，也是发展政策的实践影响者。在笔者访学期间，他指导来自中国、俄罗斯、巴西、印度、马来西亚、新加坡等各国具有企业管理经验的青年人，尤其关注发展中国家跨国企业的国际竞争力议题，行业跨越饮料、航空、汽车、能源、金融等各个不同领域。此前，他和团队已经揭示了自20世纪80年代以来新一轮全球商业革命的实质，即不同于主流经济学所坚持的完全竞争市场模型，他认为过去几十年的全球化通过跨国公司重组并购形成了高度的产业集中，并通过产业链中的系统集成者（system integrator），通过瀑布效应（cascade effect）对其所在的价值链各个层面产生集约压力，成为规则制定者和核心利益的掌控者。在此过程中，核心技术牢牢把握在发达国家少数几个系统集成者手里，而发展中国家的跨国企业发展空间缩小，将很难实现价值跃升。这一观点在他2012年出版的《中国会买下世界吗?》[①] 中又进一步重申，即从跨国企业所拥有的核心技术上看，“‘他们’（中国）里面有‘我们’（西方），而

① Peter Nolan, *Is China Buying the World?* Polity Press, 2012.

'我们'（西方）里面却没有'他们'（中国）"，从而对西方社会理解中国崛起、进行建设性的对话提供参考。

由于诺兰教授惯用历史长视角来审视发展议题，尤其从历史维度来理解中国与世界之间的关系，因此，在一次团队分享会上，当笔者做完有关中国发展研究现状的报告后，他习惯性地鼓励后直指问题的核心："很好很好，但是我想问一句，你真的认为发展是从1949年的杜鲁门第四点计划开始的吗？我知道一般英语文献上都这么写的，但我的意思是说，如果你去回顾中国15~18世纪的历史，你可能会发现源于中国本土的发展思想和实践会更有意思。"他对笔者的建议是，超越固有的发展研究思维定式，尤其要走出围绕发展援助职业者反思的参与式发展研究局限，从更加宏远的视角来透视发展问题，尤其从中国本土的历史脉络中总结有关进步和发展的思想与实践，这些提醒无疑具有建设性。此后，通过大量阅读和讨论，尤其翻译了彼得·普雷斯顿（Peter W. Preston）的《发展理论导论》[①] 一书，笔者才真正打开思路，体会到作为一个跨学科的研究领域，发展研究具有广泛的知识谱系，从早期发展经济学中的经济增长理论，到社会学、比较政治学和国际关系等多学科推动的现代化理论，再到依附理论、世界体系理论、新制度主义，再到新自由主义、发展型国家、参与式发展、各种后现代思潮，以及到最近的全球互相依赖发展等各种大学派小分支，原先在国内所关注的参与式发展其实仅仅是这个广泛谱系中微小的一支，而在这个既庞杂又系统的知识体系中，源于中国、印度等南方国家发展历程的

---

① P. W. Preston, *Development Theory: An Introduction*, Blackwell Publishers Ltd., 2002.

知识要素迄今仍然是极度短缺的。

三　走进非洲引入第三方视角：研究主客体的转换

英国发展人类学家大卫·莫斯（David Mosse）2011 年出版了《援助场地大探险》（*Adventures in Aidland*）①，提出了“援助场地”的概念，借以指称由发展援助所引发的一系列话语、政策与实践，涵盖相关的机构、规章，以及不同人群的心理活动、语言体系、传说习俗、人物关系等，由此形成一种独有的发展援助社会人文景观，这个场地既是研究者的田野，也是实践家的乐园。而要观察这个援助大场地，非非洲大陆莫属。在非洲大陆，国际发展援助项目的标牌、符号和影响力触目可及：路边的招牌上、失修工厂的门闩上、当地妇女穿着的 T 恤衫上、农业部办公室的打印机上，以及停在院子里的车牌号上，等等，无一不是世界银行、联合国等各个多边机构，或者美国、日本、韩国等双边机构，或者是乐施会等民间国际发展机构的 LOGO。笔者曾经在坦桑尼亚项目点的一个乡镇办公室看到一整面外墙上刷着十几个国际发展援助机构五彩斑斓的符号，甚为壮观。与之对应的，假如你与当地官员和知识分子对话，你会发现国际发展领域的一些惯用修辞，比如性别平等、参与、治理、可持续等也是他们的主流话语，很容易找到沟通点。正因如此，当笔者 2002 年首次前往肯尼亚时，在笔者当时的概念里，非洲是“西方世界的一个延伸”，去肯尼亚也是去英国。事实上，当时给我们做培

① David Mosse, *Adventures in Aidland. The Anthropology of Professionals in International Development*, Berghahn, 2011.

训的老师也是来自英国里丁大学的教授，我们所住酒店的风格、餐饮的品味、行程的安排，无一不彰显英国与这个国家紧密的历史和现实联系。

2010～2011 年在英国访学期间，给笔者冲击最大的除了对全球南北方二元结构生发出意识和对发展研究的理解拓宽外，就是笔者突然发现不管是在剑桥大学，还是在英国主流媒体中对于“中国在非洲”这个社会现象的高度关注。2011 年，英国 BBC 还专门推出了纪录片《中国人来了》（The Chinese are coming），呈现了中国人在非洲、拉丁美洲等地投资建厂、商业合作等所产生的全球影响。这让笔者有些迷惑。在此之前，在国际学术研讨和文献阅读中，国际发展研究界很少关注中国的案例，而非洲、拉丁美洲，或是东南亚国家往往是故事的主角，但现在钟摆摆向了另一个方向，在标题看上去与中国无关的讨论中最后也难以避免地谈到中国，尤其是对中国在非洲的活动倍加关注。在一次讲座中，席间一位提问者抛出了中国在非洲实行新殖民主义的质疑，言辞激烈，现场许多中国学者和留学生可能都对此知之不多，一时无人回应。笔者有些着急，觉得不应只有一种声音，作为来自中国的学者也有责任分享不同的视角，于是便基于之前的经历和阅读展现了一些中国人在非洲的微观叙事，呈现中国人走向海外时审视世界的方式或许并非完全按照西方预设的逻辑而来，但事后仍感觉非常不足，我们需要更多扎根实地的数据和新的叙事来与国际社会进行有效的沟通。

事实上，在笔者出国访学前，同事们已经开始了中非农业发展对比分析、中非减贫比较分析等研究工作，并在坦桑尼亚开始了村级减贫学习中心的发展合作实践探索，笔者在访英期间也从文献上梳理非洲发展研究的既有成果。更早之前，尤其以2004年上海全球扶贫大会的召开、2005年乔舒亚·雷默（Joshua Cooper Ramo）对“北京共识”（Beijing Consensus）的提出为标志，中国发展与减贫的经验开始引发非洲国家和国际社会的浓厚兴趣。2006年中非合作论坛北京峰会的召开将这一话题再次推向高潮。在与非洲国家进行发展经验分享的过程中，中国对非援助发挥了重要作用。需要说明的是，尽管中国对非援助实践的历史与发达国家一样长，但也是在此之后，西方知识界似乎才在地平线上发现了冉冉升起的“新兴援助国”（emerging donor）。在其氛围的刺激下，笔者开始将研究的关注点转移至国际发展研究方向，尤其关注中非合作，除了文献阅读和整理，笔者希望能进入非洲开展实地调研。

回国后，笔者加入“中国、巴西与非洲农业合作”（CBAA）研究小组，并于2013年前往坦桑尼亚进行一个为期半月的实地调研，与此同时，同事们也分别进入津巴布韦、莫桑比克、埃塞俄比亚、乌干达等不同的非洲国家开展实地调研。从某种意义上说，CBAA项目推动我们整个团队开始全面投入非洲发展研究、中非农业合作研究的轨道中来，之后每年，我们师生都会多批次前往坦桑尼亚开展实地调研。在这些研究的过程中，我们试图打开现行笼统的中国在非的刻板叙事，用实地的微观民族志呈现中国在非投资和在非援助动态、复杂的面貌，从而超越既有文献中对这一社会现象的单一理解。比如许多文献认为中国的国有企业是国家资本主义全球扩张的手段，而我们通过实地研究恰恰发现，正是国有企业强大的“漫游性商业科层理性”使得当地中国员工更加注重非洲本地民生和民声的管理，而海外的中国管理人员也并非像既有文献刻画的那样，与当地形成隔绝的状态。研究发现，中国的国有企业经过几十年改革，其内部产权已复杂多元，而北京总部对于海外公司在资产、资金、人事及投资方向等战略性要素的把控使总部和海外分公司之间始终保持一种商业科层的关系，这种关系使海外公司总是能关照到中国国家海外形象和长远的公共利益，而中国的海外管理人员尽管大多并非落地生根，但在工作领域与当地员工和社区保持紧密的社会联系和技术传导。再比如我们通过微观数据表明，中国援非农业技术示范中心在日常运行中呈现出中非双方对于“发展”的不同理解，以及双方互相学习、调适的过程，这一过程与既有的国际农业研究磋商组织（CGIAR）实践范式既有区别，也有联系。在这些学术对话中，团队有意识地开发出诸如“平行经验分享”“科技理性漫游”“模糊边界”等概念用以捕捉迅猛发展的中非合作态势。不得不说，一开始我们的研究议程往往带有较强的跟随防御性，即学术界提出一个概念，我们对此进行反驳，并提供另一种叙事；但之后就开始主动设置话题，引导讨论，即逐渐主动用“中国眼”看待非洲等其他国家。总体来说，这些工作都才刚刚开始，面对日积月累的实践素材，我们始终努力，更好地提高概念的有效性，既可以实现“自我言说”，又能让国际同行听得懂，从而展现更为丰富立体的中国发展故事。

在开展非洲比较发展研究和国际发展研究的过程中，研究团队传承了20世纪80～90年代参与式发展研究时期的一个特色，那就是通过开展发展合作实践来推动行动研究，即通过中国在坦桑尼亚的“小技术大丰收”项目近十年的中坦互动来深入非洲实地场域，从而把握非洲内在的社会文化机理和发展治理结构。在这个过程中，研究者和实践者的身份经常是混合的，也正因如此，我们需要面临更多的现实问题考量。比如有一次，笔者和坦桑尼亚当地项目官员一起去项目点考察，每到一个地方，按照当地的习惯，我们这些来自中国的合作方都需要给当地的村民们讲几句，表明项目的背景和目标。每当这时，我就想起当年加拿大国际发展研究中心代表罗尼·魏努力面对我们的发言，他会讲以社区为基础的自然资源管理，以农民为中心的参与式农业科技开发，这是西方国际发展援助体系背后强大的知识体系所支撑的，但是我们讲点什么呢？除了项目本身的技术要点外，从长远看，我们是讲为人民服务、艰苦奋斗、独立自主、自力更生，还是讲“要致富先修路”？再比如，非洲人经常称中国的援助似乎和他们原有的来自美国和日本的援助不同，中国一再强调“我们是南南合作提供方（south - south cooperation provider），我们之间是互利共赢的合作关系，而非单向的援助方与被援助者之间的关系”。这些都体现了中国需呈现与经合组织发展援助委员会（即发达国家援助俱乐部）提供的官方发展援助（ODA）不一样的实践形式，因为西方发展援助已成为一个建制性相对较强的产业，只要一提 ODA，那么相应的规章制度、标准，以及双方的社会关系就在某种意义上被定型下来，对援助轻车熟路的非方对中方就会有既定的援助想象。具体到团队在坦桑尼亚的实践项目来说，长达近十年的“小技术大丰收”实践也并非一个像非方原先所预想的“援助”项目那样，有着固定预算，双方只要按照计划完成既定工作交差就可以了，而是双方的一个合作平台和机制，需要双方共同努力筹资和培养人才，增进互相了解，在互动过程中不断调整“舞步”，不断共创共建“剧本”，形成共振才能真正将合作进行下去。中方希望中国农业发展和减贫的经验只是一个参考和催化剂，借助合作项目能够促进当地人更加积极主动地谋求自身发展议程的变化，这些过程实际上也是中国过去资金、人力短缺的情况下有效使用外资的真实历程，不遵守既定的教条，务实、摸着石头过河。但这样一种想法和努力需要去向坦桑尼亚合作伙伴交代清楚也非常具有挑战性，其背后隐含着一系列迥异的文化基因和社会建制密码。这些都是实践中实实在在需要解决的问题，亟须开发新发展知识能回应这些挑战。

比如平行经验分享这个概念就是一种努力的尝试，这需要从上述“小技术大丰收”这项合作实践开始说起。项目开始时，我们结合 20 世纪 80 年代从国际上习得的参与式研究经验，比如需求诊断，用当地人比较熟悉的国际语言进入场域，同时又结合中国国内的发展话语和经验，比如“要致富先修路”“蹲点下乡”“摸着石头过河”“先努力工作再努力赚钱”等语言和逻辑与当地不同层面的合作伙伴展开深入的互动。在这个过程中，我们吸取了早年在国内执行参与式国际发展项目时的经验教训，在项目开展的过程中刻意避开严丝合缝的项目逻辑框架，以便为双方合作互动创造更多的行动空间，尽量鼓励当地合作伙伴用自己的方式“制作自己的蛋糕”，而非按照“中国人的配方制作蛋糕”；同时，考虑到陷入贫困陷阱时行为主体固有的认知和行为模式给自身带来的桎梏，研究团队并非完全盲从参与式、形式化地顺从当地村民的意愿，而是真正从当地现实出发，与其共同研判对其长期有利的实践活动，有意识地引入新的实践方式，分享不同的发展经验。在长达十多年的互动中，研究团队注意到中非合作中最为重要的是中方能够分享自身在具体情境中的具体经验，厘清这些方式思路的来龙去脉，避免经验的异化，同时也通过各种方式提醒非方保持主动性，对来自中方的经验进行适应性吸纳和参考，而非照搬照抄。这些理念总结为三个要素：援助实践中流动的是援助国历经实践检验的发展经验而非构建的发展知识，援助实践中注重发展的技术专家而非完全依赖职业的援助专家，以及援助实践促成的是中非发展共同体而非南北二分的权力结构。此范式被称为“平行经验分享”。

2013 年，中国推出了“一带一路”倡议，并发起建立了亚洲基础设施投资银行、新开发银行等新机制新平台。紧接着，2015 年，国家领导人在联合国可持续发展峰会上首次全面介绍了中国国际发展合作的理念和方式，宣布设立了中国国际发展知识中心、南南合作与发展学院等知识建制，并成立了南南合作援助基金。2018 年，国家国际发展合作署成立。2020 年，中国宣布将同联合国合作在华设立全球人道主义应急仓库和枢纽，并将设立联合国全球地理信息知识与创新中心，以及可持续发展大数据国际研究中心等一系列机构机制平台。由此可见，进入 21 世纪后，随着上述一系列新型南南合作和国际发展合作政策与实践的推进，对于中国来说，外部世界越来越多元，除了西方（通常是 OECD 发达国家）、非洲国家外，“一带一路”倡议的提法也逐渐进入寻常百姓和知识界的视野中，世界地图上那些大大小小的板块现在开始真正富有意义地进入主流媒体和青年学生的教材中。面对这一新世界新格局，在西方的视野中，中国是作为全球发展的竞争者，还是合作者？是规则的接受者（rule taker），还是规则的制定者（rule maker）？这些问题还将在经验层面逐渐引发国际知识界越来越多的争辩。不可否认的是，这个领域的研究与国际政治经济现实联系紧密，这些新机制新平台的设立向新型发展知识的孕育发出了急迫的召唤，同时也为新发展知识的生产提供了丰富的实践和资源储备。

但研究者需要在这个过程中尽可能地把握知识生产的方向：一方面，研究者要进入实践现场，通过实践拨开被遮蔽的社会现实，深入把握全球转型时期中国、西方、非方各方混杂交织的文化、体制，以及涌现出来的新型叙事和实践，在多频互动中共同探索找到可以对话的空间和合作的桥梁；另一方面，研究者也需要拨开现实的迷雾，进入历史的隧道，去反思世界多元发展思想的来龙去脉，从而看清国际发展知识的本源和未来可能的方向，而这些需要整个社会科学界研究主体的自觉和范式的转型。在这个过程中，在中国社会科学研究中，非洲为超越中西二元结构关系提供了第三方的参考。中国的研究者和实践者也正因为进入非洲场域才对世界体系的复杂性有了更加真切的体验，并有了主客体关系转换的诉求。

四　结语：结构中的位置意识和历史路径反思

理解世界必须要通过个人的具体经验和切身体会①。在当今世界格局深刻转型之际，中国如何把握与外部世界的关系是个宏大的议题，而作为生活在这个时代的每个具体人来说，都有其理解的经验、位置和视角，因此，将个人经历问题化就是一个了解世界具体的开始。本文通过笔者个人从接受援助沉浸参与式发展理论与方法开始，到离开中国进入英国社会才意识到全球发展知识生产和消费的南北二元结构，再到走进非洲超越二元对立，进入更加自觉的知识生产主体位置，呈现了一个完整的由于研究者位置的转变、视角的转移而带来研究关切点移动的案例（见表0－1）。

① 项飙、吴琦：《把自己作为方法》，上海文艺出版社，2020，第15页。

表0－1　笔者地理位置的移动如何影响其对于中国与外部世界关系的理解

研究者的位置	研究关注点	对于中国和外部世界关系的理解
在中国	在国际发展项目长链条的末端，关注实践者如何更有效地运用参与式发展理念与方法推动中国多元化的发展路径，旨在提高发展机构服务于民的针对性	外部世界被默认为一个想象中更先进的西方世界，是中国学习借鉴的一个笼统的先行者，中国和外部世界是浑然一体、没有边界的共同体。参与式发展理论与方法则被默认为西方国际发展知识的引领性要素，是中国在改革开放“引进来”中吸纳学习国际发展经验的必经融合之道
在英国	在西方国际发展知识的生产地关注其如何建构西方世界与发展中国家（包括中国）之间的关系。理论上关注西方的国际发展知识如何塑造了今日的全球秩序	意识到“我们”和“他们”的二元分类，并认识到这种分类的相对性。外部世界并非浑然一体、平滑平均，而存在内部权力和利益不平衡的结构。现行世界格局是18世纪工业革命及大分流后由西方所主导的，不管是通过制定国际规则（比如张夏准所批判的国际制度），还是通过推动产业集群（比如诺兰所指出的瀑布效应），西方世界维系最核心的位置。中国与外部世界的关系既相互依赖，也相对独立，现行国际发展知识不存在绝对的圆满性和引领性
在非洲	在“国际发展大场地”中关注中国在“走出去”的过程中如何塑造自身和外部世界之间的关系，这种关系既包括与以英国为代表的发达国家之间的关系，也包括与以非洲为代表的其他发展中国家之间的关系	意识到“我们”和“他们”二元分类的片面性，需要处理一个至关重要却尚无法命名的“第三方视角”。中国与外部世界之间的关系日益变得立体、多元与复杂，对于外部世界的想象也从中西二元对立的结构中挣脱出来。随着“一带一路”、新发展格局等中国和外部世界互动互塑进程的推进，基于中国发展历程之上的国际发展知识要素重要性凸显，其作为处理中国与外部世界关系的重要知识领域，需要范式的转型与体系的重建

在上述路径转变的过程中，有两个要素至关重要。第一，原初固有想象的不断瓦解。在第一个阶段，参与式发展理论和方法的运用预示着笔者对于作为先进代表的西方社会的笼统想象，这蕴含着现代化理论中现代与传统的二元结构想象，西方是现代的，而中国则是正在迈向现代化过程中的传统。但等笔者真正进入英国社会后，则陡然发现想象中的先进西方其实也有其局限性，而以参与式发展理论和方法为代表的源于西方的发展知识本身难以逃离全球南北方二元权力结构的束缚。待笔者进入非洲遭遇了一系列研究和实践的困惑后，在思维框架层面，中西二元对立的想象再次被打破，非洲作为一个第三方“闯”了进来，从而架起了中西之间的桥梁，因为从社会文化日常叙事上，非洲是个延伸的西方，但从经济发展水平上，非洲又是属于包括中国在内的发展中国家。在两次转换中，笔者原有的对于中国和外部世界的理解都在不断重塑。

第二，自我与他者的不断回望和概念置换。当笔者在中国运用参与式发展理论和方法时，尽管从地理空间上看，主要关注的是中国国内的发展议题，尤其是基层农村发展问题，但实际观照的是西方发展知识漫游至中国基层的效用。笔者访英时，在西方回望中国，获得了一种自我远距离反省的机会，意识到国际发展知识全球价值链中南北方的二元结构，同时非洲要素的不断注入使得中方和西方之间奠定了潜在三角关系的基础。进入非洲大陆进行实地调研后，尽管笔者直接观照的是中国和非洲之间的合作，但实际上时刻需要处理一个不在场的西方话题。在这些不同时空交错回望的过程中，还需要研究问题的置换，即将概念从一个语境下横移到另外一个语境，因此获得新的含义，“在共时性的框架下，将不同时间轴线中的历史内容转换为可以在同一套话语中加以表述的现实"①，唯有如此，我们才能将这些回望的线索统一起来，建立多元统一的叙事。

最后，在当前百年未有之大变局的背景下，本书借此将研究与政策进行相连，让知识生产更好地推动国家和国际发展政策的改善。本书认为，未来如下三个方面的工作亟待关注：第一，国际发展共同体的全球部署是国际发展界竞合的最高阶段和最核心要件，它直接影响着国际秩序观、全球治理观及其实践形式。一般国际合作集中在技术和人文交流层面，一旦进入知识合作层面，合作范式将面临较大改革，长期来看，我们必须提前部署研究这一领域，并逐步搭建基于中国视角和方法的国际发展知识体系和国际发展共同体。第二，从受援者到援助者的知识自觉中，研究者需不断克服原初对发展、对世界格局的固有想象，从而建立新的更为真实而复杂的南北世界格局的清醒认知，与此同时，研究者也需关注中国在独立自主发展的基础上，如何更加有效地运用援助资源，并将其内化成中国发展模式的有机部分，这些转化经验是中国"走出去"提供对外援助时遵循南南合作原则、促进合作方建设自我可持续发展能力的重要内容。研究者与政策界将受援经验与援助经验进行结合，尽快将这些融合发展的经历转化为可以输出的成果，从而可孕育出更为综合、全面、立体的中国国际发展合作模式，丰富人类既有的发展与文明成果。第三，在重建全球发展共同体的过程中，为多元主体不同的发展实践形式建立统一的叙事和行动链接机制

① 汪晖：《作为思想对象的二十世纪中国（下）——空间革命、横向时间与置换的政治》，《开放时代》2018 年第 6 期，第 56－78 页。

至关重要，这是保证多元主体在张力中保持一致性和团结的重要手段，也是链接研究和政策的着力点。2021 年以来，国家陆续提出了全球发展倡议、全球安全倡议和全球文明倡议。这些倡议是新时期中国面向全球共同挑战和国际社会发展赤字、和平赤字、信任赤字与治理赤字等提供的中国智慧和中国方案，其后续的落地与执行将创造出新型的国际发展知识与新型国际发展合作的路径。

目 录

第一章 研究背景和研究设计 …………………………………… 001
一 背景和意义 …………………………………………………… 003
二 研究问题和方法 …………………………………………… 017
三 研究创新与不足 …………………………………………… 022
四 章节结构与内容 …………………………………………… 025

第二章 理论综述与分析框架 …………………………………… 031
一 有关中国对外援助及多元主体参与的研究综述 … 036
二 有关多层次治理与协同治理的研究综述 ………… 044
三 有关援助治理体系与治理能力的研究综述 ……… 050
四 有关国际发展知识和中国发展经验的研究综述 … 055
五 本研究“叙事－主体－实践”三维分析框架 …… 063

第三章 英国多元主体参与国际发展的机制分析 ……… 071
一 发展叙事的历史变迁 ……………………………………… 074
二 多元主体共同参与叙事与知识生产 ……………… 088
三 多元主体参与实践 ………………………………………… 132
四 经验、教训与启示 ………………………………………… 167

第四章　美国多元主体参与国际发展的机制分析 ……… 181
一　发展叙事的历史变迁 ……………………………… 184
二　发展援助叙事生产中的多元主体 ………………… 200
三　多元主体参与发展援助叙事的实践 ……………… 250
四　经验、教训与启示 ………………………………… 311

第五章　日本多元主体参与国际发展的机制分析 ……… 317
一　叙事的历史变迁 …………………………………… 320
二　各主体的知识生产 ………………………………… 336
三　多元主体参与实践 ………………………………… 368
四　经验、教训与启示 ………………………………… 401

第六章　国际经验的启示与中国国际发展共同体建设 … 411
一　西方援助共同体的全球影响力 …………………… 413
二　英国、美国、日本国际经验的启示 ……………… 420

CHAPTER

1

第一章

研究背景和研究设计

一 背景和意义

（一）中国国际发展合作共同体3.0版本的萌芽

自改革开放伊始，中国对来自西方国家和国际社会的外资认识不断加深。通常，这些外资主要体现在外贸和外商直接投资（FDI）上，尤其随着20世纪90年代中外合作的不断深入，全国各地政府纷纷掀起招商引资的热潮，这些热潮带来了海外的资金、科技和管理经验。随之而来的是，北京、上海、广州等大城市里高楼林立的写字楼间开始出现各种类型和各个行业的涉外企业，也孕育出被称为“白领”的职业人群。总体而言，大众所熟知的这些外资主要在私人部门，它们有力推动了国内市场的发育和企业的改革。我国在此过程中也逐渐开启了社会主义市场经济建设的进程。

但大众可能会忽略，随着国门的打开，还有一种相对“隐形”的公共外资也在同一时间段进入国内。它们虽然规模上远不及对华直接投资，但在行业、领域和地域层面上远远高于投资这种合作方式，不管是金融法律城市建设，还是村庄减贫环境保护，不管是道路医院基础设施的硬件建设，还是官员民众培训与制度等软件建设，这一资金类型都有所涉及，具有广泛的横向覆盖性和纵向穿透力，因而对中国发展道路和发展经验的形成起到了辅助性作用，这就是援助资金。它们既通过联合国、世界银行等多边机构，也通过美国、英国、日本等所设立的国际发展署等双边机构，还通过福特基金会、国际计划等国际民间机构在中国开展发展援助活动。这最早源于新中国成立后接受苏联援华的“156 项重点工程”，该工程在 20 世纪 60 年代因中苏关系恶化中断。这是我国自主发展规划和探索进程中有效运用不同类型外资，并结合自身国情形成中国发展道路的一部分。据统计，中国曾经是世界上最大的受援国之一，自 1979 年中国接受联合国开发计划署援助起，到 21 世纪初累积接受西方国家官方发展援助达到 600 亿美元，1999 年中国接受来自发达国家外援资金 22.5 亿美元，是当年世界第二大受援国[①]。

进入 21 世纪后，尤其党的十八大以来，公众对于援助的认知和学者对于援助的研究热情才开始迸发出来，这一领域才开始真正进入大众的视野。在国际上，中国作为受援国的身份逐渐被援助国的身份所取代，尽管在经验事实层面，中国是国际社会中少有的对外援助和接受援助历史一样久远并都孕育丰富经验的发展中国家。这一双向特性也始终塑造着中国国际发展共同体建设的轨迹和特点。

中国的对外援助始于 1950 年，刚开始时主要是对朝鲜、越南、蒙古国等社会主义国家提供军事和经济援助。随着 20 世纪 50 年代中期万隆亚非会议、20 世纪 60 年代初周恩来总理访非之行，接受中国对外援助的国家逐渐扩展到亚洲、非洲等其他发展中国家，成为国际上南南合作进程的重要组成部分。在 1950～1978 年的第一阶段，中国对外援助秉承国际

① 周弘：《外援书札》，中国社会科学出版社，2015，第 2 页。

主义和爱国主义原则，在反帝国主义、支持其他发展中国家民族解放运动和社会经济发展方面发挥着至关重要的作用。这一阶段中，中国援外主要是在党中央和国务院的统一领导下，由商务部前身即20世纪60~70年代成立的对外经济联络总局、对外经济联络委员会和对外经济联络部，以及50年代成立的对外贸易部和国家计划委员会等协同管理，并通过总交货人制（20世纪50~70年代）、承建部制（20世纪70~80年代）等管理体系实施项目。总体来说，这一阶段中国援外的主体主要是国家各个相关政府部门及其下属事业单位和国有企业、驻外经商处等，这是中国援外共同体的1.0版本，在当时全国上下一盘棋的总体部署下，通过集中力量办大事，在自身资源比较有限的情况下，保质保量推进了对外援助，收到了受援国及其人民的积极反馈，相对来说，其主体、形式稍显单一。

改革开放后，随着中国市场经济的发展和企业等市场主体的发育，中国援外的管理主体和执行主体也日渐多元，逐渐形成中国援外共同体2.0版本。从主管部委来看，不管是通过20世纪80~90年代对外经济贸易部、对外经济贸易合作部管理，还是通过2003年成立的商务部管理，中国的对外援助一直是由国家主管商务和经济的相关部委进行管理。这与世界上其他国家该事务归属外交部管理的思路有些差别。后者会更强调援外的政治属性和外交利益，而前者则强调经济和商业属性。随着援外资金的多元化，这一阶段的援外管理部委除了商务部外，其他部委也都参与到外援管理工作当中，一般按照行业分工设立管理对外援助的机构，比如设立对外联络司（局），或外事司（局）兼管，或专设援外办公室等。随着援外改革的不断深入，优惠贷款引入援外方式中，

20 世纪 90 年代中国进出口银行等金融机构也开始进入援外系统，这就形成了包括国家归口管理机构（商务部）、部门管理机构（外交部、财政部等）、地方管理机构和驻外管理机构四个层次的，包含 23 个部委，以及地方省区商务部门、驻外使领馆等共同参与的对外援助管理体系①。

在实施机构上，在政企分开、政社分开的总趋势下，我国的对外援助自 20 世纪 80 年代开始了投资包干制、承包责任制，以及 1993 年之后的企业总承包制等方面的改革，企业和地方政府也开始深度参与援外实施，成为其中的关键力量。在此阶段，中国援外尚处于相对狭小的援外工作圈内，学术研究和媒体讨论都非常有限。这一时期也是中国接受西方援助的高峰期，但中国接受援助，尤其是多边机构援助等都是由商务部国际司主管，而中国对外援助是由商务部援外司主管。

党的十八大以来，随着"一带一路"倡议的提出，以及国家国际发展合作署的成立、南南合作援助基金的实施、《新时代的中国国际发展合作》白皮书的发布等，中国国际发展合作共同体 3.0 版本开始萌芽。在此阶段，中国不仅通过传统双边渠道提供援助，还在国际、区域间加强与受援国的集体磋商，不仅积极参与联合国发展筹资高级别会议、中非合作论坛、上海合作组织、中国－葡语国家经贸合作论坛、中国－阿拉伯国家合作论坛、中国－拉共体论坛、中国－加勒比经贸合作论坛、中国－太平洋岛国经济发展合作论坛等双多边会议机制，还通过创新对外援助模式和机制等在联合国

① 黄梅波、胡建梅：《中国对外援助管理体系的形成和发展》，《国际经济合作》2009 年第 5 期，第 32－39 页。

2030年可持续发展议程、应对全球人道主义挑战、支持发展中国家增强自主发展能力等方面积极贡献力量①。这一阶段，如序言所述，中国的对外援助开始向国际发展合作转型，援外也开始走出相对比较封闭的圈子，进入大众和更多专业的视野之内，从中央到地方，从政府到企业、社会组织、大学智库、媒体，乃至明星个人，以及传统的或新型的国际多双边合作机制也都进入到这个场域中来，形成了丰富多彩的新型国际发展合作共同体的雏形。2018年国家进行了机构改革，成立了国家国际发展合作署，其职能定位是："拟订对外援助战略方针、规划、政策，统筹协调援外重大问题并提出建议，推进援外方式改革，编制对外援助方案和计划，确定对外援助项目并监督评估实施情况等。援外的具体执行工作仍由相关部门按分工承担。"根据2021年白皮书，国家国际发展合作署代表国家对各个部委和相关机构所从事的对外援助和南南合作相关事宜都进行了一定的统筹发布，并将其与"一带一路"建设、人类命运共同体建设和联合国可持续发展议程等进行了对接，从更高的宏观维度和更具协调性的战略高度对援外工作进行了部署。自2021年以来，中国还陆续推出了全球发展倡议、全球安全倡议和全球文明倡议，从某种程度上说，这些都是"一带一路"建设十年之际的升级版，是在新时期国家面对全球挑战所提出的中国方案。

由此可见，新时期一个包括从中央到地方、从国内到国外、从政府到企业及社会组织等更为多元、立体的中国国际发展合作共同体3.0版本正在起步，这也是建设人类命运共

① 中华人民共和国国务院新闻办公室：《新时代的中国国际发展合作》，http://www.scio.gov.cn/zfbps/32832/Document/1696685/1696685.htm，2021年7月24日访问。

同体的重要支撑和方式之一，有利于提高我国对外援助的国际影响力和综合效果，其中，中国作为受援国和援助国的双重身份为共同体的形成和发展带来了深刻的影响。尽管从管理体制上看，中国的对外援助和接受援助一直在两个相对独立的体系内运转，但其之间的相互借鉴仍然通过少量的研究和实践工作中的交流而产生。比如在20世纪80年代，中国政府注意到西方的私营资本随着其官方援助涌入中国后，也给中国发展带来了加速度，这一经历便给我国的对外援助带来了启发，“中国注意到国际援助对于带动国际投资、进而带动发展的作用”，从而开始有意识地与国际多边援助组织和基金合作，在对非洲等发展中国家提供投资和服务时也注意援助和经贸合作资金的结合，并在随后的1995年中央援外改革会议上将这种方式提到议事日程，从而鼓励中国企业以合资经营、合作经营的方式，参与受援国的发展事业。因为这将“有利于政府援外资金与企业资金相结合，扩大资金来源和项目规模，巩固项目成果，提高援助效益”①。但在这一阶段，鉴于管理体制和理念上的不同，两种体系之间的影响相对有限且零散。自党的十八大以来，两者相对隔离的状况有了一些变化，中国的对外援助和以西方为主的国际发展合作体系之间发生着越来越多的交互对话与合作。比如南南合作援助基金的设立，经过5年的发展已支持了10多个国际组织的国际发展合作工作。再比如，中国在联合国粮农组织三期共设立了1.3亿美元的信托基金，在世界银行、国际农发基金等组织设置了南南合作和三方合作的信托基金，2009年中国和

① 王昶：《中国高层谋略·外交卷》，陕西师范大学出版社，2001，第168－169页。

经合组织发展援助委员会共同设立了研究小组和对话机制，以及和英国、德国等国家开展了各种类型的三方合作等，这些新型的交流互动和合作促使中国乃至世界范围内形成一个共同关注中国对外援助政策和实践，包含不同多元主体、汇聚不同学科知识背景和发展实践历程的国际发展合作共同体，也在中国催生出一个叫“国际发展合作”的新领域。

（二）全球层面国际发展体系与秩序的生成

以西方为主导的国际发展架构在二战后逐步形成了一个成熟、立体的大体系和若干富有影响力的子体系。这一体系最早源于“发展”这个现代观念[①]。作为维系全球治理体系的隐形线索[②]，“发展”与“进步”的现代观念自15世纪开始萌芽，到19世纪逐渐形成较有规模的国际发展知识体系，再到二战后被一系列组织机构和规则建制化，从而完成了一个观念从萌芽到实践再到体制化300多年全球漫游的过程，这也是以西方为主导的国际秩序和全球治理形成的过程。具体而言，这一进程最早孕育于大航海时代，初步以海外殖民地开发的形式成形于英国。19世纪末，通过第二次工业革命美国和德国逐渐强盛起来，这影响到了英国的全球霸权地位，国内的道德反思也促使英国开始转变其海外殖民地政策，从自由放任到积极发展干预，由此启动了最早的海外发展项目，但由于两次世界大战的干扰，以及当时技术手段和思维理念的限制，殖民时期的海外开发并未发育成一套成形的国际发

① 李小云、徐秀丽、齐顾波：《发展研究：历史渊源、理论流派与国际前沿》，《经济评论》2015年第1期，第152－160页。

② 徐秀丽、李小云：《发展知识：全球秩序形成与重塑中的隐形线索》，《文化纵横》2020年第2期，第94－103页。

展架构。这一状况随着第二次世界大战的结束，美国及其盟友通过一系列维护世界和平与发展的多双边建制，并通过推行面向欧洲进行援助的“马歇尔计划”和面向发展中国家进行援助的“第四点计划”进入新阶段。

两次世界大战使人类社会深刻反思通过新型国际秩序维护世界总体和平与发展的重要性。20 世纪 40 年代，二战后全球层面逐步建立了以和平为己任，以发展为目标，以公平为要义的联合国及其专业机构、布雷顿森林体系（世界银行与国际货币基金组织）和国际关贸总协定（后来的世界贸易组织）等为主体的多边国际发展组织和全球治理架构。20 世纪 60 年代，随着以“富国援助国俱乐部”著称的经合组织发展援助委员会（OECD－DAC）的成立，和以法国、美国、英国、德国、日本等各国国际发展署为主的双边发展援助组织的陆续设立，这些机构组织基于区域和行业两个维度，以及全球、区域、国家间和次国家等多个层面搭建全球发展实践网络，逐步形成了以条块结合为主要特点的融合政治与专业技术的全球官僚体制，从而维系着以西方政府为主体的全球治理架构，填充这些架构内部，并流动于四处形成沟通网络的是国际发展知识体系。

但这一以西方政府为主体的全球国际发展架构正随着 20 世纪 80 年代以来的三种形势逐渐变得更多元化：第一，除了政府机构外，这期间，跨国企业和民间组织等多元主体不断兴起，并逐渐参与到各国和多边组织从事的对外援助活动中，西方援助者也在世界银行和国际货币基金组织所倡导的“结构调整”的影响下，一方面，将援助的低效归因于受援国政府的失败和脆弱性，另一方面，也越来越将社会组织作为其在各国实施项目的合作伙伴，为其注入资金和技术支持。第二，自 20 世纪末期开始，尤其随着 2013 年联合国开发计划署所关注到的南方国家的群体性崛起，国际发展格局开始发生根本性变化，以中国为代表的新兴国家开始进入经济增长的快车道。同时这些国家也积累了实现经济发展与大规模减贫的宝贵经验。传统援助国开始重视这些发展经验，同时也高度关注这些国家在互惠互利原则下以经济发展为特色的对外援助体系，南南合作被认为是国际发展援助的重要形式。在此背景下，国际发展合作的概念开始取代以往长期使用的国际发展援助概念。也就是说，国际发展援助体系已不再是过去由美西方主导的对外援助，而是由传统援助国、新兴经济体、其他广大发展中国家、国际组织、私营部门及慈善机构等多元主体共同参与的国际发展合作体系（见图 1 – 1）。

第三，国际发展架构主体的多元化和立体化还源于西方国际发展体系面对“援助无效论”“援助疲倦”的一种反思和主动自救的措施。自 20 世纪 60 年代开始，对外援助对于第三世界国家发展的促进作用就备受质疑，从而对援助的方式起到修正的作用，从支持大型的基础设施到人力资源开发，从支持经济领域到关注社会领域等。但随着冷战的结束，西方国家内部，尤其是美国对于援助的动力大大缩减，有关援助有效性的问题再次被提出来，这就导致 21 世纪以来从巴黎会议到釜山会议等一系列援助有效性和发展有效性的争议，国际发展合作体系在各国内部的合法性问题开始动摇，这直接体现在“援助疲倦”现象的出现。如图 1 – 2 所示，美英日在 1989 年至 21 世纪初对撒哈拉以南非洲援助金额一直呈波动下降趋势，在 2002 年至 2006 年，又出现了先上升后下降的波峰，随后美国开始大幅度提升其对撒哈拉以南非洲的援助金额，并远超英国与日本，但三个国家都在 2013 ~ 2017 年达到峰值后开始出现了下降趋势。与此同时，21 世纪以来，美

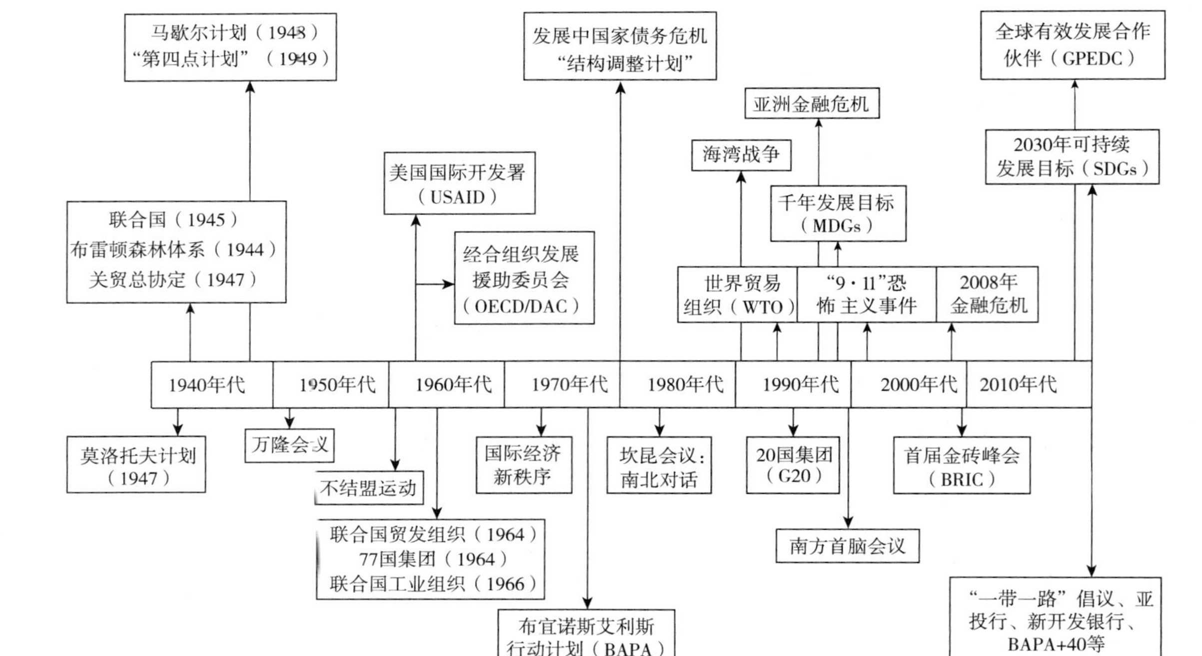

图1-1　第二次世界大战后国际发展与南南合作架构

英日三国的私营部门援助在其对非援助中的作用变得日趋重要。如图 1-3 所示，21 世纪以来，美国、英国、日本对撒哈拉以南非洲私营部门援助金额峰值均比其官方发展援助金额峰值要高，在对非援助中私营部门的积极作用不言而喻。多元资金来源和多元主体的参与为该体系的不断重生创造了动力，正如经合组织发展援助委员会前官员所言，“国际发展体系，尤其是官方发展援助（Official Developmen Assistance，ODA）如同不死的九头鸟，总在危机中找到浴火重生的力量，通过不断寻找新的叙事和新的方式来重建整个系统，从而维系这个系统的权威性”。

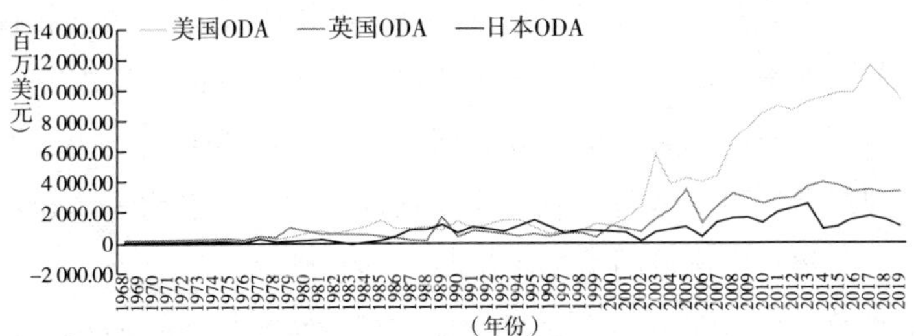

图 1-2　1968 ~2019 年美英日对撒哈拉以南非洲的官方发展援助变化趋势

数据来源：OECD 数据库，2021。

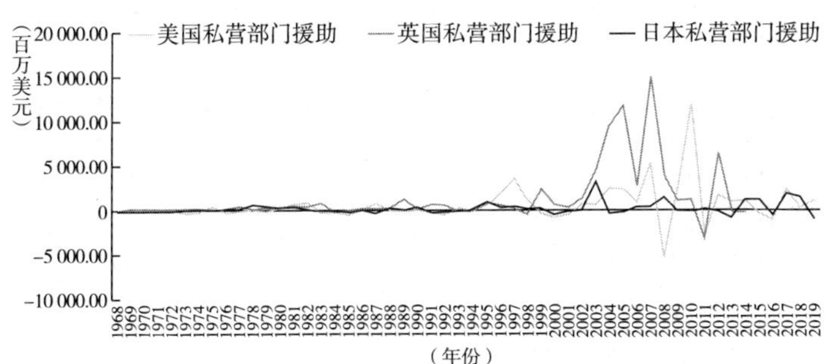

图 1-3　1968 ~2019 年美英日对撒哈拉以南非洲的私营部门援助变化趋势

数据来源：OECD 数据库，2021。

以西方发展理念和发展知识作为核心，历经几个世纪的演变，从 19 世纪以英国和欧洲为中心的国际秩序观开始，逐渐成形，到二战后以联合国、世界银行、经合组织发展援助委员会等为主体的全球发展治理架构逐渐成熟。它们从三个方面塑造了现代世界的发展观、国际秩序观和全球治理观：第一，通过联合设立全球发展议程和叙事来引导发展的方式和范式，比如从二战后开始的经济基础设施建设，到 20 世纪 60 年代开始的人力资源开发、基本需求，再到80 ~ 90 年代之后的结构调整和民主化改革，一直到 2000 年后的减贫等千年发展目标，再到 2015 年后的可持续发展议程等，这些发展叙事的生产都是通过一系列规则和程序由主要的西方发展行动体发起，最终成为影响世界各国发展目标的重要话语。如图 1 -4所示，2019 年世界官方发展援助金额前五名均为经合组织发展委员会成员的美德英法日，其总额就占到了世界总额的近 50% 。它们在当今世界发展领域的重要性不言而喻。第二，制定全球发展规则，提出全球发展实践的伦理。有关何为发展、如何发展的问题，西方为主导的国际发展共同体制

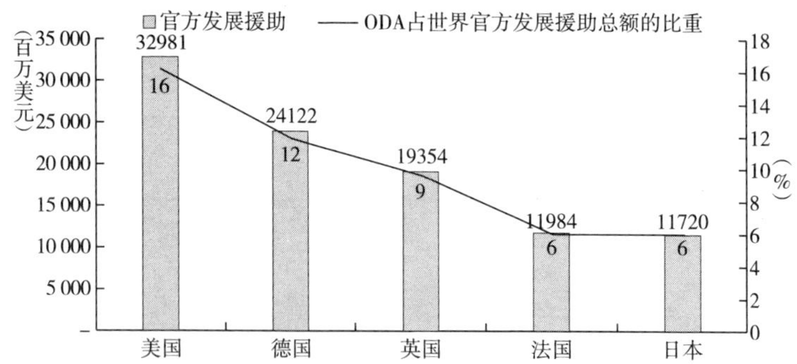

图 1-4　2019 年世界官方发展援助金额前五名各占世界官方发展援助总额的比重

数据来源：OECD 数据库，2021。

定了一系列全球规则，从某种意义上来说，这也是某种全球公共产品，既是协调各国发展步伐的重要手段，也可能会成为处于特定发展阶段时国家追求发展的障碍，这些规则虽然大部分是软法，但仍然具有一定的约束性，更何况不少还直接与资本投资标准捆绑在一起，比如环境和社会标准、劳工标准、善治标准等。第三，组织协调全球不同类型的发展主体，形成全球舆论宣传能力。尽管国际发展领域的大部分规则都不具有严格的约束性，但通过舆论宣传对发展合作实践与特定方式形成压力，并通过媒体和道义谴责或表彰，塑造发展实践者的国际形象。

综上所述，自二战以来，西方的国际发展体系尽管不断遇到挑战，但具有高度的自反性和自愈性，不断趋于成熟，并已形成了以联合国、世界银行和国际货币基金组织布雷顿森林体系、经合组织发展援助委员会等为主导的不同类型的平台。其中，联合国及其专业机构的成员国最为多元，且最为开放、平等，既包括北方国家，也包括南方国家，遵循一国一票的原则；布雷顿森林体系组织以市场运作为准则，较为注重注资对于投票权力的影响，它们主导了最为著名的发展干预活动，就是 20 世纪 80 ~ 90 年代的结构调整；经合组织发展援助委员会包括 30 个成员，即 29 个国家和欧盟，同时，世界银行、国际货币基金组织、联合国开发计划署、亚洲开发银行、非洲开发银行和美洲开发银行等为常驻观察员。发展援助委员会具有很强的规则制定能力，比如设定了成员国援助支出占人均国民收入的 0.7% 的标准，要求各成员国提供年度数据以保持援助透明度、进行互相评审等一系列规则。目前，这个体系所提供的援助资金占全球援助资金的 60% ~ 80%，在规则制定、人才培养和知识生产方面也占到 80% 左右。这几个平台之间通过高级领导和管理人员的流动、论坛的举行和对话、关键性智库报告的撰写和发布，以及各种委员会、理事会等治理机构的设定不断制定全球、区域和国家层面的国际发展规则。尽管这些规则一般都是以倡议、鼓励等形式存在的“软法”，但一定意义上形成了西方发达国家在这一领域的主导位置。

由此可见，中国以“一带一路”建设为平台，以“建设人类命运共同体”为理念来推动国际发展合作并非在真空中推行的，在为应对全球发展挑战贡献中国智慧和中国方案时也并非总是顺利的，而是无时不在一个已有各种国际发展叙事，拥有多种国际发展主体，依托多种发展合作实践的全球治理系统当中。一旦中国自身的发展经验和海外的发展合作实践难以在现有的发展话语、秩序结构和治理机制中找到匹配，并无法被现有的叙事所理解，也难以通过有效的渠道和方式与国际社会展开多种对话和沟通，就很容易产生我们所说的“中国的”问题。尤其在当前地缘政治不断凸显的背景下，基于中国发展经验之上的新型发展合作实践就容易遭到诸多话语挑战和规则冲突，甚至由此导致落入“规则破坏者”的位置，进一步导致国家的外部发展环境由此恶化。这些都是我们在迈向第二个百年奋斗目标时所面临的最严峻的挑战之一。

在上述背景下，我们有必要把握这个既有的成熟的国际发展共同体。本书从中挑选出英国、美国和日本三个独具特色的国家，分析其国际发展共同体及其形成的过程，展示不同历史时期发展叙事的变化，不同主体在此共同体中的角色和作用，尤其在叙事和发展知识生产中的作用，以及这些主体是如何通过典型发展合作实践来推动叙事的落地，并最终形成共同体的。本书旨在如下三个方面做出贡献：第一，作为国际发展合作共同体建设中的先行者，英国、美国和日本均具有丰富的实践经验和教训，关注如何运用这些国家既有的国际经验，并注意吸纳其失败的教训，使其更好地服务于中国国际发展合作共同体的培育、搭建和相关政策的完善、机制的优化，从而不断提高中国国际发展合作的国际影响力和综合效应，贡献于新时期国家大外交布局和高质量“一带一路”建设。第二，在人类命运共同体理念的指导下，不同文化和不同发展模式之间的共存模式是未来的关键前景，通过了解三个主要援助国的国际发展共同体形成的过程，有利于中国未来进一步开展三方合作和多边合作，并在合作中主动把握议程设置。第三，中国拥有受援者和援助者的双重身份，同时作为世界上最大的发展中国家，因而在开展国际发展合作和南南合作的过程中拥有更为丰富多元的视角，而通过英美日三个国家的案例研究，对于世界范围内发展共同体的话语体系，及其所实践的场域更加熟悉和理解，这些都为丰富中国发展理论的内核和叙事体系奠定了良好的基础，利于形成中国视角之下的发展观、国际秩序观和全球治理观。

二 研究问题和方法

（一）研究问题

本书结合当前国际和国内新型发展格局和态势，采用“叙事－主体－实践”三维分析框架，以英国、美国和日本三个主要发展援助国国际发展共同体形成和实践为研究对象，主要关注如下四个方面的问题。

第一，在三个案例国中，各国多元主体参与对外援助的历程是如何的？其间经过了怎样的培育过程？发展叙事在其中的作用是什么？这些主体除了国家主要决策机关和管理部委，还包括负责实施和监督、宣传的地方政府、海外队伍、国际组织、私人部门、大学智库、社会组织与媒体等。

第二，在三个案例国中，各多元主体间的合作和互动机制是如何的，从而能在一定意义上既保持多元，也能维系一致性？这些机制可能包括共同的理念、共同身份感的塑造、规则的制定和相应治理架构的设立，也包括物质奖励、信息和资源的流动等。

第三，在三个案例国中，多元主体互动通过何种发展实践活动推动其知识和理念的全球分享，从而建立相应的全球规范和准则，形成国际发展治理？在推动发展实践的过程中，如何生产、凝练发展知识和发展叙事是最为核心的要素，研究中主要关注这些叙事和知识的要素是什么，知识的来源是什么，如何用这些在某一时期相对统一的叙事和知识将多元的行为主体统筹起来，从而完成国家的战略目标和全人类发展目标。

第四，在三个案例国中，国际发展共同体形成与运行的经验和教训对我国国际发展合作共同体的建设与管理有什么启发？对我国未来从事国际发展合作方面的三边合作和多边合作有什么启发？其中，尤其涉及当前最为关注的国内各部委及相关战略之间如何进行更好的衔接？海外队伍如何建设？央地关系如何处理？中央管理部门如何更好地使用企业和社会组织的力量，同时又防止相应的风险？监测评估怎么做？以及传播与品牌建设怎么做？

本书将总结上述三个主要援助国的国际经验，并对我国在新时代国际发展合作中如何搭建新的机制、发育新的主体、生产新的发展知识、推动新型国际发展合作实践，从而形成新时期立体、多元的国际发展合作共同体等方面带来启示。以史为鉴，面向未来，上述问题不仅对中国具有极大的理论与现实意义，对于推动新型全球治理与南南合作也富有启发，是新时代构建人类命运共同体、世界各国面向全球提供新型公共产品的重要内容。

（二）研究方法

本书选择了三个主要的经合组织发展援助委员会成员国进行详细的案例分析，即英国、美国和日本，并通过三国多元主体参与国际发展，形成共同体的机制分析，尤其是国际经验和教训的总结为我国多元主体参与国际发展合作机制建设和共同体提供启示。美国是当今世界上最大，也是最有影响力的发展援助大国，二战后的全球治理与发展体系也正是在美国及其盟友的联合下建设起来的，当前中美战略博弈不仅影响着我国的发展空间，也正重塑着世界新秩序，因此，对于美国国际发展合作共同体的研究是非常必要的。英国的国际发展共同体事实上是起步最早的，从 19 世纪末就开始了，这与其“日不落帝国”的殖民历史息息相关，而国际发展研究与智库研究在英国也最为成熟，因此，英国的案例也很具有启发性。日本是我国的近邻，同为东亚儒家文化传统的后发国家，中国与日本之间有很多的相近性。日本在二战后经济的腾飞一度使其在 20 世纪 90 年代的援助达到顶峰，甚至超越了美国，但国际政治经济格局的遏制与其国际发展共同体的衰落与兴起值得我们关注。三个国家分别代表了援外实践和援外研究中的三个传统，即美国国际政治传统、英国的国际社会传统和日本的国际经济传统，这一点我们将在结论处进一步讨论。

此外，本书同时也采用了行动研究范式，该范式起源于 20 世纪 30 年代，并在 70 年代的发展研究中流行。在此范式中，研究者和实践者的身份都是模糊的，研究者和不同层次的决策者、实践者等经常一起工作，共同确定研究问题，并共同探索研究路径，识别哪些数据是重要的。研究成果也能很快进入到工作实践中，以促进实践问题的解决，加快科研成果的转化。因此，通过该研究方法不仅提高了行动的质量，并通过系统的反思加强了行动的影响，提升了研究的成效。就本书作者而言，自 2017 年以来，学校在过去 30 多年发展研究和实践基础上成立了南南合作和国际发展领域的学院平台，笔者开始以实践者和研究者的双重身份全身心投入该平台的组织机构设置、各部门行政协调、校内外合作伙伴沟通，以及研究议程设置等大量的日常实践工作中。在过去几年的智库建设中，学院平台在联合国纽约总部发布了《南南合作评估框架》，主动引导南南合作的研究议程；在第二届联合国南南合作高级别会议（BAPA +40）上发布了《中国对南南合作的贡献》，主动讲述中国在全球层面有关南南合作贡献的故事，并在该平台上组织多边对话；团队成员为博鳌亚洲论坛上发布的《亚洲减贫报告》、联合国 75 周年外交部发布的《消除绝对贫困　中国的实践》等国家高端智库报告提供了技术支持，并积极参与承办或协办了中非合作论坛 - 减贫与发展会议、中非农业合作论坛等。同时，借助高校学科和人文交流的优势，设立了中美专家减贫对话、中国欧盟国际发展知识创新对话、中国东北亚发展合作机构对话、中国和金砖国家南南合作对话，以及中非发展和减贫经验分享对话等针对不同区域国际发展政界和学界的新发展知识系列讲座，并设置了“中国与国际发展”年会系列。2019 年，我们开始将国际发展学科的建设纳入机构发展的战略中来，此时本科生专业的申请、研究生相关专业的设置、新开课程的论证、招生等环节的学科基础工作也纷至沓来。同时，学院积极投身建设教育部坦桑尼亚和东南非国别区域研究备案中心和国际组织人才培养基地，并积极为国家国际发展合作政策的改善和公众相关知识的普及做出自身的努力。团队成员自 2016 年以来，通过宏观政策建议与微观工作实践和互动访谈，推动对于研究问题的认知和理解，同时，团队的研究成果除了文献和著作的发表外，还能立即贡献于政策和实践界的改善①，这是行动研究范式的长处，其短板就是时间和精力投入较多。

本书数据来源和搜集方式主要包括如下五个部分：第一，相关官方统计数据库。包括 OECD - DAC、世界银行、美国国际开发署（USAID）、美国白宫管理与预算办公室、美国年度拨款立法和国会研究局、英国国际发展部（DFID）、日本外务省（MOFA）等在内的统计数据库，根据资料可获得性，进行描述性统计分析与可视化呈现。

第二，本书作者分别建立了卫生、农业、教育、工业园区与减贫对外援助项目的数据库，搜集来源包括商务部、国家国际发展合作署、农业农村部、中国国际扶贫中心官网、AidData、新华社、人民网等，但由于搜集渠道的局限性，相关数据并非中国对外援助的全部项目数。

第三，对现行公开发表的关于中、美、英、日等国多元主体参与国际发展合作的研究文献和相关二手资料进行系统梳理。

第四，对从事国际发展工作的政府官员、企业、社会组织、高校智库、媒体从业人员等多元主体进行了访谈。鉴于研究主题的复杂性和敏感性，调研一般采用非正规对话交流的方式。

---

① 李小云、齐顾波、徐秀丽：《行动研究：一种新的研究范式?》，《中国农村观察》2008 年第 1 期。

第五，基于本机构研究平台的优势，能够接触到如下四个层面的国际发展合作主体：一是，北方国家的国际发展研究者和发展管理者，包括英国、美国和日本等，主要是相关智库和研究学者，通过项目合作了解其管理的范式和援助机构运行的逻辑；二是，笔者还通过在坦桑尼亚等非洲国家的南南合作行动中研究复杂援外体系落地到受援国时的状态和实践，体会南南合作中的实际运行状态；三是，课题组与联合国南南合作办公室、联合国粮农组织、联合国开发计划署等多个联合国机构及世界银行等多边开发机构保持着紧密沟通，从而对全球和区域维度上的国际发展合作体系的复杂性有所把握；四是，笔者也与国家相关部委，以及中非合作论坛、中国－东盟论坛、博鳌亚洲论坛等我国新发起的各种新机制新平台保持一定的联系和沟通。这些对话和交流不一定直接针对本书主题，但这些行为共同体，包括本机构平台都属于这个冉冉升起的新型国际发展共同体的组成部分。不同维度、不同层次日常实践中所产生的叙事，主体互动中所承载的不同文化，以及实践中所体现的不同发展理念的交流，都为本研究的深化提供了灵感和启发。

三　研究创新与不足

（一）研究创新点

1. 理论创新

近年来，国家对于社会各界，尤其是中国哲学社会科学界提出要依托中国发展的生动实践，加快构建中国话语和中国叙事体系，积极面向国际社会讲好中国发展观、国际秩序观和全球治理观的倡议。而国际发展恰恰是链接发展、国际秩序与全球治理的一个重要但尚未受到关注的研究领域，中国的国际发展研究才刚起步，人才力量单薄，材料有限。本书通过研究英美日三个国家多元主体参与援助实践的国际经验与教训，在理论上通过叙事－主体－实践三个维度构建国际发展共同体的概念体系，在实践上结合我国具体国情尝试性地提出加快我国国际发展共同体的建议，这些对比研究对我们理解不同国家不同阶段的发展观、国际秩序观和全球治理观具有深远的意义，也对进一步加强以我国为主的多边合作和三边合作实践模式提出理论指导，由此深化人类命运共同体的含义。

2. **视角创新**

长期以来，对于援助的研究主要集中在宏观和微观两个层面上，前者大多从国际关系、国际政治的角度出发，关注援助与大国战略、外交政策之间的关系；后者则大多从经济学、人类学视角出发，关注国际发展项目在微观层面所产生的社会、经济、文化等维度的影响。相对来说，以中观层面从事援助的机构、个人等援助主体为研究对象相对较少。事实上，不管宏观上制定的援助战略和政策如何，要想在微观层面上取得预期的发展效果和影响，中观层面上援助主体的行为、理念，以及多元主体之间的交流与合作模式都至关重要。笔者以从事援助的多元主体为焦点，关注它们的联系机制、合作机制、激励机制等治理层面的问题，具有一定的开创性。

3. **方法创新**

本书不仅在横向上通过英美日三个国家在叙事－主体－实践三个维度上形成国际发展共同体特性，也通过纵向三个国家不同历史阶段的对比阐述这些特性何以产生，在分析方法上具有一定的创新性。

（二）研究不足

1. 概念体系的推广性还需进一步验证

本书通过研究美英日三个国家的国际发展共同体形成和发展的历程，尤其通过叙事 - 主体 - 实践三个维度来进行横向和纵向的比较来对不同国家多元主体参与发展援助的机制进行理论化提升，但总体来说，该概念体系的推广性还有待于进一步验证，比如在法国、德国、巴西和印度等其他类型的国家，利用这一概念体系是否能清晰地阐明其国际发展领域的多元主体参与援助的机制？每个国家不同的国际发展共同体又有哪些特性？各自共同体之间又有什么交叉互动和影响？作为国家影响力和国家形象延伸的国际发展共同体对新型国际秩序和全球治理又意味着什么？这些问题有待进一步深入研究。

2. 项目微观层面和行业层面的数据不足

国际发展合作与一般外交工具的较大区别就在于其“发展性”，即其往往是通过发展项目的实施，如农业、制造业、医疗、教育、卫生、农业等不同行业的发展实践而实现的。本书关注中观层面各国参与援助的多元主体，并关注在不同阶段国家的海外援助发展叙事及其实践形态，在发展项目微观层面和行业层面有所涉及，但数据稍显不足。目前，笔者研究团队正在建立行业数据和项目数据库，以便下一步分析。

3. 聚焦国别区域层面的研究做得不够

中国对外援助地区分布中，非洲是个重要的区域，“一带一路”共建国家（也包含大部分非洲国家）是以后国际发展合作事业的重点，如何聚焦不同区域、不同国别，尤其从东道国本身出发，从各国国际发展共同体的影响力出发是个重要的视角，限于篇幅和精力，本书在此方面不展开分析。

四 章节结构与内容

序言：为什么要关注国际发展共同体建设？序言从研究者自身个人的角度出发，通过回顾自身研究历程，从国内走向英国，再走向非洲，再反复回望自身研究经历的过程，来说明全球层面世界大国是如何通过构建国际发展知识谱系，构建发展合作共同体的形式来影响全球层面人们的发展观、国际秩序观和全球治理观，从而最终塑造全球治理的架构和秩序。通过笔者个人的经历更能体会国家层次构建国际发展知识系统和全球发展合作共同体对于阐述中国叙事、面向世界有效分享中国叙事、争取国家发展空间、营造有利发展环境的重要意义。

第一章：研究背景和研究设计。作为本书的引导部分，分别从中国对外援助三个阶段、三个共同体版本的嬗变，再到以西方为主导的国际发展共同体的形成和挑战两个维度对比阐述了国际发展共同体对于不同发展观、国际秩序观和全球治理观的塑造和影响，从而凸显中国国际发展合作共同体建设的战略意义和必要性。本部分还介绍了本书研究问题、研究方法，并对本研究的主要创新和存在的问题，以及相关章节结构和内容进行介绍。

第二章：理论综述与分析框架。这部分是本书的理论储备，通过文献综述搭建了本书叙事－主体－实践的三维分析框架。本书文献综述主要围绕笔者所关注的核心研究问题，即在美国、英国和日本不同多元主体是如何参与援助形成合力的展开，主要从如下四个方面进行了综述：第一，关于中国对外援助、多元主体参与援助的综述；第二，有关公共管理中多层次治理与协同治理的综述；第三，有关援助治理体系与治理能力的综述；第四，有关国际发展知识的综述。本部分最后在上述综述的基础上提出本书的分析框架，即叙事 - 主体 - 实践，并对此进行说明。

第三章：英国多元主体参与国际发展的机制分析。作为起步最早的国际发展体系，英国在多元主体参与共同体建设方面具有丰富的经验，也走过很多弯路。本章首先系统梳理了英国对外援助叙事的历史变迁过程，在 20 世纪 70 年代前，英国对外援助是“自上而下”政府主导的路径；20 世纪 80 ~ 90 年代，英国对外援助转向“自下而上”的社会组织、企业承担更多的路径；21 世纪以来，政府的作用再次被重视，英国对外援助才调整为“公私合营”的政府、社会组织、企业等主体共同参与的路径。其次，英国对外援助叙事变迁、政策的制定、路径调整乃至工具方法改变的背后，发展知识生产链都起着至关重要的作用。知识生产影响着英国在国际发展议程中的作用，影响着对外援助在英国政治架构中的地位，影响着各主体在对外援助领域发展的空间。这种知识生产不仅仅是学术理论概念的创新，也是国际发展秩序变迁、英国国内政治经济结构变化、历史延续和精英人物推动等因素共同推动的结果。英国对外援助多元主体参与发展知识生产是一个系统化的合作机制，包括意识、组织、制度政策等方面。英国案例所提供的启发是：第一，各主体都格外重视发展知识生产议程，并通过国际发展专家力量，倡导建立知识生产和分享网络，在从事发展实践的同时各主体也都成为发展知识的生产和应用机构。第二，各主体都成立相应的部门，专门负责与其他主体的合作，比如英国国际发展署（2020 年被合并到外交部，成为英国外交、联邦、发展事务部）下设民间社会司、私人部门机构等。第三，在当前的英国对外援助实践中，尽管参与主体多元分散，但政府依然发挥着主导作用，在政府制定的发展议程下，以服务外包、层层分包的机制将企业、社会组织等纳入进来发挥各自的优势和作用，共同推动英国对外援助的发展。

第四章：美国多元主体参与国际发展的机制分析。作为世界上最有影响力的国际发展援助国，美国国际发展与国防、外交等一起作为维护国家安全的三大支柱。本章从多元主体的视角出发，详细阐述了美国不同时期对外援助叙事（现代化、人类基本需求、结构调整计划、民主化、反恐－减贫和美国优先）的内容、生产，以及实践。研究发现：第一，美国对外援助是国家安全的重要工具，对外援助叙事是历届政府对对外援助如何维护国家安全目标的技术化方案，且与全球维度的发展合作叙事具有很高的重合度，这充分说明美国在发展领域的叙事引领力。第二，美国不同阶段的发展叙事是在政府主导下社会各界通过各种正式和非正式机制共同塑造的。正式机制主要包括白宫与国会之间的辩论与合作，以及 20 多个政府机构在实践中的反馈机制。而其他主体参与对外援助叙事生产往往通过与政府各种正式与非正式的互动关系。游说议员、提交报告、致信国会、学术支撑、媒体宣传、民意调查等是其他主体参与政府主导对外援助叙事生产的重要方式。第三，多元主体通过相关法律或机制化的程序或借助相关协调联系机制参与到对外援助的实践当中，并特别注重典型项目和品牌项目的开发和宣传。总之，美国对外援助叙事的变迁、形成与实践过程，是多元主体在国内外政治经济环境不断互动演化的结果。而多元主体参与美国对外援助的主要特征有以下两点：第一，对外援助法律所塑造的规范化参与机制，体现在国际开发署灵活多样的伙伴关系和严格规范的管理程序当中。第二，开放包容的非正式参与机制确保了社会各界的态度和观点传递给决策者。

第五章：日本多元主体参与国际发展的机制分析。作为最早一批加入经合组织发展援助委员会的东亚国家，日本在国际发展共同体方面的经历，尤其是发展型国家知识体系在其中的兴衰极具典型性。它反映了一个和西方不同文化的经济强国从最早通过援助拓展企业的海外利益，到通过强化国际发展塑造国家形象、拓展国家发展的海外空间的历程，其经验和教训都值得借鉴。本章从日本对外援助叙事的历史变迁、主体的知识生产与多元主体参与实践三个维度进行了系统梳理。首先，日本的援助从向二战中受害的国家支付战争赔偿开始。这一时期，日本出于扩大本国贸易和企业收益的考虑，用“基于请求”的方法开展援助项目，日本外务省（外交部）和日本企业是这一方法的具体管理者和实施者。20世纪70～80年代，受石油危机的影响，日本政府更加重视本国的资源安全和经济形势，企业也向海外特别是非洲国家投资和转移生产，这使得日本援助呈现出更加浓厚的商业化意味。同时，为了回应国际上对日本援助过于重视本国利益的声音，日本开始宣传大规模援助，以提高本国的国际形象。20世纪80年代末至1997年，日本学界不断丰富发展型国家的理论，政府也希望和传统援助国新自由主义的理念有所区别。因此，日本在援助中强调非洲国家的发展意愿和自助努力、援助的所有权、亚洲的发展模式等基于自身文化和发展历程但又区别于西方既有发展观、国际秩序观和全球治理观的新型发展知识，但日本国内政商关系被媒体和社会组织等批评为腐败和低效，因而，社会组织参与援助成为缓解援助中政商紧密联盟的办法。1997 年后，亚洲经济危机使得日本削减了援助份额，失去了世界第一大援助国的地位，发展型国家的理念也没能占据发展知识的主流位置。且日本经济的衰退使得企业更强烈地呼吁自身的利益，政府要优先保证日本自身的经济发展，日本本国私营部门在海外的商业利益在援助实践中又回到了受重视的位置。同时，日本也通过拓宽议题范围、强调人类安全的发展合作来提高援助的质量。日本案例的启示是，在全球层面，在坚持“量力而行、尽力而为”原则的前提下，国际发展知识的本土化生产和国际化传播至关重要，尤其要加强与国际组织的联系，并关注外部国际形势，从中积极引导、创造机遇。在国家层面，要为多元主体参与对外援助创造内在机制，比如日本为私营部门和民间组织都设计了多样化参与合作机制，从而发挥其优势，避免其短板，共同发挥协同创新的能力，改善国际形象，提升国家软实力。

第六章：国际经验的启示与中国国际发展共同体建设。该章作为本书研究的最终落脚点，首先对以美英日三个国家为首的西方援助共同体的全球影响力进行了阐释。通过设定发展议程和发展话语、制定全球发展规则和流程，以及搭建全球发展“朋友圈”，援助委员会掌握着现行国际发展领域 80% 的全球发展规则制定权，以及发展知识和人才的输送渠道。而美国、英国和日本都是 DAC 成员国，按规模一般排名前五，且通过世界上主要多边组织的注资发挥重大影响力。基于“叙事 – 主体 – 实践”的三维分析框架和三个本研究需回答的问题，对英国、美国、日本国际经验的启示进行总结：第一，国际发展作为二战后与军事力量、外交力量、经济力量四轮并驾齐驱的大国影响力的战略工具，在各国的战略中处于高位；第二，在中央政府和地方政府之间的关系上，国际发展作为一项具有高度战略性的国家行为，主要由中央政府主导；第三，在协调政府、企业、大学、智库、民间组织等多元社会主体的关系上，各国均有其各自的特色；第四，在海外机构和队伍建设方面，不管英国、美国，还是日本，都是其有效落实发展合作项目、发挥其全球影响力不可或缺的抓手，各国都将其视为最为重要的队伍加强建设；第五，国际组织是二战后全球发展治理的基本载体，通过它可以制定全球规范，提供全球公共品，落实国际发展项目，建立全球、区域国别"朋友圈"和影响力；第六，我们需注意，援外不仅是宏观层面的国家事务，也是微观层面的民心工程，通过各方主体的联合行动推动国家间、全球和区域层面国际社会的构建、协调和团结。当下，基于中国对外援助的战略地位和使命担当自觉的十八大以来都发生了深刻的变化，当前正处于从对外援助到国际发展合作转型升级的阶段。

CHAPTER

2

第二章

理论综述与分析框架

20世纪60年代以来，国际上对外援助研究已成为一个较为成熟的领域，统称为“国际发展”或“发展研究”，并形成了包括期刊、学会团体、大学院系和专业排名等相关的基础建制[①]。目前，国际上以“发展”（development）分类的期刊有200多种，全球按“发展研究”（development studies）专业参加世界大学专业排名的高校中80%来自欧美等发达国家，来自中国的仅占4%，且主要以香港和台湾为主。美国、澳大利亚、欧洲等国都有非常完整的发展研究协会，这些学科建制保证了欧美等国在国际发展知识生产、人才培养等方面的统领性。

中国20世纪80年代最早引入发展研究，但那时更多引进国际发展理念，结合国情进行消化吸收，比如参与式扶贫规划、小额信贷、项目采购、公共管理绩效考核等都是通过对华国际发展合作引进并纳入国家各项发展政策与管理之中的。尽管自20世纪50年代开始，中国对外经济技术合作和援助树立了诸如坦赞铁路等成功的丰碑，为国家外交关系的开拓和国家战略目标的实现立下了汗马功劳，但学术界对其研究，尤其是对中国在海外发展合作的研究成果非常有限，一直零星地分散于各个期刊。这种状况直到进入21世纪，随

---

① 徐秀丽、李小云：《发展知识：全球秩序形成与重塑中的隐形线索》，载《文化纵横》2020年第2期，第94－103页。

着2006年中非合作论坛北京峰会的举办、2013年“一带一路”倡议的提出、2015年国家领导人在联合国可持续发展峰会上的讲话和系列举措、2018年中国国家国际发展合作署的成立、2021年《新时代的中国国际发展合作》发布等有所改观：中国有关国际发展的研究和实践逐渐出现在大众视野之中，并在大学、研究所和智库中有了建设国际发展研究和人才培养的力量，但仍处于起步阶段。

随着国家“十四五”规划和2035年远景目标的推进，新阶段中国国际发展共同体建设的倡议和要求逐渐成为国家关注的焦点之一，其具体的表达形式是，国家越来越注重“加快构建中国话语和中国叙事体系……依托我国发展的生动实践，立足五千多年中华文明，全面阐述我国的发展观……国际秩序观和全球治理观”，“展示真实、立体、全面的中国……努力塑造可信、可爱、可敬的中国形象”，“让世界认识一个立体多彩的中国，展示中国作为世界和平的建设者、全球发展的贡献者、国际秩序的维护者良好形象，为推动建设人类命运共同体做出贡献”，积极参与全球治理体系改革和建设，营造良好的外部环境。

聚焦到本书的关注点，从文献上看，长期以来，国际上对于援助的研究主要集中于宏观和微观两个层面，前者大多从国际关系、国际政治的角度出发，关注援助与大国战略、外交政策之间的关系；后者则大多从经济学、人类学视角出发，关注国际发展项目在微观层面所产生的社会、经济、文化等维度的影响。相对而言，以中观层面从事援助的机构、个人等援助主体为研究对象相对较少。事实上，无论宏观上制定的援助战略和政策如何，微观层面上的发展效果和影响如何，还是中观层面上援助主体的行为、理念，以及多元主体之间的交流与合作模式，都是绕不开的“黑箱子”，打开这个“黑箱子”，如何发挥其多元主体参与的组织、管理优势，优化其知识和能力结构，提升对外援助的效能和影响，则成为研究热点。本书以从事援助的多元主体为焦点，关注它们的联系机制、合作机制、激励机制等治理层面的问题，并对如何建设国际发展共同体的路径进行探索性研究。

一般而言，关注多元主体参与援助，推动国际发展共同体的构建的研究和实践主要体现在三个层面上：第一，全球和区域层面，主要聚焦跨越国界的各个行为体，比如联合国、世界银行，以及区域性的开发银行、跨国民间组织等。全球层面上以经合组织发展援助委员会为主的全球有效发展合作伙伴关系（GPEDC），以及联合国层面上的发展合作论坛（DCF）等为典型代表，如何提升这些共同体的建设，提高其有效性和包容性，成为关注的焦点。第二，国家层面上，主要聚焦于政府相关部委、党政关系等国内政治关系，以及企业、社会组织、媒体等。这也是每个国家所面临的问题，即如何通过多元主体参与的国际发展合作共同体提升国家的国际形象，提高国家软实力，从而为国家的发展营造良好的外部环境。不管是澳大利亚、加拿大等撤销国际发展机构，将其融入外交部和商务系统等，还是印度、中国等新设国家国际发展合作署，都有强化国际发展合作这个制度架构，吸纳更多元的群体合力提升其质量和效能的趋势。第三，受援国和地方层面上，主要聚焦于援助项目实施层面，作为跨国财政和技术资源转移的重要手段，国际发展不仅涉及援助国，还涉及受援国国内的政治经济主体和发展项目在当地的落地生效，因此，这个层面的研究和实践大多聚焦于非洲、东南亚等地区、国别等层面不同主体的互动分析，通过了解发展干预项目是如何受到当地不同主体所编织的组织架构、政治文化等因素的塑造而找到更好的援助方式和路径。

在上述背景下，本章文献综述主要集中于如下四个方面：第一，关于中国对外援助、多元主体参与援助的综述；第二，有关公共管理中多层次治理与协同治理的综述；第三，有关援助治理体系与治理能力的综述；第四，有关国际发展知识的综述。最后，在上述综述的基础上提出本书的叙事 - 主体 - 实践三维分析框架。

一　有关中国对外援助及多元主体参与的研究综述

（一）中国对外援助

进入21世纪以来，特别是在2006年中非合作论坛北京峰会召开、2013年“一带一路”倡议提出之后，中国对外援助迅速成为国际学术界关注的焦点，这与此前国际发展研究界对于中国案例的忽视形成鲜明的对比。除了延续冷战时期地缘政治上的考量外，[①] 国际发展学术界在理论层面更为关注中国对外援助能否超越“援助有效性”陷阱，从而为世界共同发展提供有效的路径和模式。由此，西方研究者特别强调中国对外援助相较于传统援助国的独特性，这方面引用比较广的包括黛博拉·布罗蒂加姆（Deborah Brautigam）、彼得·克拉厄隆（Peter Kragelund）、克里斯·奥尔登（Chris Alden）、丹尼尔·拉奇（Daniel Large）、利拉·伯克利（Lila

① Peter A. Poole, “Communist China's Aid Policy,” *Asian Survey*, Vol. 6, No. 11, 1966, pp. 622 - 629; William Bartke, “Aid, Chinese Style,” *Economic and Political Weekly*, Vol. 11, No. 15, 1976, p. 556.

Buckley)、伊恩·斯库恩斯（Ian Scoones）和埃玛·莫兹利（Emma Mawdsley）等人的研究成果。[①] 他们或是从宏观政策话语分析的角度出发，或是基于实地经验数据，探究中国对非援助区别于西方传统发展援助的理念、主体、方式方法以及在实地所产生的影响等。但由于西方学者还无法深入中国国际发展政策制定与日常实践，加之文化与制度理解方面的隔阂，目前他们对于中国对外援助的研究大多停留在总体轮廓的刻画、基础数据的呈现，以及用传统西方对外援助分析框架来理解中国对外援助。

与此同时，中国学者在 21 世纪后也开始大量进入国际发展研究学术对话，从而与国际学术界的这一理论诉求遥相呼应。朱晓阳和谭颖指出，在中国从“国际援助产业输入国”向“发展援助输出国”转变的时刻，重新理解中国的发展道

① Deborah Brautigam, *Chinese Aid and African Development: Exporting the Green Revolution*, Cam – bridge University Press, 1998; Deborah Brautigam and Tang Xiaoyang, “China's Engagement in African Agriculture: Down to the Countryside,” *The China Quarterly*, No. 199, 2009, pp. 686 – 706; Deborah Brautigam, “Aid ‘with Chinese Characteristics’: Chinese Foreign Aid and Development Finance Meet the OECD – DAC Aid Regime,” *Journal of Interna – tional Development*, Vol. 23, No. 5, 2011, pp. 752 – 764; Peter Kragelund, “The Return of Non – DAC Donors to Africa: New Prospects for African Development,” *Development Policy Review*, Vol. 26, No. 5, 2008, pp. 555 – 584; Chris Alden and Daniel Large, “China's Exceptionalism and the Challenges of Delivering Difference in Africa,” *Journal of Contempo – rary China*, Vol. 20, No. 68, 2010, pp. 21 – 38; Lila Buckley, “Chinese Agricultural Cooperation in Africa: Narratives and Politics,” *IDS Bulletin*, Vol. 44, No. 4, 2013, pp. 42 – 52; Ian Scoones, Lidia Cabral and Henry Tugendha, “New Development Encounters: China and Brazil in African Agriculture,” *IDS Bulletin*, Vol. 44, No. 4, 2013, pp. 1 – 19; Emma Mawdsley, “Development Geography 1: Cooperation, Competition and Convergence Between ‘North’ and ‘South’,” *Progress in Human Geography*, Vol. 41, No. 1, 2017, pp. 108 – 117.

路和现代化之路具有重要的理论和实践意义，而这需要研究者进行认识论层次的实践转向，进入更加自觉的对话和干预（对外援助实践）时代，唯有这样才能真正理解过去中国的发展历程，也才能更加真实地评判中国对外援助时所秉承的特征和行为逻辑。①周弘、李小云、邓正来、郑永年等均强调中国发展道路的全球意义，尤其对于第三世界发展中国家而言，可为寻求现代性获得新的空间，其道路本身和探索道路的方法都具有深刻的含义，而援助就是这样一个可以连接国内发展经验与全球发展的渠道和纽带。②

基于中国发展经验与发展历程的新视角催生了诸多新型对外援助研究，比如自 2013 年开始，以《世界经济与政治》为主，中国社会科学研究界在国内外期刊上发表了系列探究中国对外援助与传统国际发展政策及叙事之间的张力以及相伴而生的新知识，比如唐晓阳、郑宇通过中国对非援助和南南合作的回顾，反思西方经典的发展有效性，分别提出了将承载中国发展经验的援助作为“助推器”和“润滑剂”协助当地现代化，以及将援助、贸易和投资相结合推动发展中国

---

① 朱晓阳、谭颖：《对中国“发展”和“发展干预”研究的反思》，《社会学研究》2010 年第 4 期，第 175－198 页。

② 周弘：《中国对外援助与改革开放 30 年》，《世界经济与政治》2008 年第 11 期，第 3－43 页；周弘：《全球化背景下“中国道路”的世界意义》，《中国社会科学》2009 年第 5 期，第 38－46 页；Li Xiaoyun, et al.,“Difference or Indifference: China's Development Assistance Unpacked,” *IDS Bulletin*, Vol. 45, No. 4, 2014, pp. 22－35；李小云等：《新发展的示范：中国援非农业技术示范中心的微观叙事》，社会科学文献出版社，2017；邓正来：《全球化时代的中国社会科学发展》，《社会科学战线》2009 年第 5 期，第 1－12 页；郑永年：《国际发展格局中的中国模式》，《中国社会科学》2009 年第 5 期，第 21－29 页。

家工业化的新型发展合作构想[①]；刘毅通过引入关系社会学概念，提出关系型援助和支配型援助的分类方式，从而为超越中西援助对比中的“动机说”和“效果说”提供了新思路；[②]白云真则将“一带一路”倡议与中国对外援助转型相结合，为现代发展援助研究提供了新表达；[③] 徐秀丽和李小云则通过追溯中国援非的历史实践后指出，尽管中国对非援助的内容、方式等不断调整，但发展经验的平行分享这一实质始终未变。这一新叙事包含三个方面的要素：援助实践中流动的是发展中国家历经实践检验的发展经验，推动援助实践的是注重发展的技术专家，以及援助实践促成的是中非发展共同体。此三方面要素正好回应了当前发展援助探讨中有关知识体系、援助主体与援助影响三个关键议题[④]。

（二）多元主体参与中国对外援助

近年来，中国对外援助，尤其是对非援助逐渐成为国内外学界、政界与社会大众普遍关注的重点问题之一，但在不同的主体视角看来，这些问题的面向是迥异的。有些问题侧重于援助理念的重塑，有些问题关注援助的管理与实施的方式，还有些问题则聚焦于援助的影响评估和模式的宣传与推广。

---

① 唐晓阳：《中国对非洲农业援助形式的演变及其效果》，《世界经济与政治》2013 年第 5 期，第 55 - 69 页；郑宇：《援助有效性与新型发展合作模式构想》，《世界经济与政治》2017 年第 8 期，第 135 - 155 页。

② 刘毅：《关系取向、礼物交换与对外援助的类型学》，《世界经济与政治》2014 年第 12 期，第 71 - 94 页。

③ 白云真：《“一带一路”倡议与中国对外援助转型》，《世界经济与政治》2015 年第 11 期，第 53 - 71 页。

④ 徐秀丽、李小云：《平行经验分享：中国对非援助理论的探索性构建》，《世界经济与政治》2020 年第 11 期，第 117 - 135、159 页。

上述不同视角、面向迥异的问题看似分离，但从国际上源于18世纪中期，并设立于20世纪50年代的国际发展体系框架来看，其实具有内在联系，都是有关"国际发展"这个知识产业链条不同环节上的问题，在这个集研究、教学与实践于一体的知识全产业链上，其主体是多元的。研究机构和智库等负责设计发展援助政策，发展机构负责实施发展援助计划和项目，大学及培训机构负责培育人才，整个链条通过源源不断的知识生产顽强地维系着二战后以西方为主导的国际治理架构[①]。相对而言，尽管中国对外援助的历史并不比西方国家短，但长期以来以政府或准政府机构为单一主体，近年来，虽然企业、民间组织也开始参与，但比重较低，并且各主体之间的协作联动机制尚未建立起来，影响了援助在新时期发挥更大的综合效应。

有关多元主体参与我国对非援助的学术探讨，主要分别从政府主体、企业主体和民间组织主体的视角来探讨。第一，政府主体是对外援助中最重要的组成部分。自新中国成立后启动现代对外援助开始，政府就发挥着主导作用，对参与援助的历史、战略、原则、理念、方式、效果等各个方面研究众多[②]，特别是近年来，随着中国对外援助的增长，有关中国模式和

---

① Mosse, David, ed., *Adventures in Aidland: The Anthropology of Professionals in International Development*, Berghahn Press, 2011;〔美〕阿图罗·埃斯科瓦尔:《遭遇发展：第三世界的形成与瓦解》，叶敬忠等译，社会科学文献出版社，2011。

② 周弘、熊厚:《中国援外60年》，社会科学文献出版社，2013；刘鸿武、黄海波:《中国对外援助与国际责任的战略研究》，中国社会科学出版社，2013；白云真:《"一带一路"倡议与中国对外援助转型》，《世界经济与政治》2015年第11期，第53-71页。

国际主导援助体系之间的互动与沟通也不断增加[①]；国际援助体系愈发重视中国经验，而国际主导援助体系的有益做法也为中国对外援助的完善提供了借鉴。随着研究深化，学者们逐渐意识到援助主体问题的重要性。与西方发达国家多元援助主体相比，我们政府的主导地位一方面可以保证援助的效率和公益性，但也造成了援助不可持续、民众影响层面小等问题，也招致了西方国家的质疑。为此，王逸舟就明确提出对外援助要从政府主导的相对单一的路径，扩展为社会多个方面及层次广泛持续参与的多路径，从国家和政府层面的小援外概念变为社会力量乃至海外华人参与的大援外的范畴[②]。

第二，企业是参与对外援助的新兴主体。周弘等系统分析了中国对外援助的市场化改革过程，指出企业在对外援助中的作用愈发重要，对外援助和企业“走出去”紧密结合在一起[③]。周海川、唐晓阳则研究了中国企业承建的农业技术示范中心，指出政府设计和企业承建之间存在差异，忽视当地的实际需要，也进而影响了实际援助效果[④]。可以说，目前我

---

① 贺文萍：《从“援助有效性”到“发展有效性”：援助理念的演变及中国经验的作用》，《西亚非洲》2011 年第 9 期，第 120 – 135 页；张海冰：《发展引导型援助：中国对非洲援助模式探讨》，《世界经济研究》2012 年第 12 期，第 78 – 83、86 页；李安山：《国际援助的历史与现实：理论批判与效益评析（下）》，《国际援助》2015 年第 1 期，第 40 – 47、38 – 39 页。

② 王逸舟：《发展适应新时代要求的不干涉内政学说——以非洲为背景并以中非关系为案例的一种解说》，《国际安全研究》2013 年第 1 期，第 4 – 18、154 页。

③ 周弘、熊厚：《中国援外 60 年》，社会科学文献出版社，2013。

④ 周海川：《援非农业技术示范中心可持续发展面临的问题与对策》，《中国软科学》2012 年第 9 期，第 45 – 54 页；唐晓阳：《中国对非洲农业援助形式的演变及其效果》，《世界经济与政治》2013 年第 5 期，第 55 – 69、157 页。

国的对外援助项目很多都交由中国公司来承建，但承建前、承建后企业的角色缺失①。

第三，民间组织是参与对外援助必不可少的第三方，该角色的强化可以使一国外交更具亲和力，本身具有组织活动等优势，往往可以做到政府做不到的事。王名、李勇、黄浩明分别介绍了日本、英国、美国三个国家吸纳国际民间组织（NGO）参与对外援助的制度安排②。杨义凤和邓国胜从历史角度分析了不同时期发达国家政府对国际 NGO 的期待及参与战略，指出需要建立政府、企业、NGO 三位一体的多元合作伙伴关系来提升援助效果③。赖钰麟以中国扶贫基金会为例，分析了中国民间组织参与对外援助的动机、可能性及特性④。目前，关于民间组织参与对外援助的讨论很多，2015 年 3 月察哈尔学会就组织了“对外援助新思路：民间帮助民间”座谈会。王行最指出过去简单的单线的政府外交时代已经过去，应该建立立体的外交模式，民间需要参与，提升我们的公共外交能力⑤。刘鸿武从更广泛的中非关系层面指出，中非关系

---

① 王燕妮：《我国对外援助的意义和发展思考》，《今日中国论坛》2013 年第 12 期，第 246 - 247 页。

② 王名、李勇、黄浩明：《日本非营利组织》，北京大学出版社，2007；王名、李勇、黄浩明：《美国非营利组织》，社会科学文献出版社，2012；王名、李勇、黄浩明：《英国非营利组织》，社会科学文献出版社，2009。

③ 杨义凤、邓国胜：《国际 NGO 参与对外援助的变迁及对中国的启示》，《中国行政管理》2014 年第 3 期，第 109 - 114 页。

④ 赖钰麟：《民间组织从事对外援助：以中国扶贫基金会援助非洲为例》，《国际论坛》2013 年第 1 期，第 36 - 42、80 页。

⑤ 王行最：《中国援外工作需要从 G2G（政府对政府）到 G2G + P2P（政府对政府 + 民间对民间）转变》，《对外援助新思路：民间帮助民间发言材料汇编》，2015。

的转型升级，应该转向民间、转向民生、转向老百姓的生活①。

总结而言，目前有关中国对外援助的研究在过去十年内呈现增长的态势，国际学者和国内学者都开始进入这个领域，逐渐形成一个专业领域，但在既有的研究中，关注多元主体共同参与对外援助的研究过于碎片化，不够系统，虽然学界初步有共识，但究竟如何在理论层面、政策层面和实践层面进一步细化，从而升级中国的对外援助体系还面临众多的理论和现实问题；此外，现有的研究宏观分析得较多，中观和微观实践案例挖掘得相对较少。在此基础上，本书将立足于历史资料和实地调研，以“多元主体共同参与对非援助的机制研究”为题，重点解决两方面的问题：第一，构建多元主体共同参与对外援助的理论命题，将国际援助经验与中国实践有效结合起来，构建具有中国特色的、多元主体共同参与的对外援助 3.0 阶段理论体系，尤其将会选择性借鉴国际上成熟的国际发展知识全产业链管理理论与实践经验；第二，挖掘和反思多元主体参与对外援助的微观案例，总结和完善多元主体参与各国对外援助的不同实践模式和机制要素，并对中国的援外实践进行对比分析。中国 70 多年的对外援助历史积累了众多宝贵经验，中国政府（中央和不同省份）、不同类型的企业和民间组织在海外有着众多的创造性活动和叙事，需要深入研究和分析，并结合已有的国际发展知识全产业链管理理论和发达国家的实践经验，对不同的模式与机制展开总结与完善。

① 刘鸿武：《对非发展援助与中国国际责任的当代实践》，《浙江师范大学学报》（社会科学版）2015 年第 2 期，第 1 – 10 页。

二　有关多层次治理与协同治理的研究综述

本书所关注的多元主体参与国际发展合作机制的议题从本质上涉及援助治理研究，包括全球层面、区域层面、国家层面和地方基层等不同层面的公共管理议题。在全球治理议题中，二战后由美国霸权所主导的全球治理体系的“治理困境”层出不穷：金融债务危机、传统与非传统安全、气候变化等领域问题逐渐突出，尤其在当前，已暴露出包括各种国际组织架构和以西方发达国家为主导的话语体系很难适应当今全球化的多元化需求，并在重重困难下成效甚微，而以中国为典型的新型大国、发展中国家间南南合作与三方合作的兴起，也要求全球治理体系需向“共商共建共享”的新型全球治理体系转变。

20 世纪 90 年代，全球治理委员会在《我们的全球伙伴关系》报告中指出“治理”是私人间或公共的与私人的团体间处理其共同事务的总称，在这一过程中，多元主体间互相冲突，不同的利益得到调和，并采取合作行动。治理一词从原本的经济评估领域拓展到社会与政治领域，强调政府、民间社会组织和公民等不同多元主体在处理公共事务中协调分歧，相互作用于各种制度与过程之中。① 基于公共管理范式，当前在相关治理理论中，尤其是多层级治理和协同治理理论均强调了因当今治理所面临的复杂化问题，需要多元主体协同合作共同参与到治理之中。

---

① 李龙、任颖：《“治理”一词的沿革考略——以语义分析与语用分析为方法》，《法制与社会发展》2014 年第 4 期，第 5－27 页。

作为全球治理重要领域之一的对外援助，相较以西方传统援助国为主导的经合组织发展援助委员会，近些年中国、巴西等新兴援助国与企业、NGO 等多元主体也积极参与到发展援助之中。从治理视角来看，目前涉及多元主体共同参与对外援助的相关理论仍较为缺乏，以下主要基于多层级治理与协同治理理论对相关治理实践的研究梳理，为多元主体共同参与对外援助提供一定的理论基础。

（一）多层级治理

多层级治理理论指的是关于国际与国家间、区域间和国内各地方之间等多中心与层级，国际组织、区域组织和政府等多部门，政府、企业和民间组织等多主体之间的互动和利用不同政策工具共同协作的制度性集体行动的理论。该理论最早由从事欧盟共同体研究的欧洲学者加里·马科斯（Gary Marks）提出，主要解释欧洲一体化现象，后来也拓展为解释国际、国家和区域间的互动模式的治理理论。国内学者基于该理论对政府治理、公共服务、三社联动、创新型城市、空气污染治理、粤港澳大湾区建设和对外合作等领域进行了相关研究，主要涉及以下三方面内容。

第一，多元主体参与多层级治理的机制研究。康兴涛和李扬指出当前治理过程中存在治理复杂化、主体多元化、利益耦合化的特点，通过构建政府、企业、高校智库与其他主体的跨区域多层次合作创新网络的创新主体，从而形成以政府为主导的自上而下推动式的纵向治理模式、平行横向治理模式，以及双向综合治理模式，以此保障创新多元主体间的合作顺利展开。[①] 马丹丹和范明林针对政府购买服务中存在的不同主体追逐各自的利益所导致的“碎片化现象”和“暗箱操作”等问题，强调推动政府部门、政购服务平台、社会组织与公众等多元主体间在不同层次的合作，并通过赋权真正使各主体发挥应有作用，推动社会治理共同体的形成。[②] 关爽基于目前社区、社会组织和社工与政府缺乏横向联系与纵向互动的问题，倡导重塑多元主体关系，构建自上而下与自下而上的纵横双向互动网络，通过资源优化与重构权力关系实现有效社区治理。[③]

第二，多层级治理实践的模式总结和策略制定研究。章文光和宋斌斌等从政策目标、政策工具、治理框架三个层面对国家创新型城市的创新治理进行分析，发现当前存在的政策碎片化和政府行为扭曲化等问题，提出通过统筹协调、赋权基层和多层治理来推动中国创新型城市发展。[④] 李妮基于宏观、中观和微观层面、地域性治理和功能性治理两方面，从协调机制、联动机构、功能性平台、专项政策和合作项目等方面对粤港澳大湾区职业教育多层级治理进行了分析，并提出构建宏观制度框架、中观协调机制和微观项目运行为其提

---

① 康兴涛、李扬：《跨区域多层次合作的政府治理模式创新研究——基于政府、企业和社会关系视角》，《商业经济研究》2020 年第 9 期，第 189 – 192 页。

② 马丹丹、范明林：《从“合作治理”到“层级治理”——基于公共服务链建设的一项分析》，《社会工作》2021 年第 1 期，第 8 – 19、105 页。

③ 关爽：《多重治理层次中的“三社联动”：基本框架、运行逻辑与发展路径》，《天津行政学院学报》2019 年第 6 期，第 79 – 86 页。

④ 章文光、宋斌斌、秦黎：《多层治理视角下国家创新型城市的创新治理优化》，《行政论坛》2019 年第 6 期，第 90 – 97 页。

供治理策略。[①] 而董石桃和范少帅以大湾区规划为例，将中国区域合作发展的府际协调机制概括为权威性多层治理模式，其运行逻辑为通过中央政府权威纵向引导和地方政府横向协调最终实现多层渐进协调，以降低区域合作交易成本，提升地方政府和相关主体合作意愿。[②]

第三，当前多层级治理的问题与挑战研究。张爱瑜从国际、国家、省市三个层面对中国对外合作机制进行了分析，发现当前还存在国际与国内机制发展不平衡、有效的国内协同缺乏、省市自主推动力量不足等问题。[③] 张继亮和熊瑞涛通过印度国际和国内空气治理层面进行分析，发现当前印度在其多层级实践中存在着“多层级，轻两级”的问题，中央政府与地方均呈现权力空洞化的现象，并以此提出要加强政府治理能力和建立不同主体的对话协商机制，以推动印度空气污染多层级治理的转型升级。[④]

（二）协同治理

协同治理理论指的是通过引入政府、企业、民间组织等利益相关者以参与式合作形式，旨在建立一种以共识为基础的协商过程和共同进行决策（而不是仅作为咨询）的正式制度安排。国内学者基于该理论对共享单车、公共文化云服务

① 李妮：《多层级治理框架下的粤港澳大湾区职业教育合作体系研究》，《教育与职业》2020 年第 18 期，第 20 – 26 页。

② 董石桃、范少帅：《权威多层治理和区域合作　发展中的府际协调——以粤港澳大湾区规划过程为例》，《岭南学刊》2019 年第 6 期，第 19 – 27 页。

③ 张爱瑜：《“一带一路”背景下我国省市对外合作机制建设：基于多层治理理论的视角》，《中国市场》2021 年第 2 期，第 22 – 23 页。

④ 张继亮、熊瑞涛：《多层级制度框架下的空气污染治理：印度的实践与启示》，《天津行政学院学报》2019 年第 2 期，第 88 – 95 页。

等网络化平台、应急与危机管理和生态环境治理等领域进行了相关研究，主要内容有如下三个方面。

第一，公共管理中多元主体协同治理必要性研究。刘珂含对共享单车存在的政府监管不到位、企业恶性竞争与公民的不道德行为等现状进行分析，倡导政府、企业和公民等多元主体进行协同治理，共同解决共享单车存在的乱停乱放和押金难退等问题。[①] 金莹和刘艳灵强调政府、事业单位、非营利组织、企业、志愿者等多元供给主体共同构成公共文化云整体系统，以促进治理规则制定，整合优势资源，通过线上线下多样化治理方式来满足群众的不同文化需求。[②] 奚少敏和马超平提出由于市场化的多样需求，要求社会管理的多元主体并存，通过政府、社会组织和公众等主体共同构建协同治理大格局。[③]

第二，协同治理实践的策略制定研究。龙新梅从关系层级、行为策略、治理结构三个层面来分别分析“锰三角”区域生态环境协同治理中主动性缺乏、“搭便车”行为和有效性不足等问题，并提出厘清权限、加大赋权和建立多元主体风险共担机制和激励约束机制，来应对当前环境协同治理所存在的问题。[④]

第三，协同治理模式与体系研究。高小平和张强提出了常态与应急态协同治理制度体系核心内容应有信息共享、协

① 刘珂含：《基于协同治理理论的共享经济治理对策研究——以共享单车为例》，《管理研究》2021 年第 1 期，第 65 – 70 页。

② 金莹、刘艳灵：《协同治理视角下公共文化云服务模式的运行逻辑与优化路径》，《图书馆》2021 年第 2 期，第 15 – 21 页。

③ 奚少敏、马超平：《协同治理视域的社会组织参与公共危机管理研究》，《现代交际》2021 年第 3 期。

④ 龙新梅：《基于关系结构视角的协同治理困境及实现路径——以“锰三角”区域生态环境治理为例》，《长春师范大学学报》2021 年第 3 期，第 31 – 37 页。

同决策、协同规则、协同行动、监测评估五大内容，要建设管理者、互动者、动员者、支持者、执行者“五位一体”的社会协同体系。[①] 孙韶阳发现当前网络市场假货治理的“平台－政府”双层治理模式存在政府向平台单向任务派发的现状，应通过构建权力授予机制、信息共享机制和平台激励机制来推动政府与企业技术资源双向供给的协同治理模式的形成。[②] 赖先进总结了我国在党的全面领导下“中心＋多元参与”的现代化治理体系，作为治理中心的党组织为多元主体协同提供支持与引导，从而实现制度化与效能化双结合的整体性特色。[③]

由此可见，在现代公共管理中，随着信息技术的不断推进，社会扁平化的趋势越来越明显，如何协调多元主体在公共事务中的角色、作用，从而提高复杂系统的效能变得越来越重要。国际发展合作体系就是其中兼具复杂性、系统性的典型领域，涉及全球、区域、国别和地方多个层次，不同行业领域的不同维度，同时又涉及社会的公共利益和全球的公共产品，因此，如何激发多元主体参与其中就变成一个突出的关键性问题。不管从上述多层治理，还是协同治理的文献中可以看出，即便在一国之内的公共事务中已经发育出了多元主体参与治理的不同的模式和机制，包括以政府为主导的自上而下推动式的纵向治理模

① 高小平、张强：《再综合化：常态与应急态协同治理制度体系研究》，《行政论坛》2021 年第 1 期，第 59－67 页。

② 孙韶阳：《网络市场平台与政府协同治理的策略选择与模式优化——基于“平台－政府”双层治理模式的演化博弈分析》，《企业经济》2021 年第 3 期，第 132－141 页。

③ 赖先进：《治理现代化场景下复合型协同治理及实现路径》，《理论视野》2021 年第 2 期，第 62－68 页。

式、平行横向治理模式，以及双向综合治理模式等，并注重通过宏观制度框架、中观协调机制和微观项目等不同层级的管理机制来协调不同主体的步伐和利益分配，多元主体的参与成为现代公共治理的一个趋势，但政府在其中的主导协调作用仍具权威性，而且模式的形成既有自上而下的方式，也有自下而上的模式，这些都对国际发展合作共同体多层级治理和协同治理具有启发。

三　有关援助治理体系与治理能力的研究综述

在公共管理多层次治理和协同治理的总范式下，本研究将进一步聚焦国际发展治理体系和治理能力的研究文献。西方自20世纪40～50年代开始，尤其在60年代之后，形成了一系列专业化的发展援助机构，这些机构内部的组织方式、机构间的治理结构和权力关系就成为援助治理体系和治理能力研究的关注点，但这一领域的研究成果自20世纪90年代才开始成为焦点，主要涉及宏观的全球层面、中观的国家层面、微观的项目层面三个层面的实践和研究。

（一）全球层面

从全球层面看，自20世纪60年代起，国际发展援助的多边机构和发达国家各自的援外机制性框架逐渐建立起来，主要包括：OECD－DAC作为国际发展援助的协调机构，确定了官方发展援助占国民总收入（GNI）0.7%的目标，“同行评议”（Peer Review）等项目评估方法，四次援助或发展有效性高级别论坛及其成果文件，以及联合国千年发展目标（MDGs）、联合国可持续发展目标（SDGs）等全球发展目标的设定，建构了国际发展援助治理的全球秩序，也从某种程度上协调了各发达国家国内的援助治理秩序，同时世界银行、联合国体系，以及各国双边援助机构智库和研究机构等通过源源不断的知识生产创造出国际发展领域的话语体系。

其中，联合国作为最为著名的国际多边机构引发了众多的研究。郑启荣认为，联合国是当今世界上最具权威性、普遍性和代表性的政府间国际组织，它的成立和运行深刻地反映了二战后至今的国际体系的形成与变迁，同时，国际体系这个大环境也对联合国发挥自身作用有着极其重要的作用[①]。朱杰进指出，亚洲基础设施投资银行、新开发银行等国际金融机制的设立和运行是崛起国对于现行国际发展治理体制改革的一个重要路径[②]。

（二）国家层面

从国家层面看，卡罗尔·兰卡斯特（Carol Lancaster）的《对外援助》（*Foreign Aid：Diplomacy，Development，Domestic Politics*）一书引用最广。[③] 该书建立了一个包括援助理念、政治制度、利益集团以及援助管理部门组织架构四维分析框架，并对美国、日本和法国等主要发达国家的援助机构进行了透视，以此打开一国国内援助与政治之间关系的黑匣。海伦·米尔纳（Helen Milner）和达斯汀·廷利（Dustin H. Tingley）以更加精细的数据分析进一步拓展了这一研究思路，他们注

① 郑启荣：《联合国与公共外交》，《公共外交季刊》2015 年第 4 期，第 18－24、123 页。

② 朱杰进：《崛起国改革国际制度的路径选择》，《世界经济与政治》2020 年第 6 期，第 75－105、158－159 页。

③ Carol Lancaster，*Foreign Aid：Diplomacy，Development，Domestic Politics*，The University of Chicago Press，2007.

重从国内经济偏好尤其是贸易偏好，意识形态选择特别是精英话语与公众选择、美国众议院投票等诸多国内政治经济变量来考察对外援助政策工具和模式的选择。①蒋希蘅（Jiang Xiheng）对世界各主要发达国家和新兴经济体的发展援助管理体制进行了总结，并提出了四种主要模式，即一是由外交部亚洲司、非洲司等地区司分别负责本区域援助政策的制定与实施。二是由外交部设专门机构负责援助政策制定及项目执行。三是分别设立援助政策制定和项目执行机构。该模式下援助政策的制定又有三种类型，外交部独立制定，发展部等部门独立制定或外交部与其他公共部门，如财政部、工贸部等共同制定。援助政策的执行则由一个或多个独立的机构负责实施。四是设置独立部门负责援助政策制定及项目执行。② 不过近年来上述四种模式逐渐整合为如下三种模式，即一是外交部整合模式，如北欧国家及体制改革后的澳大利亚、加拿大等国家。二是分别设立援助政策制定和项目执行机构，以日本、德国、法国、美国为代表。三是设置独立内阁部门

① Helen Milner and Dustin H. Tingley, "The Political Economy of U. S. Foreign Aid: American Legislators and the Domestic Politics of Aid," *Economics & Politics*, Vol. 22, No. 2, 2010, pp. 200 – 232; Dustin H. Tingley, "Donors and Domestic Politics: Political Influences on Foreign Aid Effort," *The Quarterly Review of Economics and Finance*, Vol. 50, No. 1, 2010, pp. 40 – 49; Helen Milner and Dustin H. Tingley, "Who Supports Global Economic Engagement? The Sources of Preferences in American Foreign Economic Policy," *International Organization*, Vol. 65, No. 1, 2011, pp. 37 – 68; Helen Milner and Dustin H. Tingley, "The Choice for Multilateralism: Foreign Aid and American Foreign Policy," *The Reciew of International Organization*, Vol. 8, No. 3, 2013, pp. 313 – 341.

② Jiang Xiheng, "Management of international development Cooperation: changes in Major donors and emerging economies and implications," Second UK – China Development Forum, 2 – 3 March 2017.

统揽援助政策制定及项目执行，这种模式由英国独创（不过这个独特的模式在2020年被打破，发展部与外交部合并）。赵剑治等对巴西、印度等金砖国家的援助治理结构进行了系统比较①。

近年来，随着中国等新兴经济体的崛起，对中国对外援助治理能否突破援助有效性陷阱的探讨日渐成为国际焦点。周弘、黄梅波等，薛澜等，俞子荣、周太东、于浩淼等重点研究了中国对外援助治理结构，分析了中国对外援助管理机构、对外管理体制及援助执行机构的演变②。在此基础上，王泺分析了中国对外援助管理体制、机制运行存在的问题，并提出了改革中国对外援助管理体制、机制的建议③。刘方平认为中国的援助治理体系与国家治理体系之间是同向、同步发展的，援助治理是国家治理的重要组成部分④。黄超认为，在援助治理上，将援助与贸易、投资相结合的"一揽子"方式

---

① 赵剑治、敬乂嘉、欧阳喆：《新兴援助国对外发展援助的治理结构研究：基于部分金砖国家的比较分析》，《中国行政管理》2018年第2期，第130－136页。

② 周弘：《中国对外援助与改革开放30年》，《世界经济与政治》2008年第11期，第33－43、5页；黄梅波、胡建梅：《中国对外援助管理体系的形成和发展》，《国际经济合作》2009年第5期，第32－39页；薛澜、翁凌飞：《西方对外援助机构的比较与借鉴——改革中国的对外援助模式》，《经济社会体制比较》2018年第1期，第107－113页；俞子荣：《不平凡的探索与成就——中国对外援助70年》，《国际经济合作》2020年第6期，第4－19页；周太东：《中国与希腊"一带一路"投资合作——比雷埃夫斯港项目的成效、经验和启示》，《海外投资与出口信贷》2020年第2期，第35－39页；于浩淼、徐秀丽：《"双轨制＋"：中国农业多边对外援助治理结构探索》，《国际展望》2020年第4期，第132－148、154页。

③ 王泺：《关于改革我国对外援助管理体制机制的思考》，《人民论坛·学术前沿》2018年第4期，第76－83页。

④ 刘方平：《建国70年中国对外援助治理体系现代化：脉络与走向》，《深圳大学学报》（人文社会科学版）2019年第6期，第31－40页。

日益成为重心①。黄梅波和朱丹丹强调了知识合作在国际发展援助中的作用，并通过对比传统援助国和南南合作提供方国家在进行知识合作方面的特点，为中国未来的国际发展知识合作提供启示②。唐丽霞等以历史视角透视中国对非农业援助管理体制，并指出当前中国在不同部门发展框架下和具体援助项目两个层面形成了多部门共同参与的对非农业援助治理结构③。这些研究从国别角度对每个国家内部的发展援助机构进行了刻画，呈现出国际发展领域专业力量、政治力量和经济力量等各方主体之间的平衡和协调。

（三）项目层面

微观项目层面的援助治理研究主要通过人类学家的微观民族志得以呈现，比如莫斯对于西方国际发展机构的日常运作进行了细致的观察，从而认为西方援助机构的异化是导致援助的发展目标无法在受援国实现的重要因素之一④。诺德特维特（Bjorn Harald Nordtveit）指出，中国的农业援助项目更多地是通过回应受援国的需求来展示自身的发展经验，而非建立体系化的援助治理模式⑤。巴克利（Lila Buckley）采用

---

① 黄超：《全球发展治理转型与中国的战略选择》，载《国际展望》2018年第3期，第29－49、153－154页。

② 黄梅波、朱丹丹：《知识合作在国际发展援助中的作用》，《国际论坛》2013年第2期，第21－27、79－80页。

③ 唐丽霞、李小云、齐顾波：《中国对非洲农业援助管理模式的演化与成效》，《国际问题研究》2014年第6期，第29－40页。

④ D Mosse, *Cultivating Development: An Ethnography of Aid Policy and Practice*, Pluto, 2005.

⑤ Nordtveit B. H., "Western and Chinese Development Discourses: Education, Growth and Sustainability," *International Journal of Educational Development*, Vol 29, No. 2, 2009, pp. 157－165.

行动者为导向的研究方法，分析了中国农业援助项目中微观项目层面的中国专家与当地官员共同管理农业技术项目的互动，凸显了两者间的关系①。李小云等通过援助实践微观治理架构的考察，认为中国的发展代理人更多是一个“利益的调节者”和不同发展知识及经验的“融合者”，能将国家层面的需要与农业援外专家的技术进行很好地结合②。

由此可见，不管是宏观和中观层面，还是微观层面的国际发展治理研究都涉及治理的主体、主体间通过不同的互动实践形成网络或群落，进而塑造了不同主体间的关系和结构这样一系列要素，但是国际发展治理体系如何运转，比如如何协调主体间关系，如何进行发展实践的管理，其目标导向是什么等都需要依靠发展知识的不断生产和完善。

四　有关国际发展知识和中国发展经验的研究综述

由上可知，由政府权威性主体进行多元主体参与公共事务管理的多层次治理或协同治理的过程中，统一的叙事和知识体系的作用至关重要，在发展援助治理领域也同样存在这一重要结论。每个国家在进行对外援助时都隐含着其国内发展经验或是其知识群体所构建的发展知识的延伸和实践，是该国发展观、国际秩序观和全球治理观的具体表达。从这个意义上说，国际发展知识是多元主体参与对外援助的核心要素，是凝聚多层次多元主体能否产生共同行动、提高治理效

① Chichava S, Duran J, Cabral L, et al. , Brazil and China in Mozambican Agriculture: Emerging Insights from the Field," *Ids Bulletin*, Vol 44, No. 4, 2013, pp. 101 – 115.

② 李小云、张悦、刘文勇：《知识和技术的嵌入与遭遇：中国援助实践叙事》，《西南民族大学学报》（人文社科版）2017 年第 38 期，第 8 页。

能和影响力的重要方面。

（一）国际发展知识

从西方发展援助的知识体系上讲，尽管其来源于不同社会、不同方面的思想资源，但其作为支撑现代世界治理体系思想基底的本质从未改变。第二次世界大战后一度兴盛的经济增长理论和现代化理论最早都源于西方对于非西方以及发展进程的设想，西方发达国家先是通过以英国为主的殖民主义，继而通过美国的去殖民主义、发展等不同叙事强化了西方与非西方之间发达和非发达、先进和落后等二元结构，并发育了包含学科建制、官僚体制和国际实践领域的发展制度。[①] 这些现代发展制度最重要的功能就是生产各种各样的悬置性发展知识，如第二次世界大战后形成的援助与投资的关系理论、文化与发展的关系、制度与发展的关系等。这些知识均不是来源于发展中国家自身的实践，却被用来指导其发展实践，其背后所隐含的核心是落后国家如何追赶先进国家和地区。[②] 这一知识体系在援助政策与实践中最为明显的体现就是对援助附加条件的强调和援助项目设计中对于逻辑框架的重视，前者认为援助应该按标准倾向于投放给那些遵从民主善治等制度改革的国家，后者则凸显为在援助项目中通过一系列事先严格设计好的指标和活动来推动受援国政治经济社会的发展进程。这一领域研究主要以沃尔夫冈·萨克斯

---

① Peter Preston, *Development Theory: An Introduction*, Blackwell Publishing Limited, 1996, pp. 58 – 141；〔英〕尼尔·弗格森著《帝国》，雨珂等译，中信出版社，2012，第 99 – 140 页；刘禾：《世界秩序与文明等级》，生活·读书·新知三联书店，2016，第 1 – 14 页。

② 李小云：《发展知识体系的演化：从“悬置性”到“在场性”》，《人民论坛·学术前沿》2017 年第 24 期，第 88 – 96 页。

（Wolfgang Sachs）的《发展辞典》、詹姆斯·弗格森（James Ferguson）的《反政治机器》以及阿图罗·埃斯科瓦尔（Arturo Escobar）的《遭遇发展：第三世界的形成与发展》为代表。他们通过历史维度的知识考古对发展援助的宏观建制、微观运作及其知识体系进行了深刻剖析，后续大量个案研究大多围绕此思路展开。①

正如埃斯科瓦尔所指出的那样："发展已经完全依赖于一种知识体系，即现代西方知识体系，这种知识体系占据统治地位，迫使非西方的知识体系处于边缘化或被抹杀的状态。"但这种状况随着新兴国家的经济兴起逐渐得到改善，经济力量的崛起带来了话语空间的变化。然而，如何总结新兴国家的国内发展历程和国际合作经验，并成为可以在国际上言说传达和实践的知识体系，面临严峻挑战。进入21世纪以来，尤其是随着2005年乔舒亚·雷默提出"北京共识"以来，有关中国模式、中国发展经验的探讨逐渐引起国内外学者的关注，不管是经济学、社会学，还是政治学领域的学者都进入这个话语场，并以中国发展经验的全球意义作为出发点来进行探讨。比如邓正来指出，全球化不仅是一个社会事实，而且是一种话语争夺的过程，对中国发展经验的理论解释可为中国社会科学走向世界、获得自主性提供可能②。郑永年也指

① Wolfgang Sachs, ed., *The Development Dictionary: A Guide to Knowledge as Power*, Zed Book, 1992; James Ferguson, *The Anti – Politics Machine: Development, Depoliticization, and Bureaucratic Power in Lesot – ho*, University of Minnesota Press, 1994; Arturo Escobar, *Encountering Development: The Making and Un – making of the Third World*, Princeton University Press, 1995.

② 邓正来：《全球化时代的中国社会科学发展》，《社会科学战线》2009年第5期，第1–12页。

出中国发展经验的全球意义，尤其对于第三世界发展中国家而言，可为寻求其他现代性获得新的空间，不仅其道路本身，且探索道路的方法本身都具有深刻的含义①。周弘则提出了“全球化背景下‘中国道路’的世界意义”这样一个议题，认为中国道路的成功将改变现有国际规则和全球发展观念，将成为多元发展理念、发展道路和发展资源的提供方②。这些研究都从宏观的角度出发，指出了基于中国自身发展路径之上的发展知识将对世界发展产生影响。这一现象是伴随着中国国力的提升而出现的，与之前的中国道路的独特性探讨有所不同，后者仍然将西方作为参照学习的对象，是在现有的理论和话语框架下寻求实证材料的验证，而在新的时代，一种将世界他者化，与自己拉开距离，从而提出新问题的研究主体意识喷薄欲出。

（二）中国发展经验

进入具体经验领域，梳理总结中国各领域发展经验的研究成果逐步积累，比如提出“北京共识”的雷默总结出中国的经验包括艰苦努力、主动创新和大胆实验（如设立经济特区），坚决捍卫国家主权和利益，以及循序渐进（比如“摸着石头过河”）、积聚能量和具有不对称力量的工具（如积累4000亿美元外汇储备）等特点，他的总结在西方学者中引起了广泛的讨论，后续许多案例研究都围绕这一思路。在经济领域，林毅夫提出了在发展中国家推动新结构经济学的研究

---

① 郑永年：《国际发展格局中的中国模式》，《中国社会科学》2009年第4期。

② 周弘：《全球化背景下“中国道路”的世界意义》，《中国社会科学》2009年第5期，第37－45页。

和应用，借此来平衡国际上以世界银行和国际货币基金组织为代表的布雷顿森林体系所提出的新自由主义，这一成果实际秉承了他早年（1995）号召加强中国社会科学理论研究，尤其是中国的经济研究要本土化、规范化和国际化，并指出中国的社会科学在理解中国由盛而衰再盛的旷古奇迹中应该具备优势，从而推动新型理论的出现。在历史和法学领域，黄宗智也在方法视角上多次倡导超越西方为中心的认知方式，但同时他也反对中国中心主义，认为两者并非非此即彼的关系，而突破这一二元对立关系的就是面向未来的实践社会科学，即从中国发展的实践出发，对话世界主流的四大知识传统，即新自由主义、经典马克思主义、后现代主义，以及实践和实质主义等来进行新型知识的生产①。在实证案例上，黄宗智还对承包和合同等实践进行理论上的区分，从而诠释社会主义市场经济的独特和普遍之处，展现中西二元合一的理解方式。施展分析了为何古代中国和欧洲曾经都经历过内部纷争，而欧洲走向了分裂、中国却走向大一统的内在原因。在他看来，东亚大陆的地理环境产生农耕与游牧的对峙，两者的平衡是外部均衡，而中国内部多元亚区域的整合是内部均衡，由于两种均衡关系的组织成本不一样，整个东亚体系会向内部均衡方向演化，产生并维持了超大规模的中国②。张静从政治社会学的角度出发，探索四十年中国社会变革中为何能避免巨大的社会动荡，并指出，中国社会变革主要不是

① 黄宗智：《中国的新综合性视野和远瞻性愿景："一带一路"倡议与亚投行》，《学术月刊》2020 年第 7 期。

② 施展：《中国的超大规模性与边疆》，《中央社会主义学院学报》，2018 年第 4 期，第 99－105 页。

依靠正式制度的变更，而是依靠基层实践[①]。这些历史的回望可以打开我们理解发展的历史脉络，丰富国际发展的既有思想。

具体到各类行业发展和减贫领域，有关中国发展经验总结的文献逐渐积累。王春光以中国农村发展和减贫奇迹为例，从历史、实践和理论逻辑三个方面探索中国农村发展和减贫奇迹的内在原因，提出了“社会文化主体性”的概念，并认为它体现为家庭和家族、拟家族化的社会关系、社会组织以及区域社会四个相互关联与支撑的方面[②]。社会学、政治学等领域以《中国社会科学》和《社会学研究》为平台，经济学以北京大学国家发展研究院、《经济研究》等为平台，发表了一系列基于中国国内发展道路和经验的作品，提出了“中性政府”“共同演进”等广泛讨论的学术概念。此外，还有大量集中于经济特区和园区建设、乡镇企业发展、国有企业改革、中小企业发展、基础设施建设，乃至利用外资、社会保障体系建设等各个领域的专题总结，并贯通了学界和智库研究，比如其中国内最早一批进行高水平系统总结中国发展经验的是由中国国际扶贫中心组织协调的中国 - 经合组织发展援助委员会研究小组（China - DAC Study Group），2012 年他们推出了国内最早面向国际社会的中国发展经验系统梳理，他们邀请了该领域国际一流学者专家对中国发展经验中的经济增长和减贫经验及其对于非洲发展的启示做了较为全面的研判，主要聚焦于以下三个领域：农业、食物安全和农村发展、基

① 张静：《社会变革与政治社会学——中国经验为转型理论提供了什么》，《浙江社会科学》2018 年第 9 期，第 11 - 19 页。

② 王春光：《中国社会发展中的社会文化主体性——以 40 年农村发展和减贫为例》，《中国社会科学》2019 年第 11 期。

础设施建设、企业发展和经济转型等[1]。随后，随着 2015 年国家宣布成立中国国际发展知识中心（CIKD），专门从事中国发展经验总结、梳理与分享的智库开始正式启动。目前该中心也组建了高级专家“智囊团”对中国 14 +1 个领域展开系统梳理，即：减贫、工业化、城镇化、开发区、基础设施建设、对外开放与融入全球经济体系、环境保护、儿童保护、社会保护、政党与国家建设、经济体制建设、中长期规划等 14 个重点领域，以及可持续发展国际议题。目前，这些阶段性成果在支撑中国开展国际发展经验分享和对外援助时发挥了重要作用，但总体来说，还处于起步阶段，尚缺乏系统性的国际发展知识框架来统筹，较为碎片化和应用化，在学理基础上相对缺乏。

在国际关系领域，也有众多学者将国际关系与国内发展路径相结合，从而提出国际关系理论创新的新路径。比如阎学通通过总结归纳先秦国家间交往的思想为源于中国实践的国际关系理论创新奠定基础，并带领年轻团队逐渐形成了“清华路径”[2]。王逸舟提出创造性介入的概念，陆续通过三步曲提出了新时期中国外交社会基础的问题，并指出中国外交的创造性介入需要国内合适的氛围与条件，中国外交中需引入公共外交、倡导多元主体参与外交，从而将国内发展主体和发展进程纳入外交实践和研究视野之中[3]。秦亚青提出国际关系的中国学派可以从天下观念和朝贡体系的实践、近

① 中国－发展援助委员会研究小组：《经济转型与减贫：中国的经验和对非洲发展的启示・综述报告》，中国财政经济出版社，2012。

② 阎学通：《借鉴先秦思想创新国际关系理论》，《国际政治科学》2009 年第 3 期，第 150－165 页。

③ 王逸舟：《创造性介入——中国外交新取向》，北京大学出版社，2011。

现代革命思想和实践，以及改革开放思想和实践中汲取思想渊源，此后，他又将“过程和关系”这两个中国文化中的重要理念植入国际关系理论，提出过程建构主义的理论模式，这是相对于西方国际关系理论中的个人和理性本位提出的，彰显了中国文化和传统在其中的作用①。苏长和等通过《中国话语与国际关系》一书提出，要对基于中国发展实践之上的话语进行理论化，注重学术自觉和社会科学创新，凝练国际关系中的中国概念和国际叙事②。任晓指出，中国传统注重的共生理念能够提供重要的思想支持，不同于世界政府的思维方式，共生不认为和平与秩序必须要有某一个至高无上的权威存在，而是可以经由共生方式来实现和平，各主体间不强求同一，相互联系而又共生③。袁正清等提出国际规范的生命周期并非只是一个兴起、扩散和内化的过程，还存在起源、扩散和重塑的另一路径，因此中国通过规范对话、话语批判和自我塑造等机制，并以生存权和发展权为核心的人权理论体系去丰富国际人权规范的重塑，从而为非西方国家突破人权规范发展的单一路径提供了新思路和新视角。④ 唐世平直接对话国际前沿最为焦点的问题，即如何消解一个世纪以来国际政治领域关于“进攻性现实主义”和“防御性现实主义”的争论，提出了国际政治的社会演化范

① 秦亚青：《国际关系理论中国学派生成的可能与必然》，《世界经济与政治》2006 年第 3 期；秦亚青：《关系本位与过程建构：将中国理念植入国际关系理论》，《中国社会科学》2009 年第 3 期。

② 苏长和等：《中国话语与国际关系》，上海人民出版社，2013。

③ 任晓：《共生：上海学派的兴起》，上海译文出版社，2015；任晓：《从世界政府到“共生和平”》，《国际观察》2019 年第 1 期，第 36 – 50 页。

④ 袁正清、董贺：《中国国际秩序观：形成与内核》，《教学与研究》2016 年第 7 期，第 45 – 51 页。

式，开辟了从静态到动态视角看待国际政治理论争辩的路径。[①] 刘鸿武常年来一直积极推动中国视角的非洲学研究，并通过非洲研究院十大举措的实践推动基于实地研究、关注国际前沿、加强区域国别研究、提升智库影响等学科建制性工作提供中国非洲研究学术创新的平台[②]。

由此可见，随着原来从事国内政治、经济和社会文化研究的学者们开始将研究视角转移向海外和国际，国内发展研究的概念和范式也逐渐被带入到国际关系领域研究中，从而逐渐重塑了国际关系研究的问题取向、研究视角和研究方法，以及文献和材料供给，从而进一步为国际发展共同体在发展知识面向上的研究打下了深厚的根基。根据前述研究，西方发展援助共同体中流通的传统和现代发展知识在当代遭遇了越来越严峻的挑战。新兴南方国家的发展历程、发展经验和发展资源等能否将其所隐含的新型发展知识纳入全球、区域、国家或基层发展共同体当中，都是值得研究的议题，本研究就是这样一个尝试。

五　本研究“叙事-主体-实践”三维分析框架

通过上述中国对外援助与多元主体参与对外援助的研究、公共管理中多层次治理与协同治理的研究、援助治理体系与治理能力研究，以及国际发展知识与中国发展经验研究四个维度上的文献综述，本研究在理论储备上得出如下的启示。

① 唐世平：《国际政治的社会演化：从公元前 8000 年到未来》，《复旦学报》（社会科学版）2017 年第 4 期，第 174 页。

② 刘鸿武：《中非合作 40 年：观察中国与外部世界变化的特殊窗口》，《国际论坛》2019 年第 2 期，第 28－32、157 页。

（一）文献评述

第一，通过中国对外援助和多元主体参与援助方面的文献综述，本书发现当前中国援助研究才刚起步，多元主体参与中国援助的机制分析具有一定的开创性，能够将之前文献中所分散的针对不同主体所生发出来的研究议题进行某种程序的整合，从而形成具有中国特色的整体研究意识和研究范式，超越既有的西方范式。当前，中国对外援助的问题意识相对比较分散，且长期以来为西方的研究议题所主导，比如发展有效性问题，在西方援助研究中是个重要的范式，但在中国的援助研究中，此问题的提出却需要进行重新界定。发展有效性的问题在某种程度上来说也可以是个伪命题，发展援助的过程本身是个不断互相塑造、“共商共建共享”的过程，受援国对于援助项目的重新塑造不一定意味着发展的失败。从这个角度而言，本书在此背景下，尝试设置一种新的研究议题，即通过中观层面不同主体参与援助的合作与竞争机制的分析，探究其形成发展共同体的途径和方式，从而进一步为人类命运共同体的学术研究开辟一条小径。

第二，通过对公共管理中多层次治理与协同治理等相关文献的综述，本书发现，在当前全球化日益深入、信息技术应用越来越广泛、公共事务治理越来越复杂的背景下，多元主体参与援助的机制研究是全球公共事务管理研究中的有机组成部分，也是众多国家治理体系和治理能力现代化的重要组成部分。当前，公共管理领域的多元主体参与公共治理研究成果为本研究奠定了坚实的基础，尤其涉及多层次治理与协同治理等方面的成果具有高度的相关性，这些成果中所提到的以政府为权威主体，多元主体通过自上而下或自下而上两种参与途径都可形成治理共同体，其中所涉及的参与机制包括宏观的制度规范、中观的协调机制，以及微观层面的项目合作机制等，这都对本研究分析框架的形成具有启发。

第三，通过对援助治理体系和治理能力的综述，本书在全球和区域层面、国家层面、地方与受援国层面（通常也是项目层面）不同维度的多元主体参与机制分析的框架下，以国家层面为主，选择英国、美国、日本三个主要援助国，对其政府内涉及援助的不同部委内部的合作与竞争，以及公共部门与企业、民间组织、金融机构、媒体、大学智库等其他主体进行研究，同时对国际层面的主体，比如国际组织，以及受援国当地的主体和角色等进行研究，并根据三国的实践经验对中国多元主体参与援助的机制分析，以及面向未来的三方合作和多方合作提供启发。

第四，通过对国际发展知识和中国发展经验的综述，本书发现发展知识与发展经验在多元主体参与援助机制中具有核心串联作用，而这些知识往往又通过某一时段的叙事体现出来，通过这些叙事，主要援助国进行国内外援助理念的宣传和普及，一方面，对内团结多元主体，面向公众讲好援助的故事，凝聚各种资源；另一方面，对外沟通受援国政府和民众，提升国家的海外形象和国际影响力。因此，叙事和发展知识是本研究的核心要素，需要深度挖掘在不同国家的不同历史阶段，都有哪些发展叙事，它们是怎么变迁的？又对发展援助的政策和模式产生了何种影响。

（二）本书分析框架

通过上述综述，本书关注对外援助实践的重要性，不管是多元主体的参与、发展叙事和知识的传播，还是共同体共同身份的构建，都离不开实践这个关键性的环节。它与主体、叙事形成一个三角关系，即国际发展叙事为发展援助实践提供了具体的行为规范，叙事的变迁意味着行为规范的演变。

这里需要指出“行为 - 行动 - 实践”中三者的区别，“行为”反映了做事情的物质层面，是物质世界中发生并对物质世界产生影响的举动；“行动”在“行为”基础上增加了理念的层面，强调某种举动在主体和主体间层次上的意义；“实践”则涉及“行动”之外的社会性环境，强调“行动”与整个社会结构联系起来。[①] 比如 1960 ~ 1965 年印度在美国援助下成立 7 所农业大学仅仅是发展援助的物质行为，而这些大学是美国在印度推广“绿色革命”的过程中为开展农业技术研究、科研与教学等活动而建立的，这使得援助行为具有了意义。而考虑美国对印度的战略目标、60 年代“满足人类基本需求”的发展叙事和大学是在福特基金会、洛克菲勒基金会、国际开发署资助下以美国州立大学为范例建立并展开科研合作关系这些背景时，援助行动进一步具有实践的意义。正如伊曼纽尔·阿德勒和文森特·波略特对实践的定义，是有社会意义的有规律的行动，也就是说实践嵌入有组织的特定环境之中，是通过学习和训练而产生的行动，因而被界定为特定的行动。[②]

威廉·M. 斯奈德认为实践共同体（Community of Practice）是参与者在正式或非正式的情景中，在共同利益或兴趣驱动下的相互学习与共同实践，其构成要素包括参与者、实

① 伊曼纽尔·阿德勒、文森特·波略特：《国际实践》，秦亚青等译，上海人民出版社，2015，第 6 - 7 页。

② 伊曼纽尔·阿德勒、文森特·波略特：《国际实践》，秦亚青等译，上海人民出版社，2015，第 6 页。

践与知识（包括背景知识与实践产生的新知识）①。因此，在特定的发展叙事下，对外援助中的多元参与者为实现国家与自身的双重目标，在对外援助活动中逐渐形成实践共同体，以推动发展叙事的目标实现，而实践过程又会建构或修改出新的规范，这就是发展叙事变迁的过程。实践共同体最早源于人类学家让·莱夫（Jean Lave）和教育学家爱丁纳·温格（Etienne Wenger）于 1991 年出版的《情境学习》（*Situated Learning*）一书。作者提到实践共同体不仅可以因成员对特定领域的共同兴趣而自发形成，也可以由主体积极主动构建而成，目的是在与小组成员分享信息和经验的过程中，成员可以互相学习，并有机会在个人和专业方面得到发展。② 在国际层面，实践共同体最早应用于国际关系领域的是政治学教授伊曼纽尔·阿德勒（Emanuel Adler）。他提出在 20 世纪 90 年代之所以欧洲地区能够建立起合作安全的规范，是因为实践者基于不断的实践、构成实践的背景知识和所发生的环境从而发展和演化了规范。③ 秦亚青④与朱立群等⑤学者在国内最早将“实践共同体”引入到国际关系的研究之中，指出通过

① Emanuel Adler, “The Spread of Security Communities: Communities of Practice, Self - Restraint, and NATO's Post - Cold War Transformation,” *European Journal of International Relations*, No. 4, 2008, p. 195.

② Lave, Jean; Wenger, Etienne, *Situated Learning: Legitimate Peripheral Participation*, Cambridge University Press; first published in 1990 as Institute for Research on Learning report 90 - 0013.

③ Emanuel Adler, “The Spread of Security Communities: Communities of Practice, Self - Restraint, and NATO's Post - Cold War Transformation,” *European Journal of International Relations*, No. 14, 2008, pp. 195 - 230.

④ 秦亚青:《关系本位与过程建构：将中国理念植入国际关系理论》，《中国社会科学》2009 年第 3 期，第 78 - 79 页。

⑤ 朱立群、聂文娟:《国际关系理论研究的“实践转向 ”》，《世界经济与政治》2010 年第 8 期，第 98 - 115 页。

实践形成新的规范，并与新的全球治理观即共商共建共享联系起来。国际关系研究的“实践转向”开始成为新的研究议程。

基于上述理论基础，本书搭建出“叙事－主体－实践”三维分析框架（见图2－1），其中，叙事一定意义上是发展知识的表达，主体反映了参与援助的多个层次、多元的角色和主体能动性，而实践则表明不同多元主体在一定的政治经济和文化背景下通过叙事、发展知识和发展经验的感召做出某种行动的集合，通过“叙事－主体－实践”三维分析框架的日常运作，国际发展实践共同体就会应运而生，形成某种拥有共同身份归属、使用某些共同符号和话语体系、产生某种共同理念和目标的责任与命运共同体。

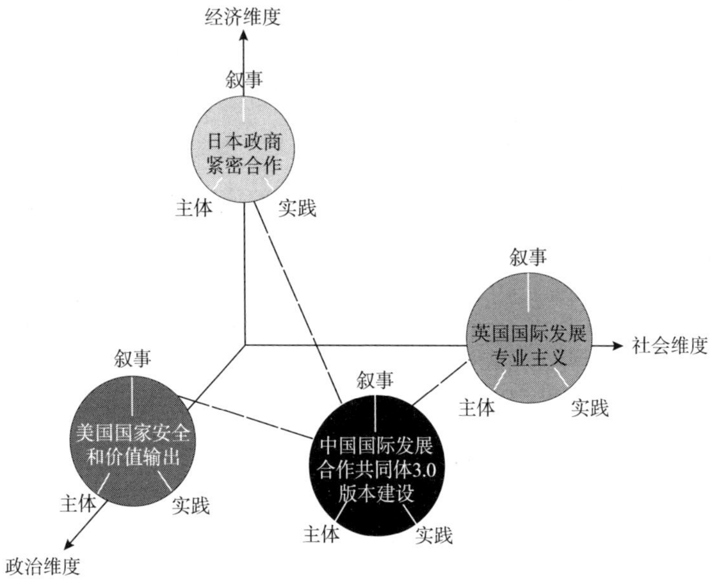

图2－1 “叙事－主体－实践”三维分析框架

本书通过对美英日三个主要援助国多元主体参与援外的机制分析，从叙事－主体－实践三个维度透视其运作的规律，总结其经验与教训，并得出对中国新时期构建国际发展合作共同体3.0版本的启示。三个主要援助国的案例研究，一方面有利于我们在新时期“以我为主、为我所用”的指导方针下吸取国际经验与教训，了解全球维度有影响力的国际发展国家和非国家主体在推动国际发展规则设置、议程设定、舆论宣传和组织协调方面发挥影响力的机制；另一方面通过对它们的研究，也能更好地推动下一阶段的多边合作和双边合作。

CHAPTER

3

第三章

英国多元主体参与国际发展的机制分析

作为 OECD－DAC 成员国，英国的对外援助规模一般处于世界第三的位置，其在历史渊源、制度建设、组织设置，尤其是发展知识生产与应用以融合多元主体共同参与本国和国际发展实践等方面都极具典型性，在全球范围内具有引领性。换言之，尽管英国作为世界帝国的位置在二战后被美国所取代，但始终在国际体系，尤其是全球发展治理体系中维持关键核心的作用，这要归功于其国际发展共同体的建设。

尽管对外援助作为一个现代建制是从二战后由美国才开始的，但从历史上看，英国从 19 世纪末 20 世纪初就围绕殖民地开发做了大量的探索，对现代发展援助有着十分重要的影响。从参与实践上看，英国在援助制度、机构设置、援助形式及路径等方面也做了很多创新，是全世界的先行者。历史的长度、实践的宽度和深度背后，英国雄厚的发展知识生产体系起着至关重要的作用，这对于其国内发展共同体，以及全球发展共同体的维持和建设起着至关重要的作用。英国也是较早成立对外援助机构的国家之一，国内至少有 200 家机构从事国际发展研究，目前仅在撒哈拉以南非洲参与援助的英国 NGO 数量就已达到了 8587 个①，是众多大型国际民间

① NGO explorer. Found 8, 587 UK NGOs working in Sub－Saharan Africa United Nations Development Programme region [EB/OL]. (2021－08－13) [2021－08－13]. https://ngoexplorer.org/region/undp/sub－saharan－africa/show－charities.

组织的起源地和国际发展行业公司总部所在地，这些学术机构、民间组织、公司与英国政府一起共同推动着国际发展话语、知识和实践的探索和革新，有力地保证了英国对外援助目标的实现，也奠定了英国在国际发展援助领域的鲜明特色和竞争力。

按照叙事-主体-实践三维分析框架，本章首先追溯英国历史上不同阶段对外援助叙事的变迁。然后梳理分析政府、企业、民间组织、学者智库、媒体等主体在这些叙事和知识生产中的角色和作用。最后本章对英国发展知识生产链的实践，及其对于国际发展共同体的建设和维护进行总结。

一　发展叙事的历史变迁

英国官方发展援助最早可追溯至 1895 年，在 100 多年的时间里，受到国内外政治经济局势的影响，英国的对外援助经历了一系列的变迁。具体到叙事话语层面，可以粗略划分为以下五个时期：1945 年以前是“殖民地开发与福利改善”（Colonial Developmeat and Welfare Act）时期；1946 年到 1974 年是“联美抗苏、争夺第三世界”时期；1975 年到 1996 年是“给穷人以更多的帮助”时期；1997 年到 2014 年是“消除全球贫困”时期；2015 年至今是“减贫与支持英国国家利益”时期。尤其是近两年来，随着脱欧和机构合并，英国对外援助中的世界主义元素有所降低，民族主义彰显，被称为“从全球英国到小英格兰”现象[①]。事实上，由于参与主体的

① 笔者 2018 年 7 月前往英国开展实地调研时，伦敦政治经济学院、曼彻斯特大学、剑桥大学和英国国际发展研究所的国际发展专家都有类似的表达。

多元化，其诉求也存在着差异，就会导致话语的多元，因而很难对对外援助的叙事给出严格的时期定义。这里主要基于体现英国国家意志的对外援助白皮书、法案等文件，以其代表英国对外援助的主流叙事。具体见表 3-1。

表 3-1　英国对外援助主流叙事变迁

时期	主流叙事	法案/白皮书
1945 年以前	殖民地开发与福利改善	1899 年《殖民地贷款法案》 1929 年《殖民地发展法案》 1940 年《殖民地发展与福利法案（1940 年修正案）》
1946 ~ 1974 年	联美抗苏、争夺第三世界	1945 年《殖民地发展和福利法案》 1965 年白皮书《海外发展：新部门的工作》 1966 年《海外援助法案》 1971 年白皮书《殖民地发展与福利法案（1929 - 1970）》
1975 ~ 1996 年	给穷人以更多的帮助	1975 年白皮书《英国援外政策重心的变化：给穷人以更多的帮助》 1980 年《海外发展与合作法案》
1997 ~ 2014 年	消除全球贫困	1997 年白皮书《减少世界贫困：21 世纪的挑战》 2000 年白皮书《消除全球贫困：使全球化为贫困人口服务》 2002 年《国际发展法案》 2006 年白皮书《消除世界贫困：为穷人而治理》 2006 年《国际发展（报告和透明度）法》 2009 年白皮书《消除世界贫困：建设我们共同的未来》 2014 年《国际发展（性别平等）法案》
2015 年至今	减贫与支持英国国家利益	2015 年《国际发展（官方发展援助目标）法案》

数据来源：Killick，Tony，*Eastern and Western Ideas for African growth*：*Diversity and Complementarity in Development*，*aid.* Routledge，2013，pp. 53 - 71.

（一）1945 年以前，殖民地发展与福利

一般来说，现代官方发展援助始于第二次世界大战后美国总统杜鲁门的倡议及“马歇尔计划”的实施。但事实上，1945 年以前英国围绕殖民地开发与福利改善开展了近半个世纪的探索，与现代官方发展援助非常相似。更为重要的是，这一时期也深刻影响着后来的英国发展援助，因此有必要纳入本章的讨论当中。在这一时期，发展援助叙事话语基本上由英国政府完全主导，但英国政府内部不同派别之间有所争论，殖民地人民、欧美等国家对政策制定也有不同程度的影响。由于国内外局势的变化，援助动机的差异，这一时期还可以具体划分为三个小的阶段。

1. 1895 ~1928 年，对殖民地从自由放任到援助干预

在较长时间内，英帝国政府对殖民地采取的是自由放任的政策，除了政治和军事干预外，主张殖民地财政预算平衡，自给自足。但 19 世纪末期，德国和美国在第二次工业革命中迅速崛起，而英国国内经济有所衰退，英国的霸主地位受到挑战。加之文化相对主义、对殖民道德反思的思潮直接影响着英国政府着手改变以往的政策，要支持殖民地的发展。在此背景下，1899 年《殖民地贷款法案》提出为殖民地提供 300 万英镑的援助，主要帮助非洲殖民地发展铁路、农业、牲畜疾病防治等。这一时期，尤其是第一次世界大战前后，英国成立了一批学术组织，专注于殖民问题（或促进发展）的研究和政策建议，发布了很多研究报告，为后期援助打下了基础。

2. 1929 ~1939 年，强调英国工商业的利益

20 世纪 20 年代初，经历了战后的短期繁荣，英国经济陷

入萧条的困境，失业人数居高不下。加之欧美新兴工业国的竞争，英国政府进一步反思传统放任自由的政策，更加注重殖民地的经营，以国家干预的方式制定殖民地发展计划[①]，并由此推出了1929年《殖民地发展法案》。该法案明确提出："援助和发展殖民地的农业和工业，进而促进英国的商业和工业发展"，并列出"鼓励农业生产机械化、改善交通、电力供应、煤炭资源开发、公共卫生、科学研究"等14条措施。这一时期英国是基于国内经济动机开展了对殖民地的援助，在强调英国工商业利益的限定下，专注于生产性项目。据统计，1929年到1940年，英国向殖民地提供贷款320.3万英镑，赠款567.2万英镑，总额887.5万英镑。

3. 1940年～第二次世界大战结束，强调殖民地的社会发展

20世纪30年代，全球爆发经济危机、出现世界性的贸易萧条。1929年《殖民地发展法案》未能扭转英国国内经济，反而殖民地人民生活状况日益恶化并爆发反抗。因而，英帝国对殖民地的统治受到国内外舆论的广泛批评。英国需要推动殖民地的发展，重新确立帝国的合法性。同时，随着第二次世界大战的爆发，英国政府希望殖民地成为原材料供应地和工业产品市场[②]。在这样的背景下，英国于1940年发布了修订后的《殖民地发展与福利法案》。该法案规定，殖民地发展资金不再局限于促进英国的工商业的发展，将提高殖民地

① 张小妮：《英国福利殖民主义的尝试与失败——以20世纪上半叶3个非洲殖民地法案为中心的考察》，《南京大学》，2010。

② 李鹏涛、黄金宽：《殖民地农业发展计划与非洲农村反抗的兴起——以英属东南非洲为中心（1940－1960）》，《史林》2016年第1期，第184－193、222页。

民众福利作为援助的重要目标之一，不断扩大教育、医疗等领域，增加了援助资金，“发展”观念成为殖民政府的核心理念[①]。但事实上，受到战争的影响，这一法案很多内容没有落地。

（二）1946～1975年，联美抗苏、争夺第三世界

第二次世界大战以后，全球政治经济格局发生根本性变化，美国和苏联两个超级大国争霸，第三世界国家纷纷取得民族独立、建立政权。而英帝国经济实力大不如前，殖民地大幅缩减，国际地位下降。基于此，英国政府这一时期采取了“联美抗苏、争夺第三世界”的援助叙事和策略，一方面尽可能地延续战前殖民地援助的既有框架，另一方面追随美国、转向全球范围的现代发展援助。通过援助，英国试图维护殖民地的秩序、满足国内经济发展的需要、提升国际地位。总的来看，二战后的30年时间里，英国援助叙事可以具体划分为以下两个不同的阶段。

1. 1946～1964年，固守殖民地、帮助英国经济发展

战后的英国国内原材料短缺、国际收支严重失衡，殖民地的经济价值和战略价值就凸显出来。1947年，蒙哥马利在内阁会议中明确指出：“英国非洲殖民地发展具有很大的空间，它可用来维持英国民众的生活水平和在竞争日益激烈的世界中取得优势”。与此同时，殖民地民族解放运动不断高涨。英国政府亟须加大对殖民地的援助力度，延续战前的殖民统治框架。

---

① 李鹏涛、黄金宽：《殖民地农业发展计划与非洲农村反抗的兴起——以英属东南非洲为中心（1940－1960）》，《史林》2016年第1期，第184－193、222页。

早在战前，英国政府就开始谋划殖民地的发展议题，于 1946 年 4 月 1 日正式实施了《殖民地发展和福利法案（1945）》，在 1940 年法案的基础上增加援助资金、扩展工程项目，最为重要的是成立了殖民地开发公司和海外食品公司，在殖民地开展投资活动，帮助解决国内的原料和燃料短缺问题，平衡本国的外汇收支逆差。此外，该法案还涉及通信、水利和农业灌溉等计划，也涉及医疗、教育、住房等社会福利计划。该法案一直持续到 1970 年，相继投入了 3.439 亿英镑，每年投入额约占国内生产总值的 0.1%。

1957 年，麦克米伦上任后，出台了《未来殖民地宪制发展研究大纲》，后又提出《1957 年防卫白皮书》，明确了英国帮助发展的路径，强调了私人部门在经济发展中的重要性、英国对殖民地发展的责任、英国提供援助的能力取决于英镑的实力和自身经济发展的成功。但在其执政期间，英国几乎丧失了所有的殖民地。1958 年在英联邦贸易与经济会议上，英国政府宣布将已独立的前殖民地国家纳入援助范围。紧接着，1959 年，英国加入了美国倡议的国际开发协会，放弃了 1929 年以来的援助融资机制和援助国别选择，转向美国主导的 ODA 机制，也标志着其援助范围从殖民地、英联邦转向了全球范围。

2. 1965～1974 年，帮助广大发展中国家的经济增长

随着殖民地体系的瓦解，英国也开始融入现代国际发展援助框架，援助范围、融资机制、组织架构也都有了较大变动，其中标志性的事件是 1965 年第一份白皮书《海外发展：新部门的工作》的发布，成立专门负责援助工作的海外发展部，系统阐述了英国的援助政策，指出“英国援助的目标是帮助发展中国家提高生活标准……因此促进经济和社会的发展”。这一时期英国援助政策明显受到哈罗德等经济学家的影响，认为发展主要在于经济增长，取决于投资率。因此这一时期英国援助集中于自上而下的基础设施和生产性项目建设，高度重视技术援助和金融援助。

与此同时，英国在追随美国的过程中，对多边援助更加重视。1965 年白皮书提出“认识到通过国际组织提供援助的优势……考虑所有国家对我们援助的申请”。1973 年，英国加入欧洲经济共同体，进一步明确了其共担资本主义阵营责任的转变①。

（三）1975～1997 年，给穷人以更多的帮助

这一阶段，对英国对外援助而言，不管是国际环境，还是内部形势都发生了太多变化。20 世纪 70 年代从石油危机到埃塞俄比亚大饥荒，以及英国国内经济结构调整、党派交替、民间组织的崛起等因素都深刻影响着英国对外援助的叙事。事实上，1975 年白皮书《英国援外政策重心的变化：给穷人以更多的帮助》的发布在很大程度上奠定了这一时期英国对外援助政策的总基调，更加重视贫困议题，转向自下而上的软援助。英国对外援助从大规模生产性和基础设施项目转向教育、卫生、性别等减贫项目。但与此同时，在这一时期工党政府和保守党政府也呈现出前后较大差异的两个阶段。

1. 1975～1979 年，人类基本需求路径

随着第一个发展十年的结束，广大发展中国家并没有得到快速发展，反而纷纷陷入债务危机，生活水平恶化，1972

---

① 王钊：《服务经济时代的西方发展援助：产业结构变化与英国废除捆绑援助政策（1992－2002）》，人民出版社，2019。

年的埃塞俄比亚大饥荒的爆发直接刺激了世界银行反思之前"增长即发展"的援助叙事，并于1973年转向了人类基本需求的援助路径。在此背景下，英国对外援助在海外发展部部长Judith Hart的主导下追随世界银行进行转型，发布了1975年白皮书，提出"英国双边援助的重心转向最贫困的国家，尤其是因为油价上涨而影响最严重的群体；关心最贫困群体的人的基本需求，将综合农业发展作为实现目标的路径"。由此，英国对外援助从大规模生产性和基础设施项目转向教育、卫生、性别等减贫项目。此外，白皮书还明确提出政府将与私人部门、志愿组织、学术和研究机构，以及地方政府加强合作，共同参与对外援助。比如自1966年建立的英国发展研究所（IDS），其愿景为提供世界一流的研究、学习和教学，推动全球更公平和可持续发展所需的知识、行动和领导力。但遗憾的是，随着保守党政府的上台，这些政策并没有得到很好的贯彻执行。

2. 1979～1997年，援助商业化

1979年撒切尔夫人上台，开始了长达11年半的执政。依照新自由主义的施政方针，对外援助事务被边缘化，没有得到足够的重视，外援预算削减，一直到1997年，英国没有再发布新的对外援助白皮书。不重视并不意味着不需要，恰恰在这一时期广大发展中国家对援助有更多的需求。由此，这一背景反而激发了援外机构、私人部门、民间组织等不同主体之间的联合，以及各自的独立发展，同时也催生了众多发展知识、叙事话语。一方面，英国推出"援助与贸易条款（ATP）"，将对外援助推向了商业化高潮，成为英国国内很多第二产业的救命稻草。另一方面，撒切尔主义与结构调整计划一脉相承，英国对外援助也愈发重视市场化改革、善治等内容，推出了全部门路径（SWAP）、总预算支持（GBS）等新型的援助方案。还有，这一时期英国的乐施会等民间组织迅速发展壮大，在“人类基本需求”主导的援助路径中成为重要的执行主体。

（四）1997～2014年，消除全球贫困

相比于过去，这一时期的英国对外援助叙事有很多特色。首先，呈现出前所未有的一致性，即便党派交替，消除全球贫困的话语也得以延续。其次，在国际发展援助框架内独树一帜。在较长时间内，英国采取的是追随美国的策略，“9·11”事件后，美国对外援助和反恐紧密结合起来，但英国却选择坚持1997年以来的政策，聚焦于减贫、援助去捆绑。最后，英国对外援助更加注重知识议程导向，以白皮书为代表的知识产品在国际发展援助领域的影响力日益凸显，英国在国际发展援助框架内的重要性也不断增强。

1997年以来，英国相继发布了四份白皮书、一份国际发展法案，共同构成了这一时期英国对外援助的主流叙事。1997年白皮书再次将减贫这样的道德目标作为重构英国对外援助政策的基础，建立国际发展部，废除援助与贸易条款，致力于通过可持续发展实现全球减贫，并列举了6条英国需要完成的具体目标，奠定了20多年来英国对外援助叙事的基础。2000年白皮书提出政府要作为一个整体制定政策来应对全球化的趋势，这样会有利于穷人，有利于贫困问题的解决。2002年《国际发展法案》把前两份白皮书以法律的形式确定下来，而且首次把要实现的具体目标纳入进来。2006年白皮书提出英国对外援助致力于促进国际善治，并确认英国要在2013年完成联合国提出的ODA占

GNI0.7%的目标。2009年白皮书围绕减少贫困和经济增长（包括贸易）、气候变化和冲突解决三个主要领域，提出了发展援助方面的四项优先议题，包括确保最贫困国家经济的持续增长、更好地应对环境变化、避免冲突和保护脆弱地区、提高国际援助体系的有效性。

总的来说，这一时期的英国对外援助更加务实和中性，具有慈善和人道主义性质，并成为英国增进其软实力和国际影响力的有效工具[①]。

（五）2015年至今，减贫与支持英国国家利益

2015年《国际发展（官方发展援助目标）法案》的颁布，不仅规定了英国每年的官方发展援助占国民总收入不低于0.7%，而且提出了在致力于实现减贫发展援助目标的同时，也要支持英国的国家利益。在具体实践中，例如英国政府通过多边援助以寻求私营部门的商业利益，以及将维护国家安全作为英国多边援助的重要考量因素。在2015年，英国政府设立了总额达12.6亿英镑的冲突、稳定与安全基金（CSSF），应对海外冲突与不稳定因素，以维护英国的国家安全与利益。[②]

英国在脱欧背景下，也开始更加注重非洲大陆。除了追求减贫的援助目标外，重心也逐渐转向了投资、贸易与援助互促。2019年英非贸易关系价值350亿英镑，此外还有约540亿英镑的双边投资存量。英国与撒哈拉以南非洲地区之间

---

① 周太东：《英国的对外援助及中英两国对外援助合作关系探讨》，《国际经济合作》2015年第2期。

② 曾璐、孙蔚青、毛小菁：《借鉴英国发展多边援助的管理体制》，《国际经济合作》2021第2期，第56－61页。

的贸易在过去两年中增长了7%以上，但仍仅占英国贸易总额的2.5%左右。[①] 这可以看出英非合作的巨大潜力。2016年时任国际发展大臣普里蒂·帕特尔（Priti. Patel）曾在报道中这样说："我的（发展援助）方法将建立在一些核心保守原则之上：结束贫困的途径是创造财富，而不是依赖援助……穷国需要更多的投资和贸易，而不是更少……我们需要让最贫穷的人有能力通过工作和贸易摆脱贫困，而不是把他们当作我们支持的被动接受者……我们必须抓住离开欧盟的机会，扩大与最需要自由贸易的国家的自由贸易，促进对最贫穷国家的投资，并与世界新兴经济体建立新的联盟。"[②] 在2018年8月，作为自2013年以来首位访问撒哈拉以南非洲地区的时任英国首相特雷莎·梅率领投资代表团访问肯尼亚、南非和尼日利亚，随后在2018年9月，英国国际发展部宣布提供9000万英镑的英国援助，以支持超过5亿英镑的私营部门在金融市场的投资，帮助非洲小型金融服务企业和初创企业成长，这项投资创造50000个新工作岗位，并让1250万人（其中一半是女性）更好地获得金融服务。2020年1月由英国主办、20多个非洲国家参与的英非投资峰会，标志着英国开始认真对待非洲，积极打造英非伙伴关系。时任英国首相鲍里斯·约翰逊的开幕词中，将英国提升为非洲的首选投资伙伴，以

---

① Benjamin Fox, "African trade pact offers chance to kickstart UK trade ties [N/OL]," (2021-01-22) [2021-08-13]. https://www.euractiv.com/section/africa/news/african-trade-pact-offers-chance-to-kickstart-uk-trade-ties/.

② The Guardian, "Poll: Which country should new secretary of state for development Priti Patel visit first? [EB/OL]," (2016-07-27) [2021-08-11]. https://www.theguardian.com/global-development-professionals-network/2016/jul/27/poll-which-country-should-priti-patel-visit-first.

及金融、投资和教育的全球门户，并将非洲描绘成12亿消费者的家园，通过建立持久的平等伙伴关系，共同创造繁荣。这有可能通过贸易和投资的包容性和可持续性来重新平衡权力，力求实现真正的发展。[①] 前国际发展大臣阿洛克·夏尔马（Alok. Sharma）也佐证了英国当前对于非洲的重视程度：

> 我希望英国成为非洲国家的首选投资伙伴，通过建立新的、持久的伙伴关系，造福非洲和英国的企业和人民。英国企业已经在非洲投资方面处于领先地位。
>
> 前英国国际发展大臣阿洛克·夏尔马（Alok. Sharma），2020年1月[②]

2020年9月，英国将原国际发展部（DFID）与外交和联邦事务部（FCO）合并，成立了新的外交、联邦、发展事务部（FCDO）[③]。政府力求促进英国的发展援助与外交政策目标之间的更大协调，以更好地致力于追求国家利益。而由于全球公共卫生危机，以及在2021年1月英国的正式脱欧，英国政府打算暂时提供仅相当于英国国民总收入0.5%的官方发展援助，2021/22财年官方发展援助下降近1/3。随后在2021年3月，英国政府发布了《2021年英国安全、国防、外交政策和发展综合审查》，提出了四个战略目标：第一，通过关注科

---

① Bond，"UK - Africa Investment Summit：risks and opportunities for development，"[N/OL].（2020 - 01 - 24）[2021 - 08 - 09]. https：//www.bond.org.uk/news/2020/01/uk - africa - investment - summit - risks - and - opportunities - for - development.

② African Business，"London starts to take Africa seriously [N/OL]，"（2020 - 01 - 20）[2021 - 08 - 09]. https：//african.business/2020/01/economy/london - starts - to - take - africa - seriously/.

③ 2020年9月，原英国国际发展部（DFID）与原外交和联邦事务部（FCO）合并为外交、联邦、发展事务部（FCDO），余同。

技提升英国的战略优势；第二，英国继续发挥领导作用，塑造开放的国际秩序；第三，加强国内外安全与防御；第四，在国内外建立抗逆力（例如，气候变化和全球健康领域）。其中不仅提出发展合作要向印太倾斜，同时也强调了南非、尼日利亚、肯尼亚、埃塞俄比亚和加纳是英国实现共同繁荣目标、民主价值观和安全利益的重要伙伴。例如作为非洲大陆最大的两个经济体——南非和尼日利亚，当前两国与英国的贸易占整个英非贸易关系的60%。而就2021年4月，外交、联邦、发展事务部（FCDO）国务大臣根据2021/22财年英国的官方发展援助提供了进一步的政策指导，不难看出未来英国还会继续积极支持国际多边组织，以期实现自身利益和多双边援助目标。FCDO就预算具体列出了以下七个关键优先事项，具体见表3-2。

表3-2　FCDO关键优先事项与《联合国2030年可持续发展议程》目标对应情况

FCDO关键优先事项	对应的SDGs目标
气候变化和生物多样性	SDG11：可持续城市和社区； SDG12：负责任的消费和生产； SDG13：气候行动； SDG14：水下生物；SDG15：陆地生物）
COVID-19和全球卫生安全	DG3：良好健康与福祉； SDG6：清洁饮水和卫生设施
女童教育	SDG4：优质教育； SDG5：性别平等
科学、研究和技术	SDG7：经济适用的清洁能源
开放社会和冲突解决	DG10：减少不平等； SDG16：和平、正义与强大机构

FCDO 关键优先事项	对应的 SDGs 目标
贸易和经济发展	SDG1：无贫穷； SDG8：体面工作和经济增长； SDG17：加强执行手段，重振可持续发展全球伙伴关系
人道主义准备和响应	SDG2：零饥饿

数据来源：结合 Donor Tracker 数据，作者自行整合而成。Donor Tracker, "United Kingdom [EB/OL]," (2021-07-29) [2021-08-09]. https://donortracker.org/country/united-kingdom?gclid=CjwKCAjwmK6IBhBqEiwAocMc8jcHQ4JAgEiClYnK_TQARKeNH5dh rnkZA3moxXQEes8S0LeHRoZe7xoCIvAQAvD_BwE。

近期英国也开始将目光放到基础设施建设领域。2021年6月，英国在召开的七国集团峰会（G7）上提出一个全球基础设施计划新倡议，英国投入数亿英镑，以与中国的"一带一路"倡议相竞争。此外，英国时任首相约翰逊在会上说："我们需要让发展中国家在'他们的体系和我们的体系之间做出选择。'"这在另一方面也表现出了西方发达国家政治精英们惯有的霸权理念。①

总的来说，这一阶段的英国对外援助更向支持国家利益倾斜，基于国家安全与私营部门的商业利益，开始注重与非洲的贸易伙伴关系，致力于贸易、投资和援助的相互促进。在英国脱欧、政府更迭和全球公共卫生危机背景下，原英国国际发展部的合并与援助预算的降低，会相对削弱英国一直以来在全球发展合作中的主导地位。但其仍将在推动《联合国2030年可持续发展议程》设置方面发挥着重要作用。

① 韩冰：《G7推出全球基建计划，能行吗?》[N/OL]，新华网，(2021-06-12)[2021-08-13]，http://www.xinhuanet.com/world/2021-06/16/c_1211202499.htm。

二　多元主体共同参与叙事与知识生产

英国对外援助的叙事虽然立足于政府的白皮书、法案等文献，但背后是政府、公司、民间组织、学者智库、媒体等多元主体共同参与的结果，是众多知识产品和实践探索的汇总。正如2006年原英国国际发展部发布的《消除世界贫困：为穷人而治理》的白皮书中所说：

> 善治不仅仅是政府的问题，它还涉及政党、议会、司法、媒体和民间组织。它是关于公民、领导人和公共机构如何相互联系以实现变革的。
>
> 英国国际发展部白皮书《消除世界贫困：为穷人而治理》，2006

从纵向上看，英国不同的主体进入对外援助领域也是一个长期发展的结果。相关主体在特定背景下，推出了一系列话语、知识和行动，顺应或推动了英国对外援助的需要和发展趋势，由此成为英国对外援助不可或缺的组成部分。具体见表3－3。

表3－3　英国多元主体参与国际发展合作概览

主体	具体机构名称	概述
中央政府	外交、联邦、发展事务部；商业、能源和工业战略部；环境、食品和农村事务部；内政部；英国财政部；教育部；工作和养老金部；数字、文化、媒体和体育部；健康与社会关怀部；国际贸易部；国防部；出口信贷担保部；英国税务海关总署；国家统计局	共12个中央政府部门参与到英国国际发展合作之中。其中外交、联邦、发展事务部，商业、能源和工业战略部，内政部在对外援助支出中位居前三位

主体	具体机构名称	概述
国际发展基金	繁荣基金；冲突、稳定和安全基金；快速找到应对肯尼亚、尼日利亚和南非循环经济挑战的创新解决方案、快速找到应对肯尼亚农业食品挑战的创新解决方案、小型慈善挑战基金（SCCF）、辅助技术影响基金、NIHR 全球健康研究小组、繁荣技能计划－南非、东部和南部非洲食品贸易项目基金、前沿科技供应商登记基金、英国援助链接基金、英国援助匹配基金、赞比亚紧急人道主义响应、英国直接援助、全球学习链接课堂、私人基础设施发展集团、ICF 哥伦比亚技术援助、ICF 中国绿色金融技术援助、转变基金、森林治理、市场和气候项目基金、坦桑尼亚人类发展创新基金、女童教育挑战、高等教育创新与改革战略伙伴关系、非洲区域基础设施计划、非洲农业发展公司、贸易物流创新、索马里共同人道主义基金、民生粮食安全基金、农业科技催化剂、青春期女孩的资产倡议、全球创新基金、非洲企业挑战基金、基于结果的低碳能源获取融资、企业行动号召、新兴非洲基础设施基金、加纳商业部门倡导挑战基金、南部非洲信托基金、残障人士权利基金、联邦地方政府良好实践项目基金等	目前英国国内主要设有 39 个国际发展基金。其中，中央政府设立了 2 个发展基金：繁荣基金与冲突、稳定和安全基金；外交、联邦、发展事务部共设立了 37 个国际发展基金
私营部门	英联邦投资集团；毕马威；艾奕康公司；发展替代公司；德勤；Ecorys UK；够力足球；IMC 全球；曼尼恩丹尼尔斯；莫特麦克唐纳；查尔斯海沃德基金；普华永道；三线咨询；汇丰银行；巴克莱银行；渣打银行；英国石油公司；壳牌和塔洛；英国航空公司；联合利华；沃达丰；帝亚吉欧和葛兰素史克；亚当·斯密国际等	FCDO 的供应合作伙伴框架中有超过 177 家企业参与其国际发展合作

续表

主体	具体机构名称	概述
慈善组织	反饥饿行动；邦德；英国文化协会；英国红十字会；基督救助会；BBC 媒体行动；非洲倡议；非洲改革；全球捐赠；英国阿迦汗基金会；凯尔基金会；英国关怀国际；英国儿童希望；民间社会组织减灾全球网络；国际助老会；喜剧救济；国际民间组织培训与研究中心；英国国际救援委员会；洛娜青年基金会；乐施会；英国救助儿童会；海外志愿服务；英国和外国学校协会；根西岛海外援助等	仅以援助撒哈拉以南的英国慈善组织就高达 8587 个
高校	苏赛克斯大学；牛津大学；伦敦政治经济学院；SOAS 伦敦大学东方与非洲研究院；剑桥大学；东英吉利大学；曼彻斯特大学；爱丁堡大学；伦敦国王学院；利兹大学；谢菲尔德大学；纽卡斯尔大学；约克大学；格拉斯哥大学；帝国理工学院；布里斯托大学；巴斯大学；华威大学；伯明翰大学等	在 2021 年 QS 世界大学发展研究专业学科排名中，英国共 19 所大学上榜，其中苏赛克斯大学、牛津大学和伦敦政治经济学院居前三位
智库	医学研究委员会；经济政策研究中心；英国发展研究所；英国皇家国际事务研究所；海外发展研究所；非洲经济研究中心；国际环境与发展研究所；亚当·斯密研究所等	2020 年全球顶尖国际发展智库排名中，共有 5 家英国智库上榜，其中英国发展研究所位列第一
媒体	《每日邮报》、《太阳报》、《都市报》、《伦敦标准晚报》、《每日镜报》、《泰晤士报》、《每日电讯报》、《每日快报》、《每日星报》、《金融时报》、《卫报》、《BBC1：六点新闻》、《BBC1：十点新闻》、《BBC1：安德鲁·马尔秀》、《BBC1：全景》、《ITV：晚间新闻》、《BBC2：地平线》、《ITV：佩斯顿周日》、《第四频道：快讯》、《BBC1：新闻之夜》、BBC 广播电台（1 至 5 台）、《BBC 国际广播电台（BBCWS）》等	在英国政府发布的《现代媒体运营指南 2021》中，共有 25 个媒体/节目被列为国家媒体，其中并被要求兼有国际发展合作传播的相关职责

续表

主体	具体机构名称	概述
国际组织	红十字国际委员会；国际移民组织；红十字与红新月联会；世界银行；欧盟；联合国难民署；联合国人道主义事务协调厅；联合国人口基金；世界粮食计划署；世界卫生组织在内的联合国组织等	英国至少与包括联合国机构、欧盟、全球与区域性银行和基金等 47 个国际多边组织进行合作

数据来源：笔者结合外交部、联邦部和发展部官网、邦德官网、民间组织探索者官网等多家网站整合而成。

从 2010 ~2019 年英国官方发展援助渠道来看，多元主体参与对外援助日趋加强，其中多边组织一直在其中占据超一半以上的比重，甚至在 2010 年和 2013 年分别占英国官方发展援助金额的 75% 和 81%；而民间组织和科研机构占比也从 2010 年的 1% 分别升至 2019 年的 14% 和 7%；私营部门平均占比自 2017 年开始也达 5% 左右（见图 3 –1）。

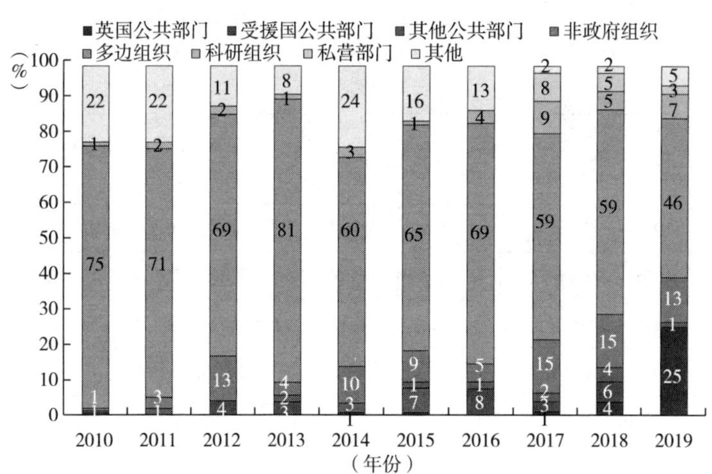

图 3 –1　2010 ~2019 年英国官方发展援助渠道分布

数据来源：Statistics on International Development：Provisional UK Aid Spend 2020。

（一）发展叙事的引领者：政府的角色

在不同的历史时期，对外援助面临的国内外环境不同，英国各界对国际援助的理解和诉求也处于变动之中，不管是政治诉求、经济利益还是发展属性，这就决定了对外援助主管部门在整个政府架构中的地位。为了自身发展，对外援助的管理机构需要不断地更新知识体系，以此来尽可能地整合各方资源、适应环境的变化。在此过程中，政治精英起到了关键作用，推动着对外援助管理机构的改革。具体见表3－4。

表3－4　英国对外援助管理机构的演变

时间	对外援助管理机构	特点
1964年之前	殖民办公室 殖民地发展建议委员会 英联邦关系办公室 中部非洲办公室 技术合作局 外交部	陆续成立、撤销、合并，职能分散、多头管理
1964～1970年	海外发展部	部长拥有内阁席位，但1967年取消
1970～1974年	海外发展管理署	降格，并入外交部
1975～1979年	海外发展部	重建，部长拥有内阁席位
1979～1997年	海外发展管理署	降格，并入外交部
1997～2019年	国际发展部	部长拥有内阁席位
2020年至今	外交、联邦、发展事务部	与外交部合并

如前文所述，在自由主义思想影响下，英国在较长时间内对殖民地采取放任自由的态度，但随着英国国内经济形势

恶化，约瑟夫·张伯伦、埃默里、卢加德等殖民地官员开始强调殖民地发展对英国经济的作用，以此来获取英国对殖民地的发展援助。张伯伦在1902年殖民地会议上说："虚弱的巨人摇摇晃晃，疲惫不堪。我们承担这个负担已经多年，我认为现在是我们的孩子帮助我们奋斗负担的时候"。他还曾经说"我们是一笔大财产的地主，地主的责任在于发展他的地产"；"我们许多的殖民地处于不发达的地产状态，如果没有帝国的援助，未开发的地产就不能得到发展"。埃默里说："在国家未来的困难时期，殖民地的发展对解决我们的困难将会是巨大的帮助"。虽然这些建议一直受到传统自由主义派别，尤其是财政部官员的反对，但适应了当时英国发展的需要，之后相继出台了多个殖民地发展和福利的规划和法案。而且开展对外援助的思想逐渐被政府主流所接受，甚至在英国女王的演讲中也明确提及"世界欠发达国家的条件改善仍然是我们政府迫切关注的议题"。

前期，一直由殖民地办公室来承担援助事宜。后来于1929年成立了殖民地发展建议委员会，由相关的专家参加，负责殖民地发展项目的审批和资金的分配使用。后来随着非洲和印度殖民地相继独立，殖民地办公室逐渐缩减，又成立了英联邦关系办公室、中部非洲办公室，负责相关区域的发展。第二次世界大战以后，英国追随美国加入现代发展援助框架，开始向全球范围提供援助。1961年，英国成立了技术合作局，面向所有国家，帮助受援国培训公务员、经济规划师、教师、技术人员、管理人员、护士和医生等。与此同时，经济援助还是由殖民地办公室、英联邦关系办公室、中部非洲办公室和外交部共同负责。

1964年，哈罗德·威尔逊当选首相，强调英国对外援助要以道德目标为基础，由此成立了海外发展部，整合了其他部门对外援助的职能，独立承担对外援助任务，亲信芭芭拉·卡素尔担任首任部长，并进入内阁。在卡素尔的领导下，该部系统阐述了英国对外援助的政策，并获得了足够的经费支持，为后期发展奠定了基础。但卡素尔很快被调任，海外发展部的内阁席位也被撤销。后来随着1970年保守党上台，海外发展部进一步降格，归入外交部。这也表明，这一时期政府内部对援助的定位更多的是国际政治导向。

1975年，工党上台执政，重新恢复了海外发展部的地位，再次拥有了内阁席位，在这一阶段朱迪思·哈特发挥了重要作用。1973年她出版了《援助与解放：一个社会主义者的援助政策研究》一书，明确强调仅仅增长是不够的，增长也不能作为援助资源分配的标准，应该提高农村生活水平。两度担任海外发展部部长期间，她主导了英国对外援助的改革，将重心转向增加受援国最贫困人口的购买力，致力于满足穷人的基本需求，设立农村发展部门，并且试图将援助预算提高到GNP的0.7%，到1979年这一比例达到0.52%，为历史新高。这一转变顺应了世界银行的转型，也回应了国内对援助改革的诉求。

1979年，撒切尔夫人领导的保守党政府执政，在新自由主义思想影响下，海外发展部再次并入外交部成为海外发展管理署，近1/3的雇员被裁，总部650个岗位被调离，对外援助的预算也经常在削减开支过程中被削减，对外援助被边缘化，这给对外援助主管部门带来很大压力。但在这一阶段，海外发展管理署做了大量卓有成效的工作。一方面历任署长对援助和发展有足够的理解，并保持了政策一致性，运用高超的政治手腕强化对外援助的合法性。另一方面海外发展管理署的高级官员们与国内的外援利益集团建立了密切的合作关系，针对援助议题共同对内阁施加影响力。海外发展管理署还积极协调与贸易工业部、外交部的分歧，延续了 1977 年成立的援助和贸易部委协调机制（SCAT），在国际政治、商业诉求的同时尽可能保留和增强援助的发展属性。

到 1997 年，布莱尔成为首相，把对外援助置于维护英国全球政治经济利益的重要位置，高度重视人权和民主，以援助理念的政治正确性强化英国的国际地位，加强与英联邦国家的合作，拓展英国的国际空间。在这一理念指导下，在 1997 年 5 月 3 日，布莱尔上任后第二天就宣布组建国际发展部（DFID），任命有“坦率改革家”之称的克莱尔·肖特担任部长，并进入内阁，把归于外交部、财政部、工贸部等部门的职能都纳入国际发展部的范畴。如原来财政部负责协调英国与世界银行的关系，但现在由 DFID 负责，可以更加灵活地处理英国减少第三世界国家债务的问题。肖特获得了首相布莱尔和财务大臣戈登·布朗的公开支持，缓解了部门间的紧张关系，为之后一系列改革措施的出台奠定了基础。但事实上，由于保守党政府的长期不重视，国内民众对对外援助难以信任，国际发展部面临着巨大挑战。1996 年，经合组织发布了《塑造 21 世纪：发展合作的贡献》，明确提出了国际发展目标。这份报告给了肖特和国际发展部极大启发，并在经济学家理查德·乔利（Richard Jolly）的建议下，把关注点放在系统减贫上。“我决定把这一框架融入我们的发展工作中去……我决心使我的新部门成为发展援助领域的榜样”。由此，英国国际发展部继续发布多个白皮书，聚焦于全球减贫，废除捆绑援助，增加援助预算，重视知识议程。这些措施迅速让英国国内公众对国际发展、全球贫困、援助有了高度的认知和认可，强有力地提升了英国国际发展部的地位，也迅速增强了英国对国际发展议程的影响力。乃至后来，2010 年保守党政府再次上台，首相卡梅伦并没有重复历史把国际发展部降级，而是破例保持了政策的一致性，也可见这一时期英国对外援助地位的提升。

自 2015 年以来，尤其在英国脱欧、政府更迭、全球公共卫生危机背景下，英国对外援助更加注重非洲大陆。除了追求减贫的援助目标外，重心也逐渐转向了投资、贸易与援助互促。2020 年 9 月，英国将原 DFID 与外交和联邦事务部（FCO）合并，成立了新的外交、联邦、发展事务部（FCDO）。政府力求促进英国的发展援助与外交政策目标之间的更大协调，以更好地致力于追求国家利益。而由于全球公共卫生危机以及在 2021 年 1 月英国的正式脱欧，英国政府打算暂时提供仅相当于英国国民总收入 0.5% 的官方发展援助，2021/22 财年官方发展援助下降近 1/3。英国一直以来在全球发展合作中的主导地位因此遭到了一定的削弱。

随着时间的推移，除原英国国际发展部以外的政府部门也积极参与到对外援助之中，英国援助与其他国家利益的关系更加紧密。以 2015 ~ 2020 年英国官方发展援助中政府各部门贡献比重为例，原英国国际发展部所占比重由 2015 年的 81% 降到了 2020 年的 69%，取而代之的是其他政府部门由 2015 年的 10% 增长至 2020 年的 19%。具体见图 3 - 2。

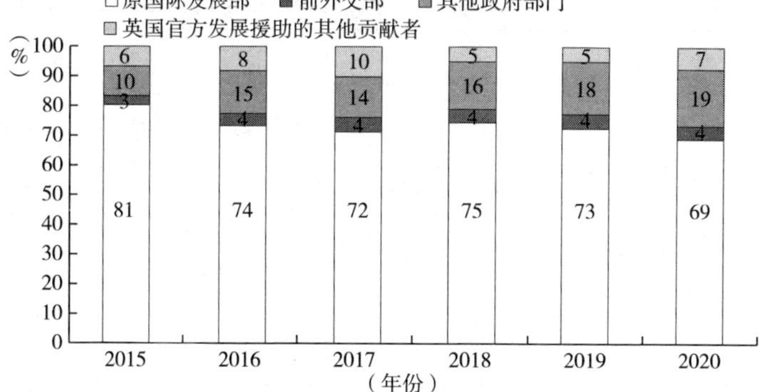

图 3-2　2015~2020 年英国官方发展援助中政府各部门贡献比重

数据来源：Statistics on International Development：Provisional UK Aid Spend 2020。

近些年英国对外援助重心也逐渐转向了投资、贸易与援助互促，在实现减贫目标的同时，也注重对国家利益的支持。在此过程中，英国除外交、联邦、发展事务部以外各部门也逐渐加大对援助的关注，从政府间部门来讲，也在逐渐形成国际发展合作的实践共同体。例如在 2019 年至 2020 年期间，外交、联邦、发展事务部向官方发展援助贡献金额由 117.86 亿英镑降至 106.62 亿英镑，同比下降 9.5%。而其他部委向官方发展援助贡献金额由 33.98 亿英镑增长至 38.09 亿英镑，同比上升 12.1%。其中商业、能源和工业战略部、内政部、卫生和社会关怀部、繁荣基金、出口信贷担保部和国际贸易部的贡献金额占比均有所上升，体现了英国政府对于援助与贸易、投资并重的战略趋势。具体见表 3-5。

自 2015 年以来，英国政府让更多部门参与英国援助支出。目前，140 亿英镑的年度援助预算中约有 1/4 用于原国际发展部以外的部门。其中 18 个部门和基金正在努力获得有效使用援助的知识和技能，但这同时也带来了一个重大的部委间

表 3－5　2019～2020 年英国官方发展援助各部门贡献金额及占比

部门	2019 年		2020 年		2019～2020 年变化	
	百万英镑	%	百万英镑	%	百万英镑	%
外交、联邦、发展事务部总额	11786	77.6	10662	73.7	－1124	－9.5
其中：						
前国际发展部	11107	73.1	10047	69.4	－1059	－9.5
前外交部	679	4.5	614	4.2	－65	－9.5
非外交、联邦和发展部总额	3398	22.4	3809	26.3	412	12.1
其中：						
商业、能源和工业战略部	960	6.3	1019	7.0	59	6.2
内政部	446	2.9	597	4.1	151	33.9
冲突、稳定与安全基金（CSSF）	653	4.3	535	3.7	－118	－18.1
卫生和社会关怀部	222	1.5	245	1.7	23	10.2
繁荣基金	176	1.2	207	1.4	30	17.2
环境食品农村部	87	0.6	66	0.5	－21	－24.0
出口信贷担保部	0	0.0	44	0.3	44	100.0
教育部	21	0.1	18	0.1	－3	－13.8
工作和养老金部	27	0.2	17	0.1	－10	－37.8
数字、文化、媒体和体育部	12	0.1	8	0.1	－5	－37.3
英国税务海关总署	13	0.1	8	0.1	－6	－42.5
国防部	6	0.0	5	0.0	－1	－14.8
国际贸易部	2	0.0	3	0.0	1	53.7
财政部	80	0.5	1	0.0	－79	－98.3

部门	2019 年		2020 年		2019～2020 年变化	
	百万英镑	%	百万英镑	%	百万英镑	%
国家统计局	–	0.0	–	0.0	–	–24.6
英国官方发展援助的其他贡献者						
欧盟贡献（非 DFID）	481	3.2	581	4.0	100	20.8
英国对国际货币基金组织减贫增长信托基金的贡献	0	0.0	255	1.8	255	100.0
礼品援助	159	1.0	154	1.1	–4	–2.7
BBC 世界服务	29	0.2	26	0.2	–4	–12.2
苏格兰政府	14	0.1	11	0.1	–3	–22.0
其他向难民捐赠费用	6	0.0	6	0.0	0	1.7
威尔士政府	2	0.0	3	0.0	1	62.2
由原国际发展部管理的殖民地抚恤金	1	0.0	1	0.0	0	–10.3
英国官方发展援助总额	15183	100	14471	100.0	–712	–4.7

数据来源：Statistics on International Development：Provisional UK Aid Spend 2020。

学习沟通的挑战。将英国援助预算分配给多个部门的决定本身即构成了一个重大的挑战。援助预算增加的部门必须获得满足官方发展援助（ODA）资格要求、英国财政部规定和2015 年英国援助战略援助管理“国际最佳实践”要求所需的系统、流程和能力。目前每个部门都以自己的方式应对这一学习挑战，总的来说，它们在建立援助管理能力方面取得了重要进展，在学习方面的投资与援助预算的规模和复杂性大体相当。援助影响独立委员会（ICAI）在一份报告中这样提到当前英国参与对外援助的各政府部门间学习沟通的重要性：学习中他们所面临的挑战是确保新知识被积极用于管理决策之中。这包括建立一种基于证据的决策文化，以及愿意接受失败和成功作为学习源泉的理念。学习系统的最终目标不是满足外部良好的做法标准，而是使各部门更有效地管理其援助组合。在多种情况下，各部门已将监测、评估和学习职能外包给商业供应商。让更多部门参与提供英国援助的一个潜在好处是他们能够积累其核心任务中的专业知识，如卫生、司法或税收。ICAI 也强调了“有效的学习是英国援助有效和物有所值的关键”，积极的学习方法是任何有效组织的基本特征。

发展援助工作是在非常复杂动态的环境中进行的。因此，学习需要在整个发展项目周期中持续嵌入，而不是局限于某一特定阶段。近年来，原英国国际发展部一直致力于在其管理过程中引入适应措施，以促进项目层面的持续学习。在更高的层面上，持续学习意味着确保绩效信息与管理流程紧密结合，以完成快速的学习周期。具体来讲，原英国国际发展部一直都在以多种方式积极支持其他部门学习援助，包括：

（1）人员：原英国国际发展部每年为其他部门提供超过 100 名员工，其他部门则被短期借调，以支持特定任务；还为复杂的采购提供了人员支持（例如，为卫生和社会保障部弗莱明基金提供支持）。

（2）工具：SMART 规则以及 DFID 用于支持项目管理的指南和软件可供其他部门使用。具体来说，例如：①指导文件：智能规则、ODA 性价比指导、工具包；②采购框架；③发展追踪（DevTracker），发布辅助数据的系统。

（3）技能：原英国国际发展部通过培训、咨询支持和服务平台分享其知识和专业技能。例如：①官方发展援助资格支持和技术咨询，包括关于方案设计、采购、动员和评估的建议；②项目交付培训；③平台服务：评估质量保证和学习服务（EQUALS）以及知识、证据和学习促进发展（K4D）。

（4）网络：原国际发展部建立了一系列信息网络，与其他部门分享关于特定主题领域或援助管理挑战的知识。例如：①网络：能力网络（Capability Network）、透明网络（Transparency Network）；②监测评估和学习（MEL）实践社区；③原英国国际发展部正在更新其技术能力框架，这可能使模型更具相关性，更适合跨政府使用。[①] 具体见图 3－3。

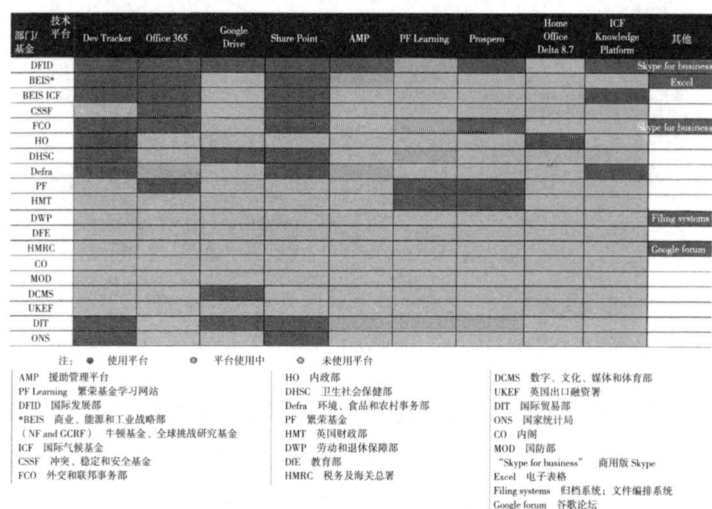

图 3－3 英国官方发展援助部门/基金所采用的技术平台

目前在援助过程中也逐渐形成了 45 个援助实践共同体，包括公共财政管理、经济学、性别与家庭、监测评估等领域，

---

① ICAI, "How UK aid learns: A Rapid Review," ICAI, 2019.

以支持其在援助过程中的学习分享与关系构建。此外，英国也搭建了技术专业团体的联合机制，原国际发展部就曾将自己的咨询顾问分为 13 个小组，各小组由一名专业负责人管理。他们都有利于推动形成共同技术标准。但目前英国各部门在对外援助领域的学习交流仍面临着巨大的挑战。具体见图 3－4。

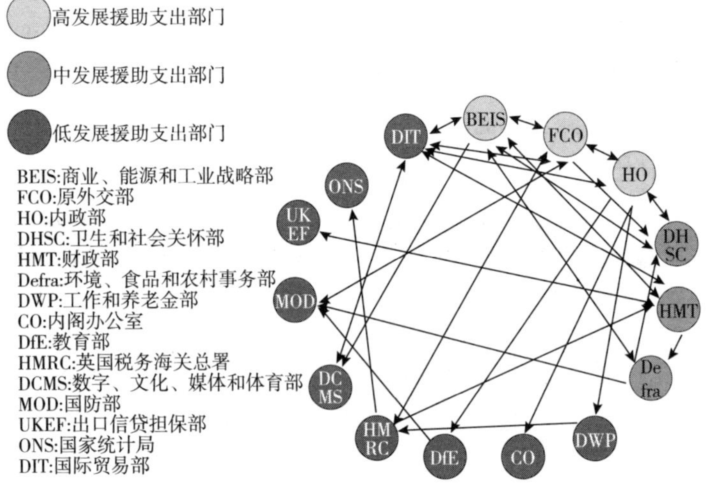

图 3－4 英国政府部门间学习交流现状

数据来源：ICAI，“How UK aid learns：A Rapid Review，” ICAI，2019。

英国对外援助的风险管理主要采用尽职调查框架，该框架是一个强大的风险管理工具，包括协助项目负责人对潜在合作伙伴实施 DFID 援助项目的能力开展评估的活动。在审查合作伙伴的能力、系统、政策和流程时，该框架能够帮助项目负责人更好地了解该合作伙伴的优势、劣势和风险，进而采取更明智的干预措施。该框架对民间组织、私人部门机构、联合国机构、世界银行、其他国际多边组织、信托基金、承包商和伙伴国政府相关合作者开展四个方面的风险评估，即治理与控制、交付能力、金融稳定和下游合作伙伴。[1] 具体见图 3 – 5。

\	评估标准																
	治理与控制					交付能力			财政稳定					下游合作伙伴			
评估活动 / 伙伴类型	治理	欺诈、贪污受贿	内部控制	风险管理	行为准则	业绩	员工职责与能力	项目管理	财政活力	财务管理	审计力度	性价比	政策、程序和体系	严格评估	管理框架与合同	监测与管理	欺诈、贪污受贿
非政府组织与民间社会组织	√	√	√	√	√	√	√	√	√	√	√	√	√	√	√	√	√
私人部门组织	√	√	√	√	√	√	√	√	√	√	√	√	√	√	√	√	√
联合国组织	-	-	-	√	-	√	√	√	-	√	√	√	-	√	√	√	√
世界银行和区域开发银行	-	√	-	√	√	√	√	√	-	√	√	√	√	√	√	√	√
其他多变组织	-	√	-	√	√	√	√	√	√	√	√	√	√	√	√	√	√
其他捐助者和信托	√	√	-	-	-	-	-	-	-	-	-	-	-	√	√	√	√
承包商	不适用的承包商必须进行PrG评估，请参阅常见问题解答																
合作政府	不适用但接受财政援助的合作政府必须采用信托风险评估（FRA）进行评估																

图 3 – 5 英国尽职调查框架

数据来源：DFID，"Due Diligence Guide，" 2018。

从英国对外援助的央地关系来看，作为与原国际发展部合作伙伴的英国地方政府联盟（LGA）成为英国对外援助中中央与地方连接的纽带。英国地方政府联盟（LGA）由五个参与国际发展活动的国家地方政府机构组成：英联邦地方政府论坛（CLGF）、苏格兰地方当局大会（COSLA）、改善和发展署（IDeA）、地方政府国际局（LGIB）和地方当局首席执行官和高级管理人员协会（SOLACE）。其核心成员包括英格兰 333 个议会中的 328 个，包括区、县、大都会和单一机构以及伦敦自治市镇和伦敦金融城公司。22 个威尔士统一委员会通过威尔士地方政府协会成为会员。LGA 制定了《2002 年 LGA 国际发展政策》和《1993 年地方政府（海外援助）法》，

① DFID，Due Diligence Guide，DFID，2018.

与原英国国际发展部为伙伴关系。[①]

此外，关于英国对外援助的海外机构设置，英国大使领导所有英国外交和发展工作，发展专家向大使报告。一般而言，英国驻海外机构主要包括大使馆、领事馆、高级专员公署、英国办事处、英国联络处和英国贸易处等。由于原国际发展部内部的决策非常分散，外交、联邦、发展事务部尚未确定其权力下放方法。原国际发展部有 25 个海外办事处，[②]分布以非洲为主，共在非洲设有 16 个办事处，占比 64%，欧洲设有 2 个、南亚 4 个、中亚 1 个、东南亚 1 个、南美洲 1 个。办事处具体设置在玻利维亚、赞比亚、乌干达、马达加斯加、坦桑尼亚、塞拉利昂、尼泊尔、莫桑比克、科索沃、波斯尼亚和黑塞哥维那、埃塞俄比亚、中非共和国、肯尼亚、卢旺达、索马里、加纳、缅甸、马拉维、阿富汗、巴基斯坦、孟加拉国、南非、津巴布韦、尼日利亚、印度。在 2700 名员工中，近一半员工在海外从事援助工作。工作计划领域主要是教育、健康、社会服务、供水和卫生、政府和民间社会、环境保护、研究和人道主义援助等。

有关英国的援助品牌，FCDO 在具体的规则中明确做出了要求。执行伙伴必须对援助品牌进行说明，这是执行英国政府资助项目的一项条件，例如 SMART 规则 14：自律组织必须确保所有计划遵循 FCDO 的英国援助品牌指南，包括制定完整的可见性声明，并确保显示的数量。标识方面，英国援助

① Rosalie Callway，"UK local authorities and international development：2004 survey results analysis，" UK Local Government Alliance for International Development，2004.

② 孙同全、周太东：《对外援助规则体系比较研究》，社会科学文献出版社，2015，第 260 页。

标识（UK AID）显示了英国官方发展援助资金源于哪里。它应用于官方发展援助资助的方案资产、通信和活动，以表彰英国政府和英国纳税人的贡献。FCDO 标识与英国其他部委标识风格保持了一致性（见图 3－6）。英国品牌标识明确规定了要在项目资产、与项目伙伴相关的沟通和活动中呈现，官方发展援助资助的执行伙伴还应在任何采访、新闻稿、公开声明、社交媒体和所有其他公共传播中确认英国政府的资助。在与其他多边组织合作中，作为主要出资方的英国，其援助标识也应予以呈现。[①] 透明度、零捆绑、消除全球贫困、可持续生计框架、变革动因分析法（DOC 方法）[②] 都作为英国发展知识与援助的品牌而遍及全球。

图 3－6　英国外交、联邦、发展事务部与英国援助标识

由上所述，英国政府内部在较长时间内对对外援助议题有较大的分歧，主要集中在三个层面。第一，工党和保守党之间有较大差异，工党相对积极，支持扩大对外援助规模及其改革，但保守党相对消极，把对外援助边缘化。第二，不同部委之间在对外援助的导向上有较大差异，是坚持国际政

---

① UK Government, "UK aid Branding Guidance," UK Government, 2020.

② 变革动因分析法（Drivers of Change，DOC）是英国国际发展部（DFID）开发的一种方法，旨在解决国家政治框架与发展机构运作之间缺乏联系的问题。这种方法重点关注支持或阻碍减贫的经济、社会和政治因素的相互作用。

治导向、经济导向还是坚持道德层面的发展属性，争议较大。第三，英国对外援助和国际发展援助架构之间的关系，曾长期追随美国，但1997年开始形成自己的路径。这直接影响了英国对外援助的运作，自1997年后英国官方发展援助一直呈上升趋势直到占国民总收入的0.7%，实现了其对联合国的承诺。具体见图3－7。

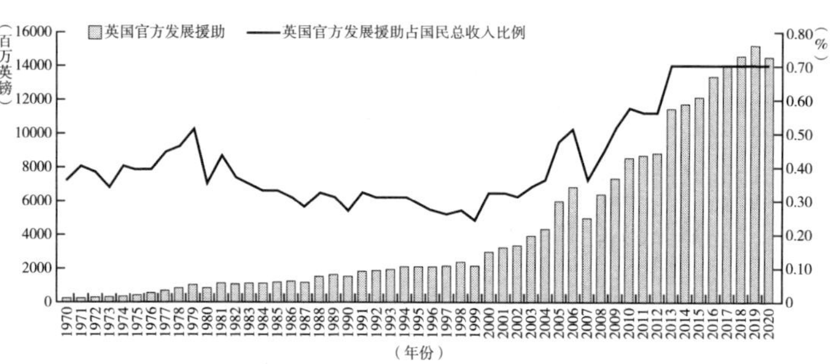

图3－7 1970～2020年英国ODA及占GNI的比重

资料来源：FCDO官网。

从1960年到1997年，英国ODA在40亿美元上下浮动，而ODA占GNI的比重总体呈现下降趋势，最低只有0.24%，仅在1975年到1979年工党执政时有所提升。但近20年来，英国ODA保持大幅度增长，从1996年的38.51亿美元增长到2017年的181亿美元，翻了近两番。ODA占GNI的比重，自2013年起，基本上达到0.7%的目标，有力地推动了国际发展议程的落实，成为全球的表率。但近年来，随着英国援助部门被纳入外国系统，其援助预算占比也随之下降。

（二）实践中的塑造者：企业的作用

在英国对外援助体系中，企业起着非常重要的作用。一方面，企业对英国政府有着巨大的游说力量，影响着对外援助政策的制定。另一方面，企业是英国对外援助重要的执行主体，负责援助项目执行和落地。此外，推动私人部门的发展还是英国对外援助长期以来的重要内容及方向。在不同的历史时期，由于英国国内经济结构的调整，参与对外援助的企业类型有所变化，参与形式和渠道也处于变化之中。

早在第二次世界大战结束初期，英国政府就成立了两家公司（即殖民地开发公司和海外食品公司），来帮助殖民地发展经济，也为英国市场供给粮食、原材料。殖民地开发公司成立于 1948 年，拥有 1.1 亿英镑的资本，为混合所有制，接受英国殖民部和粮食部的监督，董事会决定资金使用，董事大多是英国企业或金融界的知名人士。公司在西非、中非、东非、印度频繁活动，用西方的技术和管理方法来提升殖民地的生产效率，从事农业、矿产、发展通信、水利等方面的投资，但大多数都失败了，公司一直处于负债状态。1963 年，该公司更名为英联邦开发公司，继续在独立的英联邦国家、余下殖民地以及非英联邦国家营业的权力，持续至今。海外食品公司被授权 5500 万英镑，先隶属于粮食部，后转到殖民部，在殖民地实施大规模的粮食生产计划，还曾经一度在殖民地强制低价收购食品原料到世界市场高价出售，遭到广泛抗议。后又在坦噶尼喀盲目种植花生，但因经营不善且当地根本不适合种植花生，到 1953 年公司就草草解散。英国政府和这两个企业完全绑定在一起，需要共同承担风险。后来随着殖民地的相继独立，这些项目也就不了了之。

之后较长时间内，英国企业参与援助主要围绕如何借助援助占据海外市场、承包海外项目开展游说，并成功推动了“援助与贸易条款”（Aid and Trade Provision，ATP）的出台。根据 ATP 的规定，英国每年从对外援助预算中拿出5% ~

10%，用于帮助本国企业在具有发展属性的国际项目投标中获胜，配合 ECGD 出口信贷的发放，由英国贸工部和海外发展部共同负责。[①] 具体见图 3 - 8。

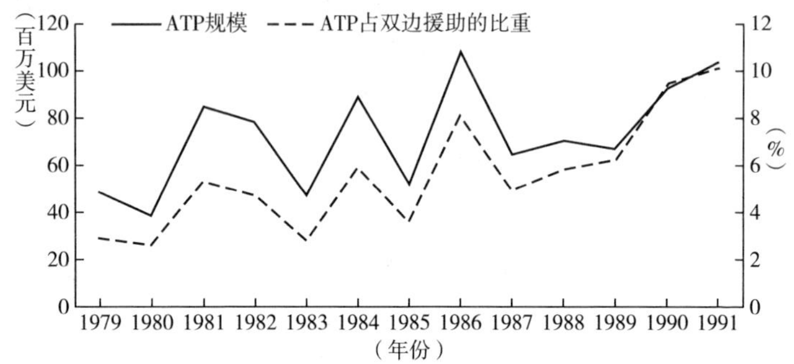

图 3 - 8　1979 ~ 1992 年英国 ATP 规模及占双边援助的比重

资料来源：OECD，2019。

ATP 源于 20 世纪 70 年代，英国企业在海外项目投标过程中，由于竞争对手有本国援助资金的支持，因而经常竞标失败，特别是法国对肯尼亚铁路设备出口的支持，最终让英国利兰汽车公司和英国铁路工程公司等几家大型企业在英国工业联合会（CBI）的支持下积极向英国政府游说，希望以援助资金帮助其在发展中国家市场抵御外国竞争，获得更多合同。CBI 当时在英国颇具影响力，其领导人主张英国对外援助应专注于对英国贸易利益有利的项目，应增加捆绑，应关注英联邦以外的国家。除了 CBI 外，英国建筑产业联合会、英国咨询局等也纷纷对政府施加压力，对增加捆绑援助都有期待。

随着 ATP 的出台，英国众多大型企业又采取各种措施扩

① 王钊：《服务经济时代的西方发展援助：产业结构变化与英国废除捆绑援助政策（1992 - 2002）》，人民出版社，2019。

大 ATP 的范围和规模。一方面，聘请贸工部和海外发展部的前官员做公关工作，推动更多 ATP 的审批。英国 ATP 规模呈现出不断增长的态势，从 1979 年的 2900 万英镑增长到 1991 年的 1 亿英镑；占双边援助的比例也不断增长，一度达到 10% 以上。另外，据统计，1978 年到 1985 年，英国 15 家大型公司承担了 83% 的 ATP 项目，超过一半集中在 Biwater International、Balfour Beatty、GEC、NEI 和 Davy Mckee 这 5 家企业。另一方面，不断突破 ATP 的限制范围。在著名的柏高事件中，英国企业纷纷向政府陈述意见。CBI 负责人提出，“世界上所有的受援国都进口武器装备，不用援助资金，也会用其他政府预算，本质上没有区别”，认为英国海外发展署仅应该负责人道主义的部分。而 GEC 公司也对英国当时捆绑援助规模过小的状况提出批评，认为 ATP 在英国援外预算中只有 10%，难以与其他西方企业竞争。在这些企业的游说下，ATP 资金后来被用于英国企业在葡萄牙、希腊等发达国家的项目竞争中，也被用于部分国家的军购合同中。

后来，随着经济结构转型，英国国内出现“去工业化”浪潮，众多从事第二产业的企业走下坡路，而服务业开始占据主导地位。加之国际发展议程的转变，英国对发展类服务提供商的需求不断扩大，从而出现了一批国际发展咨询公司。在这样的背景下，企业对英国对外援助提出了新的诉求，例如彻底废除捆绑援助、取缔 ATP，希望在政府与企业间建立新的合作形式。在 2000 年白皮书讨论中，英国咨询局就发挥了巨大作用。因为英国咨询局代表的企业在全球服务行业有绝对的竞争力，只有实现零捆绑和全球公开招标，咨询局成员才能获得最大规模的订单和利润。此外，毕马威、英国文化委员会以及众多高度专业化的中小服务咨询企业，都是咨询局的成员，并在对外援助中发挥重要的作用。

与此同时，英国对外援助的内容越来越偏向软件，规模也越来越大、越来越集中，而且出现总预算支持、全部门路径等新的援助方案，更需要依靠发展咨询公司来具体执行。2011/12 财年，英国国际发展部公开招标的 135 项企业合同中，前五名承包商占据了总金额的 50%。其中，亚当·斯密国际（Adam Smith International）与原英国国际发展部保持着密切合作。一方面，亚当·斯密国际在 2012 年到 2017 年间就获得 DFID 共计 4.623 亿美元的委托；另一方面，该公司的多位高管曾就职于 DFID，与保守党保持着密切联系，多次向议会提议，反对通过多边机构开展援助，也反对把钱直接给受援国。

目前，2020 年 1 月英非投资峰会的召开，正如非洲企业挑战基金主席保罗·博阿滕勋爵所说，这不仅反映出英国对非洲伙伴关系的重视，也强调了英国对企业主体的继续支持。

> 中国人、法国人、印度人，甚至韩国、日本、德国对非洲企业的反应往往比我们积极得多。如果我们要充分利用这一历史性机遇来重塑非洲和英国之间的关系，使其从仅仅被视为慈善活动……转向需要投资的机会，我们还有很多工作要做，需要政府为英国公司承担风险和支持。
>
> 非洲企业挑战基金主席保罗·博阿滕勋爵，2020

因此，企业成为外交、联邦、发展事务部的重要合作伙伴。英国外交、联邦、发展事务部仅负责提供资金、筛选申请人，并不参与项目的具体实施，企业才是项目执行的主体。

（三）走入基层的大多数：民间组织的出现

英国对外援助的特色之一是大规模 NGO 的深度参与，但非一蹴而就，而是经历了一个历史演变的过程。英国对外援助和 NGO 两者互相成就，并且一直影响和形塑着对方的发展。对外援助为 NGO 从早期的福利救济组织向发展机构转型、从区域走向全球提供了广阔的发展空间，而 NGO 也推动了英国对外援助从“自上而下”转向“自下而上”，并在话语、知识、实践方面成为英国参与国际发展合作的重要主体。英国 NGO 之所以取得如今的影响力，主要是因为其在不同时期依据英国对外援助的不同需要，采取了一系列策略和方法，在对话中与政府共同推动英国对外援助的转型与发展，进而实现自身的发展。正如原英国国际发展部在《民间社会伙伴关系审查》中所强调的那样，英国政府一直都重视与 NGO 的合作。

> 我们将……在一个危险和不确定的世界中坚定地捍卫民间社会的权利。作为其对思想、结社和言论自由承诺的一部分，英国政府将与民间社会站在一起……
>
> 我们将解决民间社会运作空间下降的问题，这会降低民间社会改善穷人生活和让当权者承担责任的能力。与英国其他政府部门一起，原英国国际发展部将支持保护受威胁者的组织，并提高公民对民间组织和民间社会空间的程度、原因和后果的理解。

《民间社会伙伴关系审查》，原英国国际发展部，2016 年 11 月

> 我们将加大对健康、自由的媒体和民间社会的支持力度，以支持反腐败和透明度的提升，促进辩论和数据

收集。这将使它们能够在自由的环境中运作，而不会产生过度限制性的立法和监管负担。

《开放援助，开放社会：透明世界的愿景》，原英国国际发展部，2018 年 2 月①

英国民间组织有着悠久的历史，早在 12～13 世纪就出现了多家民间志愿性的公益慈善组织。1601 年，英国颁布了《慈善法》；18 世纪以后，伴随着英国工业化进程，公益慈善性的非营利组织越来越多，对英国社会的各个方面产生了影响。尤其是两次世界大战前后，英国成立了多家从事人道主义紧急救援、战争救济的民间组织，如乐施会、救助儿童会，此外，红十字会也在这一时期得到快速发展，奠定了其参与国际发展议程的基础。

战争结束以后，这些战争救济组织开始将注意力转向长期发展。1959 年的联合国世界难民年对英国的民间组织带来强有力的刺激，基督教救助会、乐施会、War and Want 等纷纷采取了行动，扩大筹款规模、参与官方活动，War and Want 还邀请 FAO 前首席执行官到英国议会发言。而后联合国发起十年“免于饥饿行动”，这进一步推动了英国的民间组织向发展机构的转型。整个 20 世纪 60 年代，英国的民间组织意识到政治游说的重要性，采取了很多政治色彩浓厚的措施，进而实现和官方对话，如支持 Gandhian J. P. Narayan 发起的 Gramdam 土地改革、尼雷尔领导的乌贾马运动等。1968 年，乐施会、基督教救助会、海外发展机构（Overseas Development Institute）联合其他涉及海外援助和发展的志愿组织共同

① ICAI, “DFID's Partnerships with Civil Society Organisations: A Performance Review,” ICAI, 2019.

发布了《哈斯米尔宣言》①，呼吁政府强化援助数量和质量、建立公正的国际贸易体系等，这也标志着这些战争救济组织向发展机构的转型。1969 年，由克里斯蒂安·艾德和乐施会发起创建的 Action for World Development（后成为 World Development Movement），整合了英国多家民间组织尤其是地方 NGO 组织的力量，增强了对官方的影响力。

进入 20 世纪 70 年代，英国政府开始对以往的对外援助叙事进行反思，质疑自上而下的经济增长援助的有效性，转向以人类基本需求为导向的自下而上的援助路径。在此背景下，英国 NGO 与官方的联系日益紧密，并且逐步进入官方援助项目。这一时期，英国 NGO 与大学智库合作，参与学术和知识生产，愈发批评官方援助。他们接受了 Barbara Ward、Gunnar Myrdal、E. F. Schumacher、Ivan Illich、Paulo Freire 等学者的思想，认同南方国家自主发展议程设置的权力、怀疑专家、支持小型发展项目，并由此总结和宣传 NGO 的比较优势，认为其能够补充官方援助的不足。与此同时，英国 NGO 在系列联合国会议里扮演着重要角色，如 1972 年斯德哥尔摩环境会、1974 年世界人口大会等，不仅提升了自己参与发展议程的能力，也增强了影响力。而 NGO 的这种转向恰恰都符合工党、保守党的议程，对工党而言，NGO 极力推动人类需求为导向的基本路径，对保守党而言，NGO 对之前官方发展援助持强烈怀疑态度，因而 NGO 越来越受到政府的重视。1975 年，英国政府通过了联合拨款援助计划（JFS），推动

① 《哈斯米尔宣言：对富裕世界与贫穷世界之间关系的激进分析》（*The Haslemere Declaration*: *A Radical Analysis of the Relationships between the Rich World and the Poor World*），由哈斯米尔小组于 1968 年发布。这一时期，全球贫困和世界贸易不平衡的问题引起了全球的重要关注。

NGO在减贫项目中发挥自身优势。1977年，英国政府还向较大的民间组织提供了有保障的集体补助金，包括乐施会、基督教救助会以及后来的天主教海外发展办事处（以下简称CAFOD）等。由此，英国政府从意识、机制、资金等层面确保了NGO在对外援助中参与的主体地位，为后来NGO的发展奠定了基础。

20世纪80年代是英国NGO参与对外援助的黄金时期。新自由主义盛行、冷战结束，政府间的发展援助进一步遭到质疑，国际发展议程转向善治、环境、性别和社会发展，这极大地拓展了NGO的发展空间，与政府的对话也日益增多。1984年埃塞俄比亚大饥荒爆发时，乐施会、行动援助等NGO精准快速地分配救灾物资，赢得了国际社会和普通公众的认同，官方援助越来越多地交由NGO来执行，尤其是在食物援助和紧急援助方面，1984年到1986年，英国9个食物援助项目中有7个是通过NGO落地埃塞俄比亚的。而对于新的发展议程，NGO也有着丰富经验和专业知识。如1989年签署的《儿童权利公约》，英国救助儿童会就发挥了巨大作用，其早在1923年就发布了《儿童权利宪章》。再如性别发展，乐施会于1985年就成立了一个专门的性别与发展部门，War on Want与拉丁美洲的普通女性紧密合作，并于1985年建立了一个衍生产品Women Working Worldwide。

随着形势的发展，在20世纪90年代，英国几个代表性的NGO完成了从“人类需求”向“人类权利”发展路径的转变，“权利”成为NGO参与国际发展的标准语言，也创造性地将NGO的基层工作转化为全球议程，并推动NGO日益成长为全球治理的重要主体。如1993年War on Want（对抗贫穷）发起了“A Human Right to Development”的3年行动，

1995 年乐施会发布了“Global Charter for Basic Rights”，提出了 10 项基本人权。英国 NGO 的这些转变与他们重视知识生产密不可分。20 世纪 80 年代，英国 NGO 资助成立了“Independent Group on British Aid”，聘请大量发展学家撰写了一系列研究报告[①]，影响国际发展援助的政策讨论。与此同时，乐施会、行动援助、War On Want 也发表各自的研究报告，收获广泛影响力。尤其是乐施会，1987 年发表了 John Clark 所写的 *The Oxfam White Paper 1987*，后拓展成 *For Richer, for Poorer* 一书，备受关注。乐施会于 1991 年还发布了学术期刊 *Development in Practice*，成为国际发展领域的焦点。此外，乐施会聘请阿玛蒂亚·森为荣誉主席，切实践行其提出的将穷人自我发展的草根参与和权利基础路径紧密结合起来的主张。

NGO 专业能力和影响力的提升，也让英国政府对其更加重视。英国政府在这一时期增加了对联合拨款援助计划（JFS）的支持力度，1984 年是 330 万英镑，但到 1989 年已经达到 1600 万英镑。1997 年，原国际发展部还专门成立了民间社会司，负责协调与 NGO 的关系。1999 年，英国政府推出民间社会挑战基金（CSCF），取代了 JFS，进一步拓宽和加深了与英国及发展中国家民间社会的联系。这些举措都极大地推动了 NGO 自身规模的扩张。如图 3－9 所示，英国 NGO 和企业的赠款额度在 20 世纪八九十年代迅速增长，从 1983 年的 1300 万美元增长到 1999 年的 1.44 亿美元，而乐施会、基督教救助会、救助儿童会等民间组织的总收入在 20 世纪 90 年

① Real Aid：a strategy for Britain 1982；Aid is not enough：Britain and the world's poor 1984；Missed opportunities：Britain and the third world 1986；Britain and Tanzania：the search for real aid 1986；Real aid what Europe can do 1988.

代翻了一番。虽然这是国际发展的趋势，但英国的 NGO 表现得更为出色，如乐施会实现了全球布局，设置了多个国别办公室，被世界银行称为 NGO 的非官方领导。

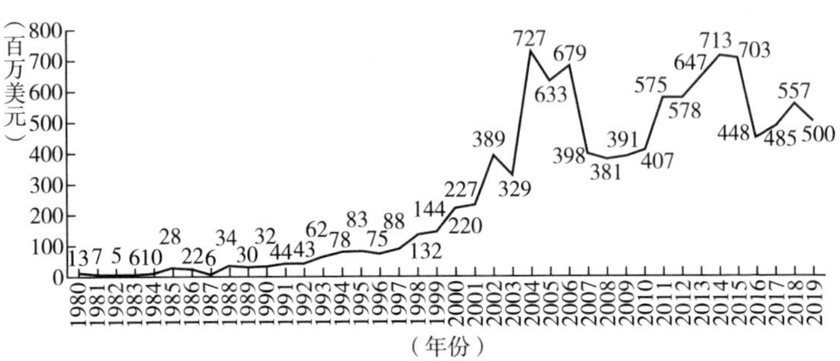

图 3－9　1980～2019 年英国对民间组织、研究机构和其他私营部门的核心援助

资料来源：OECD，2020。

进入 21 世纪，随着联合国千年发展目标、国家减贫战略、可持续发展目标的出台，政府在援助中的地位再次得到强化，一定意义上降低了 NGO 的吸引力，但英国 NGO 依然在对外援助中发挥着重要作用。首先，英国对外援助的承包文化没有改变，相比于政府和企业，NGO 在深入受援国社会方面拥有天然的比较优势，因此依然在援助项目招标中极具竞争力。其次，英国 NGO 经历了多年发展，已经形成了成熟的跨国倡议和行动网络，积极参与呼吁对受援国大规模减债的“大赦 2000”和“1999 西雅图反全球化运动”等，成为全球治理架构不可或缺的主体。由此，英国 NGO 与政府在对外援助领域的合作日益紧密。从 2009 年到 2019 年，原英国国际发展部双边支出的 15%～25% 依然由各类 NGO 承担。英国慈善委员会数据显示，当前共有 8587 个英国民间组织在撒哈拉以南非洲地区工作。[①]

（四）国际发展专业主义的载体：高校与学者智库的角色

英国对外援助在不同时期都非常重视专家智库的作用，成立了大量从事国际发展研究的学术机构，并且注重由专家学者在发展援助部门中担任要职、参与决策，由此产出了一大批关于国际发展的知识成果，并且及时将其转化、使其进入政策议程，有力地推动了英国对外援助的发展和转型，成为英国在国际发展援助框架中竞争力的核心要素。

早在 20 世纪初，为了促进殖民地的发展，英国就成立了多家专注于殖民问题研究的机构，如 1908 年成立的卫生与热带疾病局、1909 年成立的帝国昆虫研究所、1919 年成立的殖民研究委员会。这些机构在 1919 年到 1929 年间出版了大量的研究报告，涉及兽医、卫生、橡胶、农业发展、私人投资等领域，为英国 1929 年《殖民地发展法案》的出台奠定了基础。到 20 世纪 20 年代，英国殖民地办公室（Colonial and Dominions Offices）任命专家学者担任医疗顾问、经济和金融顾问、农业顾问等职务，推动了英国在殖民地发展项目的落实。1926 年，牛津大学和剑桥大学承担了培训殖民服务候选人的项目。

第二次世界大战结束后，英国追随美国开展对外援助。这时的主管机构受到早期发展经济学的影响，主要关注资本积累，包括哈罗德 - 多马经济增长模型、罗斯托发展三段论

① Charity Commission, "Found 8, 587 UK NGOs working in Sub - Saharan Africa [EB/OL]," (2021 - 08 - 10) [2021 - 08 - 10], https://ngoexplorer.org/region/undp/sub - saharan - africa/show - charities.

和刘易斯、保罗·罗森斯坦·罗丹等人的研究成果，这些思想观点共同促成了英国对外援助自上而下“增长即发展”的路径。

1964 年，威尔逊上台，经济学家 Thomas Balogh 教授成为其经济顾问，在其主导下，成立了海外发展部，专门负责对外援助，拓展了援助的边界和职能。Barbara Castle 担任首任部长，在整合各方职能的基础上，成立了 EPS（Economic Planning Staff）。该机构由一批经济学家组成，担任部门领导的是经济学家 Dudley Seers，即苏赛克斯大学发展研究所（IDS）的首任所长。到 1975 年，英国对外援助发生了较大转折，这与《增长中的再分配》一书密切相关，这本书是 Hollis B. Chenery 任首席经济学家的世界银行与英国 IDS 的合作成果，Dudley Seers 等经济学家都参与其中。在此影响下，朱迪思·哈特成为海外发展部部长后，推动了英国对外援助向人类基本需求路径的转型。之后，阿玛蒂亚·森、罗伯特·钱伯斯等人的研究也对英国对外援助产生了影响。阿玛蒂亚·森把发展定义为人类能力的扩展和自由的增进，钱伯斯强调就穷人的含义及其改善生活的重点优先咨询穷人的重要性。钱伯斯和 Gordon Conway 撰写的 IDS 工作论文，还提出了可持续农村生计（sustainable rural livelihoods）的概念，尊重多元化的价值，重视地方性知识，强调赋权给基层的人，发挥他们自身的主观能动性，提倡自下而上的参与评估。这些概念都进入到英国对外援助的议程之中，DFID 还以此开发出以脆弱性人群为基础的基于生计资产结构和过程转变的可持续生计框架。

在 20 世纪 80 年代，学者智库的作用有力推动了英国 NGO、企业参与到对外援助中来。前文提到的 1981 年，一批来自学术界、NGO 的发展专家成立了 IGBA（Independent Group on British Aid），并发表了一系列报告。比如 IGBA 第一份报告 *Real Aid：a Strategy for Britain*（1982）就呼吁一种覆盖更多穷人需要的援助，有力地提升了 NGO 的影响力和资源。1987 年，英国 IDS 的 *World Development* 期刊第一次系统关注 NGO，包括了草根视角、性别议题、赋权和参与等议题，为 NGO 的发展营造了有利环境。而英国 NGO 对小型发展项目的支持也离不开 Barbara. Ward、 Gunnar. Myrdal、 E. F. Schumacher、 Ivan. Illich、Paulo. Freire 等学者研究成果的影响。

从 2020 年全球顶尖国际发展政策智库排名和 2021 年 QS 世界大学发展研究专业学科排名中可以看出，英国高校与智库在发展研究与国际发展领域居于领先与主导地位，引导着国际发展合作话语体系的构建，并推动国际发展合作实践共同体的形成与完善。具体见表 3 –6。

表 3 –6　2021 年 QS 世界大学发展研究专业学科排名和 2020 年全球顶尖国际发展政策智库排名——英国

高校	全球排名	智库	全球排名
苏赛克斯大学	1	英国发展研究所	1
牛津大学	2	英国皇家国际事务研究所	5
伦敦政治经济学院	3	海外发展研究所	11
SOAS 伦敦大学东方与非洲研究院	5	非洲经济研究中心	39
剑桥大学	6	国际环境与发展研究所	57
东英吉利大学	9	亚当·斯密研究所	77
曼彻斯特大学			
爱丁堡大学			
伦敦国王学院			

续表

高校	全球排名	智库	全球排名
利兹大学			
谢菲尔德大学			
纽卡斯尔大学			
约克大学			
格拉斯哥大学			
帝国理工学院			
布里斯托大学			
巴斯大学			
华威大学			
伯明翰大学			

数据来源：McGann，James G.，“2020 Global Go To Think Tank Index Report，” TTCSP Global Go To Think Tank Index Reports. 18，2021，https：//www.qschina. cn/university – rankings/university – subject – rankings/2021/development – studies。

以 1966 年成立的英国发展研究所（IDS）为例，其愿景为提供世界一流的研究、学习和教学，推动全球更公平和可持续发展所需的知识、行动和领导力。IDS 通过公平和可持续的合作伙伴关系，与政府、慈善基金会、民间组织、学术界合作，以最终推动改变人们生活方式实现渐进式社会、政治和经济变革。IDS 作为全球排名第一的学术机构与智库，不仅引领国际发展知识的生产，同时也为国际发展共同体的连接做出了特殊的贡献。具体见表 3 –7。

表 3-7 2019～2020 年 IDS 所获成就概览

数据	成就
全球第一	2020 年和 2021 年 QS 世界发展研究学科排名
全球第一	2019 年和 2020 年全球国际发展研究类智库指数排名
88%	与外部合作伙伴共同编写的 IDS 出版物占比
35%	位于南方国家的签约合作伙伴数量占比
310 个	知识、研究和资助合作伙伴（正式）
290 个	正在执行的研究和知识项目
155 篇	已发表的期刊文章
150 名	完成了 IDS 专业发展短期课程的学生数量
60 个	注册学习的 315 名同学的来源国数量

资料来源：IDS，“Annual Review 2019 - 20，” IDS，2020。

从 2019～2020 年 IDS 不同主体的资助者金额占比来看，英国政府资助金额占到 50%，而英国研究委员会、民间组织、基金、咨询公司、国际多边组织和学术机构等主体对于 IDS 也给予了很大支持。具体见图 3-10。

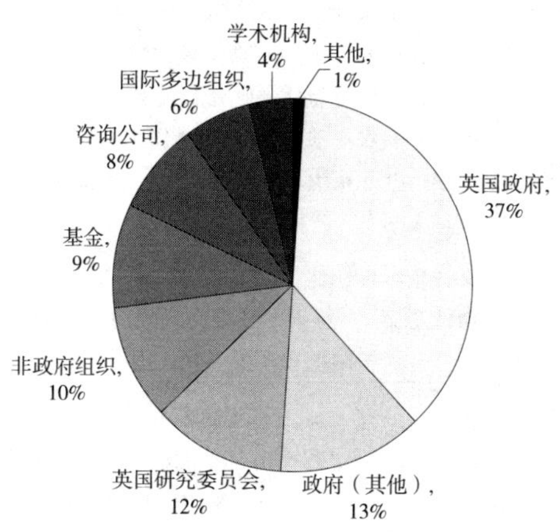

图 3-10 2019～2020 年 IDS 不同主体的资助者金额占比

数据来源：IDS，“Annual Review 2019 - 20，” IDS，2020。

此外，当前 IDS 共成立了 35 个知识共享中心/网络/联盟/项目，合作伙伴遍及全球，为英国在发展知识上的领导力和国际发展合作共同体的建立与完善提供了有力保障。具体见表 3－8。

表 3－8　IDS 知识共享中心/网络/联盟/项目（部分节选）

中心网络	简介
商业与发展中心	旨在通过商业、经济、政治科学和发展研究的交叉学科思考，就商业在解决不平等、可持续性和安全等全球挑战中所扮演的角色提供急需的研究和实践分析
发展影响中心	通过使用适当的混合方法和稳健的评估设计，为影响评估领域的学习和创新做出贡献。这是由 IDS、国际发展评估与咨询公司（Itad）和东英吉利大学（UEA）之间的一项联合倡议发起的
新兴大国与全球发展中心	处于研究和实践分析的前沿，帮助连接政府、捐助者、民间组织和学术界，探索应对全球发展挑战的新方法，特别关注金砖国家（巴西、俄罗斯、印度、中国和南非）和其他越来越有影响力的中等收入国家。该中心于 2015 年在北京联合成立中国国际发展研究网络（CIDRN），由中国农业大学主办，并与该大学签订了谅解备忘录，同时与英国经济与社会研究委员会（ESRC）资助的中国和巴西非洲农业项目进行了合作。该领域的其他主要合作伙伴包括北京大学、清华大学、上海国际问题研究院和复旦大学
社会保护中心（CSP）	支持全球合作伙伴网络，致力于将社会保护纳入发展政策的主流，并推动形成全面、长期、可持续和有利于穷人的社会保护制度和政策工具
粮食公平中心	汇集了研究人员、政策制定者、从业者和活动家，共同开发解决粮食系统不公平问题的方案。它解决了在全球公共卫生危机背景下暴露出的粮食不安全和结构性问题，对更容易感染疾病和营养不良的人群进行研究并采取行动，以实现公平、正义和包容的目标。粮食公平中心结合了来自全球不同地区的从事不同研究和实践传统的合作伙伴，共同致力于解决食品公平问题

续表

中心网络	简介
人道主义学习中心（HLC）	将高质量的分析、对话和辩论与操作性学习相结合，以改进人道主义响应、实践和政策。HLC 致力于利用证据和知识来保护和加强受人道主义危机影响或面临人道主义危机风险的人们的生活、生计和尊严
加纳发展中心	作为一个横向伙伴关系网络，其中包括正在进行的研究、学习、教学和政策倡导工作。其主要合作伙伴是加纳大学和发展研究大学。其研究重点涵盖可持续性途径、气候和环境正义、移民、水和卫生、农业生计等。加纳发展中心是不断发展的全球网络的一部分，该网络包括巴西、中国、欧洲和巴基斯坦，通过共享经验提供全球学习的新机会
IDS 中国中心	是 IDS 国际倡议的一部分，其研究重点是中国——一个改变全球地缘政治的国家，因为它的战略重要性、在全球南方的作用及其对发展的承诺。IDS 认识到应对气候变化、贫困和不公正等普遍挑战需要知识共享、相互学习和合作，包括中国国内和全球对中国的不同观点。通过与华北电力大学、中央财经大学、清华大学和北京师范大学合作，该中心在环境治理和低碳转型方面的工作引起了重视。北京师范大学还主办了可持续发展之路全球联盟的中国中心。还与中国国家卫生与发展研究中心（CNHDRC）和北京大学公共卫生系合作，包括通过中英抗生素药物研发中心项目
国际中心的税务和发展（ICTD）	该中心是一个全球性的政策研究网络，致力于改善发展中国家的税收政策和管理质量，特别侧重于撒哈拉以南非洲。它由威尔逊·普里查德博士领导，由英国外交、联邦、发展事务部以及比尔及梅琳达·盖茨基金会资助
巴基斯坦中心	重点关注处于发展思维和实践前沿的国家，并以 IDS 与拉合尔管理科学大学（LUMS）之间的长期合作伙伴关系为中心。该中心认为应对气候变化、贫困和不公正等挑战需要知识共享、相互学习和合作，包括巴基斯坦国内和全球的不同观点

续表

中心网络	简介
可持续发展的社会、技术和环境途径中心	开展跨学科的全球研究，将发展研究与科学技术研究结合起来。STEPS 中心由苏塞克斯大学发展研究所和科学政策研究部（SPRU）在英国主办。其主要资金来自英国经济和社会研究委员会（ESRC）。在非洲、中国、欧洲、拉丁美洲、北美和南亚设有中心

数据来源：IDS 官网，2021。

由此可见，高校与学者智库在英国对外援助中是各主体参与到援助议程合法性的基础，也是英国对外援助不断转型和发展的理论源泉。基于其重要性，英国对外援助中的政府部门、NGO 乃至企业越来越重视学者智库的重要性。目前英国至少有 200 家机构从事国际发展研究，在很多大学都设置了发展研究学科及人才培养项目，包括 DFID 在 2000 年以后也更多地关注知识议程，倡导建立发展知识生产及共享网络，以确保英国在发展知识上的领导力。

（五）传播的先锋：媒体的作用

大部分媒体都是非国家主体，他们将自己的定义与国家和所有其他主体（不同于政府、教会和选民）区分开来，爱尔兰政治家埃德蒙·伯克曾将其称为“第四产业”。虽然这种代表公民与其他利益主体相抗衡的自由和独立媒体的观念是理想模式，但全世界大多数媒体都处于一个复杂的、迅速变化的和极其多样化的现状。在 2008 年原国际发展部出版的工作报告《媒体与善治》中提到，自由、独立和多元的媒体（广播、电视、报纸、互联网等）对国家滥用权力或腐败提供了严格制约，就贫困群体关心的问题进行公众辩论，可以让公众更加了解和认可边缘化公民的观点，向积极参与的公共事务公民提供能够让他们做出民主决策的信息。① 英国政府对于媒体传播的作用十分重视，正如政府通信服务执行董事亚历克斯·艾肯（Alex. Aiken）所说：

> 媒体关系是政府沟通的核心。我们的团队每天都在解释政府部门和机构的政策和服务。这项活动的范围和规模是绝无仅有的，从每天的议会“游说”和电视新闻发布会，到公共卫生传播者的关键工作，再到人事管理和税收部门解释我们的福利和税收政策的工作，再到我们的外交政策，英联邦发展部的传播工作人员遍布世界各地。
>
> 亚历克斯·艾肯（Alex Aiken），《现代媒体运营指南2021》

加强与民众的沟通并获得民众对援助的理解和支持是英国发展援助中媒体的主要意义，2000 年原国际发展部出版的《治理中的媒体：援助指南》成为早期涉及媒体参与援助的第一本指南，随后原国际发展部出版的《媒体与善治》和政府传播服务（GSC）出版的《现代媒体运营指南》均强调了媒体传播对于发展的重要性。原英国国际发展部传播顾问理查德·达林顿（Richard. Darlington）的工作重点是向选民和外界讲述 DFID 的工作故事，而发展部门正面临着一场激烈的战斗——要向持怀疑态度的媒体和公众证明自己是正确的，他承认该部门当时在解决公众对援助支出担忧方面做得太少。②具体

---

① DFID，“Media and Good Governance，” DFID，2008.

② Russell Hargrave，“Top UK aid Storyteller on the Communications Crisis，” devex，2018 - 06 - 11.

见表3－9。

> 我们并没有继续做案例，而是留给（公众）“一无所知”的状态。我们将这些令人难以置信的收益和胜利存入银行。虽然我们的（对外援助）工作已有了很大进展，但现在是时候再次站出来并解释它（对外援助）的目的——我们为什么这样做，为什么它仍然值得这样做。
>
> 原英国国际发展部传播顾问理查德·达林顿（Richard Darlington），2018①

表3－9　英国媒体参与对外援助的相关政策指导文件

部门	出版年份	出版物名称
原国际发展部	2000	《治理中的媒体：援助指南》
原国际发展部	2008	《媒体与善治》
政府传播服务（GSC）	2017	《现代媒体运营指南2017》
政府传播服务（GSC）	2021	《现代媒体运营指南2021》

数据来源：由英国政府官网（www.gov.uk）文件收集和整合而成。

2021年，在政府传播服务（CSC）发布的《现代媒体运营指南2021》中已标明了包括报纸、电视和广播在内的国家媒体名单，具体见表3－10。

表3－10　参与国际发展合作的媒体汇总

类别	名称
报纸	《每日邮报》《太阳报》《都市报》《伦敦标准晚报》《每日镜报》《泰晤士报》《每日电讯报》《每日快报》《每日星报》《金融时报》《卫报》

① Russell Hargrave, “Top UK aid Storyteller on the Communications Crisis,” devex, 2018－06－11.

类别	名称
电视	《BBC1：六点新闻》《BBC1：十点新闻》《BBC1：安德鲁·马尔秀》《BBC1：全景》《ITV：晚间新闻》《BBC2：地平线》《ITV：佩斯顿周日》《第四频道：快讯》《BBC1：新闻之夜》
广播	BBC 广播电台（1 台至 5 台）、《BBC 国际广播电台（BBCWS）》

数据来源：政府传播服务，《现代媒体运营指南 2021》，2021。

同时在《现代媒体运营指南 2021》中也对这些国家媒体提出了五个核心要求，以第一个核心需求——媒体前瞻把握中的国际子需求为例，其需求与英国国际发展合作密切相关，具体内容包括：①与外交、联邦、发展事务部和其他国际部门接洽，就国际公告提供建议；②了解英国政府的国际角色，特别是在安全、繁荣和发展方面，以及与国内政策的关系（例如出口、就业）；③部长出访国外时的评估、建议；④维护重要国际媒体联系人的最新数据库；⑤为国际媒体安排部长级和高级官员简报会；⑥与英国的国际媒体接触，并与主要记者建立关系；邀请媒体参加简报会并向他们发送新闻公告；⑦利用社交媒体渠道向海外受众传达量身定制的信息。① 具体见表 3－11。

表 3－11 政府对英国媒体的核心需求

核心需求	子需求
媒体前瞻把握	发布公告、国家和地区、消费者媒体、针对少数民族的媒体、国际
媒体反馈应对	媒体监督、电话反馈、危机沟通

① Government Communication Service, "Modern Media Operation: A Guide," Government Communication Service, 2021.

续表

核心需求	子需求
关系管理	政策制定与合作、与其他社区的整合、部长级和特别顾问的参与、赢得并保持记者的信任
数字与内容创作	数字、内容创作
洞察与评价	洞察、评价

数据来源：政府传播服务，《现代媒体运营指南 2021》，2021。

因此，媒体成为外交、联邦、发展事务部的重要合作伙伴。外交、联邦、发展事务部也会向 BBC 及其独立设立的慈善组织 BBC 援助行动等机构提供资金，以支持其参与到国际发展合作之中。

（六）全球治理的链接：国际组织的角色

二战后，国际多边组织作为国际发展合作架构中的一个重要组成部分一直推动着发展援助的知识与话语体系构建，以及议程与规则制定。经合组织发展援助委员会将国际多边组织定义为“具有政府成员资格的国际机构”。[①] 尤其在进入 21 世纪以来，以联合国系统为例，无论是联合国千年发展目标，还是更为复杂的《联合国 2030 年可持续发展议程》目标，都反映出不断变化期望的西方传统援助国和不断推陈出新的新兴援助国对于国际发展议题的关注。就国际组织对于英国发展援助的关系与影响而言，援助影响独立委员会（ICAI）在一份报告中这样提到，“原国际发展部的成果在很大程度上取决于多边机构的贡献，而多边机构在很大程度上依赖原国际发展部的资金。原国际发展部成功地将各机构的重点放在关键

① OECD - DAC, “In Multilateral Aid Report,” OECD - DAC, 2012.

的全球挑战上，如性别问题、促进改革和改进成果。其致力于提高国家一级的多边效力，但对受益者生活的持续影响方面的观点并不一致。DFID 可以通过利用其资金，使全球、国家和地方各级的机构围绕关键发展主题保持一致，从而提高效率”。

原英国国际发展部至少与包括联合国机构、欧盟、全球与区域性银行和基金等 47 个国际多边组织进行合作，原英国国际发展部认为，由于多边机构的特殊能力，它们能够支持英国的国际发展目标。根据原英国国际发展部的说法，“仅凭他们（国际多边组织）的规模、影响力和专业知识就可以为全球问题提供全球性解决方案”①。这同样也解释了为何英国能从 20 世纪 60 年代初的 9% 多边援助占官方发展援助的比重一度增长到 20 世纪 70 年代的 50%，并在 21 世纪以来一直将多边援助比重维持在 1/3 及以上。具体见图 3 - 11。

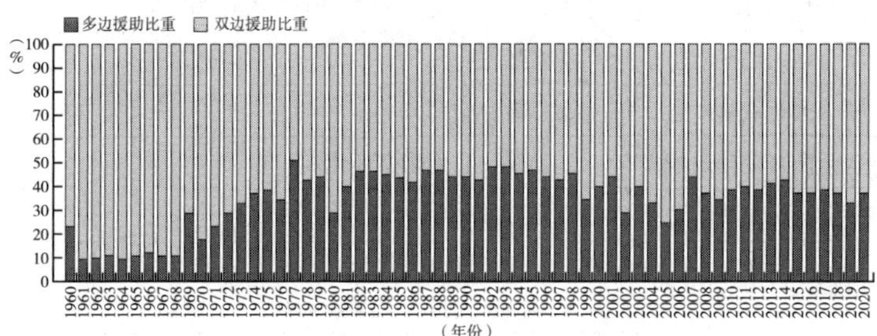

图 3 - 11　1960 ~2019 年英国官方发展援助中多边与双边援助比重

数据来源：OECD 数据库。

英国作为对国际多边机构组织援助规模最大的国家之一，其主要资助对象为与英国的发展和外交战略目标一致的多边机构。具体见图 3 - 12 和表 3 - 12。

---

① ICAI，“How DFID Works with Multilateral Agencies to Achieve Impact，” ICAI，2015.

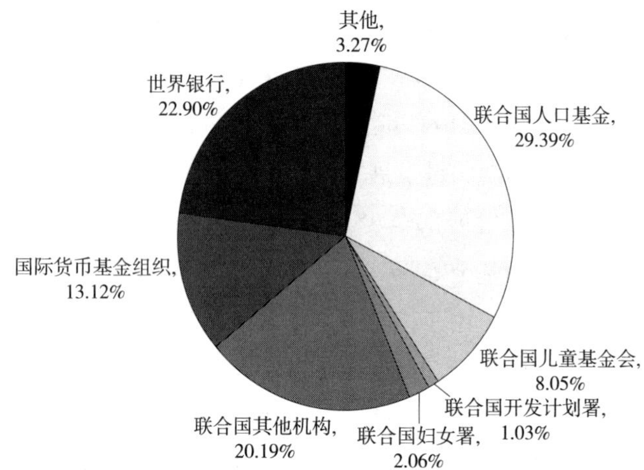

图 3－12　2017～2019 年英国多边援助各机构平均所占比重

数据来源：Statistics on International Development：Provisional UK Aid Spend 2020。

表 3－12　英国多边援助中主要的国际组织与当前英国发展战略重点的匹配

国际组织	对应当前英国 FCDO 的战略重点
联合国人口基金	女童教育
联合国儿童基金会	女童教育
联合国开发计划署	气候变化和生物多样性
联合国妇女署	女童教育
其他联合国机构	全球卫生安全、科学、研究和技术、开放社会和冲突解决、人道主义准备和响应
国际货币基金组织	贸易和经济发展
世界银行	贸易和经济发展

数据来源：笔者根据数据分析自制而成。

就英国的多边援助管理机制而言，目前已形成了立法保障、管理部门、审查评估、政策制订和问责监督的机制①，具

① 曾璐、孙蔚青、毛小菁：《借鉴英国发展多边援助的管理体制》，《国际经济合作》2021 年第 2 期，第 56－61 页。

体见表3－13。

表3－13　英国多边援助管理机制

机制	内容
立法保障	《2002年国际发展法案》 《2006年国际发展（报告和透明度）法案》 《2014年国际发展（性别平等）法案》 《2015年国际发展（官方发展援助目标）法案》
管理部门	英国首相决定多边援助的政策方向； 内阁办公室为各部门提供官方发展援助的管理指南； 外交、联邦、发展事务部则为多边援助的主管部门，负责包括世界银行、欧盟、全球基金和联合国系统等国际组织的多边援助； 多部门开始参与多边援助，例如卫生和社会保障部、商务、能源和工业战略部和财政部分别负责对世界卫生组织、气候投基金（CIFs）、多边开发银行的捐助等
审查评估	下议院国际发展委员会（IDC）、国家审计署（NAO）和援助独立影响委员会（ICAI）负责审查评估
政策制定	英国伦敦政治经济学院和英国发展研究所（IDS）等高校智库通过培养专业人才，开展独立研究和同政府的互动，也推动了英国在多边援助领域的理论研究与政策制定，并通过自身话语体系的完善来影响全球发展议程的设置
问责监督	英国广播公司和卫报等也在敦促发展机构提高透明度与有效性方面做出了一定贡献

数据来源：由曾璐、孙蔚青、毛小菁的《借鉴英国发展多边援助的管理体制》一文整合而成。

国际组织已成为英国国际发展合作的重要伙伴，英国近些年已成为最大的多边捐助国之一，同时也是极具影响力的多边援助参与者。国际多边组织未来在实现双边援助的减贫目标和影响国际议程设置方面，仍对英国具有巨大的作用。

三 多元主体参与实践

经过了一个世纪的探索，英国对外援助当前已经形成相对成熟的运作机制，从规划、实施、监测到评估，从战略、路径到工具方法都有大量的积累，并实现规范化和机制化。英国政府、受援国政府、咨询服务企业、民间组织等主体在援助产业链中都找到自己的位置。在这一过程中，英国政府起到了引领作用，通过设立机构、出台法案不断规范和加强政府与民间组织、企业的合作，在服务外包管理机制下共同推动英国对外援助目标的实现。

以英国对坦桑尼亚的援助为例，虽然在过去的 15 年中，坦桑尼亚经济以每年约 7% 的速度增长。但仍有 2500 万坦桑尼亚人每天的生活费不足 1.9 美元，每年有 80 万坦桑尼亚青年进入就业市场，但相应的就业机会却很少。虽然大多数儿童受教育水平正在提高，但坦桑尼亚的教育成果仍然很差，其中只有 7% 的学生在阅读方面达到国际标准。英国作为坦桑尼亚最大的外国直接投资提供者，以 2021 年为例，FCDO 在坦桑尼亚正在执行的项目共有 37 个，已结项项目共 89 个。在 2015 ~ 2020 年，英国共支持坦桑尼亚 657000 名儿童获得体面的教育，523 万名妇女和女童学会了现代计划生育方法，47000 名公民获得人道主义援助（粮食援助、现金和代金券转移），500 万名 5 岁以下儿童、妇女（育龄）和少女接受了与营养相关的干预措施，82 万公民获得可持续清洁水和卫生设施。英国对坦桑尼亚援助领域主要集中于教育、健康、政府与民间社会、水资源和银行与金融服务等。具体见图 3 - 13。

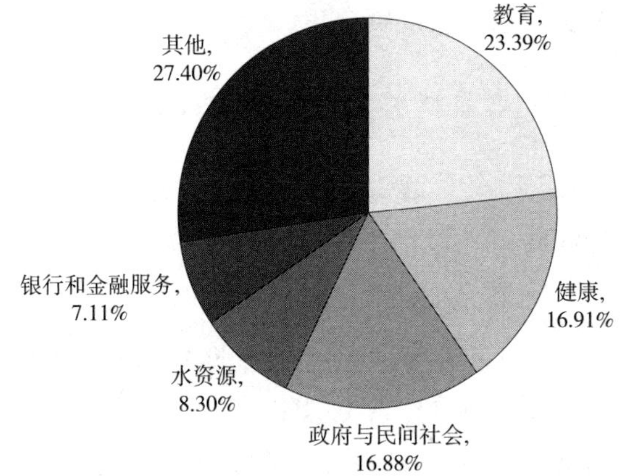

3－13　2021 年英国对坦桑尼亚援助的预算分布

数据来源：发展追踪官网。

在坦桑尼亚，原英国国际发展部通过与英国其他政府部门密切合作，以实现英国的援助目标。英国在坦桑尼亚拥有着多重利益。每年大约有 7 万名英国游客访问该国，1 万名英国公民和几家在英国上市的主要企业都驻扎在这里。英国是坦桑尼亚最大的外国直接投资来源国。DFID 的支持有助于为英国企业创造更多机会，同时也为坦桑尼亚年轻人创造就业机会。DFID 也与国际贸易部和 FCO 密切合作，以实现这一目标。英国和坦桑尼亚在该地区也有共同的安全利益。例如，坦桑尼亚是海洛因从西亚到欧洲的主要过境点。原国际发展部与国家犯罪局和皇家检察署合作加强刑事司法系统，帮助坦桑尼亚应对这些威胁。DFID 与 FCO 和其他六个政府部门密切合作，以实现英国在坦桑尼亚的援助战略目标。同时其还与一系列英国机构合作，带来世界一流的专业知识，包括伦敦热带卫生与医学学院、英国公共卫生学院和城市警察局。这些机构通过坦桑尼亚政府提供 1/3 的资金，通常使用创新的成果支付机制，1/3 资金由私营部门提供，其余通过多边机构和民间社会提供相应的资金。①

（一）利用教育技术的变革潜力：政府与 NGO 的合作

自 20 世纪 70 年代起，英国政府逐渐认可了以 NGO 为代表的社会组织在对外援助中的作用，并制定了相关机制给予支持和发展。尤其是 20 世纪 90 年代以来，随着布莱尔践行“第三条道路”的发展理念，政府对 NGO 的重视和支持力度更大，推动实现双方合作的组织化和规范化。

1997 年原国际发展部成立之初，就设立了民间社会司，专门负责以 NGO 为代表的社会组织的相关事宜。事实上，原国际发展部对社会组织的重视已经实现系统化，除了民间社会司，原则上下属各部门根据需要都可以选择与社会组织开展合作。除了给予资金支持，相关部门还要了解社会组织工作的特点，为社会组织更好地参与官方发展援助创造更有利的政策环境。

对 NGO 的资金支持，是双方合作最重要的维度和基础。1999 年推出了民间社会挑战基金（CSCF），用以取代之前的联合拨款援助计划（JFS）。2010 年又推出了项目合作协议（PPA），一直延续到 2016 年，成为英国政府与社会组织的主要合作项目。值得提出的是，英国政府对 NGO 的资金支持计划在早期更倾向于选择大型的社会组织，因为其支持额度大、灵活性高、非限定性、直接由政府拨款。如表 3 - 14 所示，包括乐施会、行动援助、救助儿童会等，单一资助金额高达数千万英镑，极大地推动了 NGO 的发展。

---

① DFID,“DFID TANZANIA,”DFID, 2018.

表 3－14　2011～2016 年 PPA 资助的部分 NGO 及额度

NGO	资助金额（英镑）
行动援助	23684273
英国红十字会	9418460
天主教国际发展慈善会	24021448
基督教救助会	41721578
乐施会	64233457
救助儿童会	54099804
世界自然基金会（英国）	17769547
国际关怀组织	18591291

资料来源：DFID 官网，2020 年。

2016 年以后，英国政府对此有所调整，在继续与大型 NGO 合作的同时，将资助重点转向中小型社会组织，从项目拨款转向商业合同。支持资金主要包括三类：英国直接援助项目（UK Aid Direct）、英国配资项目（UK Aid Match）、英国联合援助项目（UK Aid Connect）。三类资金涉及的社会组织类型、目标、运作流程存在差异，具体见表 3－15。

表 3－15　英国三类对社会组织支持的资金比较

内容	英国直接援助项目（UK Aid Direct）	英国配资项目（UK Aid Match）	英国联合援助项目（UK Aid Connect）
社会组织类型	在英国注册的；联合国人类发展指数排名最低的 50 个国家注册的；在 DFID 认为脆弱程度中高等国家注册的	只涵盖在英国注册的	不限

续表

内容	英国直接援助项目（UK Aid Direct）	英国配资项目（UK Aid Match）	英国联合援助项目（UK Aid Connect）
目标	可持续发展与减贫	支持社会组织在海外欠发达地区发展援助项目	通过联盟与合作，为复杂的社会问题提供具有创新性的解决方案
运作流程	DFID 确定需求，公开招标，是竞争性基金项目，根据类型确定金额	社会组织确定项目计划和筹款目标，向 DFID 申请配套资金，非竞争性，一配一，200 万英镑封顶	
周期	2010～2025 年	第 1 期：2013～2016 年 第 2 期：2016～2020 年	2017～2022 年
总预算金额（英镑）	2.86 亿	第 3 期 1.57 亿	1.38 亿

资料来源：宋天琪：《英国社会组织参与政府发展援助的管理体系及其启示》，《学会》2020 年第 2 期。

英国直接援助项目是当前 DFID 资助社会组织参与官方发展援助最主要的途径，其中下设三个子项目：小型慈善机构调整基金（年收入小于 25 万英镑的社会组织，最高资助 5 万英镑）、社区伙伴关系资助金项目（年收入小于 1000 万英镑的社会组织，最高资助 25 万英镑）、影响力资助金项目（年收入小于 1000 万英镑，最高资助 25 万～400 万英镑，但要求配套 25%）。

在具体操作层面，DFID 目前采用的是服务外包管理机制。这里就涵盖了 DFID、权威咨询公司为代表的第三方机构、社会组织以及相应的监督评估机构，是一个系统化、规范化的流程体系。首先，DFID 根据需求在市场上公开招标，雇用第三方专业机构充当基金经理（Fund Manager），多为在对外援助领域有丰富经验和专业能力的发展资讯公司，双方签订商业合同。其次，基金经理要根据 DFID 的需求组织团队，负责招标的信息发布、申请资料遴选，确定初步入选名单交由 DFID 确定。最后，资金下发、执行项目期间，基金经理还要与中标的社会组织密切联系，负责后续项目运作和管理。需要指出的是，基金经理可以管理多个项目，但不允许介入项目的评估。

在评估环节，DFID 已经非常成熟和完备，涉及多个层面。2011 年以来，DFID 提出了嵌入式评估模式，主张将评估理念和活动融入项目设计和执行的各个环节，以提高项目质量和效率。这就要求社会组织在申请项目时、在各阶段规划中就得带有评估思维去设计和执行，而且各管理部门员工要具备评估的知识和能力。在实践层面，DFID 设置评估部门，专门负责对外援助项目的监测与评估。当项目审批后，DFID 一般会任命项目的高级官员，常驻项目所在国，专门负责项目的监测与评估。具体到监测评估，DFID 有一套完整的规则体系。比如在选择评估项目上，并不是每个项目都要评估，DFID 每年会制定评估计划，制定评估的优先领域和需求。基于此，再结合项目的规模等因素，将所有项目划分为必须被评估、可以考虑评估和不需要完整评估三类，再到主管部门最终确定。此外，在监测和评估形式上，还会细分为季度审查和年度审查。而评估指标主要依据 OECD - DAC 评估体系制定，包括相关性、有效性、效率、影响和可持续性等方面。

DFID 还有严格的财务审计。首先，内部审计部门的审计。其次，DFID 加入了国家反欺诈计划，定期向内阁办公室报告财务数据。再次，英国国家审计办公室每年还要对 DFID 的年度财务活动进行审计，分析 DFID 的财务制度和策略，并向议会报告。最后，具体到项目层面，成立了英国援助影响独立委员会（ICAI），直接通过下议院国际发展委员会或下属的 ICAI 小组委员会向议会汇报。

以下以"利用教育技术（Ed - Tech）的变革潜力——为所有人提供更好的学习成果项目"作为英国政府与 NGO 的合作案例。教育科技中心（Ed - Tech Hub）的使命是通过在教育系统中有效使用数字化，到 2030 年在世界教育发展方面实现 70 年的常规发展。这包括在学校和家庭中使用数字、数据和技术来提高学习效率。它目前提供创新支持、学习成果研究、政府和该行业真正需要的全球领导力的直接支持。作为对全球公共卫生危机的回应，该中心已将重点转向帮助 15 亿失学儿童，召集和整理快速的证据和建议，供决策者在这个远程线上学习时期使用。原英国国际发展部、盖茨基金会和世界银行是该计划的捐助者。教育科技中心直接为关于女孩的宣言承诺做出贡献。

专栏 3 - 1 "利用教育技术（Ed - Tech）的变革潜力——为所有人提供更好的学习成果项目"管理案例

1. 项目简介

原英国国际发展部将在 8 年内投资 1900 万英镑，以形成一个全球"有效"证据中心，促进教育领域的创新。它将为决策者提供证据，以利用教育技术的变革潜力——为所有人提供更好的学习成果。

该中心将与 DFID 密切合作。它将作为跨政府和 DFID

的资源，支持整个组织的 Ed - Tech 学习和创新。季度仪表板和质量证据产品将确保从两方面的工作中综合经验教训——提供新的知识体系和工作方式，以改变该行业的现状。调查结果将以开放的方式与 DFID 顾问、国内从业人员、政策制定者和全球合作伙伴一起广泛传播。该中心将响应热衷于提供技术嵌入解决方案的国家利益相关者需求，这些解决方案能够对学习成果产生更大、更快和更具成本效益的影响。

2. 项目治理

该项目的首席顾问和高级项目负责人（SRO）将是全职项目资助的 DFID 教育顾问。他/她将得到教育研究团队项目经理的支持，以及社会发展顾问的技术社会发展投入，以确保在整个过程中考虑公平和性别因素。

教育研究团队将在可能的情况下要求国内教育顾问在进行研究的国家/地区充当"联系顾问"。该联系顾问将与国家研究团队的首席调查员会面，以确保与其他国内项目的一致性和协调，并确保国内项目受益于本研究的成果。

该中心将建立一个执行指导委员会，由首席执行官、研究主任、原英国国际发展部高级职员、原英国国际发展部借调到中心的人员和 3 ~4 名外部专家（包括其他援助者的代表）组成。执行指导委员会将负责批准国内研究团队的总体战略、工作计划、研究方法和职权范围——包括拨款决定。执行指导委员会将每季度开会评估进展并做出高层决策。该模型已用于其他复杂的项目（例如女童教育挑战基金），并允许 DFID 平衡对该项目的影响与由项目组负责交付的责任。

虽然存在人力资源需求可能超过这些初始估计的风险，

但这些风险将通过 DFID 与中央枢纽之间的定期沟通（在一定程度上）得到缓解。在该项目的交付阶段，该中心和创新窗口经理将根据商定的报告模板每季度向 DFID 报告。如有必要，随后将在该中心和创新窗口代表与 DFID 之间举行进一步会议。在 6 个月的启动阶段，DFID 首席顾问和项目经理将与该中心供应商［包括创新窗口经理（如果单独采购）］定期举行电话会议，以监控进度。

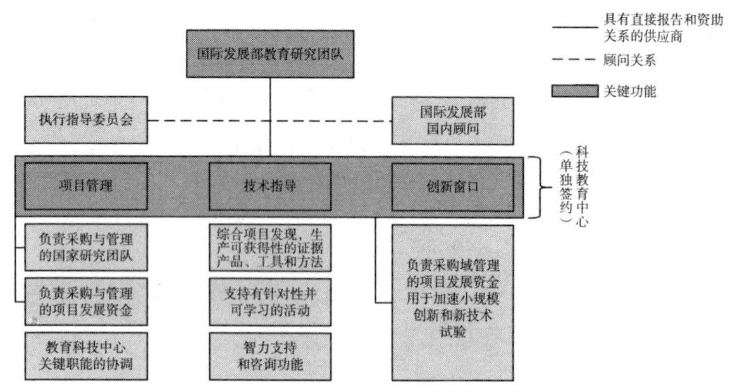

图 3-14 项目治理和协调结构概览

3. 风险管理

（1）私营供应商和教育专家的优先事项将如何协调？

DFID 将汇集不同的利益相关者，并确保重点关注核心问题以调整优先事项，从不同的技能组合中汲取专业知识，以确保打破信息孤岛；包括教育、技术专家和政府决策者。从研究审查和数字化转型计划中得到明确指导，聘请顾问与全球捐助者社区建设教育证据（BE2 网络）和移动教育联盟合作，以确保优先事项与更广泛的全球社区保持一致，DFID 正在促进创新和适当的教育技术政策。

（2）该计划将如何促进进一步的金融投资？

在设计这个商业案例时，咨询来自该行业的 50 多位专家，以及教育之外的技术和创新专家，潜在的未来投资者，包括美国国际开发署、加拿大国际发展研究中心（IDRC）和私营部门合作伙伴。该团队还拥有现有网络支持和即将到来的机会，包括教育委员会、教育证据网络和 2017 年教育世界论坛，通过这些网络来推广该计划并吸引金融投资。

（3）如何确保教育技术惠及最边缘化的群体和女孩？

相关研究表明女性拥有手机的可能性降低至 14%，上网女性的可能性降低至 25%，该项目将确保在整个项目调试、设计和实施过程中充分考虑性别问题。性别和公平要求已嵌入到此业务案例中，并将通过日志框架目标、有关性别和公平的指标纳入这项工作的监测之中。

（4）如何有效管理该计划？

将利用市场为这项研究选择最具竞争力和能力的供应商。从一开始就密切关注中心和国家团队的结构和激励措施，以最大限度地推动工作进展以及开放、清晰的治理结构和报告路线。如果出现严重问题，需要合作伙伴与 DFID 的定期沟通，还将有明确的沟通机制，包括通过指导委员会或直接 DFID 干预。

（5）将如何解决能源和连接性限制？

36 亿人用不上电或部分用上电，世界上超过一半人口无法上网。能源获取率较低的人往往学习成果较低；然而，该计划并未试图解决能源和连通性挑战。其他 DFID 研究支持围绕能源供应的创新；将与 DFID 能源团队密切合作，有机会向其他项目学习，加入成功的非洲能源运动，并继续与外部合作该项目。已经在咨询 BBOXX 等创新者；他们向 40 多个国家的中低收入家庭销售太阳能产品，并帮助 63000 多名儿童在电灯下学习。[①]

（二）非洲司资助非洲农业发展公司项目：政府与企业的合作

相比于 NGO，英国对外援助更加重视与企业合作，并渗入到其中的各个层次、领域和环节。一方面，英国对外援助会更多地听取企业界的建议，原国际发展部越来越倾向于招募有商业背景的员工。另一方面，20 世纪 80 年代以来，英国对外援助愈发重视结果导向，提高援助资金效益，以企业化方式管理项目、更多地交由企业来承担项目成为英国对外援助的重要趋势。还有，推动发展中国家商业、私人部门的发展也成为英国对外援助战略方向和发展路径。

在英国对外援助服务外包的管理体系下，对外援助产业化、市场化日益加剧，吸引越来越多企业、NGO 进入发展咨询市场，成为 DFID 承包商，并且层层向下分包。根据 DAI Europe 的梳理统计，在 DFID 的 27 个承包合同中，有多达 550 多个二级承包商或地方 NGO[②]。也就是说，DFID 单个资助项目平均就有 20 多个二级承包商，形成一个市场化的供应链条，

---

① DFID，"Harnessing the Transformative Potential of Education Technology（Ed Tech）– to Deliverbetter Learning Outcomes for all：Business Cases，" Development Tracker，2020.

② 英国议会国际发展委员会文件："DFID's use of private sector contractors：eight report of session 2016 – 17，" https：//reliefweb. int/sites/reliefweb. int/files/resources/HC%20920%20EMBARGOED. pdf。

如图3－15所示。这种机制一方面让更多主体参与到英国对外援助中来，扩大了影响力，也加剧了市场竞争，优胜劣汰，但另一方面对援助效率也产生不少负面影响。

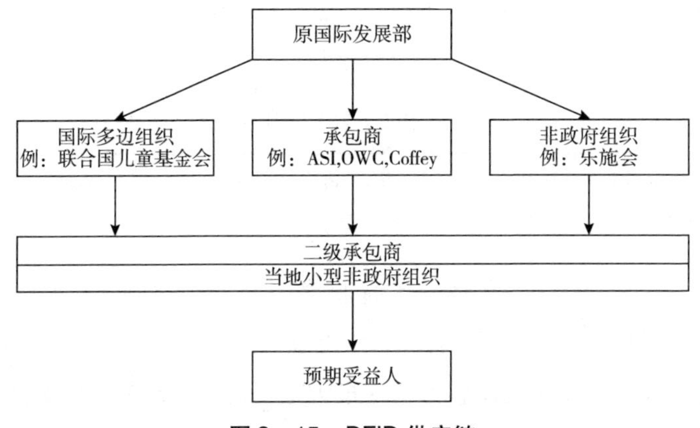

图3－15　DFID供应链

资料来源：DFID官网，2020年。

对DFID而言，一直致力于用最小的成本选择最优秀的企业承包，因此不断引入创新机制，并设计了一套系统的招投标流程。最值得提出的两方面是：第一，DFID在招投标之前和部分承包商之间使用框架协议，根据实施标准对承包商进行资格预审，只有通过预审进入框架协议的企业才有机会竞标。目前，DFID的5个框架协议内，包含了130个一级承包商，如表3－16所示。DFID还建立了关键供应商管理系统，与供应商保持战略合作。

表3－16　原国际发展部框架协议及一级承包商

框架协议	开始时间	到期时间	供应伙伴数量（个）
全球评估框架（GEFA）	2016年9月12日	2020年9月11日	20

续表

框架协议	开始时间	到期时间	供应伙伴数量（个）
专家咨询电话服务（EACDS）	2016 年 9 月 1 日	2020 年 10 月 31 日	3
国际多学科项目（IMDB）	2019 年 5 月 1 日	2021 年 4 月 30 日	81
一般经济发展（GEDF）	2019 年 2 月 1 日	2021 年 1 月 31 日	13
独立监测和过程评估（IMPERFA）	2019 年 4 月 15 日	2021 年 4 月 14 日	13

数据来源：DFID 网站，2021 年，https：//www. gov. uk/government/publications/dfid - procurement - current - frameworks。

第二，DFID 的程序和商业部门在 2015 年引入了欧盟“竞争性磋商”程序，让 DFID 得以最大限度与供应商协商，选择最符合要求的承包方。这极大地提升了 DFID 应对紧急救援的速度。如埃博拉病毒被宣布为国际关注的公共卫生紧急事件后，DFID 迅速做出了反应，在 11 天内建立了 6 个治疗中心，并为治疗中心提供了个人防护设备和重要药品、医疗传递服务、完成 3 个埃博拉实验室、设施管理，并在国内安排了小组成员来管理日常供应链物流。

DFID 近年来也愈发重视与中小企业的合作。在长期发展战略中承诺增加对中小企业的项目供给，创造更包容的环境让中小企业能够参与到 DFID 工作中来。为此，DFID 致力于提升资助信息的可见性和可获得性，帮助中小企业与大型承包商开展合作等。

除了加强与企业的合作，让其承担援助项目外，DFID 还致力于私人部门的发展路径。为此，2011 年还专门成立私人部门主管机构（Private Sector Department），负责提升 DFID 参与私人部门领域的水平，设计和实施私人部门发展路径，帮助 DFID 国家办公室和其他部门提升通过私人部门来实现减贫和发展的意识与能力。在具体操作上，DFID 主要从三个层面开展工作：宏观层面创造有利于私人部门发展的环境，中观层面让市场运作起来和提升竞争力，微观层面为企业和个体直接提供基础设施、技术和培训等方面的支持。例如在坦桑尼亚，DFID 从 2011 年起将重心从预算支持转向私人部门的发展，尤其是农业领域。为此，DFID 参与投资南方农业发展走廊中心、社会风险投资资金（SVCF）、道路建设以及价值链项目，到 2015 年用 3600 万英镑帮助 10 万个农村家庭增加收入。在微观层面，DFID 投资 900 万英镑帮助坦桑尼亚东南部区域发展农产品市场，投资 2000 万英镑提供金融服务，还于 2011 年发起坦桑尼亚农业挑战基金，为首批 10 个发展项目提供了资金支持，有 9 万户受益。

在与企业合作方面，DFID 下属的英联邦发展公司（以下简称 CDC 集团）也发挥着重要作用，同时也是英国政府用企业化手段开展援助的一种形式。CDC 集团是英国负责双边援助的金融机构，致力于为发展中国家商业发展提供资本。严格意义上讲，CDC 集团是一个商业投资者，要求投资收益，因此很多私人和公共投资者与 CDC 集团合作。DFID 负责制订 CDC 集团的战略框架和发展目标，但不干涉具体运营。自 2004 年以来，CDC 集团由专业的基金经理来负责投资，但也同时参与直接投资。CDC 集团坚信在最贫穷的地区，通过商业发展和私人投资可以实现减贫，其业务只聚焦于撒哈拉以南非洲和南亚地区，在创新和风险防范方面更关注发展影响而不是盈利。

近年来，DFID 与企业还出现了很多新型的合作形式。如 2014 年，在当时国际发展大臣 Justine. Greening 的主导下，DFID 与联合利华签订了一项新的伙伴关系，共同致力于在发展中国家创造就业机会、促进水和环境卫生以及发展可持续供应链。这打破了以往 DFID 服务外包形式，而是双方共同出资发挥各自优势致力于国际发展议题。2015 年，DFID 还和英超联赛在肯尼亚西部开展合作，具体由英超联赛俱乐部阿斯顿维拉和西布朗维奇培训 47 名男性及女性肯尼亚足球教练及裁判员，使用足球帮助处理女孩遭受暴力问题。

2013 年，原英国国际发展部私营部门司承诺向非洲农业发展公司（AgDevCo.）提供 1100 万英镑，原英国国际发展部非洲分部承诺向其提供 6500 万英镑，通过私人基础设施发展集团（PIDG）框架进行支付，非洲农业发展公司是该框架的附属机构。2013 年 11 月，PIDG 管理委员会拒绝设立专门的 PIDG 农业设施，已批准的资金中有 3100 万英镑已通过 PIDG 支付。该业务连续性规定了在 PIDG 框架之外向 AgDevCo 提供 DFID 资金的新机制。这是一种直接的合同关系。它包括尚未支付的 3480 万英镑以及独立评估部分的 170 万英镑。

专栏 3－2　“非洲司资助非洲农业发展公司项目”管理案例

1. 项目简介

非洲农业发展公司（AgDevCo）是一家专业投资者和项目开发商，专注于撒哈拉以南非洲的早期中小企业农业综合企业。AgDevCo 部署资本支持和技术援助，以建立有利可图的企业，这些企业有助于粮食安全、推动经济增长并在农村地区创造就业机会和收入，并有助于农民抵御气候变化。AgDevCo 目前在塞拉利昂、加纳、科特迪瓦、卢旺达、肯尼亚、马拉维、莫桑比克、坦桑尼亚、乌干达、赞比亚开展业务。

非洲农业发展公司将继续在马拉维、赞比亚和加纳运营 3

个中小企业催化基金，并与坦桑尼亚的私营公司共同投资，由DFID国家办事处和由非洲区域部提供资金的区域创新投资基金共同出资。非洲农业发展公司将债务和股权投资与技术援助相结合，以解决中小企业参与农业价值链的资金和技术限制，履行“企业孵化器”职能。区域创新投资基金（RIIs）为创新农业、综合企业提供项目开发和资本支持，有可能大幅刺激多个国家的生产。这些投资巩固了中小企业和小农融入价值更高、更现代化的区域供应链的能力，塑造了区域市场发展。进入区域市场将提高国家中小企业催化资金资助的中小企业的盈利能力和可持续性，利用更可靠和更高质量的农业生产流将提高区域农业加工和营销投资的可行性。

2. 项目治理

DFID的监督分为国家和公司两个层面：

（1）国家层面——国家办事处与AgDevCo国家工作队保持定期联系，作为方案监督的一部分，并为国家组合发展方案提供战略指导。每个国家办事处都有一个首席顾问组织，负责其方案的具体部分。国家一级的指导委员会定期在AgDevCo运营的所有国家召开会议，以监督AgDevCo的所有投资（无论资金流如何）；确保AgDevCo投资与该国相关的全部门计划之间的协调。

（2）公司层面——农业和农村发展部门（ARD）代表非洲部管理与AgDevCo的公司战略关系。高级项目官员（SRO）是ARD的财富创造团队领导者。ARD首席顾问定期与AgDevCo首席执行官会面，以确保密切监督公司规模的扩大。ARD还可以作为观察员出席AgDevCo董事会会议和年度股东大会。ARD召集了一个项目指导小组，该小组每季度召开一次会议，会议由所有DFID派遣部门的代表组成。指导小组对整个计划进行监督，讨论 AgDevCo 融资请求和报告，建立通过不同资金流实施的投资的协调和更具战略性的图景，讨论独立评估人员的投入，讨论任何其他具有战略重要性的事项。

此外，为了加强对 DFID 的监督，ARD 将在与非洲农业发展公司的合同中加入条款，如果未经 DFID 事先同意，DFID 有权终止融资：①在特殊情况下任命公司董事或罢免董事；②非洲农业发展公司主要政策的变化，包括与社会和环境政策以及程序相关的政策；③向股东分配投资回报（如果在罕见情况下提出要求）。从中期来看，DFID 寻求在非洲农业发展公司治理中发挥更大作用，以进一步加强 DFID 的监督，同时维护公司的运营自由。非洲农业发展公司目前正在考虑两种治理方案：①将其股份转让给英国注册的慈善企业促进发展（EFD）；②成为担保有限公司（通过将所有资产转让给在英国注册的新担保有限公司）。这两种选择都将解决人们认为的公共资金被用于资助个人拥有的公司的反常现象。如果 AgDevCo 成为担保有限公司，那么 DFID 有可能成为该公司的一员，就像我们在其他计划中所做的那样，在 AgDevCo 的治理中发挥与所提供资金水平相称的作用。如果 AgDevCo 的股份转让给 EFD，其将继续通过合同合规机制实施监督。①

（三）“加强非洲教学方法”项目：政府与高校、学者智库的合作

高校与学者智库是各主体参与到援助议程合法性的基础，也是英国对外援助不断转型和发展的理论源泉。通过知识共

---

① DFID, “Africa Division Funding to Africa Agricultural Development Company (AgDevCo): business cases,” Development Tracker, 2018.

享中心和网络的搭建，推动合作伙伴遍及全球，为英国在发展知识上的领导力和国际发展合作共同体的建立与完善提供了有力保障。

而英国发展研究所（IDS）也正在通过搭建知识共享网络与平台，进而加大英国在发展知识的领导力和推动国际发展合作共同体的建立与完善方面的努力。作为一所高等教育和智库机构，IDS 一直与非洲的大学合作，以加强和改进整个非洲大陆的教学方法。本案例项目是英国的援助战略合作伙伴高等教育创新与改革（SPHEIR）项目的一部分。该项目通过引入并嵌入了创新的教学和学习方法，旨在增强教师和数千名研究生课程的学习者的教育体验。SPHEIR 由英国文化协会牵头的财团代表英国外交、联邦、发展事务部管理，该财团包括普华永道和英国国际大学。它与非洲的大学领导层合作，为非洲大陆的高等教育机构提供参与式、以学生为中心的教学培训。自 2018 年启动以来，该计划已经引入并嵌入了创新的教学和学习方法，这些方法已经在增强教师和数千名研究生课程学习者的教育体验。[①]

专栏 3－3 “通过在非洲的伙伴关系加强非洲教学方法”项目案例

1. 影响大学的实践和政策

在整个非洲大陆，PedaL[②] 正在推动从占主导地位的传统

---

① IDS，“Strengthening Pedagogy through Partnerships in Africa [EB/OL],” (2020－09－28) [2021－08－13]. https://www.ids.ac.uk/opinions/strengthening－pedagogy－through－partnerships－in－africa/.

② 通过在非洲的伙伴关系加强非洲教学方法项目（Partnership for Pedagogical Leadership in Africa，PedaL。）

教学模式向更具参与性、以学生为中心的方法的系统转变。该方法鼓励教育工作者使用参与式方法，并摆脱以讲师为专家的教育形式，以事实和文字的方式告诉全班学生他们需要知道什么。PedaL 培训由项目合作伙伴共同设计，包括一套跨教学和学习的设计、背景、过程和内容的综合干预措施。教学工具包括案例研究、翻转课堂、模拟、角色扮演和阈值概念工具，例如旨在最大限度提高学生学习成果的概念图。

该计划在概念上对在线教学的理解做出了贡献。PedaL 增加了对开放教育资源、工具和技术（如 Moodle 开源学习管理系统）的访问、理解和使用，教学人员可以在其中使用交互式和多媒体资源。这为混合式学习方法的增加提供了机会，这些方法将传统的课堂教学与在线学习相结合。随着非洲大学因全球公共安全危机而被封锁，许多大学转向远程学习，2020 年 6 月，Pedal 成功地为教育工作者试行了为期一个月的在线课程，内容涉及促进在线学习的教学方法。

乌干达基督教大学和埃格顿大学已成功将 PedaL 模型认证为教育工作者的培训计划，从而可持续地嵌入该模型。

PedaL 项目①团队负责人 Beatrice Muganda 博士在回顾该项目迄今为止的影响时说："我们相信明天的学生将与今天的学生不同。"

2. 大规模的能力建设

PedaL 模型支持大规模的能力建设。该计划采用"培训师培训"的方法，核心资源人员领导研讨会并支持有前途的参与者成长为培训师的角色。培训师在其居住国以外的地方

---

① 通过在非洲的伙伴关系加强非洲教学方法项目（Partnership for Pedagogical Leadership in Africa，PedaL）。

授课，从而提供跨国家分享学习的机会。在最初的两年中，该计划培训了55名培训师（25名女性，30名男性），然后提高了来自10个非洲国家的60所大学的1089名教育工作者（647名男性和442名女性）的教学能力。最初的提议仅旨在培训五所大学的员工。PedaL已经收到了我们学员所教授学生的积极评价，表明该计划及其教学模式将影响成千上万名学生。

PedaL已经开始看到滚雪球效应。受过PedaL培训的教师继续自愿培训其他教师，而教师的证词表明，一些大学的学生要求接受“PedaL方式”的教学。一名PedaL培训师还参加了在孟加拉国举办的培训活动，培训了布拉克大学（BRAC）公共卫生学院、国际气候变化与发展中心、孟加拉国独立大学和亚洲女子大学的工作人员。

3. 深化现有关系并建立新关系

PedaL是由非洲社会和治理研究伙伴关系（PASGR，总部设在内罗毕）领导的七家机构的正式合作伙伴，这七家机构是达累斯萨拉姆大学（坦桑尼亚）、埃格顿大学（肯尼亚）、伊巴丹大学（尼日利亚）、加纳大学、乌干达基督教大学、非洲研究型大学联盟和发展研究所（IDS）。该财团建立在以前的关系和合作倡议之上；自2012年以来，IDS就与PASGR合作开展了由PASGR方法研究所主办的专业发展和培训计划（MMRC）。

对于合作伙伴，该项目加强了与专业发展和培训计划的现有关系，并在8个非洲国家的14所合作研究与公共政策硕士（MRPP）大学建立了新关系：塞拉利昂、加纳、尼日利亚、乌干达、坦桑尼亚、肯尼亚、博茨瓦纳和南非。14个MMRP合作伙伴中有5个现在领导PedaL联盟，并且PedaL中使用的教学策略深受MMRP的影响。该项目的成功导致了参与的高水平需求和兴趣。该项目侧重于社会科学，但对自然科学、艺术和人文学科的兴趣促使合作伙伴扩大了 PedaL 的职权范围。一些参与的大学已开始将 PedaL 方法纳入主流并自筹资金，该计划对包括 IDS 在内的合作伙伴来说是一个学习机会。IDS 教学总监 Linda. Waldman 说："它鼓励我永远记住练习背后的教学法，并提高教学法在 IDS 中的重要性。人们倾向于忘记学习者体验的复杂性和深度，而将注意力集中在讲师教授的内容上。PedaL 激励我们更加雄心勃勃地将参与式方法扩展到小组和密集会议之外。"

4. 为什么 PedaL 计划如此有影响力？

PedaL 的结构、信誉良好的成员和领导层是其成功的核心。

该合作伙伴关系的结构是一个由声誉卓著的大学组成的联盟，促进参与式方法，其参与的规模和深度以及影响远远大于任何单个大学或小型项目所能实现的。

这种伙伴关系是协作的、渐进的和公平的；所有合作伙伴都对项目有主人翁意识，并通过认识和利用彼此的优势共同建立起来。IDS 在联盟中的作用是支持 PedaL 的教学方法并帮助保持活动的质量和严谨性。我们与培训师分享对讲习班中良好做法的反思和改进建议。比阿特丽斯·穆甘达（Beatrice. Muganda）评论："这种伙伴关系具有深刻的共同价值观，包括韧性、耐心、欣赏、无私和在限制条件下工作。"

PedaL 优先考虑嵌入和体现知识的原则："谁的知识重要"的问题是根本性的。合作伙伴致力于使学习者能够以反映其地位的方式拥有和使用知识。课程是通过非常协作和参与的过程开发的，重点是课程的本土化。这产生了一些出色而独特的想法，例如讲师将他的角色和服装转变为传统讲故事的人。

广泛行为改变的最有利因素是该计划激发大学讲师的创造力，特别是在资源有限的情况下。正是这种独特方法激发了大学之间的意愿，以分担该计划成本，并在有限预算下促进更多的采用。这也有助于资源人员愿意无偿在项目中投入大量的时间。

该财团面临挑战，但成员始终齐心协力寻找解决方案。时间一直是一个重要的制约因素。随着整个非洲大陆（和英国）的合作伙伴不断增加的需求和紧张的计划时间表，该团队并不总是有时间进行反思、记录和讲述他们的故事。

IDS 员工非常重视与这些在整个工作中表现出卓越、创新和相互尊重的信誉良好的合作伙伴合作。谈到合作伙伴关系，IDS 的 Linda. Waldman 说："对我们来说，不仅与合作伙伴的合作一直是一次重要的经历，而且建立非洲讲师和非洲培训师榜样的方法对 IDS 的影响超出了合作伙伴关系。合作伙伴关系的价值与我们的新战略相吻合，该战略将建立未来的发展领导力和解决不平等问题作为核心。我们感谢我们从合作伙伴那里学到的一切，并希望在未来继续我们的合作。"①

（四）非洲气候会谈：政府与媒体的合作

此外，英国政府近些年对以英国广播公司（BBC）为代表的媒体参与国际发展合作也予以了一定重视。例如 BBC 于 2018 年 11 月在内罗毕开设了除英国以外最大的办事处，获得了 2. 89 亿英镑的英国政府资金，并在拉各斯设有另一个大型

---

① IDS, "Strengthening Pedagogy through Partnerships in Africa [EB/OL]," (2020 - 09 - 28) [2021 - 08 - 13]. https://www. ids. ac. uk/opinions/strengthening - pedagogy - through - partnerships - in - africa/.

中心。在非洲工作的600名BBC记者，其中有一半在内罗毕，许多非洲记者也将在那里接受培训。除英语外，BBC世界服务还以12种非洲语言进行广播，包括阿姆哈拉语、约鲁巴语和提格里尼亚语等。BBC世界服务的目标是到2022年通过其计划覆盖5亿人，高于2018年的2.5亿人。①

应对气候变化议题作为英国发展战略的重点之一，媒体对于该战略重点的实现也发挥了积极的作用。在2008～2009年度，英国文化协会资助英国广播公司的国际慈善机构BBC媒体行动，开展了一项由10个国家组成的大型研究，调查公众对非洲气候变化的看法和理解，特别是贫困人口的看法和理解。在该案例中，BBC媒体行动通过伙伴关系与国际媒体及当地知名明星与学者进行密切合作，使得气候变化宣传深入人心。

专栏3－4 “非洲气候会谈（African Climate Talk）”案例

时任肯尼亚总理拉伊拉·奥廷加（Raila. Odinga）说：“非洲气候问题会谈现在已经让我大开眼界，这让我意识到气候议题与我们都是息息相关和十分重要的。”

非洲气候会谈（African Climate Talk，以下简称ATC）是一项由BBC媒体行动运营、英国文化协会支持的研究、传播和政策倡议，旨在评估撒哈拉以南非洲十个国家公众对气候变化的理解。非洲公民对气候变化的责任最小，但受影响最大；然而，这项研究表明，目前他们对这个问题

① African Business, “London Starts to Take Africa Seriously［N/OL］,”（2020－01－20）［2021－08－11］，https://african.business/2020/01/economy/london－starts－to－take－africa－seriously/.

知之甚少，并且已经在应对气候变化带来的挑战。非洲国家的声音也常常在国际气候辩论中缺席。ATC 试图了解如何利用媒体传播来最好地支持非洲人应对这些挑战。ATC 通过采用定性研究方法，与 1000 多名公民和 200 名意见领袖进行了讨论。在开展研究活动的同时，还制定了一项综合传播战略，以便 2009 ~ 2010 年在国家、区域和国际各级开展活动。

BBC 伙伴关系

通过与 BBC 全球新闻部密切合作，几个广播合作伙伴加强了对关键活动的参与，特别是在 2009 年 12 月哥本哈根联合国气候会议的筹备过程中。与 BBC《世界新闻》（每周受众约 7100 万人）合作制作了两版《世界辩论》，内容从斯德哥尔摩的欧洲发展日到哥本哈根谈判本身。英国广播公司（BBC）世界服务互动节目《世界有你的话》（World Have Your Say）的特别版也在哥本哈根录制，有创纪录的 500 名年轻人参与。来自尼日利亚和肯尼亚的英国广播公司传播培训研究人员出席了会议，并提供他们的见解和观点。2009 年 10 月，通过在五个国家（埃塞俄比亚、加纳、肯尼亚、塞内加尔和乌干达）发布临时调查，这些国家媒体和利益攸关方均对此保持了兴趣。

气候大使

关键国际人物成为该项目的官方大使，以确保调查结果在最高级别以可获得和创新的方式传达。塞内加尔世界音乐明星巴巴·马尔（Baaba. Maal）录制了一场特别音乐会，并与 BBC 记者斯蒂芬·萨克尔（Stephen. Sackur）“对话”，讲述了他的个人经历，该记者来自哥本哈根会谈，由 BBC 世界服务台播出。在英国，乔纳森·波里特（Jonathon. Porritt）提供了他的支持和声音，肯尼亚诺贝尔奖获得者、环境学家旺加里·马塔伊（Wangari. Maathai）教授同样也以这样的方式参与到本次项目之中。

范围与影响

在肯尼亚内罗毕举行的一次区域发布会上，高知名度人物的参与确保了调查结果能够传达给60多名国家和国际记者。Maathai教授与英国驻肯尼亚高级专员Rob Macaire、时任肯尼亚总理拉伊拉·奥廷加（Raila. Odinga）先生一起发言，后者发表了主旨演讲：

“之前我们未能将气候变化意识传达给我们的人民，我们必须而且将要在未来（把应对气候变化问题）做得更好……我们将发起一场重大的宣传运动，确保每个公民都知道气候变化的后果，以及我们每个人都必须做些什么来帮助阻止气候变化。”

非洲气候会谈的研究结果已经在来自非洲各地的资深媒体从业人员的研讨会上得到应用；2010年4月，在英联邦广播协会（Commonwealth Broadcasting Association，以下简称CBA）的一次气候变化会议上，许多人觉得这项研究与他们自己经历产生了共鸣。“我们支持ACT研究，因为我们觉得这是一项全新的工作。”CBA副秘书长萨利·安·威尔逊（Sally Ann Wilson）说，“在任何媒体关注的焦点中，基层与政策的联系都是至关重要的，我们的参与者发现它非常有用，而且使用起来也非常方便。”

在整个过程中，证据库对于那些实地工作者的重要性变得越来越明显。马塔伊教授在发布会上说：“人们了解（气候变化）是极其重要的。正如报告所指出的，（它）经常被描述为一个抽象的、科学的主题……我们用人民能够理解的语言交流（对于应对全球变化）是非常重要的。”在这一过程的每个阶段，还咨询了来自所有10个国家的技术专家和从业人员，该目标群体对这项研究非常欢迎。刚果民主共和国当地一家民间组织负责人克莱门特·基坦巴拉（Clément. Kitambala）说：“我完全同意报告的结论和建议。他们应该鼓励捐赠者、政府、社会组织和教会开展交流和信息活动。”①

（五）发展走廊项目：政府与国际组织的合作

英国的多边援助规模位居全球前列。在2013年，英国以64.19亿美元的多边援助总额，首次超过美国，成为全球多边援助规模第一的国家，并一直保持至今。②

在以下案例中可以看出英国政府是世界银行信托基金的最大捐助者之一，在英国与世界银行合作的项目中，原英国国际发展部对作为单一信托基金设立的项目具有更大的影响力、控制力和监督力。英国在项目设计、进展监督、监测评估和补充社会性别等因素方面均对世界银行有着重要的影响。世界银行也以其交付复杂项目的能力和经验成功推动英国双边援助目标的实现，英国与世界银行双方共同借助自身优势以此来推动贸易、投资与援助的互促效果。

---

① BBC Media Action，“Policy and Research Programme on Role of Media and Communication in Development：Final Project Report，” BBC Media Action，2012.

② 曾璐、孙蔚青、毛小菁：《借鉴英国发展多边援助的管理体制》，《国际经济合作》2021年第2期，第56－61页。

专栏3－5 “发展走廊项目”（Corridors for Growth）案例

1. 项目简介

该项目从三个方面以增加坦桑尼亚的贸易额与基础设施：①与世界银行和坦桑尼亚港务局共同资助达尔港扩建项目，使港口容量翻一番，并使坦桑尼亚的整个贸易量增加2/3；②另外六个主要区域交通项目的准备资金将催化高达6亿英镑的开发资金，其中包含气候适应设计；③启动公私伙伴关系的新方法将改善市政地区的基础设施，并为未来提供更大的PPP建设能力。该项目将降低在坦桑尼亚开展贸易等的业务成本，促进增长、增加就业并帮助其减少贫困。短期受益者将是贸易商、物流供应商和公众等用户。

英国在5年内投资7100万英镑，用于建设坦桑尼亚中央走廊沿线的大型公共资助基础设施，从达累斯萨拉姆的门户港口一直延伸到西部湖区的港口。它还将提高政府实施公私合作（PPP）基础设施项目的能力。

此外在2014年9月，原英国国际发展部与坦桑尼亚政府、坦桑尼亚港务局（TPA）、世界银行、Trademark签署了一份谅解备忘录，承诺在港口现代化方面共同努力。

2. DFID在基础设施方面的比较优势

（1）灵活的技术援助（TA），可用于项目开始并影响他人的大规模融资；

（2）动员私人资金，重点关注最贫穷的国家，特别是支持私营部门参与基础设施建设；

（3）与贸易相关的区域基础设施：可用于解绑资金的灵活技术援助；

（4）以社区为中心的基础设施服务交付——有强大经济

实力的中型资本融资，但对于私营部门投资而言（例如农村接入），该金融案例具有明显不足。

除了 DFID 的比较优势外，外交、联邦、发展事务部与英国贸易和工业部对基础设施发展也有着浓厚的兴趣，都在坦桑尼亚设有办事处。

3. 交付机制（以子项目 3：地方 PPP 项目筹备基金为例）

根据上述分析，世界银行坦桑尼亚办事处作为交付合作伙伴，执行机构都将是在世界银行监督下工作的受援政府合作伙伴，并在必要时通过外部援助得到加强。子项目 1（达尔港）和子项目 2（走廊项目筹备）将通过世界银行的全球运输和 ICT 实践交付，子项目 3（市政 PPP）将通过世界银行的 PPP 实践交付。这两种做法具有不同报告渠道，因此建议将 DFID 资金拆分为两个新的信托基金：坦桑尼亚运输走廊信托基金（5000 万英镑）和坦桑尼亚次级主权 PPP 信托基金（2000 万英镑）。每个信托基金将有更多子信托基金来拆分银行执行和接收者执行的活动。结构如图 3 – 16 所示。

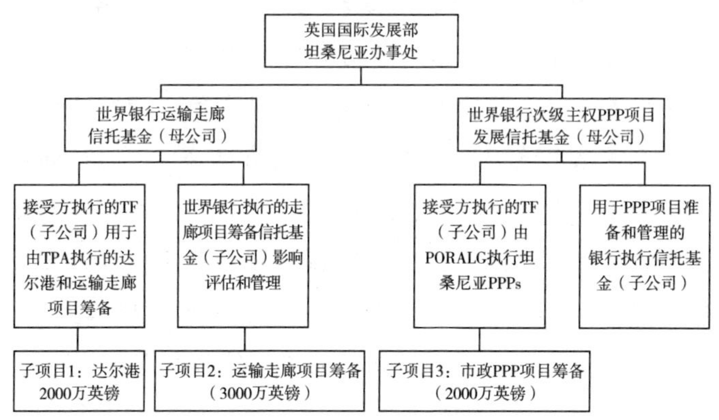

图 3 – 16　基金交付结构

4. 世界银行与地方政府的采购管理

三个子项目中均有不同的采购方式，与坦桑尼亚政府执行机构和外部顾问的接触将是世界银行的责任，这些机构同时也要按照世界银行的指导方针进行工作。

子项目1：港口现代化，将由坦桑尼亚港务局（以下简称TPA）在世界银行的监督下执行。公共采购监管局（PPRA）于2014年对TPA的采购能力进行了评估，评估显示，采购和供应局（DPS）用户部门效率低下，缺乏支持采购职能的必要能力。为了解决问题，东非商标局（TMEA）从2015年5月起的最初两年内借调了一名国际采购专家，以协助该官员处理捐助者资助的项目。TMEA还提供了另外两名国际港口专家参加技术鉴定。世界银行的资助包括在必要时延长这两个合同。已委任一家国际建筑监理公司监察建筑工程。最初的整体项目采购风险评估为高。随着缓解措施到位，剩余风险降低到中等。但采购管理仍然存在缺陷。

子项目2和子项目3，运输走廊和PPP项目筹备资金，将由世界银行和受援方共同执行。坦桑尼亚港务局和总统办公室的PPP部门——农村行政和地方政府（PO-RALG）是受援方执行信托基金的牵头采购机构。TPA和PO-RALG都获得了技术援助和能力建设以承担这些角色，世界银行将在必要时提供额外支持。坦桑尼亚铁路有限公司、Tanroads和地方当局（LGA）等其他受援组织将作为利益相关者参与并监督实施，但代表他们的采购将由TPA和PO-RALG处理。世界银行将作为受援国已执行信托基金的中介和管理人。

5. 世界银行与地方政府伙伴共同交付的优势与劣势

（1）优势。

世界银行在坦桑尼亚运输部门交付复杂项目的能力和经

验已得到证实，这从其实质性和良好的运输投资组合（在坦桑尼亚超过 20 亿美元）中得到证明：

国际发展协会（IDA）的 2011 年和 2013 年英国多边援助审查（MARs）证实了世界银行能为一系列部门提供强大的整体能力，并且证明它针对具有挑战性的目标表现出良好的交付能力。根据审查，这在非洲较大的国家方案中得到了更多证明，例如坦桑尼亚的情况。

独立评估小组（IEG）于 2013 年进行的项目绩效评估报告（PPAR）发现，世界银行在坦桑尼亚项目的绩效总体上令人满意，在强有力的分析工作以及与政府密切监督和对话的支持下更是如此。

（2）劣势。

根据中央尽职调查评估的建议，对这两个信托基金进行了成比例评估，确定这两个基金的主要弱点在于下游合作伙伴及时遵守世界银行控制的能力，从而导致的支付延迟。相关弱点是，世界银行被认为在项目层面缺乏灵活性，合作伙伴交易成本高，而且对跨领域问题（如性别）的关注可能较弱。

此外，为了减轻这些弱点，报告中建议所有三个子项目将：①由 DFID 顾问监督，该顾问将与世界银行、TMEA 和其他坦桑尼亚政府执行机构保持积极关系；②两个信托基金都将招聘专业技术管理人员；③工作计划将具有足够的灵活性，以根据早期进展，适应新机会、一定程度的延误或不同活动的重新优先排序；④对包括妇女、儿童在内的边缘化群体的有力分析将成为项目准备活动的一部分。

6. 英国国际发展部对世界银行的影响

英国政府是世界银行信托基金的最大捐助者之一。根据英国多边援助审查（MAR），作为财政捐助者的原英国国际发展部对作为单一信托基金设立的项目具有更大的影响力、控制力和监督力。在该计划中，走廊和 PPP 信托基金都将设立由世界银行、原英国国际发展部和坦桑尼亚政府代表组成的指导委员会。DFID 将通过指导委员会和 DFID 自己的项目资助顾问产生强大的影响力。目的是保持资金的经济性、效率和有效性，重点是确保采取缓解措施，以减少发展带来的任何负面影响，而 DFID 监测也将通过年度审查正式进行。

对世界银行的其他重大影响包括：

（1）项目设计过程：拟议的项目是在与世界银行广泛协商基础上设计的。在整个设计过程中，DFID 能够影响拟议项目的计划活动范围；

（2）补充世界银行支持的正在进行的项目活动：该项目的计划活动将能够影响世界银行在港口和走廊基础设施方面的更大投资；

（3）通过商定的定期进展和向 DFID 提交的财务报告进行严格监督；

（4）附加评估条款的整合：拟议项目内容包括对整个港口和走廊投资的评估，这有助于确保适当地获取、分享和使用经验教训；

（5）整合额外的社会发展和性别要求：原英国国际发展部的参与对于确保重点关注边缘化群体，包括临时工、妇女和女童非常重要。管理安排将允许 DFID 继续影响这一关键优先领域。[①]

① DFID, "Corridors for Growth: Business Cases," Development Tracker, 2017.

（六）全球挑战研究基金项目：多主体共建国际发展共同体

虽然从管理上，英国对外援助有专门面向企业和NGO的机构、制度和项目，但是在实际操作过程中，政府、企业和NGO体现出更多的交叉合作。也就是说，政府的很多项目会同时有企业和NGO的参与，NGO在实施项目过程中也会和企业开展合作，企业也是如此。

例如，坦桑尼亚问责制2期项目（Accountability in Tanzania Phase Two Programme）是DFID资助的一项为期5年，总金额3800万英镑的项目，致力于通过加强民间组织能力来提升政府的响应能力和问责机制。该项目从2018年2月开始，一直持续到2022年12月，由毕马威坦桑尼亚公司管理，同时为中大型民间社会组织提供资助。根据披露信息，项目最终实施的机构多达22家，既有企业也有NGO，既有英国的也有坦桑尼亚本地的以及区域性的机构。通过这种多主体合作，项目能够部署多样的方法、工具和资源，通过政策研究、宣传、对话和试验等方式，聚焦公民空间、社会包容、反腐败和气候变化等主体，进而共同提升DFID在相关领域的影响力。

专栏3－6　坦桑尼亚问责制2期项目（Accountability in Tanzania Phase Two Programme）管理案例

1. 政府与服务供应商的治理结构

原英国国际发展部（DFID）将作为高级项目负责人和首席顾问对坦桑尼亚问责制2期项目（以下简称ACT2）进行监督，该顾问将为工作分配60%的时间，并由一名分配40%时间的项目官员提供支持。反腐败和气候变化顾问将各自花费10% ~15%的时间在这项工作上。治理团队负责人将保证该项目的质量。

毕马威已通过竞争性招标成为实施阶段的服务提供商，以领导ACT2的商业案例和设计阶段，毕马威还是ACT1项目的服务供应商，因此有着坚实的经验基础，以及项目管理团队的连续性。服务供应商将负责制定年度和季度工作计划，并向DFID报告。“合同绩效审查”将每6个月进行一次，作为就项目后勤进行对话的基础，并确保服务提供商具备继续提供高质量项目的所有先决条件。

在开发和管理社会组织合作伙伴组合方面，DFID将批准选择融资方案的标准。将制定甄选程序，以确保40%的问责制和效率，并为提高透明度提供提案所获得的反馈和分数。DFID将同意服务供应商修改的“快速通道”流程，该流程将使ACT的一些表现最好的合作伙伴在获得项目开始实施的批准后立即获得资金。服务供应商将负责根据商定标准制定和管理选择流程。然后，服务提供商将对预先选定的合作伙伴进行详细的进一步评估，并进行财务尽职调查。一旦合作伙伴关系对各方都可行，服务供应商将提供拟议合作伙伴关系的摘要，供DFID正式批准。

2. 监测与评估的创新

（1）在服务提供者方案管理小组内引入独立的成果监督职能：直接向项目主任报告。其目的是，在数据样本基础上验证合作伙伴的结果。这将有助于改进报告物有所值的方法，在某些情况下还可以报告所做投资的回报率。这种方法比与第三方签订合同以建立基线和竣工期限更能满足独立结果验证的需要。但这种做法将很麻烦，阻碍该方案拟议的适应性管理办法，也不符合治理方案规划将取得的成果。

(2) 整个项目中监控、学习和评估系统（MEI）的复杂设计：在单个合作伙伴组织的实地工作和DFID内部问责数据要求之间有一条清晰的视线。这不能通过基本分包安排来实现，即向合作伙伴提供赠款，以交付特定项目组成部分，然后通过嵌套的日志框架安排来捕获这些组成部分，因为这有可能造成破坏社会组织独立声音的负面后果，使其容易受到为外部人士付费的议程指控。相反，服务提供商将与合作伙伴合作建立监控、学习和评估系统（MEL），确保组织每一级都有其所需的数据——认识到外部和总部的数据可能有所不同。这需要一个能够过滤和/或聚合监控数据的系统，以便用户不会被他们正在处理的数据量所淹没。同样方法也适用于服务提供商如何处理来自30~40个不同组织的结果信息，以及如何过滤和汇总信息，以便DFID在年度审查之前获得内部问责所需信息。①

此外，英国“全球挑战研究基金”项目是一项跨度为6年（2016~2021）的，预算高达15亿英镑的科研援助基金。该项目不仅强调了多学科交叉结合，还将科研与政策研究相结合，并且也促进了英国与发展中国家的科研机构之间的交流与能力建设。这为未来发展援助与联合科研（发达国家与发展中国家）提供了典型案例。

① FCDO，“Accountability in Tanzania（AcT2）Programme，”Development Tracker，2017.

专栏3-7　英国"全球挑战研究基金"项目案例

1. 案例简介

英国商业、能源和工业战略部（以下简称BEIS）为该基金的主管单位。下设有负责设计基金的最高战略、组建战略咨询专家组、选择基金的合作伙伴和执行管理机构的发展援助研究创新委员会，并负责对基金运行进行编制预算、拨付款项、监督与后期评估等。原英国国际发展部（DFID）通过部际沟通协调会为BEIS提供基金的总体战略规划和咨询、伙伴筛选方面的知识支持。而且，DFID在具体项目层面，同样会与以英国研究理事会为首的基金管理伙伴机构进行深入合作。

2. 案例特点

第一，全球挑战研究基金项目时间长，资金虽然充沛，但注重精简与实效。在评审过程中，从申请到筛选与最终名单的确立通常要花费1年的时间；

第二，该项目援助管理的精细化。由中央部委顶层设计，通过部际沟通，聘请战略咨询专家把关，研究理事会、委员会和学院各司其职，权责任命，并推动项目监督到位；

第三，积极构建国际发展合作共同体，通过援助，将发展中国家的发展领域专家联系在一起，通过与发展中国家的伙伴机构进行项目合作，从而积极发挥英国在发展知识领域的全球领导力与影响力。[①]

---

① 范伊伊：《发展援助支持联合研究——以英国"全球挑战研究基金"为例》，《中国与国际发展》2021年3月29日。

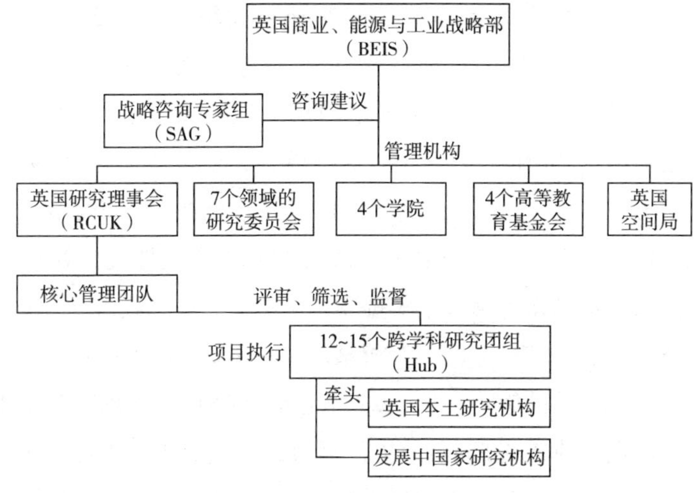

图3－17　全球挑战基金项目组织架构

数据来源：范伊伊的《发展援助支持联合研究——以英国“全球挑战研究基金”为例》一文。

四　经验、教训与启示

在过去的几十年中，英国在国际发展援助中一直是最具影响力的主导者之一。英国不仅在以自己的方式来推动发展领域取得更大进步，而且还影响着世界各国以此作为榜样来学习。其与援助的条件性、无捆绑援助、援助透明度、援助软实力、对公共产品的支持、使用受援国自身的财务管理和采购系统、加强能力建设、自身发展议程设置与联合国千年发展目标与可持续发展目标等国际议程相契合，还在通过专业性知识与系统对援助干预全过程的包括成本效益进行评估等方面都具有领先优势。

近些年，英国在国际发展合作领域的影响力受到了一定的削弱。时任首相约翰逊为代表的英国政府力求促进英国的发展援助与外交政策目标之间实现更大协调。在2020年9月，英国将原国际发展部（DFID）与外交和联邦事务部（FCO）合并，成立了新的外交、联邦、发展事务部（FCDO）。随后英国于2020年1月正式脱离欧盟，欧盟此前在2019年接受英国约12%（23亿美元）的发展援助或37%的多边官方发展援助金额，但今后英国政府对欧盟发展援助的愿景尚不清晰。英国作为第一个实现联合国将其国民总收入0.7%用于官方发展援助目标的G7国家，因受2020年以来全球公共卫生危机事件的影响，从2021年起英国政府打算暂时提供相当于国民总收入0.5%的官方发展援助。在2021/22财年转化为128亿美元的官方发展援助预算，比2020年预算（当前价格）少31%。

在英国脱欧、政府更迭和全球公共卫生危机事件背景下，虽然原英国国际发展部的合并与援助预算降低，会相对削弱英国一直以来在全球发展合作中的主导地位，但其降为0.5%的官方发展援助仍在传统援助国中位居前列。英国作为过去几十年中国际发展议程设置的表率，已积累了大量的关于发展领域的专业知识、人才和实践经验。以西方传统援助国为代表的英国对于作为新兴经济体和新兴援助国为代表的中国仍有许多值得借鉴的经验与共同面对的挑战。具体有以下几点。

（一）经验

第一，从英国对外援助的决策机制来看，已形成集英国议会，内阁，总理，外交、联邦、发展事务部以及英国大使为一体的对外援助决策机制。其中包括：①英国议会由下议院和上议院组成。在下议院内，国际发展委员会是负责审查英国官方发展援助政策和接受英国官方发展援助资金的组织的专责委员会。②内阁主要负责对外援助的决策，由首相和各资深的部长大臣组成，为最高的行政决策机构，通过定期会议，对重要政策做出决定。③总理可以对发展政策施加重大影响，例如通过为国际倡议提供资金承诺，但是，实际参与程度各不相同。④外交、联邦、发展事务部负责战略制定和资金决策。⑤英国大使在受援国层面领导所有英国外交和发展工作，发展专家向大使报告。原 DFID 内部决策非常分散。截至 2021 年，FCDO 尚未确定其权力下放方法。

第二，从多元主体参与多边发展援助的管理机制来看，已逐步形成立法保障、政府主导、议会审查、智库研究和媒体监督的多边发展援助管理机制。①包括《国际发展法》在内的相关法律与国际发展议程紧密相关，作为减贫的英国援助目标通过立法的形式得以确立；②英国首相决定多边援助的政策方向，内阁办公室为各部门提供官方发展援助的管理指南，而外交、联邦、发展事务部则为多边援助主管部门，负责世界银行、欧盟、全球基金和联合国系统等国际组织的多边援助，并逐渐有多部门参与多边援助的态势。例如卫生和社会保障部，商务、能源和工业战略部和财政部分别负责对世界卫生组织、气候投资基金（CIFs）、多边开发银行的捐助等；③下议院国际发展委员会（IDC）、国家审计署（NAO）和援助独立影响委员会（ICAI）负责审查评估；④英国伦敦政治经济学院和英国发展研究所（IDS）等高校智库通过培养专业人才，开展独立研究和同政府互动，推动了英国在多边援助领域的理论研究与政策制定，也通过自身话语体系的完善来影响全球发展议程设置；⑤英国广播公司和卫报等也在敦促发展机构提高透明度与有效性方面做出了一定贡献。英国一方面引导了国际组织的发展议程设置和多边机构改革，并提升其国际影响力，另一方面也促进了减贫的双边援助目标的实现。在面临发展援助预算减少 1/3 的背景下，英国也需借助多边援助来共同致力于英国援助目标的实现。①

第三，从多元主体参与对外援助的协作与沟通机制来看，英国已逐渐形成了国内政府不同部门、驻海外机构间的正式协作与沟通机制，以及民间组织、宗教团体、工会、学术界、媒体、智库等多元主体间的非正式协作与沟通机制。①从国内英国政府不同部门的协作与沟通机制来看，外交、联邦、发展事务部为参与援助的各部门提供包括人员（短期借调）、工具（SMART 原则②和管理指南与软件）、技能（培训、咨询支持）和网络（特定主题领域或援助管理挑战的知识分享）等支持，其中工作人员借调被认为是政府间学习沟通的重要机制。此外，专业人士之间点对点的交流被认为是最有效的相互学习的方法之一。一方面，目前在援助过程中也逐渐形成了 45 个援助实践共同体（包括公共财政管理、经济学、性别与家庭、监测评估等领域），以支持其在援助过程中学习分享与关系构建。另一方面，英国也搭建了技术专业团体的联合机制，原国际发展部就曾将自己的咨询顾问分为 13 个小组，各小组由一名专业负责人管理。他们都有利于推动共同的技术标准和做法的形成。②从驻海外机构来看，英国驻发展中国家的代表间最容易进行经验的分享，驻海外的各部门

① 曾璐、孙蔚青、毛小菁：《借鉴英国发展多边援助的管理体制》，《国际经济合作》2021 年第 2 期，第 56 - 61 页。

② SMART 原则通常与项目管理和目标设定相关，代表具体（Specific）、可衡量（Measurable）、可实现（Achievable）、相关（Relevant）和有时间限制（Time - bound）。

代表更倾向于作为一个整体团队来共同学习与行动，例如在肯尼亚，英国国防部与原外交部一起举办了旨在确定援助项目管理绩效的研讨会，并与原国际发展部合作，为来自不同部门同事提供联合培训。[①] ③在非正式机制中，民间组织、宗教团体、工会、学术界、媒体、智库等多元主体——他们既要参与发展政策的讨论，又要为国际发展和援助提供具体支持（比如作为实施方）。例如全党议会团体（APPG）在英国决策中也具有影响力，将议会成员、私营部门和慈善组织聚集在一起讨论包括国际发展在内的关键政策问题（例如关于联合国可持续发展目标）。英国发展慈善组织的成员机构——邦德，拥有 400 多个成员组织，并且在保持英国对发展的坚定承诺方面发挥了关键作用。外交、联邦、发展事务部通过其国家办事处和总部直接资助这些组织。[②]

第四，从多元主体参与对外援助的海外机构管理机制来看，英国大使领导所有英国外交和发展工作，发展专家向大使报告。一般而言英国驻海外机构主要包括大使馆、领事馆、高级专员公署、英国办事处、英国联络处和英国贸易处等。由于原国际发展部内部的决策非常分散，尚未确定其权力下放方法。①英国在援助过程中也十分重视伙伴关系的建立，以加纳项目为例，英国还与本地及加纳当地的社会组织、私营部门组织和媒体组织建立了伙伴关系，这些组织支持实现英国在治理和私营部门发展方面的援助目标。在私营部门发展方面，原英国国际发展部与英国研究机构、智库和媒体建立创新伙伴关系，加强营商环境改革工作。原英国国

① ICAI，“How UK Aid Learns：A Rapid Review，” ICAI，2019.

② Donor Tracker，“United Kingdom [EB/OL]，”（2021 - 7 - 29）[2021 - 8 - 6]，https：//donortracker. org/country/united - kingdom.

际发展部正在与英国－加纳商业委员会、商会合作解决对英国－加纳业务的限制，并将其纳入改革讨论中。在社会部门与慈善组织的伙伴关系中主要以慈善组织作为实施伙伴。②在具体援助全过程中如何保证多元主体援助目标的一致性方面，英国通常在部门内和跨部门之间以一致的方式运作。例如原英国国际发展部加纳办事处和中央管理的项目在宏观层面（投资环境和融资项目）、中观层面（市场功能项目）和微观层面（企业层面和经济包容性项目）都共同支持私营部门的发展。[①] ③从英国的海外机构设计中可以看出，其发展合作并无单一目的，是综合外交和发展等多个战略目标的工具之一。在一些重点领域存在着中央与地方之间和多部门之间协作的特点。以英国与中国国际发展合作的治理架构为例，其治理架构存在着由英国国家安全委员会（NSC）下的中国国家战略实施小组（NSIC）负责下的以伙伴国为导向的治理架构和中央程序化的双重治理架构，在以伙伴国为导向的治理架构中，主要由英国驻北京大使馆负责，下属单位还包括北京 COP26 核心小组（重点关注气候变化）；中央程序化的双重治理架构主要由"一带一路"倡议监督委员会和繁荣基金督导小组共同构成。以英国驻北京大使馆的跨部门治理架构为例，由外交、联邦、发展事务部，内务部，国防部和国际贸易部共同推进中英的国际发展合作。[②] 具体见图 3－18。

---

① ICAI, "The Changing Nature of UK aid in Ghana［R/OL］," (2020－2－12)［2021－08－06］, https://icai. independent. gov. uk/html－version/ghana/#section－7.

② ICAI, "The UK's aid Engagement With China: Information Note," ICAI, 2021.

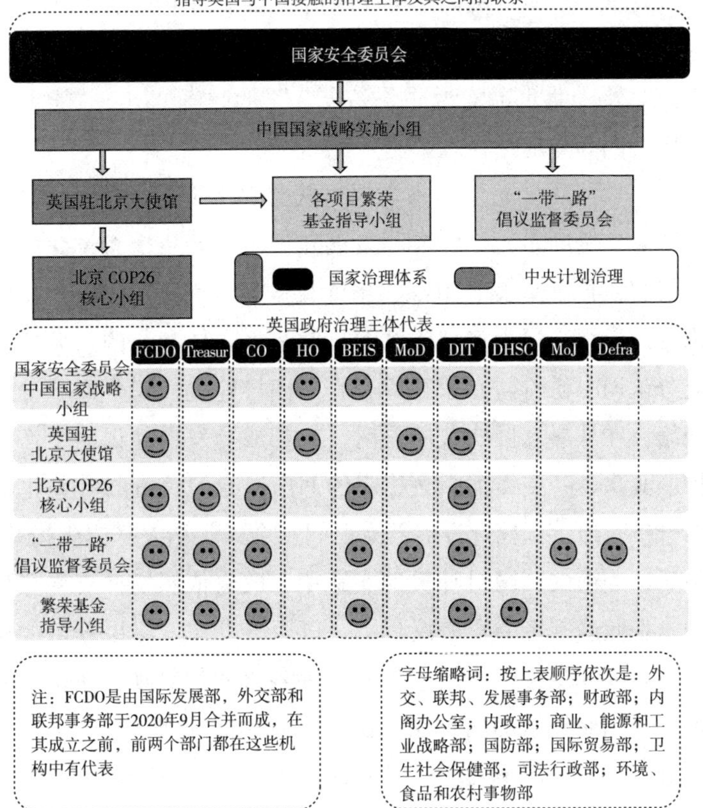

图3－18　英国与中国的国际发展合作治理架构图[①]

资料来源：使用FCDO和其他英国政府部门提供的ICAI信息编制。

第五，从多元主体参与对外援助机制的形成过程来看，当前英国对外援助多元主体参与的机制不是一直就有的，也不是一成不变的，而是长期历史探索的结果。20世纪70年代以前，英国对外援助是"自上而下"政府主导的路径；20世

① ICAI, "The UK's Aid Engagement With China: Information Note," ICAI, 2021.

纪八九十年代，英国对外援助转向“自下而上”的NGO、企业承担更多的路径；21世纪以来，政府的作用再次被重视，英国对外援助才调整为“公私合营”的政府、NGO、企业等主体共同参与的路径。

第六，从多元主体参与对外援助的知识生产机制来看，英国对外援助多元主体参与发展知识生产是一个系统化的合作机制，包括理念、组织、制度政策等方面。首先，各主体都格外重视知识生产议程，而且对其他主体参与的重要性有充分认识，纷纷与专家智库合作，倡导建立知识生产和分享网络，在从事发展实践的同时，也都成为发展知识的生产机构。其次，各主体都成立相应的部门，专门负责与其他主体的合作。原英国国际发展部有民间社会司、私人部门机构等。最后，当前的英国对外援助实践中，政府依然发挥着主导作用，在政府制定的发展议程下，以服务外包、层层分包的机制将企业、慈善团体纳入进来发挥各自的优势和作用，共同推动英国对外援助的发展。在英国对外援助叙事变迁、政策的制定、路径调整乃至工具方法改变的背后，知识生产链都起着至关重要的作用。知识生产影响着英国在国际发展议程中的作用，影响着对外援助在英国政治架构中的地位，还影响着各主体在对外援助领域发展的空间。这种知识生产不仅仅是学术理论概念的创新，而是国际发展秩序变迁、英国国内政治经济结构变化、历史延续和精英人物等因素共同推动的结果。

第七，从多元主体参与对外援助的传播机制来看，已逐渐形成了政府、企业、高校智库、慈善团体、媒体等多元主体参与对外援助的传播机制，英国对外援助传播影响深远，也反映出其突出的软实力优势。首先，从英国贸易来讲，英国通过援助，以潜移默化的方式，一方面加强受援国的能力建设，另一方面也作为一种“品牌”，成为发展英国贸易能力的方式，以提升援助的可持续性。伦敦政治经济学院曾有一篇文章提到，英国脱欧后为英国和非洲重振关系提供了机遇，但也面临着英国援助仅为国家利益服务的舆论挑战，作者在此提到要重新定义援助，要基于实现非洲大陆的发展目标，同时将援助作为受援国能力建设和本国发展贸易的一种方式，以此来推动英非实现更可持续和对称的伙伴关系①；其次，从英国高校智库来看，以英国发展研究所（IDS）、伦敦政治经济学院和伦敦大学东方与非洲研究院（SOAS）为首的顶尖高校吸引着全球来自 160 多个国家的顶尖人才，这些英国高校都以解决全球性发展问题为使命，借助权威专家和各类知识产品在重要场合进行传播，通过强化国际社会对于特定问题的认知以塑造共识，扮演着发展援助的倡导者以推动政策议程设置和科学进步。而其毕业生也大部分就职于各国政府或国际组织之中。根据 2021 年 QS 世界大学发展研究专业学科排名，英国上榜院校达 19 所且位于顶尖，而中国大陆仅有 1 所上榜。2020 年顶尖国际发展政策智库排名中英国与中国同有 8 所机构上榜，其中英国有两所位居前 10 名，而中国位列第一的国务院发展研究中心位于第 20 名。非洲商业杂志曾在一篇报道中提到英国的软实力优势：“英国政府虽然无法像中国或美国那样向非洲提供同等水平的财政支持。但它可以充分利用其文化联系，并向包括治理和机构建设在内的关键领域

① Emily Yeates, “‘Global Britain’ and Africa beyond Brexit [N/OL],” The London School of Economic and PolitIcai Science, (2019 - 9 - 24) [2021 - 08 - 06], https://blogs.lse.ac.uk/africaatlse/2019/09/24/global-britain-and-africa-beyond-brexit/.

提供支持。英国的强大实力在于软实力，包括其在整个非洲大陆的外交存在。许多非洲国家元首和其他精英政治家曾在英国接受高等教育。英国大学每年吸引数以万计的非洲学生，而英国文化协会在整个非洲大陆提供广泛的教育中心网络。”①最后，从慈善团体与媒体来看，BBC 与政府和慈善团体的关系密切，BBC 不仅通过与慈善团体的协作共同推动英国发展事业，而且也通过其自身建立的慈善组织——BBC 媒体行动（BBC Media Action）积极投身于发展援助实践。例如 2006 年，原英国国际发展部资助 BBC 媒体行动《关于媒体传播在发展政策和研究中的作用》和 2008 年英国文化协会资助 BBC 媒体行动开展的一项十个国家公众对于非洲气候变化看法的研究。②

第八，从多元主体参与对外援助的监测评估机制来看，英国通过立法保障、议会、国家审计署、评估部和援助影响独立委员会共同参与援助项目的监测与评估。援助透明度高也有利于更好地进行监测，William. Easterly 和 Claudia R. Williamson 的一项研究表明英国在双边援助机构的实践表现中位列第一，原英国国际发展部是向经合组织全面报告援助金额并在其网站上列出员工人数、行政成本、工资和福利以及官方发展援助预算等基本信息的 10 个机构之一。其管理费用也相对较低，为员工分配了 440 万美元的资金，并保持相对于援助支出较低的行政成本以及工资和福利（分

① African economic, “London Starts to Take Africa Seriously,” *African Business*, 2020 - 01 - 20.

② “BBC Media Action. Policy and Research Programme on Role of Media and Communication in Development,” BBC Media Action, 2012.

别为 2.6% 和 1.6%)。[①] 具体而言，(1) 英国通过立法保障发展援助目标的实现，早在 2002 年国内就通过了《国际发展法》并在其中规定援助必须用于减贫等目标，为援助提供了法律约束。英国援助一直以国际商定的规则和国内立法为基础。这种强有力的、基于规则的方法对于确保英国援助保持其有效性并专注于减贫至关重要。(2) 议会和国家审计署也在问责机制中发挥着重要作用。[②] (3) 英国国际发展部的评估主体主要由其评估部和援助影响独立委员会 (ICAI) 组成。其中 ICAI 对 DFID 工作进行独立审查，且评估者背景与发展干预并不相关，以确保评估独立性。而评估部主要对援助评估的质量和标准提供支持。其主要职责有设定评估标准，促进项目嵌入式评估操作，进行评估技术和能力建设，以及加强其合作伙伴的共同参与等。[③]

(二) 教训

第一，援助随着援助机构的增加而逐渐发生异化。随着援助部门主体的不断增多，从生产到传播的一个国际发展知识利益链条形成，援助机构的异化也在一定程度上导致发展援助的"异化"，西方发展知识的生产和援助的执行在自由化和市场化之后均实行了自负盈亏的体制设置，盈利性驱动了

---

① William Easterly, Claudia R. Williamson, "Rhetoric versus Reality: The Best and Worst of Aid Agency Practices," *World Development*, Vol. 39, No. 11, 2011, pp. 1930 - 1949.

② ODI, "UK Aid to Africa: A Report for the UFJ Institute [R/OL]," (2006 - 1 - 20) [2021 - 8 - 6], https://odi.org/en/publications/uk - aid - to - africa - a - report - for - the - ufj - institute/.

③ 徐加、徐秀丽:《美英日发展援助评估体系及对中国的启示》,《国际经济合作》2017 年第 6 期，第 50 - 55 页。

各种发展咨询公司和自由工作者大量涌现，援助的公共使命与私有化公司、自由职业者的谋利动机产生冲突。由于援助成为这些机构和个人的生计来源，这就使得改革援助的努力变得十分困难。①

第二，激烈的道德市场竞争致使援助机构为了媒体报道和捐款而相互争斗。英国援助的软实力优势之所以长久，有一定原因是其作为老牌殖民帝国的历史，例如作为前英国殖民地的非洲国家均以英语作为其官方语言，这些国家的文化认同在一定程度上也遭到了英语语言文化的影响，但同样现代非洲国家也因“反殖民”的民族情绪而谨慎看待援助。此外，媒体与发展援助机构的相互依存关系也饱受争议，曾有学者发问：“当援助机构成为媒体报道内容的提供者时，我们是否能始终确定是谁在对我们说话?”而且在英国竞争激烈的道德市场中，援助机构为了媒体报道和捐款而相互争斗。作为观众的英国公众，大多通过媒体可以了解到一些国家正处于灾难之中并基于道德和同情心愿意支持援助，但是对于后续受援国的援助过程与效果，媒体的跟进报道仍有不足②。

第三，跨部门的学习沟通架构与机制尚未成熟。虽然整个援助的交流网络在不断扩大，但其中许多结构都是新的，尚未全面运作。该系统网络大多都是自发形成的，并没有有意识的设计，也没有一个机构负责监督。其特殊性意味着整

① 李小云：《发展援助是如何走向异化的》，《国际援助》2016 年第 6 期，第 106－108 页。

② Monika Kalcsics, “A Reporting Disaster? The Interdependence of Media and Aid Agencies in a Competitive Compassion Market [J/OL],” Reuters Institute for the Study of Journalism, https://reutersinstitute.politics.ox.ac.uk/our-research/reporting-disaster-interdependence-media-and-aid-agencies-competitive-compassion.

个英国援助项目的学习交流仍然是无组织的，也不可避免地存在差距和重叠。

第四，国际形势以及专业化所带来的援助预算的下降与援助成本的提高。透明度与评估水平的提升也导致了援助机构成本增加。在国际局势日趋紧张与全球公共卫生危机影响下，中国与英国同样面临着预算规模缩小的挑战，这同样也对未来国际发展合作如何以可持续的方式进行下去带来一定的思考与挑战。与此同时也要注意英国多元主体的海外机构权力分散和跨部门援助管理容易导致援助分散性，以及管理成本上升的挑战。例如 2015 年《国际发展（官方发展援助目标）法》中明确规定的英国官方发展援助应占国民总收入的 0.7%，而在 2021 年援助预算降低为 0.5%。对于未来，在海外机构的运营管理成本方面仍面临着巨大挑战。英国多边援助当前也同样面临着脱欧、跨部门参与多边援助的知识经验缺乏、过于细致的流程致使非核心援助存在对战略重点的忽视等挑战[①]。

（三）启示

第一，各主体都格外重视知识生产议程，而且对其他主体参与的重要性有充分认识，纷纷与专家智库合作，倡导建立知识生产和分享网络，在从事发展实践的同时，也成为发展知识的生产机构。

第二，各主体都成立相应的部门，专门负责与其他主体的合作，比如英国国际开发署（2020 年被合并到外交部，成

① 曾璐、孙蔚青、毛小菁：《借鉴英国发展多边援助的管理体制》，《国际经济合作》2021 年第 2 期，第 56－61 页。

为英国外交、联邦、发展事务部）下设民间社会司、私人部门机构等。

第三，在当前的英国对外援助实践中，政府依然发挥着主导作用，在政府制定的发展议程下，以服务外包、层层分包的机制将企业、社会组织等纳入进来发挥各自的优势和作用，共同推动英国对外援助的发展。

CHAPTER

4

第四章

美国多元主体参与国际发展的机制分析

作为世界上最大的发展援助提供国，也是二战后国际发展体系最为重要的建设者，美国将发展援助（development）视为与国防（defense）、外交（diplomacy）一样重要的国家安全战略三大支柱之一，其预算是对外事务中最大的支出，2023 财年美国为发展援助项目提供资金 430 亿美元，排名世界第一。2024 财年总统预算案为国务院、国际开发署和其他国际项目申请预算高达 705 亿美元[①]。基于国家安全、商业利益和人道主义等因素的综合考虑，美国通过政府机构、企业、基金会、大学、发展银行等多元主体将援助资源不断地输送到世界各地的受援国，以实现其战略目标诉求，[②] 这些主体在美国所构筑的国际发展知识产业链上各司其职，[③] 通过复杂的社会化网络共同推动对外援助目标的实现，可以说，美国之所以能在二战后的全球治理体系中占据统领者的角色，原因之一就是其在不同时期通过不同的发展叙事和知识将国内和国际层面的多元主体凝聚在一起，形成国际发展共同体的模式。

① 郭语、黄莺：《拜登政府对外援助政策调整及影响》，《现代国际关系》2023 年第 6 期，第 70 – 71 页。

② Marian L. Lawson, Emily M. Morgenstern, "Foreign Aid: An Introduction to U. S. Programs and Policy," April 16, 2019, https://crsreports.congress.gov/R40213.

③ 阿图罗·埃斯科瓦尔：《遭遇发展——第三世界的形成与瓦解》，叶敬忠等译，社会科学文献出版社，2011。

本章按照"叙事-主体-实践"三维分析框架，对美国参与对外援助的主体、形成的叙事，及其实践进行了回顾和总结。首先，本章系统梳理了对外援助叙事的历史变迁，发现其先后经历了"现代化""人类基本需求""结构调整""民主化""反恐-减贫""美国优先"等不同阶段，并发现国际政治经济环境对美国对外援助叙事的影响，尽管不同历史时期的对外援助叙事不断发生变化，但都服务于美国的国家安全战略。其次，以不同时期对外援助叙事是如何产生的问题切入，通过点面结合并有所侧重的方式描述了政府、企业、私人志愿组织、基金会、大学、媒体和学者等不同主体参与到美国对外援助叙事的产生过程，指出对外援助叙事是在政府主导下社会各界合力形成的产物。最后，围绕着多元主体如何实践美国对外援助叙事的问题，以重点案例呈现的方式对对外援助的执行与落实展开分析，发现多元主体的不同利益诉求如何协调与妥协是对外援助目标能否实现的关键。需要特别说明的是，非洲长期以来处于美国对外援助政策的边缘位置，因此本章在把握美国对外援助叙事变迁、生产与实践的过程中选取典型代表案例展开阐述的同时，对美国相应时期的对非援助政策进行从整体到局部的分析。

一　发展叙事的历史变迁

美国对外援助自杜鲁门政府时期（1945～1953）开始正式成为国家安全政策的重要工具。在战后70多年的发展历程中，美国对外援助在维护国家安全的指导下，先后将援助目标具体化为遏制共产主义、政治军事联盟、价值观宣传、获取资源和经济渗透等。由于发展援助是连接美国与受援国的重要渠道，美国对外援助的目标只能相对隐蔽地在发展援助的叙事中推行。发展援助叙事是美国对外援助理念、目标与方式的聚焦，是其建构国际发展援助体系主导地位的主要方式。美国先后提出“现代化”“人类基本需求”“结构调整计划”“民主化”“反恐－减贫”“美国优先”等不同的发展叙事，不仅将其背后的国家利益的政策目标进行合法化，而且赢得了广大受援国欢迎与期待。可见，美国对外援助最高目标是维护国家安全，但在不同的国际环境下将国家安全具体化为不同的政策目标，而发展叙事是政策目标与援助实践之间的转化桥梁，在为援助实践提供具体指导的同时，缓解了援助国与受援国之间不平等的矛盾关系。

（一）20 世纪 50～60 年代：现代化

20 世纪 50～60 年代的“现代化”叙事将美苏之间的政治斗争问题转化为技术问题，使其更具有可操作性。二战结束后，美苏冷战的对峙日益严峻。“马歇尔计划”成功在欧洲遏制苏联的扩张后并通过自由主义路线重建西欧的过程，使美国认识到经济方面的专业知识和关于美国本土历史经验被移植到海外的可行性。具体来说，美国经济学家用科学管理和劳资合作取代了旧式的经营方式和传统的阶级斗争，将罗斯福“新政”创建的田纳西河流域管理局和农村电气化管理局之类的制度带到了欧洲，成功帮助其重建工业体系，恢复繁荣，驱动了欧洲各国经济向前发展并实现独立。[①] 正是基于重建欧洲的成功经验，杜鲁门及其下属希望科学训练和技术援

① 雷迅马：《作为意识形态的现代化：社会科学与美国对第三世界政策》，牛可译，中央编译出版社，2003。

助促进第三世界生活水平的提高，并限制共产主义的扩张。1949 年 1 月 20 日杜鲁门在就职演说中宣告了“第四点计划”，标志着“现代化”发展叙事正式诞生。美国由此开始指导“新兴”地区的变迁努力，这一努力在 60 年代达到高峰。

> 在这个世界，有半数以上的人们正生活在近乎悲惨的境地之中，他们缺乏食物，饱受疾病的折磨。他们的生活既原始又迟缓不振。他们的贫困无论是对他们自己还是对更繁荣的地区，都构成了一种障碍和威胁……美国决定提供我们所有的技术和知识给那些爱好和平的人们，以帮助他们认识到自己对更美好生活的期待，并且在与其他国家的合作中，我们应该促进对需要发展的地区的资本投入。①

现代化叙事，是美国建立的一套针对“欠发达世界”的政策理念和行动方案，试图对这些社会、经济和政治停滞、智力和文化发育不良的“落后民族”施行经济援助和“发展指导”。美国社会科学家相信自己把握了人类社会历史发展的本质，能够为新兴民族国家开出实现“发展”和“现代化”的药方。在“真理不仅仅是共同寻求的知识产品也是武器”②的指导下，国家安全官员向学术界提出了这样的要求，即拿出对实际政治有用的知识——关于世界的知识，关于如何使美国直接促进和控制世界上发生的社会变迁的知识。③ 这是因

---

① Harry S. Truman, “Inaugural Address, Thursday, January 20, 1949,” Public Papers of the Presidents of the United States, 1949, Washington: United States Government Printing Office, 1964, pp. 114 – 115.

② Needell A. A., “‘Truth Is Our Weapon’: Project TROY, Political Warfare, and Government – Academic Relations in the National Security State,” *Diplomatic History*, Vol 17, No. 3, 1993, pp. 399 – 420.

③ Latham M. E., *Modernization as ideology: American Social Science and “Nation Building” in the Kennedy Era*, Univ ersity of North Carolina Press, 2000.

为广大发展中国家是介于资本主义和社会主义两大阵营的一个“战场”，是美国需要争取的对象。能否有效地影响和干预第三世界国家地区的发展，使之走上现代化发展道路对于营造一个和平稳定的世界环境至关重要，也对美国全球冷战的胜利非常关键。在20世纪50~60年代，美国对外援助在现代化理论指导下实施，加速了全球的现代化进程，并且间接削弱苏联模式对发展中国家的吸引力。现代化发展叙事的集中表达是罗斯托的现代化理论，即经济成长的阶段理论。[①] 他基于美国发展历史为全球变迁提供了一个经验性的坐标，进而为欠发达地区的发展提供了路线图。由此，现代化发展叙事成功地将美苏冷战的政治斗争转化为可以操作的技术性问题，并指导了这一阶段的对外发展援助实践。

（二）20世纪70年代：人类基本需求

70年代，美国在反思现代化叙事基础上，开始探索“人类基本需求”的发展叙事。现代化发展叙事主导的60年代被称作“发展的十年”，美国对外援助取得了显著成效，受援国的平均国民生产总值年增长率为5.5%。他们管理自己资源的能力显著提升，对发展问题的认识也逐渐加深，在国际组织中的权力也有所增加。[②]

然而，经济增长并没有达到预期成果，国民生产总值的增长并没有使广大人民享受到发展的成果，对外援助没有明显改善发展中国家大多数贫穷人口的生活状况，甚至在拉美

① Rostow W. W.，“The Stages of Economic Growth,” *The Economic History Review*, Vol 12, No. 1, 1959, pp. 1-16.

② Ernest Stern, Philip Birnbaum, Thomas Arndt, “Restructuring the Agency for International Development,” December 13, 1971.

出现了一些威权主义国家，这种有增长无发展的模式受到广泛批评，甚至现代化理论的设计者和和平队志愿者也开始受到质疑。1969 年世界银行任命了一个以加拿大前总理莱斯特·B. 皮尔森（Lester B. Pearson）为首的评估小组，全面审核对外援助政策，从而形成了标志着西方主流外援观念的“皮尔森报告”，该报告指出当援助所驱动的经济发展已开始发挥作用时需要减少援助，同时建议取消欠发达国家的出口障碍，促进有利于外国直接投资的条件；向发展中国家提供相当于发达国家国民生产总值 0.7% 的外援，保持欠发达国家 6% 的年增长率；重新安排对农业、教育和人口增长方面的技术援助；通过国际组织加强和扩展多边援助体系。[①] 1969 年国际劳工组织发起了“世界就业项目”，首要目标是提高贫困人口的生活水平和为他们提供更多的工作机会。1970 年《粮食与农业状况》中指出 60 年代经济长期持续增长但收入分配问题受到广泛关注，公平分配应该成为经济政策的重要内容。[②] 1970 年经济合作与发展组织（OECD）也对欠发达国家的就业问题的现状和性质进行了调查研究。[③] 国际劳工组织是最早关注“基本需求”或“就业导向”的官方援助机构。

与此同时，石油危机和全球经济萧条给发展中国家带来严重的经济与融资问题，更使人们确信过去以经济增长为优先援助政策的不适当。世界银行等国际机构主张在国家经济

---

① 《二战后国际对外援助的发展与演变（上）》，http://www.sic.gov.cn/News/456/5069.htm。

② FAO, "The State of Food and Agriculture 2001," Food & Agriculture Org., 2001.

③ Vernon W. Ruttan, *United States Development Assistance Policy: The Domestic Politics of Foreign Economic Aid*, The Johns Hopkins University Press, 1996, p. 106.

发展过程中，要注意改进生活的基本需要条件，包括充足的食物、住房等家庭生存的最低需要，以及安全的饮用水，公共卫生、健康以及教育设施等必要的公共服务，以直接对人力资源产生积极作用。① 美国国内社会群体也开始强调发展援助应有助于消除受援国国内的不平等，促进政治参与，提高贫困人口改善其生活质量和获得收入的能力。因此把自由资本主义当作第三世界发展模式的设想以及大规模的发展项目受到了广泛批评。② 1973 年在海外发展委员会的建议下，在尼克松政府的敦促下，国会通过了《共同发展与合作法案》，把发展援助目标转向发展中国家贫困群体的“人类基本需求”，把更多重点放在社会服务而不是经济增长方面。③ 由此，美国发展援助开始由过去支持宏大的经济计划、大规模基础设施建设，转而关注就业、营养、教育、医疗、人类的自身发展等问题，以满足第三世界国家人民生活的基本需求。由此，人类基本需求的发展援助叙事主导了 70 年代美国的对外援助政策。

（三）20 世纪 80 年代：结构调整计划

20 世纪 80 年代，在内外交困的局面下，里根政府选择了与国际多边援助机构一致的“结构调整计划”叙事。一方面信奉新自由主义的里根政府对内实施财政紧缩政策，减少政

① 《二战后国际对外援助的发展与演变（上）》，http：//www.sic.gov.cn/News/456/5069.htm。

② 周琪等：《美国对外援助——目标、方法与决策》，中国社会科学出版社，2014，第 28 页。

③ Vernon W. Ruttan, *United States Development Assistance Policy*: *The Domestic Politics of Foreign Economic Aid*, The Johns Hopkins University Press, 1996, p. 94.

府干预；对外强调国际多边主义转移并缓减财政压力；另一方面随着布雷顿森林体系的瓦解，凯恩斯主义逐渐受到世界各国的普遍质疑，新自由主义逐渐成为“结构调整计划”的核心。

非洲国家于20世纪70年代后期出现了经济衰退，80年代又经历普遍的经济危机，这不但导致了非洲国家自身的不安，还引起了国际社会的高度关注。虽然“非洲统一组织”于1980年通过了“拉各斯计划”，确定了非洲国家摆脱对外部世界依赖走集体自力更生和自主发展的道路。但是国际货币基金组织、世界银行等国际组织和西方国家纷纷发表评论提出建议。其中1981年世界银行发表《撒哈拉以南非洲加速发展的行动纲领》报告，又被称为“伯格报告”，这代表了世界银行、国际货币基金组织和主要西方国家的观点。具体来说，“伯格报告”认为，非洲经济危机的根本原因是现行的政策失误，提出了“结构调整计划”，该判断基本上是以西方国家成熟的市场经济的运行规则为参照，并以此对非洲国家的现行政策进行取舍和改造。正如曾任世界银行首席经济学家的斯蒂格利茨（Stiglitz）所指出的那样，结构调整计划是对发展中国家施行的“四步曲”改革：私有化、资本市场自由化、价格市场自由化和贸易自由化。自20世纪80年代初至90年代中期前，撒哈拉以南非洲就有30多个非洲国家先后接受了世界银行和国际货币基金组织的结构调整方案，进行经济改革。①

里根政府时期，美国的对外援助政策基本上与世界银行

① 张文海：《斯蒂格利茨批评新自由主义的结构调整》，《国外理论动态》2001年第12期，第24-25页。

的“结构调整计划”保持一致，这与两者内在的紧密联系不无关系。与此同时，拉美地区的债务危机开始危及美国自身经济稳定，因而美国对拉美受援国也开始推行“结构调整计划”，具体方案号称“贝克计划”。

20世纪80年代中期在经济发展和转型过程中，拉丁美洲地区面临最严峻的问题是债务问题。债务危机首先在墨西哥发生，1982年8月12日墨西哥财政部部长吉色斯·席尔瓦·埃尔佐格（Jesus Silva Herzog）宣布墨西哥外汇储备几乎耗尽，已无力按协议规定偿还欠国际货币基金组织、世界银行等国际金融机构和美国等债权国的800亿美元的债务。随后拉丁美洲的其他国家如巴西、委内瑞拉、阿根廷、秘鲁、智力等也相继卷入危机。在里根政府的第一个任期，美国对拉美国家提出的就债务问题举行对话的要求置若罔闻，坚持债务国必须通过与国际货币基金组织的谈判逐个解决其债务问题。但是随着债务危机的不断扩大以及对整个世界经济体系造成的负面影响加剧，美国也逐渐认识到解决债务危机对其自身经济的重要性，决定承担起解决危机的领导责任。

1985年10月美国财政部部长詹姆斯·贝克（James Baker）在汉城召开的国际货币基金组织和世界银行年会上，提出美国解决债务问题的新战略，他发表的题为“美国关于发展中国家持续增长的计划”演说中指出，只有靠各个有关政党的更紧密的合作、商业银行更多的贷款、世界银行作用的进一步加强和发展中国家的更多的经济增长才能解决债务危机。此即所谓的“贝克计划”，将债务危机作为整体来解决的尝试。“贝克计划”是世界银行提出的“结构调整计划”的美国版本，要求债务国进行全面的以市场为中心的结构性改革，包括削减政府开支、消除对外国投资的阻碍、开放经济、激励竞争、把低效率的国营企业出售给私人、吸引国外资本并制止资金外流。① 可见，里根政府的对外援助政策基本上与世界银行的结构调整计划叙事保持一致。

里根政府不仅与国际多边援助体系保持步调一致，并开始重新融入联合国多边组织。1988 年里根政府缴纳了拖欠联合国的4400 万美元会费，并表示下一财政年度美国将缴纳拖欠的另外的 1.44 亿美元会费。里根政府在世界银行“结构调整计划”叙事下展开的对外援助，为对外援助政策“四个支柱”（见表 4 －1）改革提供了方向，其核心是削弱政府在对外援助中的作用，将对发展中国家的发展援助部分转移到私人企业或民间组织身上。这与世界银行的“结构调整计划”对发展中国家的要求形成了呼应。

表 4 －1　里根政府对外援助政策的“四个支柱”

政策对话与改革	美国寻求与东道国政府在发展政策和政策改革方面取得一致
制度发展	将对外援助分散在不同机构中，尤其是鼓励分散给私人组织和志愿者组织，而不是依赖于公共机构
技术转让	在生物医学研究、农业和人口控制等领域取得突破
私营部门发展	提升私营部门在解决发展问题方面的作用

（四）20 世纪 90 年代：民主化

20 世纪 90 年代冷战后，美国对外援助叙事由民主化主导，旨在推动苏联国家的政治经济转型。苏联解体后，第三

① Christine A. Bogdanowicz—Bindert, “The Debt Crisis: The Baker Plan Revisited,” *Journal of Interamerican Studies and World Affairs*, Vol. 28, No. 3, Autumn 1986, p. 34.

波民主化浪潮向中东欧国家扩展，民主化发展成为社会各界关注的焦点，民主和平论也成为当时热门的指导理论。从1989年老布什政府（1989～1993）开始的连续三届美国政府都非常强调依靠对外援助推动发展中国家民主化发展。[①] 1989年《支持东欧民主法案》（Support for Eastern European Democracies, SEED）[②] 计划在未来三年向中东欧国家提供总共9.38亿美元的援助，通过提供的技术援助，鼓励进行市场经济改革。[③] 1991年国际开发署署长罗纳德·罗斯肯斯（Ronald Roskens）表示美国的对外援助集中于帮助几个正在进行政治经济改革的前社会主义阵营国家。

1994年克林顿政府推出《参与和扩展战略》，把扩大民主社会和自由市场国家看作国家安全战略的关键部分，其核心目标就是追求全球民主化。美国对外援助政策有了更加清晰的战略，尤其强调发展中国家的"可持续发展"，以及通过美国的援助有效推动发展中国家的发展以及民主化。主要表现出以下特征。

第一，冷战后美国对外援助的经费基本呈现下降趋势，只在克林顿政府（1993～2001）后期才开始逐渐增加，但并未达到20世纪90年代初的水平。唯一例外的是美国对东欧和苏联的前社会主义国家的援助不仅没有削减反而稳中

① 霍淑红：《霸权视角下美国私人基金会的对外援助研究》，九州出版社，2019，第116页。

② SEED最初用于援助波兰和匈牙利两国，1992年，美国国会又通过《自由支持法案》（*Fredddom Support Act*），将援助范围扩大到其他中东欧国家。

③ Kimberly A. Zeuli and Vernon W. Ruttan, "U. S. Assistance to the Former Soviet Empire: Toward a Rationale for Foreign Aid," *The Journal of Developing Areas*, Vol. 30, No. 4, July 1996, p. 501.

有升。

第二，对外援助的主要对象是苏联地区的中东欧国家，到2000年克林顿政府离任时美国对这一地区提供的经济援助是1993年的5倍左右。

第三，更加关注全球性问题、发展中国家的民主化和可持续发展问题，这也是克林顿政府对外援助政策调整的方向。克林顿政府认为民主化、可持续发展以及全球性问题彼此相互关联，如果一个国家没有健全的民主制度，这个国家也就难以和平发展，难以应对国际恐怖主义和犯罪，也不会在保护环境方面承担义务。①

（五）“9·11”事件后：反恐－减贫

进入21世纪，美国将援助发展中国家减贫与维护国家安全的反恐战略结合起来，以打造一个更加健康、拥有良好教育、民主和繁荣的世界，让美国更加安全。起初，信奉新保守主义的小布什政府（2000～2008）对发展援助的兴趣并不大，但是“9·11”事件迫使其重新思考国家安全和对外援助战略之间的关系。因此，反对国际恐怖主义、维护国家安全成为小布什政府外交战略的核心，相应的对外援助战略也做出了调整。

> 2003年8月，美国国务院与国际开发署（USAID）联合推出了针对未来美国外交和发展援助的纲领性文件——《安全、民主、繁荣——战略计划（2004—2009财政年度）》，该文件声称，美国对外政策的根

① 刘国柱、郭拥军等：《在国家利益之间：战后美国对发展中国家发展援助探研》，浙江大学出版社，2011，第215－217页。

> 本目标是“创造一个造福于美国人民和国际社会的、更加安全、民主和繁荣的世界”。该文件的基本逻辑是：美国政府的首要职责是保护其公民的生命、自由和财产，但是只有“当我们的朋友和邻居处于安全状态时，我们自己的安全才能最大限度地得到保障”。因此，美国国务院将努力解决地区冲突，对付国际恐怖组织网络，与国际有组织犯罪进行斗争，确保大规模杀伤性武器不能掌握在可能会对美国及其盟国和朋友构成威胁的国家和组织手中。同时，“当发展中国家和处于转型时期的国家在同贫困、环境恶化、传染病疾病做斗争时，美国国际开发署的援助计划将帮助保证其经济、社会和政治的稳定，我们共同的目标是：保证今天处于麻烦中的国家明天不会演变为失败的国家”。①

为此，美国国务院和国际开发署重点关注以下几个领域：推动民主和良好治理的发展；促进世界经济的增长、发展与稳定；为美国企业扩大机会确保美国经济安全；帮助发展中国家建立卫生保健体系、发展公民教育、保护环境、应对全球人口增长；对人道主义灾难提供救助；等等。可见，小布什政府正式加强对所谓脆弱国家、失败国家和正在失败的国家援助，避免这些国家由于贫困和混乱导致政府统治失序，成为国际恐怖主义的温床。小布什政府成立了专门从事发展援助的机构“千年挑战公司”（Millennium Challenge Corpora-

① Department of State/USAID, “Security, Democracy, Prosperity: Strategic Plan, Fiscal Years 2004 – 2009,” Department of State/USAID Publication 11084, August 2003, p. 1.

tion），通过促进经济的持续增长来减少全球范围内的贫困，将焦点聚集在通过投资诸如农业、教育、私有企业发展和基础设施减少等领域来促进经济的稳定持续增长以减少贫困。此外，小布什政府推出了“国际艾滋病、肺结核和疟疾的救助计划”（PEPFAR），为撒哈拉以南非洲、亚洲和加勒比海地区 15 个重点国家提供了卫生系统能力建设。

奥巴马政府（2008～2016）基本上延续了美国对外援助是美国安全和经济战略一部分的政策，只不过小布什政府在“反恐－减贫”的叙事实践中更加强调反恐，而奥巴马政府更加强调减贫。奥巴马政府将发展援助定义为一个促进国家安全的工具，根据发展政策来帮助国家“从贫困走向繁荣”，为此特别看重那些能够带给发展中国家的经济、司法和政治改革的发展援助。①

> 2009 年 5 月奥巴马宣布了一个预算为 6300 万美元的全球医疗计划，以通过更加战略性的、更加一体化的方法来同灾害做斗争，改善健康和加强医疗制度。9 月奥巴马提出了全球饥饿和食品安全计划，寻求通过新投资和更好地协调美国政府的项目来促进地方领导的农业发展。2010 年奥巴马总统敦促富裕国家维持对贫困国家的发展援助，强调这是一个有利于富裕国家自身利益的和互利的举动。他概述新的对外援助包括四个要点：第一，改变对发展的定义；不再用美国分配了多少资金、食品或医药来评价对外援助，发展是帮助其他国家从贫困走向繁荣，美国不仅需要援助那些国家实现变

① 周琪等：《美国对外援助——目标、方法与决策》，中国社会科学出版社，2014，第 152 页。

化，还需要利用其所拥有的工具，从外交到贸易再到投资政策。第二，改变对发展最终目标的看法；美国不应仅仅致力于救助贫困，还必须为这些国家和人民提供走出贫困的道路。第三，强调基础广泛的经济发展。最强有力的消灭贫困和创造机会的实际力量是基础广泛的经济发展和制度转型。第四，坚持援助国和受援国分担对援助更多的责任。①

（六）2016 年以来：美国优先

特朗普政府提出“美国优先”（America First）理念，加强对军事实力的重视，试图削减对外援助领域的预算以增加国防支出。这是因为特朗普政府面对充满危机的世界，将军事实力视为国家安全的根本保证，并逐渐开始否认对外援助和外交的安全功能。② 为服务于“美国优先”的叙事，其对外援助政策的工具化倾向非常明显，并侧重于利用对外援助维护美国经济利益。

事实上，作为一种政策立场的“美国优先”，强调民族主义和不干涉主义，与战时孤立主义具有一定的相似性。第一次世界大战爆发时，伍德罗·威尔逊总统用“美国优先”口号定义美国在国际事务中的孤立主义立场。后来美国成立了“美国优先委员会”（America First Committee），该委员会是反对美国加入二战的孤立主义压力集团，强调民族主义和国际

① Office of the Press, The White House, “Remark by the President at Millennium Development Goals Summit in The United Nations,” http：//www. thepoliticalguide. com/Profiles/President/US/Barack_Obama/View/International_Aid/.

② 丁韶彬：《美国对外援助的战略功能——以特朗普政府援外政策争论为背景》，《当代世界》2018 年第 11 期，第 23－27 页。

关系的单边主义，顶峰时期拥有 80 万会员，具有强大的影响力。[①] 特朗普竞选总统期间虽然没有直接提及战时的“美国优先”，但在强调民族主义和反干预立场的时候选择“美国优先”成为特朗普政府的官方政策学说。

2017 年 3 月 16 日，特朗普政府发布了《美国优先：使得美国再次强大的预算大纲》，其中国防支出增加 540 亿美元，并大幅度削减“国务院、对外事务及相关项目”（Department of State, Foreign Operations, and Related Programs; SFOPS），包括减少对世界银行在内的多边发展银行的资助，并终止紧急难民和移民援助账户、终止重叠的维和和安全能力建设等应急项目，比如综合基金（Comples Crises Fund）。[②] 2017 年 5 月 23 日，特朗普政府向国会提交的 2018 财年财政预算请求中 SFOPS 支出仅为 420.1 亿美元，其中“对外援助相关的支出”（Foreign Operations and Foreign Aid by Appropriations Type; FO&FA）[③] 为 270.5 亿美元，相比 2017 财年分别减少 30% 和 35%。同样在特朗普之后的任期内，2019/21 财年屡次大幅度削减“国务院、对外事务及相关项目 – 对外援助的相关支出”（SFOPS – FO&FA）预算。

与此同时，特朗普的对外援助政策更加强调战略功能，取消对 27 个国家的对外援助计划、扣留对乌克兰的军事援助

① Sarles, Ruth, Kauffman, Bill ed., *A Story of America First: The Men and Women Who Opposed U. S. Intervention in World War II*, Greenwood Publishing Group, 2023.

② Office of Management and Budge, “America First: A Budgct Blueprint to Make America Great Again,” pp. 33 – 34.

③ 具体包括：USAID Administration; Bilateral Economic Assistance; Humanitarian Assistance; Security Assistance; Export Promotion; Multilateral Assistance; Independent Agencies; Global Health Programs 等。

以施压其调查乔·拜登的家人、切断对加沙地带的援助资金，并将用于洪都拉斯、萨尔瓦多和危地马拉等国移民的资金用于哥伦比亚等。① 相比之下，他将对外援助资金用于应对中国崛起，特别是组建国际发展金融公司（DFC）以抗衡中国的“一带一路”倡议和亚洲基础设施投资银行。虽然这一改革顺应了当前国际发展合作对基础设施和发展投融资的重视趋势，但仍然服务于“美国优先”发展叙事。

因此，特朗普政府“美国优先”叙事主导下的对外援助政策更加强调其国家战略工具导向，同时更加注重对新发展合作模式的探索，关注领域也从农业、教育和医疗卫生等民生减贫领域转向高质量基础设施、发展融资机构和多边融资机构，这也顺应了当前国际发展合作对基础设施和发展投融资的重视趋势。② 拜登政府执政以来，通过提升 USAID 的决策地位、增加资金规模、强调对外援助的价值观属性、重视多边援助渠道和加强援助议题设置等方式，重新回归对外援助传统③。由于其目标仍是在与中国的战略竞争中提升自身的全球领导力，因此仍具有“美国优先”的色彩。④

---

① Jennifer Rigby, Sarah Newey and Anne Gulland, “How Trump Undermined US Aid – but still Spent Billions in ‘Transactional’ Approach,” https：//www. telegraph. co. uk/global – health/climate – and – people/trump – undermined – us – aid – still – spent – billions – transactional/.

② 王瑞、徐秀丽：《美国对外援助“工具化”趋势加强》，https：//baijiahao. baidu. com/s？ id = 1658273588025058308&wfr = spider&for = pc。

③ 郭语、黄莺：《拜登政府对外援助政策调整及影响》，《现代国际关系》2023 年第 6 期，第 68 – 84 页。

④ “Joint Strategic Plan FY 2022 – 2026,” U. S. Department of State and U. S. Agency for International Development, March 2022, https：//www. usaid. gov/sites/default/files/2022 – 05/Final_ State – USAID_ FY_ 2022 – 2026_ Joint_ Strategic_ Plan_ 29MAR2022. pdf.

二　发展援助叙事生产中的多元主体

如前所述，发展援助叙事是对美国对外援助维护国家安全相对间接的表达，是将美国与其他受援国共同利益进行综合化的结果，也是美国实施对外发展援助实践的重要指南。美国作为典型的西方自由主义国家，具有明显的"大社会小政府"特征，美国社会多元主体积极参与到发展援助叙事的生产与实践当中也有其深厚的社会基础。与此同时，美国作为经济合作与发展组织（OECD）发展援助委员会成员主要捐助国和领导者，其对外援助（或称为官方发展援助，ODA）输送系统各层级流程与其他援助国基本一致。[①] 具体见图4－1。

根据国际开发署网站显示，其合作伙伴包括大学、私有企业、小型企业、民间组织、国内合作伙伴、宗教和社区组织、其他援助者、人道主义者，以及研究人员、科学家和创新者等。[②] 国际开发署主要依托这些合作伙伴与主体的专业优势和网络为实现其发展目标开展合作项目，本节主要根据美国对外援助叙事发展演变历史与实践，归纳总结了参与美国对外援助的主要政府机构、私有企业、民间组织、大学及智库和国际组织等。

在发展援助叙事生产中主要有以下四个主体。

---

① 程诚：《"一带一路"中非发展合作新模式："造血金融"如何改变非洲》，中国人民大学出版社，2018，第60页。

② "Organizations that Work with USAID," https：//www. usaid. gov/work－usaid/organizations.

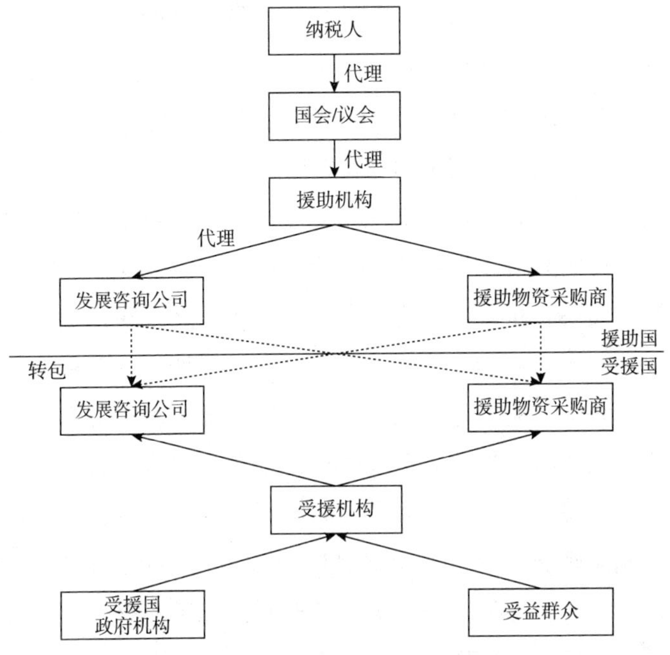

图 4－1　ODA 输送系统各层级流程

数据来源：程诚：《“一带一路”中非发展合作新模式：“造血金融”如何改变非洲》，中国人民大学出版社，2018。

1. 政府机构

美国对外援助在一定程度上形成了多元复杂的发展共同体。在美国总统的直接或间接领导下，国际开发署（USAID）直接负责主要对外援助活动；同时也有 20 多个独立的政府机构负责相关的对外援助活动。负责管理对外援助的政府机构往往围绕特定发展目标或项目，与国际多边发展银行、私有企业、非洲政府组织、基金会、高校、媒体以及学者等构建稳定的伙伴关系网络，由此构成的国际发展共同体在配合美国对外政策、促进受援国发展的过程中发挥了关键作用。

政府对外援助机构是相对比较稳定的存在，在各大政府机构中存在相对明确的职责分工；而政府机构与其他行为体之间的伙伴关系网络则具有一定的灵活性、非正式性和零散性，具体表现在美国不同时期对外援助叙事的生产与实践中。

（1）参与对外援助的主要政府机构

Foreign Assistance. gov 是负责美国对外援助统计的主要网站，目前向其报告对外援助数据的政府机构有 23 家[①]，包括：国际开发署、非洲发展基金会、环境保护署、联邦贸易委员会、中美洲基金会、千年挑战公司、和平队、农业部、商务部、国防部、能源部、卫生与公共服务部、国土安全部、内政部、司法部、劳工部、国务院、交通部、财政部、国际开发金融公司、贸易和发展署、进出口银行等。[②] 这些机构中国务院相关职能部门主要负责其特定领域内的对外援助活动，比如国防部主要负责安全援助计划和国际军备合作，用来发展盟国和伙伴国的防务和安全能力以及自卫和多国行动的能力；为美国部队提供和平时期和紧急情况下进入东道国的机会；建立促进美国特定安全利益的防御关系；采取其他行动以支持美国的目标。劳工部（Department of Labor's）下的国际劳工事务局（ILAB）主要负责旨在打击剥削童工和强迫劳动的"反童工和强迫劳动计划"和支持贸易伙伴国家为执行和遵守其与劳工相关的贸易承诺的"贸易和劳工事务计划"。交通部（Department of Transportation）主要向受援国提供相应的技术援助，如非洲安全天空（SSFA）计划旨在改善撒哈拉

① OPENTHEBOOKS，"Foreign Aid - How and Where the U. S. Spent $282. 6 Billion（Fiscal Years 2013 - 2018）［R/OL］，" OPENTHEBOOKS. COM，（2021 - 08 - 01）［2021 - 08 - 17］，https：//www. openthebooks. com/assets/1/6/Foreign_Aid_v15. pdf.

② 详细参见 https：//www. foreignassistance. gov/agencies/。

以南非洲的安全、安保和空中航行；交通部与其他国家签订近400项技术援助协议。

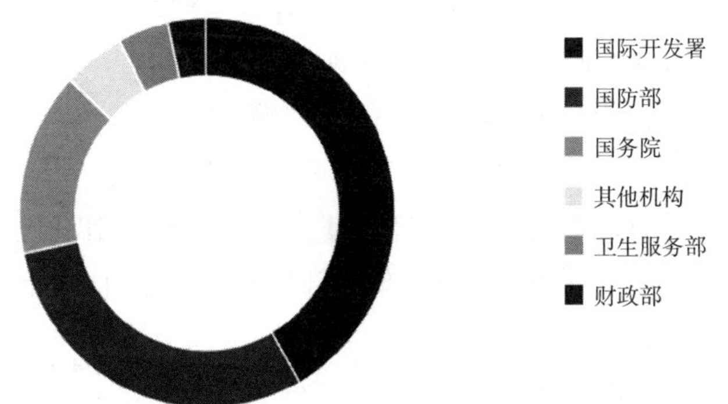

图4－2 2018年主要政府机构对外援助开支分布情况

资料来源：https：//foreignassistance. gov/agencies/？ agency＝1&measure＝Obligatio ns&year＝2018。

此外，美国也设立专门的对外援助机构负责相关活动。其中非洲发展基金会（African Development Foundation）利用国会通过《对外援助法案》的拨款帮助非洲国家解决发展问题；千年挑战公司帮助世界上最贫穷的国家通过经济增长减少贫困，加强善治、经济自由和对受援国的人民投资，其赠款为私营部门投资创造了有利环境。和平队（Peace Corps）则为美国人提供了成为全球公民并通过解决世界各地人民最紧迫的需求来为国家服务的机会。志愿者住在服务社区，在基层与东道国政府、学校和企业家合作，制定可持续解决方案，应对教育、健康、经济发展、农业和环境以及青年发展等领域的挑战。国际开发金融公司（International Development Finance Corporation）作为新成立的开发银行，通过与私营部门合作，为发展中世界面临的最关键挑战提供资金解决方案，其是在2019年按照“更好地利用投资促进发展”（BUILD）

法案成立的，整合了国际开发署的发展信贷局和海外私人投资公司（OPIC），致力建立发展、透明和信用的最高标准，为发展中国家提供一个不同于其他国家由政府主导的投资模式。进出口银行（Export - Import Bank of the United States）作为独立的官方出口信贷机构，通过促进美国商品和服务出口来支持美国就业。为符合 OECD 官方支持出口信贷安排的贷款、担保和保险计划提供官方出口信贷。其出口信贷计划不是援助，但当美国政府同意通过巴黎俱乐部程序免除外国债务时，其被免除的债务属于对外援助。

（2）国际开发署

美国国际开发署（USAID）作为美国对外援助管理与实施的官方执行机构，在总统任期内，其署长都是白宫国家安全委员会成员。国家安全委员会负责协助总统协调处理外交、军事及国家安全事务并制定相关政策，正式成员包括副总统、国务卿、国防部部长、能源部部长和财政部部长，在美国军事、安全与外交决策体系中具有重要地位。由此可见对外援助以及 USAID 在美国安全政策中的重要地位。

①国际开发署使命和组织框架

美国国际开发署管理着除军事援助以外大多数双边经济援助项目。总部设在华盛顿特区，在 67 个国家拥有分支机构，与 90 多个国家拥有合作项目。主要负责实施各类发展援助计划，包括拨付维和经费、管理发展援助、组织人道主义救援、参与跨国援助行动，并在海外组织促进民主活动。国际开发署拥有独立的预算、行政人员和组织机构，是美国在对外经济援助决策方面的重要参与者。其日常工作是向发展中国家提供经济援助、发展援助和人道主义援助以及长期的经济和社会发展援助。国际开发署负责制定对外援助方案，通常包括贷款和赠款两部分。贷款条件具有收缩性，其优惠程度取决于受援国的经济情况、偿还能力和贷款用途。此外，国际开发署与许多政府、国际机构、民间组织、大学以及企业有紧密联系。

国际开发署的使命是"促进民主价值观的传播，推动建立一个自由、和平和繁荣的世界"，在支持配合美国外交政策中，负责对外提供发展援助，以拯救生命、减少贫困、促进民主。国际开发署的目标是帮助合作伙伴实现自力更生发展。通过减少冲突、防止流行病传播、抵制暴力、打击跨国犯罪等方式促进受援国的发展。与此同时，通过投资扩大美国出口市场，为美国企业创造一个公平的竞争环境，并支持更稳定、更有弹性的民主社会，从而促进美国的繁荣。[①] 当前署长萨曼莎·鲍尔（Samantha Power）在《联合战略规划（2022—2026）》序言中指出，USAID 自成立以来一直致力于解决人类的共同"敌人"——暴政、贫困和疾病[②]。鲍尔将暴政置于贫困和疾病之前，意味着美国将反对暴政、追求民主自由作为优先事项，赋予了美国对外援助浓厚的价值观色彩[③]。

②国际开发署发展历史

国际开发署成立是美国对外援助制度化的产物，同时也

---

① Mission, "Vision and Values," https://www.usaid.gov/who-we-are/mission-vision-values.

② "Joint Strategic Plan FY 2022-2026," U.S. Department of State and U.S. Agency for International Development, March 2022, https://www.usaid.gov/sites/default/files/2022-05/Final_State-USAID_FY_2022-2026_Joint_Strategic_Plan_29MAR2022.pdf.

③ 郭语、黄莺：《拜登政府对外援助政策调整及影响》，《现代国际关系》2023 年第 6 期，第 72 页。

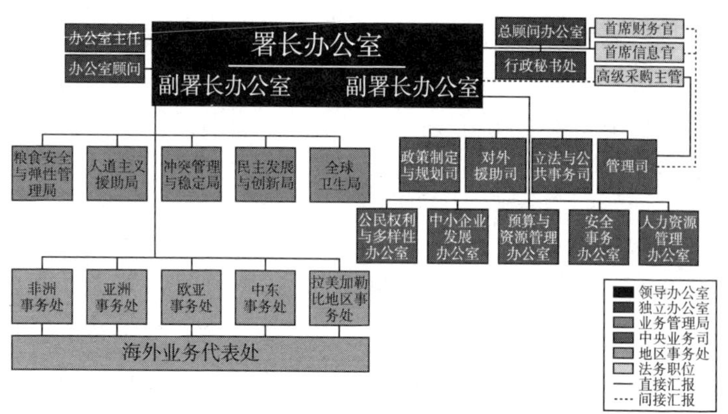

图 4-3 美国国际开发署组织结构

见证了 60 多年的对外援助历史。1948 年美国为执行“马歇尔计划”协助欧洲重建经济成立了经济合作署；1950 年成立技术合作署，主要负责执行“第四点计划”的技术援助，开始了对南亚、近东、拉美和非洲等经济和技术援助；1953 年成立共同安全署，取代了经济合作署，负责执行共同安全计划中有关经济援助的业务，并涉及对欧洲防务支持援助和向东南亚与太平洋地区提供经济技术援助。1953 年成立对外行动署，取代了技术合作署和共同安全署，开始负责全球的经济和技术援助项目。1955 年更名为国际合作署，隶属于国务院的半独立机构，负责执行对外经济援助任务。

1961 年成立国际开发署，取代国际合作署、开发贷款基金和开发贷款援助委员会。肯尼迪政府时期，国际开发署主要负责管理除了“和平队”和“粮食换和平”计划（农业部和 USAID 共同执行）以外的对外经济援助项目，包括发展援助、发展赠款、技术援助、发展贷款、美国在海外的学校和医院、对私人企业的投资担保和投资机会调查、进出口银行以及受援国货币贷款的业务、防务支持援助和紧急援助基金，还负责经济援助与军事援助的协调。1979 年卡特政府成立了国际开发合作署，以负责监督国际开发署的工作，事实上架空了 USAID。国务院负责直接管理难民救济和毒品控制等援助项目，财政部负责债务减免计划、技术援助、派遣临时金融顾问和临时反恐财政顾问等项目。1981 年里根政府忽略了国际开发合作署，将其与国际开发署一起并入国务院，开始名存实亡，1988 年正式撤销。1992 年克林顿政府恢复国际开发署，并使之独立于国务院，以满足对俄罗斯和东欧国家大规模援助需要。《1998 年外交事务改革与重建法案》确认了国际开发署作为一个独立、法定的执行对外援助的机构，正式取消了其对国务院的从属关系。

2000 年小布什对美国对外援助机构改革，再次架空了国际开发署，设立了新的专项援助账户："千年挑战账户"、"总统防治艾滋病紧急救助计划"、《美国领导防治艾滋病病毒/艾滋病、结核病和疟疾法》，并在国务院内部成立特别协调办公室，负责协调这些新的专项援助账户。"9·11"事件之后，国际开发署和国务院之间加强协调与合作。一方面，国际开发署内部设立对中东伙伴关系计划事务公共外交办公室。另一方面，根据《2004—2009 财年国务院与美国国际开发署战略计划》要求，国务院与国际开发署设立了两个协调机构——共同管理委员会和共同政策委员会。前者负责检查两个部门间的行政和管理事务，后者负责对国务院和国际开发署之间的协调进行评估，并制定解决方案。2008 年奥巴马提高了国际开发署地位，在《总统全球发展政策指令》中提出国际开发署署长必要时可参加国家安全委员会的会议，提高国际开发署在内阁中的地位，要将国际开发署重建为美国最重要的发展机构。奥巴马政府在国务院设立冲突与稳定行动局，加强了国际开发署下属的过渡计划办公室，目的是建立预防和应对冲突的能力。2012 年奥巴马签署总统令，宣布由国务院、财政部、国防部、国际开发署、千年挑战公司等机构负责人以及总统任命的不超过 12 位的非政府人员组成全球发展委员会，为总统全球发展政策提供咨询和支持。在对外援助上，建立了以国务院和国际开发署为主导，相关部门共同参与的协作体系。特朗普政府时期，国际发展署面临预算削减、机构裁撤等潜在风险，经历了署长辞职、新署长任命风波等内部动荡，且与白宫、国务院、国会的关系存在诸多不顺。2021 年，美国提升了 USAID 的决策地位，将 USAID 署长提升为白宫国家安全委员会固定成员。国家安全委员会是美国对外政策最高层级的协调机构，是总统制定安全和外交决策的主要咨询和协调机制，其成员变化体现了美国国家安全战略思想和重心的调整①。

（3）国际开发署运行机制

美国对外援助决策方案与政策一般由国务院、财政部、白宫办公室及国际开发署提出，并报告给总统。总统同意后报给国会审批，国会通过后由总统签署命令生效执行。国务院有专门的副国务卿负责对外援助项目执行与管理，并交由国际开发署具体执行与管理。国际开发署的最大特点就是集援助与资金拨付于一体，具有独立自主的管理权。其直接管理的账户包括：发展援助（Development Assistance）、国际灾难救助（International Disaster Assistance）、转型计划（Transition Initiative）、复杂危机基金（Complex Crises Fund）、发展信贷

① 郭语、黄莺：《拜登政府对外援助政策调整及影响》，《现代国际关系》2023 年第 6 期，第 69 - 70 页。

授权（Development Credit Authority），以及部分全球卫生项目（Global Health Programs）。与此同时，国际开发署还与其他机构合作，负责管理和实施其他一些账户，如总统艾滋病紧急救援计划（President's Emergency Plan for AIDS Relief）、经济支持基金（Economic Support Fund）、粮食换和平计划（Food for Peacs Title II）等。

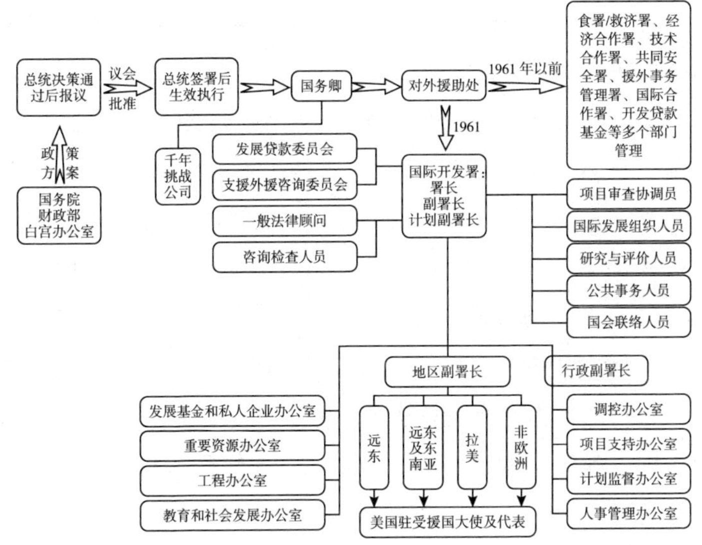

图 4－4 美国对外援助主要机构设置与运行机制

资料来源：中国科学院科技战略咨询研究院：《中国对外援助综合管理机构改革研究》，2017 年 8 月。

国际开发署对外援助工作的管理与实施主要围绕政策框架与实施政策展开。政策框架（Policy Framework）是 USAID 指导性政策文件，遵循国家安全战略（NSS）以及国务院和国际开发署联合战略计划（JSP）的方向，在一定程度上专门为 USAID 翻译了 NSS 和 JSP 中概述的目标。当前政策框架是继 2006 年和 2011 年之后 USAID 发布的第三个政策框架。政策框架内容阐明了USAID提供发展和人道主义援助的方法以及该机构的计划和业务优先事项。同时为特定问题的发展政策、战略和愿景文件提供信息；预算请求和分配；国家和区域战略计划；良好实践文件和项目设计；评估和学习议程；以及与合作伙伴的全面参与等。① 政策框架面向多个受众，包括：国际开发署人员、实施和其他计划合作伙伴、伙伴国政府和其他接受者、美国机构间同事、政府间和多边同行以及美国国会的利益相关者、发展社区和公众等。

政策框架指出，美国对外援助的使命与前景是通过与各国在自力更生的道路上建立伙伴关系，结束对外援助需求的存在。为了实现这一愿景，该文件提出了一种新的、全机构的发展和人道主义援助方法，即促进自力更生发展。这一方法的基础是三个相辅相成的原则：推动国家进步、投资结果和可持续影响。为了应用这些原则，USAID还必须将自己作为一个机构进行改革：使工作人员能够发挥领导作用，确保政策和实践的一致性，并使预算和政策优先事项保持一致。

因此，USAID对外援助活动的优先事项包括：第一，通过保障未来粮食供给计划（FtF）提高农业生产力，以解决长期饥饿和贫困；第二，加强卫生系统，支持各国保护儿童健康状况，克服疟疾威胁，为孕妇提供安全分娩支持，并扭转非洲大陆艾滋病毒/艾滋病流行的趋势；第三，支持民主、人权和善治，协助政府打击腐败，扩大民间社会的空间，帮助公民选择他们的领导，并加强民主化的趋势；

① https：//www. usaid. gov/policyframework/documents/1870/usaid - policy - framework.

第四，提高对气候变化的抵御能力，帮助受援国适应极端气候环境；第五，实现对人道主义危机的快速反应，以拯救生命并帮助防止不稳定和损失，这对粮食紧急情况的地区至关重要。

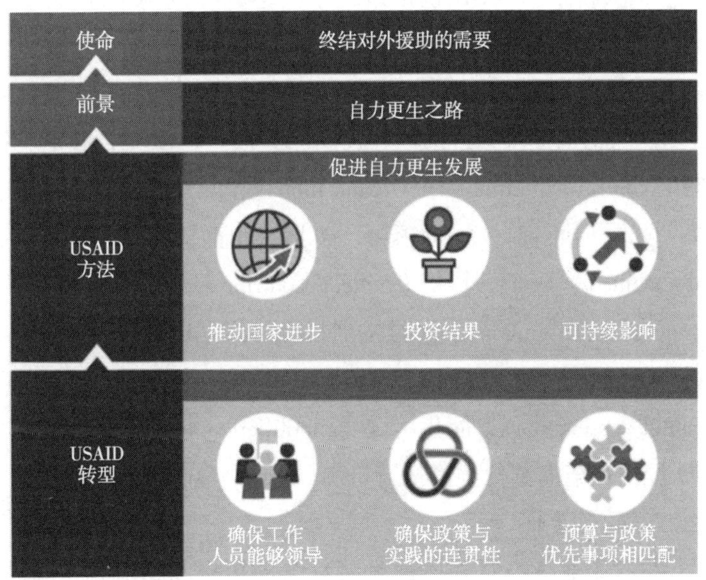

图4-5 USAID 政策框架

资料来源：https：//www. usaid. gov/sites/default/files/documents/1870/WEB_PF_Full_Report_FINAL_10Apr2019. pdf。

另外，实施政策（Operational Policy）主要是由自动指令系统（The Automated Directives System，ADS）构成，ADS 包含了 USAID 组织和职能，以及指导该机构计划和运作的政策和程序。它由 200 多个章节组成，分为六个职能系列，即机构组织和法律事务、计划、采购和援助、人力资源、管理服务以及预算和财务。ADS 具体事务由管理局、管理政策、预算和绩效办公室（M/MPBP）负责管理。[①] 其中，USAID 可以使用各种类型协议履行其在 1961 年《对外援助法案》所赋予的职责。一般来说，USAID 直接承担和管理自己的资金，主要通过与私营部门实体和个人的合同或赠款来实施项目。但在适当情况下，USAID 也可以请求其他联邦机构帮助实施对外援助，具体方式包括联邦机构间协议（Interagency Agreement，IAA）和参与机构服务协议（Participating Agency Service Agreement，PASA）两种方式。[②] 另外，USAID 与国际公共组织（Public International Organizations，PIO）签订六种协议展开合作，执行对外援助项目，包括费用型协议（cost - type agreements）、项目捐款（project contributions）、一般捐款（general contributions）、区域发展目标协议（Regional Development Objective Agreements，RDOAGs）、固定金额协议（fixed amount agreements）、简化协议（simplified agreements）以及向 PIO 提供资金的其他类型执行机制。[③]

2. 私有企业

私有企业参与对外援助具有悠久的历史和相应的法律依据，是美国寻求海外利益的重要方式。早在“第四点计划”实施期间，美国政府就促进石油企业在沙特、科威特等国家的发展，技术合作署专家通过广泛参与当地银行、金融、税收机构的建立，以及进行地质测量调查之类的基础设施建设，以各种方式向美国公司提供帮助。为降低企业给当地带来消极社会和政治影响，技术合作署在拉美实施技术援助计划时，主要关注的是解决当地最为急迫的问题，如食品、健康和教

① https：//www. usaid. gov/who - we - are/agency - policy.

② https：//www. usaid. gov/sites/default/files/documents/1868/306. pdf.

③ https：//www. usaid. gov/sites/default/files/documents/308. pdf.

育项目，以及通过分析调查、改善当地管理水平和基础设施以直接支持和规范美国公司的行为。1961 年《对外援助法案》提出了美国企业在海外经商的担保计划，并规定对外援助应该最大限度地利用私营部门，鼓励私人资本参与社会经济发展项目。2018 年 12 月国际开发署发布了新的《私有部门接触政策》，将发展中国家的发展与美国大型企业紧密结合，跨国公司既是美国对外援助的工具也是其重要目标。[①] 私营企业基于市场的解决方案（market - based solutions），在解决发展问题方面发挥着至关重要的作用，广泛参与到对外援助的各个领域，包括经济增长、电力、农业、全球健康、人道主义援助、妇女赋权、教育以及解决危机和冲突等。[②] 2001 年以来，国际开发署与 1700 家私有企业建立合作伙伴关系实施相应的对外援助项目。

对受援国来说，私有企业是推动经济增长的引擎，是减贫的重要力量。因此国际开发署与私有企业合作，利用他们的资本、专业知识、资源、创新能力、市场优势等促进解决受援国的发展问题。当前，国际开发署与各种私有企业建立了 1600 多个联盟，利用超过 190 亿美元的公共和私人资金增加发展援助项目的影响力；自 1999 年以来，通过发展信贷局为超过 13 万名借款人调动了 27 亿美元的当地资本。具体方式包括：建立公司伙伴关系、提供风险担保、专业知识支持、战略合作伙伴、风险资本式的赠款竞争（a venture capital style grant competition）等；比如自 2005 年以来，国

---

① https：//www. usaid. gov/sites/default/files/documents/1865/usaid_psepolicy_final. pdf.

② Rivate Sector Engagement（PSE）at USAID，https：//www. usaid. gov/work - usaid/private - sector - engagement/PSE - at - USAID.

际开发署与可口可乐公司合作的“水和发展联盟”（Water and Development Alliance）项目已经帮助近53万人改善了用水状况，23万人改善了卫生设施，并加强了对超过44万公顷土地的管理。①

国际开发署与私有企业合作模式往往根据具体的国家、项目和企业有所不同，但都遵循以下四个重要原则：第一，长期稳定的联络机制。通过定期协商、信息共享、关系协调等日常交流充分理解双方观点、优势与特长，为对外援助项目的合作奠定基础。第二，在援助项目中强调激励和重视私有企业的诉求。将私有企业纳入项目设计当中，并采用相应的激烈措施鼓励参与。第三，通过全球发展联盟和发展信贷局等机构调动私人资本参与发展援助项目。比如通过发放信贷担保国第一损失资本（first - loss capital）缓减和预防投资风险；发放发展影响债券（Development Impact Bonds，DIB））其他基于结果（pay - for - results）的融资；向企业提供前期资金或优惠支持吸引私有企业投资；与相关机构合作消除私有企业投资障碍，促进投资便利化。第四，建立案例实践库服务于私有企业。根据长期以来的实践经验，建立丰富的实践知识库，以及成体系的衡量、评价和激励标准，以服务于私有企业。②国际开发署发起的“投资”（INVEST）倡议旨在动员私人资本参与可持续发展的项目，利用采购和分包程序与私人企业开展合作。目前有36个国际开发署特派团、局和独立办事处参加，其活动跨越62个国家和14个发展部门。

在与小型企业（small business）的合作方面，国际开发

① https：//www. usaid. gov/partnership - opportunities/corporate.

② “Private - Sector Engagement Policy,” usaid. gov/sites/default/files/documents/1865/usaid_psepolicy_final. pdf.

署设有小型和弱势企业利用办公室（Office of Small and Disadvantaged Business Utilization，OSDBU），负责监督小型企业项目的实施和执行。此外，OSDBU 可以帮助向希望与 USAID 合作的小型企业提供指导和信息。与小型企业的合作可以采取多种形式，包括小型企业向处于转型期和危机中的优先国家提供短期援助，这些项目可以为选举管理、政党发展和公民参与等小型企业与国际民间组织提供合作，向各国提供专家技术援助，扩大对新生儿的救生干预措施；小型企业正在试验创新的解决方案，为撒哈拉以南非洲的小农户带来负担得起的高效化肥。①

3. **民间组织**

国际开发署认为民间组织是促进经济增长、人权和社会进步的关键变革力量，因此利用民间组织的专长和知识对实现发展目标是非常重要的，具体合作目的包括促进受援国包容性经济增长、加强社区的卫生与教育、支持民间社会的民主化和协助灾后重建。与国际开发署合作的主要民间组织类型包括：支持民间组织建立当地的合作组织（Cooperative Organizations），动员当地集体行动促进发展，比如农民协会等；与基金会（Foundations）合作分享网络、专业知识和创新，在农业、教育、性别和妇女问题等领域开展合作；支持受援国当地组织（Local and Regional Organizations）的活动，提高他们管理与执行能力，包括改善民间组织的法律、财政和政治环境以及民间社会发展等活动；支持多边国际组织（International Organizations），包括联合国组织、总统指定的公共国

① https：//www. usaid. gov/work – usaid/partnership – opportunities – refresh/small – business.

际组织（Public International Organizations，PIOs）、宗教组织等，以调动和利用他们的组织网络资源和专业知识，促进对外援助项目的执行。比如，国际开发署与尼加拉瓜的民间组织合作，让男子和妇女共同参与解决当地的性虐待问题，目前这一组织已经覆盖了 80 多个社区，为 1000 多名妇女提供服务；2010 年海地地震后，国际开发署通过当地、国际和美国的民间组织来加强海地的经济建设，提高海地机构的能力，改善民主进程和法治，并提高生活水平以支持长期发展和稳定。①

不过在民间组织当中，美国传统上将在国际开发署注册，并在海外从事对外援助及发展援助活动的发展型民间组织称为“私有志愿组织”（Private Voluntary Organization，PVO），特指那些提供慈善服务的非营利组织，享有免税地位。国际开发署《2009 年从事海外发展援助的志愿机构报告》显示，在国际开发署注册的有 563 个美国私人志愿组织和 71 个国际私人志愿组织。美国哈德逊研究所全球振兴中心发布的《全球慈善事业索引》中指出美国民间提供的援助远远超过政府援助，私人志愿组织捐助 108 亿美元给发展中国家，其中 45% 用于灾难救济和难民援助，36% 用于经济增长和贸易，7% 用于国际援助，6% 用于健康和医疗服务，5% 用于民主与治理。②

---

① Non－Covernmental Organizations（NGOS），https：//www. usaid. gov/partnership－opportunities/ngo.

② 桑颖：《美国对外援助中的私人志愿组织》，中共中央党校，博士学位论文，2010。

表4－2 美国私人志愿组织分类

世俗型私人志愿组织	国际发展援助、农业发展；国际救济；教育培训；自然资源管理；文化和社会；医学和健康等
宗教型私人志愿组织	传统新教私人志愿组织；罗马天主教私人志愿组织；东正教私人志愿组织；基督教信仰私人志愿组织，全基督教私人志愿组织；其他基督教私人志愿组织；福音派私人志愿组织；犹太教私人志愿组织；穆斯林私人志愿组织；印度教私人志愿组织；佛教私人志愿组织；各宗教团体私人志愿组织；其他宗教私人志愿组织
未分类私人志愿组织	26个

数据来源：McCleary R. M. , *Global Compassion: Private Voluntary Organizations and US Foreign Policy Since 1939* , Oxford University Press, 2009。

以2013～2014年为例，私人志愿组织154亿美元的对外援助，占美国向发展中国家提供私人慈善援助的35%。

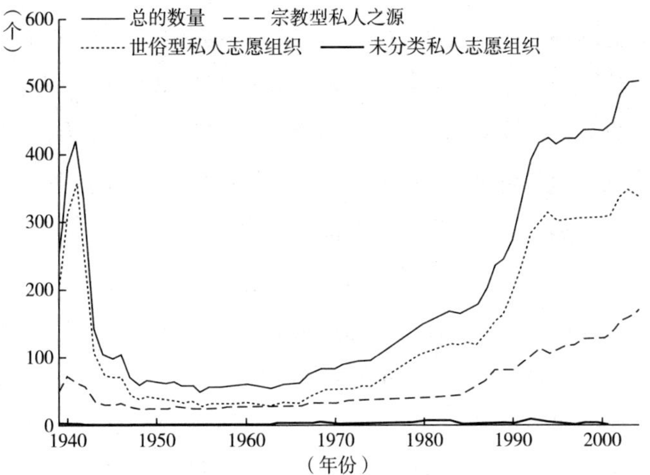

图4－6 美国私人志愿组织的数量变化（1939～2005）

数据来源：McCleary R. M. , Barro R. J. , "Private Voluntary Organizations Engaged in International Assistance, 1939－2004," *Nonprofit and Voluntary Sector Quarterly*, Vol 37, No. 3, 2008, pp. 512－536。

表 4－3　2013～2014 年美国对发展中国家的经济援助

资金类型		资金量（十亿美元）	占比（%）
官方发展援助		33.1	9
私人慈善援助		43.9	12
	基金会	4.7	11
	企业	11.3	26
	私人志愿组织	15.4	35
	志愿者	4.3	10
	大学及学院	2.2	5
	宗教组织	6.0	14
汇款		108.7	30
私人资本		179.3	49
总援助		365.0	100

数据来源：Adelman C., Barnett J. N., Riskin E., "*Index of Global Philanthropy and Remittances*," Hudson Institute, 2016。

美国民间组织还通过与政府维持良好的关系以影响对外援助政策制定，主要通过三种途径：介入政治、表达意愿、影响政策的制定和执行。第一，游说。通过发行组织刊物传递信息，写信拜访议员，利用媒体电视台等动员公众反对或支持某项政策，会议期间直接游说相关官员。第二，联络。通过各分支机构相互之间的信息传递和资金捐助来协调不同国家或地区的活动和战略，并利用这一联系网络采取有效联合行动，向政府施压。如在救助声明、维护尊严、扶贫救济等领域。第三，项目。在不同国家或地区直接从事救济、福利、教育、宣传等项目，实施短期救助与长期发展项目，传播宗教教义和价值观。在政府不便出面的情况下完成对外援助工作。如"天主教救济会"目的是帮助美国以外的穷人和弱势群体。2001 年发起的"非洲振兴：希望与恢复"运动，主要关注艾滋病、创造和平以及非洲的贫穷等问题，鼓励向美国政府、国际金融机构和大公司游说，以推动制定支持非洲发展的政策。

4. **大学及智库**

美国国际开发署长期利用大学或智库在知识、研究、社区参与和能力建设方面的特长来解决对外援助项目中的发展问题。国际开发署认为高等教育对人力资本的培养非常关键，人才培养有助于推动受援国的政治、经济和社会的发展。国际开发署与大学之间构建的伙伴关系对国际发展项目的成功、大学国际化和培养下一代人才具有重要意义。当前，国际开发署与大学的伙伴关系主要围绕以下几方面：第一，高等教育解决方案网络（Higher Education Solutions Network，HESN），旨在解决发展问题的全球跨学科实验室网络，研究探索更多创新的、以结果为导向的、高效的、具有成本效益的和可获得的解决方案，以应对全球卫生、食品安全和长期冲突等领域的全球发展挑战。① 第二，加强研究伙伴关系（Partnerships for Enhanced Engagement in Research，PEER），通过资助发展中国家的科学家和工程师，与美国高素质研究人员建立合作关系，帮助创造公平的竞争环境。第三，喂养未来创新实验室（Feed the Future Innovation Labs），由 500 多个合作机构组成的网络解决饥饿和农业问题，在 55 个受援国展开，旨在通过长期合作研究提高农业生产力和营销系统，加强粮食安全，这些项目已经在农业科学领域培训了 3700 多名学生。第四，美国海外学校和医院项目（Ameri-

① Higher Education Solutions Network（HESN），https：//www.usaid.gov/hesn.

can Schools and Hospitals Abroad, ASHA),旨在受援国扩大教育和医疗机会,支持那些遵循美国教育和医疗标准的机构,目前已经资助了超过60多个国家的257个机构。

在教育援助方面,5所美国大学与非洲受援国合作,改善小学教育状况,该计划为非洲培训了16.5万名教师,用13种语言编写了500本新书,并印刷了超过2500万本教科书和学习材料。在高等教育方面,国际开发署与美国大学、政府和私营部门合作,为受援国高等教育提供援助;2011~2017年,在46个国家开展的44个支持高等教育的项目中,国际开发署向372个东道国提供了机构强化支持,4400名青年获得了寻求学位的资金援助。①

表4-4 高等教育解决方案网络资助的研究机构

大学	研究机构
威廉和玛丽学院(College of William & Mary)	发展政策的援助数据中心(AidData Center for Development Policy)
德克萨斯工农大学(Texas A&M University)	冲突与发展中心(Center on Conflict & Development)
麻省理工学院(Massachusetts Institute of Technology)	技术评估综合倡议(Comprehensive Initiative on Technology);国际发展创新网络(International Development Innovation Network)
加州大学伯克利分校(University of California, Berkeley)	发展影响实验室(Development Impact Lab)

① https://www.usaid.gov/sites/default/files/documents/1865/USAID_2018_Progress_Report_Web_180703.pdf.

大学	研究机构
密歇根州立大学 (Michigan State University)	全球食品系统创新中心 (Global Center for Food Systems Innovation)
马凯雷雷大学（乌干达） (Makerere University)	弹性非洲网络 (Resilient Africa Network)
杜克大学 (Duke University)	社会创业加速器 (Social Entrepreneurship Accelerator)

数据来源："HESN Impact Report," https://www.usaid.gov/sites/default/files/documents/15396/HESN-Impact-Report.pdf。

大学在通过参与对外援助项目的同时也为美国的发展机构和国际组织输送人才，帮助美国赢得了在国际发展援助体系的话语权和领导力。根据2021年QS世界大学发展研究专业学科排名情况来看，美国有24所大学的发展研究专业位列世界前100位之内，哈佛大学排名第三，加州大学伯克利分校和斯坦福大学分别位列第七、第八位。其他高校包括加州大学洛杉矶分校、哥伦比亚大学、康奈尔大学、芝加哥大学、普林斯顿大学、杜克大学、加州大学戴维斯分校、马萨诸塞大学、密歇根州立大学、亚利桑那州立大学、波士顿大学、布朗大学、乔治华盛顿大学、乔治城大学和约翰斯·霍普金斯大学等。① 其中，以约翰斯·霍普金斯大学的保罗·尼采高级国际研究院（SAIS）国际发展专业为例，所培养的跨学科人才涉及政治、经济、安全等领域，毕业生在很多重要国际组织任职。

---

① 《QS世界大学学科排名：发展研究2021》，https://www.qschina.cn/university-rankings/university-subject-rankings/2021/development-studies。

表 4－5　SAIS 毕业生赴国际组织任职比率

年份	国际组织总占比	世界银行	国际货币基金组织	联合国	国际金融公司	欧盟委员会	美洲开发银行	其他
2010	10%	58%	4%	%	11%	4%	19%	4%
2011	13%	46%	%	12%	6%	3%	12%	21%
2012	12%	41%	14%	3%	10%	3%	14%	15%
2013	17%	49%	16%	12%	5%	5%	2%	11%
2014	13%	42%	16%	14%	5%	3%	8%	12%

数据来源：郝丹丹、闫温乐：《美国高校国际组织专业人才培养体现研究——以约翰斯·霍普金斯大学国际发展专业为例》，《世界教育信息》2019 年第 15 期。

与入职国际组织高比例相呼应的是美国大学完善的发展研究专业课程体系，从而确保了人才的供给。

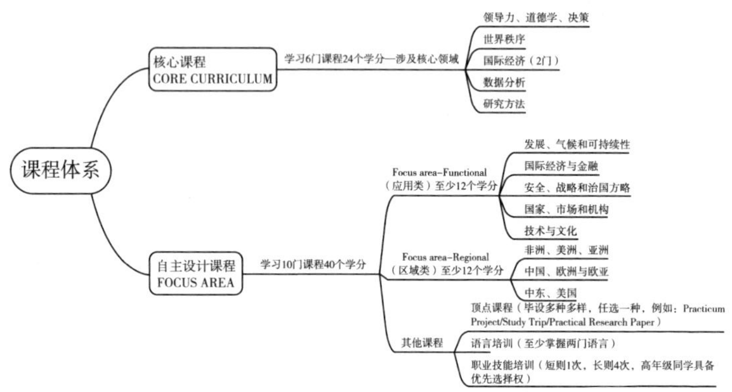

图 4－7　约翰斯·霍普金斯大学国际发展专业课程体系

总之，从纵向上看，美国不同的主体进入对外援助领域也是一个长期历史发展的结果。相关主体在特定背景下，推出了一系列话语、知识和行动，顺应或推动了美国对外援助的需要和发展趋势，由此成为对外援助不可或缺的组成部分。

表 4－6 美国多元主体参与国际发展合作概览

主体	具体机构名称
中央政府	国际开发署、国务院、农业部、商务部、国防部、能源部、卫生与公共服务部、国土安全部、内政部、司法部、劳工部、交通部、财政部、环境保护署、联邦贸易委员会、和平队、非洲发展基金会、中美洲基金会、千年挑战公司、国际开发金融公司、贸易和发展署、进出口银行等
私营部门	孟山都公司、皇冠代理、丹洋国际、国际资源与发展公司、杜邦公司、柏克德公司、通用电气、凯斯纽荷公司、纽约 ABC 家居中心、可口可乐、拉丁美洲农业综合企业开发公司、好时公司、赤道种子有限公司、绿色能源生物燃料等
高校	哈佛大学、康乃尔大学、加州大学伯克利分校、斯坦福大学、加州大学洛杉矶分校、哥伦比亚大学、康奈尔大学、芝加哥大学、普林斯顿大学、杜克大学、加州大学戴维斯分校、马萨诸塞大学、密歇根州立大学、亚利桑那州立大学、波士顿大学、布朗大学、乔治华盛顿大学、乔治城大学和约翰霍普金斯大学等
智库	发展政策的援助数据中心、冲突与发展中心、技术评估综合倡议、国际发展创新网络、发展影响实验室、全球食品系统创新中心、弹性非洲网络、社会创业加速器、布鲁金斯学会、战略与国际研究中心、国际发展中心、全球发展中心、卡内基国际和平基金会－16 外交关系委员会、国际粮食政策研究所、彼得森国际经济研究所、卡托研究所、全球自由与繁荣中心、兰德公司、阿特拉斯网络、美国企业公共政策研究所、哈德逊研究所、传统基金会、麦肯锡全球研究院、贝尔福科学和国际事务中心、进步政策研究所、博洛格国际农业研究所等
民间组织	国际化肥发展中心、美国商会、均富会计师事务所、天主教救济会、凯尔国际、世界宣明会、养育儿童组织、粮食济贫组织、基督教世界救济会、国际美慈组织、国际小母牛项目组织、乐施会、友爱国际、教会共同医疗援助组织、未来集团、国际企业管理服务团、非洲关怀组织、世界基督教协进会、国际志愿服务队、美国美侨社区协会、门诺派中央委员会、美国有一服务委员会、美国犹太人联合分配委员会等
国际组织	联合国相关机构、世界银行、区域性开发银行等 25 个多边机构

美国对外援助的叙事变迁主要是由政府主导，多元主体共同参与所塑造的。私有企业、大学、智库、基金会、私人志愿者组织、媒体等通过各种方式参与到白宫和国会主导的发展叙事的产生和实践当中，它们在政府对专业知识需求和自身发展诉求的共同作用下塑造了特定的发展援助叙事。

（一）“第三世界现代化社会”的改造者：美国民众、媒体与社会科学家

社会科学家通过各种政府关系网络将美国大众的民族特性与政府对外政策战略结合起来，共同塑造了改造第三世界社会的现代化方案。现代化叙事体现了美国民众的普遍民族特性，也就是说美国民众通过间接的方式参与了现代化叙事的塑造过程。具体来说，美国民众通过文化介入的方式参与到发展援助的叙事当中。从镀金时代和进步时代继承而来的美国例外论，使得美国社会广泛接受了基督教的“天定命运”观念，认为自己是条顿自由之链上的最新环节，美国是世界自由的典范，是一种普遍意义上的长期连续性存在。[①] 这种具有民族主义意识形态的美国例外论，使美国人认为自身是社会达尔文主义进化的终点，将美国的自由和民主推广到全世界是作为“上帝选民”的道义和政治责任。媒体出版人亨利·卢斯（Henry Luce）将这种文化特性进行文本表达并融入现代化叙事当中。

1941 年亨利·卢斯在《生活》杂志上发表了题为“美国世纪”的社论。在美国引起了重大的反响与讨论。他呼吁美国彻底放弃孤立主义，为了在全世界保卫、增进、鼓励和激

① 多萝西·罗斯：《美国社会科学的起源》，王楠、刘阳、吴莹译，生活·读书·新知三联书店，2019，第 45 页。

发美国的民主原则。他的文章传达出年轻和迅速壮大的国家对自身力量的认知和自信，以及这个国家对在世界上发挥主导作用的渴望。对美国自由民主特性的认定和重述，宣示了美国的道德优越感。

卢斯将美国民众的思维方式进行文本化表达，即将民主与独裁的善恶二元对立作为观察世界的方式，宣示民主在美国以外的地方存续和扩展关乎民主在美国内部的存续和成长，美国和独裁国家之间存在着天然的、不可避免的对抗，他将美国自身的利益和世界整体的利益进行综合统一。[①] 1960 年卢斯开始追随艾森豪威尔的步伐，组织大批的思想家讨论国家使命，并将有关系列文章在《生活》杂志（由《纽约时报》合作刊发）上发表，[②] 这一举动直接加速了现代化叙事在 60 年代的发展与成熟。

> 随着现代化作为一种知识模式意义流行，它的创造者也站到了潮头浪尖上，面对着要他们以服务于美国社会的热切期待。在现代化理论家向肯尼迪政府的决策者提供具体政策建议之前，他们已经存在于专业学术和政府扶助之间的强大网络中……在冷战年代的美国“国家安全体制”中，军人和知识分子的交往更加频繁，相互之间的目标、兴趣和观点也更加接近了。[③]

美国社会科学界大批思想家将大众意识加工为令人信服

---

① 牛可：《自由国际主义与第三世界——美国现代化理论兴起的历史透视》，《美国研究》2007 年第 1 期，第 34 - 56、3 - 4 页。

② 艾伦·布林克利：《出版人：亨利·卢斯和他的美国世纪》，朱向阳、丁昌建译，法律出版社，2011。

③ Latham M. E. , *Modernization as Ideology: American Social Science and "Nation Building" in the Kennedy Era*, University of North Carolina Press, 2000.

的发展理论并建言给政府。学术界的现代化理论是由哈佛大学社会学家塔尔科特·帕森斯（Talcott Parsons）的宏观社会学理论开启的，他以高度简单化、图式化的方式揭示了“现代性”和“现代社会”的理论形态，他追求精确性和客观性理论背后有着深刻的意识形态信念和道德文化目标，也就是“恢复和详细阐发自由主义意识形态”。[①] 他与芝加哥大学爱德华·西尔斯（Edward Shils）共同的研究将大规模的结构分析与更具动态性的因素结合起来，提出了一组“模式变项”的解决方案，即以“传统”与“现代”条件二分法为工具衡量进步的指标来处理复杂的社会关系。[②] 由此，现代化概念提供了一个分析结构，分析社会变迁的全部过程和社会科学“统一场论”。

1953 年 12 月成立的比较政治学委员会（Comparative Politics Committee）很快接受了帕森斯等人的现代化理论。乔治·卡辛、盖伊·波克儿和白鲁恂指出：随着传统社会被暴露于西方观念和方式下，深刻的社会和文化变迁就发生了。[③] 同时非西方政治系统有很多共同的特征，都具有顺应变化的调整能力。在社会学理论取向影响下，比较政治学委员会研究小组设立的理论研究题目都内含了“与西方的交往经常是变迁的推动力”这样的假设，并将政治发展的性质置于共同的历史框架下。随后政治现代化逐渐支配了社会科学研究，他们普遍认为不同国家和社会的总体政治发展可以纳入一个

---

① Alexander J. C. , *Twenty Lectures Sociological Theory Since World War II*, Columbia University Press, 1987.

② Savage S. P. , *The Theories of Talcott Parsons: The Social Relations of Action*, Springer, 1981.

③ Latham M. E. , *Modernization as Ideology: American Social Science and "Nation Building" in the Kennedy Era*, University of North Carolina Press, 2000.

更加广泛综合的概念框架之中，一旦按线性的历时序列加以排列，传统到现代的各个结构都可以被用以确定各个社会在发展道路上的相对进步程度。[①] 比较政治委员会与普林斯顿大学出版社在福特基金会的资金支持下，共同出版了以“政治发展研究”为题的多卷本系列丛书，这些研究成果以普遍和比较的观点勾画政治现代化的进程。

社会学家和政治学家都在寻求建立更大、更综合的变迁模式时，发展经济学也逐渐开始从整体系统的角度描述社会变迁过程，为传统社会的变迁提供了方向。麻省理工学院罗森斯坦－罗丹的“大推进”（Big Push）理论指出国家发展必须是全面的和决定性的，[②] 瑞典经济学家冈纳·缪尔达尔也呼吁这种整体性的中央计划，认为经济的变迁是更大的、更具有社会综合性问题的一部分。[③] 由此，二战后对经济增长关注的目标逐渐转向社会广泛综合的变迁过程当中。其中，麻省理工学院沃尔特·罗斯托在《经济增长的阶段：非共产党宣言》中更加彻底地设立了一条由“传统社会”到“高额大众消费时代”演进的路线。借用历史记录来确定各国在这条路线上的具体位置，由此解释了为什么西方部分发达起来，并为其他发展中国家提供了转型方向和路径。

麻省理工学院国际研究中心始终通过现代化理论框

---

① Kahin G. M. T. , Pauker G. J. , Pye L. W. , “Comparative Politics of Non－western Countries,” *American Political Science Review*, Vol. 49, No. 4, 1955, pp. 1022－1041.

② Rosenstein－Rodan P. N. , “International aid for Underdeveloped Countries,” *The Review of Economics and Statistics*, 1961, pp. 107－138.

③ Myrdal, “Development and Underdevelopment,” p. 68, 转引自 Ltitle, *Economic Development*, p. 58。

架研究“发展”进程，把他们的集体工作解释为“一种跨学科分析的尝试”。为取代经济学家、政治学家、社会学家单独的研究工作，他们尝试对来自这些研究的诸多洞见进行加工利用，进而为正在经历过渡进程的新兴国家提供合理而完整的建议。他们指出，美国要通过外援和发展计划促进现代化，从而能够帮助发展中国家沿着特定的道路前进，这不仅符合他们的长期利益，也符合美国长期利益。①

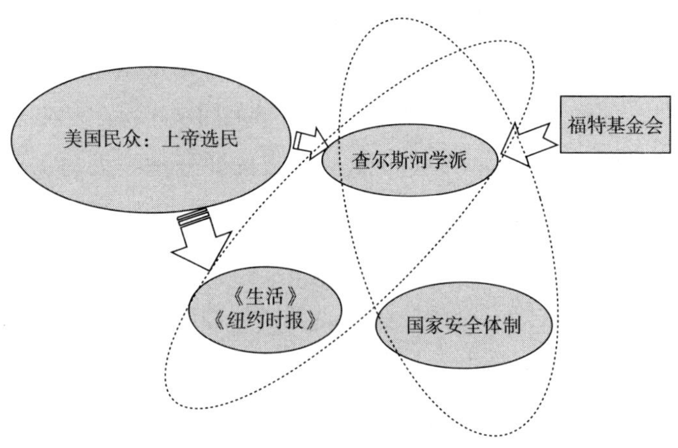

图4－8　现代化叙事产生过程

至此，现代化叙事作为一种宏大的理论为极其复杂的社会变迁指出了清晰的路线图，并利用专业学术和政府扶持的强大网络，逐渐融入政府的国家安全体制、公益基金、联邦经费支持和社会科学研究之间的联盟中。② 在肯尼迪政府时

① Latham M. E. , *Modernization as Ideology: American Social Science and "Nation Building" in the Kennedy Era*, University of North Carolina Press, 2000.

② 艾伦·布林克利：《出版人：亨利·卢斯和他的美国世纪》，朱向阳、丁昌建译，法律出版社，2011，第79页。

期，以麻省理工学院国际问题研究中心查尔斯学派为主的现代化理论家加入其政策智囊团，为决策者提供具体的政策建议，使得美国发展援助现代化叙事达到顶峰。

（二）贫困群体基本需要的提供者：政府、智库与自然科学家、国际组织

“人类基本需求”是尼克松政府在对外援助“新方向”调整过程中，顺应国际发展潮流逐渐形成的发展援助叙事，尤其体现在对印度的发展援助实践当中。

首先，“人类基本需求”始于社会舆论对现代化叙事的质疑与反思。在二战结束到60年代中后期的大部分时间里，决策者们都认为对外援助是美国政治和外交政策中不可或缺的要素，并且不断地把这种观点兜售给国会；民主党和共和党也在对外援助的拨款和项目上形成了跨党派的共识，社会各界包括宗教、教育和劳工等各阶层都表示支持对外援助。然而，入侵越南和整个东南亚的失败导致国内各种政治派别开始对对外援助提出质疑。随着“杜鲁门主义”和“第四点计划”受到广泛支持的干预主义舆论在越南战争中瓦解，整个约翰逊政府时期（1963～1967）都充满着对对外援助的批评，1967年苏联的势力从非洲逐渐退出后，美国撤销了很多在国外的援助使团，并逐渐把援助重点转向越南、柬埔寨和老挝。因此，20世纪60年代中期到70年代中期美国援助的整体水平下降，但将70%的经济援助给予了亚洲和远东地区。[①]

其次，1970年国会要求尼克松对美国的对外援助制度进行重新审查，以鲁道夫·彼得森（Rudolf Peterson）为首的小

① Eugene R. Wittkope, Charles W. Kegley, Jr. and James M. Scott, *American Foreign Policy, Partten and Process*, Wardwprth/Thomson Learning, p. 123.

组报告［即《彼得森报告》（the Peterson Report）］建议美国利用多边机构作为提供发展援助的主要渠道，其意图是对用于外交或发展目的的对外援助进行区分，并提高后者的重要性。① 1970 年 9 月尼克松向国会提交了《国家发展和人道主义援助法案》和《国家安全援助法案》，两者都遭到了国会的否决，但国会加强了对援助中发展目标的关注。因为在此之前的十年中经济发展并没有像肯尼迪总统所期望的那样“涓滴”到穷人。美国社会群体开始强调发展援助应关注受援国的贫困群体改善生活质量。可见，现代化叙事在大规模对外援助实践中遭到的困境迫使美国政府开始反思大规模的社会变迁干预计划，将关注重点转移到贫困人口。

最后，70 年代初石油危机导致全球经济萧条，萨赫勒地区的饥荒更是导致了严重的人道主义危机。人们逐渐开始关注经济增长是否能够惠及最贫困阶层的问题，强调增长利益的再分配，将援助的最终目的与贫困问题联系起来。此时的援助旨在帮助贫困群体获得充足的生存条件，包括充足的粮食、医疗、教育和农业等，特别关注生活在农村地区的贫困群体。1973 年政府采纳了海外发展委员会（The Overseas Development Council）的建议，敦促国会通过新的援助法案《1973 年美国对外援助法案》（The U. S. Foreign Assistance Act of 1973）以及《共同发展与合作法案》（The Muntual Development and Cooperation Act），后者要求修正对外援助目标，把发展援助转向资助发展中国家贫困者的“人类基本需求”。由此在法律上确定了美国发展援助的基本目标。

① 周琪等：《美国对外援助——目标、方法与决策》，中国社会科学出版社，2014，第 26 页。

虽然“人类基本需求”最初受到了广泛的欢迎，但历史实践却显示这一发展援助叙事更多停留在口头而非实际行动中。[①] 这是因为主要负责对外援助管理的国际开发署，一方面怀疑现代化期间大规模社区改造计划不仅失败而且浪费援助资金，开始强调科技在对外援助中的作用；另一方面国际开发署只关注科技的利用，而非将援助资金用于基层项目支持发展中国家的科技能力建设。[②] 可见，国际开发署在利用科学技术满足“人类基本需求”时的矛盾状态。70 年代国际开发署主要执行的三个项目实践：“人类基本需求”的发展叙事，支持农业研究、改善卫生服务和应对人道主义灾难，科技被深深潜入到这些对外援助活动中。由自然科学家、私人基金会所主导绿色革命（Green Revolution）在满足发展中国家贫困群体的基本需要的粮食供给方面表现突出。

> 美国对外援助计划的主要目标是帮助发展中国家实现经济现代化发展，实现社会改革，并建立起有效的社会和政治体制。目前首要任务是帮助发展中国家提高粮食产量，并降低人口出生率……从美国或其他粮食生产大国向发展中国家输送粮食可以暂时解决缺粮的问题。但是我们不能不加反思地通过粮食的形式援助发展中国家。我们应该尽一切可能提高那些具有农业生产潜力的

---

① Ruttan V. W. , “Lost Directions: US Foreign Assistance policy Since New Directions,” *The Journal of Developing Areas*, Vol. 24, No. 2, 1990, pp. 127 – 180.

② National Research Council, *The Fundamental Role of Science and Technology in International Development: An Imperative for the US Agency for International Development*, National Academies Press, 2006.

地区增加粮食产量……①

事实上，作为“人类基本需求”发展叙事的重要部分，绿色革命反映了科技农业对社区发展的替代，是对社会科学家全面改造社会的调整。20世纪60年代自然科学家和农学家开始批评社会科学家全面改造农村的设想，强调科学技术对现代农业生产的重要性。

> 美国农业发展委员会总结了影响现代农业的6个要素：第一，通过研究发现和改进新的改良的农业技术以及农业相关的技术；第二，进口以及（或者）本国生产采用农业新技术所必需的相关设备；第三，创建一个进步的农村结构，或者“农村的组织结构”，建立起农场与社会其他部门之间货物与信息的流通；第四，激发农民增大生产的动力，并且让农民的生产动力保持在一个适当的水平；第五，增加土壤肥力；第六，培训和教育农业技术人员，通过他们来完成上述任务。②

由此，绿色革命逐渐成为通过生产足够粮食满足“人类基本需求”的主要方式。“绿色”强调科学技术促进粮食产量在短时间内迅速增长，而“革命”则凸显了粮食增产速度之

① William S. Gaud, "The Current Effect of the American Aid Program," *Annals of the American Academy of Political and Social Science*, Vol. 384, July, 1969, pp. 73 – 78.

② A. T. Mosher, *Creating a Progressive Rural Structure: to Serve a Modern Agriculture*, The Agriculture Development Council, 1969, p. ix.

快，表达科技带来翻天覆地的社会变化。① 国际开发署原署长大卫·E. 贝尔成为福特基金会副会长后，负责基金会的国际援助活动，国际开发署执行官高德表达了在发展中国家推广高产种子的决心。由此，国际开发署和福特基金会在推广绿色革命的过程中有了更加密切的合作。② 1966 年印度政府开始引进福特基金会和洛克菲勒基金会资助研发的高产小麦和水稻种子，正好赶上风调雨顺印度粮食大幅度增产，1969～1970 年粮食产量达到 1 亿吨。1969 年洛克菲勒基金会组织专家考察印度粮食生产情况时，认为在科学家、农民、教育学家的共同努力下，印度的粮食生产取得了重大进步。正是由于 60 年代末绿色革命在印度取得初步成功，进而为 70 年代满足“人类基本需求”的粮食生产方面提供了实践指南。

（三）新自由主义下私有化与市场化的推动者：世界银行、财政部与私人志愿组织

“结构调整计划”叙事充分体现了美国对外援助与国际发展援助体系的一致性。1981 年世界银行提出的“结构调整计划”，基本上是以西方国家成熟的市场经济的运行规则为参照系，核心是政治私有化，经济市场化，社会民主化。1985 年美国财政部部长提出的“贝克计划”要求债务国进行全面的以市场为中心的结构性改革政策，包括削减政府开支、消除对外国投资的阻碍、开放经济、激励竞争、把低效率的国营

① Wolf Ladejinsky, “How Green is the Indian Green Revolution?” *Economic and Political Weekly*, Vol. 8, No. 52, Dec., 1972, pp. A133 - A144

② “Technical Guidance To Farmers: Scheme to be Reviewed,” *The Times of Iindia*, Feb. 2, 1965; “Farmers' Education Vital to Boost Food Production,” *The Times of Iindia*, Feb. 4, 1965.

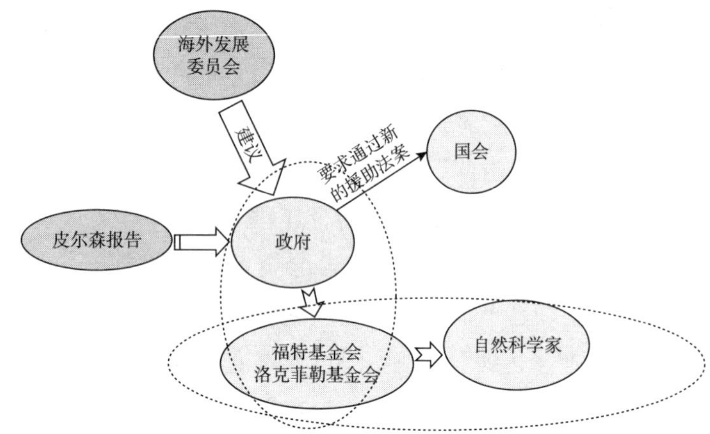

图4-9 "人类基本需求"叙事中绿色革命话语的产生过程

企业出售给私人、吸引国外资本并制止资金外流。[①] 可见，针对债务危机美国的对外援助遵循了世界银行结构调整计划的核心原则。

同时，自20世纪80年代以来私人志愿组织的迅速发展为美国遵循结构调整计划叙事奠定了基础。一方面，私人志愿组织在援助灾难中表现出的高效率，为美国赢得越来越多的声誉。在饥荒、洪灾和难民危机中，私人志愿组织被看成比政府机构更有能力快速并公正地援助那些海外的受害者。比如1984年10月埃塞俄比亚发生严重饥荒，一直到1986年底，从事非洲援助的300多个美国私人志愿组织加大了对这一地区的援助，援助资金从4.856亿美元增加到将近8亿美元。另一方面，私人志愿组织自身有着比较优势，它们能够更加直接接触那些发展中国家的低收入组织，能够比政府

① Christine A.，"Bogdanowicz—Bindert, The Debt Crisis: The Baker Plan Revisited," *Journal of Interamerican Srudies and World Affairs*, Vol. 28, No. 3, Autumn 1986, p. 34.

（政府通过受援国政府自上而下地进行援助工作）更好地深入到草根阶层，基于此，美国政府逐渐开始重视对私人志愿组织的支持，鼓励它们在发展领域发挥作用，尤其是帮助里根政府实施结构调整计划。在此过程中，美国社会也逐渐意识到私人志愿组织比政府更加有效，私人志愿组织的数量迅速增加，与政府形成了良性互动。同时，私人志愿组织参与对外援助活动被法律化。

> 美国政府积极资助私人志愿组织从事海外志愿活动。1978 年国会强调资助私人志愿组织的本质，是在没有危害到私人志愿组织的民间性和独立性的情况下，扩展它们在海外的发展援助活动。在此指导下，国际开发署通过增加成本分摊原则来支持私人志愿组织。1980 年 12 月 6 日国会通过公法 96 – 533，要求国际开发署署长鼓励私人志愿组织在海外工作以解决饥饿贫困问题。1981 年 12 月 29 日国会通过公法 97 – 113，规定政府至少要提供 12% 的资金给私人志愿组织，私人志愿组织的收入必须至少有 20% 的民间组织来源。1985 年 10 月 8 日，国会通过公法 99 – 83，规定政府至少提供 15% 的援助资金给予私人志愿组织。[①]

可见，政府鼓励私人志愿组织参与海外发展援助的历程与国际发展援助体系给非洲和拉美国家提出结构调整计划的历程基本同步。私人志愿组织与结构调整计划叙事之间复杂互动关系的形成是因为“它们被认为有能力做那些政府不能做和将来也不会做的事情”。这种“做”与“不做”之间巧妙的平衡是

① 桑颖：《美国对外援助中的私人志愿组织》，中共中央党校，博士学位论文，2010。

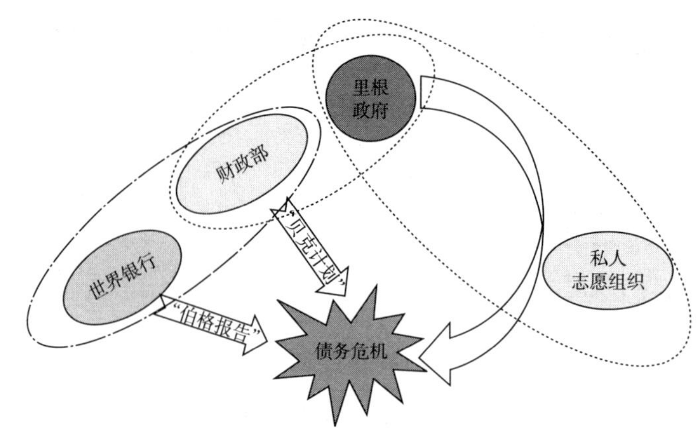

图 4－10　结构调整计划叙事产生过程

私人志愿组织落实美国"结构调整计划"的重要支点。

（四）"民主与和平论"的践行者：基金会、大学与学者

20 世纪 90 年代，民主化对外援助叙事不仅解释了美国赢得冷战胜利的原因，而且也指导了美国对苏联国家的援助实践。由基金会、大学和学者共同构成知识网络所产生的"民主和平论"为民主化叙事提供了理论基础。事实上，二战后，美国的对外援助也包含着民主援助的成分，只不过在市场经济是民主繁荣基础的理论指导下，美国把主要精力放在帮助受援国实施经济改革和建立市场经济体制上。20 世纪 60～70 年代美国把有关人权和民主的条款纳入对外援助法案，将民主援助进一步向前推动。随着柏林墙的倒塌，对外援助成为美国在全球推动民主化的重要工具，[①] 冷战后的民主化叙事之

① 霍淑红：《霸权视角下美国私人基金会的对外援助研究》，九州出版社，2019，第 112 页。

所以能够充分借助国际局势迅速成为主导叙事，是因为基金会资助的大学在研究“民主和平论”方面取得了重大突破。

民主和平论最初由福特基金会（后来由麦克阿瑟基金会）资助的学者迈克尔·多伊尔在20世纪80年代提出。他追溯了伊曼纽尔·康德在1983年和1986年的三篇文章中将民主和平论带回到政治实践的理论。这项研究部分源于1979～1982年福特基金会为资助一个为期三年项目“用于支持研究国际经济秩序的未来”，该项目总共拨款409735美元，其中将9000美元拨给了多伊尔和迈尔斯·凯勒用于一项为期三年的关于南北经济关系的研究，这个项目包括考察意识形态对国际经济关系的影响。多伊尔的研究强调了第三世界国家之间加剧的经济差异，是因为更多发达的第三世界国家和地区——肯尼亚、科特迪瓦——建立了自由党，变得自由化了。随后多伊尔关于“自由的和平”著作呈现在他受福特基金会资助的项目中。虽然当时多伊尔的“民主和平论”包含了一种对“自由和平”的珍惜，以及对“自由帝国主义”的批评，但后来的政府都对“民主和平论”各取所需，以原创者们无法预料的方式使用它们。毫无疑问，多伊尔的理论处于一个广泛自由框架的中心，强调自由市场的理念也是世界和平的源头，这在一定程度上回应了里根的经济自由主义。①

自由主义的鹰派人物拉里·戴蒙德是促使“民主和平论”

① Parmar I., *Foundations of the American century*, Columbia University Press, 2012.

从学术界向政策界扩展的关键人物。他在进步政策研究所的报告《美国民主外交政策》把理想主义和现实主义联系起来，宣称通过使别的国家民主化，可以保护美国的安全，正是这种战略上的迫切使推动其他国家的民主化成为美国的重要任务。1991 年克林顿政府演讲就是改编自戴蒙德的报告。正是在他的努力下，克林顿政府明确地将民主和平论进行了变现，将世界分为民主国家区和专制国家区，后者是对前者的一种新的威胁。然而，民主和平论在从学术观点转向国家政策的过程中，变得军事化：像“威胁”、“国家安全”、“和平区”和“动荡区”这些词汇越来越与“和平”理论联系在一起。民主和平论被转化为政治话语，在政策制定者中建立“确定性”为美国权力寻找新的方向和更高的道德目标。

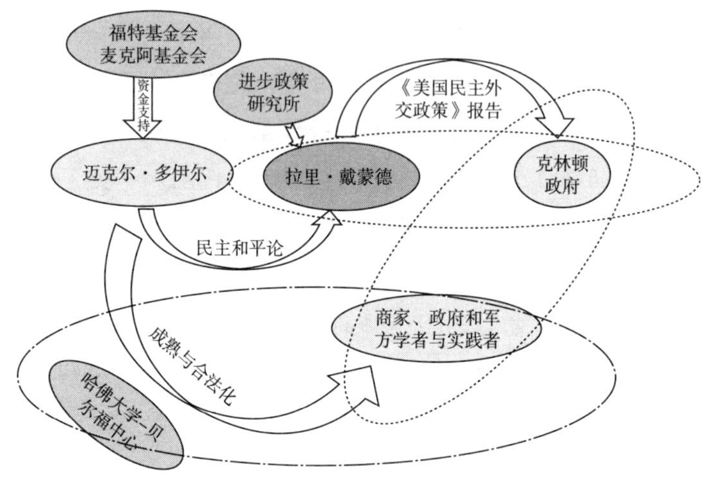

图 4-11 民主化叙事产生过程

哈佛大学的“贝尔福科学和国际事务中心”（以下简称“贝尔福中心”）将民主和平论变得更加成熟和合法化。贝尔福中心的政策导向性期刊《国际安全》发表的系列文章在解释民主和平论方面扮演了重要角色。1996 年的“读本”部分得到来自卡内基公司的支持，而贝尔福中心长期以来都受到福特基金会的资助。推进民主的议题在 20 世纪 90 年代《国际安全》的版面中占据了重要位置，特别原因在于克林顿是民主和平论的忠实信徒。理论和实践的互补性在《争辩民主和平论》中体现很清楚：“民主和平问题也具有实践的重要性，如果民主国家从不发动对彼此的战争，那么国际和平最好的药方可能就是鼓励民主的扩散……这种民主的扩散将削弱对美国威胁的可能性，并扩展和平的民主区域”。总之，随着民主和平论的逐渐成熟并进入政策制定者视野，民主化自然成为对苏联国家援助的主导叙事，因为从理论与实践上都可以证明推动中东欧民主化转型是有助于国际和平的，这对巩固冷战胜利来说非常重要。

> 贝尔福中心是肯尼迪政府学院的一部分，受到肯尼迪家族的支持。1997 年卡内基公司拨款 70 万美元给贝尔福中心研究“国际安全的新概念和政策建议”，卡内基公司强调中心的工作是“确认有利于民主和平假设的条件，美国外交政策是否应当寻求推进民主，以及假设许多正在民主化的国家会经历一场不确定的转型，在其中他们相对更可能会进入战争”。该中心的顾问和研究人员包括世界银行行长和前副国务卿罗伯特·佐立克、克林顿时期的国防部部长威廉·佩里、联邦储备委员会主席保罗·沃尔克、历史学家尼尔·弗格森、美国中央司令部指挥官约翰·阿比扎德将军。贝尔福中心实际上是一个以大学为基地的智库，拥有一百多名来自商界、政府部门和军方的学者和实

践者，其主要目的是推动政策相关的知识。①

（五）国家形象与安全的维护者：政府、国会与民间组织

“9·11”事件是美国社会对对外援助从普遍不重视迅速提升到国家安全高度的重要转折点。小布什政府的对外援助政策更加强调“反恐”，而奥巴马政府的对外援助政策则更注重“减贫”的努力，但其基本逻辑是通过对外援助帮助受援国实现减贫目标，促进社会经济发展，根除恐怖主义产生的根源，进而保障其国家安全和塑造美国良好的外部形象。

冷战后美国国内各种政治因素——国会、公众舆论以及部分政府官员对对外援助抱有消极态度，认为对外援助并未有效推动实现美国的战略目标，而且存在着极大的浪费。除东欧地区外，美国对外援助资金都有所下降。虽然在“9·11”事件之前，美国也存在推动增加对外援助的努力并引起较大影响。自由主义者和宗教保守主义者都号召免除第三世界的债务，增加对非洲防治艾滋病的资金。发展问题专家和部分国会议员提出了一个新的对外援助方法，即把资金给予那些正在努力解决自身经济和政治问题的国家。恐怖主义袭击成为美国对外援助数额多年下降之后迅速增加的一个转折点。“9·11”事件改变了国会议员们的看法，使国会开始从反恐战争的角度看待对外援助。

① Parmar I., *Foundations of the American Century*, Columbia University Press, 2012.

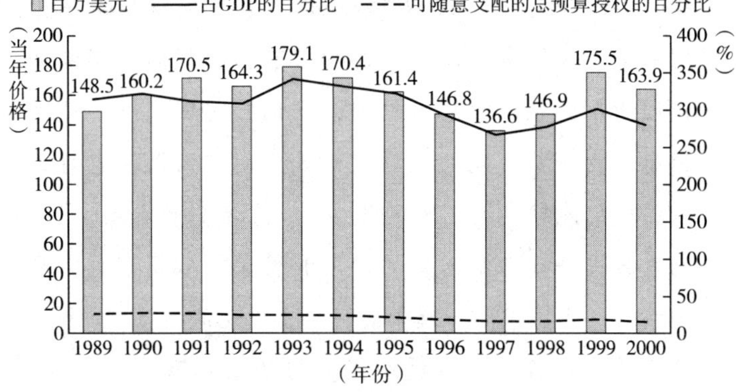

图 4－12　90 年代美国对外援助支出

数据来源：国际开发署、白宫管理与预算办公室、年度拨款立法和国会研究局的计算。

来自亚巴拉马州的保守的共和党参议员理查德·C. 谢利（Richard C. Shelly）曾经在对外援助问题上持模棱两可的态度，但在 2002 年 3 月对阿富汗的喀布尔访问后，他认识到美国经济援助对阿富汗的重要性，指出 13 年前阿富汗反叛者在美国的帮助下赶走苏联占领军时，美国对中亚几乎没有任何关注，这一忽略助长了当地的贫困和目无法律，结果制造了恐怖主义的温床。谢利确信美国应用上亿美元的对外援助来阻止出现另一个阿富汗。众议院国际关系委员会主席亨利·J. 海德（Henry J. Hyde）（伊利诺伊州共和党人）表示，"我们有比以前更多的理由来提供对外援助，恐怖主义软化了对对外援助体制的抵制，有大量的人看到了对外援助的必要性"。①

① Miles A. Pomper, "Bush Urges Assistance to Countries Demonstrating Sound Policies, Foreign Aid Spending Captures Increased Intersts on Hill," *CQ Weekly*, June 22, 2002, p. 1677.

> 小布什总统于2002年指出，“我们同贫困做斗争是因为给予人们希望是对恐怖的回应；我们同贫困做斗争是因为人类尊严的基本权利；我们同贫困做斗争是因为信念和良知要求我们这样做；我们同贫困做斗争时日益确信我们能够实现重大的进步”。他还明确表示，“我们的发展援助目标是国家的发展和繁荣，从而不再需要任何援助。当国家实行改革时，每1美元的援助可以吸引2美元的私人投资，当援助同良好的政策联系在一起时，与旧有的对外援助实践相比，有多达4倍的人可以从贫困中被解救出来”。①

除了国会积极讨论对外援助在反恐方面的必要性外，美国政府也迅速增加了对外援助预算，其大部分资金来自紧急开支法案。2002财年用于对外援助的经费增加了27亿美元，即在2002年原先拨款的数量上增加了18%。这些援助的很大部分是给予新盟国的经济和军事援助，如巴基斯坦。国际开发署的资深官员帕特里克·克罗宁（Patrick Cronin）认为，这些援助得到了“比第二次世界大战以来我们所看到的任何事情都更强有力的支持”。与此同时，社会民意也逐渐转向支持对外援助，众多民间组织在积极宣传扩大对外援助倡议，并通过各类民调项目将大众态度传递给决策层。

> 2002年11月在国际态度项目（The Program on International Attitude）对美国对外援助得到的支持进行的民调

① Mark Green, “Conservatives have Long History of Standing up for Effective Foreign Assistance,” http://modernizeaid.net/2010/06/conservatives-have-long-history-of-standing-up-for-effective-foreign-assistance/.

> 显示，80%的美国人赞同“通过帮助贫困国家发展其经济来建立他们对美国的良好意愿”。2003 年 2 月 12 日，一个由 160 个非政府的发展和人道主义组织组成的联盟 InterAction 发动了一场宣传活动，要求在未来的 5 年内把传统发展项目上的开支增加 38 亿美元，包括在 2003 财年增加 10 亿美元。①

2003 年小布什总统为从国会获得 161 亿美元援助拨款，特别强调对外援助与反恐战争之间的关系。甚至弗吉尼亚州民主党参议员约翰·D. 洛克菲勒（John D. Rockefeller）建议把对外援助称作“国际安全基金”。无论是美国自由主义还是保守主义的外交政策专家都认识到，对外援助是加强美国外交政策和恢复美国全球领导地位的关键手段。前国际开发署署长布莱恩·阿特伍德（Brian Atwood）对此评论道：“通过国会得到这笔预算很困难，你可能很容易为给艾滋病救助增加 1 亿美元拨款而得到足够的支持，但是要为支持良好发展提出理由，它就必须被描绘成反恐战争的一部分”。

2008 年奥巴马当选总统后，政府官员、国会议员、发展组织和发展专家以及私人部门同心协力，把发展提高为美国外交政策核心支柱。2009 年 1 月希拉里·克林顿指出：“投资于发展不是我们外交政策的边缘措施，而是必不可少的。为了保护和防卫美国，推进我们的利益，传播我们的价值，外交、发展和国防必须一起发挥作用。”2009 年 5 月 5 日奥巴马宣布了一个预算为 6300 万美元的全球医疗计划（The Global Health Initiative），以推动更加战略性的、更加“一体化的方

① 周琪等：《美国对外援助——目标、方法与决策》，中国社会科学出版社，2014，第 121 页。

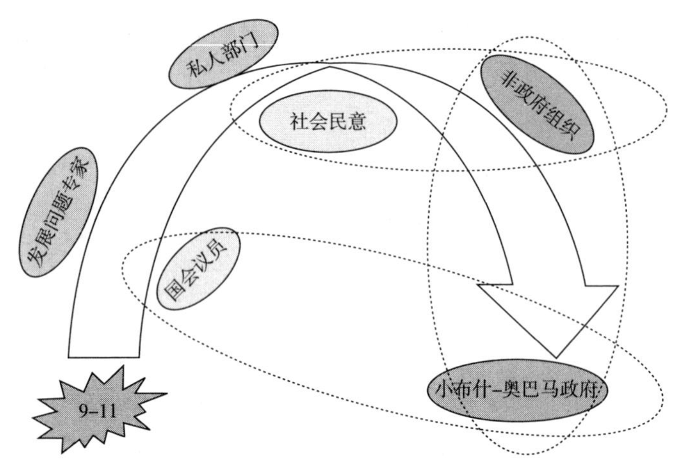

图 4-13 “反恐-减贫”叙事产生过程

法来同灾害做斗争，改善健康和加强医疗制度”。2009 年 8 月 31 日奥巴马总统签署了一个总统研究令，授权国家安全顾问詹姆斯·琼斯（James Jones）和国家经济委员会主任劳伦斯·萨默斯（Lawrence Summers）领导第一个跨部门的对外发展政策回顾，目标是在 2010 年形成第一个国际发展战略。

奥巴马政府把发展援助定义为一个促进国家安全的工具，表示正在寻求更紧密地协调参与对外援助的 20 多个政府部门。其中，“使对外援助现代化网络”（The Mmodernizing Foreign Assistance Network）是把发展提高成为美国外交政策核心支柱倡议的一个联盟，长期以来一直支持对外援助的改革。2010 年 9 月奥巴马宣布了《总统全球发展政策指令》为美国发展项目展现了新的路线。而长期以来对美国对外援助批评和质疑的各类组织和团体也广泛接受奥巴马政府的新路线。由此可见，从小布什政府到奥巴马政府的对外援助政策主要是受到“9·11”事件的影响，将对外援助与全球反恐政策联系起来，围绕对外援助-减贫-反恐逻辑将对外援助置于维护国家安全的三大支柱之一的高度。而“反恐－减贫”叙事形成过程中政府、国会议员和民间组织都发挥了关键的作用。

（六）国家优先战略的掌舵者：政府与智库

特朗普总统任职期间，美国对外援助在“府院之争”的背景下陷入了混乱的境地。白宫四次削减数十亿对外援助预算，并两次试图取消国会拨款资金，攻击多边机构、出于政治动机的资金削减或人道主义援助，以及国际开发署高级职位的空缺或政治性任命。同时，国际开发署经历了成功的重组，引入了新的工具来扩大其合作伙伴基础，并采用了一种组织愿景，将过去“援助方－受援方”模式（donor－recipient model）过渡到伙伴关系。美国政府在国会支持下成功地启动了新的国际发展融资机构和专注于妇女赋权举措。不过，随着特朗普政府任期的结束，美国对外援助逐渐回归传统。

（1）传统基金会等对特朗普政府的影响

特朗普政府的支持者多为保守主义智库人士，他们支持“美国优先”的发展叙事，强调“援助失败论”，建议逐渐削减对外援助的开支。有 50 年援助工作经验，在 60 多个发展中国家从事和平队志愿者，并参与民间组织研究和咨询工作的托马斯·迪西特（Thomas Dichter）认为对外援助已经成为产业复合体（Aid－Industrial Complex），以销售为核心，各方为寻求自身利益，使得援助产业的变革比较困难。[①]

> 传统基金会（The Heritage Foundation）2016 年发布报告建议美国从以下几个方面着手改革对外援助：第一，对所

① Thomas Dichter, “When Criticism Falls on Deaf Ears: The Case of U. S. Foreign Aid,” *The Foreign Service Journal*, Nov. 2017.

有援助项目进行独立评估；第二，通过立法程序逐步取消USAID；第三，将USAID的资金划拨给其他部门；第四，通过更加有创新性和针对性的渠道开展援助工作，如MCC；第五，改革美国的粮食援助计划；第六，通过增减对外援助向联合国内不支持美国的国家施压，增强美国在联合国的领导力；第七，传统基金会倡议逐步取消发展信贷局（Development Credit Authority）、复杂危机基金（Complex Crises Fund）和海外私人投资公司（Overseas Private Investment Corporation），并削减对欧洲和亚欧地区的援助。[①]

同样，在2018/19财年的财政建议报告中，传统基金会依然沿用了之前的标题、观点和具体的建议。[②]

在减少援助、强化军事、减少对多边机构的资助、重组援外机构等方面，显然传统基金会为特朗普政府提供了重要支持。[③] 2018年9月国会通过了《更好利用投资促进发展法案》，决定重新组建新的美国国际发展融资公司（IDFC），将整合发展信贷局和海外私人投资公司，国际发展融资公司致力于确立发展、透明和信用的最高标准，为发展中国家提供一个不同于其他国家由政府主导的投资模式（即对抗中国的"一带一路"倡议和亚洲基础设施投资银行），[④] 国际发展融资公司的功能将包括贷款、担保、股权投资、保险、技术支

① 王忱：《特朗普政府援外政策与国际发展合作趋势研判》，《国际经济合作》2017年第2期，第32－35页。

② https：//www.heritage.org/search？contains = Blueprint% 20for% 20 Balance.

③ 丁韶彬：《美国对外援助的战略功能——以特朗普政府援外政策争论为背景》，《当代世界》2018年第11期，第23－27页。

④ 周玉渊：《美国国际发展合作新战略探析——兼论其对中国的影响》，《太平洋学报》2019年第12期，第1－14页。

持、项目管理等多种工具。① 由此可见，特朗普政府基本采纳了传统基金会的建议。此外，在传统基金会的长期努力下，USAID 借助发展合作和人道主义援助，获取经济利益；典型案例是 USAID 利用官方的关系网络和经验说服埃塞俄比亚政府允许杜邦公司向该国销售转基因玉米种子。②

此外，“美国优先”发展叙事深刻体现在对非援助政策上。2018 年 12 月特朗普政府发布的“新非洲战略”强调加强美非经济联系、抵制暴力与恐怖主义以及实现美国在非洲的高效援助。基于“美国优先”的立场和考量，美国所有纳税人的钱都应该用在维护国家安全和保护美国人生活方式上，因此确保美国对非援助——无论是处于人道主义、安全，还是发展的需要，都应该以促进美国国家利益为目标。新非洲战略提出了具体的援外改革方案：第一，美国对非洲援助国进行优先与层级的区分，把资金主要投向关键国家和特定的战略目标，而不会再像从前一样大范围投放；第二，对受援国资金使用加以制约，即接受美国援助的非洲国家必须投资于健康和教育事业，鼓励建立负责任和透明的治理体系，支持财政公开透明，促进法治发展等，并表示不会对独裁与腐败政府实施援助；第三，美国强调直接向受援国提供双边援助，认为双边援助更加有利于资金的监管。③

（2）社会各界向国会传达对外援助的态度

面对特朗普政府多次削减对外援助预算，社会各界却依

① Department of State, “Fiscal year 2020 Congressional Budget Justification,” March 11, 2019.

② Joeva Rock, Jacob M. Grumbach, “Donald Trump’s Africa Policy,” February, 2019, https://africasacountry.com/2019/02/making-a-buck-under-donald-trumps-usaid.

③ 秦莹：《浅析特朗普政府的“新非洲战略”》，《国际研究参考》2019 年第 10 期，第 9-13、36 页。

然将对外援助视为维护国家安全的重要方式。前国家政要、国会议员、发展领域的民间组织、学者以及普通民众通过各种方式表达自己关于对外援助政策改革的态度与观点。在特朗普政府提交预算请求后，关于对外援助功能的讨论引起广泛争论，正是社会各界通过不同的方式表达态度并传递给国会，才确保对外援助财政拨款的基本稳定。

> 2017 年 2 月 27 日 121 名美国退役将军致信国会两院和两党领袖，督促国会“确保用于国际事务预算的资源与我们面对的不断增长的全球威胁和机会同步增长”。①
>
> 4 月 26 日 9 名前驻联合国大使致信国会，呼吁维持对联合国及其机构的资助支持。100 多位宗教领袖也致信国会，反对削减对外援助预算。他们表示美国的全球发展和外交项目，拯救了生命，保护了宗教自由，也维护了美国安全。②
>
> 小布什也表示对外援助既符合美国的国家安全利益，也符合美国的道德利益。③ 国际关系学者斯蒂芬·克拉斯纳（Stephen D. Krasner）在《美国利益》发表文章强调对外援助对维护美国安全的重要意义。④

从国会的对外援助来看，特朗普政府试图削减对外援助预算的提案是失败的。2018/21 财年特朗普分别申请了 290 亿美

---

① http：//www. usglc. org/downloads/2017/02/ FY18 _ International _ Affairs _ Budget_House_Senate. pdf.

② https：//www. foxnews. com/politics/faith – leaders – lobby – congress – against – foreign -- aid – cuts.

③ https：//edition. cnn. com/2017/04/13/politics/ george – bush – donald – trump – foreign – aid/index. html.

④ Stephen D. Krasner，“Why We Need Foreign Aid，” *The American Interest*，https：//www. the – american – interest. com/2017/06/19/need – foreign – aid/.

元、300 亿美元、300 亿美元和 330 亿美元，但均未获得国会批准。这四个财年国会最终批准的实际拨款均在 430 亿美元左右，使美国对外援助规模总体保持稳定，基本维持了对外援助长期以来的传统[①]。这是因为美国社会长期演化形成的对外援助共同体消解了总统这一关键行为体的影响力[②]。从最终实际批准的对外援助相关拨款来看，国会并没有完全采纳特朗普政府的预算请求，其中 2018 财年最终拨款 541.8 亿美元的“国务院、对外事务及相关项目”（SFOPS）财政支持和 382.2 亿美元的“外援助相关支出”（FO&FA）资金，比 2017 财年实际减少 6.1% 和 4.2%。[③] 此后，面对特朗普屡次削减对外相关事务的预算，国会最终拨款基本与上一年保持一致。由此可见，国会采纳了社会各界的观点，维持了对外援助在维护国家安全方面的功能。

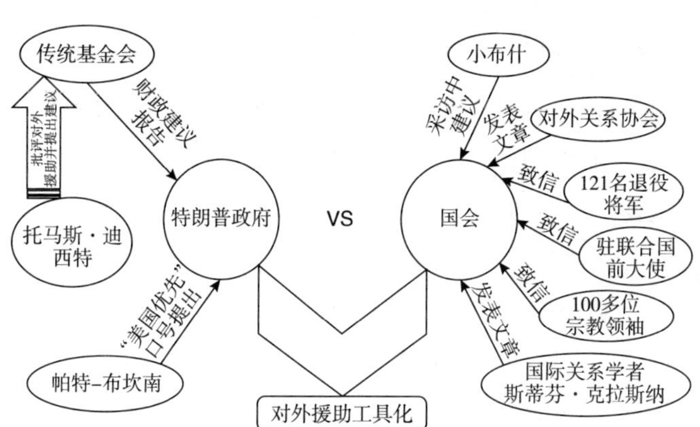

图 4－14 “美国优先”下对外援助政策工具化中的多元主体

① 郭语、黄莺：《拜登政府对外援助政策调整及影响》，《现代国际关系》2023 年第 6 期，第 79 页。

② 王瑞、徐秀丽：《构建发展共同体：美国对外援助共同体的实践经验研究》，《当代亚太》2024 年第 1 期。

③ Susan B. Epstein, Marian L. Lawson, Cory R. Gill, “Department of State, Foreign Operations, and Related Programs: FY2018 Budget and Appropriations,” https://fas.org/sgp/crs/row/R44890.pdf.

三　多元主体参与发展援助叙事的实践

美国对外援助叙事的实践是发展援助产业链条上有关行动主体共同作用的过程，在共同的国家安全目标下，多元主体围绕着特定的对外援助叙事将自身利益或价值诉求融入其中，相互之间形成一种相互依赖的系统，在实践的过程与矛盾中不断寻求不同利益方的妥协与平衡。其中，不同的政府时期对外援助叙事在实践过程中对重点关注国家、领域和方式均有所侧重，因此实践案例的研究可以帮助我们理解多元主体参与发展援助叙事实践过程。

（一）第四点计划、国际开发协会、争取进步联盟和越南战略村计划

20 世纪 50 ~ 60 年代现代化叙事的实践体现在杜鲁门政府时期的“第四点计划”、艾森豪威尔政府时期的“国际开发协会”的建立以及肯尼迪政府时期的“争取进步联盟”和“越南战略村计划”上。

1. 杜鲁门时期“第四点计划”的实践

杜鲁门时期的“第四点计划”是美国试图实行一项新的、大胆的计划，以便使美国科学进步和工业发展所提供的收益用于欠发达地区的进步和成长。① 虽然这一计划带有浓厚的意识形态斗争的色彩，甚至被称为用物质的手段达到非物质的

① The Inaugural Address, January 19, 1949, Document 1, in Dennis Merril ed., *Documentary History of the Truman Presidency*, Vol. 27, “The Point Four Program: Reaching Out to Help the Less Developed Countries,” University Publication of America, 1999, p. 4.

目标。[①] 但是客观上“第四点计划”提供的对外援助场域为多元主体参与美国的对外援助提供了条件，并初步实践了美国引导欠发达地区走向现代化的过程，为现代化叙事的成熟奠定了基础。

1951 年作为“第四点计划”唯一的执行机构的技术合作署成立，其通过技术合作协议展开工作，按照标准格式范本，采取美国外交使团负责人与受援国外交部部长签署协议的形式。技术合作署在欠发达地区实施相关计划的方式有三种：一是美国与受援国代表组成共同委员会；二是美洲事务研究院在拉美地区建立技术合作服务机构，它是受援国政府部门中的合作局；三是有共同资金的联合机构，另外美国在每个受援国都建立了由美国大使馆领导的技术援助办公室。

表 4－7 “第四点计划”实施情况

持续时间	派出人员	培训专家	援助国家	项目类别	项目数量	财政拨款	受援国配套资金
3 年 7 个月	2445 人	2862 人	35 个	18 类	1745 个	3.11 亿美元	4.9 亿美元

数据来源：谢华：《对美国第四点计划的历史考察与分析》，《美国研究》2010 年第 2 期，第 73－94 页。

此外，美国政府与石油企业合作在促进企业盈利的同时促进受援国发展。美国政府一直试图稳定与沙特、科威特等产油国的关系，并强迫一些美国公司签署了“50/50 协定”，即美国公司要把他们全部营业收入的一半用来缴税；为弥补石油公司的牺牲，美国政府除了制定对这些公司有力的税收制度，容忍一些违反美国国内法律的事件外，还通过“第四

① “The Genesis of the Point Four Program,” FRUS, 1949, pp. 758－759.

点计划”来支持这些公司在当地的活动，其中技术合作署专家通过广泛参与当地银行、金融、税收机构的建立，以及进行地质测量调查之类的基础设施建设，以各种方式向美国公司提供帮助。在拉丁美洲实施“第四点计划”的过程中，泛美卫生局、洛克菲勒基金会和各类企业广泛地参与其中，尤其是美国的原料生产和加工企业实际上在拉美经济中享受着垄断地位，可以任意开发当地的资源。为了降低美国公司带来的消极社会和政治影响，技术合作署在拉美实施技术援助计划时，主要关注的是解决当地最为急迫的问题，如食品、健康和教育项目，以及通过分析调查、改善当地管理水平和基础设施以间接支持和规范美国公司的行为。

2. 艾森豪威尔时期“国际开发协会”的建立

艾森豪威尔政府与英国、德国、法国等西方国家共同倡导建立的国际开发协会是发达国家给予条件宽松、期限较长、负担较轻的贷款机构，以帮助世界上欠发达地区的受援国，促进其经济发展、减轻贫困，提高该国人民生活水平。国际开发协会最初是由俄克拉荷马州的参议员麦克·曼罗尼提出，其初衷是建立由发达国家和发展中国家共同参与并提供启动基金、隶属于世界银行的分支机构，为发展中国家提供长期的、低利率的贷款。与世界银行贷款的主要区别是，不仅贷款利率低，而且受援国可以使用本国货币偿还贷款。最初白宫对曼罗尼的建议持否定态度，担心其业务会对美国政府的开发贷款基金项目产生冲击。但当它认识到国际开发协会只是对开发贷款基金的补充，而不可能取代开发贷款基金后，美国政府转而支持成立国际开发协会。这是因为建立隶属于世界银行的国际开发协会比较容易在美国国内获得必要的支持。世界银行行长基本上也是一直由美国人担任，所以美国在世界银行具有支配性地位。

从政治角度来看，建立国际开发协会实际上可以在多边援助的名义下充分利用其他发达国家的资金，服务于美国的外交战略；从经济角度来看，国际开发协会实际上是扩大美国私人资本输出的一种形式。因此国务院、经济合作署、财政部等，均对建立国际开发协会持赞同态度。在与其他欧洲的西方国家和联合国官员进行一年多的磋商后，美国逐渐得到了欧美发达国家和部分发展中国家的认同。

> 1960 年 9 月 26 日，根据《国际开发协会协定》联合国成立了国际开发协会，采取无息贷款、技术援助和政府咨询的方式向加入国际开发协会的发展中国家提供无息贷款和其他服务。其对象包括政府或政府担保的企业、社会效益好的项目（用于电力、交通运输、水利、港口建设之类的公共工程部门，以及农业、文化教育建设方面）。①

虽然国际开发协会是美国主导多边发展援助体系、垄断国际发展话语权的重要手段，但不可否认的是国际开发协会为广大发展中国家的经济社会发展提供了有效的资金和技术支持。

3. 肯尼迪时期的“争取进步联盟”和“越南战略村计划”

肯尼迪政府时期现代化叙事的实践达到前所未有的高潮，集中体现在“争取进步联盟”和“越南战略村计划”的案例当中。其实早在艾森豪威尔第一任期，其政府内部并非铁板

---

① 刘国柱：《艾森豪威尔政府对发展援助政策的调整与美国冷战战略》，《求是学刊》2011 年第 3 期，第 124 – 132 页。

一块，国务卿杜勒斯积极倡导加大对发展中国家的发展援助，认为捍卫美国的国家利益仅仅依靠军事力量是远远不够的，还应充分利用美国在经济上的强大实力。杜勒斯得到了艾森豪威尔总统的前特别助理 C. D. 杰克逊的大力支持。

作为一名自由主义色彩浓厚的共和党人，杰克逊在对外经济援助上与民主党人观点更加接近。同时，杰克逊周围聚集了一批查尔斯河学派的政治和经济学家，比如麻省理工学院国际问题研究中心（CENIS）的罗斯托和米利肯更是对欠发达地区发展援助的积极倡导者。1954 年 7 月 23 日，杰克逊委托罗斯托和米利肯起草的对外经济政策的报告《一项美国对外经济政策的新建议》初步形成，其核心内容强调美国对发展中国家援助的重要性。[①] 8 月初，杰克逊等人在报告的基础上为艾森豪威尔总统起草的一份对外经济政策演说“新的世界经济政策”，敦促艾森豪威尔发表一个大胆的新的对外经济政策演说。虽然艾森豪威尔并未做出令其满意的回应，甚至其政府的财政部部长、预算局局长、世界银行及进出口银行行长都对此表示反对。但杰克逊的建议及其他在《时代》杂志上发表的系列增加发展援助的倡议在美国公民、国会议员及政府官员之间产生了相当大的影响，对艾森豪威尔政府逐渐改变对欠发达国家和地区的发展援助政策具有一定的积极作用。[②]

① 三年后，即 1957 年在这份报告的基础上，米利肯和罗斯托公开出版了《一项建议——有效对外政策的关键》一书，继续为向发展中国家提供发展援助呼吁。

② 雷迅马：《作为意识形态的现代化：社会科学与美国对第三世界政策》，牛可译，中央编译出版社，2003。

表 4-8 查尔斯河学派在肯尼迪-约翰逊政府中的角色

沃尔特·罗斯托	美国经济史学家发展经济学先驱之一	国家安全事务的副特别助理 国务院政策设计委员会主任
约翰·加尔布雷斯	经济学家新制度学派的主要代表人物	对外经济政策工作组 后担任美国驻印度大使
林肯·戈登	哈佛大学经济学家	拉美工作组，后担任驻巴西大使
戴维·贝尔	哈佛大学经济学家	从预算局升任国际开发署署长
马克斯·米利肯	前中央情报局助理局长经济学家	对外经济政策工作组成员国际开发署顾问委员会成员
白鲁恂	美国政治学家、著名汉学家麻省理工学院教授	对外经济政策工作组成员国际开发署顾问委员会成员
爱德华·梅森	哈佛大学经济学家	国际开发署顾问委员会主席
尤金·斯塔利	斯坦福大学发展问题专家	越南政策顾问
萨缪尔·哈耶斯	密西根大学教授	美国和平队的策划

数据来源：笔者根据相关资料整理。

正是基于查尔斯河学派的影响力，1957 年时任参议员的肯尼迪和约翰·库伯（John Cooper）为制定南亚发展的政策建议书而向麻省理工学院的 CENIS 征求意见，此后 CENIS 与肯尼迪建立了固定的联系。① 在问鼎白宫的道路上，以罗斯托为首的查尔斯河学派也成为肯尼迪总统的高级智囊团及一系列演说的操刀者，其后来成为美国对外援助政策的主要设计者，在肯尼迪-约翰逊政府的对外援助政策中深深打上了自己的烙印。② 这些有经纶世务之志的社会科学家当中，有许多

① W. W. Rostow, *Eisenhower, Kennedy, and Foreign Aid*, University of Texas Press, 1985, p. 71.

② 刘国柱、郭拥军：《国家利益之间：战后美国对发展中国家发展援助探研》，浙江大学出版社，2011。

人都把他们的职业生涯倾注在政府与学术界之间往来穿梭之上。他们驾轻就熟地将理论思想推介到官僚机构中。然而人际关系还不是事情的全部，这些学者提出的现代化理论，明确提出了社会变迁所需要的普遍条件，为美国决策者提供了一套看上去新颖而又有利的分析工具。

（1）“争取进步联盟”

1961年3月肯尼迪政府开始实施“争取进步联盟”计划，是一项试图为扭转拉美迅速蔓延的经济贫困和政治高压状况而采取的紧急而广泛的计划。在美国社会科学家的帮助下，拉美各国提交详细的全国性发展计划和各种项目规划，由他们来审核。一旦这些计划和项目被核准，美国各政府机构（包括美国进步信托基金、社会发展基金等政府基金）、美洲开发银行和国际货币基金等国际信贷机构将直接提供所需的资金。为积极推动现代化进程，美国在输出资本外还不遗余力地提供社会科学技能，为了加速全面计划的制定，肯尼迪政府根据与各国政府达成的协议派出专家，在乡村改革和农业发展、卫生、合作社、教育和职业培训以及税收等方面“指导”各国政府开展投资项目的考察评估、土地调查和各种计划的制定。①

在白宫顾问理查德·戈德温的建议下，美国启动了一个“联盟合作者”计划，该计划包括以下协议：加利福尼亚和智利的农业合作，密歇根州奥克兰县与哥伦比亚的考卡河谷互派专家，佛罗里达州彭萨科拉市向秘鲁的钦伯特市派遣医疗队。美国希望把最好的现代价值观、技术和制度送到拉丁美

① “House of Representatives,” Regional and Other Document, 101 -3.

洲，发誓要发动伊比利亚殖民主义在历史上未能成就的巨变。[①] 美国媒体也认为联盟计划拥有巨大的潜力，可以帮助拉美各国从美国历史中汲取经验，并巩固亘古不变的人道主义精神。

> 1961 年 3 月《时代》周刊声称“联盟是一个能够被把握的使命、能够化为现实的梦想”，赞扬总统“对今日拉丁美洲的潮流、压力和需求有着深切的洞察”。《新闻周刊》编辑部撰文称肯尼迪的创举是“迄今为止美国发动的将其南邻从贫困和不满中拯救出来的最有希望的计划”。《生活》周刊不惜篇幅对争取进步联盟进行了长达数星期的报道，宣称这项创举“具有历史眼光”。[②]

在具体实施过程中，美国私人基金会和高校发挥了关键作用，亨利·希尔德在担任福特基金会主席期间，强调利用教育传播现代化理论，把现代化理论与发展中国家的教育援助相结合。福特基金会的国际部副主席弗兰克·萨顿说：“我们关注大学教育的主要原因是如果没有现代化的精英将没有一个现代化的国家。”[③] 福特基金会在 1962 年度报告指出，福特基金会将继续支持发展中国家建立或完善他们的教育机构、教育计划和教育实践，发展训练有素的领导、技术人员……援助将提高美国对世界事务的参与和了解，并调动专家和领

---

① 雷迅马：《作为意识形态的现代化：社会科学与美国对第三世界政策》，牛可译，中央编译出版社，2003。

② Latham M. E. , *Modernization as Ideology*: *American Social Science and* “ *Nation building*” *in the Kennedy Era*, University of North Carolina Press, 2000.

③ David Ranson, “Ford Country: Building and Elite for Indonesia,” *The Trojan Horse*: *A Radical Look at Foreign Aid*, ed. by Steve Weisssman, Ramparts Press, 1975, pp. 93 – 116.

导参与国际服务。①

20世纪60年代初，福特基金会的教育援助促进了巴西和北美相关机构的经济学发展与交流。1963年福特基金会向美国大学提供了150万美元用于加强拉美问题的培训和研究，并从1962年开始向从事拉美研究的学者提供奖学金。古巴革命的胜利使得美国觉得有必要去培养能够为政府决策提供建议的拉美问题专家。为此，福特基金会把经济学教育作为其向巴西提供援助的重要领域。福特基金会对巴西的经济学教育和研究的援助是分步骤分阶段推进的，精心筛选，选择出合适的大学，资助这些大学设立经济学专业的研究生培养和研究中心。1960～1970年，福特基金会主要为巴西的几个重要的经济学教育和研究中心提供资助。这些资金被用于给来巴西访学的教授提供资助，为出国攻读博士学位的学生提供奖学金，给回国工作的留学生提供工资补助，以及用于购买图书资料和资助研究，并资助成立了巴西经济学教育和研究协会。②

在福特基金会的资助下巴西建立了完整的经济学人才培养规范和标准，拥有了实力强大的经济学专业，也拥有令人羡慕的经济学人才和机构。这不仅提升了经济学人士参与国家的政策决策的能力，而且这些经济学人

① Ford Foundation, "The Ford Foundation in the 1960's: Statement of the Board of Trustees on Policies, Programs, and Operations," New York, 1962, p. 12.

② Thomas E. Skidmore, "Interoffice Memorandum of the Ford Foundation," FF Grant FA732f Reel5509 Report 07900580, Rockefeller Archive Center.

士和拉美国家、美国和欧洲的经济学家结成一个跨国知识网络，为后期巴西面对经济停滞和通货膨胀危机走向新自由主义的改革之路起到了推动作用。[①]

（2）“越南战略村计划”

美国决策者和社会科学家都把越南战争看成是检验美国在“新兴世界”击败共产主义能力的一个“试验场”，同时也把现代化作为一种最有效的回应手段。肯尼迪政府的政策规划人员和美国媒体声称自己对越南战争的分析是不带偏见的、“理性的”，同时又不厌其烦地描述美国使命、价值观和利他主义传统，将越南战争描述为一项科学工程，也是一种深刻的道德义务。

1968 年哈佛大学政治学家和现代化理论家萨缪尔·亨廷顿在《外交》杂志上发表了一篇文章，对越南战争进行探讨。他断言美国的军事战略可以在一个关于社会、政治和经济变迁的综合模式下加以制定。他指出“各社会只在其发展的特定阶段容易受到革命的影响，美国很可能已经在越南不期而遇地发现了对付民族解放战争的办法。有力地回应是强行规划的城市化和现代化，这将促使我们所讨论的这个国家走出一个特定阶段，在这个阶段乡村革命运动有望取得充分的力量，乃至于夺取政权”。[②] 亨廷顿强调美军战斗部队的部署和战争的持续加剧，将不仅使越共受到沉重打击，不断升级的暴力战争也将促使越南的社会性质发生根本变迁。战争将难民驱

① 霍淑红：《霸权视角下美国私人基金会的对外援助研究》，九州出版社，2019，第 90－94 页。

② Huntington, “Bases of Accomodation,” p. 652.

赶到政府控制下的城市，使他们意识到自己能够在繁荣的资本主义都市中心找到经济利益；战争还将加速一整套现代新的价值观和效忠观念的发展，加强越南国家与其公民之间的纽带。①

亨廷顿试图将越南人民“炸进未来”② 的想法反映了现代化叙事在一定程度上把推动社会政治发展的问题和军事战略问题结合在一起。1962 年初到 1963 年 11 月期间，“战略村计划”一直是美国援助越南政策的核心。美国从法国的殖民运动、越南自身的社会试验和英国在马来亚殖民地的统治策略中汲取经验，批准了吴庭艳总理的一个策略，即将农民从分散的村落迁往集中的定居点，并提供帮助和建议。在清剿了南越农村基地的叛乱分子后，南越军队和美国顾问软硬兼施，对当地农民进行劝说和武力威胁，驱使他们迁往一些“战略村”。

所谓“战略村”是一些防御据点，中间是居民住房，四周以铁丝网、壕沟和竹尖桩围起来，在其中可以更方便地推行军事控制和社会工程。国际开发署和美军驻越军事援助司令部希望由此能建立一种新的政治文化。美国为击败共产主义而大力推行社会和政治现代化，鼓励乡村组织的建立，支持“自助”计划，并号召各省头目加强与地方居民区的联系。③

---

① 雷迅马：《作为意识形态的现代化：社会科学与美国对第三世界政策》，牛可译，中央编译出版社，2003，第 235 页。

② Drinnon, “Facing West,” pp. 370 – 373; Chomsky, “American Power and the New Mandarins,” p. 20.

③ Latham M. E., “Modernization as Ideology: American Social Science and ‘Nation Building’ in the Kennedy Era,” University of North Carolina Press, 2000.

在美国越南之友协会支持下的吴庭艳政府试图以美国为榜样建立新的越南。中央情报局帮助吴庭艳扫清了在城市地区挑战其权威的武装宗教帮派，参加过美国在菲律宾打击胡克叛乱行动的老战士爱德华·兰斯代尔也帮助吴庭艳操纵了一次公民投票，废黜了保大皇帝，将全部国家权力置于吴庭艳一人之手。根据美国政府与吴庭艳政府协议，密西根州立大学训练南越的公共管理人员和警务人员。密歇根州立大学被用以掩盖中央情报局的活动，帮助越南准军事组织征召山民，并派特工越过边界潜入北方。

为了协调美国各军兵种、美国新闻署、国际开发署和中央情报局等部门的计划，总统批准成立了一个高级别、跨部门的反叛乱委员会。肯尼迪还呼吁建立一个专门培训美国高级官员的"全国性的学校"，其中要开设一些课程和计划，"以提高美国指导欠发达国家跨越现代化障碍的能力"。[①] 肯尼迪总统、国家安全顾问麦乔治·邦迪、罗斯托和泰勒指示国务院和国防部，要求他们提出关于建立官方性质"现代化学院"的建议，最后他们决定举行一系列为期五星期、以"当前欠发达地区问题"为主题的研修班，认为通过这种做法可以最有效地传播社会科学理论和反叛学说。[②] 授课地点在国务院的外事学院，前去授课的专家包括罗斯托、白鲁恂、米利肯。老战士爱德华·兰斯代尔也在课堂上讲授其亲身实践现代

① McGeorge Bundy, "National Security Action Memoradum 131," March 13, Vol. 2, 1962, Senate, Pentagon Papers (Gravel edition), pp. 667 –669.

② Memorandum, "Taylor to the Special Croup for Counterinsurgency", NSF, box 319, JFKL; Memorandum, "Special Group for Counterinsurgency to Kennedy", NSF, box 319, Special Group (Ci), 1/61 –6/62, JFKL.

化理论的经验。该研修班每年举办 8 ~ 10 期，每期有 40 ~ 70 名学员，他们都是国际开发署、中央情报局、美国新闻署和国务院的高中级官员。其主要课程是“欠发达问题”“共产主义排挤西方的企图”以及以对方革命挑战为目的的反叛乱战略。该研修班的设计者认为其目标是建立一套新的、积极有效的驾驭社会变迁的方法。腊斯克在该研修班的开学仪式上宣称“我们必须成为发展进程的保驾护航者，而不是现状的维护者。我们必须亲现代化，同时反共产主义”。①

4. 现代化叙事实践中的对非援助

现代化叙事的实践当中，对非援助在美国对外战略中处于相对边缘的位置。1948 年，约有 39 名撒哈拉以南非洲国家领袖参与过美国启动的国际访问学者项目。“第四点计划”实施期间，美国利用一些非洲国家对资金和技术的需求，通过经济援助与苏联争夺非洲的主导权，同时也与老牌欧洲殖民地宗主国进行竞争。其间，美国大学与非洲当地大学以及非营利组织合作，为当地技术人员提供援助培训。20 世纪 50 年代起，美国开始在非洲独立国家设立使馆，并设有国际合作署（即后来成立的 USAID）。

肯尼迪政府期间，美国和平队 1961 年成立，开始向非洲国家派遣志愿者。1961 年 8 月 30 日第一批和平队志愿者（共 52 名）被送往加纳，1962 年和平队逐渐把工作扩大到埃塞俄比亚、科特迪瓦、索马里、突尼斯等第三世界国家，共有 2816 名志愿者服务于世界各地，在现代化叙事时期，和平队规模不断

① Blaufarb, “Counterinsurgency Era,” pp. 71 – 73; State Development, “FSI Begins Seminars on Problems of Development and Internal Defense,” p. 42.

扩大，到1963年志愿者达到了6646名，得到了5900万美元的联邦预算；1964年有1.0078万名志愿者，联邦预算9400万美元，1966年人数达到历史之最的1.5556万名，预算超过1.07亿美元。① 截至2011年统计，和平队总人数为9095人，其中驻非成员占所有和平队成员的39%。不过，随着苏联1967年逐渐从非洲退出，美国在约翰逊政府时期开始削减对非发展援助，逐渐撤销了在一些国家的援助使团，② 这种趋势一直持续到福特政府时期。1962年美国新闻署进驻非洲，建立美国之音广播台，并开始相关活动。整体而言，美国对非援助也在现代化叙事实践期间逐渐上升，对非援助额占美国对外经济援助比重从50年代的1%增加到了1963年的10%。③

表4－9　现代化叙事实践的主要行为体

总统任期	主要援助计划	主要参与主体
杜鲁门时期	“第四点计划”	技术合作署、大使馆、技术援助办公室、石油公司、泛美卫生局、洛克菲勒基金会和各类企业等
艾森豪威尔时期	“国际开发协会”	私人志愿组织、参议员麦克·曼罗尼、国务院、经济合作署、财政部、西方其他援助国和世界银行等
肯尼迪时期	“争取进步联盟”	前特别助理C. D. 杰克逊、国际问题研究中心、查尔斯河学派、政府基金、美洲开发银行和国际货币基金组织、时代周刊、私人基金会、高校及学者等

① Hall M. R., “The impact of the US Peace Corps at home and abroad,” *Journal of Third World Studies*, Vol. 24, No. 1, 2007, pp. 53－58.

② Clough M., “Free at Last? US Policy Toward Africa and the End of the Cold War,” Council on Foreign Relations, 1992.

③ Baldwin D. A., *Economic Statecraft: New Edition*, Princeton University Press, 2020.

续表

总统任期	主要援助计划	主要参与主体
约翰逊时期	“越南战略村计划”	萨缪尔·亨廷顿、美国越南之友协会、退役老战士爱德华·兰斯代尔、密西根州立大学、中央情报局、“现代化学院”、美国新闻署、国际开发署以及相关专家顾问等

（二）绿色革命：致力于粮食安全与反饥饿

“人类基本需求”叙事最核心的问题是粮食安全，由各大基金会、农业高校、育种专家以及农业跨国企业等广泛参与的绿色革命是最具代表性的对外援助实践。具体而言，绿色革命是20世纪60年代中后期以来运用现代科学技术实现的小麦、水稻、玉米等作物产量迅速提高的技术革命，极大地缓解了世界粮食安全问题。学界关于绿色革命的研究主要有两种分析路径，即科技革命和经济政策。随着现代化叙事的想象破灭，尼克松政府将对外援助的关注点转移到“人类基本需求”，美国的对外援助开始重视自然科学家的作用，特别体现在绿色革命的推广与实践中。

> 福特基金会在50年代末开始调整对外援助策略，逐渐将重点转变为支持农业相关领域的科学技术研发。1959年国际水稻研究中心在菲律宾成立，由洛克菲勒基金会和福特基金会共同资助。福特基金会出资700万美元用于水稻研究中心的建设，洛克菲勒基金会每年提供50万美元的研究经费。农业科研计划培育的高产小麦和水稻种子在墨西哥和菲律宾的成功为美国改变援助政策提供了契机。美国粮食部负责国家粮食发展的莱斯

> 特·R. 布朗将高产小麦种子与蒸汽机的发明相提并论，认为高产小麦种子将在亚洲掀起一场农业革命，正如蒸汽机在欧洲掀起了工业革命一样。① 美国国际开发署的威廉·S. 高德（William S. Gaud）发明了“绿色革命”这个词，用以描述高产种子为发展中国家粮食生产带来的重要变革。他主张国际开发署与福特基金会、洛克菲勒基金会合作在印度等第三世界国家推广高产小麦种子。②

事实上，高产种子带来的农业革命不仅使粮食产量出现“革命性”增长，而且极大推动了传统农业生产方式向现代农业的商业户经营模式转变。传统农业下，农民耕种使用的种子是从上一季作物中选择保留下来的，而“绿色革命”以后农民依然负责耕种，种子却由基金会、研究所和种子公司提供和垄断。化肥、杀虫剂和农业机械由相应的跨国公司提供，粮食收购、加工和销售则由粮食公司垄断，“绿色革命”推广以来，一条现代化、国际化的农业产销经营链条形成，迅速替代传统农业运作模式。

基金会在第三世界国家的农业发展援助项目中不但将研究机构、农业大学、种子公司和第三世界的政治经济和农民联系起来，还为种子公司开辟了第三世界市场。育种专家们培育出高产的小麦、玉米和水稻种子后，基金会将这些高产

---

① Frank C. Miller, “Knowledge and Power: Anthropology, Policy Research, and the Green Revolution,” *American Ethnologist*, Vol. 4, No. 1, Feb., 1977, pp. 190 - 198.

② 冯立冰：《基金会、冷战与现代化——福特基金会对印度农业发展援助之研究（1951 - 1971）》，中国社会科学出版社，2016。

种子转让给先锋良种技术公司（Pioneer Hi-Bred）① 等国际种子公司，由这些种子公司巨头进行注册、认证，并大规模生产，最终销售给第三世界的农民。② 随着育种技术的迅速发展，以及政府颁布法令保护育种技术专利，促使跨国种子公司逐渐控制了全球农业种子供应，到 2011 年十大种业巨头已经控制了全世界种子销售总额的 75.3%。③

1. **绿色革命在印度的实践**

绿色革命在印度实施期间，美国驻印度大使切斯特·鲍尔斯以及国际开发署官员大力支持美国化肥制造商。鲍尔斯强调印度要想迅速增加粮食产量，需要使用大量的化肥。国际开发署则为化肥制造商提供经济上的保障，减少他们的投资风险。福特基金会的粮食危机报告中的分析数据是美国制造商选择建厂地址时参考的一手资料。

> 1964 年美国六大石油化工和化肥制造商组团与印度政府商谈在印度投资设厂的问题。1967 年纽约化工集团（Chemical Engineering Corporation of New York）在印度投资设立了特洛贝伊（Trombay）化肥厂，化肥厂的建设得到了国际开发署的资金支持。后来在印度化肥公司扩建特

① 亨利·华莱士（二战初期美国副总统）创办的私人种子公司，曾经鼓励洛克菲勒基金会开始在墨西哥的农业发展计划。先锋良种技术公司将种子研发、生产和销售一体化，并且着眼于整个世界市场。墨西哥高产小麦和玉米种子问世后，以及“满足人类基本需求”在第三世界国家的广泛开展，帮助先锋良种技术公司成为世界头号种子销售商。1999 年先锋育种技术公司被杜邦集团收购，杜邦-先锋的市场销售份额仅次于孟山都，居世界第二位，占有极高的市场份额。

② Vandana Shiva, *The Violence of the Green Revolution: Third World Agriculture, Ecology and Politics*, Third World Network, 1991, p. 65.

③ 詹琳、陈健鹏：《全球现代种业的演进轨迹——基于三大跨国种业公司成长视角》，《农业经济与管理》2014 年第 5 期，第 77-89 页。

洛贝伊化肥厂时，国际开发署要求由外国公司承建，还要接受美国专家团队的监督。印度接受世界银行的援助时，世界银行的乔治·伍德也表示不信任印度本土的工程师和管理人员可以有效运营化肥厂，要求其接受美国专家团队的监督。虽然初期印度政府同意了国际开发署提出的条件，但后期涉及国营企业运营方式和美印关系的恶化，国际开发署最终停止了对化肥厂的资助。①

此外，福特基金会认为美国的育种技术得益于农业大学的建立，农业大学极大地促进了育种技术作为一门现代应用科学在美国的成长，因此福特基金会还资助印度建立农业大学，试图以此培育印度本土育种技术和相关农业科学研究能力的提高。福特基金会邀请美国塔斯基吉大学（Juskegee University）的校长路德·福斯特、农业基金会刚退休的董事长约瑟夫·阿克曼、肯塔基州贝雷亚学院院长路易斯·史密斯等专家帮助印度建设农业大学。

表4－10　印度水稻和小麦增产情况（1949～1979）

单位：百万吨

年份	1945～1951	1975～1977	1978～1979
水稻	23.259	47.778	53.829
小麦	6.640	29.728	34.982
总的粮食产出	57.135	119.269	131.370

数据来源：Government of India, Ministry of Agriculture, "Agriculture in India," New Delhi, 1980, p. 5, cited by Gerald E. Sussman, *The Challenge of Integraded Rural Development in India: A Policy and Management Perspective*, Boulder: Westview Press, 1982, p. 142。

① Biswajit Dhar, "Technology Indigenization External Influences: Case of the Fertilizer Iindustry in India," *Social Scientists*, Vol. 13, No. 3, Mar., 1985, pp. 32－48.

到1965年，印度共建成7所农业大学，都得到了福特基金会、洛克菲勒基金会和美国国际开发署的大力援助。他们资助农业大学购买研究器材，建立实验室、图书馆等，促进印美专家和学生的互访，同时大力促进美国州立大学和印度新成立农业大学建立密切的科研合作关系。①

2. 绿色革命中的美国高校

同样，美国高校也积极参与美国对外援助，杜鲁门提出“第四点计划”后不久，密歇根州立大学校长兼美国州立高校和赠地学院协会主席约翰·汉纳（John Hannah）代表一批赠地学院向白宫请命，表示愿意积极参与对外援助事业，白宫接受其请命后，由国际开发署资助的首批8所高校负责实施对外援助项目，均采用美国高校与海外合作伙伴结对进行援助的形式。1973年，国会成立了国际食品和农业发展委员会（Board on International Food and Agriculture Development，BIFAD），以帮助扩大赠地学院对国际开发署项目的参与。②

康奈尔大学在实施对外援助的过程中，首先注重教育和人才培养。进入70年代后康奈尔大学在校国际学生超过了1600人，来自近100个国家。这些学生中有将近1/4是申请进入农学院学习的，70%以上来自发展中国

---

① Douglas Ensminger, Oral History, “Why were there so Few Foreign Institutional Contracts to Backstop Foundation Supported Programs in India,” April 19, 1972, Douglas Ensminger Papers (MS 1315), box 1, Manuscripts and Archive, Yale University Library.

② National Research Council, *The Fundamental Role of Science and Technology in International Development: an imperative for the US Agency for international development*, National Academies Press, 2006, p. 74.

家，并且绝大多数（超过80%）是攻读硕士或者博士研究生学位。在培养美国本土对外援助人才方面康奈尔大学同样贡献显著，1974年农学院开设“国际农业和农村发展”专业学位硕士培养专业，该项目中来自北美国家的学生占57%，亚非拉发展中国家接近40%。该专业招收的美国学生当中大多数都在入学前有过至少两年参与国际援助和服务的经历（多数人都曾参与和平队），该专业学生毕业的条件之一就是从国际视角出发完成一篇项目论文。在1974~1993年，这些学生毕业后很多受雇于从事对外农业援助的相关政府部门、国际组织、基金会等机构，例如美国国际开发署、世界银行、联合国粮农组织以及一些发展中国家的政府。开展科学研究方面，康奈尔大学在组织一些短期培训项目时，就有很多人在培训期间和康奈尔的教师紧密合作，共同展开科学研究，也有人经过培训，具备了更强的科研能力，建立了良好的专家关系网络，在回国后与康奈尔大学的专家和教师保持联络并展开合作研究。比如康奈尔大学教师在墨西哥与国际玉米小麦改良中心合作开展玉米育种研究，在秘鲁和国际土豆研究中心合作开展马铃薯的育种和病害研究，在菲律宾和国际水稻研究所合作开展水稻栽培方式的改良。另外，在实施对外农业援助的过程中，将大学的教育培训、科学研究和技术推广相互融合以实现援助项目的效果。康奈尔大学通过在受援地援建农业科研和教育机构，使之成为农业援助体系中实现知识转移和技术服务推广的服务渠道和工作平台。这一做法以技术转移和推广为主要形式，同时将人才培养、科学研究等其他援助形式有机融合，形成一种更加立体综合的，而且经实践证明颇具效果的独特援助模式。[①]

表 4－11 绿色革命推广中的主要行为体

叙事	主要参与主体
“人类基本需求”——绿色革命	洛克菲勒基金会、福特基金会、育种专家、种子化肥企业、国际开发署、美国州立大学、康奈尔大学，和平队等

3. “人类基本需求”叙事实践期间的对非援助

“人类基本需求”叙事实践期间，美国虽然对非洲援助改变了以往的冷战思维，但依然对非洲并不重视，持续减少对非援助，到 1973 年美国对非援助减少至 2.574 亿美元。[②] 卡特政府时期，对非援助主要用来支持亲美的索马里，到 1980 年美国对非洲之角的援助占据了对非洲援助的 75%。

在 20 世纪 70 年代，美国对非洲援助最大的项目是和平队项目，即向非洲国家派遣技术人员和教师，[③] 旨在“帮助所在国满足对专业人才的需要，促进当地人民对美国人民的更好了解以及美国人民对所在国人民的了解”。[④] 和平队主要被派往贝宁、博茨瓦纳、喀麦隆、中非帝国、乍得、埃塞俄比亚、加蓬、冈比亚、加纳、科特迪瓦、肯尼亚、莱索托、利比亚、马拉维、马里、毛里塔尼亚、摩洛哥、尼日尔、卢旺达、塞内海尔、塞舌尔、塞拉利昂、斯威士兰、多哥、突尼

① 石松：《大学的第四维度：20 世纪美国康奈尔大学对外农业援助发展历程》，中国农业科学技术出版社，2019。

② 周琪、李沈鹏等：《美国对外援助——目标、方法与决策》，中国社会科学出版社，2014，第 173 页

③ 刘国柱：《和平队与肯尼迪政府的冷战战略》，《南开学报》（哲学社会科学版）2001 年第 5 期，第 54－60 页。

④ 顾明远：《教育大辞典》，上海教育出版社，1998。

斯、上沃尔特、扎伊尔等。①

表 4-12　和平队 1976~1978 年在非洲的资金与志愿者占比

财年＼指标	志愿者（人）	人数占比（%）	资金（万美元）	资金占比（%）
1976 财年	2897	40.8	3729.7	34.05
1977 财年	2238	40.21	2940.4	35.4
1978 财年	2286	42.4	2852.5	36.2

（三）结构调整计划

里根政府时期新自由主义主导了国际援助体系，其中结构调整计划是针对非洲和拉美地区债务危机而提出的对外援助叙事。里根政府的对外经济援助更加强调发展的可持续性，强调增加人道主义援助的份额。其援助内容具体在里根政府的两个任期内有不同的侧重。第一任期（1981~1985）强调双边援助，尤其是私人资本的输出与受援国市场自由化的结合；第二任期（1985~1989）则更加注重国际多边援助。

1. 第一任期：强调私有化与双边援助落实结构调整计划

里根上台后对美国经济进行改革，受货币主义和供给学派的经济思想的影响，美国政府改变了以往的税收政策，并在一定程度上减少了政府开支。为了更好地实施对外援助计划，美国政府开始制定开放的参与机制，广泛吸纳社会各界参与对外援助计划，同时也希望美国的私人资本参加到对外援助活动当中。

① Agency for Volunteer Service (Peace Corps), "United States Federal Government Activities on Concerning Africa, FY1976 - 1978," *A Journal of Opinion*, Vol. 8, No. 2/3, Summer - Autum, 1978, p. 88.

1981 年里根上台后出于对私人企业和自由市场的信任，同时为了更好地管理和运用私人资本，国际开发署建立了“私人企业局”，这是为私人企业发展提供领导、决策和服务的机构，用于处理政府和私人企业在共同参与对外援助方面的事务，并起草了一项鼓励私人企业参与其中的计划。里根政府对私人援助的要求是“提供私人部门在援助项目和在发展中国家方面发挥作用的实际手段”。国际开发署相应的政策是“参与具体直接的项目行动，取消对私人企业发展的法律、规章和其他限制，支持和促进私人企业的发展”。发展援助、经济支持基金和根据《第 480 号公法》给予的贷款或赠款被认为是支持私人企业发展的“拨款”方法。1983 年里根任命了一个工作小组来为私人部门的援助制定发展路线，这个小组由商人或“私人部门领导人”组成，其被授予的责任是“决定美国的资源，特别是对外援助，如何能在发展中国家创造贸易和投资”。同时里根政府还建议成立一个经济安全委员会（The Economic Security Council）来协调国内和国际政策，在最大范围内把资源输送给发展中国家的私人部门，而不是政府。① 1985 年“私人企业局”建立了自己的“私有化中心”，为国有企业和其他政府部门的服务业机制改革提供经济援助，并为拉美地区的商业策划和公司重组提供技术专家，工作人员制定私有化方针一起采取措施满足需求。② 私人资本得以正式加入美

① “The President's Task Force on International Private Enterprise: Report to the President,” December 1984, Washington, D. C. : GPO, 1984, p. 2.

② 孙静：《里根政府时期美国对拉美的“私人企业倡议”》，《江西教育学院学报》（社会科学）2005 年第 2 期，第 21 – 24 页。

> 国的对外援助活动中，私人资本与美国政府之间本质上是一种相互利用的互动关系。这不仅解决了对外援助活动中资金的缺口，也丰富了美国对外援助形式，而且对第三世界地区和国家的社会经济发展产生了积极意义。比如国际开发署和美国几家公司支持的、设在佛罗里达州的拉丁美洲农业综合企业开发公司，向拉美地区的一些小的农业综合企业公司进行投资，参与当地开发活动；此外，国际开发署支持美国一些信贷联盟机构和非洲的合作储蓄及信贷协会联营，开展各种业务活动。①

此外，对外援助私有化趋势使得里根政府加强了与私人志愿组织的关系。1982 年国际开发署发布了《开发署在国际发展领域与私人志愿组织的伙伴关系》报告，该报告是私人志愿组织在对外援助政策下迅速扩张的关键点，私人志愿组织的数量在 1986 ~ 1993 年，从 178 个增加到 417 个。

2. 第二任期：强调多边援助在结构调整实践中的作用

从 1985 年第二届里根任期起，美国对外援助重点关注更多的国际合作，里根政府发现世界银行对于提供其所说的“市场吸引力”，尤其是促进自由市场和减少政府在经济中的作用非常重要，于是放弃了进一步减少美国对世界银行和多边金融组织认捐的打算。② 世界银行行长罗伯特 · 克劳森（Robert Clausen）声明世界银行的项目支持私人部门以及受援国的政策和机构调整，这种观点与里根政府的要求相

① 刘国柱、郭拥军：《在国家利益之间：战后美国对发展中国家发展援助探研》，浙江大学出版社，2011。

② Lancaster C. , *Foreign aid*: *Diplomacy*, *Development*, *Domestic Politics*, University of Chicago Press, 2008, pp. 81 – 82.

一致。

对拉丁美洲的多边援助主要体现在“贝克计划”上。“贝克计划”是一个国际债务战略，设想通过来自商业银行的200亿美元新贷款和来自世界银行与其他多边开发银行对债务国的90亿美元贷款缓解拉美债务危机。“贝克计划”采取以退为进的策略推动债务国经济适度增长。实际上“贝克计划”主要希望通过贷款的形式迫使中美洲和加勒比地区国家接受美国的意识形态和文化以及在美国的指导下进行必要的社会经济市场化改革。为此，“贝克计划”向债务国提出的条件非常明确：必须削减政府开支，紧缩财政，开放经济，放宽外资进入条件，鼓励竞争，向自由市场经济过渡。这些要求得到西方债权国和国际多边金融机构的认同，但使得拉美国家丧失了经济改革的自主性。

表 4－13　结构调整叙事实践的主要行为体

里根政府	主要参与主体
第一任期（1981～1985）	货币主义供给学派学者，私人企业，拉丁美洲农业综合企业开发公司，国际开发署，基金会，信贷联盟机构，私人志愿组织
第二任期（1985～1989）	世界银行，多边开发银行，美洲国家组织大会，美国企业，和平队，私人志愿组织

总之，里根政府时期的美国对外援助在针对拉美地区结构调整计划实施的过程中，强调自由化、市场化和私有化，不可避免地将私有企业、私人志愿组织、和平队等更多地纳入到对外援助的实践机制当中；而对国际多边援助组织态度的转变，也推动了多边开发银行与美国的协同作用，为结构调整计划的实践注入了积极的动力，也为冷战结束和民主化叙事的形成奠定了基础。

3. **里根政府时期的对非援助**

20世纪80年代，随着苏联在非洲影响的扩大，美国逐渐开始重视非洲。1985年里根政府制定了“非洲经济政策改革计划”（The Africa Economic Policy Reform Program），对撒哈拉以南非洲的援助逐渐增加。[①] 在此期间，里根总统虽然对和平队在非洲的工作并不重视，但他对和平队的工作提出了新的要求，批评当时把志愿者放到贫困农场的做法，要求增加一些和商业有关的项目，即把和平队志愿者派到小商业领域中去。[②] 这突出了里根政府对结构调整计划中私有化、自由化、市场化的重视，可见，美国对外援助叙事在实践过程中能够实现自上而下的贯彻与落实。

（四）民主与媒体援助：传播与塑造民主自由的话语基础

冷战后，美国私人基金会积极参与美国对中东欧的民主援助，践行民主化叙事，帮助美国实现所谓的“民主和平论”。美国私人基金会受到政治和税收因素的制约，不能直接援助选举和支持政党等政治活动，也就不可能走与官方一样的民主援助路径，但这并没有妨碍他们实施对外援助，反而是在对中东欧国家的援助实践中探索出一条不同于官方的民主援助路径。

1. **私人基金会对中东欧民间组织的民主援助**

在冷战结束前美苏缓和的大环境下，只有福特基金会和

① Mannering M.，“United States Foreign Policy toward Africa：Incrementalism，Crisis and Change，” *Northeast African Studies*，Vol. 3，No. 3，1996，pp. 139 – 140.

② 周琪：《作为软实力资源的和平队重受美国政府重视》，《美国研究》2011年第2期，第5、41 – 58页。

洛克菲勒兄弟基金会等少数几个基金会在中东欧地区有些活动。但是冷战后，越来越多的大型私人基金会开始在该地区活动。有学者估计，约100个美国私人基金会对中东欧地区感兴趣，其中90%捐赠由近10个基金会提供，这些基金会包括福特基金会、索罗斯基金会、梅隆基金会、麦克阿瑟基金会、莫特基金会、皮尤慈善信托基金、史密斯·理查德森基金会、卡内基基金会、洛克菲勒兄弟基金会和洛克菲勒基金会。①

这些私人基金会打着发展民间社会的旗号，对中东欧国家实施民主援助，主要包括：

> 第一，对民间组织人员进行培训，有短期的、长期的或跟踪式的培训，主要资助民间社会发展和第三部门的培训计划。前者是由两个美国人发起的，其初衷是研究中东欧国家的年轻领导人行为，后来这两个人在基金会的资助下在波兰和匈牙利培训了一些民间组织部门领导人。后者是由霍普斯金大学的萨拉蒙发起的。其中，私人基金会的培训计划包括考察观光和开设培训班等，这些能使得民间组织积极分子与自己的国内外同行进行沟通。私人基金会资助培训计划还可以把专家引入中东欧地区，让这些专家来帮助新成立的民间组织进行资金募集、网络建设和开发公共关系活动。第二，为民间组织的发展提供多种服务，帮助创立和维护信息中心，用来提供培训、法律和管理

① Susan L. Q. Flaherty, "Philanthropy without Borders: US Private Foundation Activity in Eastern Europe," *Voluntas: International Journal of Voluntary and Nonprofit Organizations*, Vol. 3, Iss. 3, 1992, pp. 335 - 350.

> 咨询、数据和网络服务、国内外有关资助信息等。比如在福特基金会、洛克菲勒兄弟基金会和莫特基金会的支持下，由斯洛伐克前外长丹默斯所创建的斯洛伐克学术信息机构，收集了1600多个非营利部门的统计数据，培训民间组织的领导人，为民间组织提供咨询，出版和翻译相关资料。1990年以来，该机构主持了一系列关于民间组织部门的会议，这些会议为斯洛伐克的民间组织提供了一个收集和交流有关信息的机会。同样在保加利亚、波兰、匈牙利和捷克也有类似的机构提供相似的服务。第三，为民间组织提供资金和项目支持，维持或扩大他们的活动。比如莫特基金会资助的波兰基金会论坛，是把150多个波兰民间组织联合在一起的会员组织，是波兰和国外非营利组织信息的收集器，而且倡议一些有利于波兰民间组织部门的法律和财政政策，为民间组织部门提供法律、技术和财政支持。第四，促进人权、公民自由、公民权利和法律服务等。福特基金会资助美国律师协会下属机构中东欧法律机构和非营利法律国际中心的工作，这两个机构的目的就是保证集会自由，索罗斯基金会为独立媒体提供资助。①

在所有与民主化和民间社会发展相关的项目中，美国私人基金会对中东欧国家的援助为美国政府的援助活动提供了经验和示范。他们不需要国会的授权，往往针对出现的问题率先做出回应，并且在计划开始之前不需要做很多

① 霍淑红：《霸权视角下美国私人基金会的对外援助研究》，九州出版社，2019。

烦琐的工作，可以直接和民间组织打交道，他们的活动往往为政府机构随后进行的援助提供了可借鉴的经验。比如美国国际开发署借鉴私人基金会的经验，在其负责的民主援助项目中，选择美国本土的民间组织作为合作伙伴，为中东欧国家尚处于胚胎期的民间社会组织提供小规模的资金和技术支持。

表 4-14　90 年代美国私人基金会对中东欧国家的援助情况

资助类别	1990 年（万美元）	2001 年（万美元）	增长率（%）
公民权利	107	304	184
人权	947	7052	644.7
法律服务	209	830	297
公民自由权	93.6	322	244

数据来源：Helmut K. Anheier，David C. Hammack，eds.，*American Foundations*：*Roles and Contribution*，Brookings Institutions Press，2010，p. 248。

2. 私人基金会对中东欧的媒体援助

此外作为介于政府与企业之间的独立部门，私人基金会还利用媒体援助把慈善活动和媒体连接起来，通过援助的媒体去影响受援国民众，促进受援国民众对自由民主价值观的接受和自觉认同。其不仅与受援国媒体建立一种合作关系，而且让美国本土价值观和文化信息有可能借助其援助的媒体直接覆盖到广大受众，进而为中东欧国家的民主转型塑造新的媒体话语的舆论基础。

表 4-15　2000 年美国对发展中国家国际发展援助的估计数额

指标	数额（亿美元）	占国际发展援助总额的比例（%）
美国官方发展援助	99	17
所有其他政府援助	127	22
美国私人援助总额	30	61

续表

指标	数额（亿美元）	占国际发展援助总额的比例（%）
公司	28	
私人志愿组织	66	
大学和学院	13	
宗教团体	34	
个人汇款	180	
美国国际援助总额	577	100

数据来源：Carol C. Adelman（1988～1993年曾担任国际开发署署长助理），"The Privatization of Foreign Aid," *Foreign Affairs*, Vol. 82, Issue 6, Nov/Dec, 2003, p. 11。

美国私人基金会对中东欧国家的媒体援助沿着三条不同的路径进行。第一，资助培训新闻记者，建立新闻组织和成立新闻媒体监督群体。第二，资助独立媒体的建立。索罗斯基金会下属的国际复兴基金会成立于1990年，支持乌克兰建立和发展独立的专业媒体，最终促使在1993年到1994年期间乌克兰出现了第一个非政府的大众媒体和新闻机构。① 在私人基金会的资助下，一大批独立媒体在受援国得以建立和发展，成为民众获取信息的新渠道。第三，私人基金会为了实现发展的目标而向媒体提供援助。他们强调媒体对发展的重要性，重视向弱势群体传播关键信息，常常通过各种媒体开展一些有关通信项目的活动，向大众传递一些诸如公民权利、健

① Yevgeniya Anatolievna Mussuri, "Foreign Aid to the Media in Ukraine and its Impact on the Democratization Process in the Country," Master's thesis, University of Georgia, Athens, 2005, p. 21, http://gted.libs.uga.Edu/pdfs mussuri_yevgeniya_a_200508_ma.pdf.

康等方面的信息。[①]

3. 20 世纪 90 年代美国对非民主援助与漠视

在民主化叙事实践期间，1989 年老布什总统宣布美国将推动非洲的民主化，并对非洲政策做出调整，但非洲事务仍然没有受到美国的重视，1989 年利比亚内战期间美国表示没有义务干涉、介入和改变利比亚政府或其政治制度，并早在 1988 年就撤出其公民。[②] 1990 年负责非洲事务的助理国务卿赫尔曼·科恩（Herman Cohen）访问内罗毕期间，拒绝接见当地人权活动家，也未公开谴责阿拉普·莫伊（Arap Moi）政府。同样 1992 年 12 月老布什政府实施了“恢复希望行动”（Operation Restore Hope）计划，希望通过人道主义援助缓和索马里危机，但这一计划并没有取得良好效果。克林顿政府在非洲事务上改变了以往将非洲政治不稳定归咎于外来干涉的旧思维，转而更加关注非洲国家的社会问题和民族主义倾向。[③] 因此，克林顿政府把推进非洲民主化、市场经济和自由贸易当作非洲政策的主要目标。然而由于波斯尼亚危机和美国对中东欧国家转型的迫切要求，白宫依然把非洲事务置于外交顺序的最低位置，平均每年对非援助只有 11 亿美元。[④]

克林顿政府中期对非政策做出一定调整。1994 年 3 月南非废除了种族隔离制度，并经过民主选举产生了新的政府，

---

① 霍淑红：《霸权视角下美国私人基金会的对外援助研究》，九州出版社，2019，第 141 页。

② Clough M.，“Free at Last? US Policy toward Africa and the End of the Cold War，” Council on Foreign Relations，1992，p. 95

③ Schraeder P. J.，*United States Foreign Policy toward Africa：Incrementalism，crisis and Change*，Cambridge University Press，1994，p. 35.

④ 周琪、李沈鹏等：《美国对外援助——目标、方法与决策》，中国社会科学出版社，2014，第 174 页。

克林顿政府许诺在三年内向南非提供 6 亿美元的援助，为南非的住房、电气化以及小商业发展提供贷款，支持南非中小企业的发展，采取各种措施提高教育水平，促进保健和医疗事业及商业的发展。同时发起了“南部非洲计划”（The Initiative for Southern Africa）致力于加强南非的民主转型过程，该计划包括设立民主发展基金（The Foundations for the Development of a Democratic Society，支持南部非洲地区民主建设）、南部非洲企业发展基金（促进本地企业发展）等，这是因为美国国际开发署认识到南部非洲国家的发展潜力。同样在促进非洲民主方面，克林顿政府后期大力扶植美国人在非洲组建的民间组织，比如非洲全球联盟（The Global Coalition for Africa）、非美研究所（The African - American Institute）、卡特中心与非洲关怀（The Carter Center and Africare），并一直支持美国国家民主研究院（The National Democratic Institute）等机构在非洲的活动，参与非洲国家的政治转型。克林顿政府还对非发展援助附加了一系列政治条件。国务院、民间组织以及 USAID 在非洲援助达成共识，即附加政治条件。美国负责非洲事务的副国务卿乔治·慕斯（George Moose）认为这将促进非洲的民主化，同时改善非洲经济落后的现状。[①] 至此，美国对非洲政策从冷战时期的重政治向后冷战时期重经济和发展的调整基本形成。[②]

然而，美国在非洲其他非民主相关问题上却表现出漠视的态度，特别是在军事干预索马里内战失败后，美国 1993 年

① Furley Olive, May Roy, *Africa Confidential*, Blackwell Publishers, 1993, pp. 5 - 7.

② Furley Olive, May Roy, *Africa Confidential*, Blackwell Publishers, 1993, pp. 5 - 7.

撤销了一批从事非洲研究的机构，1994 年国会将非洲小组委员会并入亚太小组委员会，甚至在卢旺达遭遇人道主义危机时依然非常冷漠。

> 1994 年 4 月卢旺达爆发种族大屠杀期间，美国作为最早得到卢旺达大屠杀情报的国家却始终保持观望态度，不但不愿过多介入，而且极力阻止联合国干预。大屠杀发生后，各大媒体均拒绝美国难民委员会主任罗杰·温特一篇关于卢旺达种族灭绝的专稿，直到 4 月 14 日多伦多的《环球邮报》登载后，国务卿克里斯托弗依然不用“种族灭绝”来形容大屠杀，国防部持同样态度，漠视联合国对美国提供装甲运兵车帮助联合国援卢团行动的要求，国防部表示联合国可用 400 美元租用美国存放在德国的 48 部装甲运兵车，但必须先签约再运输。美国将运兵车送到乌干达机场，再向联合国追加了 600 万美元的运费。美国的冷漠态度导致卢旺达在 3 个月内先后有 80 万 ~100 万人被杀害，占 1/8 的卢旺达人口消失。①

不过，克林顿政府后期开始强调通过经济贸易的方式促进非洲发展。1998 年克林顿访问非洲六国期间，在南非首都开普敦发表演说时强调重视贸易投资减少援助政策的对非新政策，并最终体现在 2000 年通过的《非洲增长与机遇法案》(The African Growth and Opportunity Act)，该法案规定对进入美国数千种非洲产品减免关税，这一优惠政策惠及了 34 个非洲国家。此外，克林顿政府还发起了几个特殊的发展计划：

---

① 宋微：《被搅动的战略底端——冷战后美国对撒哈拉以南非洲政策及效果评估（1990－2016）》，中国商务出版社，2018，第 60 页。

“大非洲之角计划”（The Greater Horn of African Initiative）旨在缓减厄立特里亚、埃塞俄比亚到坦桑尼亚持续不断的粮食危机；“利兰计划”（The Leland Initiative）致力于促进20个南部非洲国家的互联网联通。1998年美国通过了《非洲：希望之种法案》（The Africa: Seeds of Hope Act），旨在通过农业和边远地区的发展来支持国际开发署的非洲粮食安全计划。①

（五）援伊重建、保障未来粮食供给计划和电力非洲计划

“反恐－减贫”叙事的逻辑是对所谓脆弱国家、失败国家和正在失败的国家援助，避免这些国家由于贫困和混乱陷入政府统治失序，从而成为国际恐怖主义的温床，威胁美国的国家安全。其中，小布什政府时期的伊拉克重建援助工作和奥巴马政府时期的保障未来粮食供给计划（FtF）充分体现了美国多元主体参与对外援助实践的逻辑与机制。

1. 小布什政府时期的伊拉克重建援助

美国通过军事手段摧毁伊拉克“恐怖主义”政权后，开始尝试各种方式援助伊拉克重建国家。国防部、美国国际开发署、国务院、大使馆、国会以及企业等都积极参与其中。

（1）“伊拉克救济和重建基金”

2003年小布什政府认为伊拉克支持恐怖分子并拥有大规模杀伤性化学武器，绕过联合国攻打伊拉克。这是美国“9·11”事件之后展开的首次大规模的反恐战争，在援助伊拉克战后重建的过程中，美国多元主体在国防部的主导下展开援助工作。

---

① 周琪、李沈鹏等：《美国对外援助——目标、方法与决策》，中国社会科学出版社，2014，第174页。

表 4－16　2005～2006 年接受美国双边净官方援助前十名的国家

（亿美元，以 2005 年美元计算）

受援国	2005	2006	平均值
伊拉克	112.28	46.46	79.37
阿富汗	13.18	13.64	13.41
苏丹	7.59	7.18	7.38
哥伦比亚	4.49	6.99	5.74
刚果民主共和国	1.44	8.15	4.79
埃塞俄比亚	6.09	3.07	4.58
尼日利亚	0.99	7.65	4.32
巴基斯坦	3.32	4.64	3.94
约旦	3.53	3.20	3.37
埃及	4.02	1.90	2.96

数据来源：Organization for Economic Co－operation and Development Assistance Economic database on annual aggregates。

起初，驻伊拉克联盟临时管理局试图利用休克疗法恢复伊拉克经济，取消对所有伊拉克国有工业的支持，这导致伊拉克经济引擎的关闭，超过 50 万人失业。美国也试图运用“马歇尔计划”的财政援助模式帮助伊拉克经济复苏，但是由于缺少一个政策运作的体系，导致美国不得不独自承担伊拉克的重建任务。为此，美国成立伊拉克救济和重建基金（Irag Relief and Reconstrcuction Fund，IRRF）。作为美国人民提供援助的慷慨承诺，基金援助规模达到 220 亿美元。[①] 不过，美国政府不是在美国全体纳税人的监督下将这些资金拨给伊拉克人民使用的，

① 《沉痛的教训——伊拉克的重建经验》，伊拉克重建特别监察长报告，2009 年 1 月。

而是直接和美国大型建筑公司签订合同并由后者进入伊拉克执行重大基础设施的项目。因为世界银行估计重建伊拉克被摧毁的基础设施——包括电力、供水、污水处理和运输系统——总成本将超过500亿美元。[①] 为了规划这些资金的用途，驻伊联盟临时管理局与美国陆军工程兵团以及国际开发署合作，从总体上评估了重建伊拉克的所有需求后，成立了“支持伊拉克改进承包和稳定业务专责小组”（以下简称“专责小组”）。[②]

(2)“支持伊拉克改进承包和稳定业务专责小组”的协调工作

国防部保罗·布林克利（Paul Brinkley）负责的“专责小组”协调各方力量，营造稳定安全的环境来推动伊拉克的重建工作。当美国各个援助组织分配到IRRF时，他们采用的典型做法是：每一个参与重建活动的组织，都得到了一笔资金。随后，重建伊拉克所有基础设施的项目相继建立起来，有的资金用于电力、石油基础设施、排污、供水等。在获得IRRF资助和驻伊联盟临时管理局签署的承包合同后，柏克德公司[③]和通用电气先后进入伊拉克，但受到伊拉克武装力量的安全攻击，在请求联军安全援助无果的情况下不得不退出。

“专责小组”在推动伊拉克的重建工作时积极寻求国内其

① 《重建伊拉克费用高达550亿美元》，英国广播公司新闻，2003年10月3日。

② 保罗·布林克利：《从战场前线到市场前线：战争浴火之下的信任和希望的重生》，于海生译，华夏出版社，2017。

③ 创建于1898年，是一家具有百年历史的美国家族企业，也是一家综合性公司，该公司为全球各个领域的客户提供技术、管理、开发、融资、设计、建造和运行安装等直接相关的服务。

他机构的帮助，包括与世界领先的农业发展机构之一——得克萨斯州农工大学的博洛格国际农业研究所，[①] 其所长坎德·普利斯对“专责小组”的帮助使企业尽快恢复生产并获得需要的纺织、食品加工、化肥等。随后，美国商会开始呼吁并吸引美国企业，包括卡特彼勒公司、康明斯柴油公司以及各种中型美国生产厂商在内的主要公司，都表示出参与伊拉克经济发展的兴趣。“专责小组”带着美国企业高管去伊拉克调研，为美国商品在伊拉克开辟市场提供机会。2007 年 1 月首次组团考察的 50 多位企业家，致力于购买零部件和原材料并恢复伊拉克企业业务，涉及的业务种类繁多，包括化学加工、地毯编织、纺织品生产、重工业以及食品加工等。美国商会还向企业家发出参与支持军队重建计划的邀请，第二批大型代表团由来自全国企业界 50 多位商界领导者组成，并增加了由美国赠地大学和博洛格研究所农业专家组成的 65 位高级访问学者。

在“专责小组”的帮助下有 2000 多家伊拉克企业在专责系统登记并开始和美国公司做生意。

比较成功的案例包括 2007 年凯斯纽荷兰公司[②]在伊拉克伊斯坎迪利亚闲置的拖拉机组装生产线上，引进了纽荷兰农用拖拉机的组装生产线，“专责小组”同时为伊拉克供应商争取到许多出口订单，使得伊斯坎迪利亚的 1000

① 是由诺贝尔获得奖者诺尔曼·博洛格（曾经主持过引起亚洲次大陆发生“满足人类基本需求”并消除饥荒的技术工作）名字命名的博洛格研究所，这一机构理论群体是由美国多所增地大学的农业学家组成，在世界各地的贫困地区开展工作，推动农业耕作的现代化并改善食物生产，缓减贫困人群饥饿和疾病的蔓延。这些完全都可以方到正文中。

② 是由拖拉机企业和另外两家重型设备生产厂商——威斯康涅州拉辛市的凯斯拖拉机公司和宾夕法尼亚州纽荷兰市的纽荷兰拖拉机公司合并而成。

多名工人重返工作岗位，他们专门负责为军事基地建造拖车式房屋，为石油部生产大型储罐和压力容器，为军事物流承包商组装使用的卡车等。到2007年秋天，伊斯坎迪利亚的国有机械工业公司开始组装纽荷兰拖拉机生产线，他们最初使用部分进口的拖拉机组装套件，后来随着工人们开始熟悉现代设计，又增加了组装的复杂性，之后的两年内，数千辆纽荷兰拖拉机在伊拉克投入使用，为伊拉克农业生产复苏提供了重要帮助。纽约ABC家居中心①在“专责小组”的帮助下，找到了伊拉克库尔德斯坦的牧羊人，从他们手里得到了各种绵羊毛，并走访了卡迪米亚的地毯厂，最终该项目顺利运转，不仅帮助了伊拉克艺术与文化作品的复苏，而且也代表着被战争、暴力和腐化剥夺了生命力的艺术正在复苏。面对伊拉克普遍的腐败现象，“专责小组”找到了一家大型西方会计师事务所——均富会计师事务所，来为伊拉克部级的直接预算执行提供支持，在三个月时间内，科斯特·金领导下的均富会计师事务所向规划、工业、电力和贸易等部委派出了150多名会计师和顾问，使其在这些部委的日常指挥系统核心工作，尤其聚焦在配合部长监管部门的大型采购预算上。②

在“专责小组”与伊拉克政府合作的罗塔纳酒店项目中，“专责小组”通过海外私人投资公司（OPIC）——一个为世界高风险地区私营部门的发展提供低息融资的美国政府机

① 作为一家家庭商品和手工编织地毯的精英零售商，其首席执行官是格雷厄姆·海德，对世界贫困国家和地区的经济振兴充满激情，因为那里的本土工艺品可以在西方国家销售并获得收入。

② Brinkley P., Dzierzanowski S. Q., *War Front to Store Front: Americans Rebuilding Trust and Hope in Nations Under Fire*, Wiley, 2014.

构——合作为罗塔纳酒店项目提供50%的融资，这打通了OPIC与伊拉克政府之间的关系，这对伊拉克经济发展是至关重要的，因为OPIC代表一个可信的金融机构，在伊拉克的存在将使民间金融机构建立起投资伊拉克的信心。①

截至2007年底，“专责小组”已经发展为具有250多名专业人士的规模，分为产业振兴小组、预算和采购援助小组、“伊拉克先导”计划承包支持、私人银行和金融基础设施发展、投资者支持小组和投资顾问小组等，分别由国防部高级将领、麦肯锡等专业人士领导负责。由此“专责小组”与美国国际开发署、国务院，大使馆，国会，国防部之间的关系逐渐理顺，为伊拉克的重建援助做出了重要贡献。

表4－17 “反恐－减贫”叙事实践的主要行为体

“反恐－减贫”叙事	主要参与主体
小布什时期伊拉克重建援助	驻伊拉克联盟临时管理局，国际开发署，财政部，国务院，大使馆，国会，国防部，美国大型建筑公司，美国陆军工程兵团，“支持伊拉克改进承包和稳定业务专责小组”，博洛格国际农业研究所，美国商会，柏克德公司，通用电气，凯斯纽荷公司，纽约ABC家居中心，均富会计师事务所，海外私人投资公司等
奥巴马时期FtF计划（坦桑尼亚NAFAKA项目）	美国农业部、千年挑战公司、海外私人投资公司、国务院、财政部、商务部、贸易代表办公室、和平队以及非洲发展基金等在内的共11个联邦机构共同参与FtF计划（国际开发署、大使馆、孟山都公司、皇冠代理、丹洋国际、国际化肥发展中心、天主教救济会、国际资源与发展公司以及非洲当地的民间组织和农民协会）

① Brinkley P., Dzierzanowski S. Q., *War Front to Store Front: Americans Rebuilding Trust and Hope in Nations Under Fire*, Wiley, 2014.

2. 小布什－奥巴马政府对非援助政策

“9·11”事件成为美国对非洲援助政策的转折点，小布什政府担心非洲成为恐怖主义的基地；同时又对非洲的自然资源十分青睐。2002 年美国国务院发布了 4 个非洲可持续发展计划，包括“为穷人的水计划”“结束非洲饥饿计划”“刚果盆地森林伙伴关系”“清洁能源计划”。2006 年，国际开发署发布了《非洲战略框架》（The Strategic Framework for Africa），提出了对非援助三项原则：人道主义需求、外交政策利益、对非洲国家民主改革的政治承诺。这表明美国开始重视非洲国家的国内政治指标，将推广民主改革和对非援助关联起来。与此同时小布什政府设立了新的援助计划——“千年挑战账户”将发展援助与政治挂钩，强调受援国的“良治”，通过 MCC 分别给转型发展国家、脆弱国家提供相应的援助。2002 年小布什设立了全球防治艾滋病、肺结核和疟疾基金（The Global Fund to Fight AIDS，Tuberculosis and Malaria），拟在 5 年内向非洲投入 150 亿美元，小布什政府还设立了“全球防治艾滋病计划”（The Global HIV/AID Initiative），对非洲 12 个艾滋病蔓延最严重的国家提供援助约 2.64 亿美元，2005 年为 7.81 亿美元，2006 年达到 12 亿美元。

奥巴马政府时期，美国宣布了“电力非洲”（The Power Africa）的援助项目，计划投入 70 亿美元帮助非洲国家发展电力。美国通用电气等私营企业也将出资 90 亿美元，以扩大非洲国家的电网覆盖率，发展水电、风电和太阳能等可持续能源。与此同时，奥巴马政府开始重视对非农业合作，国务卿希拉里·克林顿在访问肯尼亚农业研究所后，在安哥拉出席了石油巨头雪弗龙等三家公司与安哥拉政府签订农业合作备忘录的仪式，这些合作将帮助安哥拉发展香蕉和咖啡产业。

此外，奥巴马政府在《减贫战略报告》（Poverty Reduction Strategy Paper）中强调非洲国家要实现“财政透明”、“公共政策管理”和“问责措施”等。奥巴马政府对非援助减贫的具体实践体现在保障未来粮食供给计划（FtF）在坦桑尼亚的NAFAKA项目实施中。

3. 奥巴马政府时期的保障未来粮食供给计划（FtF）

2012年，美国戴维营召开的G8峰会上奥巴马提议了食品安全与营养新联盟（New Alliance for Food Security and Nutrition），计划通过可持续和包容的农业增长在今后10年内解决5000万人口的贫困问题，鼓励私营部门参与非洲的农业投资。在食品安全与营养新联盟框架下，70多个跨国及美国本土的公司承诺将在非洲投资37.5亿美元，用于帮助非洲农业发展。作为新联盟框架的一部分，美国也适时调整对外援助政策，推出了保障未来粮食供给计划（FtF），也称为全球饥饿与粮食安全计划（Global Hunger and Food Security Initiative）。USAID将FtF定位为美国政府针对那些将减贫和消除饥饿放在首位，并制定国家级反贫困及反饥饿计划的国家的援助计划，又称为国别投资计划（Country Investment Plans，CIP）。

FtF综合了农业生产与市场、农村经济增长、机构能力建设、土地权利安全、营养提升、性别、价值链开发、贸易、就业等，以受援国国内优先发展领域为龙头，以小农尤其是妇女发展为核心，与受援国政府、捐赠机构、私营部门以及民间组织开展合作，同时也向受援国农业部门提供支持，帮助刺激当地的经济发展，增加农民的收入，减少贫困和营养不良，是美国针对发展中国家提出的一揽子计划，也是美国食品安全与营养新联盟的重要构成部分。

为保证FtF顺利实施，USAID调动了包括美国农业部、千年挑战公司、海外私人投资公司、国务院、财政部、商务部、贸易代表办公室、和平队以及非洲发展基金等在内的共11个联邦机构共同参与实施计划。这些部门为FtF在农业、贸易、投资、发展、政策等多个领域提供支持。除此以外，FtF还与多边机构、民间组织、私营部门、研究机构及其他利益相关者有合作关系。

专栏4-1 保障未来粮食供给计划在坦桑尼亚的NAFAKA项目

针对坦桑尼亚的农业发展及贫困状况，美国国际开发署FtF在坦桑尼亚设计了对应的国别项目，即NAFAKA。NAFAKA全称为NAFAKA Staples Value Chain Activity，即NAFAKA主粮价值链行动。实施目标包括：第一，提高水稻和玉米的生产率，增加小农的收入；第二，增加小农对于新技术和高投入农业的接受能力；第三，增加私营部门对小农的投资。通过与私营部门的广泛合作，支持以坦桑尼亚为基础的、以私营部门为龙头的增长战略；第四，为坦桑尼亚国内和非洲区域性贸易提供支持。

NAFAKA实施特征包括：第一，与私营部门紧密合作。这些私营部门包括孟山都公司（MONSATO）、皇冠代理（Crown Agents，CA）、丹洋国际（Danya International）以及非洲本土企业，他们通过与NAFAKA签订项目合同（subcontracts）的方式承担实施项目内容，同时接受NAFAKA的管理以及与NAFAKA有合作关系的专业监测、评估公司的监测与评估。其中，皇冠代理主要提供发展咨询、公共财务管理以及项目合作培训等服务。丹洋国际提供培训、通信、监测与评估、研究等服务，还有评估、分析、筹办研讨会、筹办地区会议以及制定其他短期目标等一揽子工作。

第二，有专业的项目执行团队。例如美国民间组织 ACDI - VOCA①，主要业务涉及农业技术与管理、金融、企业发展、社区发展和食品安全等。它不仅是 USAID 保障未来粮食供给计划的主要合作伙伴和执行单位，也是 USAID 粮食换和平计划的主要执行单位。ACDI - VOCA 将 NAFAKA 项目划分为 9 个子项目，分别与不同的商业公司、NPO 或 NGO 合作。

第三，在多个层次开展和实施项目。除了与私营部门及 NGO、NPO 合作外，NAFAKA 还在多个层次开展和实施项目，包括与坦桑尼亚对应的政府部门、村政府（village governments）和农民协会、农民合作社等，甚至为推动项目实施，NAFAKA 在项目村扶植和培育了多个农民协会（Farmers Associations）。这些农民协会根据各自的发展需求自愿组合，每个农民协会有 3 ~5 个农民。目前，与 NAFAKA 保持联系的农民协会有 140 个。虽然 NAFAKA 项目在坦桑尼亚的美国员工只有 3 人，其余均为坦桑尼亚本地员工，但是因为调动了私营企业、国际和本土 NGO，以及坦桑尼亚农业部门及农技官、村政府、农民协会，以及各种合作社组织，因而对当地的影响范围较广，影响程度较深。

总之，NAFAKA 作为 USAID 针对坦桑尼亚 FtF 的一个国别农业援助项目，在实施方法上与坦桑尼亚政府、捐赠机构、

① ACDI，Agricultural Cooperative Development International，前身是 1963 年成立的，由美国农场合作社组成的国际合作发展协会；VOCA，Volunteers in Overseas Cooperative Assistance，是 1970 年成立的志愿者发展联合会，主要为发展中国家提供志愿者服务，1985 年成为第一个执行 USAID 项目的民间机构。

私营部门和公民组织展开多层次多领域的合作，通过提高农业生产力以及开拓农业市场等方式实现对当地农业经济的干预。

专栏4－2 “电力非洲”在坦桑尼亚项目中的多元主体参与情况

奥巴马政府2013年提出“电力非洲”（Power Africa）计划，旨在为撒哈拉以南非洲地区增加3万兆瓦（MW）更清洁的发电能力，以及增加至少6000万新用户连入电网。这一计划的三大战略支柱包括：发电、联网、释放能源潜力，通过与非洲政府合作进行能源交易、制定政策、法律和监管框架，吸引私营部门在能源部门的投资等战略措施，帮助非洲合作伙伴加速发展。为此，USAID负责并协调的12个美国政府机构参与其中，在全球范围内共有超过130个政府和非洲政府合作伙伴参与其中。USAID将其合作伙伴分为四类：非洲政府和机构、私营部门和机构、14个发展伙伴、民间组织（见图4－15）。

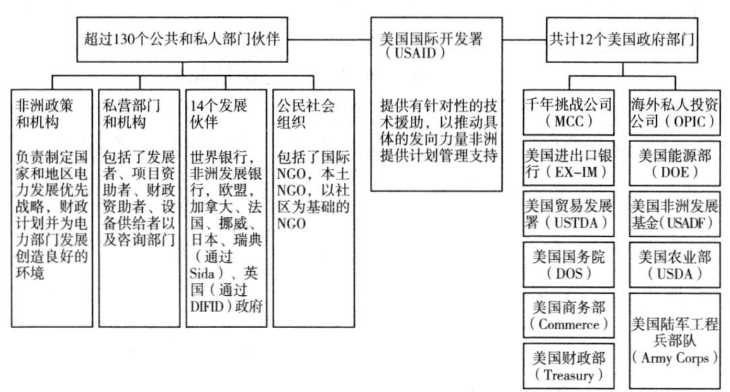

图4－15 美国国际开发署合作伙伴

这些机构主要为受援国提供以下六种援助：（电力）传送支持、财政援助、政策法规设计和改革、能力建设、法律援助和信息资源支持。项目内容强调电力传送、实地支持、弥补融资差距、非洲主导的政策与治理改革、离网解决方案、妇女赋权六个类别的重点工作。据 USAID 提供的“电力非洲”援助工具箱显示，上述发展机构为撒哈拉以南非洲国家的私营部门破除发展障碍提供了 160 种不同的解决方案。

“电力非洲”计划在坦桑尼亚的实施：

1. 坦桑尼亚的对接部门

坦桑尼亚对接美国“电力非洲”计划的机构是能源与矿业部，通过该部三个直属机构：坦桑尼亚供电公司、农村能源局（the Rural Energy Agency，以下简称 REA）和能源与水利设施管理局实施。其他对接部门如图 4－16 所示。

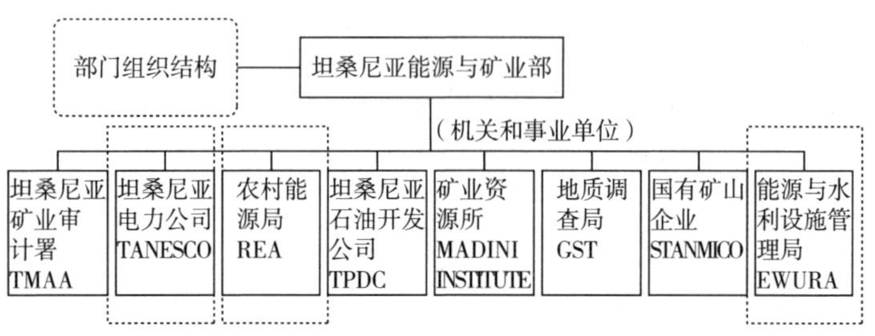

图 4－16　坦桑尼亚方面项目对接部门

对其他受援助的企业和机构来说，方式较为多样化，因 USAID 不同发展伙伴所提供的不同发展计划而异。USAID 部分发展伙伴对接的坦桑尼亚政府部门、私人部门及其从业人员如图 4－17 所示。

以农村能源局（REA）与世界银行合作的“非洲可再生能源项目”为例（图 4－17 虚线方框所示），“电力非洲”计划在坦桑尼亚项目运作的具体方式如下：

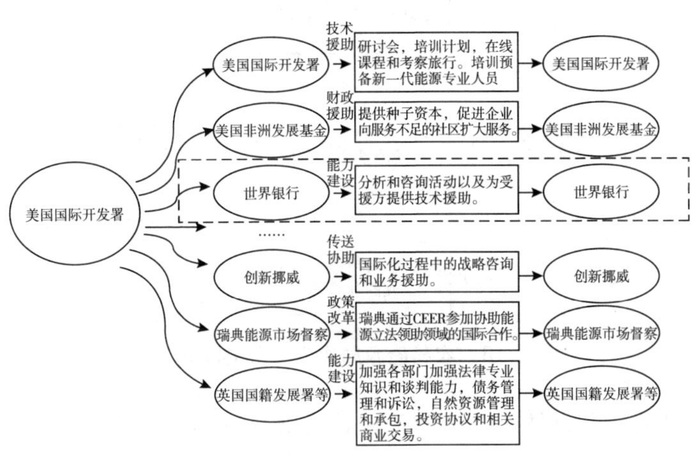

图4－17　美国国际开发署合作伙伴及项目

农村能源局参与了“电力非洲”计划中一个名为“点亮坦桑尼亚农村”（Lighting Rural Tanzania）的子项目，该项目旨在从事分析和咨询活动以及为受援国提供技术援助，属于前文提到的六种援助方式中的能力建设和技术援助项目。与USAID合作的援助伙伴是世界银行，在坦桑尼亚除了农村能源局外还有其他电力公司、监管机构和电力集团运营商。具体项目有：支持电网延伸项目、促进坦桑尼亚能源发展（离网组成部分）项目和能源效率项目等。其中，支持电网延伸项目为坦桑尼亚国家电力公司推动农村地区加入电网提供基金，研究团队曾经考察的Wa Simba村就参加了该项目，部分经费来自USAID援助资金（见图4－18）。

2.“电力非洲”在Wa Simba村

Wa Simba村2016年开始实施推动农村地区加入电网项目，旨在为Wa Simba村村民提供并入电网的机会，通过修建经过村庄的主要电线，让有意连入电网的村民通电到家。电

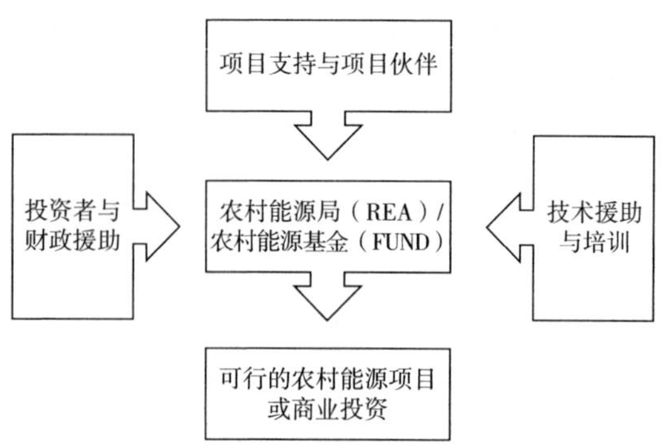

图 4-18　农村能源局作为项目主持者示意

线建成后电力供应是免费的，愿意通电的村民只需缴纳接线费（27000 坦桑先令，约合人民币 76 元），将自己家接入电网主线即可（见图 4-19）。具体流程来说，项目官员在区政府报备、获取信息、开具推荐信（获得授权）后，到达乡政府相关部门及官员，再次报备并获取信息后抵达村庄和村长环节。USAID 员工曾在 2016 年向村长和书记介绍该项目，随后国家电力公司和农村能源局员工在绘制村庄地图时与村长见面，并从村长这里获得村庄信息。信息在村长和书记这里汇集后，通过村民委员会以及召开村民大会的方式通知到每个村民。至此，一项由千里之外美国发起的国际发展援助项目，通过不同合作者承担不同的职责，由不同国家的政府部门负责，最终使村庄和村民获益。

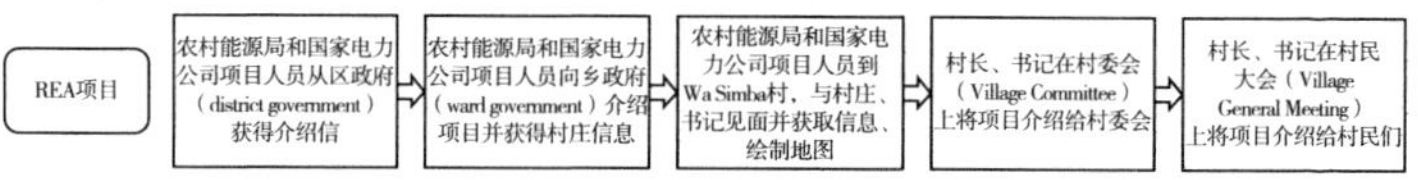

图 4-19　REA 项目在 Wa Simba 村流程

（六）国际开发署的转型与“B3W”计划

特朗普政府在“美国优先”叙事的实践中对对外援助进行了重大调整，包括削减对外援助预算、合并终止一些对外援助账户、重组或取消对外援助机构；但特朗普政府还推行了具体的机构、部门和国家倡议。主要包括国际开发署的转型改革倡议，涉及政策调整和组织结构变化；成立国际发展金融公司（DFC）；发起“妇女全球发展与繁荣”（W-GDP）倡议，旨在促进全球妇女的经济能力；引入新的区域重点援助倡议，并修改区域优先事项，如繁荣非洲倡议、印度-太平洋战略和美国在中美洲的参与战略。

1. 美国国际开发署的转型

2018年，时任国际开发署署长马克·格林（Mark Green）提出转型改革计划，旨在通过结构性、计划性和程序性改革，提高机构的效率。在政策改革方面，“结束对外援助需要”的核心愿景成为国际开发署的目标理念。2019年4月国际开发署政策框架设定了新的政策议程“促进各国转型发展摆脱援助依赖，实现独立自主发展”。国际开发署主要用承诺（Commitment）和能力（Capacity）两个指标评估各国自力更生的准备情况。承诺是指一个国家的法律、政策、行动和非正式的治理机制支持走向自力更生的程度；能力是指一个国家在政治、社会和经济发展方面管理自己的发展的能力，包括在这些部门之间合作的能力。为支持2019年框架政策，新建立的私营部门参与政策和采购与援助战略是以机构程序为中心，而不是以具体部门为中心，实现了合作与采购程序的灵活性。此外，为有效打击暴力极端主义，2018年USAID与国防部联合进行了稳定援助审查，并督促美国在

2019 年通过《全国脆弱性法案》。2020 年美国据此发布了全球脆弱性战略①，2020 年 12 月国务院根据该法案发布了全球脆弱性战略。②

结构改革方面，国际开发署重组内部机构是为了更好地实现国际发展和人道主义援助目标。将人道主义援助从之前的办事处（office）级别提升为“局”（bureau），以更好地提供决策的凝聚力和整合之前分散的管理；2020 年 8 月国际开发署向国会通报了对全球卫生局的重组建议，旨在使计划编制更加有效，并使该局的结构和名称与该机构已经重组的各局的结构和名称更加一致。③

2. 成立美国国际发展金融公司

随着“一带一路”倡议的落实，中国对发展中国家的影响力上升。为与中国展开竞争，特朗普政府组建了美国国际发展金融公司（U. S. International Development Finance Corporation），旨在为美国提供一个更强大的私人资本动员工具。④ 国

① State, USAID, and DOD, “Stabilization Assistance Review: A Framework for Maximizing the Effectiveness of U. S. Government Efforts To Stabilize Conflict – Affected Areas, 2018,” The Global Fragility Act was passed as Title V, Division J, of P. L. 116 – 94.

② Department of State, “United States Strategy to Prevent Conflict and Promote Stability,” December 2020.

③ While the Global Health Bureau had not been included in the original Transformation restructuring plan, Acting Administrator John Barsa cited challenges with the bureau's current structure that, if addressed, would “position programs, processes, workforce, and structure to carry out its core mission better; prepare for and respond to evolving epidemiologic and demographic challenges and health priorities, including COVID – 19; advance national security; and support host country partners on their Journeys to Self – Reliance.” USAID, Restructuring of the Bureau for Global Health, CN #241, August 17, 2020.

④ CRS In Focus IF11436, U. S. International Development Finance Corporation (DFC).

会根据《更好地利用投资促进发展法案》（BUILD 法案）授权成立美国国际发展金融公司，将海外私人投资公司（Overseas Private Investment Corporation，OPIC）和美国国际开发署的大部分发展融资能力整合到一个新的、更大的实体，并增强其权力。

事实上，早在奥巴马政府时期一些发展专家试图将 OPIC 重新塑造成一个促进发展和美国商业利益的重要工具，建议提升发展融资，以更好地与外国同行竞争。① 2016 年有政府官员呼吁将发展融资作为一个“时代已经到来 ”的工具。② 特朗普政府最初在 2017 年 6 月提出的第一份预算申请（2018 财年）中强调了财政责任的重要性，并对现有的对外援助政策持批评态度，建议完全取消 OPIC。随着政府在 2017 年秋季制定国家安全战略，强调恢复与中国的大国竞争，它开始将 OPIC 视为向发展中国家提供更可持续的方案。2018 年国会通过了《更好地利用投资促进发展法案》，授权组建国际发展金融公司并扩大贷款组合，2019 年 12 月国际发展金融公司开始运营，第一年根据私营部门对其服务的需求扩大了其融资活动，同时继续管理其从 OPIC 和 DCA 继承的投资组合。2020 财年，国际发展金融公司新项目承诺总额为 48 亿美元。③ 宣布向塞尔维亚、以色列和非洲各地派遣新的地区性团队，其领导层参加了多个美国代表团对伙伴国家的访问，并将会议

① H. R. 387（105th Cong.）and H. R. 4980（111th Cong.）. Both proposals garnered some bipartisan support, though neither saw significant legislative action.

② Benjamin Leo and Todd Moss, “Bringing US Development Finance into the 21st Century: Proposal for a Self – Sustaining, ” Full – Service USDFC, Center for Global Development, March 2015.

③ DFC, “Annual Management Report, ” Fiscal Year 2020.

与新投资协议的签署仪式相结合。这样的对外活动通常会推动政府的其他举措，如印度洋－太平洋战略、繁荣非洲和W－GDP等。

3. 妇女全球发展与繁荣倡议（W－GDP）

2019年2月特朗普总统发起了"妇女全球发展与繁荣"（Women's Global Development and Prosperity Initiative，W－GDP）倡议，旨在通过项目和公私伙伴关系的结合，在政府范围内采取增强妇女经济能力的办法。第一，通过劳动力发展、职业教育和技能培训，使"妇女在劳动力队伍中获得繁荣"；第二，通过增加获得资本、市场、网络和指导的机会，"妇女作为企业家取得成功"；第三，通过消除阻碍妇女充分参与经济活动的法律和社会障碍，使"妇女在经济中发挥作用"。① 该倡议致力于建立和扩大政府为解决妇女经济赋权问题所做的现有努力，包括女企业家融资倡议（Women Entrepreneurs Finance Initiative，We－Fi）和USAID的妇女联系（Women Connect）。②

4. 区域倡议和发展

特朗普政府于2019年启动了一项机构间倡议——"繁荣

① White House, "W－GDP Annual Report 2019－2020," February 2020. Pillar 3 is supported by President Trump's aforementioned December 2019 presidential memorandum, which directs federal agencies to develop plans to address the legal and societal barriers to women's economic empowerment. See White House, "W－GPD, Pillar 3 Action Plans," August 2020.

② The United States led in the establishment of We－Fi in 2018 in partnership with the World Bank and other governments and organizations. The initiative, which as of August 2020 had raised nearly ＄300 million, works to improve access to financial products and services, build capacity, expand networks, and provide opportunities for women to engage with markets. USAID's WomenConnect, established in 2018, administers grants to address barriers limiting women's access to technology.

非洲”（Prosper Africa），旨在通过大幅增加美国和非洲的双向贸易和投资关系，以及促进非洲的商业环境改革来刺激美国和非洲市场主导的经济增长；其目的还在于发挥美国的竞争优势和非洲市场对美国产品和服务的需求，以推进美国在非洲的商业利益，加强美国与非洲的整体关系。“繁荣非洲”的目标之一是展示透明市场和商业活动对经济繁荣的推动作用，与美国在非洲的竞争对手在非洲经常得到国家支持的金融和商业活动的经济参与方式形成对比。①

“繁荣非洲”的核心是通过将交易各方与17个美国机构或部门的贸易和投资援助资源以及经济发展能力联系起来，促进私营部门和公私商业项目。相反，参与机构利用其现有的项目资金和授权来开展倡议活动，其中国际开发署主要发挥领导与协调作用，并管理协调资金。②“繁荣非洲”主要工具包括美国驻非洲大使馆的“交易小组”（deal teams），这些小组监测投资和贸易机会，并寻求将其转化为成功交易的机会，得到了总部设在美国、由美国国际开发署领导的倡议秘书处的支持。“繁荣非洲”的方法建立在美国过去的机构间努力之上。例如交易团队是“非洲电力”基础上成立的；“繁荣非洲”还利用国际开发署在非洲已有的贸易和投资中心，促

① CRS In Focus IF11384, The Trump Administration's Prosper Africa Initiative.

② Key agency resources at issue include financing and investment planning and risk reduction tools. The initiative also harnesses similar resources from other private and foreign or multilateral public actors. Participating U. S. agencies include USAID, the DFC, the Export - Import Bank, the Trade and Development Agency, the Small Business Administration, the Office of the U. S. Trade Representative, the Millennium Challenge Corporation, the U. S. African Development Foundation, and the departments of Agriculture, Commerce, Defense, Energy, Homeland Security, Labor, State, Transportation, and the Treasury.

进非洲对美国的免税出口和区域内贸易，以及美国和非洲的双向贸易和投资扩张。

此外，特朗普政府于2017年推出印太战略（Indo – Pacific Strategy，IPS），旨在确保印太地区保持自由、开放和安全；加强基于规则的国际体系；保护印太国家的主权；并对抗中国的影响。[①] 国会和国务院通过增加对亚洲广泛的援助项目的资金来实施这一政策。

国际开发署管理的项目支持特朗普政府和国会与亚洲有关的新的对外援助倡议，试图推进国家安全战略中有关安全和经济优先事项。[②] 国际开发署旨在支持这些目标的三个主要领域："创造开放和透明的市场，以释放私人企业主导的增长；推动遵守基于规则的秩序和公民响应的治理；建立一个有能力应对共同威胁的安全合作伙伴网络"。[③] 虽然特朗普政府大幅增加了对亚洲的援助预算要求，从2018财年的6.931亿美元增加到2019财年要求的7.165亿美元和2020财年的13.2亿美元，但从国会批准的资金来看，特朗普政府在该地区的援助预算仍然被大幅削减。2021财年对亚洲的预算申请总额为15.9亿美元，是特朗普政府为亚洲提出的最大援助要求，但比2020财年分配给该地区的16.6亿美

① Department of State, "A Free and Open Indo – Pacific: Advancing a Shared Vision," November 4, 2019. See also Department of State, "Congressional Budget Justification, Department of State, Foreign Operations, and Related Programs," FY2021.

② USAID, "Statement of Gloria Steele, Acting Assistant Administrator, Bureau for Asia, before the Senate Subcommittee on East Asia, the Pacific, and International Cybersecurity Policy," October 16, 2019, USAID, "Asia," at https: //www. usaid. gov/where – we – work/asia.

③ USAID, "USAID's Role in Advancing the U. S. Vision for a Free and Open Indo – Pacific," at https: //www. usaid. gov/ indo – pacific – vision.

元仍然少4%。

2018年国务卿蓬佩奥宣布为亚洲提供1.13亿美元的技术、能源和基础设施倡议，以对抗中国投资。① 2019年特朗普政府提出了一个新的太平洋岛屿地区对外援助计划，作为印太战略的一部分，国会在2019财年和2020财年分别为其拨款2100万美元和2500万美元。同样，2018年亚洲再保证倡议法案（Asia Reassurance Initiative Act，ARIA，P. L. 115－409）授权在五年内（2019～2023财年）每年为印太地区的军事、民主、网络安全和其他项目提供15亿美元。2020财年和2021财年的综合拨款法案分别提供了25.4亿美元和14.8亿美元，用于实施印太战略和亚洲再保证倡议法案，并在每个财政年度提供3亿美元的发展和安全援助，作为“打击中国影响基金”的一部分。②

5. 后“美国优先”发展叙事实践

拜登总统自2021年1月20日就职以来，在诸多领域停止了特朗普总统的“美国优先”政策，同时开始调整新的对外援助战略布局。一方面，美国利用对外援助统筹国内和国际议程，服务于“中产阶级外交”、强化本国经济竞争优势；提出“新华盛顿共识”，整合国内政策和外交政策，使对外援助的内顾性和利己主义动机更加明显。另一方面，美国配套国内计划，拉动“国际基建潮”，加强与中国竞争。2021年美

---

① Michael R. Pompeo, Secretary of State, “America’s Indo－Pacific Economic Vision,” July 30, 2018; Department of State, Office of the Spokesperson, “Fact Sheet: U. S. Security Cooperation in the Indo－Pacific Region,” August 4, 2018.

② CRS In Focus IF10371, U. S. Strategy for Engagement in Central America: An Overview, and CRS Report R44812, U. S. Strategy for Engagement in Central America: Policy Issues for Congress.

国提出"B3W 倡议"，以民主价值驱动和高标准的方式满足发展中国家在基建领域超过40万亿美元的需求，这是特朗普时期"蓝点网络"的升级版，以替代中国"一带一路"倡议发展融资模式。

（1）对外援助的"战略化"

拜登政府的对外援助政策更加具有战略性。2022年10月发布的《国际安全战略》阐明了对外援助对美国的重要意义，认为对外援助、外交、工业战略、经济方略、情报和国防是美国竞赢战略竞争对手的主要抓手①。具体体现在以下三个方面：第一，设定战略目标，搭建专业领导班子。拜登确立了对外援助在对外战略和国家安全政策体系中的位置，并提名具有丰富政治外交经验和发展工作背景的"建制派"任职重要职位。其中，国际发展署署长萨曼塔·鲍尔（Samantha Power）曾是美国驻联合国大使，长期从事发展和发展中国家相关工作，在发展领域具有较高威望。同样在国会中，与对外援助密切相关的职位都是由具有长期外交工作经验和国际发展合作视野的人员担任。参议院外交委员会主席鲍勃·梅伦德斯（Bob Menendez）在2013~2015年曾担任过该职务；参议院拨款委员会主席帕特里克·莱希（Patrick Leahy）长期负责国会内外交政策和发展事务；参议院国家、对外行动和相关方案拨款小组委员会主席克里斯·库恩斯（Chris Coons）是《更好利用投资引导发展法案》（BUILD）的主要推手，是对外援助和发展事务的坚定支持者，还曾是拜登的国务卿人选，更是拜登在国会的有力援手。众议院国家、对外行动和

① 张晨希：《美国国际发展合作：回归与变革》，载商务部国际贸易经济合作研究院、国际发展合作研究所《中国与国际发展报告：透视与展望2023~2024》，中国商务出版社，2023，第121页。

相关方案拨款小组委员会主席芭芭拉·李（Barbara Lee），长期从事与发展和非洲相关的工作，曾深度参与设立总统防治艾滋病紧急救援计划（PEPFAR）及对外援助立法工作。

第二，理顺机构关系，实现分工协作。2021 年 1 月 13 日拜登宣布将国际发展署署长职位升格为白宫国家安全委员会成员。这是有史以来 USAID 署长第一次在国家安全委员会拥有固定席位，不仅标志着 USAID 机构地位及其决策权和协调权的强化、发展议题在美国对外战略中的地位提升，还意味着国家安全战略视角的丰富和重心的变化。同时，拜登政府将进一步倚重国际发展金融公司（DFC），推广美国产品、帮助美国企业提升竞争力，保护贸易和投资利益，增强美国经济硬实力与发展中国家的利益捆绑，国际发展署和国际发展金融公司形成分工协作、谋求最大效益的工作局面。

第三，回归多边援助。拜登政府再次与世界接触，恢复在国际机构的作用，与各国共同应对全球挑战。将美国驻联合国大使恢复为内阁职位，重新强调联合国在多边和发展事务中的重要作用。拜登就职当天即签署行政令，宣布美国重新加入《巴黎协定》和世界卫生组织，重视多边协议和国际组织在共同应对全球议题时的协调能力。同时，拜登政府将加大对联合国机构和垂直基金的资助和支持力度，并利用美国的多边地位影响应对气候变化、卫生、移民、债务问题等全球挑战。①

（2）重启“蓝点网络”与“B3W”计划

2021 年 6 月 7 日，在美日澳三国政府的支持下，由经济

---

① 《拜登对外援助政策：从“政治化”回归“战略化”》，http：//finance.sina.com.cn/jjxw/2021 - 03 - 09/doc - ikknscsh9773734.shtml。

合作与发展组织（OECD）主持的“蓝点网络”（Blue Dot Network）认证咨询会议在巴黎召开，共有来自96个国家的超过150家机构参会。这场会议标志着“蓝点网络”计划在沉寂了超过一年后的重新启动。“蓝点网络”是美国在2019年11月4日举行的东盟“印太商业论坛”（Indo－Pacific Business Forum）上与其盟友日本和澳大利亚联合发起的基础设施投资计划，旨在“统筹政府、私营部门和民间社会，以开放、包容的姿态将全球基础设施建设的标准提至高质量、可信赖的程度”。但是特朗普政府在2019年提出“蓝点网络”计划后，仅在2020年2月召开过一次相关方会议，之后几乎将该计划搁置。

“蓝点网络”是注重“多边性”、追求“安全、可持续性”、鼓励“私营注资”的基建援助计划。第一，带有浓厚多边主义色彩的基建投资计划；认证的标准包括《二十国集团优质基建投资原则》（“G20 Principles for Quality Infrastructure Investment”）、《七国集团沙勒瓦创新性发展金融承诺》（“G7 Charlevoix Commitment on Innovative Financing for Development”）以及《赤道原则》（“Equator Principles”）等。同时，“蓝点网络”还吸纳更加多元主体的参与，特别是政府、私营部门和民间组织的共同参与。第二，“蓝点网络”将基建项目的“安全性和可持续性”作为其评估认证的核心内容。其关注的“可持续性”则包括基建项目对生态环境的影响和对环保科技应用程度，以及融资的可持续性。因此，“蓝点网络”所认证的项目必须既能让投资方获得收益，又能保证当地环境不因施工而遭到破坏。第三，通过政府评估认证的方式推动私人投资。美国国际发展金融公司、日本国际协力银行（Japan Bank for International Cooperation，JBIC）和澳大利亚外交与贸易部（Department of Foreign Affairs and Trade，DFAT）一起为“蓝点网络”挑选认证标准和提供运转资金（见图4－20）。①

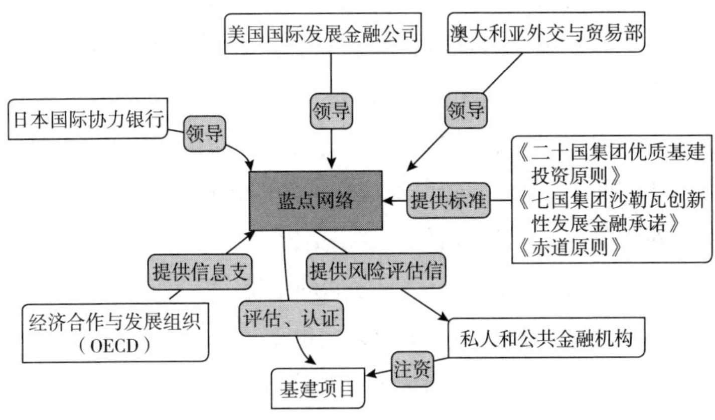

图4－20 “蓝点网络”的框架

数据来源：刘津瑞：《“蓝点网络”计划：美版“一带一路”?》，https：//baijiahao. baidu. com/s? id＝1704356793126373615&wfr＝spider&for＝pc。

当前，拜登政府提出B3W倡议（Build Back Better World，B3W）正在推动更多的西方国家参加到“蓝点网络”计划中，形成B3W和“蓝点网络”的互动。2021年6月12日拜登总统牵头G7宣布启动一项帮助较贫困国家建设基础设施的计划（即B3W），是一个由主要民主国家领导的价值观驱动的、高标准的、透明的基础设施伙伴关系，以帮助缩小发展中世界40多万亿美元的基础设施需求。B3W将重点侧重四个领域：气候、卫生、数字技术和性别平等；通过发展金融机构催化调动私营部门的资本投资第三世界国家的基础设施建设。B3W涵盖范围是全球性的，从拉丁美洲和加勒比地区到非洲再到印度洋－太平洋地区，不同的七国集团合作伙伴将

① “Blue Dot Network，” https：//www. state. gov/blue－dot－network/.

有不同的地理方向，但该倡议的总和将涵盖世界各地的低收入和中等收入国家。在执行过程中，美国将调动全部的发展融资工具共同为低收入和中等收入国家催化基础设施投资资金。其金融工具包括发展融资公司、国际开发署、进出口公司、千年挑战公司和美国贸易和发展署，以及交易咨询基金等补充机构。① 这同时也补充了《美国就业计划》（the American Jobs Plan）国内基础设施投资，并创新机会增强美国企业的海外竞争力。② 各种信号释放出美国对外援助将更加具有战略性，并寻求战略目标与资源之间的平衡。③

（3）新华盛顿共识下的对外援助变革

2023 年 4 月，美国国家安全顾问沙利文在布鲁金斯学会针对美国国际经济政策发表演讲，强调冷战后以新自由主义为核心的“旧华盛顿共识”已暴露出种种问题，特别是 1990 年后的全球化模式下，美国将自由贸易和自由市场置于国家安全、气候变化和中产阶级的经济安全之上，破坏了健康民主国家的社会经济基础。因此，要形成“新华盛顿共识”来应对当前挑战、克服已有体系暴露出的问题。他指出要更深入地整合国内政策和外交政策，将美国外交与国内和平、安

① FACT SHEET：President Biden and G7 Leaders Launch Build Back Better World（B3W）Partnership，https：//www. whitehouse. gov/briefing – room/statements – releases/2021/06/12/fact – sheet – president – biden – and – g7 – leaders – launch – build – back – better – world – b3w – partnership/.

② 《新民周刊人物》，《拜登牵头启动 B3W，对标“一带一路”！美媒：是美政府针对中国不断升级的行动的一部分》，https：//m. k. sohu. com/d/538114440。

③ 《拜登对外援助政策：从“政治化”回归“战略化”》，http：//finance. sina. com. cn/jjxw/2021 – 03 – 09/doc – ikknscsh9773734. shtml。

全和繁荣联系起来。① 这与拜登总统竞选以来主打的“中产阶级外交政策”相呼应，都是源于对美国国内严峻的经济社会问题及民粹浪潮的反思和应对，期望通过调整美国在海外的参与方式，以解决国内中产阶级面临的经济问题。

“新华盛顿共识”反映出美国在新时期有关自身与世界关系的整体理论模型的转变，是对自身与世界关系的再认识和再调整。对外援助是美国运筹对外关系、传递美国自由民主等理念和价值观的重要战略工具。国务院和 USAID 联合发布的《2022—2026 财年联合战略规划》明确提出五大战略目标，包括恢复美国领导力、保护国家安全和经济安全、强化民主体制和人权价值观等。在“新华盛顿共识”下，美国对外援助的内顾性和“利己主义”动机更加显著，并在具体方式和手段上呈现出新的变化。一方面，在服务国内发展、实现内外政策联动的价值导向下，美国对外援助的发展属性会相对弱化，开始注重援助的“性价比”以及短期的收益和好处，以更好地向国内中产阶级阐明对外援助的必要性和合理性。其主要表现为：通过援助和贸易、投资相结合的手段直接促进对外出口和投资；通过关键发展议题设置服务美国战略性产业，实现国内重点产业政策的国际延伸；高度重视经济安全，重点打造“创新型国际经济伙伴关系”。另一方面，美国为赢中国和俄罗斯，不断强化对外援助服务大国博弈、国家安全利益的工具属性。如前所述，美国将加大战略优先

① “Remarks by National Security Advisor Jake Sullivan on Renewing American Economic Leadership at the Brookings Institution,” The White House, https://www.whitehouse.gov/briefing-room/speeches-remarks/2023/04/27/remarks-by-national-security-advisor-jake-sullivan-on-renewing-american-economic-leadership-at-the-brookings-institution/.

区域的援助力度，与战略竞争对手展开“模式之争”。以非洲为例，拜登总统在 2022 年 12 月召开的美非峰会促使美国承诺在 2022 ~ 2025 年向非洲大陆提供总额 550 亿美元的援助。在印太地区，美国将通过多边渠道加大对发展中国家的注资，以巩固自身的地区影响力。[①] 此外，美国还通过团结所谓的“民主国家”，实现对规则和秩序的控制。2021 年 12 月，美国召开的首届“民主峰会”通过了“总统民主复兴倡议”，宣布将提供逾 4 亿美元资金以支持六大领域的 24 个对外援助行动，加强和捍卫美式民主价值观，吸引并强化盟友和伙伴关系以维护美国国家安全利益。[②] 2023 年 3 月，在第二届“民主峰会”召开期间，USAID 宣布在“总统民主复兴倡议”下推进海外民主的新努力，包括以政策改革为重点的八项新举措，并宣布了第一批九个民主发展伙伴关系国家，包括亚美尼亚、多米尼加共和国、厄瓜多尔、马拉维、尼泊尔、北马其顿、巴拉圭、东帝汶和赞比亚。

总之，拜登政府时期的对外援助内顾性和利己主义倾向得到加强，同时将进一步强化对外援助的战略工具属性，围绕经济、技术、地缘等国家安全利益的各个方面打造供应链联盟和民主联盟，塑造新的国际经济秩序，从而获得更大的竞争优势，竞赢中国和俄罗斯等竞争对手。需要指出的是，美国对外援助将更加强调对美国的效率和效用，在手段和方式上也更加灵活丰富，与国内经济发展和中产阶级价值观的

---

① 张晨希：《美国国际发展合作：回归与变革》，载商务部国际贸易经济合作研究院、国际发展合作研究所：《中国与国际发展报告：透视与展望 2023 ~ 2024》，中国商务出版社，2023，第 125 页。

② “Summit for Democracy 2021,” U. S. Department of State, https://www.state.gov/summit-for-democracy-2021/.

联动也更加紧密。

四 经验、教训与启示

本章围绕“叙事 - 主体 - 实践”三维逻辑，从历史的角度详细梳理了美国对外援助在维护国家安全的核心目标下，如何转化为可操作的对外援助叙事，并结合重点案例阐述了多元主体围绕特定叙事展开的实践。

（一）经验

研究发现：第一，美国对外援助是国家安全的重要工具，对外援助叙事是历届政府利用对外援助维护国家安全目标的技术化方案。杜鲁门以来的多数美国政府都直接或间接地将对外援助视为维护国家安全的工具。1950 年国家安全委员会 68 号文件（NSC - 68）就开始强调“马歇尔计划”和“第四点计划”的战略意义；1987 年美国历史上第一份《国家安全战略》报告将援助、防务和国际经济政策视为遏制战略的组成部分。1988 年的《国家安全战略》也强调了对外援助在传播美国价值观和原则方面的意义；2001 年的《国家安全战略》第一次将发展、国防、外交并列为国家安全的三大支柱。奥巴马政府制定了历史上唯一一份《四年外交与发展评估》，即通过民事力量领导（Leading Through Civilian Power），强调外交与发展等民事因素的重要性。美国对外援助的战略功能指向国家安全和美国的全球领导力，只是在不同时期侧重点有所不同，这是因为不同政府对如何维护国家安全的问题认识不同。“现代化”叙事旨在通过援助促进落后地区实现现代化，并控制其社会变迁过程，避免他们走上苏联道路威胁美国安全；“人类基本需求”叙事强调大多数穷人的需求，为长期发展做好准备以实现经济现代化发展；“结构调整计划”叙事为避免拉美地区的债务危机波及美国自身经济稳定；“民主化”叙事则认为推动全球民主化，是维护世界和平的重要前提；“反恐－减贫”叙事是通过援助的方式防止失败或脆弱国家成为恐怖主义的温床；“美国优先”叙事突出与中国在全球战略竞争中的美国的领导力。可见，美国对外援助的叙事变迁是因为不同时期对外援助维护国家安全方式有所不同，每一阶段的对外援助叙事是维护国家安全具体的技术化方案。

第二，对外援助叙事是在政府主导下社会各界通过各种正式和非正式机制共同塑造的。美国政府在对外援助叙事的生产中处于主导地位，一方面是因为不同的总统执政有不同的执政理念，比如里根总统信奉新自由主义直接影响了美国对世界银行“结构调整计划”的态度，进而塑造了当时美国政府的对外援助政策。另一方面政府对国际政治经济形势的宏观认知是对外援助政策调整的关键。整个冷战期间，如何援助欠发达国家以避免其倒向苏联阵营是美国冷战的重要内容。比较而言，国会则主要负责对外援助立法与财政拨款等工作。而国际开发署在内的 23 个政府机构主要负责自上而下地落实其业务范围内的对外援助工作。因此，在对外援助叙事生产过程中，正式机制主要包括白宫与国会之间的辩论与合作，以及 23 个政府机构在实践中的反馈机制。相比之下，其他多元主体参与对外援助叙事生产往往通过与政府各种正式与非正式的互动关系：游说议员、提交报告、致信国会、提供学术支撑、媒体宣传、民意调查等。这种开放与包容的方式，将社会各界的意见与观点传递给决策者，使得对外援助叙事更加合理可行且具有社会基础。

第三，多元主体通过相关法律或机制化的程序或借助相关协调联系机制参与到对外援助的实践当中。在对外援助活动的落实当中，各个政府机构根据自身专业特长和业务范畴归口负责实施相应的援助项目，并在必要时与国际开发署或其他机构展开机构间的合作。而国际开发署是主要对外援助的管理机构，往往根据对外援助有关法律规定将援助项目按照相应的程序分包或委托给其他行为主体，包括私有企业、民间组织、大学、智库，以及国际或受援国的相应机构。其中，为确保特定援助项目的落实，政府往往会通过成立委员会的方式协调各参与主体之间的关系，以便打破传统法律机制下的官僚限制。比如“越南战略村计划”成立了高级别、跨部门反叛乱委员会以协调各军兵种、美国新闻署、国际开发署和中央情报局等部门工作；“满足人类基本需求”叙事期间国会成立国际食品和农业发展委员会以扩大赠地学院对美国国际开发署项目的参与；“反恐－减贫”叙事期间为援助伊拉克重建工作成立了支持伊拉克改进承包和稳定业务专责小组。小布什政府还成立了“缔造繁荣志愿者”（Volunteers for Prosperity）协调跨部门的国际志愿服务。此外，国际开发署的对外援助工作也会配合美国企业在当地的经济活动。比如，“第四点计划”期间为降低美国公司带来的消极社会和政治影响，技术合作署主要关注食品、健康、教育等项目。印度绿色革命期间，国际开发署为美国化肥制造商投资印度提供了诸多便利条件。由此可见，多元主体参与美国对外援助的主要特征有两点：一是，对外援助法律所塑造的规范化参与机制，体现在国际开发署严格规范的管理程序和多样化的伙伴关系上。二是，开放包容的非正式参与机制确保了社会各界的态度和观点可以传递给决策者。总之，美国对外援助叙事的变迁、形成与实践过程，是多元主体在国内外政治经济环境不断互动演化的结果。

（二）教训

美国官方发展援助与其经济规模的比重较低，且面临着预算及其管理的碎片化挑战。第一，美国是 OECD－DAC 成员中最大的援助国：它在 2023 年提供 430 亿美元的官方发展援助（ODA）。然而，相对于其经济规模，美国官方发展援助较低；2020 年，美国将国民总收入的 0.17% 用于官方发展援助，远低于联合国 0.7% 的目标，美国官方发展援助占国民总收入的比例在 DAC 援助国中排名第 24 位。

第二，美国也没有专门的 ODA 预算。联邦预算包括来自各种拨款法案所有针对某个问题的支出。大多数与发展相关的支出都在预算编码 150 内，通常称为国际事务预算，其中包括 ODA 资金和非 ODA 资金，例如大使馆开销、军事援助和促进美国出口。[①]

（三）启示

美国多元主体参与对外援助对中国实现从对外援助向国际发展合作转型具有一定的借鉴意义。

第一，清晰明确的对外援助战略目标。美国对外援助毫不避讳地将对外援助视为维护本土安全和获取经济利益工具，

---

① Donor Tracker, United States [EB/OL]. (2021－08－05) [2021－08－26]. https://donortracker.org/country/united－states.

并不断重申对外援助是维护国家安全的三大支柱之一。但这似乎与促进受援国实现可持续发展并不矛盾，从维护国家安全到帮助受援国实现独立自主发展，在 USAID 的框架政策上（Policy Framework）有清晰的技术路线。可见，美国对外援助目标尽管在不同政府时期有理想主义和现实主义的侧重，但都成功地将“利己”与“利他”融合在一起。

第二，将政治性战略目标转化为可操作的技术性发展援助叙事。对外援助是系统性工程，对上关系国家安全战略，对下涉及援助项目管理的可持续发展和受益群体等，是集政治性、战略性和技术性于一体的综合性工程。为维护国家安全，美国将这一抽象目标进行可操作化，在不同的发展阶段和政府时期，将这一战略目标具体化为不同的发展叙事。对外援助叙事是将战略目标可操作化的桥梁，是将抽象的政治战略目标转化为可操作执行的关键环节，也是不同主体参与其中的重要前提。

第三，多元主体围绕特定对外援助叙事参与实践活动，逐渐形成了相应的发展共同体。[①] 美国对外援助参与机构有正式与非正式机制，正式机制包括：依据 1961 年《对外援助法案》，USAID 与不同参与主体达成采购、外包、委托和实施协议，其他政府机构负责特定领域的对外援助活动，以及依据总统行政命令或国会法案成立特定的对外援助主体等。非正式机制包括“旋转门”机制、智库咨询建议、商业协会组织以及致信国会等。正式机制属于自上而下的对外援助实践，往往在稳定持续地从事对外援助工作，由此构成了相对稳定

① 王瑞、徐秀丽：《构建发展共同体：美国对外援助共同体的实践经验研究》，《当代亚太》2024 年第 1 期。

的援助产业链（the Value Chain of Foreign Aid）①；而非正式机制一般弥散在其他领域或日常事务当中，只有在对外援助政策调整、机构改革等特定时期才会表现相对明显。因此，围绕对外援助所形成的国际发展共同体具有一定的灵活性，能够在对外援助特定叙事下快速生产、传播和创新发展知识。

① Arjan de Han, *How the Aid Industry Works: An Introduction to International Development*, West Hartford: Kumarian Pres, 2009; David Sims, *Development Delusions and Contradictions: An Anatomy of the Foreign Aid Industry*, Switzerland: Palgrave Macmilan, 2022.

CHAPTER

5

第五章

日本多元主体参与国际发展的机制分析

日本作为一个东亚国家、一个二战后才开始在政府主导下快速发展的援助国，其国际发展共同体的建构与西方传统援助者有很多区别，但日本是经合组织发展援助委员会成员国，且从援助规模上看，一直位列世界前五的位置，在全球国际发展社群中处有关键性的地位，对外援助是塑造其二战后国家国际形象和参与全球治理的重要支柱。可以说，日本兼具东西方国家发展援助的模式特色，“从其管理规则和话语体系而言，它必须按照发展援助委员会所定的系列规则运行，比如它也强调社会性别平等、善治、可持续发展等，但在微观项目实践和管理的层次，日本的对外援助又呈现出其独特的本土文化特色”①。本章将按照叙事－主体－实践三维分析框架，对日本参与对外援助的主体、形成的叙事，及其实践进行回顾和总结。

在日本最早开始援助的时期，即20世纪50～60年代，援助和贸易相结合是日本的重要理念，政府与私营部门紧密捆绑。到了20世纪70～80年代，日本十分重视援助背后对本国资源安全的保障。20世纪90年代，日本开始在援助中向非洲国家宣传自身的发展型国家经验。日本政府的主导作用、紧密的政商联盟以及民间组织等其他力量的长期边缘化等特点与其他DAC国家的多元主体参与的理念产生了鲜明

① 来源于笔者的实地调研，2019年6月。

的对比，也引来了一些国际组织的批评。但日本在援助中强调基于受援国的请求、所有权和自助努力等观点也表明日本作为一个东亚的发展后来者，有着自己独特的援助哲学。但在20世纪90年代，随着日本经济的腾飞，日本也十分迫切地想要通过国际发展援助共同体的建设提升国际地位，所以必须对西方国家的批评做出反应甚至向它们靠拢。所以，日本也在20世纪70～80年代不断扩大援助规模，并在20世纪90年代通过之前基本不参与援助的民间组织达到令国际社会满意的援助质量。1997年之后，日本由于经济危机开始进一步强调援助要有助于日本自身的繁荣，同时也将对发展中国家的援助视为谋求共同利益和繁荣的发展合作，不仅包括官方发展援助（ODA），还包括其他官方流动（OOF）和非公共部门的合作，其议题也从基础设施建设不断拓宽。特别是近五年来，在继续大力发挥私营部门作用、增强公私伙伴关系的基础上，日本在“人的安全”这一议题投入了更多的关注，同时随着我国“一带一路”倡议推行，以及美国“重返亚太”“亚太再平衡”等战略的回归，地缘政治竞争和区域安全的考量也被纳入日本发展合作的战略部署中。

一　叙事的历史变迁

（一）20世纪50～60年代：基于请求的项目方法促进商业利益

日本对外援助始于20世纪50年代，当时，全球对日本的印象仍然停留在二战中的“侵略者”上。为了让全球接受并重新进入国际体系，改变其战败国形象[①]，日本援助的早期项目主要基于政府在战败后提出的怀柔政策，向日本的邻国提供正式的战争赔偿，以求通过经济援助来消除二战期间给受害国带来的负面影响[②]。日本于1954年加入由英联邦国家发起的“科伦坡计划”并捐款5万美元，该计划旨在通过以资金和技术、教育及培训计划等形式的援助来加强南亚和东南亚地区社会经济发展[③]。1954年日本与缅甸、1956年日本与菲律宾、1958年日本与印度尼西亚签订了战争赔偿协议，用来建造二战期间受损的设施。这些战争赔偿被视为日本援助的起源。大约13个亚洲国家有资格获得日本政府的赔偿金，总额达到20亿美元[④]。

日本政府为管理这些赔偿而做出的安排，决定了日本管理援助的方式，即采用“基于请求”的方法来决定援助资助的项目。战后日本根据《旧金山和约》第十四条的规定，在1955年至1977年间向亚洲各国支付了一定的战争赔偿。日本在美国的庇护和受害国的宽容下，得以避免支付实际数额的战争赔偿，而仅以支付象征性的少量赔偿了事。这笔赔偿并非都用金钱支付，而是先由政府把这笔款项支付给日本企业，再由企业向受援国提出的项目提供产品和劳务。通过此举，日本达到了外交、经济两重目的，既处理了战争遗留问题，

---

① Lancaster C. , *Foreign Aid: Diplomacy, Development, Domestic Politics*, University of Chicago Press, 2008.

② 金熙德：《日本政府开发援助》，社会科学文献出版社，2000。

③ 黄梅波、洪燕秋：《日本对非发展援助的成效与发展趋势——基于非洲发展东京国际会议平台的研究》，《国际经济合作》2014年第4期，第32－7页。

④ Ampiah K. , “Japanese Aid to Tanzania: A Study of the Political Marketing of Japan in Africa,” *African Affairs*, Vol. 95, No. 378, 1996, pp. 107－124.

又节约外汇、扩大出口①。

因此，日本在这段时期的援助主要是为了迎合日本经济的要求，例如扩大出口和获得所需进口，符合确保日本繁荣、安全和独立的外交目标，而不是注重受援国的社会福利等方面。1970 年，日本援助额为 4.58 亿美元，占国民总收入的比例为 0.23%，是 DAC 最低的援助额之一，低于 0.34% 的平均水平。其中大部分是作为双边援助提供的，只有 15% 是多边援助。双边援助几乎全部针对亚洲，2/3 的援助对象处于远东地区，特别是印度尼西亚、韩国、菲律宾和泰国等与日本有密切贸易关系的国家。另外 1/3 的援助对象是南亚国家，主要是巴基斯坦和印度。援助本身集中在具有商业吸引力的部门，特别是能源、工业、采矿和运输部门，很少分配给卫生和教育等社会部门。赠款部分是 DAC 成员国中第二低的，为 39%（DAC 平均为 63%）②。

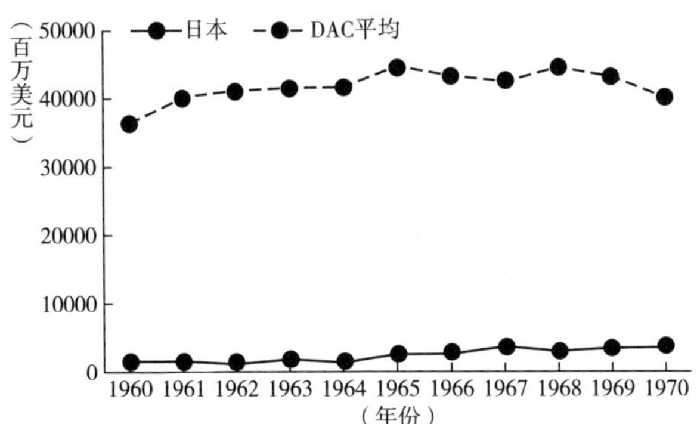

图 5-1　20 世纪 60 年代日本官方援助数额

① Raposo P. A., *Japan's Foreign Aid Policy in Africa: Evaluating the TICAD Process*, Springer, 2014.

② Arase D., *Japan's Foreign Aid: Old Continuities and New Directions*, Routledge, 2012.

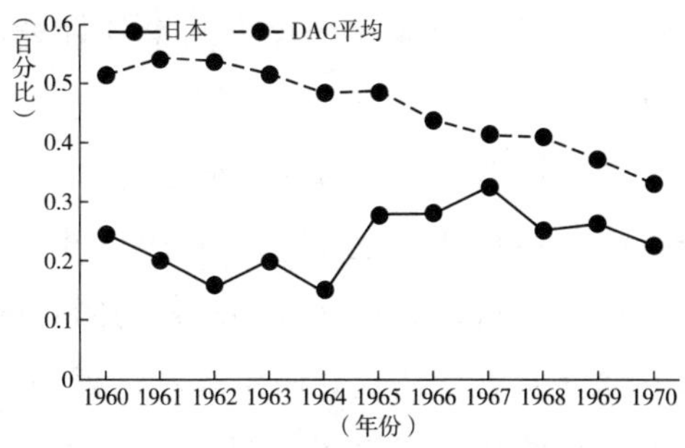

图5－2　20世纪60年代ODA占国民收入百分比

（二）20世纪70～80年代：对资源安全和大国地位的追求

1. 通过贸易和商业活动促进资源安全性

20世纪70年代上半叶的几次冲击对日本援助的数量和方向产生了重大影响。这段时期恰逢1973～1974年和1979年石油危机的影响，1973年石油价格翻了两番，当时阿拉伯石油输出国组织将石油作为政治武器对付美国及其盟国，包括日本。1973年OPEC对日本禁运石油，而日本对石油高度依赖，石油在其能源结构中占到3/4，而其中90%来自海湾地区。这一重要进口商品价格的突然上涨，加上获取中东石油的不确定性，在东京引起了恐慌，日本经济遭受巨大打击，加剧了日本的资源脆弱性和商业的波动。石油价格和可获得性的不确定引发了人们的担忧，认为其他原材料可能变得稀缺或由生产卡特尔控制，从而危及对日本经济至关重要的进口流动。因而，援助成为一种有用的工具，有助于日本与生产这些商品的亚非地区国家建立良好关系，以确保日本获得所需的原材料①。

① Lancaster C., *Foreign Aid: Diplomacy, Development, Domestic Politics*, University of Chicago Press, 2008.

这样的背景下日本商业化的援助政策的好处凸显出来，即有助于解决困扰日本的能源和其他资源问题。从确保资源来源的目的出发，日本开始把目光投向了非洲，各种经济代表团、调查团源源不断地奔赴非洲。如1969年11月，以同和矿业公司（Dowa Holdings）常务副总裁为团长的政府代表团前往非洲就铀资源进行调查。同年末，以第一银行总裁长谷川重三郎为团长的政府代表团访问了非洲六国。1970年2月4日，日本政府派遣以三菱重工业公司董事长河野文彦为团长，以各行业经济巨头为成员的经济代表团访问了非洲九国（埃塞俄比亚、几内亚、坦桑尼亚、赞比亚、刚果、尼日利亚、加纳、科特迪瓦、塞内加尔）。河野团长在出发前坦言："对东南亚该做的已都做了。如果说还有未开拓的新天地的话，那只有非洲了。"[①] 因而，1973年秋石油危机的爆发，促使日本将援助进一步商业化、全球化，对进口非洲的自然资源更加重视。

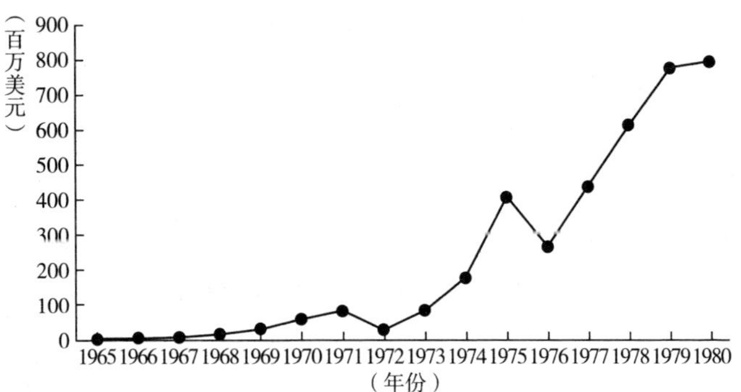

图5－3　20世纪60～70年代日本对非援助金额

数据来源：OECD，https：//data. oecd. org/oda/distribution－of－net－oda. htm。

① 金熙德：《日本政府开发援助》，社会科学文献出版社，2000。

2. 大规模援助是谋求大国地位的重要工具

这一时期，日本还通过扩大其援助规模应对来自国际上的压力。20 世纪 70 年代中期，日本成为仅次于美国的全球第二大经济体。作为新兴的经济力量，日本 1975 年应邀加入 G6 峰会。这代表着西方社会不仅已经重新接受日本，并且还寄希望于日本能在国际上扮演负责任的角色[①]。然而，这也逐渐招致了国际社会和西方对日本援助的强烈批评，认为日本的援助过于商业化，不关注人类基本需求。1982 年，DAC 成员国要求日本增加援助和提高援助质量[②]。美国和 G7 认为日本在国际贸易中的竞争存在不公平的现象：日本不断增加的国际收支顺差表明日元被低估，应该重新估值；日本国内市场受到保护，不受外国竞争的影响；日本的出口也是不公平的，可能涉及倾销[③]。美国要求日本将部分贸易顺差重新用于扩大援助计划[④]。

这些来自西方主要国家的指责显然不利于日本国际地位的提升。这导致了 20 世纪 70 年代下半期日本援助巨大的转变。日本官方发展援助的增长速度是惊人的，从 70 年代开始，日本在成长为经济超级大国的过程中，也加大了官方发展援助支出，到 1989 年成为世界上最大的双边官方发展援助捐助国，官方发展援助也从亚洲扩大到非洲国家[⑤]。

---

① 黄梅波、洪燕秋：《日本对非发展援助的成效与发展趋势》，《国际经济合作》2014 年第 4 期，第 32 – 37 页。

② Ampiah K. , "Japanese Aid to Tanzania: A Study of the Political Marketing of Japan in Africa," *African Affairs*, Vol. 95, No. 378, 1996, pp. 107 – 24.

③ Lancaster C. , *Foreign aid: Diplomacy, Development, Domestic Politics*, University of Chicago Press, 2008.

④ Raposo P. A. , *Japan's Foreign Aid Policy in Africa: Evaluating the TICAD Process*, Springer, 2014.

⑤ Arase D. , *Japan's Foreign Aid: Old Continuities and New Directions*, Routledge, 2012.

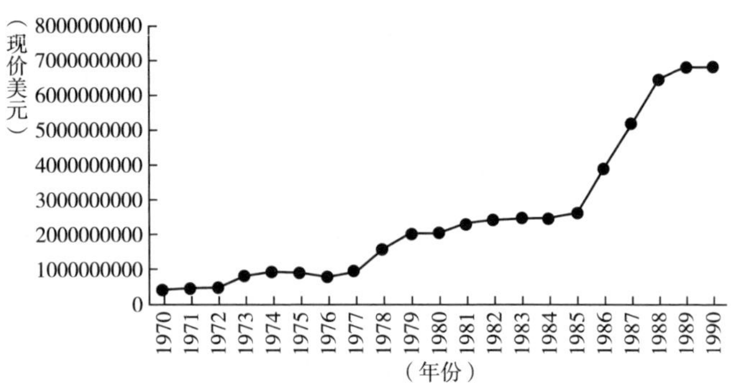

图 5-4 日本双边援助净流量（1970～1990）

数据来源：世界银行，https：//data. worldbank. org. cn/indicator/DC. DAC. JPNL. CD。

（三）20 世纪 80 年代末～1997 年：发展型国家与挑战

1. 发展型国家的经验

20 世纪 90 年代开始的多极化进程迅速加快，世界进入了国际格局新旧交替、形成新秩序的过渡时期。在这样一个变化的时期，许多国家相继提出了国际新秩序的设想。日本作为世界经济大国，更是将这一转折关头视为日本跻身世界主导国家行列的大好机遇。进入 90 年代以后，日本也积极倡导建立国际新秩序，日本内阁于 1992 年 6 月 30 日通过《官方发展援助大纲》，对自身的 ODA 政策进行宣传是一种必然的选择①。

日本援助的理念并非对西方传统援助国的复制。虽然属于发达国家，日本却自认是非西方捐助者。在援助和发展这个领域，日本自认为最有发言权：日本援助的亚洲国家已先

① 王昕：《关于二战后日本政府开发援助的政策研究》，华东师范大学，硕士学位论文，2011。

后走上经济发展的快车道；日本在1989年也成为最大捐助国，对非洲援助也居于领先地位。随着援助规模的不断扩大，日本政府开始宣称其最大捐助国的地位可赋予它在对外援助方面的国际领导作用。但实际上，在国际援助体系中，日本却要听从西方的支配，比如，日本学者大野健一（Kenichi Ohno）认为，"西方和世界银行的官方发展援助立场没有反映日本的经济利益或政治领导能力……每隔几年（捐助组织）就会提出新的援助战略，在许多情况下，这些战略与日本人的感受不符。我们把控制权留给了其他国家，而日本的角色充其量也不过是一个胆小的副驾驶"。大野健一总结说："在官方发展援助领域，日本的发展援助战略目标与世界银行的目标之间存在重大分歧。只要日本认为只有两种被动选择，一种是遵从世界银行的战略路线，另一种是抱怨这条路线，它就无法表现出自己的真实特质。"① 对这种从属地位。日本早已想要改变②。冷战后，受国际形势变化的影响，日本抓住时机不断加大对非援助力度，不断增加对非洲的影响力。一方面，非洲对于西方国家的战略地位随着东西方阵营的瓦解直线下降；另一方面，在接受了战后数十年的援助之后，非洲大陆依然贫困，国际社会在非洲推行的进口替代工业化措施、重视人类基本需求以及结构调整的努力都没有得到有效

---

① Ohno K.，"Development with Alternative Strategic Options：A Japanese View on the Poverty Reduction Drive and Beyond，" OECD Forum，Paris. Paris；National Graduate Institute for Policy Studies，2002.

② Lehman H.，"Japan's Foreign Aid Policy to Africa Since the Tokyo International Conference on African Development，" *Pacific Affairs*，Vol. 78，No. 3，2005，pp. 423－42.

的回报，这使得西方援助国普遍疲于对非洲继续实施援助[①]。在这样的背景下，20 世纪 80 年代，日本开始批评非洲结构调整政策的负面影响，不完全赞同华盛顿共识和新自由主义政策。

而日本所强调的受援国自助努力是让各国实现自力更生——摆脱对援助的依赖；或者更简单地说，目标是结束援助。尽管各国自力更生道路不同，但日本认为一个共同的先决条件是必须获得足够的外汇收入。这是因为，从宏观经济角度来看，结束援助或自助努力相当于通过内部资源调动足够的能力为发展提供资金。为此，发展中国家必须确保有足够的能力获得外汇。由于外汇收购的引擎是出口导向型产业，而基础设施对吸引外国投资者至关重要，所以日本援助政策制定者强调了现代基础设施建设，形成了基础设施和外国直接投资相结合的方法[②]。

日本的这一套发展战略，无论是对日本自身还是对发展中国家而言，都与世界银行一直倡导并切实推动发展中国家政府遵循的发展战略，即强调私有化、自由贸易和几乎自由的金融市场，有很大不同。日本倾向于将贸易和管理贸易的政策视为工业化和产业战略的附属部分，而世界银行经济学家则倾向于将自由贸易视为工业化的动力。前者承认国家的关键作用，后者则忽视或否认[③]。所以日本政府的目标之一是提高其发展型国家方针的知名度和在国际上的接受度，这种

---

① 韩吕希：《日本对非洲官方发展援助研究》，中共中央党校，硕士学位论文，2014。

② OECD, "Review of the Development Cooperation Policies and Programmes of Japan," OECD, 2003.

③ Seddon D. , "Japanese and British Overseas aid Compared," *Japan's Foreign Aid*, Routledge, 2012, pp. 55 – 94.

方针不同于世界银行、美国和其他支持“华盛顿共识”的国家强调自由市场的观点，而是认为国家发挥了重要的促进发展的作用，包括引导工业化和促进出口。这一观点是基于日本自身和韩国等一些邻国的成功发展经验[①]，日本对亚洲发展模式的看法为非洲国家提供了另一种选择。

2. 民间组织对抗援助中的腐败和低效

从早期与西方的接触开始，日本就致力于建立一个没有西方控制的富强国家。早在第二次世界大战之前，日本就建立了一个强大的官僚机构指导和支持发展强大的经济和军队，但不是通过接管生产性资产的所有权，对其进行严格的管理，而是通过为私营企业提供建议和激励，使其朝着国家所想的方向发展。二战后，军队不再在日本的政治和经济中扮演重要角色，但是强国家的旧传统很快又重新出现，体现在强大的官僚机构对公众而言不太容易接近或对公众负责上，国家指导着大规模的金融、贸易和工业集团。所以强大的官僚机构与企业紧密合作，这是管理对外援助的自然而然的框架。有关援助的决定主要是在日本官僚机构内部做出的，也与企业合作，尽量减少外部干预、参与或公开辩论[①]。

强大国家的必然结果是一个脆弱的民间社会。社会对国家的从属关系是日本的一个显著特征，被政府以及政治家和人民视为理所当然。因此，在20世纪50年代和60年代的援助初期，在北美和欧洲非常普遍的从事救济工作的民间组织

① Lancaster C., *Foreign Did: Diplomacy, Development, Domestic Politics*, University of Chicago Press, 2008; Katada S. N., “Japan's two - track Aid Approach: the Forces Behind Competing Triads,” *Asian Survey*, Vol. 42. No. 2, 2002, pp. 320 - 342.

在日本并不是很多①。

这一格局在20世纪90年代开始发生变化，大量的民间组织在这一时期成立，在回应国际社会对日本不重视基本需求的援助和日本国内对于援助中的腐败的批评方面发挥了重要作用。在参与国际合作的日本民间组织名录中，20世纪80年代为73个团体，20世纪90年代为192个团体②。

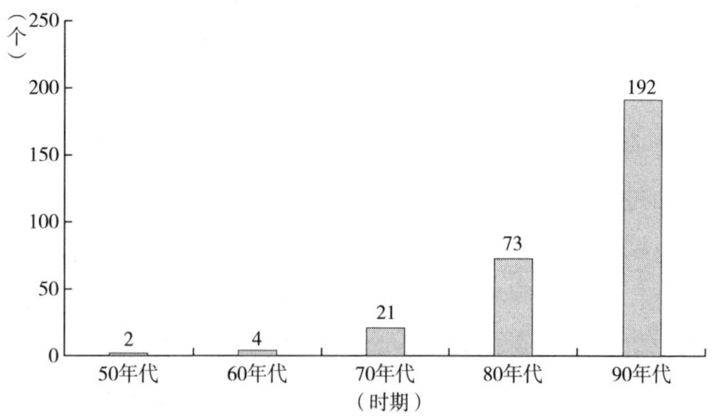

图5-5 日本NGO设立的数量

（四）1997年后：公私伙伴关系与发展合作

1. 重新强调商业利益

东亚危机给日本遗留下了很大的财政约束。20世纪90年代的大规模资产通货紧缩，终止了战后日本的经济奇迹，而正是这一奇迹在推动日本的官方发展援助支出。20世纪90年代末至21世纪初，日本政府创下了历史上最严重的财政赤字

① Lancaster C., *Foreign Aid: Diplomacy, Development, Domestic Politics*, University of Chicago Press, 2008.

② MOFA, "Data Book On Japanese NGOs 2016," MOFA, 2016.

记录，1999年日本的总债务与GDP之比接近130%①。预算危机迫使政府通过削减公共开支和增税来减少赤字。官方发展援助预算由于其重要性在以往的财政削减中毫发无损，而现在不能再被视为例外。官方发展援助支出的增长率已从1990财年的8.2%下降至1997财年的2.1%。1997年，由于难以获得资金，第五个援助翻倍计划被放弃。由桥本龙太郎（Ryutaro Hashimoto）首相领导的财政结构改革会议于1997年6月宣布，日本在1998年决定首次削减官方发展援助预算，1998财年ODA预算将比前一年削减10%。这一决定意义重大，因为削减的不仅是1998年的预算，而是连续三年的②③。2001年日本ODA预算下降至98亿美元，低于当年美国的114亿美元，预算削减导致日本在2001年失去了按美元计算的最高捐助国排名。2002年日本ODA净额又下降了1.2%，在3月于墨西哥蒙特雷举行的发展筹资国际会议上，日本明确地拒绝了任何增加其官方发展援助努力的具体承诺。相反，美国和欧盟宣布了具体的新支出承诺④。

面临日益紧缩的政府财政预算，日本的援助再次开始强调私营部门的参与，日本在国外的经济利益又一次成为援助政策的优先事项。2010年6月日本外务省（MOFA）发布了官方发展援助报告，题为“增进开明的国家利益：与世界和谐

---

① Hirata K., *Civil Society in Japan: The Growing Role of NGO's in Tokyo's Aid and Development Policy*, Springer, 2002.

② Hirata K., "New Challenges to Japan's Aid: An Analysis of Aid Policy - making," *Pacific Affairs*, Vol. 62, No. 2, 1998, pp. 311 - 334.

③ Hirata K., *Bureaucrats and Rebels: The Odd Alliance Reshaping Japan's Foreign Aid*, The University of Hawall, 2001.

④ Arase D., *Japan's Foreign Aid: Old Continuities and New Directions*, Routledge, 2012.

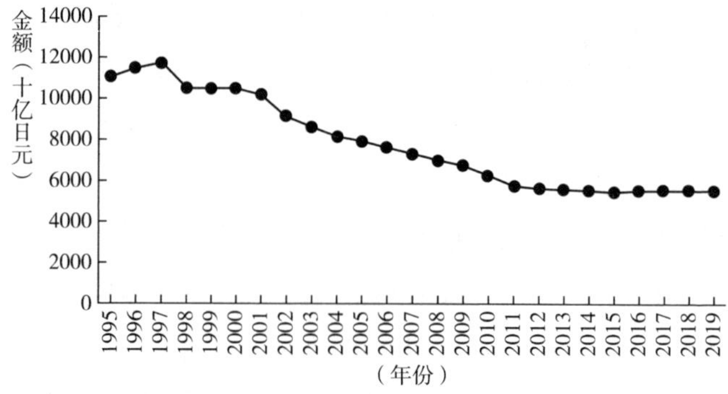

图 5－6 日本官方发展援助预算（1995～2019）

数据来源：MOFA，https：//www. mofa. go. jp/mofaj/gaiko/oda/shiryo/yosan. html。

相处，促进和平与繁荣”。其中，援助资金的来源不仅包括官方发展援助，还包括其他官方资金流动和非公有制部门（私营公司、民间组织和公民）。该报告还提出了一些与私营部门的援助计划，例如与日本当地公司和中小企业合作解决非洲社会问题的金字塔基地（BOP）业务[①]。特别是自 2013 年以来，日本加大对印度的关注，这一转变迎合了日本企业的利益，能帮助它们向这些地区扩张，享受劳动力供应、出口基础设施的更大空间等方面的红利[②]。

2. **由援助转变为发展合作**

这一时期，日本还强调把援助扩大到涵盖内容更广、关系更加平等的发展合作上。日本官方发展援助的《中期政策声

---

① Raposo P. A.，*Japan's Foreign Aid Policy in Africa：Evaluating the TICAD Process*，Springer，2014.

② Wallace C.，“Leaving（north－east）Asia? Japan's Southern Strategy，” *International Affairs*，Vol. 94，No. 4，2018，pp. 883－904.

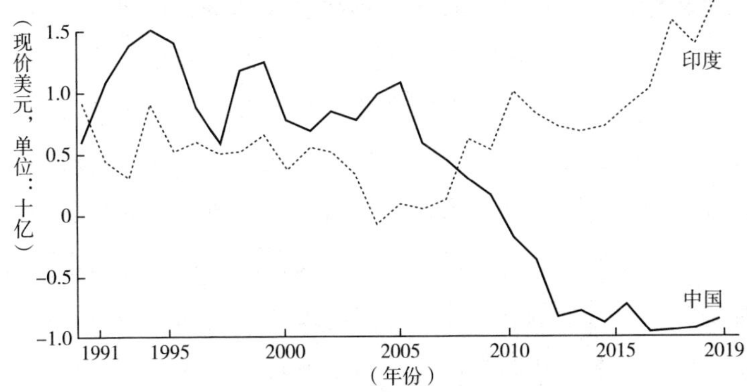

图5－7　日本对中国和印度的双边援助净流量

数据来源：世界银行，https：//data. worldbank. org. cn/indicator/DC. DAC. JPNL. CD？end＝2019&locations＝CN－IN&start＝1990&view＝chart。

明（1999～2004年）》确定了从减贫到债务减免等七个广泛主题下各部门的优先事项。近年来，日本还利用其ODA政策灵活地应对新兴的全球挑战和日本国内的观点，其中包括小泉可持续发展倡议、巩固和平倡议、人类安全倡议、冲绳传染病倡议、环境保护倡议、日本官方发展援助倡议，以及日本解决国际数字鸿沟的全面合作方案。东京领导层提出的多主题倡议进一步扩大了日本官方发展援助机构的业务重点①。

2003年，在第三届非洲发展东京国际会议（TICAD III）上，日本前首相小泉纯一郎在讲话中宣布“日本援助非洲倡议的三大支柱，即以人为中心的发展、通过经济增长减贫和巩固和平……今后五年，日本计划向非洲提供总额10亿美元的赠款援助，用于医疗卫生等领域，包括防治艾滋病的措施，

① OECD，“Japan－DAC Peer Reviews of Development Co－operation，2003，”OECD Publications，2004.

以及教育、水和粮食援助”[①]。本次会议确定日本将支持防治艾滋病、结核病、疟疾和脊髓灰质炎的各种方法，特别是初级卫生保健、发展区域卫生系统和健康教育；合作进行水资源管理，强调社区一级的所有权和责任；加强政府行政和立法部门的体制建设和能力建设，以改善施政；增加对非洲国家普及初级教育的预算拨款，并继续支持国际社会加强教育基础设施和质量建设；为提高生产力提供农业技术援助，促进非洲新稻米的开发和推广；承认国家和公共机关的努力与民间社会的努力之间的互补关系[②]。另外，日本国际协力机构（JICA）也变成了独立行政机构，期望在执行中增加自主性和灵活性，但政府仍保留援助规划职能。新 JICA 开始了一些改革，其中最重要的改革是将人类安全概念纳入 JICA 行动的主流。JICA 还增加了对脆弱国家的资源分配，特别是在非洲[③]。

2010 年 6 月外务省的“增进开明的国家利益”报告明确了“发展合作”的概念，声明要促进开明的国家利益，承认当今世界相互依存。该报告还建议财政部在政府内开始讨论修订《官方发展援助宪章》，以反映新的国际和国内环境以及这次官方发展援助审查政策方向[④]。

在发展合作的丰富主题中，安全议题是日本关心的重点，

---

① MOFA.,“Keynote Speech by Prime Minister Junichiro Koizumi at the Third Tokyo International Conference on African Development (TICAD III),” MOFA, 2003.

② MOFA.,“Highlights of the Summary by the Chair of TICAD III,” MOFA, 2003.

③ Shimomura Y., Page J., Kato H., *Japan's Development Assistance: Foreign Aid and the Post-2015 Agenda*, Springer, 2016.

④ Ohno I.,“Japan's ODA Policy and Reforms since the 1990s and Role in the New Era of Development Cooperation. National Graduate Institute for Policy Studies, 64-94,” ODA, 2014.

这一关切尤其体现在日本与印度的合作扩大及其印太战略上。2014 年 9 月，时任日本首相的安倍晋三和印度总理莫迪在东京会晤，将日印关系提升为“特别战略与全球伙伴关系”。同年的《日印特别战略和全球伙伴关系东京宣言》中提到，“双方决定提升和加强两国防务关系，重视两国安全顾问之间的对话……日本继续参与印美马拉巴尔系列演习，还欢迎日本和印度海岸警卫队现有的对话机制和联合演习……日本和印度之间建立更密切和更强有力的战略伙伴关系对于两国的繁荣未来以及促进世界和平、稳定与繁荣是不可或缺的，特别是在互联互通的亚洲、太平洋和印度洋区域……双方要求加强国际伙伴关系，共同打击恐怖主义”[①]。2017 年，日本、美国、印度、澳大利亚在东亚合作领导人系列会议上对地区秩序、航行自由、海洋安全等议题进行了讨论。2019 年 5 月，四国在海洋安全保障与可持续发展领域展升了合作[②]。学者们认为，日本对安全议题和印太地区的关注是出于对地缘政治因素的考虑。一方面，我国的“一带一路”倡议在亚非地区的经济合作与政治互信方面成果丰硕，使得日本对于自身经济和外交利益的危机感加深[③]；另一方面，随着美国“重返亚太”“亚太再平衡”等战略对亚太地区不断增加关注，日本与印度合作的扩大也配合美国提升其领导力量、遏制威胁[④]。因

① MOFA, “Tokyo Declaration for Japan – India Special Strategic and Global Partnership,” MOFA, 2014.

② 宋德星、黄钊：《日本“印太”战略的生成机理及其战略效能探析》，《世界经济与政治》2019 年第 11 期。

③ 吴怀中：《安倍政府印太战略及中国的应对》，《现代国际关系》2018 年第 1 期，第 13－21 页。

④ 孙现朴：《“印太”语境下的印日防务合作》，《理论视野》2017 年第 3 期，第 77－81 页。

此，日本近几年来对安全问题和印太地区的重视是其为回应国际环境所采取的措施。

除了和平稳定这一意义上的安全问题，日本也重视“人的安全”，如传染病、自然灾害的影响。而在近几年全球公共卫生挑战的背景下，安全议题的这一层含义显得愈发重要，通过国际发展合作帮助发展中国家应对“人的安全”冲击也愈发紧迫。东京非洲发展国际会议文件、日本首相讲话中多次指出，“这场危机正在威胁着全球人民的生命、生计和尊严，成为一场‘人的安全’危机”。日本首相在2020年联合国大会的讲话中提出，“日本将积极在国际上发挥领导作用，在人类安全原则的指导下，设定‘不让任何人的健康掉队’的目标，将继续改善水、环境卫生、营养等条件，确保范围更广泛的健康安全”①。

二　各主体的知识生产

日本对外援助的叙事从总体上看是由日本政府所主导的，但私营部门、民间组织、媒体等其他主体对于日本各个历史阶段的对外援助政策重点的影响和援助实践的参与也不容忽视。正如日本2015年《发展合作宪章》中提到，“日本将继续改进负责发展合作的政府和执行机构的结构，努力解决全球问题并加强与私营公司、大学、研究机构、地方政府和包括民间组织在内的民间社会等各方面的合作。日本还将继续与国际组织、民间组织和维和行动合作来进行紧急人道主义

① Unaffairs, “Japan to ‘Proactively Lead’ on COVID - 19 Response Efforts,” [EB/OL]; UN, 2020 08.09, https://news.un.org/en/story/2020/09/1073822.

援助和国际和平合作，并促进与国际组织、区域组织和新兴捐助者的合作"①。表5－1列出了参与日本国际发展共同体构建的主要机构。

表5－1 日本多元主体参与国际发展合作概览

主体	具体机构名称	
中央政府	政策制定	外务省、财务省、经济产业省（原通产省）、经济企划厅
	政策执行	日本国际协力机构、海外经济协力基金、农林水产省、厚生劳动省、国土交通省、文部科学省
私营部门	行业协会	经济组织联合会（Keidanren）、工程咨询公司协会（ECFA）、日本咨询协会（JCI）、日本海外建筑协会、日本铁路技术服务协会、J－GoodTech、日本贸易振兴机构（JETRO）
	公司	日本出口和投资保险公司（NEXI）、日本交通和城市发展海外基础设施投资公司（JOIN）、日本信息通信技术和邮政服务海外发展基金公司（JICT）
民间组织	日本民间组织国际合作中心（JANIC）、日本平台（Japan Platform）、Ugoku、日本可持续发展目标民间社会网络、日本全球契约网络	
研究机构	日本国际协力机构研究所、日本国际问题研究所（JIIA）、全球工业和社会进步研究所（GISPRI）、独立行政法人经济产业研究所（RIETI）、亚洲开发银行研究所（ADBI）、东京大学	
媒体	《朝日新闻》、日本《经济新闻》、日本每日新闻社、日本《时报》、日本《读卖新闻》	
国际组织	世界银行、国际货币基金组织、亚洲开发银行、泛美开发银行、非洲开发银行、欧洲复兴开发银行、联合国开发计划署、难民署、南南合作办公室等	

数据来源：笔者根据日本外务省、JICA、相关学术论文等资料整理。

① Cabinetdecision. "Cabinet Decision on the Development Cooperation Charter," MOFA, 2015.

（一）商业利益的推动者：政府与企业

二战后，日本政府通过各种政策明确了援助和商业利益之间的紧密联系。从二战后到20世纪60年代中期，日本不断增长的经济实力得到了承认。1964年，日本加入OECD，当时日本已成为世界第六大经济体①。二战后组织日本国际活动以促进工业的快速复苏和增长的迫切需要，催生了一个名为经济协力（keizai kyoryoku）的政策领域②，援助与贸易之间的联系变得越来越重要。在整个战后时期，日本政府主要关注的是发展强大的经济基础和建立战略国际经济关系，重点放在东亚。与几个亚洲国家签订的赔偿协议为进入这些市场铺平了道路，并逐步放宽外汇管制，允许日本在亚洲进行外国投资③。1957年，进出口银行开始进行日元贷款。贷款主要流向了亚洲，除了满足发展中国家的某些需要外，还在某些地区建立日本工业服务④。1958年，通产省开始出版经济协力白皮书，题为《经济协力的现状与问题》。在时任通产省大臣所撰写的序言中，明确提到，“帮助发展中国家特别是东南亚诸国发展经济有助于日本贸易振兴，因此要努力推进对外经济合作”，白皮书前言中则进一步指出“为了振兴资本输出，要努力充实和强化海外投资、技术协力等经济协力”。

① Seddon D.，“Japanese and British Overseas aid compared，” *Japan's Foreign Aid*，Routledge，2012，pp. 55 – 94.

② Lancacter C.，*Foreign Aid*：*Diplomacy*，*Development*，*Domestic Politics*，University of Chicago Press，2008.

③ Seddon D.，*Japanese And British Overseas Aid Compared*，*Japan's Foreign Aid*，Routledge，2012，pp. 55 – 94.

④ Lancaster C.，*Foreign Aid*：*Diplomacy*，*Development*，*Domestic Politics*，University of Chicago Press，2008.

此后历年的白皮书在论及日本经济协力的目的时，都以促进贸易以及确保资源为核心观点①。

日本政府在这一时期对于援助决策机制的设置和力量对比也强化了对外援助的商业导向。二战失败后到 1995 年 ODA 改革以前，日本的对外援助不属于单一的行政主体，而是由多个政府机关共同运行的，援助政策的决定由各省厅协议执行，外务省（MOFA）、大藏省（MOF，中央政府财政机关）、通产省（MITI，承担宏观经济职能）以及经济企划厅（较少参与）构成了经济援助的主要四省厅②。日本双边援助中的日元贷款援助是由大藏省、外务省、通产省和经济企划厅以及日本国际协力机构（JICA）共同主管和实施。两国间援助的无偿援助主要分为赠款和技术援助，其中赠款（主要包括一般无偿资金援助、粮食援助和紧急救援等）主要由外务省、大藏省和 JICA 负责；技术援助（主要包括接受研修生、派遣专家、派遣调查团、派遣青年海外协力队和器材供应等）主要由外务省、通产省等主管和实施③。日本 ODA 改革之前主要的实施机构是各省厅和国际协力机构（JICA）、旧海外经济合作基金（OECF）④、

① 彭云：《试析日本的援助理念》，《外交评论》（外交学院学报）2009 年第 2 期，第 94 - 104 页。

② 王昕：《关于二战后日本政府开发援助的政策研究》，华东师范大学，硕士学位论文，2011。Hirata K.，*Civil Society in Japan: The Growing Role of NGO's in Tokyo's Aid and Development Policy*，*Springer*，2002.

③ Grant R.，"Reshaping Japanese Foreign Aid for the Post - cold War Era，" *Tijdschrift Voor Economische En Sociale Geografie*，Vol. 86，No. 3，1995，pp. 235 - 248.

④ OECF 全称为"Overseas Ewromic Cooperation Fund"，即海外经济合作基金。该机构于 2008 年更名为"Japan Bank for International Cooperation"，即日本国际协力银行，简称 JBIC，其主要任务是提供贷款和其他金融支持，以促进日本的国际合作和发展援助项目。本章后文中所提"OECF"亦即更名前的该机构。

日本进出口银行（EXIM）和亚洲经济研究所（IDE）[①]。每个援助机构都有不同的国内支持者。

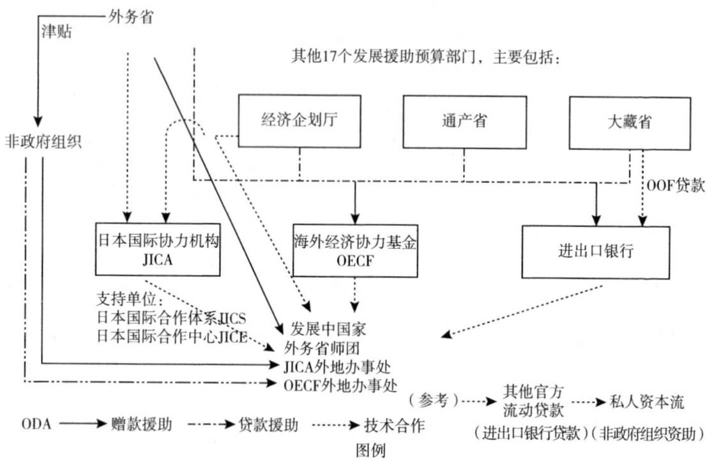

图5－8　日本双边援助机构

数据来源：OECD，“Japan – DAC Peer Reviews of Development Co – operation，” OECD，1996。

外务省是日本面向世界的窗口，是日本各部委中对援助最敏感的部门，其目标是在其领导下提高日本在国际政治经济领域的影响力。由于日本在外交上缺乏军事手段，官方发展援助是实现这一目标的最有力工具，所以外务省是最主张扩大援助的。外务省赞成可能在国外产生吸引力的政策，例如将援助瞄准最贫穷的国家、减少商业导向的援助、使用援助作为外交手段。外务省利用外国压力作为筹码，在国内决策过程中赢得对其立场的支持，美国和 DAC 则在其中充当联盟伙伴。但是，与其他部委不同，外务省是一个只有不到

① 王昕：《关于二战后日本政府开发援助的政策研究》，华东师范大学，硕士学位论文，2011。

5000名官员的小部门，在国内政治中很脆弱、影响力不够。外务省的政策没有强有力的支持者，因为这些政策通常不会使任何特定的国内利益集团受益。总之，外务省努力提高日本在国际舞台上的影响力，这与外务省的国内议程一致，即加强自己在政府中的地位①。

通产省代表了日本私营部门的利益。该部门在20世纪60年代和70年代初期的援助管理方面起着主导作用，强化了日本的官方发展援助对日本的对外贸易和投资的促进作用。通产省对ODA的兴趣与外务省的兴趣大不相同，它关注工业和贸易领域的外国援助，倾向于根据受援国的利益潜力来确定目标受援国。通产省反对降低对外援助的经济导向，抵制外务省通过采用非捆绑援助政策来提高援助质量。鉴于许多日本公司一直在竞标日本贷款援助，通产省提倡增加捆绑援助政策，只允许日本公司参与日本援助②③。虽然援助涉及多个部委和机构的决策和执行，但很明显，工业和贸易政策目标的方向使通产省在制定实质性政策时处于优先地位④，这反映在20世纪60年代的援助几乎完全针对亚洲，绝大多数都是为了日本的商业目的，与日本企业的采购挂钩，这样也有利于促进日本的出口⑤。

---

① Hirata K.，"New Challenges to Japan's Aid：An Analysis of Aid Policy－making，" *Pacific Affairs*，Vol. 62，No. 2，1998，pp. 311－334.

② Hirata K.，"New Challenges to Japan's Aid：An Analysis of Aid Policy－making，" *Pacific Affairs*，Vol. 62，No. 2，1998，pp. 311－334.

③ Grant R.，"Reshaping Japanese Foreign Did for the Post－cold War Era，" *Tijdschrift Voor Economische En Sociale Geografie*，Vol. 86，No. 3，1995，pp. 235－248.

④ Arase D.，Public－private Sector Interest Coordination in Japan's ODA，" *Pacific Affairs*，Vol. 58，No. 2，1994，pp. 171－199.

⑤ Söderberg M.，"Changes in Japanese Foreign Aid Policy，" The European Institute of Japanese Studies Working Paper Series，2002，p. 157.

大藏省主要关注官方发展援助的国家预算。与外务省不同，大藏省没有从外交政策的框架中制定其官方发展援助政策，因此，它不急于应对国际压力以提高日本援助的质量。大藏省通常采用保守的方法来分配预算资源。相对于赠款援助，大藏省通常更喜欢贷款援助，因为贷款意味着还款，从长远来看，对日本来说花费较少，并且贷款属于该部管辖。大藏省经常被批评为对发展中国家没有帮助，因为它对日本的官方发展援助贷款施加的利率要高于世界银行等国际开发银行的贷款利率①。因而，大藏省对援助预算的限制和对贷款援助的青睐又进一步削弱了外务省的影响力，强化了通产省的地位及其所代表的商业利益。

20 世纪 50 年代起，日本官方发展援助计划就纳入了私营部门，从那时起，私营部门在日本援助政策的形成中发挥了关键作用。私营部门的意见和政策建议是通过官方主办的咨询委员会纳入的。1953 年，外交部邀请私营部门领导人组成亚洲经济决策委员会。因此在制定官方发展援助计划时，私营部门可以在官僚的支持下参与②。在某些情况下，日本公司的利益甚至能够影响政府关于赔偿金将流向何处的决定。例如，一位工程顾问久保田（Yutaka Kubota）说服日本政府将大坝建设等有形资本投资项目作为赔偿金的一部分。久保田在日本二战失败后，曾在亚洲国家修建过几座水坝。20 世纪

① Hirata K.，"New Challenges to Japan's Aid：An Analysis of Aid Policy - making，" *Pacific Affairs*，Vol. 62，No. 2，1998，p. 311 - 334.

② Arase D.，Public - private Sector Interest Coordination in Japan's ODA，*Pacific Affairs*，Vol. 58，No. 2，1994，pp. 171 - 199；Furuoka F.，Oishi M.，"From Aid Recipient to Aid Donor：Tracing the Historical Transformation of Japan's Foreign Aid Policy，" *Electronic Journal of Contemporary Japanese Studies*，2010.

50年代初，他去了缅甸，在那里发现了一个潜在的坝址。1953年，当日本和缅甸就赔款问题进行谈判时，他敦促政府将修建大坝纳入讨论范围。起初，政府拒绝考虑他的建议。随后，久保田直接向时任首相吉田茂（Shigeru Yoshida）提出上诉，并说服他该项目将使日本企业受益。在吉田茂首相的干预下，日本政府将修建大坝作为对缅甸的赔偿金的一部分[①]。

（二）能源安全与大国形象的守护者：政府、媒体与民间组织

1. 政府为资源安全性而支持商业活动

20世纪七八十年代，日本政府的政策和官员活动都引导日本对外的经济活动更有助于资源安全。

1973年石油危机之后，通产省经济协力白皮书中提到，日本与资源所有国的经济关系不单是资源关系，也要十分注意政治侧面。只有在经济交流中形成广泛的友好关系，才能确保资源供给的稳定化[②]。为此，1974年，时任外务大臣木村俊雄（Toshio Kimura）作为日本外相访问了埃及和四个撒哈拉以南非洲国家（加纳、尼日利亚、扎伊尔、坦桑尼亚）。木村后来解释了他访问非洲的动机，他对日本经济在稀缺自然资源面前的脆弱性感到震惊，而非洲自然资源丰富却几乎是日本经济外交的处女地，他意识到加强日非关系对日本经济的重要性。同样，1979年，第二次石油危机后，薗田直史

---

① Furuoka F, Oishi M.，"From Aid Recipient to Aid Donor: Tracing the Historical Transformation of Japan's Foreign Aid Policy," *Electronic Journal of Contemporary Japanese Studies*, 2010.

② 彭云：《试析日本的援助理念》，《外交评论》（外交学院学报）2009年第2期，第94－104页。

(Naoshi Sonoda)作为第二位访问非洲的外务大臣访问了五个撒哈拉以南非洲国家(尼日利亚、科特迪瓦、塞内加尔、坦桑尼亚和肯尼亚)①。

贸易是获得资源的先决条件,而开展这种贸易需要一定数量的基础设施。日本政府主要以日元贷款的形式来加强与非洲发展中国家的贸易合作,通过双边贸易获取资源、原材料和基建投资工程,以反哺本国经济发展。日本通过对受援国的电站、道路、机场、码头等基础设施投资提供比较优惠的日元有偿贷款,获取工程建设项目,为国内龙头企业走向非洲提供商机。特别是从20世纪80年代以后,由于美日贸易摩擦频发,日元升值步伐加快,国内生产成本不断上升。为了规避美元贬值所带来的汇率风险,日本政府在鼓励企业使用日元进行贸易结算的基础上,通过政府对外提供日元优惠贷款,采购国内企业的出口产能②。此举可谓一石二鸟,既对外提供了经济发展援助,又给予日本国内企业参与海外合作的机遇。

2. 谋求大国地位:外务省、国际组织、媒体与NGO

日本政府在这一时期对日本国情的阐述体现了这一时期的援助理念之一,即把经济协力同日本的经济大国地位和维护和平形象联系起来,援助的外交战略性加强,大国化倾向更加明显。

20世纪80年代,日本政府开始对援助理念展开广泛和深入的探讨,政府开发援助决策的两个关键省厅——通产省和外务省——都发表了专门讨论和阐述日本经济协力理念的报

---

① Makoto S., "Japanese Aid Diplomacy in Africa: An Historical Analysis," *Ritsumeikan Annual Review of International Studies*, 2005.

② 陈子雷:《发展援助,政企合作与全球价值链——日本对外经济合作的经验与启示》,《国际经济合作》2017年第12期,第48-52页。

告书，首次就日本的经济协力理念进行了全面和系统的阐述。1981年4月，外务省发表了《经济协力的理念——为何实施政府开发援助》的报告书。该报告书首先论述了国际援助的一般理念，将其归纳为人道主义、道义考虑和相互依存认识。不过该报告书明确阐述了一般援助理念与各国独自立场之间的关系，认为援助的一般国际理念无法痛切地体会援助对日本切身利益的影响，不能很好地向国民解释为何把本可运用于提高国民福利的大笔资金抛向国外。英美等西方国家由于人民生活富足感强、具有基于基督教的慈善主义传统，并且不同于日本单一民族，西方国家具有不同人种共同生活的经验，从而具有把援助的一般国际理念广为传播并为民众所认可的根基，而日本缺少这样的根基。因此，需要从日本的实际国情出发，解释为什么要实施和加强政府开发援助。为此，上述报告书指出，对外援助是日本作为和平国家而必须付出的代价，是日本保持经济大国地位必须付出的代价，是弥补日本高度对外依存的弱点的有效手段，也是日本作为非西方现代化模式的成功典范、构筑合理南北秩序的历史使命①。

另外，加强与国际组织的合作也是日本在这一时期提升国际地位的跳板。自1961年起，日本就作为创始成员加入了DAC。1965年，日本与美国一起成为亚洲开发银行的最大捐款国，最初捐款2亿美元。到20世纪70年代末，日本已成为七国集团以及亚洲协商小组的重要成员②。通过加入这些国际组织，日本政府表明了其促进国际援助协调努力的承诺，

① 彭云：《试析日本的援助理念》，《外交评论》（外交学院学报）2009年第2期，第94－104页。

② Sudo S.，"Japan－Asean Relations：New Dimensions in Japanese Foreign Policy，" *Asian Survey*，Vol. 28，No. 5，1988，pp. 509－225.

并接受了对援助政策的相互评估。日本官员越来越了解其他工业化国家 ODA 项目的标准以及西方政府对日本援助的批评。在加入国际援助机构的过程中，政府应根据某些准则和其他捐助国政府的期望调整其行为，并努力使日本官方发展援助为它们所接受。从 20 世纪 60 年代到 80 年代末，日本回应了其他国家政府的批评，改善了官方发展援助贷款的条件，并通过援助翻倍计划增加了官方发展援助的总额①。

媒体和民间组织在这一时期也对日本援助规模的扩大做出了贡献，主要体现在进行公众宣传、改变日本国民对援助的认识上。例如，非洲在 20 世纪 80 年代经历了自 20 世纪以来最为困难的饥荒和干旱时期，日本的媒体这段时间对非洲情况的大量报道激发了日本社会对非洲饥荒和灾民的关注。所以在这一时期成立了一批帮助非洲受灾人民的 NGO，比如 1985 年成立的对埃塞俄比亚的饥荒问题提供紧急医疗救援的国际保健协力市民会等②。此外，作为对印度支那难民危机的回应，大众媒体，特别是电视，展现了越南、柬埔寨和老挝难民拼命逃离他们国家的画面。他们受苦受难的画面是如此强烈，感动了大部分 20 多岁的日本民众，让他们采取行动提供帮助。许多人到东南亚旅行，如普通公民、学生、医生和护士跨越国境，为他人提供志愿援助③。尽管因印度支那难民危机而新成立的民间组织的数量很少（约 20 个民间组织），但这些新团体开展了全国性运动，保持较高的知名度，并激

① Hirata K., *Bureaucrats and Rebels*: *The Odd Alliance Reshaping Japan's Foreign Aid*, The University of Hawall, 2001.

② 胡澎：《日本 NGO 的发展及其在外交中的作用》，《日本学刊》2011 年第 4 期，第 115－28 页。

③ Hirata K., *Civil Society in Japan*: *The Growing Role of NGO's in Tokyo's Aid and Development Policy*, Springer, 2002.

发人们加入他们或组织类似的团体，一批市民通过参与 NGO 的活动，拓宽了视野，日本民众的意识中 NGO、志愿者等概念不断得以普及和加深。印度支那难民危机并未导致日本民间组织的全面运动，但确实向广大公众宣传了援助日本以外有需要的人的重要性。另外，20 世纪 80 年代末，随着民间组织数量的增加，在民间组织之间分享信息和经验的需要也有所增长。日本民间组织国际合作中心、关西民间组织理事会、名古屋和第三世界交流中心均成立于 1987 年，以发展跨领域的广泛网络。这些网络型民间组织开始在组织间的信息和经验共享、组织发展、向公众传播信息、促进宣传工作、促进与政府对话、促进国家一级民间组织网络等方面发挥重要作用①。

（三）发展型国家的践行者：政府、私营部门和学界等多元主体

1. 发展型国家：政府与私营部门的联盟、学界的贡献、国际组织的阻碍

这一时期，学者们对日本自二战以来的发展经验的研究，为日本援助纳入发展型国家的理念奠定了基础。约翰逊在其开创性的著作《通产省与日本奇迹》中总结了日本的发展经验，认为日本官僚机构是自治的，不受政治和社会力量要挟，同时具有强烈的发展意愿。日本官僚机构，特别是通产省，通过行政来指导和保护日本战略产业，要求目标行业遵守其政策，发挥了强有力的领导作用。通产省 20 世纪 60 年代在日本引起了产业结构的变化（即从轻工业向化学工业和重工

---

① JICA, "Understanding Japanese NGOs from Facts and Practices," JICA, 2008.

业的转变），进而为日本的快速经济增长做出了贡献。此外，官僚机构能够通过一种称为"amakudari"（从天而降）的做法与公司部门建立密切关系，该做法使前官员退休后在私营公司的高级职位上担任职务①。

日本学者在这一时期也对日本自二战以来的发展经验做出了阐述，进一步明确了日本作为发展型国家的政策要件。学者们认为，日本当局的特点是对市场进行有力的干预。日本在第二次世界大战结束后的头15年里大力促进一些薄弱工业的发展，并通过提供关税保护和金额优惠等手段鼓励引进先进技术并建立合理化的工业集团，特别是鼓励在国际市场上具有规模经济和高固定成本，并有借鉴经验和潜力的产业发展②。在早期受到格外关照的行业包括钢铁工业③、汽车工业④、纺织工业⑤，造船业⑥、铝加工业⑦。后来，产业政策的重点范围缩小并集中在技术方面，例如鼓励为大规模电路建立技术基地、电子和半导体业等⑧。直到20世纪70年代早

① Johnson C., *Miti and the Japanese Miracle: the Growth of Industrial Policy: 1925 - 1975* , Stanford University Press, 1982.

② Worldbank, *East Asian Miracle: Economic Growth and Public Policy*, Oxford University Press, 1993.

③ Yamawaki H., "The Steel Industry," *Industrial Policy of Japan*, The Japanese Economy, 1988, pp. 281 - 302.

④ Mutoh H., "The Automotive Industry," *Industrial Policy of Japan*, The Japanese Economy, 1988, p. 330.

⑤ Uekusa M., Komiya R., Okuno M., et al., *Industrial Policy of Japan*, The Japanese Economy, 1988, pp. 34 - 58.

⑥ Yonezawa Y., "The Shipbuilding Industry," *Industrial Policy of Japan*, The Japanese Economy, 1988, pp. 445 - 449.

⑦ Tanaka N., "Aluminum refining industry," *Industrial Policy of Japan*, The Japanese Economy, 1988, 451 - 471.

⑧ Uekusa M., Komiya R., Okuno M., et al., *Industrial Policy of Japan*, The Japanese Economy, 1988, pp. 34 - 58.

期，日本的产业政策由许多部分组成[①]，政府向大型企业提供指导性贷款，并保护国内市场以帮助企业实现规模经济。例如通产省将外汇分配给大型企业，同时常常要求获得许可证的公司与其他日本公司分享它们的信息。相对较高程度的保护做法也成为帮助企业出口成功战略的一部分。直到 1978 年，整个制造业平均实际保护率是 22%[②]。

在对日本援助的研究中，日本学者 Arase 支持发展型国家中政府与私营部门协调合作的观点。Arase 认为，"官僚行为能够消除其相互矛盾的观点，并与商业部门共同努力以实现国家议程，即一心一意地追求商业利益"。Arase 特别强调企业与官僚机构（主要是通产省）之间的亲密关系。但在他看来，官僚机构与企业之间的关系并不平等："私营部门隶属于并依赖于官僚机构，要执照和批准才能成为该系统的成员，它必须遵循行政指导作为组织规范"[③]。同时，Arase 认为日本"官僚机构太强、党派性太强，立法机构的作用太弱，政府与私营部门之间的联系太制度化、排他性太强，不容易将其他主体如民间组织等纳入决策体系"[④]。

有了发展型国家这一论述，20 世纪 80 年代初，当世界银行开始倡导私有化和自由市场时，日本政府和世界银行走上

---

① Yamamura K.，"Caveat Emptor：The Industrial Policy of Japan，" P. Krugman ed.，*Strategic Trade Policy and the New International Economics*，The MIT Press，1988.

② Krugman P. R.，*Strategic Trade Policy and the New International Economics*，The MIT Press，1986.

③ Arase D.，*Buying Power*：*the Political Economy of Japan's Foreign Aid*，Lynne Rienner Publishers，1995.

④ Hirata K.，"Whither the Developmental State? The Growing Role of NGOs in Japanese aid Policymaking，" *Journal of Comparative Policy Analysis*，*Vol.* 4，*No.* 2，2002，pp. 165－188.

了截然不同的道路，即注重政府干预、通过补贴等手段扶持策略产业的发展型国家道路。例如，1987 年，通产省公布了《新亚洲产业发展规划》，提出东南亚国家工业化的区域战略。该规划指出，“日本将越来越多地使用其援助作为吸引日本制造商或其他工业企业的种子资金，定向信贷（即补贴、定向或专项信贷）将是这一战略的关键工具”。20 世纪 80 年代末，大藏省成立了东盟 - 日本发展基金，由 OECF 管理，为支持私营部门发展提供直接信贷[①]。

专栏 5 - 1　泰国电话网扩充贷款项目

20 世纪 70 年代，通信部门被定位为泰国社会经济开发中最重要的经济基础，泰国政府为了改善通信服务，通过泰国电话公司（Telephone Organization of Thailand）实施了很多项目。但在经济快速发展的泰国，1984 年至 1990 年间国内电话需求翻了一番，由于国内线路容量仍然不足，等待接入的用户数量不断上涨，同时贸易扩大使海外公司进入市场的数量迅速增加，国际电话的需求也急剧增加，而且经常打不通。

本项目的目标是应对泰国电话需求的快速增长，进行曼谷市内传输、首都圈外传输、用户电缆的扩充。日本承诺提供两期项目贷款，第一期承诺额为 67.16 亿日元、项目时间为 1987 ~ 1989 年，第二期承诺额为 242.96 亿日元、项目结束时间为 1994 年。贷款和执行机构为泰国电话公司[②]。

① Seddon D.，“Japanese And British Overseas Aid Compared，” *Japan's Foreign Aid*，Routledge，2012，pp. 55 - 94.

② JICA，*Thai Telephone Network Expansion Business*：*Telephone Network Expansion Project*，JICA，2001.

为了进一步推动这一想法，日本发起了一场运动，旨在使世界银行放弃对定向信贷政策的全面反对，改变世界银行关于国家在发展战略中作用的核心理念，并更加关注东亚发展经验的特殊性。日本希望，通过这种方式，世界银行将赞赏日本对发展经验的贡献，并认识到日本在发展思维方面的领导作用①。日本政府资助了世界银行题为“东亚奇迹”的研究，探讨了日本、韩国、泰国、印度尼西亚和亚洲其他地方经济成功的原因。该报告强调了政府在引导这些经济体走向成功方面的关键作用和政府机构能力的重要性，阐明了东亚国家的政府引导资本积累、保护具有国际竞争性产业、制定引导市场的产业政策这一系列经验②。

同时，1991 年 10 月，OECF 公布了一份有关世界银行结构调整方法的政策文件。它承认，结构调整贷款在某些情况下取得了一些积极成果，但是对整体经验的审查揭示了欠发达国家市场机制的局限性，并对世界银行广泛建议的放松管制、私有化和进口自由化存有一些疑问。该文件尤其批评世界银行在任何情况下都采取了几乎相同的一套鼓励私有化和自由市场的措施，甚至在私营部门非常欠发达的撒哈拉以南非洲地区也是如此。该文件建议必须采取措施促进工业发展并从东亚国家的经验中吸取教训③。

---

① Seddon D. , “Japanese and British Overseas Aid Compared,” *Japan's Foreign Aid*, Routledge, 2012, pp. 55 – 94.

② Lancaster C. , *Foreign Aid*: *Diplomacy*, *Development*, *Domestic Politics*, University of Chicago Press, 2008; Katada S. N. , Japan's Two – track Aid Approach: the Forces Behind Competing Triads,” *Asian Survey*, Vol. 42, No. 2, 2002, pp. 320 – 42.

③ Seddon D. , “Japanese and British Overseas Aid Compared,” Japan's Foreign Aid, Routledge, 2012, pp. 55 – 94.

这一时期除了政府的引导外，日本的行业、贸易和商业协会是发展型国家的政商关系的重要体现，因为这些协会是日本官僚与私营部门之间的利益和影响力互通渠道，在确定官方发展援助政策的走向上的作用非常重要，高度聚合的跨部门高峰协会已经能够定义私营部门想要的援助政策[①]。日本公司虽然没有正式参与确定贷款分配，但是可以通过通产省在援助计划中体现商业利益[②]。例如，官方发展援助政策中最重要的私营部门窗口是日本经济团体联合会，它在日本企业领域是政策共识的制定者，并且通过其经济合作常务委员会深入参与经济合作。关于官方发展援助，经济团体联合会强调了私营部门在官方发展援助中的重要性，建议政府起草一项官方发展援助章程，以减少决策中的保密性和官僚主义。然而，经济团体联合会既没有呼吁进行国会辩论或立法，也没有要求建立更集中的行政或预算控制系统，而是呼吁将私营部门自己的提案纳入经济合作中[③]。

但是，对于日本这一套发展型国家的叙事，当时以世界银行、国际货币基金组织为代表的倡导新自由主义的国际金融机构并不十分赞同。20 世纪 70 年代后期开始，由于凯恩斯主义主张的国家干预无法解决滞涨的困境，新自由主义成为发展主导思想，结构调整方案也成为世界银行、IMF、美国等 DAC 国家进行援助时大力推行的发展药方。新自由主义主张自由市场，比如实施竞争性汇率制度，贸易自由化，国有企

① Arase D. , "Public - private Sector Interest Coordination in Japan's ODA," *Pacific Affairs*, Vol. 58, No. 2, 1994, pp. 171 - 199.

② Inada J. , "Japan's Aid Diplomacy: Economic, Political or Strategic?" *Millennium*, Vol. 18, No. 3, 1989, pp. 399 - 414.

③ Arase D. , "Public - private Sector Interest Coordination in Japan's ODA," *Pacific Affairs*, Vol. 58, No. 2, 1994, pp. 171 - 199.

业私有化等①；反对国家干预，认为不能假定国家是公正和万能的社会监护人，政府最好不要纠正市场，只能限制于确定游戏规则、作为执行规则的裁判②。到 20 世纪 90 年代，国际话语较 20 世纪五六十年代已经有了巨大转变。20 世纪五六十年代的发展经济学家，如提出“起飞模型”的罗斯托、主张“大推进”的罗森斯坦·罗丹等，普遍认为政府规划的主导产业、工业化、资本积累等因素在经济腾飞中至关重要。当时的援助领域也不排斥国家与私营部门的合作，如 1964 年联合国贸易和发展会议提出的口号“贸易而不是援助”，贸易和援助结合可以通过涓滴效应使欠发达国家实现经济增长。但 20 世纪 90 年代主流的援助理念已经有了很大的变化，国际援助的重点转移到了减贫、人道主义考虑上，世界银行等国际组织、DAC 国家通过基本需求等概念推广了这一理念③。因此，西方国家所构建的援助规则要求援助去捆绑化，认为援助不应该过多地与私营部门的商业利益挂钩。在此类论述的基础上，新自由主义也把东亚的发展型国家解释为东亚国家逐步实现市场自由化的结果。如世界银行关于东亚奇迹的报告虽然由日本资助，但该报告中指出，东亚国家的人力和资源积累并不能保证经济成功，还需要依赖市场机制来指导劳动力和资本市场的分配决策，控制存贷款利率对市场所造成的扭

① Williamson J.，“The Strange History of the Washington Consensus，” *Journal of Post Keynesian Economics*，Vol. 27，No. 2，2004，pp. 195 – 206.

② Chang H. J.，“Breaking the Mould：An Institutionalist Political Economy Alternative to the Neo - liberal Theory of the Market and the State，” *Cambridge Journal of Economics*，*Vol.* 26，*No.* 5，2002，*pp.* 539 – 59；Friedman M.，*Capitalism and Freedom*，University of Chicago Press，2009.

③ Tsunekawa K.，“Objectives And Institutions for Japan's Official Development Assistance（ODA）：Evolution and Challenges，” ODA，2014.

曲程度，且有效运用了国际经济，向国际竞争开放等①。正是由于国际金融机构所推动的新自由主义思想，日本提出的发展型国家方案受到了削弱，没有成为国际社会的主流。因此，日本的援助建立在不够稳固的知识基础之上，为金融危机后援助地位的下降、商业利益的重提埋下了伏笔。

2. 对抗援助的腐败和低效：NGO 与媒体的推动、政府的让步、私营部门的利益

从日本开始援助直到 20 世纪 80 年代，民间组织与国家援助官员几乎没有合作甚至接触。几十年来，日本民间社会几乎没有空间参与日本官方发展援助的决策或项目执行。日本作为发展型国家一直由官僚精英领导，对外援助是日本促进国内经济发展的外交工具。正如约翰逊所说，日本发展型国家在促进独特的工业化模式方面发挥了关键作用，将自由企业和国家主导的发展结合起来，官僚机构通过监督、指导和援助，与商界保持联盟关系。在这个系统中，来自官僚机构的退休官僚获得了私营部门的最高管理职位。这样的特征是日本经济快速增长的关键因素②。援助也自然而然地被用来帮助日本企业获得海外市场，援助合同主要是给日本企业的，援助项目是在日本企业经济潜力最大的地区设立的③。

但 NGO 被排除在联盟之外。在发展型国家时期，经济快速增长成为联盟的中心目标，而被视为与经济增长无关或有

① Worldbank, *East Asian Miracle: Economic Growth and Public Policy*, Oxford Univevsity press, 1993.

② Johnson C., *MITI and the Japanese Miracle: the Growth of Industrial Policy: 1925 - 1975*, Stanford University Press, 1982.

③ Lancaster C., *Foreign Aid: Diplomacy, Development, Domestic Politics*, University of Chicago Press, 2008.

害的事情，如工人权利、环保和人权，则被淡化。早期，大多数公民虽然被排除在发展联盟之外，但也看到了政企联盟在经济发展中的作用，认为这样的安排产生了健全的经济政策和快速增长①。然而，20 世纪 80 年代末以来，公众对发展联盟的看法发生改变，由于国内外发生的政治、经济问题，国家的权威已经开始崩溃，社会对国家的不满达到了前所未有的程度。

到了 20 世纪 80 年代末，日本已成为世界上最大的外援国，并在 90 年代的大部分时间里保持着这一地位。日本作为一个经济和外援超级大国的崛起，引起了国际社会越来越多的关注，其中包括对外援助执行情况的批判性评估。国际社会对日本援助的批评称，日本援助过于商业化、缺乏明确的理念、对环境造成破坏、不够人性化等。例如，1991 年 DAC 的审查称日本的民间组织资助方案“按 DAC 的标准来看相对温和”②；1992 年和 1993 年 DAC 的审查也提到，“日本通过民间组织提供的援助（1989 年为 0.8%）是 DAC 成员中最低的”③。在 1995 年和 1996 年对日本官方发展援助方案的年度审查中，DAC 建议日本应更广泛地利用民间组织，并采取措施为日本的民间组织提供更好的法律地位④。

在日本国内，对外援助也在 20 世纪 80 年代中后期成为

① Hirata K.，*Civil Society in Japan*：*The Growing Role of NGO's in Tokyo's Aid and Development Policy*，Springer，2002.

② OECD，“Aid Review 1990/91，” *Report by the Secretariat and Questions for the Review of Japan*，OECD，1991.

③ OECD，“Aid Review 1992/93，” *Report by the Secretariat and Questions for the Review of Japan*，OECD，1993.

④ Reimann K. D.，*The Rise of Japanese NGOs*：*Activism from above*，Routledge，2009.

公众辩论的话题，日本媒体上出现了几起对外援助丑闻曝光事件，因而出现了一些激进的学者和团体，鼓吹需要采取对社会和环境更负责任的外援政策。出现这一现象是因为日本从 90 年代开始渐渐浮现出亚洲经济危机的前兆，以经济为中心的日本援助计划的合法性和援助中政府与企业的合作也成为公众密切关注的对象。一方面，自 90 年代以来，发展型国家的模式在日本开始衰退。过去，国家发展政策，如各种行政指导和对战略性产业的大量补贴，在短短几十年内给日本人民带来了巨大的繁荣。然而，这一奇迹并没有持续下去，到了日本经济已经完全成熟的时候，日本的发展型国家战略对经济发展起到了一些反作用[①]。保护效率低下的产业免受外国竞争影响的举措，开始削弱日本的经济实力。日本有出口强劲的产业（如汽车），也有国内薄弱落后的产业（如化学品）。高效的出口企业在 20 世纪 90 年代撤出日本，到海外削减成本，但低效率行业依然存在于日本国内，结果使得生产力受到牵连，经济停滞不前。20 世纪 90 年代开始出现的经济衰退迹象表明，日本的发展型国家政策不再像以前那样有效，政府在引导和保护日本低效部门方面的作用逐渐过时了[②]。

另一方面，20 世纪 90 年代，由于腐败和包括高级公务员在内的官僚领导丑闻频发，公众对政府的信心进一步受损。例如，1988 年，信息产业公司 Recruit Corporation 贿赂了执政的自民党（LDP）、反对党和数十名高级官僚和政客，以及

① Hirata K.，*Civil Society in Japan*：*The Growing Role of NGO's in Tokyo's Aid and Development Policy*，Springer，2002.

② Hirata K.，"Whither the Developmental State? The Growing Role of NGOs in Japanese Aid Policymaking，" *Journal of Comparative Policy Analysis*，Vol. 4，No. 2，2002，pp. 165 – 88.

1992 年的 Sagawa Kyubin 卡车运输公司丑闻（该公司向政客大量捐款，并向执政的自由民主党提供有组织犯罪服务）、1996 年的艾滋病病毒感染血液丑闻等等，一系列腐败事件激怒了公众。这些案件暴露了商界领袖、政治家和精英官僚的不道德和非法行为，加深了公众对日本政治和经济体制的不满。过去，日本人民容忍政客和商界领袖的勾结行为，认为这是日本经济快速增长不可避免的副作用。然而，到 20 世纪 90 年代，随着日本经济逐渐疲软，公众对官僚机构的信心骤降。公众开始了解到，作为日本的精英，公务员在信息保密、官僚主义、与私营部门关系等方面往往建立在偏袒和奢侈礼物的基础上[①]。

这些来自国内外的批评很难被忽视。因为日本扩大了官方发展援助计划，将其作为其国际合作外交努力、成为一个新的经济超级大国的中心。而对日本官方发展援助是自私自利、缺乏原则和涉嫌腐败的批评，有可能损害日本的国际形象和其在国际社会中的地位。为了从世界上最大的外国援助捐助国这一称号获得新的外交声望，日本外务省官员开始关注这些批评并回应公众对 ODA 负面影响的评论[②]。作为 DAC 会议和其他政府间组织的与会者，日本外务省官员非常清楚 20 世纪 80 年代国际社会对民间组织的兴趣日益高涨，并越来越感到赶超西方规范的压力。在这种情况下，赶超有两层含义：一是日本必须赶超配套赠款等援助政策项目和其他类型

① Hirata K. , *Civil Society in Japan*: *The Growing Role of NGO's in Tokyo's Aid and Development Policy*, Springer, 2002, Hirata K. , "Whither the Developmental State? The Growing Role of NGOs in Japanese aid Policymaking," *Journal of Comparative Policy Analysis*, Vol. 4, No. 2, 2002, pp. 165 – 88.

② Reimann K. D. , *The Rise of Japanese NGOs*: *Activism From above*, Routledge, 2009.

的民间组织支持项目；二是日本的民间组织部门需要赶超，成为一个看得见的部门，与其他国家的民间组织一道工作。

20 世纪 80 年代中后期，外务省的年度报告和文件显示，它意识到国际社会对民间组织的新关注和新辩论。正如 DAC 报告中越来越多地提到民间组织作为国家发展伙伴的作用、民间组织的相对优势以及捐助者需要更加重视它们一样，外务省也开始在自己的年度官方发展援助报告中更多地关注民间组织问题。外务省的官方发展援助年度报告开始增加与民间组织合作的章节。在 1987 年和 1988 年，外务省的报告对民间组织的讨论从 1985 年和 1986 年的两小段扩大到三页，几乎逐字逐句地介绍了 DAC 报告民间组织作用的表述①。

公共部门援助声望下降的同时，日本公民团体的积极性却在增加，要求政府承担责任，并进行政治和经济改革。一度处于从属地位的民间社会开始想要影响国家的政策，曾经被日本社会边缘化为政治激进分子的民间组织活动人士，在政治舞台上的知名度有所提高。与此同时，民间社会行动者已与国家官员达成了共同目标，并与国家平等合作②。民间组织得到财政援助，开展与政府的政策对话和业务合作，这些都始于 20 世纪 80 年代末和 90 年代，是加强民间组织在发展中作用的积极步骤。随着获得更多资金和表达意见的机会，民间组织已经开始影响外务省的政策。然而，民间组织和外务省在观点上仍然存在巨大差异。民间组织认为，援助应该

① Reimann K. D. , *The Rise of Japanese NGOs: Activism From Above*, Routledge, 2009.

② Hirata K. , *Civil Society in Japan: The Growing Role of NGO's in Tokyo's Aid and Development Policy*, Springer, 2002.

首先惠及受援国人民，而不是惠及日本的利益集团或政府机构。相比之下，外务省官员从根本上努力在政府内部建立和巩固自己的权力基础，这种利益有时会使该部与民间组织的观点相悖①。

专栏5-2　由大学教师成立的民间组织对日本援助的批评

20世纪80年代中期，日本媒体对官方发展援助的报道急剧增加，一些日本公民也因此成立了基层组织，调查日本政府如何与日本企业和受援国政府合作、管理其迅速扩大的官方发展援助计划。例如其中一个团体是重新思考援助公民联盟（REAL），由索菲亚大学教授村井裕久（Yoshinori Murai）于1986年成立。REAL是一个致力于改变日本援助的民间组织。为了进一步促进对援助的调查，村井等人成立了官方发展援助调查研究小组。这个小组由来自日本、菲律宾、印度尼西亚和泰国的约30人组成，出版了一本关于官方发展援助项目的现场报告小册子。小册子指出，商业和政治干预官方发展援助，并且许多日本援助项目对发展中国家的穷人弊大于利。这一说法震惊了许多日本人，他们曾经以为自己的税款被用于人道主义目的②。

20世纪90年代，媒体也加强了对援助腐败和管理不善的

① Hirata K., "Whither the Developmental State? The Growing Role of NGOs in Japanese Aid Policymaking," *Journal of Comparative Policy Analysis*, Vol. 4, No. 2, 2002, pp. 165-188.

② Hirata K., *Civil Society in Japan: The Growing Role of NGO's in Tokyo's Aid and Development Policy*, Springer, 2002.

报道，强化了民间组织的作用。在 20 世纪 80 年代中期以前，媒体、学界和公众对日本的官方发展援助计划几乎没有兴趣。一些学者曾撰文论述官方发展援助决策制度和国家与私人在官方发展援助规划和实施中的勾结，但这主要是在学术界传阅，公众对日本的援助政策几乎一无所知①。

然而，在 20 世纪 80 年代后半期，随着日本官方发展援助支出的迅速增长，它吸引了越来越多的评论。媒体在使公众了解官方发展援助政策和提醒人们注意迅速扩大官方发展援助开支方面发挥了关键作用。如 1980 年，朝日新闻公司出版了一本调查官方发展援助计划的书，揭露了官僚机构和私营部门之间的串通商业交易。一系列事件使得公众相信，日本政府参与了腐败的援助安排、与公司勾结，媒体对 ODA 的报道突然激增。到 20 世纪 90 年代初，官方发展援助丑闻和曝光成为新闻报道的一个常态，甚至在保守派报纸和日本广播公司的节目中也是如此。各大报纸成立了自己的官方发展援助调查小组，并派记者前往发展中国家，调查日本官方发展援助项目上的支出情况。刊登官方发展援助管理不善文章的报纸和杂志开始畅销，英文“ODA”很快成为日本家喻户晓的词汇②。

20 世纪 90 年代中后期，媒体进一步加大了对日本援助的调查力度，反映出媒体报道政府和企业腐败的总体趋势，媒体曝光的援助不当案件继续集中在日本政府、企业和受援国政府之间的串通关系上。引起媒体关注的最臭名昭著的做法之一是 ODA 中的操纵投标。1994 年，日本各大报纸发表文

---

① Hirata K. , *Bureaucrats and Rebels*: *The Odd Alliance Reshaping Japan's Foreign Aid*, The University of Hawall, 2001.

② Hirata K. , *Bureaucrats and Rebels*: *The Odd Alliance Reshaping Japan's Foreign Aid*, The University of Hawall, 2001.

章，报道了公平贸易委员会对近40家日本公司涉嫌操纵投标的调查，其中包括对进行技术合作援助的机械采购贸易公司的调查。因为用于技术合作援助的机器通常成本很低，但是参加公开招标所花费的时间和金钱很多。如果这些公司参加了公开招标，投标的准备工作最终将使这些公司的成本高于他们所投标的机器的实际利润。这些案件引起了公众的注意，并经常出现在国家主要报纸的头版。20世纪90年代媒体最喜欢谈论的另一个话题是日本公司的贿赂行为，这些公司向受援国的当地官员和亲信提供了有利可图的金钱条件。新闻界还报道了援助管理不善和官僚主义内讧，世界银行的日本特别基金（JSF）奖学金就是一个很好的例子。日本政府于1987年成立了联合会，为发展中国家的人们提供海外学习和培训奖学金。虽然大藏省管理的这项基金的主要资助对象是发展中国家的官员，但为日本个人分配了一小部分配额，使他们在完成学习或培训后有资格在国际机构工作。1998年媒体发现，大藏省主导了日本的配额，而没有与其他部委和机构充分分享配额。从1987年到1998年，94名日本基金接受人中，56名是大藏省官员，其余的都来自与该部密切相关的机构，如OECF和进出口银行①。

在报道这些管理不善的案例时，媒体对日本的援助提出了重要的问题：为什么这些类型的援助管理不善情况经常发生？造成援助不当和管理不善的主要原因是什么？媒体查明了问题的五个一般来源：第一，监督援助招标和实施的援助人员严重短缺；第二，缺乏有效的审计机构，以防止腐败和

① Hirata K.，*Bureaucrats and Rebels: The Odd Alliance Reshaping Japan's Foreign Aid*，The University of Hawall，2001.

管理不善；第三，由于一年预算制度，援助实施缺乏灵活性；第四，公民获得援助信息有限；第五，官僚政治。例如，媒体将援助人员短缺和一年的预算编制确定为不丹和印度尼西亚贿赂案背后的主要问题。新闻界报道，发生这些案件主要是由于外务省和JICA的官员工作量太大，缺乏足够的人员来适当监督招标和执行过程，特别是在受援国。

除了公民团体和学者外，企业界也加入了援助辩论。然而，日本企业的观点与民间组织和学术界的观点大相径庭。在支持行政重组和人力资源开发以加强日本政府的组织能力的同时，企业界提出了自己的援助改革方案，并提出了许多民间组织和学术界认为不利于受援者的解决办法。例如，日本经济组织联合会（Keidanren）是由主要工业组织组成的最强大的日本私营联合会，于1997年4月发布了官方发展援助改革提案。该提案中的几点主张与公民团体意见一致，例如通过设立援助机构统一援助管理、提高行政透明度、开发人力资源、取消官方发展援助支出的数量目标。不过，该联合会还呼吁日本企业参与援助计划，特别是通过建设-经营-转让和建设-经营-自有项目的私营部门融资，并建议政府增加日本企业能够赢得投标的基础设施援助。这一提案表明，日本企业坚定地坚持贷款基础设施援助，并抵制向不太以经济为中心的官方发展援助转变①。

（四）公私伙伴关系的维护者：政府、商界与NGO

1. 商业利益：商界施压与政府配合

随着日本经济持续衰退，日本政府成为商业界批评的

① Hirata K., *Bureaucrats and Rebels: The Odd Alliance Reshaping Japan's Foreign Aid*, The University of Hawall, 2001.

对象。由于日本于1988年第4次ODA中期目标时实现了完全“非捆绑化”，此后日本企业在本国对外援建项目中的中标率不断下降，因为政府允许许多高收入发展中国家或地区的企业在援助项目上与日本公司竞争。这一时期，韩国、中国台湾等已经取得了高度的工业成功，成为日本制造业和建筑业公司的经济竞争对手。由于日本企业通常无法在实施援助项目的成本上与这些国家或地区的企业竞争，许多项目都流向了亚洲新兴工业化国家的企业①。例如，日本公司在1986年获得了官方发展援助贷款的67%，但在1999年所占份额却低得多，只有29%。同期，发展中国家的份额从24%上升到57%，除日本外的OECD成员也将其份额从9%增加到14%②。

因而，日本国内呼吁将官方发展援助项目与日本的商业利益重新挂钩。日本商界试图向日本政府施压，要求日本政府将亚洲金融危机期间一次性政府信贷项目与在日本企业的采购挂钩。日本商界人士认为，政府应根据东亚经济一体化的不断发展，更好地将官方发展援助纳入日本的经济和贸易政策，使得官方发展援助项目以明确的战略和优先事项为基础，确保日本的利益和繁荣。因此，日本经济的长期低迷，使得日本企业更多地寻求海外盈利的商业机会，商业利益逐步恢复到援助政策目标的最初显著地位③。例如，随着日本公司开始失去对日本贷款项目的竞标，他们开始对国际竞争对

① 金熙德：《日本政府开发援助》，社会科学文献出版社，2000。

② Sunaga K.，“The reshaping of Japan's official development assistance（ODA）Charter，” *FASID*（*Foundation for Advanced Studies on International Development*）*Discussion Paper on Development Assistance*，No. 3，Tokyo，2004.

③ Jain P.，*National Interest and Japan's Foreign Aid Policy*，Kokusai Mondai，2014，pp. 15 – 25.

手发动攻势。1996年，日本建筑公司与OECF和Keidanren组成了一个研究小组。该小组的目的是重新评估日本贷款援助的招标制度，以改善该机制，该小组认为这需要改变当前的招标标准，投标人的技术能力应成为选择投标的标准之一。显然，这种改变将使更多的日本公司可以中标日本的贷款援助，因为日本公司在技术上比发展中国家的公司先进①。

在日本私营部门的努力下，1996年2月，MITI的经济合作委员会建议日本对发展中国家的财政援助主要用于降低私人投资者进行基础设施投资的风险，还呼吁利用官方发展援助为每一个具有公共性质的项目提供担保②。同年，日本政府宣布将在欠发达国家无条件援助的基础上启动一项新的贷款援助计划，即只允许日本或发展中国家的企业投标贷款项目，消除来自其他国家公司的竞争，这使日本私营部门更容易在竞标上取得胜利。这个新的援助项目将提供0.75%利息的贷款。这些新贷款旨在推动日本企业参与日本官方发展援助，并重新获得私营部门对日本援助的支持③。近年来，随着对外援助向发展合作概念的转换，日本更是将促进公私伙伴关系视为其2015年颁布的《发展合作宪章》的主要特点，同时也将其视为解决全球议题的手段之一④。该宪章强调“要促进公私伙伴关系，让发展合作成为扩大经济活动的催化剂，同时

① Hirata K., "New Challenges to Japan's Aid: An Analysis of Aid Policy - making," *Pacific Affairs*, Vol. 62, No. 2, 1998, pp. 311 - 334.

② Hook S. W., Zhang G., "Japan's Aid Policy Since the Cold War: Rhetoric and Reality," *Asian survey*, Vol. 38, No. 11, 1998, pp. 1051 - 1066.

③ Hirata K., "New Challenges to Japan's Aid: An Analysis of Aid Policy - making," *Pacific Affairs*, Vol. 62, No. 2, 1998, pp. 311 - 334.

④ MOFA, "Characteristics of Japan's ODA [EB/OL]," MOFA, 2021 08.09, https://www.mofa.go.jp/policy/oda/characteristics_ index.html.

利用优秀的技术和专门知识以及私营部门的充足资金来应对发展中国家面临的挑战，同时通过考虑包容性、可持续性、韧性和能力建设等方面，使得与发展合作一起进行的私人投资更有助于发展中国家的高质量增长”①。

2. 政府与 NGO 的转变拓宽发展合作议题

进入 21 世纪后，日本政府通过关于援助的新政策文件，将援助概念从单纯的 ODA 向更注重互利合作、领域更广泛的国际发展合作转变，将援助意图从商业利益向安全、减贫、社会福利等方面扩大。

1998 年的《21 世纪官方发展援助改革理事会最终报告》指出：“日本需要在提供紧急人道主义援助的同时探索经济独立的长期前景，并应优先提供援助，以满足基本的人的需要、人力资源开发和其他有望促进消除贫困的领域”。在结论中，该报告敦促日本政府在“通过协助南南合作，协调与其他工业大国的援助，以及与多边机构的合作，形成全球伙伴关系”方面发挥领导作用。换句话说，日本开始从严格执行经济发展政策转向将经济发展和消除贫困结合起来的战略。在官方发展援助的十个目标清单中，该报告将消除贫困和社会发展放在首位，第二项目标是基础设施建设②。2003 年《发展合作大纲》中使用的“发展合作”一词涵盖诸多活动，如维护和平、政府治理、促进基本人权、人道主义援助等③。2010 年 6 月，外务省编写了题为“增进开明的国家利益：与世界

① Cabinetdecision, “Cabinet Decision on the Development Cooperation Charter,” MOFA, 2015.

② MOFA, “Council on ODA Reforms for the 21st Century Final Report,” MOFA, 1998.

③ 姚帅：《透视日本对外援助新政策》，《国际经济合作》2015 年第 5 期，第 63 - 66 页。

和谐相处，促进和平与繁荣”的报告。外务省之所以采用发展合作这个说法，是基于以下认识：“第一，通过全球和平与繁荣，可以实现日本的和平与繁荣。日本将继续为解决全球挑战做出积极贡献，从而创造更好的国际环境。第二，在这个全球化的世界中，对发展中国家的援助不是慈善，而是一种追求包括日本在内的世界共同利益的方式。为此，日本需要充分利用人力资源，专门知识，财政资源和技术，开展发展合作”①。在该报告中，外务省进一步说明了发展合作的三大支柱：“一是要减少贫困，为实现千年发展目标做出贡献，与发展中国家人民合作，共同实现人类安全。二是要投资和平，和平与稳定是实现千年发展目标的先决条件。为防止冲突和巩固和平，日本不仅将提供紧急人道主义援助，还将提供战后重建和经济发展援助。三是要支持发展中国家的可持续发展，与它们分享日本在战后重建和发展方面的经验以及专门知识、技术和系统，这也能使日本经济恢复活力。环境（包括气候变化）、基础设施发展和投资环境（包括法律和司法制度发展）是优先问题”②。2015 年颁布的《发展合作宪章》开篇就指出，该宪章是“日本政府根据内阁 2013 年制定的《国家安全战略》来确立的”，且第一部分就是关于和平与人的安全，并将这一概念分为“冲突、脆弱国家、恐怖主义”和“贫困、自然灾害、传染病”两大部分，指出日本将为实现国际社会的和平、稳定、繁荣发挥更加积极的作用③。

① MOFA, “Enhancing Enlightened National Interest: Living in Harmony with the World and Promoting Peace and Prosperity,” MOFA, 2010.

② MOFA, “Enhancing Enlightened National Interest: Living in Harmony with the World and Promoting Peace and Prosperity,” MOFA, 2010.

③ MOFA, “Concept of the ‘Human Security’”, MOFA, 2021.

NGO 所关注的援助领域也助推了日本援助的多元化。随着日本 NGO 数量和影响力的增长，它们已经在符合其目标的国际援助领域中发挥了作用。一方面，一些民间组织（如 JVC）已成为政府援助项目的监督者，并批评了日本援助的质量。这样一来，它们给政府施加了压力，要求其改变日本的官方发展援助政策。这些民间组织总体上关注环境保护、人权和人们对发展的参与，反对他们认为未能帮助穷人的日本官方发展援助基础设施项目。另一方面，民间组织还致力于与政府合作并提高自身提供援助的能力，它们希望日本政府扩大社会领域的官方发展援助项目，并将民间组织纳入政策规划和实施中①。

例如，日本 50 多个民间组织和一些学者成立了官方发展援助改革公民 - 民间组织联络委员会（2000 年更名为官方发展援助改革网络），以推动日本政府进行官方发展援助改革。1997 年 6 月，该组织向财政部提交了一份援助改革提案。该提案包含七项关键要求：第一，澄清官方发展援助理论（即官方发展援助应用于改善最贫穷者的生计和自力更生）；第二，确定社会发展领域支出的优先次序（即从基础设施硬援助转向基层软援助）；第三，统一援助管理（即设立官方发展援助机构）；第四，制定援助准则和官方发展援助法；第五，促进公民参与官方发展援助；第六，在议会中设立官方发展援助委员会，要求官僚机构提供关于援助的详细资料；第七，促进援助和发展教育，提高公众认识。该组织强调，日本有义务做出努力，为可持续的人类发展做出

① Hirata K.，*Civil Society in Japan: The Growing Role of NGO's in Tokyo's Aid and Development Policy*，Springer，2002.

贡献，并将20世纪90年代的几次联合国会议（例如1992年里约热内卢地球首脑会议、开罗人口会议和1995年哥本哈根社会发展首脑会议）作为参考，认为日本在这些会议上签署了宣言和行动计划，政府有义务确保日本的官方发展援助政策符合这些国际协定，而非片面强调日本自身的商业利益[①]。

三　多元主体参与实践

（一）肯尼亚蒙巴萨国际机场项目

这一时期日本政府和企业相互配合，进行了基于请求的援助方法，将援助视为日本公司通往亚洲受援国市场的桥梁。

日本外务省赔偿审议委员会由外交部于1954年成立，理论上，受援国向日本政府提出正式的融资请求，委员会将予以考虑，如果认为该项目值得，将予以批准。实际上，在发展中国家的日本公司往往会确定项目并向发展中国家政府提出建议，然后由发展中国家政府“请求”日本政府资助这些项目。一旦得到东京的批准，这些日本公司会实施这些项目[②]。赔偿资金拨给了日本私营部门的公司，而不是给受援国的政府。然后这些公司提供了日本缺乏竞争力的资本商品，以免将日本商品和服务的正常商业销售转移给赔偿接受者[③]。

---

① Hirata K., *Civil Society in Japan: The Growing Role of NGO's in Tokyo's Aid and Development Policy*, Springer, 2002.

② Lancaster C., *Foreign Aid: Diplomacy, Development, Domestic Politics*, University of Chicago Press, 2008; Orr JR R. M., "Japanese Foreign Aid in a New Global Era," *SAIS Review*, Vol. 11, No. 2, 1991, pp. 135 – 148.

③ Arase D., "Public – private Sector Interest Coordination in Japan's ODA," *Pacific Affairs*, Vol. 58, No. 2, 1994, pp. 171 – 199.

在赔偿和准赔偿中提供的物资主要有机械类、成套设备、船舶、上下水道、桥梁和水坝等资本物资[①]。这一做法有助于缓解日本政府在受援国负责援助政策的人员紧张的压力；同时帮助日本公司扩大生产和出口，为日本公司在陌生的发展中国家市场上开发和出口工业产品提供了有保证的销售渠道和生产设施，吸引了日本商业发展活动涌入受援国[②]。通过提供战争赔偿，日本改变了以轻工业品为主要出口商品的局面，为以更高的产业形态占领亚洲市场铺平了道路。其中一些项目还涉及开发原材料生产，例如棉花和木材产品，日本可以进口这些产品以满足其工业需要[③]。

基于请求的方法的最积极的实践者自然是日本的公司。这些经济合作式的赔偿一直持续到 20 世纪 60 年代中期，为日本工业的重建和海外扩张做出了巨大贡献。私营部门参与战争赔偿对它们的主要影响有：①能够稳步提高参与赔偿的主要行业在世界市场上的竞争力，如钢铁、机械和汽车；②在当地市场开拓新兴产品及其需求，有助于日本公司通过出口进入这些国家的市场；③建筑业首次有机会走出国门[④]。

专栏 5－3　日本三菱公司在肯尼亚实践基于请求的方法

20 世纪 60 年代末，三菱公司（Mitsubishi Corporation）提

① 金熙德：《日本政府开发援助》，社会科学文献出版社，2000。

② Arase D.，"Public－private Sector Interest Coordination in Japan's ODA，" *Pacific Affairs*，Vol. 58，No. 2，1994，pp. 171－199；Inada J.，"Japan's Aid Diplomacy：Economic，Political or Strategic?" *Millennium*，Vol. 18，No. 3，1989，pp. 399－414.

③ Lancaster C.，*Foreign Aid：Diplomacy，Development，Domestic Politics*，University of Chicago Press，2008.

④ Ibonfoundation，"Fifty Years of Japan ODA：A Critical Review for ODA reform，" 2005.

出在肯尼亚蒙巴萨（Mombasa）建设国际机场的想法，以开发有前景的旅游资源。1970年该公司进行了可行性研究，项目受到肯尼亚政府的热烈欢迎，但肯尼亚政府无法为该项目提供资金。三菱公司随后游说日本政府提供日元特别贷款。尽管以前从未向非洲国家提供过此类贷款，但日本政府在犹豫了一段时间后，终于对其进行经济援助。三菱公司花了三年时间获得了必要的资金，又花了五年时间完成了机场建设。该公司利用其组织者/协调人的能力安排和监督所有建筑工程，还负责雇用建筑商、采购材料和设备①。

（二）大型经济基础设施项目

1. 政府的援助目标国选择和企业的积极参与

这一时期，日本政府对非洲的一系列援助措施体现出了日本对资源和经济安全的重视。石油危机的影响使得日本将外国援助瞄准了资源丰富的国家，非洲成为这样一个新的亮点地区。在20世纪80年代，日本援助的最大接受国可分为三类：①对日本工业至关重要的原材料来源国，例如提供铜的赞比亚和扎伊尔、提供铀的尼泊尔和提供铬的马达斯加；②这类原材料的潜在未来来源国，包括铬资源储备丰富的苏丹和石油储备丰富的加蓬；③肯尼亚、尼日利亚等有能力接受日本出口的主要经济市场②。

日本政府还特别向有影响力的非洲国家提供援助，尽管这些国家对日本几乎不能提供任何直接经济利益，但这些国

---

① Arase D.，"Public – private Sector Interest Coordination in Japan's ODA，" *Pacific Affairs*，Vol. 58，No. 2，1994，pp. 171 – 199.

② Schraeder P. J.，Hook S. W.，Taylor B.，"Clarifying the Foreign aid Puzzle：A Comparison of American，Japanese，French，and Swedish Aid Flows，" *World Politics*，Vol. 50，No. 2，1998，pp. 294 – 323.

家在区域上有影响力，因而对区域经济政策很重要。例如，尽管当时坦桑尼亚与日本缺乏有意义的经济联系，但它在20世纪80年代一直是日本对外援助的最大受援国之一。这是因为坦桑尼亚前总统朱利叶斯·尼雷尔是南部非洲最具影响力的领导人，而南部非洲是日本在非洲最有利可图的市场①。1973~1987年，日本共对坦桑尼亚提供援助353.75亿日元。其中超过10亿日元的项目如下：非项目援款25亿日元（1987），乞力马扎罗农工发展中心建筑项目20亿日元（1979），塞兰德尔大桥建筑项目15亿日元（1980），达累斯萨拉姆电力项目13.2亿日元（1986）和11.45亿日元（1987），渔业促进项目11.40亿日元（1984）②。

除了非洲外，日本也没有放松在亚洲获取经济利益。通产省金属矿业局和日本石油公司确定了旨在满足日本工业矿物和石油需求的项目③。通产省提出了一项“全面经济安全”政策，其中援助（连同贸易和投资）将继续加强日本与相互依存的发展中国家的联系，扩大和多样化所需的食品和原材料进口来源（首先是石油），鼓励基础产业向海外转移，并允许更多对国内高科技产业的投资，从而帮助日本产业重组。此前，通产省制定了亚洲工业发展计划和东盟-日本发展基金（ASEAN-Japan Development Fund），这两个基金都有援助

① Schraeder P. J., Hook S. W., Taylor B., “Clarifying the Foreign aid Puzzle: A Comparison of American, Japanese, French, and Swedish Aid Flows,” *World Politics*, Vol. 50, No. 2, 1998, pp. 294-323.

② 李安山：《东京非洲发展国际会议与日本援助非洲政策》，《西亚非洲》2008年第5期，第5-13页。

③ Schraeder P. J., Hook S. W., Taylor B., “Clarifying the Foreign aid Puzzle: A Comparison of American, Japanese, French, and Swedish Aid Flows,” *World Politics*, Vol. 50, No. 2, 1998, pp. 294-323.

部分[①]。这些活动都说明日本政策制定者在亚洲的决策中也特别关注确保原材料的供应。

私营部门在这一时期也没有错过政府为了获取资源而对商业的激励。由于用于大型经济基础设施项目（运输、能源、通信和河流开发）的资金比例很高，并且政府缺乏可用的援助人员，这为私营部门参与项目确定、实施、评估等提供了机会[②]。在这一时期援助项目的实施上，日本的行业协会以各种方式参与了项目活动，包括由官方发展援助资助的项目调查团。例如，工程咨询公司协会（ECFA）、日本咨询协会（JCI）及其他工厂出口商的主要协会可以在通产省的支持下开展项目调查任务。日本海外建筑协会和日本铁路技术服务协会向JICA和OECF提供人员，或向成员公司提供人员，以支持政府的技术援助和项目评估活动[③]。

随后在20世纪80年代，日本企业也加大了对外直接投资力度，向海外进行生产转移，构建海外生产和出口基地，开拓全球商品市场。企业通过海外并购和投资建厂，在全球范围内打造海外生产基地，这样能充分利用当地的资源禀赋和比较优势，而不需要耗费日本国内的资源[④]。

---

① Lancaster C. , *Foreign Aid: Diplomacy, Development, Domestic Politics*, University of Chicago Press, 2008.

② Grant R. , "Reshaping Japanese Foreign Aid for the Post - cold War Era," *Tijdschrift Voor Economische En Sociale Geografie*, Vol. 86, No. 3, 1995, pp. 235 – 248.

③ Arase D. , "Public – private Sector Interest Coordination in Japan's ODA," *Pacific Affairs*, Vol. 58, No. 2, 1994, pp. 171 – 199.

④ 陈子雷：《发展援助，政企合作与全球价值链——日本对外经济合作的经验与启示》，《国际经济合作》2017年第12期，第48 – 52页。

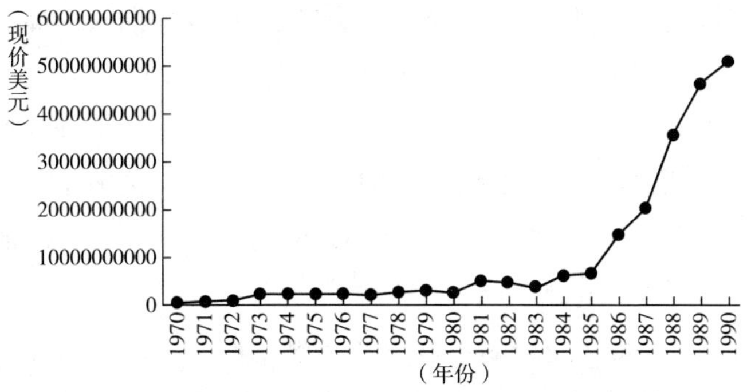

图5－9　日本对外直接投资净流出（1970～1990）

数据来源：世界银行，https：//data. worldbank. org. cn/indicator/BM. KLT. DINV. CD. WD？ end = 1990&locations = JP&start = 1970&view = chart。

2. 政府援助数额的提高和NGO的人道主义援助

这一时期日本政府宣布的一系列援助计划数额引起了国际社会对日本援助的关注。加入经合组织后，日本官方发展援助支出大体上与其国内生产总值的增长相符，并在1973年上升为经合组织第四大捐助国。1978年，日本排名第三，并且宣布了“ODA倍增计划”，这使日本在1983年成为世界第二大ODA捐助国①。1987年，日本与世界银行和主要捐助国一道，参与了一项特别援助方案，帮助正在进行调整的低收入、债务问题严重的非洲国家。日本提供了5亿美元的非项目赠款援助，以帮助非洲国家改善经济结构。1988年6月14日，日本在七国首脑会议前夕发表了第四次ODA中期目标，决定使1988～1992年五年间的ODA金额比1983～1987年的ODA金额250亿美元翻一番，达到500亿美元。由于该目标

① Arase D.，*Japan's foreign aid*：*Old continuities and new directions*，Routledge，2012.

值规模相当可观，引起了国际社会广泛重视[①]。同年，日本对撒哈拉以南非洲的双边官方发展援助总额达 9.43 亿美元，超过了美国（7.72 亿美元）[②]。1989 年日本成为世界上排名第一的 ODA 捐助国，官方发展援助拨款达到 109.5 亿美元，超过美国。自 20 世纪 80 年代以来，援助已成为日本最具扩张性的业务之一，遍及全球[③]。

在这一时期也开始出现一些从事人道主义援助的日本民间组织，稍微修饰了日本援助过于关注本国利益的名声。日本民间组织的先驱者在这一时期涌现出来，如 Shanti 志愿者协会、日本国际志愿者中心（成立时名为日本志愿者中心，为了应对印度支那半岛大量难民而成立的，现在已经发展为在亚洲、中东、非洲十国进行国际合作和国际援助的机构庞大的民间组织）、和平国际志愿者会（SVA，为难民提供食物、衣物、药品，开展救援活动，并帮助难民在经济上自立）[④]。这些组织最初的活动重点是紧急救助和提供物资，后来转变为重建工作，包括自力更生和自助活动、帮助难民回国、向国内流离失所者提供援助[⑤]。除了人道主义救助行动外，日本的志愿者组织在这一时期也开展了其他的援助项目，比如日本海外合作志愿者 JOCV 于 1986 年 12 月向塞内加尔的水利和林业监察局派遣了一个环境保护组织小组，小组成员

① 金熙德：《日本政府开发援助》，社会科学文献出版社，2000。

② Raposo P. A. , *Japan's Foreign Aid Policy in Africa: Evaluating the TICAD Process*, Springer, 2014.

③ Ampiah K. , "Japanese Aid to Tanzania: A Study of the Political Marketing of Japan in Africa," *African Affairs*, Vol. 95, No. 378, 1996, pp. 107 - 124.

④ 胡澎：《日本 NGO 的发展及其在外交中的作用》，《日本学刊》2011 年第 4 期，第 115 - 128 页。

⑤ JICA, "Understanding Japanese NGOs from Facts and Practices," JICA, 2008.

包括植树造林、果蔬种植、农业土木工程、汽车维修等方面的志愿者。在与志愿者的合作下，塞内加尔每年能够供应的树苗从6万棵左右增加到20万~25万棵。该项目还力求提高人们对植树造林必要性的认识，农村社区发展类的志愿人员在多地举办研讨会，向人们介绍具体技术①。

（三）TICAD：对亚洲模式的推广、政府与民间组织合作改善援助形象

1. 政府积极推广亚洲模式

这一时期，日本政府在东京非洲发展国际会议、援助宪章等对非洲援助的平台上积极推广亚洲模式。

1992年，日本呼吁召开第一届东京非洲发展国际会议（TICAD I），这是一次由捐助界、非洲各国政府和民间组织参加的国际会议。据负责TICAD I的外务省官员说，日本组织这次会议的动机有三方面。第一，日本清楚地看到了非洲的需求，并且考虑到日本的经济财富，意识到它可以创造一个积极的援助环境。第二，日本希望被其他大国和世界大多数国家视为全球大国。作为向非洲提供援助的后来者，日本需要在非洲大陆有强大的存在，以此来表明自己是一个主要的捐助国。第三，作为定位亚洲大国战略计划的一部分，日本以TICAD I为平台，提出了所谓的亚洲发展模式②。1993年10月，日本召开了TICAD I。会议有来自48个非洲国家、13个主要捐助者、10个国际组织和45个民间组织的近1000名

---

① JICA, "40 Years of Grassroots Cooperation," JICA, 2020.

② Lehman H., "Japan's Foreign Aid Policy to Africa Since the Tokyo International Conference on African Development," *Pacific Affairs*, Vol. 78, No. 3, 2005, pp. 423-442.

与会者。这次会议最重要的成果是批准了《非洲发展东京宣言》（以下简称《宣言》）。其主题是强调伙伴关系、所有权和亚洲发展模式。《宣言》序言部分指出，该文件将“有助于在非洲国家自力更生和非洲发展伙伴支持的基础上，加强非洲可持续发展新伙伴关系”①。

伙伴关系意味着对发展进程的同等影响和投入，与传统的世界银行和国际货币基金组织向受援国制定政策的做法不同，东京会议的框架明确要求受援国作为平等成员也要对发展过程起到推动作用，而非仅仅等待日本单方面的给予②。例如，1992 年，政府颁布了《官方发展援助宪章》（以下简称《宪章》），《宪章》强烈主张，“日本十分重视支持发展中国家为实现经济起飞而进行的自助努力”③。可以说，日本官方发展援助的基本立场就是支持发展中国家的自助努力，因为这种努力被认为是发展中国家有发展意愿的先决条件，也是发展型国家的一大特征。另外，日本政府在援助类型上与经合组织对援助质量的明确衡量标准存在分歧，OECD 要求提供赠款援助而不是低息贷款，要求与捐助国货物和服务没有捆绑的援助，要求向最不发达国家提供援助，并要求提供多边与双边援助。相比之下，日本的方法虽与 OECD 不同，但日本为精心挑选的发展中国家实现经济起飞的自助努力提供了

① Lehman H.，“Japan's Foreign Aid Policy to Africa Since the Tokyo International Conference on African Development,” *Pacific Affairs*，Vol. 78，No. 3，2005，pp. 423 – 442.

② Lehman H.，“Japan's Foreign Aid Policy to Africa Since the Tokyo International Conference on African Development,” *Pacific Affairs*，Vol. 78，No. 3，2005，pp. 423 242.

③ Sawamura N.，“Japan's Philosophy of Self – help Efforts in International Development Cooperation：Does It Work in Africa,” *Journal of International Cooperation in Education*，Vol. 7，No. 1，2004，pp. 27 – 40.

更好的支持。例如，贷款被认为比赠款更可取，因为偿还责任规定了受援国的义务①。而西方的援助只会鼓励低效的经济政策，延长发展中国家的依赖性。正如日本政府经济官员 Kenko Sone 在 1994 年所说："我们相信援助质量有不止一个含义。在我们看来，借钱对接受者加强了一些约束，鼓励他们更有效地使用资源，而不是我们仅仅把资源给了他们。某些国家有时习惯于简单地拿钱，但接受贷款常常使他们更加努力工作，提高效率"②。

所有权是在非洲确定的发展优先事项时产生的，日本没有直接带着资金和具体项目前往非洲国家，而是等待这些国家政府"当家作主"地满足其发展需要，自己决定有针对性的项目，然后与日本援助机构接洽③。这是由于日本采用的是"基于请求"的项目识别系统，即由受援国识别援助项目并设计，再由捐助者资助。这一"基于请求"的项目识别系统非常接近受援国所有权的理想④。在 1998 年的《东京行动计划》中，"所有权"一词出现 7 次，"伙伴关系"出现 10 次。"自助努力"和"伙伴关系"等提法表达了尊重非洲自主、主张平等关系的理念，是对西方国家援助哲学的否定，更是日本

① Katada S. N. , "Japan's Two - track Aid Approach: the Forces Behind Competing triads," *Asian Survey*, Vol. 42, No. 2, 2002, pp. 320 - 342; Hook S. W. , Zhang G. , "Japan's Aid Policy Since the Cold War: Rhetoric and Reality," *Asian survey*, Vol. 38, No. 11, 1998, pp. 1051 - 1066.

② Hook S. W. , Zhang G. , "Japan's Aid Policy Since the Cold War: Rhetoric and Reality," *Asian survey*, Vol. 38, No. 11, 1998, pp. 1051 - 1066.

③ Lehman H. , "Japan's Foreign Aid Policy to Africa Since the Tokyo International Conference on African Development," *Pacific Affairs*, Vol. 78, No. 3, 2005, pp. 423 - 442.

④ Morrison K. , "The World Bank, Japan, and Aid Effectiveness," *Japan's Foreign Aid. Routledge*, 2012, pp. 37 - 54.

援助新政策的宣示①。

亚洲模式突出了日本与世界银行和其他西方援助国的区别，后者所采取的是植根于华盛顿共识的新自由主义模式。鉴于对过度依赖结构调整政策（SAP）的批评和对亚洲经济发展的解释，日本政府提出了一种以日本自身的经验为中心的替代发展战略。《非洲发展东京宣言》指出："发展成功的背景在于领导层和人民对经济繁荣的坚定承诺、适当的长期发展战略和职能政府管理，以协调一致地利用这些战略"。日本试图提供一个替代性的经济计划，在战略和财政上把日本定位为一个独立和有影响力的领导者②。日本认为自身的现代化相当成功，受它援助的东亚国家经济增速很快，非洲可以吸取亚洲的经验与教训。亚洲具有与非洲同样的殖民地经历，近年来却发展迅速，这种历史相似性对非洲极具吸引力。而世界银行和国际货币基金组织提出的各种发展战略都是以西方的发展为蓝本。这种建立在西方发达国家经验基础上的模式在非洲既不成功，也会引起非洲国家的反感③。

2. **政府与 NGO 合作改善日本援助形象**

为了将以人为本的可持续发展概念纳入日本官方发展援助，外务省也开始寻求日本民间组织的合作。外务省急于与民间组织合作有两个原因。第一，外务省希望民间组织参与政府基层项目的实施，从而弥补日本援助管理部门缺乏援助

---

① 李安山：《东京非洲发展国际会议与日本援助非洲政策》，《西亚非洲》2008 年第 5 期，第 5 - 13 页。

② Lehman H. , "Japan's Foreign Aid Policy to Africa Since the Tokyo International Conference on African Development," *Pacific Affairs*, Vol. 78, No. 3, 2005, pp. 423 - 442.

③ 李安山：《东京非洲发展国际会议与日本援助非洲政策》，《西亚非洲》2008 年第 5 期，第 5 - 13 页。

人员的不足。第二，通过将民间组织纳入援助计划，外务省希望改善日本官方发展援助的形象，减少日本官方发展援助由于在基层缺乏参与而受到的批评①。

20 世纪 90 年代，民间组织与政府的互动主要有三种形式：财政援助、政策对话和业务合作。财政援助是指日本民间组织当时可以从地方政府（如东京、神奈川）和各部（如外务省、环境省、农林水产省）获得若干资金②。对民间组织来说，这也是一个艰难的时期，由于泡沫经济逐渐崩溃，20 世纪 90 年代后半叶，许多民间组织的财政状况不断恶化，它们也非常需要政府提供的各种资金支持③。尽管 20 世纪 90 年代日本经济衰退，但外务省对民间组织的资助自 1989 年以来迅速增加，到 1998 年，民间组织项目的补贴资金已经增长到 1989 年的十倍（从 1.12 亿日元到 11.5 亿日元），对草根项目的援助也扩大了大约 19 倍（从 3 亿日元到 57 亿日元）④（见图 5－10）。

政策对话是指民间组织通过与国家之间进行信息交流和讨论，探讨分歧和协议领域，试图影响政策。政策对话既通过包括政府官员和民间组织成员的委员会和研究小组的正式途径进行，也通过会议和研讨会上的非正式互动进行。首先，在 20 世纪 90 年代中期，政府开始邀请民间组织领导人参加

① Hirata K.，"New Challenges to Japan's Aid：An Analysis of Aid Policy－making，" *Pacific Affairs*，1998，pp. 311－334.

② 胡澎：《日本 NGO 的发展及其在外交中的作用》，《日本学刊》2011 年第 4 期，第 115－128 页。

③ 胡澎：《日本 NGO 的发展及其在外交中的作用》，《日本学刊》2011 年第 4 期，第 115－128 页。

④ Hirata K.，"Whither the Developmental State? The Growing Role of NGOs in Japanese aid Policymaking，" *Journal of Comparative Policy Analysis*，Vol. 4，No. 2，2002，pp. 165－188.

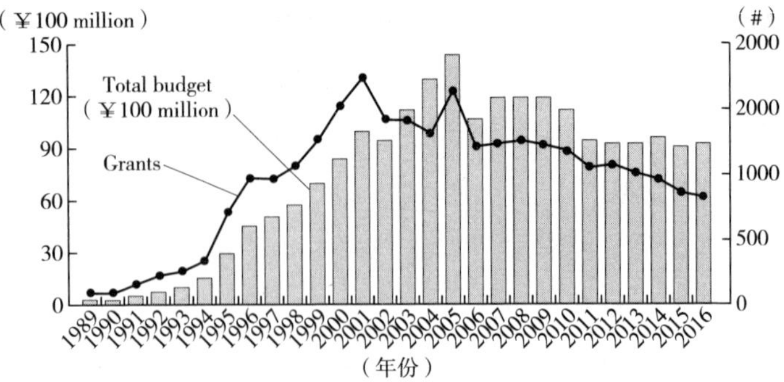

图 5－10　日本草根项目数量和赠款金额

数据来源："White Paper on Development Cooperation 2017"。

各种政策论坛。例如，根据民间组织的要求，日本政府任命了三名民间组织成员作为 1994 年开罗国际人口与发展会议的正式代表。民间组织成员首次被选为日本政府代表团成员，应日本政府邀请参加这次国际会议，这是日本民间组织朝着更具国际知名度和影响力迈出的重要一步。

其次，外交部和民间组织开始举办许多研讨会和会议，以促进对话。例如，民间组织和国家官员之间正在进行的最重要的会议民间组织－外务省定期理事会会议。该理事会成立于 1996 年，通常每季度举行一次会议，约有 10 名民间组织代表和 10 名来自外务省不同部门的代表参加，涉及很多宏观层面的议题，包括不附带条件的援助政策、债务减免和赠款援助政策①。这些政策对话使民间组织获得了许多决策机会。

最后，政策对话促成了民间组织参与的项目合作。通过

① Hirata K.,"Whither the Developmental State? The Growing Role of NGOs in Japanese aid Policymaking," *Journal of Comparative Policy Analysis*, Vol. 4, No. 2, 2002, pp. 165－188.

参与合作，民间组织在微观一级参与基于项目的决策，并直接参与援助执行的所有阶段。在民间组织－外务省的定期理事会会议上，民间组织和外务省决定开始联合评估官方发展援助项目。此外，外务省在1999年首次决定定期将官方发展援助基层项目承包给民间组织。与严重依赖民间组织实施援助项目的USAID不同，日本政府此前没有针对非法人民间组织和大学的分包制度。尽管在20世纪70年代和80年代，JICA不定期地与几个民间组织的工作人员签订了研究和培训合同，但这些民间组织都是法人组织。而到2000年，非法人民间组织也可以作为承包商①。

除了政府与NGO加强合作以外，NGO自身也在寻求扩大其影响力。民间组织的官方发展援助改革运动始于20世纪80年代中期，当时媒体对官方发展援助的报道急剧增加。在媒体披露马科斯丑闻后，一些日本公民成立了基层组织，调查日本政府如何与日本企业和受援国政府合作，管理其迅速扩大的官方发展援助计划②。例如，外务省－NGO季度会议小组汇集了日本国际NGO的代表和来自管理官方发展援助的外务省官员，该会议小组最初是作为对1995年日本民间组织国际合作中心JANIC在东京主办的国际民间组织会议的回应而成立的。该会议审查了数个国家的NGO支持计划，发表了详细比较分析国家与NGO关系的国别报告。该会议上提供的比较数据显示，日本与NGO的合作时间较晚、程度极低，会议

① Hirata K.，"Whither the Developmental State? The Growing Role of NGOs in Japanese aid Policymaking," *Journal of Comparative Policy Analysis*, Vol. 4, No. 2, 2002, pp. 165－188.

② Hirata K.，"Civil Society in Japan: The Growing Role of NGO's in Tokyo's Aid and Development Policy," Springer, 2002.

提出的建议包括民间组织之间需要定期对话，并建立联合委员会让NGO投入官方发展援助政策和方案。这项国际活动是NGO通过公开比较日本的封闭体系与其他国家对NGO的开放政策而向日本政府施加压力的事件，最终导致了建立外务省-NGO季度会议这一NGO和官方对话的渠道①。20世纪80年代末开始，民间组织也通过建立网络进一步提高协调水平。一些NGO支持性组织相继出现，比如NGO活动推进中心（1987）、关西国际协力协议会（1987）、名古屋第三世界交流中心（1988）。这些组织的主要功能是针对NGO的能力建设、政策倡议以及跨部门合作等等②。

在公众对日本援助的兴趣日益浓厚的刺激下，一些日本学者也加入了民间组织的工作，以个人或通过民间组织的方式解决官方发展援助问题。学术界就日本援助的有效性进行了积极的辩论。一些学者批评日本目前的援助计划，特别是大规模的基础设施项目，对发展中国家的穷人有害，如新潟大学/横滨白里松大学的松井一夫（Kazuo Sumi）教授、早稻田大学的西川俊彦（Jun Nishikawa）教授和大東文化大学的福家洋介（Yosuke Fuke）教授。这些学者认为，日本所有形式的援助都应该是有益于穷人和人道主义性质的。他们提出的中心观点是，许多官方发展援助资金循环流入日本企业的金库，日本官员默许腐败和不公正行为，损害了本应成为援助主要受益者的当地人民的利益。这些研究活动通过揭露腐败、管理不善和滥用资金，以及动员公众支持援助改

① Reimann K. D., *The Rise of Japanese NGOs: Activism from above*, Routledge, 2009.

② 俞祖成：《日本民间组织参与全球治理研究——历史演变、发展现状及其支持政策》，《社会科学》2017年第6期。

革，给日本援助方案的改革带来压力。与20世纪80年代中期以前出版的关于援助学术作品只被其他学者阅读不同，这些新的出版物被广泛阅读，对公众对于援助的认识产生了重大影响①。

在民间组织的努力下，1992年的《官方发展援助宪章》考虑到了人道主义问题、全球相互依存、环境保护、可持续发展、维持和平、人类基本需求和其他方面的发展问题。日本第五个官方发展援助中期目标于1993年6月获得内阁批准。这份文件为日本的官方发展援助指明了一个新方向，强调援助应关注环境破坏和人口增长等全球性问题。1996年8月，日本外务省制定了《面向21世纪的可持续发展倡议》，扩大了《官方发展援助宪章》的规定，并在日本自1992年里约热内卢地球首脑会议以来所做努力的基础上，确立了环境合作的基本政策。日本政府在1995年至1999年期间进行的行政改革也旨在加强官方发展援助执行的效率和透明度②。

另外，据Keidanren称，日本公司对ODA的兴趣在下降，这也从另一方面使得民间组织的力量相对上升。这种趋势与两个重要因素有关。首先是日本对援助普遍解绑，这是自1978年4月以来的官方政策。由于现在有97%的贷款是不附带条件的，因此不能再保证日本工业将从中获利。其次是日元在过去几年中有所升值，这使得日本公司越来越难以赢得通过国际竞争性招标进行采购的贷款援助项目合同，日本公

① Hirata K., *Civil Society in Japan: The Growing Role of NGO's in Tokyo's Aid and Development Policy*, Springer, 2002.

② Nusceler F., Warkentin B., "From 'International Cooperation' to 'Development Policy'? Reform and Reorientation of Japan's ODA," *Asia Pacific Review*, Vol. 7, No. 1, 2000, pp. 66-89.

司发现自己在投标过程中越来越可能被打败，日本公司主要受到来自新兴工业化国家和地区的公司（如韩国，中国香港和中国台湾）的影响，这些国家的货币疲软、劳动力成本较低。日本公司在ODA合同中所占的份额已从1986年的67%下降到1993年的29%。日本官方发展援助的高解绑比例被日本企业视为极不公平，这使得其他国家的企业可以投标日本援助项目，而日本公司不被允许投标其他经合组织国家附带条件比例高得多的项目①。

（四）经济伙伴关系项目

1. 私营部门参与援助途径的增加、官方文件对私营部门的肯定

面临经济危机后紧缩的预算环境，日本政府的回应是增加私人部门参与官方发展援助项目，日本在国外的经济利益再次被公认为指导政府援助政策的首要问题。

一方面，日本政府通过各种手段加大了对私营部门参与的援助项目的资助。20世纪90年代末，日本政府开始尝试通过一种称为“经济合作伙伴特别条款”（STEP）的新捆绑计划来推广日本的尖端技术，该计划将日本公司在政府官方发展援助项目中的采购从1999年的29%提高到2001年的38%②。2012年，日本修订了“支持中小企业海外业务的框架”，随后，JICA成为利用官方发展援助支持日本中小企业海外业务扩张的参与者之一。在2013财年预算中，官方发展

① Söderberg M., Berg M., “Japanese ODA—the Business Perspective,” *The Business of Japanese Foreign Aid*, Routledge, 2012, pp. 90 – 106.

② Jain P., “National Interest and Japan's Foreign Aid Policy,” Kokusai Mondai, 2014, pp. 15 – 25.

援助约有67亿日元用于日本中小企业海外业务扩张计划[①]。2013年5月17日举行的"出口基础设施系统战略会议"第四次会议上宣布的"基础设施系统出口战略"强调加强公私合作，以加速日本基础设施系统出口，并在2020年前将目标定在30万亿日元左右的市场上。2014年来，日本为增强国际影响力，无偿援助比重逐步超过了日元贷款，然而无偿援助支持的项目要求全部由日本企业负责执行，因此在一定程度上进一步推动日企走出去，拉动本国经济增长[②]。日本通过对日元贷款和无偿援助资金的战略性分配运用，并通过ODA与民间资本相结合，支持日本在受援国开展的大型基础设施项目和小而精的民心工程，输出日本产品、技术、标准和管理模式，为日本企业在海外投融资开辟了市场，缓解了日本国内面临的经济增长压力。

专栏5-4 经济伙伴关系项目（STEP）贷款使用特殊条款

2002年，外务省引入了经济伙伴关系项目（STEP）贷款使用特殊条款，要求在援助中使用日本的商品和服务。

日本经济伙伴关系项目的条件是优惠和捆绑的，可向最不发达国家和中上收入国家以外的任何国家提供。要求合作伙伴国家采购的日本商品和服务达到至少30%的项目总成本，贷款只能用于与基础设施和环境项目有关的地方。STEP的基

① Baba S.，"Japan's Public Private Collaboration in a New Paradigm of Development Cooperation：Exploring Trade and Investment Facilitation with a Case of Cambodia，" *International Journal of Business and Social Science*，Vol. 6，No. 8，2015，p. 1.

② 姚帅：《透视日本对外援助新政策》，《国际经济合作》2015年第5期，第63-66页。

本原则是通过确保使用日本的专门知识和技术，提高日本官方发展援助在受援国和日本公民中的知名度。STEP 贷款有两种贷款选择：合作伙伴国家可以选择非常优惠的利率——通常为 40 年 0.2% 的利息，附带 10 年的宽限期，有附带条件；也可以选择不附带条件的贷款，贷款期限为 15～40 年、宽限期为 5～10 年，利率从 0.3% 到 1.2% 不等。实际上，这是鼓励伙伴国家选择附带条件的贷款。

STEP 贷款的引入被解释为对于日本大型承包商的绥靖主义，也是去捆绑化援助导致援助疲劳的结果。虽然受援国可以自己决定要接受什么样的贷款，但 STEP 贷款提供的是最优惠的条款（低利率和延迟还款），因此特别有利于日本已经是主要债权人的受援国的大型项目。越南就是这样，在 2010～2014 财年，JICA 提供的 31 个 STEP 贷款中，有 15 个签署了协议，几乎全部用于交通发展①。又如，在肯尼亚，日本最近同意了一项新的贷款，以支持蒙巴萨港务局项目。肯尼亚政府选择了 STEP 提供的更为优惠但有捆绑的贷款。肯尼亚政府希望，通过日本承包商的分包，肯尼亚企业仍能从该项目中受益。日本表示，该项目需要日本的技术，因此贷款是有限制的。该项目将改变日本在肯尼亚的项目构成，从基本上不附带条件，转变为主要是捆绑的构成②。最近通过 STEP 计划资助的其他项目还包括雅加达大众快速运输项目、新乌兰巴托国际机场建设项目和印度尼赫鲁专用货运走廊项目。对于在印度

① Pitzen L－L.，“Japan's Changing Official Development Assistance：How Institutional Reforms Affected the Role of Japan's Private Sector in ODA Delivery，” 2015.

② OECD，“DAC Peer Reviews of Development Co－operation，2010，” OECD，2011.

的项目，尽管 OECD 认为该项目在商业上是可行的，但日本使用了捆绑的 STEP 贷款，违反了 OECD 关于官方支持的出口信贷的安排①。

另一方面，许多与日本发展合作有关的官方文件都可以看到政府对私营部门参与发展的期望。2003 年的《发展合作大纲》开宗明义地提出，日本援外的目的是“为国际社会的和平、稳定和繁荣做出更积极的贡献，也将有助于确保日本的国家利益”。尽管日本对外援助在实践中一直以实现本国利益为主要驱使因素，但这是日本首次在对外援助政策文件中公开使用“国家利益”字眼②。它特别重申了日本传统上强调自助、日本企业提供援助、强调有形基础设施项目以及“日本官方发展援助与贸易保险和进出口融资等其他官方资金流动之间的协调”③。2012 年，日本政府正式提出将“官方发展援助为日本经济再生做贡献”作为日本对外援助的三大战略之一。因此，日本在贷款援助对象的选择上尽量选择具备还款能力的国家，在具体援助方面选择能为日本企业进入当地开路的援助项目。曾担任日本外务大臣的松元刚明提出，“实施援助时要推进日本高质量基础设施的出口，确保资源提供，要为推进日本经济外交发展积极活用对外援助”。这一思想在 2012 年的日本援助白皮书中表达的更加明确，白皮书进一步提出，“从日本经济的角度来看，发展中国家的基础设施

① OECD, “DAC Peer Reviews of Development Co - operation, 2010,” OECD, 2011.

② Raposo P. A. , *Japan's Foreign Aid Policy in Africa: Evaluating the TICAD Process*, Springer, 2014.

③ Council of Overseas Economic Cooperation, “Revision of Japan's Official Development Assistance Charter,” 2003.

建设是与日本企业的投资环境整顿紧密联系的，并且需要考虑日本企业对海外市场的需求因素”①。

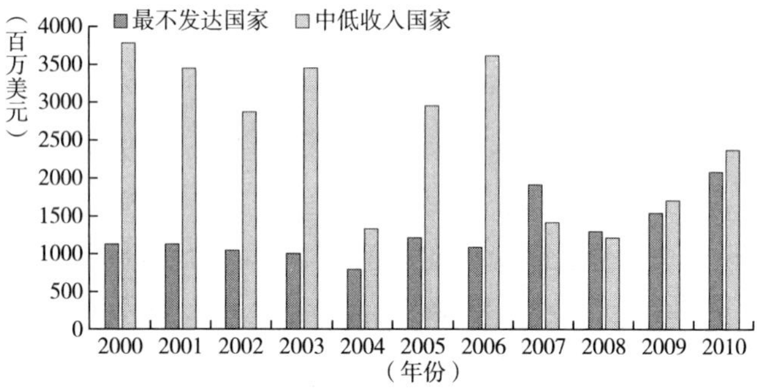

图 5－11　2000～2010 年日本援助分配

数据来源：OECD，https：//data. oecd. org/oda/distribution－of－net－oda. htm。

专栏 5－5　当前日本政府与私营部门合作机制

现如今，日本的私营部门可以通过以下机制参与对外援助项目或获取资金。

A. PPP 基础设施项目的预备调查

近年来，通过公私合作伙伴关系（PPP）改善基础设施的全球趋势日益增强，其目的是进一步提高发展中国家建设阶段和建设后的运营、维护和管理阶段的效率。这些 PPP 基础设施项目从项目制订的初始阶段就引入 PPP，以便公共部门和私营部门共同发挥作用。JICA 通过向打算参与利用 PSIF 或 ODA 贷款的基础设施项目的私营公司广泛征集提案，并将拟议的可行性调查委托给所提议的公司，来支持商业计划的制定。自 2010 年项目启动以来，JICA 在水资源、城市发展、

① 韩吕希：《日本对非洲官方发展援助研究》，中共中央党校，硕士学位论文，2014。

自然资源和能源、交通等各个领域选择了 70 个项目（截至 2017 年 11 月）。

B. 对解决发展中国家问题的企业的调查

JICA 启动了金字塔底层（BOP）业务促进预备调查，旨在根据私营公司的提案开发 BOP 业务。到 2016 年，JICA 已经选择了 114 份提案。此外，根据联合国的可持续发展目标，这些项目的目标已经从 BOP 企业扩大到帮助发展中国家实现 SDGs。

C. 与私营部门合作传播日本技术促进发展中国家社会经济发展的项目

这个机制旨在通过在日本举办的培训和主要为发展中国家政府官员举办的地方研讨会，加深他们对日本公司优良产品、技术和系统的了解，并审查将它们应用于发展中国家发展的可行性。JICA 要求私营公司提出建议，并委托提出建议的公司执行选定的项目。同时，私营公司可以获得积极的影响，例如提高受援国对公司的技术、产品和系统的认识，并与发展中国家的政府官员建立联系。自 2013 年启动该项目以来，JICA 已经选择了 94 个项目（截至 2017 年 12 月）。

D. 与日本中小企业的伙伴关系

日本外务省和 JICA 积极支持日本中小企业和其他实体通过官方发展援助扩大海外业务。具体例子包括：根据中小企业的提案开展调查，收集中小企业和其他有助于解决发展中国家问题的海外业务所需的基本信息并制定项目计划（促进调查）；将中小企业产品或技术用于政府项目和受援国官方发展援助项目的可行性调查；根据中小企业的建议，对增强产品或技术与发展中国家的兼容性的途径进行核查并加以传播的调查。这些项目旨在通过利用日本中小企业的优秀产品和技术，实现发展中国家的发展和日本经济的振兴。从 2012 财年到2017财年，该项目选择了666家中小企业的调查和验证调查。

E. 为企业/管理权利提供资助

在2014财年，日本政府引入了对企业/管理权利的赠款援助。该赠款援助旨在促进日本公司获得商业和管理权利，并利用日本的先进技术和专门知识促进发展中国家的发展。如2016财年，政府为三个项目提供了赠款援助：一个解决缅甸水泄漏的项目，一个处理肯尼亚医疗废物的项目，以及一个扩大柬埔寨供水系统的项目。

F. 改善日本的官方发展援助贷款

近年来，日本官方发展援助贷款有望为发展中国家提供日本的先进技术和专门知识，从而提高人民的生活水平。同时，日本希望利用官方发展援助贷款来促进新兴经济体，包括那些与日本关系特别密切的亚洲经济体的增长，并为振兴日本经济做出贡献。在这方面，日本将进一步改善日本的官方发展援助贷款，使其对发展中国家和日本私营公司更具吸引力。2015年，日本政府宣布将通过加速日本的官方发展援助贷款程序和建立新的官方发展援助贷款计划等措施，改善日本的官方发展援助贷款和私营部门投资融资项目。具体而言包括以下措施：政府将把日本ODA贷款与政府有关程序所需的时间缩短到至多3年，对于重要项目至多约为一年半，对于其他项目至多约为两年；建立以美元计价的日本ODA贷款、高规格优惠条款等等。

G. 私营部门投资融资项目（PSIF）

私人金融机构常常由于高风险等原因而不愿意资助私营公司在发展中国家的项目。在这种情况下，日本利用JICA的PSIF直接投资于私营公司的发展中国家发展项目，并为其提供贷款，从而协助这些公司的发展项目，体现了援助、投资与贷款的结合。JICA 原则上在私人公司等提出申请后一个月内开始其评估过程，而 JBIC 对项目调查的标准时间是两周。这些措施还规定，政府将允许 JICA 与私人金融机构共同融资，同时政府将审查先例政策的要求，允许在不可能由现有日本私人金融机构提供非优惠贷款的情况下由政府提供贷款。

例如，2014 年 4 月 23 日，JICA 与 MMS Thilawa 开发公司（MMST，由三菱株式会社、丸红株式会社和住友株式会社成立）、缅甸 Thilawa 经济特区管理委员会（TSEZMC）和 Thilawa 经济特区控股公共有限公司（MTSH）就缅甸 Thilawa 经济特区（a 类地区）开发项目签订了协议。缅甸 Thilawa 经济特区的目标是建设一个具有优质供电和供水系统的先进工业综合体。这是自 2012 年 10 月 JICA 恢复 PSIF 以来，在缅甸开展的第一个项目。根据该项目，JICA 将提供私营部门投资融资，为缅甸 Thilawa 经济特区初步开发的约 400 公顷的工业综合体开发、销售和运营项目提供所需资金，该特区面积约 2400 公顷的区域，位于缅甸仰光郊区（市中心东南 23 公里）。作为日本和缅甸吸引在缅甸投资的合作项目，缅甸 Thilawa 经济特区的开发符合两国的利益和期望，2012 年 12 月，两国政府签署了一份合作备忘录，并从最初阶段开始就在私营和公共部门的参与下展开了合作。MMST、TSEZMC 和 MTSH 于 2013 年 10 月成立了一家特殊目的公司——缅甸 - 日本 Thilawa 开发有限公司（股东构成为：日本 MMST，JICA，49%，缅甸 TSEZMC，MTSH，51%），该公司将在 JICA 的参股下承担该项目。日本政府和 JICA 还利用各种官方发展援助，包括技术合作、日本 ODA 贷款和赠款援助，在周边地区建设电力、水、通信、道路、港口和其他基础设施，以及协助为修订后的《经济特区法》建立法律框架和制定详细条例，以消除私人投资在缅甸Thilawa经济特区的障碍，鼓励企业积极投资。除了通过PSIF与参股融资合作外，JICA还作为投资者参与该项目，并与缅甸政府协调以确保地区开发和项目顺利进行方面发挥作用①。

2. 东京非洲发展国际会议的广泛主题、政府与NGO合作范围的拓展

日本从援助走向互惠互利、范围更广的发展合作的转变在几次东京非洲发展国际会议得到了充分的体现。

就在颁布ODA新大纲的同年，日本举办了第三届东京非洲发展国际会议TICAD Ⅲ。会议最后发布了《TICAD十周年宣言》，宣言提出了一些援非新倡议：日本援非的三大支柱（以人为本的发展、通过发展经济减贫、巩固和平与善治）、扩大伙伴关系（促进亚非合作和非洲内部合作）、与市民社会对话、持续化和机制化TICAD进程等②。TICAD Ⅲ举办之时正值广受国际社会好评的非洲发展新伙伴计划（NEPAD）开始实施，TICAD会议就计划如何具体实施NEPAD、通过TICAD对NEPAD援助进行了研究。该会议主要列出了巩固和平、能力建设、以人为中心的发展、基础设施建设、农业发展、民间力量的发展、扩大伙伴关系与市民社会对话八项议题。另外，该会议还对援助行为体的多样化、未来对非援助的发展道路等问题做广泛讨论。TICAD Ⅲ以扩大亚非新型伙伴关系为目标，强调消除贫困与以人为中心，主

① MOFA, "White Paper on Development Cooperation 2017," NOFA, 2018.

② 刘明洋：《冷战后日本对非洲援助研究》，外交学院，硕士学位论文，2013。

张应该施行良治政府主导下的高素质国民共同参与的发展模式①。

TICAD Ⅴ的主题是“与跃动的非洲携手共进”。强化经济可持续发展、构造包容强韧的社会及和平安定是本次会议的三个主要议题。该会议通过了《横滨宣言2013》和《横滨行动计划2013－2017》两个延伸性文件。针对上届会议中非洲国家普遍提出需要来自亚洲投资而不是单纯援助这一要求，在本次会议中，日本积极做出调整，提出非洲国家将不再仅仅是受援对象，而是成为日本乃至亚洲诸国、国际社会的商业伙伴，日本与非洲应官民联手共同促进贸易、投资，促成非洲的飞速发展和双方的共同繁荣②。

除了东京会议上宣布的议题，日本近年来在非洲的实际项目运作中也凸显了其主题的丰富化。例如，从外务省网站上公布的日本2014～2016年对坦桑尼亚的援助项目来看，日本在坦桑尼亚的项目主题多样，既有日本所擅长的基础设计建设方面，比如肯尼亚－坦桑尼亚电力互联互通的贷款项目，桥梁、道路建设的赠款项目，农村供水设施的赠款项目等；也涵盖了更加广泛的议题，比如关于发展政策运作的商业环境项目，基层人类安全项目，以及关于参与式规划和地方治理、灌溉人力资源、医院管理等方面的技术合作项目③。

① 韩吕希：《日本对非洲官方发展援助研究》，中共中央党校，硕士学位论文，2014。

② 韩吕希：《日本对非洲官方发展援助研究》，中共中央党校，硕士学位论文，2014。

③ MOFA，“Japan's ODA Data by Country，” MOFA，2018.

表 5－2　日本在坦桑尼亚的 ODA 项目和类型

（单位：亿）

财政年度	贷款援助	赠款援助	技术合作
2014	小计：15.00 第十一次支持减贫信贷项目 15	小计：55.79 鲁苏莫国际大桥和一站式边防哨所设施建设项目 0.38 达累斯萨拉姆运输能力改善项目 5.67 塔拉马交叉口改造项目 11.79 塔博拉地区农村供水项目 9.87 达累斯萨拉姆电力分配加固项目 5.59 塔拉马交叉口改造项目 3.46 塔拉马交叉口改造项目 17.22 底层人民安全项目 1.81	内部审计能力开发项目 4.14～3.18 阿鲁沙技术学院灌溉人才培养项目 6.14～5.17 达累斯萨拉姆运输能力改善项目 9.14～9.17 加强参与式规划和社区发展周期从而促进地方善政 1.15－1.20
2015	小计：178.47 肯尼亚－坦桑尼亚国际电力项目 118.47 就业发展政策运作下的商业环境 60.00	小计：38.36 塔拉马交叉口改造项目 8.72 塔博拉地区农村供水项目 7.35 达累斯萨拉姆电力分配加固项目 21.06 底层人民安全项目 1.23	医院省际转诊强化管理项目 5.15～5.20 ASDP 的数据收集、分析、报告能力发展项目 11.5～6.19 县级农业发展计划下灌溉方案改善的能力发展项目 8.15～8.19

财政年度	贷款援助	赠款援助	技术合作
2016		小计：28.69 塔拉马交叉口改造项目 9.32 达累斯萨拉姆电力分配加固项目 17.45 桑给巴尔马林迪鱼类上市和营销设施开发项目 0.68 底层人民安全项目 1.15 基层文化项目 0.01	

数据来源：MOFA，"Japan's ODA Data by Country，" MOFA，2018。

进入21世纪后，日本国民的志愿参与、公益奉献、人道互助、国际交流等公共意识不断增强，NGO的发展进入了一个稳定、繁荣的时期。致力于国际援助、国际交流、国际合作的NGO不断拓展活动空间，不仅对境外难民进行援助，还对发展中国家的残疾人（包括被地雷炸伤者）、妇女、儿童等弱势群体给予关怀和帮助①。

例如，在JICA NGO中心的推动下，141家日本NGO达成共识并于2007年1月联合成立"2008年G8峰会NGO论坛"，就贫困、和平、环境以及发展等全球性问题向G8峰会组织提出政策倡导，同时还举办一系列的市民启蒙教育活动。此外，JICA NGO中心还积极推动NGO与企业的合作，于2008年4月主导设立"CSR推进NGO网络"并成功促成33

① 胡澎：《日本NGO的发展及其在外交中的作用》，《日本学刊》2011年第4期，第115-128页。

家 NGO 与 27 家企业之间的合作①。这表明民间组织开展的工作范围越来越广。

专栏5－6　当前日本政府与民间组织的合作机制

目前，日本 NGO 可以通过以下机制与政府进行援助方面的合作：（A）为民间组织的发展合作活动提供财政支持；（B）支持民间组织能力建设；（C）与民间组织进行对话。

（A）民间组织项目的财务合作

日本政府以各种方式进行合作，使日本民间组织能够顺利有效地在发展中国家和区域执行发展合作活动和紧急人道主义援助项目。

1. 对日本民间组织项目的赠款支持

外务省通过日本民间组织赠款援助项目，为日本民间组织在发展中国家执行的社会经济发展项目提供资金。2016 财政年度，54 个组织利用这一框架在 29 个国家和 1 个区域执行了 102 个项目，总金额达 43.5 亿英镑，涉及医疗保健和卫生、教育和人力资源开发、职业培训、农村发展、水资源开发以及地雷和未爆弹药清除的人力资源开发等领域。

2. NGO 项目补助

外务省向日本民间组织提供补贴，这些组织为项目制定进行研究，实施项目后评估，在日本海内外举办研讨会和讲习班，并开展与社会经济发展项目有关的其他活动。补贴最高为 200 万日元或项目总成本的一半。在 2017 年，有 12 个组织在日本内外利用这些补贴开展活动。

① 俞祖成：《日本民间组织参与全球治理研究——历史演变、发展现状及其支持政策》，《社会科学》2017 年第 6 期。

3. 日本平台（JPF）

日本平台（JPF）是一个紧急人道主义援助组织，于2000年成立，涉及NGO、政府和企业界的伙伴关系，实现了三方优势共享，弥补各自缺陷，提高了ODA预期效果日本政府对NGO的重视进一步促进了政府、企业和NGO的合作，促使日本海外援助活动更加有效地开展。截至2017年7月，共有47个NGO成为其成员。JPF利用外务省提供的官方发展援助资金以及公司和公民的捐款，在发生重大自然灾害和大量难民逃离冲突时，开展生活用品分配和生计恢复等紧急人道主义援助。2016财政年度，JPF实施了77个项目，包括南苏丹的援助、阿富汗的人道主义援助、也门人道主义危机援助、伊拉克和叙利亚的难民和境内流离失所者援助、巴勒斯坦加沙地带的人道主义援助和蒙古的雪灾援助。在中国汶川地震发生后，日本平台立即开展对中国汶川的救援活动。2008年9月，在JICA中国事务所的帮助下，日本平台的NGO团体日本国际民间合作组织（NICCO）与中国国际民间组织合作促进会（CANGO）取得联系，获得了CANGO四川省支部的大力支持，确保NICCO的现场救援活动顺利实施。此后，NICCO同JICA在救援活动中一直保持密切联系，随时互换情报并分享经验。日本平台的建立使政府、企业、NGO三方在面对国际社会发生的重大灾难时能够及时协调，动用一切渠道和资源，迅速对受灾地区进行紧急援助活动，达成了援助活动的预期效果。

4. JICA伙伴关系项目和其他JICA活动

在某些情况下，JICA的技术合作项目会外包给私营部门或NGO，以便利用民间组织、大学和各种其他组织的专门知识和经验。此外，作为其官方发展援助活动的一部分，JICA

开展了JICA伙伴关系项目（JPP），在该项目中，JICA共同执行由诸如日本NGO、大学和地方政府等各个伙伴提出的项目，以便对发展中国家人民的生活产生积极影响。2016财年，有260个项目在51个国家实施。NGO顾问还可以免费参加国际合作活动和其他教育活动的讲座和研讨会，使人们加深了对NGO和国际合作活动的了解。①

(B) 能力建设

除了财政援助之外，日本支持NGO活动的措施还包括为NGO活动创造更好的环境。这些方案的目标是进一步加强日本NGO的组织安排和项目执行能力，以及开发它们的人力资源。具体而言，外务省有以下四个方案。

1. NGO咨询计划

根据该计划，外务省委托日本经验丰富的NGO（如2016财年委托16个组织）就国际合作活动、民间组织管理方式以及提供发展教育的方法等议题，向公众和NGO工作人员进行调查和答复咨询。NGO顾问还可以免费参加国际合作活动和其他教育活动的讲座和研讨会，使人们加深对NGO和国际合作活动的了解。

2. NGO实习项目

NGO实习生方案的目的是为在参与国际合作的NGO寻求就业的年轻人提供培训，培养将来为日本官方发展援助做出贡献的年轻人。为此，外务省委托在日本的国际合作NGO接收和培训实习生，并支付一定数额的培训费用。接收实习生的NGO可以申请将新实习生的实习期限再延长12个月，变为持续实习生，最长培训时间是22个月。2016财年，该项目

① MOFA，"White Paper on Development Cooperation 2017，" NOFA，2018.

新增了10名实习生。

3. NGO海外学习项目

NGO海外研究计划为日本国际合作NGO的中级职业人员提供为期1~6月的海外培训费用，目的是通过开发人力资源加强其组织能力。培训分为两类：(1)实践培训，让参加者在海外NGO或国际组织获得工作经验，以增强他们的实际能力，这些组织在实施国际发展项目和提供相关政策建议方面很有优势；(2)培训入学，参与者将通过海外培训机构提供的收费项目来加深专业知识。受训人员可以根据其组织面临的问题灵活地选择培训主题。返回日本后，学员通过分享信息、提高日本NGO的能力、为其组织的活动以及其他日本NGO做出贡献，将培训成果归还给派出单位。2014财年，有13人通过该项目接受了培训。

4. NGO研究小组

外务省支持日本NGO研究小组会议，以增强NGO的能力和专业知识。具体而言，受委托实施该方案的NGO酌情与其他NGO合作开展研究、研讨会、讲习班和座谈会等。这一方案的目的是使NGO通过上述活动积累经验，加强其组织和能力。2016财年，研究组会议围绕三个主题举行：(1)创建整个NGO部门可以使用的监测和评估可持续发展目标(SDG)的工具；(2)通过制定人道主义援助工作者培训指南和材料，制定进一步的传播方案，提高对质量和问责制国际标准的认识；(3)对脆弱国家的教育支持和NGO的作用，并与NGO和其他行动者合作。

除了外务省的支持外，JICA还为NGO成员提供各种培训方案，其中包括：(1)项目周期管理(PCM)基础研讨会为NGO人员提供使用PCM进行发展中国家项目规划，设计和评估的方法。(2) 区域 NGO 组织加强 NGO 培训。(3) 向国内办事处派遣具有国内公关活动、资金采购和会计相关知识和经验的顾问，以加强 NGO 在这些领域的能力。(4) 派遣顾问，为有效实施海外项目提供指导。①

(C) 与 NGO 的对话

1. NGO - 外务省定期协商会议

为促进 NGO 与外务省之间更强有力的伙伴关系和对话，该会议于 1996 财政年度启动，作为分享官方发展援助信息的论坛，并定期就改善与 NGO 伙伴关系的措施交换意见。目前，除了每年举行一次的大会外，还有两个小组委员会，即 ODA 政策理事会和伙伴关系促进委员会。原则上，两个小组委员会每年分别召开三次会议。ODA 政策理事会主要就总的 ODA 政策交换意见，而在伙伴关系促进委员会则侧重于对 NGO 的支持和伙伴关系政策。2014 财政年度，除定期会议外，还举行了 ODA 政策委员会关于 ODA 章程修订的特别会议。

2. NGO - 大使馆官方发展援助协商会议

自 2002 年以来，日本举行了 NGO - 使馆 ODA 协商会议，以便与在发展中国家工作的日本 NGO 交换想法和意见。举行这些会议的目的是为了在 NGO 和其他行动者之间就高效执行 ODA 交换意见。

3. NGO - JICA 协商会议，NGO - JICA 日本服务台

基于与 NGO 的平等伙伴关系，JICA 举办了 NGO - JICA 对话会议，以促进实现更有效的国际合作，以及促进公众对国际合作的了解和参与。JICA 还在日本以外的 20 个国家设立

① MOFA, "White Paper on Development Cooperation 2017," NOFA, 2018.

了 NGO－JICA 服务台，以支持日本 NGO 的实地活动，并加强 NGO 与 JICA 联合开展的项目。[①]

四 经验、教训与启示

日本对外援助的方式和理念与美国、英国等西方援助国相比有自己的特点，作为一个东亚国家、一个由政府主导发展的经济后起之秀，其对外援助的历程和国际发展共同体的构建对中国有较强的启示。日本的援助向来交织着本国的经贸利益和私营部门收益方面的因素，以及援助的外交和政治考量，日本政府与私营部门无疑形成了这一紧密的发展合作共同体的核心部分，日本的民间组织、学术界、媒体等主体则为日本援助议题的丰富和援助形象的改善添砖加瓦。日本援助的历史从向二战中受害的国家支付战争赔偿开始，外务省用“基于请求”的方法进行援助项目，日本企业是这一项目方法的执行者。20 世纪 70～80 年代，受石油危机的影响，日本政府更加重视本国的资源安全和经济形势，企业也向海外投资和转移生产，使得日本援助透露着更加浓厚的商业化意味。同时，为了回应国际上对日本援助过于重视本国利益的声音，日本开始宣传大规模援助对于提高本国国际形象的好处，至 1989 年日本曾成为世界上最大的援助国。20 世纪 80 年代末至 1997 年，以日本为典型案例的发展型国家理论不断丰富，日本政府也希望和传统援助国新自由主义的理念有所区别，因此在援助中强调非洲国家的发展意愿和自助努力、援助所有权以及亚洲发展模式。1997 年后，亚洲经济危机使

① MOFA, “White Paper on Development Cooperation 2017,” NOFA, 2018.

得企业更强烈地呼吁自身利益，政府也要优先保证日本自身经济发展，除了削减援助数额外，私营部门在援助实践中又回到了受重视的位置。同时，日本也通过主题更广泛的发展合作来提高援助质量。

（一）经验

综观日本对外援助的历史变迁以及独特之处，关于日本对外援助中的多元主体参与，本书能得出以下几点经验与启示。

第一，日本多元主体参与对外援助的发展历程是一个政府主导、循序渐进的过程。二战后日本开始提供对外援助，通产省与私营部门的紧密联系帮助私营部门在援助政策制定与执行的过程中发挥作用，并将私营部门的诉求纳入到政策议程中。私营部门一向是日本援助的密切参与主体，是日本政府与私营部门紧密合作的发展理念的重要体现，承担了振兴日本经济和贸易、补充资源、践行自助努力和发展型国家经验的角色，是发展合作共同体中一以贯之的参与者和贡献者。现阶段，日本愈发强调公私伙伴关系，JICA 已形成了一系列与私营部门合作进行援助项目、发挥私营部门的资金和技术专长的正式机制。另外，自 20 世纪 70 年代起，民间组织、媒体、学术界等的作用也逐渐增强，在向公众进行援助宣传、丰富援助的形式、改善援助效率和形象方面发挥着自身影响。日本外务省从 20 世纪 80 年代末开始设立“NGO 事业补助金”制度，对日本在发展中国家开展援助项目的 NGO 提供一定的财政补助①。近年来，日本政府更是建立起了一整

① 杨义凤、邓国胜：《国际 NGO 参与对外援助的变迁及对中国的启示》，《中国行政管理》2014 年第 3 期，第 109 – 114 页。

套与民间组织对话、共同实施项目、支持其资金和技术水平的合作机制，使得社会力量拥有了多样的官方参与渠道，能够更加规范化地加入发展实践中。

第二，在多元主体参与对外援助的方式方法上，日本为私营部门搭建的援助参与途径较为多样化。现阶段，日本不仅有大企业可以参与援助项目，中小企业也能得到政府的支持参与到海外运营和援助实践中。在当前的日本政府与私营部门的合作机制中，有专门的一项机制来促进与日本中小企业的伙伴关系，日本外务省和 JICA 积极支持日本中小企业通过官方发展援助扩大海外业务，比如收集中小企业海外业务所需的基本信息并制定项目计划、开展将中小企业产品或技术用于受援国的可行性、兼容性的调查等等。除多样化主体之外，私营部门能够参与的援助领域也没有局限于工程建设。比如，JICA 有专门项目来传播日本私营部门的产品和技术，通过在日本的培训和主要为发展中国家政府官员举办的研讨会，加深受援国对日本公司优良产品、技术和系统的了解，审查将它们应用于发展中国家的可行性，私营公司可以通过这些项目推广其产品，并与发展中国家的政府官员建立联系①。

第三，在促进多元主体参与国际发展合作的过程中，不应仅关注国内的援助主体，与国际组织的关系也是援助成果的一个重要影响因素。日本援助的叙事与国际组织以及其他传统援助国的话语一向有所差别，如 20 世纪 70 年代，在国际组织倡导援助去捆绑化时，日本援助却一直为国内企业在海外运营提供便利；在 20 世纪 80 年代国际上提倡受援国的

① MOFA，“White Paper on Development Cooperation 2017，” 2018.

基本需求、通过 NGO 更加深入到贫困人口时，日本则呼吁发展中国家的自助努力①。这样的差别也使得日本的援助在国际上常常受到指责，如认为其过于把本国的经济利益放在首位，其基于发展型国家经验的援助方案遭到了冷落，不利于日本的外交和援助形象。因此，提高其在国际组织中的影响力、加强对援助成效的展示和分享、完善与国际组织等国际上的发展实践者的对话交流机制，对于发展合作的顺利开展和援助效果是必要的。一方面，可以加强国际型人才的培养，让更多了解本国发展知识和实践且具有国际视野的人才参与到发展合作和国际组织工作中，更高质量地与国际上的援助主体交流、分享借鉴发展合作经验并加深合作理念与方式的对接；另一方面，应该使发展合作项目成效和项目文件、数据的展示更加生动化，加强媒体在援助中的作用，向民众以及国际上的发展实践者更清晰易懂地展现援助成果。

第四，对于国际格局的关注和应对，在制定国际发展合作战略规划、与全球国际发展合作社群多元主体互动，是必不可少的。日本在对外援助战略方向的制定中，基本上对其当时所处的国际环境做出了回应。具体而言，日本的对外援助战略和区域国别计划一度有效地应对了国际环境，对其经济和外交地位发挥了积极作用。20 世纪 50 ~60 年代，因为要承担战争赔款、改善二战遗留的形象，同时恢复经济水平，日本主要援助亚洲国家。20 世纪 70 ~80 年代，日本的援助战略重点区域则是亚洲和非洲地区，因为日本的资源匮乏加上当时国际上的石油危机，使得从非洲国家补充资源极为重要，

---

① 徐加、徐秀丽:《被架空的援助领导者——日本战后国际援助的兴与衰》,《文化纵横》2020 年第 6 期，第 10 页。

这一援助区域的调整帮助日本解决了资源紧缺的急迫问题，同时也回应了国际舆论要求日本扩大援助的压力。进入 21 世纪后，在"9·11"事件的刺激下，特别是以美国为代表的西方援助者纷纷将提升了安全议题在国家外交和援助战略中的地位，而美日关系也向来是日本外交中极为基础和重要的方面，2003 年日本官方发展援助白皮书引言部分就提出了对和平建设和人类安全的关注点。

（二）教训

第一，日本对外援助战略和区域国别重点的变化并非总是顺应国际之势而为、借国际格局之力。在 20 世纪 90 年代，日本在非洲等发展中国家所推行的是发展型国家经验、自助努力和较大比重的贷款，这些强调国家干预经济发展的方式与当时国际上正崛起的新自由主义理念相悖。在国际金融机构和其他援助国大力宣传华盛顿共识推行结构调整的时候，日本未能有效回应这一趋势，没有基于自身发展经验的分析能力，委托给世界银行做的东亚奇迹报告本身也被解释为"其正统经济学理论在东亚得到了验证"，在随后东亚经济危机的冲击下，对日本发展模式的讨论很快就淡化了①，日本援助第一大国的地位也同时失去了。日本援助重点与国际环境互动的经历表明，在制定国际发展合作目标时，审时度势、有效借助和回应国际氛围必须纳入考量。

第二，在国际发展合作的宣传与品牌建设方面，日本各个主体没能完全发挥各自所长、协调对内与对外的传播分享。

---

① ABE Y.，KATSU S.，"The World Bank and Japan，Japan's Development Assistance：Foreign Aid and the Post－2015 Agenda. Hampshire"：Palgrave Macmillan. 2016.

日本援助形象的建设在20世纪70～90年代大致分为两个派别，一是政府与私营部门组成的联盟，他们承担了大部分对外交流的工作，在传播日本作为发展型国家的经济追赶经验的同时，不断加深国际社会对日本援助重视本国商业利益和资源获得的印象；二是民间组织、媒体和部分学者的声音，他们在部分发展中国家提供人道主义救助规模相对政府与企业的项目较小，主要集中在国内呼吁援助项目中重视当地环境等"软"问题、也向日本民众和国际社会揭露援助中存在的一些腐败现象等。因此，日本援助主体在援助宣传方面并未形成一个十分有效的国际发展共同体，政府和企业这两类较为高层、权威、重视利益而非受援国民生环保等更具"亲民"形象的主体使得日本援助在国际上的声誉有所贬值，而更能体现对民生关怀的民间组织、媒体等主体较为限制在国内的呼吁和意见，使得对于日本发展叙事的表述和分享处于割裂局面，没能充分发挥各个主体的长处，最终没有让发展中国家广泛地认可日本的援助大国地位和发展型国家的发展经验。

第三，日本从理论层面上进行知识构建的能力还有所欠缺。在日本崛起为一个援助大国时，日本只声称自身的发展型国家经验是一条独特的替代发展路径，却没有清晰简洁地阐明自身理念的优势、夯实替代路径的知识根基。日本虽提出了基于发展型国家的援助理念，但相应的知识体系构建和维持能力却不及传统援助国，而是基于国外学者提出的观点或资助国际组织的研究报告来阐释自身理念。虽然日本政府在东京非洲发展国际会议推动了自助努力等经验的分享，但日本的企业界、学术界等参与对外援助工作的主体却没有有效地对其发展道路和援助项目经验进行分享。比如日本学术界对于自身发展型国家研究的知名度甚至不及国外研究者，在国际一流的英文学术杂志上多见国外学者对日本援助体系的总结或批判、却少见日本学者参与讨论。相比之下，新自由主义虽然被西方援助者当作自身的发展模式来宣传，但它同时也是一种经济、贸易和政府运作的规则框架，是一种理论上建构完善的知识。日本在援助中虽然非常强调从自身实践中总结经验，比如实行基于请求的方法、基础设施和贷款援助的益处，但这些声音终究被传统援助国的援助解绑、结构调整、千年发展目标等等为人熟知的话语所掩盖。

（三）启示

第一，在鼓励更多我国企业走出去的过程中，日本为私营部门设计的多样化合作机制可以提供有效参考，特别是支持企业开展其产品在当地运作的适应性、可行性调查方面。当前，在中国的发展合作实践中，有资质申请参与对外援助项目的企业主要是国有企业和大型企业，从中国对外承包工程商会的 1401 家会员企业①当中择优选择，所涉及行业大多集中于基础设施建设、工程承包和设备运输等。而对于一些愿意参与国际发展合作的中小企业来说，在走出去的过程中会不可避免地遇到当地各种各样的风险，比如对对象国的投资环境、法律法规、习惯风俗等信息掌握不够，从而引起经营和政治方面的风险而导致投资失败，这种风险很大程度上会损害企业的效益、打击私营部门参与发展合作的积极性。因此，政府在推动私营部门参与援助的过程中，除了建立私营部门投标援助项目的机制之外，还应当对各类企业给予大

① 中国对外承包工程商会网站（https：//www.chinca.org/CICA/companymember/index）。

力支持、尽力保证企业在海外运营不会有损其利润，通过信息服务、前期可行性调研等方式帮助私营部门加强对受援国的了解，从而分析并降低投资风险，为提高私营部门等主体参与国际发展合作创造可预测的环境和有效的激励。

第二，中国发展合作战略和目标制定应认清国际格局，积极营造良好外部环境。在国际公共卫生危机频发的背景下，国家主导的发展方式愈发受到关注和讨论，因为危机的冲击对于国家筹措资源、组织动员、应急能力等方面提出了更高的要求，不仅国际发展合作是帮助发展中国家走出危机阴影的重要推力，其自身的国家能力更是应对危机的基石。在此种国际趋势下，我国顺势而为，在量力而行的前提下，有所为、有所不为，通过主动发起适合我国的发展合作倡议，为全球提供具有比较优势的公共品，在构建人类命运共同体的过程中不断加强发展合作中的治国理政经验分享，为解决国际公共卫生危机贡献出自己的知识和资源力量。

第三，对于中国来说，协调发展合作各个主体在传播交流方面的优势，叙说和分享中国发展叙事体系的重要性也愈发凸显。自 20 世纪 80 年代以来，中国经济发展和脱贫攻坚事业一直高歌猛进。2021 年的《全面建成小康社会：中国人权事业发展的光辉篇章》白皮书指出，“到 2020 年底，中国现行标准下 9899 万农村贫困人口全部脱贫，832 个贫困县全部摘帽，12.8 万个贫困村全部出列；按照世界银行国际贫困标准，中国减贫人口占同期全球减贫人口 70% 以上。中国提前 10 年实现《联合国 2030 年可持续发展议程》减贫目标”①。

① 《白皮书：中国提前 10 年实现〈联合国 2030 年可持续发展议程〉减贫目标》，中国新闻网，2021，https://baijiahao.baidu.com/s?id=1707869306039010977&wfr=spider&for=pc。

2021年5月31日，中共中央政治局就加强我国国际传播能力建设进行第三十次集体学习，习近平总书记强调，讲好中国故事，传播好中国声音，展示真实、立体、全面的中国，是加强我国国际传播能力建设的重要任务①。因此，中国的脱贫与经济增长经验值得梳理、并在国际发展合作中与其他发展中国家交流分享。参考日本的经验教训，中国发展经验分享，需要在深入认识和总结中国发展叙事与实践的基础上，广泛团结涉及国际发展合作的各个主体，除了负责承包中国的发展合作项目的企业外，更加充分地运用高校与研究机构、民间交流群体、媒体、国际会议等主体和平台的优势和影响力，使得国家层面的合作与民间层面的人文交流都能生动展现中国的发展观念与实践，形成官方民间的合力、内容丰富的声音，真正建立起国际发展合作的传播分享共同体。

第四，各主体参与对外援助过程中需要对本国发展知识的生产有所贡献，因为对于本国援助和发展知识体系构建是回应国际格局、与国际发展合作体系对话、接轨、互动的支撑。日本在援助金额上曾是世界第一大援助国，但不时会受到国际组织、西方援助国的指责，有关援助和发展的话语一向是由世界银行、IMF等国际组织、经合组织国家等传统援助力量所定义的。因而，各主体更多地参与发展知识体系和发展道路的构建，贡献出具有蕴含自身发展知识的国际合作图景是真正进入国际规则制定场所、对当前国际合作的普遍性价值拥有发言资格的通行证。只有在发展经验与发展合作上有自己的知识供给，才能跳出只能以传统援助国的标准、

① 《习近平：加强和改进国际传播工作 展示真实立体全面的中国》，新华社，2021，https：//xhpfmapi. zhongguowangshi. com/vh512/sha re/10026818？channel = weixin。

规则、价值倾向为发展合作唯一裁量准则的被动局面，才能打通全球知识生产场所、关键国际组织或机制等国际议程制定渠道，拥有相应的能力将自身发展知识纳入国际议程中①。

① 徐加、徐秀丽：《被架空的援助领导者——日本战后国际援助的兴与衰》，《文化纵横》2020年第6期，第10页。

CHAPTER

6

第六章

国际经验的启示与中国国际发展共同体建设

一 西方援助共同体的全球影响力

中国的"一带一路"高质量发展和人类命运共同体的建设等并非在国际政治经济和社会真空中进行，恰恰相反，它们处于既有的以西方为主导的"叙事－主体－实践"所搭建的全球发展共同体和治理框架之内，并深受其影响。在过去两三百年，尤其是二战后以美国制度性规则建立起来的西方秩序之下，在国际领域既有众多的国际条例、规则，国际组织和机构，以及最佳发展实践与标准等，这些既有的理念、价值观、建制架构，以及实践流程等都会深刻地形塑着"一带一路"倡议的当地参与路径，这也是中国作为后发国家融入国际社会，进而重塑国际社会，以使其更加公平、公正、利于发展的必然之路，即新兴的力量需要克服原有路径依赖和既有环境的影响才能发挥自身的影响力，其中，西方援助共同体的全球影响力不可小觑。

毫无疑问，成立于1960年的经合组织发展援助委员会（见表6－1）是全球发展合作和发展治理的主导者，该机构包含31个发达国家和欧盟，共32个成员，7个由全球最富影响力的发展机构，即联合国开发计划署、世界银行、国际货币基金组织和亚洲、非洲和美洲开发银行、欧洲投资银行组成的常驻观察员和7个非经合组织的参与国。该委员会的主席主要由美国、英国和欧洲国家高官担任（见表6－2）。此外，为了促进对发展中国家经济和社会问题的理解，并与这些国家分享经合组织成员国在发展进程中的知识、信息和经验，帮助经合组织加深与发展中国家的伙伴关系，经合组织还成立了以研究为导向的发展中心（Development Center）（见表6－3）。如前言所述，通过设定发展议程和发展话语、制定全球发展规则和流程，以及搭建全球发展“朋友圈”，援助委员会掌握着现行国际发展领域80%的全球发展规则制定权，以及发展知识和人才的输送渠道。具体而言，现有全球发展层面的规制，包括援助的监测评估标准，援助国在官方援助资金占其国民收入的比例、发展项目环评和社评标准等一系列条例和规则都是由该机构所制定（见表6－4）。与此同时，通过向世界上主要多边组织的资金投放，该委员会及其成员与现行国际发展主要行为体之间都保持着紧密的沟通与联系（见图6－2）。这种“统一战线”或“联盟”尽管内部存在很多不同的利益和导向，但总体来说，由于利益、价值、信息流动、人际关系，以及由此而形成的制度、机构等结构性架构和流程，从而使得以西方国家为主导的全球发展共同体在全球治理领域发挥着至关重要的作用，它们在某种程度上决定了国际发展舆情环境和发展的规则。

表6－1　经合组织发展援助委员会

成员：符合DAC加入标准的OECD双边援助提供方	欧洲（25＋1）	欧盟、奥地利、比利时、捷克、丹麦、爱沙尼亚、芬兰、法国、德国、希腊、匈牙利、冰岛、爱尔兰、意大利、立陶宛、卢森堡、荷兰、挪威、波兰、葡萄牙、斯洛伐克、斯洛文尼亚、西班牙、瑞典、瑞士、英国
	北美洲（2）	美国、加拿大
	大洋洲（2）	澳大利亚、新西兰
	亚洲（2）	日本、韩国

常驻观察员：参与列席提供建议的非国家政治经济体或国际组织	亚洲开发银行、非洲开发银行、欧洲投资银行、美洲开发银行、国际货币基金组织、联合国开发计划署、世界银行	
参与国：支持参与 DAC 工作的非经合组织国家	中东（5）	阿塞拜疆、科威特、卡塔尔、沙特阿拉伯、阿拉伯联合酋长国
	欧洲（2）	保加利亚、罗马尼亚

数据来源：OECD – DAC，http：//www. oecd. org/dac/developmewt – assistance – committce/，accessed on 9 March，2024。

表 6 –2　经合组织发展援助委员会（OECD – DAC）历任主席

任职时间（年）	姓名	来源国	简历
1961	James W. Riddleberger	美国	曾任美国国际开发署（USAID）署长
1963	Willard L. Thorp	美国	曾任美国负责经济事务的助理国务卿、代表美国参加关贸总协定谈判的代表和美国统计协会主席
1967	Edwin M. Martin	美国	曾任美国驻北大西洋理事会副代表、经济事务和美洲事务助理国务卿、美国驻阿根廷大使
1974	Maurice J. Williams	美国	曾任美国国际开发署副署长
1979	John P. Lewis	美国	普林斯顿大学经济与国际事务教授，曾任美国国际开发署印度区负责人
1982	Rutherford M. Poats	美国	曾任卡特总统的白宫工作人员及国家安全委员会的顾问，曾任海外私人投资公司（OPIC）高级副总裁兼代理总裁和美国国际开发署副署长
1986	Joseph C. Wheeler	美国	曾任联合国环境规划署副执行主任和美国国际开发署副署长
1991	Alexander R. Love	美国	曾任美国国际开发署顾问，负责亚洲、非洲的工作，包括内罗毕区域主任和非洲副助理署长

续表

任职时间（年）	姓名	来源国	简历
1994	James H. Michel	美国	曾任美国国际开发署代理副署长，包括美国国际开发署拉丁美洲和加勒比地区助理署长和危地马拉共和国大使
1999	Jean – Claude Faure	美国	曾任国务秘书首席私人秘书，包括全球非洲联盟首席顾问和合作与发展部发展局局长
2003	Richard G. Manning	英国	曾任英国国际发展部（DFID）政策司司长，负责包括在西非和东南亚服务，以及在世界银行担任代理执行董事
2011	J. Brian Atwood	美国	曾任美国国际开发署署长，曾服务于联合国科菲·安南秘书长和平行动小组
2013	Erik Solheim	挪威	曾任挪威国际发展部部长和环境部部长
2017	Charlotte Petri – Gornitzka	瑞典	曾任瑞典国际开发合作署（SIDA）总干事，曾就职于救助儿童会、瑞典红十字会等
2019	Susanna Moorehead	英国	曾任英国驻埃塞俄比亚和吉布提大使，以及英国常驻非洲联盟和联合国非洲经济委员会的代表，曾就职于英国国际发展部
2023	Carsten Staur	丹麦	曾任丹麦驻经合组织和联合国教科文组织大使

表 6－3　经合组织发展中心成员国名单

欧洲（20 国）	阿尔巴尼亚、比利时、捷克、丹麦、芬兰、法国、希腊、冰岛、爱尔兰、意大利、荷兰、挪威、葡萄牙、罗马尼亚、斯洛伐克、斯洛文尼亚、西班牙、瑞典、瑞士、土耳其
亚洲（9 国）	中国、韩国、日本、越南、泰国、印度、印度尼西亚、哈萨克斯坦、以色列

非洲（12 国）	佛得角、科特迪瓦、埃及、加纳、危地马拉、毛里求斯、摩洛哥、卢旺达、塞内加尔、南非、多哥、突尼斯
拉丁美洲（13 国）	阿根廷、巴西、智利、哥伦比亚、哥斯达黎加、多米尼加、厄瓜多尔、萨尔瓦多、墨西哥、巴拿马、巴拉圭、秘鲁、乌拉圭

数据来源：Development Centre Member Countries - OECD，"Development Centre Member Countries," Development Centre Governing Board，http：//www. oecd. org/dev/governing - board/，access on 9 March，2024.

表 6 -4　经合组织发展援助委员会建立或倡导建立的发展规则

年份	DAC 所建立或倡导建立的发展原则和规则
1961	关于共同援助的决议
1962	关于向发展中国家报告援助和资源流动的指示
1963	关于援助条款和条件的决议
1965	关于财务条款和条件的建议
1966	关于技术援助协调的指导方针
1969	DAC 采用"官方发展援助"（ODA）概念，并将其与"其他官方资金"（OOF）分开
1972	明确"官方发展援助"定义
1977	关于发展合作促进经济增长和满足人类基本需求的声明
	DAC 关于本地成本融资指南（Local Cost Financing）的指导方针
1978	加强援助条款和援助条件的建议
1979	关于本地和经常性成本融资的指导方针
	改善援助实施的指导方针
1982	关于维护和加强现有援助服务和设施的指导方针
1983	援助机构支持妇女在发展中作用的指导原则
	关于援助与出口信贷及其他市场基金（混合信贷）联合使用的指导原则
1985	关于发展援助项目和方案的环境评估建议
1986	改善发展政策、方案援助，及其对援助协调的影响
	官方发展援助良好采购的实践
	关于发展援助项目和方案环境评估的建议

续表

年份	DAC 所建立或倡导建立的发展原则和规则
1987	关联融资、捆绑及部分未捆绑官方发展援助的指导原则
1988	项目评估原则
1989	20 世纪 90 年代发展合作政策声明
	《妇女发展指导原则》
1991	捆绑援助和联合融资的新规则
	方案援助原则
	技术合作的新方向
	援助评估原则
	援助与环境准则 －发展项目环境影响评估 －国家环境调查和策略 －援助机构关于发展项目非自愿流离失所和重新安置的准则 －援助机构关于全球环境准则问题
1992	发展援助手册
1993	在援助与环境领域纳入参与式与善治准则的方针 援助机构关于化学品管理的准则
1994	私营部门援助和环境发展准则的取向 －援助与环境相关准则 －援助机构减灾指南
1995	新全球背景下的发展伙伴关系
	性别平等：朝着可持续、以人为本的发展迈进
	参与式发展与善治的指导原则
	环境领域能力开发援助指导原则
	援助和环境相关准则 －援助机构关于害虫和农药的管理准则
1996	塑造 21 世纪：发展合作的贡献
	制定 DAC 审查的准则
	统计报告指导原则
	援助与环境相关准则 －援助机构关于全球和区域海洋和沿海环境发展和保护的准则 －援助机构关于改善热带和亚热带湿地保护和可持续利用的准则
	发展合作局就管理贪污风险的建议

年份	DAC 所建立或倡导建立的发展原则和规则
1997	援助资金采购反腐败建议
	21 世纪的冲突、和平与发展合作
	迈向可持续发展的国际合作
1998	发展合作中两性平等和增强妇女权能的准则
	协助发展中国家制定和执行可持续发展国家战略：明确 DAC 目标和战略的必要性
	全球经济中政策一致性的挑战
	共同点：发展观点的汇合 - 世纪之交的发展合作
	评估复杂紧急情况下人道主义援助的指导意见
2000	统计概述：全人类更好的世界
2001	DAC 关于取消对最不发达国家发展援助的建议
	关于减少贫困的准则
	关于加强贸易发展能力的准则
	关于可持续发展战略的准则
	关于帮助预防暴力冲突的准则
2002	关于将联合国《生物多样性公约》《联合国气候变化框架公约》《联合国防范荒漠化公约》（“里约三公约”）纳入发展合作的指导方针
2003	关于贫困和健康的参考文件
	关于协调援助者有效提供援助的参考文件
	关于预防恐怖主义的发展合作参考文件：行动切入点
2005	关于安全体制改革与治理的参考文件：政策和良好做法
	以环境财政改革实现减贫的参考文件
	管理援助的参考文件：DAC 成员国的做法
	关于援助有效性的巴黎宣言
2006	促进扶贫与增长的参考文件
	关于加强私人投资促进发展的参考文件：官方发展援助的作用
	战略环境评估应用参考文件：发展合作的良好实践指导
	关于能力建设挑战的参考文件：努力实现良好实践

续表

年份	DAC 所建立或倡导建立的发展原则和规则
2007	关于取消对最不发达国家和重债穷国捆绑发展援助的建议
2010	关于可持续发展政策一致性的建议
2011	关于良好认捐做法的建议
2016	关于对来自受冲突影响和高风险地区矿物负责任供应链尽职调查的指导建议
	关于发展合作主体管控贪腐风险的建议
2017	为促进可持续发展目标而调动商业资金的混合融资原则
2019	关于综合考量人道主义 - 发展 - 和平联结的建议
	关于在发展合作和人道主义援助中制止性剥削、虐待和骚扰的建议：预防和应对的主要举措
	可持续发展政策一致性的建议
2020	有关发展援助项目和方案环境评估的建议
2021	关于为民间社会赋能的建议

数据来源：2006 年及之前为 DAC in dates 报告中整理，2007 ~ 2021 年为 OECD 网站上的公开标准的不完全统计。

二　英国、美国、日本国际经验的启示

美国、英国和日本都是所谓“富国援助俱乐部”经合组织发展援助委员会（DAC）的成员国，按规模一般排名前五（见图 6 - 1），且通过对于世界上主要多边组织的资金投放发挥重大影响力（见图 6 - 2），它们是世界上最有影响力的国际发展合作共同体三国，它们分别以双边和多边国际组织和治理架构、通过强大的物质性能力（比如美国援助年度预算近年来高达 300 亿 ~ 500 亿美元）和制度性能力（比如二战后的世界银行、国际货币基金组织等国际架构都是在美国的引导下成立的），或者通过强大的发展议程设置和话语生产能力（比如英国在贫困、可持续生计、社会性别等领域都具有

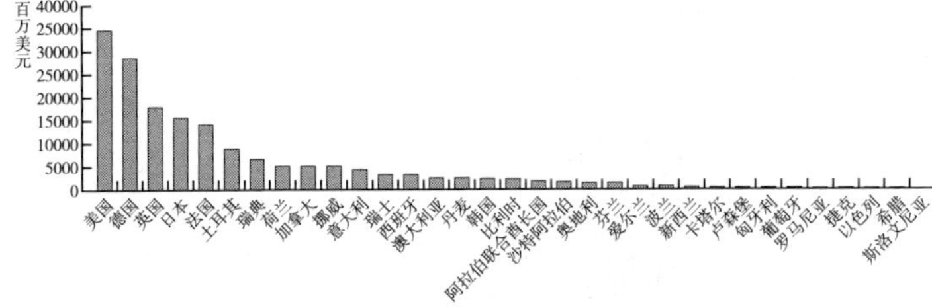

图 6－1 2020 年 OECD 成员国官方发展援助规模

数据来源：Development Co－operation Profiles－Development co－operation funding：Highlights from the complete and final 2019 ODA statistics（oecd－ilibrary. org）.

单位：美元/百万

美国
德国
英国
日本
法国
区域发展银行
世界银行
其他多边机构
联合国发展系统
其他联合国实体
欧盟

图 6－2 全球官方发展资金规模排名前五的国家对主要多边机构与区域机构的资金投放

全球领导力），或者通过紧密的政商经济生产能力（比如日本历史上一直高度重视援助和商业的合作能力），一方面推进自身在国际贸易－投资等方面的经济利益，另一方面，构建自身在政治、文化方面的全球影响力和软实力。换言之，三个国家折射出三种不同的国际发展共同体实现国际利益和国际影响力的典型模式，即美国通过政治维度的国家安全和价值观塑造路径，英国通过社会维度的国际发展专业主义路径，而日本通过经济维度的政商合作路径（见图 6－3）。

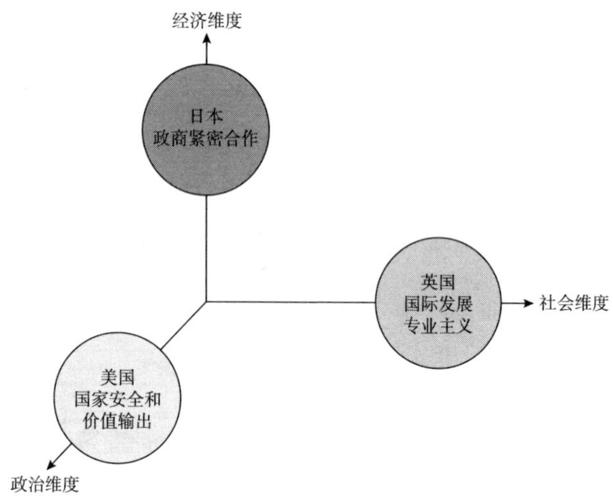

图6－3　三国三种不同类型的国际发展共同体构建模式

英、美、日三国之所以会使用这三种不同的路径构建自身的国际发展共同体以保证国家利益和国际社会影响力，与每个国家在国际体系中所处的时空位置，及其国内的政治经济格局和文化传统具有紧密的联系，可以说，它们是影响三国构筑国际发展共同体路径选择的“硬核”要素[①]。具体而言，美国作为二战后兴起的世界第一大国，保证其国家的世界领先位置，实现其全球霸权和治理是实现国家利益的核心关切点，同时，该国在当时具有物质性权力、制度性权力和合法性权力[②]等三个维度上的优势和基础，这也保证了该路径在当时历史情况

① 秦亚青：《国际关系理论的核心问题与中国学派的生成》，《中国社会科学》2005 年第 3 期，第 165－176、209 页。

② 秦亚青：《世界秩序的变革：从霸权到包容性多边主义》，《亚太安全与海洋研究》2021 年第 2 期，第 1－15、133 页；DOI：10.19780/j.cnki.2096－0484.20210318.001。

下的可行性。而对于英国来说，尽管自 18 世纪开始，通过工业革命逐渐获得了经济发展上的优势，并在 19 世纪逐渐获得“日不落帝国”的称号，但在二战后，其国家开展海外发展合作的首要考虑已经不是世界霸权的维持，而是如何建设由国家组成的国际社会的稳定和发展，并保证英国在此体系中的位置和作用。与此同时，英国国内自海外殖民开发开始就积累了一大批帝国专家队伍和殖民官员，通过人类学、东方学、伊斯兰研究等不同区域国别的研究和学科建制逐渐建立了该领域的专业力量，因此，在二战后英国的国际发展专业主义就成为主导性力量。此外，英国国内具有劳工运动和福利国家建设的基础，因此，民众对于减贫、援助等事务具有较高的支持度，这与美国民众的价值观不同，他们普遍相信市场力量和个人能力，通过援助和国家干预实现减贫和社会发展在美国并不能获得文化传统和理念上的支持。日本是三个国家中最早加入经合组织援助委员会的国家（日本是 1960 年加入，英国和美国都是 1961 年加入），其援助规模在 20 世纪 90 年代中期到达顶峰，但相较于其他欧美国家而言，其在国际援助共同体中的位置则一直较为特别，即其在形式上遵从援助委员会的统一规则，但在话语建设和主流发展叙事上却一直强调独特的亚洲道路，尤其是通过政府和商业的合作来推动后发国家实现发展的道路，以及在 20 世纪 80 ~ 90 年代兴起的发展型国家理论等都尝试突围，但在当时新自由主义一路高歌猛进的时代背景下不断失利。总体而言，日本构建其国际发展共同体的路径在经济维度上较多。

以上三国基于各自国家在国际秩序中的位置，以及国家内部的政治经济格局和文化传统建设国际发展共同体的路径尽管走过不少弯路，也有不少失败的教训，但其成功的经验可供我国构建国际发展共同体和统一战线提供借鉴。以下主要从三部分来总结三个主要援助国构建国际发展共同体的经验与启示。首先，我们通过“叙事－主体－实践”三维分析框架（见表6－5）从宏观上了解英、美、日三国二战后的发展叙事是如何变迁的？哪些主体参与了这些叙事的生产和传播？哪些典型项目和实践活动将这些叙事转化成现实？从三国比较来看，美国的发展叙事和全球层面上的叙事几乎重合，从现代化到基本需求，从结构调整到民主化，受“9.11”事件影响后“反恐－减贫”成为关注的焦点，最近几年从特朗普开始转向不同形式的“美国优先”，这充分反映了美国在引领全球发展叙事方面举足轻重的作用。相比较而言，由于具有悠久海外殖民开发的历史，英国的发展叙事也不免受到这段历史的影响，但在二战后一直到20世纪70年代，英国发展叙事受到美国较大的影响，一直到90年代末期以来，英国逐渐树立了自己独立的海外发展叙事路径，“反恐－减贫”一直成为其对外援助的核心要素，并加强了和多边组织的联系，近年来受到地缘政治竞争的影响，也开始更加凸显其国家利益的导向。相对而言，日本发展叙事一直比较稳定，即强调自身发展的经验，尤其是政府与商业之间的紧密联系，维护国家的海外资源和贸易方面的利益，20世纪80年代后，随着民间机构和学术机构的介入，对外援助叙事开始出现多个面向，即一方面关注国家利益，另一方面也关注人文反思与民间交流。受美国影响，近年来，日本海外发展叙事除了关注全人类共同风险外，也开始关注周边安全的问题。从参与不同时期发展叙事的主体上看，美国和英国始终保持着政府与国会/议会之间的紧张关系，尤其在美国，这种张力更为凸显，

表6－5　叙事－主体－实践三维分析框架

三维	美国	英国	日本
叙事	20 世纪 50～60 年代：现代化 20 世纪 70 年代：人类基本需求 20 世纪 80 年代：结构调整计划 20 世纪 90 年代：民主化 2011 年“9·11”事件后到 2016 年：反恐－减贫 2016 年以来：美国优先	1945 年以前：殖民地开发与福利改善； 1945～1975 年：联美抗苏、争夺第三世界； 1975～1997 年：给穷人以更多的帮助； 1997～2014 年：消除全球贫困 2015 年以来：减贫与支持英国国家利益	20 世纪 50～60 年代：基于请求的项目方法促进日本企业的商业利益 20 世纪 70～80 年代：对资源安全和大国地位的追求 20 世纪 80 年代末～1997 年：发展型国家与批评腐败 1997 年至今：公私伙伴关系与发展合作，特别是对人类安全的关注
主体	现代化：政府（国家安全体制）、基金会（洛克菲勒基金会等）、媒体（《生活》和《纽约时报》）、高校学者（哈佛大学和麻省理工学院－查尔斯河学派）、民众（“上帝选民”自我身份定位）、个人（亨利·卢斯）等 人类基本需求：政府（国会、尼克松政府、国际开发署）、学者（自然科学家、农业发展委员会）、非政府组织（福特基金会、洛克菲勒基金会）、多边机构（世界银行、国际劳工组织）、智库（海外发展委员会）等	1945 年以前，殖民地开发与福利改善：政府（殖民办公室、殖民地政府）、企业（殖民地开发公司和海外食品公司）、高校与学者智库（卫生与热带疾病局、帝国昆虫研究所、殖民研究委员会） 1945～1975 年，联美抗苏、争夺第三世界：政府（海外发展部、海外发展管理署）、企业（英联邦开发公司）、NGO（基督徒救助会、乐施会、war and want）、高校与学者智库（英国发展研究所 IDS）、国际多边组织（经合组织发展援助委员会、联合国系统、世界银行）	20 世纪 50～60 年代，援助的商业利益：政府中涉及援助的各个部门力量（外务省、通产省、大藏省），私营部门对政策的影响力强化了援助的经济导向 20 世纪 70～80 年代末，资源安全与大国地位：政府（通产省与外务省）为资源安全性和大国地位而颁布相关政策，媒体和民间组织报道宣传援助在人道主义方面的意义

续表

三维	美国	英国	日本
主体	结构调整计划：政府（里根政府、财政部、国际开发署）、多边机构（世界银行）、非政府组织（私人志愿组织）等 民主化：政府（克林顿政府）、基金会（麦克阿瑟基金会）、智库（进步政策研究所、贝尔福研究所）、媒体杂志（《国际安全》《读本》）、学者（迈克尔·多伊尔、拉里·戴蒙德以及来自商界、政府部门和军方的研究者和实践者）等 反恐－减贫：政府（小布什－奥巴马政府、国会议员）、企业、学者（发展专家）、社会民意、非政府组织等 美国优先：政府（特朗普政府、拜登政府、国会）、智库（传统基金会、对外关系协会）、个人（帕特·布坎南、退役将军与政要、宗教领袖、学者斯蒂芬·克拉斯纳）	1975～1997 年，给穷人以更多的帮助：政府（海外发展部、海外发展管理署）、企业（Biwater International、Balfour Beatty、GEC、NEI 和 Davy Mckee）、NGO（基督教救助会、乐施会、行动援助）、高校与学者智库（英国援助独立小组（IGBA））、国际多边组织（联合国系统、世界银行） 1997～2014 年消除全球贫困，政府（国际发展部）、企业（英联邦开发公司、亚当斯密国际）、NGO（乐施会、基督教救助会、救助儿童会）、高校与学者智库（牛津大学、伦敦政治经济学院、SOAS 伦敦大学东方与非洲研究院、剑桥大学）、媒体［英国广播公司（BBC）、《卫报》］、国际多边组织（联合国系统、世界银行） 2015 年以来，减贫与支持英国国家利益：政府（外交、联邦和发展部）、企业（英联邦投资集团、毕马威等 177 家企业）、NGO（邦德、英国文化协会、英国红十字会、	20 世纪 80 年代末～1997 年，发展型国家：政府（特别是通产省）、私营部门（如日本经济团体联合会）、学界、民间组织、媒体（如朝日新闻）、国际组织（如世界银行）讨论发展型国家的利弊 1997 年后，公私伙伴关系与发展合作：商界呼吁将官方发展援助项目与日本的商业利益重新挂钩，政府强调重振公私伙伴关系、政府与 NGO 扩宽发展合作议题

续表

三维	美国	英国	日本
主体		基督救助会、BBC 媒体行动等 8587 个在非援助 NGO）、高校与学者智库（英国发展研究所 IDS、英国皇家国际事务研究所、海外发展研究所、非洲经济研究中心）、媒体（《每日邮报》《太阳报》《都市报》《卫报》BBC 等 25 家媒体）、国际多边组织（联合国系统、世界银行等 47 个国际多边组织）	
实践	现代化：第四点计划 - 技术援助项目，国际开发协会 - 贷款服务，粮食换和平 - 粮食援助，争取进步联盟 - 乡村改革和农业发展、卫生、合作社、教育和职业培训以及税收等方面指导，越南战略村 - 强行规划城市化和现代化 人类基本需求：国际开发署 - 关注科技作用；印度的绿色革命推广提高了粮食产量，建立了农业大学和化肥制造企业等，美国企业 - 借助援助获取了印度投资建厂的机会，私人基金会 - 为科学研究和大学建立提供资金支持	1945 年以前，殖民地发展与福利：在强调英国工商业利益的限定下，专注于生产性项目。据统计，1929 年到 1940 年，英国向殖民地提供贷款 320.3 万英镑，赠款 567.2 万英镑，总计 887.5 万英镑 1945～1975 年，联美抗苏、争夺第三世界：第一，第一份白皮书的发布 第二，援助与贸易条例（ATP）的提出 1975～1997 年，给穷人以更多的帮助：第一，NGO 介入埃塞俄比亚大饥荒；第二，学术界和 NGO 发展专家成立的英国援助独立小组（IGBA）	20 世纪 50～60 年代，援助的商业利益：日本为亚洲国家的赔款、建造二战期间受损的设施是日本援助的起源，赔偿总额达到 20 亿美元。1970 年，日本援助额为 4.58 亿美元，占国民总收入的比例为 0.23%，是 DAC 最低的援助额之一。在援助中政府与企业实践基于请求的援助方法以促进日本企业进入受援国，援助领域集中在具有商业吸引力的部门，如能源、工业、采矿和运输部门

续表

三维	美国	英国	日本
实践	结构调整计划：经济安全委员会－协调国内和国际政策把资源输送给发展中国家的私人部门；私人企业局－为国有企业和其他政府部门提供经济改革援助，拉丁美洲农业综合企业开发公司－投资小的农业综合企业，为商业策划和公司重组提供技术专家；美国信贷联盟机构与非洲合作储蓄和信贷协会联营开展各种业务活动；多边援助项目主要包括“加勒比盆地倡议”、“贝克计划”和“杰克森计划”等 民主化：私人基金会－对东欧非政府组织提供各类援助；通过援助媒体去影响受援国民众，促进民众对民主自由价值观的接受和自觉认同	1997～2014年消除全球贫困： 第一，民间社会挑战基金计划 第二，公共卫生领域，埃博拉疫情的紧急援助计划 第三，能力建设领域，“非洲司资助非洲农业发展公司项目”，DFID供应合作伙伴框架中有超过177家企业参与其国际发展合作。比如在农业领域，英国国际发展部私营部门司承诺向非洲农业发展公司（AgDevCo）提供1100万英镑，英国国际发展部非洲分部承诺向其提供6500万英镑，在马拉维、赞比亚和加纳运营3个中小企业催化基金，以解决中小企业参与农业价值链的资金和技术限制，履行“企业孵化器”职能 第四，气候变化领域，非洲气候会谈（African Climate Talk），案例围绕气候变化领域，BBC开启了非洲气候会谈，并与1000多名公民和200名意见领袖进行了讨论。在开展研究活动的同时，还制定了一项综合传播战略	20世纪70～80年代末，资源安全与大国地位：政府加大了援助投入的数量以提升外交形象，政府与企业在援助中向资源丰富国家倾斜，民间组织的参与也有所显现。至1989年日本成为世界上排名第一的ODA捐助国，双边援助净流量达67亿美元，官方发展援助从亚洲扩大到非洲国家。援助主要用于大型经济基础设施项目，如运输、能源、通讯和河流开发 20世纪80年代末～1997年，发展型国家：日本援助的规模继续扩大，1995年，日本双边援助净流量达到了历史最高的105.51亿。这一时期日本在东京非洲发展国际会议积极推广亚洲模式、形成了基础设施和外国直接投资相结合的方法。同时政府与民间组织通过资助、对话、合作项目等方式共同改善援助形象

续表

三维	美国	英国	日本
实践	反恐－减贫：小布什政府—设立“千年挑战账户”，成立千年挑战公司；设立“全球防治艾滋病计划”，设立全球防治艾滋病、肺结核和疟疾基金、在非洲发起“结束非洲饥饿计划”；在奥巴马政府时期，食品安全与营养新联盟—70多个跨国及美国本土公司参与对非农业援助、投资。保障未来粮食供给计划－提出了一揽子以减贫和消除饥饿为目的的国别投资计划；“电力非洲”—吸引私营部门在能源部门的投资等战略措施，帮助非洲合作伙伴加速发展。美国优先：特朗普政府与国会—组建美国国际发展金融公司为美国提供强大的私人资本动员国际发展金融公司“繁荣非洲”。印太战略—加强基于规则的国际体系；保护印太国家主权；亚洲再保证倡议法案—每个财政年度提供3亿美元的发展和安全援助，作为“打击中国影响基金”的一部分；拜登政府－B3W计划	2015年以来，减贫与支持英国国家利益：在教育领域，“利用教育技术（Ed－Tech）的变革潜力”英国对NGO包括有英国直接援助项目、英国配资项目、英国联合援助项目三类资金支持，共计5.81亿英镑，英国在撒哈拉以南非洲工作的NGO已有8587个，主要围绕教育领域。英国教育科技中心通过与国际发展部的合作，通过数字化技术帮助非洲15亿失学儿童能够继续接受教育 在基建领域，英国的发展走廊项目将在5年内投资7100万英镑，用于建设坦桑尼亚中央走廊沿线的大型公共资助基础设施，从达累斯萨拉姆的门户港口一直延伸到西部湖区的港口； 在科研领域，通过“全球挑战研究基金”项目，英国至少与包括联合国机构、欧盟、全球与区域性银行和基金等47个国际多边组织进行合作。在21世纪以来，英国一直将多边援助比重维持在1/3及以上	1997年后，公私伙伴关系与发展合作：东亚危机终止了日本经济奇迹，官方发展援助预算被削减，2001年预算下降至98亿美元，低于当年美国的114亿美元，导致日本失去了最高捐助国地位。面临日益紧缩的政府财政预算，日本的援助再次开始强调私营部门的参与，并通过历年的援助白皮书对公私伙伴关系和NGO参与的重要性进行强调、对参与机制做出了说明，政府与私营部门、民间组织合作机制更加制度化、多样化

国会对援助相对消极的态度反映了大众文化中对发展和贫困问题的认知。政府、私有企业、民间组织、大学、智库和媒体等的角色在三国都有所体现，但相对来说，美国除政府外，企业和民间组织的影响力较大；而在英国，大学智库和媒体的影响力很大；在日本，尤其在2008年以后在政商关系的框架下，企业和民间组织力量凸显。从叙事的实践上看，不同时期三国都开发出不同的对外援助项目和模式，通过不同主体的互动链接，从而完成了发展叙事的实践落地，比如在现代化叙事阶段，有相应的"第四点计划"项目以及粮食换和平项目等；而到了人类基本需求阶段，则有各个大学和科研人员参加的"绿色革命"行动，从而大幅度提高了发展中国家农业产量。英国则特别注重通过设立全球研究基金、教育合作等方式充分发挥其国际发展研究专家队伍的全球影响力；日本则注重输出其作为后发国家的发展经验，比如政商合作、公私合营等，强调基于对方请求之上，加强对外援助在增强本国商业利益上的诉求，以及与合作国共同发展的目标，但较少注重发展知识的系统梳理。

梳理完三国在发展叙事－主体－实践三个维度上的总体情况的基础上，我们回到本研究的三个主要关切问题上（见表6－6），即第一，各国多元主体参与对外援助的历程是如何的？其间经过了怎样的培育过程？发展叙事在其中的作用是什么？第二，各多元主体间的合作和互动机制是如何的？从而能在一定意义上既保持多元，又能维系一致？第三，多元主体互动通过何种发展实践活动推动其知识和理念的全球分享，从而建立相应的全球规范和准则，形成国际发展治理？通过三国对比研究可知，在建立多元主体参与机制方面，美国启动较早，私人部门、大学、民间组织、智库等在对外援助

表6-6　美、英、日三国对三个研究问题的回答

问题	美国	英国	日本
研究问题 1：各国如何建立机制培育多元主体有序参与到国际发展合作当中，形成既多元又一体的有机合作网络，从而提高国家对外援助合作的综合效应和国际社会影响力？	（1）美国政府在不同的对外援助实践中，根据多元主体的比较优势，按需将其逐渐纳入国际发展合作当中。杜鲁门 1949 年提出“第四点计划”后，呼吁社会各界参与对外援助时，美国“赠地学院和大学联盟”承诺将美国先进的农业知识与技术传送到欠发达地区；1960 年为落实对外援助满足人类基本需求，国际开发署开始资助私人支援组织参与对外援助当中；1983 年为落实“结构调整计划”，里根政府为私人部门参与援助制定发展路线，设立经济安全委员会来协调国内国际政策，强调把资源输送给发展中国家的私人部门 （2）多元主体参与对外援助与一国国内民众心态和国际形势紧密相关。20 世纪 60 年代末，随着美国入侵越南和东南亚的失败，美国国内劳工、管理层、宗教和	（1）英国对外援助主体多元化经历了自上而下与自下而上相结合的漫长历程，例如在 1965 年以前英国援助强调政府的力量，主要集中于自上而下的基础设施和生产性项目建设，高度重视技术援助和金融援助。而 1975 年以后则更加重视民间组织的力量和贫困议题、转向自下而上的软援助。英国对外援助由此也从大规模生产性和基础设施项目转向教育、卫生、性别等减贫项目 （2）多元主体的有机合作网络并不是一蹴而就的，而是在长期探索中逐步形成的。其逐步形成的标志性时间点是 1959 年，英国加入了美国倡议的国际开发协会，标志着其援助范围从殖民地、英联邦转向了全球范围。1965 年白皮书《海外发展：新部门的工作》中强调了英国对国际组织和多边援助的重视。	日本多元主体参与对外援助机制的形成是个自上而下与自下而上结合的培育过程： （1）日本私营部门的参与一向是国家与企业的双向互动过程。日本私营部门参与援助自二战后就已经开始，国家为战后促进工业快速复苏和增长的迫切需要，制定了一系列加强援助与贸易之间联系的政策，与几个亚洲国家签订的赔偿协议为日本企业进入这些市场铺平了道路。同时尽管日本在援助中实施“基于请求”的方法，但在发展中国家的日本公司会确定项目并向发展中国家政府提出建议，然后由发展中国家政府“请求”日本政府资助这些项目，一旦得到批准，日本公司会实施这些项目。除了国家自上而下的培育外，企业也自下而上地寻求影响和推动这一联盟。自 20 世纪 50 年代起，私营部门就能够参与官方

续表

问题	美国	英国	日本
研究问题1：各国如何建立机制培育多元主体有序参与到国际发展合作当中，形成既多元又一体的有机合作网络，从而提高国家对外援助合作的综合效应和国际社会影响力？	教育团体都开始质疑对外援助，杜鲁门主义和“第四点计划”实施以来的干预主义舆论开始瓦解，尼克松政府不得不调整对外援助政策。而特朗普政府多次试图大幅削减对外援助预算，但国会在社会各界的压力下最终维持，了拨款的稳定性 （3）学者与官员之间的“旋转门”机制为对外援助知识与权力的有效结合提供稳定的机制。肯尼迪政府时期查尔斯河学派成员纷纷担任政府重要职位，这对20世纪60年代的对外援助政策产生重大影响；90年代哈佛大学贝尔福中心的100多名来自商界、政府部门和军方的学者和实践者，在将民主和平论转化为对外援助叙事方面发挥了关键作用	1975年白皮书《英国援外政策重心的变化：给穷人以更多的帮助》中明确提出，政府将与私人部门、志愿组织、学术和研究机构，以及地方政府加强合作，共同参与对外援助。1997年国际发展部还专门成立了民间社会司，负责协调与NGO的关系。2000年原国际发展部出版的《治理中的媒体：援助指南》成为早期涉及媒体参与援助的第一本指南，由此可见，在英国，多元主体参与的过程是一个逐步推进的过程，且与该国国内外局势具有紧密关系	主办的咨询委员会等影响决策的对话。20世纪80年代，日本的行业协会提供了企业联系政府的渠道、并能够发布私营部门需要的援助章程； （2）日本民间组织、媒体和学界最初的参与则是自下而上的，继而推动政府建立合作机制。从20世纪80年代开始，日本NGO开始进行人道主义援助。特别是到80年代末，由于日本援助和政商关系中出现了大量腐败，NGO、媒体、学术界开始积极揭露这些问题，政府也寻求与NGO的合作来改善日本援助形象。到了21世纪，与日本对“发展合作”这一概念的转向相对应，日本自上而下地建立了一整套与民间组织对话、共同实施项目、支持其资金和技术水平的合作机制

续表

问题	美国	英国	日本
研究问题 2：各国是如何建立多元主体参与对外援助的联系、对话和合作机制，从而建设对国家发展有利又有效的国际发展共同体？	（1）正式机制： ①法律政策制度：美国相对独立和完善的对外援助法律体系为不同主体参与对外援助提供了参考。1961 年《对外援助法案》规定了海外私人投资公司的职责、并强调了其作用。1961 年《和平队法案》对和平队志愿者参与对外援助提供了详细的章程与指南。1975 年《对外援助法案》中的《防治饥荒，摆脱饥饿法案》，呼吁对粮食和农业发展等领域的投入。2018 年，《更好利用投资促进发展法》授权成立了国际发展金融公司并规定了其在发展融资方面的作用和权力 ②机构设置：美国国际开发署设置相应的机构专门为不同的主体提供服务。发展信贷局为借款人调动在当地的投资。中小企业发展办公室向希望与 USAID 合作的小企业提供指导和信息	（1）正式机制： ①法律政策制度：英国提供发展援助白皮书和法案将多元主体参与对外援助主动以法律制度的形式确立下来，例如 1965 年白皮书《海外发展：新部门的工作》中强调了对国际组织和多边援助的重视。1975 年白皮书《英国援外政策重心的变化：给穷人以更多的帮助》中明确提出，政府将与私人部门、志愿组织、学术和研究机构，以及地方政府加强合作，共同参与对外援助 ②机构设置：英国国际发展部通过设置专门部门与多元主体进行合作，例如 1997 年国际发展部专门成立了民间社会司，负责协调与 NGO 的关系 ③部际学习网络搭建：英国国际发展部一直都在以人员、工具、技能和网络等多种方式积极支持其他部门学习援助	（1）正式机制： ①机构设置：日本外务省负责与其他部委协商确定援助政策和优先事项。财务省向多边开发银行提供资金、向 JICA 提供实施官方发展援助的资金。JICA 是日本双边援助的执行机构，负责实施技术合作、赠款和贷款援助项目 ②法律政策制度：在援助政策对多元主体参与的正式规定上，日本历年对外援助白皮书上均列出当前政府与私营部门和民间组织合作的机制，如 PPP 基础设施项目的预备调查、私营部门投资融资项目、日本平台、NGO 项目补助等 （2）非正式机制： 在多元主体互动的正式机制建立之前，日本也经历过一个由政府主导的循序渐进的发展过程。自二战后，日本开始

续表

问题	美国	英国	日本
研究问题 2：各国是如何建立多元主体参与对外援助的联系、对话和合作机制，从而建设对国家发展有利又有效的国际发展共同体？	③协调机制：对外援助办公室为国务院和国际开发署的对外援助资源提供战略指导；国家安全委员会下的政策协调委员会负责协调国际开发署与行政部门各机构的工作，定期召集各机构在国家安全委员会中代表开会 （2）非正式机制：1975 年国际粮食与农业发展委员会成立，旨在协调赠地大学与国际开发署之间的关系；奥巴马政府发起了“使对外援助现代化网络”倡议，旨在协调美国政府官员、国会议员、发展组织和发展专家以及私人部门的关系；同时，奥巴马还提出了食品安全与营养新联盟，将 70 多个跨国及美国本土的公司纳入对非农业援助框架之中	（2）非正式机制：例如全球挑战基金案例，由中央部委顶层设计，通过部际沟通，聘请战略咨询专家把关，研究理事会、委员会和学院各司其职，权责任命，并推动项目监督到位。通过援助，将发展中国家发展领域专家联系在一起，通过与发展中国家的伙伴机构进行项目合作，从而积极发挥英国在发展知识领域的全球领导力与影响力	提供对外援助起，日本的私营部门就通过与通产省的紧密联系在援助政策制定与执行的过程中发挥作用、并将其诉求纳入政策议程中 在 20 世纪 90 年代，日本的 NGO 则是通过非政府组织 – 外务省定期理事会会议等正式政策对话平台 + 国际会议和研讨会上碰面非正式途径相结合进行交流讨论等

续表

问题	美国	英国	日本
研究问题3：各国是如何通过不同类型的对外援助合作实践推动其国际发展知识、技能和准则的形成，从而真正落实其国际发展理念和提高其共同体的合作效能？	美国国际发展知识是为维护美国在全球领导地位而服务的，美国国际发展知识成为国家安全的重要基石： 第一，美国对外援助叙事与西方总体发展援助理念具有高度的重合性，这显示了美国在国际援助体系的领导地位，美国在联合国、世界银行和经济合作组织中均处于主导地位，而这三大机构与体系是全球发展共同体的三大巨头 第二，美国国际发展知识的生产是维护国家安全的需要。美国对外援助服务于国家安全的战略目标，政府主导的战略需求决定了国际发展知识的生产。现代化发展叙事将美苏争霸的政治问题转化可操作的技术性问题，为美国领导世界提供可能；“9·11”事件后美国将反恐－减贫结合起来，打造一个健康、民主和繁荣的世界，使美国更安全；	英国知识发展的属性主要为理性建构，国际发展大学、智库和学者专家在其中发挥着重要作用。英国对外援助在不同时期都非常重视专家智库的作用，成立了大量从事国际发展研究的学术机构，全英的国际发展教育与学会建制最为完善，有近20所大学设有国际发展学院或国际发展系，还有30多所大学设有国际发展相关的教学和研究项目，同时国家注重由专家学者在发展援助部门中担任要职、参与决策，由此产出了一大批关于国际发展的知识成果，并且及时转化、进入政策议程，有力地推动了英国对外援助的发展和转型，成为英国在国际发展援助框架中竞争力的核心要素	第一，日本的国际发展知识，即发展型国家的模式，是通过对其发展实践的经验归纳而产生的。发展型国家的知识贡献首先是由外国学者提出的，总结了日本通过国家主导、有能力的官僚、政府和私营部门的紧密合作等方式成为了一个快速赶超的经济大国的发展经验。其次是由日本学者根据国内发展事例进行补充。日本政府也推动国际组织总结发布关于东亚奇迹的报告，并在东京非洲发展国际会议推广亚洲模式、注重基础设施等能够帮助发展中国家走上自助努力道路的援助内容 第二，日本在从理论层面上进行知识构建的能力还有所欠缺。在日本崛起为一个援助大国时，日本只声称自身的发展型国家经验是一条独特的替代发展路径，却没有清晰简洁地阐明自身

续表

问题	美国	英国	日本
研究问题3：各国是如何通过不同类型的对外援助合作实践推动其国际发展知识、技能和准则的形成，从而真正落实其国际发展理念和提高其共同体的合作效能？	美国优先叙事将中美在发展领域的竞争转化为规则之争，旨在维持美国的全球领导地位 第三，多元主体通过以政府为核心的各种正式与非正式机制参与对外援助知识的生成与实践。企业、智库、大学、非政府组织、学者、民间组织等多元主体通过自上而下正式的法律机制推动发展知识的实践；并结合实际情况通过游说、联络、建言、致信、媒体表达等各种非正式方式促进发展知识的评估与重塑。其中，美国政府特有的“旋转门”机制将为知识与权力的互动成为可能		理念的优势、夯实替代路径的知识根基。日本政府和学术界缺乏对本国经验的独创性研究和总结能力，而是依靠国外学者提出的观点或资助国际组织的研究报告来阐释自身的理念。比如新自由主义虽然被西方援助者当做自身的发展模式来宣传，但同时也是一种经济、贸易和政府运作的规则框架，是一种理论上建构完善的知识和实践。日本在援助中虽然非常强调从自身实践中总结经验，比如实行基于请求的方法、基础设施和贷款援助的益处，但这些声音终究被传统援助国的援助解绑、结构调整、千年发展目标等等为人熟知的话语所掩盖

早期就发挥着重要的作用，随着“旋转门机制”和“比较优势”原理催生了更多的多元主体参与其中。在美国比较特别的一点是，民众对于援助这样一种使用政府干预手段促进社会发展和减贫的政策工具从意识形态上是抗拒的，尤其从20世纪60～90年代这种质疑态度伴随着国内外局势的变化更为突出。而在英国和日本，多元主体参与对外援助则经过一个较长的演变过程，且都是化解“对外援助”危机或利用国际局势的一种适应性调整，比如英国在20世纪50年代末进入国际开发协会，从而进一步促进了其在国际组织中的参与度推动其援助范围从殖民地、英联邦转向全球范围，而日本则是20世纪80年代，由于援助在政府和企业主导下产生了危机，民间组织的加入从一定意义上缓解了此危机，社会力量开始更多地介入对外援助中，推动日本实现从对外援助向国际发展合作的转型。

在实现多元主体参与对外援助合作形成共同体的过程中，正式的法律制度、机构设置、协调机制，以及非正式的网络和项目设置等都成为黏合剂。在美国，总统和国务院一直视对外援助是国家安全支柱之一，注重加强其和国家安全委员会之间的沟通协调，以及美国国际开发署与国务院其他部委之间的对话和交流，同时通过设立贷款项目吸引发展中国家的中小企业参与其中。英国则比较擅长专业机构的设置和联合研究网络，比如民间社会司的成立意味着政府专门关注民间组织的参与，而全球研究基金会的设立则通过全球研究网络的拓展实现英国在发展知识领域的引领能力；日本则一直保持着日本以外务省为主的政府部委和企业之间的双向互动，通过法律制度和机构设置、项目设置等加强双方的机制性联系，在20世纪80年代以后通过设立NGO专项吸引非政府组织的参与和贡献。

在多元主体参与发展知识生产和实践方面，不管是英国，还是美国，主要都是依靠建构性的理性知识，通过国际发展领域的规则制定和网络构建实现自身在国际发展不同维度上的领导权，美国的优势是主体多元丰富，从最为主要的世界银行、国际货币基金组织等具有引领性的国际组织，到微观层面的中小企业和民间组织，话语生产和传播能力强，自二战后几乎所有发展领域的主导话语几乎都来自美国，且借助其布满全球的发展网络，此理念和话语具有很强的实践性。英国次之，但鉴于其强大的发展型专家学者和研究机构、大学专业设置等，其在全球发展话语方面的生产能力和影响能力也不可小觑。相比较而言，日本案例也凸显出后发东亚国家的特点，鉴于其自身话语生产能力的不足，且全球发展网络的影响力也相对有限，因而难以将自身基于发展实践之上，但又与当时主流的新自由主义相抗衡的发展知识进行主流化，从而难以充分发挥其国际发展共同体在全球层面的引领力，最终也难以进一步拓展其国家在全球层面的发展空间。

最后，也是最为重要的，通过上述三国多元主体参与其对外援助的叙事生产和发展合作实践的历程回溯，我们接下来总结三个国家对于我国国际发展合作共同体的启示，尤其是与政策及实践问题紧密相关的六个方面，即第一，如何处理不同部委间的关系？第二，如何动员地方政府更多地参与援外事业？第三，如何协调企业、大学、智库、民间组织等多元主体之间的关系？第四，海外机构和队伍怎么建设？第五，如何处理与国际组织之间的关系？第六，如何推动多元主体开展联合行动，建设品牌，做好宣传，讲好援外的故事？这六个方面也正是当前我国实现从对外援助向国际发展合作转型的关键方面，它涉及对外援助这个体制的组成、机制设置和全球影响力发挥等重要方面。国际发展作为二战后与军事力量、外交力量、经济力量等四轮并驾齐驱的大国影响力的战略工具，在各国的战略中处于高位，尤其像日本这样缺发独立战略军事力量和有限战略外交能力的国家，国际发展的作用就更加弥足珍贵。在三个国家中，尽管都有独立的援外管理和执行部门，比如美国的国际开发署、英国的外交、联邦、发展事务部（以前的英国国际发展署）、日本的外务省和日本国际协力机构等，它们几乎占了该国援外总预算的50%～70%，但事实上并没有垄断所有的援外事业，而是由多个部委组成的，其中美国涉及22家相关机构，英国涉及15个中央政府部门，而在日本也主要由外务省、经济产业省和财务省三大部委进行决策，共有12个部委机构参加管理。各部委之间协作机制在不同的国家根据其政治体制和政治文化也有所不同，比如美国更侧重于利用法律和设置专门的政策协调委员会，同时配备较为完善的监督和评估机制，从而保证援外资金的透明度和风险管理；英国除了完善的援外法律体系外，还依靠专家咨询委员会，以及发布知识产品等知识生产性活动来统一各方行动；日本也制定了《发展合作宪章》，但相对来说，日本各部委之间的协调性更多地依靠政治和商业之间紧密的经济联盟。由此可见，每个国家都需要根据各自的国情来确定适合的部委协调机制。援外法律的制定为国际发展奠定了坚实的制度基础，而部际协调机制、专家咨询委员会、相应的知识产品、发展合作理念，以及经济利益的联系都是形成国家层面发展合作共同体的重要方面。

在中央政府和地方政府之间的关系上，国际发展作为一项具有高度战略性的国家行为，主要由中央政府主导的。在美国，联邦体制决定了外交权属于联邦政府，主要以白宫和国务院为主，地方州政府并不参与对外援助决策、管理等相关事务，但是地方政府会通过与国外州或省确立友好关系，或在一些国家设立办事处的方式发展海外活动，开展经济商务活动，并通过支持援助采购的方式间接地参与国际发展事宜。在英国，地方政府通过形成联盟参与议会等方式，或是通过地方政府协会成为会员的方式，参与援外政策的制定。日本在对外援助项目管理中则单独设置了一个地方政府类别，可供地方政府提出项目议案，以发挥地方政府的专长、经验和技能（如水、能源、废物处理、减少灾害风险等领域），解决发展中国家的发展问题。由此可见，援外作为国家行为，一般集中于中央层面，但每个国家根据各自的政治体制，或通过援外采购，或通过设置专门的项目类别支持地方政府贡献地方层面的知识和技能。

在协调政府、企业、大学、智库、民间组织等多元社会主体的关系上，美国社会具有较强的自主性，政府权力相对分散，在美国，国际发展事业既具有最高的统一性，一般都是总统直接掌握大方向和话语引导，同时也具有高度的分散性，尤其是企业等私人部门、大学、智库和民间组织都在此领域内保持较高的活跃度，政府通过设置项目等机制将各方联系起来形成合力。在英国，主管部委内通过设立民间社会司、私人部门机构来分别负责与民间组织和企业主体的合作，通过设立全球挑战研究基金、发展研究学会等链接英国大学和智库，通过不同的机制和平台将各方联系起来，形成发展合作实践共同体。据不完全统计，英国目前光由不同部委直接管辖下的发展实践共同体就有 45 个，领域涵盖公共财政管理、经济学、性别与家庭、监测评估等领域，这些实践共同体支持不同多元主体在援助过程中的学习分享与关系构建。在日本，不仅大型企业参与对外援助项目，也有专门的机制促进与日本中小企业的伙伴关系，比如日本外务省和 JICA 积极支持日本中小企业通过官方发展援助扩大海外业务，如收集中小企业海外业务所需的基本信息并制定项目计划、开展将中小企业产品或技术用于受援国的可行性、兼容性的调查等等。与此同时，日本还设置“NGO 事业补助金”制度，对日本在发展中国家开展援助项目的 NGO 提供一定的财政补助。近年来，日本政府更是建立了一整套与民间组织对话、共同实施项目、支持其资金和技术水平的合作机制，使社会力量拥有官方的、多样的参与渠道，能够更加规范化地加入到国际发展实践中。由此可见，各国都通过机构的设置、项目的设置、平台的搭建等方式吸引社会多元主体参与国际发展当中，这一方面，可以推动发展合作的实践创新，另一方面，可以更加贴近发展中国家的民间需求，同时也有利于国内多元社会主体对于海外市场与合作伙伴的开拓，从而获得更大的发展空间和国际影响力。

在海外机构和队伍建设方面，不管是英国和美国，还是日本，都是其有效落实发展合作项目，并发挥其全球影响力不可或缺的抓手，各国都将其视为最为重要的队伍加强建设。其中，美国在海外不同区域国别建立了 120 多个海外办公室，雇有员工共近 4000 名；英国在海外共设置了 25 个办事处，主要以非洲为主，共设了 16 个，占 64%，在其 2700 名驻外员工中，有近 50% 都是从事援助工作，工作领域主要包括教育、健康、社会服务、供水和卫生、政府和民间组织、环境保护、研究和人道主义援助等。在日本，JICA 则在全球不同区域设置了 96 个海外办公室。由此可见，海外办公室的建设凸显了两方面工作的重要性：第一，适合国情的区域国别国际发展重点领域分类为海外办公室和人员配备提供了指导和方向；第二，海外办公室和人员队伍建设为落实发展合作项目、发挥区域国别和全球影响力奠定了坚实的基础。

国际组织是二战后全球发展治理的基本载体，通过它可以制定全球规范、提供全球公共品，落实国际发展项目，建立全球、区域国别朋友圈和影响力，因此，如何建立或发挥国际组织的优势，建立合作关系是国际发展共同体建设的核心内容之一。美国是这一体系最初的引领者和建设者，推动设立了位于华盛顿的世界银行和国际货币基金组织，以及位于纽约的联合国系统等，根据各个国际组织治理结构的差异，美国与这些国际组织之间通过如下途径展开合作与交流，包括：参与解决影响美国国家安全的关键问题、信息共享并协调相关活动、将现有计划扩展到新的地区或受益人、通过整合资金安排或其他机制共同执行联合方案、建立伙伴关系平台，找到解决重大发展挑战和促进自力更生的办法等。英国是 2019 年多边基金最大的捐助国之一，它向多边国际组织的供资占其官方发展援助总额的 32%，英国至少与包括联合国机构、欧盟、全球与区域性银行和基金等 47 个国际多边组织进行合作。日本在全球层面国际组织的影响力相对有限，其发展叙事与全球层面国际组织发展叙事之间一直相左，比如 20 世纪 70 年代，在国际组织倡导援助去捆绑化时，日本援助却为企业在海外运营提供便利；在 20 世纪 80 年代国际上提倡受援国的基本需求、通过 NGO 深入到贫困人口时，日本则呼吁发展中国家的自助努力。这些差别使日本援助在国际上常常受到指责，其基于发展型国家经验的援助方案遭到了冷落，从而一度使其国家在国际上的主流形象遭到挑战。由此可见，积极主动发起或与国际组织开展有效合作，积极引导，并在条件具备的情况下建立话语共振，展开对话与交流，搭建全球、区域层面的网络对于建立国际发展共同体、提高对外援助的有效性至关重要。

最后，我们需注意到援外不仅是宏观层面的国家事务，也是微观层面的民心工程，通过各方主体的联合行动推动国家间，以及全球和区域层面国际社会的构建、协调和团结。因此，发展合作不仅是实践工作，也是一项叙事体系，如何引导多元主体联合行动，建立对外援助的品牌，做好对外宣传，讲好援外的故事对于搭建国际发展共同体至关重要。根据三个援助大国的经验，它们都建立了规范、系统的宣传渠道、注重援外品牌的建设等，尤其在美国和英国，它们把宣传和品牌建设提高到一个战略高度，比如美国建立了诸如《美国联邦法规 700.16（标记）的规定》《自动指令系统 320 品牌和标记》《美国国际开发署图形标准手册和合作伙伴共同品牌指南》等法规政策指导，并建立了统一的标志文件，设立了标准的模板，更为重要的是建立了多个朗朗上口、易于传播的品牌项目，比如繁荣非洲、喂养未来、电力非洲、总统疟疾倡议等，此外，还注重通过官方 Facebook 和 Twitter 账户等社交媒体，通过专业摄影和视频制作，设有专门的传播和品牌事务官。英国的援外品牌建设注重与合作方取得共识，使用统一的标识、并通过典型叙事标准，比如透明度、零捆绑、消除全球贫困、可持续生计框架等将英国发展知识与援助的品牌传播遍及全球。日本案例则呈现了国内多元主体假如对宣传和发展知识体系构建没有给予足够重视，不参与国际讨论所带来的后果。日本在援助金额上曾是世界第一大援助国，但援助和发展话语一向是由国际金融机构、西方援助国等传统援助力量所定义。日本虽宣传基于发展型国家的援助理念，但其基于国外学者提出的观点或资助国际组织的研究报告来阐释自身的理念，比如在国际一流英文学术杂志上多见国外学者对日本援助体系的总结或批判、却少见日本学者参与讨论。此外日本案例也呈现了其国内不同主体差异化叙事未得以协调的局限性。具体来说，日本援助形象的建设在 20 世纪 70 ~ 90 年代大致分为两个派别，一是政府与私营部门组成的联盟，他们承担了大部分对外交流的工作，在传播日本作为发展型国家的经济追赶经验的同时，不断加深国际社会对日本援助重视本国商业利益和资源获得的印象；二是民间组织、媒体和部分学者的声音，他们在部分发展中国家提供人道主义救助的规模相对政府与企业的项目较小，主要是向日本民众和国际社会揭露援助中存在的一些腐败现象。两种冲突的叙事之间没有建立良好的沟通和协调，在微观层面上尽管矫正了日本援外的商业属性和自利属性，但在宏观上却不利于占据国际道德制高点。这些对我国对外援助叙事的形成和品牌的塑造富有启发。

表 6－7　对我国国际发展合作共同体的建设与管理有什么启发

	美国	英国	日本
1. 政府部委间的关系	（1）决策主体：国务院、白宫、国会以及 USAID 等 22 家相关参与对外援助政府部门和机构。第一，由参与对外援助的各相关政府部门向白宫和国务院提交来年的对外援助计划与预算安排；第二，由白宫和国务院统一向国会提交援助计划和预算申请；第三，国会内部经参议院和众议院争论后，就援助内容和预算安排进行游说和辩论，并最终确定援助额度；国会内四次辩论；第四，白宫和国务院安排援助项目的执行和后续监督 （2）管理主体：USAID、国防部、农业部等 22 家政府机构。国会拨款法案确定后，负责执行对外援助的国际开发署、国防部和农业部等部门开始实施。一般而言，USAID 负责管理约 50% 的援助资金，国防部负责三分之一。以 USAID 为例，首先，它将国会确定的援助	（1）共 15 个中央政府部门参与英国对外援助工作。其中 FCDO 负责 2020 年 ODA 的 74%，商业、能源和工业战略部（BEIS）主要资助与气候相关的项目占 7%；冲突、稳定与安全基金（CSSF）占 4%；卫生和社会保健部 2%；内政部 4%。FCDO 负责将官方发展援助最终分配给其他政府部门，以改善协调。各政府部门仍负责确保计划符合经济合作与发展组织（OECD）制定的官方发展援助（ODA）和影响交付的国际标准。通过 2002 年《国际发展法案》、2014 年《国际发展（性别平等）法案》和 2015 年《国际发展（官方发展援助目标）法案》，目前已逐步形成立法保障、政府主导、议会审查、智库研究和媒体监督的多边发展援助管理机制	（1）决策主体：在日本，从 1995 年以来就由自民党单独或联合执政，自民党和国会里其他党派也基本都支持援外。长期占主导地位的自民党和商界联系紧密。因此，在进行援外战略政策决策时较少受到不同党派的影响。第一，日本外务省是日本援助最主要的决策主体，负责与其他部委协商确定援助政策和优先事项，其主要政策方向是提高日本在国际舞台上的影响力；第二，经济产业省也参与援助决策的协商，代表了日本私营部门的利益；第三，财务省向多边开发银行提供资金、向 JICA 提供实施官方发展援助的资金，主要关注官方发展援助的国家预算 全国层面共涉及包括上述三个部委以及农业、卫生、教育等共 12 个相关部委机构

续表

	美国	英国	日本
1. 政府部委间的关系	内容和预算按照其内部机构设置实行归口划拨管理；其次，再通过招标等方式与具体实施机构之间签订执行协议 1961 年《对外援助法案》规定： 第一，项目执行必须与美国外交政策一致；第二，援助合同的权限与终止，援助项目的确认和生效；第三，参与援助各方的职责划分；第四，鼓励美国及受援国私有企业、小企业参与；第五，对服务和货物采购的规定；第六，对外援助账户和资金的管理规定 （3）协调主体：对外援助办公室、政策协调委员会等。第一，对外援助办公室，隶属于国务院。主要负责领导美国对外援助的协调工作；通过协调政策、规划和绩效管理工作来推进实现国家安全和发展目标；为国务院和国	（2）英国对外援助的决策机制包括：①英国议会：由下议院和上议院组成。在下议院内，国际发展委员会是负责审查英国官方发展援助政策和接受英国官方发展援助资金组织支出的专责委员会；②内阁主要负责对外援助的决策，内阁由首相和各资深的部长大臣组成，为最高的行政决策机构，通过定期会议，对重要政策作出决定。首相可以对发展政策施加重大影响，例如为国际倡议提供资金承诺，但实际参与程度各不相同；③外交、联邦、发展事务部负责战略制定和资金决策；④英国大使在受援国层面领导所有英国外交和发展工作，发展专家向大使报告。DFID 内部的决策非常分散。FCDO 尚未确定其权力下放方法	（2）实施主体：JICA 是日本双边援助的执行机构，负责实施技术合作、赠款和贷款援助项目。另外，援助项目所涉领域的相关部门，如农林水产省、厚生劳动省、国土交通省、文部科学省也配合项目的实施，一共涉及 12 个部委

续表

	美国	英国	日本
1. 政府部委间的关系	际开发署的对外援助资源提供战略指导。第二，政策协调委员会，隶属于国家安全委员会。负责协调国际开发署与行政部门各机构的工作，定期召集各机构在国家安全委员会中代表开会，协调各类有关国际发展和人道主义援助的议题，并为总统的对外援助决策提供政策咨询和建议 （4）监督主体：总统、国会、国会总审计署、各行政部门内的法律监督部门以及公众媒体等。第一，总统在上一年度评估的基础上编织下一年度的政策和预算；在国会授权基础上组建相关机构、任命合适的领导人并在必要的时候改组机构或撤换领导人；第二，国会对对外援助活动监督分为事前控制、执行中控制和事后监督三个阶段；第三，国会总审计署代表国会审核行政机关的财务活动，监督范围包括：	（3）英国已逐渐形成国内政府不同部门、驻海外机构间的正式协作与沟通机制，以及非政府组织、宗教团体、工会、学术界、媒体、智库等多元主体参与的非正式协作与沟通机制。目前15个部委之间在援助过程中也逐渐形成了45个援助实践共同体（包括公共财政管理、经济学、性别与家庭、监测评估等领域），以支持其在援助过程中的学习分享与关系构建。一方面，英国也搭建了技术专业团体的联合机制，原国际发展部就曾将自己的咨询顾问分为13个小组，各小组由一名专业负责人管理。他们推动共同的技术标准和实践的形成。在非正式机制中，例如全党议会团体（APPG）在英国决策中也具有影响力，将议会成员、私营部门和慈善组织聚集在一起共同讨论包括国际发展在内的关键政策问题，	

续表

	美国	英国	日本
1. 政府部委间的关系	政府部门计划是否按照法律规定执行；行政机关对国会提供的材料是否正确等；第四，各行政部门内的法律监督部门对其负责的对外援助活动进行监督。比如USAID设有总监察长办公室，监督范围包括USAID、千年挑战账户、泛美基金等；第五，公众和媒体在行政公开和公众言论自由的基础上，对对外援助项目进行监督评论 （5）评估主体：各政府机构的结果导向型绩效管理系统、USAID独立评估机构、OECD评估网络等。第一，1993年颁布《政府绩效和结果法案》，在所有政府机构中建立结果导向型绩效管理系统，以减少管理成本、增强政府部门之间的联系，巩固和简化原有的援助系统。USAID据此制定了多年战略计划、年度绩效计划和定期年度业绩报告。第二，USAID独立的分支	比如联合国可持续发展目标。另一方面，英国发展慈善组织的成员机构邦德拥有400多个成员组织，并且在保持英国对发展的坚定承诺方面发挥了关键作用。外交、联邦、发展事务部通过其国家办事处和总部直接资助这些组织 （4）英国通过立法保障、议会、国家审计署、评估部和援助影响独立委员会共同参与援助项目的监测与评估 （5）在风险应对中主要采用尽职调查框架，这是一个强大的风险管理工具。通过它可以审查合作伙伴的能力、系统、政策和流程，并更好地了解该合作伙伴的优势、劣势和风险，从而采取更明智的干预措施。该框架针对非政府组织和私营部门，评估联合国机构、	

续表

	美国	英国	日本
1. 政府部委间的关系	机构——发展信息和评估中心，对所有主要发展项目进行系统性评估，强化评估对发展援助的促进作用。第三，2011 年为配合《巴黎宣言》和 OECD 制定的评估网络，USAID 制定了新的援助评估政策，基本目标包括建立相关部门的问责制和提高援助效率。第四，2013 年通过《对外援助透明度和问责制法案》，旨在增强对外援助透明度和责任制，不仅使国会了解对外援助，而且促使广大美国民众得到充分信息，同时要向广大研究者、政策评估者、撰稿人以及所有感兴趣的民众提供充分的数据，使其获得更丰富的信息	世界银行、其他国际多边组织、信托基金、承包商和伙伴国政府等主体在治理与控制、交付能力、金融稳定和下游合作伙伴等四个方面的风险管理能力	
2. 央地协作	在美国，联邦体制决定了外交权属于联邦政府，主要以白宫和国务院为主，地方州政府并不参与对外援助决策、管理等相关事务，但是地方政府会通过	英国地方政府联盟（LGA）由五个参与国际发展活动的国家地方政府机构组成：英联邦地方政府论坛（CLGF）、苏格兰地方当局大会（COSLA）、改善	JICA 于 2013 财年在 JICA 伙伴关系项目（JPP）下设有一个地方政府类别，可供地方政府提出项目议案，以发挥地方政府的专长、经验和技能（如水、

续表

	美国	英国	日本
2. 央地协作	与国外州或省确立友好关系，或在一些国家设立办事处的方式发展海外活动，开展经济商务活动	和发展署（IDeA），地方政府国际局（LGIB）和地方当局首席执行官和高级管理人员协会（SOLACE）。核心成员包括英格兰 333 个议会中的 328 个，包括区、县、大都会和单一机构，以及伦敦自治市镇和伦敦金融城公司。22 个威尔士统一委员会通过威尔士地方政府协会成为会员，并制定了《2002 年 LGA 国际发展政策》和《1993 年地方政府（海外援助）法》，与英国国际发展部为伙伴关系	能源、废物处理、减少灾害风险等领域），解决发展中国家的发展问题。一般项目总额 3000 万日元以下，期限不超过 3 年；特殊项目总额不超过 6000 万元日元
3. 政府与企业、大学、智库、民间组织之间的关系	（1）USAID 与私有企业合作遵循以下原则：第一，长期稳定的联络机制；第二，在援助项目中强调激励和重视私有企业的诉求；第三，通过全球发展联盟和发展信贷局等机构调动私人资本参与发展援助项目；第四，建立案例实践库服务于私有企业。USAID 为动员私人资本参与发展援助项目发	英国国际发展部专门设有民间社会司、私人部门机构，分别负责与民间组织和企业主体的合作。 同时，英国具有全球最为完善的国际发展教育群体和专家队伍，全英国共有近 20 所国际发展领域的学院和系部，同时还有 30 多个相关领域的人才培养项目，全英国有近千名专业人员从事该领	日本为私营部门搭建的援助参与途径较为多样化。现阶段，日本不仅有大企业可以参与援助项目，也有专门的机制来促进与日本中小企业的伙伴关系。日本外务省和 JICA 积极支持日本中小企业通过官方发展援助扩大海外业务，比如收集中小企业海外业务所需的基本信息，并制定项目计划、开展

续表

	美国	英国	日本
3. 政府与企业、大学、智库、民间组织之间的关系	起了《投资》（INVEST）倡议，利用采购和分包程序与私人企业开展合作。目前有36个USAID特派团、局和独立办事处，其活动跨越62个国家和14个发展部门，截至2021年7月，《投资》倡议企业成员达到405个。此外，USAID与各种私有企业建立了1600多个联盟，利用超过190亿美元的公共和私人资金增加发展援助项目的影响力；自1999年以来，通过发展信贷局为超过13万名借款人调动了27亿美元的当地资本。在与小企业合作方面，USAID内部设有小型企业和弱势企业利用办公室（OSDBU），负责监督小型企业项目的实施和执行，还帮助向希望与USAID合作的小企业提供指导和信息 （2）USAID与大学机构的合作关系：第一，高等教育解决方案网络，旨在解决发展问题的跨学科实验室网络，探索	域的研究和教学工作，并与国际发展政策与实践界保持紧密的联系	将中小企业产品或技术用于受援国的可行性、兼容性的调查等等。除了多样化的主体之外，私营部门能够参与的援助领域也比较多样，没有局限于工程建设。比如JICA有专门的项目来传播日本私营部门的产品和技术，通过在日本的培训和研讨会加深受援国对日本公司产品、技术的了解，私营公司可以推广其产品。 日本多元主体参与对外援助的发展历程是一个政府主导、循序渐进的过程。自二战后日本开始提供对外援助起，日本的通产省与私营部门的紧密联系帮助私营部门在援助政策制定与执行的过程中发挥作用，并将私营部门的诉求纳入政策议程中。私营部门一向承担着振兴日本经济和贸易、补充资源、践行自助努力和发展型国家经验的角色，是发展合作共同体中一以贯之

续表

	美国	英国	日本
3. 政府与企业、大学、智库、民间组织之间的关系	更可持续发展的解决方案，以应对各领域的全球发展挑战；第二，加强研究伙伴关系，旨在资助发展中国家的科学家和工程师与美国高素质研究人员建立合作关系；第三，喂养未来创新实验室，旨在通过提高农业生产力和营销系统，加强粮食安全，目前在55个受援国展开援助，500多个合作机构参与并在农业科学领域培养了3700多名学生；第四，美国海外学校和医院项目，旨在为受援国民众扩大教育和医疗机会，支持那些遵循美国教育和医疗标准的机构，已经资助超过60多个国家的257个机构 与USAID合作的非政府组织类型主要包括：第一，支持非政府组织建立当地的合作组织（Cooperative Organizations），动员当地集体行动促进发展，比如农民协会等；第二，与基金会（Foundations）		的参与者和贡献者。现阶段，日本愈发强调公私伙伴关系，JICA已形成了一系列与私营部门合作进行援助项目、发挥私营部门的资金和技术专长的正式机制。另外自20世纪70年代起，民间组织、媒体、学术界等的作用也逐渐增强，在向公众进行援助宣传、丰富援助的形式、改善援助效率和形象方面发挥着自身影响。日本外务省从20世纪80年代末开始设立“NGO事业补助金”制度，为日本在发展中国家开展援助项目的NGO提供一定的财政补助。近年来，日本政府更是建立了一整套与民间组织对话、共同实施项目、支持其资金和技术水平的合作机制，使得社会力量拥有了官方的、多样的参与渠道，能够更加规范化地加入到发展实践中

续表

	美国	英国	日本
3. 政府与企业、大学、智库、民间组织之间的关系	合作分享网络、专业知识和创新，在农业、教育、性别和妇女问题等领域开展合作；第三，支持受援国当地和区域组织的活动，提高他们管理与执行能力，包括改善非政府组织的法律、财政和政治环境，以及公民社会发展等活动；第四，支持多边国际组织，包括联合国组织、总统指定的公共国际组织、宗教组织等，以调动和利用他们的组织网络资源和专业知识，促进对外援助项目的执行。其中，USAID《2009 年从事海外发展援助的志愿机构报告》显示在 USAID 注册的有 563 个美国私人志愿组织、71 个国际私人志愿组织和 6 个美国合作发展组织		
4. 海外部门设置	USAID 在全球业务根据地区划分为五个地区办事处，其中非洲有 48 个办事处，包括 44 个国家代表处，非洲联盟以及电力非洲、繁荣非洲、非洲青年	英国大使领导所有英国外交和发展工作，发展专家向大使报告。一般而言，英国驻海外机构主要包括大使馆、领事馆、高级专员公署、英国办事处、英国	截至 2020 年 1 月，JICA 设有 96 个海外办公室。其海外办公室是按照区域来划分的。根据 2020 年的数据，南亚国家获得的 JICA 项目资金是最高的（约为

续表

	美国	英国	日本
4. 海外部门设置	领袖倡议事务处；亚洲有26个办事处，包括22个国家代表处，太平洋岛国代表处、中亚地区事务处、亚洲地区事务处和“印太愿景”事务处；欧洲及欧亚地区有15个办事处，包括14个国家代表处和新闻与信息事务处；拉丁美洲及加勒比海地区有18个办事处，包括17个国家代表处和东加勒比和南加勒比地区事务处；中东地区有11个办事处，包括9个国家代表处和中东地区事务处以及加沙地区事务处。根据有关数据统计：2006年USAID雇员1759人；2016年雇员3893人；2020年雇员达到3450人，其中包括1600名永久雇员，1850名永久外事服务官	联络处和英国贸易处等。由于前国际发展部内部的决策非常分散，外交、联邦、发展事务部尚未确定其权力下放方法。原国际发展部有25个海外办事处，以非洲为主，共在非洲设有16个办事处，占比64%。欧洲设有2个、南亚4个、中亚1个、东南亚1个、南美洲1个。办事处具体设置在玻利维亚、赞比亚、乌干达、马达加斯加、坦桑尼亚、塞拉利昂、尼泊尔、莫桑比克、科索沃、波斯尼亚和黑塞哥维那、埃塞俄比亚、中非共和国、肯尼亚、卢旺达、索马里、加纳、缅甸、马拉维、阿富汗、巴基斯坦、孟加拉国、南非、津巴布韦、尼日利亚、印度。在2700名员工中，近一半员工在海外从事援助工作。工作计划领域主要是教育、健康、社会服务、供水和卫生、政府和民间社会、环境保护、研究和人道主义援助等	6926亿日元，其中印度占了一半左右），其项目主题主要是交通基础设施等经济基础建设与和平安全。中东与欧洲国家获得的援助最少

续表

	美国	英国	日本
5. 与国际组织互动	与世界银行、其他区域开发银行和联合国各机构等多边组织展开相关合作：（1）参与解决影响美国国家安全的关键问题；（2）信息共享并协调相关活动；（3）将现有计划扩展到新的地区或受益人；（4）通过整合资金安排或其他机制共同执行联合方案；建立伙伴关系平台，找到解决重大发展挑战和促进自力更生的办法	英国是2019年多边基金最大的捐助国之一。它提供了63亿美元，占其官方发展援助总额的32%。英国至少与包括联合国机构、欧盟、全球与区域性银行和基金等47个国际多边组织进行合作	日本援助的叙事与国际组织以及其他传统援助国的话语一向有所差别，如20世纪70年代，在国际组织倡导援助去捆绑化时，日本援助却为企业在海外运营提供便利；在20世纪80年代国际上提倡受援国的基本需求、通过NGO更加深入到贫困人口时，日本则呼吁发展中国家的自助努力。这些差别使得日本的援助在国际上常常受到指责，其基于发展型国家经验的援助方案遭到了冷落
6. 传播与品牌建设	（1）法规和政策（Regulation and Policy），包括《美国联邦法规700.16（标记）的规定》《自动指令系统320品牌和标记》《美国国际开发署图形标准手册和合作伙伴共同品牌指南》以及常见问题等；（2）标志文件（Logo Files），用于网络、数字、视频和办公	（1）在英国对执行援助项目的伙伴来说，进行品牌说明是申请英国政府资助的一项条件，FCDO在具体的规则中作出了明确要求，必须确保所有计划遵循FCDO的英国援助包括制定完整的品牌可见性声明，并确保计划的数字元	（1）系统有效的发展知识是传播与品牌建设的基石。日本在援助金额上曾是世界第一大援助国，但援助和发展话语一向是由国际金融机构、西方援助国等传统援助力量所定义。日本虽宣传基于发展型国家的援助理念，但基于国外学者提出的观点之上，或资助国际

续表

	美国	英国	日本
6. 传播与品牌建设	室打印机的 RGB 文件、用于专业胶印的 CMYK 文件、用于专色和丝网印刷的 Pantone 文件以及 USAID 标志文件与翻译相关文件；（3）模板，包括 USAID 历史模板、概况介绍（封面及合同）、国家概况、报告、Power Point 演示文稿；（4）总统和机构间倡议（Presidential and Interagency Initiatives），包括繁荣非洲、喂养未来、电力非洲、总统疟疾倡议、总统艾滋病紧急救援计划等；（5）其他信息包括社交媒体图标（官方设有 Facebook 和 Twitter 账户）、摄影和视频制作指南、商业标签等，并设有传播和品牌事务官	素；（2）标识方面，英国援助标识（UK AID）显示了英国官方发展援助资金源于哪里。它应用于官方发展援助资助的方案资产、通信和活动，以表彰英国政府和英国纳税人的贡献。FCDO 标识与英国其他部委标识风格保持了一致性；（3）英国品牌标识明确规定要在项目资产、与项目伙伴相关的沟通和活动、采访、新闻稿、公开声明、社交媒体和所有其他公共传播中确认英国政府的资助。其他多边组织合作中，如果英国是主要出资方，其援助标识也应予以呈现；（4）透明度、零捆绑、消除全球贫困、可持续生计框架、DOC 方法等都作为英国发展知识与援助的品牌而传播遍及全球	组织的研究报告来阐释自身的理念，比如在国际一流的英文学术杂志上多见国外学者对日本援助体系的总结或批判，却少见日本学者参与讨论 （2）不同发展叙事之间需宏观协调，建立多元一致性。日本援助形象的建设在 20 世纪 70～90 年代大致分为两个派别：一是政府与私营部门组成的联盟，他们承担了大部分对外交流的工作，在传播日本作为发展型国家的经济追赶经验的同时，不断加深国际社会对日本援助重视本国商业利益和资源获得的印象；二是民间组织、媒体和部分学者的声音，他们在部分发展中国家提供人道主义救助的规模相对政府与企业的项目较小，主要是向日本民众和国际社会揭露援助中存在的一些腐败现象等

图书在版编目（CIP）数据

发展援助体系：美国、英国、日本国际发展合作多元主体的建构 / 徐秀丽等著. --北京：社会科学文献出版社，2024.11

（国际发展、区域国别与全球治理系列丛书）

ISBN 978 -7 -5228 -3314 -9

Ⅰ.①发… Ⅱ.①徐… Ⅲ.①国际合作-研究 Ⅳ.①D812

中国国家版本馆 CIP 数据核字(2024)第 045408 号

发展援助体系

——美国、英国、日本国际发展合作多元主体的建构

著　　者 / 徐秀丽　李小云　等

出 版 人 / 冀祥德
责任编辑 / 王玉敏
责任印制 / 王京美

出　　版 / 社会科学文献出版社
地址：北京市北三环中路甲 29 号院华龙大厦　邮编：100029
网址：www.ssap.com.cn
发　　行 / 社会科学文献出版社（010）59367028
印　　装 / 三河市龙林印务有限公司

规　　格 / 开　本：889mm × 1194mm　1/32
印　张：15.625　字　数：358 千字
版　　次 / 2024 年 11 月第 1 版　2024 年 11 月第 1 次印刷
书　　号 / ISBN 978 -7 -5228 -3314 -9
定　　价 / 398.00 元（全 5 卷）

读者服务电话：4008918866

国际发展、区域国别与全球治理系列丛书

全球公共品

供给、需求与治理的挑战

TOWARDS NEW CONVERGENCE
GLOBAL PUBLIC GOODS
IN THE CHANGING WORLD

李小云　徐秀丽　徐　进
黄振乾　赵雪娇　郦　莉　　著
张　悦　巴　枫　武　晋

社会科学文献出版社
SOCIAL SCIENCES ACADEMIC PRESS (CHINA)

从书总序

近年来，作为新兴的全球交通中转枢纽，伊斯坦布尔机场、迪拜国际机场、亚的斯亚贝巴机场等变得更加繁忙拥挤，在来来往往的人潮中，随处可见背着行囊行色匆匆的中国人。他们当中，既有出国旅游人员、海外留学人员，也有远赴海外访问考察的政府工作人员，寻找商机的企业家，到外企工作的职业经理人、工人和农民，还有从事对外援助和经济技术合作的专家学者，奔赴海外演出的文艺工作者，等等。他们的目的地，既有发达的欧美地区和日韩等国，也有东南亚、中东、中东欧、非洲和拉丁美洲等发展中地区。同时，来自这些国家和地区的人们也越来越多地看向中国。新型的海外主体、新型的工作模式和新型的流动轨迹，仿佛开辟了时代的新篇章。

进入 21 世纪，尤其自共建“一带一路”倡议践行以来，中国“走出去”已成为国内外政界和学界日益关注的全球现象。近年来，随着全球发展倡议、全球安全倡议、全球文明倡议三大倡议的提出，来自不同主体（公共和私人部门）、不同层面（宏观和微观）、不同机制（政治、经济、社会、多边、双边）的新型合作实践不断累积，从而塑造了一个“全球中国”的实践景观和知识景观。这里既包括全球治理体系机制的改革与完善，也包括国际发展合作方式模式的拓展与创新，还包括来自普通民众、企业、大学、政府等跨文化交往中的日常碰撞与磨合。

在中国“走出去”合作实践中，我们逐渐认识到，新型知识体系的构建和新型人才队伍的培养成为发展的关键。这些新型知识体系的构建、新型人才队伍的培养应聚焦于全球既有秩序的把握和新格局的想象、全球发展新动能的激发与开拓、全球公共品的治理与供给、国际发展规范的谈判与协作、南南合作和三方合作的管理与经验分享、私营部门海外经营的社会文化融入和劳工关系、新型的政商关系等领域，尤其要重点关注在不同区域国别、国际组织、社会组织等场景下的挑战应对和机遇利用等方面。这些新问题都是我们既有知识体系和人才培养体系中空白的部分。当前我们看到，一方面，宏观上构建人类命运共同体的引导性倡议陆续推出；另一方面，基层各种类型的实践创新也不断涌现，但恰恰是“关键性中层”日渐成为构建更高水平对外开放格局的挑战。这里所说“关键性中层”是指一系列认识范式、话语、技术、组织流程、管理规范和人才队伍的集合体，是维持整个社会秩序的制度架构、组织管理体系和知识体系，稳定且坚固，只有当这个系统发生转变，大规模高水平对外开放方能逐步顺利落地。

党的二十届三中全会指出，“在扩大国际合作中提升开放能力，建设更高水平开放型经济新体制。稳步扩大制度型开放……倡导平等有序的世界多极化、普惠包容的经济全球化，深化外事工作机制改革，参与引领全球治理体系改革和建设”。外交部、国家国际发展合作署在传达贯彻党的二十届三中全会精神时分别指出，“提高服务高水平对外开放的能力，深化援外体制机制改革，构建更具实效的国际传播体系，坚

定不移维护国家主权、安全、发展利益。深化外事工作机制改革，加强外交外事战线干部队伍建设”，“深化援外体制机制改革、实现全链条管理”，等等，这些都为“关键性中层”的建设提供了机遇和指导。

在李小云教授的开创下，中国农业大学国际发展研究团队自 20 世纪 80 年代开始进入发展研究领域，从最早的发展咨询、发展研究与发展培训，到 90 年代后期逐渐拓展到发展学科建设和专业人才培养方面，从改革开放初期国际发展经验“引进来”与中国本土实践的融合创新，到“走出去”主动参与全球发展与减贫合作的治理研究，通过搭建全球性、区域性、全国性和全校性不同层面的公共组织和学术联盟，利用前沿学术理论研究、政策咨询与政策对话、人才培养、国内外扎根基层的农业发展和减贫实践四大支柱，不断推动新发展知识的孕育和新型发展合作人才的培养。团队在非洲和国际组织两个场域上的工作尤为凸显。这些工作始于 30 多年前，最近十余年团队沉潜非洲，对话国际组织，开展了扎根基层、协作中层、对话高层的中国发展与减贫经验国际分享工作，探索出了以国际发展合作为切入点，统筹国别区域、国际组织、国际传播、国际事务等五位一体的特色模式，有组织、多层次、系统性探索新型科研与人才培养机制。以“小技术大丰收”“小豆子大营养”“中非乡村 CEO”等为代表的中非合作项目，多次入选联合国南南合作最佳案例和国家级、省部级项目，以及中非合作论坛主要成果，极大推动了中国发展与减贫经验的全球分享，并促进中国农业大学成为国内首家获得联合国经济及社会理事会（ECOSOC）特别咨商地位的高校，实现了零的突破。这些都是支持“关键性中层”体系转型的集体努力。一系列标识性概念，包括平行经验分享、模糊边界、新发展主义、选择性学习、科技理性漫游等，逐渐引起学界的关注。

在新发展知识建构中，研究团队逐步形成三个支点。

首先，关注普通人之间的互动日常是突破当下地缘政治经济格局下研究的新思路。中国“走出去”过程中的实践积累是新时期中国重新构建与国际社会关系的缩影。要理解这些努力，仅靠宏观视角是不够的，而是要看见这个过程中微观层面的“人与人之间的连接性和共同性”。在日常生活中，我们作为普通人与他国的民众通过交流和互动，以人和人之间的交往推动合作与实践的展开，进而推动思想的开放与心态的转变，并最终推动宏观层面的政策转变。

其次，关注合作双方的交互性和互助性是捕捉新型发展合作的重要视角。在中国走向共建“一带一路”国家，尤其是通过援助来支持低收入国家的过程中，这些援助项目和援助活动，给我们提供了非常珍贵的学习机会。比如在与坦桑尼亚合作十多年的“小技术大丰收”“小豆子大营养”实践过程中，我们了解到新的作物种植系统，见识到非洲人如何同缺水、缺化肥、缺钱做斗争，尤其是他们如何提高食物的多样性、更好地获取植物蛋白等做法。这让我们能够更好地从全球视角、非洲视角去重新看待自己。

最后，行动研究和实践性是研究团队推动新发展知识孕育的重要方法论。一方面，在诸多发展中国家中，社会关系、管理机制与规范并非像成熟社会那样具有鲜明的文本指导，而大多隐藏在互动的现场中，因此，研究者需躬身入局，使自己成为“局内人”方能看见更加真实的隐藏“文本”；另一方面，我们注重倡导一种更加平等的知识建构过程，因为在行动研究中，研究者与被研究者将通过系列行动实践建立

一种更能促进平等对话、加强浸润式日常互动和双向启发的关系，而非一方单方面“调研”另一方构建悬置性知识的不对称过程。此外，在实践场域中，相互对立冲突的理论范式之间往往能进行更有效的对话与融合，从而也更能提升新知识的有效性。无论聚焦国内的农村发展研究，还是聚焦海外，实践项目都是我们创新社会科学研究的重要方式。

为更好地凝练新发展知识体系孕育的成果，研究团队推出了“国际发展、区域国别与全球治理系列丛书”，旨在通过系列著作、译著、优秀博士论文、实地调研笔记、学术随笔等多种形式，以国际发展研究为专门领域，推动全球治理知识体系和区域国别等新型学科的建设。自 2022 年开始，国家在交叉学科门类下设立了“区域国别学”一级学科；同时，在公共管理学、区域国别学和政治学等一级学科下也陆续发布了“全球治理”与“全球与区域治理”等相关二级方向；“国际事务”专业硕士、国际 MPA、MPA 国际组织与社会组织管理方向，以及国际组织与全球治理等系列新型学科、专业的顶层部署都在深刻地塑造着中国社会科学知识版图和人才培养格局。在此学人共同努力、促进“关键性中层”体系转型的大潮中，我们期望贡献一臂之力。

该丛书第一辑包含 6 册著作，其中，《援助的命运——比较视角的国际发展合作》和《发展援助体系——美国、英国、日本国际发展合作多元主体的建构》从整体性视角、历史演化视角、比较视角分别阐述中西方国际发展范式的差异，以及国际经验对于中国建设国际发展共同体、共建人类命运共同体的启示。前者从知识生产、政策框架、组织管理、典型议题等方面对西方发展援助体系的来龙去脉展开分析；而后者则按照实践社群“叙事—主体—实践”三维框架回溯了美

国、英国和日本三个主要经合组织援助方的国际发展共同体形成过程，并对其特色进行凝练。

《全球公共品——供给、需求与治理的挑战》则是国内学者首次系统性提出“全球公共品”理论的专著。本书通过回溯人类历史上全球公共品产生及演化的历史脉络，推动读者理解全球公共品或作为一种集体行动实践，或作为某些公共物品，或作为机制性联系和制度建设等多种形态，其供给机制也从危机驱动型，到制度规范型，再到当下面临复合挑战和多元主体时推动共识建设型的可能性。该书还特别分享了中国作为全球公共品提供者所具有的优势和面临的挑战。

如果说，《全球公共品——供给、需求与治理的挑战》从宏观视角来关注全球治理和发展议题，那么，《中国专家在非洲》则提供了微观层面的叙事和实践，从历史学、社会学、人类学和发展研究等不同学科视角，对包括农技专家、医疗队专家等不同类型的中国在非洲的专家的派遣历史背景，在非洲工作时的角色、生活、工作困境，及其对中国援助工作的影响等进行了分析，多维度呈现中国专家在非洲的日常实践，展现中国开展南南合作与中非合作的丰富纹理。

《全球事务与发展》是中国农业大学全校通识课程的部分讲课记录，具体包括中国与世界的新型发展关系和跨文化认知、全球公共挑战与全球治理实践、国际发展政策与实践三个部分。该书反映了我们对于国际事务从观念到制度，再到具体实践路径等不断聚焦和落地的过程。该书只是课程内容的局部记录。

《国际发展教育全球概览》是国内第一本系统刻画全球不同区域国家国际发展教育与人才培养建制的参考工具书，内容涵盖英国、北美、欧洲、澳大利亚、日韩，以及其他发展

中国家和地区的国际发展教育体系。该书历经十多年调整与修改，无论国际，还是国内，有关国际发展合作的政策与实践都发生了翻天覆地的变化，当下新一轮国际发展范式的合法性危机又起，而中国等发展中国家则新设了国际发展合作专署机构和相关体系，并使之不断蓬勃发展。在这一关键时期，该书所提供的国际发展教育在全球不同区域国别的全景式视角具有互相借鉴的意义。

丛书的研究和出版得到国家社科基金重点项目“西方发展援助与中国发展援助的战略政策对比分析”（16AZD017）、国家社科基金一般项目“多元主体共同参与中国对非援助机制的研究”（16BJ021）、国家社科基金重大项目“中国与‘一带一路’国家有效分享减贫经验与模式的策略研究”（21&ZD180）、国家自然科学基金国际合作项目“‘一带一路’背景下研究中国和中亚农业合作的方式路径和策略”（71961147001）、中国农业大学2115人才工程、中国农业大学全球农业发展与区域国别知识体系—基本科研业务专项资金、中国国际发展研究网络项目（二期）、比尔及梅琳达·盖茨基金会项目、酉阳国际乡村振兴学院建设项目等诸多支持，在此一并致谢。

此外，该丛书还得到诸多同事和学生的支持，他们或提出修改建议，或进行文献检索，或帮助数据整理，或提供流程辅助，等等，在此一并致谢。该丛书第一辑即将付梓，仍觉不足，乃感永无完善之日。暂此，书中有疏漏贻误之处，敬请读者批评指正。

徐秀丽　唐丽霞　陆继霞

2024年10月15日

前　言

一　为什么要关注全球公共品?

当前全球化正面临前所未有的悖论。一方面，在实践层面上，自15世纪以来在西欧发轫的全球化逐渐将世界各国纳入一个基于理性、科技与资本轨道之上的现代化进程，并通过贸易、投资、援助等不同形式的国际合作将世界各国的政治、经济和文化等深深地联结到一起，形成事实上的全球社会共同体。根据KOF瑞士经济研究所的研究，2019年全球化指数（KOFGI）为63.87，较1970年翻了一番，是1990年的1.6倍。[①] 即便受疫情影响，全球连通性指数（GCI）有所下降，但根据2021年的最新数据，该指数又上升了6个百分点，达到历史新高点130；该指数还显示，受疫情影响，人员流动处于较低水平，但同期贸易、资本、信息3个全球化指标均处于上升趋势，其中货物贸易指标甚至已高于新冠疫情

① KOF Globalisation Index，2020，https：//kof. ethz. ch/en/forecasts－and－indicators/indicators/kof－globalisation－index. html，accessed on September 17，2023.

暴发前。[①] 这些数据表明，即便受疫情冲击，人类社会的全球化进程也并未减缓。另一方面，不管是从理念构想，还是从制度建设看，迄今人类社会尚未形成一个真正意义上统一的、具有权威性的世界政府和全球伦理共同体，联合国体系本质上仍受制于现代主权国家体系的政治逻辑，在应对全球共同挑战、提供和治理全球公共品时更多地发挥协调、呼吁、组织等方面的功能，在有效性和效率方面都有其局限性。

此时，全球公共品作为国际社会理解和超越这一全球化悖论的重要思想工具开始进入人们的视野。承认全球公共品的存在以及保证其供给在今天的全球化世界中对于促进国家和个人的福利具有核心意义。[②] 作为一种概念和思维框架，全球公共品已被广泛用以考察和应对全球化所带来的问题和挑战。它既孕育了新世界主义[③]的理念与视角、提供了缓解全球化困境的方法与路径，也由此造就了新的秩序与结构。

全球公共品概念滥觞自 20 世纪 70 年代，从 1999 年联合国开发计划署发布系列报告后就成为国际政治学界和实践界炙手可热的概念。这是冷战结束后，国际社会在面对如何以新的话语获得国内公众对于国际治理体系建设的支持的问题时探索出的一种概念。如今，对于全球公共品的再次关注主要来源于如下三方面背景。

---

① Steven A. Altman and Caroline R. Bastian, *DHL Global Connectedness Index 2021 Update: Globalization Shock and Recovery in the Covid-19 Crisis*, https://www.dhl.com/content/dam/dhl/global/dhl-spotlight/documents/pdf/2021-gci-update-report.pdf, accessed on September 17, 2023.

② Severine Deneulin and Nicholas Townsend, "Public Goods, Global Public Goods, and the Common Good," *International Journal of Social Economics*, Vol. 34, No. 1/2, 2007, p. 20.

③ 李小云：《全球抗疫战　新世界主义的未来想象》，《文化纵横》2020 年第 4 期。

第一，站在全球视域下，世界级挑战日益凸显，系统脆弱性加强，出现了融气候变化、健康、安全、贫困为一体的全球风险综合复合体，人类社会对于共同命运的关注超过以往。一方面，近期以新冠疫情为代表的全球公共卫生危机、以极端天气事件频发为代表的气候变化灾难，以及以当前俄乌冲突为代表的区域冲突等不断加剧，给世界带来极大的风险。根据剑桥全球风险指数（CGRI），2020 年全球整体风险 GDP 为 5840 亿美元，占同期 GDP 总量的 1.55%，相比 2019 年风险指数增加 3%，威胁最高的前三类包括自然灾害（占 31%），金融、经济和贸易（占 26%）及地缘政治（占 24%）。① 为应对这些新型的风险和挑战，国际社会也制定了千年发展目标和可持续发展目标等，包括联合国发布的以“下一个前沿：人类发展与人类世”为题的《2020 年人类发展报告》和《我们的共同议程》等，都是人类社会尽可能凝聚全球共识、设置共同发展议程的努力，这些努力通过日益丰富的国际组织网络加以推动和落实，从这个意义上说，进入 21 世纪后，一系列基于全球共同风险识别、国际组织及相关制度建设、发展目标和议程设置之上的全球社会共同体正在成形，② 但同时，这个系统又面临风险日趋复合叠加化、机制日趋多元碎片化、创新日趋局部地方化等方面的挑战，因此亟须形成面对新型全球公共品供给与治理的新型共识、磋商机制、供给与分配的渠道，以及相应的监测评估体系与机

① University of Cambridge Judge Business School, Cambridge Centre for Risk Studies, *Cambridge Global Risk Outlook 2020*, https：//www. jbs. cam. ac. uk/wp-content/uploads/2021/11/crs-cambridge-global-risk-index-2020. pdf, accessed on September 17, 2023.

② 林卡、胡克、周弘：《“全球发展”理念形成的社会基础条件及其演化》，《学术月刊》2018 年第 9 期。

构等一系列新机制。

第二，全球公共品的传统供给体系的供给能力和意愿有所下降，新兴主体和机制不断涌现，从而出现了全球公共品体系的多元化和碎片化。随着经合组织成员自身经济增长的乏力、全球挑战的日益增多、新兴国家经济总量的不断攀升，以及跨国企业、民间组织与基金实力的不断增强，发达国家要求新兴国家通过公私合营（PPP）方式引入其他非国家行为体以增加对于公共品的提供、成为负责任利益相关方的呼声高涨，其实质是倡导形成全球公共品供给责任多方共担的局面。事实上，这一局面也正在形成。根据最新统计数字，联合国会费分摊者中排名前 20 位的新兴经济体已从 2001 年的 5 个增加到 2022 年的 7 个，且其贡献的会费比例从 7%多增加到 23%多，绝对值增加了近 10 倍;① 而在 2017 年，世界卫生组织的资金来源中，来自非国家行为体的资金首次超过了政府资金，其中，比尔及梅琳达·盖茨基金会已成为第二大捐赠者。新兴多元主体和机制的出现固然丰富了既有的体系，但与此同时也出现了供给渠道和供给规则等碎片化的趋势。当前国际社会亟待协调融合多元体系，站在更高战略的层次上建立新型共识，尤其在涉及国际民生的气候变化、减贫、卫生和农业等四大优先领域，亟待建立以新型公共品为核心、吸纳多元主体参与的制度框架和管理机制。

第三，当前全球公共品体系中出现了地缘政治冲突和新科技快速迭代的双重挑战，这给新型公共品供给的共识构建

① UN Secretariat, "Assessment of Member States' advances to the Working Capital Fund for 2022 and Contributions to the United Nations Regular Budgets for 2022," https://documents-dds-ny.un.org/doc/UNDOC/GEN/N22/223/38/PDF/N2222338.pdf?OpenElement, accessed on September 17, 2023.

和制度建设带来了新挑战和新机遇。全球公共品的形成、发展和不断拓展有赖于人类社会共识的产生。在过去 500 多年的演化过程中，西方规范性标准不断在全球化进程中得到传播，成为人类共识的重要支柱，但也始终面临挑战，尤其新兴国家的发展体现出更多地方性和多元性的特色。全球发展进程的加速在一定程度上掩盖了这种普遍性和地方性之间的张力，但随着经济放缓、发展进程受阻，这些隐藏的争辩又以地缘政治冲突、文明冲突等形式出现。与此同时，不管是全球公共品的筹资与激励方案、生产机制，还是后续分配机制和评估体系等方面都高度依赖现代科技。现代数字科技迅猛迭代，人工智能、区块链技术、万物互联等新科技不断涌现，这极大拓展了人类社会的想象空间和实体空间，但同时也推动了人与自然、人与社会之间的关系重塑，对全球公共品体系产生了根本性挑战。此时，全球公共品的内涵与外延、供给与分配的渠道、激励与治理的机制、融资的方式和路径等也面临更为复杂和不确定的局面。在此背景下，人类社会的公共性及与其紧密相关的全球公共品机制建设又一次站在了关键的十字路口。

二　本书关注点

近 10 年是世界百年未有之大变局的加速期和全球治理的调整期，国际局势动荡、世界经济起伏成为各国面临的“新常态”，与此同时，原有的全球发展共识式微、发展动能趋弱、发展进程受阻，多元的国际行为体、多层的治理单元，以及多维的文化价值也在新旧交替的转型缝隙间成长，既不断丰富了现有的全球公共品供给体系，同时，也带来了极大的碎片化。数字信息技术进一步穿透国界，叠加了复杂性，促使人类对社会公共性本质进行思考。

更为关键的是，在日益增加的全球共同风险面前，不管是全球卫生、气候变化，还是粮食安全、能源危机，最脆弱人群和国家所面临的风险和所承担的损失总是最严重的。在此背景下，如何探索新的全球公共品供给与治理机制，打破当前极端地缘政治现实格局与思维桎梏，创建新型世界主义理念与实践体系，就成为一项关键研究工程。

简言之，本书的核心关切是，作为人类文明成果的一种具体表达，现有的全球公共品无论是存在形态，还是供给与治理机制都面临转型，尤其在自 20 世纪 90 年代形成的全球发展共识遭受重创，进而影响到人类共同的和平与发展进程，尤其影响到脆弱性国家和低收入弱势人群的生计的时候。在此背景下，本书将系统梳理过去 500 多年中，尤其是二战后人类社会应对全球共同挑战机制的生成脉络、实践模式和运行逻辑，尤其关注世界主义与全球公共品的历史渊源，全球公共品的界定与分类，全球发展进程对其的作用，全球公共品的供给与需求、治理与分配，以及当前的趋势与挑战，并在此基础上，重点关注中国作为新全球公共品提供者的角色和作用。

本书研究的核心问题包括以下几点。第一，不管是以前、现在，还是未来，人类社会为什么需要全球公共品？第二，全球公共品传统提供方的供给历史、机制与特点是什么？治理机制有哪些？当前又面临哪些挑战？第三，中国作为新兴现代全球公共品供应方，其供给模式和特点是什么？

三　本书研究方法

本书的研究方法主要包括现有文献的文本梳理、官方统计资料分析和关键人物访谈，并通过国际组织相关数据库（包括联合国及其专门机构数据库）来系统梳理不同类型全球公共品的需求和供给状况，以及短缺状况。

需要指出的是，目前，不管是国家层面、区域层面，还是全球层面，或者是在行业领域，不同类型全球公共品的供需和短缺状况的数据库并没有系统建立起来，这导致了供需错配和运行成本高启的现象，进一步加剧了国际集体行动的困境。可以说，全球挑战和全球风险的可测量性、全球公共品稳定供给机制和需求反馈机制的建立本身就是当前最为重要的公共品之一。

四　本书结构

本书主要分为七章。每章将基于实证数据展开分析。每章要点如下。

第一章：基于世界主义伦理的全球化实践。全球公共品从根本上滥觞于一系列全球公共挑战和问题的涌现，而这一系列问题的出现又源于全球化进程的不断推进。在长期的全球化实践中，世界主义的意识形态逐渐萌芽，并不断得以累积。本章从历史维度对从 15 世纪开始的全球化实践，以及基于自由秩序之上的传统世界主义衍生脉络进行系统梳理，由此厘清传统全球公共品供给模式与治理机制背后所依托的历史进程和理念基础。

本章的核心观点如下。第一，世界秩序每一次重大调整背后都暗含世界主义思潮的革新。世界主义思想在西方理性主义主导下，形成西方规范性价值，也为建构世界秩序提供了整套制度规则。

第二，15 世纪以来在西方世界主义驱动下的全球化借助资本主义从西方国家向非西方国家扩张，引发了一场真实的全球政治、经济、社会集体行动，在其后的数百年时间里塑造了“单向度”—“重组”—“多元化”的世界秩序演进过程。

第三，经济全球化过程促使全球公共议题的出现，引发人类对全球公共品的需求。全球公共品的类型也从 15 世纪最初聚焦欧洲的公共卫生防治，到 18 世纪扩展到公共安全、农业领域，再到 20 世纪在减贫、粮农、环境、卫生、人权等领域的全球性问题上提供超越国家层面的解决方案。

第四，全球公共品每一次革新无一例外都来自人类社会对于最脆弱国家与最脆弱人群的关注和他们自身的发声。当前全球性风险不断上升和叠加，人类脆弱性的程度不断加深、范围日益扩大。经济全球化的固有模式在面对复杂性和联动性日益增强的全球社会时表现乏力。新兴主体，如中国提出的人类命运共同体理念为传统世界主义提供了新的思想来源，融合二者的伦理要素并寻求结合点，应是推动新型全球公共物品生产与供给机制的着力点。

第二章：全球公共品：一种新型考察框架。当萨缪尔森于 20 世纪 50 年代系统提出公共品的概念时，它还局限在经济学的范畴内，但经过 50 多年的发展后，尤其经由一系列国际组织，包括联合国开发计划署和世界银行等的推动后，其发生了变化，国际公共品或者全球公共品的概念应运而生，政治学的视角被纳入进来，使其成为冷战后对全球集体行动富有动员力量的新词。但需要注意的是，国际层面的公共品提供逻辑不同于主权国家，因为迄今为止人类社会并没有建立起权威性的世界政府，联合国更多是个协商平台，无法使用强制力进行全球资源征集，因而全球公共品的供给往往处于短缺、难以持续的困境，此外，很多国家倾向于“搭便车”而非主动提供，这将进一步增加国际公共品的供给难题。理解全球公共品的这些特性有利于我们进一步理解过去500多年全球化进程中对全球公共品不同的界定及其意义。

本章基于上述思路，系统梳理不同时期全球公共品的内涵和外延，尤其关注全球公共品的分类方式。比如，非洲国家提出“我们为全球提供了丰富的公共品”，这一叙事包含了对将全球公共品主要聚焦为人工公共品的这一假说的思考，凸显了全球公共品中包括空气、水资源、生物多样性等天然公共品的重要性。而当中国主张“中国7.5亿人摆脱贫困，对世界减贫贡献率超过70%”① 时，实际上阐明了发展中国家国内的公益物客观上具有全球公共品的性质，揭示了发展中国家发展进程与全球公共品之间的关联。再如，联合国开发计划署强调全球公共品在物质属性上的公益性，而世界银行则更强调其作为行动过程的国际集体协作性，这些不同的界定实际上是在追问全球公共品是作为中间过程重要，还是作为最终结果重要的问题。

在本质上，全球公共品是人类文明的重要产物，是人类社会团结一致、共同解决问题的措施，也是人类社会跨越国

① 外交部：《中国对世界减贫贡献率超过70%》，新华社，2020-10-20，https://www.gov.cn/xinwen/2020-10/20/content_5552568.htm，最后访问日期：2023年9月17日。

界、追求效率与公平的结晶。在新时期，全球公共品可以作为审视全球挑战的一个新框架。它不只是一个概念，而且是具备三方面特性的一种新视野。第一，作为物资或制度的全球公共品，通常隐含着其对于某些共同挑战的资源和方案；第二，作为集体行动过程的全球公共品，通常隐含着应对风险或提供公益的国际磋商与互动进程；第三，作为新世界主义理念的全球公共品，隐含着对于理想全球秩序的哲学设想与制度架构。这种新型考察框架，超越了地缘政治，有利于在当今多种危机复合叠加的情况下集合全球力量来生产和提供公共品。

第三章：全球公共品与全球发展进程。本章回溯在全球化过程中人类社会在面对不同类型挑战时生产出不同全球公共品的历程。14 世纪欧洲黑死病推动了最早的全球公共卫生实践雏形。自 15 世纪以来，尤其是伴随着 17 世纪威斯特伐利亚体系的建立，欧洲大陆上的战争协调机制得以发展，这也是现代意义上区域安全保障的前身。随着 18 世纪工业革命，尤其是 19 世纪欧洲海外殖民、贸易等活动的不断拓展，一系列以“欧洲协调”为代表的多边国际会议和国际组织相继成立。二战后，以欧美国家为主体建立起包含和平与安全、贸易、金融稳定、环境、卫生等的全球公共品供给和治理体系。由此可见，从防范风险到创造公益，从单个国家延伸到区域与全球，从少数国家引领到多主体参与，全球公共品的实践体系伴随着全球发展进程日渐形成并发展。

由此可见，全球公共品与全球发展进程相互嵌入，构成了凝聚当代发展的重要推动力量。在人类文明进程中，全球公共品与全球发展进程通过三个主要机制互相嵌入，逐渐形成了当前全球公共品体系。

第一，人类公共性的出现是全球公共品的起源，15～19世纪大规模的全球公共性是随着以欧洲为中心的经济、政治和文化历史演变而产生的，其经济基础是工业革命与资本主义发展，现实政治需求是寻求合作以结束战乱，文化动力是西方社会源于基督教的拯救文化。

第二，人类公共危机将全球公共性纳入全球发展议题设置与全球发展实践中，推动各国团结一致采取集体行动，成为全球公共品与全球发展进程互相嵌入的加速器，直接推动了当前全球公共品体系在20世纪的成形。这种嵌入从20世纪初期的政治与经济，逐渐扩展到农业、卫生、环境、贫困等领域。

第三，全球公共品通过制度性生产，成为全球治理的核心议题。19世纪，国际会议、常设机构和程序规则等制度创新构成了基于大国协调的全球公共品供给的早期制度性生产。20世纪，在大国协调基础上，形成了以联合国为核心的全球性国际组织体系，国际组织成为全球公共品最主要的制度化载体，全球公共品需求通过嵌入国际组织的全球发展议程与职能，实现了全球的制度性生产。

但20世纪的全球公共品制度体系，形成于发达国家与发展中国家的“现代”与“传统”二元对立的关系中，具有明显的结构性特征。冷战结束尤其是进入21世纪后，全球化不断发展，安全、环境污染、贫困、气候变化等全球性挑战严重程度加大，发展中国家的群体性崛起形成了新的国际力量结构，新兴经济体、非政府组织和私营部门的参与扩充了国际行为体，人类命运共同体等新发展理念和知识丰富了全球发展理念，这一系列变化推动了全球发展进入多元相互依存的复合性关系中，传统全球公共品体系面临挑战，全球期待一个适应全新时代的新全球公共品供给和分配范式。

第四章：全球公共品的生产与供给。全球公共品的供需并不平衡，供给“赤字”始终存在。只有合理的生产与有效且公正的供给才能最终解决全球公共品的需求问题。本章围绕全球公共品的供给模式和供需协调中面临的问题展开，并由此阐释当前全球公共品生产与供给的历史演变、核心机制、关键领域和模式创新的可能性。随着全球公共品供给主体的多元化和供给方案的技术化不断发展，供给方式也在不断演化和创立。全球公共品的生产和供给主体不仅包括政府，还有国际组织、各类信托基金、社会组织和跨国企业等多元化的行动者。作为主权国家的政府和国际组织的作用往往得到更多的重视，非政府的组织和实体有时需要通过正式组织来介入全球公共品的生产与供给，但非政府组织在多元化和全球化的社会中扮演着越来越重要的角色。主体和模式的多样化使得不同主体与模式之间的协调变成了全球公共品领域的挑战。

首先，本章追溯了全球公共品的生产和供给的历史演变。全球公共品的生产主体经历了三个阶段：1648 年到二战前的以主权国家为主的第一阶段、二战后至 20 世纪末的以国际组织为主的第二阶段和 21 世纪之后的多元主体并存的第三阶段。全球公共品的供给形式也先后经历了三个不同的阶段：第一个阶段是双边供给模式，第二个阶段是多边供给模式，第三个阶段是双边与多边并存的多元化供给模式（包括公私合作）。不同的供给模式各有优势，需要更好地发挥不同模式之间的协调作用，实现全球公共品的有效且公平的供给与分配。

其次，全球公共品的生产和供给受到三个关键性要素影响，并由此形成了四个主要的供给机制，逐渐产生了四大核心领域。三个关键性要素分别是主体行动者的全球影响力、国际制度、全球性知识（特别是关于发展的知识）。三个关键性要素相互作用构建了现实中的四个全球公共品生产和供给机制。这四个机制分别是政府强制、国际制度、知识塑造和专业化分配协调机制。通过这四个机制全球公共品的生产与供给得以实现和维持。农业、卫生、气候和减贫是全球公共品生产和供给的四大核心领域。全球公共品在四大核心领域或类型的供给实践较好地呈现了全球公共品人类图景，但他们在供给机制上也存在差异。

最后，本章提出了对全球公共品生产和供给机制进行创新和改进的若干思考。一是加强生产维度的多元主体协同，实现全球公共品供给平衡；二是解决供给形式维度的双边与多边协同困境问题，探索更有效的公私合作，实现供给与分配的有效和公正；三是进一步发挥新兴国家在全球公共品生产与供给上的参与和作用，扩大全球公共品总规模；四是探索建立国家和全球协调机制，指定相关机构在国家和国际层面进行运作；五是加强对国际金融机构支持的有效性的评估。

第五章：全球公共品的治理。全球公共品的实质是通过国际集体行动应对人类共同挑战，并在此过程中形成稳定的国际秩序和治理格局。当前，极端贫困、重度饥饿等全球性挑战为全球治理带来了日益增多的不确定性。应对可能因局部风险引发的全球危机，或受全球影响而产生的地方困局，需要创新新机制、寻找新方案、构建新知识。本章从“什么是全球公共品的治理”这一问题入手，分析治理目标的演进过程，并以减贫、粮农和卫生领域的治理实践为例，分析已有机制如何弥补全球公共品治理的缺口，并进一步思考未来可持续优化路径。

尽管治理的概念以英文进行传播始于14世纪晚期，但早在公元前5世纪的古代中国，就已经出现了“义田”“社仓”等民间“公地”治理实践。在提升效率的同时促进公平，是多元主体参与协同治理机制的合法性来源与制度化基础。从治理目标所涉议题来看，全球经历了从围绕地区和平秩序到追求南北平等再到聚焦可持续发展的三个历史阶段，形成了从一元到多元的治理结构。

从全球减贫治理实践来看，通过四个“发展十年”和三个“消除贫穷十年”，减贫的关注点从“涓滴机制”转向“益贫机制”，减贫评估也从关注“援助有效性”转向关注“发展有效性”，南北减贫治理架构出现了聚焦可持续发展目标的融合趋势。从联合国“可持续发展与减贫”在线数据库和经合组织“官方对可持续发展总支持”金融统计系统（TOSSD）的推行可见，以多个国际组织带动多方融资的实效性，正在弥补单靠国际条约“软约束”难以弥合的全球治理管辖缺口。

从全球粮农治理实践来看，以三大国际粮农机构为中心，全球已形成了国际组织间纵横协作的深度治理格局，农林牧渔知识体系通过与卫生、气候、生态、劳工、公安、生物多样性等跨行业产学研联合体构建公私伙伴关系，建立了有效的治理机制。从粮农组织与世界卫生组织共建的国际食品法典委员会（CAC）标准研发过程来看，跨地区跨行业专家共同体“自下而上”推动标准或规范生成，能够填补主体代表性不足引发的激励缺口。

从全球卫生治理实践来看，世界贸易组织在知识产权协定（TRIPS）框架下为最不发达国家抗疫提供了“强制许可”

的国际法保障，但要终结疫情，仍需要扩大联盟和创新策略，全球疫苗和免疫联盟（GAVI），抗击艾滋病、结核病和疟疾全球基金（GFATM），流行病防范创新联盟（CEPI）和新冠肺炎疫苗实施计划（COVAX）的实践表明，以“催化式慈善”推动的市场塑造实践，能有效填补私有主体参与公共品生产、南方主体参与公共品消费的治理参与缺口。

综上，全球公共品治理不断涌现的多中心“巢状”特征和公共品创新生产机制，为激发各方积极贡献智慧、提供方案创造了可能性和突破口，使更多主体参与到全球公共品的创设、生产、供给与分配等治理进程中来。

第六章：大变局时代全球公共品的现状、趋势与挑战。二战结束后，全球进入了发展的时代，联合国、世界银行、国际货币基金组织等多边发展机构纷纷成立，与各国双边发展机构一起支持发展中国家的发展、应对全球层面的挑战。联合国实施的四个发展十年战略则推动了以增长为中心的发展观向以人为中心的发展观进而向可持续的发展观的转变。①冷战结束至20世纪末21世纪初，由于某种程度上摆脱了大国争霸、地缘政治的羁绊，全球发展更是进入了一个黄金时代，联合国提出的“千年发展目标”“可持续发展目标”先后成为全球共识性目标，引领着从国家到区域乃至全球层面的发展行动。在这一过程中，旨在应对全球性挑战的全球公共品的数量不断增长，并出现了一些极富时代标志性的全球公共品。全球公共品的生产和供给也逐渐形成了以联合国为核心的、多层次（从全球到区域到国家再到社会）的、包括多元供给主体（发达国家、新兴国家、企业部门、社会部门）

① 王文：《联合国四个发展十年战略评析》，《国际论坛》2001年第3期。

的、基于共识和广泛磋商的制度性机制。然而，进入21世纪以来，尤其是进入21世纪第三个十年以来，全球发展进入了一个新的阶段，地缘政治日趋复杂、自然风险和市场风险日渐加大、非传统性风险日益增加，人类开始面临日益明显的生存与发展的不确定性。在这样一个大变动、大挑战的时代背景下，全球还能否高质量或者按期实现可持续发展目标？业已形成的应对全球性挑战的全球公共品的生产和提供机制会不会受到冲击和影响？

该章基于前述各章节对于全球公共品生产和分配的具体分析，首先梳理了百年未有之大变局下全球公共品供给发生的五个重要变化。第一，新兴全球公共品不断出现，全球公共品的内容和形态日益丰富。第二，全球公共品的格局从北方主导供给转向北方国家、南方国家，以及非国家行为体多元供给。第三，多元供给格局推动了全球公共品治理新的机制的形成，包括新兴国家主导建立的机制、新兴国家与发达国家在互动中对已有机制的调整和完善。第四，全球公共品的供应机制出现分化趋势，单边供给受限较多，多边供给效率下降，俱乐部供给成为经常性的选择。第五，技术性创新在全球公共品供应中发挥着日益重要的作用。

随着新冠疫情的全球蔓延，俄乌冲突的爆发，全球减贫进程的倒退，气候问题与粮食安全、不平等问题的日益突出，全球进入了一个大变动的新阶段，这给全球公共品的提供带来了严峻的挑战。第一，全球公共品面临赤字加大的挑战。第二，全球公共品面临创新不足的挑战。第三，全球公共品面临多元主体供给所带来的治理失灵挑战。第四，全球公共品面临突出的地缘政治挑战。第五，全球公共品的共识和承诺也在遭遇新的挑战。

第七章：中国在全球公共品中的新角色。自进入21世纪以来，尤其是随着“一带一路”倡议和全球发展倡议的推进，中国作为新全球公共品提供者的作用日渐凸显。与此同时，由于全球公共品供给与治理的双重特性，即在提升公共品全球供给的同时，势必客观上增加供给主体的软实力，从而提升其在全球治理中的影响力，作为全球公共品新兴供给者的中国在国际上面临困境：如何保持好自身机制创新路径的自主性与既有的全球公共品治理规则之间的平衡。

最后一章，我们聚焦中国在现行全球公共品供给与治理体系中的角色与作用。本章首先分析中国提供全球公共品的历史实践，同时在现有的经济和物质基础、平台和机制基础，以及理念和框架基础上，尤其分析了中国在减贫、农业、卫生、气候变化缓解等四个领域全球公共品供给的主要特点。第一，中国有多元化的全球公共品供给渠道，既注重以联合国为核心的传统多边机制，也注重开发新兴的渠道和机制。第二，在传统以纵向为主的全球公共品供给模式的基础上，中国拓展丰富了横向整合型的公共品供给体系。第三，中国全球公共品的供给在组织程序和内容上践行“共商共建共享”的理念。第四，中国的全球公共品提供以议题为主导，与传统以机构为主导的供给方式有所区别。第五，注重提高发展中国家的自主发展能力，将自身发展的经验打造为新形式的发展知识公共品，并通过发展经验的平行分享和互相调试来促进合作方探寻适合自身的发展路径，避免“开药方”。

在新时代，中国正从全球公共品的接受者向提供者转变。中国始终是世界和平的建设者、全球发展的贡献者、国际秩序的维护者，并努力成为全球公共品的提供者。但这个转变为提供者的过程刚启动，中国提供全球公共品还存在局限性。

第一，中国仍是发展中国家。第二，全球公共品项目的可持续性挑战仍然存在。第三，地缘政治冲突凸显，合作空间不断减小。第四，在全球公共品参与主体多元化的背景下，中国管理和协调非政府机构的能力短板比较明显。

政策建议包括：加强中国提供全球公共品的战略指导，创新公共品供给知识体系的建设、宏观指导纲要的制定、组织管理体系的完善、方法与路径的选择等。

在本书的写作过程中，比尔及梅琳达·盖茨基金会的杨建悦女士和李光先生给予了多方面的支持，在此一并表示诚挚的感谢。

此外，由于作者团队水平和所掌握的材料有限，错漏之处在所难免，敬请广大读者批评指正。本书并不必然代表相关机构的观点，所有文责由作者团队承担。

目 录

第一章　基于世界主义伦理的全球化实践 …………………… 001
一　世界主义伦理对世界秩序的建构 …………………… 004
二　世界主义伦理与全球化进程 …………………………… 006
三　新型世界秩序与全球伦理的孕育 …………………… 013

第二章　全球公共品：一种新型考察框架 ……………… 017
一　公共品的内涵与分类 ……………………………………… 019
二　全球公共品的内涵与分类 ……………………………… 027
三　新全球公共品：一种新型考察框架 ………………… 038

第三章　全球公共品与全球发展进程 …………………… 049
一　人类公共性与全球公共品的起源 …………………… 052
二　人类公共危机下全球公共品与全球发展进程互相嵌入的加速过程 ……………………………………………… 056
三　全球公共品的制度性生产 ……………………………… 062
四　21 世纪以来对新全球公共品的呼唤 ………………… 067

第四章　全球公共品的生产与供给 ……………………… 071
一　全球公共品的生产主体与供给形式 ………………… 075

二 全球公共品的生产与供给机制 …………………… 082
三 不同类型的全球公共品的生产与供给 ………… 091
四 全球公共品的生产与供给的机制创新 ………… 105

第五章 全球公共品的治理 ………………………… 107
一 全球公共品的治理：多元主体优化制度的实践 …… 109
二 从促进和平到推动发展：全球公共品治理的目标 ………………………………………………… 114
三 全球公共品治理的机制创新：以减贫、粮农和卫生领域为例 ……………………………………… 118
四 全球公共品的可持续治理路径与要素 ………… 151

第六章 大变局时代全球公共品的现状、趋势与挑战 … 155
一 全球公共品的变化趋势 ……………………… 158
二 全球公共品面临的新挑战 …………………… 193
三 对未来全球公共品的政策建议 ……………… 197

第七章 中国在全球公共品供给中的新角色 ………… 203
一 中国提供全球公共品的历史实践 …………… 207
二 中国提供全球公共品的当代基础 …………… 210
三 中国提供全球公共品的形态和机制 ………… 217
四 中国提供全球公共品的主要挑战 …………… 259
五 相关政策建议 ……………………………… 261

CHAPTER

1

第一章

基于世界主义伦理的全球化实践

自古希腊时期以来，建立一个理想的世界秩序一直是西方世界主义追求的目标。从古希腊时期斯多葛主义者的“理想城邦”到康德的“民主邦联理论”，再到沃勒斯坦提出的“世界体系”的概念，世界主义作为世界秩序背后的价值理念，从一种哲学与规则的理想逐渐转变为经济结构、政治制度和社会体系，在这一世界化过程中，即全球化演进的过程中，逐渐产生了超越民族国家范畴的、应对全球性风险与挑战的治理机制和共同体，它们借助公共品在全球范围内的传递，塑造并改变了地球上每个世界公民的生活。

本章回顾世界主义伦理与全球化交织演进的过程，旨在探究全球公共品产生背后的价值伦理和制度规则变迁，梳理了自 15 世纪至今，在不同的世界秩序阶段，全球公共品的产生、发展、转型的过程。本章最后聚焦当前构建新型全球化秩序与全球伦理的目标，观照中国以新的身份融入新型全球公共品的供给之中，并推动供给范式的创新。

本章主要提出如下四个观点。第一，世界秩序每一次重大调整背后都暗含世界主义思潮的革新。世界主义思想在西方理性主义主导下，既形成以“个人主义、普世性、普遍性”为特征的西方规范性价值，也为建构世界秩序提供了整套制度规则。

第二，15 世纪以来西方世界主义驱动的全球化过程借助资本主义从西方国家向非西方国家的扩张引发了一场真实的全球政治、经济、社会集体行动，在其后的数百年时间里塑造了“单向度”—“重组”—“多元化”的世界秩序演进过程。

第三，经济全球化过程促使全球公共议题的出现，刺激了人类对全球公共品的需求。全球公共品也从15世纪的聚焦欧洲的公共卫生防治，扩展到18世纪的公共安全、农业领域，再扩展到20世纪的减贫、粮农、环境、卫生、人权等领域，全球公共品在全球性问题上提供超越国家层面的解决方案。

第四，全球公共品每一次革新无一例外都来自人类社会对最脆弱国家与最脆弱人群的关注和他们自身的发声。当前全球性风险不断叠加，人类脆弱性的程度不断加大、范围日益扩大。经济全球化的固有模式在面对复杂性和联动性日益增强的全球社会时表现乏力，中国提出的“人类命运共同体”理念为根植于西方文化的世界主义提供了新的思想来源，融合二者的伦理要素并寻求结合点，应是推动新型全球公共物品生产与供给机制的着力点。

一　世界主义伦理对世界秩序的建构

纵观全球历史的演进过程，世界秩序每一次重大调整背后都暗含世界主义思潮的革新，而在这一过程中，世界主义思想在西方理性主义主导下，既形成一系列规范性价值，如正义、平等、和平，也为建构世界秩序提供了一整套制度规则。

世界主义源于古希腊时期的哲学思想。世界主义的英文“cosmopolitan”一词来源于古希腊文“kosmopolitês”，意为

"世界公民"。最早关注个体和人类命运的斯多葛主义者在希腊城邦制度解体后，对后城邦社会进行反思，判断规模狭小的城邦无法实现对希腊的统治，进而提出世界城邦和世界公民的设想，其核心思想是建立理性支配的世界国家，以个体为终极关怀的主体，强调平等的价值，以普世性的权利为标准的社会秩序，并为此设计各种理想社会模式及其实现方式，乃至超越国家的共同体。① 传统的世界主义将世界城邦视为一个治理单元，引发了由谁来对世界进行管理、如何构建全世界范围的政府组织等一系列问题。传统世界主义主张的和平、正义、跨国界流动、世界公民等价值理念为后来的全球化和全球治理提供了基本的概念和一系列先验的内涵。②

"司法—政治"问题的提出，标志着传统世界主义向现代世界主义的转变。18 世纪，一方面欧洲频繁的战事给整个世界带来巨大的冲击，另一方面自然科学的发展和启蒙运动的兴起也给世界带来丰富理论。③ 在这一历史与思想变革背景下，人们建构了基于国家分歧之上的一种国际权利与公民建制。④ 1795 年，康德在《永久和平论》中阐述探索世界永久和平的方法路径，康德主张一种人与人、国家与国家之间的和平共处和以自由国家的联盟为基础的国际和平。⑤ 康德"永

---

① 刘贞晔：《世界主义思想的基本内涵及其当代价值》，《国际政治研究》2018 年第 6 期。

② 李小云：《全球抗疫战：新世界主义的未来想象》，《文化纵横》2020 年第 4 期。

③ 王天娇：《论人类命运共同体视域下对于康德永久和平论的时代回应》，《青年与社会》2020 年第 28 期。

④ 〔法〕伊夫-夏尔·扎尔卡：《重建世界主义》，赵靓译，海峡出版发行集团，2015，第 27 页。

⑤ 吕炳斌：《康德〈永久和平论〉与当代国际法律秩序的构建及困境》，《学术探索》2010 年第 4 期。

久和平”的观点带来的一个重要转变在于国家不再是世界政治舞台的唯一行动者，存在着跨越国家的权利来控制或治理国家。现代世界主义、对世界主义权利的承认，以及为消除国家间分歧而建立的司法秩序，区别于传统世界主义基于哲学和宗教构建的理想国概念，对理性的理解超越了自我的利益，国家联盟和普遍的秩序成为理想的愿景。

18 世纪中期以来，随着资本主义的迅速扩张，国家间的差距进一步被放大。20 世纪初的两次世界大战，使人们清晰地看到，以启蒙主义教条为基础的世界主义已失效，技术的进步不会必然导致最佳结果，有时甚至导向了更坏的可能。当代世界主义伴随全球化、全球治理、全球问题、全球性而产生，一系列政治、环境、社会问题都需要纳入新型全球治理框架中，这个框架的核心关切转向应对经济、环境等全球性问题的挑战，即从“西方中心论”的世界治理方案转向谋求人类共同发展的方案，它是使国际新秩序更加公平合理的新型全球治理模式。

二　世界主义伦理与全球化进程

如果说早期的世界主义还只是基于西方政治哲学思想的先验性假设，那么 15 世纪以来西方世界主义驱动的全球化过程则借助资本主义从西方国家向非西方国家的扩张引发了一场真实的全球政治、经济、社会集体行动，以应对人类面临的共同挑战，进而在其后的数百年时间里塑造了世界秩序和全球共同体格局。本书从全球化进程中国家间互动的视角将世界秩序演变过程划分为“单向度”、“重组”、“多元化”三个阶段。

（一）单向度：欧洲资本主义萌芽下的全球化格局

全球化首先是一个经济发展过程。[①] 15 世纪，随着哥伦布开启大航海时代，欧洲国家进入现代社会，全球化端倪在欧洲初现。17 世纪，在工业化正式腾飞之前，商业资本主义、一些重要的工业技术以及相关的激励机制在欧洲已经发展起来。与此同时，英国等资本主义国家在政府和军事力量的支持下，将其经济链条延伸到全球。这些欧洲资本主义国家从东方进口香料、服装和茶叶，搭建起以欧洲为中心的商业帝国。到 18 世纪中叶，欧洲和北美的资本主义国家掌控着印度、中国和阿拉伯国家的主要商业贸易。18 世纪末，欧洲已经变成一个覆盖大西洋、欧亚平原、非洲大陆的庞大社会和政治经济的中心，无论从时空范畴还是全球经济影响力来看，欧洲已然蜕变成了一个更为广义的共同体，即“西方”。[②] 在这一过程中，商品和人的流动，西方的技术、思想和文化从西方朝着非西方流动，奠定了当下全球化的基调。

这一时期的全球性共同体实质上是一种“单向度强资本共同体”，是以西方少数国家为中心的共同体。[③] 早发的欧洲资本主义国家将其已有的经济、政治、文化价值推向相对落后的非西方国家，使得这一时期资产阶级的经济、政治、文化变成全球化的经济、政治、文化，全球化运动格局呈现单向度特点（见图 1-1）。而全球化过程中南方和东方国家在输入全球化过程中发挥的重要作用被忽视，西方建立的全球化中

① 俞可平：《全球治理引论》，《马克思主义与现实》2002 年第 1 期。

② 〔美〕威廉·麦克尼尔：《西方的兴起》，孙岳等译，中信出版社，2018，第 666 页。

③ 钱文静、张有奎：《当代世界主义及其批判》，《宁夏社会科学》2021 年第 4 期。

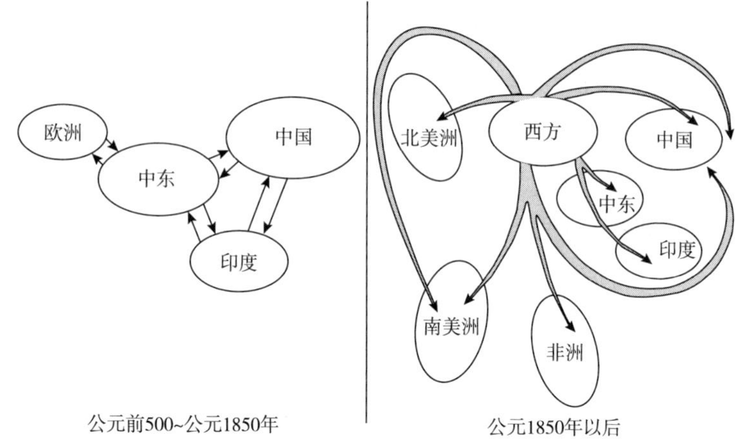

图 1-1　1850 年前后世界秩序格局演变趋势

资料来源：〔美〕威廉·麦克尼尔著《西方的兴起》。

的权利、不平等和冲突在这一时期被掩盖。①

这一阶段公共卫生议题最早进入全球视野。16 世纪初期，天花病毒、麻疹、白喉、伤寒、腮腺炎、流感等病毒随着地理大发现相继入侵美洲地区，十六七世纪美洲印第安人的疫病死亡率达到高峰；1665 年至 1666 年伦敦大瘟疫，超过 8 万人死于这次瘟疫之中，足足相当于当时伦敦人口的 1/5；1771 年，莫斯科暴发的鼠疫仅在一个季节就夺走了 5.6 万多人的生命；18 世纪欧洲死于天花的人数达 6000 万人，死亡率高达 30%。天花、鼠疫等全球范围的流行病问题随着西方在 18 世纪以来建立的现代医学体系逐渐得到缓解，早期基于殖民背景的全球卫生防疫行动推动疫苗等初级全球公共品的出现和传播，而西方国家也借助在公共卫生领域建立的医学体系进

① 〔英〕卢克·马特尔：《社会学视角下的全球化》，宋妍译，辽宁人民出版社，2014，第 19 页。

一步强化了其进入非西方国家的合法性。[①]

（二）重组：资本主义全球扩张下的全球秩序

资本主义经济上的动力是全球化扩张的关键要素，而科技的发展使得这种扩张成为可能。19 世纪中叶，工业革命为西方国家注入强大的军事和经济力量，西方资本主义扩张进入巅峰阶段，而与此同时，亚洲几大文明秩序和传统生活方式迅速解体，中东、印度、中国与欧洲各文明之间持续千年之久的均势彻底崩溃，[②] 取而代之的是西方主导力量下的一个全球性文明形态。19 世纪和 20 世纪，交通、通信技术的发展加快了资本主义及其文化由西方向非西方国家的传播过程，全球化全面提速，西方国家和非西方国家之间的差距进一步加大。

近代以来的全球化进程以殖民化和去殖民化为线索，民族国家成为全球秩序的关键介质。西方国家推行经济、军事全球化并成为全球发展的设计者，推动建立维护世界秩序的国际协议与国际组织。其中最具标志性的是一战后，由西方国家主导的国际联盟（以下简称“国联”）的诞生，其目标一方面在于维护和平，仲裁成员国争端；另一方面则是关心国际范围的卫生、社会、经济和人道问题，并建立了卫生组织、国际智识合作委员会和国际劳工组织等。[③] 作为第一个世界性政治经济组织，“国联”也因此被称为“初代联合国”，

---

① 〔美〕威廉·麦克尼尔：《瘟疫与人》，余新忠等译，中信出版社，2018，第 185~190 页。

② 〔美〕威廉·麦克尼尔：《西方的兴起》，孙岳等译，中信出版社，2018，第 745 页。

③ 〔美〕斯塔夫里阿诺斯：《全球通史》，吴象婴等译，北京大学出版社，2020，第 746~747 页。

为二战后联合国的诞生奠定了制度规则与体系架构的基础。这一阶段的全球秩序以政治权力为底色，强国之间的权力争夺与民族国家的反殖民斗争体现了这一阶段全球共同体内部的重组过程，然而以西方为中心的世界主义格局并未根本动摇。

19 世纪末至 20 世纪中叶，西方国家试图通过科技手段加强对殖民地区的管理，通过使用科学专业知识来处理国内外的生产、资源管理和社会问题。农业技术援助和疾病预防援助作为两个最具代表性的领域，推动了一系列研究机构和援助组织的形成，如热带农业技术研究机构、热带医学研究机构、殖民地医疗服务等，并在 20 世纪初得到迅速发展。全球公共品的领域也从最初的公共卫生领域拓展到农业、卫生、公共安全三大主要领域，成为日后全球公共品体系的主要支柱（见图 1-2）。

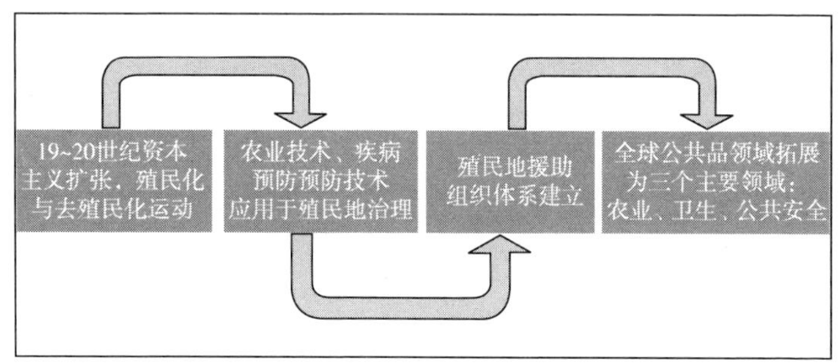

图 1-2　19~20 世纪资本主义扩张下全球公共品领域拓展

资料来源：作者绘制。

（三）多元化：发展主义下的全球治理体系

全球化趋势在两次世界大战之间逆转，随着战争的结束，殖民大厦瓦解。全球资本主义体系进行了重新调整，要求将第三世界纳入该体系的呼声也越来越高，第一世界和第三世界的互动逐渐呈现一种新的内容，即发展。发展的概念萌发于殖民时期，以 19 世纪末至 20 世纪中叶的科学技术和国家的有机结合为过渡，在二战后从一个模糊的影像逐渐具体化、理论化、规则化。在这一过程中，围绕发达国家应该如何帮助发展中国家这一核心的全球关切，全球化发展经历了从追求“有效发展国家”向“全球相互依赖”思想转化的过程。①

发展实践塑造了二战后的国际发展理论，这些行动的主体包括国际机构、第三世界国家政权以及第一世界官方的发展援助机构。自 1945 年联合国成立以来，世界粮食计划署、世界银行、国际货币基金组织、红十字国际委员会等国际组织先后成立。20 世纪 70 年代，多元发展议题正式进入全球化视野，此时联合国从关注大国政治博弈逐渐转向关注人类生存和发展的议题。特别是冷战结束后，民族国家作为全球治理的组成部分，其权威性遭到挑战。世界主义的价值倡导在联合国的推动下通过联合国及相关国际组织得到实践。如联合国从对人的基本权利保护出发，在落实人道主义干预和保护的责任、提供发展性援助、建立公共卫生的全球合作和预警、保障妇女和儿童权益、推动全球减贫等领域做出了巨大的努力。②

当前，国家间上万个政府组织和非政府组织已经形成了一个多层次的全球治理网络，并在减贫、粮农、环境、卫生、人权等全球性问题上提供超越国家层面的解决方案。最具代

① 〔英〕彼得·华莱士·普雷斯顿：《发展理论导论》，李小云等译，社会科学文献出版社，2002，第 226 页。

② 刘彬：《世界主义对世界秩序的建构及其挑战》，《国际观察》2018 年第 1 期。

表性的是两个国际发展领域的纲领性文件：2000 年由 189 个国家共同签署的联合国千年发展目标（MDGs）与 2015 年 193 个会员国一致通过的《2030 年可持续发展议程》。在这一过程中，民族国家的权力和管理职能开始流向国际组织，跨国的、国际的势力逐渐成为影响全球经济、政治和文化的重要权力来源，原来明确的国家身份被逐渐淡化，人们接受更加国际化的身份认同，民族国家作为全球化的中介，本身也因为全球化的演进受到削弱，向基于民族国家的世界主义演进。尽管民族国家的权力受到全球化的削弱，但不可否认的是，民族国家，特别是西方国家在很多国际领域仍保持着话语权，并影响着国际组织的机构设置、决策和价值观。

自二战以来，在当代世界体系中，发展主义替代了殖民主义，成为国际发展的主旋律。世界主义思想在发展主导的语境下，以全球正义为基点，对既有国际秩序中的不公正问题加以批判，对世界秩序进行了新的构建。[①] 它借助对“正义”价值的丰富定义，回应不断扩大的全球性挑战，并规范不同国家主体的参与路径。其中，对全球正义的反思源于全球贫困问题的恶化，人们认为发达国家有责任通过援助帮助落后国家摆脱贫困以弥补其长期以来在旧国际秩序下对贫困国家的剥夺。日益增加的全球性问题，特别是 20 世纪 70 年代后，环境问题、金融危机等新型全球化挑战的出现，使得对世界秩序的正义性探讨从减贫领域进一步扩展到卫生、粮农、环境等领域，推动了当代全球公共品在各领域的生产与分配（见图 1-3）。

---

① 刘彬：《世界主义对世界秩序的建构及其挑战》，《国际观察》2018 年第 1 期。

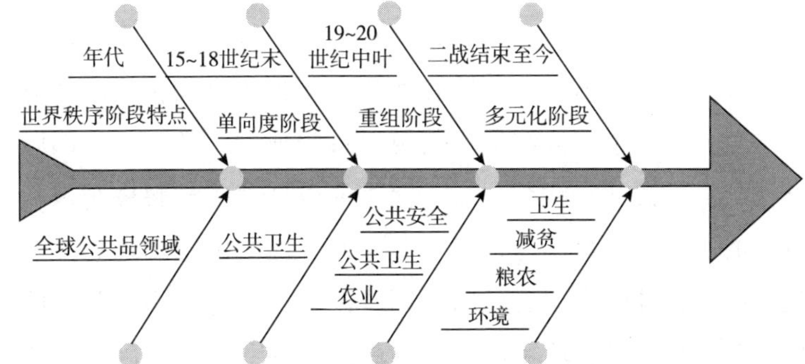

图 1-3　15 世纪至今世界秩序演进与全球公共品领域拓展

资料来源：作者绘制。

三　新型世界秩序与全球伦理的孕育

从世界秩序的理论支撑来看，世界主义的理论在认同人类的类主体和类价值的同时，始终坚守和认同个体是道德、价值及权利和义务基本载体这一理论基点，捍卫每个人都享有平等的权利与义务、都应受到公正对待的原则立场，相比之下，社群主义、国家主义在世界主义理论范式中被削弱。① 然而，对世界主义的质疑和反对的声音也从未消失过，这些声音认为通过世界主义的图景实现全球事务治理不切实际，且容易遮蔽全球政治中的权力集中和不平等现象，认为世界主义下的全球目标的制定者大多拥有更强大的经济和军事势力，全球大部分国家和行动者在全球化秩序和国际组织中处于弱势，对于全球目标的制定影响甚微。具体而言，虽然我们拥

① 蔡拓：《世界主义与人类命运共同体的比较分析》，《国际政治研究》2018 年第 6 期。

有联合国这样的国际组织，但这些组织的合法性和有效性来源是上述主权国家，全球性议题和治理决策是“从主权国家去思考世界，而不是从世界去思考”。① 世界主义价值的西方式特色，以民主和人权的价值取向最为典型。数十年的国际合作与发展援助实践试图通过提供全球公共品来解决全球化带来的发展不平衡问题，但事实印证了西方国家的理念并非放之四海皆准，它缺乏可以长期坚持下来的世界主义和国际价值观，在贸易、环境保护等方面出现的双重标准问题被长期诟病。②

个人主义、普世性及普遍性是当代世界主义的三大理论支柱与内核。在世界主义的语境与框架中，这种普遍主义就是强调个人的权利、价值和道德地位具有全球空间的普遍适用性，不受地理边界和相应制度的制约。③ 世界主义试图通过把西方文明普世化，终结文明的多样性及文明间的冲突，这在一定时空内有维持稳定和秩序的功能，但在应对当前日益复杂的全球性问题时，世界主义一元化的价值标准和规则范式就失去了效力，表现乏力，这些都说明传统的世界主义及其相应的全球公共品供给和治理模式需要根据时代的变化做出新的理论调整与补充。中国提出的包括“人类命运共同体”在内的新型全球伦理，为国家间的关系确立了一种新范式。“人类命运共同体”区别于传统世界主义，更强调关注共同体本身，而不是原子化的个人。一方面，强调国家间权利地位的平等与利益的共享；另一方面，追求全人类共

① 赵汀阳：《天下体系：世界制度哲学导论》，江苏教育出版社，2005，第4页。

② 白彤东：《谁之天下？——对赵汀阳天下体系的评估》，《社会科学家》2018年第12期。

③ 蔡拓：《世界主义与人类命运共同体的比较分析》，《国际政治研究》2018年第6期。

同价值，而非“普世价值”。[①]

回顾全球公共品的发展历史，它从 15 世纪出现在公共卫生领域，到 18 世纪拓展到政治秩序、经济发展以及农业、卫生、安全等社会公平与发展等领域，再到 21 世纪在可持续发展目标下拓展到减贫、环境等领域，形成多维度全球公共品流动机制。每次全球公共品的革新都来自地球上最脆弱国家与脆弱人群的呼唤，以及人类社会共同体对于他们的关切。时至今日，一方面，全球化和全球流通使得人类比以往任何时候都需要更紧密的共同体；另一方面，人类社会既面临贫困、资源枯竭、人口过剩等问题，也面临气候变化、食品安全、突发公共卫生事件等新的全球性挑战。联合国非洲经济委员会报告证实，2020 年非洲约有 5500 万人受新冠疫情冲击陷入极端贫困，严重影响了非洲 20 多年来的减贫工作。[②] 2021 年《世界粮食安全和营养状况》报告指出，从 2019 年到 2020 年，全球营养不良人数约增加 1.17 亿人，其中非洲约增加 4630 万人，亚洲约增加 5670 万人，拉丁美洲及加勒比地区约增加 1380 万人。[③] 2022 年《联合国政府间气候变化专门委员会（IPCC）第六次评估报告》显示，当前有 33 亿~36 亿人正处于对气候变化“高度脆弱”的状态。[④] 在全球性风险不断上升和叠加，人类脆弱性的程度不断加深、范围日益扩大的情况下，当今经济全球化的固有模式面对复杂性和

---

① 〔美〕威廉·麦克尼尔：《西方的兴起》，孙岳等译，中信出版社，2018。

② 《非洲饥饿人口持续上升》，UN：http：//news. un. org/zh/story/2019/02/1028541，最后访问日期：2023 年 9 月 17 日。

③ FAO：《世界粮食安全和营养状况》2021，https：//www. fao. org/publications/sofi/2021/zh/，最后访问日期：2023 年 9 月 17 日。

④ IPCC：*IPCC Sixth Assessment Report*，https：//www. ipcc. ch/report/ar6/wg3/，accessed on September 17，2023.

联动性日益增加的全球社会显得捉襟见肘。无论是新冠疫情的蔓延还是俄乌冲突带来的一系列全球安全、经济、粮食、能源等危机，都揭示了当前世界秩序下全球治理的破碎化和全球公共品供给乏力的现状，从数百年全球化的演进规律来看，世界秩序与全球伦理已然处在再次转型的风口。

CHAPTER

2

第二章

全球公共品：一种新型考察框架

全球公共品是在全球范围内具有消费的非竞争性与非排他性的物品，其收益可以延伸至所有国家、人民和世代。在本质上，全球公共品是人类文明的重要产物，是人类社会团结一致、共同解决问题的措施，也是人类社会跨越国界、追求效率与公平的文明结晶。随着全球化进程的不断深入，世界各地的政治、经济和文化元素日益深度互相嵌入，全球公共品的生产与供给成为亟待解决的问题。新冠疫情的暴发在一定程度上凸显了全球公共品的重要性。在新时期，全球公共品成为审视全球挑战的一个框架：第一，作为物资或制度的全球公共品，通常隐含着其应对某些共同挑战的资源和方案；第二，作为集体行动过程的全球公共品，隐含着应对风险或提供公益的国际磋商与互动进程；第三，作为新世界主义理念的全球公共品，隐含着对于理想的全球秩序的哲学设想与制度架构。这种新型框架，超越了地缘政治，有利于在当今多种危机复合叠加的情况下集合全球力量生产和提供公共品。

一　公共品的内涵与分类

（一）公共品的定义

公共品（public goods），也称为公共物品、公用品、共用品，是公共管理学、公共经济学中的核心概念。当代西方经济学家普遍认为，政府的基本职能之一即提供公共品。1919年，瑞典经济学家林达尔在《公平税收》中正式使用了“公共品”一词。但真正将私人物品与公共品两个概念分开使用并明确给出定义的是美国经济学家萨缪尔森。1954年，萨缪尔森在《公共支出的纯理论》一文中提出，公共品是这样一种物品：“每个人对这种物品的消费都不会导致其他人对该物品消费的减少。”① 在其经典教科书《经济学》中，萨缪尔森指出，公共品指那种不论个人是否愿意消费，都能使整个社会每一成员获益的物品。它具有两个关键性特征：①将该物品的效用扩展于他人的成本为零，即消费的非竞争性（nonrivalry）；②无法排除他人参与共享该物品，即非排他性（non-excludability）。②

此后的学者基本上都沿用了萨缪尔森关于公共品的定义。有学者曾经对国内外代表性经济学教材、专著、论文进行统计，发现有97%的研究认为公共品的特性中应同时包含“非竞争性”与“非排他性”。③ 例如，诺贝尔经济学奖获得者斯蒂格利茨认为，公共品是这样一种物品，在消费它时没有竞争，而排除他人对它的享用是不可能的。④ 曼昆在《经济学原理》中也指出，公共品是既无排他性又无消费竞争性的物品。排他性是指一种物品具有的可以阻止一个人使用该物品的特

---

① Samuelson, Paul A., “The Pure Theory of Public Expenditure,” *The Review of Economics and Statistics* 36, no. 4 (1954): 387.

② Samuelson, P. A., Nordhaus, W. D., *Economics*, United Kingdom: McGraw-Hill Education, 2010, p. 37.

③ 朱鸿伟：《公共物品含义新探》，《中国行政管理》2011年第8期。

④ Joseph Stiglitz and Jay Rosengard, *Economics of the Public Sector*, Norton & Company, 2015, pp. 102-105.

性。消费中的竞争性是指一个人使用一种物品将减少其他人对该物品的使用的特征。①

（二）公共品与私人物品、公共资源、俱乐部物品

根据竞争性与排他性这两个特性，物品可以被划分为四种类型。除了公共品，还有私人物品、公共资源与俱乐部物品（见表 2-1）。

表 2-1 公共品与私人物品、公共资源、俱乐部物品

	竞争性	非竞争性
排他性	私人物品： 私家车 奶茶 拥挤的收费道路	俱乐部物品： 有线电视 著作版权 不拥挤的收费道路
非排他性	公共资源： 海洋 草地 拥挤的不收费道路	公共品： 国防 数学公理 不拥挤的不收费道路 新冠病毒疫苗在中国的接种

资料来源：Mankiw，N. G.，*Principles of Economics*；作者自制。

公共品：既无竞争性又无排他性的物品。最典型的公共品为国防。国防服务面向所有社会成员，而不是单个社会成员，不具有排他性。此外，人与人之间对国防服务的享受也没有竞争性。尽管人口不断增加，婴儿的出生或移民的增加不会影响在该国境内的其他人享受国防服务。此外，一般性知识也是公共品。例如，数学公理可以供每个人使用，不允

① Mankiw，N. G.，*Principles of Economics*，United States：Cengage Learning，2018，p. 37.

许别人使用某个数学公理是不太现实的，即具有非排他性；此外，一个人使用数学公理也不影响别人使用数学公理，所以对数学公理的使用不具备竞争性。

私人物品：既有消费中的竞争性又有排他性的物品。以私家车为例。A 购买了一辆车，B 就不能购买这辆车了，这是消费中的竞争性。此外，没有买车的人就无法享受车带来的各种便利，这就是排他性。

公共资源：具有消费中的竞争性但没有排他性的物品。例如，海洋中的鱼具有消费中的竞争性，但这些鱼不具有排他性，要阻止渔民在浩瀚无边的海洋中捕鱼非常困难，成本很高。英国经济学家哈丁在《公地的悲剧》一文中也讨论了公共资源的问题。他指出，在一个对所有人都开放的牧场，每位理性的牧民都会不断增加牲畜数量从而增加自己的收入，久而久之，过度放牧会导致草场退化，但是过度放牧产生的后果由所有牧民来承担，而不是单个牧民一人来承担，对于单个牧民来说，过度放牧的收益仍然大于成本。“这个系统迫使牧民在一个有限的世界中无节制地增加自己的牲畜。在一个信奉公地自由使用的社会里，每个人趋之若鹜地追求自己的最佳利益，毁灭是所有人的目的地。”① 著名行政学家、经济学家奥斯特罗姆也对公共资源问题进行了深入研究。她聚焦于公共池塘资源（common-pool resource），这其实也是公共资源。公共池塘资源指的是一个自然的或人造的资源系统，这个系统足够大，大到排斥因使用资源而获益的潜在受益者的成本很高（但并不是不可能排除）。海洋、牧场、池塘、草地等都属于公共资源。近年来，近海渔业资源日渐枯竭、牧

① Hardin, Garrett, “The tragedy of the commons,” *Science*162 (1968): 1243-1248.

场退化日趋严重、国道路面损毁日益严重、野生动物越来越少……就是因为这些物品都是公共资源，具有非排他性，于是人们经常过度使用而不加保护，使之逐渐枯竭。[①]

俱乐部物品：具有排他性但没有消费中的竞争性的物品。以有线电视为例。首先它是非竞争性的，一个人收看不影响他人收看，几亿人可以同时在线收看。但是，它具有很强的排他性，只有购买了有线电视服务的人才能收看。这些付费的人相当于组成了一个“俱乐部”，而没有付“会员费”的人是不能收看有线电视的。有关俱乐部物品的理论最早可追溯到20世纪20年代初期庇古与奈特对拥挤的道路征收通行费的论述。英国经济学家庇古在《福利经济学》一书中提到，在A地和B地之间有两条路：一条是快速通道，但是路比较窄；还有一条慢速通道，它很宽，但是道路很泥泞。如果要从A到B，你会选择哪一条路呢？大多数人会选择比较狭窄的快速通道。[②] 但是随着车辆越来越多，快速通道开始变得拥堵，车辆行进的速度也越来越慢。基于此，庇古认为，自由经济不好，每个人都在追求自己的利益最大化，最终会影响他人。他提出政府应该干预，用征税的办法把一部分司机从这条路上“赶走”。这种税被后人称为“庇古税”。1924年，另外一位经济学家弗兰克·奈特对此表达了不同的看法。奈特认为，人们之所以都选择快速通道，导致无序的现象发生，根本的原因是那条路没有主人，它不是私有产权。[③] 如果这条路有了主人，主人就能够行使排他的权利把一些人“赶走”，

① 唐任伍主编《公共经济学》，中国人民大学出版社，2018，第67页。

② Pigou, A. C., *The Economics of Welfare*, Palgrave MacMillan; Co. Ltd., 1962, p. 138.

③ Knight, F. H., “Some Fallacies in the Interpretation of Social Cost,” *The Quarterly Journal of Economics* 38 (1924): 582.

所以不会出现混乱的局面。主人可以向选择这条路的每位司机收取一定的道路使用费或拥堵费，使得道路在满足人们需求的同时，仍然是一条畅通的、不拥堵的快速通道。[①] 这条不拥堵的收费道路就是一种俱乐部物品。

表 2-1 将物品划分为了四种类型，但各种物品间的界限有时是模糊的。物品是否具有消费中的竞争性或排他性往往是一个程度问题。任何的非竞争性或非排他性都是在一定范围、一定条件下才实现的。一些物品可以在公共品与私人物品之间转换。[②] 以灯塔为例。灯塔是公共品的代名词。灯塔可以让过往船只避开有暗礁的水域，拯救生命和船只。但是，灯塔所有者很难向过往的船只收费，而且船只之间对灯塔提供的服务也没有竞争性，“为 100 艘船提供服务的成本并不比对一艘船提供服务时更多”，[③] 所以，灯塔是一个典型的公共品，大多由政府提供。但是，1974 年，制度经济学家科斯发表《经济学中的灯塔》一文，指出灯塔服务曾经是一种私人物品。[④] 早期的英国，灯塔设施的建造和灯塔服务均由私人提供。作为早期的海上强国，英国的灯塔制度是发展最早、最完善的。[⑤] 为了满足航海者对灯塔服务的需求，一些个人出钱建设了灯塔，根据过往船只的大小和过往次数向船只收费，

---

① Knight, F. H., “Some Fallacies in the Interpretation of Social Cost,” *The Quarterly Journal of Economics* 38 (1924): 582.

② Mankiw, N. G., *Principles of Economics*, United States: Cengage Learning, 2018, p. 216.

③ Samuelson, P. A., Nordhaus, W. D., *Economics*, United Kingdom: McGraw-Hill Education, 2010, p. 37.

④ Coase, R. H., “The Lighthouse in Economics,” *The Journal of Law and Economics* 17 (1974): 357-376.

⑤ 王跃生：《没有规矩不成方圆：新制度经济学漫话》，生活·读书·新知三联书店，2000，第 59 页。

从而维护灯塔设施的日常开支，并获取收益。因此，没有缴费的船只就无法享受灯塔服务。建造灯塔的人后来发现有些船只总是想方设法逃避缴纳灯塔使用费，他们或绕过收费站或宣称没有享用灯塔的服务。于是，灯塔经营者专门建立了一支队伍，配备了专门的装备来监督和核查过往船只的缴费情况。[①] 在这里，灯塔服务就具备了私人物品的特征。

此外，疫苗也是一个值得探讨的例子。人乳头瘤病毒疫苗（以下简称“HPV 疫苗”）是全球第一个用于预防肿瘤的疫苗。在 2020 年国产疫苗正式上市前，中国 HPV 疫苗主要由国外企业生产，进口数量有限，因而出现了打 HPV 疫苗（特别是九价 HPV 疫苗）需要摇号、跨省打 HPV 疫苗的现象，所以 HPV 疫苗的接种目前在中国具有竞争性。此外，HPV 疫苗目前在中国仍按照自费自愿的原则接种，所以也具有排他性，HPV 疫苗接种服务目前仍属于私人产品的范畴。然而，新冠病毒疫苗的接种在中国却是一个典型的公共品。由于新冠极强的负外部性，2020 年 12 月 15 日，中国正式启动重点人群新冠病毒疫苗接种工作；2021 年 3 月下旬开始，全人群免费接种加快推进；此后，“一老一小”新冠病毒疫苗的接种工作也稳步推进……一系列重要举措，旨在让疫苗最大限度惠及公众，尽最大努力保护人民生命安全和身体健康。[②] 新冠病毒疫苗的接种在中国既不具备竞争性，也不具有排他性，因而是一个实实在在的公共品。此外，中国还践行

---

① 王跃生：《没有规矩不成方圆：新制度经济学漫话》，生活·读书·新知三联书店，2000，第 59 页。

② 《我国新冠疫苗接种人数达 11 亿 超 10 亿人完成全程接种》，中华人民共和国国家卫生健康委员会，2021 年 9 月 19 日，http://www.nhc.gov.cn/xcs/yqfkdt/202109/bf2cf785ce0544ae818a76ffbb18ca79.shtml，最后访问日期：2023 年 9 月 17 日。

了新冠疫苗全球公共品承诺，已向国际社会供应超4.8亿剂次疫苗。[①]

（三）公共品的分类

根据非竞争性和非排他性程度的不同，可以将公共品分为纯公共品和准公共品。凡是能严格满足非竞争性和非排他性特征的物品为纯公共品，如国防、一般性知识、法律、政策等。准公共品是具有有限的非竞争性和非排他性的物品。前面所提到的公共资源（如海洋、草地等）与俱乐部物品（如有线电视、著作版权等）并未同时具备消费上的非竞争性和非排他性，但又具备公共品的某些特征，所以它们属于准公共品。

还有一种划分方法是将公共品分为地方性的、全国性的、全球性的公共品。地方性的公共品是指由地方政府提供的、由当地公众享用的物品或服务，如城市基础设施、地方性法规和政策等。全国性的公共品是指由中央政府提供的、由全国公众享用的物品或服务，如国防、外交、全国性的法规和政策等。然而，全球公众共同享用的公共品由谁来提供呢？运输和通信成本的急剧下降创造了一个人与人更加相互依赖的世界。全球安全、全球健康、全球环境、全球知识都是重要的全球性公共品。[②] 然而，正如萨缪尔森所说，“最棘手的市场失灵就是全球公共品……全球公共品的问题之所以特别难以处理，是因为缺乏有效的市场或政治机制进行有效

① 《中国践行新冠疫苗全球公共品承诺 已向国际社会供应超4.8亿剂次疫苗》，中华人民共和国中央人民政府，2021年7月9日，http://www.gov.cn/xinwen/2021-07/09/content_5623710.htm，最后访问日期：2023年9月17日。

② Stiglitz, Joseph, and Jay Rosengard, *Economics of the Public Sector*, Norton & Company, 2015, p. 109.

的配置”。[①] 为了解决这个问题，世界卫生组织和联合国等国际组织在提供全球公共品的合作方面取得了重要进展，但还有很长的路要走。如何建立更有效的制度，加大执行力度，为全球公共品筹集资金，是当今世界面临的主要挑战之一。[②]

二 全球公共品的内涵与分类

（一）“全球公共品”概念的产生

“全球公共品”这一概念在过去20多年里被广泛关注和讨论。其背后的驱动力最初来自联合国开发计划署（UNDP），一方面是为了减少全球化的负面影响，另一方面也为国际合作提供新的机遇。[③] 随后这一概念逐渐融合进国际组织（如世界银行、经济合作与发展组织）、国家（如法国、瑞典）、基金会和慈善组织（如比尔及梅琳达·盖茨基金会、洛克菲勒基金会）。联合国开发计划署从1999年开始关注“全球公共品”概念，先后出版了多部相关著作。[④] 瑞典和法国是最早接受全球公共品概念的国家。瑞典将全球公共品的概念视为其更广泛的发展政策目标中的一部分，推动国际发展

---

① Samuelson, P. A., Nordhaus, W. D., *Economics*, United Kingdom: McGraw-Hill Education, 2010, p. 272.

② Samuelson, P. A., Nordhaus, W. D., *Economics*, United Kingdom: McGraw-Hill Education, 2010, p. 272.

③ Carbone, Maurizio, "Supporting or Resisting Global Public Goods? the Policy Dimension of a Contested Concept," *Global Governance: A Review of Multilateralism and International Organizations* 13 (2007): 179-198.

④ 例如 *Global Public Goods: International Cooperation in the 21st Century*（1999），*Providing Global Public Goods: Managing Globalization*（2003），*The New Public Finance: Responding to Global Challenges*（2006）。

的多边主义，参与支持了两位国际发展领域知名学者的相关报告。[①] 法国将全球公共品视为消减全球化消极后果的一种方式。瑞典和法国政府在 2003 年共同倡议并资助成立了全球公共品工作组（The International Task Force on Global Public Goods）。随后，全球公共品概念也得到了一些其他欧洲国家的支持，例如，丹麦在单独的预算项目下分配了额外的财政资源以促进全球公共品的生产等，德国赞助了对公私伙伴关系和托宾税（Tobin tax）等新的发展资金来源的研究，挪威强调了额外性原则。[②]

（二）全球公共品概念的学术起源

1999 年，联合国开发计划署与英吉·考尔（Inge Kaul）等学者共同对全球公共品进行了系统定义。他们提出，全球化和全球挑战的复杂性决定了单纯依靠任何一门学科或一个领域的研究都无法充分理解当今的全球挑战。全球公共品的概念建立在多学科、多层次、多具体议题的学术基础上，包括经济学、人类学、社会学、政治学、公共管理理论、国际关系理论、发展研究等。

第一，全球公共品的概念建立在经典的公共品理论上。20 世纪 60 年代晚期，开始有学者将公共品的概念和理论引入全球挑战研究。[③] 1971 年，曼瑟尔·奥尔森（Mancur Olsen）

---

① Francisco Sagasti and Keith Bezanson, *Financing and Providing Global Public Goods: Expectations and Prospects*, Stockholm: Ministry of Foreign Affairs, 2001, p. 3.

② Carbone, Maurizio, "Supporting or Resisting Global Public Goods? the Policy Dimension of a Contested Concept," *Global Governance: A Review of Multilateralism and International Organizations* 13 (2007): 179-198.

③ Russett, Bruce M., John D. Sullivan, "Collective Goods and International Organization," *International Organization* 25 (1971): 845-865.

在“Increasing the Incentives for International Cooperation”一文中首次提出“国际公共品”（international public goods）的概念。[①] 1986 年，查尔斯·金德尔伯格（Charles Kindleberger）等在著作 *The World in Depression 1929–1939* 中分析认为，20 世纪 30 年代的全球经济危机是关键全球公共品供给的失败。[②] 1995 年，约瑟夫·斯蒂格利茨将公共品的概念拓展到了国际领域，并确定了各类国际公共品之间的相互关系（如和平、国际经济稳定、全球环境、知识）。[③] 1998 年，沃尔夫冈·赖尼克（Wolfgang Reinicke）认为随着相互依存的增加，国家和国际领域之间的界限变得模糊，以国家为导向的公共政策应该辅之以“全球公共政策”，其中包括国家、国际组织、民间社会和私营部门。[④] 但是在英吉·考尔之前，没有研究系统提出全球公共品究竟是什么以及如何进行分类。

第二，政治学关于国家合作的研究与全球公共品研究紧密相关。政治学研究为何各国要合作，为何要遵守或者背离国际协定。20 世纪 80 年代开始有很多关于此问题的研究。1997 年，托德·桑德勒（Todd Sandler）指出，为了应对全球挑战，仅靠国家和区域层面的行动已经不够，要激励各国采取集体行动，这就需要为每一个国家带来足够的收益，应该

① Olson, Mancur, “Increasing the Incentives for International Cooperation,” *International Organization* 25 (1971): 866–874.

② Charles Kindleberger, et al., *The World in Depression 1929–1939*, University of California Press, 2013, pp. 301–307.

③ Joseph Stiglitz, “The Theory of International Public Goods and the Architecture of International Organisations,” United Nations Background Paper No. 7, Department for Economic and Social Information and Policy Analysis, 1995.

④ Reinicke, Wolfgang H., *Global Public Policy: Governing Without Government?* Brookings Institution Press, 1998, p. 87.

用聚合技术概念，研究如何更好地提供各类全球公共品的问题。[①] 这些研究大多数聚焦于政府间合作，全球公共品研究则将讨论拓展到现实中——我们生活的这个多行为体的世界。

第三，全球公共品与关于发展的研究息息相关。关于发展的研究关心经济活动如何转化成人们更加广泛的选择，以改善人们的福利。在20世纪末期之前，关于发展的研究主要关注的是发展中国家，但在当前全球发展转型的背景下，“发达国家”和“发展中国家”这样的传统分类已不再适用，高收入并不一定能带来公平和可持续发展。人类安全威胁通常以不同的形式同时存在于发达国家和发展中国家之中。全球公共品是未来所有国家共同应对这一挑战的关键。

第四，全球公共品研究对援助研究进行拓展。援助是国际合作的实施层面，主要是以国家为中心开展的，以国家发展战略为指导。20世纪末之前的援助研究很少与国际协定有系统的联系，但面对21世纪的全球挑战，援助议程需要拓展。1999年，拉维·坎布尔（Ravi Kanbur）等提出，全球公共品为促进发展援助有效性提供了一种新的途径，同时，这种发展援助对援助者更有益，因为他们可以从中受益。[②] 贫穷的国家除了关心本国的发展外，需要参与全球公共品供给，实现所有国家、所有人的共同利益。

第五，全球公共品研究还得益于大量的关于具体议题的研究。全球公共品涉及广泛的领域和议题，这些多学科、多

① Todd Sandler, *Global Challenges: An Approach to Environmental, Political, and Economic Problems*, Cambridge: Cambridge University Press, 1997, p. 193.

② Ravi Kanbur, Todd Sandler, Kevin Morrison, “The Future of Development Assistance: Common Pools and International Public Goods,” Overseas Development Council, 1999, p. 56.

层次、多议题的研究已经开始交叉，全球公共品研究则尝试整合这些研究。

（三）全球公共品的内涵与分类

1. 全球公共品的内涵

全面系统地对全球公共品进行研究的是德国学者英吉·考尔。她在1999年出版的专著《全球公共品：21世纪的国际合作》中首次在公共品概念的基础上，引入国家、社会经济群体、代际三个维度，给出了全球公共品的定义。基于公共品定义中的纯公共品和准公共品的分类，英吉·考尔也给出了相应的两个定义：纯全球公共品是一种收益可以延伸至所有国家、人民和世代的物品；准全球公共品是受益者不仅仅局限于一个国家的一个群体，而且不歧视任何一个群体或世代的物品。①

2003年，英吉·考尔在《全球化之道——全球公共品的提供与管理》中再次深入挖掘了全球公共品的概念，认为在绝大多数情况下，公共性与私人性是社会建构，物品既可以具有潜在的公共性，同样也可以具有潜在的全球性，许多物品可以通过人类行为或政策选择（或两者兼有）而具备公共性或全球性（或两者兼有）。全球公共品的公共性表现在两个方面：具有与私人性相对的公共性，具有与国家性相对的全球性。英吉·考尔同时提出了公共性的三角结构：消费中的公共性、决策中的公共性和（净）收益分配中的公共性。②

① Inge Kaul, Isabelle Grunberg and Marc Stern, eds., *Global Public Goods: International Cooperation in the 21st Century*, Oxford: Oxford University Press, 1999, pp. 9-14.

② 〔美〕英吉·考尔等编《全球化之道——全球公共品的提供与管理》，张春波、高静译，人民出版社，2006，第70~87页。

2. 全球公共品的分类

(1) 按照生产链环节的全球公共品分类

英吉·考尔将全球公共品分为最终阶段的全球公共品 (final global public goods) 和中间阶段的全球公共品 (intermediate global public goods)。[①] 最终阶段的全球公共品不是标准意义上的"物品",而是"结果";可能是有形的,如环境或人类共同遗产,也可能是无形的,如和平或金融稳定。最终阶段的全球公共品的公共性最为重要。中间阶段的全球公共品帮助实现最终阶段的全球公共品的供给。最重要的中间阶段的全球公共品是国际机制,为许多其他中间阶段的全球公共品提供基础。国际机制有不同的形式,这些形式在实践中可能紧密地交织在一起,大体上可以分为国际协定和国际组织。国际协定是承诺声明,通常规定政策优先事项、原则、规范或标准以及决策程序和义务;国际组织是通常由国际协定产生的机构或机制,旨在促进成员国之间的协商和谈判、监测条约遵守情况、提供其他类型的信息,或开展业务活动。以臭氧层的保护为例,最终阶段的全球公共品是最重要的,即保护好完整的臭氧层。为了提供这一全球公共品,就需要一个中间阶段的全球公共品,即蒙特利尔议定书,来敦促各国减少氯氟碳化合物 (CFCs) 的排放。

此外,英吉·考尔在 2003 年补充了两个类型,具有全球化特征的国家公共品、私人物品与私人活动以及它们的外部

① Inge Kaul, Isabelle Grunberg and Marc Stern, "Defining Global Public Goods," in Inge Kaul, Isabelle Grunberg and Marc Stern, eds., *Global Public Goods: International Cooperation in the 21st Century*, Oxford: Oxford University Press, 1999, pp. 13-14.

效应。[①] 在全球化背景下，国家公共品开始出现国际性特征，例如，国际金融稳定要求每一个国家不仅要关注自身的问题，还要注意一切来自其他国家的不利影响及威胁。传染性疾病、气候变化等议题也都如此，因此许多全球公共品可以被视为国家公共品与国际合作的结合。此外，私人物品与私人活动以及它们的外部效应也有可能是全球公共品的一个组成部分，此时就需要采取补充措施，采取国家性公共政策行动。基于以上分析，按照生产链环节，可以把全球公共品做以下分类，见表 2-2。

表 2-2　按照生产链环节划分的全球公共品分类[②]

类别	举例
最终阶段的全球公共品	和平、消除小儿麻痹等
中间阶段的全球公共品	国际机制（国际协定、国际组织）
国家公共品	国家民航制度主要是为了满足国家需要，但是，如果它与国际协议保持一致，就成了某种全球公共品，即国际民航网络的一个重要构件
私人物品与私人活动以及它们的外部效应	家庭购买蚊帐有利于预防疟疾，而预防疟疾是一种全球公共品。同样地，企业使用太阳能电池对气候的稳定也是一种贡献

（2）按照全球性分类

基于对全球公共品的社会构建性的分析，英吉·考尔针对全球公共品的公共性和全球性、对国家公共品与全球公共

① 〔美〕英吉·考尔等编《全球化之道——全球公共品的提供与管理》，张春波、高静译，人民出版社，2006，第 93~94 页。

② 〔美〕英吉·考尔等编《全球化之道——全球公共品的提供与管理》，张春波、高静译，人民出版社，2006，第 93 页。

品的实际混合进行了分类（见表2-3）。此分类首先是针对公共性，按照公共品的非竞争性和非排他性分为了四大类型，再叠加上全球性的维度，将第二象限和第四象限进行了进一步的细分。国家公共领域包括第一象限、第二象限2A部分、第四象限4A部分。全球公共领域包括第二象限2B部分、第三象限、第四象限4B部分。

（3）按照公共性分类

英吉·考尔还提供了一个分类视角即公共性特征，分为全球性的天然共有物、全球性的人造共有物和全球性政策结果或条件（见表2-4）。

（4）按照领域分类

这种分类方法典型体现在法国和瑞典两国政府倡议并资助的全球公共品工作组的报告中，以及联合国前秘书长安南《通向实现联合国千年宣言目标的路线图》报告中。[①] 具体来看，全球公共品工作组列出了最重要的六项全球公共品：和平与安全、贸易机制、金融稳定、传染疾病控制、天然公共品的可持续管理、知识。《通向实现联合国千年宣言目标的路线图》报告中总结了十种典型的全球公共品：基本人权、对国家主权的尊重、全球公共卫生、全球安全与和平、跨越国界的通信与运输体系、协调跨国界的制度、基础设施、知识的集中管理、全球公域的集中管理和多边谈判的国际论坛。约翰·达文波特（John J. Davenport）将全球公共品分为八大类（60小类）：防止外国政府入侵的安全措施，防止非政府威胁和高破坏性武器，基本人权的承认和法律确立，减贫、基

① 杨昊：《全球公共品的分类：外交决策的视角》，《世界经济与政治》2015年第4期，第122~136页。

表 2-3 国家公共品与全球公共品的实际混合

	竞争性	非竞争性	
	第一象限	第二象限	
	私人物品 · 国家生物多样性及野生动物 · 语言与文化传统 · 国家公共教育项目 · 国家水资源 · 国家消除贫困项目	2A 排他性地生产的非竞争性物品 · 商业知识	
		2B 非排他性地保有或生产的非竞争性物品 · 国际传播以及交通网络 · 规则与标准 · 尊重人权 · 尊重国家主权 · 多边贸易协议 · 语言的协调一致 · 生活风格、社会规范与体制的宣传的全球化	
排他性	第四象限	第三象限	非排他性
	4A（部分）排他性地生产的竞争性物品 · 地理疆界：如联合国海洋法公约确立的经济特区 · 臭氧层：为减少消除臭氧层的物质的排放设置的目标 · 大气：为减少二氧化碳排放设置的目标或配额	纯公共品 · 月光 · 和平与安全/冲突 ·金融稳定/过度的金融易变性 · 经济稳定/全球经济滞胀 · 有效率的/无效率的（一体化的）市场 · 环境的可持续性 · 可传播的疾病的传播/控制或根除	
	4B 非排他性地保有或生产的竞争性物品 ·大气 ·为提高食品安全建立的全球基因库 ·公海 ·全民基本教育与保健 ·摆脱极度贫困的自由		

资料来源：〔美〕英吉·考尔等编《全球化之道——全球公共品的提供与管理》，张春波、高静译，人民出版社，2006，第 88 页。

表 2-4　按照公共性特征对全球公共品的分类

物品类别	举例	公共性特征
全球性的 天然共有物	空气 公海	免费（有管理）地获取。这些物品在原始状态下都具有典型的竞争性与非排他性。有的全球性的天然共有物（如臭氧层）被赋予了一种社会形式，成了管理下的可供资源。但通常，它们仍然可供所有人消费——尽管有时候只能以有限的方式进行消费
全球性的 人造共有物	全球网络 国际制度 规则与知识	免费获取。例如，非商业知识往往就可以供任何人享用。它具有非竞争性，很难将他们排除在外。它的商业价值非常有限，但是对人们的日常生活或对经济及政治管制则非常重要
		有限获取。例如，专利知识，它有可能存在于公共领域，但对它的使用却存在限制，至少在某段时期内如此。为知识的私人制造者提供激励，可以促进经济的增长，增加经济的活力及效率
		更强的包容性。目前需要措施来提高某些物品的包容性，这些物品具有网络特征，而且物品使用的拓展必然会带来“额外的”收益或积极的网络外部效应。具体的例子包括国际制度、全球通信及交通体系以及非正式的规则。增强这些物品的包容性可以拓宽物品使用者的范围，实现物品收益与代价的全球化。公共品的全球化既包括自上而下（从全球到国家）的努力，也包括自下而上的努力

物品类别	举例	公共性特征
全球性政策结果或条件	世界和平 金融稳定 环境的可持续性	关键性私人物品的普及。具体例子包括全球（国家与国际社会）“为了全人类”而做出的种种努力：提供基础教育、健康保健及食品安全
		收益与代价的不可分割性。此类物品的收益是不可分割的，从而形成各个国家以及群体之间相互依赖的核心。这些物品一般具有技术上的非排他性，因此在实际上具备了包容性与公共性

资料来源：〔美〕英吉·考尔等编《全球化之道——全球公共品的提供与管理》，张春波、高静译，人民出版社，2006，第 90 页。

本需求和应对自然灾害，移民和全球劳动力市场，管理全球经济以促进可持续发展和公平，世界环境和自然资源，科学、通信、教育。[①] 此外，有中国学者将全球公共品分为器物、制度和理念三个维度。[②] 2021 年，联合国秘书长在《我们的共同议程》报告中提出应加强对全球公域和全球公共品的治理，指出全球公域包括公海、大气、南极、外层空间；全球公共品包括全球卫生、信息、全球经济、健康地球、科学、和平、数字空间及其他可能的领域。[③]

① Davenport John J. , *A League of Democracies Cosmopolitanism, Consolidation Arguments, and Global Public Goods*, New York: Routledge, 2019, pp. 107-115.

② 田旭、徐秀军：《全球公共品赤字及中国应对实践》，《世界经济与政治》2021 年第 9 期。

③ 《我们的共同议程》，联合国，2021，https://www.un.org/zh/content/common-agenda-report/assets/pdf/common_agenda_report_zh.pdf，最后访问日期：2023 年 9 月 17 日。

三　新全球公共品：一种新型考察框架

从 1954 年萨缪尔森明确提出公共品的概念后，联合国、世界银行等国际组织推动其发展如今，公共品从一个经济学的概念，成为蕴含政治学、管理学、社会学、发展学等多学科思想和理论的新词汇。在实践中，全球公共品经历了由单一国家提供到有序规范的国际组织提供，再到如今的多元主体共同参与提供的过程。全球公共品的类型和形态由 15 世纪聚焦于欧洲的公共卫生防治，发展为 18 世纪的区域性经贸体系、区域公共安全体系，再发展到 20 世纪更为广泛的全球经贸、安全、治理、文化、知识与发展议程等。最具代表性的是 21 世纪凝聚全人类发展期待的千年发展目标和全球可持续发展议程。人类社会为应对全球共同挑战展开了集体行动，形成了一系列基于全球共同风险识别，依托国际组织及相关制度建设、发展目标和议程设置的全球社会共同体。[①] 在本质上，全球公共品是人类文明的重要产物，是人类社会团结一致、共同解决问题的措施，也是人类社会跨越国界、追求效率与公平的智慧结晶。

近年来，随着新兴国家经济总量的不断增长，跨国企业、民间组织和基金的实力不断增强，全球各发展主体纷纷参与全球公共品供给互动，全球公共品供给责任多方共担的局面初步形成。然而，全球范围的公共品提供逻辑不同于主权国家。迄今为止，人类社会仍未建立权威性的世界政府，联合国只是一个协商平台，全球公共品的供给仍处于短缺且难以

① 林卡、胡克、周弘：《“全球发展”理念形成的社会基础条件及其演化》，《学术月刊》2018 年第 9 期。

持续的困境。在新时期，全球公共品可以作为审视全球挑战的一个新框架。它不只是一个概念，而是具备三方面特性的一种新视野。第一，作为物资或制度的全球公共品，是应对某些共同挑战的资源和方案；第二，作为集体行动过程的全球公共品，通常隐含着应对风险或提供公益的国际磋商与互动进程；第三，作为新世界主义理念的全球公共品，隐含着对于理想的全球秩序的哲学设想与制度架构。

（一）作为物资或制度的全球公共品

作为物资或制度的全球公共品是应对某些共同挑战的资源和方案。随着全球化的不断发展，世界各地紧密相连，国内问题和国际问题之间的界限越来越模糊，全球治理的共通性工具越来越重要。为维护国际秩序应运而生的运行载体、平台或制度体系等均属于全球公共品的范畴。[①] 为维护二战后世界各国的稳定发展，国际上建立了一整套国际制度体系。在政治上，形成了以联合国组织规范为核心的国际治理体系；在经济领域，构建了以世界贸易组织为核心的国际贸易体系和以牙买加体系为核心的国际货币体系；在安全方面，组建了国际安全保障机制。这些全球公共品的供给在一定历史时期内对保障国际社会稳定、维持国际秩序发挥了重要作用。

在农业方面，联合国粮食及农业组织（FAO，以下简称“联合国粮农组织”）将有关食物、农业、自然资源等方面的物资、信息和制度以全球公共品的形式进行共享和传播，在维护粮食安全、对抗全球饥饿问题方面起到了重要作用。联合国粮农组织为联合国框架下的永久性政府间

---

① 程永林、黄亮雄：《霸权衰退、公共品供给与全球经济治理》，《世界经济与政治》2018 年第 5 期。

合作组织，旨在实现全球所有人的粮食安全，确保人们能够定期获得足够的优质食品。联合国粮农组织不仅实施了诸如非洲萨赫勒危机援助项目、巴基斯坦紧急救援等项目，向受灾地区群众运送粮食，对农户发放种子、饲料等物资；还定期组织召开世界粮食大会、国际营养会议等，召集世界各国汇聚一堂，建立共识，分享制定农业政策和规划、实现乡村发展和脱贫目标的经验，保障全球范围内的粮食安全。此外，联合国粮农组织还主持、参与制定了《粮食与农业植物遗传资源国际条约》《食物权准则》《国际食品法典》等多项文件和制度，提出了面对全球粮食安全问题的方案和主张。①

以《国际食品法典》为例。随着全球化的发展，进行国际贸易的食品数量呈指数级增长，进行跨国贸易的食品种类之多也前所未有，国际食品贸易成长为一个每年涉及上万亿美元金额的行业，其中生产、营销和运输的食品达数十亿吨。如何在保护公众健康的前提下促进公平的国际食品贸易发展成为一个全球性挑战。为解决这个问题，联合国粮农组织与世界卫生组织（WHO）召开了全球性会议，成立了食品法典委员会（Codex Alimentarius Commission，以下简称“食典委”），通过制定全球推荐的食品标准及食品加工规范，协调各国的食品标准立法并指导食品安全体系的建立。自成立以来，食典委为近200种食品制定了标准，并针对与食品安全、质量和贸易相关的众多问题制定了120余项准则和操作规范。该法典作为全球通用的规范标准，具备非排他性和非竞争性，属于全球公共品范畴，而联合国粮农组织参与建立的食品法

① About FAO，https：//www. fao. org/about/en/，accessed on September 30，2023.

典体系也发展成为一个应对新挑战的开放、透明和包容的平台。

随着数字信息技术的发展，如何帮助农民使用数字技术、在数字农业中受益，并利用数字技术实现联合国可持续发展目标成为新的挑战。2022 年 5 月，联合国粮农组织正式加入数字公共品联盟（Digital Public Goods Alliance）。数字公共品联盟由联合国开发计划署（UNDP）、联合国儿童基金会（UNICEF）和挪威开发合作署（NORAD）等多个利益相关方发起，旨在通过推动数字公共品的开发、使用和投资，推动低收入、中收入国家实现可持续发展目标。数字公共品（DPG）是指有助于实现可持续发展目标的开源软件、开放数据、开放人工智能模型、开放标准和开放内容。目前，联合国粮农组织已与数字公共品联盟合作开发了四项数字公共品：手拉手地理空间信息平台、联合国粮农组织数字服务体系、水分生产率监测开放数据库（WAPOR）和 Open FORIS 软件。以手拉手地理空间信息平台为例，该平台为数字农业专家、经济学家、政府和非政府机构以及联合国粮农组织等提供丰富、可共享的农业生态、水、土地、温室气体等数据，以实现更具针对性的农业干预。① 数字公共品联盟的建立以及联合国粮农组织的加入，有利于可持续发展目标的实现，包括 SDG1（无贫穷）、SDG9（产业、创新和基础设施）以及 SDG17（促进目标实现的伙伴关系）等的实现。②

① Hand-In-Hand Geospatial Platform, FAO, 2022, https://www.fao.org/hih-geospatial-platform/zh/, accessed on September 30, 2023.

② "Bringing the Benefits of Digital Agriculture to All: FAO Joins the Digital Public Goods Alliance," FAO, 2022, https://www.fao.org/newsroom/detail/bringing-the-benefits-of-digital-agriculture-to-all-fao-joins-the-digital-public-goods-alliance/en, accessed on September 30, 2023.

（二）作为集体行动过程的全球公共品

在传统公共品理论中，由于非排他性和非竞争性，公共品会面临市场失灵和供给不足问题，往往需要由政府或相关组织实现供给。近年来，全球气候变暖、全球性金融危机、传染病跨国蔓延等国际性问题对人类社会的影响凸显，亟须实现全球公共品的有效供给。而国际社会处于“无政府状态”，全球公共品无法像传统公共品一样依靠政府强制供给，只能在各国自愿的基础上开展合作，以跨国集体行动的方式供给全球公共品。[①] 集体行动相对于个体行动，指两个或两个以上的个体共同完成某件事的活动，其核心含义是多个主体彼此协调一致，开展集体性活动。[②] 奥尔森在《集体行动的逻辑》中指出，一般的私人品可以通过个人的行动获得，当涉及公共利益或公共品时，集体行动不可或缺。[③] 托德·桑德勒在《集体行动：理论和实践》中指出，集体行动是需要对两个或多个主体进行协调的活动，其根源在于成员间的相互依赖关系；一个主体的贡献和努力能对其他主体的贡献或努力产生影响，需要集体决策、彼此协调来共同解决问题。[④] 个体的理性会导致集体的非理性，个人利益最大化的动机会导致群体缺乏合作动机。奥尔森提出，影响合作的重要因素包括行为体的数量和同质性，行为体数量越少，合作越易达成；

---

① 李娟娟：《国际公共品供给中的集体行动逻辑》，《理论与改革》2015年第3期。

② Oliver, Pamela E., “Formal Models of Collective Action,” *Annual Review of Sociology* 19 (1993): 271-300.

③ Mancur Olson, *The Logic of Collective Action: Public Goods and the Theory of Groups*, Harvard University Press, 1965, pp. 14-51.

④ Todd Sandler, *Collective Action: Theory and Applications*, Ann Arbor: University of Michigan Press, 1992, Preface p. 1.

行为体同质性越高，越容易形成共识并实现合作。但公共品的特殊属性决定了各国参与激励不足，成为为国际合作的障碍，易形成“搭便车”和机会主义行为，由此形成“集体行动困境”。[①] 有效的国际制度安排是解决集体行动困境的重要手段之一。[②]

新冠疫情的负外部性使得疫情难以控制，新冠病毒疫苗成为抗击疫情的重要资源。世界卫生组织提出，新冠病毒疫苗应作为全球公共品提供，以确保每个人都能公平获得拯救生命的产品。然而，据世界卫生组织统计，截至 2022 年 6 月，全球只有约 66.2%的人群接种了第一剂疫苗。为实现疫苗的有效供给，国际社会很早就构建了如流行病防范创新联盟（The Coalition for Epidemic Preparedness Innovations，CEPI，以下简称“创新联盟”）、全球疫苗免疫联盟（Global Alliance for Vaccines and Immunization，GAVI，以下简称“免疫联盟”）等疫苗研发交付多边平台。由于市场机制的属性，经济困难家庭的孩子往往难以获取疫苗，比尔及梅琳达·盖茨基金会支持创立了免疫联盟，致力于汇聚公共及私营部门的力量，让生活在最贫困国家的儿童也能用上疫苗，通过推动疫苗的公平和可持续性使用来拯救生命和保护人们健康。免疫联盟目前已帮助世界上最贫困国超 8.88 亿儿童接种疫苗。[③] 创新联盟是由公共部门、私人部门、慈善组织和民间社会组织组成的创新全球合作伙伴关系，其主要职责为加快开发针

---

① Mancur Olson，*The Logic of Collective Action: Public Goods and the Theory of Groups*，Cambridge：Harvard University Press，1965，pp. 14–51.

② 庞珣：《国际公共品中集体行动困境的克服》，《世界经济与政治》2012 年第 7 期。

③ About Gavi，https：//www.gavi.org/our-alliance/about，accessed on September 30，2023.

对新兴传染病的疫苗，并使人们在疫情暴发期间能公平地获得疫苗。新冠疫情暴发后，免疫联盟、创新联盟和世界卫生组织等共同制订了新冠肺炎疫苗实施计划（COVAX），旨在供应疫苗和满足全球疫苗需求、持续推进疫苗的有效供应和公平获取、确保世界上每个人都能够公平地获得COVID-19疫苗。[①]

全球公共品的供给离不开相关利益主体的集体行动。[②] 在实现全球范围内新冠病毒疫苗有效供给的过程中，政府、市场和以社会组织、社会工作者为代表的社会力量之间的互动协商机制发挥着重要的作用。新冠疫情期间，联合国儿童基金会和以免疫联盟为代表的卫生领域慈善组织在较发达国家和相对欠发达国家互动过程中担任中间担保人角色，主要职责是谈判采购价格、组织购买和储运，以基金资金为补贴，低价出售给或免费赠送给有需求但无力开发疫苗或无法在疫苗市场上购买到疫苗的有需求国家。它们同时也为疫苗生产商提供担保。[③]

新冠病毒疫苗的供给也离不开世界各国政府间的沟通合作。有能力自行研制、生产新冠病毒疫苗的国家优先选择自产疫苗，在满足国内接种需求的前提下对外供应疫苗；无力研发或生产的国家，根据自身需求，纳入选择世界卫生组织“紧急使用名单”的疫苗。疫苗研发、采购、分配环节的国际

① “COVAX Explained,” Gavi, 2020, https://www.gavi.org/vaccineswork/covax-explained, accessed on September 30, 2023.

② “Global Vaccine Market Report,” World Health Organization, 2019, https://apps.who.int/iris/handle/10665/311278, accessed on September 30, 2023.

③ 查道炯：《新冠疫苗是全球“公共品”还是“公共品”?》，北大国发院，2020，https://mp.weixin.qq.com/s/YHUdR0t6Bu1ddrfB4gwtlA, accessed on September 30, 2023。

多边合作提高了全球互动协作的影响力，使创新成果惠及全球，尤其是中低收入国家的弱势群体。二十国集团领导人在应对新冠疫情特别峰会上声明，二十国集团会尽快填补世界卫生组织“新型冠状病毒战略防范和应对方案”中的资金缺口：承诺在现有资源基础上，立即向世界卫生组织新冠疫情团结应对基金、创新联盟和免疫联盟提供资源，并在确保公平的基础上，将资源以可负担价格的形式尽快提供给情况最危急的地区。2020 年 10 月，中国加入了新冠病毒疫苗实施计划，承诺首批提供 1000 万剂次疫苗，用于发展中国家；两家中国企业的疫苗已进入新冠病毒疫苗实施疫苗库，为发展中国家疫情防控贡献中国力量。截至 2023 年 10 月，中国已向全球 153 个国家、15 个国际组织提供大批抗疫物资援助，向 34 个国家派出医疗专家组，向 110 多个国家、4 个国际组织提供超过 23 亿剂疫苗，疫苗比世界上各国提供的总和还要多。这是自新中国成立以来援助时间最集中、涉及范围最广的一次紧急人道主义行动。①

（三）作为新世界主义理念的全球公共品

世界主义理论将世界视为一个整体，指社会行动所处的一种情境，既涉及广泛的社会变迁，也指解决问题的协商。②世界主义影响下的公共品生产和供给呈现较强的改造他者的

① 《国家国际发展合作署举行持续推进国际发展合作和援外事业新闻发布会》，国家国际发展合作署，2023，http://www.cidca.gov.cn/2021-10/26/c_1211420845.htm，2023-10/31/c-1212295737.htm，最后访问日期：2024 年 2 月 23 日。

② 〔英〕杰拉德·德兰迪、郭忠华：《“世界主义”共同体如何形成——关于重大社会变迁问题的对话》，《学术月刊》2011 年第 7 期。

干预性。[①] 而新世界主义批判地继承了世界主义思想，其核心在于推动建立各国间的互相尊重与平等相处关系以及建立在合作共赢基础之上的新型国际关系。[②] 与世界主义的公共品供给相比，新世界理念影响下的公共品供给具备去改造化、去条件化的特点。[③] 新世界主义秉持人类和平、合作共赢与共同发展的核心价值取向，旨在建立公正的世界秩序。在认识论层面上，新世界主义主张一种关系型的文化观念，强调文化共同体的相互影响。在规范意义上，新世界主义试图重新阐释文化的特殊性与普遍性，主张一种后形而上学的普遍主义理论。新世界主义理论面对的核心问题是建构世界秩序的普遍主义规范基础，反对特定文明的优越论或中心论，寻求跨文化的普遍主义。[④]

近年来，中国提出的人类命运共同体理念与“一带一路”倡议构成了中国的新发展叙事核心概念，为新时期全球公共品的供给提供了理论支撑和实践经验。[⑤] 2015 年，国家主席习近平出席第 70 届联合国大会一般性辩论时发表讲话，指出：“当今世界，各国相互依存、休戚与共。我们要继承和弘扬联合国宪章的宗旨和原则，构建以合作共赢为核心的新型

---

① 李小云：《全球公共品：新发展叙事下的多行动者治理》，观察者，2021，https：//www. guancha. cn/politics/2021_10_13_610585. shtml，最后访问日期：2023 年 9 月 17 日。

② 李文明、刘婧如：《论新世界主义与人类共同价值——理解人类命运共同体的逻辑理路》，《国际观察》2021 年第 6 期。

③ 李小云：《全球公共品：新发展叙事下的多行动者治理》，观察者，2021，https：//www. guancha. cn/politics/2021_10_13_610585. shtml，最后访问日期：2023 年 9 月 17 日。

④ 刘擎：《重建全球想象：从“天下”理想走向新世界主义》，《学术月刊》2015 年第 8 期。

⑤ 唐丽霞、赵文杰、李小云：《全球公共产品视角下的中国国际发展合作》，《国际展望》2022 年第 1 期。

国际关系，打造人类命运共同体。”① 人类命运共同体理念提出了一个多元、平等、互利、共赢的新世界主义格局，形成了以交通、能源、基础设施等为先导，以经贸合作为抓手，以文化交流为支撑的跨国合作机制，展示了新世界主义的宏伟远景。新时代中国国际发展合作以人类命运共同体理念为引领，表明中国愿努力为国际社会提供更多公共品。

“一带一路”倡议正是中国在全球层面提供的公共品。“一带一路”倡议是区域经济合作、国际自由贸易、基础设施互联互通、国际安全互信等重要全球公共品的集中体现，由中国倡导建立的亚洲基础设施投资银行也是促进基础设施融资的新的国际公共品。中国开展南南合作的实践也对开展国际发展合作有重要意义，在发展实践中总结并分享的发展和减贫经验作为全球共享知识，也属于全球公共品。

综上，全球公共品作为一种新型考察框架，超越了地缘政治，被视为人类社会面对当今国际局势动荡、多种危机叠加复合的情况而提出的共同解决问题、追求效率与公平的措施与机制。在本书中，我们主要关注四种全球公共品及其供给机制：贫困消除、公共卫生、粮食安全、气候治理。在日益增加的全球共同风险面前，最脆弱人群和国家所面临的风险和所承担的损失总是最大的。在此背景下，如何动员集体行动，在全球范围内为最脆弱人群和国家提供他们所必需的公共品就显得尤为紧迫和重要。

---

① 《习近平谈治国理政》第2卷，外文出版社，2017，第522页。

CHAPTER

3

第三章

全球公共品与全球发展进程

全球公共品与全球发展进程相互嵌入，构成了推动当代发展的最重要的力量。在人类文明进程中，全球公共品与全球发展进程通过三个主要机制相互嵌入，逐渐形成了当前全球公共品体系。

第一，人类公共性的出现是全球公共品的起源，15~19世纪大规模的人类公共性是随着以欧洲为中心的经济、政治和文化历史演变而产生的，其经济基础是工业革命与资本主义发展，现实政治需求是寻求合作以结束战乱，文化动力是西方社会源于基督教的拯救文化。

第二，人类公共危机将全球公共性纳入全球发展议题设置与全球发展实践中，推动各国团结一致采取集体行动，成为全球公共品与全球发展进程相互嵌入的加速器，直接推动形成了当前全球公共品体系。这种嵌入从20世纪初期的政治与经济领域，逐渐扩展到农业、卫生、环境、贫困等领域。

第三，全球公共品通过制度性生产，成为全球治理的核心议题。19世纪，国际会议、常设机构和程序规则等制度方面的创新构成了基于大国协调的全球公共品供给的早期制度性生产。20世纪，在大国协调基础上，形成了以联合国为核心的全球性国际组织体系，国际组织成为全球公共品最主要的制度化载体，全球公共品通过嵌入国际组织的全球发展议程与职能，实现了全球的制度性生产。

但20世纪的全球公共品制度体系，形成于发达国家与发展中国家的“现代”与“传统”二元对立关系下，具有明显的结构性特征。冷战结束后，尤其是进入 21 世纪后，全球化不断发展，安全、环境污染、贫困、气候变化等全球性挑战严峻程度加深，发展中国家的群体性崛起形成了新的国际力量，新兴经济体、非政府组织和私营部门的参与扩大了国际行为体的范围，人类命运共同体等新发展理念和知识丰富了全球发展理念。这一系列变化推动全球发展进入多元相互依存的复合性关系中，传统全球公共品体系面临挑战，全球期待一个适应全新时代的新全球公共品供给和分配范式。

一 人类公共性与全球公共品的起源

全球公共品起源于人类公共性，是人类文明的产物。世界历史的演进发展，欧洲工业革命和资本主义经济的发展，推动了人类在生产、消费等领域的频繁的跨国交往，逐渐形成源自欧洲的全球范围的世界主义，这一过程直接塑造了人类公共性并成为全球公共品产生的历史前提和思想源泉。

人类的公共性是伴随着经济、政治、社会生活等方面的日益全球化而产生的。早在 14～15 世纪，席卷欧洲的黑死病造成了跨越国界的卫生危机，应对疫病跨境流行的国际合作催生了跨国公共性的萌芽。疫病的跨国流行催生了国家间有公共品特征的行动的出现，[①] 如卫生设施、隔离、健康证书等。早期大规模的人类公共性是在 15～19 世纪伴随着经济、政治和文化领域的历史演变而产生的，主要依赖工业革命与

① Inge Kaul, Pedro Conceição, Katell Le Goulven and Ronald U. Mendoza, eds., *Providing Global Public Goods, Managing Globalization*, New York: Oxford University Press, 2003, p. 66.

资本主义发展的经济基础、寻求合作以结束战乱的现实政治需求和西方社会源于基督教的拯救文化。15～19 世纪大规模人类公共性的产生见图 3-1。

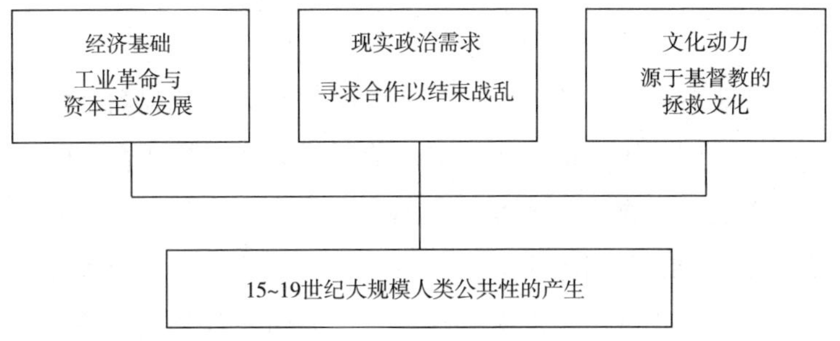

图 3-1　15～19 世纪大规模人类公共性的产生

（一）工业革命与资本主义发展为经济基础

工业革命和资本主义发展形成的全球市场和全球范围的世界主义是人类公共性产生的经济基础。15 世纪后期至 18 世纪中期，欧洲民族国家崛起，地理大发现促进了全球化的快速发展。18 世纪中期至 19 世纪，工业革命与殖民扩张大大加强了全球各个方面的联结，蒸汽机、轮船、铁路、电报的出现缩短了时间和空间距离，促进了国际贸易和国际交往。尤其是 19 世纪中叶第一次工业革命结束后，全球交通运输的密度、速度和周期已达到了使地球上每个文明地区都不会在几周内与其他任何一个文明地区毫无联系的地步。[①] 恩格斯在《共产主义原理》中指出："单是大工业建立了世界市场这一点，就把全球各国人民，尤其是各文明国家的人民，彼此紧

① 〔美〕威廉·麦克尼尔：《西方的兴起：人类共同体史》，孙岳、陈志坚、于展等译，郭方、李永斌译校，中信出版社，2017，第 745 页。

紧地联系起来，以致每一国家的人民都受到另一国家发生的事情的影响。”① 当今，国际合作需求日益增长，人类公共性不断增强。

（二）寻求合作以结束战乱为现实政治需求

战争对经济和社会的巨大破坏使得人们认识到和平的公共性，各国开始寻求预防和减少战争的新的合作机制。欧洲历史上战乱不断，从 1586 年开始的英国与西班牙之间的战争，直至 1815 年滑铁卢战役的结束，欧洲在 200 多年里经历了 9 场重要战争。在长期战乱之下，早期的避免战争的公共意识在欧洲萌芽。14 世纪的意大利思想家但丁在《论世界帝国》中提出“人类统一体”“联合统一的世界各国”的设想。法国思想家皮埃尔·杜布埃在《收复圣地》中建议所有基督教国家组织在一起，通过仲裁解决争端。17 世纪荷兰法学家格劳秀斯在《战争与和平法》中呼吁欧洲国家制定一项战争与和平法，签订和平条约。18 世纪德国哲学家康德在《永久和平论》中提出“和平联盟”。欧洲思想家在战乱的时代背景下阐释了和平的公共性，以及为了结束战乱采取联合行动的意愿。1643 年开始的威斯特伐利亚和会被认为是欧洲历史上最早的一次国际会议，威斯特伐利亚体系的建立确定了国际关系中应遵守的国家主权、国家领土与国家独立等原则，是最早的解决各国矛盾和争端的全球公共品。19 世纪前的欧洲长年战乱，直接催生了促进区域和平的“欧洲协调”机制。1814 年以英、奥、俄、普签订的同盟条约为基础的欧洲协调会议机制，是欧洲各主要大国以会议外交的方式处理欧洲或

① 《马克思恩格斯文集》第 1 卷，人民出版社，2009，第 687 页。

与欧洲有关事务的定期协商制度，其影响一直延续至第一次世界大战爆发，并导致了一批最早的国际行政组织的出现。[①]

（三）西方社会源于基督教的拯救文化为文化动力

西方社会源于基督教的拯救文化是殖民主义背景下西方社会与非西方社会产生公共性联结的文化动力。地理大发现带来西方与非西方世界的联结，基于文明与野蛮的结构性认知、西方社会源于基督教的普世拯救文化，构成了15~18世纪殖民扩张时代背景下的宗教驱动的公共性联结。源于基督教的传教救助行动以及西方国家官方在殖民地开展的社会经济改造活动是在“文明”与“野蛮”的二元对立结构下的全球公共品供给的早期实践。这一时期，欧洲传教士纷纷前往世界各地传教，很多被西方视为教化对象的群体在信仰上都具有拜物性，因而传教往往需要通过物化的拯救行动来实现传教的目的，所以，传教士们往往懂医术，并同时展开物化性的社会救助服务工作。[②] 19世纪，英国致力于全欧范围内的国际反贩奴运动，先后与欧洲和美洲相关国家签署了一系列条约和协定，构成了覆盖31个国家的双边协定网络，建立了集国际条约或协定、海上追缉行动和双边联合司法于一体的国际反贩奴行动体系，被视为国际人道主义干预和国际人权规范的鼻祖。[③]

---

① 郑启荣主编《国际组织》，高等教育出版社，2017，第68页。

② 李小云：《中国民间组织“走出去”给世界带来什么?》，凤凰新闻，2017年9月23日，http://igongyi.ifeng.com/44695858/news.shtml?srctag=pc2m，最后访问日期：2023年9月12日。

③ 康杰：《国际公共产品供给中的遵约困境与解决——以19世纪国际反贩奴协定体系为例》，《国际政治研究》2015年第3期。

二 人类公共危机下全球公共品与全球发展进程互相嵌入的加速过程

全球性的人类公共危机是全球公共品与全球发展进程互相嵌入的加速器，危机推动下，人类公共性被纳入全球发展议题设置与全球发展实践中，推动全球公共品发展。全球化的不断发展伴随着跨越国界的人类公共危机的不断出现，这些危机给人类社会带来极大的破坏，人们想要应对危机的渴望和危机带来的认知的改变，有利于各国减少分歧，团结一致，采取集体行动。解释政策变迁的间断均衡理论认为，以历史视角观察现实世界的公共政策演进，往往存在长时期的稳定状态，而间或被骤然的政策突变打破，因而公共政策变迁兼具渐进性与非渐进性的特点。① 在间断均衡理论的众多检验中，危机事件是打破长期稳定状态的重要动力源。② 20 世纪以来的全球性人类危机，加速了作为集体行动的全球公共品与全球发展进程的相互嵌入，推动面向全球发展进程的全球公共品的出现和演变，全球公共品从政治、经济领域扩展到农业、卫生、环境、贫困等领域。

20 世纪上半叶是失序的世界，1929 年始于美国的大萧条波及了整个资本主义世界，国际经济秩序难以维系；第一次世界大战和第二次世界大战破坏了国际政治秩序。二战后，和平与发展成为时代主题。20 世纪 70 年代，“全球相互依赖”成为主要思潮之一，主要涉及两个方面：一是建立国际

---

① 和经纬、郭欣航：《新冠肺炎危机促进了政策变革吗？世纪大疫中政策科学研究的国际视野》，《公共管理评论》2022 年第 4 期。

② 和经纬、郭欣航：《新冠肺炎危机促进了政策变革吗？世纪大疫中政策科学研究的国际视野》，《公共管理评论》2022 年第 4 期。

经济新秩序；二是主张向贫困国家转移，来满足发展的基本需求。[①] 同时，伴随全球化和工业化的不断发展，环境、气候、疫病等全球共同挑战不断凸显，脆弱国家和人群所面临的风险和承担的损失更大，需要全球公共品来公平地应对全球挑战。

（一）战乱与全球安全

20 世纪的两场世界大战席卷全球，一战后《凡尔赛和约》签订，国际联盟成立：二战后联合国成立，形成了安全领域全球性公共品。联合国安理会的主要任务是处理并制止国际争端导致的敌对行动，是战后维护世界和平和发展最为全面的体系，具有最高的合法性。二战后，全球安全危机转向局部冲突，1956 年苏伊士危机爆发，促使联合国成立维和部队，它旨在阻止局部冲突的扩大，防止冲突再起，并帮助在战争中受害的平民百姓，已成为当前全球安全的重要公共品之一。

（二）经济危机与全球经济发展

20 世纪 30 年代的经济大萧条是第一次全球性的经济危机，二战对全球经济造成了严重破坏，第三世界在民族独立浪潮中对发展经济极度渴望，这些使全球经济重建成为二战后最大的全球发展需求。在全球经济体系方面，一系列国际经济组织、协定、规则建立起来。1944 年，布雷顿森林体系建立起来，以世界银行和国际货币基金组织为支柱，在一定时期内促进了战后资本主义世界经济的恢复和发展。在对发

① 〔英〕普雷斯顿：《发展理论导论》，李小云、齐顾波、徐秀丽译，社会科学文献出版社，2011，第 227 页。

展中国家的援助方面，1949 年，美国总统杜鲁门在就职演说上提出了全球发展战略的第四点行动计划，利用西方先进的科学技术与发达的工业帮助欠发达地区。经济合作与发展组织发展援助委员会的成立更加凸显了欧美国家在发展领域的共同行动和规制权的设定，自 1961 年成立伊始，它已制定了国际发展领域 80%的国际规则，包括界定官方发展援助、建立国际发展合作数据汇报体系、监测评估体系等。

（三）粮食危机与全球粮食安全

20 世纪以来全球爆发多次粮食危机，每一次危机都推动了关于粮食安全、减少饥饿和营养不良的全球发展共识，全球粮食安全领域的全球公共品不断产生和发展。20 世纪上半叶的经济大萧条与战争对全球的农业和粮食市场造成了巨大破坏，导致了全球范围内的饥饿和营养不良问题。20 世纪 30 年代，关于贫穷和营养问题的新研究成果发布后，营养学家呼吁增加消费，而经济学家却强烈要求减少生产，[①] “过剩与短缺并存”成为各国政府亟须采取集体行动应对的全球性挑战。1945 年，40 个国家代表在魁北克召开大会，成立联合国粮食及农业组织。1961 年成立的联合国内负责多边粮食援助的世界粮食计划署（WFP）在应对 1962 年全球多地粮食危机中发挥了重要作用。1972 年石油危机，当年世界粮食产量出现近 20 年的首次下跌，1973 年世界陷入粮食危机。为应对此危机，世界粮食大会于 1974 年召开，以应对两大根本需求：处理粮食紧急事件；确保充足供应，缩小发达国家和发展中

---

① 《粮农组织成立七十周年》，联合国粮食及农业组织官网，https：//www. fao. org/70/1945-55/zh/，最后访问日期：2023 年 9 月 13 日。

国家差距。[①] 20 世纪 80 年代，切尔诺贝利核事故推动了全球对国际贸易中食品安全的关注，非洲之角粮食危机推动了联合国粮食及农业组织信息系统的建立，1986 年粮食及农业组织启用了世界农业信息综合统计数据库，即现在的粮食及农业组织统计数据库。2008 年金融危机、地缘冲突引发的粮食危机，都推动了全球粮食安全公共品的改革与创新。

（四）公共卫生危机与全球健康

全球性疫情是促使跨国卫生公共品出现的早期动因之一，直接促使了国际卫生会议、国际卫生方面的公约和世界卫生组织的诞生。黑死病、天花、霍乱、流感，每一次全球性疫情都给人类健康和国家发展带来了巨大冲击。14 世纪黑死病的暴发直接促进了跨国检疫措施的广泛应用。19 世纪伴随着跨国交通和世界贸易发展，霍乱、鼠疫等原先的地方性疫病逐渐演变成全球性疫病，进入欧洲。为了在控制疫病传播的同时保障跨国贸易的发展，1857 年，第一次国际卫生会议在巴黎召开，旨在协调欧洲各国之间不统一的海关检疫条例，国际卫生合作正式开启，针对传染病防控的国际卫生公约出现并不断完善。1907 年国际公共卫生办公室在巴黎成立，形成了包括秘书处和委员会的稳定的组织结构，其主要功能是防止鼠疫和霍乱的传播以及管理国际卫生公约。一战后成立了国际联盟卫生组织；二战后世界卫生组织成立，成为疫病防治领域技术咨询者和跨国行动计划的主体，标志着全球公共卫生合作机制的诞生。伴随着包括心脏病、中风、癌症、

① 《粮农组织成立七十周年》，联合国粮食及农业组织官网，https：//www. fao. org/70/1945-55/zh/，最后访问日期：2023 年 9 月 13 日。

糖尿病、慢性肺病和精神疾患在内的非传染性疾病的增加以及暴力和伤害带来的死亡数（其中4/5的死亡数发生在低收入和中等收入国家）占比的不断提高，全球卫生公共品逐渐将非传染性疾病、生命全程促进健康、发展中国家卫生与营养改善纳入发展目标。

（五）环境危机与全球可持续发展

工业化进程中，因现代化学、冶炼、汽车等工业的兴起和发展，工业“三废”排放量不断增加，环境污染和破坏事件频频发生，在20世纪30~60年代，发生了包括英国伦敦烟雾事件、日本水俣病事件在内的8起震惊世界的公害事件，到20世纪60年代，环境危机已经成为全球关注并需要解决的发展议题。为共同应对环境危机，1972年首次联合国人类环境会议召开，大会通过《斯德哥尔摩宣言》，提出环境保护是生活质量和人权享有的基础。1973年联合国环境规划署（UNEP）正式成立，统筹全球环保工作。自此，环境问题和可持续发展的理念进入全球发展议程，并借助联合国环境规划署和全球性会议、协定、公约不断推动全球环境公共品供给和治理体系的发展。20世纪80年代，为共同应对臭氧层空洞，联合国通过了《关于消耗臭氧层物质的蒙特利尔议定书》，其中的各项合作与行动，是发达国家与发展中国家共同提供全球环境公共品，推动全球可持续发展的成功案例。1990年国际气候谈判开启，1992年通过《联合国气候变化框架公约》，为国际社会合作应对气候变化奠定了坚实的法律基础，是全球气候治理的基石，标志着全球气候治理时代的正式到来。① 随后

① 张海滨：《全球气候治理的历程与可持续发展的路径》，《当代世界》2022年第6期。

的《京都议定书》《巴黎协定》都是全球共同应对气候变化、加强合作提供全球环境公共品的实践努力。

（六）不平等与消除贫困

世界经历了经济大萧条与两次世界大战，促进全球范围内的经济发展成为战后联合国及主要大国关心的议题。1949年，美国总统杜鲁门在就职演说中提出了全球发展战略的第四点行动计划，利用西方先进的科学技术与发达的工业帮助欠发达地区。帮助落后国家实现工业化和经济发展成为20世纪五六十年代国际援助的基本逻辑。这一阶段的“大推进”理论是减贫的主流思想，其倡导在发展中国家或地区对国民经济的各个部门同时进行大规模投资，以促进这些部门的平均增长，从而推动整个国民经济的高速增长和全面发展。但这种以经济增长推动减贫的方式在20世纪60年代遭遇危机和质疑，发展中国家出现石油危机、就业问题、收入不均、贫困加剧等各类问题，全球发展开始反思“失败的10年”，这是全球发展理念的一个重要转折。国际经济新秩序和发展中国家的基本需求，都要求关注第三世界的贫困问题。20世纪90年代，全球形成发展共识，要提高全人类福利，尤其要解决脆弱群体的贫困问题。20世纪90年代，全球发展机构纷纷将发展中国家的贫困问题纳入机构目标，1992年联合国设立消除贫穷国际日，1995年社会发展问题世界首脑会议将消除贫穷作为三大核心议题之一。联合国于1997年开启第一个消除贫穷的十年，联合国千年发展目标和《2030年可持续发展议程》更是将减贫作为最主要的发展目标，至此，消除贫穷已经成为重要的全球公共品之一。

三　全球公共品的制度性生产

全球公共品早期多是临时性的国际规范或约定，随着全球化和国际合作程度的加深，全球公共品在 19 世纪和 20 世纪经历了制度性生产的过程。国际组织是全球化进程中国家间交往合作的制度产物，在全球公共品与全球发展进程相互嵌入的过程中，国际组织成为全球公共品最主要的制度化载体。但 20 世纪的全球公共品制度体系，形成于发达国家与发展中国家的“现代”与“传统”二元对立的关系中，以西方国家价值观为基础，以西方主要大国为主导，具有明显的结构性特征。冷战后，以中国为代表的发展中国家开始积极参与全球公共品供给，为全球公共品制度性生产提供创新发展的动力。

（一）国际组织推动全球公共品制度性生产

19 世纪是全球公共品制度性生产的起始阶段，以促进和平进程的国际会议为特征的“欧洲协调”和“国际仲裁”，推动国际经济、科技、文化合作交流的以常设机构和程序规则为特征的“国际行政联盟”，构成了 19 世纪基于大国协调的全球公共品供给的制度性生产。17 世纪，威斯特伐利亚体系奠定了现代主权国家在国际体系中的绝对主导地位，国家开始通过外交活动进行国际交往，将国家利益作为国际交往的主要目的。1815 年，基于大国同盟的最早的国际组织“欧洲协调”成立，成为欧洲国家处理国际事务的一种定期的、多边的协商制度，其核心机制是定期举行国际会议，奉行集体反应和协商一致的决策原则，使多边外交成为稳定的体制。

这种“国际会议”机制成为全球公共品早期的制度性萌芽。同时，国际仲裁也是19世纪解决国际争端的一个重要制度，1815~1900年，提交仲裁的国家之间的争端和分歧达200次左右，其中绝大多数案件的争执双方都适当执行了仲裁员的仲裁且后续未发动战争。[①] 紧随其后，在经济、科学、文化等领域，出现了一批促进各部门之间国际合作的国际组织，统称国际行政联盟，包括1816年成立的莱茵河委员会、1856年成立的多瑙河欧洲委员会与多瑙河沿岸国委员会、1865年成立的国际电报联盟、1874年成立的万国邮政联盟、1875年成立的国际度量衡组织、1883年成立的国际保护工业产权联盟、1886年成立的国际保护文化艺术作品联盟、1890年成立的国际铁路货运联盟等。这些国际组织的重要特点是建立了比较完善的常设机构，如由全体成员组成的大会和由部分成员组成的理事会，以及类似国际秘书处的机构；同时，它们制定和改进了各种程序规则，如投票程序、多边条约的起草、通过和生效程序等。[②]

20世纪是全球公共品制度性生产的快速发展阶段，在大国协调基础上，形成了以联合国为核心的全球性国际组织体系，全球公共品通过嵌入国际组织的全球发展议程与职能，实现了全球的制度性生产。1920年国际联盟成立，是世界上第一个由主权国家组成的常设国际组织；二战后联合国成立，是当今世界最重要的国际组织、最重要的全球公共品体系的制度基础，标志着全球公共品进入真正具

① 徐蓝：《国际联盟与第一次世界大战后的国际秩序》，《中国社会科学》2015年第7期。

② 徐蓝：《国际联盟与第一次世界大战后的国际秩序》，《中国社会科学》2015年第7期。

有全球性特征的阶段。二战结束至冷战期间是国际组织发展的黄金时期，其间新成立的非政府间国际组织有12367个，平均每年成立267个；新成立政府间国际组织1547个，平均每年成立34个（见图3-2）。[①] 二战后国际发展援助体系建立，帮助欠发达国家发展成为全球发展共识，一般性国际组织纷纷将经济、农业、环境、卫生、贫困等发展议程纳入机构宗旨并设置相应职能机构；同时一大批聚焦某一发展议题的专业性国际组织快速发展起来，如农业领域的联合国粮食及农业组织、卫生领域的世界卫生组织、贸易领域的世界贸易组织、环境领域的联合国环境规划署等，其在各自领域制定正式或非正式规则以协调全球公共品的供给与分配。

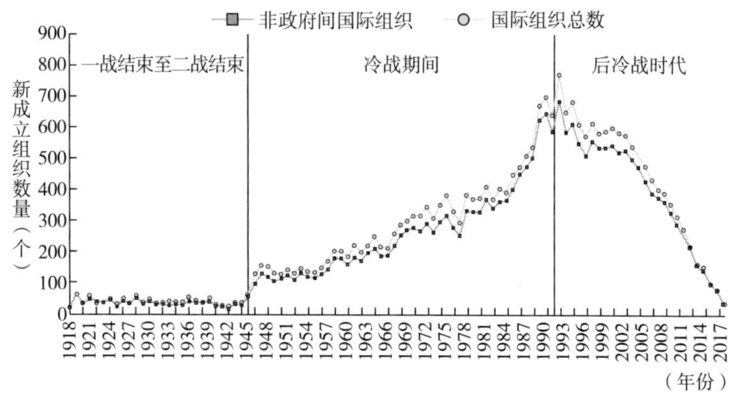

图3-2　1918~2017年新成立的国际组织数量时序演化特征

资料来源：侯纯光、杜德斌《百年来国际组织机构地理位置的时空烟花：集聚模式与影响因素》，《人文地理》2020年第5期。

① 侯纯光、杜德斌：《百年来国际组织机构地理位置的时空烟花：集聚模式与影响因素》，《人文地理》2020年第5期。

（二）20 世纪全球公共品制度体系的结构性

二元对立结构下国际制度体系加剧了全球公共品的南北不平等。15~19 世纪，欧洲独立主权国家之间产生了以和平与经济贸易发展为主的公共品。但对于非西方世界，基于殖民与被殖民的结构性关系，源于基督教的传教救助行动以及西方国家官方在殖民地开展的社会经济改造活动是在“文明”与“野蛮”的二元对立结构下的全球公共品供给的实践，存在全球公共品在西方与非西方之间的分离性。二战后建立的全球公共品体系主要由国际组织、非政府组织、第一世界的慈善机构等主体组成。成立初期的联合国是美国控制全球的工具和 20 世纪 60 年代美苏争霸的较量场所。经济合作与发展组织发展援助委员会地处巴黎，影响全球，尽管在很大程度上同样深受美国议程的影响，是美欧共同制定全球经济与合作规则的重要平台，但其有很深的欧洲渊源，具有海外殖民和人文主义反思的双重底色和实践积累。① 帮助落后国家实现工业化和经济发展成为“发达”与“落后”的二元范式下的国际援助的基本逻辑。在此基础上展开的公共品生产和供给实践，看似具有公共属性和全球性，但事实上呈现极强的改造他者的干预性，这一点在西方对外援助实践中表现得非常明显。这些国际治理体系的设计不是简单地基于公平正义理想基础上的，而是当时国际政治经济实力的反映，带有深深的历史烙印和相应的局限性，这些国际治理体系往往是以西方国家的价值理念为基础的，以美国为主的西方主要发达

① 徐秀丽：《建设面向人类命运共同体的中国国际发展学》，《中国社会科学报》2022 年 1 月 13 日，http：//ex. cssn. cn/zx/bwyc/202201/t20220113_5388208. shtml，最后访问日期：2023 年 9 月 13 日。

国家在这些组织中拥有巨大的权力。[①] 国际组织作为全球公共品的制度载体呈现出南北不平衡特征。1918~1945 年，国际组织主要集中在美国、英国、法国、瑞士、比利时、德国等欧美资本主义国家；1946~1991 年，新成立的国际组织依然集中在欧洲和北美地区（占 80%），但国际组织在空间范围上迅速扩散，从北美和西欧迅速向亚洲、非洲和拉丁美洲国家扩散。

（三）全球公共品制度化进程中的南方参与

自 20 世纪 90 年代开始，发展中国家不再是完全地被动接受，开始逐渐主动参与到全球公共品的供给中。自 1992 年开始，新成立的国际组织虽然依旧主要集中于欧洲地区（占 53%），但值得注意的是，这一时期亚洲特别是东亚和东南亚国家更加积极地参与到国际政治和全球治理中，成立和引进了 920 个国际组织，北美地区的全球占比开始逐渐减小。[②] 以中国为例，中国是全球公共品机制建设的最早倡议者。1919 年，孙中山先生致函美国商务部部长，同时附上起草的《实业计划》（英文原文标题是 *The International Development of China*）。孙中山先生认为，中国的发展需要外资，但是如果获得不了外资，外界至少可以向中国派出专家和发明者以推进中国的工业化。《实业计划》是近代以来最早、最完整、最系统地提出运用西方先进国家的资金、技术和人力来帮助中国进行大规模现代化建设，实现互利共赢的战略，具有划时代的

① 薛澜：《全球公共治理：中国公共管理未来 30 年研究的重要议题》，《公共行政评论》2012 年第 1 期。

② 侯纯光、杜德斌：《百年来国际组织机构地理位置的时空烟花：集聚模式与影响因素》，《人文地理》2020 年第 5 期。

开创意义。[①] 中国积极参与和建设全球卫生公共品，1945～1948 年，中国与世界卫生组织的早期互动是中国主动参与国际卫生治理的首次尝试。中国发起成立世界卫生组织的倡议并参与其筹建的全程，尤其在其命名、组织结构和指导理念等方面贡献了中国智慧。[②] 20 世纪 90 年代后，中国在全球和区域性公共品供给中积极作为，在减贫、粮食安全、三方合作模式、卫生等领域提供全球公共品的实践不断丰富。[③] 制度层面，中国积极参与和引领创新发展，上海五国机制（上海合作组织的前身）、亚洲基础设施投资银行的成立，都是中国在全球公共品制度性生产中的尝试和创新，中国在全球公共品体系中努力发挥更加重要的作用。

四 21 世纪以来对新全球公共品的呼唤

21 世纪以来，全球亟须通过生产和分配更多的全球公共品来解决全球共同挑战问题。一方面，西方大国主导下的传统全球公共品体系出于历史原因和不合理的体系设计越来越落后于时代的发展，合法性与合理性越来越令人质疑，在全球公共品供给上显现出不足，陷入困境。西方大国在全球公共品的供应、促进合作等方面的核心作用在下降。另一方面，新兴国家正在不断塑造着日益多极化的全球体系，传统的西方与非西方世界之间的发达与不发达的结构关系已经逐渐被

① 陈谦平、孙扬：《论孙中山的“中国国际化发展”思想——〈实业计划〉再认识》，《江海学刊》2014 年第 1 期。

② 苏静静、张大庆：《中国与世界卫生组织的创建及早期合作（1945—1948）》，《国际政治研》2016 年第 3 期。

③ 唐丽霞、赵文杰、李小云：《全球公共产品视角下的中国国际发展合作》，《国际展望》2022 年第 1 期。

多元相互依存的复合性关系取代，新兴国家主动参与建设全球公共品体系，已经为全球和区域发展提供了大量的公共品。从 2008 年开始，二十国集团在国际社会共同应对金融危机中起到核心作用，标志着全球经济治理开始从“西方治理”向“西方和非西方共同治理”转变。全球公共品体系正在经历转型，新冠疫情这一全球公共挑战进一步加快了这一转型过程。未来的全球公共品将呈现去西方主导化、去改造化、去条件化的发展趋势。

中国基于自身发展经验形成的发展观，以人类命运共同体理念看待与外部世界的关系，向全球提供新的资源、机制和知识。在发展资源方面，根据 2021 年 1 月国务院新闻办公室发布的《新时代的中国国际发展合作》白皮书，2013～2018 年，中国对外援助资金总额达到 2702 亿元。中国提供的发展资本在不干预内政和互惠互利的原则下，具有主权资本为主和成本比较优势两大特点，为既有全球公共品体系的资本供应提供了多样性的补充。在发展机制方面，中国积极参与既有联合国机制下的多边体系，积极推动南南合作的制度构建，包括“一带一路”倡议、全球发展倡议、亚洲基础设施投资银行，以及中非合作论坛等区域性合作机制。在发展知识方面，在过去 70 多年的发展中，中国在工业化、农业发展、减贫、基础设施建设、引进与利用外资和技术等方面积累了大量的经验，这些中国的实践经验正在形成新的发展知识。新发展知识是基于传统发展知识和对其的反思而形成的，强调特定国家的历史经验，承认不同社会结构和行动者的复杂性以及社会政治制度的多样性表达，新发展知识的兴起正在改变传统发展知识的霸权格局。中国改革开放促进了发展和分享，中国的成功经验以及进一步的发展，就是中国为世界发展提供的公共品。中国通过“一带一路”倡议和开放战略，使各国特别是广大发展中国家搭上中国发展的便车。①

帮助其他发展中国家落实联合国《2030 年可持续发展议程》是中国开展国际发展合作的重要方向。在此基础上，发展合作将不再是直接的发展道路转移或者是发展道路的分野，而可能是有机的聚合。② 传统和新兴全球公共品提供者已呈现出在全球发展议题上的聚合，在承认全球公共品供给的价值基础和方式多元性的前提下，有望为形成互相联系、共同推动发展的全球公共品提供新途径。

① 蔡昉：《金德尔伯格陷阱还是伊斯特利悲剧？——全球公共品及其提供方式和中国方案》，《世界经济与政治》2017 年第 10 期。

② 李小云：《全球格局变化与新发展知识的兴起》，《人民论坛 · 学术前沿》2016 年第 8 期。

CHAPTER

4

第四章

全球公共品的生产与供给

本章围绕全球公共品的供给模式和供需协调中面临的问题展开，并由此探索当前全球公共品生产与供给的主要模式和创新新模式的可能的突破口。一直以来，全球公共品的供需并不平衡，供给“赤字”始终存在。我们主要从生产与供给的角度来对全球公共品进行探讨，因为只有合理的生产与有效且公正的供给才能最终解决全球公共品的需求问题。随着全球公共品供给主体的多元化和供给方案的技术化不断发展，供给方式也不断演化。由此，按照不同类型的全球公共品来对供给模式进行探讨也是必要的。全球公共品的供给主体不仅是政府，还包括国际组织、各类信托基金、社会组织和跨国企业，但作为主权国家的政府和国际组织的作用往往得到更多的重视，非政府组织很多时候需要通过正式组织来介入全球公共品的生产与供给，但非政府组织在多元化和全球化的社会中正扮演着越来越重要的角色。

从历史发展过程来看，全球公共品的生产主体经历了1648 年到二战前的以主权国家为主的第一阶段，到二战后至20 世纪末的以国际组织为主的第二阶段，再到 21 世纪后的多元主体并存的发展阶段。在全球公共品的生产主体维度，未来更多的注意力应该放在如何通过多元主体协同实现全球公共品的有效合理供给，同时要积极发挥发展中国家在全球公共品的供给作用。全球公共品的供给形态也先后经历了三个不同的阶段。第一个阶段是双边供给模式，第二个阶段是多边供给模式，第三个阶段是双边与多边并存的多元化供给模式。不同的供给模式各有优势，未来需要更好地发挥不同模式之间的协调作用，实现全球公共品的有效且公平的供给与分配。

尽管全球公共品有众多不同的类型，不同类型的公共品的生产与供给形态也有差异，但背后的根本性逻辑是类似的。全球公共品的生产与供给需要考虑三个核心的要素：生产主体的全球影响力、国际制度和全球性知识。三个要素相互作用，通过政府强制、国际制度、知识塑造和专业化分配协调等机制来实现全球公共品的生产与供给。

农业领域、卫生领域、气候领域和减贫领域是四类核心的全球公共品大类，它们应该得到更多的重视。从根本意义上，全球影响力是生产全球公共品的基础和前提，没有全球影响力则无法主导提供全球公共品（当然这并不排斥作为参与者提供全球公共品）。国际制度是全球公共品的支撑，国际制度为全球公共品的生产与供给提供了平台和渠道。全球性知识为全球公共品赋予合法性，同时也是全球公共品生产的重要“催化剂”，中国提出的人类命运共同体是这方面重要的内容。

中国是全球公共品治理改革的积极倡导者和贡献者。中国向占全球大多数的发展中国家提供大规模援助项目，“一带一路”倡议已经成为重要的全球公共品，新冠疫情大流行后，中国也将新冠病毒疫苗作为全球公共品分配到全球各地。[①] 中国在国际制度层面还处于探索阶段，“一带一路”倡议、全球发展倡议和亚洲基础设施投资银行都是重要的创举。在全球

① 石静霞：《“一带一路”倡议与国际法——基于国际公共品供给视角的分析》，《中国社会科学》2021 年第 1 期。

性知识方面中国也开始崭露头角，人类命运共同体理念开始得到更多国家的讨论和认同。总体上看，中国已经开始有了较强进行全球公共品供给的能力（特别是通过双边的方式），中国也在努力通过全球治理机制提供全球公共品。当然，中国进行全球公共品生产的具体路径和模式还处于探索阶段，但未来应扮演更加重要和突出的角色。

一　全球公共品的生产主体与供给形式

全球公共品的生产和供给不是一个单纯涉及国际关系的问题，它也受到国内政治经济因素的影响。在一个国家内部，公共品的提供主要受到政府能力和政府意愿的影响。在世界范围内，全球公共品的产生和供给并非和国内公共品一样简单。由于不存在具有主权性质的国际政府（即便是联合国也不具备主权地位），国际公共品供给的资金来源也常常成为国际问题。① 因此，全球公共品的生产既是国际发展问题、政治经济学问题，也是全球治理问题。人类历史上长期处于国际社会的无政府状态，在全球化真正实现之前很难说有全球公共品的存在。在主权国家诞生之前，真正意义的全球公共品也并不存在。二战后，曾经建立起的基于超级大国的体系和联合国体系的全球治理体系提供了绝大部分的全球公共品。冷战结束后形成了以美国为引领的全球公共品生产体系，但这个体系进入 21 世纪后呈现多元化的趋势。②

① 李贞、谭笑、孟冬：《国际公共产品的税收供给方式分析》，《中央财经大学学报》2014 年第 12 期。

② 田旭、徐秀军：《全球公共产品赤字及中国应对实践》，《世界经济与政治》2021 年第 9 期。

全球公共品的生产与供给机制从主体上来看大体经历了从以主权国家为主到以国际组织为主再到多元供给主体并存的历史进程。从供给的形式来看，经历了从以双边为主到以多边为主再到双边与多边协同供给的演进过程（见表4-1）。上述演变既和国际政治经济秩序的变迁有关，也和人类对全球公共品的探索有关。比如在2020年新冠疫情大流行对全球产生冲击的时候，包括中国在内的一些国家、国际组织和非政府组织积极主动地向疫情肆虐的国家和地区提供了大规模的医疗物资、粮食和疫苗，对人类共同克服新冠疫情大流行起到了重要的作用。这很好地彰显了全球公共品研究的现实意义。

表4-1　全球公共品生产主体的演变

阶段	时间	特点
以主权国家为主	1648~1945年	反映主权国家特别是世界性大国的意志，主要全球公共品形态是国家安全
以国际组织为主	1946年至20世纪末	既反映世界性大国的意志，也反映国际组织本身的意志，全球公共品形态多元化（安全、金融、援助、环保和资源等）
多元供给主体并存	2000年至今	主权国家、国际组织、跨国企业和非政府组织意志的互动和汇集，全球公共品形态多元化（安全、金融、援助、环保、疫苗、气候和资源等）

资料来源：作者自制。

（一）全球公共品的生产主体

1. 以主权国家为主（1648年至二战前）

在这期间全球公共品生产的特点是主权国家的实力和意

志起到主导作用，主要的公共品是国家安全。全球公共品起源于何时取决于如何界定这个概念。现代主权国家体系建立的标志性历史事件是欧洲三十年战争结束后，1648 年签订的《威斯特伐利亚和约》。自此，主权国家成为国际社会交往的主要行为体。由此看来，具有世界性意义的全球公共品的供给只可能出现在主权国家诞生后。但主权国家诞生后的世界充满了战争、殖民和掠夺，当时依然处于一个全球化开启的进程中。在第一次世界大战之前，严格来说世界范围的公共品生产制度并不存在。当时可能有区域性的公共品或俱乐部式的公共品，如区域内的大国对联盟内部的国家提供军事安全保障或军事援助。

第一次世界大战结束后，作为《凡尔赛和约》的一部分，人类历史上的一个大型的政府间的国际组织国际联盟（League of Nations）在 1920 年成立。盟约规定国联的主要宗旨为维护和平、裁减军备和实施委任统治、和平解决国际争端。虽然未能阻止第二次世界大战的爆发，但国际联盟在形式上也为当时的一些国际性事件提供了一个冲突处理机制。但国际联盟主要反映的是英法两个当时的世界强国的利益，并且国际联盟的议程也经常受到英法两个国家操纵。这个时候的全球公共品受到主权国家的约束，国际联盟虽然是国际组织，但不能独立地做出全球公共品生产和分配的决策。

2. 以国际组织为主（二战后至 20 世纪末）

这一时期的全球公共品生产的特点是不仅反映世界性大国的意志，也反映国际组织本身的意志和独立性，并且国际组织逐渐被认为是提供全球公共品的主要渠道（甚至被认为是唯一“合法”的渠道）。全球公共品形态也呈现多元化的态势，国家安全不再是最为突出的目标，金融、发展援助、环保和资源等成为全球公共品。

二战结束后，1945 年，作为政府间国际组织，联合国的成立是全球公共品生产中最为重要的历史性事件。《联合国宪章》成为全球范围的被主权国家认可并被广泛遵守的国际准则。联合国的宗旨包括维护国际和平与安全；发展国际上以尊重各国人民平等权利及自决原则为基础的友好关系；进行国际合作，以解决国际上经济、社会、文化和人道主义性质的问题，促进对于全体人类的人权和基本自由的尊重。到目前为止，联合国的会员国已经超过 190 个。联合国系统覆盖了安全、农业、卫生、教科文和人权等不同的世界性议题，并且在上述领域建立了制度和机制来解决世界范围内的问题。

例如，1982 年，在联合国的协同下，117 个国家签署了新的《联合国海洋法公约》。公约规定了海洋分区、国家海岸线的界定；在公海的航行权以及其他国家和海岸线的权利和义务；保护海洋环境的义务；海洋研究的合作以及可持续利用海洋生物资源。《联合国海洋法公约》已经成为国际性的准则。1987 年，在联合国的努力下，《保护臭氧层公约》得以签署，这个公约对各国的生产和经济活动有法律约束力。此外，联合国专门机构世界银行和国际货币基金组织在全球的经济发展和经济政策中发挥了重要的作用。世界银行还向发展中国家提供大规模的发展援助和贷款项目。

需要指出的是，国际组织即便是联合国也需要主权国家的支持。首先，国际组织本身的政策偏好有时候会反映大国之间的博弈，其中的例子就是冷战期间苏美两国在联合国舞台上的对立和竞争。其次，主权国家如果无法通过双边的形式提供全球公共品，那么通过国际组织是一种更加合理的方式，国际组织也需要主权国家的能力和资源支持。最后，在国际组织体系影响越来越大、国际组织体系愈加完善的情况下，国际组织通过其全球范围的网络以及合法性，在全球公共品的供给中扮演着举足轻重的角色。

3. 多元供给主体并存（2000 年至今）

这一个时期的主要特点是主权国家、国际组织、跨国企业和非政府组织在全球公共品的生产与供给中相互竞争，各显神通。全球公共品的形态也更加多元化，不仅有传统安全，还有金融、环保、疫苗、气候、外太空、南北极和粮食资源等。

在这一时期，两个重要的变化使得多元主体并存成为可能。一方面，从主权国家角度来看，中国、印度和巴西等新兴国家崛起，逐渐开始拥有更加强大的公共品供给能力，并且这些新兴国家对现存的国际秩序（包括国际组织体系）有适度改革的诉求。例如，印度一直谋求成为联合国安理会常任理事国。另一方面，随着全球性的挑战变多且更加复杂（如 2020 年开始的全球新冠疫情大流行以及近些年全球变暖议题），一些实力强劲的跨国公司（如特斯拉公司）主动或被动地参与全球公共品的供给，全球公共品的生产和供给更加专业和精细。在这样的背景下，实力强大的私人基金会（企业）也开始介入全球公共品的生产和供给，比如，为了帮助发展中国家的人们对抗新冠疫情，比尔及梅琳达·盖茨基金会承诺向全球疫苗免疫联盟捐赠 16 亿美元。[①]

① “Bill & Melinda Gates Foundation pledges \$1.6 billion to Gavi, the Vaccine Alliance, to protect the next generation with lifesaving vaccines,” https://www.gatesfoundation.org/ideas/media-center/press-releases/2020/06/bill-and-melinda-gates-foundation-pledges-to-gavi-the-vaccine-alliance, accessed on May 6, 2023.

（二）全球公共品的供给形式

全球公共品的供给形式大致上包括三种模式：双边模式、多边模式、双边多边协同模式（见表4-2）。从全球公共品的分配结果来看，如果全球公共品惠及的是全球范围的人口特别是发展中国家的人口，那么它应该属于公共品的范围（不管是通过双边的形式还是多边的形式）。例如，2021年12月，中国承诺向非洲国家提供10亿剂疫苗，其中6亿剂为直接捐赠，另外4亿剂为中非联合生产①。这些疫苗通过双边的形式提供，惠及绝大部分的非洲人民，毫无疑问也属于全球公共品的范畴。

表4-2　全球公共品的供给形式

阶段	时间	特点
双边模式	1648~1945年	优点是及时性和效率性，缺点是公平性和普惠性
多边模式	1946~2000年	优点是公平性和普惠性，缺点是效率性不足
双边多边协同模式	21世纪	综合双边模式和多边模式的特点，同时可能是三方合作的形式，需要较强的协同能力和制度化的协同机制

资料来源：作者自制。

1. 双边模式

双边模式主要通过主权国家来单方面提供全球公共品。

① 参见2021年12月13日外交部发言人汪文斌主持例行记者会的发言内容，http：//spainembassy.fmprc.gov.cn/web/wjdt_674879/zcjd/202112/t20211213_10467487.shtml，最后访问日期：2022年12月12日。

这种模式可能出现两种不同的次级模式。一种情形是主权国家（也可能是其他实力组织）对另外的主权国家提供全球公共品，另一种情形是主权国家（也可能是其他实力组织）向其他非主权国家实体提供全球公共品。这两种情形的共同特点是全球公共品的分配不经过第三方（如国际组织）。双边模式的优点是效率高，由于不需要通过第三方且不用经历复杂的程序和手续，全球公共品的接受方可以在较短的时间内获得全球公共品的支持。例如，中国在疫情期间向世界提供的大规模的防护物资援助，由于中国的援助能够及时到达受援国，所以受援国能够及时有效地应对新冠疫情大流行。

但双边模式也有自身的缺点，并非所有全球公共品都适合通过双边模式来提供。主要原因在于双边模式可能植入全球公共品提供者的意志，全球公共品的分配很难体现公平性和合理性。例如，美国率先将新冠病毒疫苗提供给发展中国家的盟国，而不是疫情更加严重更需要援助的其他发展中国家。

2. 多边模式

全球公共品供给的多边模式主要指的是通过多边组织和多边机构来进行全球公共品的分配。同样地，多边模式也有两种不同情形。第一种情形是多边机构（如世界银行）直接对全球公共品进行供给，如国际货币基金组织的国际金融政策。第二种情形是多元主体（如主权国家和跨国公司）向多边机构提供资金或物资，由多边机构来完成对全球公共品的分配。第一种情况，国际机构有相对较强的独立性。第二种情况，国际组织对全球公共品的分配在一定程度上受到资源提供者的影响，但国际组织依然是全球公共品分配的主体。全球公共品的多边供给模式的优点是相对能够保证全球公共品分配的公平性，国际组织运作本身有自己的规章制度，不会完全受制于个别的主权国家或其他实体。

3. 双边多边协同模式

全球公共品的供给形式是多样的。双边模式和多边模式各有优缺点，如何将两者较好地结合起来一直是全球公共品供给上的难题。全球公共品需要双边的效率，特别是在面对像新冠疫情大流行这样的全球灾难性事件时，但同时也需要多边模式的网络和分配规则。当然，多边供给模式存在一些缺点。一方面，国际组织本身不一定具备全球公共品生产能力，它需要包括主权国家在内的物质支撑；另一方面，国际组织和机构有自身的决策流程和规则，在全球公共品供给上往往需要复杂的程序和手续，全球公共品的分配效率可能受到一定程度的影响。

三方合作（PPPs）的全球公共品供给形式亦属于多边协同的一种。比如，南南合作的全球公共品供给模式有时呈现的是不同性质和领域的机构之间的协同。

二　全球公共品的生产与供给机制

不同的全球公共品的生产和供给机制并不一样，当前的全球公共品不同程度地存在产生与供给机制分散化和碎片化的问题。比如，在全球粮食安全领域，世界粮食安全委员会和世贸组织是国际粮食安全治理的两个重要平台。再如，在国际制度中，联合国粮食及农业组织、国际农业发展基金和世界粮食计划署在全球涉农领域发挥着举足轻重的作用。在全球卫生的公共品领域，既存在双边供给机制，也存在多边供给机制。

比如，在新冠病毒疫苗的全球分配中，欧美国家主要通过世界卫生组织旗下的平台来对疫苗进行分配。新冠肺炎疫苗实施计划是由全球疫苗免疫联盟、世界卫生组织和流行病防范创新联盟共同提出并牵头进行的项目。不同的国家和政府可以向新冠肺炎疫苗实施计划捐赠，由新冠肺炎疫苗实施计划进行疫苗的订购和全球分配。对全球公共品四大领域的代表性机构框架、组织进行整理（见表 4-3），可以从中分析出存在的产生和供给机制。

表 4-3　农业、卫生、气候和减贫四大领域代表性机构/框架和组织

领域	代表性机构/框架	案例说明
农业	联合国粮农三机构（粮食及农业组织、国际农业发展基金和世界粮食计划署）和国际食品法典委员会等	联合国粮农三机构在全球粮食安全领域发挥作用。新冠疫情大流行之后对部分缺粮少粮的国家提供粮食援助和技术支持
卫生	世界贸易组织、联合国儿童基金会、新冠肺炎疫苗实施计划、全球疫苗免疫联盟和比尔及梅琳达·盖茨基金会等	世界贸易组织宣布全球新冠疫情大流行并对国家的防疫提供科学指导；全球疫苗免疫联盟为急需疫苗的低收入国家进行疫苗采购和供给
气候	《联合国气候变化框架公约》、世界气象组织、欧盟委员会、经济合作与发展组织、G7 和 G20	《联合国气候变化框架公约》是气候领域重要的框架
减贫	联合国开发计划署、发展援助委员会、联合国南南合作办公室、乐施会、G20 等	2000 年联合国首脑会议上，189 个国家签署了《联合国千年宣言》，通过共同的行动计划，将全球贫困人口在 2015 年之前降低一半（以 1990 年的水平为标准）

资料来源：作者自制。

（一）全球公共品生产供给的核心要素

尽管不同的全球公共品的生产与供给机制并非完全一致，但不同的生产和供给机制背后有类似的逻辑。从大国崛起的历史、国际制度演变、全球治理演变和全球发展趋势来看，全球影响力、国际制度和全球性知识是任何跨国界的公共品生产与供给得以实现的三个核心要素，这三个要素影响了全球公共品生产与供给机制的形成。政府强制、国际制度、知识塑造和专业化分配协调机制是全球公共品生产与供给的核心机制，通过这些机制来实现全球公共品的生产、供给和分配（见表4–4）。

表4–4　全球公共品生产与供给的三个核心要素

要素	界定	例子	作用
全球影响力	具有在全球范围投放和分配资源的能力与实力（主体）	全球范围的发展援助、经济辐射、政治影响	基础和前提
国际制度	解决和协调全球问题的国际性组织、规则和规范	联合国、世界银行、国际货币基金组织、发展援助委员会、新冠肺炎疫苗实施计划	支撑和渠道
全球性知识	能够在全球大部分地区普及并产生影响的文化或知识	自由主义、市场经济、资本主义、科学文化、全球技术	合法性和催化剂

资料来源：作者自制。

全球影响力指的是能够在全球范围内投放和分配资源的能力与实力，它指向特定主权国家或组织实体，是一种基于人力资源、组织、经济、科技、军事和知识等要素的综合实力。全球影响力是全球公共品生产的发动机，是基础和前提。只有拥有较强全球影响力的国家才能发起全球公共品的议程和议题。需要说明的是，具有全球影响力的实体不仅包含主权国家，还包括国际组织、各类信托基金、社会组织和跨国企业，但作为主权国家的政府和国际组织依然在其中特别是早期阶段起到主导性的作用。全球影响力在冷战时期最为明显，例如在苏联解体后，美国成为世界上唯一能够在全球范围（任何地区）投放资源的国家。公共品的供给和国际经济秩序的变迁也有密切关系。①

当一个国家（或组织实体）成为具有全球影响力的大国（或组织实体）时，全球公共品的生产变得相对容易。美国是目前对外提供官方发展援助最多的国家。以美国为首的经济合作与发展组织国家年均对外援助超过 1500 亿美元。② 对于没有全球影响力的国家，即便有提供全球公共品的意愿，也没有相应的能力。近些年，美国和发达国家的相对实力相较之前有所下降。这使得美国和西方国家的全球影响力随之有所下降。与此同时，中国在全球范围内的影响力在持续增长。目前中国也是除了经济合作与发展组织国家之外，对外提供发展援助规模最大的国家。但是，全球影响力这单一要素并不能决定全球公共品的生产和分配，其生产和分配还需要借助国际制度和全球性知识。

① 黄河、王润琦：《公共产品与国际经济秩序：起源、当前挑战与重塑》，《太平洋学报》2021 年第 5 期；赵可金、尚文琦：《国际公共产品与中国外交转型》，《理论学刊》2017 年第 3 期。

② 根据经济合作与发展组织公布的数据，2020 年所有成员国对外援助规模为 1570 亿美元，其中美国为 350 亿美元。https：//data-explorer. oecd. org/？fs[0] = Topic%2C0%7CDevelopment%23DEV%23&pg = 0&fc = Topic&bp = true&snb = 10，最后访问日期：2022 年 12 月 20 日。

国际制度指的是协调和解决全球问题的国际性组织、规则和规范。目前涉及全球公共品生产与提供的主导国际制度的核心力量有三种：一是以联合国为核心的全球发展治理体系；二是以发达国家（美国牵头）为主导的、以世界银行与国际货币基金组织为核心的国际金融和经济治理体系；三是以欧洲和英国为核心的经济合作与发展组织发展援助委员会体系。① 比如，《联合国海洋法公约》就属于国际制度（联合国）的范畴。绝大部分官方发展援助接受经济合作与发展援助委员会的引领。全球治理体系虽然基于主权国家及其结合体，但发挥常态作用的是国际制度。

国际制度对全球公共品发挥着主要生产平台和供给渠道的作用。如果说全球公共品的生产需要全球权力作为发动机的能源，那国际制度就是全球公共品这辆车诞生和培育的场所，也是全球公共品供给所“行驶”的通道，它还有将全球公共品“配送”到全球各地的功能。比如，联合国机构在不同的国家有代表处和办事处，这些遍布全球各地的机构相当于“快递员”，将基于全球影响力的国家或组织生产的公共品配送到目的地。再如，经济合作与发展国家将援助项目统合到发展援助委员会平台，并且能够实现规则的通用、信息的整合和项目的分配的统一流程。全球影响力和国际制度是相辅相成的，对于全球公共品的供给缺一不可。目前来看，中国在逐步拥有全球影响力，但中国在国际制度构建或参与上还不够充分。

全球性知识指的是能够在全球大部分地区被国际社会广为接受的有利于促进人类发展的思想、观念和价值，其核心

① 徐秀丽：《建设面向人类命运共同体的中国国际发展学》，《中国社会科学报》2022 年 1 月 13 日，第 A05 版。

是关于发展经验和模式的知识。这种全球性知识是一种基于特定空间和时间的、具有国际影响的发展“软权力”。从历史上看，这种全球性的发展知识包括但不限于西方国家提倡的资本主义、市场经济、善治（good governance）和人权等与发展相关的价值理念。全球性知识是发展经验的全球化，它对全球公共品的供给发挥重要的辅助性作用。

全球性知识不仅本身成为全球公共品的一部分，还是全球公共品生产和投送的催化剂，并且反过来赋予特定全球公共品以合法性。但需要指出的是，全球性知识本身依然有主权国家的性质，它是特定国家的历史文化和发展实践的产物。二战后，全球性知识大大推动了包括美国在内的欧美国家的全球公共品供给，同时国际社会文化的传播使得此类公共品有了长期的生命力和可持续性。中国提出的人类命运共同体是中国在全球性知识方面的重要实践与贡献。

（二）全球公共品的生产与供应机制

基于全球影响力、国际制度和全球性知识的全球公共品有四个可能的作用机制：政府强制机制、国际制度机制、知识塑造机制和专业化分配协调机制。这四个机制通过独立或相互作用的方式实现了全球公共品持续不断地生产和供给。研究未来全球公共品演变的可能性和中国在其中可能发挥的作用，需要着重分析这四个机制。

1. 政府强制机制

这种机制往往是通过双边模式来实现的，虽然它对多边模式也可能产生影响。政府强制机制指的是拥有全球影响力的实体（主要是主权国家）能够直接提供全球公共品，甚至在全球范围内进行强制供给。强制机制的典型案例是苏美竞争下的对作为国际安全公共品的供给，苏联和美国分别对阵营内的国家提供安全保护，并防止阵营内国家加入对方。这种公共品虽然不能涉及全球范围的每一个国家，但在其阵营范围内是普遍而强制的。

随着苏美冷战的结束，目前能够通过强制机制提供全球公共品的主权国家仅有少数大国（部分国家可能在一定区域内有强制的公共品提供能力），并且这种能力也随主权国家的全球影响力的变化而变化。另外，联合国安理会为唯一有权采取强制行动的联合国机构，但它很难做出统一的决策。当然，并非所有的公共品都能够通过强制机制来实现，国际安全是强制机制发挥作用的主要领域。并且，强制机制依赖于超强的国家实力。同时，强制机制有时候体现为对全球治理的规则性应用，并非一定要通过暴力的方式呈现。

2. 国际制度机制

国际制度机制主要是指通过有意识地主动施加影响，通过间接的方式来提供全球公共品。国际制度机制提供全球公共品的一般路径有两种。第一种是拥有全球权力的实体通过构建国际制度，主导国际制度，授权和诱导国际制度来进行全球公共品的生产与供给。国际制度机制最明显的是世界银行和国际货币基金组织，两个机构基本上是西方大国特别是美国推动建立的，并且西方大国在议程设定上几乎有决定性的权力。

第二种是由国际组织通过自身的规范和规则来对全球公共品进行直接生产和供给。国际组织具有独立性，但也受到制度构建国和资源提供国的影响，通过国际组织机制进行全球公共品的分配并不能保证绝对的公平，这也是全球公共品生产和供给中面临的一个亟待解决的难题。

3. 知识塑造机制

发展知识和经验（包括人类科学、技术和基础数据）本身也是一种全球公共品。当然，知识塑造机制是一种非直接全球公共品生产与供给的机制，它并不直接进行全球公共品的生产和分配，但可以通过塑造特定的发展规范来提供全球公共品。比如，在欧洲殖民地，欧洲国家通过传教的方式来进行渗透。二战后，向发展中国家提供附带条件的发展性援助也是一种常见的做法，援助项目和援助专家本身带有援助国的观念和价值观，通过潜移默化的方式影响受援国。国际制度机制是目前最为主流的全球公共品的生产机制。国际制度一旦建立，就会产生路径依赖，这种路径依赖在特定的国际社会文化下被强化，长期运作的国际制度也能强化背后的支撑性的发展知识。

知识塑造机制相较于政府强制机制和国际制度机制而言，是一个辅助性的机制。辅助性的机制可以对全球公共品的生产起到催化剂和润滑剂的作用。全球公共品在政府强制机制、国际制度机制和知识塑造机制的影响下，最终成为一个完整的生产体系，打破这个生产体系是困难的。人类历史上的大规模战争，如第一次世界大战和第二次世界大战，彻底改变过主导生产体系的主导性力量和角色。

当然，全球公共品的生产和供给机制也可能存在其他的机制。按照不同的标准，划分的机制可能有所差异。也有人认为全球公共品可以通过市场竞争和社群合作的方式来进行供给。全球公共品的生产和供给机制依然是一个处于探索中的研究问题和现实挑战，还需要更多的讨论。我们可以根据不同的全球公共品的生产与供给来进一步认识全球公共品生产和供给的主要形态和存在的问题。

4. 专业化分配协调机制

主权国家、国际组织、私人实体、非政府组织和社区机构都有可能提供全球公共品，但生产和供给机制也需要通过跨政府、跨机构、跨区域和跨地区的协同机制来完成全球公共品供给的“最后一公里”。专业化分配协调机制可以分为四个类型。

一是联合国系统的各类协调委员会，联合国系统内部有多种全球公共品分配的协调机制。比如，经济及社会理事会（ECOSOC）有管理联合国发展机构的权限，可以对粮农组织进行协管。此外，世界粮食安全委员会也是一个处理全球粮食安全问题的重要的协调组织。

二是不同主权国家之间的非正式协调机制。最典型的例子是七国集团（G7）和二十国集团（G20），上述两个组织在全球治理中扮演重要角色。全球经济发展政策、粮食安全问题和全球公共卫生在七国集团和二十国集团的议程中占据了重要的位置。

三是全球私人组织和非政府组织的协调机制。私人组织如跨国公司、基金会和大量的非政府组织在全球治理中的作用越来越明显。它们拥有公共物品资源和专业能力与网络，对全球公共品的分配作用巨大。比如，可持续发展棕榈油圆桌会议（Roundtable on Sustainable Palm Oil）对全球范围的棕榈油生产和规范影响很大。

四是全球公共品的分配框架和交付机制。以新冠病毒疫苗为例，疫苗的分配涉及需求调查、生产、采购、运送、交付和实施等具体的环节，这些环节需要不同的国家政府（包括不同层级）、国际组织（如 Gavi）、疫苗生产商、疫苗运送公司、受援国医生和组织等，因此需要不同的机构、组织和人力资源提供支持，以完成疫苗接种的“最后一公里”。

三 不同类型的全球公共品的生产与供给

本部分就农业领域、卫生领域、气候领域和减贫领域等四个不同类型的全球公共品的生产和供给进行简要说明，阐述全球公共品生产机制的核心过程。总体上看，不同的全球公共品在生产和供给上有所差异，但它们背后的核心逻辑有相似之处。

（一）农业领域

农业领域是全球公共品生产与供给的重点领域，这一领域的重要性因为广大的发展中国家面临粮食安全问题而更加突出。农业领域的全球公共品实践也相对丰富。从实体上看，我们可以将粮农领域的专门机构或组织分为粮农专业机构（如世界粮食安全委员会）、粮农国际发展和金融机构（如世界银行）、涉农国际发展和金融机构（如国际劳工组织）、联合国涉农治理机构（如联合国气候变化大会框架公约）和一般性的全球协调机构（包括联合国经济及社会理事会）（见表4-5）。

表4-5 农业领域相关的全球组织、机构

相关领域	全球组织、机构	具体路径
粮农专业机构	粮农组织 世界粮食安全委员会 国际食品法典委员会 世界粮食计划署	农民组织全球网络 国际农业研究咨询机构 多边农业企业组织 可持续发展棕榈油圆桌会议

续表

相关领域	全球组织、机构	具体路径
粮农国际发展和金融机构	世界银行 联合国各发展项目 经济合作与发展组织 地区发展银行	私人基金会（如洛克菲勒基金会） 粮农非政府组织
涉农国际发展和金融机构	联合国环境项目 政府间气候变化专门委员会 国际劳工组织 全球环境基金 世界卫生组织 联合国儿童基金会 世界贸易组织 联合国妇女发展基金	环境非政府组织 国际自然保护地联盟 具有观察功能的非政府组织（全球政策论坛）
联合国涉农治理机构	联合国气候变化大会框架公约 绿色气候基金 生物多样性公约 联合国防治荒漠化公约	
一般性的全球协调机构	联合国秘书处 联合国大会 联合国安理会 联合国经济及社会理事会 G7 G20	

资料来源：作者整理。

我们以粮农组织为例，它成立于 1945 年，是联合国系统最早的常设机构。粮农组织的宗旨是提高人民的营养水平和生活标准，改进农产品的生产与分配，改善农村和农民的经济状况，促进世界经济的发展并保证人类免于饥饿。目前粮农组织有 194 个成员国。从组织制度上看，粮农组织有 5 个区域办事处和 11 个次区域办事处，还设有 134 个国家代表处。①

粮食安全在农业领域是最基础且重要的全球公共品，粮食安全的全球公共品供给机制需要进一步考察。联合国粮农组织于 1974 年在罗马召开了第一次世界粮食首脑会议，大会通过了《消除饥饿和营养不良的罗马宣言》和《世界粮食安全的国际约定》两个文件，② 从满足人类基本生存权出发，将粮食安全定义为“保证任何人在任何时候，都能够得到为了生存和健康所需要的粮食”。阿马蒂亚·森在《贫困与饥荒》一文中也强调了粮食安全个人权利，获得权是最基本的粮食人权。③

粮食安全问题具有非常明显的跨国性和全球性。例如，受到 2020 年开始的新冠疫情全球大流行和俄乌冲突的影响，一些粮食出口国（如俄罗斯）的粮食生产受到负面影响，导致粮食产量下降，粮食出口国减少了对外出口。这使得依赖粮食进口的国家特别是发展中国家面临粮食危机，民众面临饥荒，儿童可能营养不良。因此，粮食安全成为当下重要的全球公共问题。研究表明，2021 年，受到新冠疫情的影响，在全球范围内有 53 个国家的 1.93 亿人面临食物短缺的问题，

① 参见中华人民共和国常驻联合国粮农机构代表处网站，http：//www. cnafun. moa. gov. cn/jgjs/FAO/zzjgfao/，最后访问日期：2022 年 12 月 20 日。

② 转引自于宏源、李坤海《粮食安全的全球治理与中国参与》，《国际政治研究》2021 年第 6 期。

③ Sen Amartya, *Poverty and Famines: An Essay on Entitlement and Deprivation*, Oxford: Clarendon Press, 1981, p. 1.

比2020年多出4000万人。①

粮食安全基础性目标消除食物不安全感、饥饿和营养不良，人人都有获取充足的食物、免于饥饿的权利。面临粮食安全问题，发展中国家除了部分依赖双边援助或贸易，更多时候需要国际组织的支持。在联合国的系统下，专门推动农业和食品国际合作的国际组织包括联合国粮农组织、世界粮食计划署、世界粮食安全委员会和国际农业发展基金。这些国际组织在全球范围内协调资源，通过粮食援助等多种方式帮助需要的发展中国家解决粮食安全问题（即便是暂时的）。当然，国际组织也需要主权国家的支持，比如主权国家将粮食捐赠给涉农国际组织，由其来分配给需要粮食的国家和地区。主权国家或其他实体也可以对涉农国际组织的粮食安全项目进行捐款，涉农国际组织将通过市场采购和配送等方式来对面临粮食安全问题的国家进行帮助。当然，国际组织也可以直接派驻专家，帮助发展中国家解决粮食安全中面临的各种问题（如干旱导致的蝗虫问题）。

2010~2019年，中国对联合国发展重点实体的自愿资助增加了250%。尤其值得注意的是，中国对国际农业发展基金和世界粮食计划署的捐款增加。这反映了中国最近对粮食和农业部门在发展中的作用的关注。②

---

① Food and Agriculture Organization of the United Nations, "Global Report on Food Crises: Acute Food Insecurity Hits New Highs," https://www.fao.org/newsroom/detail/global-report-on-food-crises-acute-food-insecurity-hits-new-highs/en, accessed on October 1, 2022.

② Morris Scott, Rowan Rockafellow, and Sarah Rose, "Mapping China's Participation in Multilateral Development Institutions and Funds," https://www.cgdev.org/publication/mapping-chinas-participation-multilateral-development-institutions-and-funds, accessed on October 1, 2022.

（二）卫生领域

卫生领域是全球公共品生产与供给的实践前线，卫生问题特别是涉及全球性的共同的疾病和健康问题，具有非常强的跨国性和公共性。卫生领域的全球公共品生产与供给，不仅有主权国家和国际组织，还有活跃在前线的跨国公司、非政府组织。在具体的协同供给机制上，还包括双边和多边协同以及三方合作等不同的形式和形态。卫生领域的全球公共品供给实践丰富了全球公共品的内涵，扩展了全球公共品的外延。

在联合国的系统中，在全球卫生公共品的供给中处于核心地位的是世界卫生组织。世界卫生组织的主要职能包括在全世界范围内促进流行病和地方病的防治，提供和改进公共卫生、疾病医疗方面的教育和训练，推动全球生物制品国际标准和规范。目前，世界卫生组织包括 194 个会员国，在全球拥有 150 多个办事处。每年 5 月召开一次世界卫生大会，讨论重要事项。下设非洲、美洲、欧洲、东地中海、东南亚、西太平洋 6 个区域办事处。

新冠病毒疫苗的全球供给体现了全球卫生领域公共品供给机制的一般特征，并且能够很好地体现这一特征。新冠病毒疫苗的全球供给和分配也有实践的创新。截至 2022 年 5 月 30 日，新冠疫情全球大流行已经夺去了至少 629 万人的生命。[①] 新冠病毒疫苗已经成为防御新冠病毒最有效的方式。目前新冠病毒疫苗的生产和供应绝大部分出现在中高收入国家，中低收入国家由于资金、技术和其他原因很难获得抗疫所需

---

① 参见世界卫生组织官方网站，https：//covid19. who. int/，最后访问日期：2022 年 10 月 1 日。

的疫苗。如何让新冠病毒疫苗惠及全球，如何实现新冠病毒疫苗在国际范围内公平合理的分配已成为全球卫生领域的重大挑战。

新冠病毒疫苗的生产与供应也体现了一般全球公共品供给机制的特征。首先，只有少数国家能够生产疫苗，这体现的是这些国家的全球性卫生水平和技术能力，也是不同国家的全球性影响力的一种体现。

此外，国际组织在新冠病毒疫苗的全球分配上发挥了举足轻重的作用。在世界卫生组织的领导下，新冠疫苗实施计划应运而生。该计划是由全球疫苗免疫联盟、世界卫生组织和流行病防范创新联盟共同提出并牵头进行的项目。该计划通过筹资和接受捐赠的方式，从疫苗生产商手中订购疫苗并通过该计划的机制和网络实现疫苗在全球范围的分配。

多边协同机制解决疫苗的实地分配问题。世界卫生组织、联合国儿童基金会、全球疫苗免疫联盟建立了新冠病毒疫苗分配协同伙伴（the COVID-19 Vaccine Delivery Partnership，CoV-DP），旨在向疫苗覆盖率不足10%的国家提供疫苗分配服务。

该协同伙伴通过疫苗国家准备和交付框架（Country Readiness Delivery，CRD）来具体操作，引导全球范围内的疫苗分配、技术支持、行动协作和实施。在该框架下，创立新冠病毒疫苗活动工具包（toolkit），新冠病毒疫苗采用工具包，通过提供指导、工具和培训，使所有国家准备好实施新冠病毒疫苗接种。该工具包旨在支持卫生部、卫生工作者、伙伴组织和其他利益攸关方。其中包括制订国家疫苗部署和接种计划，提交国家疫苗部署和接种计划、成本核算和供资、目标人群和交付策略、供应和物流、人力资源和培训、针对疫苗的专用资源、接受和接种疫苗、疫苗安全性、数据和监测等环节的详细说明与操作方案。疫苗分配的决策流程图见图4-1。

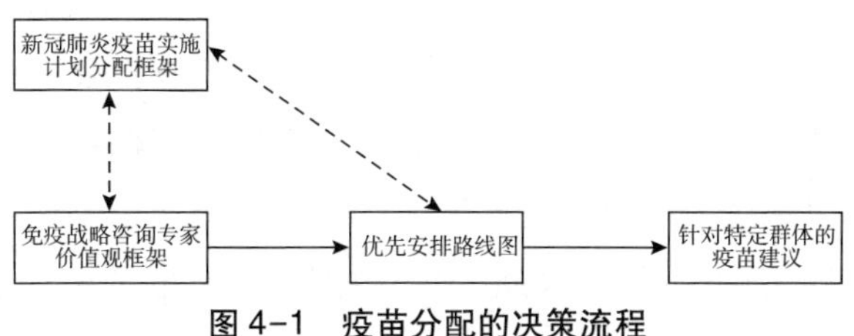

图 4-1 疫苗分配的决策流程

资料来源：世界卫生组织官方网站，https：//www. who. int/tools/covid-19-vaccine-introduction-toolkit，最后访问日期：2022 年 10 月 1 日。

比尔及梅琳达·盖茨基金会在新冠病毒疫苗的供给中发挥了重要的作用。比尔及梅琳达·盖茨基金会承诺向全球疫苗免疫联盟捐赠 16 亿美元。全球范围的国家和政府可以通过新冠肺炎疫苗实施计划这样的多边组织，在新冠病毒疫苗公共品的供给上做出贡献，在分配环节则交由新冠肺炎疫苗实施计划和免疫联盟这样的多边组织负责实施。

在全球新冠病毒疫苗的生产和分配上，也体现了全球性影响力和国际组织在其中发挥的作用。中国成立国家国际发展合作署，将卫生项目纳入全球发展和南南合作援助基金，在全球卫生领域发挥更大的作用。中国的新冠病毒疫苗主要通过双边的方式进行分配。当然，中国也积极参与疫苗供给的多边机制。

（三）气候领域

气候变化已经成为人类社会面临的共同问题，特别是涉及温室气体排放的议题早在 20 世纪 90 年代就引起了全球的重视。气候变化可能导致部分国家和岛屿在未来因为海平面的上升而消失，气候变化也可能引发全球范围或局部地区的气候灾难（如厄尔尼诺现象）。根据测算，到 2030 年发展中国家因适应气候变化和促进减排的资金需求将分别为 750 亿美元和 4000 亿美元，但资金问题只是应对气候变化的挑战之一。因此，有关气候变化的全球公共品生产和供给机制也成为全球公共品关注的重点领域。①

气候领域的全球公共品生产与供给的最核心的机制是《联合国气候变化框架公约》（United Nations Framework Convention on Climate Change）。《联合国气候变化框架公约》是世界上第一个为全面控制二氧化碳等温室气体排放，以应对全球气候变暖给人类经济和社会带来不利影响的国际公约，也是国际社会在应对全球气候变化问题上进行国际合作的一个基本框架。《联合国气候变化框架公约》先是在联合国总部通过，在 1992 年里约热内卢举行的联合国环境与发展会议期间正式开放签署。目前已经有超过 190 个国家批准了《联合国气候变化框架公约》，这些国家也是《联合国气候变化框架公约》的缔约国。《联合国气候变化框架公约》于 1994 年生效。

由于发达国家的温室气体排放占全球温室气体排放的大部分，《联合国气候变化框架公约》遵循“共同但有区别的责任”原则。发达国家要积极采取措施限制温室气体排放，向发展中国家提供资金和技术。1995 年以来，《联合国气候变化框架公约》的缔约方每年召开一次会议，研究共同应对气候变化的议程和措施（见表 4-6）。

欧盟国家是气候变化的积极倡导者，通过《联合国气候变化框架公约》和其他的平台和机制，欧盟国家 1990~2020 年

① 奚旺、莫菲菲：《“十四五”应对气候变化南南合作形势分析与对策建议》，《环境保护》2020 年第 16 期。

表 4-6　《联合国气候变化框架公约》缔约方大会列举

次序	时间和地点	重要事件
第二次	1996 年，日内瓦	
第三次	1997 年，京都	通过《京都议定书》，对 2012 年前主要发达国家减排温室气体的种类、减排时间表和额度等做出了具体规定
第四次	1998 年，布宜诺斯艾利斯	
第五次	1999 年，波恩	
第六次	2000 年，海牙	美国坚持折扣减排指标
第七次	2001 年，马拉喀什	
第八次	2002 年，新德里	会议通过《德里宣言》，强调应对气候变化必须在可持续发展的框架内进行
第九次	2003 年，米兰	
第十次	2004 年，布宜诺斯艾利斯	十周年
第十一次	2005 年，蒙特利尔	
第十二次	2006 年，内罗毕	
第十三次	2007 年，巴厘岛	通过了“巴厘岛路线图”，启动了加强《联合国气候变化框架公约》和《京都议定书》全面实施的谈判进程
第十四次	2008 年，波兹南	
第十五次	2009 年，哥本哈根	缔约方大会发表了《哥本哈根协议》

资料来源：作者整理。

温室气体排放大幅下降（见图 4-2），这也是欧盟践行全球减排的重要成果。这充分显示了《联合国气候变化框架公约》作为一个全球气候变化公共品协调平台的巨大影响力。

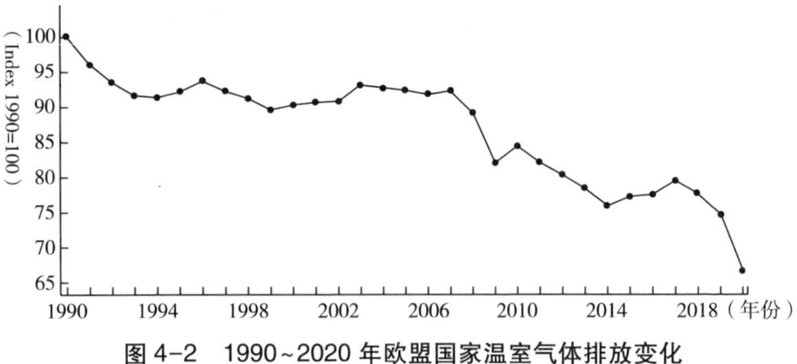

图 4-2　1990~2020 年欧盟国家温室气体排放变化

资料来源：https：//www. eea. europa. eu/en，最后访问日期：2022 年 8 月 1 日。

中国是《联合国气候变化框架公约》的缔约国。中国积极通过三方合作等形式来应对气候变化。截至 2020 年，中国已经和 35 个国家签署了 38 份气候变化合作文件，举办了 45 期气候变化南南合作培训班，为 120 多个发展中国家培训了 2000 余名气候变化领域的官员和技术人员。[①] 如 UNDP—中国—马拉维“增强马拉维的灾害风险管理”项目，由三方共同制订降低马拉维灾害风险的小额资助计划，三方与当地的 5 个社区组织合作，采用基于社区的方法，在马拉维 15 个灾害多发区建设了气候灾害疏散设施。[②]

（四）减贫领域

和平与发展是两大时代主题，和平与安全是全球公共品，人类共同发展也是全球公共品。减贫领域的全球公共品供给是全球公共品供给的另一个重点领域。减贫领域和国际安全

① 奚旺、莫菲菲：《“十四五”应对气候变化南南合作形势分析与对策建议》，《环境保护》2020 年第 16 期。

② 左佳鹭、张磊、陈敏鹏：《全球应对气候变化的合作新模式——探析“气候变化三方合作”》，《气候变化研究进展》2021 年第 1 期。

与国家安全也存在着密切联系。发展是硬道理，是解决人类所面临问题的根本。从全球公共品供给机制来看，减贫领域可以细分为四个模块。一是对低收入国家和脆弱国家提供全球层面的公共品：服务与治理。二是推动人类实现多维可持续发展目标的可持续减贫项目和行动。三是旨在消除人类贫困和压迫的消除极端贫困的行动。四是以公私融资的形式提供官方发展援助（ODA）（见图 4-3）。

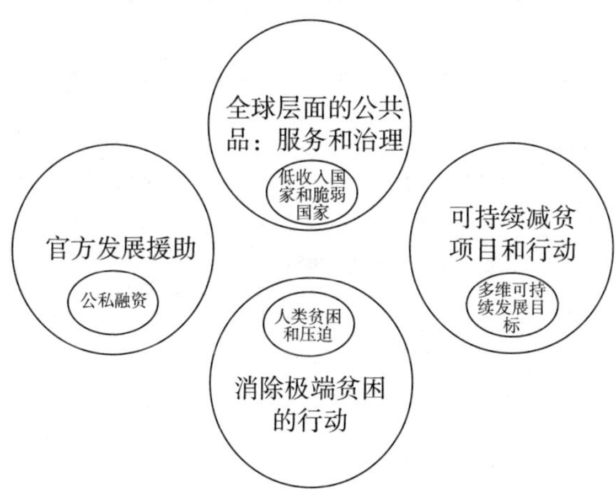

图 4-3　全球发展合作与减贫

资料来源：Paul Engberg-Pedersen，“Multi-stakeholder partnerships in Danish development policy：Poverty reduction，sustainable development and global public goods，” DIIS Report，No. 2014：27，2014，Danish Institute for International Studies（DIIS），Copenhagen。

联合国系统和机构为国际减贫提供了重要的组织和机制保障。2000 年联合国首脑会议上，189 个国家签署了《联合国千年宣言》，通过共同的行动计划，将全球贫困人口在 2015 年之前降低一半（以 1990 年的水平为标准）。联合国千年发展目标差距问题工作组由联合国秘书长创建，旨在通过加强机构间的协调，改善对千年发展目标第 8 项目标的监测。20

多个联合国机构派代表参加了该工作组，其中包括世界银行和国际货币基金组织，此外还有来自经济合作与发展组织和世界贸易组织的代表。

会议、协议和行动纲领等非强制性的框架是推动全球减贫的重要途径。联合国目前一共颁布了三个“消除贫穷十年行动计划”，在第二个“消除贫穷十年（2008—2017年）行动计划”中，涉及的协议就有十多个（见表4-7）。这些协议为共同推动全球减贫提供了重要的支撑。

表4-7　联合国第二个“消除贫穷十年（2008—2017年）行动计划”代表性协议

年份	协议名称	会议名称、地点
2011	《2011—2020十年期支援最不发达国家行动纲领》（《伊斯坦布尔行动纲领》）	第四次联合国最不发达国家问题会议，土耳其伊斯坦布尔
2012	《向最不发达国家提供贸易方面的技术援助强化综合框架》	联合国贸发会议十三大特别会议，卡塔尔多哈
2013	《非洲联盟2063年议程》	第33届非盟峰会，埃塞俄比亚亚的斯亚贝巴
2014	《内陆发展中国家2014—2024十年期维也纳行动纲领》	第二次联合国内陆发展中国家问题会议，奥地利维也纳
2015	《亚的斯亚贝巴行动议程》	第三次联合国发展筹资问题国际会议，埃塞俄比亚亚的斯亚贝巴

资料来源：《联合国第二个消除贫穷十年（2008—2017）的执行情况》（A/RES/72/233），2017年12月20日大会决议，https://documents-dds-ny.un.org/doc/UNDOC/GEN/N17/467/61/PDF/N1746761.pdf? OpenElement，最后访问日期：2022年10月1日。

官方发展援助是推动全球减贫重要的推手。发展援助可以渗透到农业领域、卫生领域、减贫领域和气候领域（本书重点关注的四大领域）。发展援助是不同领域和类型的全球公共品的重要支撑形式。官方发展援助是一种特别的全球公共品，即便这些援助往往附带一定的政治经济条件。经济合作与发展组织是最大的对外援助实体。2000 年至今，经济合作与发展组织对外提供的援助项目规模有一些年份在 3000 亿美元之上，高峰时曾经接近 6000 亿美元（见图 4-4）。援助项目甚至对国家的软实力能形成潜移默化的影响。因为受援国具有广泛性，大部分发展中国家都曾经接受或正在接受发展援助。发展援助的生产既可以是双边的形式，也可以是通过多边发展组织的形式。

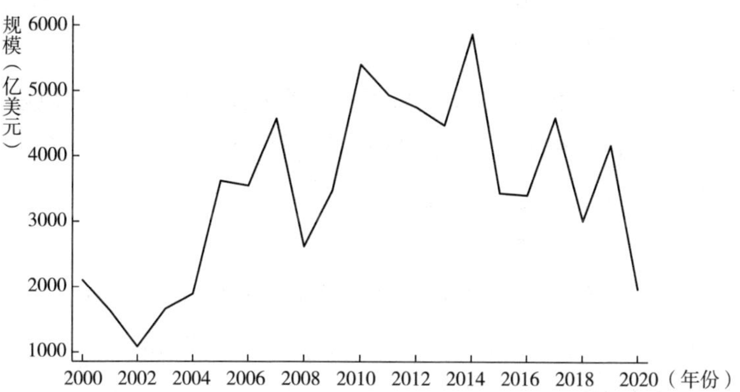

图 4-4　2000~2020 年经济合作与发展组织对外援助规模变化

资料来源：经济合作与发展组织官方数据，https：//data. oecd. org/drf/total-official-and-private-flows. htm，最后访问日期：2022 年 10 月 1 日。

据统计，非洲接受的西方发展援助规模从 2000 年的 141. 78 亿美元，增加到 2020 年的 498. 55 亿美元。2000~2020 年援助占非洲国内资本构成的年平均比例为 41. 67%，非洲是世界上援助依赖最为严重的地区①。发展援助的公共品是特定

① 根据经济合作与发展组织公布的数据计算，https：//data-explorer. oecd. org/? fs［0］ = Topic% 2C0% 7CDevelopment% 23DEV% 23&pg = 0&fc = Topic&bp = true&snb = 10，最后访问日期：2022 年 12 月 20 日。

的发展项目，这些发展项目包括但不限于经济基础设施、教育、卫生、能源和人道主义项目等。只有拥有全球性影响力的国家才能在国际范围内向广大受援国提供官方发展援助。发展项目的提供分为两类，但两类都基于全球性影响力这个基本点。一是拥有全球性影响力的国家向发展中国家提供双边发展援助；二是拥有全球性影响力的国家通过国际制度（世界银行）向发展中国家提供发展援助项目。

全球公共品的领域当然不仅包括上述四大领域，还包括其他领域，并且随着世界发展在不断细分和演化。例如，国际金融政策也可能成为一种全球公共品。国际货币基金组织作为二战后布雷顿森林体系的产物，目前在全球公共品生产与供给方面还发挥着重要的作用。国际货币基金组织生产并提供全球金融政策，如市场化、自由化和私有化的政策，而这已经在特定时间内成为一种全球公共品。这种金融政策建立在以美国为主导的资本主义市场经济生产体系的基础上。依仗美国的全球性影响力，国际货币基金组织在国际范围内不断供给金融政策和金融产品。这种公共品有一定的弱强制性，这种弱强制性通过国际货币基金组织对发展中国家提供的资金背后的附加条件来实现：如果发展中国家不能够接受相应的条件，则国际货币基金组织就不向其发放资本。

国际货币基金组织的政策条件在20世纪80年代的“结构改革项目”（Structural Adjustment Program）中达到顶峰。发展中国家只有满足市场化、自由化和私有化改革的要求，才能从国际货币基金组织中获得融资。美国通过塑造国际制度（国际货币基金组织）的政策偏好，来实现其全球公共品（市场化、自由化和私有化的经济政策）的生产与供给。

四　全球公共品的生产与供给的机制创新

全球公共品依然面临供给不能满足需求、不同公共品的生产主体协同合作欠缺、公共品供给机制之间缺乏协调、公共品分配端不公正不平衡等挑战。因此，我们需要对全球公共品的生产和供给机制进行改革与创新，有效解决上述存在的问题。全球公共品生产与供给的机制创新不仅是简单的渠道和制度问题，还包括全球公共品的知识与规范的更新。

第一，生产维度的多元主体协同，实现全球公共品供给平衡和有效。多元主体供给全球公共品相较主权国家主导和国际组织主导是一种进步。主权国家主导的全球公共品难以保证分配机制的公平性，国际组织主导的全球公共品则受制于国际组织本身的实力和规则，在全球公共品的供给上也往往不尽如人意。多元主体的供给部分地解决了上述问题。但是，多元主体供给模式也带来另外一个问题：不同主体的协同问题。只有好的协同机制才能克服“公地悲剧”，才能使全球公共品的产生与供给是公正合理的，才能解决全球公共品需求和供给失衡的问题。因此，多元主体协同应该代表了未来全球公共品生产与供给的方向。

第二，供给形式维度的双边与多边协同，探索更有效的公私合作，实现供给与分配的有效和公正。首先是建立双边供给渠道和多边供给渠道之间的有效协调机制，全球公共品领域可以根据具体需要建立“双边为主+多边为辅”或“多边为主+双边为辅”的灵活协调机制，进一步解决双边供给普惠性不足和多边供给能力、效率不足的问题。在供给形态方面，不同全球公共品意味着多元化和专业化不可避免，但也有防止全球公共品供给形态上无序竞争和资源浪费的问题，不同的全球公共品供给主体应该建立周期性和规范化的联席协调机制。通过专业化和制度化推动全球公共品的有效和合理的供给。

第三，发挥新兴国家在全球公共品生产与供给上的作用，扩大全球公共品总规模。毋庸讳言，现有的全球公共品生产与供给机制更多地建立在传统发达国家的资源、制度和规范之上。全球公共品生产与供给的多边体系必须更加兼容并蓄，并且有必要更加积极地吸收新兴国家如中国的发展经验和智慧。同时，全球公共品生产与供给领域应该鼓励新兴国家积极探索。例如，中国2013年发起的“一带一路”倡议和2021年提出的全球发展倡议是典型的新兴国家在全球公共品供给上的创新。相比发达国家，中国的发展经验和其他的发展中国家更为接近，这有利于发展经验之间的交流互鉴。“一带一路”倡议和全球发展倡议未来应该在全球公共品的生产与供给上发挥更加积极的作用。并且，“一带一路”倡议和全球发展倡议可以和其他大国、联合国系统提出的发展倡议进行更好协同，推动人类命运共同体的建设。

第四，建立国家和全球协调机制，指定相关机构在国家和国际层面进行运作。例如，可以在国际货币基金组织设立一个全球弹性基金来支持气候领域的全球公共品，为脆弱国家根据《巴黎协定》和《格拉斯哥气候协议》为其能源转型努力筹集资金。

第五，将国际金融机构的技术支持摆在桌面上，以提高对发展中国家提供的全球公共品的有效性。在这方面，作为对全球公共品的提供做出贡献的一部分，多边开发银行可以而且必须在这些国家的能力建设中发挥核心作用。

CHAPTER

5

第五章

全球公共品的治理

全球公共品的供需转化与融资创新，能够为其优化治理创造条件。通过国际集体行动应对人类共同挑战，并在此过程中形成一定的国际秩序和治理格局，是全球公共品有效供给的目标之一。当前，极端贫困、重度饥饿等全球性挑战为全球治理带来了日益增多的不确定性，应对可能因局部风险引发的全球危机或受全球影响而产生的地方困局，需要创新机制，寻找新方案，构建新知识。本章将从“什么是全球公共品的治理”这一问题入手，分析其目标宗旨和在具体领域的治理机制，由此思考未来可持续推进全球公共品供给的可能路径及其必要因素。

一 全球公共品的治理：多元主体优化制度的实践

在西方，治理的概念最早出现在14世纪晚期英国诗人杰弗里·乔叟（Geoffrey Chaucer）的《坎特伯雷故事集》中，“governance”一词用来表示房产、土地等私有财产的管理权。[①] 然而，早在公元前5世纪，中国就有了治理实践。古代中国普遍存在士绅、地方官员为了预防饥荒、保证粮食供应、提高仓储能力而设置的“常平仓（官仓）”“社仓（半官半民）”“义田（民间）”等，这些尤其在宋元时期的江苏、湖

① Geoffrey Chaucer, “The Wife of Bath’s Prologue,” *The Canterbury Tales*, 1387, line 820.

南、湖北、安徽等地盛行。通过田契，部分族人的私田被买下来转化为集体资产，由地方政府设立“义田首事”“粮房”“斗级”等职，管理无田佃农，让其进行耕种，收取其少量租金，减免其粮钱、税收或杂差，以佃作契约确立佃作关系。在荒年时，可通过“出陈”“平粜”等方式予以赈济。为了防止贪腐，官府还将义田交给士民管理，并对“转佃渔利”“移丘换段”等做法进行监管。[①] 这可以说是较早的公共品治理实践。

20 世纪 60 年代，哈丁（Garrett Hardin）在《科学》杂志的撰文，描述了公共池塘资源被滥用的“公地悲剧”风险：英国封建主在自己的领地中划出一片公共牧场，向牧民开放。随着牛羊数量无节制地增加，牧场最终因“超载”而成为不毛之地。[②]“公地悲剧”在现实中并不总是存在，传统英国公地上的牧民会限制放牧数量，它只是在人性恶假设基础上的典型推论。

无论是东方的义田还是西方的公地，都在通过制度设计与集体合作，尝试实现原本只有政府才能实现的，对国家、社会、组织或个人实施管治或监督。[③] 到 20 世纪 80 年代，有关“治理”的研究逐步深入，将其划分为宪政性（constitutive）、指令性（directive）和运营性（operative）三种类型。[④] 治理的

---

① （汉）袁康等：《越绝书》，参见俞纪东《越绝书全译》，贵州人民出版社，1996，第 1~12 页；〔韩〕田炯权：《中国近代社会经济史研究——义田地主和生产关系》，中国社会科学出版社，1997，第 5~7、80~120 页。

② Garrett Hardin, "The Tragedy of the Commons," *Science* Vol. 162, No. 3859 (December 13, 1968), pp. 1243-1248.

③ Merriam - Webster's Unabridged Dictionary, "Governance," Merriam - Webster. com, 1979 - 2022, https: //www. merriam - webster. com/dictionary/governance, accessed on May 16, 2022.

④ Larry Kiser, Elinor Ostrom, "The Three Worlds of Action: A Metatheoretical Synthesis of Institutional Approaches," in Elinor Ostrom, ed. , *Strategies of Political Inquiry*, Beverly Hills, California: Sage, 1982, pp. 179-222.

内涵是所有致力于公共事务管理的进程总和，其行为主体不仅限于政府，也包含市场中的企业，自愿参与的个人以及具有社会属性的慈善组织、专业共同体网络等，既包括正式机构，也包括非正式机构；其管理方式既包括立法、规约、行政等正式制度，也包括服务外包、民间交流等非正式制度。治理概念的变迁体现了公共事务管理方式从差序的官僚体制，向市场的自由合作再向网络的众创范式不断演进的特征。随着“治理”理念的基本原则与核心内涵在全球层面的拓展与应用，“全球治理”的概念应运而生，其探讨的核心议题是对“全球公共品”问题的反思。① 与传统管理实践相比，全球治理实践的主要特点是多领域、多层次和跨国界。②

国际组织对于全球公共品治理实践的推动和理念的形成发挥了重要作用。1989 年，世界银行发布了一份题为《撒哈拉以南非洲：从危机走向可持续增长——一项长期研究》的报告，通过考察非洲民族国家在独立后 30 年中，在粮食安全、人口激增、青年失业和长期贫困等方面不断深化的经济社会“治理危机”，指出要以法治和民主“重塑”（reinvent）治理结构，才可能带来繁荣。③此后，以联合国为代表的国际组织对于治理的关注度不断提高，并遴选专家对相关主题开展深度考察。美国南加州大学教授、国际关系学者詹姆斯·罗西瑙（James N. Rosenau）作为专家组成员，于 1990 年在

① 裴长洪：《全球经济治理、公共品与中国扩大开放》，《经济研究》2014 年第 3 期。

② Mark Bevir, *Governance: A Very Short Introduction*, Oxford: Oxford University Press, 2012, pp. 1-7.

③ Pierre Landell-Mfills, et al. *Sub-Sahara Africa: From Crisis to Sustainable Growth: A Long-Term Perspective Study*, WashingtonD. C.: The International Bank for Reconstruction and Development/The World Bank, 1989, p. 60.

《世界政治的动荡：变革与持续的理论》一书中指出，由主权国家构成的国际体系正在分出一个具有相同权力的分权式多中心（multi-centric）全球体系。[①] 1992 年，世界银行发布《治理与发展年度报告》。同年，联合国成立全球治理委员会（CGG），并创办了《全球治理》（*Global Governance*）杂志。罗西瑙也在这一年主编《没有政府的治理：世界政治中的秩序与变化》，指出治理关注的并不是政府权威的使用方式，而是多元行为体之间的相互依赖关系；在没有政府的情况下，多元主体亦可在独立性基础上合作推进治理成效。[②] 1993 年，荷兰鹿特丹伊拉斯姆斯大学管理专家简·库曼（Jan Kooiman）在《现代治理：新政府—社会互动》一书中，将治理界定为"以社会—政治系统形态兴起的所有行为体以'多种博弈规则'共同参与'公物'供给的互动干预方式、结构或成效。这种新的治理结构有助于所有行为体运用多样化规则实现各自目标和旨趣"。[③] 1995 年，在联合国成立 50 周年之际，以罗西瑙为代表的 28 名专家组成全球治理委员会，在《天涯成比邻——全球治理委员会报告》中指出，治理是各类公私行为体处理共同事务的过程，需协调各种利益冲突推动合作。[④] 1997 年，日本学者星野昭吉（Akiyoshi Hoshino）在《全球政治学》一书中，进一步将"全球治理"界定为国家与非国家、

① James N. Rosenau, *Turbulence in World Politics: A Theory of Change and Continuty*, Princeton: Princeton University Press, 1990, p. 11.

② James N. Rosenau, Ernst-Otto Czempiel, eds., *Governance without Government: Order and Change in World Politics*, Cambridge: Cambridge University Press, 1992, pp, 25, 28, 62.

③ Jan Kooiman, *Modern Covernance: New Government-Society Interactions*, London, California, New Dehli: Sage Publications, 1993, p. 258.

④ The Commission on Global Governance, *Our Global Neighbourhood Report of the Commission on Global Gorernarce*, Oxford: Oxford University Press, 1995, p. 4.

公共与私有、营利与非营利行为体的合作，是多层行为体应对共同挑战的创新治理方式。①

由此可见，治理强调非国家行为体在“可治理性”（governability）与“治理术”（governmentality）两方面与国家的良性互动。“可治理性”指可评测的政治和行政管控能力。20世纪70年代后，政府对公共事务的管控能力出现边际效益递减的情形，在此情况下，多元行为体的参与能够在很大程度上减少管控的需要。公私主体“协同”（collaboration）是实现“可治理性”的主要路径，包括协同引领、协同管理、协同生产、协同分配等，以使公共事务管理的需求与能力得以平衡。②“治理术”的提出者，法国哲学家、社会思想家福柯（Michel Foucault）认为，政府掌控主权和规则的合法性，源于其将经济引入政治实践的责任与能力。③ 从这一意义上讲，非国家行为体的介入是通过重构政府理性而实现的治理思维转型，它意味着政府并不是政治权威的唯一来源，其存在的意义在于为百姓提供公共福利、改善生活水平，以增加财富、寿命、健康等公共品与服务。④ 这些目标的实现都需要引入多中心主体，原因在于：主体的多元化不仅能够协助政府对国内偏好各异的特殊人群进行协调，而且能够为跨越国

① Akiyoshi Hoshino, *Prospect for Global Politics: Change, Conflict, Governance and Peace in Globalization*, Tokyo: Teihan Publishing Company, 1997.

② Jan Kooiman, *Modern Governance: New Government-Society Interactions*, pp. 1-2.

③ Michel Foucault, "Omnes et Singulatim: Toward a Critique of Political Reason," in James D. Faubion, ed., *Power: Essential Works of Foucault, 1954-1984*, Harmondsworth: Penguin, 1980, pp. 298-325.

④ Iver B. Neumann, Ole Jacob Sending, *Governing the Global Polity: Practice, Mentality, Rationality*, Ann Arbor: The University of Michigan Press, 2010, pp. 9-10.

界的涉外管辖提供国际范围内的部门间协调。[①] 因此，跨国公私合作机制的达成及其在地方因地制宜的调试与创新，往往是全球公共品能否可持续供给的关键。

二　从促进和平到推动发展：全球公共品治理的目标

全球公共品治理的目标，取决于两方面的因素：一是治理主体的构成，二是所能获得的共识。从治理主体来看，提供全球公共品的主体，从主要是具有超强实力的民族主权国家的一元化治理结构，发展到由多边国际组织（机构）与公私利益相关方多元共治的多元化治理结构，经历了近三个世纪的时代变迁（见图 5-1）。从治理目标所涉及的议题领域来看，则经历了从围绕地区和平秩序到追求南北平等再到聚焦可持续发展的三个阶段。全球层面能否本着“全球思考、本地行动”[②] 的原则，在制度设计中推动更多“自下而上”

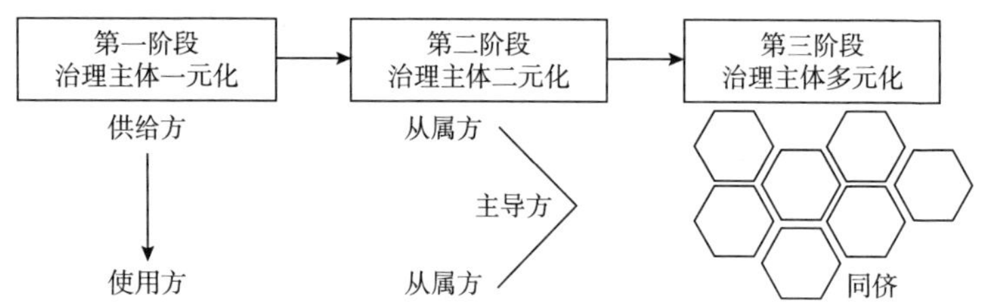

图 5-1　全球公共品治理的演化进程示意

资料来源：作者自制。

① Mark A. Boyer, “Global Climate Change and Local Action: Understanding the Connecticut Policy Trajectory,” *International Studies Perspectives* Vol. 14, Issue 1 (2013): 7.

② Patrick Geddes, *Cities in Evolution: An Introduction to the Town Planning Movement and to the Study of Civics*, London: William & Norgate, 1915, p. 397.

元素的表达，使多元主体参与治理实践，是能否取得治理成效的关键。以下将简要介绍三个阶段的治理结构特点。

第一阶段主要由地区强国围绕和平秩序这一治理目标展开。早在公元前 33 年，世界上就出现了跨越疆域的宗教团体或协会，这是早期国际组织的雏形。从 15 世纪地理大发现到二战结束，和平公共品的治理目标主要依赖具有超强实力的民族国家通过与其他国家达成的“基本制度”得以实现。[①]在欧洲，这种“基本制度”是条约与殖民体系的结合。1648 年《威斯特伐利亚和约》确立的民族国家主权平等体系结束了三十年战争，1814~1815 年形成的维也纳体系推动形成的“欧洲协调”则维持了近百年的和平。在东亚，地区和平则以中原国家与藩属国通过“朝贡”礼制形成的中华体系来维系。[②] 条约体系强调主权平等，但对外则以殖民体系创造差序；中华体系承认内部的差序，但通过“多予少取”保持加入的开放性和弹性。[③] 二者都为本地区甚至更广泛的地域提供“规范性的和平力量”，[④] 但其治理主体均为少数强国，具有主体一元化的特点。这两种体系在地区强国实力下降或公共品供给不足时往往引发失序。[⑤] 两次

① Chris Reus-Smit, *The Moral Purpose of the State*, Princeton: Princeton University Press, 1999, p. 4.

② Zhou Fangyin, “Equilibrium Analysis of the Tributary System,” *Chinese Journal of International Politics* Vol. 4, No, 2 (2011): 147-178.

③ 张勇进、巴里·布赞：《作为国际社会的朝贡体系》，《国际政治科学》2012 年第 3 期。

④ Rodney Bruce Hall, “Moral Authority as a Power Source,” *International Organization* Vol. 51, No. 4 (1997): 591-622。

⑤ Charles P. Kindleberger, *Manias, Panics, and Crashes: A History of Financial Crises*, New Jersey: John Wiley & Sons, Inc., 2005, pp. 14, 17, 18, 22, 225, 250, 274; Joseph S. Nye, “The Kindleberger Trap,” Belfer Center for Science and International Affairs, Harvard Kennedy School, January 9, 2017, https://www.belfercenter.org/publication/kindleberger-trap, accessed on March 1, 2022.

世界大战的爆发就证明了这一点。

第二阶段的治理目标主要是追求更加公正合理的国际政治经济新秩序。如图 5-2 所示，在这一时期，国家间条约和国际组织不断增多，以国际制度与合作规范提升“可治理性”的努力逐渐从民族国家拓展到更多的治理主体。1945 年二战结束时，全球设立的政府间和国际非政府组织共有 4948 个。其中，总部设在发展中国家的仅有 50 多个，约占总数的 1%。到 1990 年，国际组织已增至 3 万多个，是 1945 年的 6 倍多，但总部设在发展中国家的仅 170 多个，占比下降约为 0.5%。[①] 在原材料与能源领域作为主要供给者的亚非拉国家，难以成

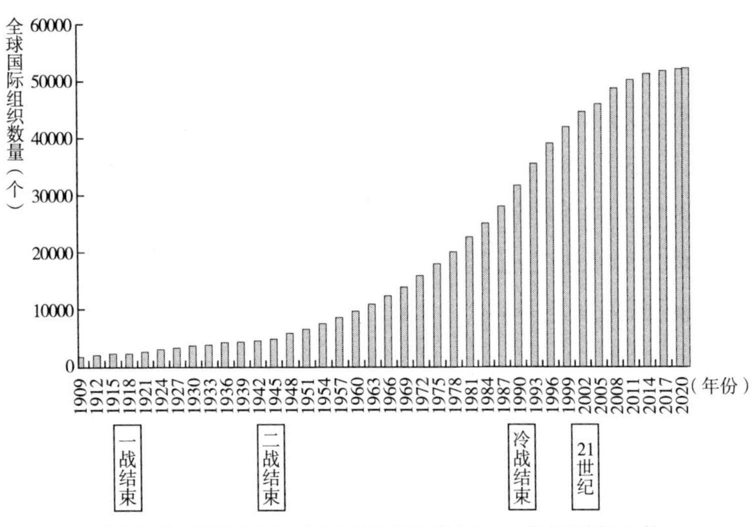

图 5-2　国际组织（含国际非政府组织）数量增长趋势

资料来源：Union of International Associations（UIA），*Yearbook of International Organizations（YBIO），1907 - 2022*，https：//uia. org/ybio/，accessed on March 22，2022。

---

① Union of International Associations（UIA），*Yearbook of International Organizations（YBIO）*，1907-2022，https：//uia. org/ybio/，accessed on March 22，2022.

为产品贸易的规则制定者，在市场收益分配的价值链中处于末端。部分涉及亚非拉国家原材料与能源的多边国际组织如表 5-1 所示。在二元主体结构中，弱国的从属特征仍然明显。①

表 5-1 部分涉及亚非拉国家原材料与能源的多边国际组织一览

	多边国际组织名称	建立年份
1	国际茶业委员会（ITC，总部：英国伦敦）	1933
2	泛美咖啡局（PACB，总部：美国纽约）	1936
3	石油输出国组织（OPEC，总部：奥地利维也纳）	1960
4	非洲国家咖啡组织（IACO，总部：马达加斯加塔那那利佛，后迁至法国巴黎和科特迪瓦阿比让）	1960
5	非洲花生理事会（AGC，总部：尼日利亚拉各斯）	1961
6	可可生产者联盟（CPA，总部：尼日利亚拉各斯）	1962
7	拉美国家石油互助会（ARPEL，总部：乌拉圭蒙得维的亚）	1965
8	阿拉伯石油输出国组织（OAPEC，总部：科威特萨法特）	1968
9	亚洲椰子共同体（ACC，总部：印尼雅加达）	1969
10	天然橡胶生产国协会（ANRPC，总部：马来西亚吉隆坡）	1970
11	国际胡椒共同体（IPC，总部：印尼雅加达）	1972
12	拉丁美洲能源组织（OLADE，总部：玻利维亚科恰班巴）	1973
13	非洲石油生产国组织［APPO，总部：刚果（布）布拉柴维尔］	1987
14	国际铝土协会（IBA，总部：牙买加金斯敦）	1974
15	香蕉出口国联盟（UBEC，总部：巴拿马巴拿马城）	1974
16	非洲木材生产者协会（ATO，总部：加蓬利伯维尔）	1991

资料来源：Union of International Associations（UIA），"International Organizations Search，" *Yearbook of International Organizations (YBIO)*，1907-2022，https：//uia. org/ybio/，accessed on March 6，2022。

① Raúl Prebisch, *The Economic Development of Latin America and Its Principal Problems*, Economic Commission for Latin America, Lake Success, New York: United Nations Department of Economic Affairs, 1950.

第三阶段的治理目标则聚焦全人类的可持续发展。20 世纪 90 年代，全球治理日益呈现出南北联结、多元共治的跨行业、跨学科、跨层次趋势。聚焦消除贫困、粮食系统、卫生健康及环境气候的人类安全议题，逐渐成为全球公共品供给的核心关切，并且呈现出明显的议题间相互关联性。比如，某国内三文鱼饲料中发现污染物二噁英的问题，需要从原产地国家进行源头控制。这会涉及各国食品进口标准、国际贸易规则制定、环境非政府组织介入、企业及其他第三方评估等协同方案。① 能否使最不发达国家和民众解决自身面临的挑战性问题，在很大程度上对全球可持续发展目标的全面实现具有决定意义。在这种背景下，可持续发展目标的全球宏愿日益与脆弱性国家和低收入弱势人群的需求结合起来。根据国际协会联盟（UIA）的统计数据，在 2018~2021 年成立的政府间和国际非政府组织中，总部位于发展中国家的国际组织占比已提升至 12.5%。② 多元共治的主客体之间呈现出从原有的疏离乏力向协同众创状态发展的趋势，公私行为体主动构建多中心对等共赢的“巢状”治理结构。

三　全球公共品治理的机制创新：以减贫、粮农和卫生领域为例

全球公共品供给的三个缺口包括管辖（jurisdictional）、

① Mark Bevir, *Governance: A Very Short Introduction*, Oxford University Press, 2012, pp. 36-43.

② Union of International Associations（UIA）, *Yearbook of International Organizations (YBIO)*, 1907-2022, https://uia.org/ybio/, accessed on March 22, 2022.

激励（incentive）和参与（participation）。[①] 其中，管辖缺口是指国际条约的“软法”性质往往使国际社会在公共品供给问题上面临集体行动的困境。[②]激励缺口则指在全球统一的标准或规范无法体现地理、文化、经济、社会差异的情况下，相关主体激励不足的现实。参与缺口是指民族国家以外的其他行为体，如非政府组织、跨国企业、基金会、社区、个人等，在治理决策和制度设计中未得到充分重视，无法有效参与。

本部分将以减贫、粮农和卫生三个领域的治理机制创新实践为例，分析全球公共品治理呈现出的三种发展趋势：以跨界发展带动多方融资、多边组织间合作研发标准、探索众创众筹众包新方案。以上三种趋势分别为以上三个缺口提供了解决方案，即以发展融资的“硬实力”，克服单纯依靠国际条约“软约束”的管辖缺口；以体现文明多样性的专家知识共同体“自下而上”推动标准或规范生成，解决主体代表性表达不足带来的激励难题；以催化式慈善的市场塑造实践，推动私有主体参与公共品生产、南方主体参与公共品消费的产销联盟完成任务目标。这三种发展趋势，都为全球公共品治理提供了具有多中心“巢状”特征的创新灵感，为激发各方积极贡献智慧、提供方案创造了可能性和突破口，使更多主体参与到合作文化的创设与构建进程中来。

---

① Inge Kaul, Isabelle Grunberg, Marc A. Stern, *Global Public Goods: International Cooperation in the 21st Century, the United Nations Development Programme (UNDP)*, New York: Oxford University Press, 1999, p. xxvi.

② Mancur Olsen, *The Logic of Collective Action: Public Goods and the Theory of Groups*, Cambridge, Massachusetts, London, England: Harvard University Press, 1965.

（一）国际减贫公共品的治理机制创新：以跨界发展带动多方融资

国际贫困治理与对外援助、国际发展合作紧密联系在一起。从其紧迫性、超常规性和跨界性来看，减贫规范涵盖其他规范，具有首要性，[①] 因此，建立全球范围内的筹融资协调框架，并对资金流向、使用效果、最佳实践进行总结统计，对全球层面有效实现可持续发展目标具有重要的现实意义。

减贫规范的形成源自对发展不平等结构进行干预的现实紧迫性。1948 年 10 月 17 日，10 多万人聚集在《世界人权宣言》的签署地巴黎特罗卡迪罗广场，以纪念极端贫困、暴力和饥饿的受害者；宣称贫穷是对人权的侵犯，并申明要团结起来，确保这些权利得到尊重。当年 12 月 10 日，在第三届联合国大会上，各方通过了《世界人权宣言》和《以技术援助推动经济发展的决议》，将“免于匮乏的自由”（Freedom from Want）和发展中国家的欠发展问题纳入联合国议程。[②] 20 世纪 60 年代开始，在联合国系统和各类多边国际机构的推动下，全球经历了四个“发展十年”。但在前 30 年中，各方均将注意力集中在了经济发展上，忽视了消除占 30 亿人口 1/2 的贫困人口对于全球发展的重要意义。当时盛行的观念认为，财富增长后会自然流向穷人，此即“涓滴机制”

---

① Darid Hulme, Global Porerty: Global Governance and Poor People in the Post-2015 Era, Routledge, 2015, pp. 2-8, 39-42.

② United Nations, *Universal Declaration of Human Rights* [A/RES/217 (Ⅲ)], p. 28, 1948 年 12 月 10 日, https://www.un.org/en/about-us/universal-declaration-of-human-rights; 关于第二届委员会报告所通报之决议案《二〇〇（三）：经济发展之技术协助》，A/RES/200 (Ⅲ)，第 14 页，https://documents-dds-ny.un.org/doc/RESOLUTION/GEN/NR0/044/69/PDF/NR004469.pdf? OpenEl ement，最后访问日期：2022 年 6 月 7 日。

(Trickle-Down Mechanism)，或称“冯伯伦—耶林模型”。[①] 然而，由于社会阶层的固化与关注问题的分化，贫困人群所需要的对于减贫有效的帮助，如农业技术与经验，并无法通过涓滴机制获得。[②] 同时，由于贫困人群所处制度结构中存在获取权不平等、交换性权利不均和政策沟通能力匮乏等问题，若无外力对不平等结构进行干预，很难解决贫困问题。[③] 这也是世界银行和国际货币基金组织自20世纪80年代开始在全球37个发展中国家开展的结构调整计划行不通的主要原因。[④]

减贫从议题涵盖性和影响力来看，具有高于一般国际规范的“超常规性”。自20世纪90年代开始，在第四个“发展十年”中，消除贫穷作为一项重要的国际规范被提上全球治理的议事日程，[⑤] 其最早在1990年联合国总部举行的“世界儿童峰会”上被重点提及，体现在《关于儿童生存、保护和发展的世界宣言》的行动计划中，得到了世界卫生组织、联

---

① Rudolf Von Jhering, *Der Zweck im Recht, zweiter Band*（《法律的目的》第二卷）。Wiesbaden：Breitkopf & Härtel, 1833；Thorstein Veblen, *The Theory of the Leisure Class: An Economic Study in the Evolution of Institutions*, New York：Penguin Books, 1899.

② Jawaharlal Nehru, “Whither India?（1933），” Reprinted in “India's Freedom，” *Unwin Books*, No. 29, London：Allen & Unwin Press, 1962, pp. 18-24.

③ 〔印度〕阿马蒂亚·森：《贫困与饥荒：论权利与剥夺》，王宇、王文玉译，商务印书馆，2004。

④ Farhad Noorbakhsh, Alberto Paloni, “Structural Adjustment and Growth in Sub-Saharan Africa：The Importance of Complying with Conditionality，” *Economic Development and Cultural Change* Vol. 49, No. 3（2001）：479-509.

⑤ Michelle Jurkovich, “What Isn't a Norm? Redefining the Conceptual Boundaries of ‘Norms’ in the Human Rights Literature，” *International Studies Review* Vol. 22, No. 3（2020）：693-711；Martha Finnemore, Kathryn Sikkink, “International Norm Dynamics and Political Change，” *International Organization* Vol. 52, Issue 4（1998）：891.

合国教科文组织和联合国儿童基金会的支持。[①] 1992 年 12 月 22 日，联合国通过第 47/196 号决议，宣布每年的 10 月 17 日为国际消除贫穷日。[②] 1995 年，在哥本哈根“社会发展问题世界首脑会议”上，通过了《哥本哈根社会发展问题宣言》，做出了“尽可能最短时间内大幅减少贫困”的承诺，并将“消灭贫穷”目标纳入《社会发展问题世界首脑会议的报告》第二章。[③] 1996 年，经济合作与发展组织发展援助委员会提出了题为“塑造二十一世纪：发展合作的贡献”的政策，[④] 为减贫纳入联合国千年计划奠定了共识基础。189 个国家元首和政府首脑在 21 世纪来临之际，做出了在 2015 年前将贫困人口减半的联合国千年发展目标承诺，使其成为具有统领性的

① United Nations General Assembly, “World Declaration on the Survival Protection and Development of Children, and Plan of Action for Implementing the World Declaration on the Survival Protection and Development of Children (A/45/625),” World Summit for Children, New York: United Nations, 1990, https://documents-dds-ny.un.org/doc/UNDOC/GEN/N90/267/21/IMG/N9026721.pdf? OpenElement, accessed on June 9, 2022.

② 联合国:《纪念消灭贫穷国际日》(A/RES/47/196)，联合国大会第 47 届会议，1992 年 12 月 22 日，https://documents-dds-ny.un.org/doc/UNDOC/GEN/N93/191/45/IMG/N9319145.pdf? OpenElement，最后访问日期：2022 年 6 月 6 日。

③ 联合国：“第二章 消灭贫穷”，《社会发展问题世界首脑会议的报告》(A/CONF.164/9)，哥本哈根，1995 年 3 月 6 日至 12 日，https://documents-dds-ny.un.org/doc/UNDOC/GEN/N95/116/50/IMG/N9511650.pdf? OpenElement，最后访问日期：2022 年 6 月 9 日。

④ Development Assistance Committee (DAC), “Shaping the 21st Century: The Contribution of Development Co-operation,” Paris: Organisation for Economic Co-operation and Development (OECD), May 1996, https://www.oecd.org/dac/2508761.pdf, accessed on January 28, 2022.

全球规范。①

此后，在联合国和经济合作与发展组织的共同努力下，全球订立了一系列减贫规约。联合国推出了三个“消除贫穷十年”。在第一个“消除贫穷十年（1997—2006 年）”中，第三届联合国最不发达国家会议在布鲁塞尔通过了《2001—2010 十年期支援最不发达国家行动纲领》，联合国发展筹资问题国际会议达成了《蒙特雷共识》（2002 年）。② 在这一阶段，经济合作与发展组织发展援助委员会与联合国开发计划署分别在意大利罗马和法国巴黎举办援助有效性高峰论坛，达成了《罗马协调宣言》（2003 年）③ 和《关于援助有效性的巴黎宣言》（2005 年）④，达成了“本地所有”（ownership）、“入乡随俗”（alignment）、“多方协调”（harmonisation/aidcoordination）、“结果导向”（managing for results）和“相互问责”（mutual accountability）五项援助有效性原则，并确立了一系列评估指标。

在第二个“消除贫穷十年（2008—2017 年）”中，减贫

① Sakiko Fukuda-Parr, DavidHulme, “International Norm Dynamics and the ‘End of Poverty’: Understanding the Millennium Development Goals,” *Global Governance* No. 17, Issue 1 (2011): 17-36; Peter Taylor, et al., “Shifting Norms, Multiplying Actors, Turbulent Times: An Emerging Landscape of International Development Cooperation,” *Development Policy Review* Vol. 41 (2023) e12686: 1-16.

② 联合国：《蒙特雷共识》（第 198/11 号决议），发展筹资问题国际会议，2002 年 3 月 22 日，https://www.un.org/zh/documents/treaty/files/A-CONF-198-11.shtml，最后访问日期：2022 年 6 月 10 日。

③ OECD, *Rome Declaration on Harmonization*, The First High Level Forum on Aid Effectiveness, Rome, February 24-25, 2003, accessed on January 28, 2022.

④ UNDP, “Implementing the Paris Declaration on Aid Effectiveness: UNDP’s Response to the 2011 Survey on Monitoring the Paris Declaration,” November 2011, https://www.undp.org/sites/g/files/zskgke326/files/publications/Implementing-the-Paris-Declaration-on-Aid-Effectiveness.pdf, accessed on January 18, 2022.

体现出显著的跨界性。到 2015 年，千年发展目标确定的“日收入低于 1.25 美元的极贫人口比例减半”的目标基本实现，全球极贫人口总数从 1990 年的 19 亿人下降到了 2015 年的 8.36 亿人；日收入超过 4 美元的中产阶级人数翻了三番，占发展中国家劳动力的比例从 1990 年的 18%增至 50%；发展中国家营养不良人数占比从 1990 年的 23.3%降至 12.9%，将近减半。[①] 在此基础上，联合国在成立 70 年之际，进一步制定了《2030 年可持续发展议程》，到 2030 年消除极贫人口（日生活费低于 1.25 美元）的目标仍为 17 个可持续发展目标之首。为了达成这一更具挑战性的全球目标，联合国进一步签署了一系列关注脆弱国家的协议，并且将减贫筹资与卫生、气候、灾害、生物多样性等领域的援助资金在条件允许的情况下结合使用。联合国第二个“消除贫穷十年”所涉协议如表 5-2 所示。

表 5-2　联合国第二个“消除贫穷十年（2008—2017 年）”涉及协议一览

序号	年份	协议名称	会议名称、地点
1	2011	《2011—2020 十年期支援最不发达国家行动纲领》（《伊斯坦布尔行动纲领》）	第四次联合国最不发达国家问题会议，土耳其伊斯坦布尔
2	2011	《2011—2020 年生物多样性战略计划》及其生物多样性目标	联合国《生物多样性公约》缔约方大会第十届会议，日本名古屋

① United Nations, *Target 1 A, Goal 1: Eradicate Extreme Pervety Hunger Millenium Development Report* 2015, New York: United Nations, 2015, https: //www.un.org/zh/millenniumgoals/pdf/MDG%202015-C-Summary_Chinese.pdf, accessed on May 10, 2022.

续表

序号	年份	协议名称	会议名称、地点
3	2011	“我们希望的未来”成果文件	联合国可持续发展大会，巴西里约热内卢
4	2011	《从世界金融和经济危机中复苏：全球就业契约》	联合国经社理事会 2011 年实质性会议，瑞士日内瓦
5	2012	《可持续消费和生产模式十年方案框架》	联合国可持续发展大会（里约+20 峰会）
6	2012	《向最不发达国家提供贸易方面的技术援助强化综合框架》	联合国贸发会议十三大特别会议，卡塔尔多哈
7	2013	《非洲联盟 2063 年议程》	第 33 届非盟峰会，埃塞俄比亚亚的斯亚贝巴
8	2014	《小岛屿发展中国家快速行动方式》（《萨摩亚途径》）	第三次联合国小岛屿发展中国家问题国际会议，萨摩亚阿皮亚
9	2014	《内陆发展中国家 2014—2024 十年期维也纳行动纲领》	第二次联合国内陆发展中国家问题会议，奥地利维也纳
10	2015	《亚的斯亚贝巴行动议程》	第三次联合国发展筹资问题国际会议，埃塞俄比亚亚的斯亚贝巴
11	2015	《巴黎协定》	《联合国气候变化框架公约》缔约方大会第 26 届会议，法国巴黎
12	2015	《2015—2030 年仙台减少灾害风险框架》	第三次联合国世界减少灾害风险大会，日本仙台
13	2016	《新城市议程》	联合国住房和城市可持续发展大会，厄瓜多尔基多
14	2016	《内罗毕共识》	联合国贸易和发展会议第十四届会议，肯尼亚内罗毕

续表

序号	年份	协议名称	会议名称、地点
15	2016	《2017—2030 年联合国森林战略计划》（UNSPF）	第 71 届联合国大会，美国纽约
16	2017	“我们的海洋、我们的未来：行动呼吁”宣言	联合国海洋会议，美国纽约

资料来源：《联合国第二个消除贫穷十年（2008—2017）的执行情况》（A/RES/72/233），2017 年 12 月 20 日大会决议，https：//documents-dds-ny. un. org/doc/UNDOC/GEN/N17/467/61/PDF/N1746761. pdf?OpenElement，最后访问日期：2022 年 6 月 1 日。

总体上，多元主体的参与有效填补了减贫公共品的治理缺口。[①] 在这一时期，经济合作与发展组织发展援助委员会也根据全球减贫形势变化不断调适。2008 年在加纳首都阿克拉通过的《阿克拉行动议程》，[②] 增加了全球南方的参与。进入 21 世纪第一个十年，以全球北方为主导的减贫援助项目的有效性受到了指责，一些因素，包括过于强调发达国家官方发展援助、缺少非政府组织、私人企业及南南合作范式等“自下而上”的变革力量，使发达国家的援助作为“超常规范”的影响力下降，使这一规范的认同度出现了退化。[③] 2011 年，在韩国釜山举行的第四届援助有效性高级别论坛上，161 个国

① Sakiko Fukuda-Parr, DavidHulme. “International Norm Dynamics and the ‘End of Poverty’: Understanding the Millennium Development Goals,” *Global Governance* No. 17, Issue 1 (2011): 17-36; Peter Taylor, et al., “Shifting Norms, Multiplying Actors, Turbulent Times: An Emerging Landscape of International Development Cooperation,” *Development Policy Review* Vol. 41 (2023) e12686: 1-16.

② OECD, *the Accra Agenda for Action*, September 4, 2008, https://www.oecd.org/dac/effectiveness/45827311.pdf, accessed on January 28, 2022.

③ Elvira Rosert, “Norm Emergence as Agenda Diffusion: Failure and Success in the Regulation of Cluster Munitions,” *European Journal of International Relations* Vol. 25, Issue 4 (2019): 1103-1131.

家和56个国际组织共同签署了《有效发展合作釜山伙伴关系》（GPEDC），确立了评估发展有效性（development effectiveness）的相关指标，[①] 更加关注减贫项目实施过程和落地方案。[②] 此后，2014年在墨西哥、2016年在肯尼亚举行的关于有效发展合作的会议，进一步深化了融入新的援助减贫成员国的合作。尽管新兴国家和各类非政府组织的参与使各方合作的难度有所提升，但也使减贫实践朝着能获得更多全球合作安排的方向转型，从而为这一超常规范的实现提供更多社会基础。由此，南北致力于减贫的治理架构出现了一种融合的趋势。经济合作与发展组织发展援助委员会采用接触与扩大业务范围的方式，与新兴国家建立联系，在国外设立分部，如中国—发展援助委员会研究中心的设立即是这一努力的体现。2015年，中国成为经济合作与发展组织发展中心正式会员（a full member of the OECD Development Centre）并通过国务院发展研究中心和中国国际发展知识中心，与发展援助委员会密切联系。[③] 随着全球南方参与的增多，新兴大

---

① OECD, *The Busan Partnership for Effective Development Co-operation*, Fourth High Level Forum on Aid Effectiveness, Busan, South Korea, November 29-December 1, 2011, https://www.oecd-ilibrary.org/docserver/54de7baa-en.pdf? expires = 1643361571&id = id&accname = guest&checksum = 96BE2FBB364994BD02E9580874F80F48, accessed on January 28, 2022.

② Debapriya Bhattacharya, Victoria Gonsior, Hannes Öhler, "The Implementation of the SDGs: The Feasibility of Using the CPEDC Monitoring Framework," in S. Chaturvedi, et al. (eds), *The Palgrave Handbook of Development Cooperation for Achieving the 2030 Agenda*, London: Palgrave Macmillan, 2021, p. 30.

③ Gerardo Bracho, Richard Carey, William Hynes, Stephan Klingebiel, Alexandra Trzeciak-Duval, eds., *Origins, Evolution and Future of Global Development Cooperation: The Role of the Development Assistance Committee (DAC)*, Bonn: The German Development Institute, 2021, p. 33.

国与传统援助国的援助观念日益相互联合的吸引力也在增加。①

此外，资金供给方更为多样，纳入了南南与三方合作、多边机制、私有资本等。在第三个“消除贫穷十年（2018—2027 年）”中，联合国制定了机构间全系统的减贫行动计划，通过联合国开发计划署整合气候变化与减灾、包容且和谐的社区治理、危机与恢复发展管理、性别平等领域的捐资主体，构建了一个“可持续发展与减贫”在线数据库，力求更为准确地将与可持续发展目标相关的数据汇总起来。②

为了配合联合国的统计工作，经济合作与发展组织援助委员会也在 2015 年的《亚的斯亚贝巴议程》中提出了更为开放、包容和透明的“官方对可持续发展总支持”金融统计系统（TOSSD），并在近年来运行。运用可持续发展过滤网（sustainable development filter）的方法（见图 5-3），该系统的统计范围包括多双边援助提供方、政府与社会资本、国际金融机构、多边发展银行及机制提供的资金（见图 5-4），为联合国第 17 项可持续发展目标“构建致力于发展的全球伙伴关系”中提升“统计能力”提供支持。③

---

① Heiner Janus, Tang Lixia, “Conceptualising Ideational Convergence of China and OECD Donors: Coalition Magnets in Development Cooperation,” in Sachin Chaturvedi, et al., eds., *The Palgrave Handbook of Development Cooperation for Achieving the 2030 Agenda*, Cham, Switzerland, pp. 217-219.

② UNDP, “Sustainability and Poverty Reduction,” UNDP Funding, June 11, 2022, https://www.undp.org/funding, accessed on May 11, 2022.

③ OECD-DAC, “TOSSD: A New Statistical Measure for the SDG Era,” *The Developmental Assistance Committee: Enabling Effective Development*, https://www.oecd.org/dac/financing-sustainable-development/development-finance-standards/TOSSD%20Flyer%20crops.pdf, accessed on June 3, 2022.

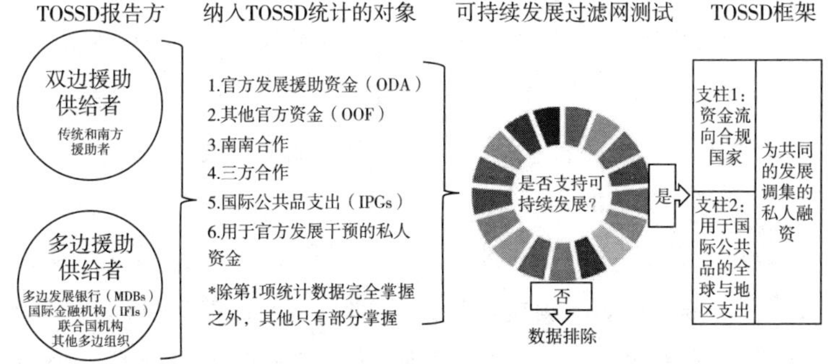

图 5-3 “官方对可持续发展总支持”金融统计系统（TOSSD）可持续发展过滤网示意

资料来源：OECD，“Video Tutorials of Methodology，” *Total Official Support for Sustainable Development （TOSSD）*，https：//www.youtube.com/playlist? list = PLJfJvcU8FlzF5mws4W5yK_FGL6LDmfAfH，accessed on June 1，2022。

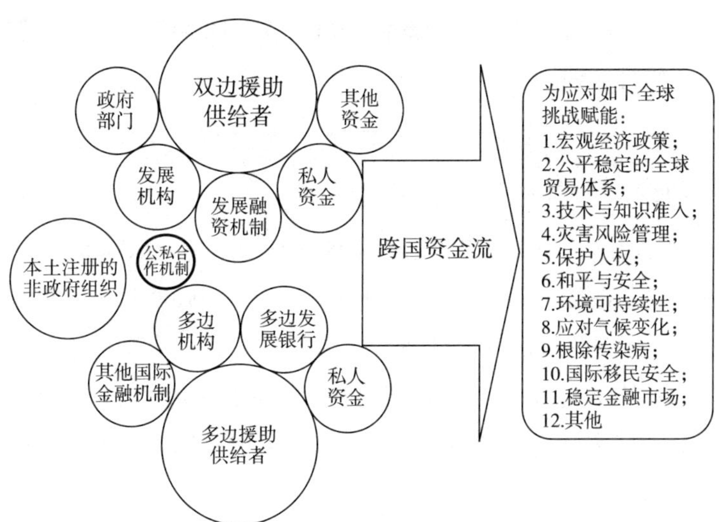

图 5-4 TOSSD 多元主体多样化资金来源示意

资料来源：OECD－DAC，“TOSSD：A New Statistical Measure for the SDG Era，” *The Developmental Assistance Committee: Enabling Effective Development*，https：//www.oecd.org/dac/financing－sustainable－development/development－finance－standards/TOSSD%20Flyer%20crops.pdf，accessed on June 3，2022。

全球贫困治理这一公共品的供给与国际发展合作的有效性规范密切相关。有关贫困治理的各类实践，也常以发展、国际发展或国际发展合作的形式展开。在当前国际协会联盟注册的政府间和国际非政府组织中，名称中包含“development（发展）”的有 2250 家，而含“poverty（贫困）”的则仅有 41 家，且多与科研、社保、健康、法律、贸易等领域联系在一起。[①] 中国提前 10 年完成联合国的减贫目标，将减贫的目标与农业种植、畜牧养殖、益贫旅游、碳交易、生态保护、综合园区等具体产业有机结合，以发展带动减贫，探索有益于百姓的可持续途径，促进发展有效性的实现。因此，贫困治理规范的“合意性”亦在与产业的有机结合中生成，当其能够采取适宜的宏观激励机制和恰当的微观发展策略，有针对性地结合绩效管理和协同方案时，可持续发展的道路才有望行稳致远。

（二）全球粮农公共品的治理机制创新：多边组织间合作研发标准

日益增长的人口压力所带来的悲观情绪集中体现在 18 世纪末马尔萨斯（Thomas R. Malthus）的“人口论”中，他认为只有通过饥饿、繁重劳动、限制婚姻和战争瘟疫等手段消灭社会“下层”，才有出路。[②] 两次世界大战之后的人口增长似乎是对这一理论的验证，粮食短缺成为各国特别是发展中

---

① Union of International Associations（UIA），“International Organizations Search，” *Yearbook of International Organizations（YBIO）*，https：//uia.org/ybio/，accessed on March 6，2022.

② Thomas Malthus，*An Essay on the Principle of Population：The Original 1798 Edition*，Suzeteo Enterprises，2018.

国家面临的首要问题。[①]在此背景下，在全球范围内签订与农业经济发展相关的国际条约、建立国际标准和规范的必要性提升。第三世界成立的茶叶、咖啡、香蕉、花生、椰子等粮食作物行业组织，表达了统计数据和信息沟通的强烈需求，而以联合国为政府间国际组织平台，整合信息数据、制定行业标准、推动农贸发展，成为势在必行的全球治理需求。

粮农治理领域公共品供给相关的职能与行动，是多元主体相互协作的成果。总部位于意大利罗马的“粮农三机构”先后成立，它们是联合国粮食及农业组织（简称“粮农组织”，1945 年成立）、世界粮食计划署（1961 年成立）和国际农业发展基金（简称“农发基金”，1978 年成立）。此外，下辖 15 个国际农业研究中心的国际农业研究磋商组织（1971 年成立）和致力于保护动植物、防治农药化学品、消除有机污染物危害、发展海洋渔业、保护遗传资源等与粮农相关的跨国治理机制逐渐发展完善起来（见表 5-3），它们在南南农业技术合作、紧急人道主义救援、农贸企业联合体等公私治理实践与机制创设过程中，发挥着重要作用。

表 5-3 主要粮农类国际组织及多边机制一览

组织/机制名称及总部/秘书处所在地	成立/签署年份
世界动物卫生组织（OIE），总部：法国巴黎	1921
联合国粮食及农业组织（FAO），总部：意大利罗马	1945
亚太渔业委员会（APFIC），总部：泰国曼谷	1948
《国际植物保护公约》（IPPC），秘书处：意大利罗马	1952

① Nicholas Wade, “Green Revolution (I): A Just Technology, Often Unjust in Use,” *Science*, Vol. 186, Issue 4169 (1974): 1093-1096.

续表

组织/机制名称及总部/秘书处所在地	成立/签署年份
国际海事组织（IMO），总部：英国伦敦	1959
世界粮食计划署（WFP），总部：意大利罗马	1961
国际食品法典委员会（CAC），秘书处：意大利罗马	1963
国际农业研究磋商组织（CGIAR），总部：华盛顿特区	1971
世界粮食安全委员会（CFS），秘书处：意大利罗马	1974
《濒危野生动植物种国际贸易公约》（CITES），秘书处：瑞士日内瓦	1975
国际农业发展基金（IFAD），总部：意大利罗马	1978
迁徙物种公约委员会（CMS），总部：德国波恩	1983
亚太水产养殖中心网（NACA），总部：泰国曼谷	1990
北太平洋海洋科学组织（PICES），总部：加拿大维多利亚市	1992
《促进公海渔船遵守国际养护和管理措施的协定》，秘书处：意大利罗马	1993
《执行 1982 年 12 月 10 日〈联合国海洋公约〉有关跨界和高度洄游鱼类种群养护和管理措施的规定的协定》（UNFSA），秘书处：意大利罗马	1995
《关于在国际贸易中对危险化学品和农药采用事先知情同意程序的鹿特丹公约》（PIC），联合总部：意大利罗马、瑞士日内瓦	1998
西南印度洋渔业组织（SWIOFC），总部：津巴布韦哈拉雷	1999
《粮食和农业植物遗传资源国际条约》（ITPGRFA，《国际种子条约》），秘书处：意大利罗马	2001
《关于持久性有机污染物的斯德哥尔摩公约》（POPs），秘书处：肯尼亚内罗毕	2001
全球农村发展捐赠者平台，总部：德国波恩，2020 年迁至意大利罗马	2003

组织/机制名称及总部/秘书处所在地	成立/签署年份
北太平洋六国海警合作论坛（NPCGAF），日本、加拿大、韩国、俄罗斯、美国、中国六国轮流主办	2004
《国际渔业劳工条约》，秘书处：瑞士日内瓦	2007
《预防、阻止和消除非法、不报告、不管制（IUU）捕捞的港口国措施协定》（PSMA），秘书处：意大利罗马	2009

资料来源：马有祥主编《农业国际组织、国际条约运行机制研究》，中国农业出版社，2009；Joachim von Braun and Regina Birner，"Designing Global Governance for Agricultural Development and Food and Nutrition Security，" *Review of Development Economics* Vol. 21，Issue 2，United Nations University World Institute for Development Economics Research（UNU-WIDER），2017，pp. 265-284。

粮农组织作为全球有影响力的国际组织，拥有世界最权威的农产品数据库，仅"粮食和农业统计数据"（FAOSTAT）就涵盖800多种农产品、250种渔业和林业产品，日点击量上万次，日下载量上千次。[①]通过向成员国提供粮农类知识产品和援助项目、实施粮食安全特别计划，力求使低收入粮食净进口国受益。粮农组织和农发基金均属于联合国专门机构，是具有完全独立法人资格的政府间国际组织，最高行政首脑由成员国通过选举方式产生。农发基金是联合国专门从事全球农业减贫的多边融资机构，在支持粮食生产方面有短期、长期和政策项目，将联合国减贫目标作为最重要的使命，与世界银行、亚洲开发银行、非洲发展银行等金融机构开展多种农业扶贫合作。世界粮食计划署属于联合国大会方案和基金类附属机构，其工作计划、业务及财务报告须向粮农组织大会报告，关键职位和席位由联合国和粮农组织共管，执行

① 联合国粮食及农业组织：粮食和农业统计数据（FAOSTAT），https：//www.fao.org/faostat/zh/#home，2022，最后访问日期：2022年3月3日。

干事由粮农组织总干事和联合国秘书长共同任命，执行局成员部分由粮农组织大会选举，部分由联合国经社理事会（ECOSOC）选举，因此属于具有相对独立性的政府间国际组织。[①] 然而，这一相对性并没有阻碍世界粮食计划署成为全球最大的人道主义组织，新冠疫情加剧了全球粮食不安全状况，使一年内面临饥饿的人口增加了 2.65 亿人。在也门、刚果（金）、尼日利亚、南苏丹、布基纳法索等国，暴力冲突与疫情导致了处于饥饿边缘的人数猛增。对此，世界粮食计划署秉持“在我们拥有医疗疫苗之前，粮食才是防止混乱的最佳疫苗”的立场，为 88 个国家的 9700 万人提供了粮食援助，在减少饥饿的同时促进了和平，并因此获得了 2020 年诺贝尔和平奖。[②]

粮农领域的标准制定兼具专业互补和自下而上的特点。随着粮农治理深度和广度的不断扩展，很多微观问题的解决对于专业化、精细化、跨国界、跨领域治理的要求水涨船高。由粮农组织和世界卫生组织于 1963 年联合设立的政府间国际组织国际食品法典委员会（Codex Alimentarius Commission, CAC 或 Codex，以下简称“法典委员会”），负责协调政府间的食品标准，建立完整的食品国际标准体系，并在杀虫剂残留物、微生物风险评测、添加剂、营养等方面建立了粮农组织/世卫组织联合专家委员会。法典委员会拥有 188 个成员国，覆盖全球 98%的人口，推动了粮农与世卫组织间的跨机构协作。[③]

---

① 马有祥主编《农业国际组织、国际条约运行机制研究》，中国农业出版社，2009，第 3~5 页。

② 联合国：《诺贝尔和平奖：2020 年世界粮食计划署》，联合国官网，2020 年，https://www.un.org/zh/about-us/nobel-peace-prize/wfp-2020，最后访问日期：2022 年 6 月 1 日。

③ FAO/WHO, “Codex Alimentarius: International Food Standards,” https://www.fao.org/fao-who-codexalimentarius/en/, accessed on June 2, 2022.

自成立以来，法典委员会系统便以开放、透明、包容的方式，协助解决年交易量达2000亿美元的国际食品贸易产业中的各类挑战，包括数十亿吨食物的生产、交换与运输难题。[①] 如图5-5所示，法典委员会的标准并不是通过“自上而下”的国际规范国内落地或北方规则南方落地的“中心—边缘”方式实现的，而是通过国家整合国内企业、非政府组织、智库等多元主体的专家意见，通过国家政府自愿提出，经法典委员会专委会以科学家同行评议的“八步法”审议通过，“自下而上”地实现本土规范的国际化的。标准在确立后，被纳入世界贸易组织《卫生和动植物检疫措施》（WTO SPS Agreement），作为全球公共品，促进各国农业贸易行业主体参与创造就业与经济繁荣。

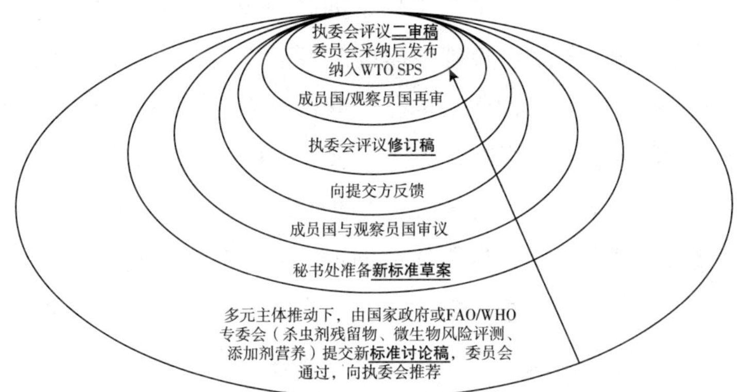

图5-5 FAO/WHO共建的国际食品法典委员会（Codex）标准研发生成流程

资料来源：FAO/WHO，“Codex 8 step process，” https：//www. fao. org/fileadmin/user_upload/codexalimentarius/photo-archive/Infographics/Grafico_3_step. jpg。

① FAO//WHO，“About Codex Alimentarius，” *Codex Alimentarius: International Food Standards*，2022，https：//www. fao. org/fao - who - codexalimentarius/about - codex/en/#c453333，accessed on June 5，2022.

在粮农专家的推动下，越来越多的农业治理实践呈现“自下而上”的特征。在法典委员会基础上，粮农组织成立了12个关注农产品市场与贸易的政府间工作组（IGG），分别聚焦香蕉、柑橘、咖啡、谷物、黄麻和硬纤维、肉类、奶制品、油类作物、大米、糖类、茶叶和热带水果。1969年，粮农组织在第44届商品问题委员会（CCP）会议上成立了“茶叶咨询委员会”（the Consultative Committee on Tea），1971年更名为“政府间茶叶工作组”（IGG on Tea），通过7个工作组为茶叶相关话题提供开展磋商和研究的交流平台，关注农药最大残留量、发酵饮品农药最大残留量、茶叶贸易与质量、有机茶、气候变化、小农户等统计数据。在第43届和第44届法典委员会杀虫剂残留物委员会粮农组织/世卫组织农食标准项目中，作为农业残留量工作组的联合主席，中国农科院茶叶研究所所长陈宗懋教授和印度学者巴鲁阿（Barroah）共同提交了茶叶应当以冲泡后的化学残留量而非干茶上的化学残留量为测评依据的标准化方案。这一新标准经历如图5-5的流程后，成为国际社会普遍接受的准则。①

这一多组织间跨界主体协同的治理结构，使得原本处于传统管理层顶端的组织官僚，在专家共同体的权威助推作用下，从原有的垂直管理结构中解构出来，更多地参与到初始倡议的发起者层级中，将过去以贫富划分的南北不平等治理等级格局，根据专家知识领域进行身份重组，从而使全球治理体系向相对扁平、专家共同体引领、多元主体互利共赢的

① Kaison Chang, "World Tea Production and Trade: Current and Future Development," *Market and Policy Analyses of Raw Materials*, Horticultureand Tropical (RAMHOT) Products Team, Trade and Markets Division, FAO, 2015, https://www.fao.org/3/i4480e/i4480e.pdf, accessed on June 3, 2022.

方向转变。在这一专家治理网络中，粮农组织的开放度因其跨组织伙伴关系而不断深化，从而不断提升治理有效性。其通过成立市场及贸易司（EST）、设立针对主要农业大宗商品的综合性市场资讯处室、主持商品问题委员会（CCP），并在其下设置政府间商品小组（IGGs）和农产品市场及信息系统（AMIS）联合秘书处，为可能的粮食缺口提供预警服务。[①] 其与世界动物卫生组织（OIE）、国际植物保护公约（IPPC）等粮农国际条约组织相互协作，也与地球观测组织全球农业监测计划（GEOGLAM）、国际食物政策研究所（IFPRI）、农发基金（IFAD）、国际谷物理事会（IGC）、经济合作与发展组织（OECD）、联合国贸发会议（UNCTAD）、世界银行（WB）、粮食署（WFP）、世贸组织（WTO）等机构共同建设农产品市场及信息系统（AMIS），形成了以农贸体系为深度合作基础的全球伙伴关系，将农食系统的全球治理绩效与“减贫”（SDG 1）、“零饥饿”（SDG 2）、“健康与福祉”（SDG 3）、“体面工作和经济增长”（SDG 8）、“食品浪费与化学品管理”（SDG 12）和“伙伴关系”（SDG 17）等联合国可持续发展目标密切联系起来。[②]

通过获得联合专家工作组的评审设立国际节日，也成为粮农组织提供全球公共品的重要途径。2019 年 11 月，第 74 届联合国大会宣布将每年 5 月 21 日确定为“国际茶日”，这是中国首倡的第一个国际节日。相关提案由提交方上交政府

① FAO, “About Us—World tea production and trade Current and future development,” https://www.fao.org/markets-and-trade/about-us/en/, accessed on June 1, 2022.

② FAO/WHO, “Codex and the Sustainable Development Goals,” *Codex Alimentarius: International Food Standards*, https://www.fao.org/fao-who-codexalimentarius/sdgs/en/#c459191, accessed on June 2, 2022.

间茶叶工作组秘书处，通过商品问题委员会向联合国经社理事会呈送，联合国大会会员国投票表决，2/3多数通过即获通过。[①] 这一提案之所以能顺利获批，与各国茶叶企业对与联合国合作建设自身品牌的认可度有极大的关系。

除了上文提到的农业国际机构之外，金砖国家（BRICS）农业部长会议自2017年开始发布《金砖国家农业部长会议共同宣言》《金砖国家农业发展报告》，并建立农业合作工作组会议机制，在粮农治理领域不断推出新举措。[②] 亚太经合组织（APEC）自2019年开始将应对粮食安全挑战作为优先领域之一，并通过粮食安全部长级会议强调加强技术合作转移，积极应对气候变化和资源环境压力对农业生产的挑战。2021年，二十国集团（G20）基于农业部长会议设立了粮食安全对话机制。同时，由于农业涉及林牧渔等动植物和生物多样性议题，其与气候变化、减贫和卫生治理之间又存在各种各样的联系。与农业相关的联合国多边协议包括《捕鱼及养护公海生物资源公约》（1966年）、《世界消灭饥饿和营养不良宣言》（1974年）、《联合国生物多样性公约》（1992年）、《联合国海洋法公约》（1994年）、《哥本哈根社会发展问题宣言》（1995年）、《世界粮食安全问题罗马宣言》（1996年）等。[③] 由此可见，粮农全球公共品的治理实践具有较强的国际组织间交叉属性，形成了广阔度和纵深度都相对突出的专家型协同网络。

---

① 据2022年5月30日在线对中国常驻联合国粮农组织代表处专家的访谈记录整理。

② 《金砖国家领导人厦门宣言》，新华社厦门2017年9月4日电，http://www.gov.cn/xinwen/2017-09/04/content_5222643.htm，最后访问日期：2022年6月6日。

③ 赵文杰：《变革背景下的全球农业治理：体系、规则与制度性权力》，博士学位论文，中国农业大学人文与发展学院，2022，第41页。

（三）跨国卫生公共品的治理机制创新：探索众创众筹众包新方案

自公元前28世纪的疟疾传播开始，人类就有了对寄生物引发的流行病的文字记录。从伯罗奔尼撒战争中斑疹伤寒传染病，[①]到耶尔森氏鼠疫杆菌引发欧洲黑死病，其致死人数屡屡超过战争致死人数。[②] 天花疫苗的发明本身，实际上是一个跨国协同创新的过程。最早的防疫接种出现在中国东汉年间民间流传的对付“虏疮”（天花病毒）的“人痘接种法”，取患者身上的病毒，通过“痘衣法”“痘浆法”“旱苗法”或“水苗法”，使健康者出痘，从而获得免疫能力。古印度和非洲也有类似方式。[③] 据英国科学史学家李约瑟（Joseph Needham）考证，明代嘉靖年间（1522~1566）有接种人痘的临床医学记录。[④] 清康熙二十七年（1688），该法由俄国医生带回国后传入土耳其。18世纪早期，英国贵妇玛丽·蒙太古夫人（Lady Mary Wortley Montagu）在随任土耳其大使夫人期间，将其引入英国。[⑤] 这一时期，正是天花肆虐欧洲的年代。1796

---

① Hans Zinsser, *Rats, Lice and History*, Boston, MA: Little Brown and Company, 1963, pp. 119–120.

② Jared Diamond, *Guns, Germs, and Steel: The Fates of Human Societies*, New York, London: W. W. Norton & Company, 1997; Giovanni Berlinguer, “Public Health Then and Now: The Interchange of Disease and Health between the Old and New Worlds,” *American Journal of Public Health* Vol. 82, No. 10 (1992): 1407–1413.

③ 邱仲麟：《晚明人痘法起源及其传播的再思考》，《台大历史学报》2019年第64期。

④ Joseph Needham, *China and the Origins of Immunology*, Hong Kong: Center of Asian Studies, Universitof Hong Kong, 1980, p. 15; Joseph Needham, *Science and Civilization in China*, Vol. 6, *Biology and Biological Technology*, Part 6: *Medicine*, Cambridge: Cambridge University Press, 2000, p. 134.

⑤ Lady MaryWortley Montagu, *The Turkish Embassy Letters*, London: Broadview Editions, 2013.

年，"免疫学之父"、英国医生爱德华·詹纳（Edward Jenner）发明了世界上第一支疫苗，用以对抗天花。他将此前风险高、成功率低的"人痘接种法"发展为风险低、成功率高的"牛痘接种法"。该法逐渐被各国采用，挽救了数以万计人的生命。通过在各国开展大规模疫苗接种，使疫苗覆盖率达80%以上，再通过"环形免疫接种"（ring vaccination）的方案，在追踪和隔离已知感染病例接触者的基础上，对接触者进行疫苗接种。

19世纪初，传染病防控从内政走向了外交，① 并最终促成了世卫组织的成立。成立于1816年的莱茵河航运中央委员会是现代意义上最早的国际组织，为拿破仑战争后莱茵河及支流沿岸国家的航运提供了海关和检疫保障。工业革命推动了交通运输的便利化，科技进步使人类对抗疾病的能力提升，但疾病传播速度也比以往更快、范围也更广。②为了对进出港口的境外船只进行卫生管理，奥斯曼（土耳其）帝国与海上各国于1839年建立了君士坦丁堡最高卫生委员会，成为首个跨国卫生治理机制。③在1851年首届国际卫生大会上，12个创始国讨论如何通过隔离检疫防止海运传播疾病。④ 19世纪晚期，发展中国家开始参与到国际卫生大会发展进程中。由

① Fielding H. Garrison, *An Introduction to the History of Medicine*, Philadelphia: WB Sanders, 1929, p. 43.

② Howard-Jones, N., *The Scientific Background of the International Sanitary Conferences*, Geneva: WHO, 1975, p. 110.

③ Ilona Kickbusch, et al., *Global Health Diplomacy: Concepts, Issues, Actors, Instruments, Fora and Cases*, New York: Springer, 2013, p. 13.

④ 12个国家分别为奥地利、法国、希腊、教皇国、葡萄牙、俄国、撒丁王国、两西西里王国、西班牙、奥斯曼帝国（今土耳其）、托斯卡纳王国和英国，参见张勇安《从以邻为壑到跨国行动：国际组织与全球卫生防疫体系的建立》，《探索与争鸣》2020年第4期。

黄热病引发的“蚊媒传播论”促使美洲国家力求推动跨境检疫。在缺少欧洲国家支持的情况下，1881 年，美国邀请拉美七国、中国、日本和利比里亚代表参加第五届世界卫生大会。① 尽管美国的倡议未能获得通过，但这促使美国于 1902 年联合美洲各国成立了国际卫生局［ISB，1923 年更名为泛美卫生组织（PAHO），秘书处称泛美卫生局（PASB）］，将霍乱、黄热病、鼠疫暴发的检疫要求降到最低限度。② 与全球粮农治理相似的是，全球卫生治理的进程也与专家共同体基于医学专业知识的推动密不可分。1945 年，在旧金山联合国制宪会议上，中国代表团的施思明与巴西代表团的苏札（Geraldo H. de Paula Souza）主动沟通协商，提交联合提案，呼吁联合国设立涵盖所有主权国家的跨国卫生组织，并凭借敏锐的洞察、丰富的人脉资源和成熟的政治技巧，促成了世界卫生组织（以下简称“世卫组织”）在 1948 年的成立。③ 1949 年，泛美卫生组织与世卫组织签署协定，成为世卫组织的美洲地区办公室（AMRO）。④ 自成立至今，世卫组织已经拥有全球 6 个区域的 194 个会员国，其工作人员在 150 多个办事处开展工作，在全球卫生治理的不同时期，在不同程度上发挥

---

① Anne-Emanuelle Birn, “The Stages of International (Global) Health: Histories of Success or Successes of History?” *Global Public Health*, Vol. 4, No. 1, January 2009, p. 53.

② Andrew D. Cliff, Peter Haggett, Matthew Smallman-Raynor, *Deciphering Global Epidemics: Analytical Approaches to the Disease Records of World Cities, 1888–1912*, Cambridge: Cambridge University Press, 1998, pp. 36, 346.

③ 苏静静、张大庆：《中国与世界卫生组织的创建及早期合作（1945—1948）》，《国际政治研究》2016 年第 3 期。

④ PAHO/WHO, “Organizational Chart of the Pan American Sanitary Bureau,” May 2, 2022, https://www.paho.org/en/documents/organizational-chart-pan-american-sanitary-bureau, accessed on June 10, 2022.

着引领者、协调人、保证人和信息中心的作用。[①] 1951 年达成、1969 年修订的《国际公共卫生条例》和 1978 年签署的《阿拉木图宣言》，为普及各国初级卫生保健奠定了多边制度基础。[②] 在各国政府和多元主体的积极配合与通力支持下，“牛痘接种法”出现 184 年之后的 1980 年，在人类历史上肆虐了 3000 年的天花病毒，终于被世界卫生组织宣布灭绝，[③] 在人类历史上创造了以疫苗成功消灭大规模传染疾病的先例，也是跨国卫生治理领域的重大进步。

世卫组织与世贸组织为最不发达国家抗击艾滋病提供了“强制许可”（Compulsory License）的国际法保障。司他夫定（Stavudine，d4T）、拉米夫定/齐多夫定（Combivir）、依法韦仑（Efavirenz）等抗艾药物，如果单独使用，副作用很大，而合并使用的“鸡尾酒疗法”则价格昂贵，发展中国家在药价支付能力方面处于劣势。[④] 巴西总统卡多佐（Fernando H. Cardoso）推动巴西通过联邦第 9313 号法条，在联合国和比尔及梅琳达·盖茨基金会资助下免费向公众提供治疗艾滋病的药物。[⑤] 同时，巴西卫生专家通过深度参与多边互动，有

---

① 刘铁娃：《世界卫生组织在全球卫生治理中的中心地位及其面临的挑战分析》，《太平洋学报》2021 年第 2 期。

② Richard N. Cooper, “International Cooperation in Public Health As a Prologue to Macroeconomic Cooperation,” in Richard N. Cooper, et al., eds., *Can Nations Agree?* Washington, DC: Brookings Institution, 1989.

③ World Health Organization, “Smallpox vaccines,” May 31, 2016, https://www.who.int/news-room/feature-stories/detail/smallpox-vaccines, accessed on October 20, 2021.

④ Robert C. Gallo, “A reflection on HIV/AIDS research after 25 years,” *Retrovirology* Vol. 3 (2006): 72.

⑤ Eduardo J. Gómez, “Understanding Brazilian Global Health Diplomacy: Social Health Movements, Institutional Infiltration, and the Geopolitics of Accessing HIV/AIDS Medication,” *Global Health Governance*, Vol. VI, Issue 1, Fall 2012.

效推动了发达国家在药品知识产权上的妥协。在 2001 年卡塔尔多哈世贸组织第四次部长级会议上，各国代表谈判通过了《与贸易有关的知识产权协定（TRIPS）与公共健康多哈宣言》，第 31 条肯定了发展中国家在缺乏发达国家自愿提供卫生援助或技术转让的情况下，可通过“强制许可”获得艾滋病、肺炎、疟疾等流行病药品专利的特权，但只能供应境内市场。[①]由于发展中国家药品生产能力不足，即便低价获得药品专利，仍难以批量生产。2003 年，卢拉（Luiz Inácio Lula da Silva，2003~2010 年在任）总统上任后，抓住以南南合作争取联合国资金的机遇，与莫桑比克、安哥拉等同为原葡萄牙殖民地的国家共同抗艾。[②] 2005 年，世卫组织决定成立审查知识产权、创新和公共卫生之间关系的专门机构，推动世贸组织总理事会通过《关于执行〈TRIPS 与公共健康多哈宣言〉第 6 段的决定》（WT/L/540），允许经强制授权制造的药物从发达国家出口到缺乏药物生产能力的发展中国家。该决定于 8 月生效。[③] 12 月 8 日，世贸组织总理事会又进一步以

① World Trade Organization, *Declaration on the TRIPS Agreement and Public Health* (WT/MIN (01) /DEC/2), November 20, 2001, https://docs.wto.org/dol2fe/Pages/FE_Search/FE_S_S009-DP.aspx?language=E&CatalogueIdList=35766&CurrentCatalogueIdIndex=0&FullTextHash=&HasEnglishRecord=True&HasFrenchRecord=True&HasSpanishRecord=True, accessed on November 10, 2021.

② Eduardo J. Gómez, "Brazil's Blessing in Disguise: How Lula turned an HIV crisis into a geopolitical opportunity," *Foreign Policy*, July 22, 2009, https://foreignpolicy.com/2009/07/22/brazils-blessing-in-disguise/, accessed on September 1, 2021.

③ World Trade Organization, "Implementation of Paragraph 6 of the Doha Declaration on the TRIPS Agreement and Public Health (WT/L/540)," August 30, 2003, https://docs.wto.org/dol2fe/Pages/FE_Search/FE_S_S009-DP.aspx?CatalogueIdList=51809, 2548, 53071, 70701&CurrentCatalogueIdIndex=1, accessed on October 15, 2021.

《与贸易有关的知识产权协定》修正案（WT/L/641），解决了发展中国家进口仿制药品的问题。① 巴西通过从援助接收国向提供国身份的转变，充分认识到通过向弱国伸出援手，不仅可以救治本国患者，也可以提升全球影响力。②

实现终结艾滋病的“三个 90%”目标，需要扩大联盟、创新策略。自 1981 年艾滋病被确认为全球流行病以来，7800 万名患者中已有 3900 万名死亡。1996 年，联合国成立艾滋病联合规划署（UNAIDS），联合了联合国难民署（UNHCR）、儿童基金会、世界粮食计划署、开发计划署、人口基金（UNFPA）、毒品和犯罪问题办公室（UNODC）、妇女署、国际劳工组织、教科文组织（UNESCO）、卫生组织和世界银行，与各类民间非政府组织一道，组成了联合国艾滋病联合项目（Joint UN Programme on HIV/AIDS）。2014 年，该项目提出到 2020 年实现“三个 90%”目标，即 90%的艾滋病感染者了解自己的感染状况，90%的确诊艾滋病患者接受抗病毒治疗（ART），90%接受抗病毒治疗的艾滋病毒载量达到不可检测的水平。③ 2016 年，联合国大会在关于终结艾滋病的高级别会议

---

① World Trade Organization, “Amendment of the TRIPS Agreement (WT/L/641),” December 6, 2005, https://docs.wto.org/dol2fe/Pages/FE_Search/FE_S_S009-DP.aspx?language=E&CatalogueIdList=225408, 121046, 96083, 96293, 69009, 58276&CurrentCatalogueIdIndex=5&FullTextHash=&HasEnglishRecord=True&HasFrenchRecord=True&HasSpanishRecord=True, accessed on November 15, 2021.

② Eduardo J. Gómez, “Brazil's Blessing in Disguise: How Lula Turned an HIV Crisis into a Geopolitical Opportunity,” *Foreign Policy*, July 22, 2009, https://foreignpolicy.com/2009/07/22/brazils-blessing-in-disguise/, accessed on September 1, 2021.

③ UNAIDS, “90-90-90: An ambitious treatment target to help end the AIDS epidemic,” (JC2684) Joint United Nations Programme on HIV/AIDS (UNAIDS), October 2014, https://www.unaids.org/sites/default/files/media_asset/90-90-90_en.pdf, accessed on May 10, 2022.

上发布《终结艾滋病政治宣言》，号召各国力争实现“三个90%”目标。[①] 截至2018年，联合国艾滋病联合规划署秘书处已在全球70个国家设立办事处，工作人员中的70%在驻在国从事临床医治工作，年预算1.4亿美元，而联合赞助项目的总年度预算可以达到2.42亿美元。[②] 然而，从2019年底“三个90%”目标的实现情况来看，“三个90%”目标的实现度分别为81%、67%和59%，[③] 各方不得不将目标期限延迟到2030年。新冠疫情的发生使得这一新目标的实现难度加大，亟须实施能够扩大治疗规模的创新策略。

在这一背景下，向大规模用户开放的众创治理模式迅速发展。尽管世贸组织的“强制许可”使发展中国家通过抱团取暖的方式争取到了医治的权利，但医药企业的研发投入可能无法得到补偿。如何使各类公私行为体均可在参与治理的过程中获益？对这一问题，20世纪90年代中期，联合国推出全部门方案（Sector Wide Approaches，SWAps），首先主张改革体系内原有的垂直官僚架构；其次强调“国际—国内”双向配合。1999年，比尔及梅琳达·盖茨基金会倡议成立全球疫苗免疫联盟，承诺提供7.5亿美元种子资金，这一国际资金融资刺激了各国加强对疫苗工作的领导。世界卫生组织总

① The President of the General Assembly, “Zero Draft of the Political Declaration on HIV/AIDS,” the United Nations, April 18, 2016, https: //www.unaids.org/sites/default/files/media_asset/HLM_zero_draft_en.pdf, accessed on May 12, 2022.

② USAIDS, “Saving Lives, Leaving No One Behind,” 2022, https: //www.unaids.org/en/whoweare/about, accessed on June 2, 2022.

③ UNAIDS, “90-90-90: Good Progress, But the World Is Off-Track for Hitting the 2020 Targets,” September 21, 2020, https: //www.unaids.org/en/resources/presscentre/featurestories/2020/september/20200921_90-90-90, accessed on May 1, 2022.

干事格罗·布伦特兰（Gro Harlem Brundtland）博士倡导成立宏观经济与卫生委员会（CMH），旨在搭建全球南北之间的卫生合作机制，使北方承诺的赠款援助在南方国家扶贫战略文件（PRSP）的支持下，提高贫困人口对基本卫生服务的可及性。[①] 2000 年 6 月，由比尔及梅琳达·盖茨基金会、世卫组织、联合国儿童基金会和世界银行联合发起的新型国际筹资组织全球疫苗免疫联盟以公私合营的模式（PPPs）成立（见表 5-4）。[②] 全球 32 个国家的领导人、12 家企业和基金会齐聚线上，通过 3 个多小时的网络会议募捐了 88 亿美元，充分验证了“众人拾柴火焰高”和众筹、众包、众创模式的强大威力。

该联盟确立了全球卫生治理的“催化式慈善”模式，推动了抗击艾滋病、结核病、疟疾全球基金（GFATM，2002 年成立），流行病防范创新联盟（CEPI，2017 年成立）和新冠肺炎疫苗实施计划（COVAX，2020 年推出）的相继设立。其推动公私行为体共同塑造全球卫生公共品准市场的具体机制可以分解为六个首尾相连、可螺旋上升的步骤（见图 5-6）。

---

① 世界卫生组织：《宏观经济与卫生：投资卫生领域 促进经济发展——宏观经济与卫生委员会（WHO CMH）报告》（中文版），人民卫生出版社，2001，第 18 页，https：//www. afro. who. int/sites/default/files/2017 - 06/ChineseVersion. pdf，最后访问日期：2022 年 3 月 6 日。

② 世界卫生组织：《宏观经济与卫生：投资卫生领域 促进经济发展——宏观经济与卫生委员会（WHO CMH）报告》（中文版），人民卫生出版社，2001，https：//www. afro. who. int/sites/default/files/2017 - 06/ChineseVersion. pdf，最后访问日期：2022 年 3 月 6 日。

表 5-4 全球疫苗免疫联盟（GAVI）公私主体供求关系一览

主体名称	属性	供给	需求	公私协同效果
联合国世界卫生组织	国际组织/创始伙伴	制定疫苗标准，支持各国引入新疫苗，改善数据质量	可持续发展目标，搭建南北卫生合作机制，提高免疫力	1. 到 2018 年，1300 多万人的生命被挽救； 2. 7.6 亿低收入国家儿童接种疫苗； 3. 发展中国家以可接受的价格获得疫苗； 4. 1500 多亿美元防疫经济效益； 5. 最贫穷国家的免疫接种率达到空前水平； 6. 新疫苗在全球南北几乎同步推出； 7. 15 个受援国具备了自筹资金能力
比尔及梅琳达·盖茨基金会	慈善基金会/创始伙伴	资金和专业知识，引领创新，支持新疫苗研发	防止病毒蔓延，帮助国家做好应对准备，拯救生命	
联合国儿童基金会	国际组织/创始伙伴	采购疫苗，支持各国冷链维护、供应，改善和数据收集	帮助最弱势儿童和青少年，维护每一名儿童的权利	
世界银行	国际金融银行/创始伙伴	创新融资机制，如国际免疫融资机制（IFFIm）的“疫苗债券”、预先市场承诺（AMC）等	为发展中国家资本项目贷款	
捐赠国	国家政府	做出并兑现长期资助承诺	履行国际发展责任	
受援国	国家政府	发布扶贫战略文件，确定免疫需求，共同筹资和疫苗方案落地	提高贫困人口对基本卫生服务的可及性	

续表

主体名称	属性	供给	需求	公私协同效果
卫生研究和技术机构	第三部门	提供研究成果，宣传疫苗价值，并使其有证可循	提高机构学术声誉	
疫苗和冷链制造商	私营部门	向发展中国家提供高质量、可负担的设备和技术创新（INFUSE）	开拓商品市场、扩大用户规模	
其他（社会组织、个人等）	公/私部门	可通过该联盟配捐基金，提供资源、知识和创新能力	帮助确保每一个儿童都能获得疫苗	

资料来源：笔者根据 GAVI 官网相关介绍整理，参见 GAVI（The Vaccine Alliance），"About Our Alliance," Our Alliance，2022，https：//www.gavi.org/our-alliance/about，最后访问日期：2022 年 6 月 3 日。

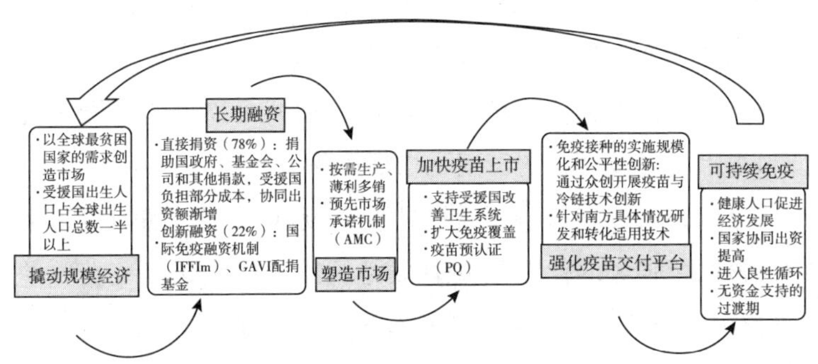

图 5-6 全球疫苗免疫联盟（GAVI）的公私合营模式示意

资料来源：作者自制。

第一，撬动规模经济的需求摸底和准公共市场设计。结合国家扶贫战略文件（PRSP），以最贫困国家的需求创造市场，使受援国出生人口占全球出生人口总数一半以上，通过建立全球疾病数据库，引导科研人才和知识资源进入全球健康和传染病防控领域，研发抗击疫情的诊疗方案和疫苗药品，通过世卫组织推动受援国强化公共卫生系统，准备将疫苗投入准公共市场。

第二，与直接捐资方和创新融资方构建长期融资关系。比尔及梅琳达·盖茨基金会的种子基金为首笔直接捐资，发达国家和发展中国家协同出资，这些直接捐资可占总筹资额的78%左右。以“疫苗债券”实现的国际免疫融资机制（IFFIm），推动私有主体进入该联盟配捐基金等创新融资渠道，约可筹集总资金额的22%。通过让利益相关方在融资关系中互利共赢，提高各方参与度，该联盟构建了长效融资关系。

第三，通过指导厂商根据已知需求规划生产，以协议价格提供疫苗。该联盟与代表世界90%以上人口的189个利益相关方签订“预购承诺”，在预先市场承诺（AMC）机制下，根据统计数据，按预先计划和商定价格推进市场，这样一方面能以“薄利多销”的方式使企业获益，另一方面也可使发展中国家以低廉的价格购买急需的疫苗。可预测性有助于降低自由市场可能存在的产销不均衡风险。

第四，通过支持各国改善卫生和免疫系统，加快疫苗上市。该联盟强大的商业模式有效地帮助各国引进新疫苗，并通过受援国政府扩大免疫覆盖面，直至惠及每一名儿童。国家宏观经济与卫生委员会在其中发挥了重要作用，能够提高贫困人口对基本卫生服务的可及性。此外，获得国内批准的疫苗，须在每年 1 月 31 日、5 月 31 日或 9 月 30 日前申请世卫组织的疫苗预认证（PQ），在 90～270 个工作日审核通过后，才能具备被采购资格，且每三年复审一次。

第五，通过解决“最后一公里”的落地难题，强化疫苗交付平台。免疫接种的实施、规模化和公平性创新机制（INFUSE）旨在通过众创的方式开展疫苗与冷链技术创新，帮助各国更快地引入提升疫苗交付进度的前沿技术。如基于比尔及梅琳达·盖茨基金会研发并免费转让给中国澳柯玛公司的超绝缘技术制成的“Arktek”疫苗冷藏箱，可在只用预制冰盒、无须插电的情况下，保持内部温度 0℃～10℃达一个月以上，在供电和交通不发达的非洲和南亚地区非常实用。作为专业化创新众包与孵化平台，免疫接种的实施、规模化和公平性创新机制每年向全世界招募解决疫苗交付难题的“金点子”，任何人都可献计献策。[①]

① 龚文峰：《3 小时筹款 88 亿美元，为什么这个组织这么牛?》比尔及梅琳达·盖茨基金会微信公众号“乐天行动派”，2020 年 6 月 8 日，https://mp.weixin.qq.com/s/d3OcCm_EA_hZKnW2iOMOFA，最后访问日期：2022 年 6 月 8 日。

第六，通过上述策略，受援国逐渐进入可持续免疫主体的行列。随着获得免疫接种的人数不断增多，具有健康体魄的劳动力将为经济社会带来更大发展，从而使发展中国家承担起更高的协同出资比例，用以支付疫苗费用；更多的健康人口又会进一步提升受援国接受免疫的可持续性，形成良性循环，最终脱离该联盟的资助清单，成为直接捐资国。

四 全球公共品的可持续治理路径与要素

20 世纪 60 年代，美国芝加哥大学的新制度经济学家罗纳德·科斯（Ronald H. Coase）教授提出，通过明晰产权和允许交易，可以确保政府权力通过市场机制流向价值最高的用途领域，从而实现公共资源配置的“帕累托最优”（Pareto Optimum），此即科斯定理。[①] 20 世纪 90 年代，在全球公共品问题被提出的时候，也存在如何解决其生产和供给面临的动力缺口的问题。在公私二者之间，需要某种联结，使得非排他性和非竞争性能够在一定程度的“非纯”制度设计下，促进激发制度演化的第一集团力量的产生和不断涌现，从而推动第二集团力量的介入，从而突破制度变革的临界点，进而规避“公地悲剧”或“囚徒困境”，促成全球公共品供给的集体合作，实现其可持续治理。

进入 21 世纪，经济学与信息技术科学之间出现了一种融合趋势。经济学家关心的公共品供给动力，在信息技术科学的应用中却出现了行为体自愿免费提供的“反常”现象。很多应用软件或操作系统，会以开放源代码的方式向用户开放，

---

① Ronald H. Coase, “The Problem of Social Cost,” *Journal of Law and Economics* Vol. 3 (October 1960): 1-44.

可供免费下载、自由传播和无限使用。比如，Linux 操作系统的开发者李纳斯·托瓦兹（Linus Benedict Torvalds）就将这个系统开发成免费、安全、稳定和多平台的操作系统。其目的和动力何在呢？在哈佛大学互联网与社会中心主任尤查·本科勒（Yochai Benkler）教授看来，开源所能带来的大规模用户预期及以此营造的共享文化，会在产品供给与用户需求之间构建一种“对等生产”的同侪（peers）关系，可以将所有利益相关方转变为基于相关度和可靠性的知识创新者和研究开发者，从而发挥出每个创新参与者的内在价值。对等生产模式的规模效益和增值空间，远超官僚体制、产权体系或交易市场带来的市场价值。①

在《企鹅与利维坦》一书中，本科勒进一步指出：合作会使人享受到不同程度的愉悦感。推动人舍私为公的合作机制需要几个前提：第一，要为行为体之间相互交流和信息互通提供可能；第二，确保利益界定、适度边界和权威可靠性的机制，这是共同体（community）可持续发展的基础；第三，情感共鸣与团结精神是成员归属感的重要标志；第四，构建由公平、伦理和社会规范组成的道德体系，力求做到奖惩分明、分配公平、科学监督、有效管理；第五，物质激励机制的效果一般比惩罚的效果明显；第六，荣誉感、透明度和互惠性；第七，构建多元性，允许不对称的公益提供，并通过合理的机制防止“搭便车”。②

全球公共品供给的实现机制，基本符合以上前提。从纵

① Yochai Benkler, “Coase's Penguin, or, Linux and the Nature of the Firm,” *The Yale Law Journal* Vol. 112 (3) (December 2002): 369.

② Yochai Benkler, *The Penguin and the Leviathan: How Cooperation Triumphs over Self-Interest*, New York: Crown Business, 2011, pp. 19, 236, 238-247.

向维度来看，多元主体合作的目的从追求地区和平到探求南北公平再发展到可持续发展；从横向维度来看，治理领域跨越从减贫到粮农再到卫生以及可持续发展的多重领域。随着治理领域的专业分工精细度和复杂度提高，各国通过构建行业专家共同体，编织扁平网络，构建基于共同治理理念、价值共识和合作目标的对等网络，形成了“多节点”（multi-nodal）的竞合关系。① 如图 5-7 所示，全球公共品供给日益依靠围绕规范、倡议、资金和知识展开的各类跨界专家共同体和公私融资机制。如果说以往主要由公共行为体确定规范、提出倡议，由私有行为体提供资金、贡献知识的话，当前的全球公共品治理则呈现出公私合作提供四种范畴制度内容的协同趋势。在图 5-7 中，数字 1~9 所在的区域表示不同协同方式的治理机制，而处于数字 9 这一区域的多元合作治理机制，最有可能高效整合各类资源，达成全球公共品治理的目标。

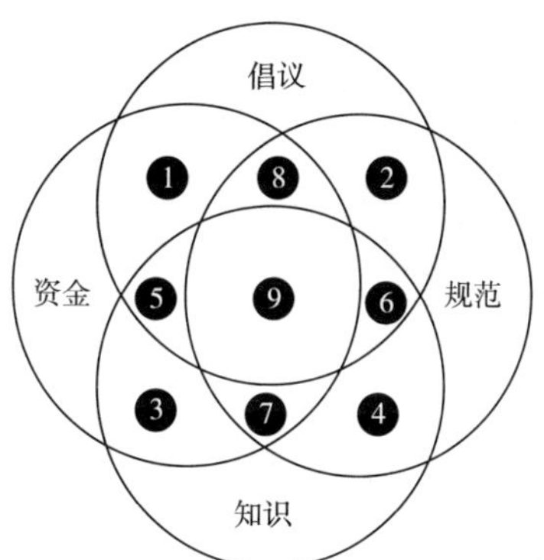

图 5-7 全球公共品治理的多元合作机制示意

资料来源：作者自制。

① Brantly Womack, “China’s Future in a Multinodal World Order,” *Pacific Affairs* Vol. 87, No. 2 (June 2014): 265-284.

准公共市场机制呈现出多样化的衍生趋势。为全球公共品赋值，不只体现在新自由主义的金融或期货交易市场为公共品供给带来的外部性（如碳交易市场）内化创新，而且可以根据已知需求规划生产，影响全球公共品的价格。这一新动向的重要意义在于，人类通过将“市场”引入公共服务领域的新公共管理实践，长期以来在“益公”还是“益私”的光谱之间寻找平衡。然而，以众筹众创众包的方式塑造的疫苗市场，不仅使科斯的产权理论在推动疫苗研发、生产、交付的全过程中，成为一种激励贡献者和创新者的引导式制度设计，而且也使世界上最贫困的人口能够在“益贫性”的疫苗市场中得到充分考虑，在价格上可以做到亲民，而又不伤害药品生产企业和研发人员的根本利益。从这一意义上讲，我们欣喜地看到，推动全球公共品治理的市场机制，正在从强调效率的“价格实现”走向强调公平的“价值倡导”。

CHAPTER

6

第六章

大变局时代全球公共品的现状、趋势与挑战

斯科特·巴雷特（Scott Barrett）曾经指出，二战以来至21世纪初，人类取得了若干重大进展，有三件事极富代表性：一是人类未爆发核战争；二是人类消灭了天花；三是地球的臭氧层并未被破坏殆尽，而是开始逐渐恢复，破坏最为严重的极地地区的臭氧层预计也将在21世纪中叶恢复。[①] 这三件事，既是人类文明不断推进的标志，同时也是20世纪后半期安全、卫生、气候领域全球公共品成功发挥作用的典范。

二战结束后，全球进入了发展的时代，联合国、世界银行、国际货币基金组织等多边发展机构纷纷成立，与各国双边发展机构一起支持发展中国家的发展，应对全球层面的挑战。联合国实施的四个发展十年战略则推动了以增长为中心的发展观向以人为中心的发展观，进而向可持续的发展观的转变。[②] 冷战结束至20世纪末21世纪初，由于某种程度上摆脱了大国争霸、地缘政治的羁绊，全球发展更是进入了一个黄金时代，联合国提出的“千年发展目标”“可持续发展目标”先后成为全球共识性目标，引领着从国家到区域乃至全球层面的发展行动。在这一过程中，旨在应对全球性挑战的全球公共品的数量不断增长，并出现了一些极富时代标志性的全球公共品，如1992年签订的《联合国气候变化框架公

① Scott Barrett, *Why Cooperate? the Incentive to Supply Global Public Goods*, Oxford: Oxford University Press, 2017, p. 6.

② 王文：《联合国四个发展十年战略评析》，《国际论坛》2001年第3期。

约》、1993年起设立的“国际消除贫穷日”、1995年成立的联合国艾滋病规划署等。全球公共品的生产和供给也逐渐形成了以联合国为核心的、多层次（从全球到区域到国家再到社会）的、包括多元供给主体（发达国家、新兴国家、企业部门、社会部门）的、基于共识和广泛磋商的制度性机制。

然而，跨入21世纪，尤其是进入21世纪第三个十年以来，全球发展进入了一个新的阶段，地缘政治日趋复杂，自然风险和市场风险日渐加大，非传统性风险日益增加，人类开始面临日益明显的生存与发展的不确定性。金融危机，气候灾害，2022年初爆发的俄乌冲突，“非典”、“埃博拉”以及新冠疫情等，正是21世纪以来全球性挑战不断升级、不确定性日益加大的具体体现。在这样一个大变动、大挑战的时代背景下，国际社会对于全球发展也产生了巨大的担忧：全球还能否高质量或者按期实现可持续发展目标？具体来讲，各方基于可持续发展目标的承诺是否发生动摇？业已形成的应对全球性挑战的全球公共品的生产和供给机制是否受到冲击和影响？其中，一个日益引发追问的问题是：全球公共品的生产和供给应如何调整，以应对新的挑战？为此，本章基于前述各章节对于全球公共品生产和分配的具体分析，梳理大变局下全球公共品供给发生的变化和趋势、面临的主要挑战，并尝试对其未来的调整提供若干建议。

一　全球公共品的变化趋势

随着全球化的不断深入和发展，各类发展问题日益交织缠绕，很难有哪个时代比当下更需要“人类命运共同体”理念的指导，也鲜有哪个阶段比今天更需要全球公共品的不断创新和有效供给。事实上，全球公共品的供给也正在发生诸多变化。

（一）新兴全球公共品不断出现，全球公共品的内容和形态日益丰富

冷战结束后，全球发展进入黄金时期，金融、贸易、环境、和平与安全等领域的全球公共品不断增加，减贫则以统领性的目标形态出现，影响着诸多领域全球公共品供给的方向。1995 年，在哥本哈根举办的联合国社会发展世界首脑峰会将减贫、增加就业、社会融合作为国际社会跨入 21 世纪的优先目标。同年年底，联合国特别会议确定 1996 年为国际消除贫穷年。1997 年，联合国大会进一步通过决议，将 1997 年至 2006 年确定为第一个联合国消除贫穷十年。2000 年联合国千年峰会上，189 个国家的代表，包括 149 位国家元首和政府首脑，一致通过了旨在解决全球性挑战的联合国《千年发展目标》。其中，“消灭极端贫穷和饥饿”位列八项千年发展目标之首。2015 年 9 月 25 日，联合国可持续发展峰会在纽约总部召开，联合国 193 个成员国在峰会上正式通过 17 项联合国可持续发展目标（SDGs），旨在以综合的方式解决社会、经济、环境三个纬度的挑战，并将“消除一切形式的贫困”作为 2030 年须完成的首要目标。在千年发展目标与可持续发展目标的引领下，联合国、世界银行、国际货币基金组织、经济合作与发展组织发展援助委员会等多、双边发展机构，新兴国家的发展合作机构，乃至跨国的社会组织纷纷行动起来，实施了众多的减贫政策和计划。这些减贫领域全球公共品的供给，极大地推动了全球的减贫进程，据世界银行统计，全球范围的极端贫困率从 1990 年的

37.9%降低到了2019年的9.0%。[①] 21世纪以来，中国、印度、巴西、南非等新兴国家发展加速，其提供全球公共品的意愿和能力也相应增强。对新兴国家减贫与发展经验的总结和提炼也成为一种特殊的全球公共品。中国于2020年底完成了消除农村绝对贫困的目标，提前10年实现了2030年可持续发展目标的首个减贫目标。中国于21世纪初成立了专门致力于国际减贫的机构，推动对中国减贫实践和经验的总结，并在其他发展中国家开展减贫示范。2020年9月，中国在与联合国共同举办的减贫与南南合作高级别视频会议上发布《消除绝对贫困 中国的实践》，以案例形式系统呈现了中国脱贫攻坚的做法和经验。这些新的机构、新的实践以及基于新实践提炼的知识产品，也是对全球公共品内容和形态的拓展。

2020年新冠疫情对全球公共品的供给产生了巨大的影响，全球公共品的外延被迫拓展。疫苗以及与之相关的药物、检测试剂、消毒防护装备、医疗设备都进入了全球公共品的序列。虽然疫苗一直是公共品的重要内容，但其重要性从未像今天这般凸显。今天，面对全球大流行疾病，疫苗的重要性不亚于粮食安全、环境稳定、和平与安全这样的传统公共品，其紧迫性和需求量甚至大于后者。从这个角度讲，疫苗也是一种新兴全球公共品。而围绕疫苗供应形成的一系列新的行动、计划，如“获取新冠肺炎相关工具加速器”（ACT-Accelerator）也构成了一系列新的中间性的全球公共品。

---

① 参见世界银行数据库网站，https：//data.worldbank.org.cn/indicator/SI.POV.DDAY？end=2019&locations=1W&start=1981&view=chart，最后访问日期：2024年1月20日。

（二）全球公共品的格局从传统的北方主导供给转向多元供给格局

考尔（Kaul）等学者指出，全球公共品主要的资金来源仍然是官方发展援助，援助资金由援助国通过多边、双边等各种机制来提供。[①] 21 世纪以来，中国、印度、巴西、南非、俄罗斯等新兴经济体崛起，在提供发展合作资金、推动全球公共品的供应上也发挥了越来越大的作用。联合国是全球最大的政府间组织，自二战结束以来在推动全球治理、促进人类进步、提供全球公共品方面发挥了重要的作用，可以被看作重要的中间公共品。为联合国提供会费/日常经费可以一定程度上衡量会员国在提供全球公共品资金方面发挥的作用。[②] 2001 年联合国会费分摊最多的前 20 个国家中只有巴西、中国、阿根廷、俄罗斯、墨西哥 5 个新兴经济体，会费占比仅为 7.22%（见图 6-1）。到 2022 年，前 20 个分摊国中新兴经济体增加到 7 个（中国、巴西、俄罗斯、墨西哥、沙特阿拉伯、印度、土耳其），会费占比达到 23.43%，接近 1/4（见图 6-2），其会费净额之和则从 2001 年的 62729321 美元增长到 2022 年的 672980484 美元，增长了近 10 倍。值得注意的是，中国的会费分摊比例在 2000 年时还不到 1%（0.995%），其后自 2001 年的 1.54%增长到 2022 年的 15.25%，其会费比例已经接近其 GDP 的全球占比（2020 年为 17.37%）。由于联合国会费分摊采取封顶和封底（最高 22%，最低 0.001%）政策，并根据各国国民生产总值采取累进算法，即国民生产

① 〔美〕英吉·考尔：《全球化之道：全球公共产品的提供与管理》，张春波等译，人民出版社，2006，第 34 页。

② 蔡拓、杨昊：《国际公共物品的供给：中国的选择与实践》，《世界经济与政治》2012 年第 10 期。

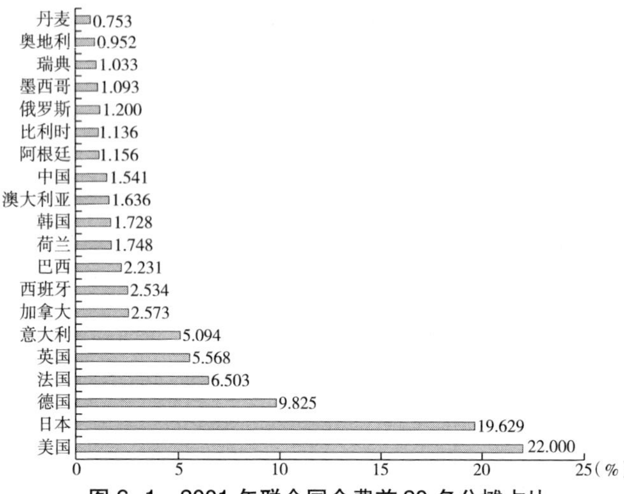

图 6-1　2001 年联合国会费前 20 名分摊占比

资料来源："Scale of assessments," United Nations (U.N), December 24, 2021, https://www.un.org/en/ga/contributions/Scale of assessments_1946-2021.pdf, accessed on March 22, 2022。

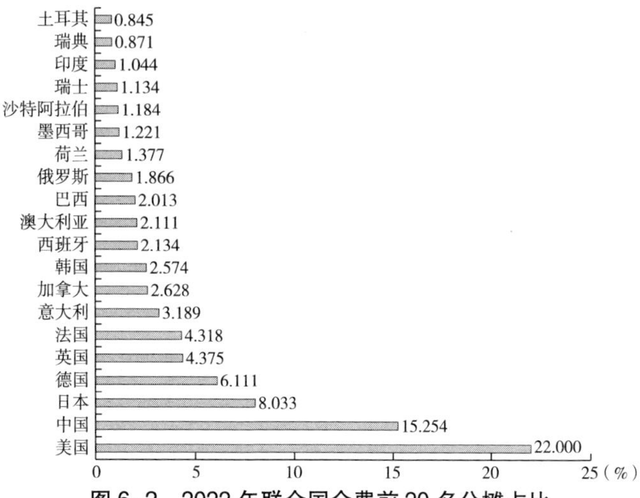

图 6-2　2022 年联合国会费前 20 名分摊占比

资料来源："Assessment of Member States for the Financing of the International Residual Mechanism for Criminal Tribunals for 2022," United Nations (U.N), Jan 5, 2022, https://digitallibrary.un.org/record/3999496, accessed on March 22, 2022。

总值低则会费分摊比例享受宽减政策，因此美国的会费分摊比例自 2001 年以来就稳定在 22%，日本和法国会费比例则伴随其 GDP 全球占比下降而有所减少（见图 6-3、图 6-4）。即使将联合国机构的分摊费用和自主贡献资金加总来看，中国在 2019 年也已经排到了第五位。①

从援助的角度来看，中国的发展合作资金数量也增长迅速。2010~2012 年，年均约提供 40 亿美元的援助资金，② 大致相当于加拿大、挪威的规模；2013~2018 年，年均资金量则增长至 70 亿美元。③ 根据经济合作与发展组织发展援助委员会估算，2019 年中国发展合作资金为 48 亿美元，其中 16 亿美元通过国际组织渠道（区域开发银行 59.6%，联合国 35.5%）

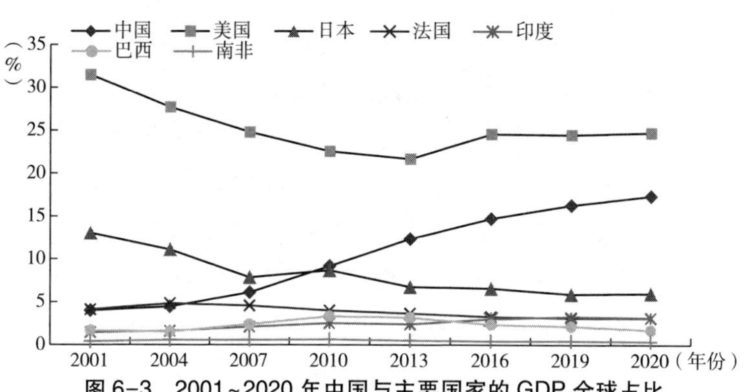

图 6-3　2001~2020 年中国与主要国家的 GDP 全球占比

资料来源：World Bank，DataBank，2001-2020，https：//databank. worldbank. org/home. aspx，accessed on March 22，2022。

① Morris，S.，Rockafellow，R. and Rose，S.，"Mapping China's Multilateralism：A Data Survey of China's Participation in Multilateral Development Institutions and Funds，" *Center for Global Development（CGD）*，Policy Paper no. 241（CGD：Washington，DC，Nov. 2021），p. 36.

② 中华人民共和国国务院新闻办公室：《中国的对外援助（2014）》白皮书，2014 年 7 月 10 日。

③ 中华人民共和国国务院新闻办公室：《新时代的中国国际发展合作》白皮书，2021 年 1 月 10 日。

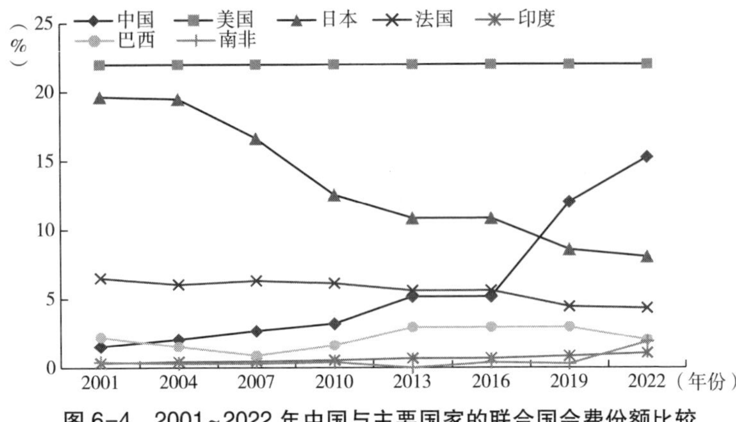

图 6-4　2001~2022 年中国与主要国家的联合国会费份额比较

资料来源：United Nations contributions, United Nations (U. N), 2001-2022, https://www.un.org/en/ga/contributions/, accessed on March 22, 2022。

提供。[①] 中国的援助覆盖了亚洲、非洲、拉丁美洲及加勒比地区、大洋洲和欧洲等地区的 122 个国家及 20 个国际和区域性多边组织。[②] 中国通过双边机制、区域合作机制，以及“一带一路”合作平台，不断为全球发展提供物化型公共品。2015 年 9 月，在联合国成立 70 周年系列峰会期间，习近平主席宣布 5 年内提供“6 个 100”项目支持，包括 100 个减贫项目、100 个农业合作项目、100 个促贸援助项目、100 个生态保护和应对气候变化项目、100 所医院和诊所、100 所学校和职业培训中心，帮助实施 100 个“妇幼健康工程”和 100 个“快乐校园工程”，设立南南合作援助基金，设立中国—联合国和平与发展基金，提供来华培训和奖学金名额，免除有关国家无息贷款债务，设立南南合作与发展学院和国际发展知识中心等。2020 年 5 月 18 日，在第 73 届世界卫生大会视频会议

① OECD, *Development Co-operation Profiles*, OECD Publishing, Paris, 2023.

② 中华人民共和国国务院新闻办公室：《新时代的中国国际发展合作》白皮书，2021 年 1 月 10 日。

开幕式上，习近平主席宣布两年内提供20亿美元国际援助、与联合国合作在华设立全球人道主义应急仓库和枢纽、建立30个中非对口医院合作机制、中国新冠疫苗研发完成并投入使用后将作为全球公共品、同二十国集团成员一道落实“暂缓最贫困国家债务偿付倡议”等中国支持全球抗疫的一系列重大举措。这些举措显示出中国作为全球公共品重要提供者和引领者的作用。[①]

2017~2018年，巴西提供了21亿美元的发展合作资金，推动了与83个国家的发展合作，其中2018年向国际组织贡献了2.75亿美元。[②] 巴西的南南合作重视农业、公共卫生、食品与营养安全、社会发展、科技教育、产业、贸易、环境、就业等领域。巴西与大部分拉美及加勒比海国家、葡语共同体成员国，以及非洲、亚洲、中欧的许多国家开展了发展合作。

俄罗斯的发展合作规模2016年约为13亿美元，双边合作占61%，多以债务减免的形式提供；多边合作占39%，其中46%提供给亚洲基础设施投资银行，30%提供给联合国，18%提供给世界银行。[③]

印度的发展合作重视基础设施、教育、能源、农业、能力建设、社区发展及卫生领域，特别重视与邻国的合作，但也越来越重视与非洲、亚太地区及拉美和加勒比地区的合作。印度的国际发展合作资金2019年达到16亿美元，较2018年

① 中华人民共和国国务院新闻办公室：《新时代的中国国际发展合作》白皮书，2021年1月10日。

② 中华人民共和国国务院新闻办公室：《新时代的中国国际发展合作》白皮书，2021年1月10日。

③ OECD, *Development Co-operation Report 2018: Joining Forces to Leave No One Behind*, OECD Publishing, Paris, 2018.

上升 3 亿美元，其中 4.2 亿美元提供给了国际组织，其中区域开发银行占 66%，联合国占 19%，世界银行占 10%。①

南非的发展合作强调与非洲大陆加强南南关系。其双边合作重视和平与安全、冲突后重建、区域融合、治理、人道主义援助等领域，三方合作则优先推动非洲国家的治理、公共安全及冲突后重建进程。经济合作与发展组织估算，南非 2019 年发展合作资金量为 1.08 亿美元，较 2018 年的 1.11 亿美元略有下降，其中 7130 万美元通过国际组织渠道提供，非盟占 37%，联合国占 24%，区域开发银行占 32%。②

如上所述，从解决全球发展挑战的角度来讲，以金砖国家为代表的新兴国家提供的全球公共品覆盖了可持续发展目标的所有领域，覆盖了全球大多数发展中国家，并且其规模也相当可观，一些国家提供的资金数量已进入全球前列。在抗击新冠疫情、提供新兴全球卫生公共品的过程中，这些国家更是做出了巨大的承诺，起到了表率作用。可以说，新兴国家的崛起意义不仅在于其自身成为全球公共品提供的重要力量，更重要的是，这改变了二战以后逐渐形成的全球公共品由北方国家主导的局面，推动北方提供—南方接受的基本格局向北方与南方国家共同供给的新格局转变。

21 世纪以来，越来越多的企业、民间社会组织作为非政府行动者加入全球公共品供给的大军。1990 年私人部门提供的资金占全球卫生发展援助资金的 8%，2000 年这一比例上升到 16%，之后则一直保持在该比例之上（见图 6-5）。随着全球化的深入，对公共卫生领域全球公共品的需求呈上升态势，作为全球最大的提供全球公共卫生产品的政府间机构，世界卫

① OECD, *Development Co-operation Profiles*, OECD Publishing, Paris, 2023.

② OECD, *Development Co-operation Profiles*, OECD Publishing, Paris, 2023.

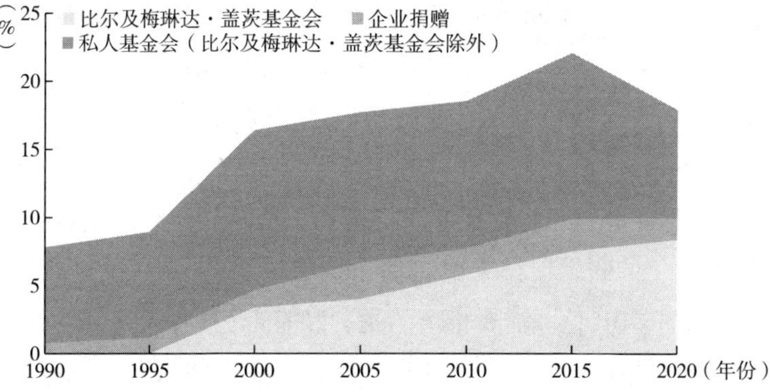

图 6-5　1990~2020 年私人部门提供资金占全球卫生援助资金比例

资料来源：Institute for Health Metrics and Evaluation（IHME），Financing Global Health 2020："The Impact of COVID-19，" Seattle，WA：IHME，2020。

生组织的重要性也上升到前所未有的高度，各界对世卫组织的关注和支持也越来越多。2017 年，世界卫生组织的资金来源中，来自非政府行动者的资金第一次超过了各国政府提供的资金，其中比尔及梅琳达·盖茨基金会以 3.27 亿美元的出资额成为仅次于美国的世卫组织第二大捐赠者。[①] 此外，全球疫苗免疫联盟（GAVI），抗击艾滋病、结核病、疟疾全球基金等新型基金组织，德国拜耳、瑞士诺华、美国默沙东、英国葛兰素史克、法国赛诺菲等众多制药公司也为世卫组织提供了资金。世卫组织目前的预算有 70%~80%来自定向用途的自愿捐赠（specified voluntary contribution），来自成员国的捐

① "World Health Organization：Gates Foundation Now Second Largest Funder After U. S. Government，" Dr. Rath Health Foundation，January 17，2019，https：//www. dr-rath-foundation. org/2019/01/world-health-organization-gates-foundation-now-second-largest-funder-after-u-s-government/#：~：text=The%20Bill%20%26%20Melinda%20Gates%20Foundation%20contributed%20almost，came%20from%20the%20government%20of%20the%20United%20States，accessed on March 22，2022.

赠（assessed contribution）只占不到 20%。从世卫组织定向自愿捐赠双年数据来看，比尔及梅琳达·盖茨基金会、全球疫苗免疫联盟等新型组织目前已经稳定在前五大出资者名单中（见表 6-1）。新冠疫情中盖茨基金会等新型公益组织的作用更是令世界瞩目。根据比尔及梅琳达·盖茨基金会网站数据，其 2021 年的赠款项目支出达到 742 亿美元，[①] 超过全球很多个国家的 GDP 值。需要指出的是，私有部门和社会力量在提供全球公共品中的作用不仅限于扩大了资金的来源，也包括推动议程设置，尤其是公共品生产和供给的技术创新。这一过程进一步推动了全球公共品多元供给格局的形成。

（三）多元供给格局推动了全球公共品治理新的机制的形成

二战结束后，围绕应对国际共同挑战，全球形成了以联合国为中心的从国家到区域再到全球的多层次的全球公共品的治理机制，虽然也有非国家行为体参与，但国家长期以来都是治理的主体，这一治理有赖于各国政府通过多边磋商、形成共识、分担责任的一系列机构和机制而得以正常运行。例如，粮食安全公共品的供给围绕以联合国粮农组织、世界粮食计划署、国际农发基金为核心的农业国际多边机制展开。全球卫生、应对突发疫病的公共品则基于世界卫生组织的多边磋商协调机制，《国际卫生条例》的修订体现了这一磋商过程。以解决全球气候变暖问题为例，全球协调气候稳定这一

① 参见比尔及梅琳达·盖茨基金会网站，https：//www. gatesfoundation. org/about/committed-grants，accessed on March 22，2022。

表 6-1 世界卫生组织部分定向自愿捐赠情况

序号	2016~2017 年			2018~2019 年			2020~2021 年		
	出资者	金额（亿美元）	占比（%）	出资者	金额（亿美元）	占比（%）	出资者	金额（亿美元）	占比（%）
1	美国	6. 03	16. 98	美国	6. 04	15. 15	德国	10. 70	17. 13
2	比尔及梅琳达·盖茨基金会	6. 02	16. 95	比尔及梅琳达·盖茨基金会	4. 31	10. 82	比尔及梅琳达·盖茨基金会	5. 91	9. 49
3	英国	3. 35	9. 43	英国	3. 24	8. 12	美国	4. 45	7. 15
4	全球疫苗免疫联盟	1. 85	5. 21	全球疫苗免疫联盟	3. 65	7. 93	欧盟委员会	4. 06	6. 53
5	欧盟委员会	1. 32	3. 70	德国	2. 18	5. 47	全球疫苗免疫联盟	4. 00	6. 43

资料来源：World Health Organization（WHO），http：//open. who. int/2020-21/contributors/contributor，accessed on March 22，2022。

全球公共品的机制是政府间气候变化专门委员会（IPCC）[①]与《联合国气候变化框架公约》（UNFCCC）。[②] 前者于 1988 年由世界气象组织和联合国环境规划署联合设立，旨在作为一个科学机构跟踪全球在气候变化科学研究上的进展并提出相应建议；后者则于 1992 年里约热内卢地球峰会上由 154 个国家签订，并设立了秘书处，旨在通过会议、协商等多边进程来协调应对气候变化的政策和行动。该公约的缔约方（COP）会议也叫联合国气候变化大会。2021 年 11 月在英国格拉斯哥举办的联合国气候变化大会是第 26 次缔约方会议，因此也被称为 COP26。历年来的联合国气候变化大会产生了《京都议定书》（Kyoto Protocol）[③]、《哥本哈根协定》（Copenhagen Accord）[④]、《巴黎协定》（Paris Agreement）[⑤]等重要成果，指导和协调着全球层面气候稳定全球公共品的供给。

21 世纪以来，随着新兴国家、企业和社会部门的崛起不断推动全球公共品多元供给格局的形成，全球公共品的治理

---

① 政府间气候变化专门委员会（IPCC），About History of the IPCC，https://www.ipcc.ch/about/history/，accessed on March 22，2022。

② "United Nations Framework Convention on Climate Change，" United Nations，1992，https://unfccc.int/resource/docs/convkp/conveng.pdf，accessed on March 22，2022.

③ "Kyoto Protocol to the United Nations Framework Convention on Climate Change，" United Nations，1998，https://unfccc.int/resource/docs/convkp/kpeng.pdf，accessed on March 22，2022.

④ "Copenhagen Climate Change Conference United Nations，" 2009，https://unfccc.int/process-and-meetings/conferences/past-conferences/copenhagen-climate-change-conference-december-2009/copenhagen-climate-change-conference-december-2009，accessed on March 22，2022.

⑤ "Paris Agreement，" United Nations，2015，Https://unfccc.int/files/essential_background/convention/application/pdf/english_paris_agreement.pdf，accessed on March 22，2022.

机制也发生了明显的变化。表现在以下三个方面。

第一，新兴国家主导建立了一系列新的全球公共品生产和协调的平台机制。前述章节已经提到，南南合作已经成为新兴国家提供全球公共品的重要机制。此外，新兴国家间的合作机制及新兴国家主导建立的跨区域机制也为全球公共品的生产和协调发挥了重要作用。

巴西、俄罗斯、印度、中国和南非五个新兴国家构建的金砖国家合作机制，自 2009 年首次领导人会晤以来，已经形成以领导人峰会为导向，以安全会晤、外长会晤、财长和央行行长会晤、贸易部长会晤、工业部长会晤、农业部长会晤、教育部长会晤等部长级会议为支撑，在经贸、财金、科技、农业、文化、教育、卫生、智库等十余个领域开展交流对话和务实合作的多层次架构。2022 年 3 月 22 日，金砖国家疫苗研发中心在线启动，在疫苗联合研发和试验、合作建厂、授权生产、标准互认等方面深化交流合作。五国共同提出倡议：将疫苗作为全球公共品公平合理分配，保障疫苗在发展中国家的可及性与可负担性等。2017 年，金砖国家厦门峰会提出“金砖+”模式，金砖国家进一步加强同其他新兴国家和广大发展中国家的合作与团结。目前，金砖国家合作机制的影响远远超越五国范畴，成为促进世界经济增长、完善全球治理、协调全球公共品生产和分配的建设性力量。此外，在中国等新兴国家的推动下，新开发银行、亚洲基础设施投资银行等多边金融机构成立，为解决发展中国家巨大的基础设施融资缺口问题提供了新的方案。

中国是新兴国家的代表，2013 年中国提出的“一带一路”倡议既是中国开展国际发展合作的重要平台，也是中国为世界提供公共品的重要机制。[①] 目前，中国已经与 152 个国家、32 个国际组织签订了共建“一带一路”合作文件[②]，推动政策沟通、设施联通、贸易畅通、资金融通和民心相通。这些国家约覆盖全球 2/3 的人口。中国利用自身资金、技术、经验优势，与沿线国家合作，共建交通、电力、港口等基础设施，推动各领域人员交流，并打造多层次、多类型、灵活多样的自由贸易区，推动了上合组织自贸区建设、中国—海合会自贸区进程、中国—中东欧多边自由贸易区谈判，加快中国与沿线国家以及沿线国家之间在贸易投资、市场准入、海关监管等方面的制度与机制对接，提升“一带一路”沿线地区贸易投资自由化、便利化水平。为了给“一带一路”倡议内的经贸合作和双多边互联互通提供融资支持，中国还成立了丝路基金这一致力于中长期投资开发的机构。

新兴国家主导建立的各类平台与传统的发达国家主导的多双边机制平台有两个明显的不同。一是这类机制往往从发展中国家发展的“平行视角”出发，更加注重解决发展中国家的发展需求，而非治理需求；二是与已有机制特别是多双边援助机制强调公共品提供过程的公共性不同，这类新机制更加强调结果的公共性。只要能推动发展问题的解决，可以使用援助、投资、贸易等多种混合的手段，并不强调各种手段之间清晰的界限。

第二，新兴国家与西方发达国家在互动中推动了已有全球公共品治理机制的完善。

---

① Jingdong Yuan, Fei Su and Xuwan Ouyang, *China's Evolving Approach to Foreign Aid*, Sipri Policy Paper 62, May, 2022.

② 《我国已与 152 个国家、32 个国际组织签署共建“一带一路”合作文件》，中国政府网，https：//www. gov. cn/lianbo/bumen/202308/content _ 6899977. htm，最后访问日期：2023 年 12 月 1 日。

首先，在联合国系统、世界银行、国际货币基金组织、世界贸易组织等全球多边机制层面，以新兴国家为代表的发展中国家，一方面不断加大对全球公共品供给的参与力度，另一方面也在追求提升对于公共品治理的规则制定权的能力。前者如中国先后向联合国粮农组织捐赠 1.3 亿美元①，以三方合作的形式提供农业全球公共品。后者如新兴国家推动多边机制的制度变革，希望在多边机制拥有更大的话语权，推动发展中国家在投票权、特别提款权、董事会席位、重要岗位的职数与级别、总部办公场所供给等方面获得更多权利，同时呼吁全球公共品的责任分担应更多基于需求和能力。

其次，在经济合作与发展组织的发展援助委员会这一传统的主导发展合作供给的多边机制层面，一方面，西方援助国不断加强与新兴国家的政策对话并邀请后者加入该机制，以规制和统一各国对于全球公共品的核心供给方式——援助。2013 年以来，发展援助委员会又新增了 6 个成员国。2009~2011 年，中国—发展援助委员会研究小组成立，推动了对中国减贫与发展经验的研究和传播。另一方面，新兴国家也通过与发展援助委员会的交流与互动影响后者对援助的

---

① 参见中华人民共和国常驻联合国粮农机构代表处网站，http：//www.cnafun.moa.gov.cn/kx/gj/202201/t20220116_6386974.html#，根据总协定，中国政府将向联合国粮食及农业组织捐赠 5000 万美元，围绕减贫、粮食安全等全球发展倡议重点合作领域，加快落实联合国 2030 年可持续发展议程，促进发展中国家实现共同发展，首笔 3000 万美元已到位。联合国粮农组织南南合作信托基金于 2009 年正式设立以来，中国已宣布向粮农组织捐赠 1.3 亿美元，实施了 25 个南南合作项目，300 多名中国专家在项目东道国采取“授人以渔”的方式，分享中国经验和技术，帮助其他发展中国家进一步提升粮食安全水平和农业综合生产能力，10 万小农直接受益并有数百万小农间接受益，为世界粮食安全和减少贫困做出了积极贡献。最后访问日期：2023 年 12 月 20 日。

定义与理解，推动了援助核心原则从“援助有效性”向“发展有效性”转变，即强调公共品的使用者导向，而非提供者导向。

最后，新兴国家与西方发达国家的互动也推动了非正式政府间机制的调整，原有的西方主导的治理机制向西方与非西方共同磋商的机制转变。一个典型的例子是，为了更好地应对全球金融危机，1999 年，在七国集团的倡议下成立了二十国集团（G20）。2008 年金融危机以后，二十国集团由财长和央行行长会议提升为领导人峰会，二十国集团由此形成了以峰会为引领、协调人和财金渠道“双轨机制”为支撑、部长级会议和工作组为辅助的架构。二十国集团主席采取轮换制，前任、现任、候任主席组成“三驾马车”，共同参与当年二十国集团峰会进程。每次峰会召开前，会不定期举行协调人会议及财长和央行行长会议，以及贸易、劳工就业、农业、能源、卫生等专业部长会议，以协调和准备领导人峰会将发布的共识性声明。二十国集团除美国、英国、法国、德国、日本等发达国家外，还有中国、俄罗斯、南非、巴西、印度等新兴发展中国家。二十国集团占全球 60%的人口、80%的 GDP、75%的贸易额、80%的温室气体排放总量。这一多元国家集团本质上是发达国家与新兴大国的领导人磋商机制，以协调发达国家、发展中国家的责任和利益分配。二十国集团领导人在峰会上做出的承诺将在多双边组织以及国家层面正式实施，从这个意义上讲，二十国集团机制对于全球公共品的治理影响巨大。例如，二十国集团在利雅得峰会上提出的暂停偿债倡议生效后，在 2020 年为 40 多个最贫困国家提供了 50 亿美元的援助，之后又同意将计划延期至 2021 年底，对缓解最不发达国家在疫情之下的财政困局产生了立竿见影的效果。[①] 2021 年二十国集团罗马峰会结束当晚，《联合国气候变化框架公约》第 26 次缔约方大会（COP26）召开。峰会宣言缺少具体的承诺，也对格拉斯哥峰会（COP26）的结果产生了直接影响，后者也未能达成超过预期的共识。从七国集团到二十国集团，标志着全球公共品的治理开始从“西方治理”向“西方和非西方共同治理”转变。

第三，非国家行动体推动了创新和结果导向的全球公共品新机制的建设。

长期以来，发达国家的财政预算一直是全球公共品的主要资金来源，但随着全球化时代的来临，企业和社会部门，不仅为全球公共品提供了越来越多的资金支持，还为其生产、实施提供了具体的技术和机制建设方案。21 世纪以来，出现了众多基于公私合作模式的新的全球公共品供给和协调机构，如 2000 年成立的全球疫苗免疫联盟，2002 年成立的抗击艾滋病、结核病、疟疾全球基金，2017 年成立的流行病防范创新联盟，农业领域则以 2006 年成立的非洲绿色革命联盟这一国际非政府组织为典型。这些非国家形态的机制是 21 世纪以来全球公共品最引人注目的创新。

全球疫苗免疫联盟是世纪之交成立的基于公私合作模式的全球卫生合作组织，其前身是由世界卫生组织、联合国儿童基金会、世界银行、联合国开发计划署、洛克菲勒基金会于 1990 年联合发起的儿童疫苗倡议。由于市场失灵，20 世纪 90 年代末，大量发展中国家的儿童无法获得疫苗接种。在此背景下，比尔及梅琳达·盖茨基金会和其他公私部门合作，

---

① 参见《二十国集团领导人利雅得峰会宣言》，外交部网站，https://www.mfa.gov.cn/web/gjhdq_676201/gjhdqzz_681964/ershiguojituan_682134/zywj_682146/202011/t20201123_9383352.shtml，最后访问日期：2023 年 12 月 20 日。

提出创新性的解决方案，集合贫困落后国家虽然微弱但数量庞大的潜在购买力来与生产者议价，推动疫苗价格的降低，从而提高疫苗的可及性。全球疫苗免疫联盟正是实践这一创新方案的机构载体，通过利用规模经济、有效调节市场、筹集长期资金、加速疫苗获取、完善疫苗运送平台、建设可持续免疫项目等手段，使最贫穷国家的孩子也能获得疫苗这一公共品。① 该联盟建立了基于不同收入国家购买力的多层采购体系，即向最贫困国家免费提供疫苗，向较为贫困国家低价提供疫苗，向条件稍好的国家以采购价提供疫苗。这一创新分配机制兼顾了市场与道义，推动了疫苗从私人产品/半公共品向全球公共品的转型。该联盟的捐助方包括政府、私营部门基金会、企业、非政府组织、科研机构、新兴市场的疫苗生产商等（见图 6-6），其董事会不仅包括上述机构的代表，还包括 9 名独立董事，以对机构的决策进行独立的审查，并提供专业的意见（见图 6-7）。这一决策机制的创新之处在于，一方面最大限度反映了相关方利益，考虑公平性，另一方面也兼顾了决策的效率和专业性。此外，比尔及梅琳达·盖茨基金会还采用配捐的方式鼓励该联盟筹集资金。该联盟还不断与新兴国家合作以拓展资源。中国于 2015 年首次为该联盟提供了 500 万美元的援助，支持最贫困国家儿童的免疫工作。2021 年，中国向该联盟捐赠 1 亿美元，用于新冠肺炎疫苗实施计划，向发展中国家分配疫苗。目前，该联盟已经帮助全球 8.88 亿儿童免疫。②

① 周静怡：《中非健康与发展合作 101 | 全球疫苗免疫联盟（GAVI）》，Diinsider 草根创变者，2019-12-22，https：//mp.weixin.qq.com/s/ZpMvSqAyph-tLH-nLHTqI_g，最后访问日期：2022 年 3 月 22 日。

② 全球疫苗免疫联盟（GAVI），https：//www.gavi.org，最后访问日期：2022 年 3 月 22 日。

图 6-6　全球疫苗免疫联盟的捐助者

资料来源：全球疫苗免疫联盟（GAVI），https：//www. gavi. org，最后访问日期：2022 年 3 月 22 日。

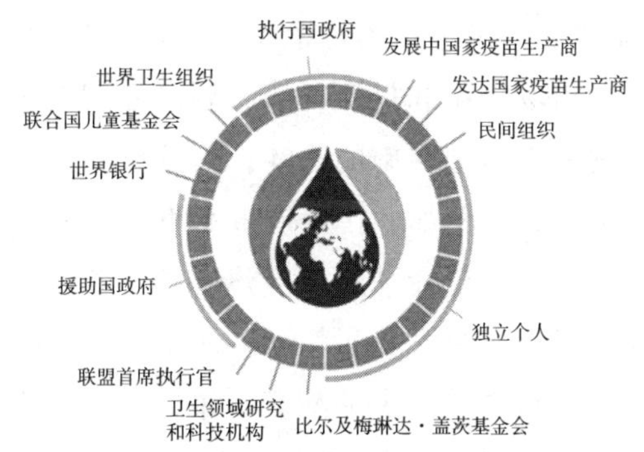

图 6-7　全球疫苗免疫联盟董事会构成

资料来源：全球疫苗免疫联盟（GAVI），https：//www. gavi. org/governance/gavi-board/composition，最后访问日期：2022 年 3 月 22 日。

另一个值得关注的新机构是非洲绿色革命联盟，这是一个非洲领导的、以农民为中心的、通过广泛伙伴关系来推动的非政府组织，2006 年在联合国前秘书长科菲·安南的号召下，由洛克菲勒基金会和比尔及梅琳达·盖茨基金会出资成立。非洲绿色革命联盟以推动具有非洲特色的绿色革命为使命，致力于推动非洲农业体系转型，帮助提高非洲国家粮食产量和农民收入，从而加速兑现马拉博宣言（Malabo Declaration）的承诺，实现非洲农业综合发展计划（CAADP）、可持续发展目标（SDGs）及非洲《2063年议程》中与非洲农业相关的目标。非洲绿色革命联盟的工作包括三个领域：农业政策倡导与国家能力建设、农业技术体系建设、农业转型伙伴关系建设。其农业项目涵盖种子改良、土壤健康、农户市场培育、农产品加工等广泛领域。目前，非洲绿色革命联盟的工作已经覆盖11个非洲国家，资金投入超过14亿美元，支持研发600多个种子品种，其中66%实现商业化；支持建立100多家种子公司；调动8亿多美元的企业投资，扶持了1600多个农业小微企业，惠及数千万小农户。① 非洲绿色革命联盟根据非洲各国的农业转型需求，针对各国政府意愿、生产力水平、市场机制和投资环境，制订专门的项目发展计划，并在当地配以落地实施的人才，目前已初步形成支持各国农业转型的模式。例如，在生产效率低下、农业体系不完善的国家，非洲绿色革命联盟重点建立种子和肥料的供应系统，为农民和中小企业提供更为高效的营销系统和融资机会，并为政府提供支持农业发展的配套政策建议；在农业产量逐渐增长、农业体系逐步完善、私营部门投资稳步增加的国家，非洲绿色革命联盟致力于巩固小农收入的增加，重点关注连接本地和国际的资源，集中市场、金融和政策的力量，全面支持和促进农业转型。②

非洲绿色革命联盟与20世纪建立的许多区域性的农业组

① 根据非洲绿色革命联盟网站资料整理，参见https：//agra.org，最后访问日期：2022年3月22日。

② 《非洲绿色革命联盟简介》，农业农村部对外经济合作中心，2018年1月26日，http：//www.fecc.agri.cn/ggxxfu/ggxxfw_tzdt/201801/t20180126_322439.html，最后访问日期：2022年3月22日。

织相比有许多创新之处。首先，这一区域机构建立了遍布全球、富有层次且相互连接的伙伴关系网络，其中包括政府机构、中小企业、投资者、农业公司、机械公司、数字方案提供者、金融机构、发展金融机构、多边机构、研发机构、产业协会、农民协会等种类繁多的组织。资助伙伴为非洲绿色革命联盟提供核心资金、项目资金；企业伙伴为小农户提供技术、管理和市场；政府伙伴为项目提供政策协调；各类政府和私人部门执行伙伴负责项目在当地的实施；农民组织、妇女组织、青年组织等伙伴则帮助推广项目理念，创造更好的政策环境。其次，非洲绿色革命联盟利用其伙伴机构的资源和网络设立了诸多平台机制，以推动政策协调，设定优先议程，实现资源匹配，促进价值链形成。例如，每年的非洲绿色革命论坛（AGRF）峰会嵌套的非洲农业投资洽谈室（Agribusiness Dealroom）即是典型的创新平台，在为政府、企业和投资者提供对话平台、推动对非洲农业包容性投资的同时，也为各方提供具体支持措施，创造有利的政策环境。经过资助申请和机构筛选后，投资洽谈室会为农企和农业综合发展部门提供资金、指导及市场准入的解决方案，为入选项目提供一定期限的招商、咨询、法务、政策和金融支持，并将入选项目介绍给非洲绿色革命论坛的其他合作伙伴。[①] 2021 年非洲绿色革命论坛线上峰会吸引了来自全球 104 个国家的 8430 名代表，非洲以及其他大陆的领导人在会上做出了提供 125 亿美元支持的承诺，非洲农业投资洽谈室则促成了 50 亿美元的投

① 非洲农业绿色革命联盟（AGRA）：《AGRA 非洲农业投资》，2021 年 8 月 10 日，https：//mp. weixin. qq. com/s/HgRA7WrnsKngP5Jd1VkFCw，最后访问日期：2022 年 3 月 22 日。

资，[①] 有望成为非洲农业发展领域推动教育和融资的最大平台。

上述两个新兴机构的案例一定程度上体现了非国家行为体所推动的全球公共品供给机制的特点。首先，资金更多来自私人部门，如企业基金会；其次，决策、组织、实施方案极具创新性，更加强调合作伙伴的优势互补；最后，非常关键的一点是，这些新机制的核心理念在于，私人部门是全球公共品可持续的关键，因此通过公共部门的共识、政策、协调及制度设计，一方面激发市场提供公共品的动能，另一方面也避免其逐利的负面性。

（四）全球公共品的供应机制出现分化趋势，单边供给受限较多，多边供给效率下降，俱乐部供给成为经常性的选择

全球公共品在许多根本的方面各有不同。如果从供应方式的角度来划分，可以分为最优供给（single best shot）、最弱环节供给（weakest-links efforts）与加总供给（aggregate efforts）。[②] 从生产过程的角度来划分，则可以分为连续生产供给与离散/二元生产供给，前者需要长期不断的投入，后者则生产周期较短，产品较为简单。[③] 为了便于分析，我们将全球公共品的供给机制大致划分为三类：第一类需要一个最强者

---

① 非洲绿色革命论坛（AGRF），https：//agrf. org，最后访问日期：2022 年 3 月 22 日。

② Murdoch，& Sandler，T. "The Voluntary Provision of a Pure Public Good：The case of Reduced CFC Emissions and the Montreal Protocol，" *Journal of Public Economics* 63 （1997）：331-349.

③ Compte，& Jehiel，P.，"Voluntary Contributions to a Joint Project with Asymmetric Agents，" *Journal of Economic Theory* 112 （2003）：334-342.

来供给，即单边（unilateral）供给或最少方（minilateral）供给，[①] 一些重大的科技研发即采取这种方式；第二类需要所有国家合作来供给，可称为多边供给或全球合作供给，针对气候变化的一系列行动即在推动这一类全球公共品的供应；第三类则需要一些国家或行动者联合供给，可称为俱乐部供给。

第一，单边供给向全球合作供给转型。单边供给一个最典型的例子是美国成功研发脊髓灰质炎疫苗，让人类在告别小儿麻痹症的历史上向前迈了一大步。1954 年的索尔克疫苗试验至今仍被称为“创造历史”“响彻世界的一枪”“史上规模最大的公共卫生试验”，“一次标志性事件，它开启了现代疫苗评估的大门”。[②] 同一时期，辛辛那提大学的阿尔伯特·萨宾（Albert Sabin）也研制出脊髓灰质炎减毒活疫苗（OPV）。在国家脊灰疫苗免疫计划推行后，美国于 1979 年报告了最后一例脊灰病例。但是，全球层面的小儿麻痹症病例仍然存在。1988 年，世界卫生大会发起全球消灭脊髓灰质炎行动倡议（GPEI），推广脊灰疫苗及相应的免疫计划。2020 年 8 月 25 日，世卫组织正式宣布非洲成为第五个“无脊灰地区”，这代表世界 90%以上的人口已生活在无脊灰野病毒的区域。在该倡议等全球行动的努力下，目前全球已有约 25 亿名儿童接种了脊灰疫苗，脊灰病例减少了 99.9%，使超过 1300 万名儿童免于瘫痪。[③] 这一案例也表明，单边供给往往由综合

---

① Barrett, S., *Why Cooperate? The Incentive to Supply Global Public Goods*, Oxford University Press, 2007, p. 22.

② 〔美〕戴维·M. 奥辛斯基：《他们应当行走：美国往事之小儿麻痹症》，阳曦译，清华大学出版社，2015。

③ 全球健康药物研究中心（CHDDI）：《消灭脊灰，我们已来到最后一公里》，2021 年 10 月 25 日，https://weibo.com/ttarticle/p/show?id=2309404696231921451437，最后访问日期：2022 年 3 月 22 日。

国力、科技实力较强的国家来提供，实际上通常情况下会有一些国家同时在进行某个领域的研究，只是无法确定谁会最先取得突破。这些国家之所以有独自提供全球公共品的动力，一个重要的原因是这一公共品在单独一个国家的收益就已经超过其投资。如美国国家航空航天局（NASA）就认为，对于近地物体探测以防止其撞击地球的研究的投资多大也值得，即使只计算其对于美国的好处。① 但是大型的科学研究项目耗资巨大，需要单边提供者具有强大的经济实力。英国的研究团队就曾指出，美国在近地物体探测上所做的比世界上其他国家所做总和还多。② 21 世纪以来，随着科学发展的深入及融合，基础性的研究特别是“大科学”（big science）的研究很难靠“单打独斗”完成，往往需要多国合作来推进。经济合作与发展组织高能物理咨询小组（OECD Consultative Group on High-Energy Physics）曾经指出，物理学超越标准模式需要从范式上进行转变，从过去仅在国际层面利用国家和地区性项目转向真正意义上的全球项目。③ 国际空间站项目（In-

① NASA Report of the Near-Earth Object Science Definition Team，2003：Study to Determine the Feasibility of Extending the Search for Near-Earth Objects to Smaller Limiting Diameters，https：//cneos. jpl. nasa. gov/doc/neoreport030825. pdf，accessed on March 22，2022.

② Report of the Task Force on Potentially Hazardousnear-earth Objects，2000，https：//space. nss. org/wp-content/uploads/2000-Report-Of-The-Task-Force-On-Potentially-Hazardous-Near-Earth-Objects-UK. pdf，accessed on Maroh 22，2022.

③ OECD Consultative Group on High-Energy Physics，2002，“Report of the Consultative Group on High-Energy Physics，” http：//www. oecd. org/dataoecd/2/32/1944269. pdf，accessed on March 22，2022.

ternational Space Station)[①]、国际热核聚变反应堆计划（International Thermonuclear Experimental Reactor)[②] 可以说是两个具有代表性的国际“大科学”工程计划，旨在解决人类未来发展的重大科学难题。在国际空间站建设中，美国研制试验舱、离心机调节舱、居住舱；俄罗斯研制多功能货舱、服务舱、万向对接舱；欧洲研制试验舱、自动转移飞行器及节点舱；意大利研制多用途后勤舱；日本研制试验舱；加拿大负责研制移动服务系统；巴西提供一些特殊试验设备。这一分工便体现出全球公共品单边供给方式的转型。另外，从“小科学”的角度来看，也有越来越多的国家参与到全球公共品生产的过程中。美国国家科学理事会（National Science Board）的科学与工程指标（Science & Engineering Indicators）用一国被引

① 国际空间站是在轨运行最大的空间平台，是一个拥有现代化科研设备，可开展大规模、多学科基础和应用科学研究的空间实验室，为在微重力环境下开展科学实验研究提供了大量实验载荷和资源，支持人在地球轨道长期驻留。国际空间站项目由 16 个国家共同建造、运行和使用，是有史以来规模最大、耗时最长且涉及国家最多的空间国际合作项目。自 1998 年正式建站以来，经过 10 多年的建设，于 2010 年完成建造任务转入全面使用阶段。国际空间站主要由美国国家航空航天局、俄罗斯联邦航天局、欧洲航天局、日本宇宙航空研究开发机构、加拿大空间局共同运营。参见 https：//baike. baidu. com/item/国际空间站/40952。

② 国际热核聚变反应堆计划（ITER）倡议于 1985 年，并于 1988 年开始实验堆的研究设计工作。经过 13 年努力，耗资 15 亿美元，在集成世界聚变研究主要成果的基础上，工程设计于 2001 年完成。此后经过五年谈判，该计划七方（欧盟、中国、印度、日本、韩国、俄罗斯、美国）于 2006 年正式签署联合实施协定，启动该计划。该计划将历时 35 年，其中建造阶段 10 年，运行和开发利用阶段 20 年，去活化阶段 5 年。中国政府于 2003 年 1 月决定正式参加该计划谈判。此后，中国还积极推动谈判进程。该计划将集成当今国际上受控磁约束核聚变的主要科学和技术成果，首次建造可实现大规模聚变反应的聚变实验堆，将研究解决大量技术难题，是当今世界科技界为解决人类未来能源问题而开展的重大国际合作计划。参见 https：//baike. baidu. com/item/国际热核聚变实验堆计划/8732291。

论文数与全球被引论文数的比值来计算该国科研知识创新的影响力。2016 年美国、欧盟、中国、日本和印度的指标分别为 1.9、1.3、1.1、0.9、0.7。近 20 年来，美国在科学知识生产的影响力上一直保持世界领先，但是，知识生产的差距也在缩小。例如，中国 21 世纪第二个十年在科学知识生产上的增速很快，已经超越了日本，并逐渐向欧盟和美国靠拢（见图 6-8）。

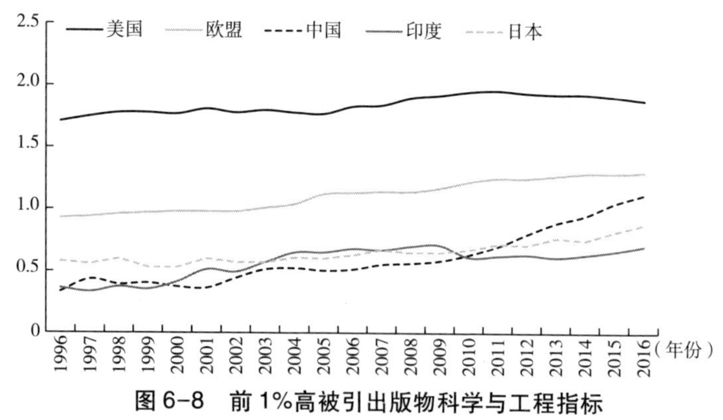

图 6-8　前 1%高被引出版物科学与工程指标

资料来源：Publications Output，U. S. Trends and International Comparisons，美国国家科学基金会（NSF），https：//ncses. nsf. gov/pubs/nsb20206/impact - of - published-research，December 17，2019，最后访问日期：2022 年 3 月 22 日。

第二，与个体行动的多样性及集体行动的困境[①]有关，在日益增加和复杂化的全球挑战面前，多边机制面临效率下降、难以有效发挥作用的局面。

在多边机制中，越来越难就提供某一全球公共品形成标准化的政策或一致的目标。以解决全球气候变暖问题为例，全球最重要的协调气候稳定这一全球公共品的机制是政府间

① 〔美〕曼瑟尔·奥尔森：《集体行动的逻辑》，陈郁等译，上海三联书店、上海人民出版社，2003。

气候变化专门委员会（IPCC）[①] 与《联合国气候变化框架公约》（UNFCCC）。[②] 1998年签订的《京都议定书》明确规定了发达国家一致的减排目标，即在2008~2012年承诺期内将二氧化碳气体排放量在1990年的基础上至少减少5%。到2009年，旨在延长《京都议定书》承诺目标（2013~2020年）的《哥本哈根协定》则未能获得成员国通过。2011年南非德班缔约方大会授权开启“2020年后国家气候制度”的“德班平台”（Durban Platform）[③] 谈判进程。根据奥巴马政府在《哥本哈根协定》谈判中确立的“自上而下”的行动逻辑，2015年《巴黎协定》不再强调区分南北国家，而使用了“国家自主决定的贡献”（Intended Nationally Determined Contributions，INDCs）这样的减排目标，即在各国自愿的基础上设定减排目标，提交国家减排计划。2021年的《格拉斯哥气候公约》（Glasgow Climate Pact）只强调了将升温控制在1.5℃内的紧迫性，在最后时刻，公约中“逐步淘汰”（phase out）煤电和低效化石燃料补贴的措辞还被修改为“逐步减少”（phase down）。[④] 第26次缔约方大会主席、英国能源大臣阿洛克·夏尔玛（Alok Sharma）认为大会虽然通过了协

① 政府间气候变化专门委员会（IPCC）：“About History of the IPCC，” https：//www. ipcc. ch/about/history/，accessed on March 22，2022。

② United Nations，“1992：United Nations Framework Convention on Climate Change，” https：//unfccc. int/resource/docs/convkp/conveng. pdf，accessed on March 22，2022.

③ United Nations，“Climate Change：ADP Bodies Page，” https：//unfccc. int/adp-bodies-page，accessed on March 22，2022.

④ 赵绘宇：《COP26：一届“最不坏”与“最紧迫”的气候大会》，《澎湃新闻》2021年11月23日。

议，但这只是一个“脆弱的胜利”（fragile win）。[①] 从京都到巴黎再到格拉斯哥，这一系列会议显示出全球公共品多边机制出现了执行力弱化、从一致目标向不同目标演进的趋势。[②]

此外，受地缘政治、单边利益的影响，多边机制很多情况下会被绕过。联合国是全球最大的和平与安全的维护者和提供者。这一多边机构设立的初衷是阻止世界大战的爆发以及防范安全威胁。加雷斯·埃文斯（Gareth Evans）就曾经指出，人们通常会低估联合国机构执行了多少重要的任务，而高估其成本，例如，联合国的核心员工数大致与纽约警察局持平，而其费用仅比后者的一半稍多。[③] 但研究者同时也指出，联合国网络及其相关条约未能提供足够的国际安全公共品，如阻止冲突、控制大规模杀伤性武器扩散、保护人权，以及防范网络战争、阻止军备竞赛等。[④] 虽然冲突导致的死亡人数呈下降趋势，但今天世界上爆发的内战和局部冲突并不见少。这当然一部分源于联合国特别是安理会的结构性问题，常任理事国的否决权往往受到大国政治博弈的影响；另一部分原因也在于集体行动的困境，像联合国这样的多边机制要

---

① UN, “Climate Change Conference UK 2021: Cop President Concluding Media Statement,” https://ukcop26.org/cop-president-concluding-media-statement/, accessed on March 22, 2022.

② S. Niggol Seo, *The Behavioral Economics of Climate Change: Adaptation Behaviors, Global Public Goods, Breakthrough Technologies, and Policy-Making*, Elsevier Science & Technology, 2017, pp. 236, 248; *The Behavioral Economics of Climate Change: Adaptation Behaviors, Global Public Goods, Breakthrough Technologies, and Policy-Making,* Elsevier Science & Technology, 2017, pp. 236, 248.

③ Gareth Evans, *The Responsibility to Protect: Ending Mass Atrocity Crimes Once and For All*, Washington, DC: Brookings Institution Press, 2008, p. 176.

④ John J. Davenport, *A League of Democracies: Cosmopolitanism, Consolidation Arguments, and Global Public Goods*, London and New York: Routledge, 2008, p. 163.

建立公平的责任分担和负担承担机制是极其困难的。一个具体的例子是国际维和行动这一全球公共品，是通向和平与安全这一终极全球公共品的中间性全球公共品。在联合国框架内，维和产品的供给表现出很强的分工，即发达国家重点投入维和资金，发展中国家更多投入维和人员。自 1992 年以来，联合国维和资金贡献率最高的 8 个发达国家对于人员的贡献率开始逐步下降，从最高 30%[①]降至 2017 年的 4.4%,[②] 2021 年这一比例约为 4.8%。[③] 西方发达国家在减少联合国维和人员供给的同时，相对扩大了对非联合国维和行动人员的供给。自 20 世纪 90 年代后期以来，在联合国框架外开展的维和行动数量已经超过联合国维和行动（见图 6-9)。这主要由于维和行动也是一种兼具私人利益与公共安全利益的非纯粹性公共品。非联合国维和行动不需要安理会授权，往往更加偏向于私有利益导向,[④] 更易于为大国所主导。非联合国维和行动既包括由北约、欧盟、非盟等区域性组织主导的行动，也包括由美国、法国、澳大利亚等西方发达国家主导的行动。从维和行动的地区分布也可以看出，联合国维和部队多部署在撒哈拉以南非洲，非联合国维和行动则更加集中在中东、

---

① 程子龙：《供给国际维和行动——基于公共安全产品视角的思考》，《国际观察》2019 年第 2 期。

② 参见联合国网站，https://peacekeeping.un.org/sites/default/files/01-contributions_to_un_peacekeeping_operations_by_country_and_post.pdf，最后访问日期：2023 年 3 月 20 日。

③ United Nations, "Peacekeeping: Troop and Police Contributors," https://peacekeeping.un.org/zh/troop-and-police-contributors, accessed on March 22, 2022.

④ Khursav Gaibulloev, "Todd Sandler and Hirofumi Shimizu. Demands for UN and Non-UN Peacekeeping: Nonvoluntary versus Voluntary Contributions to a Public Good," *Journal of Conflict Resolution* Vol. 53, No. 6 (2009): 828.

北非、中亚等西方发达国家的地缘政治利益更为明显的地区。[①] 非联合国维和行动数量的增加说明西方国家参与维和行动的灵活性提升、空间扩大，在使用多边机制满足个体国家利益受阻或成本过高的情况下，西方大国就绕开联合国机制单独发起和组织维和行动。

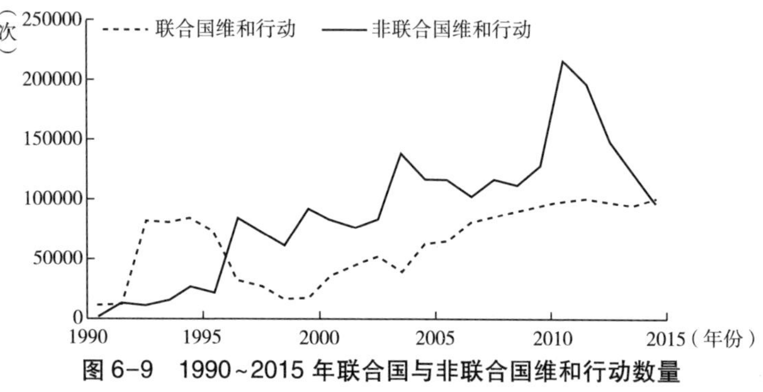

图 6-9　1990~2015 年联合国与非联合国维和行动数量

资料来源：Todd Sandler，"International Peacekeeping Operations：Burden Sharing and Effectiveness，" *Journal of Conflict Resolution*，Vol. 61，No. 9（2017）：1876.

第三，一个值得关注的变化是全球公共品俱乐部供给机制的增加。俱乐部供给往往有几种构成形式。一种是基于共同区域形成的俱乐部，如欧盟、非洲联盟、亚太经合组织、东盟、北美自由贸易区、上海合作组织等区域或次区域组织，其提供的区域性的涉及金融、贸易、安全、卫生的公共品所带来的影响会超越区域，具有全球性。一种是基于共同经济利益、地缘政治利益、意识形态或共同的期望和原则所建立的国际性机制。比较典型的如七国集团、二十国集团，其发挥作用的领域从传统的金融、贸易等经济领域日益扩展至安全、公共卫生等其他领域，对全球公共品的生产和提供发挥

① 程子龙：《供给国际维和行动——基于公共安全产品视角的思考》，《国际观察》2019 年第 2 期。

着越来越大的作用；再如亚洲基础设施投资银行，对全球发展融资等公共品的生产和提供也具有相当大的影响。值得注意的是，一些超越地区、以共同的意识形态连接的俱乐部机制呈现出增加的趋势。例如，在格拉斯哥举行的第26届缔约方大会上，爱尔兰、法国、丹麦和哥斯达黎加等国的发展伙伴发起成立了超越石油和天然气联盟（Beyond Oil and Gas Alliance），以设定国家油气勘探和开采活动的终结日期，推动解决全球变暖问题。

俱乐部机制主要通过三个渠道来推动全球公共品的生产和分配：一是推动信息、知识的充分交流，为全球公共品的生产提供信息基础；二是推动具体平台机制的建立，以协调全球公共品生产的各个环节、不同行动者的分工与合作；三是推进行动目标、规则、标准的建立，以推进执行和监督。

（五）技术性创新在全球公共品供应中发挥日益重要的作用

第一，伴随着科学技术的日益进步，许多全球公共品本身的科技含量也日益提升，这在应对诸如新冠疫情、疟疾、全球变暖等全球公共挑战上表现得尤为明显。21世纪以来，碳捕获碳封存技术、电动车技术、核聚变技术、耐热作物的研发等以前所未有的速度在发展。比尔及梅琳达·盖茨基金会首席执行官马克·苏斯曼（Mark Suzman）曾指出，从报告最早的新冠病人到疫苗上市，时间不到一年，这一疫苗研发的速度在人类历史上可谓史无前例。[①] 此前，疫苗的平均研发

---

① Mark Suzman, "Global action is the only way to get ahead of COVID-19," https://www.gatesfoundation.org/ideas/articles/mark-suzman-equitable-access-covid-vaccines.

时间为 10~15 年。①

需要注意的是，全球公共品不仅是单一的物品，往往由一系列产品及解决方案构成。以疫苗为例，生产出疫苗并不代表需要的人就可以获得疫苗，这里还有个可及性的问题，其中涉及的一个技术问题是，疫苗通常需要储存在 2℃到 8℃才能保持活性，因此疫苗的运输需要冷链。而很多需要疫苗的地区又是贫穷落后的热带地区，不要说冷链，连电视机、冰箱等电器都没有能力购买。比尔及梅琳达·盖茨基金会曾经资助了一种特殊的疫苗冷藏箱的研发，不需要电和其他能源，只要放上冰，就能让内胆在 35 天内保持在 10℃以下。②对于热带落后地区而言，这样一个冷藏箱也许就是疫苗这一全球公共品能真正发挥效用的“最后一公里”。

第二，除了全球公共品本身技术含量提高以外，公共品的生产机制也出现了越来越多的技术化方案，尤其表现在融资机制、研发生产激励机制的创新上。英吉·考尔（Inge Kaul）等曾经指出，全球公共品的资金实际上绝大部分仍然来自各个国家，尤其是西方发达国家；由于发达国家在全球公共品上获益更多，它们也相应地需要支付更多的成本，即所谓的“受益者付费”（beneficiary pays）原则。③ 这一原则今天仍然体现在许多多边机制的会费分摊机制上，无论是强

① Samantha Vanderslott, Saloni Dattani, Fiona Spooner and Max Roser, “Vaccination,” https://ourworldindata.org/vaccination, accessed on March 22, 2022.

② Wudan Yan, “Keeping covid vaccines cold isn't easy. These ideas could help,” https://www.technologyreview.com/2021/03/29/1021383/covid-vaccine-cold-chain-innovation/, accessed on March 22, 2022.

③ Inge Kaul and KatellLe Goulven, “Financing Global Public Goods: A New Frontier of Public Finance,” In Inge Kaul, Pedro Concei, eds., Providing Global Public Goods: Managing Globalization,” Oxford University Press, 2003, pp. 329-370.

制性的还是自愿性的。但是，不可否认的是，今天全球公共品的融资机制也越来越多融入了非国家行动者以及市场化元素，更趋多元和创新。如 2006 年成立的国际免疫金融工具（International Finance Facility for Immunization，IFFIm）就旨在推动私人投资者与政府的合作，将各国政府的疫苗支付承诺转化为疫苗债，在资本市场上借债，支持疫苗的研发和生产。[①] 依靠世界银行的管理、有竞争性的投资回报利率和解决公共问题的社会责任，疫苗债已成为一个颇受资本市场欢迎的新型金融产品，这也为全球公共品的融资提供了一个新的技术性方案。类似疫苗等许多全球公共品需要高昂的研发投入，但这些投入并不一定能够按照市场的原则获得有效的回报，在很多时候，投入研发比投入生产获得的回报低，面临的不确定性更大，这就导致这类全球公共品的研发缺乏有效的激励。传统上各国往往通过向学术界拨款、对产品开发进行公共股权投资、对研发投资进行税收减免以及为政府实验室提供经费等“推动机制”来激励研发，今天越来越多的国家和机构开始使用“拉动机制”，即给出奖励成功者的承诺来增加开发特定产品的回报。[②] 针对疫苗的购买承诺能调动私营部门的资源和创造力。2007 年 5 个国家政府与比尔及梅琳达·盖茨基金会合作，通过全球疫苗免疫联盟 15 亿美元的预先市场承诺（Advance Market Commitment，AMC）向药企下订单，推动药企研发，同时降低采购成本，最终为 73 个低收

① Devex, “International Finance Facility for Immunisation (IFFIm),” https://www.devex.com/organizations/international-finance-facility-for-immunisation-iffim-147993, accessed on March 22, 2022.

② 〔美〕迈克尔·克雷默、〔美〕雷切尔·格兰内斯：《猛药：为被忽视的疾病创造药物研发动力》，叶心可译，东方出版中心，2021，第 77 页。

入国家采购了肺炎球菌结合疫苗（PCV）。[①] 预先市场承诺机制不失为一种激励全球公共品研发的市场化技术化方案。

第三，贡献的分担与收益的分配是关系到全球公共品公平公正的关键问题，针对分配环节也出现了越来越多的技术化解决方案。由于发达国家与发展中国家在发展阶段、发展能力上都处于不对等的状态，因此现实中往往出现全球发达国家对全球公共品受益较多的结果。当然，为了解决这一问题，国际社会也大致遵循着受益者付费的原则，即在很多情况下由发达国家贡献更多的资金和成本来生产全球公共品。但这一原则在面临气候变化等问题时则显得较为乏力，因为气候稳定这一全球公共品的提供除了需要资金的投入外，还需要各国较为一致的目标和承诺。这里就出现了一种基于交换的直接分配机制，即我们熟悉的碳排放交易，无论是欧盟的碳交易体系（ETS）还是全球清洁发展机制（CDM），本质上都是基于市场机制和自愿原则对贡献与收益进行再分配。另一种基于社会责任的再分配机制，主要目的在于弥补发展中国家资金和能力的巨大缺口，从而使其也能与发达国家一样享受到全球公共品。全球疫苗免疫联盟通过与联合国、世界卫生组织等国际机构以及市场主体建立新型伙伴关系，推动疫苗价格的降低，并建立了根据不同收入国家购买力的多层采购体系，向最贫困国家免费提供疫苗，向较为贫困国家低价提供疫苗，向条件稍好的国家以采购价提供疫苗。这实际上是某种程度的再分配。

---

① Michael Kremer, Jonathan D. Levin & Christopher M. Snyder, "Advance Market Commitments: Insights from Theory and Experience," https://scholar.harvard.edu/files/kremer/files/amc_pp_20_20_01_13.pdf, accessed on March 22, 2022.

二 全球公共品面临的新挑战

21 世纪以来，全球公共品的世界图景发生了深远的变化。新的全球公共品与传统的公共品不断出现，日益拓展了全球公共品的内涵和外延；以新兴国家为代表的发展中国家的崛起，以及众多非国家行动者力量的显著增强，推动了全球公共品从北方供给转向南北方共同供给，并在此基础上形成了多元主体供给的新格局；科技要素和技术性方案也在全球公共品的生产和分配中发挥了越来越重要的作用。这些变化本身也是对 21 世纪以来日益复杂化的全球挑战的回应。然而进入 2022 年，俄乌冲突爆发，气候变化、贸易争端、金融风险等问题愈加交织，我们认为，这一新阶段将给全球公共品的供应至少带来五个方面的严峻挑战。

（一）全球公共品面临赤字加大的挑战

新冠疫情之后，最显著的挑战是全球公共品赤字的加大。这主要基于两个方面的原因。第一，新冠病毒是一种新型的、突发的和传染力巨大的病毒，针对此类新挑战，人类缺少储备。在过去，面临战争，有战略石油储备，面临金融危机，有国家的储备金支持，但今天，面临新挑战，人类需要调动新的资源和力量来组织应对，这一过程也需要时间的累积。储备不足将造成疫苗等新的全球公共品的经常性赤字。第二，新的全球性挑战在增加对新的全球公共品需求的同时，也会冲击人类对于全球公共品的供应能力。新冠疫情令全球可持续发展进程严重受阻，不仅使全球经济遭遇了 90 年来最严重的衰退，还令 1.2 亿人跌回极端贫困、1.14 亿人失业，外国直接投资、外贸、汇款都大幅下跌。[①] 疫情与气候变化、不平等问题的交织又进一步加剧了挑战的复杂性。根据经济合作与发展组织《2021 年可持续发展融资全球展望》，在新冠疫情前，发展中国家每年的可持续发展资金需求已经达到几万亿美元。[②] 疫情后，由于发展中国家的资金需求变大，而发达国家提供发展援助资金的能力和意愿下降，全球公共品的资金缺口便迅速上升。

（二）全球公共品面临创新不足的挑战

面对层出不穷的新的全球性挑战，全球公共品的生产系统虽然已经出现了创新的趋势，但整体来看，仍然面临创新不足的问题。这有几个方面的原因。第一，全球公共品长期以来主要依赖政府部门的公共投入，其生产系统基于多双边的官僚机制，以任务而非结果为导向。这一官僚化的生产机制服从自上而下的指令—完成逻辑，而非自下而上的激励—创新逻辑，对于新技术、新方案的创造及运用缺乏足够的激励。相反，一些创新的想法、方案甚至由于冗长的官僚程序而失去其创新窗口期。第二，由于厂商激励不足，全球公共品的生产未能很好利用私人部门的创新能力。贫困国家从新药物中受益巨大，但是这些药物绝大多数是为了能在富裕国家销售而开发的。事实上，针对主要影响贫困国家的疾病所

---

① United Nations, "Inter-agency Task Force on Financing for Development, Financing for Sustainable Development Report 2021," (New York: United Nations, 2021), available from https://developmentfinance.un.org/fsdr2021.

② OECD, *Global Outlook on Financing for Sustainable Development 2021: A New Way to Invest for People and Planet*, OECD Publishing, Paris, 2020, https://doi.org/10.1787/e3c30a9a-en.

研发的产品寥寥无几。[①] 由于全球公共品的研发需要巨大的投入，且其未来收益又存在很大的风险，尤其是针对低收入国家的公共品研发更可能“血本无归”，因此私人部门长期以来缺乏进入这一领域的意愿，这也是全球公共品生产中市场失灵的真实情况。

（三）全球公共品面临多元主体供给所带来的治理失灵的挑战

多元主体格局的形成一方面拓宽了全球公共品的资金来源，另一方面也给其治理带来了挑战，特别体现在多边机制治理效能的下降上。第一，21 世纪以来全球公共品供给的一个最突出的特点是新兴国家作用提升，改变了过去北方发达国家绝对主导的格局。这也引起全球公共品治理体系内部权力结构的变化，但由于发达国家与新兴国家，以及新兴国家内部均存在利益诉求多元化，全球公共品的治理常常出现低效化甚至失灵的情况。例如，国际社会针对气候变化在大的目标承诺下很难形成具体的责任分担方案。联合国安理会、世界银行、国际货币基金组织、世界贸易组织、世界卫生组织、联合国粮农组织等多边治理体系的机制改革及规则的调整在很大程度上滞后于多元主体实力和权力关系的变化，也一定程度上遭遇了合法性、代表性危机。第二，在多边机制渐趋软弱，难以及时适应新变化、新挑战的背景下，出现了由发达国家、新兴国家，以及非国家行动者主导设立的许多小多边、跨区域机构及平台机制。这些类俱乐部机制虽然更加灵活，更有利于适应新问题、新挑战，也能与已有机构形

① 〔美〕迈克尔·克雷默、〔美〕雷切尔·格兰内斯：《猛药：为被忽视的疾病创造药物研发动力》，叶心可译，东方出版中心，2021，第 53 页。

成互补，但某种程度上也加剧了全球公共品治理的碎片化风险。其中的一个重要因素是新兴国家与发达国家对于全球公共品的共识与议程设置出现分化，前者强调应更多提供发展型的全球公共品，如基础设施融资、农业技术，后者则更加偏重治理型的全球公共品，如粮农/卫生系统的改革、人权保护、女性和青年赋权等。第三，私人部门作为重要资助者和行动者的兴起，为全球公共品提供了可持续创新的动能，但如何在激励其创新作用与管理其商业扩张性方面取得平衡，将是未来全球公共品的一大治理挑战。

（四）全球公共品面临突出的地缘政治挑战

目前来看，围绕全球公共品生产和分配的大多数行动者仍是主权国家，且由于并不存在一个所谓的全球政府，围绕全球公共品治理的一系列问题如目标的制定、规则的形成、责任的分担等，都不可避免受到大国博弈、地缘政治的影响。约翰·达文波特（John Davenport）曾经指出，如果将联合国看作太阳系，那么安理会这一“行星”的运转情况令人担忧。[①] 这一方面由于安理会提供的和平与安全这一全球公共品本身就是地缘政治的产物，另一方面也由于安理会这一机构从成立到日常运行就是现实政治妥协的结果。由于安理会常任理事国一票否决制这一大国一致原则的存在，当大国对立情形发生时，机构就很难形成一致意见。全球公共品的提供既是一个经济过程，更是一个复杂的政治社会过程。在全球贸易争端频发、局部冲突不断、西方传统大国实力相对下降、新兴国家虽实力上升但遭遇

① John J. Davenport, *A League of Democracies: Cosmopolitanism, Consolidation Arguments, and Global Public Goods*, London and New York: Routledge, 2008, p. 134.

严峻挑战的背景下，任何全球公共品的技术性方案都难以避免政治性博弈。

（五）全球公共品的共识和承诺也在遭遇挑战，急需新理念的引领

全球公共品的出现，可以说一方面是人类共同应对全球性挑战的结果，另一方面也是人类对全球化所加深的社会裂痕的一种弥合。援助即是对提供全球公共品的一种实践探索。然而，全球化的迅猛发展，增加了不同世界、不同民族、不同政治社会文化之间的张力。新冠疫情的冲击一定程度上凸显了全球化的负面影响：经济脆弱性增加、不平等加剧、社会和政治极化。于是乎，民粹主义、民族主义、孤立主义、保护主义思潮在全球流行，助长了逆全球化浪潮。当时美国特朗普政府的“退群”之举是这一波逆全球化浪潮的代表，是世界主义在狭隘的民族主义面前的退却。在这样的背景下，虽然人类对于全球合作、提供全球公共品的呼声空前一致，但对于全球公共品具体的目标、提供的路径、责任的分担等观点却极度分裂。如何形成新的思想资源和真正意义上的新型合作伙伴关系？这是我们在新冠疫情过后考虑如何提供更多、更好的全球公共品时无法忽略的问题和挑战。

三　对未来全球公共品的政策建议

（一）面对全球公共品的赤字问题，需要拓宽和创新全球公共品的融资渠道

目前全球公共品的资金渠道主要包括国家融资与国际合

作融资，前者以双边援助资金为主，后者则包括援助资金、多边机构分摊会费、各部门捐赠，以及国际金融市场融资等。巩固和拓宽资金渠道可以从以下四点着手。

第一，各国内部以援助、发展合作部门为基础，明确提供全球公共品的预算和相应机制，与联合国、国际金融机构、多边发展银行及公私合营筹资组织等多边机制进行衔接。

第二，使用国际税收工具增加资金来源，如设立国际航空税，在联合国认定的自然保护区、生物多样性保护区设立国际环境税等，税收可由联合国机构用于减贫、农业、气候、环境等领域的公共品。

第三，创新国际融资工具，如发行疫苗债、气候债、农业债，用于支持相应领域的项目、机构和机制。

第四，在数据统计条件允许的情况下，基于自愿准则，对各国完成可持续发展目标的总体情况进行测评和跟踪，对提前超额完成目标的国家或地区进行鼓励，对目标实现难度较大的国家或地区进行精准帮扶。

（二）改革全球发展合作机制，优先支持建立全球公共品的预测、预警和准备系统，将危机前的准备纳入全球公共品的内涵

新冠疫情给人类的一大教训是，国际社会缺乏对未知病毒的准备，而疫苗等公共品的生产又较为滞后。发展合作机制需要对全球、区域及国家层面的疫情预测、预警和准备系统增加投资，这包括全球层面的监测和预警系统、地方公共卫生机构的疫情识别系统、检测系统、跨区域的反应灵敏而有效的疫苗研发系统，此外还可建立多元化的专家应对团队。比尔·盖茨在其新书中对专家防控团队做出了具体的设想，

即全球流行病应对和动员团队（GERM）。[①] 对于大流行病、极端天气等全球性公共危机，将全球公共品的功能从危机后应对拓展至危机前准备是非常必要的。

（三）加强对全球公共品创新的激励机制建设

要解决全球公共品创新不足的问题需要加强对创新的激励，尤其是加强厂商激励，让企业等市场主体主动创新。市场主体不愿意投入全球公共品的研发主要是由于产品的潜在购买者往往来自低收入国家，购买力有限，分布范围广，还面临运输、投放等一系列具体的挑战。因此，致力于发展合作的多双边机构可以从购买力整合、提供可及性等方面着手，在低收入国家受益与企业利益之间找到平衡点。全球疫苗免疫联盟的预先市场承诺（AMC）机制将最需要疫苗的全球潜在市场购买力进行整合，利用多边机制的公信力做出承诺，并根据目标国家收入水平对采购价格进行分级，从而既保证了使用者的权益，也保证了企业的收益。非洲绿色革命联盟在国家层面推动绿色农业政策转型、在小农户层面推动技术体系使用形成潜在用户市场的做法也对绿色企业的投资和研发形成了激励。这些都为未来设计全球公共品的激励机制提供了有益的参考。

（四）强化和创新以联合国为核心的全球公共品治理的多边机制

在全球发展合作格局产生结构性调整，全球公共品供给主体越来越多元的背景下，事实上出现了新兴国家间机制、

① 〔美〕比尔·盖茨：《如何预防下一次大流行》，崔樱子等译，中信出版社，2022。

新兴国家主导机制、发达国家主导机制、发达国家间机制、发达国家与新兴国家间机制、新型非政府机构主导机制、新型非政府机构与多双边机构间机制，以及传统的多边机制百花齐放的现象。新机制的出现虽然为全球公共品提供了更多的资源，但也不可避免地带来了治理碎片化的结果，也导致二战以来形成的联合国这一全球最大多边机制出现治理乏力甚至失灵的情况。此外，在地缘政治的影响下，也出现了更加频繁的退群，撤旧群、建新群的状况，这加剧了全球公共品治理的混乱和不确定性。为此，我们提出如下建议。

第一，坚持以联合国为核心的已有多边机制作为主体治理机制，保持全球公共品供给的延续性和稳定性。

第二，需要对联合国系统进行改革，增强发展中国家的参与权和治理权；加强已有卫生、气候、农业、减贫等多边协议的约束力，对签订的协议提供有效激励，对于违约进行实质性惩罚。

第三，加强联合国与重要区域机制、新兴机制的协调与联动，可就全球公共品特定事务建立具有多元代表性、科学指导性的专业机制，包括建立董事会来吸收相关机制和机构代表、科学技术等专业领域成员，让其参与决策，设立 CEO 负责执行。本书中提到的国际食品法典委员会和全球疫苗免疫联盟的组织方式可以作为重要的案例进行参考。

（五）倡导以人类命运共同体理念为基础来提供全球公共品，扩大各国共识，做出更多承诺

由于发达国家、发展中国家、非国家行动者自身的发展阶段和定位不同，参与全球公共品生产、分配的需求和理念都存在差异，且存在地缘政治的影响，我们认为在新的背景

下应对新的全球性挑战，需要强调以下四点。

第一，以人类命运共同体的理念来形成共识，构建政治、安全、发展、文明、生态等多个领域的共同体，重视专家共同体在国际议程设定、国际制度设计和国际规则调整方面所能起到的关键作用。

第二，用全球公共品来凝聚人类跨国界、跨领域、跨组织、跨层次的团结合作，并催生可持续发展的动力和创新力。

第三，将减贫、公共卫生、食品安全、基础设施等发展型公共品作为优先支持的对象，加大承诺和投入力度。

第四，在联合国设立全球公共品论坛，设立联合国发展研究中心和发展大学等，加强各国、各行动方对于全球公共品的讨论和交流，促进共识形成和政策协调，推动全球共同发展。

CHAPTER

7

第七章

中国在全球公共品供给中的新角色

2005年，时任世界银行行长罗伯特·佐利克在美中关系全国委员会发表主题为“中国将走向何方：从成员到责任?”的讲话，认为：“到2005年，中国已融入了世界——包括加入世界贸易组织、国际货币基金组织和世界银行。从气候变化协议到核武器，中国已经成为重要参与者。”在此背景下，他呼吁“中国不能满足于成为国际体系的成员，而要成为一个负责任的利益攸关方”，这一表达是国际社会明确提出中国要在国际体系中，尤其是在全球公共品体系中担任新角色。近十年来，随着中国海外发展合作实践的迅猛推进和全球公共品供给的步伐加快，国际社会有关中国提供全球公共品的探讨逐渐深入供给机制与供给规则的协调上。

尽管中国在表达上长期以来并未使用“全球公共品”的概念，但作为提供全球公共品重要渠道的中国对外援助实践已有70多年，在20世纪70年代初的对外援助支出额度甚至一度占到同期国家财政支出的近7%；[①] 1964年，中国面向国际社会提出了包括平等互利、尊重主权、不附带条件、不要求特权等对外经济技术援助八项原则，为当时的南南合作提供了新理念与新动能；坦赞铁路也是当时历史背景下服务于非洲国家民族独立发展、促进南方国家团结和追求平等国际体系的重要公共品。进入21世纪，尤其是2018年设立国家

① 刘朝缙：《对外经济关系与务实》，对外贸易教育出版社，1985，第296页。

国际发展合作署以来，中国的对外援助明确提出要向国际发展合作转型，在原来传统的双边援助合作的基础上，不断拓宽国际多边合作、三边合作的机制和渠道，进而更加深入地参与到全球公共品的供给和治理进程中来。

从政策脉络看，中国主动用“全球公共品”表述来界定其自身新角色和新作用，具体表现如下。第一，2013 年“一带一路”倡议的提出和推进，中国愿意通过互联互通为亚洲邻国提供更多全球公共品。第二，2020 年开始，中国在多个全球、区域高级别会议的多边、双边等平台倡导“疫苗作为全球公共品”，强调“用得上、用得起、普惠可及”，并倡导疫苗要加强研发、联合生产、公平分配等。第三，在 2021 年的《新时代的中国国际发展合作》白皮书中提到，中国对外援助的文化根脉和精神源泉包括“源于大国责任担当”，中国“愿为国际社会提供更多公共品”。第四，2021 年在第 76 届联合国大会一般性辩论上，中国提出了全球发展倡议，并在中国是“世界和平建设者、全球发展贡献者、国际秩序维护者”的定位之后，首次加上了“公共品提供者”，此后又通过不同区域的磋商和在联合国总部成立“全球发展倡议之友”等机制，在共商共建寻求共识中确立中国全球公共品提供者的角色。

由此可见，从响应国际社会的呼吁到主动承担，从区域性探索到全球性行动，从具体实践上升到人类命运共同体理念的构筑，从双边向多边渠道转型，从政府间合作到多元主体参与，从修路架桥的硬件基础设施连通建设到注重民生的“小而美”工程推进，中国在全球公共品体系中的作用不断凸显，逐渐成为全球公共品体系的新兴贡献者、创新推动者、未来新框架的引领者。

一　中国提供全球公共品的历史实践

尽管全球公共品是个现代产物，但注重公益、提供公共品的思想和实践由来已久。中国古代对于“公”的思考最早始于春秋战国时期，涉及两组不同的观念和实践。[①] 其中第一组成形于战国中期，有通众、普通、平等、平均之意，指涉范围广，涵纳普天之下的万事万物，故有“大道之行，天下为公”的经典名句。第二组观念源自甲骨文，有祖先、尊长、国君、朝廷之义，春秋晚期之后，逐渐表示朝廷、政府和国家的公务，形成“国家之公”。这两组关于“公”的思想传统映照出中国人对于公共事务与公共品的底层历史观念和世界观基础，深刻影响着其在全球公共事务中的实践逻辑。

其中，在中国古代历史上，第一组“天下为公”的观念最为源远流长，成为贯穿古今中国的思想主脉，《新时代的中国国际发展合作》白皮书中论及中国对外提供援助的文化根脉和精神源泉时，第一条就是“源于中华民族的天下大同理念”。但历史上，这一“天下为公”的理念在实践中由谁来代表和承载却经历了复杂的波动过程。有时它与朝廷之公重合，有时却被认为由民众的横向结社所承载，尤其是宋朝之后它围绕地方宗族的义田义庄展开。

在漫长的封建社会，“朝廷之公”是实践中的主流形态，并由此生发了当时的天下体系。天下体系始于周朝时期，但随着秦朝的建立分崩离析。此后，其基本思想和相关实践保留了下来，并在秦汉形成了东亚朝贡体系，该体系至隋唐初

① 武洹宇：《中国近代“公益”的观念生成：概念谱系与结构过程》，《社会》2018 年第 6 期。

具规模，到明代达至顶峰，至清代基本延续并逐渐走向没落。有研究认为，以明代近300年历史为例，中国始终是东亚区域公共品最主要的提供者，且并非一般所认为的弱需求和弱供给的模式，而是在不同的阶段提供了包括政治和安全、贸易体制和货币、文化观念和制度等不同类型的公共品，并探索了丰富的内涵。①

但在“朝廷之公”及其衍生的具有差序格局的“朝贡体系”同时，从明末清初开始，一些思想家们诸如黄宗羲、顾炎武、王夫之等指出了“朝廷之公”的局限性，所谓“天下为公”已然被实践成了“天下为君”，并由此对“公”与“私”所指代的内容及二者的关系进行了启蒙意味的重新诠释。这一小股思想激流前所未有地将帝王皇族的欲求置于“私”的境地，使他们与代表天下万民个体欲求的“公”对立起来，于是出现了君权应有所限制的理论，并由“孝道不能推出忠君”的思想推导出“家国不同构”的设想，进而产生了西方意义上的公共空间。② 在实践中，宋代的义庄被继承下来，明末清初开始出现同善会，地方上的善堂、行会、团练、学会等开始成为民间慈善思想的外化与继承。可以说，在此思想指导下，“天下为公”与“地方公益”出现了某种特定的结合，尤其随着16世纪华人华商海外拓展，“全球”与“地方”的观念和实践有了更强的联系。

近现代以来，基于西方范式的世界主义和公益理念传入

① 赵思洋：《区域公共品与明代东亚国际体系的变迁》，《国际政治研究》2015年第3期；赵可金、尚文琦：《国际公共品与中国外交转型》，《理论学刊》2017年第3期。

② 武洹宇：《中国近代“公益”的观念生成：概念谱系与结构过程》，《社会》2018年第6期；杨春宇：《群亦邦本：试论中国的齐民社会与社团正当性》，《社会学评论》2017年第6期。

中国后，也引发了中国启蒙思想家和革命先驱者的热烈讨论，以及实践的转型。结合中国传统智慧，康有为提出“大同世界”，梁启超提出“全人类大团体”的理想；孙中山提出“欲平天下者先治其国”[①]，强调要讲世界主义一定要先讲民族主义，并指出“文明日进、智识日高，推广其博爱主义，使全世界合为一大国家”，此时才可以实现“泯除国界”，达到大同之世。[②] 孙中山还是第一个向西方世界提出国际发展合作设想的思想家和行动者，他所提出的通过援助提供全球公共品，从而改善全球共同福利的思想后续得以发展。

进入当代后，在马克思主义的指导下，中国形成了国际主义的外交传统。我们逐渐认识到，中国的发展离不开世界，关起门来搞建设是不会成功的，要面向国际社会推动改革开放，在对外援助上尽力而为、量力而行、提高实效。

近年来，中国越来越清晰地界定自身在全球格局中的角色，更加积极主动地提供全球公共品，从“一带一路”倡议到全球发展倡议，在面对“世界怎么了？我们怎么办？”的世纪之问时，中国做出了自己的判断。习近平主席强调，当前国际社会存在四大赤字：治理赤字、信任赤字、和平赤字、发展赤字。[③] 为了破解这四大赤字，中国也尝试提出促进自身发展的同时，又贡献于全球发展的人类命运共同体理念，并通过进一步完善现有国际体系和新设机制平台两条路径，整合理念提出、平台搭建、资源投入、项目运转、质量把控，以及总结应用等全过程，尝试探索出一条有效合作和高质量

① 孙宏云：《1924年孙中山“民族主义”讲演的文本与本意》，《政治思想史》2015年第4期。

② 尚明轩主编《孙中山全集》第七卷，人民出版社，2015，第114页。

③ 习近平：《为建设更加美好的地球家园贡献智慧和力量——在中法全球治理论坛闭幕式上的讲话》，《人民日报》2019年3月27日，第1版。

发展的路径。

二　中国提供全球公共品的当代基础

（一）经济和物质基础

近年来，中国融入全球化的进程不断加深，经济总量持续增长，占世界经济的比重也在不断提高，中国成为世界经济发展动力最足的“火车头”。从规模来看，以美元计，2020年中国GDP达14.7万亿美元左右，占比由2019年的16.30%提升至17.37%（见图7-1），对世界经济增长的贡献率达到了30%（见图7-2）。[①]

从贸易范围来看，2013年中国货物贸易总额为4.16万亿美元，成为世界第一货物贸易国。[②] 目前中国前五大贸易伙伴依次是东盟、欧盟、美国、日本和韩国。据世贸组织2013年发布的数据，在159个世贸组织成员中，中国是107个成员的前三大进口来源地，也是42个成员的前三大出口市场，还是48个最不发达国家的最大出口市场。[③]

从对外投资来看，主要体现在两个方面。其一，对外投资总额稳中有增。中国对外投资在2014年已超过引进投资。2020年受新冠疫情影响，除亚洲外，世界各地的对外投资都

---

① 世界银行数据库，https：//data. worldbank. org. cn/indicator，最后访问日期：2023年9月17日。

② 中华人民共和国商务部：《中国2013年成为世界第一货物贸易大国》，2014-03-01，http：//www. mofcom. gov. cn/article/ae/ai/201403/20140300504001. shtml，最后访问日期：2023年9月17日。

③ 中华人民共和国商务部综合司：《中国成为世界第一货物贸易大国》，http：//zhs. mofcom. gov. cn/article/Nocategory/201405/20140500570684. shtml，最后访问日期：2022年7月12日。

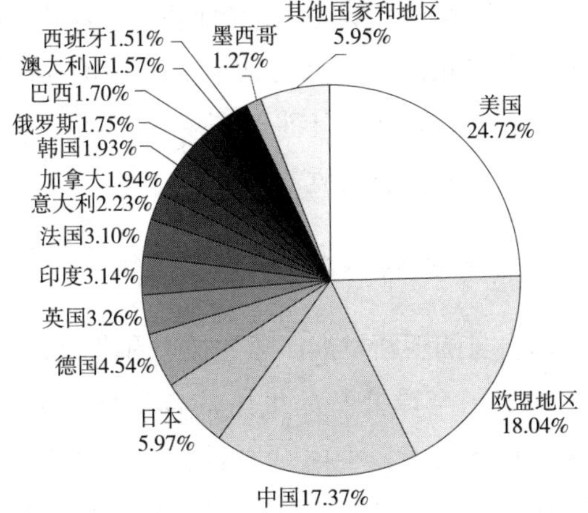

图 7-1　2020 年世界部分国家或地区 GDP 占全球 GDP 的比重

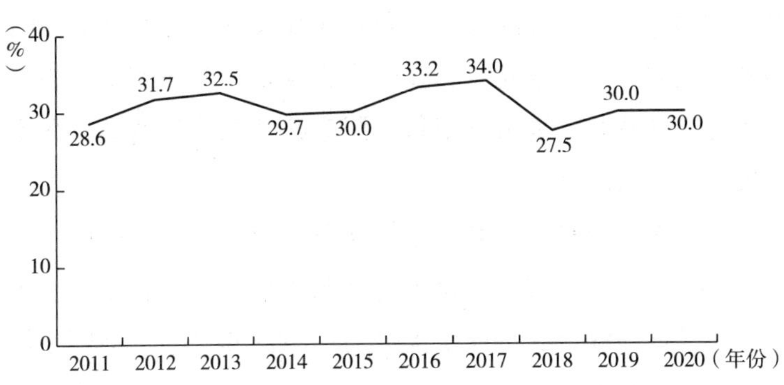

图 7-2　2011~2020 年中国经济对世界经济增长的贡献率

资料来源：世界银行数据库。

有所减弱，中国以 1330 亿美元的对外直接投资额成为全世界最大的投资国，[①] 为世界经济的发展带来新动力。

其二，中国还出现了“三个五”现象，即 500 万中国人

① 联合国贸易和发展会议：《世界投资报告 2021》，https：//unctad. org/system/files/official-document/wir2021_overview_ch. pdf，最后访问日期：2022 年 12 月 7 日。

长期在海外生活工作、5万家中国企业在海外营业、超过5万亿美元的资产存量在海外，这勾勒出中国在新时代发展的状况，即中国的海外利益也在不断增长，使中国对全球公共事务的贡献有了更加坚实的物质基础。

（二）平台与机制基础

随着中国自身的不断发展，通过援助和各类开发性金融，中国也逐步加强了全球公共品供给的合作平台和机制建设。从开发性金融种类来看，中国一方面加强了对已有的国际多边机构的资金供给，如增加了对于国际多边组织的注资，不管是通过会费，还是自愿性捐款，数目都有了明显的增长；另一方面，中国也自设或联合合作伙伴设立了各类新兴的发展金融机制，如全球发展和南南合作基金、丝路基金、新开发银行，同时通过进出口银行、国家开发银行等增加了各类发展资金的全球供给。

在对外援助方面，根据已经发布的两次对外援助白皮书和2021年发布的《新时代的中国国际发展合作》白皮书，中国的对外援助资金规模在稳步提高。2009年之前，中国年均对外援助金额为6亿~7亿美元，但2010~2018年，中国对外援助资金有了较大的涨幅，尤其是2013年之后，中国年均对外援助额达70多亿美元（见图7-3），近10年中国对外援助迅猛增长，推动中国成为全球发展的新兴贡献者。

从组织机构建设来看，自2013年开始，中国推动设立亚洲基础设施投资银行、金砖国家新开发银行；自2015年联合国可持续发展峰会开始，中国设立了中国国际发展知识中心、北京大学南南合作与发展学院等；2018年成立了国家国际发展合作署。总之，中国建立了一系列全国统筹管理类和知识

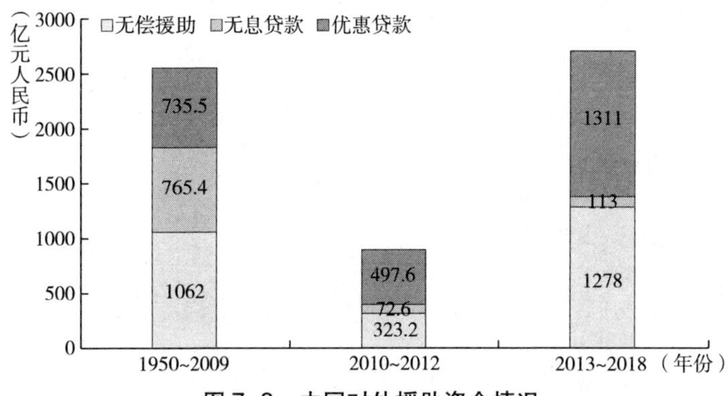

图 7-3 中国对外援助资金情况

资料来源：《中国的对外援助（2011）》《中国的对外援助（2014）》《新时代的中国国际发展合作》白皮书。

经验分享类的组织机构（见表 7-1），加速了中国从对外援助向国际发展合作的转型。

表 7-1 三种主要的统筹管理和知识经验分享类新型国际发展机构

机构名称	国家国际发展合作署	中国国际发展知识中心	北京大学南南合作与发展学院
成立时间	2018 年 3 月	2017 年 3 月	2016 年 4 月
宗旨	充分发挥对外援助作为大国外交的重要手段作用，加强对外援助的战略谋划和统筹协调，推动援外工作统一管理，改革优化援外方式，更好服务国家外交总体布局和共建“一带一路”等	借鉴中国发展经验，集合各自不同国情，同各国一道研究和交流发展理论与发展实践	分享治国理政经验，帮助其他发展中国家培养高端政府管理人才，共同探索多元化发展道路

续表

机构名称	国家国际发展合作署	中国国际发展知识中心	北京大学南南合作与发展学院
职能	拟订对外援助战略方针、规划、政策，统筹协调援外重大问题并提出建议，推进援外方式改革，编制对外援助方案和计划，确定对外援助项目并监督评估实施情况等。援外的具体工作仍由相关部门按分工执行	致力于中国发展知识的研究和国际交流；主要职责是统筹协调国内外发展研究资源，开展发展理论和发展实践研究；组织交流各国实现联合国2030年可持续发展议程的经验等	培养发展中国家政府的初级与中高级官员

资料来源：国家国际发展合作署，http：//www. cidca. gov. cn/zyzz. htm；中国国际发展知识中心，https：//www. cikd. org/aboutus？ menuId = 1463670971617148930；北京大学南南合作与发展学院，https：//cnisscad. pku. edu. cn/gywm/xygk/index. htm；最后访问日期：2023 年 9 月 24 日。

从区域合作机制来看，由传统的双边合作转向聚焦区域发展合作的“1+n”机制。2000 年设立中非合作论坛，搭建了中非合作框架，迄今已有 20 多年；此外，还有中国—东盟、中国—中东欧、中拉、中国—中亚等区域性机制平台，都为全球提供了互利共赢的合作与发展平台（见表 7-2）。此外，“一带一路”国际合作高峰论坛已举行了三届，旨在为应对全球性挑战汇聚各方共识，发挥各方智慧和力量，搭建多边对话合作平台。

表 7-2　聚焦区域发展合作的“1+n”机制

合作区域	建立时间	建立目标/宗旨	机制
中国—东盟	1997 年	以经济合作为重点，逐步向政治、安全、文化等重要领域拓展	“10+1”合作机制；“10+3”合作机制

续表

合作区域	建立时间	建立目标/宗旨	机制
中国—非洲	2000 年	平等磋商、扩大共识、增进了解、加强友谊、促进合作	部长级会议；高官级后续会议；高官预备会；非洲驻华使节与中方后续行动委员会
中国—中东欧	2012 年	合作共赢、共谋发展	领导人会晤机制
中国—拉丁美洲	2014 年	促进中拉平等互利、共同发展的全面合作伙伴关系发展	部长级会议； 国家协调员会议； 中国—拉共体“四驾马车”外长对话会； 专业领域分论坛
中国—中亚	1992 年	互利共赢、守望相助	—
中国—阿拉伯国家	2004 年	加强对话与合作、促进和平与发展	部长级会议；高管委员会会议；中阿企业家大会；中阿文明对话会；联络组等
中国—葡语国家	2003 年	发挥中国澳门联系葡语国家的平台作用，加强中国与葡语国家之间的经贸交流	以经贸促进与发展为主题的非政治性政府间多边经济贸易合作机制
中国—加勒比	2005 年	促进中国和加勒比地区经贸合作，实现共同发展	部长级会议； 合作研讨会
中国—太平洋岛国	2006 年	促进中国和太平洋岛国地区经贸交流与合作，实现共同发展	部长级会议

资料来源：根据中华人民共和国中央人民政府网站整理，https：//www.gov.cn/，最后访问日期：2023 年 9 月 23 日。

（三）理念与架构基础

除了经济和物质基础、平台和机制基础外，中国近年来也同时提出了理念和倡议型大型公共品供给模式。“人类命运共同体”成为重要理念。2011 年，《中国的和平发展》白皮书提出，要以“命运共同体”的新视角，寻求人类的共同利益和共同价值的新内涵。2012 年，党的十八大明确提出要倡导“人类命运共同体”意识。此后，该理念在国际社会也获得了广泛的回响，多次被写入联合国文件（见表 7–3）。

表 7–3　联合国活动或文件中使用“人类命运共同体”情况

时间	联合国活动或文件
2015 年 9 月 28 日	国家主席习近平在纽约联合国总部举行的纪念联合国成立 70 周年大会上发表题为《携手构建合作共赢新伙伴 同心打造人类命运共同体》的讲话，“人类命运共同体”概念受到广泛关注
2017 年 2 月 10 日	联合国社会发展委员会第 55 届会议协商一致通过“非洲发展新伙伴关系的社会层面”决议，“构建人类命运共同体”被首次写入联合国决议
2017 年 3 月 17 日	联合国安理会通过关于阿富汗问题第 2344 号决议，决议同时写入了“构建人类命运共同体”等加强区域经济合作的内容
2017 年 10 月 30 日	第 72 届联合国大会第一委员会通过了“关于防止外层空间军备竞赛”的两份决议，两份决议都写入了“构建人类命运共同体”
2018 年 3 月 23 日	中国提出“在人权领域促进合作共赢”决议，首次将构建相互尊重、公平正义、合作共赢的国际关系，“构建人类命运共同体”重大理念同时纳入联合国决议

资料来源：作者根据官方公开新闻整理。

近年来，随着全球治理的中国智慧、中国方案在世界范围内得到传播，学界对“人类命运共同体”的关注度也日益上升，根据科学网（web of science）核心合集数据库的统计，随着2013年“一带一路”倡议的提出，“人类命运共同体”也成为国际发展研究的热点词（见图7-4）。

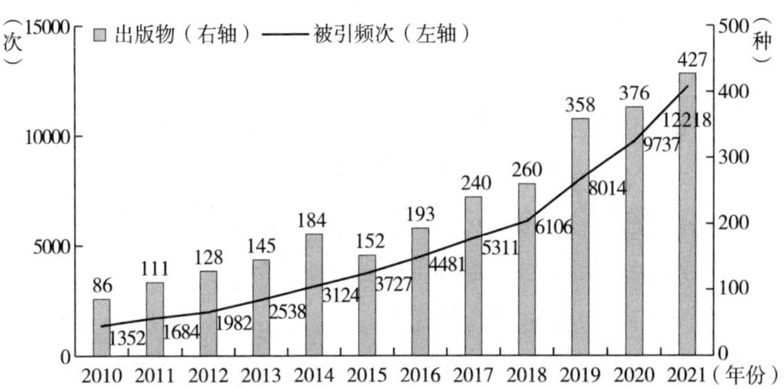

图7-4　“人类命运共同体”在科学网核心合集数据库被引频次和出版物分布

资料来源：科学网（web of science）核心合集数据库，https：//www. webofscience. com/wos/。

除了理念供给基础之外，自2013年以来，中国还加强了中国提供全球公共品的制度框架基础，提出了“一带一路”倡议、全球发展倡议、全球安全倡议、全球文明倡议等重大倡议，助力国际社会加快落实联合国2030年可持续发展议程，共同推动全球发展迈向平衡协调包容新阶段，提振全球发展信心，激活全球发展合作伙伴关系，创新国际发展合作新方式。

三　中国提供全球公共品的形态和机制

从理念到宏观架构、从平台机制到具体的发展项目和经济合作，中国为国际社会提供了内容丰富、形式多样、机制创新的新型全球公共品，其中，减贫、农业、卫生和气候等是当前触及全球最脆弱国家和人群的四个最为关键性领域。本部分聚焦这四个领域，分析中国提供全球公共品的机制和特点。

（一）减贫与发展领域

消除贫困是人类社会的共同使命。中国的脱贫攻坚战提前10年实现了《联合国2030年可持续发展议程》减贫目标，创造了人类减贫史上的中国奇迹，对世界减贫贡献超过70%，中国减贫经验可以为全球减贫事业做出贡献。[①]

中国在减贫与发展领域的特点是在公共品中融入了中国自身的发展经验，秉持了中国“发展才是硬道理”的理念，把经济繁荣视作地基，并在人道主义援助等传统手段上叠加交通电力基础设施建设、贸易联通等手段，将援助和贸易投资结合。传统的全球公共品提供者已生产了各种软性产品，如性别平等、善治等发展规范，此类概念主要倾向于制度层面，通过多边和双边援助机制广泛传播。中国长期快速发展的基本经验是基于自身国情，主动创新性吸纳了国际经验，同时也避免了“制度优先”路径的局限性和不完全性，采取了发展经济优先的路径，逐步调整制度使其更符合中国社会文化和政治条件。[②] 沿着这一思路，中国建设并打造了多种合作平台，如中国—东盟自由贸易区、新亚欧大陆桥、中巴陆

① 国务院新闻办公室：《人类减贫的中国实践》白皮书，https：//www.gov.cn/zhengce/2021-04/06/content_5597952.htm，最后访问日期：2023年9月23日。

② 李小云：《西方是如何制造全球公共品的》，《决策探索》（下半月）2015年第9期。

上经济走廊、产业园区和港口等，通过基础设施建设解决发展中国家自身道路交通不完善、电力供给不足、通信设施匮乏等问题，帮助其打牢经济基础，更好地互联互通、参与一体化。

在物资供给上，中国主要在人道主义援助、产业园区建设、贸易互联等方面发挥积极作用，通过综合性发展合作措施来提升合作方的自我发展和减贫能力。2013～2018 年，中国通过提供紧急人道主义援助物资、派遣国际救援队和医疗专家组、抢修受损设施等方式，累计向 60 多个国家提供了紧急人道主义援助。此外，2013～2018 年，中国免除最不发达国家、重债穷国、内陆发展中国家和小岛屿发展中国家共计 98 笔到期无息贷款债务，累计金额达 41.84 亿元（见表 7-4）。

在方式方法上，第一，中国减贫国际合作十分重视基础设施建设的作用。以非洲为例，中国目前已在非洲援建了 500 多个基础设施项目，包括公路、铁路、机场、水电设施等经济基础设施，以及各类办公大楼、学校、医院等社会公共基础设施。第二，中国将人才培养作为减贫国际合作的重点之一，采取了向受援国派遣专家和技术人员、邀请受援国人员参加高级别培训班、提供来华奖学金和在职学历学位教育项目等多种方式促进受援国人力资本的提升，支持的人力资源开发项目涉及国家发展、农业技术、减贫交流、医疗卫生等 17 个领域，共百余个专业。2013～2018 年，中国举办了 7000 余期项目培训，共有约 20 万人受益。以中国国际扶贫中心为例，仅 2019 年就有来自六大洲 53 个国家的 471 名中高级官员参与了减贫研修班。第三，中国积极开展减贫示范。中国在老挝、缅甸、柬埔寨等国开展减贫示范项目，帮助其他发展

表 7-4　中国在减贫与发展领域的物资和人员供给

目的	时间	减贫全球公共品	数额
援助、债务减免	2013~2018 年	向 60 多个国家提供紧急人道援助	以提供紧急人道主义援助物资、派遣国际救援队和医疗专家组、抢修受损设施等方式，累计向 60 多个国家提供了紧急人道主义援助
	2013~2018 年	免除无息贷款债务	免除最不发达国家、重债穷国、内陆发展中国家和小岛屿发展中国家共计 98 笔到期无息贷款债务，累计金额达 41.84 亿元
	2015 年 12 月	中非减贫惠民合作计划	中方在加强自身减贫努力的同时，增加对非援助，在非洲实施 200 个“幸福生活工程”和以妇女儿童为主要受益者的减贫项目；免除非洲最不发达国家截至 2015 年底到期未还的政府间无息贷款债务
	2015 年 12 月	中非合作论坛约翰内斯堡峰会	中方提供总额 600 亿美元的资金支持，包括：提供 50 亿美元的无偿援助和无息贷款；提供 350 亿美元的优惠性质的贷款及出口信贷额度，并提高优惠贷款优惠力度；为中非发展基金和非洲中小企业发展专项贷款各增资 50 亿美元；设立首批资金 100 亿美元的“中非产能合作基金”
	2018 年 9 月	中非合作论坛北京峰会	为推动“八大行动”顺利实施，中国愿以政府援助、金融机构和企业投融资等多种方式，向非洲提供 600 亿美元支持

续表

目的	时间	减贫全球公共品	数额
产业园区建设	2015年12月	中非工业化合作计划	积极推进中非产业对接和产能合作，鼓励支持中国企业赴非洲投资兴业，合作新建或升级一批工业园区，向非洲国家派遣政府高级专家顾问。设立一批区域职业教育中心和若干能力建设学院，为非洲培训20万名职业技术人才，提供4万个来华培训名额
	2021年11月	中非合作论坛第八届部长级会议	设立“中非民间投资促进平台”，为非洲援助实施10个工业化和就业促进项目，向非洲金融机构提供100亿美元授信额度，建设中非经贸深度合作先行区和“一带一路”中非合作产业园。援助实施10个设施联通项目，同非洲大陆自由贸易区秘书处成立中非经济合作专家组
基础设施建设	2018年7月	中阿合作论坛第八届部长级会议	参与阿拉伯国家有关港口和未来阿拉伯铁路网建设，支持阿方构建连接中亚和东非、沟通印度洋和地中海的黄金枢纽物流网
	2021年2月	中国—中东欧国家领导人峰会	加快推进匈塞铁路等大项目建设，继续支持中欧班列发展。中方倡议在中东欧国家合作建设农产品批发市场

资料来源：国务院新闻办公室网站，http：//www.scio.gov.cn/，最后访问日期：2022年10月23日。

中国家推进减贫进程，在村级社区示范“整村推进”等减贫经验，强化村级组织能力建设，支持农民生产协作，帮助当地转变发展观念，创新脱贫思路。通过举办研修项目、与联合国工业发展组织共同举办研讨会等，同发展中国家分享精准减贫的发展理念和实践经验。第四，中国在国际减贫中关注脆弱性群体，比如，支持其他发展中国家制定残疾人政策，加强残疾人康复服务，使残疾人共享社会发展成果；为蒙古国、厄瓜多尔、利比亚等国举办特殊群体社会保健政策和康复护理等方面的研修课程，提高了政府在特殊群体扶贫和医疗保健方面的治理能力；援建的萨摩亚残疾人培训中心，可接纳学习和培训的残疾人人数由原先的150人增加到400余人，为残疾人提供更多基础教育和技能培训机会；等等。①

在平台搭建上，中国一方面建立起自身参与全球减贫与发展公共品供给的机制。“一带一路”倡议是中国向世界提供的最大的合作共赢的公共物品之一。2013年习近平主席在出访中亚和东南亚国家期间，先后提出共建“丝绸之路经济带”和“21世纪海上丝绸之路”，使“一带一路”合作机制成为全球经济治理的中国路径理论框架。以平等合作、共商共建为权力结构的基石，以利益共享、合作共赢为利益分配结构的准则，“一带一路”合作机制正逐步建立起一个多元化、多层次的区域治理平台。②“一带一路”倡议从产生国际合作新理念和新模式、高效的设施互联互通、提供新的国际货币、建立新型国际金融组织、为消除局部战争和恐怖主义提供新的手段五个方面增加全球公共物品供给。③ 具体而言，“一带一路”公共品包括铁路、机场、港口、工业园区公共设施、

① 中华人民共和国国务院新闻办公室：《新时代的中国国际发展合作》白皮书，2021年1月10日。

② 隋广军、查婷俊：《全球经济治理转型：基于“一带一路”建设的视角》，《社会科学》2018年第8期。

③ 涂永红、张文春：《中国在“一带一路”建设中提供的全球公共物品》，《理论视野》2015年第6期。

跨国输油供气管道、跨地区医疗法律公共服务、公共安全管理等，涉及跨国项目和各国独立的项目。[①]“一带一路”建设既能充分满足中国国内及沿线国家经济发展的现实需求，也能够整合沿线国家现有双边、多边合作机制，推动经济一体化发展。[②] 作为全球发展合作的新平台，“一带一路”倡议既推动中国走向世界，又向世界讲好中国故事，与沿线地区和国际社会分享中国发展机遇。“一带一路”倡议作为推动建立公正合理的国际秩序的“中国方案”，彰显出推动构建人类美好未来的“中国智慧”。

中国也同其他国家和地区一道建立平台，携手为全球减贫与发展事业做出贡献。例如，在2013年先后成立的金砖国家新开发银行、亚洲基础设施投资银行，都为各国的经济一体化、金融稳定提供了保障，为发展项目的开展提供了资金和技术支持。

另外，中国还通过向国际组织提供资金和支持的方式提供减贫与发展领域的全球公共品。例如，2015年，习近平主席宣布将设立“南南合作援助基金”，首期提供20亿美元[③]。该基金现已成为中国政府为支持其他发展中国家落实联合国2030年可持续发展议程的专项援助性基金，也是中国支持南南合作、开展人道主义援助的重要资金保障。在该基金的支持下，截至2019年底，中国与联合国开发计划署、世界粮食计划署、联合国儿童基金会、联合国难民署、国际红十字会

---

① 何寿奎：《“一带一路”公共品供给困境与路径优化》，《中国流通经济》2017年第11期。

② 陈明宝、陈平：《国际公共品供给视角下“一带一路”的合作机制构建》，《广东社会科学》2015年第5期。

③ 《习近平在联合国成立70周年系列峰会上的讲话》，人民出版社，2015，第5页。

等14个国际组织合作实施项目82个，涉及减贫、妇幼健康、灾后重建、移民和难民保护等多个领域。“南南合作援助基金”积极向发展中国家提供发展助力。中国政府在“南南合作援助基金”项目下与联合国开发计划署等国际组织合作，在受新冠疫情、洪涝、飓风、热带气旋等影响地区开展援助与合作，在巴基斯坦、孟加拉国、多米尼克等多国开展灾后重建项目，通过提供紧急援助物资、医疗救助等方式向受灾群体提供紧急避难住所和生活必需品。向几内亚、东帝汶等国家提供粮食援助项目，如通过世界粮食计划署向东帝汶营养不良的孕妇和哺乳期妇女捐赠营养食物，继续深化与东帝汶在粮食安全、医疗卫生等领域的合作，助力东帝汶改善民生及实现“零饥饿”政策目标。中国减贫与发展领域平台类公共品见表7-5。

在理念与机制层面，中国的特色减贫道路形成了中国特色反贫困理论，尤其体现在锚定共同富裕目标，依托精准手段，构建政府、市场和社会协同发力的“益贫市场”机制上。解放贫困者的生产力，使他们不仅成为分配的受益者，也成为增长的贡献者，推动整个社会更加均衡、更加公平地发展。中国的贫困治理经验极大地拓展了世界减贫思路，将进一步赋能全球贫困治理。

构建人类命运共同体突破了传统国际秩序中中心与外围的二元对立结构，将发达国家和发展中国家的主体与客体都变成了“我们”，为处于困境中的全球治理改革指明了方向。中国践行共建一个没有贫困的人类命运共同体的思想理念，人类命运共同体旨在追求本国利益时兼顾他国合理关切，在谋求本国发展中促进各国共同发展。人类命运共同体的理念与价值观极大地拓展了中国特色扶贫开发的全球视野，同时也

表 7-5　中国减贫与发展领域平台类公共品

参与形式	设立时间	全球公共品	目的	内容
新型融资机制	2015 年 9 月	南南合作援助基金	支持发展中国家落实联合国 2030 年可持续发展议程、应对人道主义危机、实现减贫与发展	是中国政府支持联合国 2030 年可持续发展议程目标，支持其他发展中国家可持续发展的重要工具之一；是中国政府重视南南合作、支持南南合作的具体行动；是中国作为负责任国家，欢迎各国搭乘中国发展“便车”，实现共同发展的重要体现
	2014 年 12 月	丝路基金	重点围绕“一带一路”建设推进与相关国家和地区的基础设施、资源开发、产能合作和金融合作等项目，确保中长期财务可持续和合理的投资回报	是由中国外汇储备、中国投资有限责任公司、中国进出口银行、国家开发银行共同出资，依照《中华人民共和国公司法》，按照市场化、国际化、专业化原则设立的中长期开发投资基金
	2013 年 3 月	金砖国家新开发银行	为金砖国家及其他新兴经济体和发展中国家的基础设施建设及可持续发展项目动员资源，作为现有多边和区域金融机构的补充，促进全球增长与发展	通过贷款、担保、股权投资和其他金融工具为公共或者私人项目提供支持。与国际组织和其他金融实体开展合作，并为银行支持的项目提供技术援助
	2013 年 10 月	亚洲基础设施投资银行	促进亚洲区域的互联互通化和经济一体化的进程，加强中国及其他亚洲国家和地区的合作	通过在基础设施及其他生产性领域的投资，促进亚洲经济可持续发展、创造财富并改善基础设施互联互通；与其他多边和双边开发机构紧密合作，推进区域合作和伙伴关系，应对发展挑战

续表

参与形式	设立时间	全球公共品	目的	内容
新型知识分享机构	2015 年 9 月	中国国际发展知识中心	研究和交流适合各国国情的发展理论和发展实践	统筹协调国内外发展研究资源，开展发展理论和发展实践研究，组织交流各国实现联合国 2030 年可持续发展议程目标等国际发展的研究成果
	2005 年	中国国际扶贫中心	致力于全球扶贫领域的应用性政策研究与人力资源合作	立足中国，面向世界特别是广大发展中国家，组织反贫困领域内的政策研究和经验总结；承担国际组织和中国政府委托的有关国际培训和能力建设项目；开展外资扶贫项目的组织、论证、立项和管理；实施扶贫领域的国际合作与交流
	2021 年 7 月	中国南亚国家减贫与发展合作中心	旨在汇聚力量、整合资源、交流智慧，支持帮助南亚各国巩固减贫成果	开展形式多样的扶贫合作，探索符合地区实际的减贫和可持续发展之路。结合中方自身成功经验，制定务实管用和有针对性的培训方案，采取线上线下教学相结合方式开展减贫培训班工作。中方还愿适时举办中国南亚国家减贫经济交流会，探讨设立一批双多边减贫合作示范项目
	2016 年	北京大学南南合作与发展学院	旨在打造全球最具潜力的发展中国家高端人才培养基地、最具吸引力的国家发展研究机构、最具活力的全球治理的交流平台	旨在总结和分享中国及更多发展中国家和赶超经济体的成功经验，以理论和实践的结合构建国家发展教学和研究体系，培养治国理政和政策研究的高端人才，助力全球经济社会的合作与发展，推动人类命运共同体的进步

续表

参与形式	设立时间	全球公共品	目的	内容
新型对话平台	2021 年 8 月	中拉减贫与发展论坛	为未来深入开展减贫知识分享和推动减贫合作奠定基础	加强减贫发展经验交流，提炼总结取得积极成效的政策与实践，交流各国有益做法，共同应对新冠疫情对减贫与发展领域的负面影响，携手构建中拉命运共同体
	2016 年 12 月	缩小差距，减少贫困、改善民生，与包括东盟国家在内的多个国家积极开展减贫领域合作，在柬埔寨、老挝、缅甸 3 国同时开展东亚减贫示范合作技术援助项目（东亚减贫合作倡议是官方提法，涉及东盟三国）	将中国精准扶贫经验与东盟国家减贫实际相结合，帮助当地贫困村落脱贫并实现可持续发展	开展乡村减贫推进计划，建立东亚减贫合作示范点。项目建设内容包括基础设施建设、公共服务设施建设、生计改善、能力建设以及技术援助

续表

参与形式	设立时间	全球公共品	目的	内容
传统机制	2015年9月	中国—联合国和平与发展基金	维护多边主义，推动全球特别是非洲等发展中国家的和平与安全发展事业，促进可持续发展目标的落实，支持联合国重大议程	为期10年、总额10亿美元，基金成立以来已支持近百个项目，惠及亚洲、非洲、拉丁美洲和大洋洲100多个国家和地区
	2015年	世界银行信托基金	助力减贫	中国设立首个5000万美元世界银行信托基金助力减贫

资料来源：中国一带一路网，https：//www.yidaiyilu.gov.cn/；中国国际扶贫中心网，https：//www.iprcc.org.cn/；中国国际发展知识中心网，https：//www.cikd.org/；中国政府网，https：//www.gov.cn/。

丰富和发展了中国特色扶贫开发理论和实践模式，带来双向学习、互相启发的发展中国家平行经验分享的模式。

（二）农业领域

农业是国家发展的根本，提供粮农领域的全球公共品也是中国参与全球民生治理的重要领域。除了直接的物资和紧急粮食援助外，中国在农业领域的公共品提供反映了中国将发展经验平行[①]的特点。20 世纪 70 年代的“农业八字宪法”、农业学大赛，80~90 年代的承包经营，以及目前的事业单位企业化经营，如援非农业技术示范中心等都是其直接的表现。[②] 与传统援助国先构建理论再向发展中国家传播相应技术和制度的路径不同，中国农业等领域的知识技术分享注重实效性，分享方式注重多样性，强调实地中的学习和对口帮扶，比如援非农业技术示范中心注重在非建立基础设施场地，同时通过示范中心的田地和专家与非洲当地专家、农民进行互动式学习。商务部培训中心也注意采用“引进来”培训和“走出去”培训相结合的方式，多边和双边相结合，从而增强多样性；中国国际发展知识中心等挑选中国发展过程中的代表性案例，对特区试点经验、农村人口脱贫等方面的经验进行系统总结，以更加接地气的方式推动中国技术和知识向其他发展中国家流动。

在农业公共品的物资层面，中国积极通过多边、双边渠道为面临粮食困境的发展中国家提供紧急援助，自 2016 年

---

① 徐秀丽、李小云：《平行经验分享：中国对非援助理论的探索性构建》，《世界经济与政治》2020 年第 2 期。

② 李小云：《西方是如何制造全球公共品的》，《决策探索》（下半月）2015 年第 9 期。

起，中国连续向亚洲、非洲、拉丁美洲 50 余个国家提供紧急粮食援助，惠及上千万人。在多边援助方面，中国政府积极与世界粮食计划署等国际组织开展合作，截至 2019 年底，中国充分发挥南南合作援助基金的作用，与世界粮食计划署合作向亚洲、非洲、拉丁美洲和加勒比地区 24 个国家提供粮食援助，累计捐款超过 1.55 亿美元，超过 750 万人从中受益。[①] 特别是在面对新冠疫情冲击和非洲、亚洲部分国家遭受蝗灾之际，中国政府更是积极响应联合国等国际组织倡议，在不到一年时间内向 10 多个国家提供了紧急粮食援助。[②] 在双边援助方面，中国在相关国家遭受极端天气、突发事件等特殊情况时亦积极提供力所能及的支持。例如，2017 年和 2019 年，肯尼亚先后两次遭受严重旱灾，中国政府分别提供了价值 1.5 亿元和 8000 万元的紧急粮食援助。在首届“一带一路”国际合作高峰论坛期间，中国表示将向“一带一路”沿线发展中国家提供 20 亿元紧急粮食援助。“十三五”时期，中国累计与世界 140 多个国家开展了广泛的农业合作，与 94 个国家建立了稳定的农业合作关系，与 80 余个共建“一带一路”国家签署农渔业合作协议。[③]

在农业科技合作方面，中国与受援国开展了多种类型的农业生产技术合作，不仅“走出去”派送专家，还“迎进来”举办丰富的来华培训研修，示范了多种实用技术，展示

---

① 中华人民共和国国务院新闻办公室：《新时代的中国国际发展合作》白皮书，2021 年 1 月 10 日。

② 中华人民共和国商务部：《2017 年援肯紧急人道主义粮食援助举行交接仪式》，2019－06－14，http：//ke.mofcom.gov.cn/article/ddgk/zwjingji/201906/20190602872814.shtml，最后访问日期：2023 年 9 月 22 日。

③ 中华人民共和国农业农村部：《“十四五”农业农村国际合作规划》，https：//www.gov.cn/zhengce/zhengceku/2022－01/29/content_5671168.htm，最后访问日期：2023 年 9 月 23 日。

了多种优良品种，并为多边机制提供资金技术。首先，在派遣农业专家方面，截至 2019 年底，中国已累计向 37 个亚非国家派遣了 81 个农业技术专家组，计 808 人次。其次，中国也注重农业技术人员培训，通过实施官员研修研讨、技术人员培训、在职学历学位教育项目等方式，积极开展援外人力资源开发合作。2006~2018 年，中国农业农村部为非洲国家共举办农业培训 337 期，为非洲国家培训农业官员、技术人员和职业教育学生近 6 万人次。① 再次，农业技术和优良品种的供给，中国在交流平台搭建、农业技术推广、减贫示范等方面积极探索新的合作模式，并注重地方政府在参与提供公共品方面的作用。例如，广西壮族自治区在湄公河流域设立了中国（广西）—东盟农作物优良品种试验站项目，为相关国家引进农作物试验试种 300 多个，筛选适合当地种植的品种和提纯复壮品种共 30 个，累计示范推广面积超过 6 万亩，有效带动当地的小农户提高农业生产技术水平。最后，在多边领域的人员和技术支持上，中国和联合国粮农组织在亚非“一带一路”倡议参与国的 60 多个项目点，开展了 300 多项农业技术试验示范，传授实用农业技术近 500 项，引进试种作物品种 300 多个，约 100 万名农民从中获益。② 2018 年，中国政府捐资 1000 万美元设立了“中国—国际农发基金（IFAD）南南及三方合作基金”，专门支持农村减贫和发展领域的南南经验与技术交流、知识分享、能力建设与投资促进等，

① 中华人民共和国农业农村部：《推动中非农业合作再上新台阶》，2018-09-01，http：//www. moa. gov. cn/xw/zwdt/201809/t20180901 _ 6156672. htm，最后访问日期：2023 年 9 月 23 日。

② 中华人民共和国农业农村部：《农业现代化辉煌五年系列宣传之三十一：农业科技国际合作持续推进》，2021-08-16，http：//www. ghs. moa. gov. cn/ghgl/202108/t20210816_6374155. htm，最后访问日期：2023 年 9 月 23 日。

有力扶持了非洲、亚洲和拉丁美洲发展中国家的农业和农村发展。① 中国在农业领域的物资与人员供给见表 7-6。

表 7-6 中国在农业领域的物资与人员供给

提供形式	时间	内容
紧急粮食援助	2016 年起	向亚非拉 50 余个国家提供紧急粮食援助，惠及上千万人
派遣农业专家	截至 2019 年底	共向 37 个亚非国家派遣了 81 个农业技术专家组 808 人次
推广农业技术和品种	截至 2019 年底	在非洲国家援建 22 个农业技术示范中心，在联合国粮农组织—中国南南合作计划下向利比里亚等多个发展中国家转让 450 多项实用技术，3 万多名当地农民受益。杂交水稻技术已在亚洲、非洲、拉丁美洲的数十个国家和地区推广种植，年种植面积达 800 万公顷，平均每公顷产量比当地优良品种高出 2 吨左右
来华农业培训	—	通过实施官员研修研讨、技术人员培训、在职学历学位教育项目等方式，积极开展援外人力资源开发合作。2006~2018 年，中国农业农村部为非洲国家共举办农业培训 337 期，其中来华培训 332 期，共培训 6260 名农业管理官员、技术人员、其他从业人员
与多边机构合作	2009 年以来	中国—联合国粮农组织南南合作信托基金，第一、二期共 8000 万美元； 中国—国际农发基金南南及三方合作基金，中国政府捐资 1000 万美元； 与世界粮食计划署合作，发挥南南合作援助基金的作用，向亚洲、非洲、拉丁美洲和加勒比地区 24 个国家提供粮食援助，累计捐款超过 1.55 亿美元，超过 750 万人从中受益

资料来源：国务院新闻办公室网站，http：//www. scio. gov. cn/。

① 《加强南南合作，助力发展中国家疫后减贫》，人民网，2020-07-03，https：//baijiahao. baidu. com/s? id = 1671189197088110389&wfr = spide r&for = pc，最后访问日期：2023 年 9 月 23 日。

在方式方法上，首先，中国积极参与制定农业技术性贸易措施相关国际规则和标准，在“一带一路”沿线有关国家稳妥有序地推广中国农业农村标准化经验，推动中国优势、特色农产品标准成为国际标准。[①] 充分利用国际食品法典农药残留委员会主席国平台，先后引领制定茶叶、水稻等重要农产品农药残留限量国际标准 11 项，实现了中国在农药残留国际标准贡献方面零的突破。同时，中国也积极履行《生物多样性公约》，发挥畜禽遗传资源大国优势，参与畜禽遗传资源保护与开发利用领域相关国际规则的制定。主持参与泡菜、发酵肉制品、蜂王浆等农产品加工领域国际标准的制定。推动农机标准互通和检测结果互认，积极引领亚太区域农机试验标准的制定，已完成手扶拖拉机、喷雾喷粉机、水稻插秧机三个试验标准规则的制定。[②]

其次，中国国际发展合作注重“授人以渔”。在 2015 年中非合作论坛期间，中方承诺将与非洲各国在粮食种植、仓储、卫生和植物检疫、畜牧养殖、农产品加工等领域实施合作项目并提供技术支持，帮助非洲国家以本国农业生产和加工为支撑保障长期粮食安全。在 2018 年中非合作论坛期间，中方表示将帮助非洲加强能力建设，通过开展专家交流等方式向非洲转移包括分子级别植物疾病检测与识别、种子检测认证等在内的多类型农业研究新技术、新成果，并借助于深化中非农业科研机构“10+10”合作、建立中非绿色农业发

① 《国务院办公厅转发市场监管总局农业农村部关于加强农业农村标准化工作指导意见的通知》，2019-12-18，https：//bozhou. gov. cn/OpennessContent/show/1868819. html，最后访问日期：2023 年 9 月 27 日。

② 中华人民共和国农业农村部：《农业现代化辉煌五年系列宣传之三十一：农业科技国际合作持续推进》，2021-08-16，http：//www. ghs. moa. gov. cn/ghgl/202108/t20210816_6374155. htm，最后访问日期：2023 年 9 月 23 日。

展研究中心等途径帮助非方培养青年农业科研领军人才，积极促进技术交流、联合研究和技术推广等。此外，中国还在柬埔寨援建了桔井农业技术学校，在安提瓜和巴布达、多米尼克、格林纳达等国开展了农业技术合作项目，为有关国家培养农业技术力量搭建平台，为受援国的农业发展提供科技支撑和服务保障。与此同时，农业技术合作的规范化、机制化程度不断提升。中国与东盟国家开展的澜湄合作是典型代表之一。2018 年，中国和柬埔寨等 6 个澜湄合作机制成员国发布了《澜沧江—湄公河合作五年行动计划（2018—2022）》，农业技术被列为其中的一项重要合作领域；此后，各方又于 2020 年通过了《澜湄农业合作三年行动计划（2020—2022）》，旨在进一步发挥澜湄农业合作中心的平台作用。

中国也致力于搭建农业合作平台，丰富与完善国际农业合作机制。中国农业国际合作机制目前呈现以双边机制为主，双边、多边机制并存的局面，参与主体多元化，合作逐步深化。① 截至 2019 年底，支持共建联合实验室或联合研究中心 100 多个，世界卫生组织、联合国粮农组织、世界动物卫生组织等在中国认证了 22 个国际参考实验室（中心），它们共享农业科技经验和成果，促进国内农业科技自主创新，有效提升了中国与国际优势力量的协同创新水平。中国科研教学单位与国际农业研究磋商组织下属中心共同建立了 25 个联合实验室（中心）。其中，2016 年中国农业科学院与国际水稻研究所共建的“基因促进水稻品质提升”联合实验室，联合开展 3000 份水稻基因测序，相关结果在《自然》杂志上发表。

① 杨易、张倩、王先忠、范丽萍、徐继峰、吴瑞成、杨阳：《中国农业国际合作机制的发展现状、问题及政策建议》，《世界农业》2012 年第 8 期。

中国还与沿线国家在上海合作组织、中国—东盟（“10+1”）、东盟—中日韩（“10+3”）、GMS、APEC、G20、ACD等多边框架下开展了农业政策与技术交流、人员培训、贸易促进等多种形式的合作，建立了东盟与中日韩大米紧急储备（APTERR）、东盟粮食安全信息系统（AFSIS）、大湄公河次区域农业信息网等多个合作机制和平台。东盟与中日韩农林部长会、上合组织农业部长会、APEC 农业与粮食部长会的定期举办，有效配合了东亚领导人系列会议、上合组织峰会及总理会议、APEC 领导人会议的召开。①

另外，中国也在现有的国际农业治理机制中保持活跃，全面参与全球粮农治理，保障全球粮食安全。目前，中国已先后三次向联合国粮农组织捐赠了 1.3 亿美元，并已成功实施中国—联合国粮农组织南南合作一期和二期项目；推动中国的全球重要农业文化遗产（GIAHS）增至 15 项，数量居各国首位；务实推进在华设立联合国全球人道主义应急仓库和枢纽；推动联合国世界粮食计划署在华设立南南合作卓越中心并启动农业南南合作项目，惠及近 30 个发展中国家、100 万农户；联合国可持续农业机械化中心（CSAM）、国际农业研究磋商组织（CGIAR）等多个研究中心在华成功运营，该磋商组织体系还在北京设立了国际马铃薯中心亚太中心（CCCAP），合作成果丰硕。② 中国参与构建的农业领域平台类全球公共品见表 7-7。

① 张芸、张斌：《农业合作：共建“一带一路”的突破口》，《农业经济》2016 年第 8 期。

② 中华人民共和国农业农村部：《“十四五”农业农村国际合作规划》，https://www.gov.cn/zhengce/zhengceku/2022-01/29/content_5671168.htm，最后访问日期：2023 年 9 月 23 日。

表 7-7　中国参与构建的农业领域平台类全球公共品

提供形式	设立时间	农业 全球公共品	内容
传统机制	2009 年	中国—联合国粮农组织南南合作信托基金	中国政府向联合国粮农组织先后三次捐资设立中国—联合国粮农组织南南合作信托基金，用于支持农业南南与三方合作，累计 1.3 亿美元
	2018 年 2 月	中国—国际农发基金南南及三方合作基金	专门支持农村减贫和发展领域的南南经验与技术交流、知识分享、能力建设与投资促进等。截至 2020 年已完成两批赠款项目的资助，共投资实施 14 个项目，项目金额总计 629 万美元
	2016 年	世界粮食计划署南南合作卓越中心	发挥中国在扶贫和抗击饥饿方面的成功经验，促进政策对话、技术培训、专家部署、政策研究、能力强化，以实现可持续发展目标 2（零饥饿）和可持续发展目标 17（促进目标实现的伙伴关系），惠及近 30 个发展中国家、100 万农户
	1984 年 以来	与国际农业研究磋商组织合作	致力于种植资源交换与新品种培育、合作研究、高层人才培养、高层决策、重大国际活动、国际平台建设等方面，如联合举办 2002 年国际水稻大会，建立联合实验室或研究中心，为全球生物强化挑战供资 50 万美元
	2012 年	国际食品法典标准	在国际食品和农产品贸易中给消费者提高更高水平的保护，并为促进更公平的交易活动而制定一系列食品标准和相关的规定，引领制定茶叶、水稻等重要农产品农药残留限量国际标准 11 项

续表

提供形式	设立时间	农业全球公共品	内容
传统机制	2019年11月	国际茶日	于2019年11月27日第74届联合国大会宣布设立，时间为每年5月21日，以赞美茶叶对经济、社会和文化的价值，是以中国为主的产茶国家首次成功推动设立的农业领域国际性节日
新型机制	2021年9月	二十国集团农业部长会议	中国与二十国集团成员分享中国在粮食生产方面的成功经验，并就二十国集团成员带头维护世界粮食安全提出倡议
	1981年	中澳农业联合委员会(ACACA)	中澳根据各自的需求和优势，在农业领域开展广泛合作，取得显著成就
	20世纪90年代后期	东盟—中国（“10+1”）领导人会议	东盟—中国（“10+1”）合作机制确定了五大重点合作领域，即农业、信息通信、人力资源开发、相互投资和湄公河流域开发
	2002年	中国—东盟全面经济合作框架协议	在经济合作方面双方商定将以农业、信息通信技术、人力资源开发、投资促进和湄公河流域开发为重点
	2004年	中阿合作论坛	农业合作是中国和阿拉伯国家双边关系发展的应有之义，逐渐形成了上下合作的联动性、议题设置的广泛性、整体个体的互动性、项目实施的阶段性、合作地域的均衡性五方面特征

续表

提供形式	设立时间	农业全球公共品	内容
新型机制	2011年10月	东盟与中日韩大米紧急储备（APTERR）	为该机制专储78.7万吨大米以应对该地区自然灾害和人道主义援助对大米的紧急需求。中国承诺为该机制专储30万吨大米，捐资100万美元
	2013年	中国—拉美和加勒比农业部长论坛	发布核心成果《中国—拉丁美洲和加勒比农业部长论坛北京宣言》，并确定该论坛为中国与拉丁美洲和加勒比国家就农业经贸、农业研发创新等开展建设性对话的有效机制
	2014年	中拉“1+3+6”新框架	以规划为基础，以贸易、投资、金融合为动力，以包括农业在内的六大领域为合作重点，全面推动中拉各方面务实合作
	2019年12月	中非农业合作论坛	围绕农业经贸合作、农业科技创新合作、三方合作等进行深入探讨交流
	2001年6月	上海合作组织	农业是上合组织国家国民经济的重要组成部分，开展农业国际合作已经成为上合组织成员国共建利益共同体和命运共同体的最佳结合点
	2002年	亚洲相互协作与信任措施会议	中国在亚信会议中担任金融、农业、环境领域信任措施协调国或联合协调国，积极推进相关领域合作
	2003年	东盟粮食安全信息系统（AFSIS）	建设粮食安全信息服务体系，利用网络信息技术对粮食产品安全实施全面的动态监测和先兆预警，加强对粮食生产经营者的信息服务，以便及时采取应对措施

续表

提供形式	设立时间	农业 全球公共品	内容
新型机制	2008 年	澜湄合作农业科技交流协作组； 大湄公河次区域农业科技交流合作组	促进澜湄流域国家更多农业科研、教学以及私营部门科研机构在更广泛的领域开展农业科技交流合作
	2016 年	“17+1”农业合作框架	“17+1”是覆盖面最全的农业合作机制，已形成农业部长会议、农业合作经贸论坛和农产品博览会“三位一体”模式，已经搭建起全方位、多层次、宽领域的立体架构，在近20 个领域建立合作机制
	2017 年	金砖国家农业合作机制	以农业部长级会议为引领、工作组会议为协调机制、各类农业合作论坛为补充、各类双边协定为基础的农业合作机制
	2017 年 9 月	2017 年首届“一带一路”（东盟）农业投资合作论坛	“一带一路”建设框架下中国—东盟农业投资合作的政府、科研机构、企业“三位一体”的政策对话机制

资料来源：中国南南合作网，https：//www.ecdc.net.cn/；国际食品标准，https：//www.ifs-certification.com/en/；“国际茶日”专题网站，http：//jstor.uniri.hr/nph - proxy.cgi/en/60/http/www.gjcr.moa.gov.cn/；中国政府网，https：//www.gov.cn/。

随着中国综合国力的增强与公共卫生事业的发展，中国对全球卫生治理的参与已从早期较为被动的参与转变为主动参与甚至发挥了引领性作用。21 世纪发生的 SARS 疫情、禽流感疫情、埃博拉疫情、新冠疫情等全球性公共卫生事件促进了中国对全球卫生治理的深度参与，使中国不断向该领域的积极治理者、建设者转变。[①]

（三）卫生领域

人类文明史也是一部同疾病和灾难斗争的历史，随着国际社会的相互依存程度加深，遏制传染病的暴发与流行已超出一个国家、地区的能力范围，国际社会只有在多边框架下加强卫生治理团结合作，携手应对疫情挑战，才能维护人类共同的家园。在 2019 年联合国大会相关高级别会议通过的《联合国健康全覆盖政治宣言》中，全球卫生被置于发展的核心地位。

在物资和人员的提供上，一方面，派遣援外医疗队是中国卫生领域对外援助的重要方式之一。截至 2019 年底，中国累计向 72 个国家和地区派遣了 1069 批次长期医疗队，涉及内外科、妇儿、护理、病理、检验、公共卫生等医疗、医学全领域。仅 2015~2019 年，中国就向发展中国家派出 202 批次 3588 名援外医疗队员，有超过 1100 万名受援国患者受益，中方也有 1500 多人获得有关国家授予的荣誉。截至 2020 年底，仍有近千名医疗队员在非洲、亚洲、大洋洲、拉丁美洲、欧洲的 55 个国家开展对外医疗援助工作。[②] 与此同时，中国

---

① 马婷、唐贤兴：《时空变迁与复合结构：全球卫生健康治理中的中国角色》，《南京社会科学》2022 年第 2 期。

② 中华人民共和国国务院新闻办公室：《新时代的中国国际发展合作》白皮书，2021 年 1 月 10 日。

大力支持发展中国家加强医疗基础设施建设，不断改善医疗卫生基础条件。中国在刚果（布）、卢旺达、津巴布韦等国建设了50余个医疗卫生基础设施项目；为斯里兰卡、塞内加尔、苏里南、多米尼克等国援建医院，提升当地医疗服务水平；向有关国家提供医疗器械、药品及医用耗材，缓解了当地的医疗资源紧缺状况。

另外，突发公共卫生事件也彰显了中国提供全球公共品的责任与担当。2014年埃博拉疫情暴发后，中国共对包括塞拉利昂、利比里亚、几内亚在内的有关非洲国家提供了总额为1.2亿美元的援助，超过1200名医务工作者参与抗击埃博拉疫情，培训当地医护人员1.3万人次；中国还为埃博拉疫区援建了实验室、治疗中心等10余个项目。截至2021年10月，中国支持和援助了150多个国家和13个国际组织。另外，中国领导人多次通过多边平台表明对在卫生领域提供全球公共品的重视。2020年5月，习近平主席在第73届世界卫生大会视频会议上宣布两年内提供20亿美元国际援助、与联合国合作在华设立全球人道主义应急仓库和枢纽、建立30个中非对口医院合作机制、中国新冠病毒疫苗研发完成并投入使用后将作为全球公共品、同二十国集团成员一道落实“暂缓最贫困国家债务偿付倡议”等中国支持全球抗疫的一系列重大举措。在2020年6月中非团结抗疫特别峰会上，习近平主席宣布将继续全力支持非洲国家抗疫行动，并将同非方一道，加快落实中非合作论坛北京峰会成果，将合作重点向健康卫生、复工复产、改善民生领域倾斜。[①] 在2020年9月第75届联合国大会上，习近平主席宣布中国将向联合国新冠疫

① 中华人民共和国国务院新闻办公室：《新时代的中国国际发展合作》白皮书，2021年1月10日。

情全球人道主义应对计划再提供 5000 万美元支持。[①] 中国在卫生领域提供的全球公共品见表 7-8。

表 7-8　中国在卫生领域提供的全球公共品

项目	时间	内容
派遣援外医疗队	截至 2019 年底	向 72 个国家和地区派遣了 1069 批次长期医疗队，涉及内外科、妇儿、护理、病理、检验、公共卫生等医疗、医学全领域。截至 2020 年底，仍有近千名医疗队员在 55 个国家开展对外医疗援助工作
公共卫生事件中提供的资源		
埃博拉疫情	2014 年起	共对包括塞拉利昂、利比里亚、几内亚在内的有关非洲国家无偿提供了 1.2 亿美元的援助； 超过 1200 名医务工作者参与抗击疫情，培训当地医护人员 1.3 万人次； 援建了实验室、治疗中心等 10 余个项目
新冠疫情	2019 年起	2021 年 11 月，中国—东盟建立对话关系 30 周年纪念峰会，中方愿启动“中国东盟健康之盾”合作倡议，包括再向东盟国家无偿提供 1.5 亿剂新冠病毒疫苗；再向东盟抗疫基金追加 500 万美元； 截至 2021 年 10 月，已有 150 多个国家和 13 个国际组织得到了中国的援助和支持； 2020 年 5 月，习近平主席在第 73 届世界卫生大会上宣布了两年内提供

① 新华社：《习近平在第七十五届联合国大会一般性辩论上的讲话》，2020-09-22，https：//www. gov. cn/xinwen/2020-09/22/content_5546169. htm，最后访问日期：2023 年 9 月 27 日。

项目	时间	内容
		20亿美元国际援助、与联合国合作在华设立全球人道主义应急仓库和枢纽、建立30个中非对口医院合作机制、新冠病毒疫苗作为全球公共品、同二十国集团成员一道落实“暂缓最贫困国家债务偿付倡议”等重大举措； 在2020年9月第75届联合国大会上，习近平主席宣布中国将向联合国新冠疫情全球人道主义应对计划再提供5000万美元支持； 中方积极开展对拉抗疫合作，累计提供超过3亿剂疫苗和近4000万件抗疫物资
向国际组织提供的资源		
全球疫苗免疫联盟	2015年起	一方面为其提供资金，另一方面2015年中生集团的乙脑疫苗成为第一支拿到世界卫生组织预认证的疫苗，截至2018年底，已向海外销售4亿剂
联合国人口基金会	—	中国通过联合国人口基金会向博兹瓦纳、莫桑比克等捐助物资
联合国儿童基金会	2017年	提供200万美元资金
全球基金	截至2019年	共提供6300万美元资金
世界卫生组织	2020年	为其提供2000万美元，中国已经成为世界卫生组织自愿捐款中总额第三大的国家

资料来源：作者根据官方公开新闻整理得到。

在提供全球卫生公共品的方式方法上，中国注重通过能力建设帮助发展中国家完善公共卫生体系。第一，中国通过医疗机构对口合作，帮助 20 多个受援国加强专业科室能力建设，例如，帮助特立尼达和多巴哥组建显微神经外科和内镜神经外科。第二，针对受援国时常发生的疾病予以重点技术支持，如针对非洲地区疟疾、血吸虫病等传染性疾病常发的情况，实施一系列疾病防控与人群健康改善项目，帮助坦桑尼亚桑给巴尔设计了血吸虫病防治规范并提供技术援助，降低了当地血吸虫病的感染率。此外，中国通过一些重点项目的实施，助力整体医疗卫生能力的提升。中国积极推进非洲疾控中心总部建设，帮助非洲地区强化公共卫生体系建设。在柬埔寨、塞拉利昂、佛得角等国落实习近平主席在联合国成立 70 周年系列峰会上提出的帮助实施 100 个“妇幼健康工程”的承诺，强化当地的妇女基本医疗卫生服务。这些能力建设项目的实施更好地发挥了相关国家本土医疗机构和人员的作用，使其整体医疗水平得到提升。

中国也积极贡献自身在卫生与健康领域的理念和实践经验，搭建全球卫生与健康治理平台机制。中国政府将健康中国提升到国家战略的高度，先后召开了全国卫生与健康大会、第九届全球健康促进大会，并发布了今后 15 年推进国民健康的行动纲领《“健康中国 2030”规划纲要》。在新冠疫情大流行之际，中国彰显出大国担当，向多个国家和地区提供医疗物资援助，率先承诺将疫苗作为全球公共品，加入世卫组织新冠肺炎疫苗实施计划，积极支持并参与疫苗研发、生产、分配上的国际合作，促进疫苗在发展中国家的可及性和可负担性，为有需要的国家派出医疗专家组。[①] 同时，中国还向世

① 谈谭、王蔚：《中国提供全球卫生公共品的路径分析——以中国援助西非国家抗击埃博拉疫情为例》，《国际观察》2017 年第 5 期。

界分享实践中积累的抗疫经验，提出构建人类卫生健康共同体及建设健康丝绸之路等中国理念与中国方案。在全球公共卫生治理改革与重构的背景下，中国以维护人民的生命安全和健康福祉为着眼点，以增进国际公益为落脚点，提升国际社会在医疗卫生领域的合作，体现了作为负责任大国的道义担当。

中国积极支持和参与以世界卫生组织和联合国为核心的国际公共卫生治理多边体系。在履行全球卫生治理的国际义务上，中国作为世界卫生组织的创始国之一，签署和批准了《国际卫生条例》《烟草控制框架公约》。[①] 中国在全球公共卫生治理的改革进程中始终秉持“共商共建共享”原则，坚定支持以联合国和世界卫生组织为基石的多边卫生治理体系，充分发挥世卫组织关键作用，以实际行动反对单边主义、保护主义和民粹主义，加大国际组织成员国之间的对话交流与政策协调，倡导促进世卫组织机制创新，为其运转提供充足的资金保障和资源配置。中国是世卫组织、联合国艾滋病规划署和全球基金理事机构的成员，积极参与全球重大政策问题的讨论和规则制定。越来越多的中国专家为世界卫生组织制定标准、规范、指南提供技术咨询。中国参与的卫生领域国际平台见表 7-9。

（四）气候变化领域

目前的全球环境治理正面临前所未有的挑战，气候变化在全球范围内造成了规模空前的影响，导致粮食生产面临威胁，海平面上升造成灾难性洪灾的风险也在增加。世界卫生

① 敖双红、孙婵：《“一带一路”背景下中国参与全球卫生治理机制研究》，《法学论坛》2019 年第 3 期。

表 7-9　中国参与的卫生领域国际平台

中国注资时间	加入组织	提供资金/物资	内容
2010 年 7 月	联合国妇女署	消除针对妇女的暴力，保障妇女享有一个没有暴力的生活；提高妇女的领导力和决策参与；经济上赋权于妇女；等等	通过开展资助规范确定工作和业务活动，为所有区域发展程度不同的会员国提供关于两性平等、妇女赋权、妇女权利和两性平等主流化的指导和技术支持
–	联合国人口基金会	中国通过联合国人口基金会向博兹瓦纳、莫桑比克等捐助物资	联合国系统下专注于艾滋病、人口和生殖健康的机构
2015 年	全球疫苗免疫联盟	500 万美元	拯救生命、减少贫困、保护世界免受流行病的威胁。联盟自成立以来已经帮助世界上最贫穷国家的 7.6 亿名儿童接种疫苗，使 1300 万人免于死亡。联盟使命在于赋予受助国自行资助免疫项目的能力
2017 年	联合国儿童基金会	200 万美元	向第二次世界大战中受害儿童提供紧急救济，后来其项目扩展到疾病预防、儿童营养与教育、艾滋病等议题

续表

中国注资时间	加入组织	提供资金/物资	内容
截至 2019 年	全球基金	6300 万美元	通过全球范围的融资以及药物和医疗产品采购与供应、专业技术指导、项目管理与协调等，降低非洲、亚洲、拉丁美洲等发展中国家的医药产品价格，提高药品可及性，消除假药和劣药的不良干扰，并提供各种解决方案帮助发展中国家抗击和防治艾滋病、结核病、疟疾等重大传染疾病，建立有效的卫生保障和疾病防控体系
2020 年	世界卫生组织	2000 万美元	中国已经成为世界卫生组织自愿捐款中总额第三大的国家

资料来源：联合国艾滋病规划署，http：//www. unaids. org. cn/；中华人民共和国中央人民政府网站，https：//www. gov. cn/。

组织（WHO）已将气候变化确定为对人类健康的最大威胁，加强气候治理已成为全球共识，气候治理也上升为全球治理的核心议程。1988 年，世界气象组织和联合国环境规划署联合成立了政府间气候变化专门委员会（IPCC），这标志着国际社会开始正式关注气候变化问题，全球气候治理也应运而生。1992 年，联合国环境与发展会议在巴西里约热内卢举行，各国签署了第一个全球性气候变化合作框架《联合国气候变化框架公约》（UNFCCC）。随后，全球气候治理进入具体行动与广泛参与阶段。1997 年的《京都议定书》首次为发达国家设定了减排义务，标志着国际社会开始从原则性的承诺转向具体的行动，但它未能涵盖所有国家。尽管 2009 年哥本哈根会议未能达成预期的全面协议，但气候治理结构开始向包含所有国家的全球协作转变。2015 年的《巴黎协定》开启了一个新纪元，它不仅强调限制温度上升的必要性，还要求所有国家根据自身条件定期更新并实施减排目标，呈现了国际气候合作从有限参与到普遍行动的发展轨迹。全球气候治理是冷战以后非传统安全领域出现的少数最受全球瞩目、影响最为深远的议题之一，气候类公共品也是当前全球公共品中最为核心的内容。

中国在气候变化类公共品提供中的特点是“不变”中有“变”。“不变”的是中国始终坚持“发展优先”“共同但有区别的责任”。中国始终将发展中国家经济社会发展作为首要任务，强调气候行动不应牺牲国家发展的基本需求，并坚持发达国家和发展中国家在气候变化问题上应承担不同的责任和义务的观点。“变”的是随着中国经济实力和国际影响力的提升，中国在全球气候治理中扮演着越来越积极主动的角色，逐渐展现出更多的领导力，主张构建人类命运共同体，推动全球气候治理进程。与此同时，中国在国内采取了一系列减排和应对气候变化的措施，如大力发展可再生能源、设立碳排放交易市场、提出减排目标等，展现了中国在应对气候变化方面的决心和行动。中国生态文明建设成效显著，应该进一步引导应对气候变化国际合作，成为全球生态文明建设的重要参与者、贡献者、引领者，这是对中国参与全球气候治理的角色新定位，是顺应全球气候治理格局演变的必然趋势。中国应对气候变化新理念为全球气候治理贡献了中国智慧。中国在落实减排承诺和履行减排义务的基础上通过绿色外交实力来协调大国间关系，尽力在国际公共场域的气候变化谈判中坚持维护发展中国家的共同利益，同时注重负责任大国角色的作用，带头为中小国家提供更多的气候援助，从而促进一种各尽所能、合作共赢、公平正义、包容发展的气候治理模式。①

在资金和人员方面，中国为各类三方合作机制积极提供资源，应对气候变化。截至 2023 年底，中国已与 39 个共建国家签署了 48 份气候变化南南合作文件，同埃塞俄比亚、巴基斯坦、萨摩亚、智利、埃及等 30 多个共建国家开展了 70 多个减缓和适应气候变化项目，共同建设了若干低碳示范区。中国还通过绿色丝路使者计划等，为上百个发展中国家培训了上万名环境与气候专业人才。② 一些具体合作项目也凸显了中国与国际组织开展三方合作的积极成效，如联合国开发计划署—中国—马拉维"增强马拉维的灾害风险管理"项目，由三方共同制订了降低马拉维灾害风险的小额资助计划，三方与当地的 5 个社区组织合作，采用基于社区的方法，在马拉维 15 个灾害多发区建设了灾害疏散设施和防洪基础设施，既能够发挥中国技术的实用性功能，又能借助联合国开发计划署的专业化工作以更好地适应当地需求，同时也调动了当地政府和社区组织的积极性，使项目效果最大化。

在气候变化领域的公共品提供方式上，中国始终站在发展中国家的立场上，同世界其他主体进行协商，维护发展中国家的权益。中国作为最大的发展中国家，在全球气候治理

① 李昕蕾：《全球气候治理领导权格局的变迁与中国的战略选择》，《山东大学学报》（哲学社会科学版）2017 年第 1 期。

② 新华社：《绿色丝绸之路建设展现出强大生机》，2023－12－21，https：//www. gov. cn/lianbo/bumen/202312/content _ 6921568. htm，最后访问日期：2023 年 9 月 28 日。

特别是气候公约谈判中具有举足轻重的地位，并在谈判中坚持“共同但有区别的责任”立场。2009 年中国同印度、巴西和南非共同发起“基础四国”（BASIC）部长级会议，在《联合国气候变化框架公约》《京都议定书》《巴厘路线图》的框架下进行气候议题磋商。2015 年 9 月，中国宣布出资 200 亿元人民币建立“中国气候变化南南合作基金”，支持其他发展中国家应对气候变化、向绿色低碳发展转型，包括增强其使用绿色气候基金资金的能力。[①] 中国也与发达国家进行了长期的协商，推动国际气候治理的公正转型。为确保《巴黎协定》顺利签署，中国在 2014 年和 2015 年与美国共同发表《中美气候变化联合声明》和《中美元首气候变化声明》，向世界明确传达出两国推动世界各国达成全球气候协议的决心。与此同时，中国在 2015 年与欧盟、法国等先后发表《中欧气候变化联合声明》《中法元首气候变化联合声明》等声明，为《巴黎协定》奠定了主基调和框架体系。在中国的积极争取下，《中美气候变化联合声明》以“体现共同但有区别的责任原则”的表述弱化了之前“在共同但有区别的原则基础上”的措辞的约束性，后来这一表述分别写入《利马行动倡议》和《中美元首气候变化联合声明》，最终被《巴黎协定》所采纳。2021 年 4 月 17 日，中国与美国达成《应对气候危机联合声明》。此外，中国政府还与欧盟、加拿大于 2017 年共同发起气候行动部长级会议。2021 年 11 月中美两国在格拉斯哥气候大会期间共同发布了《中美关于 21 世纪 20 年代强化气候行动的格拉斯哥联合宣言》。这一系列行动说明了中国在提

① 新华网：《中国大国气候外交为全球气候谈判注入正能量》，2015-12-3，www.xinhuanet.com/world/2015-12/03/c_128495214.htm，最后访问日期：2023 年 9 月 28 日。

供气候类全球公共品时积极主动的态度和行动。

在平台搭建上，中国主要在“一带一路”框架下不断完善气候变化治理框架。2016 年 9 月，“一带一路”生态环保大数据服务平台正式成立，支持“一带一路”国家绿色转型，促进绿色贸易、绿色投资和绿色基础设施建设。2017 年 5 月，“一带一路”绿色发展国际联盟成立，旨在推动将绿色发展理念融入“一带一路”建设，进一步凝聚国际共识，促进“一带一路”参与国家落实联合国 2030 年可持续发展议程。2017 年 12 月，“一带一路”气候变化与健康应对国际论坛成立，推动深化“一带一路”沿线国家在气候变化与健康研究领域的理解与共识。中国与 28 个国家共同发起“一带一路”绿色发展伙伴关系倡议，呼吁各国根据公平、共同但有区别的责任原则和各自能力原则，结合各自国情采取气候行动以应对气候变化。中国参与构建的气候变化领域的平台见表 7-10。

表 7-10　中国参与构建的气候变化领域的平台

设立时间	全球公共品	发起机构	目的	性质/内容
2015 年 9 月	中国气候变化南南合作基金	由中国政府出资建立	旨在支持其他发展中国家应对气候变化、向绿色低碳发展转型，包括增强其使用绿色气候基金资金的能力	该基金的建立是中国政府推进气候治理南南合作，向发展水平较为落后的国家和地区提供支持的务实举措

续表

设立时间	全球公共品	发起机构	目的	性质/内容
2017年12月	“一带一路”气候变化与健康应对国际论坛	广东省科学技术协会	—	深化“一带一路”沿线国家在气候变化与健康研究领域的理解与共识，为后续开展国际合作和学术交流奠定良好的基础，同时凝聚国内外专家的智慧
2016年9月	“一带一路”生态环保大数据服务平台	由环境保护部指导、环境保护部中国—东盟环境保护合作中心/中国—上海合作组织环境保护合作中心建设	推动“生态文明与绿色发展”	政策对话与交流平台、决策支持平台、科学研究平台和能力建设平台
2019年	绿色高效制冷行动倡议	国家发展改革委、工业和信息化部、财政部、生态环境部、住房和城乡建设部、国家市场监管总局	加快生态文明建设，促进绿色消费，推动高质量发展，积极参与全球环境治理	强化标准引领，提升绿色高效制冷产品供给，促进绿色高效制冷消费，推动节能改造，深化国际合作

续表

设立时间	全球公共品	发起机构	目的	性质/内容
2016 年	亚太绿色低碳发展高峰论坛（原国际低碳技术论坛）	湖南省人民政府、亚洲开发银行	以“建碳中和愿景，写新增长未来”为主题	亚太地区绿色发展和应对气候变化领域的旗帜性国际会议
2017 年 5 月	“一带一路”绿色发展国际联盟	中国环境保护部和国际合作伙伴	旨在推动将绿色发展理念融入“一带一路”建设，进一步凝聚国际共识，促进“一带一路”参与国家落实联合国 2030 年可持续发展议程	开放、包容，资源的国际合作网络政策对话和沟通平台，环境知识和信息平台，绿色技术交流与转让平台
2017 年	气候行动部长级会议	由中国与欧盟、加拿大共同发起	—	2020 年主题为符合《巴黎协定》目标的可持续绿色复苏，2021 年主题为团结合作实施《巴黎协定》的路径，2022 年聚焦气候行动与实施
2009 年	“基础四国”部长级会议	由中国、印度、巴西和南非四个国家共同发起	—	为面对气候变化这个全球议题，中国、印度、巴西与南非四个最主要的发展中国家共同发起

续表

设立时间	全球公共品	发起机构	目的	性质/内容
2019 年	绿色照明行动倡议	国家发展和改革委员会、联合国开发计划署、联合国工业发展组织、联合国亚洲及太平洋经济社会委员会	通过发起“一带一路”绿色照明行动倡议，推动与“一带一路”相关国家的半导体照明领域的发展战略对接、优势互补，共同拓展新的增长空间，为全球半导体照明的发展和应用提供新机遇	推广照明产品，创新商业模式，加强能力建设，营造“生态系统”。国家发展和改革委员会与有关国际机构共同行动，探讨具体合作，加快推广绿色高效的半导体照明，共同推进绿色发展
2021 年 6 月	“一带一路”绿色发展伙伴关系倡议	中国与 28 个国家共同发起	—	呼吁各国根据公平、共同但有区别的责任原则和各自能力原则，结合各自国情采取气候行动以应对气候变化

资料来源：“一带一路”能源合作网，http：//obor. nea. gov. cn/；“一带一路”绿色发展国际联盟，http：//www. brigc. net/；中华人民共和国中央人民政府，https：//www. gov. cn/。

中国在气候治理实践中也对治理理念方面的公共品进行了创新。中国日益关注人与自然和谐共生的自然观、“绿水青山就是金山银山”的发展观、共同但有区别的治理观，改变过去以牺牲环境为代价的粗放型发展方式。在实践层面，中国通过完善气候治理机制、发展绿色经济、倡导绿色消费、增加生态系统碳汇等措施积极开展国内气候治理，通过全程参与全球气候治理进程、主动发挥全球气候治理引领作用、携手共建绿色“一带一路”，为构建人与自然生命共同体做出贡献。[①] 同时，绿色发展、人与自然生命共同体等理念也不断写入党和国家发展的重要文件中。中国在气候变化治理中提出的理念与战略见表 7-11。

表 7-11　中国在气候变化治理中提出的理念与战略

提出时间	理念与战略	内涵	管理方式
2005 年 8 月	“绿水青山就是青山银山”	转变经济发展方式	倡导绿色发展方式
2017 年 10 月	人与自然生命共同体	以人为本，坚持多边主义，坚持共同但有区别的责任原则	坚持系统治理
2020 年 9 月	碳达峰、碳中和	倡导绿色、环保、低碳的生活方式。引导绿色技术创新，提高产业和经济的全球竞争力	构建碳达峰碳中和“1+N”政策体系； 制定并发布碳达峰碳中和工作顶层设计文件 制定科技、财政、金融、价格、碳汇、能源转型、减污降碳协同等保障方案

资料来源：国务院新闻办《中国应对气候变化的政策与行动》，https：//www.gov.cn/zhengce/2021-10/27/content_5646697.htm。

总而言之，中国在全球公共品提供中显示出了作为一个发展中大国的特点。第一，中国有多元化的全球公共品供给

① 李丹、夏文强、罗美：《中国引领全球气候治理的创新理念与最新实践》，https：//www.sinoss.net/upload/resources/file/2022/02/16/30166.pdf，最后访问日期：2023 年 9 月 28 日。

渠道，既注重以联合国为核心的传统多边机制，也注重开发新兴的渠道和机制。一是中国注重通过既有的多边渠道进行供应，比如以联合国为核心的多边机制，为联合国系统贡献经费与人力支持，且提前完成联合国可持续发展目标的减贫指标。二是中国也参与一些以区域或议题为核心的公共品供给平台，在二十国集团、金砖国家峰会、亚投行、亚太经济合作组织等多边和区域平台上积极作为。三是与发展中国家一道，促进亚非等区域国家的参与，尤其注重脆弱性国家和人群，比如 2013 年，中国在联合国可持续发展高级别政治论坛对话会上承诺，要安排 2 亿元人民币支持小岛国、最不发达国家和非洲国家应对气候变化。[①] 由此可见，中国在通过一些新兴机制和平台供给全球公共品的同时，也积极融入现有的国际平台，寻求与已有的全球公共品提供者和平台的相容性，积极通过多种途径供给全球公共品，构建更加开放包容的发展环境。

第二，在传统以纵向为主的全球公共品供给模式的基础上，中国拓展丰富了横向整合型的公共品供给体系，强调平行联通。一般而言，全球公共品的供给是由在国际上占领导地位的发达国家主导的，其他的发展中国家大多扮演消费者的角色。而中国参与搭建的各类“1+N”合作机制一向致力于同东南亚、非洲、欧美等各类国家的区域经济合作，参与环境保护行动；“一带一路”建设更是高度平等开放的全球性合作平台。在 2015 年联合国发展峰会上，国家主席习近平指出：“各国都应成为全球发展的参与者、贡献者、受益者。不

① 《王毅在联合国可持续发展高级别政治论坛对话会上的发言》，人民网，http://politics.people.com.cn/n/2013/0925/c70731-23032134.html，最后访问日期：2024 年 7 月 15 日。

能一个国家发展、其他国家不发展，一部分国家发展、另一部分国家不发展。各国能力和水平有差异，在同一目标下，应该承担共同但有区别的责任。要完善全球经济治理，提高发展中国家代表性和发言权，给予各国平等参与规则制定的权利。"① 中国倡导的"合作共赢""共商共建共享""多予少取、先予后取、只予不取"的观念，以及"欢迎各国人民搭乘中国发展的'快车''便车'"② 的观念都是对原有的以发达国家为主的治理理念的创新。

第三，中国全球公共品的供给在组织程序上有所创新，践行"共商共建共享"的理念。传统的国际发展项目一般有既定的前期调研、项目设计、实施、监测评估等步骤，基于提供方所规定的按部就班的程序。中国搭建的平台则在一个宏大理念或机制下，各个参与主体共同设计、建设。"共商"强调公共品供给各方应该相互尊重、民主协商，使全球公共品从策划到筹资再到管理的整个过程能够尽可能多地兼顾各方利益，寻找最大公约数。"共建"意指参与各方发挥各自的比较优势和潜能，各司其职、各守其序，通力合作，致力于全球公共品的供给，以缓解公共品的供应赤字。③ 所以中国在全球公共品提供方式上的主张为各国合作供给公共品贡献了新规范。

第四，中国提供全球公共品是以问题解决为导向的，是对传统的以机构为主导的供应机制的补充。根据上面的分析可知，中国立足于发展中国家当前的需求来提供不同领域的

① 《习近平在联合国成立 70 周年系列峰会上的讲话》，人民出版社，2015，第 2~3 页。

② 习近平：《共担时代责任，共促全球发展》，《求是》2020 年第 24 期。

③ 田旭、徐秀军：《全球公共品赤字及中国应对实践》，《世界经济与政治》2021 年第 9 期。

全球公共品。如在“一带一路”沿线地区，大部分国家基础设施还比较落后，网络化程度不高，经贸的便利和自由度不高，加快基础设施的互联互通迫在眉睫。“一带一路”倡议提供了交通、通信、能源等硬件基础设施保障，为人员、商品、信息的流动创造了便利的条件，加强了“设施联通”“贸易畅通”。中国在“一带一路”框架下提供了亚投行和金砖开发银行等多边投资机制，为存在较大资金缺口的基础设施建设提供了融资渠道，通过“资金融通”突破全球公共品供应的资金瓶颈。2020 年，在全球抗疫的关键期，中国第一时间发布病毒基因序列等信息，向 50 多个非洲国家和非盟交付了大量医疗援助物资，专门派出 5 个医疗专家组，常驻非洲的 46 支中国医疗队投入当地的抗疫行动。① 以问题解决为导向，可以快速行动，减少机构摩擦和行政官僚化带来的局限性，具有很强的回应性。

第五，注重提高发展中国家的自主发展能力，将自身发展的经验打造为新形式的发展知识公共品，并通过发展经验的平行分享来促进合作方探寻适合自身的发展路径。中国在减贫和农业领域的全球公共品也浓缩了中国自身的发展经验，并以更加直接、平行的方式提供给发展中国家，比如“一带一路”倡议，在宏观层次上各国中央政府之间对倡议的战略协调体现了中国发展经验中政府主导的协同发展思维；在中观层次上的省、区之间的对倡议的实施体现了地方政府在中国发展中的重要作用；建设经济技术合作园区或产业园区促

① 习近平：《团结合作战胜疫情 共同构建人类卫生健康共同体——在第 73 届世界卫生大会视频会议开幕式上的致辞》，《人民日报》2020 年 5 月 19 日。

进经贸往来等体现了中国的试点推广工具。① 又如，中国在第73届世界卫生大会上提出，要完善公共卫生安全治理体系，提高突发公共卫生事件应急响应速度，建立全球和地区防疫物资储备中心，中国将建立30个中非对口医院合作机制，加快建设非洲疾控中心总部，助力非洲提升疾病防控能力。在2021年中非合作论坛上，中国提出了疫苗的联合生产等方式，受到了非洲国家的欢迎，被认为是提高全球公共品可及性和普惠性的重要创新。这些经验交流和物资交付都是中国提高全球公共品的可及性和可持续发展的重要方式。

四 中国提供全球公共品的主要挑战

通过近10年的努力，中国已成为全球公共品供给的新兴贡献者、创新的推动者，以及未来框架的引领者，但同时也面临前所未有的挑战，主要包括如下四个方面。

第一，四大赤字不断加剧，综合性风险复合体不断变强，全球化进程面临深刻转型。发展赤字、和平赤字、信任赤字、治理赤字在近几年已经凸显，全球疫情、气候变化、金融危机、数字技术应用等不断形成高风险聚合体，人类正面临前所未有的生存性挑战。这也是当前全球化逆转和重塑的时代大背景，在此大背景下，中国作为新兴的发展中国家，尽管对世界经济贡献率已达到30%，但随之而来的承受的总体性压力也很大。上述高风险一方面使全球公共品的赤字不断攀升，另一方面也给进一步供给和治理带来了更大的挑战。

① 陈松川、肖洋：《“一带一路”的“国际发展共同体”的构建机制》，《亚太经济》2017年第2期。

第二，当前地缘政治冲突凸显，竞争压力大于合作。例如，围绕“一带一路”、亚投行、互联网规则等公共品的竞争与传统的地缘政治竞争正在重叠。美国的“新丝绸之路计划”、俄罗斯主导的“欧亚经济联盟”、日本的“高质量基础设施合作伙伴关系”、印度主导的“东向政策”与“季节计划”、哈萨克斯坦等国的跨欧亚运输计划、土耳其发起的“现代丝绸之路”计划等，都与中国的倡议存在一定重叠和竞争。[①] 整体而言，在当前的全球公共品供给和治理机制中存在诸多规范和价值先导，作为发展中国家的中国在此过程中，自我解释和言说传达的能力有限，影响到国际实践的传播，再加上地缘政治冲突，这些导致国际社会对中国的国际发展合作了解不充分，因而较难有效地理解和应用中国全球公共品在内容形态、供给方式、机制和模式等方面的特点。

第三，与传统机制对接存在局限。通过对过去 500 多年的全球公共品供给与治理机制的回溯，我们发现，当代已经建立起一整套国家行为体和非国家行为体等多元主体参与的，涵盖全球、区域、国家和社会等多个层次的，基于共识和广泛磋商机制之上的全球公共品供给和治理体系，这些传统体系为维护世界和平和发展具有积极的意义，但近年来也出现了政治化倾向，进而影响到其中立性和客观性，这也在一定程度上影响到发展中国家对固有系统的信任，因而在对接机制上存在较大困难。如中国、印度等发展中国家并未加入发展援助委员会体系。而在农业领域的国际食品法典委员会和卫生领域的全球疫苗免疫联盟中，中国也逐渐发挥了重要作用，但这些组织在具体实施的过程中，仍然存在数据公开、

① 曹德军：《论全球公共品的中国供给模式》，《战略决策研究》2019 年第 10 期。

渠道对接、沟通障碍等一些技术性问题。

第四，随着中国面向国际社会提供的全球公共品日益累积，国内外多元主体日益参与到全球发展进程和中国的发展进程中，中国的公共管理体系面临如何进一步提升治理体系和治理能力现代化的问题，其中尤其涉及如何更有效地加强对社会组织管理的问题。随着全球化的发展，国际非政府组织、跨国社会运动、跨国公司以多种方式参与到全球公共品的供给与治理中。中国积极参与全球治理、提供全球公共品必然也会遇到供给主体多元化的挑战。

第五，中国参与全球公共品供给与治理还面临一些技术性问题，包括经济技术实力有限，制约了中国提供全球公共品的范围与力度。中国仍为世界上最大的发展中国家的现状没有改变，中国刚刚解决了贫困人口脱贫问题，乡村振兴和城市化发展任务很重，国际、国内环境都对中国未来的发展提出了更多挑战，在全球公共品供给方面，中国的经济实力仍然有限，在部分高端技术领域与国际先进水平仍有差距。此外，中国所提供的全球公共品稳定性机制仍在建设中，比如中国通过援建医院、水利设施、农业示范项目等成套项目为受援国提供更多公共品，但不少受援国缺乏资金和人才来维持这些项目的持续运营。

五　相关政策建议

（一）加强提供全球公共品的战略指导

1. 明确提供全球公共品的身份定位

如何明确中国在国际社会中的身份定位是探讨和展望其

在全球公共品供给和治理体系中作用的前提。这一方面来自国际社会对中国的认知，另一方面也来自中国对自身的界定。目前，这些不同主体间的定位认知存在不对称性。

在多元的国际角色定位系统中，中国应进一步明确自身在提供全球公共品方面的具体定位，在推动国际社会建立更加包容开放的认知体系和价值规范的同时，也加强自身的战略性智慧融入。应通过“一带一路”倡议和全球发展倡议，推动系列行动。同时，我们要从全局和整体上更加关注当前全球发展体系的规范挑战，尤其是脆弱性国家和脆弱性人群所遭受的冲击，注重全球公共品供给方面的解决方案的机制创新，同时也应在与发达国家和其他发展中国家的互动中不断促进对现有机制的创新变革。

2. 明确中国提供全球公共品的路径定位

中国在提供全球公共品的路径选择时须处理好如下三对关系：第一，处理好自身发展和国际社会贡献的关系；第二，处理好新型供应者和既有供应者之间的关系；第三，处理好供应者和需求者之间的关系。

笔者提出如下建议。第一，注意将外部议程内部化，尽可能将全球性问题纳入国内政策的考虑范围，同时预判国内政策在区域和全球层面的“外溢性”，从而更好地衔接国内和国际政策议程。第二，根据不同领域的全球公共品特点，寻找自身贡献的着力点，推动发达国家和其他发展中国家形成领导权分享和协作机制，要灵巧引导国际社会，让其认识到领导权并不意味着零和博弈，而是可以根据各自不同的优势分为不同的维度，如结构性领导权、事业性领导权和知识性领导权。在区域或全球范围内，某一领域的全球公共品供给和治理可以发挥不同国家在不同维度上的优势，形成共生、共存和共同演化的理念。第三，加强供需之间的能动性互动，促进多方平台联动、协调机制联通和议题联结，从而提高供需的对接性和供给的质量。

从特定路径上看，中国要特别注意在外空、深海、极地、大数据、新材料新能源等高边疆、低政治、重技术、普惠型领域的主动参与和积极贡献。还要特别注意先促进区域性论坛和全球性议程之间的联动性，先从区域入手，突出重点。从领域上看，注意要根据全球公共品的不同特色，尤其是该公共品供给和治理体系中既有国际治理体系的开放程度和现行治理主体的全球性调配资源的能力，分别探索四种不同路径的定位，即叠加、转换、规避和替代。

3. 界定中国提供全球公共品的特色定位

作为新兴的发展中国家，中国提供全球公共品并非为了取代现有体系本身，而是为了更好地完善现有全球公共品提供和治理体系，从而更好地应对共同的挑战。要根据自身优势进行特色定位，尤其要处理好如下三对关系：第一，根据自身优势，找准着力点；第二，在供应机制上协调好政府机构和市场机制之间的关系；第三，处理好宏观顶层设计和共商共建实践探索的关系。

笔者认为，中国提供全球公共品的特色定位包括以下几方面。第一，着力全球减贫和发展议题，坚持和平发展优先，这是二战后国际社会发展至今最大的一个痛点，即缓解贫困，通过合作让更多的国家富起来，探索共同富裕、合作共赢的路径。第二，注重全球公共品供给的多层市场化机制，鼓励政府、跨国企业、民间机构、大学智库等多元主体参与，超越现行的制度驱动机制，加强供需方的对接和互动，防止“所供非所需”的问题，这也是中国作为发展中国家在自身财力范围内最大限度发挥社会力量作用的选择。第三，注意开放、包容的原则，避免俱乐部和小圈子，欢迎"搭便车"，通过共商共建共享形成实践共同体。现行的全球公共品供给和治理机制往往是供给者驱动和导向的，按照现代化理论和制度性引导，强调对单一模式的聚合发展，但以"一带一路"倡议为代表的公共品则强调经贸合作和民主对话在其中的重要性，不强求统一模式，而更多地注重优势互补、共同成长。

（二）创新中国提供全球公共品的理论指导

1. 加快新世界主义知识体系建设

全球公共品供给和治理的实践问题在政策上体现为全球治理的相关议题，在更深层面的理论建设上则涉及了世界秩序和世界主义理念构建的问题，体现为国际政治哲学和国际正义分配等根本性议题。长期以来，中国做出了很多实际行动，包括"一带一路"倡议和全球发展倡议、新开发银行和亚投行等，以及设立各类发展基金和信托基金等。中国在2015 年联合国可持续发展峰会后宣布成立中国国际发展知识中心，与国际社会广泛分享中国发展的经验，但要想真正基于生动发展实践之上进行理论研究，形成较为有效的基于中国案例之上的发展观和发展叙事，阐述清楚新型的国际秩序观和全球治理观，从而为全球知识体系做出贡献，还有许多工作要做。

笔者建议，鉴于一国提供全球公共品深受其国内公众对此议题认知的重要影响，国际社会对于大国提供全球公共品能力和意愿的认知也深受其对于世界图景和人类共同体认知的影响，国际社会，包括中国，应该加强新世界主义知识体系的建设，加强文明间对话，推动"各美其美、美人之美，美美与共、天下大同”的人类共存理念、知识的生产和传播。

具体到中国而言，在科研方面，在国家自然科学基金和国家社会科学基金的重大课题设计上加强世界跨文明对话、全球治理、国际发展合作等领域的研究，整理并形成符合当代实际的新世界主义知识脉络，超越西方中心论，在文章发表、学术对话，甚至公众读物和辩论方面加强这一领域的对话和探讨。在教学方面，加强古典通识教育，提升人文素养和对国际责任的认知，形成新时代国家安全观和国家利益观。在实践方面，依托现行各项全球性、区域性和国别性合作机制平台，建立海外科研与教学基地，加强海外实践知识的积累。

2. 加强区域国别学、国际事务等相关学科、专业知识体系建设

当前基于中国与世界的新型关系构建新型学科、学术和话语体系已成为重要导向。2022 年初发布的最新学科建设和研究生人才培养目录中已纳入区域国别学和国际事务专硕人才培养项目；同时，教育部国别和区域研究已有 400 多个研究备案中心，从地理上已经横跨了世界上的主要国家和地区。上述进展说明中国面向全球和各区域的知识体系建设正依托学科和人才培养专业不断落地。

笔者建议，在现行的学科建设体系中纳入全球公共品相关内容，包括支撑这一实践的世界主义和新世界主义哲学理念、政策实践等内容，以及既有的供给渠道和治理现状等内容，尤其在现有的语言、历史和国际关系基础知识汇通之上，加上农业、减贫、卫生、数字、工业化、金融等专业性知识，从而进一步丰富现行国别区域研究和人才培养工作的内容。

（三）完善中国提供全球公共品的制度和组织体系建设

提供全球公共品客观上使中国更深地融入国际社会。中国改革开放的系列成就表明，中国是国际社会的积极融入者和学习者。在新阶段，中国通过“一带一路”倡议、全球发展倡议、全球安全倡议和全球文明倡议等系列主张和实践主动为全球治理提供中国方案，从而在更高水平上提供全球公共品，同时也激发高质量发展的活力与动力。

但是，当前有关全球公共品的供给和治理并没有一个专门的战略，也没有专门的部委来负责，当前的运行模式主要是基于各部门的零散“作战”，依靠跨部门协调，效率相对较低。2018 年，国家国际发展合作署成立，主要负责中国对外援助宏观战略设计和援助的质量监控等。通过援助提供全球公共品是国际上通行的机制，中国在新时期设立这一副部级单位说明开始重视从对外援助向国际发展合作的转型。但当前，该机构在人员、资金和专业能力等各方面仍处于相对薄弱的状况。

在此背景下，笔者提出如下建议。第一，在完善开放型经济新体制顶层设计中纳入全球公共品理念，推动以制度型开放为核心的高水平对外开放，建立跨部委对话联动机制和多元主体参与渠道，从而提高中国在全球公共品治理体系内的规则制定能力、议程设置能力、舆论宣传能力和统筹协调能力。

第二，按重点区域国别配备海外人员，加强队伍建设。在条件不允许的情况下，可以从区域开始，再渐渐聚焦到国别，实在不具备条件的，可以和商务参赞合署办公，但一定要在受援国使馆有队伍。或采取类似委派非洲事务专员、东盟事务大使、中东问题特使、气候问题特别代表等有效办法，向世界热点地区和国别派驻全球公共品大使，广交朋友，让国际社会感受到一个新兴大国带来的好处。

第三，通过政策引导和制度完善鼓励企业、高校、智库、民间组织等加入全球公共品治理和国际发展合作事业中，通过准入机制、资格认证和标准体系建设等筛选有基础、有经验、有能力的相关机构进入国际发展合作共同体系建设中。这样才能建立丰富、多元、立体的组织生态系统，进一步发挥南南合作援助基金的杠杆乘数效应，尤其在财政紧张的背景下，更要畅通多元主体参与的渠道，做好标准和影响管理，做好风险管控。

（四）培育中国提供全球公共品的监测、评估及国际沟通体系

最后，也是最重要的，要建立起中国提供全球公共品的质量监测和评估体系，以及国际沟通体系。这一方面是为了获得国内公众的广泛理解和支持，另一方面也是为了更好地开展国际合作和交流，建立更加稳定的全球公共品治理和国际发展合作体系。

笔者提出如下建议。第一，进一步完善全球公共品供给与治理综合性和全过程的评估体系，完善评估理论。该体系将基于现有南南合作和三方合作原则，包含工程技术标准和社会环境标准，通过立项、项目执行、可持续发展，以及后续影响等全过程，并通过分领域、分区域国别等不同类型公共品，建立评价指标体系、政策体系、标准体系、统计体系、绩效评价、政绩考核等。

第二，做好全球公共品品牌和口碑建设，比如日本有“一村一品”，韩国有“新村建设”运动，德国有“没有饥饿的世界”等民生品牌项目，中国目前已经有许多品牌项目，如“光明行”“鲁班”项目等，但还需有意识地不断加强品牌的集成效应，如加强“丰收非洲”“绿色非洲”等系列品牌，这样容易产生规模效应。

第三，在国际沟通交流体系建设上，注重加强与国际多边组织的联系，搭建全球层面的全球公共品供给治理体系。国际组织是二战后全球治理的最为核心的载体，目前已历经70多年的改革和发展，形成了系统性的全球治理力量，是国际社会不可忽视的多边组织力量，是世界和平与稳定的重要支柱。中国在提供全球公共品中要加强与国际组织的合作，具体包括联合举办不同行业和不同区域的公共品治理对话、举办论坛、联合培养人才、开发新型项目、提供解决方案等。

图书在版编目（CIP）数据

全球公共品：供给、需求与治理的挑战 / 李小云等著. -- 北京：社会科学文献出版社，2024. 11
（国际发展、区域国别与全球治理系列丛书）
ISBN 978-7-5228-3314-9

Ⅰ. ①全… Ⅱ. ①李… Ⅲ. ①公共物品-供给制-研究-世界 Ⅳ. ①F20

中国国家版本馆 CIP 数据核字(2024)第 045409 号

全球公共品
——供给、需求与治理的挑战

著　　者 / 李小云　徐秀丽　徐　进 等

出 版 人 / 冀祥德
责任编辑 / 王玉敏
责任印制 / 王京美

出　　版 / 社会科学文献出版社
地址：北京市北三环中路甲 29 号院华龙大厦　邮编：100029
网址：www. ssap. com. cn
发　　行 / 社会科学文献出版社（010）59367028
印　　装 / 三河市龙林印务有限公司

规　　格 / 开 本：889mm×1194mm　1/32
印 张：9. 375　字 数：209 千字
版　　次 / 2024 年 11 月第 1 版　2024 年 11 月第 1 次印刷
书　　号 / ISBN 978-7-5228-3314-9
定　　价 / 398. 00 元（全 5 卷）

读者服务电话：4008918866

国际发展、区域国别与全球治理系列丛书

全球事务与发展

GLOBAL AFFAIRS
AND DEVELOPMENT

徐秀丽　张　悦　李小云　武　晋
马俊乐　高　雅　朱　雯　著

社会科学文献出版社
SOCIAL SCIENCES ACADEMIC PRESS (CHINA)

丛书总序

近年来，作为新兴的全球交通中转枢纽，伊斯坦布尔机场、迪拜国际机场、亚的斯亚贝巴机场等变得更加繁忙拥挤，在来来往往的人潮中，随处可见背着行囊行色匆匆的中国人。他们当中，既有出国旅游人员、海外留学人员，也有远赴海外访问考察的政府工作人员，寻找商机的企业家，到外企工作的职业经理人、工人和农民，还有从事对外援助和经济技术合作的专家学者，奔赴海外演出的文艺工作者，等等。他们的目的地，既有发达的欧美地区和日韩等国，也有东南亚、中东、中东欧、非洲和拉丁美洲等发展中地区。同时，来自这些国家和地区的人们也越来越多地看向中国。新型的海外主体、新型的工作模式和新型的流动轨迹，仿佛开辟了时代的新篇章。

进入21世纪，尤其自共建“一带一路”倡议践行以来，中国“走出去”已成为国内外政界和学界日益关注的全球现象。近年来，随着全球发展倡议、全球安全倡议、全球文明倡议三大倡议的提出，来自不同主体（公共和私人部门）、不同层面（宏观和微观）、不同机制（政治、经济、社会、多边、双边）的新型合作实践不断累积，从而塑造了一个“全球中国”的实践景观和知识景观。这里既包括全球治理体系机制的改革与完善，也包括国际发展合作方式模式的拓展与

创新，还包括来自普通民众、企业、大学、政府等跨文化交往中的日常碰撞与磨合。

在中国“走出去”合作实践中，我们逐渐认识到，新型知识体系的构建和新型人才队伍的培养成为发展的关键。这些新型知识体系的构建、新型人才队伍的培养应聚焦于全球既有秩序的把握和新格局的想象、全球发展新动能的激发与开拓、全球公共品的治理与供给、国际发展规范的谈判与协作、南南合作和三方合作的管理与经验分享、私营部门海外经营的社会文化融入和劳工关系、新型的政商关系等领域，尤其要重点关注在不同区域国别、国际组织、社会组织等场景下的挑战应对和机遇利用等方面。这些新问题都是我们既有知识体系和人才培养体系中空白的部分。当前我们看到，一方面，宏观上构建人类命运共同体的引导性倡议陆续推出；另一方面，基层各种类型的实践创新也不断涌现，但恰恰是“关键性中层”日渐成为构建更高水平对外开放格局的挑战。这里所说“关键性中层”是指一系列认识范式、话语、技术、组织流程、管理规范和人才队伍的集合体，是维持整个社会秩序的制度架构、组织管理体系和知识体系，稳定且坚固，只有当这个系统发生转变，大规模高水平对外开放方能逐步顺利落地。

党的二十届三中全会指出，“在扩大国际合作中提升开放能力，建设更高水平开放型经济新体制。稳步扩大制度型开放……倡导平等有序的世界多极化、普惠包容的经济全球化，深化外事工作机制改革，参与引领全球治理体系改革和建设”。外交部、国家国际发展合作署在传达贯彻党的二十届三中全会精神时分别指出，“提高服务高水平对外开放的能力，深化援外体制机制改革，构建更具实效的国际传播体系，坚

定不移维护国家主权、安全、发展利益。深化外事工作机制改革，加强外交外事战线干部队伍建设”，“深化援外体制机制改革、实现全链条管理”，等等，这些都为“关键性中层”的建设提供了机遇和指导。

在李小云教授的开创下，中国农业大学国际发展研究团队自20世纪80年代开始进入发展研究领域，从最早的发展咨询、发展研究与发展培训，到90年代后期逐渐拓展到发展学科建设和专业人才培养方面，从改革开放初期国际发展经验“引进来”与中国本土实践的融合创新，到“走出去”主动参与全球发展与减贫合作的治理研究，通过搭建全球性、区域性、全国性和全校性不同层面的公共组织和学术联盟，利用前沿学术理论研究、政策咨询与政策对话、人才培养、国内外扎根基层的农业发展和减贫实践四大支柱，不断推动新发展知识的孕育和新型发展合作人才的培养。团队在非洲和国际组织两个场域上的工作尤为凸显。这些工作始于30多年前，最近十余年团队沉潜非洲，对话国际组织，开展了扎根基层、协作中层、对话高层的中国发展与减贫经验国际分享工作，探索出了以国际发展合作为切入点，统筹国别区域、国际组织、国际传播、国际事务等五位一体的特色模式，有组织、多层次、系统性探索新型科研与人才培养机制。以“小技术大丰收”“小豆子大营养”“中非乡村CEO”等为代表的中非合作项目，多次入选联合国南南合作最佳案例和国家级、省部级项目，以及中非合作论坛主要成果，极大推动了中国发展与减贫经验的全球分享，并促进中国农业大学成为国内首家获得联合国经济及社会理事会（ECOSOC）特别咨商地位的高校，实现了零的突破。这些都是支持“关键性中层”体系转型的集体努力。一系列标识性概念，包括平行

经验分享、模糊边界、新发展主义、选择性学习、科技理性漫游等，逐渐引起学界的关注。

在新发展知识建构中，研究团队逐步形成三个支点。

首先，关注普通人之间的互动日常是突破当下地缘政治经济格局下研究的新思路。中国“走出去”过程中的实践积累是新时期中国重新构建与国际社会关系的缩影。要理解这些努力，仅靠宏观视角是不够的，而是要看见这个过程中微观层面的“人与人之间的连接性和共同性”。在日常生活中，我们作为普通人与他国的民众通过交流和互动，以人和人之间的交往推动合作与实践的展开，进而推动思想的开放与心态的转变，并最终推动宏观层面的政策转变。

其次，关注合作双方的交互性和互助性是捕捉新型发展合作的重要视角。在中国走向共建“一带一路”国家，尤其是通过援助来支持低收入国家的过程中，这些援助项目和援助活动，给我们提供了非常珍贵的学习机会。比如在与坦桑尼亚合作十多年的“小技术大丰收”“小豆子大营养”实践过程中，我们了解到新的作物种植系统，见识到非洲人如何同缺水、缺化肥、缺钱做斗争，尤其是他们如何提高食物的多样性、更好地获取植物蛋白等做法。这让我们能够更好地从全球视角、非洲视角去重新看待自己。

最后，行动研究和实践性是研究团队推动新发展知识孕育的重要方法论。一方面，在诸多发展中国家中，社会关系、管理机制与规范并非像成熟社会那样具有鲜明的文本指导，而大多隐藏在互动的现场中，因此，研究者需躬身入局，使自己成为“局内人”方能看见更加真实的隐藏“文本”；另一方面，我们注重倡导一种更加平等的知识建构过程，因为在行动研究中，研究者与被研究者将通过系列行动实践建立

一种更能促进平等对话、加强浸润式日常互动和双向启发的关系，而非一方单方面“调研”另一方构建悬置性知识的不对称过程。此外，在实践场域中，相互对立冲突的理论范式之间往往能进行更有效的对话与融合，从而也更能提升新知识的有效性。无论聚焦国内的农村发展研究，还是聚焦海外，实践项目都是我们创新社会科学研究的重要方式。

为更好地凝练新发展知识体系孕育的成果，研究团队推出了“国际发展、区域国别与全球治理系列丛书”，旨在通过系列著作、译著、优秀博士论文、实地调研笔记、学术随笔等多种形式，以国际发展研究为专门领域，推动全球治理知识体系和区域国别等新型学科的建设。自 2022 年开始，国家在交叉学科门类下设立了“区域国别学”一级学科；同时，在公共管理学、区域国别学和政治学等一级学科下也陆续发布了“全球治理”与“全球与区域治理”等相关二级方向；“国际事务”专业硕士、国际 MPA、MPA 国际组织与社会组织管理方向，以及国际组织与全球治理等系列新型学科、专业的顶层部署都在深刻地塑造着中国社会科学知识版图和人才培养格局。在此学人共同努力、促进“关键性中层”体系转型的大潮中，我们期望贡献一臂之力。

该丛书第一辑包含 6 册著作，其中，《援助的命运——比较视角的国际发展合作》和《发展援助体系——美国、英国、日本国际发展合作多元主体的建构》从整体性视角、历史演化视角、比较视角分别阐述中西方国际发展范式的差异，以及国际经验对于中国建设国际发展共同体、共建人类命运共同体的启示。前者从知识生产、政策框架、组织管理、典型议题等方面对西方发展援助体系的来龙去脉展开分析；而后者则按照实践社群“叙事—主体—实践”三维框架回溯了美

国、英国和日本三个主要经合组织援助方的国际发展共同体形成过程，并对其特色进行凝练。

《全球公共品——供给、需求与治理的挑战》则是国内学者首次系统性提出“全球公共品”理论的专著。本书通过回溯人类历史上全球公共品产生及演化的历史脉络，推动读者理解全球公共品或作为一种集体行动实践，或作为某些公共物品，或作为机制性联系和制度建设等多种形态，其供给机制也从危机驱动型，到制度规范型，再到当下面临复合挑战和多元主体时推动共识建设型的可能性。该书还特别分享了中国作为全球公共品提供者所具有的优势和面临的挑战。

如果说，《全球公共品——供给、需求与治理的挑战》从宏观视角来关注全球治理和发展议题，那么，《中国专家在非洲》则提供了微观层面的叙事和实践，从历史学、社会学、人类学和发展研究等不同学科视角，对包括农技专家、医疗队专家等不同类型的中国在非洲的专家的派遣历史背景，在非洲工作时的角色、生活、工作困境，及其对中国援助工作的影响等进行了分析，多维度呈现中国专家在非洲的日常实践，展现中国开展南南合作与中非合作的丰富纹理。

《全球事务与发展》是中国农业大学全校通识课程的部分讲课记录，具体包括中国与世界的新型发展关系和跨文化认知、全球公共挑战与全球治理实践、国际发展政策与实践三个部分。该书反映了我们对于国际事务从观念到制度，再到具体实践路径等不断聚焦和落地的过程。该书只是课程内容的局部记录。

《国际发展教育全球概览》是国内第一本系统刻画全球不同区域国家国际发展教育与人才培养建制的参考工具书，内容涵盖北美、欧洲、澳大利亚、日韩，以及其他发展中国家和地区的国际发展教育体系。该书历经十多年调整与修改，无论国际，还是国内，有关国际发展合作的政策与实践都发生了翻天覆地的变化，当下新一轮国际发展范式的合法性危机又起，而中国等发展中国家则新设了国际发展合作专署机构和相关体系，并使之不断蓬勃发展。在这一关键时期，该书所提供的国际发展教育在全球不同区域国别的全景式视角具有互相借鉴的意义。

丛书的研究和出版得到国家社科基金重点项目“西方发展援助与中国发展援助的战略政策对比分析”（16AZD017）、国家社科基金一般项目“多元主体共同参与中国对非援助机制的研究”（16BJ021）、国家社科基金重大项目“中国与‘一带一路’国家有效分享减贫经验与模式的策略研究”（21&ZD180）、国家自然科学基金国际合作项目“‘一带一路’背景下研究中国和中亚农业合作的方式路径和策略”（71961147001）、中国农业大学 2115 人才工程、中国农业大学全球农业发展与区域国别知识体系—基本科研业务专项资金、中国国际发展研究网络项目（二期）、比尔及梅琳达·盖茨基金会项目、酉阳国际乡村振兴学院建设项目等诸多支持，在此一并致谢。

此外，该丛书还得到诸多同事和学生的支持，他们或提出修改建议，或进行文献检索，或帮助数据整理，或提供流程辅助，等等，在此一并致谢。该丛书第一辑即将付梓，仍觉不足，乃感永无完善之日。暂此，书中有疏漏贻误之处，敬请读者批评指正。

徐秀丽　唐丽霞　陆继霞

2024 年 10 月 15 日

目　录

第一篇　中国与世界 …………………………… 001
第一讲　全球视角下的中国发展 ………………… 003
一　全球视角下的中国 ………………………… 004
二　全球视角和现代世界的形成 ……………… 006
三　二战后美国主导的世界新格局 …………… 011
四　为什么中国今天的发展影响世界 ………… 014
五　从现实出发：从被动卷入现代化到主动把握机遇 … 016
六　中国和世界关系的变化 …………………… 017
七　国际发展是什么以及如何实现 …………… 018
第二讲　观念一变天地宽：从世界发现中国 ……… 021
一　“中国模式”可以复制吗 ………………… 022
二　观念一变天地宽：大国成长的历史经验 ……… 029
三　如何理解中国？如何理解世界？ ………… 038
第三讲　人类学家眼中的跨文化交流：
重构中心意识与他者关怀 …………………… 046
一　自我的中心意识与西方中心论 …………… 046
二　拒斥西方中心论 ………………………… 051
三　世界的三大转型 ………………………… 053
四　世界发展关系的新格局 …………………… 055

第四讲　跨文化交流的本质是“通心工程” …………… 062
一　文化与文明 ………………………………………… 062
二　文化安全 …………………………………………… 064
三　中西方文化差异 …………………………………… 067
四　文化软实力与制度性话语权 ……………………… 068
五　提高中国文化软实力的四个方面 ………………… 069
第五讲　全球治理与中国参与 ………………………… 076
一　全球化与全球治理 ………………………………… 077
二　全球治理的核心问题——全球公共产品供给 … 080
三　非国家行为体在全球治理中的作用 …………… 089
四　中国与全球治理 …………………………………… 091
五　展望未来 …………………………………………… 099

第二篇　全球共同挑战与全球治理实践 ……………… 101
第六讲　联合国与全球治理 …………………………… 103
一　联合国的宗旨和目标 ……………………………… 104
二　联合国的治理框架 ………………………………… 107
三　联合国的治理效果 ………………………………… 115
四　联合国的治理局限 ………………………………… 127
第七讲　国际经济体系及其理论基础 ……………… 132
一　国际贸易利益的来源 ……………………………… 134
二　国际贸易利益的分配 ……………………………… 142
三　贸易保护的原因 …………………………………… 147
四　汇率的基本理论 …………………………………… 150
五　国际宏观经济政策的协调 ………………………… 152
六　国际货币体系 ……………………………………… 153

第八讲　世界贸易组织的“前世今生” …………………… 158
一　什么是 WTO …………………………………………… 158
二　WTO 是如何建立的 ………………………………… 159
三　WTO 建立和发展的五大基础 ……………………… 163
四　WTO 如何运转 ……………………………………… 165
五　WTO 改革与前景展望 ……………………………… 172
第九讲　国际投资中的规则与国际组织 ……………… 178
一　国际直接投资 ……………………………………… 179
二　国际直接投资的发展现状与趋势 ………………… 184
三　国际投资规则变革的内容分析 …………………… 187
四　关于挑战和应对的几点思考 ……………………… 192
第十讲　全球粮食安全治理 ……………………………… 194
一　全球粮食安全状况 ………………………………… 194
二　全球粮食安全治理 ………………………………… 199
第十一讲　全球南南农业合作：中国的贡献 ………… 206
一　多边合作 …………………………………………… 209
二　双边合作 …………………………………………… 213
三　三方合作 …………………………………………… 214
四　倡导多边合作机制 ………………………………… 216
五　中国参加农业南南合作的特点 …………………… 219
第十二讲　全球环境治理与气候变化 ………………… 221
一　全球环境治理概况 ………………………………… 222
二　应对气候变化谈判 ………………………………… 234

第三篇　国际发展 …………………………………………… 265
第十三讲　国际发展的诞生：涉及人类的本性
和社会性 ……………………………………… 267

一　国际发展的三个概念：发展、减贫与创新 …… 267
二　为什么关注国际发展 …… 271
三　国际安全与发展体系 …… 275
四　如何通过技术来解决全球发展问题 …… 279
第十四讲　国际发展的知识与实践 …… 290
一　转型期的中国和世界：新的图景和新的知识 …… 291
二　国际发展的历史、机构和行业 …… 299
三　两个发展实践：理论与实践的相互滋养 …… 307
四　对三个问题的回应 …… 311

CHAPTER

1

第一篇

中国与世界

第一讲 全球视角下的中国发展

讲课人：李小云

讲课时间：2018 年 5 月

李小云，中国农业大学文科资深讲席教授，中国农业大学国际发展与全球农业学院/南南农业合作学院名誉院长，人文与发展学院教授，小云助贫中心发起人，全国脱贫攻坚先进个人。他的主要工作和研究领域是发展理论、国际发展援助、非洲发展、农村发展、贫困、参与式发展、性别与发展、可持续资源管理、公益等，作为世界银行、亚洲开发银行、联合国系统、国际 NGO 等国际组织的高级顾问，在中国和世界其他地区从事发展研究与实践。李小云教授对我国扶贫政策的制定作出过重要贡献。他于 21 世纪初提出的参与式村级扶贫的建议成为其后我国农村扶贫开发政策的主要框架。李小云教授于 2015 年深入云南少数民族村寨，进行了五年的驻点扶贫实践，创新出了“河边脱贫模式”。李小云教授同时也是国内知名的国际减贫理论与实践专家，他在非洲的减贫实践在国际上产生了重要的影响。他于 2004 年获得首届中国消除贫困奖（科研奖），2011 年获得国务院扶贫办授予的“全国扶贫开发先进个人”称号，2017 年获得全国脱贫攻坚创新奖，2018 年获得中国公益十大人物称号，2021 年获得全国脱贫攻坚先进个人、《中国慈善家》杂志 2021 年年度人物等。

一　全球视角下的中国

我今天与大家交流的题目是：全球视角下的中国发展。你怎么看中国？我们有两个不同的说法：一个说法是“in Chinese perspective”——中国视角下的中国，这也是常见的说法；另一个说法是“in global perspective”——全球视角下的中国。

对我这代人来讲，今天突然觉得这个时代不一样了。我们这代人对世界的看法是二分的、二元的，就是我们觉得这个世界上有一部分是“发达的”，意思是他们是发达国家，他们是我们这代人还有你们这代人学习的榜样。我们树立这个榜样，这是一个很清楚的目标。我们要“赶英超美”，中华民族从清末以来的理想就是能追上他们。我们不是发达国家中的一个成员，我们要向他们学习。我们的洋务运动就是一个学习西方的过程。与此同时，我们的世界里还有一部分是穷人、穷国，我们觉得我们也不完全属于他们。这是我们自身文化形成的世界观，是我们中国人的世界观，这是我们的世界主义。所以今天我们带着这样一种结构关系看自己，突然觉得现在的中国好像真的和谁都不一样了。所以，我在中国农业大学人文发展学院做了几件事：第一，设立了一个国际发展专业方向，从 2010 年至今，这是中国大陆第一个面向国内学生的国际发展本科专业方向；第二，在中国农业大学开始设立国际发展留学生培养项目，开始招收留学生，这是中国第一个全英文课程的留学生人才培养项目。

我已经感觉到新的世界主义的到来。我们面对这样一个新的世界主义的时候，中国人固有的文化局限性和历史局限性，一定会与这样一个发生巨变的世界产生张力。这种张力需要一大批新一代年轻人去改变、把握、抓住这个机会，去引领新的全球伦理的建立。这是你们这代人义不容辞的责任。这需要你们从知识的生产、知识的积累开始。中国进入一个尝试性地把握世界，而非被动地卷入全球化的过程中。

1793 年，英国的乔治·马戛尔尼带了礼物来觐见清朝乾隆皇帝，马戛尔尼说大英帝国非常欣赏中国的传统文化，想和中国通商。当时，清朝官员与马戛尔尼在与乾隆见面的礼节问题上争执不下。按照中国的规定，藩属国见皇帝都要下跪，马戛尔尼说我们英国人是不能向外国皇帝下跪的。就为了这个礼仪争执了很久，马戛尔尼坚持不能下跪，最多像见英国国王那样行单膝礼，但是可以拉着乾隆的手亲吻。中国负责礼仪的大臣吓一大跳，皇帝的手怎么能让你亲呢？这绝对不行！最后，马戛尔尼还是以见英王时单腿跪的礼节见了乾隆。乾隆皇帝也把中国的礼物转送给当时的英国国王乔治三世。我为什么要用这种叙事？因为我更想突出西方人与中国人在这些礼节上的不同。亲吻国王的手，表示对国王最大的尊重和敬爱，而我们的皇帝是神，是不可以触摸的，最后大家妥协行半跪礼。英王亲笔信也很简单，大英帝国十分仰慕中华帝国丰富灿烂的文化，等等。马戛尔尼送给乾隆很多礼物，乾隆也回赠很多礼物，但是乾隆告诉英国特使，中华帝国地大物博，不需要和你们通商，也不喜欢使用你们的东西，西方的东西基本都是妖魔鬼怪。枪、炮、钟这些东西不是正当东西都不能来，来了我们的思想就坏了。当时西方人思想就很简单，我要跟你通商，把我的东西都卖给你，我可以给你修铁路、弄机器，再把你的瓷器、棉花、茶叶运回去。

这段历史非常有意思，非常具有标志性。乾隆皇帝断然拒绝英国开放通商的邀请。我们当时不知道这个世界发生了多大的变化，他们为什么要提出这个要求。自此以后，西方列强用各种办法打开中国的大门。可是我们对于他们还是一直没有系统研究，直到魏源的《海国图志》，直到林则徐“睁开眼睛看世界”，这件事才有点眉目——原来世界是这样的。在这个过程中，反反复复，我们被动地卷入了资本主义全球化的过程。所以在今天，我们突然觉得我们有能力去主动“把握”世界。经过了两百多年的历程，我们开始逐步学着认识“你是谁”这样的问题。徐秀丽老师之前写过一篇主题为“他们为什么对我们如此感兴趣?”的文章，说的是他们咋又对我们感兴趣了？我们需要在更广的视野下了解全球和我们自身。

二　全球视角和现代世界的形成

全球视角下的中国，我从哪里开始讲？我觉得有必要从大英帝国的崛起开始。大英帝国是怎么回事？大英帝国从何而来呢？理论太枯燥，我将以一个个故事来讲述。我认为，大英帝国的历史就是强盗历史。

1663 年 12 月，一个叫亨利·摩根的威尔士人，穿越加勒比海，奇袭了西班牙人设在美洲沿海的前哨，这场战斗经历了十多个小时。这次旅行的目的很简单，就是为了寻找和夺取西班牙人的黄金。我认为亨利·摩根这个人在历史上也是一个了不起的人，他是个海盗，他这次行为完全是自发的，与英国王室并没有关系。他去干嘛了？抢黄金。抢黄金是大英帝国崛起的第一件事。当时葡萄牙人和西班牙人已经在南美了，西班牙人掠夺了很多黄金，那时候的英国人还在小岛上缩着，还打不过西班牙人。葡萄牙人、西班牙人、荷兰人倒腾黄金的事不断在英伦三岛传播，激发了很多人寻找黄金的冒险精神。大英帝国的崛起对世界的影响太大了，如果没有大英帝国的崛起就没有今天的世界。我在这里要讲一个观点：大英帝国的崛起不单是一个国家行为，并不是当时的统治者讨论出来的，而是从民间的行动中产生的，动机是对于黄金的追逐。从某种意义上来说，17 世纪的“打、砸、抢”，让大英帝国以这样一种方式崛起。像摩根这些人在英国历史上都是一些“吃熏肉的小偷”，是社会最底层的人，英国崛起的过程却是由他们来启动的。

又一个我们要注意到的人物是丹尼尔·笛福，他是畅销书《鲁滨逊漂流记》的作者，他在另一本著作《英国商人手册》中写道：“英国是世界上第一大商品消费国，它从多个产地进口货物……这些进口货物除了棉花、靛蓝、大米、姜等以外，还有糖和烟草。”大家已经知道，大英帝国的崛起与新教道德伦理或英国个人主义思想的传播有关，但大家可能没想到，还与英国人嗜甜的口味相关。

在伊丽莎白女王时代，她采用了比较温和的新教的伦理精神。宗教改革后，新教把基督教大众化，盛行的加尔文主义强调商业主义，同时强调节俭和奉献。什么是新教伦理精神？第一是特别刻苦。第二是不挥霍一分钱，不浪费钱，特别“抠门”，特别会算计。但是大家可别误会了，“抠门”是说特别有奉献精神，强调捐助精神，特别助人为乐。第三是英国的“个人主义”，英国的个人主义是全世界最极端的个人主义。美国人写的《自私的美德》（*The Virtue of Selfishness*）一书中，谈到了一些个人主义。

为什么直到今天西方依然强大，依然能够主导世界，你以为他们全是靠枪炮？没有人能够靠枪炮统治这么长时间，不是的。如果中华民族想要强大起来，没有主导性的、胜过西方人的其他一些东西，是不能主导世界的。新教伦理是大英帝国崛起的第一件大事。

回过头来说，英国人吃糖，糖大部分在美洲热带的奴隶种植园种植。从 18 世纪 50 年代开始，糖就超过国外亚麻制成品，成为英国最大宗的进口物资，直到 19 世纪 20 年代才落后于原棉的进口量。到了 18 世纪末，英国的人均糖消费量是法国（每人每年消费量为 20 磅）的 10 倍。英国人对进口物品贪得无厌的胃口是欧洲其他国家无法企及的。糖是大英帝国崛起的第二件大事。

接下来，我们要讲的是茶。1658 年，英格兰出现了第一则茶广告。这则广告刊登在一本官方资助的周刊《政治信使》9 月 30 日这一期，内容为："所有医生都推崇的绝好的中国饮料，中文叫作茶……"其实这个茶呢，最能治便秘。马可·波罗就发现了，中国人不便秘，他们认为中国人不便秘是喝茶的原因。其实呢，他们说错了，中国人不便秘的原因是吃肉少、吃菜多、吃淀粉多。后来，茶就变成了英国上流社会很重要的饮料。他们那时候为什么要和中国人做生意？因为中国有茶。有了茶还要有中国的茶杯、中国的瓷器。大英帝国的发展主要是由黄金、糖、茶叶这些事情构成的。茶是大英帝国崛起的第三件大事。

第四件大事，我们要讲一下烟。烟草是沃特·罗利爵士引入的，最初人们认为抽烟有助于身体健康。对于烟草的消费直接支撑了英国在北美弗吉尼亚的殖民地，那里生产的烟草直接销售到英国，英国是全世界烟草的消费中心。最初，烟草是英国贵族的标志。后来，随着弗吉尼亚和马里兰州的烟草种植迅速扩大，烟草的价格也急剧下跌，逐渐成为一种大众消费品。所以我们讲重商主义导致的彻底的商业化都和英国的消费主义有关，我们今天的消费主义都与盎格鲁-萨克逊人对世界范围内的物质需求紧密相关。英国人抢黄金，抢来黄金干什么，所有他需要的东西都是他不能直接生产的，他用黄金去买茶、丝绸等。在这个过程中，英国始终是想要与我们做生意的，但不知道为什么我们就是不与他们做生意。直到鸦片战争以后，我们逐步被卷入世界之中。

我们刚才讲了抽烟的事。英国人在庞大的物质利益驱动之下，利用海军向世界扩张。大英帝国在扩张过程中还有另外一个助力——不是商业力量，而是宗教传播。

从 18 世纪末开始，基督教福音会在牛津成立并开始向外传播，要让落后的地方信仰上帝，要让上帝的关怀普照全世界。所以英国崛起的另外一个力量是宗教传播，传教士作为上帝的使者，到全世界去传教。戴维·利文斯敦是一位苏格兰医生兼传教士，他将自己的一生都奉献给了非洲的探险事业。他最伟大的发现就是在赞比西河流域的考察。实际上西方很多的传教士都是地理学家。英国的文化、英国的语言就这样传到了南部非洲，也就是今天的赞比亚、马拉维和津巴布韦等地。他在赞比西河发现并命名了维多利亚瀑布。他沿路传教布道，说服部落的头人不要娶很多妻子。所以基督教的传播改变了当地的文化。想要做全球主义，就要有全球主义的技能。利文斯敦在传教的过程中，有个部落头人原本不肯信教，但他治好了头人孩子的疟疾，头人深感神奇，于是带领整个部落的人全都信了上帝。

大英帝国走向世界靠一软一硬两个东西，先宗教，再枪炮。17 世纪中叶，在英国发展起来福音教会——要把上帝的关怀传递到上帝还没有到过的地方去。传播宗教一开始不是为了传播资本主义，不是为了做生意。

基督教通过改变人的日常来实现宗教的传播，这是整个文化的传播。从原材料的扩张，到贸易的需求，再到文化的输出，使得资本主义在全球的扩张成为一个全球的系统性的东西。大英帝国为什么这么厉害，为什么工业革命有巨大的影响力、穿透力？原因也在此。

英国在 18 世纪的时候，开始反感黑奴贸易了。从 15 世纪到 18 世纪，英国一共贩卖了 300 万名黑奴到北美，为什么后来英国主动停止了？不是因为不挣钱了，而是因为英国国内反思黑奴贸易这一行为，这个贸易太不人道了。这个反思背后的动力是什么？是宗教——基督教。英国人从 18 世纪就开始用海军巡视所有的海域，捉拿偷运奴隶的船，就像今天的维和一样。英国从那个时候开始建立起帝国的概念：我要开始管你的事了。1860 年，大英帝国所辖的领土面积达到 2470 平方公里；到 1909 年，增加到 3320 万平方公里，占世界陆地面积的 25%——统治着 4.44 亿的人口，差不多也占世界人口的 1/4。

大家知道鸦片战争以前的清朝，外国人是不能进北京的，当时事实上的外交部北洋大臣府设在天津，所以李鸿章是在天津上班的。汉族在很长时间内受到游牧民族的影响，如元朝和清朝。像唐朝就很开放，到后来就很封闭，直到鸦片战争，西方人把我们的国门打开，迫使我们开放，说“我们没有别的意思，就是想让你经商”。清朝大臣没有见过中国以外的世界，不了解外界的情况。他们的世界只有皇帝、自己的家庭，怎么会去考虑这些东西？

英国人说我们要跟你经商、要派出大使，中国人问什么叫大使？中国就这样被派了大使。这个过程就是满族人概念里的国民观，就是满族统治者给老百姓灌输外国人是妖魔鬼怪的观念。一方面说他们是妖魔鬼怪，另一方面又怕他们。义和团被朝廷煽动而杀掉德国公使，最后八国联军把慈禧逼到西安去了，还要烧皇宫，被美国人拦下。这就是历史。

后来中国人想，他们派了这么多大使来，我们也得派大使去。慈禧问，那派谁去呢？左宗棠强力推荐郭嵩焘。郭嵩焘观察发现，英国这个议会很有意思，进去的人们都戴假发，一开会就吵，开完会吵完了把假发一扔，又一起去酒吧喝酒。他说英国人学习了我们先秦儒家的民主，真正儒家的“百花齐放，百家争鸣”。这就是中国人那时如何看待西方，讲国际发展要从这里开始，要从历史的角度来看我们和西方的关系是怎么构建的。这是我们第一部分的介绍。

三　二战后美国主导的世界新格局

大英帝国把帝国的灵魂传给了美国，我们讲西方统治的历史，从哪里开始讲呢？

2007 年对于美国是一个非常重要的年份，美国 400 周年的纪念，美国把 1607 年作为美国建国的开始。1607 年弗吉尼亚公司的苏珊·康斯坦特号、幸运号和发现号三艘船装载 120 名英格兰人来到詹姆斯敦，开始了以英格兰人为主体的移民浪潮。但是，到了年底这 120 人就只剩下了 38 人，最后在一个叫约翰·史密斯的人领导下存活了下来。他是一个囚犯，这里是弗吉尼亚公司的领地，每人可以领 2000 英亩土地，这些移民都是原来社会上罪犯之类的人。他们存活下来，开始在此修路、修房子、开荒地。他们发现了这块土地以后，为了给这个土地一个很好的名字，将其命名为拉丁语的“处女地”（美国弗吉尼亚州的来源）。他们发现这个地方是种植烟草的好地方，就在这里种植烟草。弗吉尼亚就变成了最大的烟草种植地，与英国本土进行烟草贸易。这就是英国的殖民地，是自己人到那儿去种。有一本叫《为什么国家会失败》的书也提到这个故事，这本书讲了为什么北美殖民地成功，非洲殖民地不成功，他说是制度原因。我觉得不尽然，弗吉尼亚和英国本土有什么区别？除了天气不一样外，其他都是一样的，非洲殖民地要复杂多了。

第二个事情，实际上，虽然伊丽莎白二世采用新教的路线，詹姆斯一世也继承这个路线，但詹姆斯一世采取的是温和的新教路线偏中间的路线，他还让英国圣公会具有政教统一的地位，这是清教徒们不满意的。1620 年 11 月 11 日，在诺丁汉有一帮最标准的加尔文主义者、最纯粹的清教徒，离开了诺丁汉的村庄，迁往荷兰。在荷兰呆了一段时间后，他们发现荷兰也不好，于是决定到北美去。他们在今天英国的城市普利茅斯，乘坐五月花（May Flower）号——这个 May Flower 在美国就像长城在中国一样，大家都知道的——经过在海上 66 天的漂泊之后，终于可以看到美洲的陆地了。船上幸存的 102 名乘客，其目的地原本是哈德逊河口地区，但由于海上风浪导致帆船偏离航向，他们没到弗吉尼亚，而是到了马萨诸塞州。

这批人不同于原来去弗吉尼亚的那批人，许多是精神贵族，要追求一种艰苦奋斗、自我控制的生活。他们相信捐赠，相信财富是属于上帝的，而他们只是上帝财富的守护人。船上的全体乘客，为了建立一个大家都能接受的“新社会”这个共同的理想和目标，在上岸之前，由船上的 41 名成年男性乘客在船舱里签了一份简短的公约。在这份被后人称为《五月花号公约》的文件里，签署人立誓要创立一个不同于欧洲的自治社会，这个社会最核心的理念是：基于被管理者的同意而创立，且将依法而行自治。这就是美国在建立之前一份极为重要的政治文献，美国的宪法就来源于它。美国的崛起，从詹姆斯敦开始一个国家由一代一代人选出来的有理想、尊重个人奋斗的人来主持，所有这些理想变成美国崛起最基本的精神，也成为这些人奋斗的基本动力。我们必须了解，我们就算要批判它，也必须先了解它。

我写过一篇文章《您的慈善不是公益》，讲到这些历史。当初在五月花存活下来的 100 多人，到现在世代繁衍，美国政治、社会和各个方面的一部分精英的祖先是从这条船上下来的。美国几乎人人热心公益，康奈尔捐赠建设康奈尔大学，比尔·盖茨全身心做公益，扎克伯格常穿同一款衣服，中国人觉得这些人不可思议，美国人却认为财富在家族内部传递是一种耻辱。是的，清教徒认为财富在家族成员之间的传递和遗赠是一种耻辱，应该依靠个人的奋斗，主张个人勤俭。当然美国的崛起也是血腥的，美国杀了多少印第安人，美国是一个先有社会后有国家的国家。美国的社会是自己管自己，允许个人持有武器，连警察都是自己管自己的产物。美国每条大街、每个大学都是这样建起来的。

后来经过南北战争废除了奴隶制，又通过现代工业的发展实现了美国崛起。到了二战以后，杜鲁门总统实施了杜鲁门主义。美国在二战中反对法西斯，赢得了统治世界的巨大政治资本。在二战后，美国倡导去殖民化。美国长期以来作为英国的殖民地，在长期与殖民者的斗争中，对殖民主义的反感有切身体会。

杜鲁门时代，国际社会建立了一个新的国际秩序，包括我们常说的布雷顿森林公约、联合国、世界银行，马歇尔计划的成功又帮助美国赢得了巨大的话语权。美国在二战期间大力发展通信、钢铁。二战后，美国有了巨大的经济实力，借助布雷顿森林公约确立了以美元为主体的国际金融体系，从此奠定了美国在全球的决定性主导地位。杜鲁门主义是美国对外政策的重大转折点。它与美国当时推行的马歇尔计划共同构成美国对外政策的基础，标志着美苏在二战中结成的同盟关系的结束及冷战的开始。在此后长达30年的时间里，杜鲁门主义一直作为美国对外政策的基本原则，起着支配性作用。马歇尔计划实施期间，西欧国家的国民生产总值增长25%。马歇尔计划是战后美国对外经济技术援助最成功的计划。

美国霸权的建立是从第一次世界大战结束后开始的。第一次世界大战结束时，德国马克贬值到什么程度呢？一个美元可以在德国买一个农场。美国崛起的主要原因是新兴的工业化。在第一次工业革命的基础上，通信、电话、汽车制造的发展，工会的出现与转型（从资本主义初期与资本家的对抗转为谈判）。资本主义工业化规模不断扩大，与资本有机构成的提高，资本家掌握技术，愿意出钱培训工人，大量的工人阶级中产阶级化，整个工业管理制度的建立……一直到第二次世界大战，美国彻底崛起。

四　为什么中国今天的发展影响世界

2016年中国GDP为744127亿元人民币，按照购买力平价计算为17.6万亿美元（如果不按购买力平价，按汇率计算是11多万亿美元），美国为17.4万亿美元，中国占世界16.48%，美国占16.28%；1978年中国GDP是2683亿美元，在全世界排第15名。2016年，我国货物贸易进出口总值24.33万亿元人民币，其中，出口13.84万亿元，进口10.49

万亿元，贸易顺差 3.35 万亿元，占全球的 14%；而 1978 年进出口总值为 206 亿美元。

目前中国整个农业产业在 GDP 中所占比例还不到 9%，农业对经济的贡献已经不是最重要的了。当然这不是说农业不重要了。我们的服务业由过去的 20%多增加到现在的 50%多，2017 年达到 56%，占比不断增加。我们的外汇储备，从 1978 年开始，1995 年才积累到 736 亿美元，前些年有 3 万多亿美元，现在有所下降，到了 2 万多亿外汇储备。2012 年，我们的外汇需求有 8000 多亿美元。我们是世界上外汇储备最大的国家。所以中国发展到今天，要回答一个问题：中国如何影响世界?

中国已经变成了对世界有重大影响力的国家。现在看看中国的高速公路，中国人住的房子，我们从 1840 年被动地卷入全球化到今天开始尝试性主动“把握”世界。我在一篇文章《中国能为当代世界提供什么?》中探讨了这些问题。

中国能为世界提供一些与西方完全不同的东西：中国文化中的和为贵、礼尚往来等所有文化内涵；中国提供不附加条件的资本、技术；中国提供中国的政治智慧，比如不干涉内政、中国的国家文化等。中国人带着自己的符号、历史、文化、技术开始走向世界。中国的发展必然产生话语主导权的变更。但是我们的不同点在于，我们已经知道了帝国主义会带来什么，我们知道了侵略，知道了火烧圆明园的那种痛苦，也知道了改革开放后我们是怎么对待外宾的，我们接受外国援助“拿人家手短”的心理。我们与大英帝国、美国的成长历史完全不一样。我觉得我们应该有信心可以发展一种与之前完全不一样的文化。我们在座的同学们能做什么？我们在中国向世界提供这样一种经验、这样一种资本、这样一种技术、这样一种政治的过程里，有义务再发育一个新的全球伦理，这既是中国未来知识界所面临的非常沉重的学术责任，也是我和我的同事在过去和未来很长一段时间内致力的事业，不能说是一个多么伟大的事业，但我认为非常有意义。中国将变成一个有着全球视野的国家。这就是中国，这就是全球视野下中国的发展，也是中国能给世界带来的利好的信息。

五　从现实出发：从被动卷入现代化到主动把握机遇

我要与大家分享的另一个内容就是中国从一个被动卷入全球化的角色开始转变为主动把握机遇的角色，做生意就是一个现代化的扩张，资本主义就是通过这种方式扩展到世界各地，如工业化、城市化、资本转移、劳动力转移、按时上下班。传统社会可不是这样，传统社会就是看天劳作，没有上下班。所有的劳动分工、工业化都是随着资本主义和现代性的扩张而出现的，这就是被动卷入。我和徐秀丽老师带着很多人去非洲，这不是被动卷入，而是主动进入非洲。习近平主席讲人类命运共同体，这是全人类共同价值，不是你讲你的普世价值，我说我的人类命运共同体价值。大家的东西是大家的，这是人类命运共同体。人类命运共同体的概念和西方普世价值的概念不一样。从 1949 年开始算，我们的工业化有 70 多年的发展历史，与美国 300 多年工业化的发展时间比还是太短了，我们还没有积累巨大的物质资源。

但是，中国现在确确实实逐渐走向世界中心，在这个过程中发生了很多事情，其中重要的一件事情是中国的“走出去”。中国的企业“走出去”，中国的民间组织“走出去”，中国的教授“走出去”，中国的援助“走出去”，中国的文化

"走出去"，中国好多东西都"走出去"。这种"走出去"不是被动卷入或者被拉出去的，不是说劳工忍受不了中国艰苦的生活被逼走的，今天的"走出去"是主动的。中国的企业"走出去"做生意，我们的援助"走出去"传播中国的经验。我把这些放到朋友圈里去，很多人会惊讶。早期毕业的一些学生问：李老师怎么还会种玉米？我不但会种玉米，而且会在国外种玉米。我们和非洲的关系从兄弟变成了伙伴，后来又成了合伙人。

六　中国和世界关系的变化

中国和非洲的关系、中国和世界的关系、中国和西方的关系发生了变化。我们是美国最大的债权国，我们在高科技方面学习美国，美国在工业品方面依赖中国，这种复杂的关系不是过去简单的"中心—边缘"的关系。中国和西方的这种关系叫相互依赖的关系，这种相互依赖性建立在不平等的基础上——中国还是发展中国家，西方已经是发达国家了，这些都是非常复杂的。过去我们和非洲的关系，就是提供援助。现在我们与非洲开展大量的投资和贸易合作。

中国和世界的关系发生了变化。20 世纪 80 年代，中国的作用还没有凸显，现在中国举足轻重，中国经济一旦出问题，每个国家都要遭殃。以前认为中国是个 big country，very interesting，所以大家就想来看看什么样，当时中国经济只占世界经济的百分之几，但是现在中国不一样了。我们要进口芯片、进口大豆、进口玉米。90%的大豆靠进口，大豆很重要，没有大豆就没有豆饼，没有豆饼就没有猪肉。我们还要出口，对外出口袜子、鞋、衬衫等。现在中国出口发生了变化。现在最重要而且非常有意思的变化是援助变化。我们以前叫对外援助，现在成立了一个部门，叫国家国际发展合作署。

七　国际发展是什么以及如何实现

发展和国际有什么关系呢？国际发展从一开始就承载着一个使命，从网上可以搜到我原来写的一篇文章，叫《贫困的元问题》来回顾这种使命。

刚刚听到国际发展这个概念，大家会很迷茫。讲到国际，大家会想到国际关系、外交等很多这方面的概念。讲到发展就比较迷茫，在中文里本来没有“发展”这个词，它是后来才出现的。在我们的理解里，“发展”这个词比较洋气，感觉也很时尚，语言的理解非常有意思，我们想象的发展是非常时尚的，但其实发展很“土”。为什么说它“土”呢？因为它所涉及的主题和我们的想象一点关系都没有。我估计很多同学的父母不会让你们学发展，说“发展就是到村里去跟猪和鸡打交道”，尤其从农村来的孩子，从小天天看猪和鸡，上了大学又要回去继续干这个，肯定不愿意。大部分从农村来的孩子可能都会有这个想法。这不能怪你们，你们没有什么错。其实发展，就是减贫。学习发展的人，不是到华尔街去，不是到上海去，而是到村里艰苦的地方去。

发展是什么？发展是我们希望用我们的努力，让那些原本达不到我们生活水平的人和我们一样地生活。发展研究是什么？研究用什么样的方式，让原本非常贫困的人能够过上和我们一样的生活，这叫发展研究。我在这门课的最后用最通俗的语言告诉你们这些概念。那么，你再去做这样一件事，像我到村里做这样一件事，这就叫发展实践。2014 年我去云南河边村，在我看来没有一户人家的房子是能住人的。到那个村庄，开车要走十公里的山路，颠簸很久才能上去。厕所、厨房、床，什么都没有，睡觉就睡那种有宽缝的木板，冬天四面漏风，半夜起来最糟糕的就是去卫生间。我在那做了三年实践建设这个村庄，带来改变，这叫发展实践。

国际发展指的是我们研究怎么让那些特别贫困的国家达到和我们一样或者近乎一样的水平。你们在座的同学可能都不知道什么是贫困。你们出生的时候中国是什么时代？你们不知道中国的过去是什么样。那么中国发展到了今天，我们去帮助其他落后国家，这叫国际发展。

时代变了，世界也变了，我们也变得更加开放和多元了。还有一个突出的问题就是知识过剩，种玉米的知识和技能过剩了，不再有用处了，就像现在的钢材过剩没有用处了。所有这些过剩的东西都要“走出去”，这是不以人的意志为转移的。“走出去”需要大量的人才。在中国人“走出去”的过程中，世界发生了巨大变化，从大英帝国崛起一直到中国崛起。我们首先在概念上要寻求一个新的全球伦理——我们不能重走西方的道路，不能通过殖民，不能通过宗教传播，它一定要有一个超越现在的框架，我们要有新的全球伦理。

与此同时，还要有好的技能，要有一支专业队伍，所以2011年我们在中国农业大学设立国际发展专业，这是中国第一个正式的国际发展专业，每年都有一批学生到非洲实习。这是我们中国农业大学人文与发展学院国际发展专业、国际发展的研究、国际发展的实践和国际发展的教育这样一个体系在做的事情。我们希望能够培养一批从思想认识到技能上都符合的人才队伍，对于这支人才队伍有特殊要求。因为你要到其他国家去，所以你要讲他们的语言，讲英语或法语，这就是我们现在的发展教育。

我总结一下，西方的工业化从17世纪开始，到18~19世纪达到高潮，经过 300 多年。我们中国开始逐渐走入世界中心，这个车轮拉着我们一代又一代人到了“国际”这个场域里，不管你愿不愿意，你肯定要被拉进来。我们要建构一个与世界的关系，一定要通过行动建构这种关系，有的是通过物质交换发生的，还有的是通过相互支持发生的，有的是通过交流发生的，我们是在互相帮助的场域里建构关系，这个工作叫作中国的发展研究。发展就是能够帮助与你生活水平差距很大的人达到和你一样或者差距不是很大的状态的过程。研究这个过程就是发展研究，实践这个过程就是发展实践。

随着中国不断走向世界的中心，发展研究的含义也会从中国变到世界范围。我从中国河边村的扶贫到非洲的扶贫，这种经历折射出中国发展的变化。我自己是从接受援助、接受支持的身份，转变到今天去给别人提供援助的身份。我们这个研究群体身上深深地刻上了从过去被援助、接受援助的状态到现在援助别人的个人生活史的呈现，这体现了中国在世界上角色的转变。这就是我用故事叙述性的方式讲述了什么是国际发展，什么是发展援助。

（志愿记录者：张璐）

第二讲 观念一变天地宽：从世界发现中国

讲课人：施展

讲课时间：2018 年 4 月

施展，北京大学历史学博士，政治学青年学者，外交学院外交学与外事管理系教授，外交学院世界政治研究中心主任，《经略译丛》主编，主要研究方向为西方政治思想史、西方文明史及国际战略。发表学术著作《迈斯特政治哲学研究——鲜血、大地与主权》，著有《枢纽》，在得到 App 上有同步讲解的“大师课”专栏《中国史纲五十讲》，参与翻译《西方文明简史》。

我主要从以下三个问题展开讲解中国和世界的关系。

第一，为什么中国经济能够如此迅速地增长？这也被称为中国奇迹，也有很多人称之为中国模式。所谓的中国奇迹或者说中国模式究竟可复制吗？如果可以，那么当然可以作为一种模式推广；但是如果不可复制，那么就只能作为一种中国办法或者说是中国故事。那么这个中国故事到底是怎样展开的？它的内在逻辑、内在机理到底是什么？只有把这些搞清楚，才能看其是否可推广；如果不可推广，那么又该如何看待因为中国实现经济崛起而改善了与世界的关系问题。

第二，中国现如今已经实现了高速增长，但是中国和世界似乎都不太适应一个成长如此迅速、规模如此庞大的国家。这样的大国崛起在历史上有过若干次，有些国家失败了，有些国家成功了，这些国家都有什么成功或者失败的经验？同时，世界和中国都没有准备好迎接这样一个大国的崛起，所以下一步我们就再来看看历史上的那些大国都是怎样做的？这对于中国的崛起有一些新的历史性启示。

有前面两个问题作为基础，我们再来看究竟该如何理解中国，如何理解世界？

一 “中国模式”可以复制吗

（一）中国的经济增长可持续吗

中国的奇迹可以复制吗？中国经济的崛起是否真的构成了一个中国模式？现在的中国与十几年前的中国是不可同日而语的。对于这种奇迹般的增长，我们过去给出的解释是因为中国的劳动力价格便宜、中国的土地便宜等因素，这些在经济学上被称为要素价格，即因为要素价格低，带来了中国经济的增长。

因此，现在有人说，随着中国的劳动力、土地等要素价格上涨，中国的经济增长将不可持续，中国的制造业就有可能向外转移，中国的位置将由其他国家取代。这是现在很多人会产生的担忧，而这种担忧正是因为他们认为中国的经济增长与要素价格低相关。然而事实真的是这样吗？如果真的是这样，那么有一个问题一定要解释：21 世纪中国的要素价格远高于 20 世纪 80 年代，但是进入 21 世纪以来，中国经济增长的速度并没有降低。单从制造业角度来看，进入 21 世纪，中国制造业增长速度高于 20 世纪 80 年代，这个现象单纯从要素价格高低来看就无法解释，因为它刚好带来了完全相反的结果，即中国的要素价格越来越高，经济增长反而越来越快。与此同时，还有许多人认为中国经济不仅即将崩溃，但是现在中国的经济不仅没有崩溃，反而向前继续突进，向前猛跑。这究竟又该如何解释？

因此，我们必须寻找一种新的解释框架。如果这种框架解释得通，还有可能帮助我们进一步理解中国和世界的关系。所以我尝试建立一个新的解释框架，这个框架是跟全球经济结构转型与转移相关的，而我们对于国际经济结构转型和转移的理解又是与经济和发展相关的。

（二）中国经济增长的背景：创新经济需要大规模承包商

首先我们来说中国经济结构的转型。中国的经济成长是在一个大经济背景中进行的，这就是进入 21 世纪后西方迅猛发展的创新经济。这种创新经济在历史上曾出现过多次，比如，第一次工业革命中蒸汽机的出现；第二次工业革命带来了内燃机，随后又产生了一些新的东西；第三次工业革命诞生了原子能、晶体管；等等。我们可以发现，这几次创新经济的动力来源是硬技术。而硬技术由于存在科技壁垒，从而可以获得超额利润。

但最新一轮创新经济不一样了。以苹果手机为例，苹果手机中有属于自己的硬技术吗？基本没有，许多技术都是别人的。苹果的长处在于能够把全新的技术进行全新整合，做出别人意想不到的产品，这样就有可能重新定义一个行业。苹果的创新并非技术创新，而是观念创新，这种观念创新十分容易模仿，并且其中需要的技术并非由苹果所垄断。所以在苹果之前几乎没有厂家生产智能手机，但是在苹果出现之后，几乎所有的厂家都去生产智能手机、平板电脑等。

因此，对于这一轮的创新经济来说，如果没有硬技术壁垒，也就无法保证超额利润。对于苹果来说，其能够保证自己垄断性利润壁垒的原因是创新速度快。所以如今的竞争壁垒不再是空间壁垒，而转化成为速度壁垒。这种转变对于创新公司来说，会促使其将生产外包。如果我把生产线都放自己手上，一旦我有一个全新的创意，那就需要将我的生产线按照新创意的要求设计；而一旦创意改变了，生产线就要随之调整，从而大大推高了创新成本。所以创新公司需要将生产外包。这是这一轮创新经济与以往较大的区别。

生产流程的外包需要承包方来完成，承包方要同时满足两个相互矛盾的条件：首先是效率，其次是弹性。如果没有效率，就无法接到订单，而有效率就要专业化，这样才能保证效率。苹果公司将生产外包，实际上是将风险外包。对于专业化的承包商来说，承包生产也意味着承担了生产要随着上游创意改变的风险。为了规避风险，就需要有弹性。但是问题在于，弹性化会牺牲专业化的效率，没效率就无法接到订单。所以这两个要求无法在同一个企业内满足。

然而，中国恰好满足了这两个条件，成为大规模外包的重要承包商。中国是将这两个要求放在不同层次上来满足的。东南沿海地区的一个小民营企业就可以做到极致的专业化。我曾在浙江附近考察，看到中小民营企业生产拉杆天线的，一个厂家只生产其中一节，只需要开一个模具，最后再由一个企业将每一节拉杆组装成拉杆天线。这就是极致的专业化和效率实现。一旦将生产拆分到如此细致的程度，生产出来的产品的通配性反而特别好，可以和各种各样的厂家做各种配套。这就促使各个专业化的企业构成一个完整的供应链网络，网络内部每一家企业可以不断地动态重组。中小企业就像生产特定形状的乐高积木，他们组合配套的可能性无穷无尽。

于是，将效率放在单个的企业来实现，将弹性放在整体的网络上来实现。弹性和效率这两个彼此矛盾的条件在中国得以实现，这就是中国能够接受大规模外包的原因。所以能够承接大规模外包的前提就是具有一个庞大的供应链网络，从而同时满足弹性和效率。

（三）土地财政：中国何以成为西方创新经济的承包商

随之而来的问题就是，这种庞大的供应链是怎么来的？在大规模外包出现之后，就迅速产生了对这种供应链网络的需求。而供应链网络成长的前提就是要有大量分工极细的中小型企业同时成长起来。这就需要规模庞大、设施齐全的开发区，这样才可以将成本控制。并且这个开发区没有企业进入，是近乎空白的开发区。但是这种空白的开发区按照正常的经济逻辑是不可能出现的，因为空白的开发区相当于广义的城市化，要求城市化先于工业化而出现；但是从历史上看，城市化不可能先于工业化而出现，城市化需要工业化的带动，由工业化提供高标准的城市服务，而高标准的城市服务需要大规模的财政，这些公共财政只能由工业化支撑。

与其他国家不同，中国走了一个反向的路线，城市化先于工业化而出现，而根本原因在于中国的土地财政。1994 年，中国有一个重要的财政体制改革叫作分税制改革。在这之前的财政体制是包干制，也就是每年地方政府承诺向中央政府上交一定的税收，剩下的收归己用。这个办法在 20 世纪 80 年代时非常有效地促进了地方政府的积极性。因为包干制下的财政收入大部分由地方政府保管，地方就有积极性去尝试各种各样的方案推进改革，带来创新活力。但是在包干制设计时没有考虑到中国会发展得如此之快，以至于发展不到十年，财政收入的很大一部分集中在地方政府手中，中央政府的财政收入曾一度仅占全国财政收入的 20%，以至于中央对地方影响力减弱，而其他不发达地区难以获得中央足够的财力支持当地发展，形成“强枝弱干”的局面。所以在 1994 年，中国财政体制推行了分税制改革，其效果立竿见影，1995 年中央政府的财政收入占比就从原来的 20% 增加到 60%，从而将政府的财权收归中央，事权留给地方。但经济发展作为重要考核指标需要各种投资来实现，然而投资的自主决策权因分税制被分走了，所以地方政府需要找到其他财政来源。

1995 年，国家开发银行成立，地方政府开启了土地财政。其中一种土地财政就是在分税制改革时，房地产经营税归地方，因此地方政府通常大力支持房地产行业的发展。

所谓土地财政就是当地方政府缺钱时，通过售卖土地或者以土地为抵押，从国家开发银行获得融资，通过贷款建设开发区等。通过土地财政，地方政府获得了大量的财政收入，许多地方政府一半以上的财政收入都来源于土地财政，所以地方政府有很大的动力来建设开发区。地方政府有很大的信心认为，只要把开发区开发起来，就会吸引足够多的工业企业入驻。如果只有一个这样的开发区，的确可以吸引大量的工业企业入驻，但若有上百家、上千家这样的空白开发区，情况就未必了。能够吸引的工业企业数量是一定的，僧多粥少。没有工业企业的入驻，但政府还要偿还银行的贷款，如果没有足够多的税收来源就无法偿还贷款，只能借新账还旧账。如此循环，等到大规模的偿债周期到来。当时预计大概到 2004 年，就会发生极为可怕的债务危机，即中国的债务全部变成坏账，金融系统崩溃，进而中国的经济就会全面崩溃，历史上几次较大规模的经济危机起源均是金融系统。

但现实是，就在土地财政初见成效、负面效应未露之前，西方的大规模外包需求带来了宝贵的历史机遇。国内的经济迅速被拉动起来，巨量的企业构成了一个供应链网络。刚刚我们提到，一个完整的供应链网络需要空白开发区，许多县都在搞开发区建设，所以就会有大量的空白开发区，所以供应链网络就有条件快速成长起来。

从其中可以看到两点。第一，中国经济增长乘借大势。中国的经济增长是非线性的，过去的经济增长是一个企业拉动另一个企业的线性增长，但是大规模外包需求拉动的是一个供应链网络，这个供应链网络要求巨量的企业近乎同时成长，而非线性增长。这种非线性的经济增长速度是前所未有的。所以就可以看到中国经济在东南亚经济危机之后以迅猛的速度增长。中国经济的腾飞是需要刚才所讲的多种条件的偶合的，并且这种偶合是不可重复和复制的。中国的经济体制难以构成模式的原因之一就是其基于多种偶合，难以复制；原因之二就是这种供应链一旦成长起来，里面就有一个重要变量——规模：网络的规模越大，容纳的企业越多，企业的分工就可以越细，这样能够产生多样的配套，供应链的弹性就越好。因为只有庞大规模的供应链，才能构筑庞大的工程师蓄水池。如果一个企业破产了，工程师失业，没有下一家企业接受，那工程师这个专业会越来越没人愿意学习而逐渐消失；但是如果能够迅速找到下家，供应链网络能够正常运转，这样的一个庞大规模的供应链只能是在中国。所以从这个意义上讲，中国的经济增长也不可复制。有人说印度也可以建立如此规模，但是供应链网络的建立要以空白开发区为基础，而这是印度无法满足的。所以综合来看，中国奇迹不能够被复制，不能够被复制就意味着这根本不能构成一个模式，这只能说是一种中国过程、中国道路。

第二，在这种经济背景下，中等收入陷阱有可能被取消。很多人担心进入中等收入水平的中国是否会进入中等收入陷阱。但是从我个人的角度来看，中等收入陷阱有可能已经被取消了。中等收入陷阱这个说法是对20世纪四五十年代很多拉美国家进行经济观察作出的经验总结——国家想要通过进口替代的模式进行贸易、发展工业从而成为一个经济发达的国家，通过这条路发展到中等收入水平时，就会发现经济止步不前了，社会开始动荡。中等收入陷阱出现的前提是国家的经济结构差不多，并且每个国家希望建立完整的经济体系而当两个国家经济结构相差不大，又同时想要建立完整的经济体系时就会考虑成本结构。亚当·斯密给出了经典的成本结构，分为劳动、土地、资本三部分，起初两个国家的成本结构可能都是劳动占20%、土地占40%、资本占40%，两个国家同步发展，但其中一个国家发展较快，可能劳动成本上涨到40%，劳动成本的上涨通常会带动土地成本上涨，大致比例上升到70%，假设资本成本不变，则该国家的成本是150%，而隔壁国家发展慢，成本还未上升仍为100%，所以本国的制造业会转移走，本国的经济继续发展就会困难，走入中等收入陷阱。制造业转移走，就会造成大量城里的乡下就业人员失业，大量的、年轻的、失业的乡下人员又会造成社会动荡。

全球化过程中，西方高端产业配套的第二产业全数转移到中国，这样产业的划分不是以国家而是以全球为单位。在这种情况下，不同国家的产业结构完全不同，所以中等收入陷阱产生的前提已经由于中国的崛起而不存在了。所以除非未来出现一个完全想象不到的事件，否则在可预见的未来，中等收入陷阱不会发生。但是是否说中国就没有陷阱？并不是，中国存在的陷阱可以称为“广义制度陷阱”。全球的制造业集中，就会造成严重的资源危机和环境危机。严重的危机是不可持续的，只顾发展不顾民生也会导致社会动荡，这些危机会进一步引发一系列的社会问题。所有这些不确定性都有可能使中国的发展进入某种危机中，这种不确定性就是我所说的“广义制度陷阱”。这种不确定性在历史上其他国家的崛起过程中也出现过，并非中国特有，所以我们应该了解他国是如何应对这些危机的，并且反思中国应该如何去做。

二 观念一变天地宽：大国成长的历史经验

接下来我们谈谈大国成长的历史经验，借鉴这些经验再来反观中国。今天所说的大国成长，是从地理大发现之后这个意义上讲的。因为在地理大发现之前，大国的成长基本上还是古典帝国的模式，其成长逻辑的基本特征在于经济并非作为一个领导力量起作用，古典时代所有的其他秩序不是围绕经济秩序，而是围绕宗教秩序和政治秩序来调整的。但是，在地理大发现之后，经济秩序开始成为其中的核心变量，其他秩序都围绕经济秩序来调整自身。

（一）地理大发现之前：政治和宗教秩序是核心秩序

波兰尼写的《大转型》中，有一个很重要的概念叫作“脱嵌”（dis-embedding），就是讲为什么近代以前，政治和宗教秩序是核心秩序，而在近代以后，经济秩序反倒成为核心秩序。用一个简单的方式说明就是：如果一个国家用政治秩序或者宗教秩序作为核心秩序的话，国家的战略目标需要落实为一些具体的政策，再落实为一套战略方案。但是任何一套政策方案如果没有财政支撑的话，肯定是无法施行的，而财政方案取决于国家的财政能力，总体上来说，主要来源于国家的税收。

为什么在地理大发现之前，政治和宗教能成为主导的秩序呢？因为那时候每个国家基本上都是自给自足的经济，就意味着政治对其经济发展逻辑有着相应的控制力，或者是宗教对它也有着相当的影响力，经济基本上都是以本土来运转的。而地理大发现之后，通过远洋贸易，全球的市场连在了一起，国家经济不只由本国说了算，而是受到全球经济波动影响。这种全球经济波动会带来什么效应呢？国家的战略目标需要落实为具体的政策以及更为具体的财政方案，而各种方案的实施主要来源于税收，税收又来源于经济。如果经济不是以本国为单位运转，而是以全球市场为单位来运转的话，就意味着不可能依靠政治和宗教来控制本国经济，因为它受制于远超自身操控之上的外部经济波动。在这种情况下，单一的国家想要完全控制本国经济是根本做不到的。

（二）地理大发现之后：经济成为核心秩序

重返全球经济的波动逻辑，将直接决定政治秩序的波动。从这个意义上，地理大发现之后，尤其是工业革命大规模展开之后，全球秩序就是一种经贸秩序。它逐渐成为基础秩序，所有的其他秩序都以经贸秩序为基础变量，围绕它来调试自身。而政治秩序在地理大发现之后，要受制于全球市场的不同逻辑。现在，在你完全不知道全球经贸逻辑的情况下，你也会受到它的巨大影响。

一个很有意思的例子就是明朝。明朝中后期，中国的江南地区出现了资本主义萌芽。这种资本主义萌芽主要发生在江南的某些地方，如长三角的苏锡常。为什么这个时候会出现所谓的资本主义萌芽呢？当时是 16 世纪 70～80 年代，在 1550 年，西班牙在美洲发现了巨大的银矿，那个银矿在几十年间开发出的白银总和，超过了过往人类开发出的所有白银数量的总和。当地非常富裕的波托西小镇完全就是因为这个巨大的银矿而建起的。这些白银被西班牙发掘出来之后，就进入全球贸易流通的过程中，其中相当部分通过丝绸贸易、茶叶贸易、瓷器贸易等流到中国；而丝绸、茶叶、瓷器等都在江南地区产出。当然，西班牙在菲律宾那边有一个跳板，最后才流入江南。江南大量的白银直接刺激了经济的发展和繁荣，也就有了后来所谓的资本主义经济萌芽。

如果大家看过相关历史，可能知道明朝末年，李自成起义之后，成为明朝最大的一个困境，皇上最头疼的就是军饷，因为他没地方去筹备军饷。但银子不是从西方大规模涌入吗，皇上怎么会没地方筹银子呢？因为，欧洲正经历 1618～1648 年的一场重要战争，叫“三十年战争”。战争中的主角就是哈布斯堡帝国，即哈布斯堡王朝，而西班牙的王室就是哈布斯堡家族的人，也是这三十年战争的一个重要参与方。一旦在欧洲打大规模的战争，这些银子就没办法购买茶叶、瓷器、丝绸等奢侈品了，大部分银子会流回欧洲，用作购置各种军事装备的军饷。白银流向欧洲，通过战争直接刺激了欧洲经济的发展。而这导致流入明朝这边的白银急剧衰减，江南的经济很快陷入萧条，朝廷的税收出现困境。这时又正好赶上内部的起义军、外部的大清两面夹攻，皇上又不得不向当时最富裕的江南额外征税以作军饷，于是江南的白银被进一步抽干，经济进一步陷入萧条。银子运到边关后，发给将士们作为军饷，而边关上的物资主要来自边关自身的出产，问题是这会儿边关的物资已经匮乏了，这就造成了边关的银子供给过剩，出现严重的通货膨胀。通货膨胀的时候，最惨的就是那些拿固定收入的人，他们的财富直接缩水。谁是拿固定收入的人呢？那些当兵的人。于是在当时的中国，江南出现了严重的通货紧缩，边关又出现了严重的通货膨胀。当兵的人利益受损，没有卖命的积极性。几件事儿叠加在一块，大明就彻底扛不住了。而大明到死可能都不明白它的灭亡跟万里之外的一场欧洲战争有关系。

通过这个我想要说明，伴随着人类的市场联系在一起之后，任何一个地方的政体逻辑和政治秩序的逻辑会受制于全球市场的波动，而全球市场超脱于任何一个单个国家的领导之外。政治秩序如果不能顺应经济秩序作出相应调整的话，政治秩序和经济秩序还能否存在都很存疑。然而要调整这些秩序的话，紧跟的一个新问题是：需要一个重要的观念转型，如果能够实现观念转型，也就能够有所匹配地做一系列的调整。

（三）秩序调整的观念转型：以英国的“在海洋上看陆地”为例

这个观念转型是什么意思呢？简单地举一个例子来说，大海是天堑还是通途？没有固定答案，你认为它是天堑，它就是天堑，接下来你所有国家战略目标、政策设定、资源投放都不会朝向大海这个不可逾越的天堑方向投入；如果你认为大海是通途，那么所有国家资源的投放、战略目标的设定、政策的执行都会往另一个方向进行。是天堑还是通途？大海本身的物理属性没有改变，只取决于你从什么角度来看待大海。

以英国为例，如果视大海为天堑，那么世界上最倒霉的国家就是英国，因为大陆才是世界中心；但如果视大海为通途，那么英国转身就成为世界上最优越的国家，也没有任何陆地上的威胁，它可以把所有的精力都投入到海外。所以，这取决于观念而不是大海的物理属性。

当时西班牙和葡萄牙已经成为世界上最重要的航海大国，但地理大发现之后，它们的观念没有转型，仍然是站在陆地上看海洋。那会有什么问题呢？从陆地上看海洋，就会认为财富来源的基础是土地，所以倡导海外冒险，最大的战略目标是争取更多的土地！掠夺的土地足够多，财富和力量就足够大。在早期的海外冒险史中，西班牙和葡萄牙侵占了大半个美洲，那时候的墨西哥比今天大得多，比今天的两个墨西哥还大。

但是英国的整个思路就不一样了。近代以前，它也是站在陆地上看海洋。只要站在陆地上看海洋，那么英国的岛国身份就会非常不利。当时英国的战略目标是要在欧洲大陆抢到自己的地盘，为此他们投放了大量的精力在欧洲大陆，尤其是与法国的战争，因此就不可能再有精力去海外冒险。

但是到了近代早期，英国经历了一个重要的观念转型。它不再站在陆地上看海洋了，转变成站在海洋上看陆地，这会带来什么样的效应呢？英国不再认为财富和地位的基础是土地，而是海洋。这是什么概念呢？——远洋贸易。那么只要能够控制海洋，就能控制远洋贸易，会有源源不断的财富收入囊中。所以我们就看到，西班牙和葡萄牙的海外殖民最重要的方向是在海外大量地抢土地，而英国，除了印度这个特例外，它在海外基本上就不抢殖民地了。有人可能会问，北美的殖民地不是抢了吗？那不是英国的国家行为，是英国的民间行为，而英国的国家行为在海外基本上只占据特定的几个据点，这几个据点一定与大规模贸易相关，比如香港跟中国进行贸易；或者跟控制海洋航线的咽喉要道相关，比如好望角是从大西洋到印度洋的咽喉，新加坡是从印度洋到太平洋的咽喉，而直布罗陀是从大西洋到地中海的咽喉。英国直到 1885 年之前，除了印度之外，在海外基本上不抢占殖民地。他们只需重点控制住这些据点，所有贸易的利润就都能收入囊中。

当时大英帝国有一个说法是：大英帝国可分成两部分，一部分是正式帝国，另一部分是非正式帝国。但 1885 年之后，别的国家都开始抢殖民地了，那英国也来跟一波风。英国的正式帝国很小，就那么有限的一点据点，但他的非正式帝国很大，所有的非正式统治实际上控制着所有的海外贸易，比如亚洲国家、拉丁美洲国家都在它的非正式控制之内。对大英帝国来说，非正式地统治当地，不需要付出一分钱的成本，但当地的贸易利益全部收入囊中，这对英国来说是一个最优的策略。

而西班牙和葡萄牙仍然是站在陆地上看海洋，在海外大规模地抢占土地。对英国来说，抢占大量土地，但获得的财富不运回本国，就没有任何意义。要运回本国的话要从哪走？要从海上走，而海洋归我，所以你积累的财富再多也只不过是替我攒的。因为我已转变了海洋和陆地的观念，所以整个国家的资源投放、战略设定等一切全都变了。在英国对世界的理解方式基础上，视角一变，整个天地都变了。这就是我刚刚所说的那个“心有多大，世界就有多大”的鸡汤的意思。

（四）观念转型在经济学中的体现：自由贸易与公共产品

这种观念转型在英国还有一个更集中的体现就是亚当·斯密。当时亚当·斯密在1776年出版的《国富论》中，谈到了市场这个“看不见的手”是经济配置最有效手段，经济要用市场这个“看不见的手”来引导，政府要尽可能地减少干预。而且不仅国内如此，国际上也是如此，全球经济通过市场来配置，人类发展的效率将会更高，福利将会提升。国际上的市场配置是什么概念呢？——自由贸易，不进行人为贸易干预。但是英国政府一直是保护贸易政策，直到1845年才开始转向，这已经是过了三代人之后的事情了。1845年，英国政府转向了自由贸易，之前的贸易保护政策有时候会有调整，但始终没有转为自由贸易；而到了1845年转向之后，英国又走向另外一个极端，开始单方向的自由贸易。

单方向自由贸易什么意思呢？比如我是英国，你是德国，我向你出口东西，你收税与否无关紧要；但你向我出口，我对你全都免税。初一看觉得这很难理解，一个国家怎么可能如此高尚呢？但实际上英国的国家利益都在这里面：当时的英国是世界上唯一的工业化国家，出口的都是工业制成品。唯一的工业化国家意味着，这种工业制成品只此一家，别无分店，所以我根本不在乎你收不收税，因为没有替代品；而如果税率过高，你的人民会帮助我抵制你，因为人民会通过走私的方式，让高税收彻底作废。

然而反过来，英国作为唯一的工业国，进口的是粮食和原材料。那个年代和现在不一样，当时处在劳动力过剩供给的状态下，粮食的价格就决定了劳动力的价格。进口的这些原材料又决定了生产产品的原材料的成本，所以对进口的粮食和原材料都免税，意味着工厂能够拿到全世界范围最便宜的劳动力和最便宜的原材料，那么综合成本控制能力也就是世界上最强的，别的国家永远没有可比性。这样将别国发展工业经济的机会永远锁在一个原材料的来源地和工业品销售市场的地位上，除非出现一种英国完全匹配不了的技术革命。而这对英国来说是多大的国家利益啊！利益获取的前提是什么呢？是英国直接给出一个世界的基础秩序，向全球提供一个公共品，然后从里面反向获取国家利益。而如果试图正向直接去攫取国家利益的话，反倒很难。

另外一个很有意思的例子是特斯拉。本来特斯拉的电动车技术是难以攻克的技术壁垒，是不会轻易外漏的。但是马斯克创办特斯拉公司没多久，就把这个电动汽车的技术全都公开了，这就相当于为所有的人提供了一个公共产品。你会觉得很奇怪，这家伙怎么这么理想主义、这么高尚呢？其实很简单，如果只有一家做电动汽车的话，意味着像充电桩等这些东西都得我来布设。这个过程肯定会很慢，而人们对电动汽车的需求肯定也打不开。而把技术公开后，大家都可以模仿，都开始做电动汽车，那也就都有动力去铺设充电桩了，对电动汽车的需求也就能迅速打开。一旦需求打开，人们就会认为世界上最好的电动汽车是特斯拉，最大的利益反倒归入特斯拉公司。主角一定是我。所以把这个公共品向全世界免费提供，反倒能够获得最大的利益。

（五）大国争霸：海洋和陆地的争霸

我们来看一下人类历史上的发展线索，即大国争霸的线索，也被称为海洋和陆地的争霸过程。刚才我说到英国在全球提供公共品，它提供的是一种普遍主义的秩序，在这种秩序之下，英国逆向获取国家利益得以成功。从历史上来看，海洋国家基本上都是英国的这个路数，即提供一个公共品，然后尝试来进行收租，逆向地获取国家利益。如果一个国家正向地攫取国家利益，是否有成功的呢？当然是一个都没有。

再以德国为例，德国在 19 世纪后期统一之后迅速成长为世界上数一数二的大国，然后民族主义情绪就开始生长起来，连着打了两次世界大战。在民族主义情绪之下打起的这两场战争，德国全都输了，二战输得很彻底。二战后，德国处于一个非常危险的境地。阿登纳是西德的总理，他意识到德国必须完成两个相互矛盾的任务。第一个任务是必须完成经济重建，否则德国面对战后的惨败情况，很有可能爆发共产主义革命。如果爆发共产主义革命，整个德国将会全部被纳入苏联的势力范围，这对西方势力来说是巨大的威胁，所以德国必须尽快完成经济重建。可是完成经济重建，又会引起周围国家的恐慌。所以第二个任务是德国必须要获得世界的信任，重建之路才能走下去。但获取信任的前提是什么呢？就是德国的经济不能重建，只有弱小的德国才会被信任。所以对其他国家来说，最优策略就是德国不进行重建和崛起，但这又有可能爆发共产主义革命。对德国和欧洲来说，这都有巨大的风险。要同时完成这两个任务，彼此之间的矛盾就和前面讲的弹性和效率的矛盾是一样的。

从历史上可以看到，但凡出现这样相互矛盾的任务时，把它拆解并放到不同的层次去完成，才有可能同时实现。德国就是这样做的。它联合法国，推动欧洲的统一进程。怎么推动呢？那时他们提出了一个想法：德国必须放弃成为“德国人的德国”这种观念，而必须把德国变成“欧洲人的德国”。因为德国人的德国是一种民族主义的打法，难以获取信任。

那么如何成为“欧洲人的德国”呢？具体的方案，就是联合法国推动欧洲的统一进程。在那个时代，发动战争最重要的原料就是煤和钢。意、法、德、荷、比、卢这六个国家加在一块成立了一个欧洲煤钢共同体。这样一来，德国的煤和钢的生产，对于共同体的成员国就完全透明了。德国生产了多少、流向是哪里、拿这些煤和钢都干什么了，都是透明的。这样一来，其他国家对德国的担忧就开始下降。煤和钢的销售由委员会来决定，这也就意味着，别的国家能够在必要时候阻止德国对煤的使用，并且可以控制德国的煤和钢的运营方向。德国最终以此让步获取了信任。获得周边国家的信任和自己经济重建，这两个彼此矛盾的任务就可以同时实现。德国成为“欧洲人的德国”，为整个欧洲提供了一个公共品，德国通过这个公共品来逆向地获取自己的国家利益。我们可以看到，二战后德国是欧洲人的德国，但到今天，欧洲已经成为德国人的欧洲，因为德国对欧洲的影响力比历史上任何时候都大。在二战时，德国虽然把欧洲大陆基本上都占领了，但它对欧洲的影响力仍然没有今天这么大。而今所有的人不再怕德国了，相反地，所有的人都在说德国应当承担更多的责任！德国不但成了欧洲人的德国，欧洲也成了德国人的欧洲。

三　如何理解中国？如何理解世界？

当我们回过头去看历史，能够获得一个重要的启示，在这个基础上，我们再来讨论中国的问题。中国是一个超大规模的国家，这个超大型国家的一举一动，对世界都有着巨大的外部性效应。有个说法是“中国在国际上买啥啥贵，卖啥啥便宜”，这是中国的一个劣势所在；而从另一个角度来说，这也是中国的力量所在。买啥啥贵，意味着中国如果不买，它马上就降价；卖啥啥便宜，意味着中国不卖的话，它马上就涨价。如果这个力量是用来欺负人的，那基本上就只能走上战前德国的路，也无法真正收获利益；如果以此为全球提供一个普遍主义的公共品，就会收获真正的国家利益。

由于中国的超大规模性，理解中国和理解世界几乎就是同一个问题。那就意味着：世界究竟什么样，取决于你怎样和它互动；中国是什么样，也取决于世界和中国的互动关系。理解中国和理解世界一体两面。在这样的背景下，来看“如何理解中国，如何理解世界”，这也进入对最新一轮全球化问题的讨论了。

前面说到，新一轮的创新经济是中国崛起的一个重要激励机制，而这个创新经济与以往还有重大区别。因为历史上，任何形式的创新经济都会摧毁大量的传统产业并造成失业，失业就会带来社会问题。而这些社会问题是怎么消化的呢？不是通过类似社会主义政策的福利法案消化的，而是通过新技术摧毁传统产业，然后拉动更多的新产业来消化的。新产业提供的就业机会，远远多于失去的那些传统产业的就业机会。比如，内燃机出现后有了汽车业，汽车业就使得马车夫失业了，再来就是生产马车的也失业，养马的人也少了，对兽医的需要也降低，类似这样的情况种种。但是汽车业的出现会拉动更多新的产业，比如汽车制造业、钢铁业、橡胶业、石化产业、炼油产业、公路修筑业等。这些新的产业，会提供更多的就业机会，使得这些劳动力被消化掉。历史上从来都是这样的，这也是美国所主导的最新一轮全球化的逻辑。

它不仅摧毁了大量的传统产业，也同样能够拉动大量的新兴产业。问题是刚才所说的大规模外包的这个逻辑，导致它摧毁的传统产业都在美国本土。比如，美国中部很有名的铁锈带，从底特律一直往南，那些传统工业区、传统制造业区在历史上非常强大，但许多都被这一轮的创新经济给摧毁了，造成了大量失业。但美国的创新经济在摧毁大量传统产业的同时，也拉动大量新产业，摧毁的传统产业都在美国本土，而拉动的新产业都在中国。这样会带来什么效应呢？那就是失业的这个问题没有办法通过经济来进行消化。过去两者发生在同一个地方，而在今天却没办法在国内消化了。那怎么办？只有一个办法，需要寻找一个超越中美关系之上的贸易谈判框架，从这里找到一个中美贸易均衡的办法，美国才有可能把这个问题解决。

找到这样一个新的贸易谈判框架的前提是什么？中美两国的脑子里面都得有这根弦儿，都想着要找到一个超越中美贸易之上的解决方案。这个弦儿没有出现的话，那么这个谈判的可能性就不存在。谈判进程不能启动的话，如果经济问题没办法用经济手段消化，就会用政治手段来对冲。而这个政治手段表现为什么呢？就表现为贸易战。从贸易战的实际展开过程中，可以看到有美国内部的国情原因。美国内部的选民，相当部分选择的是保护贸易，他们认为是中国人夺走了他们的就业机会，有相当规模的选民持这样的看法。那这个贸易战打起来之后，能否实现特朗普之前的承诺呢？这取决于我们刚才所说的创新经济和供应链的逻辑。在这个逻辑之下，我给出的答案是特朗普大概很难做得到，这并不代表贸易战会继续深化，可能会往前推进，但是到一定程度就打住了。否则伤敌一千，自损八百，甚至更多，对美国来说也不划算。

为什么会出现这样的情况呢？有一个与贸易相关的双循环经贸结构可以方便大家理解。一个是中国和西方之间形成经贸循环关系，即二三产业循环，中国出口制成品，西方国家出口高端服务业，也就是资本服务、法律服务、知识产权等；另一个是中国和以非洲为代表的欠发达国家之间形成的一二产业循环，这一二产业之间主要是中国出口制成品，欠发达国家出口原材料。那第一产业和第三产业之间是没法直接形成循环关系的，因为只有中低端制造业才需要原材料，而高端制造业和服务业基本不需要原材料，它没法直接形成经贸循环关系，所以第一产业跟第三产业之间必须得有第二产业作为中介才能使这个关系运转起来。中国在当下的历史阶段中，全球低端制造业都往这边转移和汇聚，就意味着中国成为全球经贸产业日益发展起来的一个至关重要的枢纽。

中国作为世界上第二产业或者说中低端制造产业的汇集中心，地位是不是可持续的？不出现很大变迁情况下，这个地位是不是不可撼动的？就这个问题，我跟我的一些朋友持续讨论、持续做研究大概有十年时间了，得出了一个假说：制造业往中国的转移是单向性的，就是进得来出不去。

这么说可能有些绝对，有些产业还是能转走的，但只有特定类型能够实现。这种类型就是对于供应链没有任何的需求，并且对于远距离物流成本非常敏感的产品。这两个条件必须同时满足，才能实现转移。对供应链的要求，我们给出的一个简单的判断标准是产品的组件是否少于五件；产品对于远距离物流成本是否敏感，一个判断标准就是单位重量的产品售价是高还是低？高的话，那它对远距离物流成本一点都不敏感。就像手机——单位质量很轻、售价很高，无论你往哪儿运，它的运费在总成本里面根本不值一提，那么它对远距离物流成本一点儿都不敏感；但是像玻璃——售价很低但单位重量很高的产品，它对远距离物流成本就很敏感。对远距离物流成本敏感，但对供应链没有要求的产业适合靠近市场生产；如果它对供应链有一点要求，就另作讨论了。

个别工厂的转移当然是可能的，但不能指望通过一个工厂来拉动一个完整工业体系的建立，工厂的转移跟工业的转移是完全不同的两回事。工业的转移，意味着一个体系的转移，不仅是转移几个工厂那么简单。如果美国对中国的贸易战打得过激，会严重伤害我们的供应链网络，就会伤害其创新产品落地能力。这对美国来说也是很大的代价，也不是美国愿意承担和接受的。

所以前面所说的贸易战，由于中美经济关系结构的问题在今天没法通过经济手段来解决，一定会走向政治对冲，这个政治对冲就表现为贸易战。但贸易战又不会走得特别远，否则对于美国的可持续发展也会造成很大的伤害，所以这里的关键是这个结构性关系。

以上所说的双循环里面的第一循环。在这个第一循环中，如何做到可持续呢？重点在于中国能否从第一循环中获得持续的贸易能力。目前来看是可以的。还有一点就是刚才所说的供应链网络的转移是很难的，但还有往东南亚转移的可能。要注意这不是产业链的转移，而是某种意义上的供应链半径的扩大。我研读过世界银行分析中国跟东盟之间的贸易关系和贸易结构的报告。报告里面写到中国和东盟主要的贸易品是零售部件和半成品。在什么情况下贸易零部件和半成品有意义呢？在同一个供应链网络内部才需要零部件和半成品。如果是在供应链网络外部，那需要的是最终成品，因为半成品没用。既然主要是半成品和零部件，那么中国和东盟的贸易在实际上就意味着以中国为中心的供应链网络的扩大，而再往这以外的范围转移就更难了。

在这个转移过程中，中国很多南方的工厂关闭了，往东南亚转移。在东南亚投资的人有很大一部分是中国人。这意味着这些在东南亚的投资不会被计入中国的 GDP，而是被计入中国的 GNP。GNP 指的是所有海内和海外的中国人所获得的销售收益；GDP 指的是发生在国土上的销售收入。从 GDP 和 GNP 这两个数据来看的话，中国的产业往东南亚转移就更复杂了。中国庞大的供应链网络从规模上来说是无与伦比的，但供应链为了有效地运转，会往东南亚发展。但只要有中国作为这个中心位置存在，这个供应链就不是转移，而是网络规模的扩大。

另外，中国的工业网络在内部不断调整着自己的节点位置。在 2012 年之前，中国是头号耐克鞋生产国，但 2012 年之后头号就变成越南了。这并不指中国所有耐克鞋的生产流程都转移到越南，越南只是完成最后的装和销这两个环节，其他部分有可能是在别的国家完成的。虽然中国不再是最大耐克鞋出口国，但中国有可能成为最大的耐克鞋生产机器的出口国，出口到越南。因此，对中国来说，中国在产业链中的这个节点位置发生了变化。当然，耐克鞋机器是顺势所做的一个比喻，缺乏更细致的数据支撑。在一个定性的分析中，我就可以给出一个这样的大致判断了，这是在双边关系结构之下的一个效应。那么，如何可持续呢？曾经的一位商务部部长说过这样一句话，中国要出口 8 亿件衬衫才能换回一架飞机。出口 8 亿件衬衫，就会带来刚才所说的大量的资源危机、环境危机与道德危机等一系列的危机。但是否能把从 8

亿件衬衫变成2亿件来换一架飞机呢？如果能够做到这一点，产品的附加值就提高了。提高产品附加值唯一的方法就是创新。谈到创新，中国无论是官方还是民间都不缺乏自觉。

对外而言，如果从第一循环里面获取足够多的利润，再把它向第二循环转移，那么这个转移就伴随着国际大宗商品的价格和原材料价格的上涨，从而以中国为中介，拉动后发国家的增长，以及提高它们建立稳定政治秩序的能力。而对中国来说，这里边同样有巨大的外交利益存在。

中国作为世界头号制造业大国和头号世界工厂，稳定的原材料价格绝对是至关重要的国家利益所在。今天，对中国来说，一个极为重要的原材料来源地是非洲。是否能从非洲稳定地获取原材料呢？最关键的是低廉而稳定的价格，即便是上涨，也是可预期的缓慢上涨。是否能够保证这种原材料价格的稳定，在相当程度上取决于原材料产地政治秩序的稳定与否。如果那边战火连天，原材料的价格会陷入不确定性的泥沼。

原材料产业的一个特征是利润非常高，但是财富分配效应非常差，矿主会掌握巨额财富，但是它所带来的就业规模相对于聚合财富的规模来说却很小。这样一来，财富的分配效应就很差。于是就会出现一个效应，即通过原材料大幅上涨的方式来拉动第二循环，使当地经济的宏观数据看上去不错；但是如果财富分配上很差的话，当地就会显现政治社会矛盾，政治稳定会陷入更大不确定性。这种不确定性对于中国获取稳定价格的原材料是很不利的，会严重损害中国的国家利益。这在相当程度上需要前面所说的观念转型。你认为中国应该只是中国人的中国，还是中国也是世界的中国？如果能使中国成为世界的中国，就能够真正维护国家利益；如果总认为“犯我强汉虽远必诛”，可能最后毫无收获。只有真正把中国的一系列精神格局和视野打开，站在一个更高的境界，才有可能真正有收获。

大海究竟是一个天堑还是一个通途？这跟大海的物理属性一点关系都没有，只取决于你的视角。今天，中国对世界具有巨大的影响力是不争的事实，她未来的走向取决于我们如何去看待、如何去理解：中国是谁？中国与世界的关系是什么？我的书里尝试着想要对这些问题进行详细解答。我也不期待这种解答能被所有人接受或者能够说服所有人，但是也许能引发更多的讨论，或许有更加聪明的人给出更好的说法。而我们最终所有的说法用一句话来总结就是：究竟如何理解中国？我们是一个超大规模的国家，所以相应地，我们也应该有一个超大规模的视野才配得上这个国家。因此我们需要从世界发现中国。

（志愿记录者：张睿舒、郭怡君）

第三讲　人类学家眼中的跨文化交流：重构中心意识与他者关怀

讲课人：赵旭东

讲课时间：2018 年 4 月

赵旭东，北京大学法学博士，著名社会学家、人类学家，现任中国人民大学社会与人口学院教授、博士生导师、人类学研究所所长，是英国伦敦大学政治经济学院人类学系“王宽诚奖学金”获得者和访问学者，以及荷兰莱顿大学法学院冯·沃伦霍芬研究所访问学者。他是费孝通先生晚年的入室弟子，在城乡社会学、法律社会学、政治人类学等领域均有突出贡献。他发展了费孝通的乡土研究范式，在人类学研究领域成果卓著，代表作品有《文化的表达——人类学的视野》、《法律与文化》、《文化转型人类学》以及《费孝通学术思想研究》等。

一　自我的中心意识与西方中心论

（一）自我的中心意识

自我的中心意识是说作为同一个文化里的人要有自己的自我意识。大家在中国的文化里成长起来，所以认为用筷子吃饭是一件很正常的事情，没有什么可稀奇的。但在你对面，如果一个人用手抓着吃饭，你就觉得他很不文明。实际上这种文明观就是从自己的视角去看别人，没有包容其他形式的生活方式。人类学就是要告诉你，在多样性的文化下如何实现包容，如何对他人的发展以及他人的价值观进行接收、吸纳和转化。

M. 萨林斯（M. Sahlins）在《文化与实践理性》一书中分析了很多这方面的内容，涉及从衣服到饮食等各个方面的差异性的变化。今天，我们就是从跨文化比较的视角来看，未来在走向世界、走向他者的过程中，我们是如何既有自己的主体性的认知，同时又能够包容其他文化的存在。在今天要做到一个所谓的宽容别人的生活方式，从表面上看是这样一些小事情，但落实到具体层面就会有困难。

追溯到 1697 年，G. W. 莱布尼茨（G. W. Leibniz）是 17 世纪德国的哲学家。他留下了自己的肖像画。肖像画已经成了一个很重要的研究主题。西方很多艺术家画自画像，就是想看自己从年轻到老的过程，背后隐含着个体主义的兴起。反观今天，每个人都喜欢拍照（甚至自拍），这已经有了个体意识。

莱布尼茨曾说过，在差异的文化之间的交流，是一种“光明的交易”。他指的是文化，就是你会发现最愿意交往的，恰恰是跟你有差异性的。因为可以从差异性中获得很多东西，所以叫作“光明的交易”。大家一定要记住，当你和你的朋友、同学或者熟人有许多相像之处时，那你们之间的交往可能会有很大的危机。好多成为朋友的同学，他们之间一定有互补和差异。文化也是这样。

（二）西方中心论观点

西方中心论是研究跨文化交流的一个非常重要的概念。这个概念，说白了就是西方人 18 世纪在科技、海洋贸易上占据优势，实现了经济上的腾飞，于是就以西方为中心，从自己的角度去看别人，认为自己是最好的，别人也应该追随我。比如人权的概念、民主的制度。这些东西实际上都是在 18 世纪浮现出来的。一些西方国家在非洲进行投资的前提条件就是，你要想挣钱，就要听我的，我说的人权、民主都得一一照做，否则不行，他们称此为良制。而中国的对外援助是按照非洲提出的需要给予帮助，因为我们是朋友。你需要一个足球场的话我们就给你建一个足球场，不管你的足球场给哪些人使用。朋友之间不是先讲条件，而是无偿付出。所以我们需要从社会科学的视角上注意西方中心论的影子。

1978 年，美籍作家 E. W. 萨义德（E. W. Said）有一本很重要的著作，叫《东方学》。它批判了原来欧洲人以自我为中心的文化自信。他认为，所有的西方对西方以外世界的研究都染上了一种东方学的色彩，也就是从西方去看东方的这样一个视角上的错位。举一个非常简单的例子，什么叫东方？比如，我们随便问一名中国人，你觉得中国算东方还是西方？他会毫不犹豫地说是东方。但是想想，我们为什么是东方？是因为西方人说，这一拨人是东方人。很显然这是从西方的视角来看的，我们连自己是哪里人都要被别人界定。这个时候就发生了一些所谓的认识论上的危机。萨义德的这本书之所以重要，是因为它对人类学、社会科学，以及所有跨文化交流都有研究，特别是对东西方交流的研究。我们需要对 18 世纪以后的西方种族优越感和自我中心有所警惕。在所有的表述和研究的阅读中，要小心你可能陷入这种颠倒的东方里。

沃勒斯坦（I. Wallerstein）的《现代世界体系》，这本书的核心观点是现在全球一体化的世界体系都是由西方开创的。他的观点实际上是一个美国社会学家的观点，但是背后隐含的依旧是西方中心论。他忽视了由中国所开创的情景，我们不仅有丝绸之路、郑和下西洋，更早的一些跨海洋的航行，这些都没有被涵盖进去。西方认为这个现代的世界就是由哥伦布以后的西方人开拓的，这一点在今天看来显然是有问题的。今天我们之所以提“一带一路”，是因为中国人在很早以前乃至汉代以前就有了一些国际性的交流。今天在非洲甚至可以找到一些宋代的陶瓷瓷片，也就是说那个时候中国的贸易至少已经影响到非洲了。所以从很多史料来看，中国在过去也曾成为一个世界体系的构建者。另外重要的一点是，阿拉伯人的世界征服史与贸易史。我们知道哥伦布的地理大发现，但很少了解阿拉伯对世界的贡献。实际上今天的很多概念、事件，都是跟阿拉伯人而不是西方人有关。比如今天我们要搞的“厕所革命”，好多人学习用马桶，实际上在阿拉伯伊斯兰世界里，追求洁净的观点促成了他们对抽水马桶的发明，有了冲厕的习惯，这跟中国农民的旱厕是完全不一样的。

经济史学家 D. C. 诺斯（D. C. North）的著作《西方世界的兴起》获得了诺贝尔奖。书中认为，西方之所以能够在近代兴起，跟他们的产权制度有关系。他们从法律上界定清楚了西方的私有产权，促进了资本的增加和经济的增长。但实际上，在没有产权明晰的世界，仍旧可以有自己的经济发展。中国明代乃至清早期的康乾盛世，经济的发展都是世界领先，而这并不是完全依赖所谓的产权界定，很多时候是其他更为复杂的因素，如人口的增加、地理优势、资源优势等。

黄仁宇的《资本主义与二十一世纪》提到了资本主义的核心在于不断地扩大再生产，让你尽可能多地消费，然后再拉动再生产。资本主义是如何慢慢从欧洲发展起来的？历史原因是值得关注的。如果有机会到欧洲旅行，真正有学养的人要先读懂欧洲为什么会有这样的建筑物，弄清为什么会有这样的叫法，最后会发现都跟这一段资本主义的发展有关系。资本主义的早期，“复式记账”在意大利产生并在威尼斯盛行，复式记账核算是对收入支出账户进行核算。每天都知道收入支出盈利多少，这样清晰记录收入产出的账本带动了早期的一些资本增加，后来又逐渐在其他国家推广、发展和使用。他们使用阿拉伯的计数方法跟中国用汉字做计算是不一样的。所以如果你有这套知识，那欧洲旅行的第一站一定要到意大利。因为意大利在地中海，是东西方连接最紧密的国家。然后再去其他国家，荷兰、比利时这样的港口国家，最后再到英国。但黄仁宇这本书，最后还是落入了西方中心论的窠臼。他认为中国之所以没有发展起来，是因为缺少了数字化管理。

总之，这些所谓的对东方人、东方世界的想象，就是“白人神话”的建构。神话是人类学、民俗学和文学研究中重要的一个方面，是远古人记录历史的方式。而“白人神话”，就是说现代世界的一切都是由白人造成的。所有的生活，包括衣食住行各个方面都离不开所谓的白人的贡献。比如，做自然科学的研究首先要查英文文献。今天我们也需要从中国人的角度去建构这个神话，这也是一个很重要的挑战。为什么我们一旦“走出去”，走出国门，就发现不是所有人都认同我们？为什么我们就编织不出来一个神话让大家相信我们是友好的、友善的？即便我们表现得那么友好，但还是不被相信，是因为我们神话建构得不够，我们没有“白人神话”建构的历史。

人类学家 E. R. 沃尔夫（Eric. R. Wolf）的《欧洲与没有历史的人》一书写到关于人类的历史时，他有一个明确的历史观，认为以前的人都相信自己是没有历史的，也不崇拜过去发生的事情。只有当欧洲人来了，才有了对于历史和历史观的重视。

二 拒斥西方中心论

拒斥西方中心论是一种对西方中心论的反思抗拒。这种模式在西方的传统里，自古以来也是存在的。特别是近代伴随着资本主义的发展，今天的一些发展理念，实际上跟拒斥西方中心论有关系，因为西方中心论带来的问题与辉煌是不相上下的。总体而言，在现代社会中，我们可以思考由西方的现代性和自我中心的发展所造成的一些负面的结果，一些抗拒性的理论变得很重要，有几本书是典范式的。

第一本是 A. 叔本华（A. Schopenhauer）的《作为意志和表象的世界》，他是德国悲观主义哲学家。他认为，这个世界什么东西都不存在，存在的是我们的表象，是我们看待这个世界的一些形式。这本书主要介绍了这个世界如何被表象化。叔本华是 160 多年前的人，为什么现在也要看哲学书？因为哲学家能看得更远一些。大家现在每个人看着虚拟的屏幕，这就是作为意志和表象的世界出现了。每个人都可以是叔本华，把世界看成意志和表象，不再将其作为一个真实世界。我们要谨慎地注意新的文化现象，为什么原先的消费社会最后变成虚拟化的消费？这个时候可以读一下叔本华的观点。

第二本是尼采的著作《悲剧的诞生》。我们直到今天也无法避免悲剧的诞生，如今的悲剧主要有两种：一种是由日神阿波罗上演的悲剧；另一种是由酒神狄奥尼索斯上演的悲剧。日神的悲剧是比较理性化的，且非常按部就班。我们为什么不允许逾矩的人存在？是理性吗？是各行各业的规则，这就是尼采要说的悲剧。另一种悲剧也在上演——酒神，是指非理性的，不讲秩序的，把内心最本能的东西涌现出来。有一个概念叫相同者的永恒轮回，在我看来，由于哲学与人类学有一定的交流，最后触及的问题也是一样的。人最后都无法摆脱衰老死亡的结局，无论你多么年轻，这就叫相同者的永恒轮回，这个概念就是死亡。这个事情在很大程度上支配着我们，所以很多非理性的活动是对日常生活与规范的颠覆与嘲讽。后来人类学家 R. 本尼迪克特（R. Benidict）写了《文化模式》，就是用了尼采的这两个悲剧分类去研究印第安人。今天我们可以发现酒神型文化和日神型文化是不一样的，这就是尼采的价值，看起来是语无伦次的疯疯癫癫，但他的讨论却是我们今天需要严肃面对的。如果人类学不碰这些人类最根本的东西，人类学就变得过于应用化、简单化了。

第三本是 O. 斯宾格勒（O. Spengler）的《西方的没落》。这本书也是两大卷，阐明了西方自罗马衰落以后就一直衰落下去，理性并未支配世界。这些书都是西方人对自己的批判。还有就是 J. A. 霍布森（J. A. Hobson）的《西方文明的东方起源》，实际上西方所谓的唯一独特性并不正确，比如数学、医学中很多来自阿拉伯数字，还有来自中国与很多其他西方国家。如今谈论这个问题时很乐意去读李约瑟的书，许多西方科学史不提中国，但李约瑟表明，有许多东西是从中国来的。像中国的印刷术是用来印佛经、《论语》的，西方用于传播知识，但其技术起源是中国。最近有人类学家提了一个问题——“一个或多个”。他说在西方文艺复兴的同时，阿拉伯和中国也均有文艺复兴，是多个文艺复兴。我们应该注意这个视角，过去西方说的唯一性与独立性可能并不正确，否则，我们依旧会落入西方中心论的窠臼。

最后一本书是费孝通的《论人类学与文化自觉》，可以以此了解中国人对文化的反省。当我们想当然地要去改变一种文化的时候，往往它的结果不是往我们期待的方向发展，造成的恶果往往大于良性的结果。这就是费孝通曾说的文化自觉，让他们自己去选择自己的文化，慢慢去适应新的文化，而不是急速地做出改变或取消。

三 世界的三大转型

我最近在研究文化转型的问题，也写了一本书《文化转型人类学》，这是把许多相关主题的文章融合在一起。我们要注意当下的世界究竟发生了怎样巨大的变化，可能比描述“这个世界是什么”更加重要。因为只有看到变化趋势，才能为未来的变化与演进做一些准备。这也是人类学家的现实关怀。我觉得人类学并不是纯粹的理论学科，当然也不是纯粹的应用学科，是相互交织勾连的，要从中看到人的具体生活。如今我们看到的生活更多关乎一个字“变”，即“改变”。我认为大致有三大方向的转型是需要我们注意的：从建构到解构；从解放政治到生活政治；从集体自觉到个体自觉。这样说可能比较抽象，下面可以简单做一些解释。

（一）从建构到解构

从建构到解构，通俗地说就是对这个世界建构性的努力要弱于解构性的努力。我们都不想为其做添砖加瓦的工作，我们更乐于在一个轻松吐槽的环境中去完成对其既有价值的一个否定，这种情况实际上非常多。

（二）从解放政治到生活政治

从解放政治到生活政治，核心是从关心他人到关心自己。实际上这样的例子不胜枚举。我们访问过一些曾在20世纪60年代工作过的人，他们宁愿损坏身体，也要去做某一项工作。比如，护士也可以去扛氧气瓶，虽然时常腰肌劳损，但是她们觉得很快乐。但是对于新一代的护士来说，她们通常不会这样做，因为有专人去扛氧气瓶。她们所要做的是保护自己的身体使其更加健康，工作上也更加有安全意识。她们对生活政治的理解就是对自己身体的保护。这个概念也是社会再生产理论。如今我们如何去塑造自己的生活变成了一种政治，不仅是所谓的健康、医学，这种政治还演变成一种权力。你说你牙疼，我给你拔下来，你肯定不愿意。但是你去牙科医院，医生说你这个牙一定要拔掉，然后你就屈服了，你就接受了这个牙必须被拔掉的事实。这就是权力和知识的关系，因为他掌握了你这个牙齿是否要的权力，你自己没有能力做决定，这就叫作生活政治，我们的身体成为政治的一部分。

（三）从集体自觉到个体自觉

从集体自觉到个体自觉，我们可以发现社会的安排越来越个体化，以前许多东西可以共享，今天许多东西可以个体化。我们从最小的案例谈起，现在在大学食堂吃饭是一人一个盘子，尽管大家都在食堂一起吃饭，但每个个体还是在分餐。如果世界上没有这么多盘子，将会怎么样？那么就共用一个盘子也无妨。很多人都会有共用一个盘子的记忆，大家所建构起来的友谊很多是建立在共同性基础上的。而现在大家共食的机会越来越少。那时我们学生可以使用食堂，可以包饺子，有一个公共的生活。但是这种集体性的生活越来越被个体化的分配打破。现在我们每人都有一张卡，钱不用和他人共享，可以自己安排自己的生活。过去我们没有这样的条件，因此必须共享。我们走到今天这个地步，用一句话来概括就是，越来越把我们从人群的亲密状态里慢慢分离开来，变成人群之间不太往来的状态，但是这个过程可能反向激励了个体化的成长与发展。

所以重新面对一个主体性存在的问题就会变得越来越突出，我们每个人都有各自的独特性。我们在座的上百人，每个人的衣服几乎都不一样，很少撞衫，这就是私人定制时代。在 20 世纪 80 年代，每个人的服装一眼望去都差不多，男生女生都穿绿军装。现在从穿衣吃饭就把人区分出来，我们也称其为主体性的存在，我能决定我的生活方式，其选择性也在增加。

四　世界发展关系的新格局

针对当前中国社会的现状，可以认为有十大关系的发展困境与超越：中心与边缘、循环与断裂、包容与对立、贫困与富有、真实与虚幻、距离与融合、南方与北方、集体与个体、经济与文化、存在与价值。本次就从其中的六个方面开始讲。

（一）真实与虚幻

从文化转型的视角，我们可以看到虚拟的世界所带来的一些变化，这种变化使我们越来越活在虚拟的空间里。如今被叫作人工智能的东西，其实际意义是制造一个虚拟的世界。熟悉朋友不如熟悉自己的手机，熟悉手机不如熟悉百度搜索。我们简单操作几下就能找到需要的东西，相反，和别人交流半天可能产生不了共鸣，这就是人工智能带来的结果。它是一种人造的机器，但是与普通机器不一样，它似乎又回到了原有机器的状态，而且更有效用。其含义是我们把人类与机器的关系从人类学角度大概分为三个阶段：第一个阶段是机器在家里，比如镐头、织布机，满足自身需求后，多生产的拿去交换柴米油盐；到了18世纪，机器发生了巨大变化，这个变化就是进入工业化时代，实际上是将机器从家里拖出放在工厂里，即从家庭手工业转换到了机器大生产，此后在家里的生活只是吃饭睡觉，更多的时间则在工厂里或单位里，所以工人阶级时代是更多地生活在工厂里的时代，人为机器工作；如今又有所改变，机器又回到了我们家里，坐落在我们最私密的生活空间里。电脑、手机自然也属于机器，但肯定不是在工厂里使用它，而更多是在非常私密的生活空间里去使用。

从社会学调查中发现，上海、北京、西安是全中国使用手机上网最多的地方，人们每天上网时间大约为7个小时。过去工人工作时间是8个小时，还不加上吃饭时间。但现在是为手机工作7个小时，而且是碎片化的。如果有一个精细的调查，你会发现，这些都存在于最私密的生活空间里。这种变化使得生活与工作不再分离，而是紧密联系，只是劳动强度比过去大得多。过去我们是边纺织边聊天，如今是用手机和远方的人交流，眼睛看不同的文字，对着自己的机器工作。

今天，许多公司鼓励员工在家工作，还会给予奖励，因为你在公司工作还需要给你准备盒饭、咖啡等。以后会越来越倾向于在家工作，最后传统的在家工作方式回归，通过网络空间、VR（Virtual Reality，虚拟现实）等来实现工作交流。这些变化会影响我们看待世界的方式。之前大家可能认为上课就应该在教室里，现在在卧室里，一边喝咖啡、一边在网上给大家上课的方式也已经在实践中。这些都是新技术带来的文化转型。

从社会与文化的转型中我们更应看到转型本身的特质——真实和虚拟的转变，特别是在跨文化的交流中。很多知识并不能亲身感受到，有些是在图片里，有些是在百度空间里，这个时候你会发现，我们所谓真实的世界和虚拟的世界已经难以区分，虚拟的空间图像有时比真实的还要逼真亮丽，这时可能会把虚拟的东西看成真实。

（二）距离与融合

大学这个概念，不是中国独有，但是在大学前加上“985”，一定是中国所特有的。我们之前很难见到有些大学叫“985”大学，但是今天我们在中国大学前加上“985”“211”。这是使这些学校和其他学校区分开来的方式。这就是距离感的制造，虽然如今信息符号越来越发达，距离感却是无法抗拒的。如今在大学的评估里，有了一些大数据的客观指标，学校之间似乎就产生了距离。

此外，当老百姓在打麻将时，老百姓的生活是毫无距离感的。人们融合在一起的方式，不是通过人们怎样分离开来制造人群的关系，而是想办法让人们融合在一起，没有距离才是一种真实的社会。

传统的社会是真实的社会，在那里每个人都可以找到自己的位置。而现代社会离真实的社会越来越远，每个人都要去争自己的位置，这就是差别和竞争。麻将把所有人放在一个桌子上，广场舞也是，这样的机会在我们的生活中越来越少。很多人讨厌广场舞，但没想到这样一种舞蹈方式体现了这一代人的价值认同——曾经的共同体生活的回归。但是我认为“90后”不会这样，他们有自己的集体生活方式。

（三）南方与北方

南方和北方是一个国际性问题，如发达国家与发展中国家的关系就是南北问题。我们中国坚定地站在南方的立场，虽然我们地处北半球，但南北不是地理空间，而是一个发展问题。那么中国未来究竟是继续做发展中国家还是做发达国家？这是一个体现中国智慧的新课题，还有待研究，现在还不能下结论。但是中国的一些元素与智慧日益被看重，尤其是传统文化。借助“一带一路”走出去，中国可以做些什么？有三个方面可以提醒大家。

第一，唤醒传统智慧的可能性。中国的传统智慧起源于春秋战国，乃至更早的时代。上古中国制造了一些文本，留下了一些传统的文化智慧，这些智慧经过数千年甚至更长的时间还在发挥作用，这就是文化智慧的生命价值。《易经》有一句话，“见群龙无首，吉”。大家印象里一般群龙无首不是什么好事，但是里面的乾卦却说这是非常有益的，当然它有自己的解释。群龙无首是说很难一家独大，大家分庭抗礼，都有各自的品德或道术，发挥着自己独特的作用。特别是如今的互联网世界，很难再有所谓中心这样的构造，边缘中心也可以不断互相转化。它是区块化、平行的，难说谁是权威的中心，这就有点像古人说的群龙无首了。

第二，关注当下的实践活动。J. P. 卡斯（J. P. Carse）的《有限与无限的游戏》这本书充满智慧。他认为有限的游戏就是一锤子买卖，当你去小卖部买水，付给小卖部两块钱后便结束了。但是无限的游戏是指人在一定的空间命运中，如同被拴住的蚂蚱谁也跑不掉，这样的关系是永久性的。实际上家庭的关系就是永久的游戏，是无限的。你和父母什么时候才能断开关系呢？实际上他们离开之后也不能断开，它永远都在你的记忆中，除非你不在。你的孩子和你也是这个情况。在有限的游戏里，结局只有两种可能：要么一方赢，要么一方输。而在无限的游戏里，要么都赢，要么都输。他用这个比喻实际是希望今天的世界能走向一个互利共赢的、无限的游戏里，像大家庭一样，人和人之间不是一锤子买卖。当下我们应该思考这些新的智慧理论实践是否会出现。

第三，如何回归到一种天下认知。赵汀阳教授写了一本书叫《天下体系——世界制度哲学导论》，很有影响力和冲击力。中国的天下概念能不能通过“一带一路”走出去，使其成为一个理解人与人之间关系的新主张？我觉得越来越受到世界多样化生活与文化的支持，我们应该在这个意义上超越民族和国家的界限。所以未来的国际关系不是过去所说的国与国的关系，而是国与国在天下包容下如何共存的问题，这点为中国在未来世界发展的实践当中有所作为提供了可能性。特别是在跨文化交流中，中国智慧越来越突出地体现在传统观念的创新性运用上，体现在当下实践以及如“四海之内皆兄弟”这样的理念中。

（四）集体与个体

今天面临的困境之一是如何去处理个体生活和集体生活的关系。个体过强的时候，可能导致集体衰弱。但是当集体衰弱的时候，个体能否独当一面？这也是很严峻的问题。很多人孤独地老去，甚至有些老人在自己房间去世多天都没人发现；还有小孩子受到欺凌，却无人去管。这在更多依赖集体而生活的时代是无法想象的。这些极端案例，也体现了从一个互助友爱的集体社会向个体化社会转变的情景，今天我们大多数人只关心自己的生活，如何去应对和解决这些问题是个大问题。

我再讲一个这样的比喻：电饭锅和炉灶。典型的个体化生活就是电饭锅，在座的各位两分钟就可以学会使用电饭锅，这并不是一件难事。但是用炉灶做一顿米饭，却是一件很困难的事情，可能不是烧焦就是夹生。因为你不知道需要多少水，要加多少柴。炉灶这个空间曾经是家庭主妇的空间，现在这个空间被个体化的生活挤占了，每个人都能做饭，意味着母亲做饭的角色消失，母亲的重要性在你心中只剩下崇拜，没有具体形象了。

（五）经济与文化

接下来讲经济和文化。改革开放的 40 多年支撑着经济的大发展，但是经济不是万能的，经济解决不了文化问题。我们如今越来越感受到文化的存在，越来越多人谈及文化。文化给人们带来了意义，而不仅仅是利益，所以很多时候说文化是柔性的。人们的认知不仅是纯粹的、生理上的需求，还有文化的意愿。文化既是一种品牌，也是一种刻板印象，难以改变。文化一旦有这两个东西，便会变成很大的利润来源，所以不能太简单化地看经济，经济和文化是连在一起的。比如，一个企业家脑洞大开造香水，投入很多钱但没人购买，因为消费者会想到香水文化。什么是香水文化呢？首先会想到法国，法国浪漫的社会氛围支撑了一个香水产业。我们买汽车首选德国，因为它的文化就是理性、规则、准确、精密。所以，文化和经济是共处的，甚至更最重要的是文化而不是经济。这一点你参悟透了会获得很多的灵感，不会像经济那样进行纯粹的数字运算。

（六）存在与价值

最后，回到根本的存在和价值——谁在掌握文化优劣的评定权？文化交流中如何尊重别人文化？这些问题都面临诸多挑战。文化一般存在于当地。很多伦理学家如果要寻找文化感受，会去本地人最聚集的地方。

中国意识与他者关怀也是很简单的一个道理。今天越来越强调中国的关怀与价值，但是如果仅仅是到国外去购物，而不是从一个了解、包容、发现别人文化、尊重别人文化的角度出发，我们就会被别人讨厌。需要注意的是，我们要有对外来文化包容的训练。包括前面讲的这些例子，固然不能总认为西方人的科技先进，认为我们超越不了西方的“白人神话”，总是跟着西方人的思路想问题。但是，在想自己的问题的同时，还要能包容别人的问题，这才是一种新的创造，否则我们就是在模仿别人，走别人的老路了。

（志愿记录者：张杰皓）

第四讲　跨文化交流的本质是“通心工程”

讲课人：赵磊

讲课时间：2017 年 3 月

赵磊，中共中央党校国际战略研究院教授、中央党校-教育部中外人文交流研究基地执行主任、中央党校“一带一路”重点研究课题主持人、“一带一路百人论坛”发起人、中央党校创新工程首席专家。研究方向为国际关系、中国外交、多边外交与文化软实力、民族冲突管理以及“一带一路”建设等领域。

今天我们来讲软实力与跨文化交流，世界上有 70 亿人口，2700 多个民族，230 多个国家和地区，国家之间、民族之间、人与人之间的不同，都让文化变得复杂与多元。中国正在充分融入世界，跨文化交流也变得越来越重要，如何实现不同文化的沟通，讲好中国故事，是我们今天要思考的问题。

一　文化与文明

文化和文明有鲜明的区别：“文化”（culture）和“文明”（civilization）都是使用频率极高又极为模糊的概念。广义“文化”指人类的一切遗存，其形态有物质与精神之分，前者指客观存在的实体，后者则是信仰、艺术、道德、风俗等。广义的文化包括文明，文明是文化的高级形态或高等形态。目前的语境中，“文化”（culture）通常是属于石器时代范畴的概念，“文明”（civilization）通常是属于青铜时代范畴的概念，专指人类进入青铜时代以后的国家阶段。

“文化”（culture）这个单词的词根“cult-”的原始意义是“耕作”，这很清楚地表明了“文化”这个概念属于与“农耕”相联系的原始部落时代的范畴；“文明”（civilization）这个单词的词根“civ-”的原始意义是“市民”，这也同样清晰地表明了“文明”这个概念是与伴随着“市民”的出现而同时产生的“城市”及工商业相联系的青铜时代的范畴（城市 city 这个单词就是从词根“civ-”的变体“cit-”演绎而来的）。“文明”（civilization）的几个主要要素是文字、金属冶炼术、城市国家（城邦）、宗教礼仪等，都与工商业的出现密切相关。

中国传统文化可以概括为“和合文化”。何谓“和合文化”？美美与共，天下大同。就像中国人打太极，外国人打拳击。就中国太极而言，双方无论什么体重身高都可以同台竞技；而外国的拳击选手需要根据臂展/体重等分级，规定好哪些部位打了有效，哪些地方打了扣分，最后倒地要数秒等规定。有名美国学者将中国文化概括为“淡”，提出“淡色中国”的概念。“淡”字的左边是水，右边是火，象征包容与融合。我到以色列去，发现犹太人很喜欢中国人。犹太民族有1400 万人，人才辈出，像金融大鳄索罗斯、科学家爱因斯坦、外交家基辛格等，他们创造了大量的智慧和财富。犹太人到世界任何地方都会完整地保存自身的民族性格，但唯有到了中国（如宋朝的开封、二战时期的上海等），犹太人没有被歧视，他们逐渐地融入中国文化之中。德国萨克森豪森集中营改建的博物馆，其序言中有这样一段话："全世界都对犹太人关上了大门，上海是唯一的例外。"第二次世界大战期间，约有600万名犹太人遭到纳粹屠杀。上海这座万里之外同样饱经战火离乱的东方城市，却以宽广的胸怀庇护了约两万名犹太人。上述事例都从一个侧面展现中国"和合文化"的包容特性。

二　文化安全

文化看似阳春白雪，实则刀光剑影。说到文化，就要意识到文化安全，文化安全是指一个国家的主流文化价值体系免于内部或外部敌对力量的破坏，确保文化主权的独立与完整。在历史上，要彻底消灭一个国家无非两种方法，第一种是肉体上消灭，第二种是文化上同化。作为国家生存发展的主体性精神，民族精神是本民族绝大多数成员所具有的民族性格、品格、道德和风尚。民族精神表现为强烈的爱国主义情怀、强大的民族凝聚力和向心力以及民族成员对于本民族传统文化的自我认同和自我归属感。

马克思、恩格斯曾经说过的"希腊精神""日耳曼精神""法兰西精神"等就是这种意义上的民族精神；中国共产党人提倡的"长征精神""延安精神""井冈山精神""抗洪精神""抗震精神"等也是这种意义上的中华民族精神。而民族精神恰恰是一个民族赖以生存和发展的精神支柱，它的存在与否决定着一个民族的生死存亡。

传统文化是一个国家共同的"集体记忆"，是民族生活中最具权威的文化基因。如果传统文化变"虚弱"，国家就没有了根，就不知道自己来自哪里，更不知道自己去向何方。正如新加坡前总理李光耀所说："在告别过去的时候，我们有一种深刻的不安，失去传统会使我们一无所有。"一个民族，如果抛弃自己的传统文化，去追随其他民族的文化，经济现代化程度再高，也会被看作一个业已消失的民族，或者是别的民族的复制品。没有先进的科学技术，我们会一打就垮；没有人文精神、民族传统，一个国家、一个民族会不打自垮。

文化霸权是指奉行霸权主义的国家，凭借自身经济政治等优势，通过文化渗透的方式，竭力推销自己的文化价值观念，企图削弱和取代别国的民族文化，以推行对其有利的强权政治的思想与实践。美国《外交季刊》曾撰文："如果世界向同一的电信、质量和安全标准发展，那么这些标准应该是美国人制定的；如果世界逐渐被广播电视、互联网联系在一起，那么这些媒体的节目应该都是美国人编制的；如果世界向同一的语言方向发展，毫无疑问这种语言是英语；如果世界正在形成共同的价值观，那么这种价值观应该是符合美国人意愿的价值观。"

目前，世界上最知名的文化主题公园（迪士尼、默林、环球、六旗）全都在中国聚首。迪士尼乐园等带来的不仅是游乐设施，还有它的文化。其中，迪士尼模式可以概括为大片效应，即每一部经典的电影会成为迪士尼乐园的一个魅力区域。杜莎夫人蜡像馆经久不衰的原因颇多，但其中最重要的一点是在于人们强烈的好奇心。杜莎夫人蜡像馆模式可以概括为名人效应。环球影城是一个再现电影主题的游乐园，其中以多部大制作电影为主题的景点最受欢迎。六旗的发力点是满足人们寻求刺激的心态，以各式各样惊险刺激的过山车为最大号召。

目前，中国的主题公园数目已超过 2500 个，投资在 5000

万元以上的有 300 家左右。国内 70%的主题乐园处于亏损状态，20%的主题乐园处于收支平衡状态，仅 10%的主题乐园盈利。文化主题公园成功者较少，基本模式是“文化旅游+地产”模式，以地产养文化。

中国文化主题公园的“痛点”主要表现为以下几点。第一，片面强调高投资额，认为高投入即高回报，但“赚快钱”并不适用于文化产业，文化产业需要精耕细作。第二，强调商业、酒店、餐饮、演艺、旅游、养老、度假等综合要素的堆积，但没有哪一项真正有竞争优势，往往是低水平重复或盲目模仿。还有就是特别缺乏文化教育内涵，商业属性大于文化属性。第三，以第一产业的方式粗放地开发第三产业，而房地产开发是重中之重。第四，强调文化的独一无二性，因此模式很难复制。第五，卖点主要基于老百姓的“好奇心”。据统计，本土主题公园的二次消费在整体收益中占比仅为 10%，甚至 5%不到。缺乏内容和衍生品的本土主题公园收益十分单一，主要依靠门票收入。第六，不仅缺乏内容，也缺乏创新。主题公园经营有一个价值曲线——最初开园时是高峰，随着时间的推移，人流会下滑，此时必须有创新项目才能再拉升客流。很多本土业者缺乏创新，所以只能靠扩建或降价使客流回升。

我们的出路在何方呢？我认为应该打造中华文化旗舰项目，可以在南京、西安、成都等有文化底蕴的城市打造本土文化主题公园。中华文化旗舰项目应在浓缩历史文化经典素材的基础上，设立中国民俗与古村落板块、中医药与中餐文化板块、华人华侨以及少数民族文化板块、“一带一路”沿线文化体验板块等。其中，民俗要在“乡愁”上做文章，而且这也是外国人最感兴趣的内容。在这方面，韩国“乐天世界”

的经验可供学习借鉴。“乐天世界”除娱乐设施外，民俗博物馆是其一大亮点。

三 中西方文化差异

中西方文化差异主要表现在价值观与道德标准、社会关系、社会礼仪和社会风俗等方面。即西方文化主张个人荣誉、自我中心、创新精神和个性自由，而中国文化主张谦虚谨慎、无私奉献、中庸之道和团结协作。西方人平等意识较强、家庭结构简单，由父母以及未成年子女组成核心家庭；而中国人等级观念较强，家庭结构较复杂，传统的幸福家庭十分重视四代同堂等。

华裔设计师刘扬曾经在 2007 年出版了《东西相遇》一书，引起巨大反响。该书用简洁的笔画，用简单明了的图画向读者表现了中德两个社会的细节，比如两国家庭对待孩子的态度、人们旅游的方式、双方的审美观等。大部分都是人们的日常经历，让中外读者都能引起共鸣。

总体而言，国际社会包括西方国家对中国依然比较陌生（unknown），由此导致了对中国的误解（misunderstood）甚至担忧（worry）。曾经有一名加拿大官员主动问我，中国有多少人口？当我告诉他有 13 亿人的时候，他很长一段时间没有反应，因为对人口只有 3300 万的加拿大而言，他们是无论如何也想象不到 13 亿人是个什么概念。另外，有很多外国人用“谜”和“神秘”（enigmatic）等词语来描述中国，他们感觉“越试图了解中国，就越不了解中国”，从而放弃了对中国持久学习的兴趣。所以，一些西方国家总是将中国描述为“一个陌生、奇妙的世界”，并用他们的想象来界定中国。

四　文化软实力与制度性话语权

20 世纪 90 年代初期，约瑟夫·奈明确提出“软实力”概念，给国际关系研究带来新的变化。第一，首次将“软实力”提高到与“硬实力”并驾齐驱的位置，明确地将文化、价值观念、外交政策等因素视为“力量的另一面”。过去人们习惯于按政治、经济、军事、科技、文化等排序来划分实力，物质性的硬实力因素总是占据首位。软实力概念改变了人们对实力构成要素的认识，软实力不仅是手段也是目的。第二，提出了“软实力”的运用方式及其作用效果。奈曾指出“胡萝卜和大棒政策”都不是软实力（威胁和利诱，都是要迫使或诱使对方屈服），而软实力要发挥“同化式实力”，即文化观念的吸引力或国际舞台上的政治导向能力。以家长教导孩子为例，与其粗暴或利诱式地管教孩子做你想让他做的事，不如巧妙地影响和确立孩子的信念与价值观。同样地，一个国家的强盛如果能够让人钦羡、仿效而不是引起敌视、畏惧，那么实现本国利益时就不必消耗过多的硬实力。

简言之，硬实力是促使国家强大的，软实力是确保国家正确的。“软实力”是在国际事务中通过吸引力而不是通过威胁或诱惑来实现自己所期望目标的能力。用简单的话说，“软实力”就是吸引力。

2007 年，我去国外访问，对一个城市的生态环境特别是其先进理念感受颇深。这个城市有一个国家公园，公园里有一个水池，一直以来这里生活着一种本地特有的鱼类，但是长得不漂亮，是一种“丑鱼”。为了吸引更多的游客，公园管理处出于善意，决定往温泉池里投放更多的具有观赏价值的美丽、珍贵的鱼种。效果的确不错，“潭中鱼可百许头，皆若空游无所依”。但是一段时间过后，当地居民发现新来的鱼种食欲很好，什么都吃，而原有鱼种的食物却很单一，这样新来的客人将原有主人的食物一网打尽，致使原有鱼种大面积死亡。此时，当地居民要求公园管理部门必须作出回应。结果是，这些胃口不错、美丽且昂贵的新来者被捞出鱼池，逐渐又恢复了“一池水、一种鱼”的自然状况。这一“折腾”加强了当地人们对生物多样性的了解和认识，即生物多样性不是“越多越好”，而是要以尊重自然界的本真状态为前提。

结果，这一件小事提升了这一国家公园的知名度，人们口耳相传，甚至有人专门来到这里仅仅为了欣赏这“一池水、一种鱼”，因为游客从内心认同这一城市处理人与自然关系时所秉持的文化和价值。所以，我们不能轻视“口耳相传”的力量，因为这种力量能够使文化行走起来。文化是行走的经济，经济是可持续的美好，美好是认真展现的态度，态度是由内而外的文化。有没有文化，就是看能不能激发出一种与人分享的冲动。

五　提高中国文化软实力的四个方面

（一）提高国家文化软实力，首先要努力传播当代中国价值观念

当代中国价值观念，就是中国特色社会主义核心价值观，代表了中国先进文化的前进方向。党的十八大报告强调指出，“倡导富强、民主、文明、和谐，倡导自由、平等、公正、法治，倡导爱国、敬业、诚信、友善，积极培育和践行社会主义核心价值观”。从本质来说，核心价值就是国家全体公民的信仰，即人民有信仰，民族有希望，国家有力量。信仰，在笔者看来，就是一个人往下说有底线，不因别人做而做；往

上说有追求，不因别人没有便没有。底线和追求之间的空间，就是人们的信仰。

传播当代中国价值观念，要加强提炼和阐释，拓展对外传播平台和载体，把当代中国价值观念贯穿于国际交流和传播的方方面面，为此要做好以下工作。

第一，要塑造价值精品，必须要厘清文化与价值的边界。文化的发力点是生动与鲜活，价值的发力点是深刻与共鸣，要打造“有文化的价值”以及“有价值的文化”。作为城市精神，一定是这个城市最深刻的精神财富，是城市核心价值的具体体现。但是，为什么大家都记不住了？因为这样的城市精神不够生动与鲜活。这类产品基本属于“缺乏文化的价值”。有一次，笔者到新疆塔里木油田调研，在茫茫戈壁中看到一块展板上写着“只有荒凉的沙漠，没有荒凉的人生”。这十四个字是塔里木油田人的价值观，很多人看一眼就会记一辈子，原因就在于该精品属于“有文化的价值”。

第二，要塑造价值精品，必须要有坚定的文化自信。中国有文化自信的坚实基础。外国人十分钦佩中国人的归属感——对家庭的归属感、对国家的归属感，他们认为，“谁说中国人没有宗教，归属感就是中国人的宗教，因为宗教就是解决归属感问题的”。在全球化时代，中国人走到世界任何一个地方，做的第一件事情总是不约而同地“报平安”。这三个字是中国文化中大气而又优雅的内容。

（二）提高国家文化软实力，还要努力展示中华文化独特魅力

目前，国内宣传讲得比较多的是：“中华优秀传统文化是中华民族的突出优势，是我们最深厚的文化软实力。”我认

为，应对上述表述进行完善，即“中国优秀传统文化只有被成功转化，才是我们最深厚的文化软实力”，所谓成功转化就是将国际社会对中国文化资源的好奇上升到喜欢、欣赏、认同。

第一，在输出精英文化之前，要长期耐心地做好大众文化、流行文化的传播与铺垫。要使中华民族最基本的文化基因与当代文化相适应、与现代社会相协调，就要以人们喜闻乐见、具有广泛参与性的方式推广开来，把跨越时空、超越国度、富有永恒魅力、具有当代价值的文化精神弘扬起来，把既继承传统优秀文化又弘扬时代精神、既立足本国又面向世界的当代中国文化创新成果传播出去。

第二，要重视细节，重视目标受众的需求与互动。人文交流是“通心工程”，既是读心、暖心、攻心的过程，也是打造经济红利与文化精品的过程。中国与国际社会的互动，要从物理反应上升到化学反应。化学反应就是不仅要实现硬联通，更要实现软联通。2000 多年前，出现了一条举世瞩目的丝绸之路，这条路可不是人们修出来的，而是人一步步走出来的。为什么那个年代的外国人要披荆斩棘，冒着生命危险来到中国？原因可能很简单，即那个时候的中国是有极大魅力的，有这些沿线国家最需要的东西。除了有形的产品，还有无形的产品，如先进的文化、思想、理念、制度、价值等，甚至包括中国人眼中的精气神。

第三，要增强文化资源产业化与国际化的能力。一说到中国的文化资源，很多人就喜欢用三句话来描述：历史久远、独一无二、价值连城。但这三句话是有杀伤力的，所描述的事物不是一般的商品，而是稀缺性资源，由此可以迅速积累财富，但容易造成人与人关系紧张、人与自然关系紧张。其中，中国的文化资源足够多，关键是要通过资源的整合与转化，严丝合缝地对接国际需求，在“必需品”上做文章。美国的三片文化和双H战略值得我们借鉴，“三片”即美国最赚钱的“薯片、芯片、影片”以及“以好莱坞（Hollywood）为代表的休闲娱乐+以哈佛大学（Harvard University）为代表的优质教育”。因此，要系统梳理传统文化资源，让收藏在禁宫里的文物、陈列在广阔大地上的遗产、书写在古籍里的文字都“活”起来。

（三）提高国家文化软实力，还要注重塑造良好的国家形象

重点展示中国历史底蕴深厚、各民族多元一体、文化多样和谐的文明大国形象；政治清明、经济发展、文化繁荣、社会稳定、人民团结、山河秀美的东方大国形象；坚持和平发展、促进共同发展、维护国际公平正义、为人类作出贡献的负责任大国形象；对外更加开放、更加具有亲和力、充满希望、充满活力的社会主义大国形象。

时至今日，令世界关注的已不仅是“经济的中国”，更是“文化的中国”。为此，我们要做的工作主要有两点。

第一，刷新国家形象，为中国“解密”。长期以来，我们在对外宣传上过于强调中国的历史久远、博大精深、神秘古老。神秘化就意味着会被边缘化。因此，我们要为中国“解密”。

第二，秉持“知行合一”，以“和合文化”提升国家形象。“知行合一”指提出良好的理念与在现实中践行此理念是同等重要的事情。中华文化崇尚和谐，“和合文化”源远流长，蕴含着天人合一的宇宙观、协和万邦的国际观、和而不同的社会观、人心和善的道德观。

（四）提高国家文化软实力，也要努力提高国际话语权

要加强国际传播能力建设，精心构建对外话语体系，发挥好新兴媒体作用，增强对外话语的创造力、感召力、公信力，讲好中国故事，传播好中国声音，阐释好中国特色。对优秀文化和光荣历史，要加大正面宣传力度，通过学校教育、理论研究、历史研究、影视作品、文学作品等多种方式，加强爱国主义、集体主义、社会主义教育，引导我国人民树立和坚持正确的历史观、民族观、国家观、文化观，增强做中国人的骨气和底气。

“落后就要挨打，贫穷就要挨饿，失语就要挨骂。”经过长期不懈努力，我国已从根本上扭转了落后、贫穷的局面，但在国际社会“挨骂”的问题仍未得到有效解决。提升话语权，要打造深入人心的现实案例。今天，在国际关系博弈中，“治理”是国家软实力竞争的重要话语。治理的基本内涵是多元主体对公共生活的合作管理，目标是公共利益最大化。

笔者曾经参观过一个很小的城市，但这个城市体现了“治理现代化”的话语权。当地政府官员邀笔者参观城市最繁华的商业中心，在两条黄金干道十字交叉的地方却是一片废弃的工地。我很好奇，这个参观的地点很独特？原来，十年前这里曾是一家干洗店，干洗店老板以很低的价格将土地和店铺卖给当地的一个商人。五年后，城市改造开发，该地段开始升值，商人想要投资建厂，但因资金不够需贷款，银行告知在贷款前要先请第三方提供环评报告。商人请专业的环评公司去评估该项目，发现土壤存在严重的重金属超标，原因是十年前干洗店出现了化学试剂泄漏的问题，污染了土壤。这样银行就拒绝给这个商人贷款了，还立即通报其他银行和

工商部门，不能给商人开绿灯。没办法，商人只能四处筹钱请环境治理公司去清理有毒土壤。清理完毕后，商人高兴地来到银行。银行又泼了一盆冷水，要商人在限定的一年期限内连续出具四份无害报告。到时间节点上，商人发现土壤再次出现重金属严重超标的问题。原来十年前化学试剂泄漏太严重以至于污染了周围的整片土壤。其他店铺下面也存在有毒物质，而商人买的土地恰恰是一块洼地，周围的有毒物质很容易被雨水再次冲积到此。所以十年后的今天，原本“寸土寸金”的地块依然是一片废弃且正在治理的工地。但是，这片废地反倒成为这一城市的地标。

从此之后，每个土地购买者交易之前先要评估土壤（有毒就不买了），经营期间一定要呵护土壤（否则污染了土地日后将无法出售）。这就是公共利益最大化的典型案例。很多人慕名来到这个城市，因为他们对这里的土壤、水、空气、食品和秩序很放心，能感受到在这里工作生活是安全、可靠且有预期的。

软实力的核心是文化，文化的核心是价值，研究文化说到底是研究价值，传播文化说到底是传播价值。跨文化交流如果只是在表层做文章，是无法真正实现“通心”的。

给大家看我觉得最为震撼的车牌，这是加拿大经济最发达的省——魁北克，但是车牌异常朴素，没有五颜六色的图案，上面只有三个单词，翻译成中文就是“我记得”或“不要忘记”。我就很好奇，为什么要把这三个法语单词放在上面呢？当地人说这来自一首法语诗：“我记得，在法国的百合花下诞生，在英国的玫瑰花下成长。”画面的意象很美，但是深层含义是什么呢？魁北克有 700 万名法国殖民者留下的后代，而加拿大属于英联邦成员国，需要效忠于英女王。但在魁北克，人们无时无刻不在提醒自己：尽管距离法国万里之遥，但是自身文化的根在法国。所以，人们的情感由最开始的好奇，上升到对法国文化的欣赏和认同，这就叫有效传播。这样的文化是行走的文化，是“活”的文化。

最后做一个总结，国家实力有三个层次来源。第一个层次是“地质圈”的实力来源。每个国家在对外宣传的时候，讲得最多的肯定是描述经纬度、面积、资源、古迹等，基本属于有形可见的物理层面、地理层面的实力来源。比“地质圈”高一层次的是“生物圈”的实力来源，这个层次做的不是一件件具体的事情，而是要处理一系列复杂微妙的关系，最核心的是人与自然的关系（生态）以及人与人之间的关系(民生)。比“生物圈”还高一层次的是“思想圈”，就是在教育、媒体、艺术、文化、标准、规范、价值、亲情、信仰、追求等无形的领域发力。在人类社会中，越强大恰恰越无形，一个国家软实力的强大，必须要在“生物圈”与“思想圈”层次发力。

“跨文化交流”五个字，“跨”的核心是激发一种与人分享的冲动，由此文化便能够“行走”，纵横捭阖。能够交流的“文化”一定是有温度的，不仅生动，更须深刻。“交流”的要点是相互欣赏、相互理解、相互尊重，由此构建助益“通心工程”的人文格局。世界上有两种讲故事的方法，一种是人用嘴讲故事，另一种是人用行动去讲故事，而后者本身是在创造故事。跨文化交流必然是大道至简，简到一块车牌、一个公园、一片工地，这都是交流。目的是创造人文格局、文化条件，实现“通心工程”。

（志愿记录者：娄凯皓）

第五讲　全球治理与中国参与

讲课人：张传红

讲课时间：2021 年 4 月

张传红，博士，中国农业大学人文与发展学院副教授，博士生导师，中国国际发展与全球农业学院国际发展援助研究中心主任，中国国际发展研究网络秘书。曾到牛津大学中国中心、加州大学戴维斯分校政治学系做访问学者。研究方向包括农村转型与国际发展，具体包括中非农业合作、国际发展合作、性别与发展等。主持国家社科基金、多项省部级及国际合作课题，在 *Journal of International Development*、*Journal of Integrative Agriculture*、*IDS Bulletin*、《现代国际关系》、《妇女研究论丛》等 SSCI（SCI）及 CSSCI 来源期刊发表多篇中英文论文，其中两篇中文文章被《人大报刊复印资料》及《中国社会科学文摘》摘录，发表译著一部，参与编写多部著作。

什么叫全球治理？为什么全球治理这个问题变得这么重要？中国在全球治理方面又有什么样的重要作用？在当前国际形势下，全球政治仍然是影响全球治理问题最重要的因素，尽管全球化进程的深化使得参与国际政治的行为体出现了多元化的趋势，如多边机构、跨国公司、非政府组织都是国际政治中重要的行为体。但相比较而言，国家仍然是国际政治中最重要的行为体，国际政治的核心问题仍然是国与国之间的关系问题。今天我从国际关系的角度来给大家分享一下全球治理的问题。全球治理背后隐含的国际关系规则是什么？有哪些方法可以增加对全球公共产品的供给问题？从全球治理这个角度应该遵循什么样的规则？从历史的角度来看，中国参与全球治理的过程是怎样的？在当前的国际形势下，应该如何提升中国参与全球治理的能力？这就是我们本讲要跟大家探讨的几个核心问题。

一　全球化与全球治理

首先，我们要了解为什么会有全球治理这一问题？从根本上说，全球治理产生的原因是全球化。我们生活在一个全球化的时代，每个人的生活其实都不能脱离全球化对我们的影响。比如，你穿的鞋可能是斯里兰卡一个工厂制造的，你的消费偏好可能就会影响到斯里兰卡某一个工人的生计问题。我们用的车或者电子产品，都处于一个全球价值链之中。全球化给我们的生活带来了很多便利，也让我们有更多的选择，包括产品和就业选择。大家都知道苹果手机是美国的品牌，高盛公司 2018 年的一份报告指出，在苹果智能手机的全球供应链中，中国的生产成本占 25%~35%，其中 15%左右为零部件加工和最终组装所投入的劳动力成本。苹果公司有 347 家工厂设在中国大陆，比例高达 46. 4%。其中核心部件工厂、非核心部件工厂以及包装和组装厂设在中国大陆的比例分别为 30. 5%、54. 1%和 71. 32%。2017 年物料清单显示，iPhone 的供货商有美国、德国、日本、韩国、中国台湾、中国大陆等 14 个国家和地区的 183 家企业。当然，从消费的角度来看，苹果的客户更是遍布全球。所以，我们抵制苹果手机，受伤害的不仅是美国的总公司，还关系到很多中国劳动者的就业问题。

当然，全球化带给我们的不仅是便利的消费及各种发展机会，还给我们带来了很多的风险和问题。因为全球产业链的存在，一个国家的危机可能会蔓延到其他国家，如乌克兰危机就带来全球通货膨胀及粮食安全问题。再一个就是因全球化带来的全球人口及物资的流动造成疾病在全球范围内传播的问题，这次新冠疫情就是一个典型的例子。在全球化的背景下，没有一个国家能够独善其身。当然还有气候变化问题，每个国家都遵守规则，才可能抑制全球气候变暖的趋势。一个国家的环境污染也会给其他国家带来伤害。

所以说，全球化是一把双刃剑。在 20 多年前很多人就已经意识到这个问题，如 1999 年 11 月 30 日，反全球化人士在美国西雅图举行大规模游行，导致原定举行的世界贸易组织会议开幕式被迫取消，这就是著名的“西雅图风暴”，也被认为是“反全球化运动”的开端。2008~2010 年起源于美国后来演变成全球性的经济危机，更是进一步印证了全球化的负面作用，“逆全球化”浪潮开始蔓延，很多国家开始排斥全球化的全球秩序，尤其是排斥完全基于自由市场主义的自由化的国际秩序。最近发达国家甚至在这个过程中起了主导作用，如美国在特朗普上台之后，开始倡导美国优先政策，对中国及主要贸易伙伴征收高额关税，实施贸易保护主义，还退出《巴黎协定》等全球性气候变化议程，进一步推进了“逆全球化”潮流。全球疫情的蔓延，更是为全球化带来了一些客观障碍。“逆全球化”浪潮的蔓延，对二战以来建立起的全球治理体系是一个很大的挑战，如何在新形势下重建新的全球治理体系就成为一个比较迫切的国际合作问题。所以，全球化既是全球治理的原因，又是全球治理的目标，要让全球化更好地为全球发展和全人类福祉服务，同时尽量克服全球化带来的问题。

那么什么是全球治理？接下来让我们了解一下全球治理的概念。简单地说，全球治理就是协调全球范围内各类不同的利益相关者形成合力，提供全球所需要的公共产品。从广泛意义上来说，不同的利益相关者既可以包括全球或区域层次的国际机构如政府间的国际组织、非政府组织、跨国公司，也可以包括主权国家政府、国内各级政府、社会组织及个人等。从国际政治的视角来看，国家行为体、非国家行为体（包括超国家行为体和跨国行为体）是全球治理主要参与者。

从全球层次来看，联合国是超国家行为体，是处理全球治理最重要的国际机构，成立于 1945 年，其最初目标是维护全球安全，防止各类危机和冲突。但联合国并不直接跟全球的个体民众打交道，而是将各主权国家的政府聚集在一起，共同商讨全球议题。联合国目前有 193 个成员国，每年定期召开联合国大会，还设有安理会、国际法院、经社理事会等不同的机构处理更广泛的全球安全与发展问题。联合国的决策通过其秘书处传达，秘书处的最高领袖为秘书长，现任联合国秘书长为古特雷斯。除了联合国，其他国际机构也在全球治理中发挥着重要作用，如世界银行、国际货币基金组织在规范全球经济和信用市场方面发挥着重要作用。

除全球层次的国际组织外，其他类型的国际机构也对全球治理产生重要影响，如欧盟（EU）、亚太经合组织（APEC）、东盟（ASEAN）等区域性组织对区域内各成员国政策的协调发挥重要作用。同时，由一国或多国共同发起的倡议和战略联盟也可以发挥重要作用，如中国的“一带一路”

倡议、亚洲基础设施投资银行。另外，一些倡导组织和联盟也对全球治理产生重要影响，这些组织虽然没有条约约束，但它们具有重要的议程设置能力，如七国集团（G7）、二十国集团（G20）、世界经济论坛等。最后一类是多重利益相关者机构，如万维网联盟，也叫 W3C 理事会，（World Wide Web Consortium），这些机构对协调和制定全球性的行业标准和规则发挥重要作用。

需要指出的是，尽管国际组织在全球治理中发挥着重要的作用，但起核心作用的仍然是主权国家，大部分国际组织实际功能的发挥都离不开各主权国家政府的支持。而各主权国家的政府在参与国际事务的过程中要考虑很多因素，如本国内部的政治经济环境和国际环境因素。在这里，我们不谈国内环境，仅从国际关系的角度来探讨国际治理的问题。需要指出的是，国与国的关系不仅取决于政府与政府之间的关系，还取决于一些非国家行为体之间的关系，除了我们前面提到的国际组织之外，还包括国内的各种组织，如地方政府、民间机构以及个人。由于目前更便利的交通和通信能力，我们很容易与世界上每一处角落的人建立起联系。我们每个人不是只能被动地接受这个全球化进程，也可以发挥个人的主观能动性，我们自己的决策与选择也会影响这个全球化的过程。如我们每天的垃圾分类行为就可以为减缓全球气候变暖做出贡献。

二　全球治理的核心问题——全球公共产品供给

（一）公共产品与全球公共产品的概念

回到全球治理上来，全球治理的核心问题（Key problem）

是什么呢？当然是全球公共产品的供给问题，那我们就首先来了解一下公共产品的概念。如果我们需要私人产品（private goods），我们会到市场上去买。在现代化的社会中，要让市场充分发挥功能，必须有便利的交通条件，如道路和红绿灯，没有道路和红绿灯，你很难到市场去，而道路和交通信号灯就是公共产品（public goods）。所以，在日常生活中，我们不仅需要私人产品，也需要公共产品。人们可以在市场上购买到私人产品，付款后购买者就获得了对产品的所有权，别人无权对产品的处置和使用进行干涉。也就是说，私人产品具有很强的排他性。

而公共产品与私人产品具有根本差别：首先，对公共产品的使用不具有竞争性和排他性，如一些人对交通信号灯的使用并不会限制其他人的使用；其次，公共产品功能的发挥建立在人们遵守一定规则的基础上，交通信号灯之所以能够发挥作用，是基于人们对其功能的认可和共同的行为，如果有人不遵守规则，那么公共产品的效用就会降低。这就是公共产品的外部性（externalities）问题，如果公共产品的正向功能不能发挥，那就可能变成公共灾难（public bads）。如对妇女的免费教育不仅能够提升妇女的自我价值，还对儿童的健康和教育产生正面影响。而对河流的使用可能会带来人类灾难，如大家都往河里倾倒垃圾，就会损害自然环境和人类健康。我们需要注意的是，在私人物品和公共物品之间，还有一类被称为半公共产品，如俱乐部产品，只对某些人来说是免费的，而对另外一些人来说不是免费的。

对公共产品需求的非竞争性和非排他性决定了公共产品的供给问题不能通过市场机制来解决，而必须通过集体合作的力量来提供。有学者从一开始就把公共产品的供给问题称为“市场失灵”问题（market failure）。因为个人是否贡献力量对公共产品的利用影响不大，在市场经济条件下，集体成员中经常有人不愿意为提供公共产品做出贡献，大卫·休谟将此称为“搭便车”问题（the free-rider problem）。除了供给问题，对公共产品的过度使用会导致加勒特·哈丁提出的“公地悲剧”（the Tragedy of the Commons），如牧羊人对公共牧场的无限制使用就是一个典型的例子。

公共产品的供给需要集体合作，但在现实生活中，合作是非常困难的，存在集体利益（collective interests）与个体利益（individual interests）之间的权衡。也就是我们通常所说的“囚徒困境”，其核心问题是缺乏沟通和信息不对称，导致大家会做出看似对自己有利其实对自己有害的选择，而这在涉及公共产品供给时尤其普遍。

对一个国家来说，市场失灵的问题可以通过有效发挥政府作用来解决，政府可以统筹利用税收收入来提供公共产品。但正如我们前面所讲到的，随着全球化的深化，每个国家和个人的生产生活都跟全球化息息相关，全球公共产品的供给问题成为我们必须要关注的一个核心问题。那么，什么样的产品才是全球公共产品呢？我们谈到“全球”，一般是指地理意义上的概念，与区域和国家相对应。显然，如果一个公共产品只对某一个国家或区域有利，那就算不上是全球公共产品，如北约在冷战期间为其成员国提供的安全防护就算不上全球公共产品，只能算是区域公共产品，本质上是我们前面提及的俱乐部产品。但是，目前全球公共物品的概念远远超越了地理范畴，如非洲国家的一个减贫项目如果能够解决当地民众的贫困问题，满足当地人民的需求，也可以被称为全球公共产品，因为当地发展可以避免冲突和战争，为世界带来和平。

全球公共产品包括有形产品和无形产品。如环境和人类共同的自然遗产是有形的，世界和平与全球金融市场的稳定是无形的。

还有一类是中间型公共产品，他们能够为最终公共产品的供给做出贡献，如国际机制。正如交通信号灯等公共产品功能的发挥需要公众遵守规则一样，全球公共产品很多情况下也是集体行动的结果，从这个意义上来说，建立一种大家都接受的国际机制和规则至关重要。很多领域全球公共产品供给需要有效的国际干预，因此，国际机制的协调作用是不可或缺的。

我们做国际发展的同学必须要明白的是，发展是一个重要的全球公共产品。邓小平同志在 20 世纪 80 年代提出和平与发展是当今世界的两大主题，到现在已经过去快 40 年了，这一判断仍然没有过时。国与国之间的发展差异所造成的不平等问题，以及由此造成的国际权力分配不公正问题往往是造成国际冲突的根本原因。目前国家间的发展差距呈现出明显的南北差异，也就是说大部分发达国家都处于北方，而广大发展中国家处于南方。从全球层次来看，发展问题很大程度上是指“南方”的发展问题，也就是广大发展中国家的发展问题。

全球发展议题包括的领域除了我们上面提到过的减贫议题外，和平与安全、气候变化、健康、文化遗产以及发展知识等都属于全球公共产品的范畴。全球健康一直是全球发展合作最重要的领域，比如，美国对外援助最大的部分就是公共健康领域。全球健康是一个典型的全球公共产品。

同时，我们还要意识到，全球公共产品并不都是正向的，也有一些带来负面影响的全球公共产品，英文中有人直接把这些产品称为“public bads”。如全球范围的金融危机、网络犯罪、传染病等。新冠疫情的全球传播，就是一个典型的public bads 的例子。

（二）全球公共产品供给问题

全球公共产品的供给与区域或国家层次公共产品的供给存在明显的区别。如果把我们的国内环境和国际环境相比较，大家觉得最大的差别是什么？很显然，任何一个国家内部都有一个权威的、层次严明的等级关系和等级体制，如有至高无上权威的中央政府，还有服务于中央政府的地方政府。在这个等级体制下，国家内部有能力的公众要将自己的部分收入通过纳税的形式上缴给国家，国家可以根据公众的需求提供公共产品。但从全球层次来看，国际社会在很大程度上是一个无政府状态。国与国之间，主权政府是至高无上的，在主权政府之上没有更高的权威。联合国虽然在建立和维护国际规则体系中发挥着重要的作用，但它只是一个国家之间的联盟，在某种程度上它的合法性还取决于各成员国政府的承认和支持，因为它的会费都来自成员国。在有些议题上，联合国不能摆脱某些大国对其政治和行动议程的操作，而且很多情况下它也没有强制约束力。比如国际法院，某一个判决可能对一个国家不太有利，那么这个国家可以说我不接受。这个时候国际法院也没办法。因为它并不拥有像主权国家政府这样的国家机器的权威，在一种类似无政府状态的国际体系中，国际机构能发挥的作用还是比较有限的。

那么，在这种无政府状态下怎样解决全球公共产品供给问题呢？上文我们提到，公共产品的特性决定了在供给过程中存在的困难——“公地悲剧”、“搭便车”和“囚徒困境”。也就是说，不管你贡献多少，你享受的数量都是一样的。同时，因为各供给主体在信息缺乏和不对称的条件下，很难做到彼此信任。在全球公共产品的供给中也同样存在这样的问题。从国际政治的角度来看，尽管全球化过程让很多非国家行为体或超国家行为体在供给全球公共产品方面做出贡献，但全球公共产品供给的主要力量仍然是主权国家。如何在一个无政府状态的全球体系中建立游戏规则，供给更多公共产品，国际社会一般会遵循以下三个核心原则。

（三）全球公共产品供给的三个核心原则

1. 统治性原则

第一个原则是统治性原则。从本质上说，这一原则就是在一个无等级关系的体系中使用强制手段建立起来一个事实上的等级制度。尽管国际社会一直倡导国家不分大小、强弱，国家主权是平等的，任何国家的诉求都应该得到尊重。但不同国家实力的差异，让国际社会呈现明显的分层现象。霸权国/超级大国（Hegemon/superpower）、中型国家（middle power）和小国（small nations）之间的国际地位呈现明显的差别。霸权国的话语权要高于其他国家。在整个无政府状态的国际体系中，霸权国会联合其盟友制定规则，然后通过威慑和强制力量让其他国家接受其规则，并承担相应的责任。这是大国处理国际关系的一个普遍原则，也是二战后国际秩序建立的根本特征。如二战之后以美国为首的国家建立起来的联合国、国际货币基金组织、关贸总协定（世界贸易组织前身）、世界银行等国际机构为维护国际和平与稳定、促进全球发展发挥了重要作用，这个国际秩序在一定程度上发挥了提供全球公共产品的功能，或者说这个秩序本身就可以称为一种全球公共产品。

通过大国的威慑力量强制成员国贡献公共产品，减少集团内部的冲突，一旦规则确定，即便是小国感觉到不公平，因其本身力量不能与大国尤其是霸权国相抗衡，也必须接受。这一原则是基于国际政治现实主义的典型，将国家内部的权力等级体制推广到国际体系，在这一过程中，霸权国及其盟国自身的价值观也被强加到其他国家，将全球公共产品的定义带偏。

但是，这种以强制和威慑为基础的规则会固化国家之间不平等的国际地位，也会遭到其他国家的反抗，霸权国需要承担昂贵的维持规则的成本。一旦霸权国的霸权地位产生动摇，这种规则可能遭遇反抗，反抗的方式可能会以“弱者的武器”的形式出现，如在一些投票的场合，小国可以选择投弃权票来体现自己对霸权国主导的国际秩序的不满，有时候会采取恐怖主义的方式对抗这种霸权。同时，大国内部可能也会因为争夺霸权地位而产生冲突，导致这一原则基础上的解决方案失效。

一个跟课程很相关的案例就是 20 世纪 80 年代西方国家联合世界银行、国际货币基金组织在广大发展中国家推行的“结构调整计划”（Structural Adjustment Programs，SAPs）。在新自由主义意识形态的指导下，国际货币基金组织、世界银行与其他一些机构推行了所谓的“华盛顿共识”（这些机构的总部位于华盛顿特区）。一系列“结构调整计划”被强加于发展中国家，旨在确保它们能偿还债务并重组经济。但这些政策要求贫穷的国家减少在医疗卫生、教育与发展等方面的开支，优先确保债务偿还和其他华盛顿共识所要求的经济政策，如将国有企业私有化、采用自由化的贸易政策、削弱政府职责等。发达国家将自己的发展模式以全球公共产品的方式强加给其他国家，从后果来看，并没有真正促进广大发展中国家的发展，而且还大大降低了发展中国家人民的生活水平。

2. 对等性原则

解决全球公共产品供给的第二项原则是对等性原则。该原则又可以理解为等价交换机制，用赏罚分明的原则来解决公共产品供给的问题。也就是说，对那些遵守规则、贡献公共产品的国家给予奖励，而对那些不遵守规则、不按照规则贡献的国家施加惩罚。当然，这个原则的实施也要基于已有的规则。

对等性原则的特点是执行成本非常低，不需要霸权国或维持秩序的国家付出昂贵的费用，因为是基于平等交换原则。但它同时具有正向和反向对等，比如英语中有一句叫“You scratch my back, I scratch yours.（你给我挠背，我给你挠背）”，这就是典型的对等性原则。反向对等的表现是“以牙还牙，以眼还眼”，如果对方首先打破对等关系，那么它可能会造成恶性循环，一方可能会认为对方有不良行为而对对方进行惩罚，而对方很可能做出回应。如一个国家得知可能会给它带来威胁的邻国正在投资开发核武器，那么为了维护自身安全，它也会增加核武器开发的预算，军备竞赛随之产生。当然，军备竞赛会促进和平还是战争，这是一个非常有争议的问题，但如果全世界大部分国家都在为战争做准备，那投入到发展和民生改善的预算就会减少，总体上不利于全球公共产品的生产。

同时它还存在另外一个问题，高估与低估问题。在现实生活中，完全平等的情况是很难达到的，平等是很难计算出来的。从人性的角度来看，人们经常会高估自己的善意，而低估别人的付出，而对方恶意却经常出现被高估的情况。从全球层次来看，对全球公共产品的贡献有时候很难用量化的方式来测量，严格意义上的平等在很多情况下都是不存在的。那么在这种情况下，就需要提供规范与制度基础来维持对等性原则。比如 WTO 提供了一种全球贸易规则，这个规则就具备我们前面提到的中间公共产品的特征。但这个规则是不是对所有国家都是公平的，其实也是存在很大争议的。近年来，全球贸易争端频频发生，WTO 的权威不断受到挑战，对 WTO 改革的呼声也不断增强，这些都是全球治理面临的重要问题。

3. 认同原则

简单地说，认同原则就是让所有的国家统一认识，形成统一的身份，采取步调一致的行动，“天下一家亲”。各国都不讲自我利益，不惧怕牺牲自我，自愿为他人谋利，把每个人都当作家人，对待他们就像对待同根同源的亲戚、亲人，这就是认同原则。如果这个原则能够得到贯彻，世界所有问题的解决都可以形成全球合力。中国推动建设的“人类命运共同体”就是向这个方向努力。

然而，应当指出的是，这一原则具有很强的理想主义色彩，在世界各国经济发展水平、文化制度、公众认知差异巨大的情况下，建立全球范围内统一的认同是非常难的。但在特定领域，如气候变化领域，让大家都认识到气候变化对我们每个人及后代的影响，还是非常可能的，这就取决于各国一致的政策倡导。因此，人类命运共同体的建设应该找到对应的领域，以政策协调为突破口，逐步推进。需要注意的是，人类命运共同体是建立在倡导多边主义和“和而不同”的基础之上的，不涉及文化制度优劣的问题。如中国率先提出将疫苗作为全球公共产品，就是一个建立全球范围认同很好的范例。二战后，德国自动放弃开发核武器，也是对全球安全规则的认同。自此，德国的身份也从一个二战期间好战的纳粹国家，转变为爱好和平的国家。

但是，在现实的国际关系中，认同原则往往被一些国家的政客用来搞小圈子，而妖魔化其圈子以外的国家。如美国拜登政府上台后，搞所谓的“民主国家联盟”，召开“民主峰会”，其目的不是解决全球问题形成合力，而是自己的私利，拉拢一帮国家，排斥另外一些国家，这其实对全球治理问题的解决是极为不利的。当然还有一些极端宗教组织，他们内部有很强的“集体认同感”，但同时具有高度排外和仇恨其他团体的弊端，是极不可取的。

当然，这三个原则都是基于国际政治视角的，其前提假设是主权国家是提供全球公共产品最重要的行为体。在当今世界，除了国家行为体和超国家行为体（如联合国、世界贸易组织等）外，还有一些行为体也发挥着重要作用。

三 非国家行为体在全球治理中的作用

在整个国际体系中，最主要的行为体仍然是各主权国家的政府。随着全球化的不断深入，非国家行为体对全球治理的作用也越来越重要。非国家行为体指主权国家以外的国际行为体，包括各种跨国行为体和超国家行为体。跨国行为体指在多个国家和地区设立分支机构开展活动并产生影响的行为体，如跨国公司、国际民间机构、国际基金会、国际社团、国际政党等。超国家行为体指由国家或国家内的组织或个人创建或参加的各类政府间和非政府间的国际组织，前者如联合国、欧盟，后者如国际红十字会、国际奥委会等。

当然，非国家行为体还包括一些不被认可的国家，如某一个国家的前殖民地或者属地，如波多黎各、法属几内亚、百慕大、关岛等，他们跟所属国家的关系也是全球治理的重要内容。如波多黎各的居民虽为美国公民，但并不完全享受美国公民的待遇，没有参与选举美国总统的权利。梵蒂冈是一个非常有意思的地方，它是天主教教廷所在地，具有超越国家的权威，起到非常大的宗教作用，有非常强的自主权。还有亚国家行为体，亚国家行为体指的是国家内部具有一定独立性的行为体，比如美国的俄亥俄州，虽然是美国的一个州，但是有自己独立的国际贸易部门，它的国际贸易部门可以在一定程度上独立于美国联邦政府，自由地与其他国家签署贸易协定。

政府间组织（intergovernmental organization，IGO）比如石油输出国组织、世界贸易组织、非盟、联合国等，都是政府间组织。它们的成员仍然是各个国家的政府，它们在全球治理中的作用前面已经提及，这里不再赘述。

近年来，非政府组织（NGO）在全球治理中的作用越来越凸显。它们发出各种倡导，并积极采取行动。如盖茨基金会通过其强大的财力基础、专业的团队和全球动员能力为非洲对抗疾病和减贫做出了重要贡献。中国国际扶贫基金会近年来在中国的国际发展合作中发挥了重要作用，其“爱心包裹”项目走向全球，为帮助贫困国家和地区的儿童渡过难关提供了积极的帮助。

需要注意的是，很多NGO其实背后都有政府的影子。如发起抵制中国新疆棉花的“良好棉花倡议”（BCI），表面上看是一个制定标准的棉花行业协会性质的NGO，但实际上它长期接受美国国际开发署（USAID）的赞助。炒作新疆棉花事件其实是BCI利用自己强大的行业影响力，与主权国家的政府联合打压中国棉花的一个典型案例。我们通常的印象是，NGO和政府没有关系，实际上很多西方国家NGO的“金主”都是政府。几年前有一名德国的学者，他讲德国的NGO 70%以上的资金来自德国政府。

多国公司也会对国家政治产生影响。多国公司和跨国公司实际上是非常相近的概念。多国公司叫multinational corporations，跨国公司叫transnational corporations。多国公司一般总部在一个国家，然后出资在其他的国家建立分部，比如麦当劳、肯德基、耐克、H&M等。这些公司在从事跨国经济商业活动时，应该遵守东道国还是母国的法律，以什么样的比例按时纳税，是否遵守东道国环境标准，是否承担相应的企业社会责任，这些都是全球治理的重要内容。跨国公司对全球价值链的影响，对新技术的掌控，对东道国经济政治政策的影响，在有些情况下甚至超越主权国家政府对全球治理的影响。2009年起源于美国的金融危机导致以跨国资本炒作为基础的投资银行破产，对全球经济产生了巨大影响，至今仍然深刻影响着全球治理结构。

不管是NGO还是多国公司，其背后或多或少都会有主权国家政府的身影，所以很多全球治理的问题可能是多个行为体（包括国家行为体和非国家行为体）共同参与的结果，全球治理是一个越来越复杂的大工程。

四 中国与全球治理

中国具有数千年的文明史和当今世界第二大经济体的体量，中国跟世界的关系已重新成为全球关注的焦点，任何关于全球治理的讨论都不能离开中国。在这样的时刻，作为中国的学者、中国的青年一代，在思考中国与全球治理的问题时，需要思考的不仅是中国能从世界获得什么，还要思考中国能够为世界贡献什么。关于这一点，赵汀阳在其《天下体系》一书中曾经这样写道："对于世界来说，中国所能够贡献的积极意义是成为一个新型大国，一个对世界负责任的大国，一个有别于世界历史上各种帝国的大国。对世界负责任，而不是仅仅对自己的国家负责任，这在理论上是一个中国哲学视界，在实践上则是全新的可能性，即以'天下'作为关于政治/经济利益的优先分析单位，从天下去理解世界，也就是要以'世界'作为思考单位去分析问题，超越西方的民族/国家思维方式，就是要以世界责任为己任，创造世界新理念和世界制度。"

为了在新的全球形势下找准自己的位置，处理好中国与世界的关系，更有效地参与全球治理，我们需要从历史的视角分析中国曾经倡导的"天下体系"，并沿着这个体系来看其历史变迁。在这里，让我们先简单地回顾和分析中国处理其与世界的关系所经历的六个阶段。

（一）公元前3世纪至1839年："中"国，天下体系

自秦朝实现统一一直到鸦片战争之前，尽管中国经历了历朝历代的更替，但一直用天下体系认识和处理与其他国家之间的关系。根据赵汀阳的理论，中国自古以来所称的天下首先是一个地理概念（人类可以居住的整个世界），超越西方的帝国疆土的概念，其次具有心理意义上的"民心"的意义，同时还是一直具有世界性的社会制度。所以中国自称为"中"国，意思就是世界的中央，四海国家都要围绕这个中心来发展，所以有"四海一家"，"家—国—天下"的责任，形成了中

国人的“天下观”。

这种“天下观”一直反映在历史上中国跟外部世界相处的实践中。如从整个中华文明的历史来看，汉族文化主导的中国很少有向外侵略的历史，即便是在最强盛的汉唐时期，中国与周边国家的关系也几乎是平等的。从整个历史潮流来看，中国汉文化主宰的朝代很少有侵略性的行为，大多是因自卫或受逼迫卷入战争，这一点与以资本主义扩张为特征的殖民体系具有很大区别。实际上我们传统当中没有殖民侵略。如大家所熟知的朝贡体系，从字面意思上理解，似乎“朝贡”就是指那些臣服于中国的周边国家要向中国进贡。但从历史实践来看，中国的这个朝贡体系并不是那种等级特别严格的，不是割占领土、索求贵重的礼物，周边国家来朝进贡，而中国的皇帝也会赐给这个国家更昂贵的礼物。很多时候更像是一种“穷富亲戚之间的走动”，他们拿着他们的土特产来了，走的时候我们可能给他一些更贵重的东西，这就是中国的朝贡体系。在中国人日常的生活实践中，我们也是这样的。

我们说亲戚到你家来，如果是穷亲戚，你一般不在意他是否给你买特别贵重的东西，很多时候你还得给他带点他没有的东西，所以它更是一种互助，更是一种基于他只要承认你是老大哥就觉得很自豪的关系。一直到 1839 年，中国一直有这样的思维方式，中国在国际体系中，即使到了明清时代，“天朝上国”的骄傲也让中国不愿意主动与外国产生交往。

直到 18 世纪后半叶，欧洲人还对中国充满崇拜之情，在欧洲人的传说中，中国人是“全世界最聪明最礼貌的一个民族”。中国的儒家文化让整个国家就像是一个和睦的大家庭，统治者充满仁慈，老百姓诚实而有礼貌。莱布尼茨说，中国老百姓“服从长上，尊敬老人。……中国（即使）农夫与婢仆之辈，日常谈话或隔日会面之时，彼此非常客气，其殷勤程度胜过欧洲所有贵族。……”

1792年（乾隆五十七年），英国精心准备了礼物派马戛尔尼使团访华，试图与中国建立外交关系，但当时的中国仍然以为自己是“天朝上国，物产丰饶”，导致与英国发展外交关系失败。

（二）1840~1911年：中国被迫卷入全球化

19世纪上半期，为了打开中国对外开放的大门，为资本主义全球扩张扫除障碍，以英法为首的资本主义国家不断非法向华输出鸦片等违禁品，遭到了中国人民的反抗。1840年，英国政府以林则徐的虎门销烟等为借口，决定派出远征军侵华。1840年6月，英军舰在海军少将乔治·懿律、驻华商务监督义律率领下，陆续抵达广东珠江口外，封锁海口，鸦片战争开始。

鸦片战争以中国失败并赔款割地而告终。中英双方签订了中国历史上第一个丧权辱国不平等条约《南京条约》。中国开始向外国割地、赔款、商定关税，主权严重受损，开始丧失独立自主的地位，沦为半殖民地半封建社会，并促进了小农经济的解体。自此，中国从一个闭关锁国的封建国家，在资本主义坚船利炮的攻击下，被动卷入了全球化过程，沦为了半殖民地半封建社会，近现代中国人民反抗外来侵略的序幕也由此揭开。

（三）1912~1949年：中国积极向全球化靠拢，但受伤严重

西方列强的不断入侵与清王朝的丧权辱国，让国民看到

了封建君主专制制度的腐朽无能。为了反对帝国主义和封建主义，实现民族自强独立，中国社会各阶层都进行了不懈努力。但是，从太平天国到洋务运动、从义和团到戊戌变法，都没有推翻中国封建帝制，直到1911年的辛亥革命以后，才迫使清帝退位。孙中山在领导革命过程中，第一次响亮喊出"振兴中华"的口号，在中华大地上建立起亚洲第一个共和制国家。

尽管辛亥革命的成果被军阀窃取，但民主共和的理念深入民心。在探索中国道路的过程中，西方的科学民主思想还在中国广泛传播，中国人民也睁眼看世界。为推翻军阀、实现国家统一，孙中山先生曾经多次向欧美国家及日本请求援助，但都遭到拒绝。只有刚刚取得革命胜利的苏俄向中国伸出了援手。在苏联的影响下，孙中山先生提出了"联俄、联共、扶助农工"的三大政策。

重新瓜分世界的凡尔赛和约，无视中国的战胜国地位，将德国在山东的特权转让给日本，为后面日本公然发动对华战争提供了有利条件，也让中国人民看清了西方国家对待弱国的态度。为了彻底摆脱军阀和西方对中国的控制，在中国共产党的带领下，中国彻底推翻了压在中国人民头上的三座大山，走上了社会主义道路。

在这一时期，中国作为一个大国，在国际舞台上的作用不容忽视，二战结束后，中国作为创始国之一，加入了联合国，同时也是世界卫生组织的创始国。

（四）1949~1976年：美苏对立下的中国

二战后的美苏争霸，让很多国家都不得不选边站，中国作为社会主义国家，被排斥在以美国为首的西方资本主义阵营之外。随着中苏关系的破裂，中国与第三世界国家的关系逐渐密切。1954 年，周恩来总理在访问印度、缅甸时，与印、缅两国总理共同倡导了和平共处五项原则：相互尊重主权和领土完整、互不侵犯、互不干涉内政、平等互利、和平共处。大家知道这个和平共处五项原则至今仍然是我们对外交往的首要的原则。和平共处五项原则提出之后，受到了其他发展中国家的支持，和平共处五项原则成为万隆会议和不结盟运动的基础。

1955 年万隆会议召开，29 个实现了民族独立的亚非国家参加了这个会议，这是第一次没有殖民国家参加的大规模国际会议。会议通过了《亚非会议最后公报》，提出了各国和平共处的十项原则。该原则其实是对周恩来总理提出的和平共处五项原则的延伸。周恩来总理受邀参加会议，并提出了“求同存异”的主张。这是新中国成立以来，中国对全球治理议题产生宏大影响的一次活动。在此之后，中国跟亚非拉国家的关系更加密切。

1971 年，中华人民共和国恢复了在联合国的合法权利包括安理会的五大常任理事国之一的身份。联合国安理会常任理事国的意义对我们来说太重要了。举一个例子，联合国可以对一些发起侵略的国家进行制裁，这个制裁必须得五大常任理事国均不反对，其他十个成员国中至少四个承认才可以。当然这个规则也非常有意思，如果是五大安理会常任理事国之一发起的侵略，永远不可能被联合国制裁，因为你只要弃权或者反对，那么联合国安理会这个系统就不可能对你实施制裁。

（五）1977～2000 年：中国参与全球治理逐渐深入

第五个阶段是 1977～2000 年，中美恢复正常邦交关系，中国实行改革开放，不断走向繁荣。大家知道 1971 年中国恢复成为联合国安理会常任理事国，到 1977 年的时候，中国已经与世界上 21 个国际组织建立了关系，成为 21 个国际组织的成员。但是在那个时候，中国人在国际组织任职的非常少，尤其是任高级别职位的人非常少，这就是为什么我们现在有国际组织人才基地。在联合国或者是在联合国系统一个非常有影响力的国际组织任职，对我们是至关重要的。大家都有自己的优势，有自己的专业，比如各个农学、动医等专业的同学，如果你懂这些专业知识的同时又懂全球治理，那你就是一个非常适合去国际组织工作的人才。

1990 年中国首次向联合国停战监督组织派出 5 名军事观察员，中国军队和警察先后参加近 30 项联合国维和行动，派出维和人员 5 万余人次。30 多年来，中国积极响应联合国“为维和而行动”倡议，中国军队先后与 90 多个国家、10 多个国际和地区组织开展维和交流与合作。

同时，中国加入了许多非常重要的国际组织。中国于 1992 年 6 月 11 日签署《生物多样性公约》，这是一项保护地球生物资源的国际性公约，2021 年 10 月，联合国《生物多样性公约》第十五次缔约方大会（COP15）在中国昆明召开。中国加入了国际货币基金组织、世界知识产权组织和亚洲开发银行，1992 年加入《不扩散核武器条约》，1996 年加入《全面禁止核试验条约》，1998 年加入《公民权利和政治权利国际公约》。中国的全球治理参与已经进入全面开花的阶段。

（六）2001 年至今：逐渐走向全球治理的中心

进入 21 世纪以来，随着中国经济的快速发展，中国在全球治理中的作用进一步增强，中国逐渐从边缘走向中心。

2001 年 12 月，中国正式加入世界贸易组织，这既是中国全面融入全球治理体系的标志，也是中国深度参与各领域国际机制建设和国际规则制定的起点。

2008 年，为了应对全球经济危机，西方国家不得不向中国等主要发展中国家发出邀请，共同发起成立二十国集团领导人峰会，中国首次以塑造者、创始国和核心参与者身份参与全球经济治理机制，全面参与 G20 框架下的国际经济合作。

2013 年，中国提出“一带一路”倡议，并于 2016 年首次被写入联合国大会决议，得到了 193 个会员国的一致赞同。2017 年 9 月 11 日，第 71 届联合国大会又通过决议，将“一带一路”倡议中的“共商、共建、共享”原则纳入全球经济治理理念。

2016 年，中国领导人特使在纽约联合国总部出席《巴黎协定》高级别签署仪式，并代表中国签署《巴黎协定》。在《巴黎协定》谈判过程中，中国与各方密切沟通，为推动解决谈判中的若干重大问题发挥了重要作用。

2017 年，中国国家主席习近平在联合国日内瓦总部发表了题为《共同构建人类命运共同体》的主旨演讲，深刻、全面、系统地阐述了人类命运共同体理念。近年来，这一由中国首倡的理念多次被载入联合国决议之中。

2021 年，在新冠疫情全球肆虐之际，中国提出共同构建“人类卫生健康共同体”和共同构建人与自然生命共同体的主张。为了促进全球发展，中国提出全球发展倡议。

21 世纪开始，中国在全球治理中的地位逐渐地从边缘走向中心，中国积极参与全球治理事务，在重塑全球治理体系发挥着领导作用，中国的影响力越来越大。

同时，中国倡导多极化全球治理体系。大家说为什么我们倡导多极化？实际上就是挑战目前一国独大的这种格局。美国想要一个一国独大的单极化世界，我们说实际上应该要创造一个更公平的治理体系，那就是多极化，很多个国家可以跟美国进行分权。

五 展望未来

未来在哪些主要的领域，中国会在全球治理中发挥更大的作用呢？

第一，全球健康。中国实际上在对抗新冠疫情蔓延的过程中，发挥了很大的作用。在一开始疫苗还没有研发出来的时候，习近平主席就说，如果中国率先研发出疫苗，那我们把它当作全球公共产品。所以目前我们国内打疫苗的人数，跟赠送国外或者出售给国外的疫苗几乎是相等的，都超过上亿剂，这是非常重要的。

第二，数字治理。我们也在推动利用数字技术来帮助非洲国家减贫。在坦桑尼亚我们推广一个玉米种植技术，我们通过微信来进行管理，看看当地人怎样种植玉米，然后他们自己也可以通过 We Chat 或者是其他一些平台来出售他们自己的农产品。数字治理还涉及 Digital Sovereignty 数字主权的问题，数字主权现在是热门。为什么美国要压制华为？就是因为美国认为华为侵犯了他们的数字主权，美国觉得中国控制了国家的数字主权。

第三，气候变化。2030 年我们要实现碳达峰，2060 年我们要实现碳中和，这体现了中国积极采取行动应对气候变化，并希望在此领域发挥榜样和引领作用。

当然，任何行动都离不开资金的支持，中国强大的经济实力，以及中国近年来在全球治理体系中的积极布局，如发起“一带一路”倡议，并倡导成立亚投行、新开发银行，提高人民币在国际货币基金组织特别提款权的份额，不断加速人民币国际化，都是为全球公共产品的有效供给提供更多的资金、更多的资源，保证各项全球治理议程得到有效落实。

（志愿记录者：朱雯）

CHAPTER

2

第二篇

全球共同挑战与全球治理实践

第六讲　联合国与全球治理

讲课人：刘志贤

讲课时间：2022 年 3 月

刘志贤，毕业于北京外国语大学，从事多边外交 33 年，多次承办或出席国际会议。曾任外交部国际司副处长、处长、军控司副司长、中国驻国际禁止化学武器组织首任副代表、驻全面禁止核试验条约组织筹委会副代表、国际禁止化学武器组织外联司司长、中国联合国协会副会长兼总干事。2015 年主编出版《联合国七十周年：成就与挑战》，2018 年主编出版《联合国与模拟联合国》，2005 年副主编出版《禁止化学武器公约与中国》。现任中国前外交官联谊会理事、中国教育战略学会全球胜任力专委会委员、中国教育国际交流协会以及教育部中外人文交流中心国际化人才培养专家、数所大学客座教授或兼职教授。

全球治理（Global Governance）一词首次出现于 1992 年，当时 28 名国际人士成立了全球治理委员会。1995 年，全球治理委员会的研究报告中提出了全球治理的 5 个方向，分别是全球治理的价值、规制、主体、客体、效果。简言之，全球治理可以被概括为以下 5 个问题——为什么治理、如何治理、谁治理、治理什么、治理得怎么样？

起初，全球治理在国内的使用率不高。进入 21 世纪后，情况发生了变化。特别是近年来，它的使用日益增多，这与中国日益融入国际社会和经济全球化密不可分。全球治理概念在中国落地生根有两个标志性事件——2015 年中央政治局集体学习全球治理和 2016 年再次学习全球治理。习近平总书记指出："要提高我国参与全球治理的能力，着力增强规则制定能力、议程设置能力、舆论宣传能力、统筹协调能力。"①

联合国（UN）是重要的政府间国际组织。在全球治理方面，联合国的作用、地位、影响均不可替代。我们找不到任何一个国际组织能比联合国更有权威性、合法性。联合国本身是个庞大的组织网络，规模大、资源多，在全球治理中扮演了重要角色。

一　联合国的宗旨和目标

联合国是世界上唯一真正最具普遍性、最具代表性、最具权威性的全球性政府间国际组织。

（一）联合国的普遍性、代表性、权威性

联合国已成为解决任何一个国家都无法独自解决的超越国界问题的最重要的组织。

联合国的普遍性体现在联合国的成员很多，1945 年联合国成立时，有 51 个成员国，目前有 193 个会员国、2 个观察员国（罗马教廷和巴勒斯坦）。联合国就人类在 21 世纪面临的一系列问题采取诸多行动，具体涉及和平与安全、气候变化、可持续发展、人权、裁军、恐怖主义、人道主义、卫生

① 《习近平谈治国理论》第 2 卷，外文出版社，2017，第 450 页。

突发事件、性别平等、消除贫困及粮食生产等。

关于联合国会费分摊，我国在21世纪初承担0.79%，之后一路攀升。根据规定，分摊比例需要三年一调整。刚刚结束的上一个三年，我们分摊比例是12%。2021年底联合国做出决定，2022年开始的新的三年我们在联合国的会费承担是15.02%，是仅次于美国的第二大会费分担国。这说明，中国的经济多年高速发展，现在已经成为第二大经济体，理应向联合国做出更多的资金支持。会费分摊比例在1%或以上的国家只有10个，也就是说绝大多数国家的会费分摊比例都是零点几。除了会费以外，我国近年还向联合国自愿捐款，这表明中国对联合国的重视和支持。

联合国的代表性体现在联合国一年一度的大会会期较长，各类会议周周不断、月月不停。可以说机构庞大、文山会海。每年联合国大会在9月的第三个星期二开幕，一直开到12月圣诞节之前，持续长达三个月，世上独有。其他国际组织开大会一般也就一个星期，两个星期很少，有的还两年开一次，但是联合国不同。而且出席联合国会议的官员每年约有80个国家元首或政府首脑到会，在一般性辩论议题下发言，介绍自己本国的方针政策，阐述对全球问题的看法，提出自己的解决方案。

联合国的权威性至少体现在联合国可以实施制裁、封锁、军事干预。这些行动是合法的，得到国际社会的广泛认可。此外，联合国的有关政治问题、敏感问题的决定，其他组织会参照执行。联合国秘书长出访，能够获得很高的礼遇，可以说比其他国际组织的首席执行官都高。记得在2010年，笔者收到请柬到荷兰议会听取联合国前秘书长科菲·安南先生的讲话。听众坐定后，安南是在荷兰女王的陪同下步入会场的，得到的礼遇之高由此可见一斑。

（二）联合国的历史

联合国诞生于反法西斯战争中。1941 年太平洋战争爆发，美国参战。当时的总统罗斯福深信，不需要太长的时间就可以打赢这场战争。他开始考虑战后如何维护和平、实现持久和平。他得出结论，只要美苏英中四个大国团结一致，就能够避免世界大战的发生，因此需要成立一个全球性国际组织来维护战后出现的新的世界格局。1942 年 26 国华盛顿会议通过《联合国家宣言》，划分战区。四个大国多次聚会，包括 1943 年四国签署《莫斯科宣言》，建立一个普遍性国际组织。1944 年四国在华盛顿郊区敦巴顿橡树园基本形成《联合国宪章》的设计架构和主要内容。1945 年 4~6 月，50 国代表在旧金山参加起草和最终敲定《联合国宪章》。1945 年 10 月 24 日，经中、苏、美、英、法等国批准后宪章生效，联合国诞生。10 月 24 日被设定为联合国日。

（三）《联合国宪章》的宗旨和目标

《联合国宪章》共有 19 章条文、111 款。它确定了战后国际体系的基本理念、秩序和目标；《联合国宪章》既是联合国重要法律依据和活动准则，也是当代国际法重要依据。

联合国的四大宗旨有：①维持国际和平及安全，并为此目的：采取有效集体办法，以防止且消除对于和平之威胁，制止侵略行为或其他和平之破坏；并以和平方式且依正义及国际法之原则，调整或解决足以破坏和平之国际争端或情势。②发展国际间以尊重人民平等权利及自决原则为根据之友好关系，并采取其他适当办法，以增强普遍和平。③促成国际合作，以解决国际间属于经济、社会、文化及人类福利性质之国际问题，且不分种族、性别、语言或宗教，增进并激发对于全体人类之人权及基本自由之尊重。④构成一协调各国行动之中心，以达成上述共同目的。

联合国还有三大目标：维护和平、促进发展、保护人权。在联合国成立初期，一般认为它的三大目标是三个英文 D，即 Disarmament/裁军、Decolonization/非殖民化、Development/发展。

二 联合国的治理框架

（一）组织治理架构

联合国组织治理架构由 6 个主要机构组成——大会、安理会、经济社会理事会、托管理事会、国际法院、秘书处。

大会，可以被称为“世界议会”，一年一次。大会主席一年一选举，而且轮流坐庄，已是不成文的规定，成为惯例。所谓轮流是从五个地区组轮流选出。国际组织成员国通常都会分成五个组——拉美组、非洲组、亚洲组、东欧组和西欧组。比如，今年是亚洲地区产生主席，那么亚洲地区的国家需要聚会经过协商或选举确定人选，然后提交大会讨论通过。一个地区推选出来的人选，通常都能获得大会的通过。

联合国大会每年都会通过 2000~3000 个决议，多数是投票表决通过，少数是协商一致。这些决议本来就无法律约束力，只有道义上的作用和政治上的压力。是否按照决议来执行完全取决于成员国的意愿。显然，表决通过的决议执行率会更低。另外，通过表决方式而不是充分协商，容易造成成员国的矛盾，扩大分歧和对立，不利于创造一个相对友好、和谐的氛围。因此，在20世纪70年代，联合国通过一项决议，主要内容是鼓励协商一致通过决议。这种方式效率要低一些，但是可以减少国家间的对立、对抗，兼顾了各方的关切和利益，有利于提升决议的执行率。

现在几乎所有的国际组织开会都是尽可能地协商一致通过一项决议。你有困难，没有关系，咱们不断沟通，互相亮明立场，找到分歧的核心点，探讨弥补分歧的可能性。这既需要耐心、毅力和尊重，也需要时间，有时候还需要体力。遇到这种情况，加班加点和开夜会情况比较多。记得有一次在另外一个国际组织出席大会，按计划是周五结束。由于有两三个问题分歧较大，且久久不能弥合，一直到周日凌晨才达成一致。这个时候参会的已经不是全部成员国了。这显然需要定力、毅力、韧性和坚持，也需要有个好体能。搞笑的是，大会厅里的时钟仍然停在下午6点的位置上，以表明仍是周五结束，没有延期举行。当然，原则性的问题、涉及核心利益的事项，一定要坚持到底，不会让步的。但非原则的，只要怀有诚意，一般各国多有灵活处置和让步空间。在友好协商、互相尊重和理解的基础上，加之一定的外交技能和斡旋能力，多数情况下至少在最后一刻是可以达成一致的。实在不行，而且会议很快要闭幕，那就只好表决通过了。在联合国呼吁和鼓励协商一致通过决议之后，联合国约有85%的决议或决定都是通过协商一致的方式通过的，只有15%左右的决议实在难以达成一致，就只好表决通过了。

大会的主要任务是审议有关部门的年度报告，审议通过活动方案和预算，吸收成员国，选举安理会成员、经社理事会成员、人权理事会成员等，审议重要问题，选举秘书长和国际法院法官，等等。大会每年固定审议的问题分为6大类，所以会分成 6 个委员会展开讨论，通过决议，最后提交大会通过。大会还有直属机构，比如裁军委员会、法律委员会、人权理事会等。

安理会负责维护和平与安全，在维和方面的作用不可替代，也是联合国核心机构，权力大，颇具对抗性。安理会由 15 个成员组成，包括 5 个常任理事国和 10 个非常任理事国（按地区分配原则选出，一国任期两年）。安理会主席是机会均等，轮流坐庄，一个国家一个月。当主席的这一个月，需要考虑眼下有什么问题需要开会讨论并做出安排。根据需要可以召开非正式会议和正式会议。成员国提出召开会议，主席国无权拒绝。P5（五常）有否决权，即可以否决会议讨论和试图通过的决议。这既是五国的特权，也是国际社会赋予其对国际和平负有的重要责任。冷战时期东西方对抗，美苏争斗，在安理会互相否决，致使其处于瘫痪状态达 44 年；冷战结束后，两国斗争色彩减弱，合作空间变大。安理会开始活跃起来。安理会 15 个国家通过的决议具有法律效力，即联合国的 193 个成员国都需要照此执行。联合国秘书长由大会选举产生，但是大会讨论的人选必须是安理会推荐的人选，而且通常只有一个人选。可见，要想参选联合国秘书长职位，必须首先得到安理会常任理事国的认可，否则白忙活。因为这 5 个国家有否决权，能够一票否决。

秘书处由秘书长挂帅，实施首长负责制。秘书处主要负责联合国运转、协助成员国履行职责并执行决议。秘书处人员大约有 4 万人。他们是国际公务员，分两类。一类是秘书级（GS），另一类是官员级（P 级、D 级、D 级以上）。官员级，如果和国内公务员对应的话，可分为科员（P1-P3）、处级（P4 和 P5）、司局级（D1 和 D2）和更高级（助理和副秘书长级）。联合国对职员的综合素质有具体要求，经过笔试、面试择优录取。4 万人员中，有 2 万人在美国纽约总部，另 2 万人主要分布在日内瓦、维也纳、内罗毕和 5 个区域委员会。职员的素质和录用在《联合国宪章》都有明确规定和要求，另有管理办法和行为规范。联合国秘书长任期 5 年，可以连选连任一期，最长 10 年。秘书长在国际事务中代表联合国，作为“世界道义力量”的代表与会员国及其他国际组织进行联系，可以代表联合国到出现国际冲突和争端的地区进行沟通和调解。

经济社会理事会由 54 国组成，每年 2 次会议；下属 8 个职司委员会（麻醉品管理委员会、社会发展委员会、预防犯罪委员会、提高妇女地位委员会等）、5 个区域经济和社会委员会（亚太、西亚、非洲、欧洲、拉加）。经社理事会设有非政府组织委员会，负责非政府组织注册（分三个等级），授权出席联合国的相关会议或获取联合国会议文件。

国际法院由 15 名法官组成，任期 9 年，可以连任一期。主要肩负两个职责：负责仲裁案和提供咨询。

托管理事会。随着最后一个联合国托管领土帕劳于 1994 年 10 月取得独立并加入联合国，托管理事会完成使命，于 1994 年 11 月停止运作，但不意味着撤销。

（二）《联合国宪章》赋予的治理权力和基本原则

《联合国宪章》有几项重大原则：大小国家平等；不干涉内政；不侵害别国的领土完整和政治独立；民族自决；设法以和平方式解决国际争端；避免使用武力或以武力相威胁；成员国必须遵守《联合国宪章》。这些重大原则已经被广泛接受。这是战后国际关系基本法则、国家之间进行交往的基本前提。这样一个法则是十分重要的，也是来之不易的。

国际社会从限制战争到排除战争再到制止战争也经历了一个漫长的过程。1920 年 1 月 10 日建立的国际联盟并未起到制止战争的作用，盟约也没有明确规定战争非法；1928 年 8 月 27 日，《非战公约》（正式名称为《关于废弃以战争作为推行国家政策工具的一般条约》）是人类第一次规定放弃以战争作为国家政策和外交手段来排除战争；1945 年 10 月，《联合国宪章》规定和平解决争端，目的是预防和制止战争，防止世界大战的再次爆发。

（三）联合国可以就全球焦点问题发起更大范围的讨论

联合国不只是能按部就班地召开例行年会。它还可以召开特别联合国大会和紧急联合国大会，就紧急问题或重要问题专门展开讨论。紧急会议需要在 24 小时之内举行，而特别会议不需要，它需要的是会前进行筹备，包括召开筹备会议，就特别会议需要取得的成果进行讨论、谋划、成果的基本形成。比如在裁军领域，冷战期间联合国召开了三次特别大会，大力呼吁裁军，反对扩军，要求美苏两个超级大国把资金用于经济社会发展，而不是用于军备竞赛。

联合国还可以就某个重要问题发起比联合国大会范围更大的国际会议展开讨论，以提高国际社会的关注度和重视度。比如，1995 年 9 月在北京举行的第四次世界妇女大会和同年 3 月在丹麦首都哥本哈根举行的社会发展世界首脑会议。这两个大会，当年我是主管处室的处长，是战斗在第一线的具体执行方。我们北京承办的会任务繁重，事无巨细都要按照要求设计好，落实到位，确保顺利进行和取得圆满成功。会议在人民大会堂举行开幕式，为与会代表专门举办了一次音乐会，由郑小瑛女士指挥，十分精彩。会议通过了宣言和行动纲领，取得了巨大成功。到北京来参加大会和非政府组织论坛的各国代表总共 4 万多人，满意而归。迄今我们承办的会议，就人数而言，没有超过第四次世界妇女大会的。

关于社发首脑会议，时任总理李鹏与会。如同妇女大会一样，会前我们做了大量的筹备工作，如四次赴联合国总部参加筹备会议（每半年一次），积极参加会议成果文件的磋商，提出建议，贡献智慧。同时，为了积极发挥影响，展示中国的重视和传播好中国声音，我们在北京举办一次国际研讨会；向联合国提交了国家报告，介绍中国的社会发展成就；在动物园旁边的国际展览中心举办“中国社会发展成就展”，每个省市都有一个展厅；国家邮政局大力支持，发行了社会发展纪念邮票一组；等等。可以说，为了把工作做好，做得更好，我们做具体工作的团队也是拼了，至今想来也是问心无愧。

联合国还可以发起条约的谈判与缔结，比如，近年的禁止核武器公约、武器贸易公约；20 世纪 90 年代的气候变化条约、生物多样性公约；等等。

（四）联合国的治理经费得到保障

参与全球治理，活动经费自然是十分重要。联合国的经费主要有三种，正常预算经费、维持和平行动经费和会员国自愿捐助。

正常预算经费的基本原则是“支付能力”原则，即按会员国的各自经济实力分摊联合国的会费。

维持和平行动经费的分摊方法有别于联合国正常预算。它的分摊分四个档次：第一档 A 组，由 5 个常任理事国组成，分摊份额最多；第二档 B 组，由发达国家组成，分摊比例少于 A 组；第三档 C 组，由发展中国家组成，分摊比例又少于 B 组；第四档 D 组，则由特别指定的经济最不发达的国家组成，分摊比例最少。按规定，B 组国家按照其正常预算分摊比例缴纳，C 组国家按其正常预算分摊比例的 20%缴纳，D 组国家按正常预算的 10%缴纳，而 5 个常任理事国除按各自正常预算比例缴纳外，还得承担余下部分。

联合国下属机构，多为某某基金、某某署，如开发计划署、儿童基金等，其活动资金都是通过自愿捐款募集而来，用于援助发展中国家，开展合作项目，推动有关领域的改善和进步。这些自愿捐款来自成员国、跨国公司或个人的捐款。如联合国儿童基金，笔者在 5 年前从一位业务主管朋友那里了解到，其每年得到的捐款多达 54 亿美元。

（五）联合国拥有诸多治理合作伙伴

联合国有 40 个密切合作伙伴，通过协作一道促进经济社会发展实现和平。比如联合国专门机构、联合国相关机构、联合国直属机构等。

联合国专门机构有 15 个，主要有世界银行、国际货币基金组织、世界卫生组织、国际电讯联盟、世界知识产权、世界气象组织、国际劳工组织、联合国教科文组织、联合国工业发展组织、联合国粮农组织、国际民航组织、国际海事组织等，都是属于经济社会领域的组织。另有相关组织 8 个，主要有国际禁止化学武器组织、国际原子能机构、全面禁止核试验条约组织筹委会、国际刑事法院等，属于经社领域以外的组织。联合国专门机构也好，相关机构也罢，甚至有些组织前边冠联合国字样但不属于联合国，而是独立的国际组织。它们有自己的成员国、自己的预算、自己的办公楼、自己的秘书处。不少组织的成员国与联合国有差异，或多或少，或构成不同。有的成立时间远早于联合国，如国际劳工组织成立 103 年了，万国邮政联盟和国际电信联盟则成立于 19 世纪。那么这些组织怎么成为联合国专门机构或相关机构呢？因为它们同联合国签了协议，成为合作伙伴。

联合国专门机构，由于它们的业务属性，合作单位是联合国经社理事会和大会；而相关机构，如国际禁止化学武器组织，合作单位是安理会和大会。它们的年度报告都要交由联合国大会审议，一年一次或两年一次，出现重要安全问题可以直接提交给安理会审议和处理。

联合国还有直属机构，比如前边提到的某某基金，如联合国儿童基金；某某署，如联合国开发计划署、难民署、粮食援助署、救灾署等。

联合国和它的直属机构，联合国专门机构和相关机构，统称为联合国系统（UN System）。联合国系统共有 12 万人（联合国约 4 万人，其他机构 8 万人），每年正常预算金额约为 50 亿美元，再加上有关机构每年募集到的自愿捐款，总金额约为 3000 亿美元。这不是我算出来的数字，是 5 年前联合国驻中国的代表在一次讲话中提到的。我放到这里，供大家参考。

（六）联合国治理中的协调作用

协调工作十分必要，它让部门之间步调一致，集中力量解决问题，可以节省资源，提高效率，发挥更大作用，达到一加一大于二的效果。

联合国至少有三类协调机制。

第一是联合国系统行政首长协调理事会，主要由联合国及其相关直属机构（如贸发会议、难民署、项目事务署妇女署等）、联合国专门机构以及国际移民组织和国家原子能机构的首长组成。联合国秘书长挂帅，定期开会，交流情况，协调立场。应该说是各机构的秘书处进行协调。

第二是联合国人道主义事务协调办公室，主要是为了有效应对重大自然灾害、突发事故，便于及时而有效地提供救灾物资。参与部门多是联合国系统的相关机构，如世界粮食规划署、难民署，国际红十字会也是一个重要成员。这应该是机构之间的协调与行动。

第三是伙伴关系办公室，是联合国对联合国基金会的协调中心。

总之，联合国有宗旨和目标，有具体的机构设置和组织保障，有工作规划，有实施的成员国，有协调实施机制，有资金配置，有众多的不同领域的合作伙伴。在全球治理方面，联合国系统好似一列火车，联合国是火车头，起到带头/总协调作用，其他机构各司其职。

三 联合国的治理效果

70 多年来，联合国见证了诸多挑战：两大集团后来演变成美苏两个超级大国的多年冷战，国际格局的逐渐演变，跌宕起伏的国际形势，连绵不断的局部战争和冲突，广泛蔓延的极端主义、恐怖主义、分裂主义三股势力，债务和金融危机，贫困与饥饿，南北差距加大，等等。

在百年未有之大变局的当下，我们面临诸多不确定因素、新挑战和危机：单边主义大行其道，逆全球化，精致的利己主义，以意识形态划线，搞小圈子小帮派。这些都严重地扰乱了国际秩序和国际关系。

在这样一个大背景下，联合国在全球治理方面发挥什么作用呢?

（一）在全球安全治理中的作用

1. 推动国际争端的和平解决

联合国积极而大力地进行外交斡旋，发挥了积极作用。针对局部战争和地区冲突，秘书长本人或任命有权威和影响力的人士作为其特使或代表前去有关地区或国家展开外交斡旋，旨在制止战争，避免冲突，以和平方式解决问题。回头看，在多数情况下联合国的努力起到积极作用，取得良好结果。退一万步讲，联合国的斡旋即使不能取得理想效果，至少不会火上浇油和激化矛盾，起码对缓解矛盾和改善局势无害。所以，我们不可轻易否定联合国的作用。第二任秘书长、瑞典前外长哈马舍尔德，在非洲刚果斡旋时因飞机失事而殉职，为了实现和平献出了自己宝贵的生命。为了纪念他，瑞典成立了一个研究机构，以他的名字命名。2016 年笔者还在职时，应邀到瑞典访问，还专门到这个机构进行交流。应该说，秘书长起到稳定器、扑火队长的作用。

当然，如果需要，联合国安理会可以依照《联合国宪章》第七章采取行动，包括经济制裁、冻结金融资产、实施武器禁运、限制人员出境直至军事干预等。

2. 开展维护和平行动

在维和行动方面，自 1948 年，联合国实施了 72 项行动；维和人员多达 100 万人次，有 3842 人献出宝贵生命，包括中国 16 位军人和 8 位警察。目前，有来自 124 个国家的 12. 5 万名维和军人和警察、文职人员、志愿者在 16 个任务区执行任务。女性也积极投入其中，目前约有 5000 人。维和部队于 1988 年获得诺贝尔和平奖。

联合国成立不久就开始实施维和行动。但是，如果你打开《联合国宪章》，你不会找到有关维和行动的规定。维和行动本是 1948 年为了应对突发的中东战争而采取的临时行动。这一出手，就一直没有收回，而且维和行动越来越多，规模越来越大，涉及面越来越宽。刚开始时维和行动是一条线，就在两个冲突方中间监督停火，现在的维和行动涵盖了维护地区稳定、制止武装冲突、保护平民安全、恢复经济重建等方面。20 世纪 90 年代初，联合国维和机构在柬埔寨主持了国家大选。1994 年，南非在结束种族歧视和种族隔离之后首次进行民主选举，联合国维和机构实施大选监督，派出不少观察员。当时，中国也派人作为联合国观察员前去监督，笔者有幸参加了这项活动。我们先在约翰内斯堡集训，然后被派往全国各个角落。我被派到南部纳塔尔省的 Ladysmith 地区，和一位澳大利亚小伙子从那里再到基层投票站进行监督，以确认是否存在舞弊等行为，确保公平、公开进行投票。

维和行动模式介于《联合国宪章》第六章和第七章之间，哈马舍尔德戏说为“第六章半”，认为是填补协调冲突和强制行动两条款之间空白的“实际行动”。

3. 促进裁军，反对扩军，防止 WMD 扩散

联合国十分重视裁军、军备控制和防扩散事务。联合国设有诸多裁军机制，包括秘书处的裁军部、专家咨询委员会、研究所、与联合国关系十分密切的裁军谈判会议等。联合国在这个领域开展了大量工作，取得诸多成果。

第一，联合国促进了多个国际公约的谈判与缔结，从海底到外空、从大规模杀伤性武器（WMD）到地雷和小武器等

方面。比如近年通过的《禁止核武器条约》《武器贸易条约》等。而《不扩散核武器条约》（NPT）有力阻止了“核门槛”国家跨越“门槛”成为核武器拥有国。

第二，联合国促成多个无核武器区。今天我们打开世界地图，可以发现南半球已经成为无核武器区。简言之，就是这些地区内的国家承诺不研发、不拥有核武器，也不允许其他国家在这里储存核武器。

第三，邀请国际原子能机构协助联合国实施相关核查监督，发挥了重要作用。

第四，关于防扩散，2004 年联合国安理会通过 1540 号决议，要求成员国制定法规，打击和惩处违法者；建立出口控制机制，确保军民两用物项和技术出口合规；加强海关管控措施，确保有效到位；强化对扩散融资、敏感物项运输提供服务的打击力度；等等。

第五，联合国曾召开过三次特别裁军大会，确定了三个裁军十年。

上述充分体现和说明联合国在裁军、军备控制和防扩散方面的重视程度、治理力度以及所取得的显著成果。

由于表现突出成就显著，联合国的相关机构国际禁止化学武器组织（OPCW）和国际原子能机构（IAEA）分别荣获了诺贝尔和平奖。

4. 反对恐怖主义

在 21 世纪初，为有效应对日益猖獗的恐怖活动和恐怖组织，联合国安理会通过相关决议并据此设立反恐委员会。该委员会定期召开会议，讨论分析形势，审议有关事宜，开展相关活动，从而提高了国际社会的防恐反恐意识，强化了具体手段和行动。应该说这一领域的治理推进快、措施多、效果明显。

小结一下，联合国深知和平的重要性，以上四方面的努力，是经济发展和社会进步的前提。一个国家、地区，如果社会动荡，冲突频发，经济社会不但难以发展，反而可能倒退，改善民生和体面生活就无从谈起。

（二）在全球发展治理中的作用：发展、援助、减贫、合作

这个领域涉及面很宽，碍于篇幅不能展开，只就几个主要方面简要介绍一下。

1. 通过诸多决议和行动计划

联合国于 1970 年通过《官方发展援助（ODA）决议》，要求发达国家拿出其国民总收入（GNP）的 0.75%援助发展中国家，拿出 0.15%~1.2%援助最不发达国家；1974 年通过《建立新的国际经济秩序宣言》；1986 年通过《发展权宣言决议》；1961 年、1970 年、1980 年、1990 年通过 4 个“发展十年”国际发展战略；十分关注内陆国家和岛国的发展问题；1997 年通过《发展纲领》，强调实现综合发展和可持续发展；进入 21 世纪，联合国于 2000 年通过《千年发展目标》，即 2001~2015 年十五年目标，有 8 个总项目、18 个分项目、48 个量化指标；2015 年通过《2030 可持续发展议程》，有 17 个大目标、169 个子目标。

2. 设立发展机构，提供多边援助

在联合国，我们经常提到发展机构、发展业务，就是联合国通过这些机构向成员国提供援助。这些机构主要有联合国开发计划署（UNDP）、联合国儿童基金会（UNICEF）、联合国人口基金会（UNPF）、粮食署等。比如，联合国开发计

划署在 170 个国家派驻了人员，其他机构也有派驻。我在前面已经提到联合国系统把 80%以上的财力物力投入发展中国家；联合国专门机构世行的软贷款每年约为 3000 亿美金。这些贷款利息低、时间长（可长达 20 年），主要用于基础设施的建设。这些援助对发展中国家的经济发展和社会进步发挥了很大的作用。

为了说明此点，我想以中国为例。我国在改革开放初期，接受了联合国的援助。我前两年翻阅了一下外交部编制的《世界知识年鉴》，发现从 1978～1990 年联合国开发计划署、联合国儿童基金、联合国人口基金分别向我国提供 9 亿美元、5.2 亿美元、3 亿美元，开发约 600 个项目。

就联合国专门机构而言，世界银行原副行长林毅夫教授说，世界银行从 1981～2014 年向中国贷款 600 亿美元，共支持 516 个发展项目，涉及生产领域空白和瓶颈地带。我在中国联合国协会工作时，在 2015 年联合国成立 70 周年之际主编了一本书，叫《联合国 70 年：成就与挑战》，这里边有林毅夫教授介绍世界银行的文章。

3. **支持南北对话**

大家知道南北经济存在差距，而且缩小不明显，在某些方面甚至在扩大。其原因很复杂，在我看来主要有国际经济旧秩序、贸易保护主义和发展中国家沉重的债务等原因。联合国设立贸发会议，鼓励南北对话，支持通过谈判建立新的国际经济新秩序。正是在联合国贸发会议上形成了 77 国集团，发展中国家抱团取暖，一致对外，同西方国家展开谈判，讨价还价，力争使西方做出某些让步。现在发展中国家多了，但名称没有改变。至今 77 国集团在国际经济舞台上仍然十分活跃。

中国历来同发展中国家站在一起。由于双方立场相近或相似，在联合国的有关会议上经常以“G77+中国”的模式共同发声。

4. **重视南南合作**

联合国认为南南合作空间巨大，历来支持并大力推动南南合作，就是南方国家、发展中国家之间的合作；联合国设立南南合作基金20亿美元；1978年通过南南行动计划，设立南南合作办公室。2015年联合国成立70周年之际，在大会一般性辩论阶段，利用多国总统、总理或其他高官在纽约期间的有利条件，举办一场南南合作论坛，邀请各国领导人出席。会议就深化南南合作、寻求广泛支持、探讨注入更多资金和技术投入展开讨论。习近平主席与会发表重要讲话并宣布提供资金援助。

小结一下，发展问题是所有国家日程上的核心问题。联合国清楚，和平与发展二者密切相关，相辅相成。没有和平哪有发展。反之亦然，没有发展，和平将十分脆弱，社会定会动荡不安。所以，抓好发展问题十分必要，这也是联合国重视发展的动力和源泉。

（三）在全球生态与环境治理中的作用

20世纪30~60年代，环境污染、生态破坏日益严重，如酸雨、海洋污染，而且越来越全球化。由于生态与经济严重不协调，震惊世界的环境污染事件频繁发生，最严重的有8起污染事件，人们将其称为“八大公害”，包括30年代的比利时马斯河谷事件、40年代的美国多诺拉事件、50年代的英国伦敦烟雾事件、60年代的日本米糠油事件等。八大公害给人们敲响了警钟，提醒我们必须认真关注工业社会发展中出现的日益严重的环境污染与经济发展的矛盾问题。

1. **保护环境**

1962 年出版发行的《寂静的春天》一书吹响了保护生态和治理环境的警示号角。它是人类首次关注环境问题之作，是世界环保运动的奠基之作。它也推动了联合国对环境问题的重视，从而开始了全球环境保护运动的篇章。

1968 年环境问题提到联合国的议程上，会议讨论决定召开一个比联合国大会更大的国际会议来讨论环境问题。1969 年联合国大会通过决议，决定于 1972 年在瑞典首都斯德哥尔摩召开“人类环境会议”。这次会议提出口号“只有一个地球”，做出几项决定：成立联合国环境规划署，设立环境基金，将开幕日 6 月 5 日定为“世界环境日”。1973 年联合国大会讨论通过上述三个决定，第二年联合国环境规划署成立并于 1975 年落户肯尼亚首都内罗毕。

在联合国环境规划署的推动和发起下，成立政府谈判委员会，针对气候变化和生物多样化两个议题启动谈判。经努力，到 1992 年初，两个主题分别基本达成公约。

记得是在 1985 年，我参加由当时的国家环境保护局组建的中国代表团，前往内罗毕参加环境规划署的理事会会议。当时的理事会只有约 50 个成员国，现在的会议改为面向所有的联合国成员，这体现了联合国和国际社会对环境问题的日益重视。

1990 年，联合国讨论决定于 1992 年在巴西的里约热内卢举行“环境与发展大会”。记得为筹备里约环境与发展大会，中国发起召开发展中国家会议。1991 年初，会议在北京昆仑饭店举行。此时，我刚刚从中国常驻日内瓦代表团任期届满回国，当时的国际司主管副司长陈健（后来担任外交部新闻司司长、发言人、部长助理、联合国副秘书长）参加筹备会议工作。会议的目的十分明确，就是大家沟通情况，进行交流，协调立场。会议取得圆满成功，达到了预期目的。事实证明，这次会议很有必要，为里约大会的召开和捍卫发展中国家的利益奠定了坚实基础。

2. 应对气候变化和生物多样性

里约大会通过《21 世纪议程》，确认并通过《气候变化公约》和《生物多样化公约》，首次提出可持续发展理念，强调经济发展与环境保护二者协调发展。

自 1992 年达成《联合国气候变化框架条约》之后，各国相继签署和批约。为了协助履约，缔约国成立秘书处，落户德国的波恩。之后，缔约国又于 1997 年达成《京都议定书》、2015 年在巴黎达成《巴黎协定》。治理气候变化并非易事，各国由于所处的发展阶段不同，主张不尽一致，甚至有时相去甚远。2021 年 11 月在英国召开的缔约国大会，在一些问题上争论依然存在，有时十分激烈，“共同但有区别的责任”的表述，就是在这种背景下提出来的。

《生物多样性公约》通过后，也成立了秘书处，设在加拿大的蒙特利尔市。缔约国大会两年一次，2021 年第十五次大会在我们云南省举行。由于疫情，这次大会分两个阶段举行。第一个阶段通过了一项宣言，我在电视上看到，大会由我们的生态环境部部长主持。第二个阶段的会议于 2022 年举行。根据我的经验，大会会通过一项行动纲领，为各国下一步工作和行动指明方向。（2022 年 12 月，COP 15 第二阶段会议通过了《昆明-蒙特称尔全球生物多样性框架》——编者注）

小结一下，地球是人类赖以生存的家园，我们必须加大力度重视环境保护、生物多样化和应对气候变化，而且人人有责。这关乎子孙后代的生存和可持续发展。在我看来，现在情况没有发生根本性变化，问题依然严重，形势并不乐观。据报道，过去15年平均温度是历史上最高的，极地的冰帽继续变薄，乞力马扎罗山上的冰帽已经消失80%，大片森林和湿地仍在消失。重要和幸运的是，我们都提高了保护的意识。

（四）在全球社会问题治理中的作用

在社会问题上，如禁毒、预防犯罪、艾滋病治理、妇女地位、儿童、残疾人、麻醉品管理等领域，联合国都设有机构并定期开会，通过很多决议、宣言、公约。在此以难民问题为例作一介绍。

在难民问题上，联合国设有难民高专公署，坐落在日内瓦，掌管人为难民高专，为联合国副秘书长级；1955年制定《难民地位公约》，1967年又制定公约议定书，这是处理难民事务的法理依据。可以说，自联合国成立以来，难民问题不断出现。哪里有武装冲突和战争，哪里就有难民且绝大多数是妇女、儿童，同时哪里就有难民署派去的人员向难民提供人道主义援助和保护。一旦战争结束和恢复和平后，难民署会依据难民自身的意愿协助他们返回自己的家园或异地安置。由于杰出的工作和贡献，UNHCR（联合国难民事务高级专员公署）分别在1954年、1981年两次获得诺贝尔和平奖。根据难民署的报告，截至2021年全球难民人数超过了3000万名，是20世纪90年代以来的最高水平；另有4000多万名无家可归者，主要来自阿富汗、叙利亚、索马里、伊拉克、哥伦比亚等11国；目前俄乌冲突，乌克兰百姓纷纷躲避，有数百万人来到他国，沦为难民。

小结一下，社会问题复杂，议题繁多，涉及人人平等、社会公平、和谐相处，处理不妥会引发各种矛盾和纠纷，甚至导致社会动荡。因此，社会问题在联合国的全球治理议程上占据非常重要的位置，联合国采取诸多行动，取得良好成果，包括设置审议机构，通过决议、行动计划，达成公约，等等。

（五）在全球人权治理中的作用

联合国的三大任务之一是保护人权，足见人权的重要程度。联合国设立了人权理事会、人权高专、人权咨询委员会等机构，在组织上加以保障。

联合国重视制定法律文书。主要有：1948 年通过的《世界人权宣言》，1966 年通过的《公民权利和政治权利公约》《经济社会和文化权利国际公约》。这三个文书十分重要，被称为《国际人权宪章》，为国际社会捍卫人权提供了法律保障。

各类会议多多，硕果累累。主要有：联合国大会第三委员会每年都会通过相关决议；人权理事会每年召开三次会议，每次会期约三个星期。通过的决议和达成的法律文书涵盖的人权保护范围十分广泛，包括禁止种族歧视/灭绝、关于囚犯待遇、禁止酷刑、消除歧视、保护土著人/少数民族/残疾人、维护和保障妇女儿童权利等。

保障基本人权涉及两个方面——集体人权和个人权利。集体人权是指人民和民族自决权、和平权、发展权、自然资源权、环境权利；在保护个人权利方面，如惩治种族灭绝、反对种族歧视和隔离等。仅在妇女保护方面，联合国就达成了 8 个公约，比如提高妇女地位问题等。关于儿童、残疾人等这里就不介绍了，大家上网都可以查到。根据国际人权公约而设立的机构主要有人权事务委员会、消除种族歧视委员会、禁止酷刑委员会、儿童权利委员会、消除对妇女一切形式歧视委员会。各委员会从各自的专门领域对公约的执行情况进行定期审议和监督。

在人权领域设有审议制度，主要有 3 个方面。第一，定期报告及审议制度，就是对成员国逐个进行讨论和审议。其他国家可以提出问题，被审议国需要做出解释和澄清。目前已进行了三轮。第二，个人申诉制度，即关注人权受害者个人提出的申诉。第三，处理国家来文以及和解制度，接受并审议一成员国指控另一国事宜。

小结一下，联合国在国际人权制度的形成中发挥主导作用，特别是在支持被压迫民族和殖民地人民享有民族自决权方面作出突出贡献。同时在遏制侵犯人权方面采取了必要应对。总之，联合国在保护人权方面积极行动，取得有效进展。

（六）为全球治理提供法律保障：建章与立制

《联合国宪章》明确要求发展国际法，联合国十分重视这项工作，也取得了重大成果。制定了 500 多项公约、条约和标准，涉及多领域；规定了国家行为和承担的法律义务，成为用于保障每个人的自由、平等和尊严以及促进各国经济社会进步的核心体系；为联合国落实提出的各方面目标提供了法律保障。

小结一下，这些法律的重要性不言而喻。它们为全球治理提供了有力的保障、作出了重要贡献。我们常说“没有规矩，不成方圆”。没有规则，没有规范，没有法律，就不可能开展全球治理。这是搞好全球治理的根本保障。

四 联合国的治理局限

（一）对联合国在全球治理方面的总体评价

联合国为全球治理在多个领域作出了巨大的突出贡献。进入21世纪，联合国作为一个重要组织在全球治理领域扮演着越来越重要的角色。

联合国是最具影响力的国际组织。关于国际组织的作用，我想在这里分享两个西方学者的看法。瑞士学者皮埃尔·塞纳尔克朗认为："世界性政策正越来越通过各个国际组织所体现的广泛会议，或是通过由这些机构所组成的多边谈判得到实施。"美国学者海伦·米尔纳认为："各国政府越来越倚重它们来解决安全问题，来为各自的社会与经济问题寻求答案，来帮助解决人道主义和生态方面的新的挑战。"

联合国在全球治理中发挥着动员国际舆论、制定国际准则、监督决议执行的功能。它在全球治理中有以下几个特点：一是普遍性，国家多，决议遵守率高；二是合法性，有制定法律的功能，公信力强；三是权威性，得到各国认可和支持，可以实施经济制裁和军事干预。

与此同时，我们也应该看到，限于人力财力和自身能力，联合国无力单独挑起重担，无法单打独斗。美国西方在联合国的影响不可低估。它们还长期占据着全球治理的主导权和话语权。这样的垄断影响联合国正常发挥作用，对全球治理的有序、健康、可持续推进显然有害。

（二）在全球治理方面的局限性

第一，如何评价联合国的作用？联合国既不是超级大国，也不是世界政府。联合国通过的决议不具强制性，没有法律效力。当年的宪章制定者、老一代世界领袖罗斯福、斯大林等希望世界至少能够维持 50 年和平，这一目标实现了。2004 年联合国改革名人小组的报告指出：“倘若没有联合国，1945 年之后的世界很可能更为血腥。”显然，联合国功不可没。联合国第二任秘书长、瑞典前外长哈马舍尔德先生说：“成立联合国不是为了创造人类天堂，而是为了不让人类下地狱。”我认为他对联合国的定位非常准确。联合国不是万能的，它没有灵丹妙药，不可能解决世界上的所有问题。面对挑战，它甚至在很多时候显得非常苍白无力，特别是当冲突中五常作为主体的时候。所以，联合国的作用有时是不尽如人意的，甚至会令人失望。但联合国的存在价值不言而喻，也不容置疑。

第二，美国带头破坏规则。联合国的宗旨是不干涉内政。作为一个重要成员，美国早年入侵格林纳达，近年入侵伊拉克等。美国的霸权行径和不遵守规则十分露骨。

第三，大国博弈。二战后美苏冷战长达四十多年，严重影响联合国的运转，妨碍世界和平；近年，美西方同俄罗斯的博弈不断，西方军事集团北约的作用负面远大于正面。

第四，精致利己。为了取得一国或一集团的利益，时常出现要挟恐吓的情况。财政施压，拖欠会费，甚至退出组织，有用则用之，无用则弃之。

第五，大搞双标。认为人权高于主权，旨在干涉他国内政。为了达到目的，不惜编造谎言，恶意宣传，在联合国制造事端和对抗。

可以说，美国长期占领着全球治理的主导权和话语权，这样的垄断影响了联合国的作用，对全球治理有序、健康、可持续地推进是有害的。联合国是为世界格局服务的。美国把联合国作为工具为己服务，从而为自己的利益诉求披上合法外衣。联合国成立之初，主要是努力维护雅尔塔格局。随着国际形势的逐渐变化，特别是苏联解体，国际格局发生重大变化，美国成为唯一的超级大国，没有明显的对手。30 年后，随着新兴国家的崛起，现在是“一超多强”。这几年，报刊媒体频繁提到“修昔底德陷阱”。有专家统计，自 1500 年之后，发生了 15 次新老大国交替，其中 11 次诉诸战争，只有 4 次是和平过渡而完成。大国、强国极力打压后起和潜在的大国；而后起大国试图打破格局/秩序的束缚以拓展自身崛起空间。双方矛盾激化时，容易兵戎相见。

（三）联合国面临诸多挑战

联合国也面临诸多挑战。第一，面对日新月异的新形势，联合国在结构和功能方面都显得相对滞后，进行适当改革是必然趋势，这样的呼声近年没有停止，但付诸行动并非易事。第二，传统治理机制不符合形势需要，比如由西方主导的世界银行、IMF 为主导的全球经济治理机制没有进行有效的改革，这在一定程度上限制了联合国更好发挥作用。第三，中国等新兴经济体崛起改变了全球力量对比。一些新机制出现并发挥积极作用，如 G20、金砖国家、上合组织、亚投行等。这是对全球治理的补阙和增量。第四，新的议题/疆域不断出现，如网络安全、太空竞赛、极地管理等成为大国角逐的前沿，需要新的治理机制。

联合国需要改革，其动因有四。第一，世界之变，现在与 1945 年的国际格局与形势不同了；第二，成员之变，由原来的 51 个成员国扩大为 193 个成员国，安理会代表性不足；

第三，战败国之变，如今已经成为重要国家了；第四，联合国日益被看重，作用、权威、地位备受关注，而成为联合国安理会成员被看成是大国的体现。

改革相关的指导文件主要是《2005 年世界首脑会议成果》的改革纲领性文件；涉及范围是属于秘书长权限的秘书处内部改革、大会权限的改革、需要修改宪章的改革。目的是：精简机构，提高效率，适应形势需要，以利实现联合国目标。

迄今，改革所取得的成果主要有四点。第一，成立了建设和平委员会，设立了和平基金；第二，建立了反恐怖主义委员会，监督决议的实施；第三，撤销了隶属于经社理事会的“人权委员会”（职司委员会之一），成立了直接隶属于联合国大会的人权理事会，成员国也增多了；第四，秘书处管理方面的改革，如加强职员的道德操守、实施数字秘书处等。

（四）中国重视联合国的作用

中国十分重视联合国的作用，尤其是在改革开放之后。1985 年联合国成立 40 周年的时候我们讲世界需要联合国的存在，正如联合国需要世界支持一样；2000 年进入新世纪，我们讲联合国的积极作用只能加强不能削弱，联合国权威必须维护而不能损害；2005 年联合国成立 60 周年的时候我们讲联合国的作用只能加强不能削弱，坚决支持联合国在国际事务中发挥核心作用，当然包括全球治理。现在我们讲坚定维护以联合国为核心、以国际法为基础的国际体系，坚决支持联合国在国际事务中发挥核心作用、主导作用，反对单边主义，支持和维护多边。我们提出构建人类命运共同体，这一理念得到国际社会的广泛认可和好评，而且已经写入联合国的文件。

2021 年中国在联合国提出全球发展倡议。当年围绕这一倡议召开第一次会议，有 100 多个国家参加，还有不少国际组织与会，得到积极响应。2022 年中国又提出全球安全倡议。我们提出这些理念和倡议，为缔造和平、维护和平、促进全球发展起到了推动作用、引领作用。

习近平总书记在党的十九大报告中指出，中国秉持共商共建共享的全球治理观，倡导国际关系民主化，坚持国家不分大小、强弱、贫富一律平等，支持联合国发挥积极作用，支持发展中国家在国际事务中的代表性和发言权。中国将继续发挥负责任大国作用，积极参与全球治理体系改革与建设，不断贡献中国智慧和力量。中国发起亚投行、金砖国家开发银行、丝路基金、南南合作援助基金，推动“一带一路”建设，丰富了全球治理的体制。中国构建人类命运共同体的理念和联合国的全球治理一脉相承，可以说丰富了《联合国宪章》，使联合国更具生命力。

习近平总书记在 2016 年 9 月中央政治局集体学习时强调：参与全球治理需要一大批熟悉党和国家方针政策、了解我国国情、具有全球视野、熟悉运用外语、通晓国际规则、精通国际谈判的专业人才。要加强全球治理人才队伍建设，突破人才瓶颈，做好人才储备，为我国参与全球治理提供有力人才支撑。

希望我们尽快从人才大国变为人才强国。

（志愿记录者：朱雯）

第七讲　国际经济体系及其理论基础

讲课人：崔　凡

讲课时间：2017 年 3 月

崔凡，对外经济贸易大学国际经贸学院国际贸易系教授、博士生导师，中国世界贸易组织研究会常务理事、副秘书长、研究部主任，商务部经贸政策咨询委员会全球价值链专家组专家，中国国际经济贸易仲裁委员会（CIETAC）仲裁员。1997 年 6 月获得对外经济贸易大学国际贸易硕士学位后留校任教。2002 年获英国伦敦政经学院（LSE）经济学优等硕士学位，2006 年获伦敦政经学院经济学博士学位和国际商法法学硕士学位。主要从事国际贸易理论与政策、WTO 和多边贸易体系研究。

国际经济与贸易专业在 1998 年以前是一个非常偏向于实务化的专业。但是，在 1998 年经过教育部改革之后，国际经济、国际贸易、国际经济合作、国际商务、世界经济等很多专业合并在一起成为国际经济与贸易专业。这个专业也越来越理论化。

当时一种说法叫作“厚基础，宽口径”，也就是说我们本科教育的主流应该是通识教育、素质教育。那通识教育的来源是什么？在古希腊、古罗马，这个通识教育叫“liberal arts”,“liberal”指的是自由人，是教育那些有公民权的人，让他们进行辩论和哲学思考，参与上流社会的交际。古希腊通识教育先教三门功课，中世纪把它们叫 Trivium，也叫“三艺”，就是语法、逻辑、修辞。在此基础上通识教育再教四门功课，叫作 Quadrivium，也就是“四艺”，包括算术、几何、音乐、天文。这七门课是培养人的综合素质的，不是为了生产，不是为了挣钱，不是为了一种职业需要。

而与“liberal arts”相对应的一种教育是什么呢？在古希腊古罗马有一个词，说的是泥瓦匠、木匠这些手艺的教育，叫作“servile arts”，或者说是奴工的教育，自由人和贵族不屑学的这种挣钱的手艺。显然，这种生产技术的教育也是人类社会发展不可或缺的。这两种教育一直存在，发展到今天，就形成了通识教育与职业教育两个体系。

现在，“liberal arts”的教育范围越来越扩大了，包括数学、物理、化学这些基础学科。那么“liberal arts”在美国、欧洲就是一种“厚基础，宽口径”的教育。另外，我们现在把为了找工作的教育叫“professional education”，即职业教育。一流大学的硕士层次的教育有很大比重是高端的职业教育，像 MBA、MPA 这些。

我们现在来学这个通识课程，在某种意义上来说，并不是为了找工作，而是把社会科学各方面的基本概况放在大家的面前。我认为大学生成功的标准之一是你得知道自己大学毕业之后想干什么，找准自己的兴趣和方向，能够做到这一点就很不简单。而想要做到这一点，大学就必须为你提供各种各样的选择。现在的社会已经发生了变化，如果你对我们现实生活中各行各业的实际情况，经济、文化或者社会各方面的实际发展状况没有一点了解的话，你接受的纯理论教育可能使你在这个社会没有足够的发言权，你的知识面是欠缺的，所以我们现在本科教育可以侧重通识教育和素质教育，但是实践中的一些东西也应该让大家有所了解。

国际经济学旨在通过一些理论框架来帮助回答现实中的一些问题，可以帮助我们理解在新闻上看到的各种各样的事情背后到底是怎么一回事。

一　国际贸易利益的来源

我们谈到的国际贸易，不仅是货物贸易，还有服务贸易，还有生产要素，包括资本、劳动力、技术的流动，这些都包含在广义的国际贸易里。那么，贸易的根本原因是什么？可以用一个概念概括，这个概念叫作比较优势。各个国家的技术差异和要素禀赋不同，有的时候产生贸易是因为通过贸易可以获得规模经济，还有一些其他的原因，但是在理论上，我们在阐述这些贸易的利益来源的时候，往往不会把所有这些原因拿来一起讨论。在经济学里有一个基本的思想方法，就是在讨论一个原因的时候固定其他的原因，专门就一个原因进行研究，通过这种方法深入地探讨这个原因。

（一）亚当·斯密的经济自由主义理论、分工理论、绝对成本学说

经济自由主义理论。亚当·斯密在苏格兰大学教授伦理学的时候写了一本书，叫作《道德情操论》。他的经济学著作叫作《国富论》。他在书中从伦理学的角度研究经济问题，得出一个现代经济学最重要的思想，也就是所谓“看不见的手”。他说，如果每个人按照个人利益最大化的原则去选择自己的行为的话，整个社会的利益会自然而然地最大化。之后

有无数的经济学家围绕经济学的这个最根本的思想，不断提出问题。这个理论存在一些前提，在现实生活中这些前提可能发生变化，不一定满足。但是从根本上来讲，他的意思是政府原则上不要轻易去干预经济，让每个人按照自己利益最大化的要求来选择自己的经济行为，整个社会的利益就会达到最大化；政府去干预经济，不让个人利益最大化，这种干预的结果会使整个社会的利益下降。亚当·斯密的这个思想到今天仍然是现代经济学最重要的思想，很多新的理论都是在亚当·斯密这个理论的基本思想架构上添砖加瓦，所以说他是现代经济学之父是不过分的。

分工理论。他对于国际贸易的基本思想是基于经济自由主义理论的。他在《国富论》这本书中这样讲：劳动的分工很有好处，分工必然伴随着交换，必然产生贸易。一个人在专门干一件事的时候可以把这件事越干越熟，如果你要干很多的事情，不和人家分工，自己可能效率上就没有提高。而且每个人负责这样一个环节，那么就减少了环节之间的转换时间，节省了一些和生产没有直接关系的时间。还有，你专门干一件事情，越干越烦，你就会想找点灵活的办法提高效率，可以说促进了科技。亚当·斯密说，如果一个人负责造一根针的所有工序，一天下来，一根针都造不出来，但是十个人如果合作一起来造针，分成十个工序，一天可以造一千根针，这就是劳动分工的好处。

绝对成本学说。亚当·斯密接下来就说，即使是在分工后生产效率没有提高，纯粹的分工和交换也可以使整个社会的劳动生产率得到提高。不完全依靠自然科学发现和工程技术的进步，就用社会科学角度的资源重新配置，能够使人类的财富增加。亚当·斯密说，从国家的角度来看，如果一国由于其绝对有利的生产条件——无论是自然禀赋，还是后天取得的——使其生产某种产品的绝对成本低于其他国家，则该国应集中资源，专业化生产这种产品，然后参与国际贸易，它就会从国际贸易中获取利益。这就是绝对成本学说（也叫地域分工学说）。各个国家生产自己有优势的产品，最后会对整个社会产生利益。

假设世界上只有英国和葡萄牙两个国家，他们只生产两种产品，一个是酒，一个是毛呢。现在假设英国有 220 个人，120 个人生产酒，100 个人生产毛呢；葡萄牙有 200 个人，80 个人生产酒，120 个人生产毛呢。那么生产的成本，英国是 120 个劳动力可以生产一个单位的酒，100 个人生产一个单位的毛呢；葡萄牙是 80 个人生产一个单位的酒，120 个人生产一个单位的毛呢。在这样的情况下，这两个国家，英国和葡萄牙，每个国家都生产自己的产品而不进行交换，在每个国家两种产品都生产的情况下，整个世界上可以生产出两个单位毛呢和两个单位酒。那么亚当·斯密说，想要提高社会总福利，就让英国人全部去生产毛呢，让葡萄牙人全部去生产酒。那么这样就很简单，英国人去生产毛呢后，总共可以产出 2. 2 个单位的毛呢；葡萄牙人全部去生产酒之后，总共可以产出 2. 5 个单位的酒。整个社会财富增加了 0. 2 个单位的毛呢和 0. 5 个单位的酒。

之后，英国人和葡萄牙人再去交换，比如 1. 1 个单位的毛呢和 1. 25 个单位的酒交换。通过交换，每个国家都可以消费到比原来更多的毛呢和比原来更多的酒。这些多出来的 0. 2 个单位的毛呢和 0. 5 个单位的酒不是因为产品层面上劳动生产率的提高而产生的，仅仅是因为优化配置了一些资源。我专门生产毛呢，你专门生产酒，然后我用我的毛呢换你的酒，我们就都可以消费到比原来更多的毛呢和比原来更多的酒。

但是这个发现也存在一些问题。在英国历史上曾经出现过一次政策争论。19 世纪上半叶，英国国内出现了一些不同的政治派别，其中以曼彻斯特为中心，它们那儿有一些造纺织品的工厂主跟英国的传统农业主发生了冲突。

英国的农业主就说，英国（当时正处于鼎盛时期）农业的生产效率在整个欧洲比起来是高的，纺织业（当时的制造业最主要的是纺织业）的生产效率也比法国要高，应当生产自己有优势的产品，农业生产成本和纺织业生产成本都比法国低，那么我们就应该都生产，没有必要进行贸易，没有必要进行分工。那些农业主为了保护他们的谷物，在英国通过了一个谷物法，就是鼓励英国当地的谷物生产。

而曼彻斯特的那些工厂主又非常反对。因为当时农业占了很多农田，工厂主不想种过多的谷物，纺织业的工厂主又成立了一个反谷物法同盟，反对英国种这么多的粮食。他们想种草，做草场，在草场里养羊，羊可以作为毛纺织业的原料来源。他们感觉农业主说的话有问题，但又说不出来有什么问题，这个时候就出现了一个人。

（二）大卫·李嘉图的比较成本学说

这个人就是李嘉图。他很有经商才能，做谷物的期货投资生意，结果很快就成为英国当时的一个富商。一个偶然的机会，他读到了亚当·斯密的《国富论》，他也想发表一些理论，去批驳补充亚当·斯密的学说。结果他就写了一本书《政治经济学及赋税原理》。同时，他家里常常举办思想沙龙，当时英国的大卫·休谟、约翰·穆勒、马尔萨斯都是他的好朋友，他们一起讨论学问，逐渐地在这些有名学者的推广和宣传下，就有越来越多的人理解他的思想，他的《政治经济学及赋税原理》这本书最终也成为经济学上的一本经典著作。

李嘉图进一步发展了亚当·斯密的思想，他在书中说，国际上不能够仅仅根据绝对成本来决定分工和贸易的模式，而是应该按照比较成本。比如两个国家，如果一个国家在各个方面都比另一个国家强，就像英国和法国相比，它的农业和制造业都比法国强，那么这个时候还有没有必要、有没有可能进行国际贸易和国际分工呢？他说是可以的，而且也能带来巨大的好处。那么这个分工的标准应该是什么呢？如果我两个方面都比你强，那么我应该集中生产我优势最大的那些产品；如果你两个领域都比别人弱呢？“天生我材必有用”，你可以专门生产你劣势最小的那个产品。按照这样一个模式进行分工，“两优取其最优，两劣取其次劣”，按照这样一种比较成本的模式进行分工和合作，也可以使各方都得到好处。

他对亚当·斯密的这个例子稍微进行了一些数字上的改变，将葡萄牙生产每单位毛呢的劳动力数量改变了一下。

英国在两种产品的生产上生产成本都比葡萄牙要高，双方很难都找到一种对自己绝对有利的生产条件的产品，那么英国在两种产品上都具有劣势，成本都高；葡萄牙在两种产品上都具有优势，成本都低。这种情况下，两个国家能不能进行分工和协作呢？他说可以。封闭条件下，两个国家都没有进行贸易的时候，英国 220 个劳动力，葡萄牙 170 个劳动力，每个国家都生产一个（单位）毛呢、一个（单位）酒，整个世界生产两个（单位）毛呢和两个（单位）酒。

在李嘉图的这种模式下，“两优取其最优，两劣取其次劣”，葡萄牙哪儿是最优呢？酒。那葡萄牙就专门生产酒。英国“两劣取其次劣”，哪个劣势小一点呢？毛呢。那英国生产毛呢，葡萄牙生产酒，大家看看，英国最终会生产2.2个单位的毛呢，葡萄牙最终会生产2.125个单位酒，整个世界上生产产品的量仍然是增加的，增加了0.2个（单位）毛呢和0.125个（单位）酒，你看劳动生产率没有变化，整个生产产量增加了。

他说，这种比较优势决定的贸易模式才是世界上贸易的普遍原因。亚当·斯密那个只是说了一个特例。你看除非这两个数字情况是等比例，这种情况是很少见的，而任何国家任何时候都可以找到比较优势。记得有一个故事，有一个女孩是残疾人，她左琢磨右琢磨，发现她可以做知心大姐，就专门搞了一个热线电话，人家打电话给她说自己烦恼的事情，她开导人家，有点像心理咨询那样的，她自己觉得很快活，也对这个社会做了贡献。所以说，一个人在社会上，再强，也不能什么都做；再弱，也能找到自己为社会作贡献的地方。强者不能什么事情都干，要知道有些东西可以外包给别人，然后通过交换，大家都取得更高的效率，这就是比较优势。这个可以说是国际贸易里的一个根本的理论思想。

哈佛大学的一个教授曼昆在经济学教材中举了一个例子，迈克尔·乔丹和他隔壁的小男孩。迈克尔·乔丹打篮球肯定要比小男孩效率要高，到花园除草的效率肯定也比小男孩要高，他们俩之间能不能进行分工合作呢？当然可以呀。这个小男孩去给乔丹除草，他虽然效率要比乔丹低很多，但是他可以节省乔丹休息和练习篮球的时间，乔丹又给他一些除草的零花钱，他自己休息好了还能挣更多的钱。这样，两个人都很开心。

（三）俄林的资源禀赋原理

在亚当·斯密和李嘉图他们这个时代，他们都是以两个国家生产技术的差异这个理由来作为比较优势的来源。后来，又出来了另外一位学者，瑞典的俄林，他把比较优势的来源界定为不是由生产函数或者说是技术水平的差异而产生的成本差异，而是由于每个国家的要素禀赋不同产生不同的比较优势，从而产生贸易，这个叫作 H-O 理论。这个理论是说两个国家由于资源禀赋的差异会产生贸易。比如说，中国劳动力多，美国资本多，这两个国家，为什么能产生国际贸易呢？中国劳动力多，劳动力便宜，劳动密集型的产品就便宜，所以就能出口劳动密集型产品；而美国资本多，资本便宜，所以它就出口资本密集型的产品。双方根据自己的要素禀赋不同进行贸易，这个也可以使大家的资源配置更加优化。

（四）保罗·克鲁格曼的规模经济学说

除了前面这些古典理论或者新古典理论，那么现在，20世纪 70~80 年代以后，又有一些所谓的新贸易理论，比如保罗·克鲁格曼，一个犹太人，得了诺贝尔奖，他提出了一个规模经济贸易理论。有规模经济的产业，市场越大，需求越大，成本就越低。如果是两个国家，中国和美国，中国产品只能卖给中国人，美国产品只能卖给美国人，每个产品的市场规模都是有限的，这两个国家可以进行贸易之后，产品可以卖给中国人，也可以卖给美国人，两个市场都卖，那市场就扩大了，扩大以后平均生产成本就下降了。

这种贸易经常会是产业内贸易。比如，世界上规模经济特点明显的一个产品是汽车。美国的汽车卖到日本，日本的汽车卖到欧洲，欧洲的汽车也卖到美国、日本，都各地各处地卖。但是每个国家生产的汽车特性不一样，是差异化的产品。这种贸易在国际贸易中占了很大的比重。可以说，这种贸易，主要的目的不是为了节约要素成本，而是获得更大的市场需求。

我们继续来说上面说到的理论。比如，两个国家的国内市场原来是垄断市场，改革开放后，人家的贸易商、投资者到你们国家来和你们竞争了，垄断就被打破了，垄断打破后价格就下降了，消费者就获得好处了。

（五）理论的综合延伸

大概在 2003 年的时候，哈佛大学教授梅立兹写了一篇文章，讨论异质性企业的贸易理论，这是近十几年来比较热门的一个贸易理论。这个理论把亚当·斯密、大卫·李嘉图以及克鲁格曼的思想进一步完善了。

他说一个行业中，有生产率高的企业，有生产率低的企业。一旦允许自由贸易后，竞争的压力会使这个行业重组。弱的企业会被淘汰，最强的企业不仅可以生存下来，还因为市场开放的缘故可以去占领别的国家的市场，它的规模会变大，使整个行业的劳动生产率得到提高。

他提出这个思想以后，贸易理论界的人受到启发，如果说一个可以生产多种产品的企业，有的产品生产效率很高，有的产品生产效率很低，进行国际贸易以后，产品的结构会不由自主地进行调整。竞争力低的产品就不做了，竞争力强的产品加大生产，这样即使每个产品的生产效率不变，整个企业的生产效率也得到了提高。这种调整不完全算作科技的进步，而是贸易引起资源重新配置产生了新的利益。

有人进一步说，竞争激烈的国际贸易会使一个企业产业链条上的不同环节得到调整。相对劣势的生产环节，你就会想办法让别人生产，然后你就专门生产相对优势更大的那几个环节。虽然在生产产品的每个环节层次上的生产效率没有提高，但是在生产产品的整体过程上生产效率得到了提高。

实际上，很多科技上的进步都是由于这种环节上的优化而产生的。科技上的进步和经济学上的资源优化配置越来越密不可分了。如果这么发展下去的话，很多发明、创造，很多东西都可能是因为贸易、因为竞争而引发的。这样，贸易的利益来源就越来越广泛而深入。

当然，除了货物贸易本身的利益之外，国际间劳动要素的流动、国际间技术的流动、国际间资本的流动，这些东西都可以带来利益，优化配置。

二 国际贸易利益的分配

原则上讲，两个国家进行贸易会使这两个国家都获得利益。通过贸易和投资这些国际经贸的行为可以使蛋糕做大。那么做大的部分——产生的国际经济贸易或者贸易的利益怎么分配？这也是国际经济贸易需要研究的一个很根本的问题——利益的分配问题。

（一）国际贸易利益的国际分配

我们在衡量国际上的贸易利益分配的时候经常用到一个概念，叫作贸易条件。最简单的一个算法，用我这个国家出口的产品价格指数比上进口的产品价格指数，如果我出口的产品的价格越来越高，进口的产品价格越来越便宜，那我获得的利益就越来越多。

2013 年的时候，中国超越美国，成为世界第一大贸易国，2016 年美国又重新抢回了这个世界第一的位子。2016 年美国的进口出口加起来就比中国多了几百亿美元，因为这几年中国进口的产品价格便宜了。实际上近几年我国进口的产品价格都在降低，所以虽然总体上的贸易额降低了，但中国在贸易中实际获得的利益是增多的。这就是净贸易条件。当然也有一些其他方式可以用来衡量贸易条件，比如收入贸易条件。有的国家出口产品价格便宜是因为什么呢？他们想价格便宜就可以卖更多呀。价格虽然便宜了，但是出口量增多了，出口总收入增加了，所以从这个角度看还是获得了利益的增加。所以这是两个不同的衡量标准，都可以用来看不同角度的贸易变化。

在这里讲一个关于关税的小小的插曲。如果是一个小国家，买多买少，减税加税，对整个世界的贸易格局产生不了大的影响。在这个时候搞贸易壁垒，是影响不了世界上的价格的。但若是一个大国，像中、美这样的大国，可以想象一下，如果中国提高一点关税，这样中国进口的产品就会减少，这个时候会产生什么效果呢？会使世界上的这个产品的价格降下来。降下来之后你再以一个更便宜的价格进口，所以贸易条件就在这个过程中改善了。大国搞贸易壁垒，有可能会改善自己的贸易条件。所以我们说让大国实现贸易自由化，有时候是一件困难的事情，因为它有这么一个好处啊！它可以影响世界上的价格，然后来改善自己的贸易条件。有的时候一点小小的关税，也就是不高的贸易壁垒，可以带来好处。但是有的时候做过头了，对贸易产生的负面作用可能比贸易条件改善的好处更大。

（二）发展中国家贸易条件的改善

我们说2000年以来，大家看到发达国家和发展中国家的贸易变化，这个在国际发展历史中是一个比较罕见的情况。在20世纪50~60年代的时候，有几个发展经济学家提出一个普雷维什-辛格命题，就是说发展中国家的贸易条件越来越恶化，他们出口产品的价格越来越低，进口产品的价格越来越高。21世纪以来出现一个情况：发展中国家总的来说贸易条件的改善比发达国家还要好。其实这在很大程度上还与中国有关系。

很多人认为，有很多发展中国家的经贸依靠出口原材料（比如石油），中国制造业的发展拉动了原材料产品的价格以后，它们从中获得了好处。中国的这种发展模式比以往发达国家的发展更占有道义上的优势，中国经济的发展带动了其他发展中国家的经济发展，不像以前发达国家发展，发展中国家出口的产品和发达国家出口的产品价格出现剪刀差，发展中国家收入相对下降。但是从中国自己的角度来说，从加入世贸组织到前几年，净贸易条件都是恶化的，这是因为中国进口的原材料产品一直在涨价，一直到前两年才不涨了。中国在近几年的贸易条件还是改善了。而从收入贸易条件来看，中国出口的产品贸易规模是剧增的（除了2008年经济危机的一个小波动），所以从收入贸易条件看，中国一直是在不断改善的。

（三）国际贸易利益的国内分配

我们再看看国家内部利益的分配问题。俄林的那个要素禀赋理论体系提到过的要素价格均等化定理。这个就涉及了贸易利益在各个国家内部的分配问题。像中国这样的国家，劳动力丰富所以劳动力便宜，然后就大量出口劳动密集型产品。出口了以后，我国大量劳动力获得了就业机会和更高的工资。所以，我们的劳动力怎么样呢？通过这种贸易，它的价格就在往上升。那么大量的劳动密集型产品输出到美国，美国就没有必要生产那么多劳动密集型的产品，那么它的劳动密集型产品就会萎缩。它一萎缩，那些单纯靠出卖劳动力赚钱的美国蓝领工人，他们的就业机会就减少了，或者说他们的工资就下降了。在极端情况下，根据要素价格均等化定理，中国工人的工资可以和美国工人的工资持平。这对中国倒是一件好事，但是对美国那些蓝领工人来说，他们的压力就很大了。

所以我们在贸易理论中讲，要素价格均等化定理在某种程度上告诉我们，贸易可能在不同国家内部引起不同的变化。贸易的利益是贸易的根本原因，这个国家和那个国家进行贸易之后，原则上来说两个国家都会获得利益，但是要注意，不是这两个国家的每个人都会获得利益，有的人利益会得到提高，有的人利益可能会受损。这个就是我们在理解两个国家贸易政策制定时考虑的一个非常重要的方面。

从这个趋势，我们可以看到中国蓝领工人的收入相对提高，美国蓝领工人的收入相对下降，这种趋势后面有理论进行进一步的阐释，在这里有些细节我也就不多说了。美国的蓝领工人收入下降或者增长停滞，而美国的资本所有者由于资本密集型产品的出口而获得收入的上升，这使它的贫富差距进一步拉大。中国的情况是什么呢？中国大量出口劳动密集型产品，使我们的农村剩余劳动力流动到城市来，让农民工获得了就业的机会，提高了他们的收入水平。这意味着穷人的收入水平是在上升的。这可以使我们国内贫富差距变小。那么现实中，我们的收入差距是不是缩小了呢？其实我们的收入差距还是非常大的。但是有一点我们要看到，大概从2008年开始，基尼系数（也就是收入差距指标）每年都在下降，一直降到2015年，2016年稍微回升了一点。也就是说从2008年开始，我们的贫富差距总的来说没有进一步扩大，而且还略有下降。所以说，这一轮全球化给我们国内产生的政治压力要比发达国家要小。

还有一点，国际贸易影响我们国内的生产结构，在这里我也就不细讲了，我就稍微提一下雷布津斯基定理。这是一个很有意思的定理，它说一个国家在国际贸易过程中，按照要素禀赋进行分工来决定劳动生产模式。如果要素禀赋发生变化，贸易结构和产业结构会发生什么变化呢？雷布津斯基定理认为，若商品的相对价格不变，某种生产要素的增加，将使密集使用该要素的商品产量增加，使密集使用其他生产要素的商品产量减少。比如，中国现在的资本增多，那么资本密集型产品的生产和出口会增多，而劳动密集型产品会减少。实际上，按照这个理论，你的资本存量增加了10%，劳动存量不变，你的资本密集型产业扩张会超过10%，比如20%，因为劳动密集型产品会负增长。一个国家如果出现这样的情况，它的产业结构会发生很大的变化，而且还是加速变化。我们现在16~60岁的劳动力已经到了顶峰，开始下降了，虽然我们的人口总量还是在往上升。那资本储量又是怎样的呢？中国仍然是世界上资本储蓄率最高的国家，我们的储蓄就转化为资本，我们的资本还在增加。资本增加，劳动力不增加，这会产生什么样一种情况？资本密集型的产业会迅速扩张，劳动密集型产业会开始萎缩。所以，我看好中国资本密集型产业，特别是装备制造业的前途，我相信他们会有好的表现。

三 贸易保护的原因

甚至从早在从亚当·斯密之前就开始，一波一波的学者不断地提出理论解释为什么可以搞贸易保护。这个自由贸易的理论，是建立在一些条件基础上的，但是有些条件在现实生活中并不存在，那这些理论是不是应该进行修正呢？我们现实生活中，有很多跟理想条件不一样的地方，市场存在各种各样的扭曲。在这种情况下，应不应该进行一些保护呢？所以就有了各种各样的贸易保护理论。

（一）重商主义

在亚当·斯密之前，英国正处于资本的原始积累时期，一些经济学家认为贸易最根本的目的就是要获得黄金——重金属财富，如果你出口获得了黄金，那就是你挣钱了；你进口，把黄金白银给了别人，那就是你的财富流失了。那时候非常重视重金属财富，也就是重商主义。重商主义早期叫作重金主义，后来又修改了一下，叫作贸易差额论。可以出口，也可以进口，但是一定要做到出口比进口多。这种重商主义，一定程度上是适应了当时的资本原始积累时期的要求，你积累的贵重金属多，话语权就多，也就更有能力去组织生产。

（二）李斯特的幼稚工业保护理论

19 世纪德国有一位经济学家李斯特，这个人原先是支持自由贸易的，后来他被普鲁士派作美国大使，结果到美国之后，发现美国在执行一个政策——汉密尔顿政策。汉密尔顿是美国建国初期的一个财政部长，主张贸易保护，写了一个《制造业报告》。杰斐逊主张搞自由贸易。后来，汉密尔顿卸任，杰斐逊当了美国总统。杰斐逊可以说和汉密尔顿的政见完全不一样，但是他上台之后并没有废除汉密尔顿的贸易保护政策，反而继续执行。如果看美国历史的话，美国战后的很长一段时间内都主张贸易自由化，但是美国在此前的历史上基本没有实现贸易自由化，长期以来是非常高的贸易关税，一直坚持到第二次世界大战结束以后才开始主导降低关税，现在又开始后悔。李斯特觉得这个汉密尔顿主义政策对德国也有好处。在此之前，他干了什么呢？向普鲁士国王建议，将普鲁士和其他德意志邦国之间的关税取消，搞自由贸易，所以他其实是支持贸易自由化的。当时德国确实存在一个问题就是，从德意志的领土的这头走到那一头，价格能上涨七八倍，各邦国之间的贸易关税太高了，妨碍了德国的发展。后来，德国将内部关税取消，但是又对外建立一个关税。这个事情对德国后来的统一和日后的发展起到了非常关键的作用。李斯特后来又对国王建议，对外的关税我们别降，德国和英国、法国比起来，经济发展是比较落后的，应该保护德国的民族产业，这就叫作幼稚工业保护论。用关税形式保护幼稚工业，让幼稚工业成长起来，过15年、20年之后，再把关税取消。

这个对很多发展中国家有理论上的启示。剑桥大学有一位韩裔教授张夏准，写了一本书叫作《富国陷阱：发达国家为何踢开梯子》，他说国际贸易机构，比如世界银行，到处向发展中国家宣扬贸易自由化，这是在欺骗发展中国家。他说发达国家在爬上梯子之后，对发展中国家说，你不要保护自己的民族产业，这就相当于是一脚踢开了梯子，让发展中国家再也爬不上来了。虽然这个观点的有些地方还值得商榷，但是这样的观点对发展中国家的发展也有一定的启示，尤其是在搞贸易政策的时候。

（三）凯恩斯的超贸易保护主义思想

在第二次世界大战前后，又出现了一位伟大的经济学家凯恩斯。他提出了一个新的贸易保护主义思想，又称为新重商主义思想、超贸易保护主义思想。他说，一个国家的净出口多的话，可以使国内经济增长程度提高。为什么呢？因为现代国家的通病是总需求不足，而你的出口多，就是扩大了你的需求，扩大贸易顺差，这个贸易顺差还会有个乘数效应。出现经济危机的时候，国家越是需求不足，越可能会使用这种手段来增加需求，提高就业，提高 GDP。

（四）其他贸易保护原因

贸易保护主义其实就是一种经济干预手段，但是经济干预是好是坏？如果我们现在完全处于一个理想的经济体系，那么施加一点干预都是坏事。但是现实生活中存在一些客观的经济扭曲，是一时半会儿没办法消除的，那么就有一派认为，贸易保护是可以产生以毒攻毒的效果的。另外，还有一些支持贸易保护的其他原因：改善不利的贸易条件、保证公平竞争、增加国内就业、维持国内高水平的工资、改善贸易收支或者国际收支、保护知识产权、作为报复和谈判的手段、为了国家安全和保护生态环境、支持战略性产业发展等。

但在现实生活中，贸易保护的产生也不仅是我们上面提到的这些原因，还有人认为有些原因是利益集团所致。利益集团为了自己小集团的利益使得政府采取措施保护它的小集团，而损害了广大消费者的利益，这对整个国家的福利是不利的。比如，纸的生产，我建立一个贸易保护关税，使得消费者的利益损失 100 亿元，假设我们的消费者有 10 亿人，那每个人就损失了 10 元，但是造纸业增收了 10 亿，假设整个行业有 100 万人，那么每个人收入增加了 1000 元。然而消费者很难组织成一个整体去游说政府，给政府施加压力。生产者的利益砝码高，更可能组成游说集团而影响政府政策。最后，进口关税就会存在。这就是利益集团对贸易政策的影响。当然，这种影响是可以消除的，比如通过国际贸易谈判。

四　汇率的基本理论

（一）购买力平价理论

接下来看看我们和美国争论了很多年的汇率问题。在这些争来争去之间，到底怎样一个汇率才是一个合理的汇率，实际上并没有一致的答案。这个问题，我们来简单讲解一下几个最基本的观点。衡量长期汇率的一个最根本的因素就是购买力平价。就是说，两个国家的汇率是由两个国家货币的购买力决定的。比如，“巨无霸指数”，这个指数算法是用一个国家当地的巨无霸价格除以另一个国家当地的巨无霸价格，就算出来一个巨无霸汇率。这个比值反映了不同国家货币对巨无霸汉堡的购买力的比较。然而，单独一个产品的比较还不能说是购买力平价，所有产品集在一起综合考虑的话就反映购买力平价。

更关键的是，经济学家还发现了一个更普遍的现象，越是发展中国家，其官方汇率越是显示出低估了自己的货币购买力水平；越是发达国家，其官方汇率越是显示出高估了自己的货币购买力水平。这种现象的重要经济根源就是我们的贸易中间，只有一部分是可贸易的，大部分产品是非可贸易品，所以这种非可贸易品的存在使得购买力平价并不是一个特别合理的衡量汇率的指标。不过，在其他因素不变的情况下，一个国家的劳动生产率增长以及经济增长越快，这个国家货币的购买力越会上升，这个趋势还是比较得到认同的。

（二）利率平价理论

还有其他一些衡量汇率的标准，比如利率平价理论。因为利率发生变化会影响汇率。最近，大家如果关注新闻的话，会发现都在讨论美联储加息的问题。加息会产生什么效果？利率得到了提高，大家会去买你的货币，货币升值。但是根据利率平价理论，在远期市场上，如果你的利率高于其他国家的利率，这种利差又会导致一种贬值的趋势。这里我们就不具体解释了，但是大家要明白，利率对汇率有很重要的影响，而且这种影响是非常直接的，短期发挥作用的。它比购买力平价的影响更短期。购买力平价的影响是长期的，从长期的角度看，一个国家的经济增长速率快，劳动生产效率提高得快，那么这个国家货币的购买力平价存在一个升值的趋势。

（三）国际收支说

还有一些理论，比如国际收支说。一国汇率的变化，是由外汇的供给与需求决定的，而外汇的供给与需求取决于该国的国际收支状况。比如，中国长期处在贸易顺差的状态，外汇储备一直在增加，我们的外汇储备越多，在中国市场上积累的美元就越多，美元价值就越低。也就是说，长期处于一个贸易顺差的状态，会使你的本币升值。中国从20世纪90年代初期到现在，大部分时间都处在一个贸易顺差的状态，这在客观上使得人民币有升值的趋势。不管是从购买力平价角度来看，还是从国际收支的角度来看，我们国家的人民币一直都具有一个处于升值趋势的状态，而且升值的速度还算比较快。但是一直处于贸易逆差会怎么样？那就是货币贬值。所以说，国际收支还是会对货币的价值产生影响。

（四）资产市场说

为什么2015年8月以后会出现人民币贬值，出现资本开始向外流动的现象？2016年我们对外非金融投资就有1700亿美元，很多的投资用来干什么了？可能有不少买房子之类的资产去了。因为在中国买房子实在是太贵了。货币、股票、债券、房产，很多的投资交易都是资产。汇率理论有个资产市场说。如果你需要在全球范围内对你的资产进行配置，你会进行相对合理化的配置。中国房子太贵，或者价格风险太大，你可能就会减少配置，去买外国资产，这种资产的合理配置行为会给本国的货币带来贬值的压力。

五　国际宏观经济政策的协调

汇率、利率、价格等机制使得各个国家的宏观经济存在相互关联的关系，比如美国的美联储加息对中国的影响。所以开放宏观经济政策的国际协调也是一个在国际经济中专门研究的话题。这些宏观经济因素在国际间的传导是我们在进行国际经济分析中需要注意的。当然这种传导在很大程度上受到制度的约束。各个国家的制度安排不同，会使得这种传导产生不同的效果，也会使得各个国家宏观经济调控政策产生的效果不同。

比如说，如果我们有一个固定汇率制度，那你的货币政策是无效的。举个例子，香港实行盯住美元固定汇率政策，或者叫联系汇率制，美元升，港币就升；美元降，港币就降。这个时候它就相当于放弃了它的货币政策，但是他的财政政策还是会奏效的。在浮动汇率制度下，情况就不一样了。有的时候是货币政策有效，有的时候是财政政策有效。那么国际政策协调内容都有些什么？信息交流、危机管理、目标协调，等等。那我们在这里说到的一个很重要的宏观经济政策协调机制就是 G20（二十国集团）。以前是 G7、G8，发达国家是宏观经济政策协调的主要参与者，但是，现在他们发现把中国这样的发展中国家抛开是不可以的，因为现在中国的实力实在是太强了，还有其他的新兴发展中大国也很有影响力。这个机制的主要功能就是应对国际经济政策调控中的不确定性，在货币政策、财政政策这些方面进行协调。但是也发生了一些变化，在杭州举办过 G20 峰会之后，G20 从短期的宏观经济政策协调机制扩展到了中长期贸易投资和发展政策的协调。

六　国际货币体系

从之前讲的这些理论大家可以看到，国际金融秩序的稳定对国际经济的作用实际上是非常大的。国际货币体系是指各国政府为国际间各种交易支付所作的一系列安排，包括为此所确定的原则、采取的措施和建立的机构。

（一）金本位制

国际货币制度从历史的沿革上来看，在第一次世界大战之前，也就是从1880年至1914年，当时的货币制度是所谓的金本位制度。那段时期可以说是全球化的高峰。如果我们对比那个时候世界各国关税的话，会发现很多国家那时的关税比现在还要低。但是美洲的情况不一样，它们的关税很高。当时世界的中心是欧洲，以欧洲为代表的殖民体系的关税也是较低的。当时的资本流动规模、劳动力流动规模都不比现在差，甚至有的时段比现在还要大。这个时期可以说是自由贸易的一个黄金时期。配合这么一个自由贸易的黄金时期的就是金本位制度。每个国家都是用金子铸造自己的货币，或者是规定自己国家的货币含金量。这种制度使得货币非常稳定，这对贸易是有好处的。

但是从1880年开始，这个金本位制度开始逐渐发生变化。在1880年后开始出现的经济危机让金本位制度逐渐瓦解。经济萧条以后，各个国家开始不由自主地执行以邻为壑的贸易保护制度。慢慢提高自己的关税，对自己的货币进行贬值，然后本币贬值又可以促进出口。法郎、美元、马克等纷纷开始贬值。最后，就是金本位制瓦解。金本位制瓦解之后，货币制度、自由贸易体制也都随之瓦解了，各个国家的关税爆炸性增加，整个世界贸易停止了，此时，战争就开始了。然后就是第一次世界大战、第二次世界大战。

（二）布雷顿森林体系

到第二次世界大战结束以后，各大战胜国意识到贸易和金融秩序的不稳定会大大地增加战争的风险。在战争还没有结束的时候，1944年，他们在美国的新罕布什尔州的布雷顿森林开了一个会。当时会上决定建立三个世界组织，其中一个是世界银行。世界银行在当时最重要的目的就是筹钱，筹钱后进行投资，来促进各个国家的战后重建。所以世界银行也叫作国际复兴开发银行。现在结束战后重建任务之后主要是一个开发性的国际金融组织，促进各个国家的发展。另外一个组织是国际货币基金组织，这个组织管理货币、汇率、金融制度的秩序，建立一个国际货币体系，稳定各个国家之间的货币关系。第三个组织是想要建立一个 ITO，叫作国际贸易组织，来管理世界各国的贸易秩序，不让各个国家随便提高自己的关税。但是这个 ITO 没有建立起来。

建立头两个组织的时候，美国谈判的代表是怀特，英国谈判的代表是凯恩斯。凯恩斯就提出战后的货币体制以美元和英镑为双中心，美元和英镑与黄金挂钩，然后其他国家的货币与美元和英镑挂钩。怀特说，这太麻烦了，干脆以美元为中心。凯恩斯就和怀特争，但是争不过呀，战后就是美国有钱，欧洲的其他国家都等着美国的马歇尔计划援助。最后，怀特的观点被采纳了。凯恩斯回去之后就一病不起，很快就去世了。美国的霸权地位就此得到确立。

布雷顿森林体系确定之后，一直持续了很多年，到 20 世纪 50~60 年代，美国的马歇尔计划援助欧洲各国，欧洲各国的经济很快复苏，制造业繁荣起来，德国一下子就变成了一个制造业大国。到 60 年代以后，美国越来越容易出现贸易逆差，这个时候，美元的地位开始变得不稳定。接下来，到了 70 年代初期，开始出现石油危机问题。产石油的国家推动石油价格开始大涨，各个国家出现了“滞胀”的现象，就是国内制造业的原材料产品的价格都提高了，很多产品价格只好上涨，同时经济增长停滞。在这种情况下，美元面临更大的危机。于是在1971年，美国宣布停止美元兑换黄金。这个时候的布雷顿森林体系开始变得奄奄一息。到了1973年的时候，欧共体国家宣布对美元联合浮动或者单独浮动。他们的货币开始对美元浮动。这个时候，布雷顿森林体系基本上作废了。

（三）人民币国际化

在这之后，经过了一段时间，才出现了牙买加体系。有人讽刺牙买加体系是一个没有体系的体系，基本上起不到什么作用。有人说，中国现在是世界第二大经济国，再过十几二十几年，中国就是世界第一大经济国，要以人民币当国际的储备货币。然而，这个里面也是有一定代价的。如果以自己的货币为国际货币体系里的中心货币，比如美元，那货币投放量就应该不断增加，因为随着世界经济的发展，世界需要的美元就会越来越多，那么要满足实际经济流动性的这种需要，就必须要有很多的境外美元，那美元怎么到外面去呢？那就说明必须要进口东西或者对外投资，才能把美元弄出去是不是？在这种情况下，国家就很容易变成一个逆差国家，货币地位就可能不稳定，国际储备的地位就可能下降，所以这个就需要你的一个平衡，这个平衡的分寸是很难把握的。所以我们谈过人民币国际化，你要想要这么做，必须要让你的国力与之相匹配，这样才能尽量减少人民币国际化给我们自己带来的风险。大家也可以看到，在2016年，人民币国际化的进程也放慢了一些，因为出现了风险。总的趋势仍然是要推进人民币的国际化，但是各个制度的配合要跟上。

我们现在的国际货币体系处于一个转型的时期。在目前这个时期，美元仍然是主导货币，仍然是一种最重要的支付手段和储备手段。黄金的国际储备地位也仍然存在。从长期来看，人民币也将是一个强势的货币，人民币国际化的总体方向是不变的。

（志愿记录者：向珈璐）

第八讲　世界贸易组织的“前世今生”

讲课人：杨凤鸣

讲课时间：2021年5月21日

杨凤鸣，中国世界贸易组织研究会研究部副主任、副研究员，中国国际关系学会理事，*Journal of WTO and China* 编委，经济学博士（国际贸易学方向），法与经济学博士后。主要研究方向为国际贸易、区域经济、世界贸易组织等领域。参与多项国家级和部级重大课题研究，发表学术文章二十多篇，参编著作十多部，《国际贸易》（首届全国优秀教材二等奖）、《世界贸易组织概论》教材副主编。

一　什么是WTO

说起世界贸易组织（World Trade Organization，以下简称“WTO”或“世贸组织”），我想先问大家一个问题：“你觉得WTO是什么?”世界贸易组织的Logo不仅有WTO字样，还有“OMC”字母。“OMC”是什么意思呢?其实就是法语和西班牙语世界贸易组织的缩写。世界贸易组织三大官方语言为英语、法语、西班牙语。联合国六种官方语言有中文，世界贸易组织则没有。

世界贸易组织是世界经济贸易的三大支柱之一。维系世界在经济领域良性运行所涉及的国际机构主要有三个：世界银行、世界贸易组织、国际货币基金组织，这三个组织具有不同的职能。

WTO 是独立于联合国的永久性国际组织。WTO 也会与上面提到的另两大组织以及很多别的组织进行合作，其中合作较多的就有联合国贸易与发展会议（United Nation Conference on Trade and Development）。WTO 并不是联合国的专门机构，而是一个独立的正式机构，有一个法律术语“国际法人”。只有当一个机构是法人了，才可以从事更多的、更实际的活动。世界贸易组织是致力于促进贸易自由化的组织。无论是联合国，还是刚刚提到的其他国际机构，基本都是第二次世界大战后成立的。二战后，各国要推动各个领域的合作，推动与经济相关的开放和自由化。WTO 致力于推动与贸易相关的开放和自由化，是多边贸易体制的组织基础和法律基础。

二　WTO 是如何建立的

多边贸易体制指各个国家之间在处理贸易关系的时候，必须要遵守的一系列国际规则的集合。多边贸易体制建立于 20 世纪 40 年代，其组织基础和法律基础是 1948 年起生效的关税与贸易总协定（General Agreement on Tariffs and Trade，以下简称“GATT”或“关贸总协定”）；1995 年 1 月 1 日世贸组织正式运行，取代原关税与贸易总协定，成为新的世界多边贸易体制的组织基础和法律基础。

（一）“前世”：GATT 的艰难诞生和临时生效

GATT 起源于二战之后。二战之后，原有的体制都是瘫痪的，全世界处于一个百废待兴的状态。最重要的是，美国崛起了。新崛起的世界大国需要在贸易、投资以及相关的领域重建新秩序。20 世纪 30 年代，美国不断提高关税，引发了贸易战。贸易战使大家无法顺畅地进行贸易和投资，美国也深受其苦。为扩大世界市场份额，二战后美国试图从金融、投资、贸易三个方面重建国际经济秩序。1944 年 7 月，在美国提议下召开了联合国货币与金融会议，分别成立了国际货币基金组织（IMF）和国际复兴开发银行（又称世界银行）；同时，倡导组建国际贸易组织（ITO），以便在多边基础上，通过相互减让关税等手段，逐步消除贸易壁垒，促进国际贸易的自由发展。

1946 年 2 月，联合国经济及社会理事会成立了筹备委员会，着手筹建国际贸易组织。筹备委员会讨论的基础是美国提出的《国际贸易组织宪章》草案，最终审议达成了《国际贸易组织宪章》，又称《哈瓦那宪章》（Havana Charter）。

所有的国际协定在谈判达成之后，还要通过谈判方国内批准。由于美国国会认为《哈瓦那宪章》中的一些规定限制了美国的立法主权，不符合美国的利益，因而美国国会没有批准。

在宪章起草谈判过程中，谈判参加方就具体产品的关税减让达成了协议，即《关税及贸易总协定》。这本应该是 ITO 的一部分，现在 ITO 不行了，当时签署了 GATT 的 23 个国家就在失去 ITO 的情况下决定实施这项协定，最终此协定在 1948 年 1 月 1 日正式生效。

为了确保协定被执行，GATT 虽然一开始是以临时适用的协定的形式存在下来，但其同时肩负了国际贸易组织的职能，所以一般称其为准国际贸易组织。因此 GATT 具有国际贸易组织的职能，是多边贸易体制的组织和法律基础。GATT 也有秘书处，有相应的工作人员，要去落实协议规则的生效。GATT 有监督订约方去完成、去履行承诺的机制。同时，一旦有缔约方执行不到位或不执行，其他的缔约方就可以向 GATT 起诉。GATT 极大地推动了贸易自由化，降低了关税水平，削减了非关税壁垒。但是，无论 GATT 做了多少事，发挥了多大作用，其在法律地位上都处于一个“先天不足”的状态。

（二）GATT 的八轮多边贸易谈判

GATT 成立后共举行了八轮多边贸易谈判。其中第一轮多边贸易谈判是 1947 年谈成的。当时 23 个缔约方关税幅度都有明显下降。对这些成果仍不满意，还可以继续谈判。如扩大谈成的商品范围，或者更大的关税下调幅度等。直到 GATT 结束作为准国际贸易组织的身份，前后一共谈了八轮。参加方数目逐渐增加，这说明其适用范围增加了，也直观说明 GATT 作为准国际贸易组织推动了全球贸易自由化。

值得注意的是第六轮肯尼迪回合，GATT 首次接纳了非市场经济国家波兰。二战后全世界简单地分为两大阵营：一个是资本主义阵营，一个是社会主义阵营。二者分别使用市场经济和中央计划经济。波兰的加入为中国未来的复关蹚平了道路。GATT 23 个创始缔约方其实是包括中国的，但那时的中国不是现在的中华人民共和国，当时代表中国的国民党政府退出后，我们的名字就不在 GATT 上了。所以中国的回归不能叫“加入”，而是“恢复原始订约方地位”（简称“复关”）。

另一个值得关注的是谈判时长呈现出越来越长的趋势。为什么会这样呢？首先，想要降低二战时过高且不合理的关税是相对容易的，但降到一定程度后再往下降难度就大了。

其次，参加谈判的国家和地区越来越多，利益交叉也相对变多，谈判难度随之增加。

第八轮乌拉圭回合谈判是历时最长的谈判。仅仅是谈判的时间就有 8 年，谈判前筹备时间还有 4 年。所以，这次谈判确实创造了很多历史纪录。如果把 GATT 和 WTO 的所有谈判从成果、意义等方面来比较，最成功的正是乌拉圭回合谈判。虽然 WTO 成立后，多哈回合谈判时间也非常长，至今还未谈完，但是毕竟没有很多成果，无法与乌拉圭回合谈判相比。众多成果中，最重要的是建立了真正的国际贸易组织、国际法人。从 1986 年乌拉圭开始谈判到 1994 年谈判达成，在七轮谈判将关税降到很低的基础上，欧美为代表和当时已经是全球最主要贸易体之一的日本，继续巩固和深化低关税，削弱贸易壁垒，促成了真正的世界贸易组织。GATT 前七轮谈判没有涉及服务贸易，更没有涉及投资、知识产权等议题。但在乌拉圭回合谈判中，这三部分全部涵盖了，并且取得了成果。《服务贸易总协定》规范了服务领域的规则，同时还根据不同模式、不同部门、不同阶段来进行开放。《与贸易有关的知识产权协定》明确了与贸易有关的知识产权国际法律保护的目标。

乌拉圭回合达成的协定文本之多出乎所有谈判方的意料。尽管有些内容并没有让所有人都满意，但是大家还是签字了，因为当时所有人都认为应该规范贸易，将所有参与方在同一个游戏平台里进行规范，至少可以让市场环境更公开、更透明、更有预见性。

谈判之初，谈判议题没有涉及建立世贸组织问题，只设立了一个关于完善关税与贸易总协定体制职能的谈判小组。1990 年 12 月，布鲁塞尔贸易部长会议同意就建立多边贸易组织进行协商。时任总干事阿瑟·邓克尔将大家所有的草案和议题进行了汇总，形成《邓克尔最后案文（草案）》。1993年12月，美国提议把“多边贸易组织”改为“世界贸易组织”，得到大家的认可。

（三）WTO对GATT的继承及发展

1994年4月15日，乌拉圭回合参加方在摩洛哥签署了《马拉喀什建立世界贸易组织协定》。协定本身条文只有16条，还有4个附件。当时，中国的复关谈判仍未完成，而是作为观察员的身份参与其中。

WTO继承了GATT的内核。GATT的职能、基本原则甚至是原来达成的很多规则都被WTO继承下来。GATT转化为《建立世贸组织协定》的《附件1A：货物多边贸易协定》（GATT 1994）。

不同点体现在性质上，WTO是一个真正的国际组织，即国际法人。二者的争端解决能力不同，GATT争端解决机制中适用协商一致的基本原则，只要其中一方反对，就无法通过裁决；而在WTO争端解决适用反向协商一致原则，除非大家都说“不”，否则就可以通过，大大提高了争端解决机制的效率。再有就是允许“交叉报复”，如成员在某一领域的措施被裁定违反世贸组织协定或协议，且该成员未在合理期限内纠正，经争端解决机构授权，利益受到损害的成员可以进行报复，既可以在相同领域报复，也可以跨领域或跨协议报复。

三 WTO建立和发展的五大基础

世界贸易组织是多边贸易体制的组织和法律基础。WTO的产生发展必然有一定基础。其基础可总结为五个方面。

第一个是理论基础“有节制的自由贸易理论”。二战以后，GATT 出现正是为了促进贸易自由化，WTO 也一样。GATT 关注关税的自由化，而世贸组织追求的是更广阔的自由化。但是自由化不是无限的，没有节制的自由化是非常可怕的。WTO 以及 GATT 的建立者都非常明确地提出，贸易自由化是有节制的，可以无限地推进关税下降，但同时我们也需要规则去保护成员的经济发展。比如，我们要推进纺织品的贸易自由化，降低关税，但是如果进口纺织品销售量急剧增加，冲击本国产业，那么特殊保障措施就可以施行，这是正当保护的方法。为帮助发展中成员尤其是最不发达成员的贸易得到发展，WTO 继承并强化了对发展中成员和最不发达成员的特殊和差别待遇。

第二个基础就是“市场经济体制”。世贸组织追求贸易自由化的目标，根源于市场经济的要求与发展，《建立世贸组织协定》与世贸组织负责实施管理的贸易协定和协议基本上反映市场经济体制的基本要求。世贸组织规则和运行机制来源于市场经济体制，通过世贸组织规则加强和完善了世贸组织成员的市场经济体制。GATT 第六轮多边谈判，接纳了实行中央计划经济的国家波兰。中国的复关/入世谈判中，就伴随着计划经济、有计划的商品经济、市场经济的转变，但中国不是盲目接受美欧推崇的市场经济，而是一步步地将市场经济的概念与中国的经济现状进行结合，与中国的国情相结合，最终建立了有中国特色的社会主义市场经济体制。

第三个基础就是“经济全球化”。经济全球化是世贸组织的内在推动力；反过来，世贸组织成立以后，其运行和规则也推动了经济全球化的发展。经济全球化与世贸组织互为因果，互相促进。

第四个基础就是“可持续发展”。当前气候问题、环境问题是全球的热点议题。有观点认为贸易破坏了环境，世贸组织也破坏了环境。但是贸易、经济不发展，环境也是好不了的。现在已达成共识，在贸易、经济发展的过程中，环境因素是必须要考虑的，必须要保证发展不以牺牲环境为代价。GATT 时期就关注环境保护，WTO 不仅在《建立世贸组织协定》序言中承认保护环境和可持续发展的必要性，其实施管理的协议中也体现着可持续发展的要求，WTO 还成立了贸易与环境委员会。

第五个基础是“国际贸易利益协调”。世界经济主体之间需要互相协调其贸易政策，共同对国际贸易的运行和国际贸易关系的发展进行干预和调节，以便解决其中存在的问题，克服面临的困难，促进国际贸易关系和国际贸易正常发展。WTO 通过谈判达成共同遵循的国际贸易规则，并根据这些国际贸易规则对各国相关贸易政策进行调整和一定的约束。

四　WTO 如何运转

（一）WTO 的宗旨

世贸组织的宗旨是要提高生活水平，保证充分就业，扩大货物、服务的生产和贸易；同时，坚持走可持续道路；还要考虑到最不发达国家和发展中国家的利益协调，保障他们的经济发展；建立更加完善的多边贸易体制。

（二）WTO 的基本原则

WTO 实施管理的贸易协定与协议中，贯穿了九项基本原则，是成员在世贸组织范围内处理贸易关系应遵循的准则，分别是非歧视原则、贸易自由化原则、允许正当保护原则、稳定贸易发展原则、公平竞争原则、鼓励发展和经济改革原则、地区贸易原则、例外与免责原则以及透明度原则。

非歧视原则是针对歧视待遇的一项缔约原则，它要求缔约双方在实施某种优惠和限制措施时，不要对缔约对方实施歧视待遇。根据非歧视待遇原则，世贸组织一成员方对另一成员不采用对任何其他缔约方不适用的优惠和限制措施。在世贸组织中，非歧视原则由最惠国待遇和国民待遇条款体现出来。

WTO 倡导并致力于推动贸易自由化，要求成员尽可能地取消不必要的贸易障碍，开放市场，为货物和服务在国际间的流动提供便利。在鼓励贸易自由化的同时，也允许世贸组织成员作出正当的保护，允许世贸组织成员根据经济发展阶段的不同，依据货物和服务产业竞争能力的差距，考虑可持续发展的需要，维护本国国民安全和健康的要求，可以通过谈判作出正当的保护，即非歧视原则的例外。

稳定贸易发展、公平竞争主要是为市场主体营造一个可预见的、公平竞争的市场环境。鼓励发展和经济改革主要是针对最不发达成员和发展中成员的。地区贸易原则主要是指区域贸易协定和区域经济一体化，这是最惠国待遇的例外。例外与免责即允许成员在履行义务的同时考虑历史传统、安全和确有困难的情况下有所例外。透明度原则是指，成员方应公布所制定和实施的贸易措施及其变化情况（如修改、增补或废除等），不公布的不得实施，同时还应将这些贸易措施及其变化情况通知世贸组织。成员方所参加的有关影响国际贸易政策的国际协议也在公布和通知之列。

这些原则通过贸易协定协议转化为具体的规则。

（三）WTO 的组织机构

WTO 的机构主要有部长级会议、总理事会、货物贸易理事会、服务贸易理事会、与贸易有关的知识产权理事会以及它们下属的分委员会、专门委员会包括争端解决机构和贸易政策审议机构、总干事和秘书处等。其中，部长级会议是最高决策机构。部长级会议休会时，由总理事会代为履行职责。在国际组织中，世贸组织的最高决策机构仅是部长级，相对级别不高。WTO 成立十周年时，秘书处聘用了一些专家，专门为如何推动世贸组织更加完善撰写了一份报告《WTO 的未来——应对新千年的挑战》，其中有一条建议是每五年召开一次 WTO 全球领导人峰会。没有政治决断力，没有政治支持很难突破，尤其是当前正值国际局势剧变之时。一般来说，部长级会议每两年开一次，很多重要的决策是在部长级会议上达成的，但部长级会议更多的是呈现谈判的结果，谈判主要是在平时完成的。

总干事和秘书处是常设机构，平时所有的沟通都在秘书处。现在世贸组织已经有 164 个成员了，但是在总部日内瓦设立了代表处和使馆的成员其实还是很少的。所以 WTO 对发展中国家提供援助，如技术支持和培训，以及近几年新开设的提供给最不发达国家和发展中国家的几个短期内参与工作的名额等，都是很大的支持和帮助。

另外，关于秘书处的预算。与世界银行和 IMF 这两个机构相比，WTO 秘书处显得尤为短小精悍，只有 600 多人，而世界银行 2021 年有 12528 人，IMF 有 2900 人。秘书处的预算主要由成员根据贸易额的占比支付。一直以来，大家认为预算肯定是不够的，但是大幅增加预算也不现实，提升预算也面临不确定性和挑战。

（四）WTO 的历任总干事

世贸组织的历任总干事（如表 8-1 所示），其中萨瑟兰跨越了 GATT 和世贸组织两个时期，任期 5 年。大部分总干事都是任职 4 年。值得强调的是，从 1999 年到 2002 年，从 2002 年到 2005 年，穆尔和巴尼巴滴，一位来自新西兰，一位来自泰国，一个是发达国家，一个是发展中国家，当时双方势均力敌，难舍难分，最终选择了轮流上位的解决方式，各任期三年。接着是曾经在欧盟委员会工作过、来自法国的拉米，他是两任任期，他本人的工作作风也很有特点。拉米第二任时，总干事职位的竞争并不激烈。而到了 2013 年左右，阿泽维多经历层层选拔，从九位候选人中脱颖而出。可以看出，在成员之间的博弈，尤其发展中国家在总干事职位的竞选上是在逐渐增强的。作为国际组织，无论哪个国家的人赢得这个位置，都会尽力去中立。但是阿泽维多上任以来，国际贸易呈下行趋势，所以他也没有特别的成就。阿泽维多的副总干事团队中，有一个是中国人易小准。

表 8-1　WTO 的历任总干事

姓名	国籍	任职年限
彼得·萨瑟兰	北爱尔兰	1993 年至 1995 年
瑞那托· 鲁杰罗	意大利	1995 年至 1999 年
迈克·穆尔	新西兰	1999 年至 2002 年
素帕猜·巴尼巴滴	泰国	2002 年至 2005 年
帕斯卡尔·拉米	法国	2005 年至 2013 年
罗伯托·阿泽维多	巴西	2013 年至 2020 年
恩戈齐·奥孔乔-伊韦阿拉	尼日利亚	2021 年 3 月 1 日上任

中国在 WTO 任职的人数较少，张月姣女士曾在世贸组织上诉机构任大法官，也曾担任过上诉机构主席，现在是世界银行投资争端解决中心仲裁员。张女士作满两任任期（通常任期是两任）之后，赵宏女士成为上诉机构成员。这些年，中国的国家实力、人才储备都在提升，在世贸组织秘书处中的人数也相应增加。

现任 WTO 总干事恩戈齐·奥孔乔-伊韦阿拉是首位非洲裔女性总干事。

（五）成为 WTO 的成员

秘书处的人员构成来自各成员，总理事会也是这样，部长级会议也是由所有成员的部长组成。所有的规则，包括世贸组织所管辖的协定、协议都是由成员谈判而来。所以世贸组织是成员驱动的组织。

1994 年建立世贸组织协定的时候，共有 128 个缔约方，只要接受了“一揽子”协定，就自动成为 WTO 成员，而这些成员也被称为创始成员。同时，其他的国家和地区（单独关税区）可以申请加入 WTO。申请后要进行谈判，不需要跟前面的所有 128 个成员全谈一遍，而是与 128 个成员中任何有意愿谈判的成员。谈判达成的加入议定书以及相关的文件具有法律效力，补充了原有的世贸组织规则。中国当时申请加入时，有很多成员都想要和我们谈。其中比较困难的是美国和欧盟。中国谈判时间长达 15 年，一是在于发展中国家的身份，二是坚持自己的经济体制。我们跟美国的双边谈判中，在知识产权谈判等方面历时很长，形势也紧张。最终中国在 2001 年 12 月 11 日正式成为世贸组织成员。

（六）WTO 的运作机制

WTO 决策机制主要遵循“协商一致”原则，只要没有人反对，就能达成一致。协商一致代表了世界贸易组织相对于其他的加权投票的方式更为民主的特点，无论大国小国均是一票，确保了贫穷和弱小成员的权益。协商一致在仅 23 个国家或地区的时候运作起来没问题，但是从 GATT 组织的八轮谈判中就可以看出，成员越多，耗时越长，尤其是后面这种“一揽子”的谈判方式。这种情况下，协商一致反而会成为一种阻碍谈判迅速达成的机制，所以决策机制也是近几年世贸组织被诟病的原因之一。虽然协商一致是基本原则，但在谈判中有一些具有话语权的“小圈子”，原来有四方，即美国、欧盟、加拿大、日本；再后来有七方，加上了澳大利亚、巴西和中国。还有绿屋会议也是充分体现这种“小圈子”的决策。

争端解决机制，被称为“皇冠上的明珠”，也被认为是世贸组织如此有效、有影响力的重要代表性因素。世贸组织成立 20 周年时，处理的争端解决案件就有 500 例。到 2019 年已经有了 580 例。上诉一件案件十分麻烦，成本也不低。其实设置争端解决机制的目的不是鼓励相互控告和上诉，而在于能通过沟通和协调解决问题。如果实在不能达成一致的，那就交到上诉机构。先有贸易发生摩擦、贸易发生争端，才有可能去解决它；而不是利用这种机制，去阻碍贸易的正常进行。现在上诉机构由于美国阻扰成员遴选而停摆。

政策审议机制，就是检查和监督你的新政策是否更开放、更自由。严格来说，政策审议机制更类似于我们的民主生活会，进行批评和反省。但不同的是，秘书处先出具问题清单再派人考察被审议成员的政策等相关领域，最后出具一份报告。被审议的成员也要写一份报告，说明考察期内的政策如何，是否遵守承诺，是否符合基本原则。对于成员来说，可以自我审视一下政策是否对自己的经贸发展有利，如果真的发现违反世贸规则，可以在审议之时自行改过来，成本更低。尤其是最后在日内瓦的贸易政策审议会议，所有的成员会向被审议的成员提问，不仅有书面问题，也有需要当面回答的问题。报告要认真去写，前期工作就要做好。中国每次被审议仅书面问题就上千个，在 2021 年的贸易政策审议中中国回复了 2100 多个问题。贸易额排名前四位，每两年审一次；五到二十位的成员，每四年审一次；之后的成员每六年审议一次。2019 年起，将审议周期调整为每三年、五年和七年一次。在中国入世前十年还被进行过渡期审议，每年一次，这给我们带来了非常大的工作量，好在争取到了中国不回答书面问题，第九年不审议，共被审议了九次。

贸易谈判机制，对于 WTO 来讲，特别重要的功能就是制定规则。制定规则需经过多边贸易谈判来完成。随着成员的数量增加和议题的复杂性提高，在多边领域要达成一致越来越难。2001 年 WTO 启动第一轮多边贸易谈判多哈发展回合谈判，本来希望在三四年内完成，最后谈到今天也没有完成。在这个过程中，也推进了一些谈判，如技术产品协定的扩围谈判、《贸易便利化协定》等。WTO 成员发起了开放式的诸边谈判，即以联合声明倡议（JSI）的方式。中国率先发起并领导推动了“投资便利化协议”的联合声明倡议（JSI），同时还有服务贸易国内规制（2021 年 12 月初完成谈判）、电子商务、塑料污染与环境可持续塑料贸易、中小微企业、贸易和环境可持续等议题以联合声明倡议的方式在推进。

五　WTO 改革与前景展望

WTO 多边贸易体制为全球创造了稳定和可预期的贸易环境，推动全球贸易大规模扩张，提供了解决贸易争端的机制。即便如此，自 1995 年成立以来，围绕如何改善和提升世界贸易组织机制的公平和效率的讨论也从未间断。之前的讨论更多地被视为潜在的点缀而非必要。但自 2017 年以来，以美国为首的发达成员掀起改革 WTO 的热潮，尤其是美国的诸多破坏性的单边举动，如阻扰上诉机构成员的遴选使其停摆，实施钢铝 232 措施、对华 301 措施等单边保护主义措施，美国还指责中国利用“发展中国家特殊地位”和“非市场经济做法”获得不公平竞争优势，损害美国利益。显然，美国作为支持经济全球化、支持贸易自由化、支持以规则为主的多边贸易体制的传统主导力量，突然转向了贸易保护主义、单边主义，转向破坏 WTO 多边贸易体制。

而欧盟、加拿大、日本等主要成员既不能完全接受美国的立场和行为，又担心美国抛弃 WTO，还意图借美国之力约束限制中国的发展。发展中成员被迫卷入其中，坚决维护多边贸易体制。无论各成员方抱有何种目的，推进世界贸易组织改革已形成相当的共识，可以说已经是众望所归，势在必行。

（一）WTO 改革的内在动力

多哈回合谈判久拖不决，原本试图解决的矛盾更加凸显，对 WTO 体制本身的质疑不断上升。WTO 协商一致的决策机制虽然确保了大国小国、强国弱国都一视同仁，但也代表着任何一方都有一票否决权，随着成员的增多，协商一致的决策方式成为效率低下的原因。2001 年至今，WTO 成员仅仅在贸易便利化、取消农业出口补贴等少数议题上达成了一致，遗留下众多传统议题有待解决。与此同时，20 多年来随着世界贸易的扩张和贸易新模式的不断涌现，WTO 成员也没能就有关新议题制定出新的规则。还有非歧视原则被侵蚀的问题，因为多边走不动了，所以区域贸易协定成为主体，又是一个刺激动力。这些问题一直都在，解决这些问题是 WTO 的内在要求。

（二）WTO 改革的外在压力

外在压力主要是两点。一是错误归因。世贸组织存在和发展的基础，即自由贸易、贸易自由化、市场经济体制、经济全球化等理念受到质疑。现在很多国家国内经济出现问题，尤其是就业问题，这些问题被归咎于贸易。贸易成为“替罪羊”。因此，成员政府支持多边贸易体制的动因和积极性大为减弱。

二是 WTO 领导力缺失。作为支持经济全球化、支持贸易自由化、支持以规则为主的多边贸易体制的传统主导力量的美国，突然转向了。特朗普政府上台后曾公开表明对 WTO 的不满，质疑 WTO 上诉机构的有效性以及对美国存在的不公平裁决。尤其是美国对 WTO 上诉机构成员任命的杯葛使得世贸组织争端解决机制陷入停摆。作为“皇冠上的明珠”，争端解决机制如果全面瓦解，对国际经济贸易治理和 WTO 的权威将会是一个巨大的影响和冲击。同时美国还指责中国等新兴经济体利用 WTO 给予发展中成员的特殊和差别待遇获取不公平竞争优势，推动中国等成员尽快从发展中成员资格中“毕业”。拜登政府虽有“回归”多边之意，但利用 WTO 制约中国的意图没有改变。

经济全球化必然会带来国家发展不平衡。以中国为首的新兴经济体经济总量增加，全球影响力也提升了，但是治理水平还是相对欠缺的，尤其在贸易、投资等方面的规则制定能力远远弱于对手。在决策力缺失的情况下，领导力更不可能发挥作用。

为了应对新冠疫情，各国政策不可避免地变得封闭。而为了实现药物、物资的运输，政策也得作出改变。这对世贸组织是一个非常大的挑战。当前俄乌危机也涉及 WTO 领域，给 WTO 改革带来进一步的挑战。

（三）谁来推动 WTO 改革

现在 WTO 多边贸易体制乃至全世界都需要领导力。在目前领导力缺失的情况下，所有国家无论是发达成员还是发展中成员，无论是大国还是小国，都应该积极地参与到 WTO 改革中来，只有这样才有可能使 WTO 继续惠及全球。已经有所转向的美国也不能放弃，没有美国的参与是不完整的，世界离不开美国，美国也离不开世界，需要国际社会想办法将美国拉回“正轨”。

中国、欧盟、日本、美国在贸易体系里占据了举足轻重的地位，尤其是美国、欧盟、中国需要加强沟通合作。谈判时有一些“小圈子”，在 WTO 改革中也要发挥“小圈子”的作用，如没有中美参与的渥太华集团，发展中成员之间的合作，尤其是在相同议题上有共同立场的成员之间的合作；还有在应对 2008 年金融危机中发挥作用的二十国集团（G20），可以继续在推动 WTO 改革上发挥作用。

WTO 总干事和秘书处要充分发挥主动性，起到引领和协调作用，其他机构的运行效率也要提升。

推动WTO改革，尤其是为全球经贸发展新业态制定新的规则，需要充分与工商界、学术界和非政府组织沟通，以期在新规则中反映他们的关注。

（四）我们需要一个怎样的WTO

我们需要一个什么样的WTO？是要一个“弱肉强食、实力为尊”的WTO，还是要一个以规则为基础的、继续推动贸易自由化的WTO？显然世界需要一个非歧视的、透明的、公正的开放的世界贸易组织，需要一个以规则为基础的WTO。

WTO改革的目标应该是加强和维护多边贸易体制，使其更加高效地运转。但美国却处处针对中国，试图为中国“量身定制”一套规则，把中美的体制之争、意识形态之争和地缘政治之争引入WTO改革中，这显然是不对的。世界贸易组织需要聚焦贸易问题，而不是将政治引入其中。WTO改革是一个公共产品，而不能被作为谋取私利的工具。只有将地缘政治因素剔除出WTO改革，让WTO改革聚焦于贸易问题、聚焦于WTO本身，才能凝聚共识，真正推动WTO改革。

（五）现有的WTO改革方案

其实改革早已开始进行。自2018年以来，各方开始就如何改革WTO提出自己的关切和主张。2018年的相关方案多是由发达成员提出的，且多是原则性的。欧盟率先给出了完整具体的改革方案，旨在推动世贸组织现代化。加拿大联合欧日等13方（无美国、中国）形成《加强与提升WTO》文件等。作为WTO世界贸易组织多边贸易体制的坚定支持者，中国系统地参与了WTO的改革，2018年11月发布了《中国关于世贸组织改革的立场文件》。美国对 WTO 的态度开始是只破不立，主要是表达对 WTO 的不满，质疑 WTO 的有效性及对美国的不公平，阻扰上诉机构遴选和指责中国；直到美国贸易代表办公室在其《2019 年贸易政策议程和 2018 年报告》中才首次较为系统地阐释了对 WTO 改革的建议。

2019 年的 WTO 改革方案开始聚集具体问题，同时发展中成员也开始参与其中，具体正式提交到 WTO 的提案，如就发展中国家和特殊与差别待遇问题美国和发展中成员提交的不同提案，美欧日联合提交的关于增强透明度和通报义务的提案，中国和欧盟联合其他成员提交的推动尽快启动上诉机构成员遴选的提案，等等。2019 年中国开始细化其原则性方案，于 5 月 13 日向 WTO 提交《中国关于世贸组织改革的建议文件》。

2020 年以来，成员更新细化以往的提案，成员之间的沟通合作加强。如欧盟于 2021 年 2 月更新其 WTO 改革文件。欧美就 WTO 改革加强立场协调。2021 年 7 月 15 日，美国、欧盟、日本以及其他 12 个成员以总理事会决议草案形式，更新了此前向 WTO 总理事会提出《WTO 协定下提升透明度和强化通报义务的程序》提案。欧盟提出成立“WTO 改革工作组”，聚焦于 WTO 机制改进。在 2022 年 4 月 27 日争端解决机构的一次会议上，WTO 成员承诺参与世贸组织争端解决机制改革的讨论。

WTO 成员所提的方案、建议、草案无不昭示着他们改革 WTO 的决心。然而，WTO 成员在 WTO 改革上既有共同利益也有显著分歧，谈判很难在短期内达成一致。WTO 改革将是 WTO 成员长期博弈的舞台。

（六）WTO 的发展前景

自 1947 年多边贸易体制（GATT/WTO）建立以来，世界贸易扩大了 300 倍，目前占全球国内生产总值的 60% 以上，支持了世界各地的就业、增长和投资。WTO 多边贸易体制不仅在贸易关系方面，而且在全球经贸治理方面也扮演着主要的角色。所有的 WTO 成员都认识到 WTO 多边贸易体制的重要作用。当今世界新冠疫情蔓延，俄乌冲突爆发，地缘政治和民族诉求抬头，全球非可持续发展危及地球生态环境，整个世界出现全球化和多极化并存，经贸发展失衡加大，世界政治和经贸关系紧张。在此背景下，推动 WTO 多边贸易治理体制进行改革，并尽快取得实质性进展，已经成为全体 WTO 成员的诉求。

（志愿记录者：孙睿）

第九讲　国际投资中的规则与国际组织

讲课人：李　丽

讲课时间：2021 年 4 月

李丽，经济学博士，对外经济贸易大学国家对外开放研究院特聘研究员，国际经济研究院副研究员，技术性贸易措施研究中心主任，主要研究领域包括技术性贸易壁垒、企业社会责任与可持续发展、全球治理与国际贸易规则，ISO 社会责任工作组注册专家，北京 2022 年冬奥会和冬残奥会可持续性咨询和建议委员会委员，联合国可持续标准论坛（UNFSS）自愿性可持续标准学术顾问理事会成员，国家市场监管总局技术性贸易措施研究中心专家咨询组成员，WTO/TBT 国外通报评议组专家，同时担任多个行业协会智库专家，发表论文 30 余篇，主持或参与国家级、省部级及国际合作项目 40 余项，向政府部门、行业组织、内参等提交研究报告 20 余篇并获采纳。代表著作有《低碳经济条件下我国对外经济贸易发展研究——基于国家竞争优势理论》《社会责任与 ISO26000 国际标准解读》。

谢谢徐老师的邀请，让我有机会和同学们一起来聊一聊国际投资的规则、国际组织与谈判的相关问题。

我们都知道，当前国际投资面临的规则在不断增多，为什么会有更多的规则呢？如果我们仔细分析一下，就会发现，所有的规则背后都涉及利益分配问题。

为了便于大家理解，这节课我们交流的主要内容包括以下几个方面：首先介绍一下国际投资的基础知识，以国际直接投资为主；其次了解一下国际直接投资的发展现状与趋势，重点介绍一下国际投资规则的变革及其原因分析，特别是与企业社会责任、与可持续发展相关的内容；最后我们看一下中国面临的挑战及其应对。

一　国际直接投资

国际投资包括国际直接投资和国际间接投资。国际直接投资主要关注的是投资者为了实现持久利益而对本国之外的企业进行投资，并对该国外企业的经营管理实施有效影响和控制的经济活动，投资者获得企业经营管理权以获得利润，包括绿地投资和跨国并购。而国际间接投资主要指的是国际金融投资，即一般通过证券交易获取利益。

（一）为什么会有国际直接投资

很多时候贸易和投资是紧密相关的。那么，国际投资是在什么情况下发生的？为什么会有国际投资？实际上，国际投资主要有两个目的。

第一，获得市场。国际贸易中存在一些关税和非关税壁垒。如果一个国家的产品无法通过正常的贸易进入另一个国家的市场，就会想能不能通过投资来越过贸易壁垒，获得市场准入。

第二，获得资源。资源包括自然资源、劳动力、资本、技术等，比如去非洲国家投资，可能是为了获得一些资源，比如矿产资源、森林资源、土地资源、农业资源等；也有一些投资是想获得东道国的劳动力资源，比如去越南、缅甸等东南亚国家投资一些纺织服装行业，可能是为了获得劳动力；也有一些投资可能是为了获得技术，比如我们去德国、美国发达国家投资一些高科技企业可能就是想获得他们的技术。

（二）怎样才能进行国际直接投资

对于什么情况下会有国际直接投资，有几个理论对该问题进行了探讨。

第一，垄断优势理论。如果我有一个技术垄断优势，比如掌握了可口可乐的保密配方，那我就可以去任何国家投资，并且具有知识产权优势；或者我具备规模化的一个优势，那么也可以去投资。

第二，内部化理论。跨国公司为了降低外部交易所产生的交易成本而通过投资进行内部化处理。例如，苹果本来是一个手机制造商，以前的做法是在它研发设计出来一个手机应该怎么做之后，就开始把各个部分交给不同的供应商去解决。后来发现，如果把这些全部交给别人去做的话，很多时候会有一些风险（成本可能会很高），所以苹果现在也开始向价值链的上游做一些迈进，而这可能就需要进行一些投资。另外，还可以通过内部化来获得高额利润。比如，中国某种产品如果出口到美国，原本会有一个定价。如果美国公司到中国来投资设厂生产该产品，就可以以一个合适的内部价格出口到美国，那么即使在中国的公司不赚钱或者说赚钱很少也没关系，因为美国的公司可以获取更高的利润，对跨国公司整体而言可以赚更多钱。

第三，产品生命周期理论。即根据产品所处生命周期的不同阶段选择出口或投资等不同的策略。比如一个产品的初创阶段是在美国进行生产，随着技术的成熟就可以出口；在成熟之后，可能到别的国家去投资会更加便宜，而公司只要掌握住技术就好了，就不需要自己生产了。这是随着产品所处生命周期的不同阶段去选择的。

第四，国际生产折中理论。企业要进行对外直接投资，需要具备所有权优势、内部化优势以及区位优势，相当于把前面的所有理论进行综合。

第五，还有一个理论叫边际产业扩张理论。即一个产业在国内已经没有优势或者说即将失去优势，但可能还有很多产能，按照边际产业扩张理论，应该把这些产业转出去。但现在我们知道，如果只是简单按照这个理论会存在很大问题，很多夕阳产业，或者说要淘汰的产业，其实是存在很大问题的，比如可能存在环境污染问题或者其他一些问题，开展对外投资不能让这些污染转出去，如果转出去就是不负责任的。

对外投资与对外贸易密切相关，有些对外投资会对对外贸易形成替代效益。我们在对外投资的时候也要考虑，对外投资之后，海外生产的产品是不是会对国内生产形成竞争。比如水泥，中国的水泥生产技术是非常先进的，环保做得非常好，但是产能的确是过剩的，那么我们出去建个水泥厂，看起来好像产能是输出了，但建的那个水泥厂生产的水泥卖给谁？可能那部分水泥本来是我们国内自己出口的，但现在你自己建了一个竞争对手之后要怎么解决这个问题？所以国际投资中会有很多相关的问题需要考虑和解决。

（三）国际直接投资会产生什么影响？

国际直接投资对投资企业而言，肯定是有好处的，比如获得市场准入、获得所需资源、降低成本、提高竞争力等。

除了对投资企业有影响，国际直接投资对东道国会产生什么影响？这种影响可能会与当地的经济发展、收入和税收等因素相关。中国以前吸引外资的一个很重要目的就是吸收国外的先进技术和管理经验，甚至是人才，也就是说我们先跟外企学，从外企学习一些先进的技术和管理经验，实现自我成长之后再去获得一些好的发展。

此外，还有一些是通过跨国公司有效地进入国际市场。比如我们自己的产品本来很难进入国际市场，但因为跨国公司本身就与国际产业转移紧密相关，所以我们通过跨国公司就可以比较好地获得市场。当然，我们这里讲的国际投资是国际直接投资，不包括债券等间接投资。

（四）影响国际投资的因素是什么

第一，国际投资规则。实际上，现在并没有一个特别明确的、大家都认可的国际投资规则。国际范围内普遍接受的与投资相关的规则是 WTO 框架下《与贸易有关的投资措施协定》（TRIMs），但这个更多关注的是与贸易相关的内容。现在更多的投资规则多是体现在一些双边投资协定（BIT）之中，这些投资规则谈判大概包括以下几个方面。①投资者的问题。现在大概有两种做法：一种做法是给出一个正面清单，说哪些可以投资；另一种做法是给出一个负面清单，即除了这些不能投资的，其他都可以投资。中国以前是正面清单的概念，就是我告诉你哪些可以做。后来上海自贸试验区做了一个负面清单的试点，即告诉你哪些行业我们没有放开，你不能投资，而除了这些行业之外，你都可以去投资。②准入前还是准入后国民待遇原则。你进来之后我才给你国民待遇，还是说从开始准备进就给你国民待遇；是经过一个复杂的审批程序成为中国企业之后我给你国民的待遇，还是说从你开始申请注册成为一家中国企业开始，我就给你国民待遇，这是不一样的。现在中国实施的是负面清单加准入前国民待遇。③投资者和东道国争端解决机制。当一个跨国公司和东道国发生冲突的时候怎么解决呢？企业可不可以对国家提起诉讼。这个机制就是解决这个问题的，投资者如果遇到东道国的不合理对待，就可以提起诉讼，而且诉讼成功率还挺高的。④投资协定中各种各样的规则。比如中美 BIT 和中欧 BIT 谈判，我们和美国、欧盟谈判时，他们都会提出加入社会条款这一项要求，投资时需要考虑社会影响、环境影响。

第二，东道国的环境，比如政策环境、经济社会环境都会影响国际投资。如果一个东道国的国内政策环境非常恶劣的话，企业就不太愿意去投资。现在，中国企业对外投资目的地不少是高风险的地区，环境非常复杂，那我们为什么还要去投资呢？这里面其实也有一个比较现实的问题，就是中国企业在对外投资的时候，可以获得的好的资源其实并不是那么多。那些安全的、稳定的地方的资源有很多已经被发达国家占领了。我们能够获得的资源相对来说是非常有限的。不仅是这些实物资源，甚至包括我们的金融机构在对外融资的时候，给谁提供贷款？有项目才能赚钱，那么可以给哪些项目提供融资？这些竞争都是非常激烈的，中国企业不一定能够获得那些低风险且经济效益好的项目，很多时候是不得不去那些高风险的地区开展业务。所以竞争还是非常激烈的，这会影响企业对外投资。

第三，利益相关方的影响，例如非政府组织（NGO）、媒体、工会等。以中国企业对外投资的遭遇为例，中国政府和缅甸政府曾经签订了一个非常大的项目——密松水电站项目，已经开始动工了，却被无限期推延。为什么呢？因为缅甸国内有人反对水电站建设，声称其破坏了当地的环境，存在民生问题，影响传统文化，等等。还有，缅甸莱比塘的铜矿项目，项目开工之后，被当地的社区围了两次。为什么被围呢？也是由于和当地一些社区的关系没有处理好，这些反过来也影响到了投资收益。

再举一个例子，中国首钢在秘鲁投资了一个矿，很长一段时间，当地工会总是出各种问题，所以一直赚不了钱。后来提供了一个对大家都有利的条件，他们才勉强同意，但问题一直存在。

这些案例可能并不存在直接涉及法律的问题，很多时候是非政府组织的一份报告、媒体的报道、当地社区的反对或员工的行动等，都会对企业对外投资产生很大的影响，而企业现在还没有很好的办法去解决这些问题，所以这是需要引起企业关注的一个问题。

第四，投资者的意识和能力。中国有些企业出去投资都不了解具体情况，也缺乏足够的风险防范意识和能力，尽职调查不够充分。比如有一家企业去拉美投资矿，这个矿在当地的名声非常不好，只要企业去现场周围了解一下就会知道，但企业并没能掌握这个情况，收购后遭到当地民众的反对，无法正常运行，也就无法正常盈利。中国企业在对外投资的过程中交了很多这样的学费。

二　国际直接投资的发展现状与趋势

（一）国际直接投资的发展现状

2020 年，全球外国直接投资流量骤降，跌破 2009 年全球金融危机后的谷底，从 2019 年的 1.5 万亿美元下降至 8590 亿美元，降幅达 42%。

此次下降主要集中在发达经济体，其外国直接投资流量下降了 69%，降至 2290 亿美元。流向欧洲的投资降至-40 亿美元（其中有多个国家为大量的负流入）。美国也出现大幅下降（49%），降至 1340 亿美元。

发展中经济体降幅相对较低，下降幅度为 12%，约为 6160 亿美元。发展中经济体在全球外国直接投资流入中所占比例达到 72%，是有史以来的最高值。其中，中国成为全球最大的外国直接投资流入国。

最后，我们可以发现，不同地区的外国直接投资降幅并不均匀。其中，拉丁美洲和加勒比地区降幅为 37%，非洲地区降幅为 18%，亚洲地区降幅为 4%。作为全球外资流入最多的地区，东亚吸引了全球 1/3 的外国直接投资。流向转型经济体的外国直接投资下降了 77%，降至 130 亿美元。

总体而言，发达经济体外商直接投资降幅较大，发展中经济体较为稳定。下降原因是什么呢？①由于受到疫情的影响，各地封城影响已投资项目进展；②收入减少带来的再投资减少；③新的投资限制措施会减少跨境并购；④全球经济衰退带来项目搁浅；⑤加强对供应链的掌控力，会减少投资，回归本国。

（二）国际直接投资与跨国公司组建的全球价值链

国际直接投资与跨国公司促进全球价值链的产生。其中，跨国公司通过国际直接投资在全球布局其生产网络，构建全球价值链；跨国公司的国际直接投资也进一步推动了国际分工的细化与发展，使全球多数国家和地区都加入全球价值链中。

以比安奇公司为例。比安奇在意大利开展所有关于设计、构思、样品等工作，在中国台湾组装大多数的零部件，使用来自全球其他国家和地区的零部件和组件。这就是它的一个产品的生产流程。

全球价值链在 2008 年之前得到快速发展，但 2008 年后进入平稳区。它对各个国家有很大益处，促进参与国家的发展，提供了更多就业，有助于消除贫困。此外，不同国家在全球价值链中所处地位不同，参与分工也就不同（初级产品、大宗初级商品、初级制造业、先进制造业、创新活动等）。所有国家都参与了全球价值链，但是他们的参与方式不尽相同。

全球价值链的驱动因素与结果是什么呢？他们是相互作用的。价值链中的不同国家贸易必须自由化，有关税配额，物流成本较低，专业分工较为清晰，并且企业之间的关系高度专业化。最后产生的结果是经济增长，就业增加，不平等产生，环境污染。我们要知道，全球价值链带来的好处并未实现公平分配，这是发达/发展经济体间不均匀分配的一种体现。

（三）国际投资和全球价值链的发展趋势

概括而言，国际投资与全球价值链呈现以下发展趋势。①全球价值链发展带来了一系列经济、社会和环境影响，引发了相关的环境和社会政策的出台，即国际投资规则变革。②全球价值链发展带来了利益分配的不均衡，引发了一系列问题，加剧了摩擦和不同利益群体之间的冲突。③发达国家在全球价值链中占较大的优势，发达国家在全球价值链中获得的价值增值大于发展中国家，但是在发达国家内部存在分配不均衡的情况，加大了贫富差距。④虽然全球价值链已经让各国之间利益更加紧密，价值链分割绝非易事，但并非不能。⑤资源禀赋（例如熟练技术工）、制度因素、市场规模和地理位置都发挥着非常重要的作用。

三 国际投资规则变革的内容分析

（一）企业社会责任与国际投资规则变革

企业社会责任与可持续发展成为国际投资规则重构的重要内容。以下案例能说明这一问题。

2016 年 1 月，国际人权 NGO 大赦国际发布了一份报告——《“不惜卖命的真相”——全球钴矿贸易的“策动力”来自刚果民主共和国境内的人权侵犯》，批评钴矿供应链上下游企业使用来自手采矿童工生产的钴，特别批评了苹果、三星和中国一家钴业企业。这个报告发布后引起了媒体的广泛关注和报道。

钴是什么？它是能源革命的重要材料，广泛应用在各类锂电池中，是电子信息行业的重要原材料。钴供应链的结构大概如下：钴矿（大矿山、手采矿、小规模矿山和贸易商）——冶炼厂——钴材料——电池正极——电芯——组装电池——最终产品（电子行业和电动汽车，苹果、三星、宝马等）——消费者。全球 50%以上的钴来自刚果（金）。而刚果（金）出口的钴 20%来自南部手采矿区。中国钴消费量的 90%依赖进口。

那么大家觉得苹果、三星是否应该为刚果（金）手采矿童工问题负责？如果你们是苹果和三星的负责人，你们在受到非政府组织和媒体的批评后，会怎么回应？如果你们是中国钴业企业的负责人，在你的客户宣布停止和你的业务往来时，你会怎么做？你们觉得谁应该为刚果（金）手采矿童工问题负责？下游企业停止使用刚果（金）的钴是否能够解决刚果（金）存在的童工问题？你们觉得如何才能更好地解决童工问题？

这件事情的后续影响是媒体报道引发舆论压力，苹果、三星等下游企业宣布停止使用来自刚果（金）手采矿的钴，停止与这家中国企业的相关业务合作。其中特别值得一提的是，在事件发生后，苹果和三星的第一反应是停止使用来自刚果（金）的钴，停止与被报告点名的中国企业的合作。但由于刚果（金）的钴产量占全球一半以上，且中国企业大量依赖刚果（金）的钴，如果下游企业停止使用来自刚果（金）的钴，对中国企业来说是非常不利的，也不现实。基于此，中国五矿化工进出口商会与经合组织（OECD）联合召开会议，重点是传递出这样一个信号：简单地停止使用来自刚果（金）的钴并不能解决问题，反而会恶化问题，是不负责任的行为，供应链上下游企业应该共同努力，通过保持贸易和投资促进刚果（金）当地经济发展，才能真正地保护童工。后来苹果、三星等公司宣布停止使用刚果（金）手采矿的钴，而不是刚果（金）的钴。

中国企业开展针对童工的尽责管理。五矿化工进出口商会发起了“负责任钴倡议”，并着手制定相关标准。下游企业开始参照冲突矿产的管理方法来对钴供应链进行审核，主要是针对精炼厂开展审核，这种审核成本多数由处于精炼厂环节的企业承担。而在钴供应链中，中国企业占据很大比重。目前，在钴的贸易与投资中，人权、童工等议题已经成为企业必须关注的问题。

从以上案例，我们大致总结了国际投资规则变革的模式：①国际投资带来利益分配格局的变化；②国际投资带来经济、社会和环境问题的国际化；③社会责任成为各方关注的重要内容，也成为影响竞争优势的重要内容；④对国际投资提出社会责任方面的要求，将改变相关企业的运营成本，改变竞争力，形成新的利益分配模式；⑤在钴的案例中，后续的新规则使得中国企业承担了更多责任。

（二）国际投资规则变革的背景

国际投资规则变革的背景包括以下几个方面。①国际贸易和投资较以往遇到越来越多新的壁垒。②可持续发展成为中心议题，社会和环境议题越来越多地出现在国际经济规则之中，过去我们的投资规则大多关注的是经济有关内容，但现在我们更多关注的是一些人权、环境、反腐败以及透明度这样一些规则。在所有国际投资规则变革中，可持续发展成为重要的背景。2010 年 11 月 1 日，ISO（国际标准化组织）正式发布社会责任国际标准 ISO26000，这是全球首个社会责任领域的国际标准。这既是社会责任领域的重大事件，也是标准化领域的重大事件。2015 年 9 月，联合国大会通过可持续发展目标。2015 年 12 月，巴黎气候变化大会达成《巴黎协定》。我们不难发现，环境和社会议题在越来越多的国际规则中出现。③发展中经济体在 WTO 等传统多边规则制定机构的话语权不断提升，影响力增加。④非政府组织和企业成为全球治理的重要组成部分，越来越多的规则由 NGO 和企业制定。⑤全球价值链使各国联系更加紧密，贸易与投资规则牵一发而动全身。⑥国际社会对透明度等特别议题的关注程度越来越高。

（三）可持续发展规则

我们在谈国际投资规则时，那些直接针对投资问题的规则是比较容易被重视的，而可持续发展规则，因为其不是直接针对投资问题，往往容易被忽视。因此我们会重点提一下可持续发展规则。按照规则的发起机构不同，我们可以把可持续发展规则概括为以下几类：联合国可持续发展目标、联合国全球契约、联合国工商业与人权指导原则、联合国负责任投资原则等。

——OECD（经济合作与发展组织）跨国企业准则，这是对国际投资影响非常大的一个规则。OECD 很早就开始规范跨国公司的行为，但其制定这些准则的出发点是为了帮助跨国公司更好地去应对风险，所以它是一个帮助的视角。

——ISO（国际标准化组织）制定的标准，如社会责任国际标准 ISO26000、大型活动可持续性管理体系标准 ISO20121、可持续性导则 ISO Guide82 等。

（四）社会责任国际标准 ISO26000

这里我们重点讲一下 ISO26000。2001 年，ISO 消费政策委员会提出社会责任标识构想，要制定一个企业社会责任标准，可以对产品进行标识，以方便消费者进行选择。2002 年，国际标准化组织决定组成顾问组研究制定企业社会责任标准的可行性。2004 年 4 月 30 日，该顾问组向 ISO 的技术管理局（TMB）提交了一份研究报告，对制定社会责任国际标准的可行性进行了分析，并提出关于企业社会责任的若干考虑。ISO 于 2004 年通过决议，决定制定社会责任标准，编号为

ISO26000。自 2005 年 ISO 正式成立社会责任工作组着手制定社会责任国际标准 ISO26000 以来，历时 5 年时间，经过 8 次工作组全会，终于在 2010 年瓜熟蒂落。2010 年 11 月 1 日，ISO 正式发布社会责任国际标准 ISO26000，是全球首个社会责任领域的国际标准，这既是社会责任领域的重大事件，也是标准化领域的重大事件。

ISO26000 的制定背景可以分为宏观和微观两方面。宏观背景是社会责任理念在全球推广，大量社会责任倡议、标准和工具出台，不同标准之间差异较大，对社会责任的解释和做法也各不相同，需要一个国际标准；而微观背景是 ISO 消费政策委员会提出要制定社会责任标识，方便消费者选择。

ISO 的制定程序主要包含 6 个利益相关方组别：产业（Industry）、政府（Government）、消费者（Consumer）、劳工（Labor）、非政府组织（Non-Governmental Organizations）及服务、支持、研究和其他（Service，support，research and others）。每个组别每个国家最多两人，一个专家，可再有一个观察员。在全会上，只有专家有权发言，观察员只能通过专家来发言，但分组讨论会上观察员也可以发言。最终由巴西任主席国，瑞典任秘书国。

在 ISO26000 的制定过程中，有大量专家参与其中。2010 年，来自全球 99 个国家的 450 位专家和 210 位观察员参加了该标准的制定，还有 42 个联络组织也参加，是 ISO 标准制定历史上规模最大、参与人员最多的一次。而 2005 年 ISO26000 制定之初，只有 43 个成员国的不到 300 位专家和观察员参与标准制定。

对 ISO26000 的制定，不同国家态度差异较大。欧盟国家普遍支持，德国和奥地利态度特殊；美国和加拿大一开始总体支持，但关注对贸易的影响，后来美国反对，并对标准投反对票；日本比较积极；拉美国家普遍积极；非洲国家缺少自主立场；中东国家关注敏感问题；印度反对；中国从反对到支持；东南亚国家态度分化。

ISO26000 的出台对国际投资规则变革产生了巨大的影响，不仅统一了全球对社会责任的定义和认识，还使企业社会责任受到更多重视和推广，成为影响国际投资的重要因素。ISO26000 所强调的一些重要内容在国际投资规则中也受到越来越多的重视，如尽职调查、透明度等。它还影响了欧盟等经济体对社会责任的定义，促进负责任行为成为重要的投资规则。从这些影响中不难发现，透明度问题至关重要，利益相关方参与成为普遍模式，供应链中的社会责任日益受到重视。

四　关于挑战和应对的几点思考

总结一下，可持续发展规则对国际投资规则的改变产生了巨大影响：①给贸易和投资带来新的方向，从市场竞争转向价值竞争；②重新构建各国竞争优势，可能改变传统贸易与投资格局；③影响国际化企业的经营模式和行为模式，并通过全球价值链将影响不断传递；④最重要的是将贸易和投资与劳工、环境等问题挂钩，影响发展中成员参与国际竞争的能力。

从历史和当前发展的情况来看，我们距离理想的企业社会责任标准和规则还有一定的距离，理想的社会责任规则是这样的：①以企业和社会的共同可持续发展为目标；②以实现多利益相关方互利共赢为路径；③以激发企业内在责任动力为主线——防范风险，创造机会；④以改进企业的责任管理为手段；⑤营造多利益相关方共担责任、共享受益的制度和舆论氛围；⑥有效促进国际投资朝向互利共赢的目标。总之，理想的企业社会责任标准和规则是能够充分考虑不同利益相关方的利益，能够实现各方共赢发展。

面对当前形势，我们可以做些什么呢？第一，积极改进和提升国内治理能力和治理水平。第二，积极参与规则制定。“一带一路”倡议是一个重要机会，其中包含重要的丝路精神：团结互信、平等互利、包容互鉴、合作共赢。不同种族、不同信仰、不同文化背景的国家可以共享和平，共同发展，在“一带一路”倡议下加强各方合作，秉持丝路精神，形成有利于各方的投资规则。第三，围绕联合国可持续发展目标，聚焦包含经济、社会和环境三方面因素的可持续发展，避免偏离经济而只关注社会和环境问题。第四，拓宽视角，发挥各方优势，寻求各参与方共赢的解决方案，共同促进可持续发展。

最后，大家觉得新疆棉事件和国际投资有关系吗？当然是有关系的。这个也是国际投资的另外一种表现。其实这件事情的起源，就是美国对新疆问题的干涉。美国联合欧盟及BCI采取行动，促使欧美大型跨国公司停止使用新疆棉花，实则是阻碍了中国棉花的外销，中国棉花减少外销就减少了美国及其欧洲国家的竞争压力。那些跨国公司拒绝使用来自新疆的棉花，是真的在保护新疆人民的利益吗？事实上是让他们丢掉了工作机会，甚至有一些外出务工的新疆人员也被说成是强迫劳动。断了他们的生路，却打着保护他们的名义，这实则是恶意竞争的一种手段。

（志愿记录者：陈然、童彦、孙清波、张怡宁、何星谕）

第十讲　全球粮食安全治理

讲课人：李先德

讲课时间：2021 年 5 月

李先德，中国农业科学院研究员，联合国粮食安全问题高级别专家组（HLPE）成员（2017~2021），享受国务院政府特殊津贴专家。兼任联合国粮农组织全球重要农业文化遗产（GIAHS）科学委员会副主席（2022~），农业农村部全球重要农业文化遗产专家委员会副主任委员，中国国外农业经济研究会副会长。2000 年获得法国高等社会科学院（EHESS）博士学位。2000 年和 2001 年作为顾问在法国巴黎的经济合作与发展组织（OECD）工作。2010~2014 年全程参与了由世界粮食安全委员会（CFS）牵头的土地权属自愿准则和负责任农业投资等国际农业规则谈判。

一　全球粮食安全状况

全球粮食安全及其治理涉及方方面面，十分复杂。既有政治的、经济的，也有社会、技术等方面；涉及的主体不仅有国际机构、各国政府，还有生产者、消费者、研究机构、私营部门及民间社会组织（一个国家可能很小，但是内部有些组织很活跃）等；即使是在一国内部，也涉及农业、卫生、教育、环境、性别、社会保护、贸易和就业等部门。

粮食安全除了联合国粮食及农业组织（Food and Agriculture Organization，FAO）过去定义的四个维度——供给、获取、利用和稳定以外，增加了对可持续、治理等方面的关注（HLPE. 2020. Food Security and Nutrition：Building a Global Narrative towards 2030. Report 15. Rome，HLPE）；粮食安全治理除了国际层面以外，还需要关注区域和国家层面，这些都与全球粮食安全形势及其改善密切相关。

世界上不是没有粮食，而是分配和获取粮食不均，这就体现出粮食治理的重要性，还强调国家治理、区域治理合理化的重要性。中国在粮食治理方面有许多经验可以分享给别的国家。在2020年新冠疫情暴发的特殊时期，许多国家与地区有钱也买不到粮食。为了避免这种供不应求的情况，我们也应该从中吸取一些教训。

现在全球关注粮食安全的原因大概有五个。

（一）全球饥饿人口不降反升

在总量、结构、全球及区域和国家层面，FAO等5家联合国机构在2020年7月13日联合发布的《世界粮食安全和营养状况2020》报告中指出，2019年全球6.9亿人处于饥饿状态，占世界总人口的8.9%，与2018年相比增加了1000万人；再加上面临中度或重度粮食不安全的人口总数，2019年全球共约有20亿人无法正常获取安全、营养、充足的食物。如果该趋势继续持续下去，联合国2030可持续发展目标（SDGs）中的“零饥饿”目标将无法按期实现。粮食安全治理是一件比较复杂的事，不去管它会造成重大不利影响。

新冠疫情使世界粮食安全与营养形势更加严峻，将在一定程度上恶化全球粮食的不安全状况，导致人道主义援助需求增加。据国际食物政策研究所（IFPRI）发布的报告，全球经济增速每下降 1 个百分点，将导致食物不足人口数增加约 2%，即新增 1400 万人。但是世界粮食尤其是谷物总量供应充足，库存利用率高：2020/2021 年度全球谷物产量预计为 27.42 亿吨，比上年度增长 1.3%；谷物利用量 27.44 亿吨，增长 1.9%；谷物期末库存量 8.66 亿吨，下降 0.6%；库存利用比高达 30.7%；谷物贸易量（占生产量的 16.6%）4.55 亿吨，增加 3.4%。

粮食价格在中国波动幅度影响不大，但国际上粮食价格有一定的增长。2021 年世界粮食的库存利用率有所下降，但是还不足以引起人们的恐慌。

（二）价格不断上涨影响穷国和穷人的购买力

根据 FAO 于 2021 年 3 月发布的“Crop Products and Food Situation”报告，全球有 45 个国家急需外部粮食援助，其中 34 个在非洲，9 个在亚洲。

国际大宗农产品价格在 2021 年 1~4 月以下降为主，5 月以后则以增长为主；2020 年 12 月，FAO 食物价格指数创下过去三年来的新高。世界银行公布的数据显示，2021 年 12 月与 5 月相比，美国硬红冬 1 号小麦、美国 2 号黄玉米、2 号黄大豆的价格分别上涨 32.7%、38.1%、40.1%。

（三）粮食安全面临更大的不确定性和不稳定性

最近的国际形势变化较大，不稳定性也大大增加。新冠疫情在全球快速蔓延，叠加国际油价暴跌暴涨，全球经济增速大幅下降，世界经济陷入衰退。

世界银行于2021年1月发布的《全球经济展望》报告显示，2020年全球经济收缩4.3%。过去一段时间被说是美国经济有史以来最大的危机，全球无论哪个国家都深受影响，但是我国经济却有所增长。

根据国际货币基金组织（IMF）于2020年10月发布的《世界经济展望报告》，预测世界经济正遭遇20世纪30年代大萧条以来最严重打击，2020年全球增速预计为-4.4%。发达国家经济体遭受重创，为-5.8%。其中，美国为-4.3%，欧元区为-8.3%，日本为-5.3%，英国为-9.8%；新兴经济体和发展中国家为-3.3%，中国为+2.3%（NBSC，2021）。

（四）粮食安全面临前所未有的挑战

全球农产品供需将从供应相对充足转向局部供过于求或供不应求。目前全球主要农产品供应相对充足，受需求减少和流通障碍影响，可能会出现短期的、局部的农产品供过于求。

欧美主要发达国家采取的大“封锁”措施，对农资供应、农业生产、农产品加工与流通等造成巨大负面影响。供求失衡以后，农产品出口国必将优先考虑满足国内需求而减少甚至停止农产品出口，部分国家和地区的农产品市场将可能出现供不应求的局面，特别是依赖粮食进口的朝鲜等低收入缺粮国、依赖粮食援助的弱势群体也将受到很大影响。

新冠疫情发生后，许多国家都采取了贸易限制措施。在疫情初期，贸易限制措施主要针对中国。但后来随着更多国家“封城”“封国”等措施的实施，国际陆运、航运和海运都受到严重影响。

谷物、大豆以及肉类等主要农产品出口国与疫区高度重合，农产品供给面临前所未有的挑战。从长期看，如果疫情在全球流行不能尽快得到有效控制，更多农产品贸易国持续采取严格的疫情应对措施，必将对全球农产品供应链和贸易造成更大冲击，国际农产品贸易规模会显著下降。世界贸易组织（WTO）2020 年 4 月 8 日发布的报告显示，2020 年全球货物贸易比上年下降 13%~32%。

对我们来说，别国受到了较大的影响，但是我国所受影响不大——大豆哪便宜就从哪进口，进口来源依赖会随着不同情况发生变化；中美贸易摩擦对两国关系乃至对世界经济体系影响挺大，但是现如今中国已经有了一定的应对措施。

世界主要农产品的长期实际走势波动很大——这是由粮食安全形势极度弱化所导致的，使其发展趋势变得十分不确定。

（五）国内国际环境的变化

中国在全球的政治经济角色也一直在变化（可从 BRI、AIIB、RBAs、GDP 等来看）。

2009 年之后，联合国粮安委（CFS）及其高级别专家组（HLPE）就进行了系统改革，联合国组织的谈判是基于道义的和自愿的，但是对国家和世界都可能造成影响。拿一个焦点问题谈判举例：土地权属问题。这个问题在世界上是十分复杂的，因为土地权属在世界上涉及公共的、私有的、部落等各个方面。我国在非洲地区就不宜进行土地购买，因为那里的土地权属问题很复杂，如果国际上一些别有用心的媒体再借机攻击诬蔑我国，就会对我国的国际形象造成很大影响。

短期到长期的时间内，新冠疫情对全球粮食安全和营养、市场和贸易都会产生重大影响，粮食生产与其他产业相比十分脆弱，因此在这个特殊时期一些影响就会造成波动性增加。粮食安全的关注视角从经济角度不断地向政治、社会乃至国家安全角度转变。

现阶段粮食安全问题面临的一些问题有：市场和贸易的不确定性和不稳定性都大大增强；失去工作和收入减少使得购买力和获取食物的能力大大降低；外部冲突和危机持续影响（国内不怎么关注，但是影响挺大）；极端的气候；恶劣的环境。

二 全球粮食安全治理

（一）全球粮食安全治理体系

1. 联合国机构

（1）世界粮食安全委员会（CFS）

世界粮食安全委员会（Committee on World Food Security, CFS）是一个秘书处设在FAO的包容性国际论坛（这是一个平台，一些明星、歌星、足球运动员等社会影响力较大的人经常被邀请去参加CFS的一些重大活动），是各国政府官员、专家、民间社会与业界讨论解决全球粮食安全和营养问题的重要平台。CFS由成员国、与会者和观察员三个类别组成。其中，成员国包括联合国粮农机构（粮农组织FAO、国际农业发展基金IFAD、世界粮食计划署WFP）的所有成员国，以及非FAO成员国但属于联合国成员的国家；与会者包括联合国机构、民间组织和非政府组织及其活跃的网络、国际农业研究系统、国际和区域金融机构代表，以及私营部门协会和慈善基金代表；观察员则是CFS邀请的相关组织。

CFS的组织结构包括全体会议、主席团和咨询小组、高级别专家组以及秘书处。全体会议每年举行，是所有利益相关者在全球层面对粮食安全问题作出决策、开展辩论、组织协调等的中央机构；主席团属于执行机构，由主席和 12 个成员国或地区组成；咨询小组帮助主席团推进落实粮安委各项目标，特别是确保区域、分区和地方各层级与不同利益相关者之间的关系，并确保双向信息交流的畅通。

高级别专家组（HLPE）面向全球公开招聘，然后再进一步进行筛选，包括指导委员会和专家小组。专家组工作目标在于确保定期吸纳基于科学证据和知识的建议。具体主要是对粮食安全和营养状况及其问题根源、政策问题与趋势以及未来行动优先序等关键领域提供相关意见和指导。秘书处常设在联合国粮农组织，其职责是为全体会议、主席团和咨询小组以及高级别专家组的工作提供支持。

CFS 的磋商议题包括土地权属与农业国际投资、编制国家粮食安全行动计划、确保国家与国际层面政策的连贯性，在长时期粮食危机下的粮食及营养安全、价格波动等。

（2）联合国粮农三大机构

联合国粮农机构主要发挥领导作用的有联合国粮食及农业组织（FAO）、国际农业发展基金（IFAD）和世界粮食计划署（WFP），共同致力于保障全球粮食安全，促进实现《2030 年可持续发展议程》。他们定期发布《世界粮食安全和营养状况》报告分析全球粮食安全形势并提出应对建议，为各个国家政策制定提供借鉴；采取各种措施帮助粮食生产和协调粮食援助。

联合国粮农三大机构还与世界贸易组织（WTO）和世界卫生组织（WHO）密切合作，通过发布一些相关的报告，共同呼吁确保粮食贸易自由流通，维护粮食贸易自由化，取消保护主义措施，维护全球粮食安全。

2. **区域及多边机制**

（1）二十国集团（G20）

G20成立于1999年，粮食安全问题是其重要议题。2011年6月，首届G20农业部长会议在巴黎举行，与会各国部长签署了《关于粮食价格波动与农业的行动计划》，提出了重视和促进农业生产、建立全球农业市场信息系统（Agricultural Market Information System，AMIS），推动农业市场信息透明化，加强促进国际粮农政策协调，减少粮食价格波动对最困难国家的影响；在2015年的G20安塔利亚峰会上，各国达成《G20粮食安全和可持续粮食系统行动计划》，推动G20和其他国家更好地减少粮食损失和浪费。2016年的G20农业部长西安会议公报提出，G20成员应重点关注发展中国家的粮食安全，并且承诺支持农业领域2030年SDGs相关方案和计划的落实。由中国提出的倡议和建议一般比较务实。

为应对新冠疫情在全球范围造成的影响，G20在2020年3月和5月两次召开G20贸易部长特别视频会议，提出要加强协调合作，减轻疫情对贸易和投资的影响。同年4月，G20农业部长特别视频会议发表声明提出，各国在疫情背景下采取的紧急措施必须有针对性、适当性、透明性和临时性，不造成不必要的贸易壁垒或者破坏全球粮食供应链；避免采取任何可能导致国际市场粮食价格过度波动的不合理限制措施，以免威胁世界大部分人口的粮食安全；加强全球粮食系统的可持续性和韧性；加强公共部门与私营部门之间的合作；推动以创新方式迅速应对此次疫情对农业造成的影响。

（2）亚太经济合作组织（Asia-Pacific Economic Cooperation，APEC）

亚太经济合作组织成立于1989年，近年来粮食安全逐渐成为其关注的重要议题，APEC主要通过政治协商来进行协调。为了加强区域内应对粮食安全问题的合作，根据2010年在日本举行的首次APEC粮食安全部长级会议发布的《新泻宣言》，APEC粮食安全政策伙伴关系机制（PPFS）自2011年起正式启动；此后，俄罗斯喀山（2012年）、中国北京（2014年）和秘鲁利马（2016年）的各届APEC部长级会议相继发布的宣言也都高度关注了粮食安全议题，CFS的高专组也经常参与其中。2019年8月在智利波多瓦拉斯召开的PPFS会议提出了四个优先领域，包括可持续粮食系统、粮食安全的数字机遇、地区粮食贸易和农村发展。

近年，还相继通过了《APEC面向2020年粮食安全路线图》《增强APEC粮食质量安全与标准互通行动计划》《APEC减少粮食损失和浪费行动计划》等一系列粮食安全宣言、指导文件和行动计划。面对新冠疫情全球蔓延，2020年10月召开的第六届APEC粮食安全部长级会议提出，各成员应合作加强粮食安全，推动构建开放和可预见的贸易体系，以维护创新、可靠、有韧性和可持续的全球粮食体系；促进各经济体合作和协调应对措施，合作协调十分重要，尤其是区域地区，要避免新冠疫情导致的公共卫生危机演变为粮食危机；会议敦促APEC成员避免对食品类产品采取不必要的出口禁令和限制，降低进口关税和减少其他进口限制，出台措施维护互联互通并避免供应链受扰中断，保证贸易自由、不被阻断以及公开透明。

（二）全球粮食安全治理面临的问题和主要挑战

1. 不同粮食安全治理机制之间缺乏协调

全球的粮食安全组织机制并不少，但是组织之间缺乏协调和合作，这就导致对粮食安全危机的反应较慢和较弱（HLPE，2021）①，直接造成了粮食安全脆弱性和经济波动（如贸易政策、农业投资下降、农产品金融投机、粮食作物转向生物燃料生产的增加等）的治理权力都分散在不同治理机制中。

现行的全球粮食安全治理体系中的各类国际组织、国际合作机制大多由不同治理主体资助或参与设立，这些行动者有不同的利益诉求。发达国家在全球粮食安全治理格局中更多关注气候变化、生态农业、战争冲突造成的移民问题等，与发展中国家当前迫切需要并不完全相关。由于治理机构和机制缺乏法律约束力，这就导致国际社会达成一致行动的难度很大。每个国家和地区都有自己的利益与考虑，所以合作协调会显得格外困难。

2. 现行的国际粮食援助制度与全球粮食安全目标不匹配

当前的粮食援助政策虽然以实现全球粮食安全为目标，但可能产生负面效果。粮食援助增加了粮食不安全的国家对粮食援助国和国际市场的依赖度，反而抑制了它们自身保障其粮食安全的能力。

粮食安全评价是全球粮食安全治理的重要内容，粮食安全评价体系的使用涉及评价标准制定、信息搜集与处理、专家系统和话语体系等一系列能力，其中最为关键的要素是通

---

① HLPE 高级别专家组：（2021）《2019 COVID－19 对粮食安全和营养的影响：制定有效政策响应，应对饥饿和营养不良的蔓延》，https：//www. fao. org/3/cb6720zh/cb6720zh. pdf。

过一定标准将不同国家进行“贴标签”式的分类，诸多国际发展援助体将此作为是否提供发展援助的重要依据。当前国际社会标准的制定过程往往是欧美发达国家主导的，忽视了发展中国家自身对粮食安全和营养水平的关注。

在对外援助的过程中我们一定要端正援助理念，明白“授之以鱼不如授之以渔”的重要性，可以改变援助手段，比如派遣专家来教授知识与技术，让他们按照自己国家的情况自行发展，解决贫困的根本问题，我们的外援是不附加任何政治目的的，只是为了帮助发展中国家解决自身发展遇到的难题。

3. 逆全球化趋势与单边主义加剧

当今世界逆全球化挑战日益凸显。单边主义、民粹主义和保护主义盛行（比如英国脱欧、排他性的《美墨加协定》等），区域合作和全球治理进展放缓。

逆全球化趋势和单边主义加剧，增加了全球粮食安全与营养的不确定性，延缓了实现可持续发展、改善粮食安全与营养目标的进程：贸易保护主义不利于粮食自由流动；国际投资下降不利于改善当地居民粮食安全；知识和信息流动限制不利于实现粮食与营养安全目标；全球治理弱化不利于发挥全球农业和粮食系统功能。因为过去所用机制不能很好地解决全球的问题，所以我们应该积极深度参与谈判并协商去解决问题，争取好的转变。

4. 当前全球粮食治理缺乏改革动力

全球粮食安全治理规则的制定现如今仍由欧美发达国家主导。尽管近年来新兴经济体发挥的作用不断增强，但作为既得利益者的欧美发达国家一直极力维护二战以来对其有利的全球治理体系与制度，维护美国主导的、少数欧美发达国家及组织支撑和配合的传统国际治理体系。欧美发达国家倾向于阻碍对全球粮食安全治理安排进行根本性改革（土地权属自愿准则和负责任的农业投资谈判基本上都是由少数发达国家提出并支持的）。

世界粮食安全委员会（CFS）不断推动对全球粮食治理的改革，全球有190多个国家和地区都参与其中。高专组是个相对独立的咨询机构，内部有意见直接就提出，但也需要不断改革。一次完成替代性的推陈出新是不太可能的，还是要进行渐进的改革。在国际参与中，中国代表要注意不能总提“中国”，因为这样有人就会质疑并污蔑我们在传播和加深中国理念。全球层面的粮食安全治理体系需要进行更深层次的实质性改革，以指导全球粮食安全治理走上积极和可持续的轨道。

5. 当前全球粮食安全治理体系缺乏监督与问责

全球粮食安全治理体系的演变历程在本质上就是向市场和企业让渡公共责任的一个过程。越来越多的监管责任正在从公共部门转移到私营部门，而后者却能从自己制定的规则中获益。全球粮食体系主要由企业、金融部门和强大的政治行为体来策划，因此也反映了它们的利益，而最受影响和最脆弱的群体则没有表达诉求的机会。同一个政府的不同部门或机构参加不同的全球论坛，负责粮食安全的部门或机构往往不如那些处理金融和贸易的部门或机构更有权势。联合国总部与联合国粮农三机构之间的关系在各自对全球粮食治理责任划分方面远未透明，导致粮食安全治理没有得到充分的监督。①

（志愿记录者：郭玮童）

① 张蛟龙：《全球粮食安全治理》，博士学位论文，外交学院，2019。

第十一讲　全球南南农业合作：中国的贡献

讲课人：唐丽霞

讲课时间：2019 年 3 月

唐丽霞，中国农业大学管理学博士，德国洪堡大学农学博士，曾先后前往荷兰、印度、德国和英国等国际知名发展机构短期访学。目前担任中国农业大学国际发展与全球农业学院副院长，国家乡村振兴研究院副秘书长，人文与发展学院教授、博士生导师。

作为第二次世界大战的主要战场，欧洲在战后面临的首要任务便是恢复和重建。而美国是战后经济实力最强的国家，是全球经济的重心，通过马歇尔计划为欧洲提供大量援助，这一计划的实施促使欧洲经济在战后快速恢复起来。到 20 世纪 60 年代，逐步复兴的欧洲开始由受援方转变为发展援助的提供者，并在经济合作与发展组织（Organization for Economic Co-operation and Development，OECD）成立了专门的发展援助委员会（Development Assistance Committee，DAC），开始向众多发展中国家提供援助。DAC 现有 32 个成员（31 个 OECD 成员国和欧盟），包括亚洲的日本和韩国以及欧盟这一区域组织，除美国、英国、法国等国际大国以外，诸如冰岛等经济实力相对不强的国家也是其成员。自此，以发达国家为主体的“北方国家”开始了有计划的发展援助。

同时，二战后许多殖民地独立成为新兴的民族国家，这些曾经的殖民地也成为欧洲的主要援助对象。可以说，欧洲提供对外援助主要是基于历史原因和自身在国际舞台的一些战略考量。二战后直至 20 世纪 80 年代，新兴民族国家的数量不断增加并处于建设和发展时期，虽然这一时期中国同西方国家的交往并不频繁，但新中国同样在复杂的国际环境下开展社会主义建设，稳定和发展社会主义，并非与世界局势相隔绝。在此期间，社会主义阵营也发生了一些转变，一些原本追随苏联走社会主义道路的国家在西方影响下转向了资本主义道路。20 世纪 80 年代，近 40 个非洲国家按照世界银行和国际货币基金组织的条件对经济结构进行了不同程度的改革和调整，这种经济结构改革使得一些国家改变了单一的计划经济模式，开始接受美国的华盛顿共识和新自由主义理念。但是非洲的经济结构改革效果并不理想，世界银行的一份报告曾经指出改革在总体上是失败的，并没有有效促进非洲经济发展。非洲经济改革总体上体现的是北方国家的要求。北方国家作为援助者（Donor）而南方国家作为受援者（Recipient），这种格局一直持续到 90 年代末期。

1979 年，联合国开始承认南南合作属于国际发展合作。那南南合作可以追溯到什么时候？现代史通常会讲到一个重要历史事件——周恩来总理代表中国参加与其他亚非国家进行交流的万隆会议。这场会议开启了中国与南方国家合作交流的新历史。

虽然我们说南南合作始于万隆会议，并且万隆会议的召开时间与联合国的建立只相差 10 年，但是到了 20 世纪末，国际上很少再提及南南合作。虽然南方国家间建立了 77 国集团等合作机制，但影响力较为有限。这与南方国家经济实力弱有密切关系，直到90年代，发展中国家的经济总量还不足世界经济总量的10%，试想一下，包括地广人多的中国在内有那么多发展中国家，经济总量却不到全球的10%，占比实在太小，这样在国际上是很难有话语权的。美国之所以被称为超级大国，关键原因在于它的GDP是全球第一。而近年来中国国际地位的提高，也与GDP的提升密不可分，尤其是中国的经济总量现在已经超过日本，位居世界第二。

从整个发展历程来看，发展中国家内部也逐渐产生了一些差异。从1945年到20世纪80年代，大部分新兴民族国家都在搞国家建设，并处于一个比较落后的阶段。从80年代到90年代末期，大多数发展中国家的经济建设仍然收效甚微，取得较好成果的国家不多，经济总量没有显著的增长；非洲贫困人口数量在此期间没有明显减少，人均GDP仍很低，很多非洲国家还是维持在两三百美元的水平；但同时也涌现出一些发展较快的国家，比如中国、巴西、南非、印度等“金砖国家”经济快速发展并逐步开始转型；像亚洲的泰国、印度尼西亚，以及拉丁美洲的阿根廷、秘鲁等国家也慢慢地发展起来。南方国家不再像过去那样都是“穷国”和“难兄难弟”。现在当中国称自己是发展中国家时，一些仍然处于较为落后发展水平的非洲国家就会产生疑问。中国的快速发展是发展中国家群体内部出现差距的典型。一些发展中国家的崛起和传统发达国家整体实力的相对下降也促使G7在国际上的影响力有所下降，G20开始被人们更多地提及。在这样的背景下，南南合作也逐步因为新兴经济体的崛起而有新的发展。

中国始终强调对其他国家的援助是在南南合作框架下开展的，强调我们仍然是发展中国家，对其他发展中国家的援助都属于南南合作。南北合作和南南合作是有本质上的区别的。南北合作常常是发达国家的资金、技术、资源向发展中国家流动，是单向的、利他主义的；他们在政治上是有条件的，往往是干预内政的，所以南北合作建立在不平等的、依附的政治经济关系上，对此我们的提法是“国际政治经济旧秩序”。而南南合作是平等的，强调的是平等互利互惠，以发展中国家的需求为前提，是不带附加强制性条件的，也就是说南南合作在政治上互相尊重。

中国开展南南合作也有一些基础前提。首先是受援国要承认“只有一个中国”，在台湾的主权问题上不能含糊。其次是不论南南合作还是南北合作，通常都要有正式的外交关系。但是有一种援助除外，就是紧急人道主义援助，只有这种紧急情况下的援助是不需要以正式的外交关系为前提的。

这些就是我们今天所谈话题的背景。南南合作就是发展中国家之间进行技术、知识、资源的分享，强调的是分享、互惠、互利、共赢，所以和南北合作是有本质区别的。后来，随着时代的发展，南北合作和南南合作之间出现了“三方合作”这一沟通桥梁。三方合作通常为一个北方国家、一个新兴经济体以及一个南方国家之间开展发展合作。在此结构上，北方国家和新兴经济体共同为南方国家提供援助。今天主要是从农业方面来讲中国参与南南合作中的主要途径和特点。

一 多边合作

联合国系统有三大重要的粮农机构，简称粮农三机构。第一个是世界粮食计划署（World Food Programme，WFP），这个组织的主要职能是提供国际粮食援助。中国在 2005 年之前也是接受粮食援助的国家，2005 年以后，中国从受援助名单里“毕业”了。这个提法挺有意思的，国际上把不再需要接受这种援助的国家叫作从这个组织“毕业”了，当时中国的人均 GDP 达到了 1700 美元。

第二个是联合国粮农组织（Food and Agriculture Organization，FAO），这个组织主要是为全球农业生产提供基础方案，包括怎么去传播农业技术、怎么普及农业生产标准等。有点类似于机构改革以前我们的农业部，主管全国农产品生产，而 FAO 就相当于管理全球的农产品生产。

第三个是国际农业发展基金（International Fund for Agricultural Development，IFAD），顾名思义主要为相关国家农业基础设施建设和完善提供资金、提供金融服务，涉及的是资金与金融方面的援助（FAO 则是侧重技术方面的援助）。

中国在与这些国际组织合作时，与 WFP 和 FAO 的合作主要由农业农村部的国际司负责，与 IFAD 的合作主要由财政部的国经司负责。下面我们分开来看。

（一）中国和 FAO 的合作

中国与 FAO 在 2008 年之前的合作是在 FAO 粮食安全行动框架下开展的，我们作为会员国要缴纳基本的会费，现在我们缴纳的会费已经超过了日本，还没有超过美国。

中国在 FAO 除了缴纳基础的会费之外，另一项相当重要的举措是建立了信托基金。2008 年，我们捐款 3000 万美元建立了信托基金，到 2015 年再次捐款 5000 万美元。中国向 FAO 捐赠的 8000 万美元信托基金是在正常会费缴纳义务之外提供的资金支持。这个额外的 8000 万美元信托基金都用来做什么呢？主要是外派农业技术专家。因为在 1996 年，粮农组织就提出了一个粮食安全行动的特别计划。大家都知道这些多边组织的运行主要靠筹款，所以在这个计划框架下，像西班牙等一些发达国家会提供捐款来开展农业技术援助，像尼日利亚这样的发展中国家也会提供资金并借此寻求农业技术支持。尼日利亚因为有比较丰富的油气资源，他们通过这些油气资源的出口提高了财政实力（尤其在2008年金融危机前全球油价走高的时候），然后他们就想要发展一下本国的农业。尼日利亚的农业技术很落后，它又不知道怎么找别的国家的农业专家来给他们提供服务，于是他们就在FAO捐了一部分单边信托基金，希望联合国代为寻找全球的专家，帮助提高农业技术，发展农业生产水平。这个时候联合国就找到中国寻求技术援助，因为中国的小农生产体系的国情与尼日利亚有一定的相似性，都是人多但是农业用地不够的情况，而中国的农业技术也是有目共睹的。当时中国先后派出了800多位专家，尽管后来尼日利亚失去了继续投入单边基金的能力，但是中国发现了这一机制的发展前景，认为这种做法对全球粮食安全具有很大的贡献。

中国已经至少向11个国家派遣过农业技术专家，比如马拉维、马里、塞拉利昂、塞内加尔、利比里亚、乌干达、蒙古、纳米比亚、刚果（金）等。除了外派专家以外，还让这些国家的政府官员到中国学习、参观、考察，这是我们在联合国粮农体系中做的主要工作。这可能也是FAO目前为止最大的一个发展项目。

（二）中国和WFP的合作

WFP在中国设立有南南合作卓越中心项目，目的是把中国农业发展与产业扶贫的理念、经验和知识传播到更多的发展中国家。大家在WFP的官方网站上能查到相关资料。

WFP与中国开展了不少粮食援助合作。中国的八大援助项目中就包括物资援助，主要为粮食援助，这一项援助归口商务部下属的中国国际经济技术交流中心负责。中国与WFP合作开展粮食援助能够更好地发挥各自的比较优势。比如2008~2009年，由于气候变化等因素的影响，东非国家面临非常严重的干旱问题，我们向相关国家提供了很多的粮食援助。这些援助都是由中国采购之后直接提供给非洲国家或其他发展中国家，但粮食运到非洲的费用相当高，那些国家甚至难以承担分发粮食的任务，它们既没有资金也没有运输条件，而我们的工作人员数量也十分有限。所以中国花费很高的成本把这些粮食运到非洲的受援国，但是这些粮食在非洲国家内部的流动也是相当困难的。

而现在我们通过和WFP合作进行粮食援助，它们在全球各个国家都有一个物流运输体系，包括专机、人员，还有单独的办事处，尤其是在需要粮食援助的国家。现在全球90%左右的粮食援助都是由WFP分发的。我们在看新闻的时候，如果有一些地方出现战争、难民营等，在分发大米的地方常有WFP的标志。

（三）中国和IFAD的合作

IFAD作为一个金融机构，主要为农业领域的发展提供资金支持。灌溉设施等农业基础设施的建设需要大量资金，但国际捐款的规模较小，所以IFAD通过多种方式进行融资，利用金融市场的渠道为发展中国家提供低息贷款等资金支持。2015年的农发基金第十轮补充捐资中，中国承诺捐资6000万美元，成为发展中国家中最大的捐资国，位列农发基金前十名捐资国之列，这是中国与IFAD合作的重要内容，主要是提供资金援助。

除了粮农三机构以外，中国与世界银行等国际组织也有很多合作项目。但是我们今天主要讲粮农三机构。

二 双边合作

双边合作机制是在国家与国家之间进行的，比如中国和坦桑尼亚、马拉维等国家之间开展的农业双边合作等。我们主要以非洲国家为例进行简单介绍。

第一是建设农业技术示范中心（Agricultural Technology Demonstration Center，ATDC）。中国在非洲援建了20多个示范中心，我去过其中几个，像马拉维、坦桑尼亚、莫桑比克、埃塞俄比亚等国家的示范中心。示范中心相当于中国农业大学建立的涿州试验站、曲周试验站，有培训中心、实验室、试验田等设施和条件。中国派遣农业技术专家去种水稻、大豆等农作物，开展中国的农业技术示范。

第二是提供农业物资援助和技术支持，我们会捐赠拖拉机等各种大型农业机械，派出专家提供技术支持。除了刚才提到在FAO框架体系下的专家派遣，中国也通过双边合作的渠道派遣农业技术专家，这与派遣医疗队的性质差不多。比如大家经常在中国农业大学的校园里看到很多来自非洲国家的人，他们中除了留学生以外，还有很多是来校参加各类农业技术培训班的政府官员、技术人员等。再如“20+20”的农业科技合作，中国农业大学和坦桑尼亚的农业大学就参与到“20+20”合作机制中。

第三是农业技术合作项目，这与派遣专家差不多。比如我去过几内亚和科特迪瓦的农业垦区，中国派遣了技术专家在这些地区开展技术合作项目，主要是教当地的农民怎么建设和使用农业灌溉体系。当地小农的农业生产技术水平是特别低的，比如马拉维当地只有一种农具，我们称为“镐”，可以松动很硬的土壤。非洲经济发展落后，但农业生产中的雇工行为是比较普遍的，农业机械化水平低，有些繁重的农业生产活动需要请人帮忙才能完成。

以上就是双边合作机制下的多种合作形式。

有一组数据，2006~2009 年，中国向非洲 33 个国家派出了 104 名高级农业技术专家；2009~2012 年又向非洲派出了 206 名农业技术专家。在我还在读博士的时候就去过马拉维，当时几乎没有科研人员去。我还记得中国大使馆的参赞接待我和导师的时候说：“你们是我接待的第一批不是来做生意的人。”因为当时去非洲的中国人大多是为了开展投资和贸易。而近几年开始中国逐渐加大对外援助力度，也逐渐有越来越多的科研人员去非洲从事各类研究。

三　三方合作

三方合作就是我一开始讲到的南方国家和北方国家的一个桥梁。比如，既然中国和英国都在非洲进行发展援助，那么中英两国就可以合作一下，相互使用对方的资源，英国人有资金，中国有适用于非洲的农业技术和专家。虽然英国也能够向非洲派遣专家，但请本国专家去非洲提供援助的人力成本很高。我们曾经给英国的基金会开展评估项目，发现他们很大一部分资金都用在人工费支出上。而三方合作就可以起到很好的作用，利用互相间的比较优势，在中国-英国-非洲三方之间开展了一些比较成功的合作项目，比如中国-英国-乌干达木薯发展项目。木薯是不少非洲国家的主食，但是他们木薯的产量比较低，中国可以为非洲很多国家提供农业技术和农业专家。木薯是一种热带作物，而大部分发达国家都位于温带地区，整个欧洲没有热带，美国也基本没有什么热带作物，而中国南部的一些地区也种植木薯，所以中国可以基于本国经验来提供发展援助。基本上非洲的任何一种农作物都能在中国找到对应的生产地区。

另外一个案例比如中国-英国-马拉维水产养殖发展项目。我去马拉维考察当地的水产养殖业时，当地人带我去了他们那最大的鱼塘，也就是马拉维全国最大的渔业养殖户，整个鱼塘规模并不大，养殖规模很小，当地大部分的鱼塘只有 100 平方米左右。他们实际主要是需要特别简单实用的农业技术。他们那边建鱼塘不是像我们向下挖凿，他们是向上建，在地面上建起一个鱼塘，这样水产养殖的规模非常小，所以中英合作在马拉维开展这个项目也具有很大的意义。马拉维的鱼都是自然养殖，不进行人工饲料养育。有一些水产专家想去给他们做饲料配发，当地根本就买不到饲料原材料。所以他们需要的是简单便宜的技术，当地农民根本用不起科技含量特别高的技术，也没有条件去使用。

再如中国、美国、东帝汶的三方合作。中美在东帝汶主要开展大豆和玉米种植以及水产养殖方面的农业技术援助。在这项合作中，美国主要提供大豆种植方面的援助，大家应该也知道美国在大豆种植方面有明显的优势，中国每年从美国进口大豆的量也非常大，而中国主要提供玉米种植方面的援助。还有中国-德国-非洲三方农业合作，这个项目还在设计阶段，目前没有真正实施，最近中德可持续发展中心成立了，潜在的合作项目是中国-德国-坦桑尼亚、利比里亚水稻合作项目。

除了跟上述的发达国家合作之外，像中国-盖茨基金会-

非洲三方合作也是一种新的探索，其中的特别之处是中国与一个国际非政府组织合作。像在赞比亚、莫桑比克有中国援建的农业技术示范中心，借助与盖茨基金会的合作开展水稻、玉米、小麦等作物的种植技术援助。

四 倡导多边合作机制

多边合作机制也就是 1+N 合作机制，我们先来看中非合作。

（一）中非合作论坛

中非合作论坛是比较有代表性的 1+N 合作机制。在论坛开幕式上习近平主席的讲话内容提到了很多领域的合作，而农业是中非合作的一个重要领域。在中非合作论坛的行动计划和论坛文件里提到很多农业相关的合作举措，比如要进行农业政策磋商、农业技术人员派遣、支持非洲农业综合发展计划等。非洲农业综合发展计划是非洲国家通过非盟制定的，想要通过一些举措来促进自身农业发展。

全球范围内除了中非合作论坛之外，还有美非首脑会议、印非峰会、欧盟-非洲峰会等 1+N 机制，非洲不仅是中国的重要合作区域，对于很多发达国家、新兴国家和区域组织也有重要合作意义。所以加强中非农业合作、助推非洲实现农业现代化是帮助非洲实现粮食安全的重要途径，应列入中非合作的优先领域。该领域的合作主要根据现行国际规则要求，推动非洲农业转型升级，提高农业产量、加工水平和收入，促进粮食安全。

中国还要继续加强与非洲在农业政策磋商、规划设计等领域的合作，通过援建农业技术示范中心、派遣农业专家开展技术合作、培训农业技术人员等方式，支持非洲国家实施“非洲农业综合发展计划”。这个计划的核心要素是希望非洲各国政府拿出财政支出的10%来支持农业，但是大部分国家很难做到。尽管很多非洲国家农业在GDP中占比很高并需要依赖农产品出口发展经济，但是反过来支持农业发展的资金却很难到位。针对非洲在农业发展方面的困境，中方将继续同非洲国家共同实施农业优质高产示范工厂，鼓励与引导中国农业科研单位、企业等同非洲国家共同开展农作物优质高产试验示范，建立中非农业科研机构“10+10”合作机制，重点推动在育种制种、植物保护等领域开展联合研究，提高非洲国家粮食、棉花和其他重点农作物的产量和质量。

中方将鼓励并支持中国企业在非洲开展农业投资，在粮食种植、仓储、卫生和植物检疫、畜牧养殖、农产品加工、林业、渔业等领域实施农业合作项目，提供技术支持，为非洲国家实现以本国农业生产和加工为支撑的长期粮食安全创造有利条件。

（二）中国—拉共体论坛合作项目

中国—拉共体论坛合作项目主要包括以下几个方面。

第一是建立各类具体合作项目，在保护自然资源与环境的前提下，推动拉美和加勒比地区农牧业生产全面发展，包括农业研究和创新、畜禽养殖、产业园区建设、渔业和水产养殖、热带农业、蔬菜花卉栽培、观赏植物等。为实现这一目标并提高技术创新能力，双方将推进研究项目和农牧业培训，增加技术人员培训交流，推动技术发明与转让合作，着眼互利目标，促进拉美和加勒比地区农业产业各领域发展。

第二是加强人力资源培养合作，通过举办农业政策和科技研讨会等活动，相互学习借鉴先进的农牧业管理经验和生产技术。

第三是鼓励开展农牧业贸易和互相投资，帮助包括家庭农业、协会、企业、合作社及其他农业机构参加农业投资与贸易活动。

第四是承认气候变化对地区农牧业生产的不利影响，为此，双方承诺尽一切努力增强农业生产应对气候变化负面效应的韧性和适应能力。

第五是推动并加强家庭农业和可持续农业发展，提升人民粮食安全及营养水平。

第六是强调支持加强在保护、研究、可持续利用、开发、推广粮食和农业种质基因方面的合作机制。同时，在动植物疫情监控、无害化处理和谷物干燥处理等方面强化诊断基础设施建设。

第七是推进并支持与人们生活用水、工农业生产用水有关的水资源使用、管理和保护领域的合作。

（三）澜沧江—湄公河合作

澜沧江-湄公河合作，也就是我们说的“澜湄合作”，主要包括以下几个方面。

第一，加强政策协调，确保粮食、营养安全和食品安全，创造投资机会，加强农业可持续发展合作。

第二，扩大农业科技领域的交流与合作，支持科研机构加强信息分享交流和人员互访，共建联合实验室、技术试验示范基地和技术中心，并建设澜湄合作农业信息网。

第三，举办澜湄合作村长论坛。

第四，推进农产品质量与安全合作，推动农产品贸易发展，打造湄澜国家统一农产品市场，提高区域农产品市场竞争力。

第五，开展动植物疫病疫情监测、预警和联防联治合作，加强兽医卫生领域合作。开展水资源生态养护合作，推动建立澜湄流域生态养护交流合作机制，共建野生鱼类增殖救护中心，以加强鱼类多样性、鱼类数量和鱼群巡游等信息共享，促进在水产养殖能力建设等方面的渔业合作。

第六，探讨共建农业产业合作园区，引导社会民间力量参与合作园区建设和运营。

五　中国参加农业南南合作的特点

最后做一个总结，中国参加农业南南合作有以下几个特点。

第一，南南合作由政府主导，多方主体共同参与：商务部、外交部、农业农村部、教育部、科技部等政府部门都涉及了合作，企业和高校等科研机构也积极参与。

第二，注重模式和机制的创新，像我们一直做的多边机构的信托基金模式、三方合作机制等。

第三，以推广中国的农业技术为核心。我们向非洲国家提供的主要是劳动力密集型农业技术，而不是中国现在的机械化农业。因为他们大部分都是地少人多，还是要先解决粮食安全的问题。目前在非洲国家推行现代农业还是有难度的，所以主要是把中国已经成功的劳动力密集型的农业技术进行推广。

第四，关注发展中国家的粮食安全。前些年有媒体批评中国，说要把非洲建成中国的粮仓，实际上这些都是误解。我国在非洲的农业合作还是以援助为主、以保护当地的粮食安全为主，而且非洲许多国家本身有严格的出口限制政策，即使是运往中国，运输难度也相当大，更不用说费用问题了。这里要与西方相比，西方国家往往在非洲试种在他们国家需要的新品种，然后把这些农作物再运到自己的国家去。而我国是不一样的，我们尤其重视当地生产环节，注重粮食作物，希望尽量能够帮助他们自己解决国内的粮食安全问题。

（志愿记录者：高源）

第十二讲　全球环境治理与气候变化

讲课人：王春峰

讲课时间：2020 年 5 月

王春峰，现任国家林业和草原局国际合作交流中心常务副主任。1989 年毕业于北京林业大学水土保持专业。1992～2009 年在原林业部、国家林业局植树造林司工作；2009～2014 年任原国家林业局亚太森林网络中心副主任；2014～2019 年任原国家林业局、国家林草局国际合作司副司长；2019 年至今任国家林草局国际合作交流中心常务副主任。2004 年以来参加了《联合国气候变化框架公约》及《京都议定书》《巴黎协定》下涉林议题谈判，是原国家林业局气候变化林业议题谈判牵头人。

当今世界处在一个全球化的时代。尽管现在全球化受到了阻力，尤其是新冠疫情以后很多人预测全球化会进一步受阻甚至倒退。但是我个人的观察和思考，认为全球化可能会受阻，但不会停止。现在这个世界已经到了不可能人为割裂的状态。全球化确实给各国带来了利益，但同时也带来了负面的影响，各个国家的人民在这个过程中受影响的程度也不一样。比如这次的疫情，从全球化角度来讲，全球化就不利于控制疫情。另外，全球化对各国的产业发展影响不一样，受益也不一样。但是总体来讲，我觉得主流还是支持全球化的。

我知道咱们这个课程是讲全球事务和发展的。全球的事务很多，实际上就是指关于全球各国和人民利益的事务。全球事务通常来讲都是跨学科的，涉及政治、经济、文化、社会、环境、法律各个方面。

围绕全球事务开展国际合作的最大平台就是联合国，它从成立开始就受到全球的重视。对有志于很好地参与其中的年轻人来讲，语言能力、身体素质，还有跨文化的合作和对全球事务的了解都是很有必要的。我国现在很缺少这样的人才，我们在联合国的工作是很缺员的，需要更多年轻人的参与。

一　全球环境治理概况

（一）全球环境治理的概念及演进

作为全球事务之一的全球环境问题，主要是工业化导致的后果。气候变暖、臭氧层破坏、生物多样性减少（物种灭绝）、土地荒漠化、森林锐减、大气污染（酸雨）、水污染、海洋污染、固体废弃物污染等都属于全球环境问题。这些问题往往不是一个国家自己能够完全解决的，需要全球共同应对。20 世纪 90 年代全球治理概念提出后，在环境领域衍生出了全球环境治理的概念，它是指为了共同应对全球环境面临的问题，国际社会（包括主权国家、政府间与非政府国际组织、专家和知识群体、网络和伙伴关系、公司企业、私人基金会等在内）的各种行为主体，通过谈判、协调、妥协等方式进行合作，形成一整套管理程序和组织，通过制度约束，构建良好的国际环境秩序，进而保护全球资源与生态环境的发展进程。同时也是一个复杂的利弊得失的博弈过程。总体可概括为：全球环境治理是规范环境治理进程的各种组织、政策工具、融资机制、规则、程序和范式的总和。

环境治理从历史的角度看，其起源可追溯到19世纪初期。直到20世纪的50~60年代，才有实际的发展。20世纪50~60年代以前，文献里都没有“环境”这个词更没有提升到“全球”的层面。但也有一些国家之间有对于怎么解决某些环境问题的讨论。

自20世纪60年代起，全球环境治理逐渐展开。20世纪60年代前后全球发生的八大公害事件：比利时马斯河谷烟雾事件、美国多诺拉镇烟雾事件、伦敦烟雾事件、美国洛杉矶光化学烟雾事件、日本水俣病事件、日本富山骨痛病事件、日本四日市气喘病事件、日本米糠油事件，主要是发达国家在工业化进程中产生的环境污染事件，造成了大量人员伤亡，引起了国际社会对环境问题的广泛关注。

1962年，美国海洋生物学家蕾切尔·卡逊写了一本《寂静的春天》。这本书主要讲述了以DDT为代表的杀虫剂被广泛使用，给人们的生存环境造成了难以逆转的危害，是关乎环境问题启蒙的一本著作。到了20世纪70年代一个叫“罗马俱乐部”的组织又发布了一份研究报告叫《增长的极限》，呼吁人类转变发展模式：从无限增长到可持续增长，并把增长限制在地球可以承载的限度之内。这本书20世纪80年代在大学里广泛传播。

之后就是西方发达国家环保运动兴起，也有一些示威游行等，特别是1970年4月22日美国各地举行了2000多万人、1万所中小学、2000所高等院校和2000个社区、各大团体参加的环保大游行，促成4月22日成为“地球日”。这是对于美国和全球环保行动的一个重大推进，人民意识的觉醒也推进了全球环境问题的治理。

从政府的角度来看，1972 年 6 月 5~16 日，联合国在瑞典首都斯德哥尔摩召开了人类历史上第一次人类环境会议，被认为是全球环境治理的开端，从此进入了环境治理全球化的时期。会议发布了《联合国人类环境会议宣言》，提出了保护全球环境的行动计划。在这个会议之后，1973 年成立了联合国环境规划署（UNEP），是统筹协调全球环境治理事务的常设机构，总部在肯尼亚内罗毕，现任总干事是丹麦籍的英格尔·安德森女士。这位女士在作为 IUCU 和 UNEP 负责人期间都到我国访问过，我们接待过她，建立了良好的合作关系。在 1991 年，又建立了全球环境基金（GEF），为全球环境治理提供资金支持，所支持的领域包括生物多样性保护、气候变化、持久性有机污染物、森林可持续经营、土地退化防治等很多方面。

从全球环境治理进程来看，1972 年是一个重要的时间节点，全球环境治理大致可以划分为 3 个时间段（见表 12-1）。1972 年以前，环境治理还是小范围的、区域性的活动。1972~1991 年，是全球环境治理相关国际条约不断制定的过程。1992 年以后，全球环境治理在联合国层面全面展开，并通过定期召开联合国环境大会来对全球环境治理进行讨论、推进相关国际合作。

1972 年以前的全球环境问题多数由贸易引发。这时期的环境法规主要针对当时生态破坏，特别是针对动植物相关贸易可能导致的负面影响，治理范围相对较窄，主要采取限制性的规定或采用限制性的方法，较少涉及国家对生态的管理。1972~1991 年是全球环境治理的发展期。截至 1991 年年底，

表 12-1 全球环境治理的三个发展时期

1972 年以前	1972~1991 年	1992 年以后
区域性活动与治理时期 （多针对野生动植物相关贸易引发的问题）	发展期 全球环境治理相关条约、规范不断兴起	完善期 全球环境治理全面铺开
1911 年《维护和保护海豹和海獭皮毛协议》 1933 年《保护自然环境中动植物伦敦公约》 1946 年《国际捕鲸管制公约》 1950 年《国际保护鸟类公约》 1951 年《国际植物保护公约》 1956 年《东南亚及太平洋地区植物保护协定（修正本）》 1959 年《植物检疫及其疾病防护合作协定》 1959 年《东北大西洋渔业公约》 1966 年年《养护大西洋金枪鱼国际公约》 1967 年《非洲植物卫生公约》 1968 年《养护自然和自然资源非洲公约》 1969 年《养护东南大西洋生物资源公约》	截至 1991 年底，有 98 个国际性和区域性的环境与资源保护条约形成 环境立法除了继续使用强制性手段外，开始探讨运用市场经济的手段，通过消费者的参与来达到环境保护的目的	1992 年里约热内卢“联合国环境与发展大会”发表《里约环境与发展宣言》，签署《联合国气候变化框架公约》《生物多样性公约》 启动《联合国防治荒漠化公约》谈判

有 98 个国际性和区域性的环境与资源保护条约。这一时期的环境立法除了继续使用强制性手段外，开始探讨运用市场经济的手段，促成消费者的参与，也就是促进民众参与，来达到环境保护的目的。1992 年以来，全球环境治理处于完善期。1992 年 6 月里约环发大会（地球峰会）是第一次由联合国召开的环发大会——环境和发展大会，在这个会议上发表了《里约环境与发展宣言》，确立了很多环境治理的原则，标志着全球环境治理的成熟。在这个会议之前谈成了两个公约的

文本，一个是《联合国气候变化框架公约》，另一个是《生物多样性公约》。在这个会上将这两份文本开放，让大家签署。在这次会上还推动了《联合国防治荒漠化公约》的谈判，这个公约在 1994 年最终谈成。它在推进全球环境治理方面确立了很多原则，尤其是形成了三个重要公约，我们把这三个公约称为“里约三公约”。我是 1989 年毕业的，1992 年刚刚到林业部工作，当时也加入了我们国家去里约环发大会的代表团。这个代表团由现在已经去世的时任国务院总理李鹏带队。会后我们也根据这个环发大会的决议，制定了中国 21 世纪议程及一系列行动计划。所以 1972 年和 1992 年都是标志性的时间点。

目前全球共产生过 1333 个多边环境协议、2295 个双边环境协议以及 250 个其他形式的环境协议。现在全球环境治理中正在实施的多边环境协议大约有 250 个。

（二）主要环境问题和环境公约

表 12-2 主要介绍了一些针对环境问题制定的公约。《联合国气候变化框架公约》是针对大气方面的。也有针对淡水、危险物品等方面的公约，比如有汞对于水源污染问题的公约，也就是《关于汞的水俣公约》。也有其他化学品、农药等方面的公约。还有就是海洋保护的公约，其中重要的有《联合国海洋法公约》。另外，自然保护方面的公约比如《濒危野生动植物种国际贸易公约》，涉及穿山甲、象牙买卖这样的问题。再有，保护动物栖息地的公约，特别是针对鸟类的。值得一提的是，在这些公约的制定上，有一个共性，就是大多由发达国家牵头，有些是国际非政府组织最先倡导和推进的。

表 12-2 主要的环境公约

大气相关公约	
《远程越界空气污染公约》	1979 年日内瓦
《联合国气候变化框架公约》《京都议定书》和《巴黎协定》	1992 年/1997 年/2015 年/里约热内卢/京都/巴黎
《保护臭氧层维也纳公约》《蒙特利尔议定书》	1985 年/1987 年维也纳/蒙特利尔
淡水相关公约	
《保护和利用跨境水道和国际湖泊公约》	1992 年赫尔辛基
危险物品相关公约	
《危险货物运输损害民事责任公约》	1989 年日内瓦
《控制危险废物越境转移及其处置巴塞尔公约》	1989 年巴塞尔
《在国际贸易中对某些危险化学品和农药采用事先知情同意程序的鹿特丹公约》	1998 年鹿特丹
《工业事故跨界影响公约》	1992 年赫尔辛基
《关于汞的水俣公约》	2013 年熊本水俣
《关于持久性有机污染物的斯德哥尔摩公约》	2001 年斯德哥尔摩
海洋污染相关公约	
《防止倾倒废弃物和其他物质污染海洋的公约》	1972 年伦敦
《国际防止船舶造成污染公约》及议定书	1973 年/1978 年伦敦
《国际防止海上油污公约》	1954 年/1962 年/1969 年伦敦
《国际燃油污染损害民事责任公约》	1969 年/1976 年/1984 年/1992 年布鲁塞尔

续表

海洋污染相关公约	
《海上运输危险和有毒物质损害责任和赔偿国际公约》	1996 年伦敦
《联合国海洋公约》	1982 年蒙特哥湾
自然保护相关公约	
《关于特别是作为水禽栖息地的国际重要湿地公约》	1971 年拉姆萨
《保护世界文化和自然遗产公约》	1972 年巴黎
《濒危野生动植物种国际贸易公约》	1973 年华盛顿
《野生动物迁徙物种保护公约》	1979 年波恩
《南极海洋生物资源养护公约》	1980 年堪培拉
《生物多样性公约》	1992 年内罗毕
《联合国防治荒漠化公约》	1994 年巴黎
《国际热带木材协定》	1983 年/1994 年/2006 年日内瓦
工作环境公约	
《工作环境（空气污染、噪音和振动）公约》	1977 年日内瓦
核安全	
《全面禁止核试验条约》	1996 年日内瓦
《核事故或辐射紧急情况援助公约》	1986 年维也纳
《及早核事故通报公约》	1986 年维也纳
《核安全公约》	1994 年维也纳
《关于核损害的民事责任的维也纳公约》	1963 年维也纳
其他	
《跨界环境影响评价公约》	1991 年埃斯波

（三）国际环境组织及其主要作用

为了推进全球环境治理，除了制定公约，还要建立国际环境组织并切实发挥作用。这些组织对于公约的施行主要起到牵头、协调等作用。对这些组织进行分类，可分为政府间国际环境组织和非政府国际环境组织。

政府间国际环境组织，重要的有联合国环境署（UNEP）、全球环境基金（GEF）、政府间气候变化专门委员会（IPCC）、各公约秘书处等。这些组织的作用是收集信息、分享信息、促进相关方面的科研、推进谈判、协调行动等。

近期大家发现政府间国际环境组织职能的重复和交叉很严重。尤其是法国已提出整合这些组织，建立一个统一的全球环境组织，达成一个统一的世界环境公约。这件事情已经启动，也经历了几轮谈判，我们也参与了，但是现在发现制定世界环境公约和成立全球环境组织非常难做到，可能性很小。要把之前谈的很多公约打包放在一个全球环境公约里，这基本不现实。我国持一种开放态度参与了世界环境公约的好几轮谈判，但最终发现谈不下去，现在基本上搁置了。国际上现在围绕环境治理的公约不少，开的会也很多，但实际效果不理想。

全球大大小小的非政府国际环境组织加起来有几千个，这其中比较有名的是世界自然保护联盟（IUCN）。世界自然保护联盟成立比较早，在1948年成立，当时通过了《全球自然保护宪章》。现在很多的政府组织以及非政府组织都与这个世界自然保护联盟有千丝万缕的联系。IUCN的成员也与其他组织不一样，既有国家会员，还有国家内的社会团体，个人等也可以加入，这也导致不太好确定这个组织究竟是政府间的国际组织还是非政府组织。我国教育部原副部长章新胜先生现在是 IUCN 主席，他英语很好，能力很强，带领 IUCN 在国际生态治理中发挥了重要作用。本来 2020 年 6 月份的时候，在法国的马赛要召开一次世界保护大会。但是由于新冠疫情，推迟到 2021 年 1 月了。它的议题都是围绕自然保护相关方面设立的，都很重要，且对各国的影响还是很大的。

另一个很有名的组织就是大自然保护协会（TNC），设在美国。我 2004 年去过它的总部。TNC 是在 20 世纪 50 年代成立的。这个协会有一个很重要的保护野生动植物的方式就是通过购买一些私人的土地、接受一些私人捐赠的土地或者是美国联邦不愿意管理的土地，建立保护区来开展保护，取得了很好的成效。

还有一个是世界自然基金会（WWF），会标是一个大熊猫。它的活动范围也很广，与我们有很紧密的联系。

这些非政府国际环境组织主要的作用就是通过宣传、倡导、示范等来推动政府的行动，提高公众的环保意识，促进公众的参与，同时也对政府行动进行监督。另外一个功能就是他们会做一些行动示范，展示具体措施，告诉政府和公众应该更好地落实行动等。

（四）全球环境治理立法的 8 个特点

回顾全球环境治理的立法，它有 8 个特点，其中也包含了存在的问题。

第一，20 世纪 80～90 年代是全球环境治理立法活跃期。发达国家尤其是欧美国家起了带头作用。有人认为它们是想把控某些产业的主导权，当然它们的民众觉悟也比较高。比如由于人类使用大量的氟利昂制冷剂，释放到大气中就会消耗臭氧层中的臭氧，大气层就出现了臭氧空洞，导致紫外线入射增加，进而会增加人类患皮肤癌的风险，这就引起了欧洲很多国家的重视。他们希望可以限制氟利昂制冷剂的使用或者寻找替代品。在这段时期谈国际公约比较容易谈成，发展中国家当时的环境问题并不是非常突出，它们就跟着走，这个时期参与意愿和博弈能力普遍较弱。

第二，近些年，发达国家的带头动力在减弱。很明显的是，发达国家希望把责任向发展中国家转移。谈判的难度也越来越大了。发展中国家的博弈能力在逐渐增强，发达国家不再那么容易操纵发展中国家的意愿了。发展中国家之间不同发展程度的差异也导致了发展中国家内部出现了分化，南北之间界限趋于模糊，南南分歧趋于增加。加上发展中国家经济社会发展对环境影响程度在增加，发达国家不太愿意带头了。

第三，全球环境治理与贸易发展、投资、知识产权、能源金融、供应链管理等关联越来越紧密。比如，1995 年 WTO 成立时，就关注贸易和环境协调，试图通过强化环境相关的贸易规则促进环境治理，这也可能形成新的贸易壁垒。因此，环境在贸易问题讨论中也日益受到重视。

第四，全球化发展进一步促进了全球环境治理。

第五，非政府组织等多方都在积极参与全球环境治理。

第六，国际协议大多属于软法，约束力不强，需各国立法转化为国内法才能实施。我国也一样，很多条款都需要我国立法加以转化才能在国内得到实施。我还注意到目前全球环境治理的一个现象，各国热衷于谈判，对公约及相关实施规则的谈判参与得很积极，也很纠缠，但即使协议或相关规则达成，落实仍然是一个很大的问题，总体并不到位，没落实也没有什么严格的惩罚措施，最多也就是形象不太好。另外，众多的环境公约实际存在重复和交叉，在执行上也给各国增加了重复提交数据等负担。因此，关于整合这些公约或者整合相关报告制度的意见就被自然而然地提出来了，但目前这些问题也没有得到很好解决。

第七，由局部性、应急性向整体性、预防性、综合性和多种手段并用转变。现代把很多环境保护方面的条约转化为贸易壁垒，或者是投资信贷的条件，或者是经济援助或制裁的手段。这样，从环境领域扩展到了别的方面。环境也成为在其他领域推进治理的一个手段。

第八，联合国是全球环境治理的一个主要平台和渠道，特别是近年来通过联合国环境大会讨论全球环境治理问题，对各国行动还是起到了积极推动作用。但联合国系统内部也需要加强相关机构之间的协调，让有限的治理全球环境的资源发挥更大的效益。

（五）全球环境治理的主要原则

1992 年在里约召开的联合国环境与发展大会上发表的《里约环境与发展宣言》中有 27 条原则，我认为主要原则有 8 条。

第一，国家主权原则。强调环境治理是一个国家的主权。但是这个问题在学界是有争议的。

第二，可持续发展原则。环境和发展两方面应该不是截然对立的，而是共同促进的。可持续发展这个概念，最初是 1987 年布伦特兰委员会在发表的《我们共同的未来》报告中提出的。可持续发展就是既满足当代人需要，又不对后代人满足其需要的能力构成危害的发展。那么可持续发展问题就是代内和代际的问题。代内和代际公平并重，代内的人当然有权利去获取资源，同时也要保护环境，考虑下一代的发展。

第三，共同但有区别的责任和各自能力原则。这个很重要，因为环境污染在很大程度上是由发达国家工业化进程导致的，它们应该负历史责任。现在各个国家国内都有工业化，但程度差异极大，责任大小应当是有区别的，并且各个国家在处理环境问题的时候也要考虑自己的能力。这是现在气候变化公约谈判中争论的一个焦点，就是说这个原则是否还应当遵守。

第四，风险预防原则。很多时候问题出现之后再去解决就已经晚了。所以就达成了一致：不能以科学上研究结果的不确定性作为推迟采取防治环境退化措施的理由。在气候变化的一些谈判上，大家也遵守了这个原则。

第五，国际合作原则。比如前面提到的海洋污染问题，有一个国家发现自己出现了这个问题之后，有义务及时向国际上通报，要告知其他国家。

第六，污染者付费原则。这个原则现在应用很普遍，但在国际谈判中很多国家并不愿意遵守这个原则，对我方总体也不利。

第七，公众参与原则。这个很好理解，不多讲了。

第八，和平解决环境争端原则。这个也很好理解，不多讲了。

总之，这些原则在1992年后成为全球环境治理共识，也经常在各国相关立法中采用，但实践中许多方面仍然存在争议。

二　应对气候变化谈判

（一）气候变化问题由来

1. 气候与气候变化

什么是气候？什么是气候变化？首先应弄清“天气”和“气候”概念。天气是快速、短暂的冷热干湿变化。气候是缓慢、长期的冷热干湿变化。一个地方是什么样的气候，与这个地方接收的太阳辐射量、所处地理位置、大气环流状况等有关，主要是地球大气、生物圈、海洋相互作用和热量交换的结果。我们现在谈的气候显然不是指天气，而是长尺度的冷热干湿变化，一般以三十年或更长时间为尺度，在这个时间尺度上，研究气候的变率偏离多年平均值的情况。

应该说地球上的气候是一直在变化的，导致气候变化的主要有两大因素。自然因素如太阳辐射、火山爆发、地球运转轨道变化等会导致气候变化。但科学家研究发现，近百年气候变化如果只归因于自然因素，则没办法解释。因此，他们认为现在的气候变化在很大程度与人为因素相关。人为因素是什么呢？很重要的就是人类大量燃烧化石燃料——煤、石油、天然气，长期毁林以及森林大火发生后大量排放温室气体，加剧温室效应的结果。另外，畜牧业也会增加温室气体排放，比如牛羊等反刍动物，吃完东西后的消化过程中会排放温室气体，其排泄物发酵也会产生温室气体，最典型的就是甲烷。还有一些废弃物，在腐烂分解过程中也会排放很多温室气体。还有工业过程包括生产制冷剂、半导体过程中也都会排放温室气体。这些温室气体排放到大气层中，最终加剧温室效应，导致地球表面温度升高。

温室气体的种类是很多的，现在我们在气候变化谈判中涉及的主要有以下几个。最主要的是二氧化碳。二氧化碳的主要来源前面讲了，就是燃烧煤、石油，破坏森林，森林火灾等等。还有就是氧化亚氮，来源是施化肥。老人们告诉我，以前种地基本不施化肥。化肥实际上是20世纪50~60年代开始使用的。施化肥之后，在它的分解过程中会释放大量的氧化亚氮。还有就是甲烷，在农业上我们叫沼气。现在大型的养殖场，比如养牛场、养猪场，废弃物排放之后就会产生甲烷。甲烷可以利用，其实温室气体全都可以利用。生产半导体尤其是芯片过程中，也有温室气体的产生。所以说温室气体和我们的人口流动、工业生产、农业生产、林业生产都是紧密相连的。

气候变化谈判，谈的就是采取什么措施来控制人为排放的温室气体来控制气候变暖问题。我们不谈无法改变的自然因素，比如太阳辐射。但是科学研究，特别是IPCC评估的时候，会同时考虑人为因素和自然因素。

2. 全球碳循环

碳作为一种元素，在全球有一个循环的过程。人类排放的二氧化碳等温室气体会被植物吸收一部分，植物进行光合作用，白天吸收二氧化碳放出氧气，这个过程就把吸收的碳固定到植物体内了，形成了生物量。另外还有很大一部分被海洋吸收，通过类似陆地生态系统的过程吸收固定到海洋植物体内，或者溶解在海水中。陆地和海洋的植物死亡后分解，又会将其储存的一部分碳以二氧化碳形式释放到大气中，这就是全球碳循环的大致过程，这个过程在没有过多人为干扰情况下，基本是一个动态平衡状态。18世纪英国工业革命以后，工业生产向大气层中排放二氧化碳等温室气体就越来越多了，打破了碳循环的自然动态平衡过程。我们排放的温室气体（主要是二氧化碳），大约 1/3 会被海洋吸收，1/3 被森林吸收，没有被吸收的部分就会存留在大气中。现在的问题是，随着森林和海洋吸收的能力达到饱和，而人为排放量又在持续增加，结果剩余在大气中的二氧化碳等温室气体就越来越多了，这样温室效应就会加强，温室气体在大气层中形成了一层罩子。本来太阳辐射通过罩子之后射向地面，一部分被地面吸收，另一部分会反射。如果没有这层罩子，反射的就直接到外太空去了；有了这层罩子，就反射不出去，又反射回来了。幅射在地面附近累积，地面的温度就升高了，就与温室产生的效应一样。那么温室效应对人类是不是完全不好呢？也不是这样。其实温室气体对人类生存有很重要的作用，没有这层罩子，或者说没有温室效应的话，地球表面的温度会很低的，是不适宜人类生存的。如果有了这层罩子，又不是很厚，温度适宜的话，对人类有好处。但是如果罩子太厚了，也就是温室气体浓度太高了，太阳辐射进来之后不能散发出去，温室效应不断加强，地球表面温度就会越来越高，这对人类和自然生态系统等也是不利的。前面我给大家讲的各种温室气体排放到大气中之后，产生的增温效果是不一样的。首先，这些温室气体在大气中存留的时间也不一样。比如二氧化碳，在大气中存留一两百年才能消失。各个气体增温效应也不一样，比如二氧化碳气体是最多的，所以我们把二氧化碳增温效应作为参照系，其他气体的增温效果和它进行比较，得出其他温室气体不同的增温效应。比如排放 1 吨甲烷的增温效应差不多等于排放 23 吨二氧化碳的增温效应。也就是说，甲烷的增温效果比二氧化碳更明显。氧化亚氮更多。不同温室气体最终都可以借助上述增温效应的差异统一转化为二氧化碳当量。

3. 气候变暖的认知过程

表 12-3 气候变暖问题的认知历程

阶段	主要内容	具体
1985 年前	作为科学问题受到关注	1824 年法国物理学家 Joseph Fourier 首次提出温室效应假说； 1896 年瑞典化学家 Svante Arrhenuis 开展了相关调查； 1938 年英国工程师 Guy Callendar 提出 Callendar 效应理论——二氧化碳浓度上升会使全球气温上升； 1950~1960 年古气候学研究——花粉、浮游生物化石、冰芯、深海沉积等； 1960 年，Charles David Keeling 证实大气 CO_2 浓度的确呈上升趋势——基林曲线； 1972 年联合国人类环境大会——全球环境意识觉醒； 1979 年日内瓦首次世界气候大会，制定了世界气候计划，加强温室效应科研； 1983 年联合国大会通过决议建立世界环发委员会； 1985 年英国科学家公布了臭氧空洞报告——20 世纪 80 年代世界三大问题——臭氧消耗、气候变化、毁林； 1985 年前后科学家发现甲烷、氮氧化物排放也会加剧温室效应
1985 年后	作为政府间问题受到重视	1985 年达成《保护臭氧层维也纳公约》； 1987 年达成《蒙特利尔议定书》，增进了共同应对气候变暖的信心；1987 年世界环发委员会发表《我们共同的未来》报告； 1988 年 1 月多伦多会议通过制定限制 GHG 排放的全球公约； 1988 年根据媒体建议气候变暖首次在联大讨论——特别紧急+政府间问题，同年 11 月成立政府间气候变化专门委员会（IPCC）； 1989 年 12 月第 44 届联合国大会决定在 1992 年召开联合国环发大会。此背景下，1990 年 12 月根据第 45 届联合国大会 45/212 号决议成立了气候变化公约政府间谈判委员会
1990 年后	科学评估和共同应对	IPCC 发布气候变化评估（科学家）和公约谈判（各国政府）

4. 政府间气候变化专门委员会（IPCC）

1988 年气候变暖首次在联合国大会讨论，在这个会议上提议建立政府间气候变化专门委员会（IPCC），旨在对气候变化的研究进行评估，比如评估气候变暖结果的真伪、后果和影响等，在此基础上才好采取行动。同年，IPCC 得以成立。IPCC 成立后，于 1990 年发布了第一次气候变化评估报告，肯定了气候正在变暖，因此同年召开的第 45 届联合国大会通过决议设立气候变化框架公约政府间谈判委员会。在联合国大会决定在 1992 年召开首届环境与发展大会后，为了促进大会取得成果，《联合国气候变化框架公约》文本于 1992 年 5 月达成一致，同年 6 月就在巴西里约热内卢召开的首届联合国环境与发展大会上开放签署。在这次大会背景下，还进行了《生物多样性公约》的谈判，后来还有《荒漠化防治公约》，最终形成了“里约三公约”。

IPCC 成立之后一共发布了 5 次评估报告。参加 IPCC 评估的专家是由各国政府推荐的，IPCC 本身不做科学研究，而是基于全球科学界对气候变化研究的报告开展评估，然后把评估报告的关键性结论综合起来，评估气候变化问题的真伪和影响，为政府决策提供科学依据和建议。

IPCC 下有三个工作组：第一个工作组是基于观测事实从科学方面来评估气候变化的科学事实，看气候变化到底是不是事实；第二个工作组评估气候变化对人类活动和自然生态系统产生了什么样的影响，这些影响是有利还是不利；第三个工作组就是评估该怎么应对，说通俗一点就是怎么减少温室气体排放，怎么用最经济的方式去减少排放。参加每次评估报告撰写的全球专家差不多有两三千位。每一个工作组都有一个发展中国家的主席和一个发达国家的主席。这些专家组的研究结论对后续的谈判有很大影响。IPCC 国内归口单位是中国气象局气候变化专家委员会。而应对气候变化工作或者说联合国气候变化框架公约及相关工作的国内牵头执行或归口单位是生态环境部。

IPCC 的主要产品有评估报告、特别报告、方法报告和技术报告。IPCC 已经发布了 1990 年、1996 年、2001 年、2007 年、2014 年五次评估报告，每次都证实了气候变化的真实性。还有其他一系列特别报告、技术指南，比如 2018 年 10 月发布 1.5 摄氏度特别报告。现在他们正在准备第六次报告，预计 2022 年发布。由于 IPCC 持续发布的气候变化评估报告不断肯定气候变化是事实，就推动了气候变化谈判。我们国家有很多专家参与了 IPCC 的评估工作。总的来说，IPCC 的影响主要是深化了对气候变暖的科学认知，推动了国际应对气候变化谈判。

IPCC 第五次评估报告主要结论是有更多的观测证实气候变暖是事实，1880~2012 年温度升高了 0.85 摄氏度。从工业化开始，全球的升温已经接近 1 摄氏度了。有人可能会说，1 摄氏度也不高啊？但是温度的升高在全球各地是不一样的，这个 1 度说的是平均数。有的地方超过 1 摄氏度，有的地方不到 1 摄氏度。这个评估报告也确定了人类活动和气候变暖的关系。指出现在的气候变暖，很大一部分是人为因素导致的。比如大量燃烧化石燃料煤、石油、天然气，破坏森林等。评估还有一个结论，气候变暖仍将持续，并且它是人类经济社会发展面临的主要风险，不解决不行，否则到 2100 年温升会达到 4.8 摄氏度。所以结论是应当尽早采取措施应对，早采取措施应对比晚采取措施应对要好。但是客观地讲，各国对于气候变暖的态度是不一致的。

IPCC 报告也给出了怎么去应对的建议。①减排，各国要想将温升幅度控制在 2 摄氏度以内或者像小岛国主张的那样应当控制在 1.5 摄氏度以内，各国必须大幅减排，全球 GHG 排放量必须尽快达到峰值并开始下降。②适应，即进行风险管理。比如海平面升高，我们可以加固沿海堤防等。

总体讲，减缓是主动，适应是被动。适应主要是降低气候变暖带来的风险。现在主要谈的还是减缓，当然适应也在谈。谈的尤其是发达国家如何带头减排。

5. 气候变暖的不利影响、不确定性和怀疑论

气候变暖已对自然生态系统和人类社会产生了不利影响，比如冰川融化、海平面升高、极端天气、水资源枯竭、生态系统受损、粮食安全、人类健康等。以前我们以为北极是很冷的，但是实际上北极到了夏天很多地方已是郁郁葱葱的了，很多地方植被都很繁茂。现在北极因为融冰，很多航道都通了，对全球政治、经济、军事格局都会有影响。海平面升高在很多地方也很突出。太平洋有许多岛国离海平面很近，海平面升高对他们影响很大。还有就是对水资源的影响，短期来讲可以扩大水资源供应；但是长期来讲会有不利影响。咱们国家有两大母亲河，长江和黄河，其源头都在青藏高原。冰川的融化也引起很多的生态问题。前段时间我听到媒体再次报道，澳大利亚的大堡礁里面的珊瑚由于气候变暖，海洋温度升高，出现了大量白化的现象，也就是死亡的情况。白化之后，大堡礁里很多依托珊瑚生存的海洋生物受到了很大影响。所以气候变暖对自然生态系统乃至经济、政治、文化的影响还是很大的，负面影响远大于正面影响。

气候变暖的不确定性在于未来大气中温室气体浓度的估

算存在不确定性，可用于气候研究模拟的气候资料不足，用于预测未来气候变化的气候模式系统不够完善，对太阳和火山活动规律及其对地球气候的影响缺乏深入了解。

世界上也有一部分人对于气候变暖是否是事实是怀疑的。有人认为并不是真的，甚至认为这是个骗局。问题就在于，我们现在对于温室气体的估算也有一定的不准确性。还有就是未来升高几摄氏度是基于已有的观测数据并用模型模拟的，模型是基于很多已有的观测数据，但是19世纪、18世纪甚至更早的数据很多地方都不全，所以有人认为这个模型是不准的，预测的结果也不准。另外，太阳、火山等对于气候的影响到底是怎样的，也有很多地方被怀疑。这都是不确定性。在2010年8月，国际科学委员会针对“气候门事件”做的调查肯定了IPCC评估过程及结论。IPCC连续的评估报告也使一些关键结论的不确定性在降低。

6. 气候谈判的主要问题、争论焦点和主要影响

气候谈判表面上谈的都是一些文本，实际上核心谈的是按照共同但有区别的责任和各自能力原则，谁来带头减排，减排该减多少，怎么去适应，谁来出钱和提供技术。但是，谈判中总体呈现两大阵营——发达国家和发展中国家阵营对垒的情况，两大阵营的立场经常是背离的，通过协商一致方式达成共识的难度很大。气候谈判实际上涉及一个国家的能源利用、工农业生产方式、贸易等，还涉及一个国家的发展空间、发展方式等。比如美国等发达国家现在也在讨论为了敦促我国减少排放，就说如果中国没有减排到一定的数值，要对中国出口到美国等发达国家的商品加征碳关税。这个现在也在一些场合被讨论。

发展中国家更需要排放空间，如果把全球温室气体排放数据定死了，发展中国家未来排放空间就被锁定了，发展空间也就受到限制了。因此，谈判表面上涉及的是一个减排问题，实际上是一个发展问题，所以这个目标怎么定是一个难题。

责任分担中，发达国家量化减排指标如何设定和分配？发展中国家减缓行动如何定位？如何做到可测量、可报告、可核查？IPCC 评估表明，历史上发达国家累积排放的温室气体最多。是发达国家带头排放引发气候变暖的，所以发达国家自然也应该带头减排。在气候公约谈判早期，发达国家对这一条还是认账的，他们既愿意带头也愿意出钱出技术。但现在随着发展中国家温室气体排放量不断增加，发达国家说他们不应该继续带头了，发展中国家也应该加大减排力度。

适应有关的问题是不是发展中国家自己的事？谁最需要适应？比如非洲的一些国家和太平洋的一些岛国，他们排放温室气体很少，但是受影响很大，他们说自己最需要适应。怎么去适应？他们认为，不能让气候变化去影响经济发展，影响粮食安全、影响生存。你们这些排放大国要帮助我们，提供资金，让我们来适应这个气候变暖问题。这就涉及谁出钱出技术以及出多少等具体问题。

对于技术和资金相关的问题，发展中国家要求发达国家应拿出 GNP 的 0.5%，且主要来自公共部门，并独立于现有官方发展援助额度之外的新增加支持，但发达国家能够提供给实施气候公约的资金支持，尤其是来自官方发展援助之外的公共资金十分有限，总是希望将市场机制引入资金支持中来，也就是要将资金支持和私营企业挂起钩来。

还有行业发展。比如航空海运如何减排。欧洲提出，要给各国飞到欧洲的航班定一个排放量限额，如果超出这个排放量限额，就要从欧盟购买配额。我们国家的民用航空业正在迅速发展，计算了一下，如果接受欧盟这个单方面提出的配额制度的话，我们必须购买欧盟的配额，这样民航成本会大幅增加，所以我们当时采取措施把它给挡掉了。还有农业发展。我国的农业发展本身受气候变化影响就很大，如果再让我们的农业承担减排的责任，压力就更大，成本也会进一步上升。对林业发展也是一样。

尽管应对气候变暖需要付出较大的成本，但绿色低碳可持续总体符合各国发展方向。对于我国也一样，可以说减缓气候变暖不是国际社会要求我们去做的，而是我国自身发展的需要。

7. 全球温室气体（Greenhouse Gas，GHG）排放格局变化及影响因素

表 12-4 GHG 排放格局变化

过去排放	现在排放	未来排放
自 1750 年以来，全球累计排放的二氧化碳中，发达国家排放约占 80%。其中：1850～2009 年，美国累计占全球 26.9%，欧盟（27 国）占 25.2%，中国占 9.6%，印度占 2.7%	2015 年 CO_2 排放中，美国占 14.3%，中国占 29.5%，欧盟占 9.6%，印度占 6.8%；2017 年全球总排放约 535 亿吨，2030 年全球总排放将达 580 亿吨。1990 年，发达国家和发展中国家 GHG 排放占比为 68∶32；而在 2010 年，该比例变成了 42∶58	发达国家排放呈下降趋势，发展中国家排放呈上升趋势

如表 12-4 所述，为什么这个变化历程有这么多阶段呢？根本的原因就是全球排放的格局发生了变化。比如中国，原来是排放量很低的一个国家，现在（2007 年后）是排放第一

大国，就有这么一个排放变化的背景。前面也讲了，过去排放主要来源于发达国家。从 1750 年工业革命开始到 21 世纪初，发达国家占 80%。我国在加入 WTO 以前，温室气体排放量是比较少的。现在全球的排放格局和 20 世纪 90 年代相比已经改变了，发展中国家的排放量确实大幅上升了。1990 年，发达国家排放量还是占据全球排放量的大多数。到了 2010 年，已经是发展中国家占据大多数。在这种情况下，谈判也不可能按照以前的方式来。现在我国人均排放已经达七吨以上，这个水平已经高出了全球的平均水平。从人均排放量来讲，美国现在还是第一；从总排放量来讲，美国已经是世界第二了，中国是世界第一。现在中国的排放量是美国、欧盟的总和。所以在这种情况下，我们在谈判中面临的压力是很大的。发达国家因为已经完成了工业化，并且有技术支持，所以排放量呈下降趋势，而发展中国家呈上升趋势，这是很明显的。

GHG 排放主要受到能源资源结构和利用方式、人口变化、经济发展、城市化水平等因素的影响。我们国家现在处于城市化的进程中。大家也知道我们国家的煤炭特别多，但是石油比较少，天然气有但也不多。燃煤的排放量是很大的。我们国家人口也特别多。这些都是影响我国排放量的因素。目前全球化石能源消费仍在增加，占全球能源总消费的 80% 左右，所以在全球范围大幅减排的难度是很大的。

8. 我国 GHG 排放变化、趋势、影响因素和减缓行动

在 2005 年之前我国 GHG 排放量并不很高，2005 年之后开始飞速增长（见表 12-5）。其中一个原因是中国在进入 WTO 以后，全球的产业开始向中国转移，中国成了世界制造业中心，污染也大了起来。现在我们的排放量已经是美国和欧盟的总和，人均排放量也很高。从我们国家自身角度来讲，本来也需要通过减排来提升我们的工业能源利用效率、改良产业结构，减少那些高污染、高排放、高能耗的企业，符合我们国家高质量发展的需求。中国不管是在哥本哈根还是之前的会议，都主动提出了相应的应对气候变化的行动计划。我们现在对国际承诺的是2030年排放二氧化碳的强度要在2005年的基础上减60%；非化石能源消费要占到一次性能源消费总量的20%左右；还要提高我们森林的蓄积量。目前我们确定的2020年前的减缓气候变化行动目标都实现了，正在努力实现我们2030年的目标。在实现这些目标的过程中，不断提升了我国工业生产水平和能源利用效率，而且也使全国森林覆盖面积得到大幅提升，这就是说积极应对气候变化也完全符合我们国家自身发展需要。

表12-5　我国温室气体排放量变化

1950~2002年	2005年	2007年	2013年	2015年	2017年
中国二氧化碳累计排放占世界同期9.33%	排放量增速加快	GHG排放总量居全球第一	中国的碳排放总量超越了美欧总和	全球排放量中国占29%；美国占14%；欧洲占10%	源自化石燃料二氧化碳排放约92亿吨，约占全球的27%

我国GHG排放的变化趋势的常规情景是：到2020年，能耗达64亿吨标准煤，排放144亿吨二氧化碳；目前我国已明确二氧化碳排放2030年左右达到峰值并争取尽早达峰等行动目标。从2013到2017年，我国万元生产总值能耗累计下降了20.9%，2017年碳强度比2005年下降46%，初步扭转了碳排放快速增长势头。

我国GHG排放影响因素主要有经济发展和产业结构、人口增长和提高生活水平、能源结构和技术水平。中国在应对气候变化的国际进程中也从过去的边缘角色转变为中心角色。

我国的减排行动分为两个阶段。

在2020年前的行动为：与2005年相比，到2020年，单位国内生产总值二氧化碳排放下降40%~45%；非化石能源占一次能源消费比重达到15%左右；森林面积净增4000万公顷，森林蓄积量净增13亿立方米。

在2030年前的行动为：与2005年相比，到2030年，单位国内生产总值二氧化碳排放下降60%~65%；非化石能源占一次能源消费比重达到20%左右；森林蓄积量比2005年增加45亿立方米左右。

（二）气候变化谈判历程

过去20多年气候公约谈判的主要历程可以分为三个阶段（见表12-6）。谈判阶段变化主要是全球排放格局变化的结果。

表12-6　气候公约谈判的主要历程

阶段	主要内容	相关公约和协定
第一阶段（1994~2005）	主要谈发达国家绝对量化减排	1994年《联合国气候变化框架公约》生效，接着就要谈如何有效实施；1995年启动了《京都议定书》及其第一承诺期谈判，主要针对发达国家如何带头减排；1997年通过了《京都议定书》及其第一承诺期减排目标；2001年通过了《马拉喀什协定》实施议定书的规则，2005年议定书生效

续表

阶段	主要内容	相关公约和协定
第二阶段（2005~2012）	在主要谈发达国家减排时，也谈发展中国家减缓行动	2005 年议定书生效，当年底启动了议定书第二承诺期谈判，但发达国家不愿意只谈他们单方面带头减排，特别是强调美国、中国等排放大国不参与减排行动则无法减缓气候变暖。在此背景下，2007 年底启动了“巴厘岛路线图”谈判，实际上明确了就发达国家和发展中国家如何共同行动应对气候变化进行谈判，并期望 2009 年底就此达成一致；但 2009 年底的气候公约缔约方大会失败了，只产生了没有法律约束力的《哥本哈根协议》，虽然这个协议无约束力，但对后续谈判还是产生了很大影响；2010 年底虽然通过了《坎昆协议》，但力度很弱，是一个发达国家和发展中国家为挽救联合国应对气候变化进程的妥协产物；因此，2011 年底就启动了“德班增强行动平台”谈判，目标是 2015 年达成一致，主要谈 2020 年后各国合作加大行动力度应对气候变化；2012 年底通过议定书第二承诺期的多哈修正案谈判，同时也结束了“巴厘岛路线图”谈判
第三阶段（2012 年至今）	发达国家和发展中国家共同减排	2012 年正式开始“德班增强行动平台”谈判，2015 年达成《巴黎协定》，启动了发达国家和发展中国家共同采取更多的减缓行动以应对气候变化的阶段；2016 年 11 月 4 日《巴黎协定》生效，此后就围绕如何实施《巴黎协定》展开谈判

1. 第一阶段 针对发达国家的量化减排

1989 年 11 月在荷兰诺德韦克召开的国际大气污染和气候变化部长级会议，通过了《关于防止大气污染与气候变化的诺德韦克宣言》，决定召开世界环境会议，讨论制定《防止全球气候变暖公约》。全球现在有 500 多个与多双边环境相关的公约或文书，其中有的是联合国发起的，有的不是。联合国环境公约谈判首先要得到授权（联合国大会）或者通过联合国机构多年工作，逐步启动谈判。

1990年12月21日第45届联合国大会通过了第45/212号决议，决定设立《气候变化框架公约》政府间谈判委员会（INC）。1991年2月至1992年5月，INC共进行了5轮谈判，于1992年5月9日在纽约通过了《联合国气候变化框架公约》（以下简称《公约》）文本，同年6月在巴西里约环发大会期间供各国签署，共154个国家签署。1994年3月21日《公约》生效。目前有197个国家和区域组织批准或加入《公约》。《公约》由序言及26条正文组成，具有法律约束力，目标是将大气中温室气体的浓度稳定在防止气候系统受到危险的人为干扰的水平上。原则有共同但有区别责任和各自能力原则、预防原则、促进可持续发展原则、开放经济体系原则、充分考虑发展中国家具体需要和特殊情况原则。《公约》还设定了为发展中国家提供资金支持和转入减缓技术的机制。《公约》根据各国不同的历史责任确定承担不同的义务，将缔约方划分为“附件一国家”和“非附件一国家”，附件一国家即发达国家。发达国家的主要义务是：报告年度GHG排放源和汇的清单、带头履约减排、为发展中国家提供技术资金支持等；而发展中国家的义务在于制定减缓和适应的国家计划、提交国家信息通报、开展相关培训和提高公众意识等。《公约》虽然设有目标和原则，也有提供资金支持的方式，还有各国怎么开展合作，但对于目标，即到底要把温室气体浓度或者是全球温升幅度控制在什么水平，《公约》并没有明确。大家当时还不能就此达成一致，只能定性地做个表述，就是把大气中温室气体浓度控制在一个不会对自然生态系统和人类生存包括粮食安全造成不利影响的水平上，但这个水平是多少，没有达成一致。在为发展中国家提供资金和技术支持上，有发展中国家提出自己缺乏某种减排技术，希望发达国家提供以便推进发展中国家工业生产的技术改造和升级，也需要发达国家提供更多资金，但是发达国家往往声称这些低排放技术是在私营企业手中，政府很难推进他们转让技术，其实也是担心技术转让给发展中国家将带来更多的竞争对手。

在《公约》生效以后，因为这是一个框架性公约，《公约中》并没有给发达国家如何减排提出具体的目标，所以第一次缔约方大会就决定要制定一个议定书，给发达国家定一个带头减排行动目标。最终 1997 年在日本京都完成了《京都议定书》第一承诺期谈判，主要就是给发达国家规定了在 2008～2012 年即所谓的第一承诺期期间的量化减排目标，即 39 个发达国家和经济转轨国家承诺在 2008～2012 年即第一承诺期期间要将它们的的温室气体排放总量在 1990 年排放量的基础上平均减少 5.2%。什么意思呢？比如假设日本在 1990 年的温室气体总排放量是 10 亿吨，在 2008～2012 年，日本要在 1990 年排放量的基础上减排 6%，那就是说日本在 2008～2012 年期间的年排放量最高只能达到 9.4 亿吨。为了激励发达国家执行，《京都议定书》中还确定了三个灵活履约机制（又称"京都议定书三机制"），也就是联合履约（JI）、排放贸易（ET）、清洁发展机制（CDM）。三机制核心的作用是：发达国家可在本国以外取得低价格的减排额，以较低成本实现其减排目标，缓解其国内减排压力，目的就是帮助发达国家降低其国内减排行动的成本；从三机制实施的实际情况来看，它已经为发达国家完成《京都议定书》一期减排节省了数千亿美元的成本；三机制同时也是全球碳交易的基础。比如日本自己减排的成本肯定比很多发展中国家甚至发达国家都要高，举个不一定恰当的例子，德国作为发达国家，在2008~2012年期间也要减排，也就有其2008~2012年期间的允许年排放量，这也就相当于《京都议定书》给德国的允许排放，如果德国工业能源排放水平低，因而有多余的配额，在这种情况下，如果日本2008~2012年期间的允许排放量或配额不够，就可以向德国购买配额，这就是排放贸易；日本和德国还可以合作开展减排或增加碳汇的项目，这就是联合履约机制的内涵。当然，日本也可以和中国来开展项目级合作，日本的工业能源领域能效水平总体比中国高，就可以和中国搞项目合作，日本可以提供资金和转让他们的低排放技术，帮助中国提高工业、能源领域技术水平，减少排放，这些减少的排放量核算出来后，经过《公约》下确定的认证过程后，就可以算作日本完成了一定的减排量，同时中国也获得了日本的技术和资金支持，提高了工业、能源的发展水平，这就是清洁发展机制的内涵。清洁发展机制是发达国家和发展中国家进行项目级合作的一种机制。三种机制确定的就是碳交易，其本质上是要给发达国家减排降低成本。《京都议定书》因为美国的退出而面临难以生效的问题，后来俄罗斯想加入WTO，欧盟说，俄罗斯你先把《京都议定书》签了，然后我就同意你加入WTO，相当于做了个交易，俄罗斯同意签署《京都议定书》，这样就符合了《京都议定书》生效的条件，这样2005年《京都议定书》算是正式生效了。

2. 第二阶段 纳入发展中国家的减排责任

《京都议定书》生效后，按照规定，接着就得开始谈2012年到期以后怎么办的问题，也就是应当启动《京都议定书》第二承诺期谈判，这时候发达国家就不想继续单方面带头减排了，理由是他们的排放量在下降，而中国等发展中国家排放量在上升，实际就是想拉着发展中国家一起减排。之后谈判就逐步导向要发达国家和发展中国家共同承担减排责任。《京都议定书》二期谈判是在 2005 年加拿大《蒙特利尔气候公约》COP11 上启动的，这次大会也启动了减少发展中国家毁林排放议题的谈判。本次谈判提出要在《公约》下就发达国家和发展中国家开展应对气候变化长期合作的行动进行对话，实质就是发达国家不愿单独减排，要通过对话促使发展中国家和他们共同减排。

“巴厘岛路线图谈判”：2007 年在印尼巴厘岛召开的《公约》第十三次缔约方大会即 COP13 上达成一致，启动了所谓的“巴厘岛路线图谈判”。这个谈判主要针对发达国家和发展中国家如何在《公约》背景下合作应对气候变化，这个路线图确定发达国家要采取绝对量减排，发展中国家要采取相对减排，也就是逐步减少排放，不一定是绝对量的减排。在该谈判中，激励发展中国家减少毁林、森林退化排放和增加碳汇行动即“REDD+”行动也纳入了该路线图谈判。按照该路线图，各方同意于 2009 年底在丹麦哥本哈根召开的 COP15 上达成协议。2007 年 COP13 上能够就启动“巴厘岛路线图谈判”达成共识，应该说在这次会议上，发展中国家做了让步。由于美国没有签署《京都议定书》，而美国当时的温室气体排放量是世界第一，大多数国家希望把美国拉回来。美国虽然没签署议定书，但是仍然是气候公约的缔约方，所以巴厘岛这个会议通过的路线图，很重要的一点就是把美国也包括在其中，也就是说在如何有效实施《公约》的谈判中包括了美国，而在如何继续实施议定书减排方式的谈判中不包括美国，虽然发达国家不愿意继续谈 2012 年后如何继续实施《京都议定书》，但发展中国家强烈要求继续议定书谈判，欧盟也同意继续谈，所以2007年后气候谈判出现了所谓的“双轨谈判”情况。

然而，2009年哥本哈根气候大会总体失败了，会议只产生了一份不具有法律约束力的《哥本哈根协议》。这个协议中以美国为首的发达国家同意到2020年每年动员1000亿美元支持发展中国家应对气候变化；提出发达国家减排应严格、充分、透明；发展中国家减缓行动在获得资金支持前提下，应当可测量、可报告、可核查（MRV），而未得到资金支持的行动则要接受国际磋商和分析。2009年哥本哈根气候大会来了100多个国家领导人，结果还谈不出个结果，这是很尴尬的。所以当时在美国的牵头下，拉着中国等30多个国家，抛开公约谈判进程单独谈，提出了《哥本哈根协议》文本，之后把这个文本拿到缔约方大会上讨论。很多国家不同意，认为这个《哥本哈根协议》的产生完全不符合《联合国气候变化框架公约》的程序规则，不愿接受这个协议，导致会议又一拖再拖，最终整个哥本哈根会议失败了，会议只是说注意到有《哥本哈根协议》这么一个文件而已。但由于这个协议是美国人操刀弄成的，按美国谈判代表的说法是，这个协议是美国总统奥巴马和国务卿克里撸起袖子和中国等国家一块弄出来的，要发挥其作用，因此在2009年后的谈判中，这个协议的一些内容还是产生了很大影响。

2010年在墨西哥坎昆召开的气候公约缔约方会议，为了跳出哥本哈根缔约方大会失败的阴影，挽救联合国应对气候变化进程，各方在这次会议上做出了妥协，最终通过了《坎昆协议》，这个协议针对的是2020年前的应对气候变化行动。

在2011年德班气候大会上发达国家原则同意从2013年1月1日起实施议定书二期，同时建立了“增强行动力度的德班平台工作组”，以制定 2020 年后各国以更大的力度共同行动应对气候变暖的新协议；同时这次会上正式同意建立了绿色气候基金，用于专门支持发展中国家应对气候变化。

2012 年多哈气候大会同意了议定书二期（2013 年 1 月 1 日~2020 年 12 月 31 日），结束了“巴厘岛路线图”谈判。

2013 年华沙气候大会同意 2020 年后各国应对气候变化行动由各国自行提出。

2014 年利马气候大会同意 2015 年年初提出 2020 年后全球共同应对气候变暖协议的正式谈判文本，2015 年年底前提出各国 2020 年后应对气候变化行动的具体目标和行动——中国于 2015 年 6 月 30 日提出国家自主贡献目标。

2015 年巴黎气候大会有 3.6 万人、150 多个国家政府首脑参会，最终达成了《巴黎协定》。

3. 第三阶段 全球共担减排责任，提高实施力度

到了 2010 年，大家普遍觉得如果再谈判失败，联合国这个机制就要无效了，所以都做了妥协。当时的《坎昆协议》就是把从 2007 年到 2010 年一些谈判的共识汇总起来并在大会上通过。但是大家觉得该协议减缓气候变暖的行动力度还不够，所以 2011 年在南非德班召开的气候大会上就发达国家和发展中国家在 2020 年后如何以更强的力度进行减排开展谈判，并同意在 2015 年巴黎气候大会上达成一个协定，最终达成了《巴黎协定》。2010~2012 年同时进行的《京都议定书》第二承诺期谈判也在进行，2012 年就议定书 2012 年如何实施也达成了一致，同意第二承诺期从 2013 年开始到 2020 年结束。虽然 2012 年就第二承诺期达成了一致，但只有欧盟成员国作为发达国家主体加入，减排力度明显不足。更重要的是，很多国家迟迟没有批准。所以《京都议定书》第二承诺期虽然谈成了，但实际上没有正式生效。

2015 年在法国巴黎召开的气候公约缔约方大会，会议东道国法国邀请了 150 多个国家首脑在各方开始谈判前先开了一个领导人峰会，为这次缔约方大会定了基调，也就是各方应当在这次缔约方大会上就 2020 年后合作应对气候变化达成一致。这次会议最终是成功了，通过了《巴黎协定》应当说能够成功是有多方面原因的，法国确实在会前做了大量的协调和沟通，法国外交部长法比尤斯在会前和会议期间都出面做了很多国家的工作，认真听取各方关切，包括来中国进行沟通。这个会议从一开始就是首脑级别会议，习近平主席也去了。首脑会议一开始就明确了这次缔约方大会应当达成的目标，在谈的过程中也体现了法国作为东道国的很多谈判技巧，最终使得巴黎会议获得了成功，通过了《巴黎协定》，现在正继续谈怎么去落实。

《巴黎协定》共 29 条，包括目标、减缓、适应、损失损害、资金、技术转让、能力建设、透明度、全球盘点等内容。各国可以依据本国国情提出行动目标，之后要依据全球盘点结果，对各国行动目标不断加码，尤其在减缓上。《巴黎协定》具有法律约束力，2016 年 4 月 22 日联合国举行签署仪式，开放签署截至 2017 年 4 月 21 日，但到 2016 年 11 月 4 日已有足够多的签署国，全面满足两个生效条件，《巴黎协定》生效，表明各国还是有很强的合作行动的意愿。迄至 2015 年 10 月 1 日，有 147 个缔约方提交了国家自主贡献（NDC）。表 12-7 展示了《巴黎协定》的一些主要内容。

表 12-7 《巴黎协定》主要内容

主要目标	全球 GHG 排放尽快达到峰值（承认发展中国家达峰时间要长些）、争取 2050 年净零排放——排放-吸收平衡

减缓	所有国家都要自主行动；发达国家带头全经济范围绝对量减排，发展中国家相对减排（但要逐步向绝对减排过渡）；5 年一个周期更新；按照“共同但有区别”原则，都要不断加大力度（按照协定第五条，包括林业）
适应	提高适应能力、减少对气候变化脆弱性的全球适应目标，加大对其支持等
损失损害	支持加强预警、应急系统、气候风险分担和其他保险方案等，但不涉赔偿
资金	发达国家继续带头为发展中国家应对气候变化提供资金支持并通报情况，鼓励其他国家自愿提供支持；2025 年前资金支持目标不低于 1000 亿美元
技术转让	建立技术转让框架，为强化技术支持和转让等提供指导，加快扶持技术创新，为技术转让提供资金支持等
能力建设	加强合作，发达国家提供支持，以提高发展中国家执行《巴黎协定》的能力等
透明度	以促进性、非惩罚和非入侵及尊重国家主权方式建立透明度规则，不导致负担
全球盘点	2023 年开始全球盘点，后每 5 年盘点一次，找差距，促行动

《巴黎协定》和《京都议定书》不一样。比如《京都议定书》的目标是百分之五点几；但是《巴黎协定》是各个国家根据自己的情况来定比例和目标。但是要及时向国际报告自己是怎么落实的。要报告目标是怎么定的，是怎么执行的，过几年还要进行评估，评估是把全球所有的国家捆在一起进行评估。如果发现减排结果相比于全球减排目标还有差距时，就会加紧督促。基本上就是这样的模式，后来也获得大家的认可。这个过程中，发达国家和发展中国家都做出了很多让步。比如发达国家承诺要提供资金。虽然现在也还没有落实。2015 年、2016 年的谈判就在谈怎么有效地实施《巴黎协定》，

2018 年，各方在波兰卡托维茨召开的缔约方大会上就主要实施规则达成了一致，但《巴黎协定》第六条相关实施规则没有在这次会议上达成一致，2019 年底智利和西班牙共同在马德里开了公约缔约方大会，主要就是谈《巴黎协定》第六条的实施规则，但也没有取得实质性的进展（见表 12-8）。

表 12-8　《巴黎协定》达成的原因和问题

原因	具体
法国的努力并吸取了 2009 年的教训	领导人会议提前召开；大量的会前沟通协调、有效的现场组织、公开、透明、平衡
中国等大国的积极贡献	《中美气候变化联合声明》等
自下而上的减排模式与透明度	各国提出的国家自主贡献即 NDC 可以根据本国实际，注重了灵活性，旨在先引导走上低碳发展行动之路；行动力度动态调整，不断强化，提高 NDC 的力度和效果

表 12-9　《巴黎协定》谈判概要

实施规则	自主贡献相关信息；透明度——行动和资金、技术及能力建设支持；全球盘点；遵约机制等
谈判进程	2016 年 11 月摩洛哥马拉喀什会议 2017 年 11 月德国波恩会议——斐济为主席国 2018 年 12 月波兰卡托维茨 2019 年 12 月智利/西班牙-马德里（COP25） 2020 年 12 月线上举行
主要争论	共同但有区别原则——如何在减排、资金、透明度等中体现 自主贡献仅减排还是全要素 减排和资金问题——缺口很大
南北互信缺乏	美国宣布退出（2021 年 2 月重新加入——编者注）；欧盟难以独自支撑；KP 第二承诺期迟迟不生效。 未兑现此前的资金、技术、能力建设支持承诺

刚才也讲了，《巴黎协定》规定各国可以根据自己的能力采取减排行动，即提出国家自主贡献目标。各国提出的自主贡献目标确实差别很大，这就导致实施的规则很难制定。另外，根据目前各国所提的国家自主贡献，通过总体评估后发现减缓力度是不足的，减排力度还不够，不足以有效地把温升幅度控制在 2 摄氏度或 1.5 摄氏度以内。于是，2019 年 9 月联合国秘书长牵头召开了一次气候峰会，希望能督促各国进一步提高减排力度，但是这个峰会开得也不成功。根本原因就是有些国家搅局，如美国提出退出《巴黎协定》。虽然现在欧盟还比较积极。欧盟为什么积极呢？首先它的环保技术比较先进，可以出口到其他国家。其次欧盟积极行动也有长远的能源安全考虑。欧盟能源缺乏，对俄罗斯有依赖。现在要从俄罗斯弄天然气管道直接通到德国，美国对这个已经有意见。欧盟要减轻对俄罗斯的依赖，就要大力发展新能源技术，这也是动力。最后欧洲人的环保意识相对还是比较强的，对自己的生活环境比较关注，这也是一个因素。所以欧洲就对减排很积极。但是欧洲国家加起来减排的量也有限，能提供的资金支持也有限，所以作用没有那么大。美国退出了，欧盟自己也难挑大梁。发达国家之前承诺的钱、技术等在很多程度上都没有兑现，成了空头支票，所以发展中国家对发达国家有不信任感，谈判就很难。2015 年《巴黎协定》谈判之后，对于实施规则的谈判又一直谈到了 2019 年。遗留的问题主要是《巴黎协定》第六条，即国际碳交易相关规则问题，发达国家和发展中国家在这方面应当怎么合作，12 月在马德里开的会议上没有达成一致。本来 2020 年要在英国开一次会，但是遇到疫情只能延期。

波兰卡托维茨气候会议（COP24）有 1.8 万人左右参会，

2018年12月3日举行领导人峰会，联合国秘书长三次到会。主要成果是通过了实施《巴黎协定》的主要技术规则：与国家自主贡献相关的信息、透明度、资金、全球盘点规则，2028年后将进一步修订。“共同但有区别”原则在实施规则中体现得比较弱了，更多是自我区分。会议总体是成功的，维护了气候治理多边机制，还是具有重要意义的。

智利/西班牙在马德里召开的气候会议（COP25）有2.66万人参会，是历史上拖延时间最长的一次COP会议——拖延了44小时闭幕，几乎没有取得什么实质性成果。会议主要任务是就《巴黎协定》第六条实施规则进行谈判，但未能达成一致，推迟到2020年11月在英国苏格兰格拉斯哥市举办，后又延期至2021年举行。COP25的失败进一步引起各国对联合国应对气候变化多边进程有效性的疑虑。

（三）气候大会如何召开

1. 气候公约谈判组织方式

缔约方大会（COP）是公约最高决策会议，召开地点在联合国认定的五大区域集团即非洲集团、亚太集团、东欧集团、拉美和加勒比海集团、西欧集团中轮流召开，会期两周，气候公约缔约方大会应该是目前联合国系统召开的规模最大的会议。缔约方大会构成有《公约》缔约方大会即COP（1995年召开《公约》生效后第一次缔约方大会，以后每年召开一次）、《京都议定书》缔约方会议即CMP（2005年《京都议定书》生效后召开，与COP同时召开）、《巴黎协定》缔约方会议即CMA（在《巴黎协定》生效后召开，与COP同时召开）、《公约》附属科学技术机构即SBSTA会议和《公约》附属执行机构SBI会议（《公约》生效后每年召开2次，其中年底的 SBSTA 和 SBI 会议与 COP 同时召开），此外还有临时设立的特别工作组会议即 AWG、高级别会议、各种专家组会议、研讨会、边会等。

除了各缔约方正式代表参加 COP 会议外，还有大量的观察员组织及其代表参加会议。观察员组织包括政府间和非政府国际组织。政府间组织（IGO）包括 UN 下设机构、其他全球性和区域性政府间国际组织；非政府组织（NGO）有环境非政府组织（ENGO）、工商业非政府组织（BINGO）、当地政府和市政当局（LGMA）、土著人组织（IPOs）、研究和独立组织（RINGO）、工会联盟组织（TUNGO）、农民和农业 NGOs——Farmers、妇女和性别 NGOs——Women and Gender、青年环境非政府组织（YENGO）。但是他们只能听会。观察员组织参会前首先要得到《公约》缔约方的认可，也就是要经过专门的资格审查。此外，也有媒体参与宣传报道，这些媒体也需要事先得到《公约》秘书处的资格审查和认可。

1995 年首次召开 COP 会议后，气候大会每年召开一次。但也出现过因特别情况一年开了两次的情况。召开 COP 就是为了让各个缔约国在一起讨论如何有效实施《公约》，包括如何落实此前的决议以及还需要做出什么新的决议等。很多要通过的规则都是由 COP 大会来决定的，所以这是一个决策会议。会议逐年在联合国认定的五个区域集团即非洲、亚太、东欧、西欧、拉美轮流举办。联合国五大区域是历史上根据多种因素划分的，比如东欧、西欧是在冷战时期划分出来的并得到了延续。开会的时候要对所有参会方摆座签。缔约方的座签和观察员组织是有区别的，缔约方座签通常是黑底白字，非缔约方座签通常是白底黑字。

缔约方大会的任务就是一年一次回顾《公约》的执行情

况，对新的问题进行谈判。既讨论技术问题，也讨论怎么执行，议题很多。关于召开缔约方大会的具体规定很多是在《公约》的程序规则中。《公约》缔约方大会期间还有很多其他的会议，除了《京都议定书》和《巴黎协定》缔约方会议外，历来都有别的高级别会议。高级别会议指的就是部长级别的代表参加的会议，高级别会议主要是为谈判提供一些政治指导。另外也有各种专家组会议、研讨会、各种边会等。边会通常是由观察员组织、各个国家组织的，多数都是宣传介绍本组织或国家的相关理念、主张、做法等，组织方式多种多样，相当于在 COP 会外开的会，虽然不属于谈判，但会对谈判产生一定影响。所以这个气候大会或 COP 会议是大会套小会，各色人等、各种事情纷至沓来，非常热闹。

每年的气候公约缔约方大会应该是联合国系统尤其是讨论环境问题上参会人数最多、内容最广泛、政治影响很大的会议。近年来，每年参会人员都在 1 万人以上，导致参会代表往往在会议地点城市找宾馆都很困难。

2. 气候公约下认可的主要谈判集团

如此多的缔约方参加会议，如果每个国家都要发言的话，那这个会往往听发言就会花很长时间，有时也确实是这样。为了提高谈判效率，参加 COP 的缔约方实际上是根据利益诉求等组成了很多个谈判集团。一般情况下，开会时先听取各个谈判集团发言，之后如果某个国家需要发言可以再发言，如果没有与其所属的谈判集团不同的意见，则一般就不发言了。如果某个谈判集团中的国家需再发言，往往在发言时首先说一句赞成其所在集团的发言，然后再表达本缔约方的特殊关切。现在气候公约缔约方大会中的最大的谈判集团就是发展中国家集团，即“77 国+中国”集团，一共由 130 多个国家组成。77 国是 20 世纪 60 年代联合国大会讨论召开贸易和发展会议问题时发展中国家为维护自身利益而成立的国际集团。中国历来主张不结盟，但与 77 国集团利益诉求基本一致，所以中国就加入进去。现在这个集团在《公约》及相关谈判中又分出很多小的利益集团，比如非洲集团、小岛国联盟集团、最不发达国家集团、基础四国等。这里的基础四国由中国、印度、南非、巴西组成。除了“77 国+中国”集团外，还有欧盟，现在是 27 个成员国。还有伞形集团，就是在欧盟之外的发达国家，数量不很确定，主要是一些能源利用大国，如美国、新西兰、俄罗斯、澳大利亚等。这些国家英文字母组成起来比较像 umbrella，所以就叫伞形集团（也有种说法是这些国家在世界地图上的分布就像一把伞）。还有环境完整性集团，成员包括瑞士、韩国、墨西哥等，这个集团的主要主张就是不管采取什么行动，一定要对应对气候变化也就是环境问题产生真实的效果；这个集团在谈判中发挥弥合发达国家和发展中国家特别是和“77 国+中国”之间的矛盾，起搭桥作用。

3. 欧盟、美国、中国的三足鼎立局面有所变化

在多年的气候公约相关谈判中，已经形成了欧盟、美国和中国三足鼎立的基本格局，这三强的人口占全球总人口的 1/3 以上，GDP 占全球一半以上，能源消费占全球一半以上，CO_2 排放占全球一半以上。由于美国退出《巴黎协定》，现在的三足鼎立局面已在发生改变。

首先，欧盟对应对气候变化谈判历来比较积极，甚至以领导者自居。欧盟作为成熟经济体，能源消费增长需求有限。但是其低碳技术——可再生能源水平较高，可做到在发展经济的同时降低温室气体排放。并且，其公众十分重视环境保护，应对气候变化被作为其维护本地区能源安全的重要举措。欧盟一直谋求在国际事务中的主导地位，但在2009年哥本哈根气候会失败后，其影响力有所下降。

其次，美国是2007年前的第一排放大国，地域广阔，人口增长较快，仍有经济外延扩张的巨大空间，并且在消费上有奢华倾向，浪费惊人。美国应对气候变化的态度与其他国家不一致，在退出《京都议定书》以及《巴黎协定》后影响力有所下降。美国在应对气候变化谈判中表现得越来越消极，其核心是要中国、印度等发展中排放大国承担更多的减排责任。

最后，中国工业化和城市化进程加快，人口多，资源少，经济外延扩张需求大，但是经济、技术和管理水平都相对弱。近年来，能源消费和温室气体排放增长速度有所加快，尤其2001年以后能源消费急剧增长。目前，中国人均排放量已超过世界人均水平，排放总量是欧盟和美国之和。随着经济快速增长，在2030年前排放还将继续增长。所以，中国经济结构调整、绿色低碳发展是内在需要。我们的影响力也在上升。以煤为主的能源结构对中国大幅承担量化减排造成了很大压力。

现在情况发生了一些变化，美国退出《巴黎协定》应该是2020年正式生效，在《巴黎协定》缔约方大会上也不再有发言权，只能是观察员了。所以现在三足鼎立的局面已经很难存在了。现在美国特朗普当政，说《巴黎协定》中很多条款都对美国自身产业发展不利，他是以退为进。他想退出之后再求在《巴黎协定》上有所作为，也就是说要把更多减排责任转移给发展中大国，为此提出要重新谈判《巴黎协定》，当然，很多成员包括欧盟和中国都不同意。美国原来本身排放量也很大，人均排放量是最大的。中国现在工业化进程加快，排放量也大。中国现在的减排仍然是相对减排，也就是排放量还要增加，但是排放强度要下降。

（志愿记录者：张文惠）

CHAPTER

3

第三篇

国际发展

第十三讲　国际发展的诞生：涉及人类的本性和社会性

讲课人：刘　东

讲课时间：2018 年 3 月

刘东，比尔及梅琳达·盖茨基金会北京代表处前高级项目官员，曾在公共部门工作。刘东先生致力于将中国鲜活而实用的发展经验及好的产品、技术、人力资源等分享到世界上其他地方，尤其是在非洲贫困国家和地区的农业和卫生领域中。

一　国际发展的三个概念：发展、减贫与创新

第一，什么是发展？我也是从学生时代走过来的，学生时的我认为发展就是学业有成，名校毕业，可以成为社会职场中的一个精英，可以出入于各种高端的场合。这当然也是一种发展的概念，但是这更多是属于个人发展。国际发展里面所谈到的概念远远超过了个人发展范畴，它实际上是向更基层、更底层去延伸的。这个世界上还有很多人处于饭吃不饱、衣裳穿不暖的境地中，所以国际发展首先要解决的就是衣食住行的基本生存需要。生存权是指基本生活需要得到满足；发展权则是指基本需要得到满足之后，个人更均衡、更

全面地发展。盖茨基金会将发展的概念称为“survive and thrive”。survive 指的是，首先要吃得上饭穿得上衣，thrive 是基本生存得到保障之后，能更好地发挥个人潜力。

第二，什么是贫困？其实每个人心里都有判断，对于贫困的认识不是一个新课题。从 20 世纪 40~50 年代就已经有经济学家、社会学家研究这个。

那么，我们从下面几个维度来认识贫困。

第一个维度，贫困有广义贫困和狭义贫困。狭义贫困主要是指经济层面的概念，比如人们没有钱去买食品、没有钱出行等。而广义贫困超越了这个概念，比如在吃饭的同时要保证营养的摄入，不只是填饱肚子而已。所以广义贫困就是要解决营养均衡问题，要有足够的蛋白质、热量、能量摄入，当然还不能够吃得过量，等等。还有，当基本营养得到保障后，你的教育怎么办？你的出行怎么办？这是另外一个维度。

第二个维度，是绝对性贫困和相对性贫困。所谓的绝对性贫困就是刚才所说的基本生存需要无法得到满足。相对性贫困就是在解决了基本发展需要之后，你和身边的人，或者你和另一个群体的人，依然存在着差距。这个相对性贫困是在相当长的一段时间里都存在的，甚至可以说现在没有哪个社会已经彻底解决了相对性贫困。在不同的社会中，相对性贫困的不同点就在于平均线以下的人有多大的比例，平均线以上的人和平均线以下的人差距有多大。从理论上讲，能够解决相对性贫困的，只有马克思提出的共产主义社会。目前还没有哪个国家能实现。相对性贫困在中国的脱贫攻坚过程中有一个定位：绝对性贫困是一定要消除的，但是相对性贫困会在相当长一段时间里继续存在。

第三个维度就是所谓的普遍性贫困、制度性贫困、区域性贫困和阶层性贫困。普遍性贫困是指人类社会在比较原始的状态下，物资都很缺乏，技术水平没有实现飞跃。比如在工业革命以前，就有不少社会生活在这种状态下。这个时候不论你具备多高的能力或智慧，都跳不出这个贫困的圈子，因为它是一个绝对性的约束。

其实现在更多的是制度性贫困，就是我刚才讲的，一个国家不管拥有什么社会制度，在解决贫困问题时采取的不同方式会造成不同的贫困状况。这就是所谓的制度性贫困。我认为区域性贫困和阶层性贫困其实在某种程度上也属于制度性贫困。拿中国举例，区域性贫困主要指的是不同地区之间，由于自然条件、社会经济结构、财富的积累状况不同造成了区域之间的发展差异。

第三，创新的概念。在国际发展领域的创新指什么呢？一般情况下，绝大多数人首先想到的会是无人驾驶等人类历史上从未出现过的技术创新。在国际发展领域的创新要照顾到现在和未来。但是面向未来的创新不是唯一可以依赖的手段，甚至某种程度上，它能够对国际发展起到的作用还是相对有限的。

那么我们认为的创新，首先，除了彻底实现技术突破以外，现有技术的重新组合与改进其实是非常重要的。比如，图 13-1 是来自瑞士的一个为非洲解决清洁卫生问题的发明，它是一个能收集雨水的处理系统。用矿泉水瓶子接到管道里面，虽然饮用估计还达不到条件，但可用于饭前便后洗手。再有，比如说我们盖茨基金会支持的一些实用技术上的小小的改进和组合，其实也能解决。

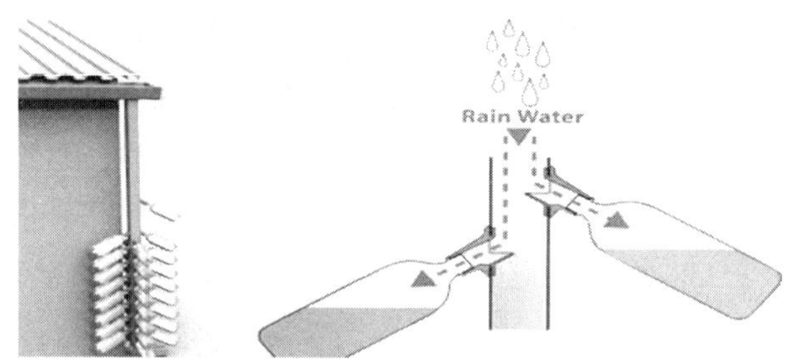

图 13-1　Evan Gant 关于雨水收集的设计

图片来源：视觉同盟网，http：//www. visionunion. com/article. jsp？code=200811030080。

图 13-2　Mazzi Can 牛奶存储罐

图片来源：FarmBizAfrica，https：//farmbizafrica. com/profit-boosters/1431-milk-container-spares-farmers-milk-spillage-woes。

图 13-2 的创新是一个牛奶罐子，名叫 Mazzi Can。为什么要做这样一个牛奶罐子呢？非洲和南亚等地区养牛农户在接牛奶的时候，因为卫生条件不够存在很大的损耗，而奶业其实是对食品的要求很高的，一般的小农很难做到牛奶达标，原因之一就是在挤牛奶的时候，手上的细菌污染了牛奶。当小农把牛奶送到奶业公司的时候，奶业公司要进行检测。中国在过去采取的方法是奶业公司会把一个储奶大罐车运到农

村地区，让小农挤完奶之后送过来，现场进行检测，把菌群达标的直接装进冷藏大罐车。如果稍微有一个菌群超标，那么奶农挤出来的一整罐奶都废掉了。当然还有其他的因素，比如奶农在饲养奶牛的时候用的抗生素超标而出现抗生素奶，抑或奶牛本身生长的环境和条件不合适。

当有了这样一个罐子后，非洲小农在收集牛奶时，就可以避免各种外界因素对牛奶的污染。罐子上面有一个像网一样的接口，碰到奶牛的乳头以后，会实现较好的密封效果，内部的落口和下面的罐子之间是一个单向的流入口。这个罐子特别简单，但它结合了一些现有的很简单的技术，就解决了小农在简单经济生产当中的一个令他们头疼的问题，既提高了奶的品质，又提高了他们获得收入的概率。

大家可以看到，这些现有简单技术的组合改进，在某种程度上解决了现实的发展问题。当然，所谓的创新不仅指的是技术创新，它还包括生产关系的改进、分配制度的改革。这些社会制度的创新也是非常必要的，它可以和技术创新相配合，在基础条件还没有实现飞跃的时候很大程度上解决发展需要。

二 为什么关注国际发展

（一）人类的天性和社会性

人是具有天性的一种动物。我们常说，动物世界弱肉强食，但这是在不同种类的动物之间。同类动物之间相互食用的情况，只有在极少数动物族群中会发生，绝大多数动物看到同类死亡以后，会出现物伤其类这种状态。所以在天性上，人有互不相食的基本动物性。但是人不相食的基本天性和基本动物性并不能保证人与人之间的互助，它只是一个底线，人的本质还是群居的社会性动物。我们作为动物的一种，其实在绝大多数方面都是不占优势的，我们的体力、体形、爪之锋利、听觉之敏锐等方面都不如别的一些动物，人类可以胜出成为万物灵长，主要有赖于其大脑和社会性。

人之所以要群居，是因为即使拥有很强的大脑，独自一人在自然界依然无法生存。靠群体协作的力量则可以战胜其他种类的动物。所以应该说人类自出现起，社会性就决定了要呈现群体性互助的一个状态。比如人类在原始社会的狩猎活动中分工合作，有人负责去把大象围起来，有人负责激怒它，有人负责射箭或者用长矛去刺它，有人可能当诱饵，等等。但是这种互助也是有局限的，局限于相互熟悉或者比较紧密的群体里面。比如地域性的，一个村子里的人互相帮助的前提条件是大家生活在一起，几代人都认识，宗族之间可以有这种联系。这种形式在我们今天的社会也有“熟人社会”这种具体体现。所以，守望相助是人的社会性的基本体现。但随着人类社会不断发展，熟人之间的守望互助反而会导致不同村子之间的争斗，就像过去的村子之间为了争夺水源会发生大规模的械斗。

在这种情况下，国家出现以后，人群之间的互相支持、互相扶助其实就变成了国家应该承担的任务。国家的一个基本工作是实现收入之间的调节，通过税收来进行再分配，满足生活比较差的人的基本生存需要。有的国家因为制度问题或者统治者的价值观问题在这一点上做得很差，但是并不妨碍这是国家的一个基本职能需要。国家要负责提供一些个人不会提供、不愿意提供、没有能力提供的公共产品，这就是一个国家内部发展问题的起源。在国际层面，不同国家之间可能存在类似的问题，所以国际关系发展史也经历了同样的过程。这个跟国际发展问题的发展变化也是一脉相承的。

（二）国家间的发展互助

早期的国家间关系也是弱肉强食。在我们漫长的几千年历史上，灭族战争不计其数，熟读历史就会发现，成吉思汗在扩张领土、向西向南进攻的过程中发生了无数次屠城事件。

谁拥有更多资源谁就有能力崛起于世界之林，有能力去统治别人。那什么是资源？对于一个农耕社会而言，资源就是土地，有更多的土地就可以种庄稼、种粮食。粮食可以养活更多的军队，也就可以源源不断地补充，不断地进攻。

在游牧社会，什么是资源呢？我认为主要是人口。因为游牧社会是逐水草而居的，可以赶着牛羊去吃个遍，再拉着它们到下一个地方去，所以土地并不是约束。只要找到水草，这个部落就可以存在。但是如果它有很多的人口，第一，在部落竞争的时候它不会处于下风；第二，它的生产方式主要是靠人口，人力越多，能够放牧、养活的牛羊就越多。所以这样来看，成吉思汗和过去的突厥王，他们在战争中获胜之后，首先想到的不一定是要占一大块地。咱们在历史书上看到的，可能北边一大片都是匈奴的地方或者是突厥的地方，但是对于当时的匈奴和突厥而言，土地没有意义，因为中原的人过不去，没法儿在那里耕种。

再看看近现代国际关系的变化。到了近代，国际关系出现了严重的问题。西班牙、葡萄牙、荷兰和后来的英国，它们在构建那个时代的国际体系时，采用的思路依旧是控制一个地区或一个国家，然后将目标定为把所有的资源取走。比如西班牙征服拉丁美洲后就把所有的白银黄金等全部都运回去，一方面造成了当时西班牙穿金戴银风气大盛，另一方面也带来了通货膨胀。荷兰采取的方式也是典型的重商主义，掠夺自己的殖民地。

这种做法的转折点出现在第一次世界大战之后对德国的管理和剥削中。一战是协约国和同盟国之间的战争，最后协约国胜利了。当时的战后安排对德国来说是一种传统思路，就是要把他们的资源和生产力全部剥夺，还有数额巨大的赔款。还有就是德国重要的生产地区，德国从法国手中抢下的阿尔萨斯和洛林地区，包括德国本来就有的经济很发达的鲁尔，都被法国侵占了，德国丧失了几乎所有的生产能力。也就是说，它的经济货币体系和工业生产体系遭受了不可挽救的损害，没有任何抵御风险的能力。后来在大萧条出现的时候，德国首当其冲，大萧条的到来直接促成了魏玛共和国崩塌。所以这是一个大的悲剧，纳粹上来以后，又造成了二战。

在一战结束以后，美国总统威尔逊提出了要建立一个相对公平的国际体系，力主建立国际联盟。威尔逊超前地提出了很多理想主义的国际关系体系原则，但欧洲这些老牌的帝国主义国家思维没有转过来，还是按照过去的方式来认识国家间的关系。另外，威尔逊在美国国内也没有得到足够的支持。国际联盟沦为了英法用来剥削其他国家的一个工具，最后也遭受了失败。直至二战结束以后，美国当之无愧地成为全球第一强国。

二战后美国吸取了教训，对战败国采取了扶助政策。美国很明智地选择了一条新的道路，就是要扶助这些被战争摧毁的国家，包括在战争中的敌国，让它们有一个基本的生存发展的条件，然后整个国际社会的经济才能够逐渐恢复，秩序才能够建立。美国在这个时候提出了马歇尔计划，一方面建立了一个重要市场，使得美国作为第一强国的优势地位得到了保证，另一方面也使得欧洲人民能有一个恢复发展的过程。所以，一般将马歇尔计划看作现代援助的开端。当然那个时代的援助和我们今天所讲的国际发展还是有很大不同的。

三 国际安全与发展体系

国际安全与发展体系的代表机构就是联合国和世界银行，他们之间还是有一些区别的：联合国主要是以资金赠予为主，世界银行是以信贷为主；联合国更多的是技术援助还有一些治理体系的搭建，世界银行更加偏重于基础设施的扶持。然后陆陆续续就形成了国际安全与发展体系。为什么叫安全与发展体系？因为联合国还有协调国际安全的作用，最主要的体现就是安理会和维和部队。

在多边就出现了很多区域性发展银行，下面还要讲各大洲不同的区域，他们也要建立自己的类似世界银行这样的机构，对本区域的国家进行扶助。然后就是所谓的双边国际发展援助，马歇尔计划是一个开端，到欧洲的经济恢复以后，欧洲很多国家也开始进行双边发展援助，比较突出的就是英国、瑞士和北欧一些国家。

这几年，包括欧盟现在提出的国际发展，也许他们不承认，基本理念是在还债。还什么债？就是发达国家的发达是建立在剥削不发达国家的基础之上的。这里面就是来自刚才所说的一战之前的那种国际关系。富国把别人的资源都抢到自己的腰包里，穷国认为这是在掠夺。所以从这个角度讲，富国心里也很清楚，不断地提供一些国家发展的路径，用发展援助对过去做出弥补。所以很多国际发展援助的起源和推进都存在一些政治和外交上的因素。

（一）国际发展重点的演变

国际发展体系出现以后所关注的重点有一个演变的过程。

在 20 世纪 40~70 年代国际发展体系刚出现的时候，也就是马歇尔计划开始的时候，主要偏向于经济领域，比如以恢复生产力、建立经济设施为主，所以那时候有很多支持建工厂、修道路、修水坝或者对工业企业贷款的现象。

而到了 20 世纪 80 年代，国际发展的概念就大大拓宽了。一个国家的发展不仅表现为经济的日益繁荣，同时也出现了贫富差距与社会发展的概念，并且纳入了对教育、环境等问题的关注。

到了 2000 年时，联合国对国际发展问题进行了一次梳理，提出了一个“千年发展目标”的概念。那么，何为“千年发展目标”呢？2000 年联合国召集了其所有成员国，就“我们的国际发展要实现怎样的目标”进行了讨论。针对这次讨论，联合国制定了八个领域的目标 MDGs，旨在将全球贫困水平在 2015 年以前降低一半。而到了 2015 年，成员国在对此进行评估的时候，发现只有少部分国家实现了目标，其中中国的成绩较为突出。为什么这样说呢？中国的国际地位比以前提升了，不仅是我们对外提供的发展援助增多了，很大程度上中国的发展经验也受到了别的国家的重视。在联合国进行评估时认为中国的许多经验可能比已知的许多知识更有价值。因此可以说，通过 MDGs，中国在国际发展体系中的地位得到了显著加强。

在这个目标达成之后，联合国又考虑制定新的目标，即可持续发展目标（Sustainable Development Goals，SDGs），这个目标首先是在领域上进行了拓展，由原来的八大领域变成了十六大领域，然后对每个领域的目标都进行了提升，并在其评估机制上有了更深的发展。

（二）国际发展援助体系的现状和问题

1. 国际发展援助体系现状

现在国际发展援助体系也存在一些问题，以下从多边组织、区域性组织和双边组织来分析。

多边的国际发展援助体系主要是通过世界银行和联合国。联合国有大量机构在从事与国际发展相关的工作，很多都是大家耳熟能详的。例如联合国开发计划署（UNDP），是联合国下面涉及发展问题的一个最重要的机构。UNDP 的署长在联合国内部的级别相当于助理秘书长，从这里就可以看出它是一个很重要的机构。还有联合国基金会（United Nations Foundation，UNF）、粮食与农业组织（Food and Agriculture Organization，FAO）、世界粮食计划署（World Food Programme，WFP）、世界卫生组织（World Health Organization，WHO）等。我们可以看出这些组织还是有一些差别的，名称结尾的 F 为 foundation，O 为 organization，其最大的区别在于“O”是花钱的机构，不能筹款，例如 WHO 只能是联合国给其部署任务并拨款；而“F”的生存情况就会好一点，它们可以进行贷款，主要是来自世界银行的硬贷款，按照正常的利率提供资金，一般利率都在 7%~8%这个水平上。一般一个国家只要不发生大规模的财政危机或者收支平衡危机，贷款利率也能维持在这个水平上，所以实际上并不是特别优惠，但是它能解决一个国家资金不足的问题，这就是世行做的。那么联合国做的主要就是技术援助。

区域上的组织，主要就是一些区域发展银行，比如亚洲开发银行（Asia Development Bank），主要解决的是亚洲的一些发展问题；再如非洲开发银行（African Development Bank），这个银行规模就比较小；还有伊斯兰发展银行（Islamic Development Bank），是中东地区的；此外，还有美洲开发银行（Inter-American Development Bank）和这两年经常听到的亚洲基础设施投资银行（Asian Infrastructure Investment Bank，以下简称“亚投行”）。虽然亚投行现在主要还是面向亚洲的，但我认为未来它会走向世界。从它的成员国就可以看出，它的定位是一个全球性的发展银行。亚投行主要支持亚洲地区基础建设项目，主要在铁路、管道、电力、公路、港口、通信这六大方面。

双边的组织主要是一些国别的发展机构，比较有名的是美国国际开发署（United States Agency for International Development）。双边机构发展得越来越多，这里就不再一一列举。这些双边机构提供的援助形式也不外乎以下几种：无偿援助、无息贷款、优惠贷款。这些对基础设施比较缺乏、生产条件较为有限的国家来说还是比较重要的。

2. 国际发展援助体系的现存问题

经历这么多年的发展，国际发展援助体系也暴露出一些问题。

第一，各类贷款附加的政治经济条件日趋严格。坦白讲，这是一个无法避免的问题。因为接受贷款和援助的国家普遍都是经济条件比较差的国家，并且都伴随着政治及社会体系不健全的情况。管理体系不健全，就可能出现一些不规范的操作，但发展援助的资金来源是各国纳税人的钱，所以很多国家在资金使用方面就会有一定的压力。许多发展机构对于资金的监管日趋严格，在监管过程中，就会要求受援国提供许多材料，要监督受援国的账户，等等，这在某些国家又触及主权的侵犯、越界问题。

第二，当地参与程度不够，这主要体现在项目设计上，还是受到援助机构的引导比较多。就拿中国来说，我们虽然鼓励当地政府提出自己的要求，但是很多国家其实并不太清楚自己缺少什么，并且其政治体系可能会导致不能提出真正的有效需求。

第三，参与主体越来越多。过去主要是发达国家在提供援助。但是现在新兴经济体特别是金砖国家，在国际援助方面的投入也越来越多。另外像盖茨基金会等这些非政府组织也越来越多地参与进来。还有许多区域性的非政府组织，尤其在非洲，它们有时比政府更了解当地需要，所以正在发挥更大的作用；而且在资金使用上，他们比政府所受的约束少，相对更灵活。再有，一些企业项目也在其中扮演着重要角色。

此外，发展问题的内容比以前更加复杂和多元化。比如在解决该地农业生产问题时，以前可能更多地想提供种子，现在还要考虑如何提高收成、销售等方面才能获得利润；要提高抗风险能力，还需要有保险；再有就是应对气候变化的问题，比如减少碳排放；还有妇女权益问题，这与农业问题是分不开的；此外还有价值链的问题，过去依靠内循环就可以，现在如果不从价值链的角度考虑的话，那这个项目百分之七八十是会失败的。所以影响因素越来越多了，那么创新就很重要了，这不仅需要发明，更需要对过去的东西改进。所以下面我就讲一下盖茨基金会所关注的问题及解决的措施。

四　如何通过技术来解决全球发展问题

我从三个角度来讲：第一个是疟疾，第二个是环境卫生问题，第三个是疫苗储藏箱。盖茨基金会注重的就是通过技术来长期解决国际发展问题。

首先，我们要决定在哪一个领域做。全球健康是我们关注最多的，例如对穷人影响最大的传染性疾病的防控。那么在确定了领域之后，要对现状有准确把握，找到至关重要的节点，即哪些节点导致该问题不能得到很好的解决，有些节点可能要以技术突破为核心，有的是投放的方式要改变，有的是需要更多的合作伙伴，这里面就要求有清晰的战略。

下一步就要寻找合作伙伴，谁可以做这个？比如研发一种疫苗，有潜力攻克它的是哪几个研究机构或公司，我们会全力支持它。当然，在这个过程中还会反复地来检查我们的选择是否正确并进行反复修正，并保持项目的推进。

（一）疟疾领域

下面我们来讲第一个领域，malaria（疟疾）。人类对疟疾的认识经历了一个过程，这个单词源于拉丁文，由 mal（恶劣的）和 Aria（气体）两部分组成，即很坏的气体。这与最初我们对疟疾的认识是分不开的。中国在过去把疟疾叫瘴气，是因为在热带雨林中蚊子总是成团的，远远望去就是一团雾气，当人走近被蚊子叮咬后，自然就会大大提高被传染的概率。直到 19 世纪，人们才找到了疟疾传播的罪魁祸首是蚊子。

疟原虫进入人体，其症状我们叫它“打摆子”，为什么呢？因为发作后会有三个阶段：第一个阶段是全身发冷，第二个阶段是全身发热高烧，第三个阶段是身体会大量出汗，很容易脱水，然后体温下降至正常，然后进入间歇期，如此循环。大家不要小看疟疾，如果疟原虫侵入你眼部周围血管，你就会失明；如果侵入你脑部，你就会昏迷甚至死亡。所以疟疾是全球疾病中极为致命的一种。我们国家只用了10年和10亿人民币就基本解决了这个问题。在20世纪上半叶的美国也有很严重的疟疾问题，所以大家可以看到美国疾病控制与预防中心（Centers for Disease Control and Prevention，CDC）并不在华盛顿也不在纽约，而是设在当时疟疾肆虐的亚特兰大，以便对付疫情。

那么怎么控制疟疾呢？大家都说要先控制势头再慢慢谈未来有什么长远的解决办法，但是盖茨基金会提出的是根除疟疾。“malaria evaluation”这个概念是梅琳达在2007年提出的，意为如果不根除疟疾，它会永远困扰着人类。所以盖茨基金会的策略就是要加速疟疾发病率与死亡率的下降。世界卫生组织提出的疟疾防控计划是到2040年要全部消灭疟疾。通过我们的数据计算，如果不加速下降的话，是不可能实现这个目标的。所以一定要有一些额外的努力才能够让它加速下降。这里边有三个核心的点——定位、治愈、预防。

第一，定位。准确定位疟疾发病的重要因素，也就是疟原虫，这在疾病防控里面是非常重要的一个概念。比如我们为了防止某一个疾病在这么多人中传播，最应该做的一件事情就是隔离。隔离是把患病的人单独放在一边，保证其余的人群安全。我们比较准确、快速地找到了人群，并把他们迅速隔离。

要准确定位，就是要有准确的试剂来找到这个病，并且能够快速地找到病人。这里面涉及疾病防控中理想性模型与现实性模型之间的区别，理想的是我一定要实现百分之百的准确率，测试准确。但是这个百分之百找到病人的过程可能要三天，测试血清要三天时间才能拿到结果。大家想这个有没有可能性，一个病人会在你们医院待三天，等到结果出来以后，确诊并接受治疗；或者一个病人，他会在抽完血以后就回家，等三天以后你查出这个人是个病人，但是已经找不到人了。所以速度就很关键，如果测试能 20 分钟就出结果，就可以对测试者及时转移、隔离和治疗。

但是这个技术并非所有的疾病检测都可以实现。比如中国以前做的艾滋病检测，原来艾滋病人的检测需要三天拿结果，后来是第二天可以拿结果，这中间就有可能无法再找到检测者，存在传染风险。所以盖茨基金会做的一个重要工作，就是支持了一种 30 分钟出结果的检测试剂，可能检测的准确性略有下降（因为时间越长准确度才能越高），那么就要通过一些方法去弥补这个缺陷。

总体上，现在检测很多疾病主要是两种方法：一种是并联法，另一种是串联法。所谓并联法，就是抽一次血，两次检验；串联法是两次抽血。检测的关键是准确率的把握，所谓的准确率就是有没有假阴性，就是说这个人本来有病，你没有查出来，这个是你准确率确实有问题；还有一个是有没有假阳性，他本来没有病，你把它查出来，这是另外一个层面的问题。所以为了提高假阴性的排除率，就用并联法或者串联法。假设这个试剂的准确率是 70%，那病人如果同时抽了两管血做了两次实验，如果两次都是阳性的话，那准确率达到 91%。串联也是一样，先查一管，发现是阳性，再进行二次检测，如果再发现阳性，那基本上就是阳性，如果二次检测是阴性，那么这很可能是一个假阳性。所以，在疟疾方面我们要支持的就是既快速又相对准确的检测方法、检测试剂。

第二，治愈。找到病人以后要迅速进行治疗，就需要相应的药物。传染性疾病有一个最重要的要素就是宿主。蚊子是一个传染媒介，但是蚊子是体外的一个媒介。当一个人感染传染性疾病以后，自身就变成了一个媒介。要么治愈病人，要么消灭蚊子，这些都是可以控制疾病的。

第三，预防。这么多年来，治疗疟疾的药物发展到今天才变成了青蒿素。最早用的是金鸡纳霜（从东南亚的金鸡纳树中提取出来的)。后来疟原虫产生了抗药性，经过不断研发，有了奎宁，这是法国化学家合成的一种化学药物，奎宁在当时很有效，但也有很强的副作用。很快蚊子又进化出了不怕奎宁的品种，然后就出现了氯喹。实际上，我们抗疾病，就是在和疾病赛跑。当氯喹也出现了大面积抗药性之后，我们剩下的唯一选择就是中国合成的青蒿素。青蒿只能在固定的温度和地区种植，我们国家就是在四川、广东、湖南的一部分地区，而且一吨青蒿才能合成一点点青蒿素，所以我们并不是一劳永逸了。蚊子对青蒿素已经出现了耐药性，特别是在湄公河流域。所以，我们现在要尽量延缓大规模出现青蒿素耐药性的情况。

现在世界上受疟疾影响比较严重的地区还很多，但是我们认为相对而言比较危急需要加强的，主要是下面两大区域：一个是南部非洲地区，这些地方的环境条件、防控体系都不是太理想；还有一个就是老挝、柬埔寨、缅甸、越南以及泰国的部分地区，就是湄公河流域。

（二）环境卫生领域

下一点就是卫生（sanitation)，直截了当地讲就是我们的排泄物怎么处理。“厕所”在我们的传统观念中是难登大雅之堂的词，但这个问题却是全球发展当中一个不可回避的问题。

全球有34%的人口用不上卫生厕所。什么叫卫生厕所？卫生厕所首先要实现你排出去的东西对别人无害、对环境无害。

什么叫与环境卫生相关的问题？中国把它叫作粪口传播疾病。我们从小就被教导饭前便后要洗手，就是要解决粪口传播疾病。我们现在做得很好，一方面是这样的推广促进了各种卫生习惯的养成，另一方面跟我们的硬件设施改进也有关系。

未来全球缺水的状况会加剧卫生设施不足的问题，因为全球的水资源非常缺乏，目前我们的技术状态是需要有水冲系统才能实现卫生处理的。我们的厕所排泄物会先有水把它冲入管道，然后一级一级泵走，再到污水处理厂。当然实际上大部分的操作是每一个楼下面有一个化粪池存储排泄物，化粪池经过一段时间的自身反应，上层会变成清水，下面是污泥，大概每个星期或者每个月，环卫集团会派一辆清粪车过来，把化粪池里的东西吸走，运到污水处理厂。但是现阶段，这个问题做得还不是很到位，很多污泥是被烘干硬化以后直接埋在垃圾填埋场里面。

下面我讲一下“sanitation”（环境卫生）这个概念跟我们以前认为的有什么不同。说到厕所，大家想到的是各种各样的洁具、马桶等装修布局，而很少想到后面的环节。但是sanitation是一整套系统，马桶是第一道环节，第二个环节是清理，不管你储存在什么地方，化粪池也好，挖一个坑也好，总之都要清理。清理的下一环节还要处理，不管在污水处理厂处理，还是用什么其他的方式处理，总归都要经过这个过程。再后面是可选的，这就是回用。我们原来说“庄稼一枝花，全靠粪当家”，这就是一种回用，把它变成有机肥，还是把它变成其他建筑材料，或者是水处理以后把它回过来浇花等进行回用。基本的是三大环节。大家看到第一个环节，我们需要改进的是马桶等这些设施；第二个环节是要解决怎么去运输、运送的问题，有没有更先进的清粪车、更先进的运输车等；第三个是有没有更加安全、更加彻底的处理设施。

所以盖茨基金会做的是三大领域的技术，是现有技术解决不了的。第一大技术我们叫作 reinvented toilet（厕所改造），它有两种概念，一种是厕所本身，另一种是马桶本身。我们要把处理设施和前端的马桶本身结合起来，达到随产生随处理。第二大技术是 Omni-Injector，就是吸粪车。为什么要做这个呢？这关系到我们想要解决哪一部分人的需求问题，盖茨基金会是一个公益组织，要解决的问题需求来自穷人。除了刚才讲到的撒哈拉以南非洲地区和南亚需要解决这个问题，还有就是生活在贫民窟里的人。一个城市的发展创造了很多就业机会，当城市里的劳动力不足以填补时，大量的外来人口就会涌入这个城市。然而与此同时，城市却没有足够的设施提供给他们，这些人就聚集在一些完全没有任何设施的地区。里约热内卢有全世界最著名的贫民窟，到处是私搭乱建，里边的路像蜘蛛网一样又小又窄。印度新德里也是这样。必须要解决这些问题。那么直接拿钱给他们修管道、修厕所、修污水处理厂可以吗？不可能。为什么？比如对巴西政府来说，要把里约热内卢的贫民窟重新改造，首先要面对的是把这几十万人甚至上百万人迁移出来的问题，给他们找一个新的地方生活。然后把贫民窟的私搭乱建全部都停掉，重新搭管网、修复管网、建供水处理厂，再把这部分人请回来。这个花费和实施的可行性问题都要考虑到。如果政府有这个能力，就不会产生贫民窟，所以不可能用这种方式来解决。

但是这些地方也有自己的设计，就是所谓的 onsite facility

(就地设施)。当地人可能挖一个小的化粪池，但不会清掏。里约热内卢的有些地方只够一个人侧身经过，为了保证清掏，我们提供了一种技术，即小型吸粪车。这个吸粪车可以经过非常窄的小胡同进到里面，并且能够进行强力的冲洗。因为很多年都没有处理过，废物废水可能处理不了，那么送过来以后，还要采用特定方式进行安全的处理。但难点就在于这部分吸走的废物，在中国，目前我们采用的只是把粪便或者烘干或者晒干，最后到垃圾填埋场填埋。名为 Omni-Processor(中文名称可以翻译为“万能处理器”)的废物处理技术可以彻底、干净地处理这些废物。它的工作原理是把废物或污泥先通过污泥干化管道进来，用热量烘干。把它的水分蒸发到40%~50%后，再进入燃烧炉，废物燃烧后产生的热量用来发电，供这个设备自身使用。不仅是自身够用，还有多余的电量可以对外输送和贩卖。然后污泥里面蒸出来的水经过过滤、消毒、冷凝等处理最后把它变成了回用水。所以是一台彻底的自循环、无污染、绝对安全的设施。

此外，我们在非洲和南亚其实也支持一些城市改进他们的环卫服务体系。环卫服务是企业性行为，当然也是政府行为。在非洲和南亚，企业起到的作用更大。这些企业做环卫服务的最大问题是怎样让它变成一个有利可图的事情。所以一个好的技术和解决方案是可以帮助他们实现这个目标的。比如有一家企业直接把它的口号写在车上——“To you it’s shit. To us it’s BREAD & BUTTER”，意思是你们不要的废物，对我们来说是面包和黄油，是我们的生财之道。

(三)疫苗冷藏箱

接下来讲最后一个重要技术领域，疫苗冷藏箱。它由盖茨先生本人资助，由一个叫 Global good[①] 的非营利研究机构研发。这个机构专门负责解决盖茨先生提出的一些发展中的难题，比如之前提到的牛奶罐就是 Global good 研发的。它是一个倒推的科研方式，先提出问题。比如盖茨会提出来，小农的牛奶容易坏掉怎么解决？空气的污染怎么解决？对于这些问题，Global good 会有物理学家、化学家、生物学家，甚至包括 AI 专家等一大批科学家结合在一起提出方案，讨论到底用什么简单易行、经济实用的方式来解决这个问题。

冷藏箱的项目缘起于什么问题呢？儿童的免疫工作是保证一个国家、一个社会新生儿死亡率、婴幼儿死亡率降低的重要因素。因为几乎绝大多数的婴幼儿死亡都是因为各种疾病，新生儿在头几年，每隔一两个月就要去做免疫接种。这对一个家庭来说当然很麻烦，却非常重要，它能保证新生儿能够顺利度过前五年。联合国衡量一个国家的健康水平有三个指标：第一是孕产妇死亡率，不管在哪儿分娩，分娩的妇女死亡率要降低；第二是新生儿死亡率，因为新生儿出生 72 小时之内是最危险的时间段，在这个时间段内能否达到较高的成活率，也是一个重要指标；第三就是五岁以下婴幼儿死亡率。在五年之内，主要就靠有计划的免疫来解决。绝大部分的疫苗是需要冷藏的，而且接种疫苗是有一个黄金时期的，冷藏问题造成了很多儿童不能及时接种到疫苗，可能会在未来遇到疾病侵害的时候抵抗力不足。

现在世界上的冷链设施是什么样的状况呢？第一，有比较合适的、完全理想技术的只有 2%；有 14%是有设施但不能用、有故障、不制冷，或者有温度不恒定等其他问题；有

① Global good 是高智发明（intellectual ventures）下面的一个独立部门，后并入基金会。

23%是过时的设备，虽然能用但是过时了，只对一部分疫苗来说有用，对恒温等要求较高的疫苗就没用了；41%是表现不佳的、冷藏效果不好的；还有 20%是完全没有。所以现在疫苗冷链的满足度非常低。其中一个重要的原因是很多地方没有电，一些落后国家有相当多的地区没有电。那没电怎么办？所以我们就支持 Global good 开发了一种不用插电、依靠冰排制冷的冷藏疫苗的冰箱。这种疫苗箱的中间盖子下面那块黑色的地方就是放疫苗的地方，两边都各有几个小格子就是冰排，里面是冰块，外面是一个半月形的东西就是水，冻成冰块置于疫苗两边。这是非常简单的一个技术，但是它的保冷效果非常好，可以在 40℃的高温下，把疫苗保存在理想温度 40 天，40 天后换一批冰排就可以了。当然这里面的冰，需要用普通冰箱把它冻出来。对一个要解决山村儿童免疫接种的问题来说，已经从过去要用一个冷藏车开到这个山村扛着装有疫苗的冷藏设备为他们接种，变成现在只需要去一个很简单的小车运八个冰排把里面的冰排换下来的状况。这个技术大大减轻了医疗服务体系原本的负担。

另外，它上面有一个太阳能液晶板，可以显示内部保温的温度。还做了一些非常人性化的设计，外形做成了圆柱形，便于捆绑。如果在非洲或者南亚地区，在运输中，一个大的方形柜子很难抬，圆柱形就可以在地上滚，或者绑在骆驼或毛驴的背上（见图 13-3），十分方便。所以这些细节设计非常人性化。这个技术现在已经是中国技术了，因为 Global good 把它免费转让给了中国的澳柯玛公司，澳柯玛公司把它从第一代产品通过继续研发、更新、升级换代到第六代，在非洲爆发埃博拉出血热危机的时候，澳柯玛公司曾经捐助了 50 台设备到前方的医院和 P3 实验室（生物安全防护三级实验

图 13-3 疫苗冷藏箱的使用

图片来源：腾讯网，https：//new. qq. com/omn/20190813/20190813A0J56J00. html？pc。

室）去保存疫苗，在储存埃博拉出血热的血清和疫苗时起到了重要作用，这种设备也是我们国内在对外发展合作中一直关注的产品。

（志愿记录者：江愫敏、胡予馨）

第十四讲　国际发展的知识与实践

讲课人：徐秀丽

讲课时间：2017 年 4 月（后于 2022 年 5 月修改）

徐秀丽，中国农业大学人文与发展学院教授，国际发展与全球农业学院院长，“全球事务与发展”通识课负责人。曾为剑桥大学发展研究中心、英国苏塞克斯大学国际发展研究院等访问学者，为相关政府机构、联合国、世界银行等国际发展机构提供政策咨询。研究和教学领域包括国际发展理论与实践、中非合作与对外援助、“一带一路”中的发展合作和减贫经验分享、新发展知识等，主持多项国家社科基金重大项目和一般项目。国际发展知识平台“国际发展时报（IDT）”联合发起人。

《全球事务与发展》这样一个包罗万象的课程内容，要如何搭建出一个内在逻辑一致的框架呢？如果将这个框架比喻成一栋房子，那么，这栋房子的根基是理解全球视野下的“历史”与“地理”两大纵深，核心是聚焦全球事务与中国发展，支柱为政治、经济、文化、军事、发展等五大维度。其中发展或者说国际发展这根柱子在中国学界来说，应该算比较短的一根。相对于其他支柱，大众对于这一领域知之甚少。现在全国高校都很关注学生全球胜任力的培养，但对于国际发展合作这样一个我们国家在实践中具有比较优势的领域的关注是相对不足的。国际发展要讲的内容有很多，既涉及发达国家和发展中国家之间关系等全球秩序与治理，又涉及发展合作务实性的政策与实践，既顶天又立地，跨度、张力都很大。对初学者来说，到底应该选取哪些内容来跟大家做一个下午的交流呢？我准备讲下面四个部分的内容。

一 转型期的中国和世界：新的图景和新的知识

中国 GDP 长期连续两位数的增长，在国际上也是非常少有的。如果把国际社会当成一个班级，GDP 当成一个学分制，那么在最近四十年里，中国就是一个学霸。不要小看这个增长呀！一年两年看不出，架不住它长期的连续高增长，会带来一些变化。首先是产业结构的变化。有些同学可能会说，这样的宏观变化和我个人有什么关系呀？不如讲一些个人故事更实在。但我想跟大家分享，一个人对于宏观的政治经济力量和社会结构（structure）越敏感、越了解的话，就越知道自己在干什么，我们要为自己琐碎的日常生活赋予意义，就要学会观察我们所生活的这个时代。

（一）经济增长带来社会的“化学反应”

在中国三次产业结构图中，第三产业服务业占的比重在逐年增加。身为中国农业大学的学子，我们自然会对“三农”问题更加关注。但是，农业 GDP 所占比重却越来越少，现在已到 10%以下。这一数字在发达国家更小，平均值为 1%~2%，这是一个经济规律。农业 GDP 比重不断下降，服务业所占比重不断上升，目前已超过 50%。研究这个的意义是什么？直接来说，与你们将来的就业紧密相关，你们现在和将来都是生活在这样一个结构中的人，也都是这些统计数字背后活生生的人，所以，我们可以了解自己以后就业的一个大方向。显然，第三产业的发展前景是非常好的。

接着，大家看我们的城市化率。在新中国成立之初，大部分人生活在乡村，费孝通称之为“乡土中国”是很准确的。现在，按照统计数字，我们的城市化率已经达到了一半以上。根据世界银行和联合国的数据，2015 年中国城市人口占到 55%，而 1950 年只占 12%。尽管有人会说，我们很多人虽然城市化了，但其实还保留着乡土观念，这里指的更多的是文化层面，也是最难和最慢发生变化的维度，从某种意义上说，也是某种传统的延续。推荐大家看一些记录片来了解中国城市化的进程，比如其中有一部是《世界上变化最快的地方》，谈的是我国西南省份一个村庄城市化的案例，很生动，采用一种动态视角，时间跨越 2006~2012 年，听说后来还在跟踪拍摄，到 2015 年十年城市化的过程。有人支持和推动这个城市化的进程，有人留恋过去，不愿发生变化，不同的人有不同的视角和行动，最终形成了一个较为完满的结果。尽管发展中新的挑战又涌现出来，但追求美好生活的期待一步步推着人们往前走。这一纪录片展现出一个中国普通乡村进行快速城市化的过程及结果。

大家得注意到，随着我们城市化、产业结构化等方面的变化，会连带产生一系列的“化学反应”。根据一项研究成果，人均 GDP2000 美元是道槛。过了这道门槛，在人均 GDP3000~5000 美元这个区间时，这个经济体内部就会产生很大的变化，比如城市化工业化加速、中产阶级兴起、消费类型变化等。而在人均 GDP5000~10000 美元期间，产业结构高级化、橄榄型社会逐步形成、社会多元化、冲突凸显等。

当然，这样一种经济和社会链接模式有些机械，但由经济发展导致社会结构发生“化学变化”却是一定的。尽管我国GDP位列世界第二，但是人均GDP只有8000多美元（现在已有1万多美元），排在世界第70多位。事实上，8000多美元也是个平均数，中国很多省份已经超出了1万美元。我在英国访学的时候，看到当地媒体按人均GDP将世界上的一些国家和中国各个省对应起来，你就会发现，在中国，真的是三个世界都有，不同的人均GDP就会产生不同的需求。我第一次出国是去肯尼亚接受培训，一架飞机里很少有中国人。那时一般中国人很少去非洲，除了一些援外人员。去非洲做生意的人很少，大部分人可能觉得非洲大陆是疾病、战乱和腐败丛生的地方。这些认识都是从媒体上来的。那些媒体又是从哪里来的呢？许多其实也是从西方国家的媒体转译来的，而西方媒体之所以这样叙事也有其国内政治经济结构和历史上的复杂原因。但是那时机舱里大部分都是白人。他们去干啥？他们去旅游。因为非洲那个地方的自然环境非常好。但是在十五六年以后的现在，大家再去看的话就会不一样，特别是经过埃塞俄比亚首都亚的斯亚贝巴博莱机场的时候，你会发现那里大部分是中国人。那个地方就成了一个中国现在工程、技术和人才转移的一个非常重要的中转站。这种前后变化说明，随着人均GDP的变化，人们的生活方式、工作模式、价值理念、整个社会的形态等都会产生一系列的“化学变化”。

（二）转型中的世界政治经济版图

我们看完了中国，再来看看世界，世界又在发生什么样的变化？我不知道大家是什么感受。没有对比就没有鉴别，我们想要了解现在，必须了解过去是怎样的。

如果将全球地图展开，可以看到南北之间有一条弯曲的分界线，上面是富裕的北方，下面是贫困的南方。李小云教授上次讲课提到，他们那代人对世界的认知就是这样划分发达的和不发达的国家。其实到我们“70 后”“80 后”的这一代，对这个世界的认知大体也如此。那么，这种观念是怎么产生的？这个与我们所说的国际发展就有非常大的关系。可以说，我们现在使用的许多概念都无法逃脱这个专业给大家带来的思想意识上的影响。上面所说这个南方和北方不是说在我们中国的南方和北方。在中国国内，南方还是挺发达的。但在全球的这个范围内，北方就意味着是制定规则的、发达的，南方就是相对弱势的、非发达的。最近这样一种清晰二分的格局发生了非常大的变化。联合国开发计划署（UNDP）在 2013 年出了一份报告，叫作南方的兴起（The Rise Of The South）。

还是用数字来说话，这里我所使用的数据来自曼彻斯特全球研究所，他们关注世界地理，但这里的地理不只是一个物理的概念，它还是一个经济的概念，所说的就是这个地区的政治经济发生了什么样的变化。大家看到，高收入国家 GDP 占全球的比重是下降的，而中低收入国家这条线却是上升的。在上升过程中，我们可以发现中国这条线的上扬幅度也是比较大的，可以说中国的发展是行驶在高速公路上的，甚至就像高铁一样。这个形象就不仅代表了一种交通工具，还代表了一种中国发展的速度。

剑桥大学的诺兰教授（Peter Nolan）曾被《金融时报》称为“比世界上的任何人都了解中国企业及其在国际上的竞争，包括中国人在内”，这肯定是有些夸张。大家看到，这是一位皱着眉头挺帅的老人家。诺兰教授年轻的时候就是个特立独行的人。他说："稀松平常的人到处都有，大学就应当容忍稀奇古怪的人。"我感觉诺兰教授有两个特点。第一是他喜欢狄更斯的那句"这是一个最好的时代，这是一个最坏的时代"，这俨然成了他的口头禅。第二是他写书的题目喜欢用十字路口（crossroads），比如《处在十字路口的中国》（*China at the Crossroads*），后来我也学着给我们的一本书取名为《处在十字路口的坦桑尼亚》。他的办公室位于仄仄楼梯的上面，书从地板堆到天花板，简直就像一座小城堡。

话说回来，诺兰教授是研究跨国企业的，他说成功的后发工业化国家，从 19 世纪末的美国到 20 世纪末的韩国，全都产生了一批具有全球竞争力的公司，但在中国 GDP 领先时，中国并没有出现非常有竞争力的企业。你们可能会说，国企那些企业不是挺厉害的吗？但他说，因为认知框架不一致，不好简单地对比。中国这样的一个存在，它的政商关系和企业发展路径直接挑战了我们对这个世界现有的认知框架，甚至涉及了国际关系的主体、企业的边界界定等，这在经济发展史上具有非常重要的意义。但是，诺兰教授的观点或许受到一些挑战，大家可以看到，有竞争力有影响力的公司，比如来自 G7 国家的企业数目其实在下降；但在发展中国家，包括中国，他们有世界影响力的公司数量却在上升。不仅是有影响力的跨国公司数量，还有财富的分配。在全球财富分配中，最富的那些人的地域分配也呈现出一个类似的状况，来自发展中国家尤其是中国的富豪们所占的财富占全球的比重相对增加。

如果大家说，富豪们的生活离普通老百姓太遥远。那么，我们就来看看所谓的中产阶级。在亚非拉等国的中产阶级人口比重也在不断地增加，根据 UNDP2013 年的预测，该群体人口比重从原来的不到一半将要上升到 2030 年的 79.5%。在现实中，这个也可以用肉眼观察到一些端倪。比如，现在出国购物的很多都是中国人，很多地方都加了一个中文的导购，产品增加了中文的名字甚至是增加了支付宝。这些都彰显了一个新的现象：冉冉升起的南方。

我们说这样一个现状，南方不断崛起，北方不断削弱。特别是 2007 年、2008 年两年的金融危机。新开发银行的兴起、“一带一路”的出现都是在这个大背景下进行的，包括 2016 年的一系列黑天鹅事件。所谓黑天鹅事件是指非常难以预测且不寻常的事件，通常会引起市场连锁负面反应甚至完全颠覆。如英国脱欧、特朗普上台等都被称为黑天鹅事件。为什么这些黑天鹅事件会发生？有一种观点认为，其实跟这只“象”有关系，即世界银行经济学家布兰科-米兰诺维奇（Branko Milanovic）在分析 1988~2008 年期间全球收入不平等时所绘制的这张图。从中可以看出，全球最低收入群体以及发达国家的中低收入阶层在过去 20 多年的过程中，人均收入增长最低。而人均收入增长最快的是全球收入前 1%的顶尖精英和大部分新兴经济体国民。大家需要记住这只大象，知道过去几十年的全球化结果是这样的。在这样一个全球历史上，我们再回顾中国。

（三）中国“双面”叙事中的知识差距（knowledge gap）

在工作场合中，我们经常发现国内外的双重叙事。比如国际上对于中国发展和减贫的经验表示出强大的兴趣，认为这是中国奇迹的重要部分；但在国内，你又会发现针对发展和减贫政策有各种批评与改善的声音。这种“好”与“坏”、“积极”与“消极”的判断形成了一个“内”与“外”的交织，我称之为“双面中国”，这正如古罗马的雅努斯（Janus）的双面形象。“双面中国”并不是现在才产生的，我们一直生活在国际体系里面，就一直在受着双面影响。但因为我国的影响力增大，导致内部和外部对我们的影响也增强，所以它才会逐日凸显。这是我们现在所处的语境。那么，这种“双面中国”产生的原因及其意义又是什么呢？

双面叙事产生的原因之一就是我们跨越国界，在对外的活动量上增加了，当然活动就包含着相应的资金、人、商品、符号、文化等各种要素的全球漫游。大家看到我们的排名，货物贸易长期以来都是全球第一，对外投资流量 2015 年上升至全球第二。还有援助，我们在 2011 年和 2014 年发布了对外援助白皮书，2016 年 12 月也首次发布了发展权的白皮书（作者注：2021 年又发布了《新时代的中国国际发展合作》白皮书）。还有我们在国际金融机构比如世界银行和 IMF 等占有的投票权和股权也在不断提升。在援助方面也有一个业内非常有名但大众却知之甚少的组织——经合组织发展援助委员会（OECD-DAC），它类似但又不同于贸易领域的 WTO。他们其实一直想让中国和印度加入，但因为加入后就必须按照该系统的规则办事，比如它规定你的援助信息要完全透明，规定援助占 GNP 的比重，规定援助必须遵循善治等附加条件等，所以中国现在还不是成员。但至少现在开始了一些智库间的交流合作，加入了以发展研究为主的发展中心，这样既可以互相学习，同时我国也保持一定的自由度。

中国元素“走出去”不是被动参与现行国际体系的结果，而是主动作为和贡献现有国际架构的结果。国际组织确实会产生一些十分纠结的内部故事（inside story）。我曾经专门去纽约和华盛顿看世界银行、IMF 和联合国的总部，它们位于美国的重要城市，与美国有着千丝万缕的联系。那么当这些组织涉及世界规则的时候，美国是不是应当遵守？中国遵守现有的规则，该交的钱就交，该做的事都做好，但中国在这些国际组织内的现状一是人少且地位低，二是对详细规则把握和应对的能力不足。现在，中国也发起了一些新的国际架构，比如新开发银行、亚投行、丝路基金、南南合作援助基金、产能合作基金和中非发展基金等，这将对现行的国际发展体系提供有力的补充。这背后都是人、财、物的投入，将来这个方向的投入会越来越明显。投入这些资金仅仅是烧钱吗？显然不是！如何更精准地投入和使用这些国际公共资金，提高其在全球公共品供给上的有效性，是个重大议题。

我注意到有两条新闻。第一，中央政治局常委集体学习“全球治理”。跟前几年相比，现在这个概念在国内也盛行得多，俗称“具有全球视野的专业人才未来会很吃香”。第二，教育部提出要培养国际公务人才。虽然之前一直说要培养全球化人才，但这是第一次如此系统、细致地指出“国际公务人才”这样的人才分类。随之北京大学就建立了国际组织人才信息网络，北京外国语大学开办了一个国际组织学院，相信这样的机构设置会越来越多。我们学校在 2010 年也开始了国际发展人才的培养，并带领学生去各个国际机构访问等，而在更早的 1998 年就设立了发展专业。

宏观轰轰烈烈，微观上的个体又是如何的呢？我们在面对国际事务时，无论是态度还是知识上都尚未准备好。可以说，我们无论是高层还是普通老百姓，实际上都面临一个面对双面叙事时知识差距（knowledge gap）的挑战，而我认为青年人是其中关键性的群体。所以当时学校建议说要开这样一门全校通识课的时候，我觉得是个好事情，在一定程度上可以为弥合这种知识差距做点微薄的贡献。

二 国际发展的历史、机构和行业

在全球视野下，国际发展已是一个行业，有很多人就业和生计依赖于此，有人也称之为一项事业，而且还是一个跨国的“全球事业”，生态系统异常复杂。在广大的南方国家，尽管南南合作与南北合作的历史一样悠久，但其国际叙说的能力和横向传播的能力始终相对较弱。国际发展全球社区就像是一片大森林，里面既有大树，也有小草。

此外，有观点认为国际发展就是实践，不重视理论建设。而事实上国际发展向来是有两个面向：一个是思辨中的国际发展，另一个是行动中的国际发展，前者偏理论，后者偏实践，而两者的有机结合是完美状态，实现“知行合一”。发展学或者说国际发展学最大的特点是多学科交叉性，且实践和理论结合紧密。而当实践偏向凸显的时候，人们往往容易忽视理论反思的面向。

（一）思辨中的国际发展

以著名的柏拉图洞穴比喻为例，有一群被绑着坐在地上的人，象征着我们每个未受启发之人，我们往往会把墙上所投射出来的影像认为是真实的，却不知道这些图像背后是有人在操控着的，大家可以看到“囚徒”背后的那些穿着帽衫的“操控者”们。所谓的思辨，就是要建立一种批判性的思维。事实上，我们大部分人都在不同程度上看着这个幻象，笃信这些幻象，并觉得这就是有意义的真实。只有少部分人发现了这是投影出来的幻象，并且愿意走出洞穴迎接阳光。当然，还有一种说法是，当他走出来的时候，他发现自己处在一个更大的洞穴之中。所以说，我们要存有敬畏之心，不能断言我们自己看到的都是真相，要学会开放地看待这个世界。

让我们聚焦到国际发展这个领域，如果单看实践中的国际发展，或者说“时髦话语下的国际发展”，我们经常会把这个图放出来，这个就是我们常说的国际发展架构（见图 14-1），或者说政策和实践图谱。这个架构往往被认为起始于二战之后，始于美国和苏联冷战背景之下，一度盛行于新自由主义思潮全球蔓延之时。国际发展机构从多边、双边到非政府机构的设立，再到近几年新型国际发展机构的设立等，从经济增长、现代化理论、依附理论、新制度主义、新自由主义，发展型国家等，各种发展理论此起彼伏，从联合国的四个“发展十年”、千年发展目标（MDGs），再到如今的可持续发展目标（SDGs）等。这个过程中，伴随着不同发展机构（organizations）的演变，生产了各种发展话语（discourse），成立了各种制度（institutions），机构、话语和制度带来了各种发展项目（projects），各种发展项目自然带动了各种发展资金（finance），或者说在发展资金的支持下形成了各种发展项目，而项目的多层次运作则不可避免地产生了各种影响（impacts）。由此可见，从组织架构、制度到实践，从话语规则、价值理念到人力配备，这个自二战后形成的国际发展体系已形成了一架完备的发展型“机器”。

但我们要进一步追问，国际发展仅仅关注上述这些现象吗？这套以美国为主导的体系又是从何而来的呢？李小云教授在第一堂课上说：“英国把他的灵魂传递给了美国。”是的，

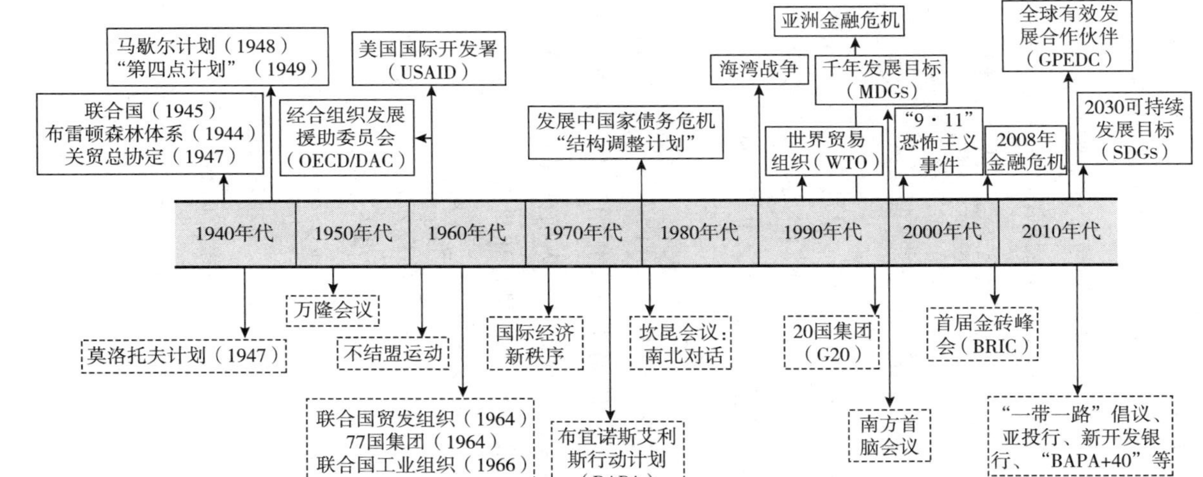

图14–1 “二战”后美国主导的国际发展架构和南南合作架构

资料来源：徐秀丽、李小云《发展知识:全球秩序形成与重塑中的隐形线索》，《文化纵横》2020年第1期。

我们还要回过头去追问这套体系的灵魂源自何处？去探寻原初工业化发展、资本主义体系发展、全球化早期的状况是怎样的。我们这个新的世界架构最早源于英国和欧洲。当然，你还可以继续往前推，还有古罗马、古希腊的时候，还有早期智人的时候，还有地球上的生命刚出现的时候，甚至这个宇宙还在奇点的时候。我们不需要看那么早，我们大概从 15 世纪末开始看。1494 年，在哥伦布发现新大陆两年后，葡萄牙和西班牙就签订了《托尔德西里亚斯条约》，这是历史上西方人第一次对这个世界开始划分，当时还不足以形成很大的影响。直到 1648 年，才形成了我们经常提及的威斯特伐利亚体系，这个体系非常强调民族国家主权，对我们当今的国际形势影响深远。

但是，这些就是全部吗？既有的发展研究文献是否也遮蔽了中国对于自身传统历史与文化中对于发展思想的追求？在我国的春秋战国时期也出现了纵横捭阖的军事战略，也有类似承认国家对自己领土的拥有和对人民管辖的组织形态。甚至有一种观点认为，春秋公法与威斯特伐利亚体系建立的民族国家相比，也毫不逊色，他们对于今日之国际秩序有何助益与贡献？这些知识对我们来说有些隔膜，不是很清晰。之前读过一篇文章，认为我们未来有很大的不确定性，因为我们对自身历史的集体记忆模糊。的确，我们对自己的过去如果了解不够，看到的可能是幻象，而这个幻象是被西方人或应对西方冲击的中国人书写的，这个幻象就像是柏拉图洞穴理论中的投影一样。事实上，在人类历史的进展过程中，进步和发展有不同的表述、不同的化身。在以西方为主导的现代发展理论框架下，理论界通常会将西方视为一个进步的目标和终点，而其他国家则被视为处于一个追求进步和发展的过程中。当然，关于这套进步的理论也始终存在着与它相抗衡的“反叙事”，即不承认这种等级秩序，也不承认工业化和现代化是唯一的人类目标，但这套“反叙事”始终处于比较支流的位置。近几年随着南方国家的兴起以及新型南南合作的实践，不同类型的非西方发展理论和学说也不断生长起来，并伴随着20世纪50年代开始的南南合作历史记忆的激活获得了新动力。

反过来说，我们现在需要更好地理解现行国际秩序的生成过程，以及发展研究在其中的作用，我们经常统称的“西方”是否就是铁板一块？所谓的西方中心主义又是如何形成的？我们会去追问，世界这些主流的有关“进步”、有关“世界文明等级”的想法是如何伴随着世界秩序在地理位置上的划分而进一步在心理层面构建起来的呢？刘禾的《世界秩序与文明等级》这本书可以在一定程度上回答这样的问题。该书通过国际法的思想体系、植物分类、人种分类、世界博览会中文明与野蛮的视觉呈现、翻译等各个领域充分展现出，以西方为中心的文明观是如何在世界各地的人心里通过实践建立起来。比如，大家知道康梁维新变法时期引入的外国文献都是从哪里来的吗？从日本来的。那日本又是从哪里来的？许多都是一位叫福泽谕吉的人翻译过来的。他曾是幕府使团的成员，分别在1860年、1862年和1864年三次出国访问欧洲，并买了许多英文书籍回来。有考证说他那时带回来的许多都是普通读物，经过他的翻译后，开始被日本大众所熟知，后又经梁启超等晚清改良派传入中国，潜移默化，渐渐使中国人也开始接受欧美人的文明等级和世界秩序，即承认自己的半文明状态。

当然，我们还可以将这样的批判与追问一直进行下去。

我们还要回溯原初工业化时期，现代资本主义兴起时大思想家们的著作，重读亚当·斯密、卡尔·马克思、马克斯·韦伯、埃米尔·涂尔干，以及那个时代的众多争辩，了解提出社会进化思想的斯宾塞和建立世界体系理论的沃勒斯坦，等等。不仅如此，我们还要更多地了解中国文脉的根基。面对中国丰富的70年的对外援助实践，以及当前“一带一路”和大量中国企业“走出去”的社会现象，我们可以挖掘的理论矿产实在太丰富了。但要构建出系统的理论框架，需要发展研究者具备广博的知识体系。所以，大家看，要真正把握思辨中的国际发展和发展理论是非常不易的，它涉及多个学科的知识背景和历史纵深。

（二）实践中的国际发展

从国际上通行的惯例来看，国际发展是围绕发展援助而产生的一系列产业链。但当国际发展这个话语传到中国的时候，中国对国际发展的定义又与西方已有的界定有所不同。我们超越了发展援助，纳入了其他更多推动发展的要素，比如我们又把投资和贸易吸入这个架构里来，共同促进发展内生动力的成长。国家一直坚持我们是在南南合作框架下开展发展合作的，其所代表的关系是平等互利、不干涉他国内政等原则，这与传统国际发展的一些假设完全不同。

此外，国际发展这个“行业”非常强调多元文化的适应、强调软实力，它和纯粹的政治、经济、文化和军事领域均不同。它强调宏观上国与国之间的利益，更强调微观上基层民众之间的互动。简单粗暴地讲，实践中的国际发展有些类似于专业心怀天下做雷锋的领域，就是要专业做好事的领域。也有一种叫法，国际发展的从业人员类似于世界公民这样的一个概念。不管是来自哥伦比亚大学的杰弗里·萨克斯，来自牛津大学的保罗·科利尔教授，还是《21世纪资本论》的作者托马斯·皮凯蒂，以及最近又出新书的曼彻斯特大学教授大卫·休谟，都在不同的维度上回答这样一个问题：为什么富国要帮助贫国？为什么富人要去关心穷人？

他们的回答是，不管是从政治经济的角度来讲，还是从人文道义的角度来讲，援助都是需要的。在这个理论的背后，其实有一个假设，它假设世界上的每个人都是互相联系的，没有一个人是一座孤岛。从经济角度来说，当财富越来越聚集到某一个阶层，而其他阶层没有收入的时候，会产生一个现象：在一个资本主导的世界里，这意味着产品没有消费的市场，你生产出来的产品都没有人购买，那这套体系就会面临崩溃的危机，从而伤害到每个生活其中的人。从伦理上看，同为人，作为具有道德的生物，需要互相关照。所以，才会有一种观点认为，国际发展作为全球公共产品实际上不仅是一件道义上“对”（right）的事情，还是一件政治经济理性上明智（wise）的行为。

在这样一个全球维度上，通过什么样的机制来做“发展”这件“好事”呢？先是多边国际发展机构，也就是二战后设立的联合国、世界银行和IMF等。20世纪上半叶在欧洲人眼中是黑暗的时期，因为发生了两次世界大战，尤其是第二次世界大战。在1944年的那个夏天，以美国为首的西方国家用了三周初步讨论战后的世界版图。

接着就是双边援助机构了，其中最有代表性的是1949年，美国总统杜鲁门在他的第四点计划中提到：“利用美国先进的科学和发达的工业来改进和发展不发达地区。”这一度也被称为现代国际发展的起点。接着，尤其在20世纪70~80年代，非政府组织（NGO）或者说民间组织兴起，在新自由主义的背景下开始兴盛起来。同时，这也是援助行业自我反思的一个结果。因为涉及援助有效性，如何使援助的效果直接有效地抵达那些需要的人群。当然，实际上真正从事“发展”行业的远不止这些机构，还包括跨国企业、多边开发银行、咨询公司、媒体、出版社、高校研究机构、智库、志愿者等。

目前国内国际发展学和发展研究还处于一个萌芽的阶段，随着“一带一路”倡议的推进，相信它可以得到长足的发展。但在英国、美国、澳大利亚等国家，这个行业已经发展得相对成熟。他们的高校中都开设这样成熟的专业，想要培养一种全球领导力的人才，这也是体现一国软实力的重要方面。在这个过程中，他们也输出了大量的价值理念，比如自由、民主、平等、善治、社会性别等。大家看一下 2017 年世界大学 QS 专业排名，发展专业处在前六位的分别是萨塞克斯大学（国际发展研究院 IDS）、哈佛大学、牛津大学、剑桥大学、伦敦政经（学院）和加州大学伯克利分校。

有时候我们会将这些国际组织看成是另类的“跨国企业”。只不过一般企业更注重追求商业利润，而援助组织这样一种“社会企业”的目标则是传播正能量，要建立一种善的理念，要以发展惠及大众，尤其以支持这个社会的弱势群体为职责，这不仅涉及情怀，还涉及专业技能，是个专业的事情。比如，减贫不是说，这个人穷，我们就给他送钱就可以了，而更多地涉及一系列制度安排的问题。社会问题的解决需要一套系统性解决方案，里面的问题是很复杂的。

我们学校人文与发展学院是国内最早从事发展研究咨询、发展研究和发展教育的综合性机构之一，其中的发展专业最早源于中德农业综合发展中心（CIAD），见证了中国从 20 世纪80年代“引进来”到如今的“走出去”，从单纯的发展咨询、培训转型至现在的发展研究、教学和社会服务机构，实现了很多突破，是个十分有意思的案例。在过去近三十年的时间中，它是中国发展研究的见证者、参与者和贡献者。

三　两个发展实践：理论与实践的相互滋养

接着我分享两个发展与发展合作实践，这两个发展实践一个在坦桑尼亚莫罗戈罗省，另一个在云南河边村，都很有代表性：一个在国外，探究的是中国新型国际发展模式；另一个在国内，探究的则是当前精准扶贫中政府和社会组织联合创新的模式。通过发展实践这样一种方式，发展研究学者可以更好地进入当地场域，更真实地理解当地的社会结构。一方面可以推动这种变化更好地惠泽当地，另一方面也可以在发展理论和政策模式上探究新的入口，比如我们的平行经验分享理论就是在中坦农业合作实践中得到的理论灵感。在这里我不做过多的理论阐述，我们还是直接聚焦到实践活动上。

（一）中坦联合研究中心：联合多方主体展开民心相通的建设

自2007年开始，我们研究团队在李小云教授的带领下，开始系统性地转向非洲，将研究的场域从国内搬到了非洲的田间地头、厂房和办公室内，开始探究中非发展的新模式和新理论。我们一边做着经验性研究数据的收集，一边希望能通过发展项目的实施更深入地了解当地，更好地推动当地的发展。自2009年开始，我们在中坦双边合作框架下，在中国国际扶贫中心、科技部等陆续支持下，联合中非农投、坦桑地方政府、苏克因农业大学等各方在坦桑尼亚开始了村级减贫学习中心和中坦联合研究中心的试验。通过最近七八年的探索，可以说已使参与该项目的中坦双方结成了命运共同体，互相都学习了不少、改变了不少（之后基于该项目的“小技术大丰收”多次入选联合国南南合作三边合作优秀案例集）。

相对于一些大型发展项目，这个项目的规模并不大，项目内容也并不复杂，主要包括三个方面。第一，注重从技术入手，通过推广在中国随处可见的劳动密集型玉米种植技术，大幅提高当地的土地生产率和劳动生产率。这些技术很简单，也不高大上，无非是换种、整地、合理密植、增加除草次数等，也不需要大量的外部资金投入。资金在当地是非常缺乏的，按照比较优势的原则，要鼓励当地农民充分利用他们自身的资源，即自身的劳动力。第二，适合当地的小微型基础设施的建设，比如村办公室的建设、村中道路的修建以及生活用水的提供等。这些小型基础设施项目并不需要大量的资金——如前所述，巨额的基础设施投入是当地财政无法承担的，而更多的是通过动员当地集体的资源，独立自主、自力更生地完成。第三，系统性、多层次的能力建设，比如组织他们从总统办公室到农民来中国考察学习，同时我们的专家也会去坦桑尼亚，前期的人力投入量较大。最重要的是突破技术“最后一公里”的问题，通过配备、培训当地村庄的农业技术推广人员，通过田间地头、手把手的指导，以及在村公所的室内培训等，增加当地农民对于技术的接受能力。

上述三个方面的项目内容和许多发展项目的内容比较起来，并不新鲜。但横向比较起来，相较于许多较为注重硬件建设的发展项目来说，该项目更注重从当地农民需求出发的“软项目”，是联合多方开展的一项民心工程；与现有的许多西方国际发展项目比较起来，该项目又体现了南南合作中的“不干预”、发展经验平行分享、注重当地体系建设等方面的特点。在这个案例中，外界的发展合作者不做具体细节的设计者和管理者，而更多的是当地发展的催化者和合作者。正如“一块小石子扔进了湖中，激起了一串涟漪”，随着当地玉米产量的提升、当地市场的开拓、村公所公共空间的合理利用等，处在坦桑尼亚当地的各个利益相关者将通过自己的力量利用这些资源，并推动当地更多的变化。

村级减贫学习中心的项目在 2014 年又得到了升级，第二阶段，该项目更加注重当地政府机构的能力建设，更加注重当地精英体系和社区体系合力的凝聚，推动当地省、县、乡、村等各级政府和当地大学、当地社区等各个相关者之间的合作，从而促进当地内源式发展。自 2016 年年底开始，尤其进入 2017 年后，该项目又逐步进入第三阶段，随着中坦联合研究学习平台的搭建，越来越多的中国和当地的相关者参与其中，愿意成为当地发展的合作者和贡献者。

目前，该项目还在不断地往前生长着，开始发育出自身的内在逻辑。作为发展合作者，我们已经看到了当地许多积极的变化，比如玉米产量的成倍提升，当地农民生计水平的提高，社区社会资本的提升，尤其明显的是当地社会精英社会意识的改变和当地政府发展能力的提高。正如某一位坦桑尼亚教授所言：“之前我们都是先有预算，再做事，现在慢慢适应了要先将事情做好，只要事情做好了，努力工作了，那么生活将会变得更好！”这种工作和生活理念的变化将具有深远的社会经济含义。与此同时，一些中国元素在项目的开展过程中凸显出来，比如摸着石头过河、劳动密集型技术、投工投劳、以点带面、推广竞赛、挂点包户等，当地人对此有各种评价和认知。毫无疑问，这些社会现象都将成为发展研究的重要素材。

最后需要提一句，非常有意思的是，我们的中德综合农业发展中心（CIAD）是20世纪80年代末期德国对于中国的技术援助项目，历经种种变迁，现在成为学院的重要组成部分，形成了研究、教学和社会服务的重要机构。可以说，这本身是个发展援助项目在中国得以可持续发展的重要案例。现在，随着中国“走出去”，我们又将在坦桑尼亚的土地上建设另一个类似的“CIAD”。这种模式能成功吗？坦桑尼亚的人民将如何推动它的可持续发展并为其所用？为什么行或为什么不行？这些都具有丰富的社会理论含义，值得发展研究学者深究。

（二）云南河边村的减贫实践：精准扶贫背景下探究民间组织和政府合作创新的模式

云南勐腊河边村的贫困综合治理试验在网上有很多报道。之前李小云教授发表过很多篇朴素公益、人人公益的文章，介绍了他初次进入该村的经历，这里面有许多值得说的故事。事非经过不知难，坐而论道是比较简单的，但深入实践则会发现，理论很苍白，而生命之树常青！

综合减贫治理试验始于研究者对于当前中国转型贫困的问题诊断和方案供给。综合来说，要缓解当地的深度贫困，基本要素如下。第一，深度性贫困需要综合治理。综合治理有三个维度：一是有效的社会保障；二是高强度的收入提高；三是贫困农户的能力。第二，高增长强度的收入来源，可以产生更多的可支配收入的剩余，用于不断弥补固定资产的不足，从而提高整体福利水平。第三，收入来源的多元化，从而避免单一产业的市场风险，同时在高收入产业收入之上叠加更多的可支配收入的剩余。第四，社会保障和基础设施的公共投入，一方面减少这些领域对农户收入的消减，另一方面可以为“造血”提供条件。第五，贫困农户把握发展机会的能力，这个能力不能依靠一般的培训或者建立合作社等来实现，必须要靠在发展过程中自然锻炼而发育。

经过初步的诊断之后，在当地注册的小云助贫开始探索政府、民间机构、私有部门、社区等四者联合行动的机制，这个模式是不是和坦桑尼亚的学习中心平台建设在某种程度上有些类似？这个模式非常注重各方合力的形成和社会内在发展凝聚机制的构建。项目的内容很丰富，包括发展基于当地特色资产的产业、改善当地人居环境、通过微商电商等提高当地的经营能力、提高村庄软的治理能力和硬的基础设施建设等，从而为避免农户掉入贫困陷阱构建全方位防护网。

目前，该发展项目仍然在发展中，如坦桑尼亚项目一样，一旦项目运作起来，就会有其内在的逻辑和动力机制，这个机制将推动着各方的集体行动，并源源不断地生产着发展理论研究的灵感。比如通过发展实践可以探究基层公益组织的运行模式、政府资源和民间组织联合创新的机制。

通过上述两个案例的简单介绍，大家可以看到思辨中的发展研究和行动中的发展研究是互相滋养的。

四　对三个问题的回应

最后一点时间，我总结一下大家经常问到的三个问题。

第一，发展工作真的能帮助到穷国和穷人吗？这是发展研究中的经典问题，实际是在追问有关援助和发展有效性的问题，回答这个问题要放在特定的语境下去理解。影响国际发展合作效果的因素非常复杂，需要我们摘下玫瑰色的眼镜——这样一个心怀天下做雷锋的专业到头来你发现却给受助者带来了“援助的依赖”，不仅难以给他人带去福利的提升，有时反而导致其利益受损。更有甚者，做援助的志愿者们可能锒铛入狱，并与国际政治和商业利益等因素纠缠在一起。有关这方面的论述有大量的著作，我无须赘述。比如《白人的负担》《援助的死亡》《援助乐园大冒险》① 等都对援助产生了很多的批判，认为援助会导致一系列社会经济问题，从而导致了被发展的地区和国家的不发达、援助机构在其中的异化等，而《遭遇发展》则直接认为，发展援助本来就是一场“阴谋”，背后隐藏着殖民时代制造不平等机制的某种延续。有关援助有效性和发展有效性的争辩也始终是国际发展研究的经典议题。但如果你认为“援助是有害的”就是最终答案，那么又错了。援助的类型很多样，不同的受援国状况也很复杂，宏观框架下具体的微观案例也很多样，因而对此问题的回答有待于更多经验性数据的支撑和更深入理论的分析。可以说，中国的发展经验也说明，只要援助资金使用得当，是可以在很大程度上促进发展的。

第二，发展工作中是“德先生”重要，还是“赛先生”重要？延伸一下，这个问题实际是在问，从事发展工作，是理念先行，还是技术至上？答案看似不辩自明，但实践中在不同的国家是有争议的，而这也恰恰是中西方开展发展合作工作中的最大不同点。西方的官方发展援助一直是在现代化理论的指导下进行的，因此具有明显的指向性。这种指向并非说一定是有意害发展中国家，而是这个理论相信，我们人

---

① Mosse, D. *Adventures in Aidland: The Anthropology of Professionals in International Development*. New York: Berghahn Books, 2011.

类必将走向终极的代表民主和自由的历史终点。因此，你们注意到他们的援助通常都是带有附加条件的。因为他们认为，这些附加条件是文明的代表，是规范性的，比如善治、性别平等等。但对于南南合作提供方来说，援助更像是朋友间的礼物，不附加条件，不事先设置规范，而是在互相尊重主权、平等互利原则的指引下，提供力所能及的帮助，对方要怎么用更多地是对方的决定，而不是通过援助来开药方，推动当地按照某种固定的发展道路前进。此外，这个问题也可延伸为发展工作中是志愿精神更重要，还是专业精神更重要？有些人具有高尚的情操，喜欢帮助他人，但如果自身的专业技能不高，反而给别人和别国带去麻烦。所以在做好事之前，还是要具备专业的技能，比如项目管理、项目规划、监测评估、培训、筹资等。这就说明，国际发展还是一个专业技能性非常强的工作，对人的综合素质要求很高。它要求我们既能沉入基层，又能抬头仰望星空，思考整个国际经济的形势和世界政治格局。这里需补充说明的是，中国的国际发展合作目前较为侧重为各类基础设施的硬件建设，而发达国家的对外援助则较为侧重培训、推广民主等软件服务，这些差异导致了中国的援外专家多是各类工程技术类人员，而发达国家的援外人员则更多是数据搜集和管理专家。不同类型的发展工作对从业者专业能力的要求也千差万别。

第三，当前发展领域前沿议题有哪些？这里需要分一下实践领域和研究领域。其中，在实践领域中，当前在乡村振兴、公益慈善、企业社会责任、环境保护和资源管理等各个领域都需要新型的发展知识，如何进行有效链接，更好地推动创新的发展经验与发展知识在这些领域中的流动、推广和应用是很关键的。而在理论领域，则在追问如何构建一种新型的国际发展伦理，中国“走出去”，不管是提供援助，进行投资和贸易，还是修路搭桥和农业发展，不管是南南合作，还是三方合作等，这是否在开拓一种新型的发展合作模式与文明形态？大家都期待解开这道谜题。而要实现这些新型发展知识的创生、流动和应用，都需要在高水平对外开放背景下，不同发展主体间的互动、文化上的碰撞和行动上的调适，即在共商共建中生成共享的发展知识体系。

（志愿记录者：杨姝晗）

图书在版编目（CIP）数据

全球事务与发展 / 徐秀丽等著 . -- 北京 ：社会科学文献出版社，2024. 11
（国际发展、区域国别与全球治理系列丛书）
ISBN 978-7-5228-3314-9

Ⅰ. ①全… Ⅱ. ①徐… Ⅲ. ①国际政治-研究 Ⅳ. ①D5

中国国家版本馆 CIP 数据核字（2024）第 044605 号

全球事务与发展

著 者 / 徐秀丽 张 悦 李小云 等

出 版 人 / 冀祥德
责任编辑 / 王玉敏
责任印制 / 王京美

出 版 / 社会科学文献出版社
地址：北京市北三环中路甲 29 号院华龙大厦 邮编：100029
网址：www. ssap. com. cn
发 行 / 社会科学文献出版社（010）59367028
印 装 / 三河市龙林印务有限公司

规 格 / 开 本：889mm × 1194mm 1/32
印 张：10. 25 字 数：235 千字
版 次 / 2024 年 11 月第 1 版 2024 年 11 月第 1 次印刷
书 号 / ISBN 978-7-5228-3314-9
定 价 / 398. 00 元（全 5 卷）

读者服务电话：4008918866

国际发展教育全球概览

EDUCATION FOR
INTERNATIONAL DEVELOPMENT
A GLOBAL MAPPING

徐秀丽　张　悦　武　晋　马俊乐
高　雅　张恩齐　富楚楚　著

社会科学文献出版社
SOCIAL SCIENCES ACADEMIC PRESS (CHINA)

丛书总序

近年来，作为新兴的全球交通中转枢纽，伊斯坦布尔机场、迪拜国际机场、亚的斯亚贝巴机场等变得更加繁忙拥挤，在来来往往的人潮中，随处可见背着行囊行色匆匆的中国人。他们当中，既有出国旅游人员、海外留学人员，也有远赴海外访问考察的政府工作人员，寻找商机的企业家，到外企工作的职业经理人、工人和农民，还有从事对外援助和经济技术合作的专家学者，奔赴海外演出的文艺工作者，等等。他们的目的地，既有发达的欧美地区和日韩等国，也有东南亚、中东、中东欧、非洲和拉丁美洲等发展中地区。同时，来自这些国家和地区的人们也越来越多地看向中国。新型的海外主体、新型的工作模式和新型的流动轨迹，仿佛开辟了时代的新篇章。

进入21世纪，尤其自共建“一带一路”倡议践行以来，中国“走出去”已成为国内外政界和学界日益关注的全球现象。近年来，随着全球发展倡议、全球安全倡议、全球文明倡议三大倡议的提出，来自不同主体（公共和私人部门）、不同层面（宏观和微观）、不同机制（政治、经济、社会、多边、双边）的新型合作实践不断累积，从而塑造了一个“全球中国”的实践景观和知识景观。这里既包括全球治理体系机制的改革与完善，也包括国际发展合作方式模式的拓展与

创新，还包括来自普通民众、企业、大学、政府等跨文化交往中的日常碰撞与磨合。

在中国“走出去”合作实践中，我们逐渐认识到，新型知识体系的构建和新型人才队伍的培养成为发展的关键。这些新型知识体系的构建、新型人才队伍的培养应聚焦于全球既有秩序的把握和新格局的想象、全球发展新动能的激发与开拓、全球公共品的治理与供给、国际发展规范的谈判与协作、南南合作和三方合作的管理与经验分享、私营部门海外经营的社会文化融入和劳工关系、新型的政商关系等领域，尤其要重点关注在不同区域国别、国际组织、社会组织等场景下的挑战应对和机遇利用等方面。这些新问题都是我们既有知识体系和人才培养体系中空白的部分。当前我们看到，一方面，宏观上构建人类命运共同体的引导性倡议陆续推出；另一方面，基层各种类型的实践创新也不断涌现，但恰恰是“关键性中层”日渐成为构建更高水平对外开放格局的挑战。这里所说“关键性中层”是指一系列认识范式、话语、技术、组织流程、管理规范和人才队伍的集合体，是维持整个社会秩序的制度架构、组织管理体系和知识体系，稳定且坚固，只有当这个系统发生转变，大规模高水平对外开放方能逐步顺利落地。

党的二十届三中全会指出，“在扩大国际合作中提升开放能力，建设更高水平开放型经济新体制。稳步扩大制度型开放……倡导平等有序的世界多极化、普惠包容的经济全球化，深化外事工作机制改革，参与引领全球治理体系改革和建设”。外交部、国家国际发展合作署在传达贯彻党的二十届三中全会精神时分别指出，“提高服务高水平对外开放的能力，深化援外体制机制改革，构建更具实效的国际传播体系，坚

定不移维护国家主权、安全、发展利益。深化外事工作机制改革，加强外交外事战线干部队伍建设”，“深化援外体制机制改革、实现全链条管理”，等等，这些都为“关键性中层”的建设提供了机遇和指导。

在李小云教授的开创下，中国农业大学国际发展研究团队自20世纪80年代开始进入发展研究领域，从最早的发展咨询、发展研究与发展培训，到90年代后期逐渐拓展到发展学科建设和专业人才培养方面，从改革开放初期国际发展经验“引进来”与中国本土实践的融合创新，到“走出去”主动参与全球发展与减贫合作的治理研究，通过搭建全球性、区域性、全国性和全校性不同层面的公共组织和学术联盟，利用前沿学术理论研究、政策咨询与政策对话、人才培养、国内外扎根基层的农业发展和减贫实践四大支柱，不断推动新发展知识的孕育和新型发展合作人才的培养。团队在非洲和国际组织两个场域上的工作尤为凸显。这些工作始于30多年前，最近十余年团队沉潜非洲，对话国际组织，开展了扎根基层、协作中层、对话高层的中国发展与减贫经验国际分享工作，探索出了以国际发展合作为切入点，统筹国别区域、国际组织、国际传播、国际事务等五位一体的特色模式，有组织、多层次、系统性探索新型科研与人才培养机制。以“小技术大丰收”“小豆子大营养”“中非乡村CEO”等为代表的中非合作项目，多次入选联合国南南合作最佳案例和国家级、省部级项目，以及中非合作论坛主要成果，极大推动了中国发展与减贫经验的全球分享，并促进中国农业大学成为国内首家获得联合国经济及社会理事会（ECOSOC）特别咨商地位的高校，实现了零的突破。这些都是支持“关键性中层”体系转型的集体努力。一系列标识性概念，包括平行

经验分享、模糊边界、新发展主义、选择性学习、科技理性漫游等，逐渐引起学界的关注。

在新发展知识建构中，研究团队逐步形成三个支点。

首先，关注普通人之间的互动日常是突破当下地缘政治经济格局下研究的新思路。中国“走出去”过程中的实践积累是新时期中国重新构建与国际社会关系的缩影。要理解这些努力，仅靠宏观视角是不够的，而是要看见这个过程中微观层面的“人与人之间的连接性和共同性”。在日常生活中，我们作为普通人与他国的民众通过交流和互动，以人和人之间的交往推动合作与实践的展开，进而推动思想的开放与心态的转变，并最终推动宏观层面的政策转变。

其次，关注合作双方的交互性和互助性是捕捉新型发展合作的重要视角。在中国走向共建“一带一路”国家，尤其是通过援助来支持低收入国家的过程中，这些援助项目和援助活动，给我们提供了非常珍贵的学习机会。比如在与坦桑尼亚合作十多年的“小技术大丰收”“小豆子大营养”实践过程中，我们了解到新的作物种植系统，见识到非洲人如何同缺水、缺化肥、缺钱做斗争，尤其是他们如何提高食物的多样性、更好地获取植物蛋白等做法。这让我们能够更好地从全球视角、非洲视角去重新看待自己。

最后，行动研究和实践性是研究团队推动新发展知识孕育的重要方法论。一方面，在诸多发展中国家中，社会关系、管理机制与规范并非像成熟社会那样具有鲜明的文本指导，而大多隐藏在互动的现场中，因此，研究者需躬身入局，使自己成为“局内人”方能看见更加真实的隐藏“文本”；另一方面，我们注重倡导一种更加平等的知识建构过程，因为在行动研究中，研究者与被研究者将通过系列行动实践建立

一种更能促进平等对话、加强浸润式日常互动和双向启发的关系，而非一方单方面“调研”另一方构建悬置性知识的不对称过程。此外，在实践场域中，相互对立冲突的理论范式之间往往能进行更有效的对话与融合，从而也更能提升新知识的有效性。无论聚焦国内的农村发展研究，还是聚焦海外，实践项目都是我们创新社会科学研究的重要方式。

为更好地凝练新发展知识体系孕育的成果，研究团队推出了“国际发展、区域国别与全球治理系列丛书”，旨在通过系列著作、译著、优秀博士论文、实地调研笔记、学术随笔等多种形式，以国际发展研究为专门领域，推动全球治理知识体系和区域国别等新型学科的建设。自 2022 年开始，国家在交叉学科门类下设立了“区域国别学”一级学科；同时，在公共管理学、区域国别学和政治学等一级学科下也陆续发布了“全球治理”与“全球与区域治理”等相关二级方向；“国际事务”专业硕士、国际 MPA、MPA 国际组织与社会组织管理方向，以及国际组织与全球治理等系列新型学科、专业的顶层部署都在深刻地塑造着中国社会科学知识版图和人才培养格局。在此学人共同努力、促进“关键性中层”体系转型的大潮中，我们期望贡献一臂之力。

该丛书第一辑包含 6 册著作，其中，《援助的命运——比较视角的国际发展合作》和《发展援助体系——美国、英国、日本国际发展合作多元主体的建构》从整体性视角、历史演化视角、比较视角分别阐述中西方国际发展范式的差异，以及国际经验对于中国建设国际发展共同体、共建人类命运共同体的启示。前者从知识生产、政策框架、组织管理、典型议题等方面对西方发展援助体系的来龙去脉展开分析；而后者则按照实践社群“叙事—主体—实践”三维框架回溯了美

国、英国和日本三个主要经合组织援助方的国际发展共同体形成过程，并对其特色进行凝练。

《全球公共品——供给、需求与治理的挑战》则是国内学者首次系统性提出“全球公共品”理论的专著。本书通过回溯人类历史上全球公共品产生及演化的历史脉络，推动读者理解全球公共品或作为一种集体行动实践，或作为某些公共物品，或作为机制性联系和制度建设等多种形态，其供给机制也从危机驱动型，到制度规范型，再到当下面临复合挑战和多元主体时推动共识建设型的可能性。该书还特别分享了中国作为全球公共品提供者所具有的优势和面临的挑战。

如果说，《全球公共品——供给、需求与治理的挑战》从宏观视角来关注全球治理和发展议题，那么，《中国专家在非洲》则提供了微观层面的叙事和实践，从历史学、社会学、人类学和发展研究等不同学科视角，对包括农技专家、医疗队专家等不同类型的中国在非洲的专家的派遣历史背景，在非洲工作时的角色、生活、工作困境，及其对中国援助工作的影响等进行了分析，多维度呈现中国专家在非洲的日常实践，展现中国开展南南合作与中非合作的丰富纹理。

《全球事务与发展》是中国农业大学全校通识课程的部分讲课记录，具体包括中国与世界的新型发展关系和跨文化认知、全球公共挑战与全球治理实践、国际发展政策与实践三个部分。该书反映了我们对于国际事务从观念到制度，再到具体实践路径等不断聚焦和落地的过程。该书只是课程内容的局部记录。

《国际发展教育全球概览》是国内第一本系统刻画全球不同区域国家国际发展教育与人才培养建制的参考工具书，内容涵盖英国、北美、欧洲、澳大利亚、日韩，以及其他发展

中国家和地区的国际发展教育体系。该书历经十多年调整与修改，无论国际，还是国内，有关国际发展合作的政策与实践都发生了翻天覆地的变化，当下新一轮国际发展范式的合法性危机又起，而中国等发展中国家则新设了国际发展合作专署机构和相关体系，并使之不断蓬勃发展。在这一关键时期，该书所提供的国际发展教育在全球不同区域国别的全景式视角具有互相借鉴的意义。

丛书的研究和出版得到国家社科基金重点项目“西方发展援助与中国发展援助的战略政策对比分析”（16AZD017）、国家社科基金一般项目“多元主体共同参与中国对非援助机制的研究”（16BJ021）、国家社科基金重大项目“中国与‘一带一路’国家有效分享减贫经验与模式的策略研究”（21&ZD180）、国家自然科学基金国际合作项目“‘一带一路’背景下研究中国和中亚农业合作的方式路径和策略”（71961147001）、中国农业大学 2115 人才工程、中国农业大学全球农业发展与区域国别知识体系—基本科研业务专项资金、中国国际发展研究网络项目（二期）、比尔及梅琳达·盖茨基金会项目、酉阳国际乡村振兴学院建设项目等诸多支持，在此一并致谢。

此外，该丛书还得到诸多同事和学生的支持，他们或提出修改建议，或进行文献检索，或帮助数据整理，或提供流程辅助，等等，在此一并致谢。该丛书第一辑即将付梓，仍觉不足，乃感永无完善之日。暂此，书中有疏漏贻误之处，敬请读者批评指正。

徐秀丽　唐丽霞　陆继霞

2024 年 10 月 15 日

前　言

发展研究、国际发展研究或者说发展学在许多发展中国家仍然是一个新兴学科领域，但在发达国家却已历经半个多世纪的演进。现阶段的发展研究正在新型国际格局下呈现出全新的面貌，发展中国家自身的发展经验日益成为新发展理论构建的重要资源。一个新型的全球发展学理论与实践场域正在地平线上冉冉升起。中国作为世界上最大的发展中国家，近年来不断通过“走出去”和新型南南合作实践拓展国际发展的空间，并完善现行发展话语体系和治理体系，由此推动了社会对于新型国际发展人才和学科专业建设的强大需求。在此背景下，我们编著此书，借此对全球的国际发展教育教学情况做一个扫描。

本书从发展学萌芽历史、发展学学科建制、发展学学生培养三大方面，分别对英国、北美、欧洲、澳大利亚、东北亚以及发展中国家的发展学的起源和进展进行介绍和分析，基于最新的教育研究数据，以期帮助读者较全面地认识和掌握发展学教育在全球不同区域和国家的现状和特点。对发展学专业的教育者和学生，以及希望进入该领域的读者来说，这是一本很实用、全面的工具书，也期望借此书助力中国发展学群体的培育。

本书凝聚着中国农业大学人文与发展学院农村区域发展

专业“普通发展学”课程及本科生科研训练计划（URP）众多师生的贡献。自20世纪80年代末，中国农业大学在发展研究、发展咨询和发展培训的基础上孕育了丰厚的发展学基础。1999年，农村区域发展专业设立，这是国内最早的发展学本科专业，尽管专业名称随具体情况发生变化，但发展研究的课程体系始终保持国际前沿水平，随后逐渐覆盖硕士、博士阶段和留学生群体，并在2010年之后逐渐拓展为国内发展和国际发展两个方向。

为了解全球范围内发展学的科研与教学情况，2012年开始，我们建立全球发展学教育研究小组，邀请感兴趣的本科生参与材料的搜集、整理与写作，第一批参与的同学包括发展101周晨琦、社会101黄珊、传播101李海力、发展111代睿和发展091黄俊生，后续每年都有新的同学接过小组接力棒。历经十年传承，本书终将出版，感谢所有做出贡献的同学和老师，是他们对发展学的热情和付出让此书成稿。本书提供的部分信息难免会随着时间有所变化，但附录中的信息来源为读者提供了深入挖掘和追踪的线索。书中有疏漏错误之处，敬请读者批评指正。

目 录

第一章 英国的国际发展教育 …………………………… 001
第一节 英国的发展学起源 ………………………………… 003
第二节 英国的发展学建制概况 …………………………… 016
第三节 英国的发展学学生培养 …………………………… 032
第四节 总结 ………………………………………………… 044
附录 涉及院校的官网 ……………………………………… 045

第二章 北美的国际发展教育 …………………………… 047
第一节 北美的对外援助历史 ……………………………… 049
第二节 北美的发展学建制概况 …………………………… 064
第三节 北美的发展学学生培养 …………………………… 066
第四节 总结 ………………………………………………… 078
附录 涉及院校和机构的官网 ……………………………… 079

第三章 欧洲的国际发展教育 …………………………… 081
第一节 欧洲的发展学起源 ………………………………… 083
第二节 欧洲的发展学建制概况 …………………………… 094
第三节 欧洲的发展学学生培养 …………………………… 095
第四节 总结 ………………………………………………… 121
附录 涉及院校的官网 ……………………………………… 122

第四章　澳大利亚的国际发展教育 …………………… 125
第一节　澳大利亚的对外援助历史 …………………… 127
第二节　澳大利亚的发展学建制概况 ………………… 134
第三节　澳大利亚的发展学学生培养 ………………… 137
第四节　总结 ……………………………………… 143
附录　涉及院校和机构的官网 ……………………… 144

第五章　日韩的国际发展教育 ……………………… 147
第一节　日本的国际发展教育 ……………………… 149
第二节　韩国的国际发展教育 ……………………… 166
第三节　总结 ……………………………………… 181
附录　涉及院校和机构的官网 ……………………… 182

第六章　发展中国家国际发展教育 …………………… 185
第一节　发展中国家的发展学起源 …………………… 187
第二节　发展中国家的发展学建制概况 ……………… 192
第三节　发展中国家的发展学学生培养 ……………… 196
第四节　总结 ……………………………………… 201
附录　涉及院校和机构的官网 ……………………… 202

CHAPTER

1

第一章

英国的国际发展教育

第一节　英国的发展学起源

一　对外援助历史

英国的对外援助可以追溯到19世纪末20世纪初，那时的英国围绕殖民地发展做了大量的研究探索工作，并对现代的国际发展理论与实践产生了深远影响。英国是经济合作与发展组织（Organization for Economic Cooperation and Development，OECD）及其发展援助委员会（Development Assistance Committee，DAC）的成员国。若从对殖民地的援助算起，英国已有逾百年援助历史，其间形成了一系列的法律规范和政策文件，也建立了较完善的对外援助规制体系。世界上最早的发展研究机构和高校里的发展学教育，以及相关智库均在英国率先建立和发展。如表1-1所示，英国的对外援助在不同时代背景下经历了一系列的历史变迁，主要体现在法案和白皮书等文件的颁布上。这些变迁也是英国发展学起源的重要历史背景，粗略地可分为以下五个时期。

表 1-1　英国对外援助的历史变迁

时期	时代背景	法案/白皮书
1945 年以前	殖民地管理与发展	1899 年《殖民地贷款法案》 1929 年《殖民地发展与福利法案》 1940 年《殖民地发展与福利法案（修正案）》
1945~1974 年	两极格局下，联美争夺第三世界	1945 年《殖民地发展和福利法案》 1947 年《海外资源开发法案》 1951 年《科伦坡计划》 1960 年《英国援助促进海外发展》白皮书 1963 年《对发展中国家的援助》白皮书 1965 年白皮书《海外发展：新部门的工作》 1966 年《海外援助法案》 1971 年白皮书《殖民地发展与福利法案（1929~1970）》
1975~1996 年	给穷人以更多的帮助	1975 年白皮书《英国援外政策重心的变化：给穷人以更多的帮助》 1980 年《海外发展与合作法案》
1997~2014 年	消除全球贫困	1997 年白皮书《消除世界贫困：21 世纪的挑战》 2000 年白皮书《消除全球贫困：让全球化惠及穷人》 2002 年《国际发展法案》 2006 年《国际发展法案（报告与透明度）》 2006 年白皮书《消除世界贫困：为穷人而治理》 2009 年白皮书《消除世界贫困：建设我们共同的未来》 2014 年《国际发展法案（性别平等）》

续表

时期	时代背景	法案/白皮书
2015 年至今	减贫与支持英国国家利益	2015 年《国际发展（官方发展援助目标）法案》 2022 年发布新国际发展战略

（一）1890~1945 年：殖民地管理与发展

现代国际发展援助起源于第二次世界大战后美国总统杜鲁门的倡议及马歇尔计划的实施。然而在 1945 年以前，英国就已围绕殖民地发展进行了近半世纪的国际援助探索，所以在现代官方发展援助（Official Development Assistance，ODA）出现之前，英国的对外援助以殖民地管理和发展为主导。由于国内外局势的变化和援助动机的差异，这一时期经历了三个重要阶段，可从期间发布的殖民地相关法案看出其政策安排。

1895~1928 年，英国对其殖民地管理从长期的自由放任转变为援助干预。19 世纪末，美、德两国在第二次工业革命中崛起，英国自身面临经济衰退，这些都对英国的霸主地位形成挑战。再加上反思殖民的思潮影响，英国政府改变以往的政策，开始支持殖民地的发展。这一时期，尤其是第一次世界大战前后，英国成立了一批学术组织，专注于殖民问题（或促进发展）的研究和政策建议，出版了很多研究报告，也为后期援助工作打下了一定基础。

1929~1939 年，英国的对外援助侧重于工商业的利益。在前一阶段对殖民地自由放任的政策进一步反思的基础上，英国更加注重对殖民地的经营，并制定了国家干预方式的殖民地发展计划。[1] 1929 年的《殖民地发展与福利法案》明确了对殖民地的农业和工业援助，进而促进英国的工商业发展。

1940 年至第二次世界大战结束，英国对外援助更强调殖民地的社会发展。20 世纪 30 年代，在世界经济经历萧条的背景下，殖民地人民的生活状况更加恶化，甚至爆发了反抗运动，英帝国对殖民地的统治受到了国内和国际的广泛批评。同时，随着第二次世界大战的爆发，英国政府希望殖民地成为原材料供应地和工业产品市场。在此背景下，英国在 1940 年发布了修正后的《殖民地发展与福利法案》，将“提高殖民地民众福利”作为援助的重要目标。该法案还提到了对殖民地的教育、医疗、基础设施等方面都会扩大援助，并提高资金支持。但事实上，受到战争影响，很多法案内提到的措施和内容并没有真正实现。而这一时期，“发展”已经成为殖民政府的核心理念。[2]

（二）1945~1974 年：两极格局下，联美争夺第三世界

第二次世界大战以后的世界政治和经济格局面临美国和苏联两个超级大国的争霸，英国的经济实力大不如前，殖民地大幅缩减，国际地位下降。于是，英国在这一时期，一方面尽可能地延续战前殖民地援助的既有框架，另一方面追随美国，转向全球范围的现代发展援助以维护其国际地位。以《殖民地发展和福利法案》（1945）为基础，英国政府增加了殖民地援助资金，扩大了工程项目，增加了通信、水利和农

① 张效民、孙同全：《英国对外援助规制体系研究》，《国际经济合作》2014 年第 5 期。

② 李鹏涛、黄金宽：《殖民地农业发展计划与非洲农村反抗的兴起——以英属东南非洲为中心（1940~1960）》，《史林》2016 年第 1 期。

业等民生项目计划。更重要的是，英国成立殖民地开发公司等在海外开展投资活动，向殖民地提供商品生产计划融资（后转为向主权国家援助）。虽然在1957年，莫里斯·哈罗德·麦克米伦（Maurice Harold Macmillan）执政期间，英国几乎丧失所有殖民地，但是在1958年的英联邦贸易与经济会议上，英国政府宣布将已独立的前殖民地国家纳入援助范围。紧接着，1959年英国加入了美国倡议建立的国际开发协会（International Development Association），放弃了原有的援助融资机制和援助国别选择，转向美国主导的官方发展援助机制。同时，援助的范围也从原殖民地区域转向了全球范围。

进入20世纪60年代，随着殖民体系不断瓦解，英国逐渐融入现代国际发展援助的框架，其对外援助的组织架构和机制也发生了较大变化。标志性事件是在1964年英国政府成立了专门负责援助工作的海外发展部（Ministry of Overseas Development，ODM），并系统制定了英国的援助政策。随后在1965年，英国对外援助的白皮书《海外发展：新部门的工作》得以发布。在这一时期，英国的对外援助政策十分重视技术援助、金融援助以及教育普及和发展。同时，基础设施和生产项目的建设也因受经济增长的经济学理论影响而得到重视。

（三）1975~1996年：给穷人以更多的帮助

在这一阶段，国际环境经历了石油危机和苏联解体的动荡，英国内部形势面临党派交替、经济结构调整、民间组织兴起等因素的交织。这一时期的对外援助总基调是1975年白皮书《英国援外政策重心的变化：给穷人以更多的帮助》所奠定的，即更加重视贫困议题、转向自下而上的“软援助”，尤其表现为从原来侧重大规模的生产和基建项目向社会、教育、性别和卫生等减贫领域转变。

该时期因工党和保守党的执政理念不同，对外援助也呈现较大的实践差异。1979 年撒切尔夫人上台后，依照新自由主义的施政方针，对外援助事务被边缘化，对外援助的预算也一度削减，一直到 1997 年英国都没有再发布新的对外援助白皮书。但英国推出的“援助与贸易条款”（Aid and Trade Provision，ATP），将对外援助推向了商业化高潮。与结构调整计划一致的是，英国对外援助也更加重视市场化改革、善治等内容，推出了“全部门路径”（Sector-wide Approaches，SWAps）、“总预算支持”（Gross Budget Support，GBS）等新型的援助方案。这个时期的广大发展中国家恰恰需要更多的援助，这促使援外机构、私人部门、非政府组织等不同主体既独立发展又互相联合，也催生了众多发展知识。尤其是英国的乐施会（Oxfam）等非政府组织迅速发展壮大，在“人类基本需求”主导的援助中逐渐成为重要参与者。

（四）1997~2014 年：消除全球贫困

这一时期英国的对外援助聚焦减贫、去捆绑援助，相关政策和法案都加强了对外援助的规范和管理。1997 年，前身为海外发展部的英国国际发展部（Department for International Development，DFID）正式成立，对外援助明确将“减贫”作为目标。2002 年发布的《国际发展法案》将 1997 年和 2000 年的两份白皮书以法律的形式确定下来，这两份白皮书不仅标志着援助政策向发展政策的转变，也明确了英国的发展政策旨在实现长期的减贫而非短期商业利益。① 而2006年的白皮书不仅提出英国对外援助要致力于促进国际善治，还明确了英国要在2013年完成联合国提出的ODA占国民总收入（GNI）0.7%的目标。接着，2009年的白皮书从减贫、气候变化和冲突解决三个方面确定对外援助的优先议题，它们是：确保最贫困国家经济的持续增长、更好地应对环境变化、避免冲突和保护脆弱地区，提高国际援助体系的有效性。从这些面向全球挑战和议题的内容上看，英国拓宽了其国际发展援助的范围。总的来说，该时期的英国对外援助是更加务实的，也是英国增进其软实力和国际影响力的有效工具。②

（五）2015年以来：减贫与支持英国国家利益

2015年通过的《国际发展（官方发展援助目标）法案》是英国首个跨部门的援助战略，明确英国发展援助在减贫的同时支持本国利益（本国公司的商业利益和国家安全）的目标，以及大力推动英国发展部门及其他政府部门参与多边援助③。英国在2017年成为世界银行国际开发协会、联合国人口基金等多个国际多边机构的最大资助方，其参与的多边援助项目涵盖气候变化、粮食安全、性别平等议题。

在2017年启动脱欧程序后，英国推出了“全球英国”的外交理念，在贸易、投资和安全等国家利益领域有明显体现。④

---

① 张效民、孙同全：《英国对外援助规制体系研究》，《国际经济合作》2014年第5期。

② 周太东：《英国的对外援助及中英两国对外援助合作关系探讨》，《国际援助》2016年第1期。

③ 曾璐、孙蔚青、毛小菁：《借鉴英国发展多边援助的管理体制》，《国际经济合作》2021年第2期。

④ 李靖堃：《“全球英国”理念下英国对非洲政策的调整》，《西亚非洲》2019年第2期。

2018年8月，特蕾莎·玛丽·梅（Theresa Mary May）率领投资代表团先后访问了肯尼亚、南非和尼日利亚，这也是自2013年以来，英国对撒哈拉以南非洲的首次首脑访问。随后，英国国际发展部就宣布提供9000万英镑的援助资金以支持私营部门在金融市场的投资，推动他们帮助非洲小型金融服务企业和初创企业的发展。此次访问也被视为在英国脱欧的关键时期，英国和非洲伙伴关系的重启。

鲍里斯·约翰逊（Boris Johnson）也十分重视英非关系，他在英国主办的英非投资峰会上表示，英国要成为非洲的首选投资伙伴、金融和教育的全球门户。2020年，英国国际发展部（DFID，其前身为ODM）与外交和联邦事务部（Foreign and Commonwealth Office，FCO）合并，成立了新的外交、联邦与发展办公室（Foreign，Commonwealth and Development Office，FCDO）。约翰逊首相在宣布合并时的讲话中提到："我们必须调动每一项国家资产，包括我们的援助预算和专业知识，以捍卫英国在海外的利益和价值观。这个新部门正是负责利用英国影响力和所有方式来把握未来机会的主体。"

2021年1月英国正式脱欧，其对外援助预算计划有所缩减，英国议会在2021年7月投票同意暂时将援助预算从占国民总收入的0.7%调整至0.5%。FCDO就2022财政年度英国的ODA制定了关键优先事项，具体涉及气候变化和生物多样性、全球卫生安全、女性和儿童教育、科研与技术开发、社会开放与冲突解决、贸易与经济发展以及人道主义响应。[①] 在

---

① DONOR TRACKER United Kingdom, 2022, https://donortracker.org/country/united-kingdom?gclid=CjwKCAjwmK6IBhBqEiwAocMc8jcHQ4JAgEiClYnK_TQARKeNH5dhr-nkZA3moxXQEes8S0LeHRoZe7xoCIvAQAvD_BwE.

内容上，一方面可看出英国将继续加大对国际多边组织的支持，以期实现自身利益相关的援助目标。另一方面这些优先事项和联合国 2030 年可持续发展目标（Sustainable Development Goals，SDGs）也是高度契合的。

2022 年 5 月英国政府公布新的国际发展战略，这也是英国政府自 2015 年以来首次发布战略阐述英国国际发展领域未来的重点和优先事项以及新的实施方法。① 新国际发展战略强调通过投资和贸易伙伴关系支持伙伴国家的经济发展，尤其重视支持可持续基础设施。新战略体现了英国发展政策与其外交、贸易和国防目标日益紧密的结合。该战略在对外援助渠道方面重新强调双边援助渠道和伙伴关系建设，在援助分配方面重视印太地区和非洲地区。英国的新国际发展战略设立了四个方面的优先事项：支持伙伴国家可持续经济增长、提升性别平等（发布 2030《妇女和女童战略》）②、人道主义援助、应对气候变化和全球健康。此外，该战略还强调，一旦财政条件允许，英国将恢复以国民总收入的 0.7%用于官方发展援助，预计 2024~2025 年能实现该目标。值得注意的是，这一新战略强调通过重视发展知识和减少官僚主义来提高发展有效性，前者将致力于在政府、私营部门和民间社会利用英国的专业知识并建立新的发展知识中心以支持伙伴关系和可持续经济增长，而后者将赋予英国驻外大使和高级专员更多决策权以

① Foreign, Commonwealth & Development Office Policy Paper: The UK government's strategy for international development, 2022, https: //www. gov. uk/government/publications/uk - governments - strategy - for - international - development/the - uk - governments-strategy-for-international-development#executive-summary.

② Foreign, Commonwealth & Development Office Policy Paper: International women and girls strategy 2023 to 2030, https: //www. gov. uk/government/publications/international-women-and-girls-strategy-2023-to-2030/international-women-and-girls-strategy-2023-to-2030.

提高海外发展合作项目的实施效率。

二　学科发展

英国对外援助官方政策和文件的形成和演变，实质上是政府、企业、高校智库、民间组织等不同主体参与和影响的结果。就英国的高校和智库研究机构来说，发展研究的起源不仅和早期的全球各地发展工作相关，也和英国更早的海外殖民以及在对外援助实践中对知识和研究的重视紧密相关。这段历史也向我们展示了发展学作为一门交叉学科起源的一个重要面向。

（一）殖民地管理中的培训与研究

在 20 世纪初的殖民地发展中，英国的对外援助曾经历从自由放任到国家干预的转变。正是在干预并扩大殖民地民众福利的过程中，英国的海外殖民管理发生了重大改变，而英国的高校此时就已参与其中了。

第一次世界大战结束后的英国政府面临着殖民地对公职人员需求剧增的状况，同时也需要更高的人员素质，因此需要对殖民地公职人员加强培训。[①] 于是在 1932 年，英国统一的殖民地公职机构（Colonial Administration Service）应运而生，统一的公职机构既是为满足加强殖民管理的需要，也是其殖民体系不断发展的结果。该机构有 20 个子系统，包括殖民地行政、殖民地农业、殖民地海关、殖民地教育、殖民地法律、殖民地医疗、殖民地警察、殖民地研究、殖民地工程等。因为殖民地公职机构将对海外殖民地的工作者进行制度

① 张顺洪：《英国殖民地公职机构的统一：1930 年费希尔报告考察》，《学海》2010 年第 3 期。

化的统一招募和任命，所以由英国的高校来组织专门课程为这些即将前往亚非国家各殖民办公室工作的高级官员提供培训。1926 年，殖民管理的培训课程率先在牛津大学和剑桥大学设立，后来扩展到伦敦大学。殖民管理培训的设立旨在使殖民管理人员具备胜任职能所要求的新知识，尤其是社会科学方面的知识，并帮助他们提高应对变革的政府管理能力①。

然而，20 世纪 30 年代的英国海外殖民地经历了剧烈的社会动荡，尤其是非洲各地的劳工罢工运动兴起。1940 年制定的《殖民地发展与福利法案》就是在此背景下颁布的，当时的英国殖民部门认为其根源在于殖民地人民的工资水平低下、居住卫生条件恶劣以及高失业率。如果缺乏相关的社会科学调查，推动社会与经济发展的长远计划就很难进行。所以该法案的一大特点就是对殖民地研究有了单独的资金支持及规定。在此项法案之下，1942 年成立了英国殖民研究委员会（British Colonial Research Committee）。1942～1959 年，该研究委员会组织协调了各小组开展殖民地研究，其中就有来自伦敦政治经济学院的社会研究小组，并且在殖民地国家建立了区域研究机构。② 随着英国对外援助所涉及的社会领域逐步拓宽，对殖民管理的知识要求也随之提高。所以，后来在各类高校和官方的殖民培训课程中又加入了新的课程，特别是经济学、

① Véronique Dimier, "Three Universities and the British Elite: A Science of Colonial Administration in the UK", *Public Administration,* Vol. 84, No. 2, 2006, pp. 337－366.

② John Hargreaves, "Anglo-Saxon Attitudes: A Personal Note about Sierra Leone Studies", *Outre-Mers. Revue d'histoire* Vol. 65, No. 241, 1978, pp 553-556.

人类学和殖民管理的学习①。在一定程度上，这也让我们看到发展学在英国的海外殖民管理背景下如何蕴含了跨学科的性质。

（二）去殖民化与发展学的起源

第二次世界大战对英国的海外殖民统治带来了摧毁性的影响，世界被带入去殖民化时代。第二次世界大战结束后，英国主要追随美国开展对外援助，这时的对外援助管理主要受到发展经济学的理论影响，以“增长即发展”为主要理念。

时至20世纪60年代，经历去殖民化运动后，新兴的民族国家纷纷独立。英国殖民地服务系统的整体规模也经历了从第二次世界大战后的迅速扩张，到后来殖民地独立而逐渐萎缩直至终结。此时，发展学变迁与全球范围内的去殖民化过程直接联系。这一时期也正好是英国“新大学”② 大量涌现的时期，这些“新大学”通过标新立异来求得生存和发展，在研究上看准了发展学交叉学科的前景。经典意义上的发展研究是一门专门研究“他者”如何发展的综合学科，不同于哲学、数学等拥有悠久历史的学科，发展学作为学科（而非实践）产生的时间较晚，但也正趋向完善。大学作为一个国家重要的智力资源，并不只是一个纯粹研究理论的地方，还与一个时代的国内外各个领域的主流事件相联系。所以，这一时期的全球去殖民化过程直接催生了英国大批研究发展中国家发展问题的大学机构、学者和学术项目。

---

① Veronique Dimier, “On Good Colonial Government: Lessons from the League of Nations”, *Global Society* Vol. 18, No. 3, 2004, pp 279-299.

② 胡建华：《19世纪以来英国大学制度改革的基本特征及其分析》，《现代大学教育》2004年第2期。

从发展研究的理论来讲，该研究也源于英国一批经济学家不满意当时经典经济学家对于转型问题的研究思路和方法。经典经济学对于转型问题的研究依赖定量的方法，热衷于针对发展中国家的问题设立假设，再通过验证假设的方式构建发展知识。伦敦政治经济学院发展研究系的创办者约翰·哈里斯（John Harris）教授是社会人类学家，另一位创办者詹姆斯·普策尔（James Putzel）教授是政治经济学家，二者均不是主流的经济学家。这一批关注发展问题的社会科学家中，他们的学术关切很难在当时以经典经济学为主导的传统大学社科系统中得到重视，于是另辟蹊径，大力推动发展研究的学科建立。

英国作为曾经盛极一时的老牌殖民国家和当代国际政治经济文化领域重要的参与者，较早建立起了完善的发展研究与教学体系。1966 年，全世界第一个发展研究所（Institute of Development Studies，IDS）在英国苏塞克斯大学诞生。苏塞克斯大学是英国一所成功的新大学，为发展研究提供了硕士教育和主流的学术环境。在英国，获得政府支持是发展研究得以推进的重要条件。1964 年成立的英国海外发展部使政府与发展研究的联系更加紧密，例如苏塞克斯大学的发展研究所（IDS）就由来自海外发展部的著名经济学家达德利·西尔斯（Dudley Seers）担任第一任主任，但 IDS 的财务和管理与苏塞克斯大学本部是完全独立的。直到 1973 年，第一个发展研究学士教育项目在英国的东英吉利大学开设。紧接着，牛津大学、曼彻斯特大学、巴斯大学、伦敦大学亚非学院、伦敦政治经济学院和伯明翰大学都先后设立了发展研究学科。如今 IDS 已经成为全球发展研究领域的领军机构。

据统计，英国拥有世界上最多的从事发展研究的机构，数量高达200所①，并且近年来英国的本土发展研究都开始大力关注“新兴大国”的发展与援助实践。总体上，英国的智库、高校和研究机构在广泛开展具有前瞻性的发展研究的基础上与政府及各援助执行部门积极互动，不仅推动了英国在对外援助领域的理论研究和政策制定，还为全球培养了大量发展专业人才。

第二节　英国的发展学建制概况

2023年，QS对发展研究专业的全球大学排名中，英国在世界前十的高校中占了6个席位，共有18所高校在发展研究专业跻身世界前一百。英国高校在发展研究领域排名最靠前的十所大学为苏塞克斯大学、伦敦大学亚非学院、伦敦政治经济学院、牛津大学、剑桥大学、曼彻斯特大学、东英吉利大学、利兹大学、爱丁堡大学和伦敦国王学院。

本节首先从英国的教育体系上，分别就青少年和高等教育的情况进行介绍，其次对英国当前领先的发展研究机构进行介绍，最后探讨英国发展学的研究和教育关注的最新议题。

一　教育体系

发展研究学科在英国是独立的研究建制，在某种程度上很好地利用和发展了与殖民历史有关的社会科学遗产，在此基础上也形成了专业的研究评估考核。目前，发展教育和研

① 周太东：《英国的对外援助及中英两国对外援助合作关系探讨》，《国际援助》2016年第1期。

究体系在英国已经相对完善，包含了从青少年时期的兴趣及思维方式培养到高等教育的整个过程。

（一）青少年教育

在青少年教育方面，发展教育协会（Development Education Association，DEA）发挥了重要作用。DEA 通过“环球维度”项目和“全球少年行动”项目，将发展领域重要议题（例如贫困、城市化、饥饿等）融入少年儿童的课堂和课后活动，使他们在少年时期就具有全球化的眼光与思维，以及明白自己作为“世界”这一社区公民的责任。他们的老师与父母也被邀请参加相关活动，因此 DEA 的作用是全民性的。

该协会向学校、青年团体、成人教育机构、高等教育和社区工作的成员提供培训、建议、信息和联系平台，旨在进一步影响当地和国际层面的发展教育相关政策。

（二）高等教育

英国高等教育阶段的发展教育教学体系在欧洲和世界范围内都是领先且相对完善的，而独立的研究评估考核体现了其一直朝着严格规范与标准化的方向发展。

研究评估考核（the Research Assessment Exercise，RAE）是英国高等教育基金委员会（Higher Education Funding Council for England，HEFCE）对英国高等教育机构研究质量进行的系统全面测评。作为官方的考核活动，此项测评在一定程度上比《泰晤士报》（*The Times*）等商业机构进行的年度大学测评更具权威性，而且更加偏重考核高校的学术研究与教学能力。在 2001 年的测评中，“发展研究”没有被视为独立的评价单元（Units of Assessment），而是被划归在地理学名下，被当作其分支学科之一进行评价。2008 年这种状况出现了转变，“发展研究”成为一个独立的评价单元，并与法学、社会学、人类学等学科归为一组。这意味着发展研究作为一个独立的学科获得了官方的认可，其影响已经不再局限于发展实践层面。作为一个独立的学科，发展研究就有可能摆脱其他学科对发展“有实践而无理论”的指责，产生更加深远和有益的影响。

二　英国发展研究的领先机构

（一）英国发展研究所

发展研究所（Institute of Development Studies，IDS）是隶属英国苏塞克斯大学的研究所，作为被《2020 年全球智库指数报告》排在世界首位的“国际发展政策智库”，IDS 在发展研究领域的研究和教学一直享有盛誉。IDS 由经济学家达德利 · 西尔斯于 1966 年创立，是世界上最早建立的发展研究机构。在愿景和目标上，IDS 制定了最新的《2020～2025 年战略规划》[①]，着眼于与学术机构、商业组织、民间组织、政府和慈善基金会合作，以应对各种危机。该规划还提出，该阶段的主要目标是通过世界一流的研究与教学，重构所需的知识、提升行动和领导力。

① IDS, *Transforming Knowledge, Transforming Lives*, IDS Strategy 2020–25, Brighton: IDS, https://opendocs.ids.ac.uk/opendocs/bitstream/id/3746319/IDS_Strategy_2020_25.pdf.

文本框 1-1 IDS 创始人介绍

达德利·西尔斯（Dudley Seers，1920~1983），英国著名经济学家，在发展经济学领域颇有建树。他于1966~1972年担任发展研究中心首任主任，其著名论述是消除战后对经济增长的盲目崇拜，重视社会发展。

在教学与学生培养上，目前 IDS 开设 7 个硕士学位项目和 1 个博士学位项目，并已获得欧洲发展研究与培训学院协会（European Association of Development Research and Training Institutes，EADI）的教学计划认证。IDS 硕士项目紧扣国际前沿的发展研究议题，如气候变化、发展与政策，食物与发展，性别与发展，全球化、商业与发展，治理、发展与公共政策，贫困与发展，权力、参与与社会变迁等。

研究领域上，IDS 有 10 个专题方向的研究组，分别是商业、市场与国家；城市研究；数字发展与技术；治理；健康与营养；知识、影响力与政策研究；参与、包容与社会变迁；权力与政治；资源政治与环境变化；农村发展的未来。IDS 在过去 50 多年内，通过与政府、慈善基金会、学术机构和民间组织的合作，在助力发展中国家长期发展、减贫与善治、卫生健康等方面都付诸实践并具备相当的影响力。2020 年，IDS 发起了一项促进研究与合作伙伴关系网络的国际倡议，该网络在当前国际地缘政治变化加速的背景下，与巴西、中国、欧洲、加纳和巴基斯坦 5 个国家和地区签署了 12 份谅解备忘录，促进研究与教学的国际合作。中国近年来对全球发展产生变革性影响，因此，英国和中国的研究者在近年有更紧密的联系与合作。在英国 FCDO 的资助下，作为 CIDRN（中国国际发展研究网络）的英国锚定机构（UK Anchor Institution），IDS 一直参与 CIDRN 相关合作与交流活动。这个为期三年的项目在中、英两国的研究机构和大学之间建立了新的伙伴关系，共同形成研究成果。这期间开展了论坛、专业培训和研讨会等一系列交流互动。

（二）发展研究协会

发展研究协会（Development Studies Association，DSA）成立于 1978 年，是发展研究领域中最大的协会，致力于为英国的个人或机构提供发展研究的学习、教学和研究平台，以此帮助人们加深理解全球贫困、不平等、冲突和环境破坏等问题。发展研究协会的建立，推动了原本分散在发展研究领域的不同机构之间的交流，例如年度交流会议等活动的开展，极大地促进了发展领域内的信息流动、合作和良性竞争。

1. DSA 介绍

DSA 积极致力于发展研究，对公平研究伙伴关系的承诺是 DSA 推动发展研究的特色方式。文本框 1-2 为读者提供 DSA 的愿景、目标和工作内容等信息。

文本框 1-2　DSA 详细介绍①

（1）愿景和目标

DSA 致力于连接和促进英国的研究团队，改善 DSA 成员

① Development Studies Association, "Development Studies Association-Who We Are", 2022, https: //www. devstud. org. uk/about/constitution. shtml.

之间的联系和信息交流，代表成员进行重要磋商，并将他们的工作分享给广大的学生、合作伙伴和捐助者。

目标：

a. 促进国际发展知识的进步；

b. 传播关于发展研究和培训的信息；

c. 鼓励跨界交流与合作。

（2）主要工作

a. 协调和资助各种研究组的活动；

b. 组织年度会议；

c. 编写并向发展研究群体提供每月简讯；

d. 维护网站信息；

e. 组织中心负责人会议讨论该部门面临的问题。

（3）如何加入 DSA

任何对发展研究感兴趣的人或机构都可以成为会员。DSA 目前有 600 多名会员（包括学生），由个人和约 40 家机构组成，主要来自学术界和非政府组织。

DSA 是一个会员制组织，既有个人会员也有机构会员。如图 1-1 所示，DSA 机构成员主要是学术部门、非政府组织以及相关出版机构。成为 DSA 的会员可以接触研究前沿，进一步开展研究，为宣传工作提供信息，或在实际工作中发挥作用。在个人会员方面，无论是学生、非政府组织工作人员、研究人员还是官员，DSA 都会提供适度的会费减免。

DSA 学习小组为志趣相投的人提供交流机会。小组成员包括研究人员、教师、学生和从事发展工作的人。研究小组活动包括研讨会；社交会议；DSA 年会上的专家小组活动。

图 1-1　DSA 的高级会员

资料来源：Development Studies Association, "Development Studies Association – What We Do – Our Members", 2022, https://www.devstud.org.uk/what-we-do/our-members/.

DSA 的学习小组有各自专注的领域和方向，聚焦全球和区域的各类发展问题，这些小组可分为两类。第一类以区域为特色，有非洲小组，苏格兰小组，新兴大国小组以及南亚与发展小组。第二类以经典的、前沿的全球性发展问题为特色，有去殖民化发展小组，环境、自然资源和气候变化小组，性别、政策和实践小组，数据与发展小组，移民、发展和社会变迁小组，多维贫困与贫困动态小组等。其中，去殖民化发展小组广泛讨论知识生产去殖民化的必要性，虽然“去殖民化”的概念已经获得了相当大的发展动力，但它的议程是多方面和复杂的，尤其进展以及最终目标并不清晰，且存在不确定性。

2. DSA **的知识出版物**

DSA 的知识出版物主要包括书籍和期刊。DSA 与 OUP（Oxford University Press）合作书籍系列主要涉及国际发展研究的理论和实践，由牛津大学出版社（OUP）出版。该系列的创始编辑是海牙社会科学研究院的安德鲁·费歇尔（Andrew Fischer）教授、曼彻斯特大学的乌玛·科塔里（Uma Kothari）教授和开放大学的吉尔斯·莫涵（Giles Mohan）教授。该系列的创立旨在推动地方、国家和全球范围内发展研究的学术知识批判，试图在分析历史发展经验的基础上推广一系列应用理论和经验，以及经典发展研究的方法论和认识论。文本框 1-3 列举了该系列的部分书籍。

文本框 1-3　DSA 出版物

Playing with Fire
作者：Yilmaz Akyüz

Taken For a Ride
作者：Matted Rizzo

The Aid Lab
作者：Naomi Hossain

DSA 的国际发展期刊（Journal of International Development，JID）是一份跨学科期刊，主要出版关于国际发展问题的优秀研究成果。同时，该期刊还特别鼓励来自发展中国家的研究者或致力于应对发展中国家挑战的研究者做出贡献。该期刊有实地报告版块和政策讨论版块，前者主要是针对发展政策和实践的短篇论文，后者主要在政策维度开展讨论。

3. DSA 年会

DSA 年会讨论当下热门的国际发展议题（历年主题见表 1-2），是英国发展研究的年度盛会，由《发展与变革》和《发展研究杂志》等各大发展研究期刊赞助。所有会员（包括发展学者、政策制定者、普通民众）都可以参加 DSA 年会。年会举办时间一般在每年夏季的 6 月至 9 月之间，通常在英国各大高校举办，邀请国内外发展学者主持。

表 1-2　DSA 年会概况

DSA 历年年会主题	地点
2023 年：人类世的危机：重新思考发展的联系和能动性	雷丁大学
2022 年：城市化和流动世界的可持续未来	伦敦大学学院（线上）
2021 年：不确定的发展	东英吉利大学（线上）
2020 年：应对全球挑战的新型领导力	伯明翰大学（线上）
2019 年：开放发展	开放大学
2018 年：全球不平等	曼彻斯特大学
2017 年：受质疑的可持续性：社会，增长和社会正义	布拉德福德大学
2016 年：发展的政治	牛津大学国际发展系
2015 年：作为关系的全球发展：依赖，相互依存还是分裂？	巴斯大学
2014 年：DSA 年会	伯明翰大学
2013 年：DSA 年会	伯明翰大学
2012 年：新的发展合作景观	伦敦教育学院
2011 年：重新思考稀缺和不确定时代的发展	约克大学
2010 年：发展道路：价值观，伦理和道德	伦敦教堂
2009 年：当前的危机和新的机遇	阿尔斯特大学

资料来源：Development Studies Association, “Development Studies Association-About Our Annual Conference”, 2022, https://www.devstud.org.uk/conference/.

（三）发展研究最新主题

1. 对积极参与国际发展的新兴经济体的关注

中国、印度、巴西、南非、墨西哥等新兴经济体的崛起在某种程度上改变着发达国家和发展中国家的实力差距，也是当前国际经济社会变化的主要推动力之一。

“新兴大国与共存的未来”（Rising Powers and Interdependent Futures）① 是英国经济与社会研究委员会（Economic and Social Research Council）资助成立的研究网络，旨在研究新兴经济体对国际发展的影响，探索新兴大国正在发生的变化，以及它们对其他国家的影响。此外，相关研究也包括新兴经济体在全球治理过程中如何解决经济、社会和环境挑战。该网络由九大机构组成，分别是 IDS、伦敦大学国王学院、伦敦大学亚非学院、伯明翰大学、剑桥大学、埃克塞特大学、杜伦大学、格拉斯哥大学和曼彻斯特大学。该研究网络共有 12 个研究项目，均聚焦新兴经济体对世界发展和援助实践带来的影响。

除此之外，英国各高校也分别对参与国际发展的新兴经济体进行研究。发展研究所（IDS）成立了新兴大国和全球发展中心（Centre for Rising Powers and Global Development, CRPD），致力于研究金砖五国及其他快速发展的中等收入国家对低收入国家的影响、国际发展机构和全球公共产品需求以及发展研究及教育的未来方向。CRPD 的研究依托于 IDS 的新兴大国研究项目（Rising Powers in International Development program），研究崛起大国如何在殖民时代终结之后推动已经存

① Rising Powers and Interdependent Futures, “Rising Powers and Interdependent Futures”, 2022, http://www.risingpowers.net/.

在了50多年的国际发展和援助关系范式转型，并探寻这种转型对低收入国家和全球发展合作政策产生的影响。

牛津大学针对新兴经济体在国际发展领域的活动也进行了研究。牛津大学国际发展研究系开展了“中国对外直接投资：对本国和目标经济体的影响”（Outward Direct Investment from China：Impact on the Host and Home Economies）研究，该研究项目隶属牛津大学的发展经济学研究主题①，旨在分析中国作为崛起的新兴大国之一的行为对国际发展的影响。

伦敦大学的高级研究院（School of Advanced Study，SAS）对“巴西、印度、中国和南非解决贫困和不平等的新政策”进行了研究。当发达国家对社会项目的援助支持减少时，以金砖国家为代表的新兴经济体实施了一系列新政策，该项目主要研究这四大新兴经济体在扶贫发展领域的政策目标、政策内容、资金来源和管理等。②

2. **对农村发展的关注**

城市化是西方发展话语体系倡导的重要发展路径和标志，在英国高校的发展研究机构中，对城市的发展研究（如城市布局、城市环境等）比较丰富。新兴国家快速发展造成的城乡不平等扩大和小农生计困境，使得农村、农民成为当前发展研究的热点。

IDS对农村发展的关注尤为显著。IDS专门开展了“农村

① University of Oxford, “Department of International Development-Research Themes-Economics of Development”, 2022, http://www.qeh.ox.ac.uk/research.

② University of London, “Expanding, Not Shrinking Social Programmes: The Politics of New Policies to Tackle Poverty and Inequality in Brazil, India, China and South Africa”, 2012, http://research.sas.ac.uk/search/research-project/80/expanding,-not-shrinking-social-programmes:-the-politics-of-new-policies-to-tackle-poverty-and-inequality-in-brazil,-india,-china-and-south-africa/.

发展的未来”（Rural Future）系列研究，指出农村发展问题是“包括平等、可持续性、安全性的重要发展议题”。此外，IDS 还成立了未来农业联盟（Future Agriculture Consortium），由英国国际发展署资助，旨在提供有关非洲农业政策和实践的最新信息和建议。

牛津大学国际发展研究系对农村发展问题开展的研究项目包括发展中国家的农业生产率差距问题研究、南亚农村电子服务研究、印度圈地现象研究等。伦敦政治经济学院对农村发展问题开展的研究项目包括中国农村发展和贫困问题、电力和农村发展问题、健康与农村发展的机遇和挑战等。

3. 对发展援助方式的思考

西方发达国家强调“软援助”，即以改变社会制度和社会治理模式来推动地区的整体发展，它们高度重视善治和改善社会福利。但随着新兴经济体在国际发展实践中的不断参与，新的发展方式挑战了这种思维。新兴发展中国家注重以基础设施建设、优惠贷款的方式开展经济技术合作，受到许多发展中国家的欢迎。在此背景下，英国高校的发展研究机构也开始研究发展援助方式的问题。

国际增长中心（the International Growth Centre，IGC）是伦敦政治经济学院和牛津大学在 DFID 支持下，于 2008 年联合成立的机构，旨在基于研究提供需求导向型的（Demand-driven）政策建议促进发展中国家的可持续发展。该组织已有千余名专家学者，迄今为止开展了超过 600 个研究项目。IGC 针对亚非地区的 18 个发展中国家设立了专门的国别研究板块，开展国别区域的发展研究项目。如在埃塞俄比亚的最新研究项目是关于该国首都亚的斯亚贝巴的公共住房建设和政府补贴等政策给穷人带来的生活改善。另外，自 2020 年以来，新冠肺炎疫情也成为 IGC 的优先研究主题。

三　发展研究领域的英国国际学术期刊

2019 年英国发展研究领域的期刊总体数量为 125 个，如表 1-3 所示是期刊总览。发展研究领域的期刊研究方向主要集中在城市与农村区域、发展中国家、气候政策、社会企业、性别、经济、旅游等。

表 1-3　2019 年英国社会科学发展领域期刊总览

刊名	SJR	刊名	SJR
World Bank Research Observer	Q1	*Nanomedicine*	Q1
Tourism Management	Q1	*Sustainable Development*	Q1
International Journal of Urban and Regional Research	Q1	*Corporate Social Responsibility and Environmental Management*	Q1
Annals of Tourism Research	Q1	*Housing, Theory and Society*	Q1
World Development	Q1	*Local Government Studies*	Q1
Food Policy	Q1	*Housing Policy Debate*	Q1
World Bank Economic Review	Q1	*Social Policy and Administration*	Q1
New Political Economy	Q1	*Information Technology for Development*	Q1
Journal of Rural Studies	Q1	*International Journal of Educational Development*	Q1
Population and Development Review	Q1	*Journal of Development Studies*	Q1
Cities	Q1	*Bulletin of Indonesian Economic Studies*	Q1
Journal of the American Planning Association	Q1	*Journal of African Economies*	Q1
Entrepreneurship and Regional Development	Q1	*International Journal of Water Resources Development*	Q1

续表

刊名	SJR	刊名	SJR
Land Degradation and Development	Q1	*Utilities Policy*	Q1
Journal of Contemporary China	Q1	*Journal of Development Effectiveness*	Q1
Review of African Political Economy	Q1	*Environment and Development Economics*	Q1
Social Neuroscience	Q1	*Journal of East Asian Studies*	Q1
Third World Quarterly	Q1	*Futures*	Q1
Development and Change	Q1	*Society and Natural Resources*	Q1
Climate and Development	Q1	*Oxford Development Studies*	Q1
Evaluation	Q1	*Progress in Development Studies*	Q1
China Quarterly	Q1	*Forum for Development Studies*	Q1
Journal of Regional Science	Q1	*Cooperation and Conflict*	Q1
Asia Pacific Viewpoint	Q2	*Economic History of Developing Regions*	Q2
International Journal of Climate Change Strategies and Management	Q2	*Community, Work and Family*	Q2
Agroecology and Sustainable Food Systems	Q2	*Central Asian Survey*	Q2
Journal of International Relations and Development	Q2	*Environmental Hazards*	Q2
Journal of International Development	Q2	*Review of International Economics*	Q2
Development Policy Review	Q2	*Journal of the Asia Pacific Economy*	Q2
Development Engineering	Q2	*Women's Studies International Forum*	Q2
Development Studies Research	Q2	*Enterprise Development and Microfinance*	Q2

续表

刊名	SJR	刊名	SJR
East European Politics	Q2	*Communist and Post - Communist Studies*	Q2
Journal of Workplace Learning	Q2	*Development Southern Africa*	Q2
African Development Review	Q2	*Innovation and Development*	Q2
International Development Planning Review	Q2	*Review of Development Economics*	Q2
Public Administration and Development	Q2	*Worldwide Hospitality and Tourism Themes*	Q2
Journal of Social Entrepreneurship	Q2	*Canadian Journal of Development Studies*	Q2
Tourism Planning and Development	Q2	*Journal of International Trade and Economic Development*	Q2
Gender and Development	Q2	*Development in Practice*	Q2
World Development Perspectives	Q2	*Journal of Water Sanitation and Hygiene for Development*	Q2
European Journal of Development Research	Q2	*Review of Urban and Regional Development Studies*	Q2
International Finance	Q2	*Community Development Journal*	Q2
Journal of Agribusiness in Developing and Emerging Economies	Q2	*Pacific Economic Review*	Q2
Contemporary British History	Q3	*Asian-Pacific Economic Literature*	Q3
IZA Journal of Labor and Development	Q3	*Insight on Africa*	Q3
Journal of Contemporary African Studies	Q3	*South Asia: Journal of South Asia Studies*	Q3
International Journal of Urban Sustainable Development	Q3	*Journal of North African Studies*	Q3
Economic Affairs	Q3	*IDS Bulletin*	Q3
Journal of Asian and African Studies	Q3	*African Journal of Science, Technology, Innovation and Development*	Q3

续表

刊名	SJR	刊名	SJR
Journal of Developing Societies	Q3	*Asian Education and Development Studies*	Q3
Social Enterprise Journal	Q3	*IZA Journal of Development and Migration*	Q3
Asian Economic Journal	Q3	*International Journal of Sustainable Economy*	Q3
Evaluation Journal of Australasia	Q3	*ISRA International Journal of Islamic Finance*	Q3
Journal of Accounting in Emerging Economies	Q3	*Journal of Transnational Management*	Q3
Bulletin of Latin American Research	Q3	*International Journal of Development Issues*	Q3
Canadian Journal of African Studies	Q3	*Ocean Development and International Law*	Q3
Progress in Industrial Ecology	Q3	*Africa Review*	Q3
Contemporary South Asia	Q3	*Peacebuilding*	Q3
Journal of Imperial and Commonwealth History	Q3	*African Renaissance*	Q4
Space and Culture, India (discontinued)	Q4	*Journal of Contemporary East Asia Studies*	Q4
Margin	Q4	*Journal of African Union Studies*	Q4
Global Studies of Childhood	Q4	*Middle East Development Journal*	
Development	Q4		

注：根据 SCImago Journal Rank①（SJR），将全部期刊分为 Q1、Q2、Q3、Q4 四个等级。Q1 期刊被引数量和质量最高，Q4 期刊最低。SJR 有其公开的门户网站，可以查到各专业分类下的期刊排名。

① SCImago Journal Rank Official Website, https://www.scimagojr.com.

第三节　英国的发展学学生培养

一　招生与学生培养

（一）招生选拔

英国各高校欢迎来自全球各地的学生，这也是回应了发展学的“全球视角”。在招生要求上，对学生的学术能力、语言水平和实践经历方面均要求较高，各学位阶段有具体的不同要求。

学士阶段虽然要求相对较低，但是对于非英语母语的学生有较高的语言水平要求（如雅思总分7.0，单项成绩不低于6.5），实践经历方面不作特别要求。

硕士阶段对于学术能力的评判基本标准是申请者学士阶段的平均绩点（Grade Point Average，GPA）。在英国国内的评分标准下，普通学校要求申请者拥有学士一等或二等偏上的成绩水平，顶级名校则明确要求有一等的成绩水平，这个标准不能与中国的评分体系直接换算。另一个选拔标准是语言水平，一般情况下在英国读发展专业硕士要求雅思成绩7.0（有些学校还会特别注明“写作”这一单项不低于6.5），顶级名校（如牛津大学和剑桥大学）会要求雅思成绩7.5，其中写作单项不低于7.0。一些学校会要求申请者在相关领域有1~3年的实践经历，例如IDS，其所有的项目都要求有实践经历。这种要求反映了发展专业注重实践的风格，这对于普通的申请者来说难度较大。

博士生的要求更高。英国没有统一的“考博”系统，由学生直接联系某位导师，申请成为其博士。这需要申请者与目标导师的研究兴趣相关，有较高的学术能力以及沟通能力。对申请者的成绩要求上，以牛津大学的国际发展博士项目为例，其要求申请者不仅要拥有硕士阶段相当于英国一等或二等偏上的社科相关专业学位成绩，学士阶段的成绩也要求一等或二等偏上的学位成绩。语言要求上，非英语母语申请者的雅思和托福成绩都有具体各单科成绩要求，其中雅思最低要求为总分 7.5，单科不低于 7.0。另外，学生以往的学术发表和实践经历虽然不是硬性条件，但也是学校所期待的考核加分项。

（二）学生培养

在英国，发展学教育与其他学科一样，采取“必修+选修”的模式。选修课课程丰富，既有通识教育类课程，如伦敦政治经济学院的“当今发展中的主要议题”，也有非常专业性的课程，如“一战以来的世界经济制度”“日韩经济发展”。除了理论教学外，研究方法课程在每个大学都有开设且是每位学生的必修课。在读阶段的实践也为一些学校所重视，如伦敦大学学院规定学生必须参加（英国境内或境外）实践。

有些学校对于学生的培养方式更具针对性，如剑桥大学和牛津大学会为每一位硕士配备一名咨询导师，在学习安排、研究方法、阅读书目和制定个性化学习方案等方面指导学生，这样减少了学生在学术研究方面的困难，有针对性地提高了教学质量。

二　教学项目

本部分将分析英国发展研究专业排名前十的大学，介绍英国大学中发展学教育的结构，再以连续五年获得发展研究专业世界第一的苏塞克斯大学为例，介绍其不同学位的教学状况。

在这十所学校中，有的将专业统称为“发展研究”（Development Studies），更加普遍的是将其与经济学、社会学、人类学、政治学、环境学等学科挂钩，在某个具体的领域内探讨发展问题。表 1-4 主要反映 2022 年这十所大学中，发展学所在院系及此院系开设相关学位项目的情况。

表 1-4　各院校发展学相关项目开设概况（2022 年）

学校名称	系/院	学士项目	硕士项目	博士项目
苏塞克斯大学	School of Global Study	√	√	√
	Institute of Development Studies	—	√	√
牛津大学	The Oxford Department of International Development	—	√	√
伦敦政治经济学院	Department of International Development	—	√	√
伦敦大学亚非学院	Department of Development Studies	√	√	√
剑桥大学	Center of Development Studies	—	√	√
东英吉利大学	School of Global Development	√	√	√
曼彻斯特大学	Global Development Institute	√	√	√
爱丁堡大学	School of Social and Political Science	√	√	√

续表

学校名称	系/院	学士项目	硕士项目	博士项目
伦敦国王学院	Faculty of Social Science & Public Policy School of Global Affairs	√	√	√
利兹大学	School of Politics and International Studies	√	√	√

资料来源：笔者根据各高校官方网站信息收集整理而成。

（一）学士项目

英国学士阶段的发展学学制为 3 年。在上述 10 所大学中，开设发展学学士阶段教学项目的有苏塞克斯大学、伦敦大学亚非学院、东英吉利大学、曼彻斯特大学、爱丁堡大学、伦敦国王学院和利兹大学。东英吉利大学学士阶段的发展学教育是发展学教育的典型，注重理论与实践的结合。该校有 5 个发展学教育项目直接与海外实践挂钩，在 RAE 的测评中该校的发展学项目被评为“杰出”水平。

（二）硕士项目

与其他学科一样，英国发展学硕士项目分为授课型（Master by Coursework）和研究型（Master of Philosophy）。授课型学制为 1 年，以在大学上课为主，跟学士教学方式无太大差别。英国的硕士项目特点是学制短、课程紧、课程容量大，相应的缺点是没有太多时间熟悉当地环境。研究型硕士的学制为 2~3 年，需要完成实地研究，时间相对宽松和灵活。

（三）博士项目

从表 1-4 中可以看出，所有院校都设有发展学研究的博士项目。不同学校因研究侧重点不同，博士学位的设置在总体方向上也有相应的区别。剑桥大学设立的学位为 Development Studies；牛津大学、伦敦政治经济学院设立的学位为 International Development；曼彻斯特大学的博士项目点为 Development Policy and Management，侧重发展政策与管理的研究。

在学制方面，牛津大学、剑桥大学、伦敦政治经济学院等大学设定的博士学制为 3~4 年，甚至更长。同时，注重课程学习和实地研究是上述大学发展研究的特色。以牛津大学为例，学生在第一年完成课程要求之后，第二年就要着手准备实地考察和研究。

苏塞克斯大学在 QS 世界大学学科排名中连续多年位居发展研究之首。在该校的发展研究项目中，其教学专注于国际发展，同时将国际发展与人类学、经济学、地理学、语言学、国际关系和社会学等学科结合起来。所涉及的研究内容十分丰富，从性别不平等、移民、健康等话题到气候政策、恐怖主义等。教学语言也具有多样性，学生可以选择英语教学，也可以从阿拉伯语、英国手语、法语、德语、意大利语、日语、汉语和西班牙语中选择一种语言。文本框 1-4 提供了 2022 学年苏塞克斯大学在各学位阶段开设的发展学相关项目的信息。

文本框 1-4　苏塞克斯大学发展学相关项目列表（2022年）

（1）学士项目（BA=学士项目）

Anthropology and International Development BA 人类学与国际发展

Economics and International Development BA 经济学与国际发展

Geography and International Development BA 地理学与国际发展

International Development BA 国际发展

International Development with a Language BA 国际发展（特定语言）

International Relations and Development BA 国际关系与发展

Sociology and International Development BA 社会学与国际发展

（2）硕士项目（MA=硕士项目；MSc=理学硕士）

Anthropology of Development and Social Transformation MA 发展的人类学与社会转型

Conflict，Security and Development MA 冲突、安全与发展

Climate Change，Development and Policy MSc 气候变化、发展与政策

Development Studies MA 发展研究

Environment，Development and Policy MA 环境、发展与政策

Food and Development MA 食物与发展

Gender and Development MA 性别与发展

Globalisation, Business and Development MA 全球化、商业与发展

Governance, Development and Public Policy MA 治理、发展与公共政策

Gender, Violence and Conflict MA 性别、暴力与冲突

Human Rights MA 人权

International Education and Development MA 国际教育与发展

Media Practice for Development and Social Change MA 发展的媒体实践与社会变迁

Migration and Global Development MA 移民和全球发展

Migration Studies MA 移民研究

Poverty and Development MA 贫困与发展

Power, Participation and Social Change MA 权力、参与与社会变迁

Social Development MA 社会发展

Social Research Methods MSc 社会研究方法

Sustainable Development MSc 可持续发展

Sustainable Development (Online) MSc 可持续发展(线上教学)

(3) 博士项目(PhD=博士项目)

Development Studies (Global Studies) PhD 发展研究(全球研究)

Human Rights PhD 人权

International Education and Development PhD 国际教育与发展

Migration Studies PhD 移民研究

三 教学特点

（一）历史较长且学科成长迅速

英国高校（如牛津大学、剑桥大学和伦敦大学学院）都在发展学领域拥有长期的研究和实践经验。其中，苏塞克斯大学和东英吉利大学成立略晚，与其他 8 所大学比起来资历较浅，然而它们赶上了发展学蓬勃发展的年代，目前苏塞克斯大学的 IDS 和东英吉利大学都已成为世界领先的发展研究与教学机构。

（二）领域广泛并不断扩大

随着人们对“发展”理解的不断深化，对于发展的定义也开始变得多元，发展学教育也必须满足人们在不同背景下的不同追求，因此多学科交叉成为发展学最为显著的特点。从表 1-5 中可以看出，发展学既关注常态下人类如何提高自身的生活质量以及选择的自由度，也关注人类如何应对危机与挑战。同时，发展学具有普世的人文情怀，既关心主流人群如何获得更好的生活，也关心边缘群体的生存状况。

目前，随着发展学领域的不断扩大，多学科交叉的趋势日益明显，发展学不再局限于讨论诸如发展政治学、发展经济学、发展人类学等显学，也与当今全球化背景下产生的受到普遍关注的热门问题相结合，从发展学的角度提出有益的思考。

表 1–5 各院校发展研究的关注领域

学校	系/院	关注领域
苏塞克斯大学	Institute of Development Studies	商业、市场与国家；城市研究；数字发展与技术；治理；健康与营养；参与式发展；知识、影响力与政策；参与、包容与社会变迁；权力与政治；资源政治与环境变化；农村发展的未来
牛津大学	The Oxford Department of International Development	全球经济发展与制度；全球背景下的移民与难民；人类发展、贫困与儿童；发展的国际政策
伦敦政治经济学院	Department of International Development	发展的比较政治经济学；包容性经济；发展经济学；环境与发展；健康与发展；信息科技与发展；国际政治经济学与发展；人道主义与冲突
伦敦大学亚非学院	Department of Development Studies	女权主义政治经济学与发展；劳动力、流动与发展；新自由主义、全球化与国家；暴力、和平与发展；水资源与发展；移民、流动与发展；农业变迁与发展；发展政策、援助与减贫；环境生态政策与发展
剑桥大学	Center of Development Studies	中国和东亚的政治经济学；蒙古的发展人类学；墨西哥社会的妇女研究；国际政治经济；拉丁美洲的区域与国家认同感；越南的移民与发展；中东与伊斯兰政治；能力与性别；制度改革
东英吉利大学	School of Global Development	经济发展；社会发展；可持续发展
曼彻斯特大学	Global Development Institute	数字发展；移民、难民与收容庇护；全球城市未来；增长与分配；政治、治理与管理；全球生产网络、贸易与劳动力；农业变迁与政治生态

续表

学校	系/院	关注领域
爱丁堡大学	School of Social and Political Science	冲突、和平与正义；城市正义与发展；性别正义、权力与发展；移民；正义与发展的媒体和技术；能源获取与平等；证据、测量和指标
伦敦国王学院	Faculty of Social Science & Public Policy School of Global Affairs	性别研究；社会变迁；社会民主问题；发展中国家的贫困和不平等；社会经济与科技变革
利兹大学	School of Politics and International Studies	性别、和平与安全；响应全球公共卫生危机；全球核能政治；教育；全球健康；援助与捐助；民主行动；气候变化

资料来源：笔者根据各高校官方网站信息收集整理而成。

（三）高校与政府、企业和民间组织的联系紧密

发展学需要多部门的广泛合作交流。大学作为智库，外界环境既是其研究课题的提供者，也是其研究成果的应用者，同时也提供研究经费和毕业生就业机会。英国大学的发展学与三大部门——政府、企业和民间组织均有广泛的联系，联系的主要方式有单向的资金支持、双向的技术支持、双向的人力支持等。例如 IDS，其资助来源的前 5 名为 The UK Department for International Development（英国国际发展部）、The Economic and Social Research Council（英国经济和社会研究理事会）、The Bill and Melinda Gates Foundation（比尔及梅琳达·盖茨基金会）、The European Union（欧盟）、The Rockefeller Foundation（洛克菲勒基金会）。①

1. 与政府部门合作

与政府部门的合作有以下几种形式：研究拨款（由研究者提出主题申请后拨款）、委派的议题研究和提供咨询服务。与大学合作的主要政府部门有两个：外交、联邦和发展事务部（Foreign Commonwealth & Development Office，FCDO），经济社会研究理事会（Economic and Social Research Council，ESRC）。

外交、联邦和发展事务部是英国开展消除极端贫困，应对全球性挑战的核心部门，其具体工作领域包括贫穷和疾病、大规模移民、不安全和冲突，旨在为发展中国家和英国的人们建设一个更安全、更健康、更繁荣的世界。

经济社会研究理事会隶属英国研究与创新组织，该组织将英国的 7 个研究理事会、英国创新研究院和英国研究所联合起来，最大限度发挥每个理事会的贡献，为研究和创新蓬勃发展创造最佳环境，愿景是确保英国在研究和创新方面保持世界领先地位。② ESRC 是英国在经济社会科学领域，开展硕士学生培训以及提供研究资助的最大机构。

2. 与企业合作

与企业的合作以购买服务和人才交流为主，企业也为一些学校提供教学基金作为奖学金。比如雷丁大学十分关注农业与发展的议题，与其联系紧密的农业企业有 Mars、PepsiCo 和 Thames Water 等，这些企业为雷丁大学的在校生提供到企

---

① Institute of Development Studies, "Institute of development studies-About-Support IDS-How we are funded", https://www.ids.ac.uk/about/support/how-we-are-funded/.

② Economic and Social Research Council Official Website, https://esrc.ukri.org/.

业参观学习的机会。

3. **与民间组织合作**

与民间组织的合作更加多元，既有与非政府组织（Non-Governmental Organization，NGO）的合作，也有大学之间的交流，甚至有与国外大学的交流。非政府组织既是发展学学习者就业的重要渠道，也是开展研究的合作对象。除了英国境内大学间的交流合作外，也与国际上其他学校开展合作，例如伦敦大学学院与阿根廷布宜诺斯艾利斯国家大学在城市可持续发展与生态政策方面合作，开展了长达 12 年（1997~2009 年）每期两周的合作培训课程。

四　研究人员与教师队伍

在科研人员数量上，如表 1-6 所示，各校发展院系有一定差异，一些机构仍处于发展壮大的过程中，而历史较为悠久的院系，如苏塞克斯大学的发展研究院（IDS），人员数量庞大。另外，科研人员显示出多学科背景（经济学、社会学、管理学、历史学、地理学、农学、理学等）和多经历背景（政府、企业、高校等）的特点。

表 1-6　各院校的发展研究人数

学校名称	系/院	科研人数（包括教师和博士）
苏塞克斯大学	Institute of Development Studies (IDS)	277（不包括博士人数）
牛津大学	The Oxford Department of International Development	162
伦敦政治经济学院	Department of International Development	88

续表

学校名称	系/院	科研人数（包括教师和博士）
伦敦大学亚非学院	Department of Development Studies	109
剑桥大学	Center of Development Studies	74
东英吉利大学	School of Global Development	48（不包括博士人数）
曼彻斯特大学	Global Development Institute	120
爱丁堡大学	School of Social and Political Science	51
伦敦国王学院	School of Global Affairs	188
利兹大学	School of Politics and International Studies	52（不包括博士人数）

资料来源：笔者根据各高校官方网站信息收集整理而成，获取时间截至2022年2月24日。

第四节　总结

英国早期的海外领地管理和第二次世界大战后的对外援助是其发展学起源的重要历史背景，发展学作为独立学科在英国取得世界领先的地位和影响力充分体现在其独立的学科建制和不断完善的评估体系。英国是当下拥有从事发展研究机构数量最多且率先将发展学作为独立学科规范化的国家，有很多教育教学经验值得学习。英国除了在纵向学科发展上不断深耕以外，横向上也呈现高校、智库与发展中国家越发紧密和积极地交流与合作的显著趋势。这些互动也是发展学蓬勃发展的重要推动力。

英国发展学的教学与科研有诸多值得我们借鉴之处。第一，从青少年阶段培养“全球视野”。第二，注重学科的建设，提升公众认知度，结合中国发展经验丰富发展知识。第三，注重人才培养。发展学本身需要视野广阔、具备专业能力和全球发展关怀的人才，选拔、培养和留住这样的人才必须通过加大投入（资金、人力等）。第四，加强发展专业科研教学与政府、企业等部门的交流合作，促进研究成果的应用，增加学生实践和就业途径。

附录 涉及院校的官网

学校名称	系/院	网站
苏塞克斯大学	Institute of Development Studies (IDS)	http：//www. ids. ac. uk/
牛津大学	The Oxford Department of International Development	http：//www. qeh. ox. ac. uk/
伦敦政治经济学院	Department of International Development	https：//www. lse. ac. uk/
伦敦大学亚非学院	Department of Development Studies	https：//www. soas. ac. uk/
剑桥大学	Center of Development Studies	https：//www. cambridge. org/
东英吉利大学	School of Global Development	http：//www. uea. ac. uk/
曼彻斯特大学	Global Development Institute	https：//www. manchester. ac. uk/
爱丁堡大学	School of Social and Political Science	https：//www. ed. ac. uk/
伦敦国王学院	School of Global Affairs	https：//www. kcl. ac. uk/
利兹大学	School of Politics and International Studies	https：//www. leeds. ac. uk/

CHAPTER

2

第二章

北美的国际发展教育

第一节 北美的对外援助历史

一 美国的对外援助历史

自杜鲁门政府时期（1945~1953）以来，对外援助正式成为美国落实国家安全政策的重要工具，并与国防和外交一同成为美国国家安全战略的三大支柱。在70多年的发展历程中，美国对外援助在维护国家安全的框架下，历经了“现代化”“人类基本需求”“结构调整计划”“民主化”“反恐”“减贫”等发展理念和相关政策的变迁，在不同时期指导着对外援助的实践。下文将逐一介绍。

（一）20世纪50~60年代：现代化

第二次世界大战结束后，美苏冷战对峙日益严峻。“马歇尔计划”成功在欧洲遏制苏联的扩张之后，美国通过自由主义路线使西欧实现了战后重建。美国经济学专家在欧洲重建中将美国本土的历史经验与专业知识应用，基于这样成功重建的逻辑，杜鲁门政府希望在通过援助进一步促进这些地区发展的同时限制共产主义的扩张。1949年1月20日杜鲁门在就职演说中宣告了“第四点计划”，标志着美国“现代化”的发展理念正式诞生。现代化发展理念由美国建立，是一套针对“欠发达世界”的政策理念和行动方案，试图对欠发达和落后的地区实行经济援助和发展指导。一方面，美国社会科学家相信自己把握了人类社会历史发展的本质和发展的“药方”；另一方面，能否有效地影响和干预第三世界国家地区的发展，使之走上现代化发展道路，对于和平稳定的国际环境至关重要，也对美国在冷战中能否争取胜利十分关键。在理论上，罗斯托的现代化理论即经济成长的阶段理论是现代化发展理念的集中表达。

（二）20 世纪 70 年代：人类基本需求

现代化发展理念主导的 20 世纪 60 年代被称作“发展的十年”，美国在对外援助取得显著成效的同时，对发展问题的认识也逐渐加深，在国际组织中的权力也有所增加。[①] 然而对外援助没有明显改善发展中国家大多数贫穷人口的生活状况，在拉美地区甚至出现了极权主义国家。“有增长无发展”的模式受到了广泛批评，现代化理论也开始受到质疑。随着现代化发展理念的没落，在满足人类基本需求的新方向中，以“人类基本需求”为核心的发展理念逐渐主导了美国的对外援助。

国际方面，1969 年国际劳工组织发起了“世界就业项目”，它的首要目标是提高贫困人口的生活水平，并提供更多的工作机会。1970 年经济合作与发展组织（OECD）也对不发达国家就业问题的现状和性质进行了调查研究。在国内方面，随着对落后国家发展问题的深入了解，美国的发展援助开始由过去的宏观经济建设计划支持和大规模的基础设施项

① Ernest Stern, *Restructuring the Agency for International Development*, USAID Doc. No. PN-ABR-805, 1971.

目建设，转向就业、营养、教育、医疗等人类自身的发展问题。尼克松上台后，对外援助政策安排也更加关注贫穷国家大多数穷人的基本需要，把穷人纳入发展进程。另外，美国还积极开展国际援助合作，逐步发挥受援国本身、其他援助国和多边国际组织的作用。[①] 由此，尼克松政府基于肯尼迪和约翰逊总统时期的发展援助，从强调军事和短期政治目标转向重点关注穷人的基本需要，“减贫”成为这一时期的核心，具体表现为在受援国的长期经济、教育和社会发展方面开展的发展援助。

（三）20 世纪 80 年代：与结构调整计划步调一致

在 20 世纪 80 年代的里根政府时期，美国内外交困的局面迫使里根政府在对外援助政策上选择了与国际多边援助机构一致的“结构调整计划”。世界范围内爆发的经济危机引起非洲国家经济进一步衰退。虽然在 1980 年非洲统一组织通过“拉各斯计划”摆脱了对外部世界的依赖，以走向自力更生和自主发展的道路，但是国际货币基金组织、世界银行等国际组织和西方国家对非洲保持高度关注，并纷纷发表评论提出建议。其中最为有名的是 1981 年发布的《撒哈拉以南非洲加速发展的行动纲领》报告，又称为“伯格报告”。该报告指出造成非洲经济危机的根本原因是政策失误，继而在此基础上提出了以西方国家成熟的市场经济运行规则为参照的“结构调整计划”。

同样，在 20 世纪 80 年代中期经济发展和转型过程中，拉丁美洲地区面临的最大、最严峻的问题就是债务问题。债

---

① Vernon W. Ruttan, *United States Development Assistance Policy: The Domestic Politics of Foreign Economic Aid*, The Johns Hopkins University Press, 1996.

务危机先在墨西哥发生，拉丁美洲的其他国家也随后纷纷卷入危机。随着债务危机的不断扩大以及对整个世界经济体系造成的负面影响加剧，美国逐渐认识到解决债务危机对其本国经济的重要性，于是决定承担起解决危机的领导责任。在1985年10月，美国财长詹姆斯·贝克（James Baker）在汉城召开的国际货币基金组织和世界银行年会上提出了美国解决债务问题的新战略，即所谓的“贝克计划”，该计划将债务危机作为整体来解决。“贝克计划”是“结构调整计划”的美国版本，要求债务国施行全面的以市场为中心的结构性改革政策。①

在美国双边援助上，里根政府时期的政策是向尼克松政府时期国会通过的“新方向”靠拢，国际开发署署长麦克弗森（McPherson）保证里根政府将继续执行国会支持的对外援助“新方向”的立法，并采取新的措施以推动发展中国家的经济改革，帮助其发展经济和解决贫困问题。1987年里根政府建议设立非洲发展基金（Development Fund for Africa），主要用于帮助非洲国家进行经济体制改革和平衡预算，美国国会为这一专项基金拨款5亿美元。②

总之，里根政府面临内忧外患的境遇，这一时期美国对外援助是在世界银行的“结构调整计划”下展开的，核心就是削弱政府在对外发展援助中的作用，将发展援助部分地转移到私人企业或民间组织身上。这一时期美国的对外援助不仅尝试重新融入联合国为主的国际多边发展组织，还与国际

---

① Christine A. Bogdanowicz-Bindert, “The Debt Crisis: The Baker Plan Revisited”, *Journal of Interamerican Studies and World Affairs*, Vol. 28, No. 3, Autumn 1986, pp. 33-46.

② 刘国柱、郭拥军等：《在国家利益之间：战后美国对发展中国家发展援助探研》，浙江大学出版社，2011。

多边援助体系保持了一致的方向。

（四）20 世纪 90 年代：民主化

20 世纪 90 年代，持续了近 50 年的冷战得以终结，随之而来的是第三波民主化浪潮向中东欧国家扩展，民主化发展的决定性因素成为社会各界关注的焦点。在此背景下，这一时期的美国对外发展援助逐渐在民主化的发展理念主导下展开。

从 1989 年的老布什政府开始，连续三届美国政府都非常强调依靠对外援助推动民主发展。[①] 1991 年国际开发署署长罗纳德·罗斯肯斯（Ronald Roskens）将国际开发署的工作定位为促进受援国的经济和政治自由化，并认为这是改善受援国人民生活状况的基本条件。美国国际开发署向那些迈向自由化的国家提供直接的经济援助，但对那些不愿意进行重大改革的国家采取“谨慎”的援助。1989 年布什政府推动通过《支持东欧民主法案》（Support for Eastern European Democracies，SEED），SEED 最初用于援助波兰和匈牙利两国。1992 年美国国会又通过《自由支持法案》（Freedom Support Act），将援助范围扩展到其他中东欧国家，通过提供技术援助鼓励进行市场经济改革，并且在有选择的基础上建立有成本效益的社会保障网络，以安抚在经济转型过程中遭到重创的人们。[②] 克林顿政府于 1994 年推出《参与扩展战略》，在内容中指出扩大民主社会和自由市场国家大家庭是国家安全战略的

① 霍淑红：《霸权视角下美国私人基金会的对外援助研究》，九州出版社，2019。

② Kimberly A. Zeuli and Vernon W. Ruttan, “U. S. Assistance to the Former Soviet Empire: Toward a Rationale for Foreign Aid”, *The Journal of Developing Areas*, Vol. 30, No. 4, 1996, pp. 493-524.

关键部分，其核心目标就是追求全球民主化。克林顿政府时期，美国对外援助政策有了更加清晰的战略，尤其强调发展中国家的“可持续发展”，以及通过美国的援助有效地推动发展中国家的发展和民主化。

（五）“9·11”事件后：反恐—减贫

进入21世纪以来，美国在援助发展中国家时常将减贫与维护国家安全的反恐战略结合起来。原本信奉新保守主义的小布什政府对发展援助的兴趣并不大，但是“9·11”事件的发生促使其对国家安全战略和对外援助战略进行重新构思。反对国际恐怖主义、维护国家安全成为小布什政府外交战略的核心，与此相应的对外援助战略也做出了调整。

2003年8月，美国国务院与国际开发署联合签署了针对美国外交和发展援助的纲领性文件《安全、民主、繁荣——战略计划（2004~2009财政年度）》，声称美国对外政策的根本目标是“创造一个造福于美国人民和国际社会的，更加安全、民主和繁荣的世界”。该文件的基本逻辑是既要以保护美国公民的生命、自由和财产为首要职责，也要关注与自身安全紧密相关的邻国与朋友国家的安全状态。因此，美国致力于解决地区冲突，对付国际恐怖组织网络，与国际有组织的犯罪进行斗争。同时，美国国际开发署的援助计划将帮助处于发展转型期的国家，保证其经济、社会和政治的稳定。[①] 为此，美国国务院和国际开发署重点关注推动民主和善治的发展；促进世界经济的增长、发展与稳定；为美国企业扩大机会确保美国经济安全；帮助发展中国家建立卫生保健体系，

---

① Department of State/USAID, “Security, Democracy, Prosperity: Strategic Plan, Fiscal Years 2004-2009”, Department of State/USAID Publication 11084, August 2003.

发展公民教育，保护环境，应对全球人口增长；对人道主义灾难提供救助；等等。另外，小布什政府还成立了专门从事发展援助的机构——“千年挑战公司”（Millennium Challenge Corporation），着重通过投资农业、教育、私有企业发展和基础设施等领域来促进经济的稳定持续增长以减少贫困。美国这一时期还发起了卫生和医疗计划，支持撒哈拉以南的非洲、亚洲和加勒比海地区 15 个重点国家的卫生系统能力建设。

奥巴马政府时期基本上延续了将对外援助作为美国安全和经济战略一部分的对外援助理念，但在“反恐—减贫”的政策理念下，奥巴马更加强调减贫。具体表现在奥巴马在 2009 年曾相继推出全球医疗计划、食品安全计划。随后在 2010 年，他又敦促富裕国家维持对贫困国家的发展援助，强调这是一个有利于富裕国家自身利益的举动。

（六）特朗普和拜登政府：美国优先

“美国优先”（America First）的理念在特朗普政府时期得以贯彻到对外援助政策上，一方面加强对军事实力的重视，另一方面削减对外援助预算以保证国防支出，进一步从根本上保证国家安全。[①] 这一时期的美国对外援助在该理念下，政策更趋于工具化并侧重保护美国的经济利益。

2017 年特朗普政府就发布了《美国优先：使美国再次强大的预算大纲》，将国防支出增加了 540 亿美元，而对外事务及相关项目预算则被大幅削减，具体包括减少对多边开发银

---

① 丁韶彬：《美国对外援助的战略功能——以特朗普政府援外政策争论为背景》，《当代世界》2018 年第 11 期。

行的资助、终止紧急难民和移民援助账户等。① 同样在2019~2021财年中，特朗普依旧屡次大幅度削减"国务院、对外事务及相关项目——对外援助的相关支出"。在2020年面临全球疫情大流行和美国本国的严峻疫情形势下，对外国的抗疫援助资金也一度被大幅削减。与此相比，特朗普时期的对外援助资金在强调其战略功能的政策思路下进行了调整，比如将资金用于应对哥伦比亚和危地马拉等国家的移民问题。② 美国还成立了国际开发金融公司（The U. S. International Development Finance Corporation，DFC），顺应这一时期的国际发展合作重视发展投融资的趋势。在区域伙伴关系方面，特朗普执政时期美欧之间也发生了一些冲突，比如《跨大西洋贸易与投资伙伴关系协定》（TTIP）的无限期搁置、支持英国脱欧且不支持欧洲一体化，以及在气候变化和伊朗核问题上的意见分歧等。③ 另外，宣布退出《巴黎气候协定》更体现了"美国优先"的强硬立场。

拜登执政以来，虽然美国开始重新重视对外援助在外交政策中的地位，对外政策也进行了一系列调整，并在国际盟友与伙伴关系上进行了战略布局，但这些举措对服务于"美国优先"以维护本国利益的政策理念基本没有改变，拜登政府甚至将维护和重建美国的全球领导力放在了对外政策的重

① Office of Management and Budget, "America First: A Budget Blueprint to Make America Great Again", pp. 33-34.

② Jennifer Rigby, Sarah Newey and Anne Gulland, "How Trump undermined US aid-but still spent billions in 'transactional' approach", https://www.telegraph.co.uk/global-health/climate-and-people/trump-undermined-us-aid-still-spent-billions-transactional/.

③ 达巍、黄婷：《拜登政府执政后的美国对外政策：继承与转向》，《当代美国评论》2021年第3期。

要位置。首先，拜登政府提交的 2022 财年政府预算案中，国际项目预算较 2021 年提高了 12%。国际项目预算涉及全球卫生计划、全球气候挑战、联合国维和工作以及其他多边合作项目及倡议。其次，从 2019 年重启“蓝点网络”和 2021 年发起的“B3W”（重建更好世界）计划来看，虽然拜登政府有向多边合作回归的转向，但对外援助的政策安排仍然存在与新兴大国的战略竞争。2022 年发布的《美国印太战略》报告明确了外交、经济、军事及涉华方面的新动向。为推进印太战略、维护美国国际领导力，拜登政府对盟友与伙伴的高度重视具体体现在双边军事同盟、美英澳和美日韩三边伙伴、美日印澳“四边机制”以及美国、英国、加拿大、澳大利亚和新西兰“五眼联盟”伙伴阵型的布局上。[①] 除传统盟国外，美国越来越注重加强与其他南方国家的联系，包括东盟、非洲、太平洋岛国等。最后，随着全球共同风险的加剧，美国有意通过发展援助加强其在全球卫生治理、气候变化等领域的领导地位，同时加强在基建、能源、农业等领域的投资和斡旋，并注重加强其国内政策与国际发展政策的衔接。

二　加拿大的对外援助历史

加拿大对外发展援助起始于 20 世纪 60 年代。在加拿大的发展援助历史变迁中可以发现，加拿大的发展援助处于人道主义和自我利益之间，在某些阶段充分体现了人道主义，但对自我利益的关切贯彻了加拿大整个发展援助过程。

---

① 韦宗友：《拜登政府“印太战略”及对中国的影响》，《国际问题研究》2022 年第 3 期。

（一）1960～1970年：起源

第二次世界大战期间，加拿大追随英国对德国宣战，为支持英国向其提供战略援助。第二次世界大战期间，加拿大对外援助总额达180亿加元，其中对英国援助34.68亿加元，占比约为19%。[①] 第二次世界大战结束后，加拿大经济繁荣并参与了美国发起的马歇尔计划，遏制苏联、援助欧洲。

加拿大真正意义上的官方发展援助起源于科伦坡计划（Colombo plan）。科伦坡计划是加拿大和澳大利亚等英联邦国家效仿美国马歇尔计划而发起的援助计划。第二次世界大战之后，在冷战的背景下加拿大等英联邦国家，分析东南亚地区的政治和经济形势，认为“该地区社会政治的动荡源于其饥饿和贫困，东南亚政治问题的关键在于粮食问题”[②]。加拿大等英联邦国家意识到必须对东南亚地区国家提出一种新的地区政策，并通过资金和技术援助、教育及培训计划等形式的国际合作，来促进南亚和东南亚地区的社会经济发展。

加拿大在加入科伦坡计划之初，官方发展援助金额达2300万美元，其主要对外援助项目包括教育、农业基础设施、电力、交通、轻工业和原材料等方面。此外，加拿大还为东南亚受援国提供专家服务、培训设施及赠送设备等技术援助。而随着加拿大政府对官方发展援助的重视，如图2-1所示，1960年加拿大对亚官方发展援助资金涨至近3亿美元，在1966年加拿大对亚官方发展援助达10亿美元。这得益于加拿

① C. P. Stacey, *Arms, Men and Governments: The War Policies of Canada, 1939-1945*, Ottawa: Queen's Printer, 1970.

② 孙建党：《科伦坡计划与加拿大对南亚和东南亚的发展援助》，《历史教学》2011年第12期。

大经济的快速发展和政府对官方发展援助的重视。

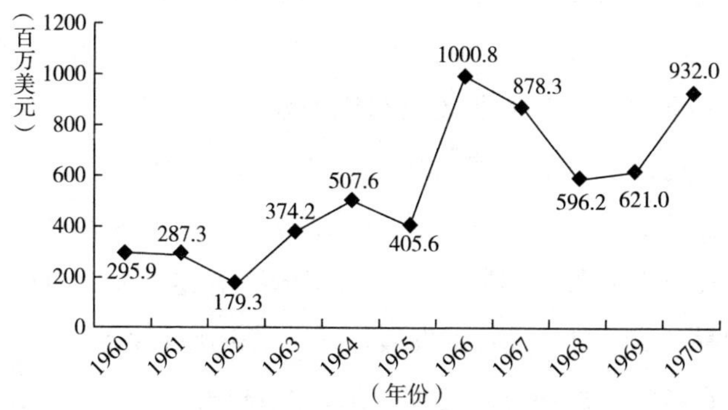

图 2-1 加拿大 1960～1970 年对亚官方发展援助（ODA）净额

资料来源：OECD DATA，https：//data. oecd. org/oda/distribution-of-net-oda. htm。

（二）1970～1990 年：发展

1968 年皮埃尔·特鲁多（Pierre Trudeau）就任加拿大总理，在其任职期间，特鲁多试图追求加拿大在国际上的地位，争取加拿大的国际发言权。20 世纪 70 年代，美国的国际地位有所下降，加拿大尝试摆脱美国的控制与束缚，大力发展对外援助，帮助第三世界国家崛起。皮埃尔·特鲁多总理对加拿大对外援助也持支持态度，他在卡尔加里大学做演讲时曾提到“富有与贫困、舒适与饥饿之间的差别是空前的、压倒性的挑战”。1968 年，特鲁多将原先的对外援助办公室上升为副部级的加拿大国际发展署（Canadian International Development Agency，CIDA），CIDA 直接对众议院负责并管理 75%以上的对外援助预算。在皮埃尔·特鲁多的领导下，加拿大的对外援助发展迅速。如图 2-1、图 2-2 所示，在特鲁多执政的第三年即 1970 年，加拿大对亚官方发展援助净额达 9.32 亿美元，增长率为 50%。1960～1967 年加拿大的官方对亚援助总额达39亿美元，年均4.88亿美元。特鲁多1968~1984年的执政时期，加拿大对亚官方发展援助额高达116.67亿美元，年均6.86亿美元，比1960~1967年增长40%。与此同时，特鲁多也特别重视加拿大非政府组织的建设，1968年CIDA建立了非政府组织处和加拿大国际合作委员会（CCIC），用于赞助并协调非政府组织参与对外援助事务，具体事项有成立加拿大援外专家服务团队，向受援国派遣志愿专家，协助受援国贸易、农、林、渔业的发展，帮助受援国建设等。

在特鲁多总理执政时期，加拿大试图减少对外援助中对商业和地缘政治的追求，而采取更加符合道德原则和人道主义的援助政策，但并没有放弃对自身利益的追求。同时，随着加拿大国内经济的繁荣发展，其对外援助项目也得以迅速扩大。20世纪70年代的全球金融危机波及加拿大的国内经济，这也使得政府更加重视加美关系，同时那些主张人道主义援助的观点越来越被忽略。1977年，特鲁多总理任命米歇尔·杜波依（Michel Dupuy）为加拿大国际发展署主席，至此加拿大的对外援助政策发生了重大变化。尽管加拿大对外援

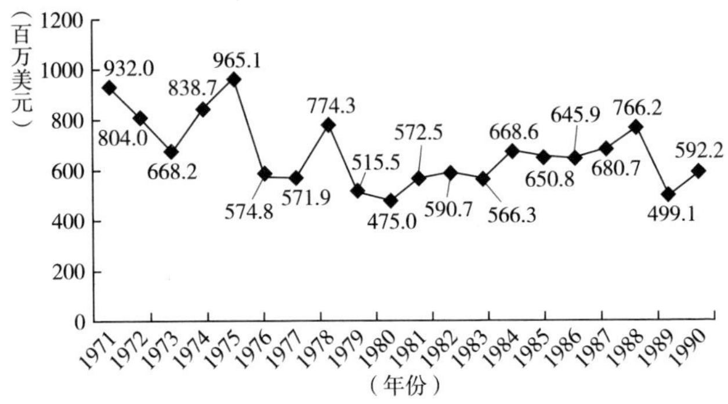

图2-2　加拿大1970~1990年对亚官方发展援助（ODA）净额

资料来源：OECD DATA，https：//data.oecd.org/oda/distribution-of-net-oda.htm。

助中的人道主义观念并未被消除，但对外援助逐渐为外交政策利益服务，以满足服务于国家利益的目的。20 世纪 80 年代，加拿大国际发展署对泰国、印度尼西亚和菲律宾等东南亚国家制定了重大的发展援助计划，但这些计划的主要目的是让加拿大出口商快速打入东南亚国家市场，即便是加拿大的紧急粮食援助也与加拿大的产品紧密联系在一起，意图将本国的过剩产能出口到受援国，这使得加拿大对外援助的意义价值进一步下降。

（三）1990~2000 年：低谷

加拿大在特鲁多政府的领导下，20 世纪 80 年代之后对亚洲的发展援助一直保持着缓慢增长的趋势。1991 年苏联解体，加拿大重新审视了对外援助的意义和作用。冷战结束后，国际形势的缓和以及加拿大国内经济危机的爆发使得加拿大开始缩减对外援助的规模。1991 年 2 月加拿大政府宣布限制官方援助，与此同时加拿大也退出了科伦坡计划。如图 2-3 所示，加拿大在 1990~2000 年对亚州的官方发展援助（ODA）净额持续走低，20 世纪 80 年代加拿大的亚洲 ODA 总额为 62. 33 亿美元，年均 6. 23 亿美元；而 90 年代的总额就降低至 43. 86 亿美元，年均 4. 39 亿美元，年均净额降低 1. 84 亿美元。

20 世纪 90 年代的加拿大更注重从自身利益出发的对外援助计划，并以提高本国在国际经济体系中的有利竞争地位为战略目标，这也逐渐削弱了加拿大对外发展援助的人道主义色彩。1994 年，加拿大政府再次审议了对外政策，第一次明确提出对外援助是为了加拿大的自身利益。1995 年《加拿大外交政策评论：1995 年世界上的加拿大》（Canadian Foreign Policy Review：Canada in the World 1995）中提到：“加拿大的对外政策有三大目标：促进繁荣和就业；在稳定的全球框架内保护加拿大的安全；促进加拿大价值观和文化的传播。”国际援助是实现加拿大政府所追求的三个关键目标的重要手段，作为对经济繁荣和就业的投资，对外援助将加拿大的经济与世界上某些发展最快的市场联系在一起。不仅如此，对外援助有助于全球安全，并且是其价值观最明显的表达。由此可以看出加拿大将对外援助视作促进经济繁荣和提高国家地位的手段。

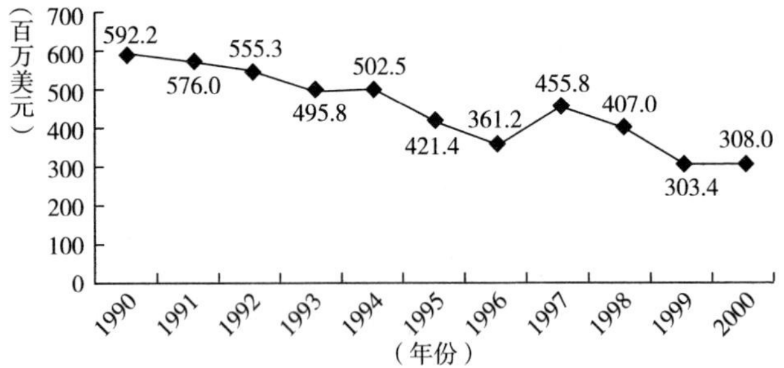

图 2-3　1990~2000 年加拿大对亚官方发展援助（ODA）净额

资料来源：OECD DATA，https：//data. oecd. org/oda/distribution - of - net - oda. htm。

（四）2000 年以后：恢复增长

进入 21 世纪，随着加拿大国内经济的恢复和国际上对发展援助的重视，加拿大对外援助又进入了恢复增长的阶段。加拿大以受援国的发展水平及有效利用援助的能力为标准，把援助国家分为三类并对其提供不同的双边援助。第一类为政府管理能力较强的相对富裕的中等收入国家，如乌克兰等，针对这类国家，加拿大提供高级技术援助。第二类是政府行政管理能力低且政治局面不稳定的低收入国家，如阿富汗等，对于这类国家加拿大则主要提供军事援助和紧急的人道主义援助，并且为社会组织实施的和平建设项目提供资金。第三类是政府管理能力低但政局相对稳定并承诺改革尝试民主化的国家，如孟加拉国等，对于这类国家加拿大主要为其发展提供资金支持和技术援助。

2002 年加拿大政府为提升国家的国际形象，对国际社会做出了许多新的承诺。与 20 世纪相比，21 世纪加拿大援助的地区更加集中，主要是非洲、美洲及少数亚洲国家。21 世纪初，加拿大对亚、非、美洲的官方发展援助净额持续上升。2012 年加拿大对非洲和美洲的官方发展援助净额分别是 15 亿美元和 7 亿美元左右，达到了历史新高。[①] 然而加拿大的对外援助在 21 世纪仅仅经历了短暂的春天。加拿大在重新重视对外援助的人道主义的同时，并没有减弱对国家自我安全利益的维护。2010 年以后史蒂芬·哈珀（Stephen Harper）政府开始改变策略，减少加拿大的对外援助数额，并重视援助对本国利益的实现，这使得加拿大的对外援助越来越工具化。

这一时期在政府援助机构上也进行了调整，2013 年，加拿大政府宣布将加拿大国际发展署（CIDA）并入外交事务部门，并更名为加拿大外交事务与贸易发展部（Department of Foreign Affairs，Trade and Development，DFATD）。之后在 2015 年，总理贾斯廷·特鲁多（Justin Trudeau）领导的新自由党政府再次修改部门名称为加拿大全球事务部（Global Affairs Canada，GAC），GAC 主要由三大部长领导工作：外交部部长负责外交政策事务以及整个部门；国际发展部部长负责国际发展、减贫和人道主义援助；进出口国际贸易、小企业和经济发展部部长负责国际贸易事务。

① OECD DATA, https://data.oecd.org/oda/distribution-of-net-oda.htm.

第二节　北美的发展学建制概况

一　教育体系

美国设置发展专业的大学主要有以下 9 所：加州大学伯克利分校（University of California，Berkeley）、康奈尔大学（Cornell University）、杜克大学（Duke University）、密歇根州立大学（Michigan State University）、俄亥俄州立大学（The Ohio State University）、布朗大学（Brown University）、爱荷华州立大学（Iowa State University）、约翰斯·霍普金斯大学（Johns Hopkins University）和美利坚大学（American University）。其中，加州大学伯克利分校、康奈尔大学、约翰斯·霍普金斯大学的发展研究专业进入 QS2023 前五十。

加拿大设置发展专业的大学主要有以下 6 所：多伦多大学（University of Toronto）、麦吉尔大学（McGill University）、圣玛丽大学（Saint Mary's University）、滑铁卢大学（University of Waterloo）、约克大学（York University）和渥太华大学（University of Ottawa）。

二　北美的发展研究机构

虽然哈佛大学和斯坦福大学没有发展专业的设置，但都设置了发展研究机构。哈佛大学的国际发展中心（Center for International Development，CID）致力于将发展知识应用于发展实践，为全球贫困提供可行的解决方案。其研究人员由文理学院、公共卫生学院、教育研究生院、法学院、商学院等的教职员工组成。斯坦福大学全球发展研究中心（King Center on Global Development）由斯坦福经济政策研究所（Stanford Institute for Economic Policy

Research，SIEPR）和斯坦福经济体创新研究所（Stanford Institute for Innovation in Developing Economies）合作创立。该中心通过开展印度和中国区域的项目研究，致力于缓解全球贫困等问题。一些高校与英国苏塞克斯大学的发展研究所（IDS）开展发展研究项目的合作，如美国的加州大学圣迭戈分校、塔夫茨大学、杜兰大学，加拿大的多伦多大学和渥太华大学。

除上述机构外，北美地区还有 3 所成立已久的国际性发展研究相关机构。

1919 年美国成立的国际教育研究所（Institute of International Education，IIE）十分重视国际交流层面的教育。该机构专注于国际学生交流与援助、外交事务以及国际和平与安全。尤其典型的项目是对阿富汗所面临的人道主义紧急情况做出回应的“阿富汗危机回应计划”（Afghanistan Crisis Response），在 2021 年宣布将给予在美国的阿富汗学者、学生以及艺术家相应的研究和学习支持。①

另外，美国在 1963 年成立了政策研究所（Institute of Policy Studies，IPS），该机构是一个专注于美国对外政策、发展政策、人权、国际经济和国家安全等领域的国家智库。作为华盛顿的第一个多议题智库，IPS 为具有远见的社会正义运动提供了政策和研究资源，包括 20 世纪 60 年代的反战和民权运动、过去十年的和平与全球正义运动。IPS 专注领域是经济公平、种族和性别平等、环境公平、对外政策和全球领导力。IPS 的成员不仅聚集了各学科极为杰出的学者和专家，还有来自电影、新闻、音乐、文学写作等领域极具影响力的人物。

最后是 1990 年在加拿大注册成立的独立智库和慈善组织

① Institute of International Education, “Afghanistan Response Information”, 2021, https: //www. iie. org/Connect/Afghanistan.

国际可持续发展研究院（International Institute for Sustainable Development，IISD），该机构从许多国家政府、联合国机构、基金会和私营部门获得支持。IISD 在加拿大、瑞士和美国设有办事处，在 70 余个国家开展项目。IISD 在中国也运行着多个项目。IISD 的出版物主题包括可持续发展、低碳管理、海外投资、可再生能源、公共财政和政府绿色采购等。IISD 作为发展研究和实践的网络，集结了一批在高校从事发展研究的专家、学者以及发展援助部门的高管，为高校与发展援助组织和部门提供了交流讨论的平台。同时，IISD 也与众多组织和政府部门有联系，包括联合国开发计划署（United Nations Development Programme，UNDP）、加拿大可持续发展指标网络（Canadian Sustainability Indicators Network，CSIN）和中国国务院发展研究中心等。

第三节　北美的发展学学生培养

一　教学项目

在美国的大学中鲜有在学士阶段就开设发展研究课程的情况，在本书关注的北美高校中，有发展研究学士项目的美国高校有俄亥俄州立大学、康奈尔大学。其中比较特别的是，康奈尔大学所设置的发展课程是与理工科课程相联系的，在学士阶段授予的学位为农业理学学士。相比之下，加拿大的高校较多开设学士学位项目，其中，只有圣玛丽大学和渥太华大学开设了学士、硕士和博士三个学位阶段的国际发展研究项目。滑铁卢大学、约克大学、麦吉尔大学、多伦多大学都只开设了学士项目。

具体如表 2-1 所示，分别统计了 9 所美国高校和 6 所加拿大高校设置发展专业项目的情况。

表 2-1 美国和加拿大高校设置发展专业的情况

国家	学校名称	所属院系	开设专业	授予学位
美国	加州大学伯克利分校	The Goldman School of Public Policy	发展实践	硕士
	康奈尔大学	College of Agriculture and Life Sciences	全球发展	学士/硕士/博士
	杜克大学	Sanford School of Public Policy	国际发展政策	硕士
	密歇根州立大学	College of Social Science	国际发展	非学位型项目
	俄亥俄州立大学	College of Education and Human Ecology	人类发展与家庭研究	学士
	布朗大学	Watson Institute (International & Public Affairs)	发展研究	博士
	爱荷华州立大学	College of Human Science	国际研究	硕士/博士
	约翰斯·霍普金斯大学	School of Advanced International Studies	国际研究	硕士/博士
	美利坚大学	School of Public Affairs	公共管理政策	硕士/博士
加拿大	多伦多大学	Department of Global Development Studies	国际发展研究	学士
	麦吉尔大学	Faculty of Arts	国际发展研究	学士
	圣玛丽大学	Faculty of Arts	国际发展研究	学士/硕士/博士
	滑铁卢大学	Faculty of Arts	国际发展研究	学士
	约克大学	The Department of Social Science	国际发展研究	学士
	渥太华大学	The School of International Development and Globalization	国际发展与全球化研究	学士/硕士/博士

资料来源：笔者根据各高校官方网站信息收集整理而成。

（一）学士项目

1. 美国

康奈尔大学为该阶段学习最终授予的是农业理学学士学位。康奈尔大学的全球发展专业学士项目中，学生接受有关全球发展的关键思想、问题和辩论的全面训练。在教学和实践中学习广泛的跨学科课程，课程包括社会与经济发展、粮食系统、环境保护、全球发展基础，等等。该项目的一大特色是将教学和实践放在同等重要的位置，学生必须在国内或国际范围内进行至少 8 周的实地实习。在实地经验中，学生将与发展从业者和社区领袖一起工作，如学生可参与康奈尔大学“农场工人计划”的暑期实习，或参与非洲加纳的“支持女企业家”项目的组织实习。

表 2-2　学士阶段各高校发展学情况（美国）

学校名称	专业名称	核心课程	培养目标
康奈尔大学	全球发展	1. 全球发展基础 2. 粮食系统 3. 环境保护 4. 社会与经济发展	全球发展专业回应了对发展概念和实践进行创新和批判思考的需求，培养学生解释问题、阐明解决方案、领导力，并且促进积极的社会变革。学生通过该专业学习要能够对全球发展范式展开批判性的阐释；能够拥有发展实践的基本技能，包括小组团队建设、多方利益相关者问题评估等；还要同时具备反思性写作和跨文化交流的技巧
俄亥俄州立大学	人类发展与家庭研究	1. 基础课（必修） 2. 方法课 3. 发展课程	了解个人发展过程中家庭、婚姻关系的动力；外部环境对于个人的影响；个人、社会、家庭的关系

资料来源：笔者根据各高校官方网站信息收集整理而成。

俄亥俄州立大学提供丰富的发展课程，学士阶段课程主要是基础课、方法课和发展课程，且都关注了社会转型期的问题。

2. 加拿大

加拿大的发展研究教育较为成熟，项目提供很多专业方向（如人口、计划、科学技术政策或营养）和领域（发展管理、发展经济学、发展政策、发展社会学或国际交流）的学习选择。

表 2-3 列出了加拿大各高校的核心课程和培养目标，由此可以看出学士阶段课程设置的一些特点。首先，加拿大的学士阶段在课程设置方面除了发展专业基础课外，还设置了研究方法和各类社会科学相关课程。不同高校的课程设置体现出不同的培养方向和关注主题。其次，从开设的课程上看，侧重于发展研究基础理论的教育。最后，在专业名称设置上趋于统一，以“国际发展”命名该阶段的专业项目在一定程度上体现了发展学的学科专业化。

表 2-3　学士阶段各高校发展学情况（加拿大）

学校名称	专业名称	核心课程	培养目标
多伦多大学	国际发展研究	1. 社会科学 2. 环境科学	理解世界范围内的贫困、不平等和压迫，学习和研究减轻此状况的政策和实践。以交叉学科研究为基础，将视角主要集中在穷人和弱势群体身上
麦吉尔大学	国际发展研究	1. 国际经济与贸易 2. 文化、人口与发展 3. 政治、社会与发展 4. 研究方法 5. 发展研究专题	重点关注发展中国家面临的许多挑战，包括社会经济不平等、民生福祉、治理、和平与冲突、环境与可持续性等与发展有关的主题，以及与国际发展研究有关的研究方法

续表

学校名称	专业名称	核心课程	培养目标
圣玛丽大学	国际发展研究	1. 发展专业基础课 2. 经济 3. 研究方法 4. 社会科学 5. 区域发展研究	提供国际发展的跨学科学习
滑铁卢大学	国际发展研究	1. 社会发展研究 2. 心理学 3. 社会学 4. 社会工作 (人类地理，环境研究，政治经济学，食物，环境的可持续发展)	在地方、国内、国际的背景下研究社会实践，实现从多个视角分析的目的
约克大学	国际发展研究	1. 发展的理论基础 2. 发展的历史和结构性基础 3. 发展的田野工作 4. 批判性反思	了解殖民主义和全球发展，理解贫富差距与经济、文化、政治等的关系，更深层次地理解全球贫困问题
渥太华大学	国际发展与全球化研究	1. 国际发展导论 2. 加拿大与全球发展和全球化挑战 3. 教育健康与社会保护 4. 人口和国际发展 5. 女性、性别与国际发展 6. 人道主义行动	1. 了解人类社会所面临的环境、经济、社会、政治等诸多挑战；了解部分国家深陷贫困的原因；了解人权、减贫、气候变化、人道主义危机、社会和企业责任、医疗与健康的议题；了解人类社会如何在困境中找到出路和解决方法 2. 全球化背景下的经济活动，包括个人、私企、公共部门和国家。提供经济学理论课程，帮助学生理解经济社会发展和发展中国家的发展

资料来源：笔者根据各高校官方网站信息收集整理而成。

滑铁卢大学授予发展专业学生环境学学士学位，学位证由环境、企业与发展学院（School of Environment，Enterprise and Development，SEED）颁发，提供环境学、社会科学、商业和语言方面的课程，注重管理技能和环境知识。滑铁卢大学创建国际发展专业是为了让具有专业性知识和跨文化技能的学生，为存在经济不平等、社会不公正和环境退化等问题的海外社区创造积极的变化。

约克大学设有约克国际发展网络（International Development Network，IDN），汇聚了约克大学的国际发展研究人员，该网络由社会科学研究中心主持，目前有 5 个研究主题：全球粮食安全和可持续营养，全球健康与公平，就业，冲突后的建设和包容性社会，可持续发展。约克大学旨在帮助学生了解殖民主义和全球发展，更深层次地研究全球贫困问题。

综上可知，美国和加拿大发展研究专业学士阶段的课程中，理论课程占了很大的比重。除此之外，康奈尔大学、俄亥俄州立大学、圣玛丽大学都开设了研究方法课。同时，约克大学设置的“发展的田野工作”课程，更体现了学士阶段对研究应用的重视。

（二）硕士项目

表 2-1 的 15 所大学中，授予硕士学位的美国高校有康奈尔大学、加州大学伯克利分校、杜克大学、爱荷华州立大学、约翰斯·霍普金斯大学、美利坚大学，加拿大高校有圣玛丽大学和渥太华大学。表 2-4 重点展示了他们的教学专注领域。其中，美国的大学授予的硕士学位分为两种：公共管理硕士学位和公共政策硕士学位。爱荷华州立大学发展研究硕士项目的学习十分灵活且独特，学生可以按自己的兴趣在主修和

辅修课程中制订自己的学习计划，该项目还设有 3 周的出国留学的计划供学生自愿申请，学校鼓励学生申请到自己感兴趣的地区获取国际学习经验。

从表 2-4 可明显看出，各大高校在硕士阶段的教学专注领域的侧重点不同，有各自所专注的培养方向。与学士阶段的学习相比，教学内容的专业性有所提高，且具有一定特色。康奈尔大学对农业与农村发展有所侧重；加州大学伯克利分校侧重多学科交叉培养国际发展实践人才；杜克大学、美利坚大学以及渥太华大学明显偏向于法学与公共政策领域；爱荷华州立大学与圣玛丽大学关注全球和区域性的发展问题；约翰斯·霍普金斯大学的硕士教学由于是与中国南京大学的联合培养项目，所以在培养方向上关涉中国研究，该项目最终授予学生的硕士学位也同时被中国和美国认证。

表 2-4　硕士阶段各高校发展学教学的专注领域

国家	学校名称	教学专注领域
美国	康奈尔大学	国际农业与农村发展，国际环境管理、社会企业，移民与迁移，非盈利与非政府组织管理，性别与发展，教育与发展，人口变迁与全球发展，国际发展经济学与政策
	加州大学伯克利分校	国际发展实践，基于经济学、政策、健康、气候和能源以及数据科学的多学科理论
	杜克大学	应用经济学，发展管理与治理，环境管理与政策，法律与发展，和平与冲突解决，社会政策，创新与创业
	爱荷华州立大学	国际研究基础理论，全球环境问题，全球化和经济发展，科学和技术领域的国际问题，国际通信，国际冲突，社会和文化变革

续表

国家	学校名称	教学专注领域
美国	约翰斯·霍普金斯大学	中国研究，国际法，能源、资源与环境，国际经济学，国际政治学
	美利坚大学	社会政策，健康政策，教育政策，国际发展，科学、科技与环境政策，高级政策分析，犯罪与公共法，比较政策
加拿大	圣玛丽大学	环境和当地发展，劳动力与发展，发展的政治经济学，农村发展和社会运动，跨国人口迁移和发展
	渥太华大学	国际研究，法语区研究，公共政策，健康与社会福祉，社会公正

资料来源：笔者根据各高校官方网站信息收集整理而成。

（三）博士项目

表 2-1 的 15 所高校中，授予博士学位的包括美国的康奈尔大学、布朗大学、爱荷华州立大学、约翰斯·霍普金斯大学和美利坚大学，加拿大的圣玛丽大学和渥太华大学。总体上，北美这几所知名高校的发展学博士项目设置十分清晰，都将发展学作为一个专门研究领域，致力于严格地培养出新一代的优秀学者。从博士项目归属的学院部门来看，该阶段的学习因其研究性质较强，一般会与本校的发展研究机构有所挂钩，而不像本、硕阶段的项目仅由某个学院设置并开展教学。比如康奈尔大学的博士项目属于其农业与生命科学院单独设置的全球发展系，布朗大学的博士项目则属于其国际与公共事务沃森研究院。下面选取其中三所高校做进一步介绍。

康奈尔大学的发展研究博士学位项目将研究领域聚焦于人口与发展、农村与环境社会学以及国家、经济与社会这三大方向。通过严格的训练和教学，旨在最终使博士研究生可立足于地方和全球范围的紧迫发展问题前沿。

布朗大学的发展学博士项目十分注重其跨学科性质，所以该项目对拥有不同社会科学背景的学生都开放申请。该项目旨在促进对发展中国家的社会、政治和经济转型进程的社会科学研究，尤其关注日益复杂的全球化环境和不平等问题。通过提供专业课程、资助学生开展实地研究、提供奖学金、接待各方访问学者，促进全球伙伴机构的合作研究。该项目认为“发展”的问题需要通过不同社会科学学科的观点和技术来获得知识力量和创新源泉。①

渥太华大学的国际发展博士研究不仅强调跨学科学习，也充分尊重学生在研究选择和学术成果产出上的自主性。该项目同时还提供英语和法语的教学，学生可选择一种语言进行考核及论文写作。该项目属于社会科学院的国际发展与全球研究系，该学院聚焦五大研究主题，分别是国际研究、法语区研究、公共政策、健康与福祉和社会公正。

（四）非学位型发展研究项目

在开设发展研究专业的北美高校中，最为特别的是密歇根州立大学，该高校不授予发展研究学位，而是以项目研究的方式执行。其项目分为两类，如表 2-5 所示。

① Brown University, “GPD Graduate Program in Development-A PhD With a Difference”, https://watson.brown.edu/gpd/.

表 2–5　密歇根州立大学发展项目分类

研究类别	区域研究	国际发展高级研究
涵盖内容	加拿大研究 欧洲和俄罗斯/欧亚的研究 拉丁美洲和加勒比研究 中国研究 非洲研究 亚洲研究	国际环境中的性别 国际农业 国际商业 国际教育 国际健康 穆斯林研究

资料来源：笔者根据高校官方网站信息收集整理而成。

二　教学特点

（一）起步早

第二次世界大战后，世界面临着经济复苏和发展的实际问题，美国提出了对欧洲援助的“马歇尔计划”，从各种角度探讨“发展”的研究得以发端。北美最早的研究是关注经济的发展，随后其关注的领域扩大到各个层面。美国试图建立起以自己为模板的发展道路模式，而加拿大一方面受到美国发展研究的影响，另一方面由于本国发展所需而较早开展了发展研究和教育。

（二）研究领域广泛

北美的发展研究关注了众多领域，在美国和加拿大的高校中，授予学位的种类是很多的。根据关注领域的不同，授予发展研究的学位类型包括文学、环境学、农业理学、公共管理和公共政策等。

在研究所侧重的区域和主题上，发展研究与国际环境、全球背景相联系。区域上主要表现在除了本国外，还涉及东亚、中东等世界其他地区。主题上多与全球关注的焦点相关，如生态环境、人权等问题。学科的课程类型与其所授予的学位有关，虽然侧重点不同，但都要求将所学与实践相结合，即站在现实的角度分析发展现状和问题，而不单探讨理论。

以布朗大学和俄亥俄州立大学为例。布朗大学的发展研究专业课程除了包含发展专业课外（发展研究专题，发展中国家的健康、饥饿和家庭，发展的社会经济分析，家庭、人口、性别与发展），还涉及经济学（当代全球经济挑战、经济发展、比较经济体制、1949 年以来的中国经济、中东地区的经济）、政治学（殖民主义和新殖民主义、后殖民主义理论、后殖民主义研究、20 世纪国际关系理论、国际关系理论、新旧民主国家的福利体制）、人类学（美国人类学专题、社会学专题、全球化和社会冲突、文化和社会结构、社会分析专题）、人口学（人口学原理、人口学分析的技术）、历史（伊斯兰教历史：1400~1800、南部非洲历史、中国 1750~1911：传统时代的终结、葡萄牙和巴西研究）、环境研究专题、宗教研究。俄亥俄州立大学既开设了理论专业课程，还有应用性十分突出的方法类课程。具体课程包括方法论和田野研究专题、统计学基础、SAS 数据分析、微观经济学、宏观经济学、应用经济学、研究方法导论、定性研究方法、绘图方法、遥感和 GIS、定量研究方法、田野方法、定量政治分析、基础统计学、社会研究方法、数据分析和处理、研究设计和讨论。其中一些方法论课程在加拿大圣玛丽大学的课程中也有所体现。

（三）与政府等机构联系紧密

北美高校发展研究对政府产生影响的方式主要有论文、

报告和期刊的出版，举办高层次会议和活动，作为官方对外援助项目的评估人员对项目本身进行评估监测等。与之联系紧密的关键部门主要是美国国际开发署（United States Agency for International Development，USAID）和加拿大政府设立的国际发展研究中心（International Development Research Centre，IDRC）。这些机构通过引入高校参与对外援助项目来促进发展问题的解决、知识共享以及能力建设，而高校也在参与发展项目的同时培养并不断为发展机构输送人才队伍。

USAID 是美国联邦政府的一个组织，是美国的援外机构，成立于 1961 年，总部在华盛顿，承担着美国大部分非军事性的对外援助工作。美国高校主要通过各种网络和中心的平台与 USAID 保持紧密伙伴关系，最重要的机构平台包括高等教育解决方案网络（Higher Education Solutions Network，HESN）、加强研究伙伴关系（Partnerships for Enhanced Engagement in Research，PEER）、喂养未来创新实验室（Feed the Future Innovation Labs）、美国海外学校和医院项目（American Schools and Hospitals Abroad，ASHA）。

IDRC 创办于 1970 年，旨在促进和支持发展中国家为其自身发展所进行的科学研究，强调科学家对国际发展的重要作用。总部在加拿大首都渥太华，在乌拉圭、肯尼亚、塞内加尔、约旦和印度等国设立地区办公室，与其援助项目和研究人员保持更紧密的联系。IDRC 的发展理念是将知识、创新和解决问题作为全球发展问题的三大支柱。该中心帮助建立并资助国际性的研究网络，促进与发展中国家之间相互学习与合作。以项目合作为例，IDRC 在发展中国家和加拿大本国的专家之间建立交流渠道，促进研究成果从加拿大向发展中国家转移，同时项目所在国也需要制定基于实际的、科学全面的项目建议。另外，IDRC 设置奖学金部分用于鼓励加拿大的年轻研究人员和到发展中国家进行相关调研与工作。① 所以，在注重发展中国家的人力资源建设与开发的同时，来自加拿大高校和智库的人员参与到项目中也为本国未来在发展领域的人才培养注入了力量。

此外，CIDA（后改名为 GAC）作为加拿大的对外援助管理机构，也和高校保持着紧密联系。如为在发展中国家学习全球事务的加拿大学生设立各种留学奖学金；GAC 的职位以及暑期实习生项目对加拿大高校的发展学专业学生开放申请；依托国际合作项目培养发展人才。1998~2003 年，CIDA 出资设立了两项国际合作科研项目，其中一个项目是“中国和越南的社区保护与管理”，由加拿大的 4 所高校和亚洲的 3 所高校共同承担。另一个项目是关于可持续农业管理的研究，由加拿大的纽布伦斯威克大学和中国的福建农林大学共同承担。②

第四节　总结

美国和加拿大的对外援助起源较早，美国对外援助在不同历史阶段经历了相应的发展理念和政策安排，呈现出不同的阶段特点；加拿大对外援助根据援助量的变化也大致形成起源、发展、低谷和复兴四个阶段。“发展”这一问题一直在历史变迁中动态变化，该领域的人才培养也日益受到重视。

① 李秀清：《加拿大国际发展研究中心（IDRC）简介》，《国际科技交流》1987 年第 3 期。

② 张华英：《依托国际合作项目，促进高校人才培养——福建农林大学实施 CIDA 国际合作项目的实践经验与理性思考》，《高等农业教育》2009 年第 1 期。

美国和加拿大的发展教育设置均较为全面，基本上覆盖了从学士到博士的教育项目。在本书提及的学校中，学士阶段设置该专业的北美高校较少，同时开设学士、硕士、博士项目的高校只有加拿大的圣玛丽大学和渥太华大学。硕士项目开设相较更普遍，所涉及的领域十分丰富。博士项目的设置专业性相对高，研究性也很强，同时在培养上也十分严格。

正如爱荷华州立大学在专业介绍中讲到的那样，“发展专业是一个跨学科的专业”，北美发展教育的研究主题几乎囊括了国际发展研究的所有领域，这为广大学子提供了广泛的选择空间。发展专业的课程设置既兼顾理论与方法，又跨越社会学、经济学、人类学等多学科维度。另外，发展研究和人才培养与相关政府机构联系紧密。总体来看，北美的发展教育具有起步早、发展完善、学科专业化趋势明显、研究领域广泛、与政府及其他机构联系紧密的特点。

附录　涉及院校和机构的官网

1. 涉及院校官网

国家	学校名称	系/院	网站
美国	加州大学伯克利分校	The Goldman School of Public Policy	https：//www. berkeley. edu/
	康奈尔大学	College of Agriculture and Life Sciences	https：//www. cornell. edu/
	杜克大学	Sanford School of Public Policy	https：//duke. edu/
	密歇根州立大学	College of Social Science	https：//msu. edu/

续表

国家	学校名称	系/院	网站
美国	俄亥俄州立大学	College of Education and Human Ecology	https：//www. osu. edu/
	布朗大学	Watson Institute （International & Public Affairs）	https：//www. brown. edu/
	爱荷华州立大学	College of Human Science	https：//www. iastate. edu/
	约翰斯·霍普金斯大学	School of Advanced International Studies	https：//www. jhu. edu/
	美利坚大学	School of Public Affairs	https：//www. american. edu/
加拿大	多伦多大学	Department of Global Development Studies	http：//www. utoronto. ca/
	麦吉尔大学	Faculty of Arts	https：//www. mcgill. ca/
	圣玛丽大学	Faculty of Arts	https：//www. smu. ca/
	滑铁卢大学	Faculty of Arts	https：//uwaterloo. ca/
	约克大学	The Department of Social Science	https：//www. yorku. ca/
	渥太华大学	The School of International Development and Globalization	https：//www. uottawa. ca/en

2. 涉及机构官网

机构	网站
哈佛大学国际发展中心	https：//www. hks. harvard. edu/centers/cid
斯坦福大学全球贫困与发展中心	https：//globalpoverty. stanford. edu/
美国政策研究会	http：//www. ips. org. pk/
美国国际教育会	http：//www. iie. org/
美国可持续发展国际协会	http：//www. iisd. org/

CHAPTER

3

第三章

欧洲的国际发展教育

第一节 欧洲的发展学起源

一 对外援助历史

欧洲是一个文化高度多元的广阔地区，不同国家有着不同的发展历程。欧洲的发展和世界其他地区一样是形态各异的，这里不仅有领跑工业化的英国，还有高度现代化的西北欧地区，也有尚处于发展中的其他地区，甚至在巴尔干半岛区域还有依旧处于欠发达经济阶段的国家，如阿尔巴尼亚。[①] 自第二次世界大战结束至今，国际社会对外援助发展历经了复杂的演变，欧洲是当今在全球对外援助事务中具有重要影响力的一个区域。

由于覆盖的国家甚多，本书将第二次世界大战后的欧洲对外援助发展历程从时间上划分为几个主要阶段进行介绍，并重点借助最具代表性的"援助俱乐部"（OECD-DAC）的沿革和欧盟对外援助政策作为线索，对发展学在欧洲地区（除英国外）起源所依托的重要历史背景做一个呈现。

（一）第二次世界大战后到20世纪60年代初：欧洲发展援助机制的形成

马歇尔计划的成功实施给欧洲国家带来了战后复兴，西

① 〔德〕迪特·森哈斯：《欧洲发展的历史经验》，梅俊杰译，商务印书馆，2015。

欧国家的经济得以迅速发展并恢复至战前水平。20 世纪 50~60 年代第三世界国家纷纷独立，美、苏在世界范围的争夺扩张至落后国家。自从欧美发达国家将眼光投向落后国家，由西方发达国家主导的国际发展援助机制逐渐形成。

这一时期国际对外援助的里程碑非 OECD 的诞生莫属。在 1948 年，美国和加拿大就发起并成立了欧洲经济合作组织（The Organization for European Economic Cooperation，OEEC），OEEC 是当时帮助执行马歇尔计划的重要组织，也是 OECD 的前身。在 1960 年，出于对国家、国际组织以及非政府组织之间的制度和机制进行协调的考虑，美国牵头与各盟友国又建立了发展援助小组（Development Assistance Group，DAG），该小组的建立可被视为西方发展援助集体性组织的形成。[①] 随后在 1961 年，OECD 取代 OEEC 后，DAG 也被并入，更名为发展援助委员会（Development Assistance Committee，DAC）。OECD 创始成员国除了美国和加拿大以外均是欧洲国家（包括英国），而其成立之初的官方发展援助在世界范围的占比达到 90%[②]。DAC 自成立以来，负责协调对发展中国家的援助，也延续成为现在权威的国际援助机构。另外，马歇尔计划的成功进一步激励发达国家对欠发达国家进行现代化发展指导，这一时期的对外援助实践以经济学理论为基础，并强调受援国实现经济发展和自立的关键在于通过援助补齐发展资本的不足。[③]

欧洲一体化进程一直影响着欧洲对外援助政策的制定。

① 李小云：《发展援助的未来》，中信出版社，2019。

② 李小云、唐丽霞、武晋：《国际发展援助概论》，社会科学文献出版社，2009。

③ John White, *The Politics of Foreign Aid*, London: The Bodley Head Ltd. , 1974.

欧洲对外援助政策起源是战后各国对共同利益的考虑以及对德国的遏制，于是，欧洲煤钢共同体、欧洲原子能共同体和欧洲经济共同体分别确立，后来在 1965 年三者统一为欧洲共同体（European Community，简称欧共体），亦是欧洲联盟（European Union，简称欧盟）的前身。其中，欧洲经济共同体在 1958 年《罗马条约》生效后，便成为这一时期的一大对外援助主体，开始加强对成员国海外领地的援助。在该条约中的“海外国家、领地与共同体的联系”部分，欧共体和与其有殖民历史联系的非欧洲国家之间建立起了“共同体联系制度”，标志着历史上欧共体实施对外援助的开启。

（二）20 世纪 60 年代到 80 年代末：欧洲对外援助的进展与成熟

这一时期广大发展中国家正在经历民族独立，特别是仅在 1960 年就有 17 个非洲国家宣布独立，这一年也被称为“非洲独立年”。与此同时，在全球去殖民化过程中，20 世纪 50~60 年代，欧洲各国在国家和国际层面上建立了各种发展知识的生产机构。然而，70 年代因为西方国家经济发展减缓，对外援助的热潮也有所回落。此外，发展的经济学理论受到拉丁美洲的依附理论冲击，发展经济学家由此开始考虑影响发展的多方面因素，而不仅是经济。于是，援助的重点从基础设施建设转到了社会、卫生、教育等领域。80 年代由于新自由主义思想的兴起，对外援助出现了“干预”特征，主要的推动者是世界银行和国际货币基金组织，对不发达国家进行了以自由化为目标的“结构调整计划”实践。

在以上背景下，欧洲对外援助的重要进展有三个方面。首先，以 OECD 为代表的机构主导并推动了发展知识的生产。

其次，这一时期以联合国为主的国际平台推动着国际发展援助问题的讨论和决议，尤其是在援助问题上，各国更强调盟友的贡献，所以美国的欧洲盟友有了更大的话语权。[①] 最后，自 60 年代起，欧共体对外援助的政策逐渐成熟，且援助范围随着欧共体成员的扩张也逐渐扩大。

在知识生产方面，OECD 在 1961 年建立了发展研究中心（OECD Development Centre），这个独立的政策对话和知识共享的平台使各国能够进行平等的互动交流。该中心的 53 个成员中有 25 个国家为 OECD 成员国，另外 28 个非经合组织国家成员中大部分是发展中国家，包括中国、巴西、印度等，后来欧盟也作为一个主体参与到发展研究中心的理事会工作中。在发展研究中心的政策对话和知识共享活动中，有欧洲各高校参与的主要涉及两种，一是开展国际论坛和搭建网络，吸引来自非洲、拉丁美洲等地区的各国政府、国际组织、民间组织、智库和学术机构以及企业和媒体的参与；二是对全球、区域和国家层面的研究和分析，形成各类知识出版物，这些出版物由 OECD 的各领域专家撰写。区域研究关注的议题有社会凝聚力、性别、移民、资本市场等。许多国家纷纷建立发展研究智库和机构并开展关于发展援助的科学研究，积极投身于对外援助实践。特别是 20 世纪 70 年代出现的“基本需求战略”“性别与发展”“参与式发展”“可持续发展”的概念，均是这些西方研究机构生产出的“发展知识”[②]。

在解决发展问题的议题推动方面，联合国大会在 1961 年通过了发展的第一个决议，确定了发达国家援助占国民生产

---

① 彭云：《战后国际援助潮流评析——发展轨迹及其特点》，《湖南师范大学社会科学学报》2008 年第 5 期。

② 李小云：《发展援助的未来》，中信出版社，2019。

总值（GNP）1%的目标，OECD 的发展援助委员会也在同年采用了该标准，还在 1962 年首次实施了“同行评议”，以对成员国的援助进行评估。到 1970 年，联合国又采纳“发达国家使用其 0.7%的国民总收入（GNI）用于海外援助”的目标。随着国际援助制度的规范化和目标的明确，欧洲发达援助国客观上也确立了更牢固的国际对外援助话语权基础。

欧洲共同体在这一时期的援助虽然取得重要发展，但援助的重点依旧是与成员国有殖民历史联系的国家。随着广大殖民地国家的解放运动发展，先前确立的“联系制度”不再适用。1963 年签署的《雅温得协定》指导了当时的对外发展援助，这一时期的重点依旧在非洲，该协定就是欧共体与 18 个非洲国家签订的经济贸易协定。直到 70 年代，4 个《洛美协定》① 先后签订，欧洲的发展援助以此为主要框架，将贸易和援助结合，领域较之前有所拓宽，涉及的合作领域有科技、文化、社会、环境保护等。《洛美协定》为欧共体在发展中国家树立了良好的形象，因其废除了原先的“联系制度”，开展平等的合作，并且不在政治上干预受援国。援助的规模在 70 年代至 80 年代末也逐步增长，但总体上的援助资金来源还是很有限，对于满足当时发展中国家的迫切需求还相去甚远，所以欧共体在这一时期的对外援助策略首先是将分配重点集中在大部分联系国，其次是有重要地缘政治战略地位的地中海国家，最后才是非联系的发展中国家。② 80 年代，欧共体对非洲、亚洲、美洲的年均援助额分别为 9.64 亿美元、2.62

① 第一个《洛美协定》于 1975 年签订，后续在 1979 年、1984 年、1989 年先后签订了新的《洛美协定》，每次续订都使欧共体与发展中国家的合作范围扩大。

② 孙笑华：《欧洲经济共同体的对外援助》，《国际经济合作》1985 年第 1 期。

亿美元和 1.33 亿美元。[①]

（三）20 世纪 90 年代到 21 世纪：欧洲发展援助反思与调整

进入 20 世纪 90 年代，从外部环境来看，冷战的结束也意味着第三世界国家对于西方国家的战略意义的下降，国际上出现了不同程度的“援助疲软”现象。1990 ~ 1999 年，OECD 的欧洲援助大国中，瑞典的 ODA 在 GNP 占比从 1990 年的 0.90%下降至 1999 年 0.69%，德国则是从 0.42%下降至 0.26%，法国的占比从 0.60%下降至 0.38%[②]。同时，结构调整计划收效甚微，这引起了对经济自由化的批评和对发展的反思，从而引导援助项目转向关切更全面的社会领域发展并重提减贫，援助理念也转向强调“善治”（Good Governance）的进一步干预。另外，全球化和区域一体化的迅速发展也使欧洲开始调整其对外政策，为对外援助寻找新的动力。从欧洲内部来看，主要是欧洲一体化取得重大进展。1993 年《马斯特里赫特条约》生效后，欧盟取代了欧共体，并在条约中提到“成员国应在必要时协助共同体援助项目的执行”[③]，这是首次提出加强成员间在发展政策上的合作。[④] 基于这些背景，欧洲的对外援助政策在 90 年代经历了一个重要转变时期，下面将从 OECD 和欧盟两大主体来阐述。

90 年代，欧洲各国的援助理念重新强调关注贫困问题。

① 贾文华：《欧盟官方发展援助变革的实证考察》，《欧洲研究》2009 年第 1 期。

② OECD, “OECD Data-Net ODA”, https://data.oecd.org/oda/net-oda.htm.

③ Maastricht Treaty, “European Union”, *Official Journal*, 1992, p. 29.

④ 周玉渊、唐翀：《欧盟对非援助协调新变化及对中国的启示》，《教学与研究》2013 年第 7 期。

落实到具体做法上，OECD 在 1996 年拟定了《形塑 21 世纪：发展合作的贡献》（Shaping the 21st Century：The Contribution of Development Cooperation）报告，报告中提到新的伙伴关系，并将援助聚焦到有效的减贫上，还总结了 90 年代初期联合国系列峰会界定的衡量各领域的发展目标，提出了国际发展目标（International Development Goals，IDGs），包括 2015 年的减贫目标、教育普及目标、性别不平等以及妇女赋权等方面要实现的进步等。这些内容后来大部分被纳入了联合国千年发展目标（MDGs）。

在欧盟方面，这一时期考虑了欧洲的国家安全、稳定与繁荣，重点将当下的全球性共同问题的根源归结于全球贫困。在对外政策上，欧盟将减贫、环境保护、民主、人权和善治等提到发展政策的优先位置①。在 80 年代末，尤其是以第四个《洛美协定》的签署为起点，欧盟的援助政策有了调整和变化。首先，在援助政策上从强调自由贸易转为注重发展援助的政治与社会治理，从原先的不干预和平等合作转为对受援国的政治和经济政策的监督干预。所以在援助的标准上，1995 年发布的对第四个《洛美协定》评议的“中期考察报告”中附加了政治条件，如将受援国的政治表现和制度改革进程等情况列入援助条件。其次，援助政策的核心从特惠贸易转向更贴合 WTO 自由贸易规则以适应全球化和欧洲一体化趋势。再次，80 年代后期以来，欧盟的对外援助开始与世界银行、OECD 以及国际货币基金组织等靠拢，在针对非洲的减贫战略和环境问题上都有战略伙伴关系。最后，在援助的流向上，由于这一时期考虑国家安全，对中东欧和地中海国家

① 刘丽云：《欧盟对外发展援助政策的变化及其原因》，《当代世界》2003 年第 5 期。

有所倾斜，反而减少了对非洲、加勒比和太平洋地区国家集团（简称非加太集团）的援助。

（四）21 世纪以来：提高有效性与重塑国际发展援助议程

进入 21 世纪，欧洲的国际发展援助进入新时期。在全球化深入的同时，全球性的危机和问题日益凸显，全球发展作为克服人类发展困难的重要途径也不断被推向前端。国际上，2000 年联合国制定了“千年发展目标”，2015 年又通过了 2030 年可持续发展议程（SDGs）这一全球框架。随着如金砖国家等组织以及中国、印度和巴西等新兴援助国的影响力日益提升，新的三方合作和南南合作等发展模式也与传统援助国的援助形成鲜明对比。在过去的 50 年中，发达国家主导的对外援助所获成效总体上差强人意，无论是政策界还是学术界，对于发展经验的批判和反思都开始从“援助有效性”转向“发展有效性”。在这些历史背景下，国际发展的整个进程开始向更包容、更全面、更创新的方向转型，发展援助以西方国家为主体的内容和框架，也逐渐被放置在一个需要纳入其他发展中国家的全球发展治理格局中来考量。

基于以上背景，经合组织援助委员会（OECD-DAC）在这一时期的国际援助有四点值得关注。首先，援助有效性议程越来越成为凝聚各方的话语。在 2003 年、2005 年、2008 年以及 2011 年，经援会先后在罗马、巴黎、阿克拉和釜山召开了四次有关援助有效性的高级别会议。2011 年形成的《釜山伙伴关系协议》（The Busan Partnership Agreement）将先前的《援助有效性巴黎宣言》（The Paris Declaration on Aid Effectiveness）和《阿克拉行动计划》（The Accra Agenda for Action）加以强化，设立了有效发展合作全球伙伴关系监测框架，以指导并提高 DAC 的援助有效性。[①] 这些会议标志着援助理念逐渐向“发展有效性”的重要转变，强调要提高援助有效性必须协调援助国与受援国双方的努力。[②] 其次，韩国是 90 年代以来加入 DAC 的亚洲唯一新成员国，而发展中国家也以观察员或参与者的方式参与到国际发展援助事务中。近几年，在经援会中，南南合作和三方合作也逐渐获得重视。再次，在援助对象上，接受援助最多的还是撒哈拉以南的非洲地区，对最贫困地区的关注一直持续。最后，在内容上，DAC 一直以财政、技术和债务减免等方式侧重社会福利和社会公共基础设施、环保等内容。近年来，由于地区局势动荡和自然灾害频繁，粮食援助也成为重要内容。[③]

从欧洲的对外政策上看，欧盟已是世界上最大的援助提供主体之一，其作为一个整体（包括成员国层面和欧盟层面）的发展援助总额占全球总量的一半以上。这一时期的援助政策受到国际政治经济格局的深刻影响。首先，自 21 世纪以来，欧盟加大对非洲的关注力度，建立多边合作的框架，以 2000 年首届非欧峰会的《开罗宣言》为标志性事件，开启了欧非双边合作新阶段。[④] 与非洲的合作内容超越了传统的贸易与援助，拓展了和平、能源、民主与人权、气候变化等领域的合作。其次，为最大化实现援助目标、保证援助资金的使

① 赵剑治：《国际发展合作：理论、实践与评估》，中国社会科学出版社，2018。

② 贺文萍：《从“援助有效性”到“发展有效性”：援助理念的演变及中国经验的作用》，《西亚非洲》2011 年第 9 期。

③ 王妍蕾、刘晴：《OECD 十年发展援助情况演变》，《烟台大学学报：哲学社会科学版》2013 年第 4 期。

④ 王学军：《欧盟对非洲政策新动向及其启示》，《现代国际关系》2010 年第 7 期。

用效率，2003年欧盟对其管理体系进行了改革，将援助项目的日常管理权力下放至各个驻受援国的外交机构，以针对受援国实际情况进行有效灵活调整。除此之外，2005年欧盟委员会发布的《欧洲发展共识》和2007年制定的《欧盟在发展政策中职能划分的行为准则》，都标志着欧盟为提高援助有效性在欧共体与成员国的职能划分上所做的努力。再进一步地提高援助效率是在2011年，欧盟委员会出台《增强发展政策的作用：新的变革议程》，这一文件的重要性在于欧盟试图改变以往援助分散的情况，而要集中瞄准特定的地区和行业，以更有效利用有限的援助资源。这一阶段，欧洲对外援助的策略转变与援助协调是一大趋势。

为了回应联合国2015年发布的2030年可持续发展议程，欧盟在2017年正式发布了《欧洲发展共识计划》（European Consensus on Development，ECD），形成了新的合作伙伴行动框架。在此框架下，通过Team Europe Initiatives（TEIs）推动计划落地，在全球范围内欧盟已计划筹备了158个合作项目。[①] 尽管英国已于2020年脱离欧盟，全球发展与治理的格局面临更多不确定性，欧盟以联系全球为出发点，在2021年发布了“全球门户”（Global Gateway）战略，声称要通过在关键领域构建利益共同体，增强欧盟与全球合作伙伴的产业联系韧性。该计划的投资来自欧盟预算资金和欧洲开发性金融机构，欧盟同时还在筹备相关信用机构。近年来，随着国际局势变化，发展合作整体在经合组织中的重要性有所下降，反之，全球伙伴关系（global partnership）的职能部门地位有

① European Union, “Team Europe Initiative and joint Programming tracker”, 2022, https://europa.eu/capacity4dev/tei-jp-tracker/https://europa.eu/capacity4dev/tei-jp-tracker/.

所提升，这也显示了欧洲视角下发展援助的多重属性和底层逻辑——本质上，发展援助是欧洲建立其全球伙伴关系的一个重要支柱。

二 学科发展

发展学学科起源与殖民地发展和援助有深厚渊源。西方主导了近半个多世纪的国际发展援助体系，在“发展知识”的生产与发展援助的实践中也倾注了欧洲各国将其主导的发展援助植入教育体系的努力。[①] 发展学在欧洲与经济学、政治学和人类学等学科的理论和实践相结合，逐步孕育为社会科学的一个重要分支，并建立起一套相对完善的教育体系。

早先的古典发展主义源自欧洲经济学家和政治学家的努力，直至马歇尔计划与杜鲁门主义的提出，“发展”这一概念才得以正式确立。战后欧洲被置于发展援助的第一位，马歇尔计划的目标就是帮助美国的欧洲盟国恢复经济发展。大部分欧洲的传统发达国家都在马歇尔计划内。而在 20 世纪 50 年代末至 60 年代初，全球范围的去殖民化运动带来了独立国家的发展问题，这又与欧洲国家曾经作为殖民“宗主国”的发展援助态度密切相关。

历史上的主要殖民国家除了“大英帝国”以外，还有德国、法国、比利时等欧洲国家。从最初致力于非洲国家的政治独立和经济发展到反思西方发展理论，再到迎合世界新兴主体的可持续发展理念，欧洲逐步成为发展领域的主导力量。

---

① 李小云：《发展援助的未来》，中信出版社，2019。

时至2021年，OECD迎来了它的60周年纪念。欧洲援助国在庞大的援助行列中有重要的影响力，能达到ODA占0.7%GNP目标的国家现在也都在欧洲。在2021年，DAC成员国的ODA/GNI达到0.7%目标的国家分别是卢森堡、挪威、瑞典、德国和丹麦。而从2021年的ODA净额来看，最大的DAC捐助国是美国，紧跟其后的是德国、日本、法国和英国。① 特别是2020年全球遭遇新冠肺炎疫情危机后，德国、瑞士、意大利和西班牙在2021年还继续增加了一定的援助额。

第二节　欧洲的发展学建制概况

欧洲发展学学科建设的起步较早，如荷兰在1952年就建立了国际社会科学研究院（International Institute of Social Studies，ISS）并为发展中国家培训公务员，以此适应后殖民时代的需要并与发展中国家保持友好的伙伴关系。根据QS2023发展研究专业的排名，欧洲（除英国外）高校中有10所跻身全球前五十，它们分别是瓦赫宁根大学（Wageningen University & Research）、鹿特丹伊拉斯谟大学（Erasmus University Rotterdam）、阿姆斯特丹大学（University of Amsterdam）、哥廷根大学（University of Göttingen）、莱顿大学（Leiden University）、隆德大学（Lund University）、乌特勒支大学（Utrecht University）、巴黎第一大学（Université Paris 1 Panthéon-Sorbonne）、根特大学（Ghent University）、哥本哈根大学（University of Copenhagen）。其中，荷兰的高校数量最多（共5所）。

① OECD（2022），Net ODA（indicator）. doi：10.1787/33346549-en（Accessed on 13 July 2022）.

欧洲不少国家的高校都已开设发展学专业，且专业教学体系完善。比如在荷兰、德国、法国和比利时等国，已经有一定数量的大学开设专门的发展专业项目，而发展学课程都采用理论学习和实践研究相结合的教学方式，对于课程与实践的设计都十分清晰明确。又如在挪威、瑞典、丹麦等北欧国家，虽然专门开设发展专业的学校较少，但所开设的发展项目教学设计也紧扣国际发展主题。一些自身经济政治文化发展较为落后的东欧国家（比如罗马尼亚和保加利亚），开设单独发展专业的大学则更为少见，但是国家内部都设有发展机构，并积极参与到本国和国际层面的发展研究和实践中。

有一些欧洲国家的综合型大学和社会科学相关的专科大学虽然没有开设单独的发展学专业项目，但是在相关社会科学和经济管理专业课程上都强调了发展的理念。比如瑞典以医学为优势学科的卡罗林斯卡学院，虽没有设置专门的发展专业，但积极发扬联合国倡导的可持续发展理念，要求所有项目要涉及可持续发展理念教学，为所有不同群体（尤其是妇女和儿童）提供健康保障，该学院还与英国发展研究所（IDS）保持着紧密联系。这说明发展学的教育和理念在欧洲的认可度极高。

第三节 欧洲的发展学学生培养

一 教学项目

本部分整理出 26 所荷兰、法国、德国、比利时、瑞典、挪威、丹麦和西班牙高校，对发展学专业在这些学校的开设情况做了一个详细的展示。表 3-1 列出了各大院校的发展学专业开设情况，并对其所属院系、所授予的学位及开设的本、硕、博教育进行了统计。

表 3-1 欧洲国家（除英国外）的高等教育机构开设发展专业项目的情况

国家	学校名称	所属院系	开设项目	授予学位
荷兰	阿姆斯特丹大学	Faculty of Social and Behavioral Sciences	文化人类学与发展社会学	学士（荷兰语）
		Graduate School of Social Science	国际发展研究	硕士/博士
		Amsterdam Institute for Advanced Labor Studies	人类学、社会学、地理学、应用发展学	博士
	瓦赫宁根大学	Wageningen School of Social Sciences	发展与农村革新、国际发展研究	硕士
	鹿特丹伊拉斯谟大学	International Institute of Social Sciences	发展研究（项目细分六个领域：农业、食物与环境；发展经济学；发展政策与治理；以社会公正视角看人权、性别与冲突；发展社会政策；治理、迁移与多样化）	硕士
			发展经济学；城市创新；政治生态学；治理、法律与社会公正	博士

续表

<table>
<tr><th>国家</th><th>学校名称</th><th>所属院系</th><th>开设项目</th><th>授予学位</th></tr>
<tr><td rowspan="7">荷兰</td><td>马斯特里赫特大学</td><td>Faculty of Arts and Social Sciences</td><td>全球化与发展研究
公共政策与人类发展</td><td>硕士</td></tr>
<tr><td rowspan="2">莱顿大学</td><td>Faculty of Social and Behavioral Science</td><td>文化人类学与发展社会学</td><td>学士/硕士/博士</td></tr>
<tr><td>Leiden Law School</td><td>和平、公正与发展</td><td>硕士/博士</td></tr>
<tr><td rowspan="3">乌特勒支大学</td><td rowspan="2">Faculty of Geosciences</td><td>全球可持续性科学</td><td>学士</td></tr>
<tr><td>全球挑战与可持续性</td><td>硕士</td></tr>
<tr><td>Faculty of Social and Behavioral Sciences</td><td>国际发展研究
可持续发展
文化人类学：社会与文化的转型
文化人类学：可持续公民权利与义务
移民、民族关系与多元文化</td><td>硕士</td></tr>
<tr style="display:none"></tr>
<tr><td rowspan="3">德国</td><td rowspan="2">哥廷根大学</td><td rowspan="2">Faculty for Business and Economics</td><td>可持续发展研究</td><td>学士</td></tr>
<tr><td>发展经济学</td><td>硕士</td></tr>
<tr><td>杜伊斯堡-艾森大学</td><td>Faculty of Social Science, Institute of Political Science</td><td>发展与政治</td><td>硕士</td></tr>
</table>

续表

国家	学校名称	所属院系	开设项目	授予学位
德国	马尔堡菲利普斯大学	Department of Social Sciences and Philosophy	国际发展研究	硕士
	波鸿大学	Institute for Development Research and Development Policy (IDRDP)	发展管理学	硕士
	波恩大学	Bonn International Graduate School of Development Research	发展研究	博士
法国	奥弗涅大学	School of Economics	发展项目分析 可持续发展 发展经济学 区域经济 公共财政	硕士
	农业发展国际合作研究中心	—	农业发展研究	硕士/博士
	巴黎政治学院	Sciences Po Paris School of International Affairs	国际安全 国际治理与外交 国际发展 人权与人道主义行动	硕士
	巴黎第一大学	Sorbonne Institute for Development Studies (IEDES)	农业发展与经济政策 社会发展与性别：公正，生态，健康，工作 发展政策与发展项目专项	硕士

续表

国家	学校名称	所属院系	开设项目	授予学位
比利时	布鲁塞尔自由大学	Social Sciences and Solvay business School	人口与发展研究	学士
	安特卫普大学	Institute of Development Policy	全球化与发展	硕士/博士
	根特大学	Faculty of Political and Social Sciences	治理与发展	硕士
			发展评估与管理	硕士
			发展研究	博士
			冲突与发展	硕士
		Faculty of Bio-science Engineering	农村发展 营养与农村发展（三类项目：人类营养，农村经济与管理，热带农业）	硕士
瑞典	乌普萨拉大学	Faculty of Social Sciences	可持续发展	硕士/博士
	斯德哥尔摩大学	Faculty of Social Science	全球发展	学士（瑞典语）
			全球化，环境与社会变迁	硕士
	隆德大学	Faculty of Social Science	发展研究	学士/硕士
挪威	奥斯陆大学	Centre for Development and the Environment	发展，环境与文化变迁	硕士
	挪威生命科学大学	Faculty of Environmental Sciences and Natural Resource Management	国际环境与发展研究	学士
			国际发展研究	硕士

续表

国家	学校名称	所属院系	开设项目	授予学位
丹麦	哥本哈根大学	Faculty of Social Sciences	全球发展	硕士
西班牙	瓦伦西亚理工大学	Department of Economics and Social Sciences	发展合作	硕士
西班牙	IE 大学	School of Global and Public Affairs	国际发展	硕士（十个月学习项目）

资料来源：笔者根据各高校官方网站信息收集整理而成。

（一）学士项目

在学士阶段开设发展专业项目的欧洲学校相对较少，共有7所。从项目的名称中可以看出，学士阶段的发展专业教学范围宽泛，学科教学内容更为基础，比如荷兰的阿姆斯特丹大学学士项目为“文化人类学与发展社会学”，涉及人类学、发展学、社会学三个学科；又如瑞典斯德哥尔摩大学的“全球发展”学士项目，关注问题包括社会发展过程中所受到经济、环境和政治的影响，具体有民主、减贫、冲突与安全以及环境可持续等全球发展问题以及其中的不同行为者。

相比于硕士发展教育项目的多样性和特定领域的研究性质，学士项目对于发展教学没有明确的领域划分和严格的实践要求。学士阶段的学习主要集中在课堂中对基本发展理论的掌握，要求学生能够用发展理论分析基础性问题。这些学士阶段的发展学项目中，部分是有发展课程实践的，一般是1~3周的短期实践，实践活动范围也仅局限于学校周边的农村或发展机构，以开阔视野、积累经验，也富有趣味性。

学士项目的学生无法到国外较远的地方实践，除了受制于知识经验不足外，还有语言的限制。流畅的交流沟通能力往往是发展研究的基础，因此英语甚至第二外语成为国际发展研究的基础性工具。而发展教学对学士的语言要求还不是很高，一些高校如荷兰的阿姆斯特丹大学、瑞典的斯德哥尔摩大学均在学士阶段采用当地语言教学，而在硕士阶段才有英语教学项目，这也使得学士项目无法招收大量的国外留学生，本国学生也只能在母语区内进行实践活动。

（二）硕士项目

上述26所高等院校除了波恩大学以外，都开设了硕士学位的发展专业项目。硕士项目的教学方式按学习时间长短，分为两种类型，一是学位型硕士，一般为期两年（一年课堂学习，一年开展实践并撰写研究论文）；二是结业型硕士，一般为期一年（学习形式为各种形式的研讨会）。按照发展专业项目的不同学习方向，学位型硕士又分为理科硕士学位（Master of Science）和文科硕士学位（Master of Art）两种。比如阿姆斯特丹大学和挪威生命科学大学的国际发展研究专业获得理科硕士学位，而鹿特丹大学和马尔堡菲利普斯大学的发展研究专业获得文科硕士学位。另外，从专业所归属的学院上，亦可看到发展学明显的跨学科性质。比如斯德哥尔摩大学的学士和硕士项目均是发展学相关专业，虽然都在其社会科学院教学，却归属学院内不同的系统，分别是社会人类学系和人文地理学系。硕士阶段的发展项目体现出整体的多样性以及各自不同的专业方向，如瓦赫宁根大学的发展与农村革新、杜伊斯堡-艾森大学的发展与政治，而鹿特丹伊拉斯谟大学甚至在发展研究的硕士项目中给出了6个细分的领域。由此可见，发展教学开始关注发展过程中起作用的各类关键因素，客观上呈现了各个高校在发展学教育上的专研领域和教学特色。

随着发展过程中研究主题的明朗与细化，硕士阶段在实地研究和实践方面的要求更加严格。实践不再单单局限于国内社区的课程实践，还涉及世界范围内其他地区的长时间实践，这要求学生同时具备基本的理论基础、沟通交流能力、调查研究方式方法和撰写研究报告的能力。硕士学位论文的选题一般需要切合所在大学甚至相关研究机构的研究主题，因此不少高校要求硕士项目申请者先递交一份能体现学术研究水平的学术论文。

（三）博士项目

上述院校明确开设了博士研究生发展项目的有8所，分别是荷兰的阿姆斯特丹大学、鹿特丹伊拉斯谟大学和莱顿大学、比利时的安特卫普大学和根特大学、德国的波恩大学、法国的农业发展国际合作研究中心以及瑞典的乌普萨拉大学。这8所院校都具备较突出的研究性质，即不单单局限于学院教学，还设有能够独立研究的发展相关研究机构，比如鹿特丹伊拉斯谟大学的国际社会科学研究院、波恩大学的发展研究国际研究生院和安特卫普大学的发展政策与管理机构等。

发展专业的博士阶段学习对学生的研究能力要求很高。机构或者院校为其提供丰富的实践调研机会，博士生全身心投入研究也丰富了机构或院校的研究成果。因此，院校在招收博士研究生时，分外看重申请人的学术水平和实践活动能力，要求申请者提交一篇专业相关的学术论文，考察其学术造诣与论文撰写水平。另外还要求申请者具备一定的外语水平，确保学习和调研时沟通无障碍。

博士项目都会为学生配备 1~2 名导师或咨询助理，在其选择论文研究课题与实际调研过程中提供指导性意见。项目建议博士生的论文研究与所在机构的研究主题有一定契合，以便增进机构的发展研究。另外，值得指出的是，表 3-1 中只列出了带有“发展”（development）字眼的博士项目，并不能表示其余院校没有与发展相关的博士项目。这主要由于，一是发展专业的跨学科属性和所涉领域非常广泛；二是博士生各自选择的研究主题相对灵活，只需契合所在机构的主流兴趣，而没有硬性的项目名称限制。博士期间的研究性论文对于一个发展机构是非常有价值的，发展机构会开设专门的英文写作课，指导其实地报告、期刊论文和毕业论文的写作，鼓励在博士学习期间发表文章。博士生在读期间还需要以半工半读的形式，在所属机构找到适合的工作，比如阿姆斯特丹大学的博士生在社会科学院中作为老师向本科生教授课程。

（四）欧洲发展研究顶尖大学及机构简介

1. 鹿特丹伊拉斯谟大学

学校介绍

鹿特丹伊拉斯谟大学（EUR）倡导“多元文化课堂”，并将高质量的教育与丰富的全球视野融为一体。该院校的创立可追溯至 1973 年，荷兰经济学院和当时的鹿特丹医院合并后，正式更名为鹿特丹伊拉斯谟大学。该学校位于荷兰的鹿特丹市，在 2020 年的注册学生中有超过 6000 名是国际学生，占学生总数的比例不到20%，此外，参加英语授课课程的学生中有40%~60%来自荷兰境外。[①] EUR提供学士、硕士以及博士学位的相关专业项目供申请者选择，包括商务、经济、法学、心理学、发展研究、医药与健康等14个专业领域。

该校的发展研究机构/学院

位于海牙的国际社会科学研究院（ISS）是鹿特丹伊拉斯谟大学的一个分支，它是以政策为导向的批判性社会科学研究院，成立于1952年。ISS是一个具有多元性和包容性，且充满活力的全球性大学研究所，拥有来自世界各地的研究人员和学生。在2009年7月1日，ISS正式成为鹿特丹伊拉斯谟大学的下属研究所，但保留了相对自治权，同时受益于国际知名大学的可用资源。作为一个大学研究所，ISS能够与其他EUR学院合作开发创新研究，并有更多机会获得荷兰和国际研究资金。在此毕业的学生将获得以ISS和EUR之名授予的学位。

ISS的研究重点领域是发展研究。这一跨学科的研究领域旨在了解欠发达、发展和变迁的社会现象，尤其关注欠发达国家和区域。同时，ISS重点研究非洲、亚洲、拉丁美洲、中东和转型经济体的政治、经济和社会发展。该研究所深入探讨南北（North-South）和南南（South-South）关系的新发展以及金砖国家的作用，特别是在全球化和发展方面的作用。

发展学硕士项目介绍

ISS的“发展研究硕士”（Master of Arts in Development Studies）项目在发展研究的理论和方法上为学生提供扎实的

① Erasmus University Rotterdam, “Annual Report 2020 Erasmus University Rotterdam”, https://jaarverslag2020.eur.nl/en.

学术和专业训练。该项目细分为6个专业领域（见表3-1）。除了学习了解国际范围内最新的发展理论外，硕士生还要将这些知识应用于发展和社会变革的实际问题。为帮助不同背景（专业）的学生适应学习，所有学生在课程开始时都会接受全面的学术指导。学生可以自愿参加补习课程，以补充背景知识或薄弱的领域。

2. **瓦赫宁根大学**

学校介绍

瓦赫宁根大学始建于1876年（时为荷兰国家农业大学），包括3个部分：瓦赫宁根大学、研究中心和劳伦斯坦学院。瓦赫宁根大学是世界百强名校之一，同时也是欧洲乃至全世界农业方向与生命科学最顶尖的研究型大学之一，其农业科学、生命科学、食品科学等在全球享有极高的声誉，连续12年被Keuzegids（荷兰权威教育评级机构）评为荷兰最佳大学。2022年，泰晤士世界大学排名瓦赫宁根大学位列全球第53位，USNEWS世界大学排名第80位，ARWU世界大学学术排名101~150位。2021年，上海软科发布的54个学科全球排名中，该校的农业科学专业位列世界第一。此外，该校农业和林业专业在2021年QS等世界知名高等教育榜单上也排名世界第一 。

作为欧洲农业实践教育方面首屈一指的学府，瓦赫宁根大学与中国农业大学、南京农业大学有着深度合作的历史，2000年共同创办中国农业大学中外合作办学项目，以培养国际型农业人才。合作培养的专业包括国际农业商务与贸易、国际水资源管理、国际园艺与营销和国际发展管理。

该校的发展研究机构/学院

瓦赫宁根大学的基础研究由五大研究组（Chair Group）构成[①]，分别是农业技术与食品科学组、环境科学组、动物科学组、社会科学组和植物科学组，每个研究组都有自己的专业领域。社会科学组（Social Science Group，SSG）共有21个研究领域，该研究组致力于为构建更公平、可持续和健康的社会系统提出解决方案。

另外，瓦赫宁根大学下设与发展研究相关的研究机构还有发展创新中心（Centre for Development Innovation）。该研究机构专注于安全健康食品、可持续市场、适应性农业、生态系统治理与冲突、灾难与重建等全球性挑战。其工作有利于促进公民、政府、企业、非政府组织和科学界之间的合作，使来自全球的合作伙伴和客户网络中心保持紧密联系以促进创新。

发展学硕士项目介绍

在人才培养方面，SSG旨在更好地研究和支持社会经济领域的转型。在加强对社会的批判性反思和能力发展的同时，培养该领域的学士和硕士学生。瓦赫宁根大学所开设的发展学项目由该部门领导和实施。该校在学士和硕士阶段均设有国际发展研究（International Development Study）。国际发展研究硕士（Master in International Development Study）是一个为期两年的理学硕士学位项目，关注生计、农业粮食网络和环境有关的全球社会转型进程，该专业主要面向具有社会科学或经济学背景的学生，进入该项目的学生可进一步从发展社

① Wageningen University, "Chair Plan 2019 - 2022 Wageningen University & Research"2019, https://www.wur.nl/upload_mm/a/4/9/367e2a49-928d-4aed-8db4-f6cfd3d74f05_Chair%20Plan%202019-2022.pdf.

会学、发展经济学、包容性创新、沟通与发展、发展的政治与治理等细分研究方向选择自己感兴趣的课程。

3. 哥廷根大学

学校介绍

哥廷根大学建立于1734年，位于德国西北部，是德国一所传统的公立研究型大学。根据该校官方统计，已有超过40名校友或研究人员获得过诺贝尔奖，是欧洲高校中获得人数最多的大学之一。[①] 早在1751年就成立的科学与人文学院，为当时的大学讲师提供了一个开放的科学研究论坛，开展了跨学科交流。另外，在1907年，世界上第一个国家航空研究机构建立于此，培养出多名杰出的化学和物理学诺贝尔奖获得者。哥廷根大学一直强调对卓越科学、学术和教育的追求。

该校的发展研究机构/学院

哥廷根大学设有13个学院，为学生提供涵盖数学与信息学、法学，经济学与社会科学，人文学与神学，以及医学四大领域的教学。与其他高校不同的是，发展学科在哥廷根大学归属于商务与经济学学院，而不是社会科学学院。商务与经济学学院目前是德国最大的学院之一，在研究上聚焦三个关键领域：责任与治理、营销与消费科学、全球变化与发展。这几个领域在设置上跨越传统学科边界，研究者也着力于跨学科的合作与研究。在此基础上，各研究者从更细化的研究中心开展工作，各研究中心细分为全球移民研究中心，现代东亚研究中心，现代印度研究中心，数据科学研究所，统计学中心，小微企业研究所，中德社会计算研究所。针对

① Göttingen University, "The University-History of the University-Nobel Prize Winner", https: //www. uni-goettingen. de/en/4281. html.

全球变化与发展板块的研究，该学院特别关注的是全球经济转型中低收入国家所面临的挑战。其研究在“发展”的主题之下，旨在回应并扩展联合国“可持续发展目标”的具体实施。

发展学硕士项目介绍

哥廷根大学的发展经济学硕士专业（Master of Science in Development Economics）是一个两年制的双学位项目，分别和南非斯泰伦博斯大学、意大利弗洛伦萨大学以及法国的克莱蒙费朗大学合作教学。学生在完成学业后可以获得合作院校颁发的双学位。该专业的教学特点有两点，首先，专业所关切的领域是如何通过经济和政策工具刺激国家的经济增长，如何评估政策措施的影响，如何最有效地帮助发展中国家达到理想生活水平。其次，该专业还与农业与农村发展系联合教学，旨在对发展问题强化其专业性。所以在课程结构上，计量经济学为必修课程，而农业经济学或经济学是学生可选择的专攻方向。此外，哥廷根大学和南部非洲、拉丁美洲、亚洲和欧洲等区域都分别有合作交流课程，学生有一学期的出国留学交流学习，交流课程的选择十分广泛。

4. 哥本哈根大学

学校介绍

哥本哈根大学由丹麦国王克里斯蒂安一世于 1479 年创立，如今拥有 37000 名学生和 10000 名员工，其中约有 5000 人为研究人员，在世界大学主要排行榜上名列前茅。[①] 自创校以来，一直倡导善思创造力和批判性思维（intellectual creativity and

① University of Copenhagen, “About the University of Copenhagen” , 2022, https://about.ku.dk/profile-history/.

critical thinking）的理念，为世界做出了突出贡献。目前，哥本哈根大学的研究已获得九项诺贝尔奖。另外，哥本哈根大学致力于成为世界上最环保的校园之一，尽可能减少环境和气候影响。哥本哈根大学促进跨组织合作，与商业界保持良好联系并帮助学生找到可持续发展领域的相关计划和项目。该高校还注重性别平等，并将多样性视为一种优势。哥本哈根大学是丹麦最大的教育机构。六个学院共开设 200 多个课程，涉及健康和医学科学、人文科学、法律、自然科学、社会科学和神学等专业方向。哥本哈根大学的学位结构分为三个级别，三年的学士学习可以获得学士学位，两年可以获得硕士学位（只有神学、医学和牙科学位的结构与此不同）。从哥本哈根大学获得的所有硕士学位都可以通过三年的研究生学习来获得博士学位。

该校的发展研究机构/学院

哥本哈根大学各学院内部由细分的专业研究部门组成，各自管理学位课程，除了普通的学士、硕士和博士学位课程外，学院还提供各种继续教育课程、开放大学课程和暑期学校。

社会科学学院主要提供发展学相关的硕士学位项目并开展相关研究。社会科学学院是一个具有前瞻性思维的学院，以研究为基础的（research based）教育是学院核心价值观。该学院拥有约 6700 名学生和约 420 名教职员工。在国际化教学方面，自 20 世纪 80 年代末建立各种欧洲学生交流计划以来，社会科学学院每年吸引大量国际访问学者和交换学生。每个学期，这些部门都为国际和丹麦学生提供各种英语课程。同样地，学院鼓励自己的学生在他们的学位课程中设置一段出国留学。

社会科学学院不断拓宽其研究的领域，以便能够吸引高素质的国际研究人员并满足社会需求。该院在劳动力市场和组织、儿童和年轻人、可持续性、国防和安全政策、全球发展、国际政治和冲突、社会大数据和福利等领域都处于国际领先地位。社会科学学院设立了 21 个研究中心。虽然没有为发展学特别设立的研究中心，但设有与发展学相关领域的研究中心，如人类学、政治与社会理论、国际冲突决议、可持续性与社会、性别研究和亚洲研究等中心。

发展学硕士项目介绍

全球发展硕士项目（MSc in Global Development）为期两年，授予理学硕士学位。该项目关注全球南方地区的贫困问题，学院通过该项目提升学生对全球化的理解。同时，该项目又以研究为基础，教学方法有讲座、课堂教学、实地考察、单人或小组项目工作。通过该项目的学习，学生能够批判性地分析全球、区域、国家和地方各级的社会关键问题；能够向跨文化的不同层次研究人员、政策制定者、媒体或非专业人士传达知识和提出建议；能够独立或在团队中有效地处理全球发展领域的跨学科问题，并为复杂且需要新方法的情况提供有证据支撑的解决方案。

5. 隆德大学

学校介绍

隆德大学是瑞典的一所公立研究型大学，也是北欧最古老的大学之一。该大学位于瑞典斯堪尼亚省的隆德市。瑞典在 1658 年的《罗斯基勒条约》中从丹麦赢得斯堪尼亚后，隆德大学于 1666 年在隆德大教堂旁边正式成立。

隆德大学共有 9 个学院，在马尔默和赫尔辛堡市设有额外的校区，约有 44000 名学生。2016~2020 年，隆德大学一直跻身泰晤士大学排名前 100 名。[①] 该校校友中，有多位诺贝尔奖获得者、一位菲尔兹奖获得者、瑞典首相、一位美国最高法院大法官和数十位商界领袖。此外，隆德大学共有 22 个研究中心，包括环境与气候变化中心、可持续性研究中心、东南亚和东亚研究中心等。近年来，隆德大学每年投入研究资金 50 亿瑞典克朗，用于 9 个学院的研究。隆德大学在多学科领域都拥有突出的研究成果，其重点研究领域包含气候建模、人文学实验室、环境经济学研究和可持续生产等。[②]

发展学项目的所属院系介绍

隆德大学的社会科学学院是瑞典社会和行为科学研究和教育的最优秀院系之一。该学院的日常活动在隆德和赫尔辛堡开展。2020 年，隆德大学分别开设了 14 个学士项目、22 个硕士项目以及 12 个学科的博士项目，对国际冲突和危机、社会条件、环境问题和健康等问题进行研究和教育。

发展学硕士项目介绍

隆德大学的发展研究专业（Development Study）同时设置了学士和硕士学位项目。该专业的学士项目是三年学制，侧重于与发展合作相关的经济、社会和政治议题，课程结合了社会学、政治学、人文地理学和经济史四个专业领域的教学。发展研究的硕士学位项目是两年学制，主要涉及发展中的关键议题以及不同的理论，以增加对发展的先决

① 泰晤士世界高校排名——隆德大学，https://www.timeshighereducation.com/world-university-rankings/lund-university。

② Lund University, "Research and Innovation - Research excellence areas" <2022, https://www.lunduniversity.lu.se/research-innovation/research-excellence-areas.

条件和内容的理解。该项目旨在为学生提供背景知识和具体技能，在减贫、社会和体制发展上开展与发展有关的研究和工作。

6. 奥斯陆大学

学校介绍

奥斯陆大学位于挪威奥斯陆，是一所公立研究型大学，也是挪威最古老的大学。该大学成立于 1811 年，最初以丹麦和挪威国王弗雷德里克六世的名字命名。学校共有 8 个学院、2 个博物馆以及 10 个挪威卓越中心。2020 年，该校在校学生为 25960 名，提供 235 个专业项目。[①] 2020 年上海软科发布的世界大学学术排名中，奥斯陆大学位列第 60。奥斯陆大学迄今已有 6 名校友获得诺贝尔奖。

该校的发展研究机构/学院

奥斯陆大学的 8 个学院分别是人文学院、法学院、数学与自然科学院、医学院、牙科学院、社会科学院、神学院和教育科学院。每个学院还设有各自的专业研究中心。另外，直属于大学董事会的研究部门有学习、创新与学术发展中心，性别研究中心和发展与环境中心。组织发展学研究和发展学硕士专业的部门是发展与环境中心，该部门的研究活动是基于其研究小组和研究项目进行的。从研究小组分支可看出发展学覆盖领域较广泛，包括文化和可持续性、环境、食物与可持续、全球健康、可持续发展治理、全球减贫与 2030 可持续发展议程等。

奥斯陆大学认为跨学科研究在解决当今社会面临的主要挑战方面起到了根本作用。为了鼓励高层学术合作，他们还

① University of OSLO, “UIO in figures 2020”, 2022, https://www.uio.no/english/about/facts/figures/.

建立了跨学院研究计划。[1] 如最前沿的有“北极研究”（The High North），因为北极的战略重要性近年来有所提高，并且这个脆弱地区的气候变化有显著呈现。另一跨学院研究聚焦在“全球治理”（Global Governance）上，学校有专门的奥斯陆全球治理学会（Oslo Academy of Global Governance），这是一个促进全球治理知识发展和传播的平台。

发展学硕士项目介绍

发展、环境与文化变迁（Development，Environment and Cultural Change）是发展与环境中心开设的两年制硕士学位学习项目。学生将在该专业学习中探讨相关国际背景，学习不同地区之间的复杂互动，探究不同行为者的作用以及研究与政策之间的关系。硕士生主要通过必修课、选修课和论文工作，专注于发展与环境中心正在进行研究的相关主题领域。

二 教学特点

（一）多学科交叉性强，关注领域广泛

发展涉及全球各地区各领域，又涉及许多现实而复杂的问题，因此发展学具有多学科交叉的特性。欧洲各高校开设发展专业的学院类型十分多样，开设的项目也名目繁多。其中，根特大学的发展专业项目设立在生物科学工程院，而大部分院校将其归为社会科学相关院系。基于此特点，本书整理出表3-2以供参考。

---

① 奥斯陆大学跨学科研究领域获取网址：https://www.uio.no/english/research/interfaculty-research-areas/。

表 3-2　欧洲国家（除英国外）院校的发展研究与教学所关注的领域

国家	学校名称	所属院系	关注领域
荷兰	阿姆斯特丹大学	Faculty of Social and Behavioral Sciences	当代欧洲研究，智力与认知，儿童、青年与媒体，冲突研究，性别与性行为，全球健康，人工智能，不平等问题，移民与种族，可持续发展，城市研究，青年、教育与发展
		Amsterdam Institute for Social Science Research	文化社会学，多样性研究，治理与包容性发展，不平等，人口、商品、权利与思想的流动，政治与经济地理学，政治经济与跨国治理，城市规划
		Amsterdam Institute for Advanced Labour Studies	劳动力市场问题，社会保障收入，制度和治理的分析，雇佣关系，不平等
	瓦赫宁根大学	Wageningen School of Social Sciences	发展社会学，发展经济学，沟通、技术与政策，政策制定
	鹿特丹伊拉斯谟大学	International Institute of Social Sciences	农业与农村发展，当地发展策略，儿童与青少年研究，人口与发展，冲突与和平研究，贫困研究，研究方法论，公共政策与管理，发展政策的计量经济分析，社会运动与行动研究工具，环境与可持续发展，全球经济，人权，妇女与性别研究，国际政治经济与发展，工作与就业

国家	学校名称	所属院系	关注领域
荷兰	马斯特里赫特大学	Faculty of Arts and Social Sciences, Department of Political Science	全球化对发展中地区的影响，跨国主义，科学技术与管理，腐败、职责与治理，政治与管理，经济学，塔吉克斯坦儿童问题
	莱顿大学	Faculty of Social and Behavioral Science	科学与技术研究，文化人类学与发展社会学，教育与儿童研究，政治学，心理学
		Leiden Law School	政治合法性：机构和身份，现代亚洲与传统，欧洲法律，劳动法，公共国际法
	乌特勒支大学	Faculty of Geosciences	地球科学，自然地理，可持续发展，人文地理和空间规划，城市研究，未来能源，气候变化，人工智能与可持续发展，循环经济与责任
		Faculty of Social and Behavioral Sciences	临床心理学研究，移民，文化多样性和种族关系，行为的社会认知与人际关系决定因素，社会网络，团结与不平等，青少年发展，社会与个性发展，研究方法与统计
德国	杜伊斯堡-艾森大学	Faculty of Social Science, Institute of Political Science	国际关系，发展政治，东亚研究，政策与地区差异，和平与冲突研究，行政与政策研究，欧盟比较政治，撒哈拉以南的非洲研究，东亚研究
	波鸿大学	Institute for Development Research and Development Policy	政治科学，法律，社会学，经济学，地理科学，农业，林业和环境科学

续表

国家	学校名称	所属院系	关注领域
德国	波恩大学	Bonn International Graduate School of Development Research	环境自然科学，经济、政治和社会文化的发展（关注研究地的经济资源、生态资源、政治文化资源）
	奥弗涅大学	School of Economics	中国的新兴市场与全球化，卫生经济学，公共经济学，经济政策和社会政策
法国	农业发展国际合作研究中心（CIRAD）	—	以非洲为主：食品安全，生物多样性与发展，热带森林，田园主义，脆弱生态保护，园艺，土地政策
比利时	布鲁塞尔自由大学	Social Sciences and Solvay business School	人力资源管理，公共卫生，人口学与发展，社会科学，农学，法律，自然科学等，国际发展问题和挑战，发展中国家面临的问题
	安特卫普大学	Institute of Development Policy	全球化与发展，治理和发展，发展评估与管理
	根特大学	Faculty of Political and Social Sciences	冲突分析和管理，冲突后重建
		Faculty of Bioscience Engineering	人类营养，农村经济与管理，热带农业
瑞典	斯德哥尔摩大学	Department of Social Anthropology	卫生与健康（性别、文化、种族或经济状况），全球化
		Department of Human Geography	环境，自然资源，价格制度

国家	学校名称	所属院系	关注领域
瑞典	斯德哥尔摩大学	Department of Social Anthropology	卫生与健康（性别、文化、种族或经济状况），全球化
		Department of Human Geography	环境，自然资源，价格制度
	隆德大学	Faculty of Social Science	交流与媒体研究，教育、社会人类学与社会学，性别研究，人类地理与人类生态，中东研究，政治科学，心理学，社会工作，法律，战略沟通，可持续发展研究
挪威	奥斯陆大学	Centre for Development and the Environment	环境、资源和发展经济学，人类地理，全球环境变化，贫困和不平等问题
	挪威生命科学大学	Faculty of Environmental Sciences and Natural Resource Management	可持续的水资源和环境卫生，健康和发展，国际关系，农业生态学和资源管理，以历史的、比较的和全球的视角看社会和环境变化、发展援助
丹麦	哥本哈根大学	Faculty of Social Sciences	农业技术（土地肥力控制，虫害控制与灌溉），社会与市场环境对农村发展的影响，资源与环境
西班牙	瓦伦西亚理工大学	Department of Economics and Social Sciences	贫困问题，国际合作与交流
	IE 大学	School of Global and Public Affairs	数字领域与新的社会契约，创新、可持续性与医疗的前景，旅游业的可持续及包容性发展，人工智能的地缘政治，变迁的动力：国家财富

资料来源：笔者根据各高校官方网站信息收集整理而成。

总的来看，欧洲发展研究与教学关注领域十分多样化，包含政治、经济、社会等多维度问题。虽然经典发展议题还是占主流，但不少学院开始关注发展过程中的环境与资源问题、贫困地区的营养与健康以及性别问题等，体现了“发展”问题在当代的多元趋势。

（二）注重实践与研究相结合

发展学源自发展实践，目前的发展教学中实践与研究并重。无论是学士的基础学习阶段，还是硕士、博士学习，都采用了理论学习与实践相结合的方式，硕士与博士在实地调研之后发表的学术论文还被作为学位考核的指标之一。因此不少学院的发展项目都提出“实践中学习”（learning while working）的理念。

正因为有教、学、研相结合的需求，欧洲院校的发展专业与政府、发展研究机构以及民间组织和私人部门都保持着紧密联系，具体体现在三个方面。一是合作机构提供实习机会，如德国杜伊斯堡-艾森大学的发展专业学生需要到德国发展机构实习六个月，以学习该机构在发展中国家开展的发展项目管理。二是高校的教师在一些著名的德国发展机构担任职务，如在德国开发银行担任指导员等。三是更直接的方式，即院校自己的发展研究机构所开设的教学项目本就为学生提供实践机会，如瑞典的斯德哥尔摩大学开设的斯德哥尔摩恢复中心，学生的研究成果也进一步服务于机构的研究。这种校内的研究中心可以较为便捷地将学术运用于实践。

由此，结合发展学的实践性与多学科交叉性，我们也可以理解为什么发展专业在硕士阶段开设较多，学科背景的多元性正好能够促进对发展问题的延展性思考。同时，通过硕士阶段的学习，学生的基本学术能力和外语水平都会有所提高，在未来的工作中能够更加游刃有余地运用所学知识。

（三）专业化方向各有所长

虽然欧洲的高校在发展学专业上涵盖领域广泛、学科交叉性强，但在前文也可发现，各院校在发展学的专业化方向上各有研究重点，并且都致力于专业的纵深研究。如荷兰高校多以其农业、农村方面的优势与教学结合；德国的高校对经济学方向有所侧重；而环境和可持续发展是北欧高校发展学中的优势领域。

（四）发展研究的评估体系正不断完善

由于欧洲各国的高等教育体系各异，考虑到跨国人才交流与学习不便的现实背景，1999 年，欧洲 29 个国家的教育部长在意大利的博洛尼亚举行会议并签署了《博洛尼亚宣言》(Bologna Declaration)。这项宣言确立了针对“欧洲高等教育区”完善其教育体系、促进师生和学术人员流动、保证高等教育的质量和促进高等教育合作几项目标。

在此背景下，对发展学以及发展研究的质量评估在欧洲已有一定进展，对此发挥重要作用的是欧洲发展研究与培训协会（European Association of Development Research and Training Institutes，EADI），一个促进欧洲研究机构、学者交流的重要平台。EADI 成立于 1975 年，现有 142 个成员，包括英国的 IDS 等著名机构，其成员遍及欧洲 26 个国家。EADI 旨在促进与发展问题有关的欧洲学术机构、学者之间的信息交流与合作，并提高发展研究与教学的质量。每年以举办研讨会和暑期学校等方式，为研究机构与智库的管理者提供分享观点、创造新合作项目的机会。同时，EADI 每三年举办一次大会，讨论发展领域的重大议题。

EADI 作为发展领域的欧洲专业组织，开发了质量保证和认证系统，即全球发展研究国际认证理事会（International Accreditation Council for Global Development Studies and Research，IAC）。IAC 所使用的标准和准则均依照欧洲高等教育质量保证协会（European Association Network for Quality Assurance in Higher Education，ENQA）的要求。IAC 不仅为欧洲国家的机构进行教学认证，还与全球南方国家的相关机构发展伙伴关系并开展能力建设活动。在 2005 年的 EADI 大会召开后，形成了一份对发展学及其认证的愿景报告。该报告基于发展学的跨学科特性，回到发展学定义本身，尝试明确了发展学的定义、学科学习目标（包含学分设置）、教学目标以及未来的延展。指出发展学作为一个跨学科的学术研究领域，仍然需要严谨的学科基础。IAC 对发展学进行认证的主要挑战之一，正是其认证框架既要在其教学计划中意识到跨学科的特性，又要保证严谨性。① 2021 年是 IAC 创立的第十年，在发展研究的认证框架上取得了一定成果，尤其在认证的范围上有所拓宽，对硕士项目也将针对不同学位类型开发分别适用的认证框架。另外，除了以欧洲作为重点外，在其他地区也已开始认证合作。比如 IAC 分别在 2017 年和 2019 年对哥伦比亚和萨摩亚的发展研究项目进行了认证。②

① Task Force, "Development Studies, Accreditation and EADI", 2005.

② Monks, "EADI's International Accreditation Council for Development Studies(IAC) celebrates its 10th anniversary: Looking back and moving forward", 2021, https://www.eadi.org/fileadmin/user_upload/EADI/IAC-EADI/IAC_Briefing_Paper_2021.pdf.

第四节 总结

欧洲国家与发展专业有着千丝万缕的联系。无论是区域层面还是全球层面，欧洲这片土地在全球发展的历史脉络上都占有重要的位置。虽然未来的世界政治与经济格局面临极大的不确定性，但就发展学的学科建设来说，欧洲以其丰富多元的高校文化和项目设置，为未来有意向进入该领域的学生提供了背景多元的发展学习环境和多样又专业化的研究方向选择。

总体上，欧洲的发展学专业教学体系是非常完善的，从学士、硕士和博士三阶段发展专业项目统计和分析中主要发现以下四点。第一，发展学具有多学科交叉的特性，多样性的研究领域选择体现了机构本身的研究意愿和所在国家的文化差异。第二，多样性特征在国别、院校、学位阶段、专业设置的具体方向和教学内容上均有体现。第三，虽然欧洲其他国家还没有对“发展学”学科有像英国那样的明确单独设置，但其跨领域和研究主题的多样性为学生和教育者提供了有针对性、指向明确且教学特色鲜明的参考。同样重要的是，欧洲对于发展研究的评估框架也随着博洛尼亚进程不断发展完善。本书的读者可以此为线索根据自己的研究兴趣或学习需求，对欧洲各国和各高校的发展学教育开展更深入的探查。第四，本书所关注到的欧洲国家高校中，其发展学专业普遍积极与政府、发展机构、企业等有紧密联系与合作。

附录　涉及院校的官网

国家	学校名称	相关网址
荷兰	阿姆斯特丹大学	https：//www. uva. nl/
	瓦赫宁根大学	https：//www. wur. nl/
	鹿特丹伊拉斯谟大学	https：//www. eur. nl/
	马斯特里赫特大学	https：//www. maastrichtuniversity. nl/
	莱登大学	https：//www. universiteitleiden. nl/
	乌特勒支大学	https：//www. uu. nl/
德国	哥廷根大学	https：//www. uni-goettingen. de/
	杜伊斯堡-艾森大学	https：//www. uni-due. de/
	马尔堡菲利普斯大学	https：//www. uni-marburg. de/
	波鸿大学	https：//www. ruhr-uni-bochum. de/
	波恩大学	http：//www. zef. de/
	德国发展研究院	https：//www. die-gdi. de/
法国	奥弗涅大学	https：//www. uca. fr/
	农业发展国际合作研究中心	http：//www. cirad. fr/
	巴黎政治学院	http：//www. sciencespo. fr/
	巴黎第一大学	https：//www. pantheonsorbonne. fr/
比利时	布鲁塞尔自由大学	https：//www. vub. be/
	安特卫普大学	https：//www. uantwerpen. be/
	根特大学	http：//www. ugent. be/
瑞典	乌普萨拉大学	https：//www. uu. se/
	斯德哥尔摩大学	https：//www. su. se/
	隆德大学	https：//www. lunduniversity. lu. se/

续表

国家	学校名称	相关网址
挪威	奥斯陆大学	https：//www. uio. no/
	挪威生命科学大学	https：//www. nmbu. no/
丹麦	哥本哈根大学	http：//www. science. ku. dk/
西班牙	瓦伦西亚理工大学	http：//www. upv. es/
	IE 大学	https：//www. ie. edu/

CHAPTER

4

第四章

澳大利亚的国际发展教育

第一节　澳大利亚的对外援助历史

（一）20世纪50年代：对外援助计划兴起

澳大利亚现代意义上的官方发展援助始于20世纪50年代，但是其对外援助历史可追溯至第二次世界大战前，当时的主要援助对象为巴布亚新几内亚。作为曾经的海外领地，巴布亚新几内亚至今在澳大利亚的对外援助对象中占据重要的一席之地。巴布亚新几内亚是大洋洲的一个岛屿国家，1920年，国际联盟将巴布亚新几内亚托管于澳大利亚，直到1975年才脱离澳大利亚获得独立。在第二次世界大战结束后，巴布亚新几内亚成为澳大利亚双边援助的主要对象，30年里对巴布亚新几内亚的援助占澳大利亚对外援助预算约80%。① 这一时期的海外领地发展政策，主要是澳大利亚劳工部长埃迪·沃德（Eddie Ward）对巴布亚新几内亚采取的“新政”（New Deal）。在新政中，沃德强调，要取消劳工契约制度，并且改善医疗与教育设施以提高当地人的生活水平，所以要加大在健康和教育上的投入。但是，取消原本外来企业十分依赖的

① Nicholas Ferns, “Colonialism as Foreign Aid: Australian Developmental Policy in Papua New Guinea, 1945-75”, *Australian Historical Studies* 51. 4(2020): 459-476.

契约劳工制有可能会损害企业利益。[①] 为了推行该政策，联邦政府决议投入大量的援助款项，赠款从战前（1938 年）的 4 万英镑增加到 1948 年的 320 万英镑[②]。总之，新政标志着澳大利亚在战后参与国际发展所迈出的第一步。

20 世纪 50 年代，科伦坡计划实施，澳大利亚开始对巴布亚新几内亚以外的地区给予援助。科伦坡计划和对巴布亚新几内亚的援助一同构成了当时澳大利亚对外援助。

科伦坡计划产生于冷战格局下美苏双方的竞争以及去殖民化运动的背景中。当时的英联邦国家认识到，美国对东南亚的援助和该地区经济发展、政治和社会稳定至关重要。出于对战后东南亚和南亚的形势考虑，英联邦国家认为，东南亚和南亚区域的地区稳定与安全的主要威胁来自共产主义的扩张，有效的遏制措施是经济发展。[③] 于是，以马歇尔计划为样本的科伦坡计划作为一种新的国际合作机制得以酝酿，并正式在 1951 年开始实施。该计划的实施渠道以双边援助为主，援助方式主要有给予机器、设备、商品等物资援助；实施道路修筑或灌溉项目援助；提供教育类奖学金、专家外派的人力资源援助；提供人道主义和灾难的紧急援助。

在 20 世纪 50 年代，美国的官方发展叙事由现代化理论主导，该理论深深影响着澳大利亚的对外援助政策。澳大利亚的海外发展政策，主要就是利用这些理论，结合澳大利亚

---

① James Griffin, *Papua New Guinea portraits: the expatriate experience*, Australian National University Press, 1978.

② Paul Hasluck, *Australian Policy in Papua and New Guinea: Statement in the House of Representatives, Canberra, Tuesday, 23rd August, 1960*, Government Printer, South Africa, 1960.

③ 孙建党：《冷战与科伦坡计划的起源》，《历史教学（高教版）》2007 年第 9 期。

自身的发展经验，并考虑巴布亚新几内亚的特殊情况制定的。整体的对外援助政策有两大重点：教育援助与农业发展。援助的方式上，农业发展通过经济与技术援助实现，教育援助通过设置奖学金项目为亚洲的学生提供受教育的机会。这个政策背后，其实是澳大利亚政府平衡“发展态势”和“维持社会与政治稳定”的考虑，改善教育可以提升生活条件，农业的发展可以促进利于出口的生产活动。①

（二）20世纪60年代至70年代末：对外援助机制建设

进入20世纪60年代，在去殖民化浪潮的背景下，澳大利亚的对外援助有几个方面重要变化：首先，对巴布亚新几内亚的援助内容有所变化；其次，积极接触并参与到国际多边组织的国际发展事务中；最后，在70年代初开始了对外援助管理初步的机制化建设。

首先，随着去殖民化运动的兴起，澳大利亚面临着来自国际组织和其他国家要求尽快实现属地自治的压力，尤其是在对巴布亚新几内亚的领地托管上，进入了一个“实现自治的过渡期”。在与联合国托管委员会达成的协议下，澳大利亚对巴布亚新几内亚变革其教育、经济、政治都实施了新的托管政策，加快改革并实现自治。同时，官方发展援助（ODA）这一概念也随着专业的国际发展援助组织机构的出现而确立。巴布亚新几内亚在1975年独立后，一直是澳大利亚对外援助的重要国家。随着“人类基本需求”的发展概念提出，世界银行等国际组织对巴布亚新几内亚的发展越

① Nicholas Ferns, *Australia in the Age of International Development, 1945 - 1975: Colonial and Foreign Aid Policy in Papua New Guinea and Southeast Asia*, Palgrave Macmillan, 2020.

发关注。独立后巴布亚新几内亚的本土领导者也开始就发展问题发表自己的看法，他们强调治理的重要性。基于这些不同的观点，澳大利亚对巴布亚新几内亚的援助政策也随之发生变化，从原来以赠款为主的援助变为增加对社会发展项目的支持（包括改善公共住房、社区服务、本地人的治理参与等）。①

其次，随着国际援助机构的成立，澳大利亚也开始参与到多边国际发展和援助事务中。澳大利亚在 1966 年成为 OECD-DAC 成员国，越来越重视多边援助。作为 DAC 成员，其对外援助项目参与到 DAC 的同行评议并获得咨询建议。另外，作为 1966 年建立的亚洲开发银行（Asian Development Bank，ADB）创始成员之一，澳大利亚也通过亚洲开发银行对亚太地区的减贫事业做出贡献。自成为创始成员至今，它已向亚洲开发银行提供了 86 亿美元的资本认购，还向其特别基金捐款并承诺了 31.4 亿美元。② 在世界银行、UNDP、WFP 等多边组织的援助项目中也均有贡献。

最后，从澳大利亚对外援助管理来看，在 20 世纪 70 年代以前，澳大利亚的对外援助政策制定、项目和资金管理由不同职能部门管理而较为碎片化，如外交部、海外领地部门、财政部、教育部等均有涉及。直到 1974 年，澳大利亚成立了发展援助署（Australian Development Assistance Agency，ADAA）来统一管理对外援助事务，这也标志着在 70 年代澳大利亚的对外援助形成统一机构管理的开端。后来，在 1977 年改名为

---

① Nicholas Ferns, “Colonialism as Foreign Aid: Australian Developmental Policy in Papua New Guinea, 1945–75”, *Australian Historical Studies* 51. 4(2020): 459–476.

② Asian Development Bank, “Asian Development Bank Member Fact Sheet–Astralia”, 2022, https://www.adb.org/sites/default/files/publication/27750/aus-2021.pdf.

澳大利亚发展援助署（Australian Development Assistance Bureau，简称 ADAB 或澳发署），后在 1987 年改名为澳大利亚国际发展合作署（Australian International Development Assistance Bureau，AIDAB）。

（三）20 世纪 80 年代至 90 年代末：对外援助政策与管理机制调整

20 世纪 80 年代是澳大利亚对外援助开始注重援助有效性的新时期，对过去的援助进行了反思，援助思路也有所转变。到 90 年代，紧张的国际关系格局经历了苏联解体和冷战结束后有所缓解，但是，在国际发展领域也出现了对抗疾病、贫困和环境恶化等新的挑战。在此背景下，澳大利亚的对外援助管理从过去的碎片化逐渐走向统一的专门管理。

1983 年 3 月，霍克政府的外交部部长比尔·海登（Bill Hayden）成立了对外援助评估委员会，并发布了有关对外援助的官方评估报告及政策性文件——《杰克逊报告》。该报告也是首次对援助进行整体性评估，分别从援外项目的环境、援助形式、援助分布以及援助管理四个方面探讨如何实施更有效的对外援助。总体上，《杰克逊报告》为澳大利亚对外援助提供了综合性政策及管理框架，明确了澳大利亚对外援助的三大政策目标，包括人道主义、外交政策和商业利益，主要援助区域包括巴布亚新几内亚、南太平洋地区和东南亚地区，援助领域包括农业、基础设施、健康和农村发展等。

在 20 世纪 90 年代，澳大利亚 ODA 总量经历了十年的低迷。1990~1995 年，其 ODA/GNI 数值保持在 0.31%左右，自 1996 年开始持续下降到 1999 年的 0.25%，援助总量仅保持与

OECD-DAC 的平均水平相当。①

1996 年新上台的霍华德政府对澳大利亚的内政方针和对外政策做出调整，对此前发布的《杰克逊报告》做了全面的评估与调整，重新修订了对外援助政策，出台了《西蒙斯报告》。该报告重新确定了澳大利亚对外援助的准则，提出“澳大利亚援助计划的目标是通过可持续的经济和社会发展援助来促进发展中国家减轻贫困，通过援助发展中国家减轻贫困和实现可持续发展，促进澳大利亚的国家利益”②。由此看出，澳大利亚对外援助的政策目标主要是减轻世界贫困与实现国家利益，援助区域与领域内容基本不变，但更加强调性别平等与可持续发展。

（四）21 世纪以来：对外援助改革转型

进入 21 世纪以后，特别是自联合国千年发展目标发布后，澳大利亚开始致力于实施更加有效的对外援助。首先，其援助重点依旧集中在亚太地区，扩大援助规模以帮助南太平洋地区实现千年发展目标。其次，在 2006 年成立了发展有效性办公室（Office of Development Effectiveness，ODE），以对发展援助署的能力和发展政策的影响力进行评估。ODE 还建立了发展有效性的年度审查机制以确保援助实施的有效性。另外，还通过设立澳大利亚发展研究奖（Australia Development Research Awards）支持发展研究。“新科伦坡计划”（New Colombo Plan）也在 2013 年正式开始实施，该计划旨在通过支

① Australian Government AusAID, “Statistical Summary 2008-2009, Australia's International Aid Program”, 2010.

② Ravi Tomar, “The Future of Australia's Oversea Aid Program: Government Response to the Simons Report, Foreign Affairs Defence and Trade Group”, 6 April 1998, http://www.aph.gov.au/library/pubs/m/1997-98/98rn40.htm.

持澳大利亚本科学生在印度—太平洋地区学习和实习来提升澳大利亚对该地区的了解。同时，还鼓励学生在澳大利亚和其他地区之间开展双向流动。“新科伦坡计划”的长远目的还在于巩固和深化澳大利亚在相关地区的国际关系，无论是在个人层面，还是高校、商业和其他联系。

澳大利亚还开始推动“伙伴关系”的援助战略变革。通过积极参与千年发展目标、《巴黎协定》以及《阿克拉协议》等国际协定的签订，将其原则与意见融入自己的援助项目，直接回应了国际发展的议程与共识。作为《釜山伙伴关系文件》的支持者，澳大利亚发展援助署在釜山会议后，着力加强援助伙伴关系。[①] 如 2005 年建立的“澳大利亚—印度尼西亚重建与发展伙伴关系”，澳大利亚对当时遭受海啸灾害的印度尼西亚提供了重建与发展的资金和援助。2009 年与太平洋岛国签署了《加强太平洋地区发展协调的凯恩斯协议》，确立了受援国参与磋商和共同责任的基本原则。

在对外援助的政策框架方面，澳大利亚暂时没有对外援助的专门法律，而是以具备高规范和灵活性的政策框架来进行规范。[②] 表 4-1 是 21 世纪以来，澳大利亚的对外援助文件概况。2013 年 9 月，澳发署（AusAID）被整合并入外交贸易部（Department of Foreign Affairs and Trade，DFAT）并延续至今，成为外交贸易部的一个专门执行机构，援助项目由此也受到外交贸易部发布的各项法律和法规制约。

在对外援助管理的“信息透明”方面，澳大利亚也有一

---

① 周太东：《澳大利亚对外援助的规制体系研究》，《国际经济合作》2014 年第 11 期。

② 周太东：《澳大利亚对外援助的规制体系研究》，《国际经济合作》2014 年第 11 期。

系列政策和法律的制度安排。早在1982年澳大利亚就制定了《信息自由法》，以规范政府和机构的信息发布和获取，旨在促进公众及时获得相关信息并参与决策。2012年实施的《透明度章程》则阐明了公众有权利知晓政府在对外援助事务上的资金使用和所获成果。

表4-1　21世纪的澳大利亚对外援助相关文件

时间	白皮书/政策法案	其他相关法案
2000~2010年	2006年白皮书《澳大利亚援助：促进增长与稳定》	—
2011年以来	2011年政策声明《有效的援助方案：作出真正的贡献，交付实在的成果》 2012年政策框架《通过有效援助帮助世界贫困人口：澳大利亚2015~2016年全面援助政策框架》 2012年政策声明《有效的澳大利亚援助方案》 2014年政策框架《澳大利亚援助：促进繁荣，减少贫困，增强稳定》 2014年绩效框架《提高绩效：加强澳大利亚援助的问责制和有效性》 2017年外交白皮书《2017外交政策白皮书》	2012年《透明度章程》 2013年《公共治理、绩效和责任法》

资料来源：笔者整理而成。

第二节　澳大利亚的发展学建制概况

一　教育体系

澳大利亚开设发展学专业的高校主要有澳大利亚国立大学（Australian National University，ANU）、墨尔本大学

(The University of Melbourne)、悉尼大学（The University of Sydney)、麦考瑞大学（Macquarie University，MQ)、纽卡斯尔大学（The University of Newcastle)、新南威尔士大学（The University of New South Wales，UNSW)、卧龙岗大学（University of Wollongong，UOW)、昆士兰大学（The University of Queensland，UQ)、弗林德斯大学（Flinders University)、迪肯大学（Deakin University)、拉筹伯大学（La Trobe University)、莫纳什大学（Monash University)、皇家墨尔本理工大学(RMIT University)、维多利亚大学（The University of Victoria，UVic)、莫道克大学（Murdoch University)。

根据 QS2023 排名，澳大利亚有 4 所高校发展专业跻身全球前 50，它们是澳大利亚国立大学、墨尔本大学、悉尼大学和昆士兰大学。

二 发展研究机构

澳大利亚的发展学已经建立了比较完备的系统，不仅多所高校设立了与发展学有关的课程体系，研究中心、社会组织和国际组织等也都在助力澳大利亚发展学专业的蓬勃发展。

澳大利亚国立大学牵头组织创办的发展研究网络（Development Studies Network，DSN）是大洋洲极具影响力的大型发展网络，DSN 鼓励高校、政府或非政府机构及所有对发展问题感兴趣的社会团体或个人参与其中，鼓励开展社会、经济等多领域发展问题的探讨与交流。此外，为了推动发展领域的拓展，DSN 还创办了 *Development Bulletin* 杂志，以及时发布各种与发展领域相关的信息，包括发展课程设置、资源共享、研究进程等内容，加强人们对发展领域信息的了解。

澳大利亚的社会组织也是推动发展研究的重要力量。澳大利亚国际发展理事会（Australia Council for International Development，ACFID）是参与国际发展和人道主义行动的非政府组织，自 1965 年成立以来已经拥有 130 多个成员在发展中国家从事发展工作。该机构对大洋洲的发展政策有较高影响力，同时也作为知识和学习网络团结了大洋洲的国际发展非政府组织和公众参与。基于和澳大利亚外交贸易部建立的伙伴关系，ACFID 获得了来自外交贸易部的核心资金支持。更重要的是，该伙伴关系促进了澳大利亚政府部门和社会组织的政策对话与知识共享。为了促进 ACFID 成员与澳大利亚大学之间的合作，2009 年，该理事会成立了一个被称为“大学链接网络”的重要平台，即发展影响研究网络（Research for Development Impact Network，RDI）。

RDI 的建立将国际发展从业者、研究者和研究评估人员汇集起来，致力于针对克服贫困和不公正问题的高水平研究、政策制定和实践行动。RDI 的财政支持主要来自澳大利亚外交贸易部。现在，RDI 已成长为澳大利亚国际发展部门共享知识、开展学习和研究、实施行动的关键平台。在 2012 年，该网络还发起了一项为发展研究制定《道德研究和评价准则》的重大项目[①]，该项成果一直被澳大利亚甚至国际范围的社会组织和研究机构使用。

总之，澳大利亚的发展学研究范围日益拓展，研究领域也不断细化，高校与研究机构、政府、社会组织之间的合作也不断加深，整个社会的发展体系不断健全。

---

① Research for Development Impact Network, “About US-OUR HISTORY”, https://rdinetwork.org.au/about-us/our-history/.

第三节 澳大利亚的发展学学生培养

一 教学项目

澳大利亚开设发展专业的高校主要有 15 所，下文将介绍各高校发展学的学士和硕士项目。表 4-2 列出了各大院校的发展专业开设情况，并对其所属院系、所授予的学位及开设的专业进行了统计。

表 4-2 澳大利亚各院校发展专业的开设情况

学校名称	所属院系	开设专业	授予学位
澳大利亚国立大学	Crawford School of Public Policy	国际和发展经济学，环境管理与发展，政策与管理，公共管理	学士/硕士
	College of Arts & Social Sciences	发展学	学士/硕士
	Coral Bell School of Asia Pacific Affairs	应用人类学和参与式发展	硕士
墨尔本大学	Graduate School of Humanities and Social Sciences	发展研究，人类学与发展	学士/硕士
悉尼大学	Faculty of Arts and Social Sciences	发展研究	硕士
麦考瑞大学	School of Social Sciences	应用人类学	学士/硕士
纽卡斯尔大学	College of Human and Social Futures (School of Education)	社会变迁和发展	硕士
新南威尔士大学	Faculty of Arts, Design and Architecture	发展学，社会发展学	学士/硕士

续表

学校名称	所属院系	开设专业	授予学位
卧龙岗大学	School of Humanities and Social Inquiry	社会变迁与发展	硕士
昆士兰大学	Faculty of Humanities and Social Sciences	发展实践，区域发展，社会管理（地区开发），区域计划与发展，社会工作（地区开发）	学士/硕士
弗林德斯大学	Faculty of Health and Behavioral Sciences	健康和国际发展，发展中国家初级卫生保健	硕士
	College of Humanities, Arts and Social Sciences	国际发展，性别主流化政策分析，发展研究	学士/硕士
		性别和发展研究	硕士
迪肯大学	Faculty of Arts and Education, School of Humanities and Social Sciences	国际和区域发展	学士/硕士
拉筹伯大学	School of Humanities and Social Sciences	发展研究，规划与发展	学士/硕士
莫纳什大学	Faculty of Arts	国际发展和环境分析，商务管理，亚洲发展研究	硕士
皇家墨尔本理工大学	School of Global, Urban and Social Science	社会科学（国际发展方向），社会科学（国际城市和环境管理方向）	硕士

续表

学校名称	所属院系	开设专业	授予学位
维多利亚大学	Faculty of Humanities	国际区域发展，区域发展，亚太地区研究（区域发展分支）	学士/硕士
莫道克大学	College of Arts，Business，Law and Social Sciences	区域发展，发展研究，可持续发展，亚洲可持续发展，生态可持续发展	学士/硕士

资料来源：笔者根据各高校官方网站信息收集整理而成。

（一）学士项目

上述 15 所大学中，开设发展专业学士项目的有 10 所，包括澳大利亚国立大学、墨尔本大学、麦考瑞大学、新南威尔士大学、昆士兰大学、弗林德斯大学、迪肯大学、拉筹伯大学、维多利亚大学和莫道克大学。

学士项目课程大部分属于发展学的入门课程，在名称上几乎都命名为“发展学”或“发展研究”。与硕士专业更多样和细化的课程相比，学士项目多没有划分研究方向，而是注重基础知识和理论的教学。

澳大利亚国立大学的课程内容涉及全球多个地区如拉丁美洲、亚太地区发展状况，涵盖面广，同时也设置了一定比例的实践课，但相对于理论课来说，比例仍然偏小。新南威尔士大学虽然在招生上同时面向学士与硕士，但在专业上有很大区分。在培养目标与课程设置上，新南威尔士大学发展研究的学士项目旨在让学生了解发展中的世界，如贫穷、不平等问题的形成、现状及影响，具体课程有全球贫困与不平等、环境与发展等。而在硕士项目的培养目标和课程设置上，则注重拓展社会科学研究的知识与技能领域，为理解发展问题提供科学方法，旨在使硕士具备必要的技能，从而更好地参与发展项目和参加相关工作。

由此可见，学士阶段是一个了解发展学理论和相关政策的过程，而硕士阶段则更偏重实践与实用性，将之前学过的理论应用到实际中以解决问题。

（二）硕士项目

上述统计的15所高校全部开设了发展专业的硕士项目，而只开设了硕士项目的高校有悉尼大学、纽卡斯尔大学、卧龙岗大学、莫纳什大学、皇家墨尔本理工大学。总体来看，澳大利亚高校在发展专业硕士项目的课程设置上，相较于学士项目更为精细和深入，这在其课程名称上就有所体现，如应用人类学和参与式发展（Master of Applied Anthropology and Participatory Development，MAAPD）、社会变迁和发展、区域发展（紧急救援管理方向）等，可以看出硕士项目的针对性更强，研究的领域横向上来说较为集中，纵向上来说较为深入。硕士项目的课程纳入了大量的社会实践，强调理论与实践相结合，注重培养学生的实际应用能力。

硕士项目师资力量更为雄厚，录取的条件也更为严格。例如澳大利亚国立大学的亚太研究中心（RSPAS）开设的MAAPD项目，旨在为政府或非政府组织、商务机构及个人咨询机构培养人才，锻炼学生解决实际社会问题，培养为发展项目提出建设性意见的能力。该课程让学生在解决问题时具备多元视角，能够将发展的研究方法与实际的工作结合起来。该项目的师资主要来自亚太研究中心、原住民经济政策研究中心，聚集了发展研究领域出色的专家。

二 教学特点

相比英国等欧洲国家，发展学在澳大利亚的起步较晚，但却在极短的时间内获得了迅速发展。澳大利亚发展学不仅建立起较为完善的DSN等大型发展网络，而且涉及领域也日趋广泛。同时，发展学在澳大利亚的教育紧随时代潮流不断更新理论、创新发展课程。

（一）重点关注亚太地区

澳大利亚属于亚太地区，亚太地区经济、政治、社会不断发展，以及和谐稳定的环境为澳大利亚发展提供了良好、坚实的基础。澳大利亚高校发展专业的培养目标中一直强调帮助发展中国家解决不平等、消除贫困、促进贸易和经济增长，在课程设置和实践中多偏重于亚太地区，在以下这些高校的研究项目和教学设置上有典型体现。比如澳大利亚国立大学专门成立了针对亚太地区的亚太研究中心。维多利亚大学也专门开设了亚太地区研究（区域发展分支）这一专业，实践课程设置上也偏重于亚太地区政府机构的实习与政策、方案制定。

澳大利亚国立大学还有一个有关印度尼西亚的项目，50多年来一直是澳大利亚和全球研究印度尼西亚的前沿。1965年，印度尼西亚的经济和政治格局发生深刻变化，该项目由经济学家海因茨·阿恩特（H. W. Arndt）成立，最初由一小群以印度尼西亚为研究中心的经济学家组成，现在已发展成一个跨学科研究中心。该项目汇集了学生、政策制定者和不同学科的研究人员，共同讨论印度尼西亚发展中的众多问题，有助于加深印度尼西亚和澳大利亚之间的沟通和理解，并促进印尼与澳大利亚学者、学生和决策者之间的联系。该项目自 1983 年以来，每年都召开一次“印度尼西亚更新”会议，促进各界人士集思广益，以更好地发挥项目的作用。

（二）研究领域多样化和多层次

澳大利亚各大高校发展专业的关注领域呈现多样化、多层次的特点。

首先，多样化是指发展专业涉及的领域日益广泛，不再局限于普通发展、区域发展等较为传统的领域，而是拓展到很多新兴热门领域。例如澳大利亚国立大学的 MAAPD 项目，弗林德斯大学的性别主流化政策与分析、性别和发展研究，墨尔本大学的性别研究（性别与发展）等都涉及并侧重于发展问题中性别这一方向的研究，并强调理论政策与实践应用相结合，体现了澳大利亚发展学的与时俱进，研究关切与社会现实问题的紧密相连。皇家墨尔本理工大学的社会科学（国际城市和环境管理方向）聚焦当今国际化、城市化、环境生态等问题。弗林德斯大学的健康和国际发展、发展中国家初级卫生保健专业体现出对当下人类健康、生存、医疗和卫生等问题的关注。

其次，多层次是指澳大利亚大学的发展专业学士和硕士教学上划分明确，能保证知识理论上的衔接。大多数高校在培养方案与课程设置上明确指出学士和硕士不同阶段教授的不同内容。例如，新南威尔士大学在学士项目注重贫困、不平等问题，而硕士项目则是注重拓展技能，制定解决方法；在课程设置上，学士项目偏于理论，硕士项目则更注重实践技能的培养。

（三）参与政府政策制定与实施

上述高校除了开展发展教学和研究以外，也直接参与政府发展政策制定与实施，高校、政府及政策的实施团队有着紧密的联系。

例如，澳大利亚国立大学的原住民经济政策研究中心（CAEPR）每年都会参与一些官方项目的咨询和评估工作，该中心规定所有参与官方咨询的活动必须得到中心负责人的批准，咨询和评估工作必须与中心本身的研究目标一致，研究的成果必须由委托方或者本中心出版发表。除此之外，CAEPR 还获得了澳大利亚国家公共政策部门的支持，定期开展一些与本土相联系的课程和讲座。

再如，昆士兰大学的研究实践发展中心（RPDC）成立的主要目标就是"加强学术与行业合作伙伴关系"，中心的主要活动之一是针对老龄人口，向有关政策部门提供研究发现和评估并直接参与到老年人发展项目实践的调研中。

第四节　总结

自 20 世纪 50 年代起，澳大利亚的对外援助从对巴布亚新几内亚的双边援助发展至面向更多区域和国家的对外援助，并积极参与多边援助。援助领域主要包括农业、基础设施、健康、人口规划和农村发展。政策目标聚焦于减少世界贫困。澳大利亚的发展学教育范围相应地拓展，发展研究领域也不断细化。在课程与教学方面，发展学所涉及的领域日趋多元化，不断夯实发展研究、区域发展等基础领域的专业化程度，专业的项目设置还紧密结合新兴热门领域，如性别主流化政策与分析、性别研究等与当前社会和人类发展更加契合的领域。

澳大利亚的学士项目注重让学生了解发展学普遍理论和相关政策，而硕士阶段则更偏重于实践与实用性，将之前学过的理论应用到实际中以解决问题。同时，高校与研究机构、政府、NGO 之间的合作也不断加深，整个社会的发展体系不断健全。总体来看，澳大利亚的发展学教育具有关注亚太地区、多层次、整体架构相对完善并且参与政策制定的特点。

附录　涉及院校和机构的官网

1. 涉及院校的网站

学校名称	所属院系	网站
澳大利亚国立大学	Crawford School of Public Policy	http：//www. anu. edu. au/
	College of Arts&Social Sciences	
	Coral Bell School of Asia Pacific Affairs	
墨尔本大学	Graduate School of Humanities and Social Sciences	https：//www. unimelb. edu. au/
悉尼大学	Faculty of Arts and Social Sciences	https：//sydney. edu. au/
麦考瑞大学	School of Social Sciences	http：//www. mq. edu. au/
纽卡斯尔大学	College of Human and Social Futures（School of Education）	https：//www. newcastle. edu. au/
新南威尔士大学	Faculty of Arts，Design and Architecture	https：//unsw. edu. au/
卧龙岗大学	School of Humanities and Social Inquiry	https：//www. uow. edu. au/

续表

学校名称	所属院系	网站
昆士兰大学	Faculty of Humanities and Social Sciences	http：//www. uq. edu. au/
弗林德斯大学	Faculty of Health and Behavioral Sciences	https：//www. flinders. edu. au/
	College of Humanities，Arts and Social Sciences	
迪肯大学	Faculty of Arts and Education，School of Humanities and Social Sciences	https：//www. deakin. edu. au/
拉筹伯大学	School of Humanities and Social Sciences	https：//www. latrobe. edu. au/
莫纳什大学	Faculty of Arts	https：//www. monash. edu/
皇家墨尔本理工大学	School of Global，Urban and Social Science	https：//www. rmit. edu. au/
维多利亚大学	Faculty of Humanities	https：//www. vu. edu. au/
莫道克大学	College of Arts，Business，Law and Social Sciences	https：//www. murdoch. edu. au/

2. 涉及机构的网站

机构	网址
发展研究网络（DSN）	http：//www. crawford. anu. edu. au/rmap/devnet/
原住民经济政策研究中心（CAEPR）	http：//caepr. cass. anu. edu. au/

CHAPTER

5

第五章

日韩的国际发展教育

第一节 日本的国际发展教育

一 日本的对外援助历史

（一）20 世纪 50~60 年代：日本对外援助的兴起

日本对外援助始于 20 世纪 50 年代。日本为了改变其战败国形象，让全球重新接受日本以进入国际体系，援助的早期项目主要基于政府战后提出的怀柔政策，即向日本邻国提供正式的战争赔偿，以经济援助来消除第二次世界大战期间给受害国带来的负面影响。① 日本于 1954 年加入“科伦坡计划”②，对“科伦坡计划”捐赠了 5 万美元。1954~1958 年，日本先后与缅甸、菲律宾和印度尼西亚签订了战争赔偿协议，用来建造第二次世界大战期间受损的设施③，日本的对外援助便可视为起源于此。

日本政府“基于受援国请求”来决定援助资助的项目。战后日本根据《旧金山和约》第 14 条的规定，1955~1977 年

---

① 黄梅波、洪燕秋：《日本对非发展援助的成效与发展趋势——基于非洲发展东京国际会议平台的研究》，《国际经济合作》2014 年第 4 期。

② 吕耀东：《战后日本外交战略理念及对外关系轨迹》，《日本学刊》2015 年第 5 期。

③ 沙青青：《援助之外的历史和解之路》，《文汇报》2018 年 11 月 30 日。

向亚洲各国支付了一定的战争赔偿。但是实际的赔偿款并没有以现金形式给予受援国家，而是通过企业以商业与劳务形式投入受援国所需要的项目。日本以此方式同时达成了外交和经济的目的，处理战后问题的同时还扩大了贸易出口。[①] 在70年代，日本的援助对象有2/3的国家在远东地区，特别是与日本有重要贸易关系的亚洲国家（如韩国、菲律宾和泰国等）。在援助领域上，集中于能源、工业、运输等商业性强的部门，很少在教育、卫生等社会部门。因此，日本在这段时期的援助虽然是“基于受援国请求”，但也满足了日本本国的经济扩大需求，并且符合确保日本繁荣、安全和独立的外交目标。

（二）20世纪70~80年代末：日本对外援助的战略探索

1. 保证能源和资源安全

20世纪70年代上半期的数次世界经济动荡对日本援助的数量和方向产生了重大影响。这段时期恰逢石油危机，而日本对石油高度依赖，其能源结构中石油占到3/4，而其中90%来自海湾地区。[②] 石油价格上涨、获取中东石油具有不确定性，加上其他的原材料也可能变得稀缺，在日本引发巨大担忧，日本的资源型商业活动遭受巨大波动。此时，援助成为一种有效的工具，通过援助亚洲和非洲的商品生产国，与其建立良好关系、确保对原材料的获取。[③]

---

① 金熙德：《日美基轴与经济外交：日本外交的转型》，中国社会科学出版社，1998。

② 张耀钟：《日本对非公共外交的多维解构：以JICA为中心》，《世界经济与政治论坛》2016年第2期。

③ 徐加、徐秀丽：《被架空的援助领导者——日本战后国际援助的兴与衰》，《文化纵横》2020年第6期。

从商业化援助政策有助于确保资源来源的目的出发，日本开始将援助转向非洲。在1969年，日本政府代表团前往非洲就铀资源进行调查。[①] 同年，第一银行总裁长谷川重三郎的政府代表团访问了非洲6国。1970年，日本政府还委派三菱重工业公司董事长河野文彦为团长，与日本各行业经济巨头组成的日本经济代表团对非洲9国（包括埃塞俄比亚、几内亚、坦桑尼亚、赞比亚、刚果、尼日利亚、加纳、科特迪瓦、塞内加尔）进行访问。所以，在这一时期，出于对能源和原材料进口的考虑，日本对外援助十分重视非洲区域。1976~1979年日本对非洲的援助金额从近3亿美元直线上升至约8亿美元[②]。

2. 谋求大国地位

20世纪70~80年代的日本对外援助还通过扩大规模以应对国际压力。日本作为经济仅次于美国的新兴经济力量，在1975年成为G6峰会一员。国际上，这意味着西方社会在重新接受日本的同时还希望其能成为负责任的角色。[③]

但是，日本的援助因为过于商业化、忽略了人类基本需求，而逐渐遭到西方国家的批评。1982年DAC成员国对日本的援助数量与质量提出要求，美国和G7集团则质疑日本在国际贸易竞争中的公平性：基于对日本国际贸易公平性以及反倾销的指责，美国要求日本将部分贸易顺差重新用于扩大援助计划。[④]

---

① 邵宝：《日本对华ODA及其对中日经济关系的影响》，硕士学位论文，外交学院，2007。

② 数据来源：World Bank, https://data.worldbank.org.cn/indicator/DC.DAC.JPNL.CD。

③ 金熙德：《日本政府开发援助》，社会科学文献出版社，2000。

④ 黄梅波、洪燕秋：《日本对非发展援助的成效与发展趋势——基于非洲发展东京国际会议平台的研究》，《国际经济合作》2014年第4期。

这些国际压力显然不利于日本国际地位的提升，所以在20世纪70年代下半期，日本的官方对外援助以惊人的增长做出转变，时至1989年，日本成为世界上最大的双边官方发展援助捐助国，ODA的主要援助对象也从亚洲转变为非洲国家。[①]

（三）20世纪80年代末至1997年：日本对外援助的特色发展

1. 发展型国家的经验

20世纪90年代的世界格局在东欧剧变和苏联解体后，加快了多极化的进程。进入新旧秩序交替的过渡时期，各国针对发展援助的国际新秩序有不同的设想，日本也将此视为新机遇，以跻身对世界秩序发挥主导作用的国家行列。所以，日本也积极倡导建立国际新秩序并于1992年6月30日通过了《官方发展援助大纲》[②]，这是日本历史上第一份对外援助大纲，其中明确了日本对外援助的理念与原则。

日本援助的理念并非对西方传统援助国的复制。虽然属于发达国家，但是日本对自己的定位是非西方的捐助者。日本认为自己在国际发展与援助领域已有一定发言权，这一方面得益于日本援助的亚洲国家已先后走上经济发展的快车道，另一方面日本在1989年也成为最大捐助国，对非洲援助也居于领先地位。[③] 但在实际的国际援助体系中，日本却要听从西

---

① 徐加、徐秀丽：《被架空的援助领导者——日本战后国际援助的兴与衰》，《文化纵横》2020年第6期。

② 宋红豆：《日本与尼泊尔关系的演变》，硕士学位论文，外交学院，2010。

③ 潘万历、白如纯、吕耀东：《战后日本对非洲政府开发援助的战略性演进：从1.0到3.0》，《现代日本经济》2021年第3期。

方的支配，日本早已想要改变这种被动的地位。[①] 冷战结束后，受国际形势变化的影响，日本抓住时机不断加大对非援助力度，不断增加对非洲的影响力。一方面，随着冷战结束，非洲对于西方国家的战略地位直线下降；另一方面，非洲大陆的贫困状况在数十年的援助与发展中并未获得改善，西方援助国已逐渐疲于对非洲继续实施援助。在此背景下，日本开始批评非洲结构调整政策的负面影响并提出自己的援助理念。

日本强调受援国需要自主努力，即让各国在接受援助后最终实现自力更生。尽管各国的发展道路不同，但日本认为一个共同的先决条件是必须获得足够的外汇收入，调动国家内部资源为发展支出提供资金。而发展中国家获得外汇的关键在于发展出口导向型产业，完备的现代基础设施对于吸引外国投资者至关重要，所以日本援助的政策安排侧重基础设施建设和直接投资相结合。

日本的这一发展战略与世界银行一直倡导的发展战略有很大区别。前者承认国家的关键作用，也就是国家政策主导了工业化与产业战略；而后者则强调私有化和自由贸易是工业化的动力。[②] 所以，与世界银行、美国和其他支持“华盛顿共识”国家强调的自由市场相比，日本的对外政策方针中国家发挥了重要的作用。虽然观念上大不相同，却是基于日本自身的成功发展经验。

① 李安山：《东京非洲发展国际会议与日本援助非洲政策》，《西亚非洲》2008年第5期。

② D. Seddon, “Japanese and British overseas aid compared”, David Arase ed., *Japan's Foreign Aid*, Routledge, 2012, pp. 55-94.

2. **非政府组织的兴起**

在第二次世界大战之前，日本就建立了一个强大的官僚机构指导和支持发展强大的经济和军队，但官僚机构没有对生产型资产进行所有权控制与管理，而是通过激励私营企业使其朝着国家规划的方向发展。日本的对外援助中，强大的官僚机构与企业紧密合作，官僚机构内部进行主要决策，外部的干预有所限制。

在20世纪50~60年代的援助初期，在日本从事救济工作的欧美非政府组织并不是很多。这一格局持续到90年代，大量的非政府组织才成立。在参与国际合作的日本非政府组织名录中，80年代有73个团体，而90年代增加到172个团体。[①]

（四）1997年以来：日本对外援助的政策改革

1. **重新强调商业利益**

20世纪90年代末至21世纪初，日本政府创下了历史上最严重的财政赤字，预算危机迫使政府通过削减公共开支和增税来减少赤字，而官方发展援助预算因其重要性，在财政削减中受影响不大，但随后出现了下降趋势。1997年的第五个援助翻倍计划因为资金困难而被迫放弃。1997年6月由桥本龙太郎首相领导的财政结构改革会议召开，并宣布日本决定在1998年削减官方发展援助预算，1998财年ODA预算将比前一年削减10%，这一决定意义重大，对外援助预算削减持续了三年。2001年的预算降至98亿美元，2002年的ODA净额下降了1.2%。[②] 2002年3月在墨西哥蒙特雷举行了发展

---

① Worldbank, https://data.worldbank.org.cn/indicator/DC.DAC.JPNL.CD.

② 数据来源：MOFA, https://www.mofa.go.jp/mofaj/gaiko/oda/shiryo/yosan.html。

筹资国际会议，日本在会议中明确拒绝做出任何增加其官方发展援助的具体承诺。

在政府财政预算紧缩情况下，日本对外援助重新将海外经济利益提到援助政策的优先事项，再次强调私营部门的参与。2010 年 6 月，日本外务省（Ministry of Foreign Affairs of Japan，MOFA）发布了题为“增进开明的国家利益：与世界和谐相处，促进和平与繁荣”的援助报告。其中，援助资金的来源除 ODA 预算外，还包括其他官方资金和非公共部门（私营公司、非政府组织和公民）的参与。报告还提出了一些与私营部门合作的援助计划。

2. **由援助转变为发展合作**

这一时期，日本还强调把援助扩大到涵盖内容更广、关系更加平等的发展合作。1997 年 1 月 7~14 日，桥本首相对文莱、马来西亚、印尼、越南、新加坡等国进行访问。1 月 14 日，桥本在访问终点站新加坡发表了题为《为迎接日本东盟新时代而进行改革——建立更广更深的伙伴关系》的演说。桥本说：“在 21 世纪的今天，日本与东盟应在充实经济关系的基础上，把日本与东盟的对等合作关系变成适应新时代的、更广泛且更具深度的关系。”同以往日本首相的东南亚之行相比，桥本明确表明日本谋求把以援助为主的关系改变为平等合作的协调关系，把过去偏重经济的关系改变为包括政治与安全合作的全面关系。①

官方发展援助的中期政策声明（1999~2004 年）也确定了从减贫到债务减免等 7 个广泛主题的优先事项。近年来，日本还利用 ODA 灵活地应对新出现的全球挑战和日本国内的

---

① 金熙德：《日美基轴与经济外交：日本外交的转型》，中国社会科学出版社，1998。

意见，其中包括小泉可持续发展倡议、巩固和平倡议、人类安全倡议、冲绳传染病倡议、环境保护倡议、日本官方发展援助倡议以及日本解决国际“数字鸿沟”的全面合作方案。东京领导层提出的多主题倡议进一步扩大了日本官方发展援助机构的业务重点。

2003 年日本国际协力机构（Japan International Cooperation Agency，JICA）变成了独立的行政机构，在执行中增加了自主性和灵活性，但援助规划职能仍在政府内。JICA 出台了一些改革方案，其中最重要的改革是将人类安全概念纳入 JICA 行动的主流，JICA 增加了对脆弱国家的资源分配，特别是在非洲。

二 日本的发展学建制概况

（一）教育体系

根据 QS2023 排名，东京大学（The University of Tokyo）位列发展研究世界排名第 27 位。日本大学中设有发展研究学科的主要有东京大学、名古屋大学（Nagoya University）、广岛大学（Hiroshima University）、神户大学（Kobe University）、东京外国语大学（Tokyo University of Foreign Studies）、杏林大学（Kyorin University）、津田塾大学（Tsuda College）、拓殖大学（Takushoku University）、东洋英和女学院大学（Toyo-Eiwa University）。

大部分学校的发展学专业设置了硕士和博士项目，只有个别学校开设了学士项目，如津田塾大学的国际合作专业。各个学校考虑到日本国际化和对外援助发展中的人才需求，通常依托自身专业优势，谋求多学科融合。东京大学在环境学研究系设有国际合作专业，考虑到全球气候变化和环境问题，将环境研究和国际发展、国际合作联系在一起；东京外国语大学、津田塾等外语类高校则是利用了原有的外语和外国研究优势；杏林大学则将医疗和国际合作联系在一起。

日本的国际发展学科起源于20世纪90年代，这与下列因素有关。

一是谋求国际地位的上升。随着日本经济的发展，日本开始由受援国向援助国转型。为了提升经济及政治地位，日本自20世纪90年代开始大力开展海外发展援助（ODA），一度成为90年代ODA的最大援助国，这不仅有助于为贸易立国的日本提供稳定的海外市场及原材料的供给，营造良好的海外投资环境，还有助于日本输出其发展模式来提升国际地位。在此情况下，日本承担了更多的国际义务，同时也需要更多的人才来支持日本的国际活动。

二是发展问题已成为全球化过程中的核心问题且趋于复杂化。发展中国家不仅经济上与发达国家的差距扩大，还面临着国内贫困、政治局势不稳定、社会矛盾加剧和环境污染严重、粮食危机等一系列问题。这些问题不仅是国内的，还影响区域稳定。在发展问题复杂化的前提下，发展理论、发展实践及政策制定都要求从多角度加以考虑，因此多学科融合成为发展学科的必然趋势。

三是发展中国家相关的研究资料充足。日本历史上一直重视海外研究，研究人员十分专业，能够长期深入研究对象国以获取第一手资料。不少学者专注于研究一个国家的某一方面，研究细致扎实；他们与欧美发达国家的学者有着广泛联系，便于吸收学科发展成果，站在研究的前沿。

（二）研究机构

除了高校，日本重要的发展研究机构还有日本国际开发协会（The Japan Society for International Development，JASID）和日本国际协力机构（JICA）。

第二次世界大战后，随着殖民地政治独立、社会主义国家崛起、工业化国家恢复经济，经济发展成为全球各国家的首要任务。一方面各国家通过货币、金融、产业和贸易政策，努力促进本国经济增长，推动产业结构向前发展；另一方面发展和加强国际经济合作机制也促进各国家经济的稳步发展。因此，无论是发达国家还是发展中国家，贸易、私人投资和官方发展援助大幅增加，各国在经济上变得更加相互依赖。

然而，在同一时期，由于东西方之间的紧张关系，世界各个领域的争端和发展中国家内部的政治不稳定加剧。发达国家和发展中国家之间的差距——南北问题在激化，甚至发展中国家内部的差距——南南问题也成为国际经济舞台上的一个焦点。

在这种背景下，许多社会不平等现象扩大。特别是在20世纪80年代，随着结构调整方案的实施，许多发展中国家经历了失业、不平等、社会资本削弱、教育和卫生服务困难、环境污染以及难民迅速增加等问题。因此，国际发展问题不仅包括经济方面，还涵盖各种社会问题。

在这样的国际政治经济形势下，日本作为一个经济大国，国际社会期望日本在以下方面展示其领导能力：可持续的经济增长但不发生通货膨胀，保持国际经济的开放，减少国际流动性的不平衡，促进技术转让和技术发展，加强官方发展援助计划，全球范围的环境保护，保护本土文化以及解决难民问题。因此，日本成立了专门机构开展对外援助工作。

1. 日本国际开发协会

JASID 旨在建成一个政策研究机构，试图将经济学、管理学、政治学、社会学、人类学、农业、技术、医学等多个学科的发展知识和经验结合起来；致力于促进人力资源的开发，以进一步丰富国际发展领域的研究和实践。

JASID 设有 5 个支部，一是横滨支部，成立于 2013 年 1 月，旨在建立日本大学、研究机构、国家和地方政府、国际组织、非政府组织和非营利组织的网络，开展以横滨地区为基础的合作研究，定期组织研讨会和座谈会。二是广岛支部，旨在促进山阴山阳、四国和九州地区成员之间有关国际发展和合作的学术交流。三是关西支部，致力于开展国际发展与合作方面的研究活动，通过跨学科方法就不同的前沿专题举办研讨会。四是东海支部，东海地区的名古屋大学、福岛大学和铃鹿大学等提供国际发展课程；此外，日本国际协力机构、联合国教科文组织、名古屋非政府组织中心等组织也在开展发展专业相关的学术活动。五是京滋支部，旨在为京滋地区对国际合作和发展感兴趣的人们提供促进讨论、信息分享和联合研究的机会。

2. 日本国际协力机构

JICA 作为一个独立的部门成立于 2003 年。根据《发展合作宪章》，日本国际协力机构致力于人类安全和高质量发展。截至 2023 年 1 月，JICA 有近 2000 名正式员工。

JICA 在超百个国家设有办公室开展工作。合作领域涵盖农业、交通、能源、健康、教育、体育、自然资源、环境、社会安全等。

三 日本的发展学学生培养

如表 5-1 所示，日本这 9 所高校都有硕士项目，同时设有硕士和博士项目的高校居多，只有个别高校开设发展学的学士项目，包括神户大学、津田塾大学和东洋英和女学院大学。

表 5-1 日本高校设置发展专业的情况统计

大学	院系	研究方向	学位
东京大学	Graduate School of Agricultural and Life Sciences	国际可持续农业发展	学士（日语）
		农业发展研究	硕士/博士（英语）
	Department of International Public Policy	公共政策、国际金融与发展、国际安全	硕士/博士
名古屋大学	Graduate School of International Development	经济发展政策与管理、和平和治理、包容国家和社会、教育和人力资源发展、贫困和社会政策	硕士/博士
广岛大学	Graduate School of Humanities and Social Sciences	国际和平、国际经济发展	硕士/博士
神户大学	Graduate School of International Cooperation Studies	全球文化、人类发展和社区、环境和可持续性、儿童教育经济发展和政策、国际合作和政策、区域合作和政策	学士/硕士/博士

续表

大学	院系	研究方向	学位
东京外国语大学	The Graduate School of Global Studies	全球/日本研究、语言文化、区域和国际研究、和平和冲突研究、可持续发展研究	硕士/博士
杏林大学	Graduate School of International Cooperation Studies	国际发展、国际医疗合作、全球交流发展研究	硕士/博士
津田塾大学	College of Liberal Arts	全球性问题与国际关系、人文与区域研究、日本跨国研究	学士
		国际与文化研究	硕士/博士
拓殖大学	Graduate School of International Cooperation Studies	国际发展研究、国际安全	硕士/博士
东洋英和女学院大学	Department of International Communication	国际交流	学士
	The Department of International Cooperation	国际合作	硕士

资料来源：笔者根据各高校官方网站信息收集整理而成。

从表 5-1 可以看出大部分高校的研究方向是国际发展、合作和交流，包括神户大学、东京外国语大学、杏林大学、拓殖大学和东洋英和女学院大学；而东京大学则强调农业发展；名古屋大学和神户大学注重国际经济与发展研究。下文将重点分析位列 QS2023 发展研究专业世界排名第 27 的东京大学，详细介绍其开设发展专业的学院以及发展研究机构。

（一）东京大学农业与生命科学研究生院

东京大学农业与生命科学研究生院（GSALS）的教学与研究属于生命科学领域，拥有世界一流的科研设施。该学院围绕农业与生命科学在区域与全球层面的前沿研究，致力于为可持续社会做出贡献。除了对该领域的专研外，该学院也提供生物信息学在企业、政府和私人部门间的多学科合作。该学院有 12 个细分系统，农业发展研究国际项目（IPADS）是全球农业科学系在 2010 年推出的面向国际学生的全英文硕/博项目。该院系的研究强调问题导向而不是技术，基于跨学科与国界的专业合作来推进教、学、研的广度与深度。①

农业发展研究国际项目的硕士项目和博士项目分别是 2 年与 3 年学制，学生最终可获得学校颁发的理学硕士或哲学博士学位。该项目的研究领域围绕农业科学，主要有植物科学、动物科学、食品科学、林业、渔业、经济学以及环境科学等。为便于申请者进行了解并与导师提前沟通，在项目介绍里，清晰地给出了各领域可选的研究主题以及相应的指导教授。截至 2021 年 5 月，该项目注册在校学生有 45 名，其中有 26 名硕士生和 19 名博士生。这些学生大多来自中国、斯里兰卡、尼日尼亚和墨西哥等发展中国家，也有来自美国、意大利以及日本本国的学生。②

（二）东京大学公共政策研究生院

公共政策研究生院（Graduate School of Public Policy,

---

① The University of Tokyo, "Graduate School of Agricultural and Life Sciences", https://www.u-tokyo.ac.jp/en/academics/grad_agriculture.html#a009.

② The University of Tokyo, "International Program in Agricultural Development Studies-Why IPADS?", https://ipads.a.u-tokyo.ac.jp/why-ipads/.

GraSPP）成立于2004年，旨在培养学生发现当代社会的问题与挑战，并规划相应的公共政策。GraSPP 的一大特色是丰富的国际交流，该学院有一半以上学生来自海外，所以学院内部的学生可以在校内进行跨文化交流。此外，GraSPP 是全球公共政策网络（GPPN）的成员，与世界范围各大知名高校建立了伙伴关系。比如在博士课程中，该学院与伦敦国王学院的战争研究系和哥本哈根大学的政治学系设有交流项目，其教师也与剑桥大学的风险研究中心有研究交流。①

该学院公共政策硕士项目（Master of Public Policy，MPP）的培养内容聚焦解决国家、地区和全球发展中的公共政策问题。该项目将理论与实践相结合，以全面的视野来理解评估方法、建立共识、形成和实施政策。

文本框 5-1　GraSPP 的 MPP 课程设置

- 公共政策硕士学位在至少2年内完成46学分。
- GraSPP 每学年录取约110名学生。
- GraSPP 有6个子专业：法律政策，公共管理，国际公共政策，经济政策，公共政策，国际课程和亚洲研究。
- 进行全面的入学考试，由书面申请、英语水平考试、笔试和面试组成。

（三）东京大学社会科学研究所

东京大学社会科学研究所（Institute of Social Sciences，ISS）于1946年建立，旨在通过系统地收集数据和高水平的

① The University of Tokyo, "Graduate School of Public Policy-Overview", https://www.u-tokyo.ac.jp/en/academics/grad_public_policy.html.

比较研究，推动社会科学发展，并支持建设“爱好民主与和平的国家”。

ISS研究的学科涵盖法学、政治学、经济学和社会学，研究地区涉及东亚、欧洲和美洲。ISS旨在利用历史和比较的视角进行实证研究，并基于跨学科和国际性的研究特点，促进对日本和世界的社会科学认识。ISS通过举办讲座和研讨会对学士和硕士开展教育活动。ISS活动有三大支柱，一是推动多项联合研究，包括全院联合研究项目；二是以数据档案为核心的经验性社会科学研究；三是日本社会科学研究的国际中心的角色。

（四）发展研究网络的建立

1. 可持续发展科学综合研究系统

东京大学在2005年创建了可持续发展科学综合研究系统（Integrated Research System for Sustainable Science，IR3S），IR3S是创造可持续发展科学领域的全球先驱。IR3S通过将全球的普遍挑战与当地的独特挑战相结合，力求解决全球和当地问题。2007年IR3S创建了Springer出版的国际学术期刊*Sustainability Science*，积极寻找不容易融入现有学科传统期刊的综合性、创新性文章，以及亚洲和非洲发展中国家学者的文章。2012年IR3S在建立国际可持续发展科学学会（International Society for Sustainability Science，ISSS）方面发挥了核心作用，*Sustainability Science*被定位为ISSS的官方期刊。

IR3S还致力于建立由日本大学、研究机构、地方政府等组成的网络，于2010年成立了可持续发展科学联盟（Sustainability Science Consortium，SSC）。2009年IR3S为了建立一个联系大学和国际机构的网络，主办了第一届可持续发展科学国际会议。

除了国际研究和学术网络建设之外，IR3S 还积极参与教育计划，如 2007 年在前沿科学研究生院成立了东京大学可持续发展科学硕士项目。从 2012 年开始，IR3S 参与日本文部科学省（Ministry of Education, Culture, Sports, Science and Technology）选定的可持续发展科学硕士项目——全球领导力倡议（The Graduate Program in Sustainability Science - Global Leadership Initiative, GPSS-GLI），并作为“博士教育领先计划”。通过这一举措，IR3S 致力于推动研究、联系社会、开发国际网络和培养可持续发展相关人才。

2. **东京大学未来倡议研究所**

在 2019 年，东京大学整合了政策选择研究所（Policy Alternatives Research Institute, PARI）和 IR3S 成立未来倡议研究所（Institute for Future Initiatives, IFI）。IFI 作为一个国际网络中心，整合了社会发展相关的知识，创造了社会各部门合作的平台，目标是为实现可持续发展目标而培养所需要的人力资源，并提供基于研究的社会发展方案。

IFI 的研究围绕 7 个领域进行，各领域设有专门的研究单位。7 个领域分别是可持续发展目标、可持续性、创新、技术与风险治理、安全研究、大学与社会系统和合作/赞助研究。从研究领域设置和内容来看，其研究领域和旨趣与联合国 2030 可持续发展目标以及全球发展议题高度一致。以可持续发展目标领域的全球公域中心（Center for Global Common）的研究为例，十分关切地球环境在人类公共领域的安全。该中心自 2020 年起，致力于开发一套科学实用的全球公域管理框架（Framework of Global Commons Stewardship），作为全球共享的知识产权，并指导社会实践和决策。

第二节　韩国的国际发展教育

一　韩国的对外援助历史

在经过第二次世界大战并摆脱日本殖民后，朝鲜半岛又因为远东地区的美苏争霸而爆发了朝鲜战争，给半岛上的朝鲜和韩国带来了毁灭性的影响。在这样的背景下，经济发展成为当时韩国国内的首要目标。战后，韩国作为受援国获得国际社会的发展援助，在 20 世纪 70 年代尤其是朴正熙总统领导下创造“汉江奇迹”，出口驱动的战略使原本贫穷落后的韩国实现经济的跨越式发展，韩国步入“亚洲四小龙”行列。在经济基础夯实和政治制度稳定过渡的基础上，韩国进入 21 世纪后在对外事务政策上也逐渐开放，更加主动地在对外事务上把握机遇，在政策上表现为如 2008 年李明博政府宣传的“全球韩国”对外政策，就是一个韩国与世界加强联系的战略蓝图。

在这一过程中，以韩国 1996 年成为 OECD 成员为转折点，韩国主要经历了从“受援国”到“援助国”身份的历史演变。在 2009 年正式加入 OECD-DAC 后，韩国作为援助国的身份得以正式确立。作为除日本外的唯一亚洲成员，韩国在不同身份下的对外援助向世界展示了作为一个新兴的中等强国，如何在现有的国际发展秩序中参与国际发展事务的独特经验。①

① Hyo-Sook Kim, *South Korea's Foreign Aid: The Domestic Politics of Middle Power Diplomacy*, Routledge, 2022.

（一）作为受援国的对外援助

韩国的对外援助历史通常以在美国援助计划的资金支持下开展对发展中国家人才培养为起点，韩国自此以后一直以人才和技术培训为主要援助方式。直到 20 世纪 80 年代，韩国才采用人才和技术支援以外的援助方式，比如 1981 年韩国科学技术院牵头开展了共同研究项目。随着 70 年代的“新村运动”开展，韩国的经济实力逐步提升，在对外发展援助的政策上也开始逐渐转变，从过去依托国际社会的资金和支持转变为自主开展一系列国际发展研究的实践，具有标志性意义的事件是在 1971 年建立了韩国发展研究院（Korea Development Institute），是韩国官方建立的以研究宏观经济政策为主的智库。1977 年和联合国一同为发展中国家提供了首次物资援助。1987 年，韩国创建了对外经济合作基金（Economic Development Cooperation Fund，EDCF），开始向发展中国家提供优惠贷款的发展项目。1991 年，韩国国际合作局（Korea International Cooperation Agency，KOICA）成立，无偿援助项目由该部门主管负责，标志着韩国的官方发展援助政策执行朝着正规与专业化方向迈进。①

韩国在 1996 年加入了 OECD，国际地位进一步提升。在 20 世纪 90 年代，韩国的 ODA 规模不断扩大，尤其在加入 OECD 后，韩国 1998 年的 ODA 净额（3.16 亿美元）是 1995 年（1.25 亿美元）的两倍还要多。②

---

① 张峥睿、翟翱炜：《韩国 ODA 政策及其对中国“一带一路”倡议的启示》，《国际研究参考》2018 年第 3 期。

② OECD Database.

(二) 作为援助国的对外援助

韩国在2009年加入DAC，标志着从受援国向援助国的身份转变，随后对外援助的机制和法规得到进一步的改革。2010年制定了《国际开发合作发展方案》，由此对外援助被上升为合法且长期的政府行为。① 该方案也明确了韩国ODA的基本目标：减少发展中国家的贫困；改善妇女、儿童和残疾人的人权；实现性别平等；实现可持续发展和人道主义；促进与韩国合作伙伴的经济合作关系，追求国际社会的和平与繁荣。② 在此基础上，韩国还实施了第一个国际发展合作中期战略（2011~2015），这为韩国对外援助提供了坚实的制度基础。韩国现已发布第三个国际发展合作中期战略（2021~2025），在具体内容中，韩国政府制定了“通过合作与团结提高全球社会价值和促进国家利益”的目标，其中包括对外援助的“包容、互惠、创新和协作”四类目标，还依此规定了相关的12个主题。

在援助的地区上，韩国的对外援助以亚太地区为主，进入21世纪以后逐渐增加了对非洲和拉美地区的援助份额，尤其是韩国政府在2006年发布了《非洲发展倡议》，决定对非洲扩大援助，但分配到非洲大陆的各个国家时，援助项目数量还是十分有限。③

作为援助国的韩国在国际上的影响力也不断上升。2011

① 张峥睿、翟翱炜：《韩国ODA政策及其对中国“一带一路”倡议的启示》，《国际研究参考》2018年第3期。

② Korea ODA, “Mission and Goals”, http://www.odakorea.go.kr/ODAPage_2022/eng/cate02/L01_S01.jsp.

③ 谢琪：《韩国官方发展援助及其管理体系》，《国际经济合作》2013年第1期。

年，韩国主办了“第四届援助有效性高层论坛”，此次高级别会议由从战后贫穷国崛起为新兴援助国的韩国来举办，意义重大。在国际上，此次会议标志着“援助有效性”向“发展有效性”的转变，会议通过并发布的《釜山宣言》引入南南合作新发展合作模式。对韩国来说，此次会议更是向国际社会分享其成功的发展经验的重要机会。

从援助规模上看，韩国的对外援助总量逐步增加，但是总体水平在 DAC 成员中还与发达国家相去甚远。从 ODA/GNI 数值上看，韩国政府一直努力提高该数值，还在 2010 年发布的《国际发展合作优化方案》中明确提到 2015 年的目标是达到 0.25%。但实际上 2015 年韩国的 ODA/GNI 数值最终仅有 0.14%，在 28 个成员中排名第 23。所以总体上，韩国 ODA/GNI 数值在 DAC 成员中依旧处于较落后的位置，2021 年该数据仅有 0.16%。①

韩国对环境问题十分重视，在 2005 年成立了“韩国气候变化专门委员会”，安排专门人员参与政策制定。在“全球韩国”的对外政策中，还明确提到了“绿色经济增长”的国家发展战略。在东盟“10+3”框架下，韩国与东南亚的合作项目中也不乏清洁能源、海洋生物保护等环境治理方面的合作。

二　韩国的发展学建制概况

（一）教育体系

韩国的发展研究始于 20 世纪 60 年代，在东北亚区域内起步较早。首尔国立大学（Seoul National University）、庆熙大

---

① OECD DataBase.

学（Kyung Hee University）和延世大学（Yonsei University）的发展学专业在国际上已经具有一定影响力。总体上，韩国对人才培养十分重视，发展研究的研究生教育体系比较完善。

在人才教育方面，韩国还建立了国际型精英人才培养计划（the Graduate School of International Studies，GSIS），其核心是对首尔国立大学、高丽大学、延世大学、西江大学、梨花女子大学等 9 所大学的 GSIS 课程提供大量的政府资助来重点培养国际型专业人才，使他们能够处理广泛而复杂多样的国际事务。GSIS 所含专业包括国际合作、国际关系、国际贸易和金融、贸易谈判、国际政治经济、发展合作、国际化管理、外交和安全等。在机构设置上，各高校设立相关的发展研究中心或发展研究协会类研究机构，这些机构为推动发展研究在韩国的发展贡献了关键力量。下面对韩国几个关键的发展研究机构进行介绍。

（二）研究机构

1. 首尔国立大学社会发展与政策研究所

社会发展与政策研究所（The Institute for Social Development and Policy Research，ISDPR）成立于 1965 年，是首尔国立大学人文社会科学领域最早的研究机构。ISDPR 是韩国创新研究的中心，并获得了多项殊荣，如 OECD 世界论坛 2009 年度研究成果奖、国家研究基金会杰出研究成果奖和基础研究成果奖等。韩国经济日报将 ISDPR 评为“百大智库”中的顶级社会政治研究机构，在过去的 50 多年中，ISDPR 培养了许多学者，他们现在活跃在全球的学术界。

针对韩国现在面临的各种挑战，ISDPR 认为系统的调查和合理的政策设计是应对这些挑战的关键，并提出可持续的国家议程。ISDPR 十分重视历史，作为学术界领先的研究机构，其归档的数据达 50 年之久。在 2012 年，ISDPR 还成立了社交网络计算中心（Social Network Computing Center, SNCC），专门从事大数据和社交网络分析。

自 2007 年以来，ISDPR 一直是韩国国家研究基金会的学术基金 BBS 的得奖者，并与来自世界各个角落的跨学科学者小组合作。同时，通过与政界人士、记者、工会和其他社会领袖交流，全面了解全球社会。

ISDPR 的历史发展可分为以下四个阶段。

（1）起点：人口研究中心

ISDPR 最初被命名为人口研究中心，于 1965 年 8 月 31 日由首尔国立大学文学院社会科学学院创始人之一李惠英教授创立。该中心起源于 1964 年由李教授创立的人口统计实验室。作为首尔国立大学历史最悠久的研究机构之一，ISDPR 在人口研究领域及相关问题上处于领先地位，1965 年由美国人口理事会资助的“京畿道生育率调查”是代表性研究之一。该中心最初致力于人口转变的公众调查、学者培训、社会问题的数据收集、举办学术论坛和建立智力合作关系。在 20 世纪 60 年代末，ISDPR 成为对全球人口变化和社会影响等各种社会现象进行系统调查的中心。ISDPR 持续不断地为各种公共政策的制定和执行提供见解并带来创新。

（2）发展阶段：拓展学术视野

1968 年人口研究中心将重点从人口变化扩大到其他社会问题。在这个阶段，ISDPR 继续研究人口问题，并继续担任政府知识顾问的职责，同时将学术兴趣扩展到经济增长、城市化、移民、工业化和劳动力等方面。20 世纪 80 年代，研究所通过对中产阶级价值观和公众态度的调查，分析了韩国社会民主化运动背后的动力和意义。

（3）跨越阶段：社会发展和政策研究所的时代

20 世纪 80 年代是韩国社会发生重大变化的时期，内部发生了民主化的社会运动，而外部则出现了全球化和新自由主义的浪潮。在这种复杂的变革中，学术界也承认有必要对其研究兴趣和方法进行相应的改变。与此相对应的是，该研究所接受了其他学术研究，以应对除人口变化以外的各种社会变革。

在跨越阶段，ISDPR 努力识别各种社会问题，确定其结构性原因，并提出适合韩国社会的政策。同时该机构积极开展研究，增进对东亚地区至关重要的相互理解和共同利益。ISDPR 的研究兴趣扩大到民主化和政治利益，电信业的发展和信息社会的出现、市场及巨头、家庭和妇女、残疾人和移民等社会少数群体的权利、文化和宗教，以及爆发式增长后的生活质量。ISDPR 还利用长期积累的数据和专业知识进行纵向社会历史分析。

随着其专业知识和成就的不断增长，ISDPR 的资金来源也日益多样化，包括政府拨款、公共和私人组织的捐赠。这使研究所能够更多地关注韩国的本土发展模式，并通过公共政策加强学术界的智力参与。

（4）现在与未来：通过国际化提升国际地位

21 世纪，即使在学术领域，国际合作的需求也在不断增加。现在的 ISDPR 致力于通过与东亚研究人员和国际社会的合作，将其研究兴趣扩大到全球社会，并为海外杰出学者提供研究机会。

2. 高丽大学全球研究所

全球研究所（Global Research Institute，GRI）成立于

1997年2月，旨在扩充高丽大学（Korea University）国际研究院的研究活动，并促进韩国学术界的国际化。GRI下设东亚研究中心、国际人权中心、欧盟中心、国际教育与文化研究中心、全球气候与海洋治理研究中心，每个中心会组织各领域会议、工作坊等活动，并与韩国及全球的学者、政策制定者等开展合作。

3. 韩国国际发展与合作协会

韩国国际发展与合作协会（Korea Association of International Development and Cooperation，KAIDEC）主要举办与发展合作有关的多学科领域的学术会议，参与人士有研究所的专业人员、政府的政策制定人、企业的海外投资负责人及市民社会团体的现场工作人员。KAIDEC年会每半年举行一次，通常在7月和12月。

在KAIDEC的知识出版物中，2009年创刊的学术期刊《国际发展合作研究》(*International Development and Cooperation Review*)，是韩国国际发展界的代表学术刊物。该期刊积累了国际发展相关研究领域的众多研究成果，对韩国国际发展相关的学术研究和政策制定产生了很大的影响。

4. 韩国发展研究院国际发展中心

韩国发展研究院（Korea Development Institute，KDI）是国际著名的国际发展研究机构，国际发展中心（Center for International Development，CID）隶属韩国发展研究院，旨在通过共享知识和政策专长促进韩国发展合作，引领韩国推动国际发展合作的行动。该中心通过其国际专家和实践者网络，致力于支持全球发展议程。

CID成立于2010年，旨在分享韩国的发展经验，促进有效的政策制定和实施，为发展中国家和经济转型国家提供建议，基于知识的发展合作，为国际社会的可持续发展做出贡献。为此，CID计划并执行了知识共享项目（Knowledge Sharing Program，KSP），同时与国际组织和私营部门建立合作伙伴关系，已针对60多个伙伴国家在广泛的经济和社会问题上进行政策咨询和能力建设。CID还通过对不同地区和政策领域进行研究，努力为韩国的发展合作指明方向，并与发展机构、政府和私营部门建立合作伙伴关系，以开展联合项目并增强其影响力。CID的研究和活动范围包括国际发展合作研究；设计、实施和评估KSP及其他政策咨询活动；与国际组织、政府等机构的联合研究和伙伴关系；对韩国发展经验的深入研究；区域和国家研究。

CID的知识共享项目（KSP）是一个基于韩国发展经验的发展合作项目，为伙伴国家提供各种支持，如针对其发展阶段和需求量身定制政策研究、咨询和培训计划。KSP旨在支持韩国公立和私立机构的机构建设、能力发展和后续项目，贡献于伙伴国家的经济和社会发展。2004~2017年，该项目已在64个国家和地区完成了大约1000次政策咨询和能力建设讲习班。2017年KSP向35个国家和3个多边合作机构提供了政策咨询，并通过与当地顾问进行联合研究，获取可行的政策建议并管理发展议程。2017年KSP建立了专家注册系统，以鼓励来自各个领域的本地和国际专家参与，扩大网络。CID改进了项目执行程序，以提高有效性。此外，CID通过设立工作队，并为项目计划和评估安排特定的预算等方式来加强项目的系统建设。CID通过项目概念文件（Project Concept document Paper，PCP）与当地专家和利益相关者共享项目执行计划、风险和预期成果，从而重新定义了项目经理（Programme Manager，PM）的角色，提高了项目有效性。

同时，CID进行了深入的区域国别研究，从而支持韩国全面了解发展中国家，并满足政府部门的政策需求。CID举办国际学术会议和发展合作专家论坛，以加强与国内外各领域利益相关者的伙伴关系，加强国内外知识合作网络建设。CID扩大了发展合作框架，注重加强与私营部门的合作，通过引入新型伙伴关系提高韩国发展合作有效性。

CID一直加强与多边开发银行的合作关系，2016年5月，与世界银行共同建立了全球增长促进发展基金（GFGD）项目。2017年CID共完成了10个宏观经济、信息与通信技术、产业政策、经济发展、财政改革、竞争政策等方面的政策研究和能力建设项目。联合国开发计划署曾与埃塞俄比亚国家计划委员会（National Planning Commission of Ethiopia，NPC）共同制定了一个初步项目，以制订15年期的国家发展计划，在公开竞标之后，KDI被选为项目承包商。在项目执行的过程中，KDI组建了由宏观经济、工业、交通、能源、农业和人力资本发展方面专家组成的团队，并分析提出了中长期预测。CID已与海外政府建立了直接的合作伙伴关系。在2017年下半年，CID与阿联酋协商通过了阿布扎比发展基金（Abu Dhabi Fund for Development，ADFD）的出口融资计划，促进非石油产品的出口。为了使国民经济多样化，CID就有效采用和管理计划提供了咨询，为政府决定成立出口金融机构提出了建议。CID自2015年以来与缅甸政府和韩国国际合作署（KOICA）共同参与了缅甸发展研究所（Myanmar Development Institute，MDI）的建立。

三　韩国的发展学学生培养

本部分将以庆熙大学和延世大学为例介绍韩国的发展学学

生培养。两所大学开设发展学相关专业的具体情况如表 5-2 所示。

表 5-2　韩国大学发展学专业开设情况

高校	院系	研究领域	学位
庆熙大学	College of International Studies	国际研究（5 个深化方向：国际发展合作、国际关系、东亚研究、国际经济、全球商务）	学士
		国际发展合作	硕士
		国际发展合作	博士
延世大学	Underwood International College	可持续发展与合作	学士
	Graduate School of International Studies	国际合作	硕士/博士

（一）庆熙大学

庆熙大学国际研究学院（College of International Studies，KIC）开设国际研究与区域研究专业，旨在培养在全球化时代起主导作用的国际专家。为此，KIC 为学生提供必要的技能和视角，为他们在国际组织、媒体、非政府组织和公共部门机构工作做好准备。KIC 为学生提供多元化课程，课程完全采用英语进行，涵盖国际关系、国际经济、全球商务和东亚研究、国际发展合作等核心跨学科课程。另外还提供各种实习、职业发展和志愿者活动机会。

1. 学士课程

KIC 学士课程可分为三大类：核心课程、必修课程和选修课程。无论选择哪一个专业深化方向，学生都必须参加核心课程和必修课程。文本框 5-2 列出了各类课程的具体名称。

文本框 5-2 KIC 学士课程

(1) 核心课程

- 政治学概论
- 国际关系概论
- 经济学概论

(2) 必修课程

- 国际研究的主要议题
- 社会科学的统计学

(3) 选修课程

- 传播学
- 美国外交政策
- 美国政策与经济
- 区块链与加密货币
- 商务金融
- 商务理论与实践
- 国际研究项目设计
- 中国对外政策
- 中级中文
- 高级中文
- 中国政治与经济
- 区域比较研究
- 政治经济比较研究
- 消费者行为学
- 国际关系的当代理论

2. 硕士项目

庆熙大学在国际发展合作系（The Department of International Development Cooperation，IDC）设有国际发展合作硕士项目，开展有关社会、经济与政治发展和变革过程的跨学科研究与学生培养。该项目旨在让学生深入理解发展与欠发展、全球背景下发展援助模式的复杂性、发展中世界的政治和经济社会系统，培养学生的项目管理和咨询技能。该项目的授课老师有在发展中国家和国际组织中丰富的工作经验，大多曾在国际发展机构或咨询公司从事政策相关的研究和咨询工作。

文本框 5-3　庆熙大学国际发展合作硕士项目课程设置

（1）主要必修课程

- 应用经济学
- 国际发展合作概论
- 发展经济学
- 项目管理

（2）主要选修课程

- 援助与发展
- 发展中国家的发展与社会政策
- 影响评估
- 发展金融
- 国际政治经济

3. **博士项目**

“国际发展合作”博士项目是一个多学科项目，聚焦社会、政治和经济发展以及发展合作。该项目致力于培养学生的批判性思维、分析能力与专业技能，以解决贫困、国际发展援助和发展政策等全球发展问题。该项目的教师团队在国际发展教学、研究和咨询方面拥有丰富的经验。学生通过专业课程进行互动学习后，能够理解发展理论，审视发展问题与挑战，并进一步提出感兴趣的研究主题。

文本框 5-4　庆熙大学国际发展合作博士项目课程设置

（1）主要必修课程

- 经济学理论
- 发展合作经济学
- 统计分析
- 计量经济学分析
- 社会科学研究方法

（2）主要选修课程

- 国际发展合作高级研讨会
- 援助与发展
- 社会调查方法
- 发展中国家的发展和社会政策

（二）延世大学

延世大学的创建历史可以追溯至 1885 年，它的起源与韩国第一家现代化医院“光惠院”有着历史渊源。高宗将“光惠院”更名为“车中院”。北美传教士贺拉斯·安德伍德（Horace G. Underwood）访问韩国，曾在车中院协助治疗，同时开展教育和传教活动。从那时起，与医学有关的工作逐渐被制度化。该医院是世弗兰斯医科大学的前身。直到 1957 年，韩国延禧大学和世弗兰斯医科大学合并，于是延世大学得以诞生。时至今日，延世大学已经发展为一所先进的综合性国际化高校，据学校 2023 年官方统计，有 6000 余名国际学生在延世大学进行学位制的学习。① 延世大学开设了发展学专业的学士、硕士和博士项目。

学士项目设在安德伍德国际学院（Underwood International College，UIC），这是一所全英语教学、四年制文科学院，将美式文理学院的精英学习环境与韩国顶尖私立研究型大学的师资力量和资源相结合。UIC 下设可持续发展与合作（Sustainable Development Cooperation，SDC）专业。

硕士和博士项目设在国际研究研究生院（Graduate School of International Studies，GSIS），该学院成立于 1987 年，培养学生具备优秀的理论知识和实践技能，能够在全球范围的私营和公共部门有所作为。GSIS 曾获得韩国教育部“培养国际领袖大学”的荣誉。

1. 学士课程

“可持续发展与合作”专业所涉及的发展主题很广泛，如减贫、不平等、人权、健康、教育、经济增长和环境保护。学生通过学习能够从包括经济学、政治学、人类学和历史学在内的不同学科角度看待和分析各类发展问题。

该专业的课程包括三个主要学术领域：发展研究、区域和国际研究以及可持续性研究。发展研究课程以国际发展理论与实践为重点，涵盖国际发展史、发展合作与对外援助、国际发展经济学、发展各领域研究等。区域和国际研究课程则通过探索国际冲突与合作、国际政治经济、国际法和治理来分析影响国家间关系的历史、文化和政治因素。可持续性研究课程包括能源和环境政策、环境管理和可持续发展，关

---

① YONSEI University, “About Yonsei－Yonsei at a Glance”, https://www.yonsei.ac.kr/en_ sc/intro/status1.jsp.

注环境保护和可持续经济发展。在职业发展上，毕业生主要前往韩国国内和国际发展机构工作，如韩国国际合作署（KOICA）、UNDP 和世界银行。

2. **硕士项目**

国际合作专业的硕士项目培养学生专业地应对不断变化的全球环境和挑战。该项目有四个重点关注领域：外交政策与国际安全、国际发展合作、国际法和国际组织、东亚研究。国际经济学概论、国际关系、研究设计方法、统计和数据分析是核心课程。国际发展合作方向主要课程包括 NGOs 与发展、文化与全球化、ICT 与发展、可持续发展与能源政策和性别与社会等。

3. **博士项目**

国际合作专业的博士项目面向对该领域感兴趣的学者和专业人士开放申请。博士项目学习涵盖政治学、经济学、公共政策等学科，培养分析方法、实证研究和外语能力，每个学生要选定一个具体发展研究领域深入钻研。旨在培养未来的研究、教学和公共政策人才。

第三节 总结

在全球发展格局中，东亚是十分重要的区域，这里分布有发达国家和发展中国家，为国际发展研究提供了极好的领域和视野。日韩的发展研究起步较晚，更多是立足于本国发展现状、特点和需要，通过借鉴与融合已有成熟的发展研究教育经验来进行发展教育的探索。日韩两国的崛起很大程度上受到了美国的支持和影响，所以他们的发展研究与美国从研究问题到覆盖范围都较为接近，话语体系也基本一致。

日、韩发展研究高校数量多、时间久、教育体系完善，基本覆盖硕士、博士研究生项目，且基本设有相应的研究所，国际交流与学术活动丰富，出版刊物多且范围广。与欧美高校相比，本书所提及的日、韩高校只有个别学校设有本科生层次的国际合作专业，但硕、博阶段的教学项目设置几乎是全覆盖，从这个层面上，可以说日、韩对于发展学的教育和学生培养投入更偏向学士学位以上层次。另外，韩国的发展学专业明显与政治、贸易和商务学科交叉结合。

附录　涉及院校和机构的官网

1. 涉及院校的网站

国家	大学	院系	网址
日本	东京大学	Department of Global Agricultural Sciences	https：//www. u-tokyo. ac. jp/
	名古屋大学	Graduate School of International Development	https：//www. en. nagoya－u. ac. jp/
	广岛大学	Graduate School of Humanities and Social Sciences	https：//www. hiroshima－u. ac. jp/
	神户大学	Graduate School of International Cooperation Studies	https：//www. kobe-u. ac. jp/
	东京外国语大学	The Graduate School of Global Studies	http：//www. tufs. ac. jp/
	杏林大学	Graduate School of International Cooperation Studies	https：//www. kyorin－u. ac. jp/
	津田塾大学	Department of International Cooperation and Multicultural Studies	https：//www. tsuda. ac. jp/

续表

国家	大学	院系	网址
日本	拓殖大学	Graduate School of International Cooperation Studies	https：//www. takushoku-u. ac. jp/
	东洋英和女学院大学	The Department of International Cooperation	https：//www. toyoeiwa. ac. jp/
韩国	首尔国立大学	School of International and Area Studies	https：//en. snu. ac. kr/
	延世大学	Underwood International College/Graduate School of International Studies	https：//yonsei. ac. kr/
	庆熙大学	Kyung Hee International College	https：//www. khu. ac. kr/

2. 涉及机构的网站

机构	网址
日本国际发展协会（JASID）	https：//www. jasid. go. jp/
日本国际协力机构（JICA）	https：//www. jica. go. jp/
韩国社会发展与政策研究所（ISDPR）	http：//www. isdpr. org/
韩国国际发展与合作协会（KAIDEC）	https：//www. kaidec. kr/
韩国国际合作署（KOICA）	http：//www. koica. go. kr/
韩国发展研究院（KDI）	https：//www. kdi. re. kr/

CHAPTER

6

第六章

发展中国家国际发展教育

第一节 发展中国家的发展学起源

一 对外援助历史

20世纪50年代发展中国家就开始接受发达国家的发展援助，其中包括当时由英国号召、英联邦国家参与的科伦坡计划，以及由发展援助委员会（DAC）主导的政府开发援助（The Common Aid Effort）等。随着发展中国家尤其是新兴经济体的兴起，越来越多的传统受援国开始转型成为援助资金的提供国。中国、印度、巴西和南非等许多国家同时具有受援国和援助国的双重特性，而发展中国家之间的援助最不同于发达国家向发展中国家提供的援助的特征在于，他们更强调援助主体和客体间的平等与合作关系，属于现在国际发展领域常提到的“南南合作”范畴。

在援助对象上，虽然新兴的发展中国家都重点援助欠发达国家，但是更多倾向以地理位置临近以及社会经济发展相似等因素作为考量。如印度的重点援助区域是毗邻的南亚国家，1959年印度最先向尼泊尔和不丹提供援助；巴西和阿根廷的重点援助区域则是拉丁美洲国家；中东国家往往是沙特、阿联酋等国家的援助重点区域。随着国际社会对非洲发展的关注不断提高，非洲也逐渐成为发展中国家的重点援助区域，各国侧重也有所不同。印度从21世纪初开始对非洲的对外政策有所转变[①]，也加大了对非洲的发展援助。在2010年，印度进出口银行的对外援助总存量45亿美元中，对非洲的援助额占近2/3。[②] 巴西在20世纪就将非洲的国际发展合作纳入其国家对外政策议程，对非援助也是巴西参与“南南合作”的重要组成部分。

在援助领域上，援助规模较大的国家多以经济基础设施的大型项目为主，如能源、交通、物流等，同时也采取优惠贷款等方式。印度、俄罗斯、阿联酋等国家在基础设施建设项目的投入上十分突出。印度的优惠贷款项目大多集中在此领域，包括在不丹修建大型电厂、医院，在尼泊尔修筑公路、桥梁、机场等。援助规模相对小的国家则多聚焦技术援助为主的卫生、教育、人力资源等社会发展领域，如泰国、智利、阿根廷等国家。另外，农业在发展中国家尤其受到重视，是大部分发展中国家对外援助的共同关注领域。在援助方式和内容方面，以农业技术援助最为突出，具体包括培训、技术合作、派送专家和考察以及提供技术设备。在以培训为载体的援助和合作中，巴西和印度都以设立奖学金为一项重要援助方式。这也体现了在发展中国家的对外援助中对于人才培养的重视。

在亚洲国家中，以印度、印度尼西亚、泰国为代表的发展中国家最初开展的对外援助均以技术和经济援助为主。随后，援助的规模随着本国经济实力和国际地位的不断提升也不断扩大。其中，印度早在1950年就参与了“科伦坡计划”。

---

① 刘宗义：《印度对非洲政策的演变及其特点》，《西亚非洲》2009年第3期。

② N. Jager, “Failing Aid-India's Development Cooperation with Fragile States: the Case of Sudan”, 2011.

2004~2010 年，印度对外援助资金年均增速达到 6.9%。[①] 印度曾是世界上贫困人口最多的国家之一，世界银行在 20 世纪 80 年代末的统计数据显示印度的援助收入是世界第三，获得了全球对低收入国家援助净额的 11.6%。此后印度通过经济改革，成为经济发展最快的新兴发展中国家之一。以其 2004 年的财政预算法案颁布为标志，印度对外宣布不再接受附加任何捆绑条件的援助[②]，也逐渐开始从受援国向受援国与援助国的双重身份转变。印度倾向多边主义的国际发展合作，不仅参与了不结盟运动，还有力推动了“南南合作”的发展。[③] 与此同时，印度在本国减贫进展上也取得了明显成果。世界银行数据显示，按照 2022 年最新国际贫困线 2.15 美元/天的标准，2009~2019 年，印度的贫困人口比例从 32.9%降到 10%。[④]

在拉美国家中，作为发展中国家并且也开展了对外援助的国家以智利、巴西、阿根廷和墨西哥为代表，四个国家的贫困发生率也在过去十年总体下降。智利是南美洲经济发展水平最高的国家之一，其人均 GDP 年增长率在 2011 年是 5.2%，该数字在 2021 年已达到 11.1%。[⑤] 从 1990 年成立智利国际合作署到 2005 年将其归为智利外交部国际合作署，智

① 李小云、徐秀丽、王伊欢：《国际发展援助——非发达国家的对外援助》，世界知识出版社，2013。

② M. Lipton, J. Toye, *Does Aid Work in India?A country study of the impact of official development assistance*, Routledge, 2010.

③ 黄梅波、谢琪：《印度对外援助的特点和趋势》，《国际经济合作》2012 年第 1 期。

④ The World Bank: “Poverty headcount ratio at ＄2015/day(2017PPP)(% of polulation) India”, 2022, https://data.worldbank.org/indicator/SI.POV.DDAY?locations=IN.

⑤ The World Bank: “GDP per capita growth (annual%) - Chile”, 2022, https://data.worldbank.org/indicator/NY.GDP.PCAP.KD.ZG?end=2021&locations=CL&start=2011&view=chart.

利实现了从受援国向新兴援助国的转变。巴西曾经是依赖美国对外援助的欠发达国家，在1978年布宜诺斯艾利斯行动计划中形成“南南合作”的雏形时，巴西介绍和分享了其接受援助的经验，认为其有义务帮助并指导其他欠发达国家更好地利用援助资金，因此在20世纪80年代也开始为发展中国家提供援助。阿根廷长期是受援国，但自1992年成立阿根廷横向合作基金后，便正式开始了国际发展援助方面的工作。墨西哥在2011年成立了独立的对外援助机构，即墨西哥国际发展合作署（Mexican Agency of International Cooperation for Development）。墨西哥是OECD成员国中的非DAC国家，同时也是“南南合作”的重要参与者。在“南南合作”框架下，为推动加勒比地区的区域国际合作与一体化进程，墨西哥加入了加勒比海地区区域合作框架。[①] 此外，哥伦比亚近年来的表现也值得关注。

在非洲地区，以南非为例，该国在作为受援国接受美国、英国、德国等国家和多边援助机构援助的同时，也在“南南合作”范畴下以三方合作的形式坚持推动对外援助的发展并主要开展技术方面的合作。2011年，南非政府宣布成立南非发展合作局（South African Development Partnership Agency，SADPA），并积极寻求传统援助国、新兴援助国和伙伴国家之间的三方合作。另外，南非也与其他发展中国家自发建立起包括中非合作论坛（2000年）、印巴南论坛（2003年）、“基础四国”气候变化部长级会议（2009年），以及印非峰会（2015年）等新的国际发展合作架构，推动着“南南合作”

① 黄梅波、宋梁禾：《墨西哥的国际发展援助：沿革与趋势》，《国际经济合作》2014年第1期。

的转型与升级。①

新兴发展中国家在取得不同程度的发展成果的同时，在全球发展领域的影响力也逐渐提高，作为全球发展教育的提供者的作用和需求也逐渐凸显。从发展中国家的自身经济来看，早在2010年，OECD发布的数据就已表明发展中国家的经济增长速度超过了发达经济体。② 根据世界银行发布的《2022全球经济展望》报告③，虽然各国经济发展都受到新冠疫情的负面影响，且发展中国家的经济恢复会弱于发达国家，但在过去15年里，新兴经济体贡献了全球近2/3的GDP增长。在经验层面上，对外援助已向发展援助转变，发展中国家自身的发展经验贡献出新的发展方案和路径选择。当他们不断参与到全球发展治理中，通过建立对外援助网络和区域发展融资机构、形成新国际合作机制以及创新发展理念，都与发展学的学术研究相互作用，学科的蓬勃发展也得以可能。近年来，更多发展中国家先后成立了各自的国际发展合作机构或对外援助管理机构，对国际发展事务进行专门统筹，如泰国是由其国际合作署（Thailand International Cooperation Agency，TICA）执行；印度由其对外事务部下设的印度发展伙伴机构（Indian Agency for Partnership in Development）来管理对外援助；巴勒斯坦在2016年成立了国际合作署（Palestinian International Cooperation Agency，PICA）以协调“南北合作”与

① 卓振伟、罗建波：《南非的对外援助：身份定位与战略选择》，《西亚非洲》2021年第5期。

② OECD, “Perspectives on Global Development, 2010”, https://www.oecd.org/dev/pgd/perspectivesonglobaldevelopment2010.htm.

③ World Bank Group, “World Bank. 2022. Global Economic Prospects, June 2022. Global Economic Prospects”, Washington, DC, https://openknowledge.worldbank.org/handle/10986/37224.

"南南合作"，以发展和技术援助的形式向南方国家分享巴勒斯坦的发展经验。

二　学科发展

发展学科早在20世纪二三十年代就出现在欧美国家的正规高等教育体系中，但在发展中国家起步相对较晚，在第二次世界大战之后才出现。发展中国家的发展学科产生主要有两个背景，一是后殖民主义思潮的兴起，后殖民主义是全球化背景下，对旧的殖民主义历史及其当代影响的批判性反思。[①] 二是第二次世界大战后大量的殖民地半殖民地国家获得了解放。面对国家一穷二白的现实情况，殖民地半殖民地国家的现代化建设都将经济发展作为首要任务[②]，与之而来的发展问题使得发展学科应运而生。而进入21世纪以来，随着全球化与国家发展的内部矛盾突出，特别是很多国家出现贫富差距拉大、社会风气下降、政局不稳、环境退化等情况，使得发展学科发生转向，开始更多地关注和研究可持续发展、性别、自然资源管理、区域和农村发展规划等问题。

第二节　发展中国家的发展学建制概况

一　教育体系

20世纪60~70年代，随着众多国际合作发展项目的开

---

① 〔美〕爱德华·W. 萨义德：《东方学》，王宇根译，生活·读书·新知三联书店，2007。

② 〔美〕爱德华·W. 萨义德：《文化与帝国主义》，王宇根译，生活·读书·新知三联书店，2007。

展，发展中国家的学者和发展实践工作者开始参与大量发展研究和实践，并形成了系统的发展学或发展研究学科。在非洲、拉丁美洲和亚洲的发展中国家中，开设发展学专业的知名高校主要有开普敦大学（University of Cape Town）、威特沃特斯兰德大学（University of Witwatersrand）、麦克雷雷大学（Makerere University）、达累斯萨拉姆大学（University of Dar es Salaam）、洛斯安第斯哥伦比亚大学（Universidad de Ios Andes，Colombia）、墨西哥国立自治大学（Universidad Nacional Autónoma de México）、德里大学（University of Delhi）、清迈大学（Chiang Mai University）以及亚洲理工学院（Asian Institute of Technology）。

根据 QS2023 排名，南非的开普敦大学和威特沃特斯兰德大学、墨西哥的墨西哥国立自治大学、乌干达的麦克雷雷大学、印度的德里大学、哥伦比亚的洛斯安第斯哥伦比亚大学进入发展研究世界排名前五十。

二　研究机构

在发展中国家的高校中，一些没有设立此专业的高校设有发展研究相关的机构。如菲律宾和孟加拉国相关研究机构在发展领域做出了突出的贡献。孟加拉国发展研究所（Bangladesh Institute of Development Studies，BIDS）和菲律宾发展研究所（Philippine Institute for Development Studies，PIDS）研究领域广泛且实践性强，紧密关注国计民生问题。这两所机构都是非营利的、自治的公共组织，它们的主要职能一是面向多学科进行政策研究，为政府科学决策提供帮助；二是促进发展学习，对解决方案进行研究，促进政策对话、发展联盟和知情决策。

本部分重点介绍的发展研究机构是孟加拉国发展研究所（Ban Gladesh Institute of Development Studies，BIDS）、德里大学妇女研究与发展中心（Women's Studies and Development Centre of Advanced Study，WSDC）、菲律宾发展研究所、达累斯萨拉姆大学发展研究中心（Institute of Development Studies，IDS）和洛斯安第斯哥伦比亚大学交叉学科发展研究中心（Interdisciplinary Center for the Study of Development，Cider）。

（一）孟加拉国发展研究所

孟加拉国发展研究所（BIDS）是一个自主的公共多学科研究组织，主要对孟加拉国和其他发展中国家面临的发展问题进行研究，同时还开展研究方法培训，并对发展干预措施进行评价。另外，BIDS 参与收集和整理社会经济数据，对当前的经济和社会问题进行分析研究，传播关于发展问题的研究成果。该研究所的商业和经济研究局的研究人员通过参与决策过程，直接为政府政策的制定提供支持。

（二）德里大学妇女研究与发展中心

德里大学妇女研究与发展中心（WSDC）教学、研究方面的活动以妇女和性别为关切，主要围绕阶级、种姓、种族、民族、性、宗教等议题开展研究。WSDC 为本科生、研究生提供短期课程，还承担了许多研究项目和其他推广活动，特别是为妇女提供学习机会。

（三）菲律宾发展研究所

菲律宾发展研究所（PIDS）于 1977 年 9 月 26 日成立，是菲律宾政府主要的社会经济政策智囊。自成立以来，研究所致力于开展政策研究，协助决策者制定发展政策、计划和方案。研究所完成了许多发展问题的研究，这些研究支持菲律宾政府制定对实现包容性和可持续发展至关重要的政策和方案。研究所还通过与国会、政府机构特别是监督部门（国家经济和发展局、预算和管理部、财政部）、学术和研究组织、私营部门、民间组织和国际组织的积极密切合作，对菲律宾的政策制定做出了重大贡献。其研究成果通过出版物、会议、数据库和社交媒体等渠道广泛传播。

（四）达累斯萨拉姆大学发展研究中心

达累斯萨拉姆大学发展研究中心（IDS）是坦桑尼亚最大和最早的发展研究机构，致力于与当地社会、政府、非政府组织、公民、捐助者、研究人员等群体密切合作，引领前沿研究，促进减少不平等、加快可持续发展和建设更包容安全的社会。自 1973 年以来，IDS 一直积极寻求外界合作，以应对复杂的发展挑战。IDS 提供了一系列以应用方法为重点的专业发展课程，目标是加强发展部门工作人员的技能和能力，并培养新一代具备发展思想和实践能力的领导人。

（五）洛斯安第斯哥伦比亚大学交叉学科发展研究中心

洛斯安第斯哥伦比亚大学交叉学科发展研究中心（Cider）位于哥伦比亚的首都城市波哥大，致力于用知识促进区域、国家和全球范围内人类生活质量的改善，并从交叉学科的视角在以下四个方面开展研究：性别、平等和发展；规划、治理和区域发展；法律、和平和发展；可持续性、环境和发展。除此之外，Cider 还为公共和私人部门提供发展领域的知识，并设立发展学科项目，以开展发展理论的教学。

第三节 发展中国家的发展学学生培养

一 教学项目

（一）发展专业的开设情况

亚非拉发展中国家的发展学科虽然起步较晚，但是也取得了相当可观的成就，已建立起较为完善的教学和研究体系，形成了经济学、政治学、社会学、人类学、管理学等多学科交叉的研究模式。同时，还特别关注地缘政治，形成了立足于国家特色的研究视角及全球发展观。下文将选取亚非拉发展中国家的 9 所大学介绍其具体情况。

在表 6-1 可以看出，选取的 3 所亚洲高校都设置了发展学硕士和博士项目，只有清迈大学开设了学士项目。在实际教学过程中，各个大学都采取了多种科学且人性化的教学方法。以亚洲理工学院为例，根据其宣传册，每个入学的学生都会配一个教学指导员，他们会协助规划学生的学习计划，监测学生的发展情况，并保持着小班化教学、课程灵活、强调实践和综合素质等特点。

表 6-1 亚非拉发展中国家各院校发展专业开设情况

地区	学校名称	系/院	开设项目
亚洲	清迈大学	Faculty of Social Sciences	学士/硕士/博士
	亚洲理工学院	School of Development and Sustainability	硕士/博士
	德里大学	Faculty of Social Sciences	硕士/博士

地区	学校名称	系/院	开设项目
非洲	开普敦大学	Faculty of Humanities	学士/硕士/博士
	威特沃特斯兰德大学	Schools of Social Science	硕士/博士
	麦克雷雷大学	College of Humanities and Social Sciences	学士/硕士
	达累斯萨拉姆大学	Institute of Development Studies	学士/硕士/博士
拉丁美洲	洛斯安第斯哥伦比亚大学	Interdisciplinary Center for Study of Development	硕士
	墨西哥国立自治大学	Faculty of Social Science	学士
		Faculty of Humanities and the Arts	硕士/博士

资料来源：笔者根据各高校官方网站信息收集整理而成。

表 6-1 中选取的 4 所非洲高校都设置了发展学硕士项目，达累斯萨拉姆大学和开普敦大学的项目设置较完善。达累斯萨拉姆大学的发展研究中心主办了《坦桑尼亚发展研究杂志》(*Tanzania Journal of Development Studies*)，发表的文章主题包括农业发展、女性赋权和自然资源管理等。麦克雷雷大学是乌干达规模最大的大学，位于首都坎帕拉（Kampala），在 QS2023 发展研究世界排名中位列第 33 名。开普敦大学成立于 1829 年，是南非历史最久的大学，也是非洲大陆的学术研究中心之一，在 QS2023 发展研究世界排名中位列第 12 名。

拉丁美洲地区的 2 所高校都设置了硕士项目，墨西哥国立自治大学还设置了学士和博士项目，但分布在不同的学院。墨西哥国立自治大学的学士项目名称为“社会研究和地方管理”，不含“发展”二字，这种情况在许多高校也存在，但是研究的本质和核心是跟发展密切相关的。

（二）发展专业的研究领域

各个大学发展专业的课程设置涉及不同的研究领域且各具特色，总结如表6-2所示，可以看出不同大学关注不同的领域。

表6-2　发展中国家各院校发展专业的研究领域

地区	学校	研究领域
亚洲	清迈大学	可持续发展理论和概念，可持续发展的乡土权利和知识，社会研究的基本概念，发展过程的比较研究，东南亚可持续发展问题，政治生态学，高级人口地理学，环境问题和政策分析，区域发展，生态概念和规划，湄公河流域国家区域发展，民族政治学
	亚洲理工学院	农村与区域发展，发展规划，社会研究方法，发展规划的应用统计学，农村和城市关系，区域规划技术，农业发展规划，项目规划与管理
	德里大学	非洲研究，东亚研究，人类学，环境研究
非洲	开普敦大学	性别研究，非洲研究，宗教研究，社会发展
	威特沃特斯兰德大学	政治经济学，移民研究，国际组织和经济转型研究，南非研究，社会转型研究
	麦克雷雷大学	社会工作，人类学，拉丁美洲研究，性别研究，中部美洲研究，城市化
	达累斯萨拉姆大学	性别研究，发展管理研究，粮食安全，环境资源管理，人口研究，发展经济学
拉丁美洲	洛斯安第斯哥伦比亚大学	性别平等与发展，规划治理，和平与发展，可持续环境与发展
	墨西哥国立自治大学	发展管理项目，参与式社会计划，发展规划，社会研究方法，弱势社会群体

资料来源：笔者根据各高校官方网站信息收集整理而成。

其中，清迈大学注重可持续发展；亚洲理工学院、墨西哥国立自治大学则偏重发展规划、项目管理；开普敦大学、达累斯萨拉姆大学、洛斯安第斯哥伦比亚大学都重点关注了性别领域；威特沃特斯兰德大学侧重经济和社会转型方面的研究；而德里大学和麦克雷雷大学则重点涉及区域研究。

二　教学特点

（一）可持续发展是各国发展专业的核心

可持续发展是人类对工业文明进程进行反思的结果，亦是人类为了克服一系列环境、经济和社会问题，特别是针对全球性的环境污染和生态破坏，为解决人与环境的关系失衡所做出的理性选择。从各个大学的课程设置和研究项目可以看出，可持续发展越来越引起发展学界的广泛关注和热切研究。例如，印度发展研究中心对印度经济发展和前景的研究，清迈大学对东南亚可持续发展问题的研究，亚洲理工学院对可持续发展政策与实践的研究。

（二）区域研究特色

本部分在亚非拉地区分别选取清迈大学、达累斯萨拉姆大学、洛斯安第斯哥伦比亚大学，阐述其注重区域研究的特色。

清迈大学的区域研究特色是协调南北的区域发展和湄公河流域国家区域发展。一方面，泰国的发展呈现很明显的南北不平衡的现象，经过多年的发展，清迈大学的基础学科及农林学科不断进步，为泰国北部经济提供了必要的技术援助。这是泰国社会科学和可持续发展区域中心（Regional Centre for

Social Sciences and Sustainable Development，RCSD）研究的特色之一。另一方面，泰国的特殊地理位置决定了其特殊的国家发展战略，由于湄公河是东南亚的运输要道，所以湄公河流域国家区域发展也是其区域研究的重点之一。

达累斯萨拉姆大学在非洲高校中设置发展学科较早，具有优质的研究环境，该学校对整个非洲特别是东非、南非的发展问题开展了广泛研究。达累斯萨拉姆大学的学者经常参与制定政策和指导方针，这些政策和方针对实现重要国家和地区目标（如千年发展目标、坦桑尼亚2025年愿景项目等）提供了战略指导。达累斯萨拉姆大学重点关注第三世界发展问题，如农业和工业发展、技术转让和发展、能源与环境、规划和管理、地方政府、性别、人口与发展、文化、健康、城市发展、全球化和政治发展。

洛斯安第斯哥伦比亚大学关注当地的区域经济发展，自1997年第388号法律制定以来，哥伦比亚地方政府负责城市和区域规划，然而由于环境、社会、经济和政治力量之间的互动，城市和区域规划是一个复杂的问题。因此，洛斯安第斯哥伦比亚大学的发展项目旨在提供知识、经验工具和监管框架，帮助学生了解哥伦比亚实施城市规划和土地政策的背景，并试图让学生在哥伦比亚和拉丁美洲当前的公共议程中做出贡献。

（三）多学科交叉和跨领域对接

发展学科是经济学、管理学、社会学、政治学、地理学、人类学等多种学科的综合交叉，其中又涉及气象、土壤、资源环境等学科的方法与知识。这个特点在发展中国家高校的发展学科中尤其突出。如麦克雷雷大学哲学和发展研究专业所属学院曾与尼罗河对话平台（Nile Dialogue Platform，NDP）开展多次交流，实现跨领域对接与合作。

（四）与发达国家的发展研究机构合作

发展学起源于西方发达国家，发展中国家在设立发展学学科时广泛借鉴了发达国家高校的发展研究领域和方法。发展中国家各高校的发展研究机构和发达国家的发展研究机构保持着较为密切的联系与合作。例如印度发展研究中心与英国巴斯大学的社会政策研究中心展开合作。再如坦桑尼亚的达累斯萨拉姆大学与英国苏塞克斯大学的发展研究中心也是合作伙伴关系，其合作获得了瑞典国际发展合作署（SIDA）和英国国际发展署（DFID）的资金支持。

第四节　总结

在传统的国际发展援助叙事中，一些后发型新兴国家先后完成了从受援国向援助国的身份转变，一些国家还具备双重角色，还有许多国家处于落后状态，依赖外来援助。“发展”对于发展中国家来说，既是当下的挑战，也是未来的机遇。面对自然环境、卫生、贫困等全球性挑战，实现自身的可持续发展显得十分紧迫。南方发展中国家在取得举世瞩目的发展成果的同时，其影响力和国际责任也随之提升。将自身发展经验凝练总结、开展有效的经验分享，是能够助力其在国际发展领域提升话语权和在未来更多参与到国际发展治理的机遇所在。因此，许多发展中国家都十分重视发展教育和发展研究。

发展中国家的发展学起源于后殖民主义思潮和现代化建设，尚处于起步阶段。作为一个综合性的学科，发展中国家的发展专业的教育与学科建制不断与时俱进，根据 QS2023 的世界排名，发展中国家有 6 所大学进入发展专业前 50，各高校的发展研究机构也在不断完善。

从教学和研究领域来看，发展中国家的发展教育主要关注可持续发展和区域研究，同时注重多学科交叉，且与发达国家的发展研究机构合作。本章提到的 9 所大学中，硕士和博士项目设置较为普遍，学士项目设置最少。研究主题比较广泛，不仅关注本国所面临的发展议题，还关注其他区域的发展问题。

附录　涉及院校和机构的官网

1. 涉及院校的网站

地区	学校名称	系/院	网站
亚洲	清迈大学	Faculty of Social Sciences	https：//cmu. ac. th/
	亚洲理工学院	School of Development and Sustainability	https：//ait. ac. th/
非洲	开普敦大学	Faculty of Humanities	https：//www. jku. at/
	威特沃特斯兰德大学	Schools of Social Science	https：//www. wits. ac. za/
	麦克雷雷大学	College of Humanities and Social Sciences	https：//www. mak. ac. ug/
	达累斯萨拉姆大学	Institute of Development Studies	https：//www. udsm. ac. tz/

地区	学校名称	系/院	网站
拉丁美洲	洛斯安第斯哥伦比亚大学	Interdisciplinary Center for Study of Development	https://uniandes.edu.co/
	墨西哥国立自治大学	Faculty of Social Science	https://www.unam.mx/
		Faculty of Humanities and the Arts	

2. 涉及机构的网站

机构	网址
孟加拉国发展研究所（BIDS）	http://www.bids.org.bd/
印度德里大学妇女研究与发展中心（WSDC）	http://wsdc.du.ac.in/
菲律宾发展研究所（PIDS）	https://pids.gov.ph/
达累斯萨拉姆大学发展研究中心（IDS）	https://udsm.ac.tz/web/index.php/institutes/ids
洛斯安第斯哥伦比亚大学交叉学科发展研究中心（Cider）	https://cider.uniandes.edu.co/

图书在版编目（CIP）数据

国际发展教育全球概览／徐秀丽等著．-- 北京：社会科学文献出版社，2024. 11
（国际发展、区域国别与全球治理系列丛书）
ISBN 978-7-5228-3314-9

Ⅰ．①国…　Ⅱ．①徐…　Ⅲ．①国际教育-世界　Ⅳ．①G51

中国国家版本馆 CIP 数据核字（2024）第 050254 号

国际发展教育全球概览

著　　者／徐秀丽　张　悦　武　晋 等

出 版 人／冀祥德
责任编辑／王玉敏
责任印制／王京美

出　　版／社会科学文献出版社
地址：北京市北三环中路甲 29 号院华龙大厦　邮编：100029
网址：www. ssap. com. cn
发　　行／社会科学文献出版社（010）59367028
印　　装／三河市龙林印务有限公司

规　　格／开　本：889mm×1194mm　1/32
印　张：6. 75　字　数：150 千字
版　　次／2024 年 11 月第 1 版　2024 年 11 月第 1 次印刷
书　　号／ISBN 978-7-5228-3314-9
定　　价／398. 00 元（全 5 卷）

读者服务电话：4008918866